Le Vatican, l'Europe et le Reich

de la Première Guerre mondiale à la guerre froide

Annie LACROIX-RIZ

Nouvelle édition
refondue
2010

ARMAND COLIN

Illustrations de couverture : *Pie XII accueillant des officiers de la Wehrmacht au Vatican, 1941* © AKG-images/Ulstein Bild (voir p. 535)
Maquette de couverture : Raphaël Lefeuvre
Composition : Florence Gosset (FG Compo)

ISBN : 978-2-200-24292-3

Le Vatican, l'Europe et le Reich de la Première Guerre mondiale à la guerre froide (1914-1955)

Ce livre est né d'un long cheminement, dont la première phase remonte au choc d'adolescence qu'a provoqué la pièce de Rolf Hochhuth, *Le vicaire*. La seconde, plus lente, a mûri dans l'étude de la question allemande après la Deuxième Guerre mondiale. C'est en analysant le processus de reconstruction prioritaire de l'Allemagne occidentale – héritière autoproclamée du Reich – appuyée sur le vainqueur anglo-saxon du conflit que j'ai rencontré le Vatican de Pie XII : le pape « allemand » de la Deuxième Guerre mondiale était impliqué dans une politique décidée aux États-Unis et mise en œuvre grâce à la présence de leurs troupes. Sous le verbe de guerre froide, l'obsession alléguée d'une poussée soviétique, j'ai perçu des continuités. La plus frappante a été que l'antipolonisme vatican ne datait pas de la transformation de la Pologne en « démocratie populaire » : la Curie avait entretenu des relations détestables avec les élites de la nation catholique et romaine d'avant 1939. J'ai donc voulu vérifier si le germanisme d'Eugenio Pacelli-Pie XII, révélé par les travaux des années 1960 consacrés à ses « silences » sur les atrocités allemandes, avait dicté la politique de la Curie ou si Pacelli, héros d'un demi-siècle d'histoire vaticane, incarnait une stratégie qu'il n'avait ni élaborée ni appliquée seul. La conjoncture depuis la décennie 1990, confirmant la constance des positions allemande et vaticane sur la Yougoslavie m'a convaincue qu'on ne pouvait se contenter de placer les projecteurs sur Pacelli.

Le début du XXe siècle offrait un point de départ pertinent à l'étude d'une stratégie de long terme. La période permet de cerner l'attitude du Vatican sur la Première Guerre mondiale et ses enjeux territoriaux, de décrire ses relations avec les deux camps et le mûrissement de la « note pontificale » aux belligérants du 1er août 1917. Le sort des armes créa l'Europe de Versailles, qui arracha des territoires à ses alliés privilégiés, le Reich maintenu et les Habsbourg balayés : il le confronta à un continent bouleversé et à des « États successeurs » dans lesquels l'élément catholique était notable ou majoritaire. Après avoir étudié son programme de guerre et l'échec que lui valut la situation militaire de 1918, j'examinerai quels moyens le Vatican déploya pour atteindre les objectifs que la défaite des Empires centraux avait à court terme condamnés : comment il prépara la révision de Versailles et du système des traités jusqu'à la Revanche. Avec ses alliés européens, les mêmes qu'auparavant, mais dans un rapport de forces bouleversé par l'effondrement de l'Empire dualiste : Berlin et l'ensemble Vienne-Budapest ne pesaient plus du même poids. Un nouvel allié s'offrait, l'Italie, avec lequel la « réconciliation », amorcée avant 1914, s'opéra après la guerre. L'importance d'un autre, non européen, les États-Unis, avait grandi au fil du conflit : il influencerait la paix européenne autant que le résultat final de la guerre. Il fut conduit pour ce faire à nouer avec le Vatican des liens, décisifs pour l'avenir de l'Europe, et donc examinés.

Contre les traités la Curie retrouva les mêmes ennemis, dont le statut et la place sur la carte de l'Europe avaient changé, au moins dans le court terme de la victoire. Les rapports de forces militaires de l'automne 1918 dotèrent ses ennemis d'avantages retirés du même coup à ses alliés germaniques. Pour les alliés et les ennemis, s'impose une incursion dans la politique intérieure, qui constitue un pan déterminant de la stratégie extérieure du Saint-Siège : celui-ci a via le clergé exercé une influence, variable, sur toutes les nations évoquées. Le poids du Reich dans l'histoire du Vatican et de l'Europe explique la part privilégiée qu'il occupe ici. Mes sources m'ont incitée au réexamen du rôle de la papauté dans l'évolution intérieure de la République de Weimar où le nonce Pacelli passa plus de douze ans avant d'occuper le second poste, puis la fonction suprême : elles éclairent la contribution vaticane à l'avènement d'Hitler et aux immenses succès allemands consécutifs, Anschluss compris.

La Deuxième Guerre mondiale révèle l'issue des plans des décennies précédentes et débouche sur la seconde défaite allemande du siècle et ses conséquences pour les vaincus et les vainqueurs. L'une et l'autre périodes éclairent les motifs des « silences » de Pie XII sur les victimes du Reich et de ses alliés, juives ou non : ces « silences », déjà tant décrits et interprétés par nombre d'historiens rencontrés au fil de l'ouvrage, seront rapportés aux *pratiques* pontificales de guerre et d'après-guerre, et comparés aux silences et pratiques des deux prédécesseurs de Pie XII, Benoît XV et Pie XI, dans des conjonctures comparables. Le sujet impose réflexion sur le postulat du primat catholique, religieux ou antibolchevique de l'intervention du Vatican. La litanie antibolchevique ne rend pas compte de continuités séculaires. Pourquoi la Curie traita-t-elle la Pologne catholique en ennemie contre une Allemagne partiellement catholique, dont elle aimait autant les chefs protestants que les catholiques ? Pourquoi n'eut-elle rien à dire sur les souffrances de populations catholiques au cours des deux guerres, se montrant si loquace sur d'autres ? Qu'ajouta novembre 1917 à la haine de l'Église romaine, agent de l'Autriche catholique puis du Reich luthérien, contre la Russie tsariste orthodoxe et schismatique ? Pourquoi l'antibolchevisme expliquerait-il la politique du Vatican, ses rapports avec les États européens étant indifférents à leur localisation dans les deux sphères d'influence d'après 1945 ?, etc.

Les archives du Vatican demeurent fermées après le pontificat de Benoît XV (1914-1922), malgré des engagements réitérés d'ouverture dans la décennie 2000. Quant aux *Actes et Documents du Saint-Siège relatifs à la Seconde Guerre mondiale* (*ADSS*), publiés sous son égide, source exclusive de certains chercheurs, je dirai pourquoi ils manquent de fiabilité. J'ai puisé aux riches fonds du Quai d'Orsay, sans me limiter aux « questions religieuses » : les volumes généraux sur l'Anschluss dévoilent mieux que tous autres la position vaticane sur ce point central de l'expansion allemande. L'importance de la carte vaticane dans l'application des traités explique le soin que mirent les Français à s'informer sur une stratégie dont dépendait l'avenir de la leur. Les documents classés ne révèlent pas seulement quelle « représentation » le Quai avait du Vatican. Ils établissent des faits, de même que les notes de renseignement, policier ou militaire, consultées pour cette deuxième édition. J'ai confronté la correspondance originale aux travaux français et étrangers et à des archives publiées, allemandes, particulièrement riches, italiennes, anglaises et américaines.

À la lumière des sources, le Vatican ne relève pas de l'histoire « religieuse » qui tend à se confondre strictement en France avec une vision cléricale. Il s'agit ici d'éclairer la stratégie européenne d'une *institution politique italienne,* liée ou opposée à des États, entretenant avec eux des relations séculières jusque dans leur dimension financière : on renouera donc avec les œuvres de la papauté médiévale et moderne plus qu'avec la thèse hagiographique de la puissance spirituelle.

PREMIÈRE PARTIE

De la Première Guerre mondiale à Versailles

CHAPITRE 1

Le Vatican dans la Première Guerre mondiale : La carte des Empires centraux

Le Vatican, dirigé par Benoît XV depuis le 3 septembre 1914, proclama sa « stricte impartialité » dans une note de l'*Osservatore Romano* qui attendit le 18 octobre 1914. Le pape et son secrétaire d'État Gasparri proclamèrent ensuite maintes fois leur neutralité « la plus absolue ». Bien avant l'explosion du premier conflit mondial, la Curie avait en réalité opté contre l'Entente en gestation, du temps même de Léon XIII, malgré le mythe tenace d'une sympathie de ce dernier pour l'alliance franco-russe. Elle avait pris fait et cause pour les deux États groupés dans la Duplice, sa vieille alliée « apostolique » autrichienne, certes, mais aussi le Reich luthérien du *Kulturkampf*, contre tous les États assimilés ou unis à la France héritière des Lumières, plus ou moins fortement laïcisés au XIXe siècle (processus très dommageable à la puissance matérielle et idéologique de l'Église)[1].

1. Fiche 23, et interview au *Petit Parisien*, 18 décembre 1914, fiche 49, *Canet*, 63 ; sur cette stratégie, tout le fonds *NS* par pays, Lacroix-Riz A., « Forcing anti-français et idylle germano-vaticane des années 1890 à 1914 : le miroir colonial des missions », Claeys L. *et al.*, *Delcassé*, p. 347-374, et *infra*.

I. Quelques aspects du combat contre l'Entente jusqu'en 1917

De l'Est à l'Ouest de l'Europe

Serbie et Russie en 1914

La France, ennemi occidental par excellence, avait en Europe orientale des alliés « schismatiques » ou « hérétiques », pivot de ses « alliances de revers ». Liquider l'orthodoxie slave offrit un commode but de guerre.

La Serbie

La Serbie symbolisait les phobies du Saint-Siège. Un des premiers, par sa date de naissance (1878), des ennemis de l'Empire austro-hongrois en quête de stabilisation interne et d'expansion balkanique, le petit État orthodoxe avait été rivé, malgré ses demandes incessantes, au protectorat catholique de Vienne. Le Vatican y avait fait des « prêtres, protégés et payés par le gouvernement impérial et royal », tous autrichiens, des « agents politiques de l'Autriche et [d]es écoles catholiques [...] des foyers de germanisation ». L'église catholique de Belgrade était d'ailleurs installée « dans la Légation d'Autriche ». Pour les Serbes, « catholique et allemand, c'[était] la même chose dans les Balkans », ce que le sort de leur demande de concordat acheva de leur démontrer.

Sa « politique anti-slave » était « la principale raison pour laquelle l'Autriche-Hongrie a[vait] "fait" l'élection de Pie X qui, comme Vénitien et patriarche de Venise, était prévenu contre les Slaves de l'Adriatique » : juste élu en 1903, l'ex-cardinal Giuseppe Sarto passa à sa « première entrevue » avec l'ambassadeur d'Autriche « entente [...] pour que le Saint-Siège combattît le slavisme sur le terrain religieux ». Vienne avait besoin du soutien de la Curie et de ses prélats – en tête le Croate Josip Stadler, (premier) évêque de Sarajevo depuis 1881, spécialiste de la « conversion forcée » (et rentable), dont les « seules préoccupations sembl[ai]ent être de thésauriser et d'autrichianiser », et ses jésuites : notamment pour pouvoir, à partir de la Bosnie-Herzégovine, son arsenal enfin annexé en octobre 1908, réaliser « ce but [qui était] depuis trente ans la pensée directrice de [s]a diplomatie[...,] l'annexion de la Serbie ».

Joseph de Fontenay, attaché français à Budapest de 1906 à 1914 (après Belgrade), y observa l'agressivité antiserbe de l'empire agonisant, masque du « redoutable "Drang nach Osten" » du Reich rival qui recueillerait l'héritage balkanique tant convoité. Le congrès eucharistique de 1912 symbolisa la fusion Habsbourg-Saint-Siège, couronnant les plans orientaux que le pape né autrichien avait secondés. C'est dans la phase de poussée balkanique antiserbe (antihongroise et italophobe), incarnée par l'ultra François-Ferdinand, par le chef d'état-major de l'armée Conrad von Hötzendorff et par le ministre des Affaires étrangères Alois von Aerenthal, que furent définis les communs objectifs anti-slaves étendus à la Russie : Rome leur prêta ses clercs et, auprès du catholicisme latin, l'uniatisme, son vieil outil de conquête germanique en terre slave.

Les concordats passés avec les Serbes ne furent donc que des chiffons de papier. Vienne avait placé sous son contrôle celui du Monténégro (1886) et bloqué depuis les années 1880 celui que sollicitait la Serbie « pour soustraire [s]es divers éléments catholiques à l'influence autrichienne » : « Allemands, Hongrois et Croates, Serbes de Raguse », puis Albanais rattachés par « la conquête de la Vieille Serbie [Le Kosovo] » en 1912. L'affaire traîna assez pour mettre la Serbie en ébullition en 1913. Belgrade fut à la veille de l'assaut dotée par Vienne autant que par la Curie, le *23 juin 1914,* d'un concordat vide aux clauses pompeuses. À l'automne 1913, Pie X avait annoncé la couleur à un lazariste français : « Je ne veux pas de concordat [...] ; les concordats ne sont que des capitulations de l'Église entre les mains des gouvernements ; je préfère la liberté. » C'est-à-dire, commenta un diplomate, « l'asservissement de l'Église dans les pays serbes aux intérêts de l'Autriche ».

Giacomo Della Chiesa – Benoît XV le 3 septembre 1914 – allait « au-devant des désirs de Vienne [pour] étouffer le mouvement national yougoslave ». Il prodiguait aux Serbes, barrage contre l'expansionnisme autrichien après les guerres balkaniques (1912-1913), la même haine recuite que Pie X (mort le 20 août). Il louait en l'Autriche-Hongrie « l'État catholique par excellence, le plus puissant rempart de la religion [...] plus solide champion [de l'Église] dans la lutte contre les orthodoxes ». Vienne retrouva donc chez lui le dévouement au « but » qu'avaient garanti le 29 juillet 1914 le défunt et son secrétaire d'État espagnol Rafael Merry del Val : « extirper [...] le mal qui ronge et pénètre la monarchie jusqu'à la moelle et qui finira par la désagréger »[2].

---

2. Lettres n° 19 de Descos, Belgrade, 24 janvier 1913, *Pravda* (serbe) des 7-20 février 1913, *NS*, *Serbie*, vol. 28, de Charles-Roux n° 343, Vatican, 5 septembre 1933, *Yougoslavie*, 171 (correspondance Vienne-Vatican depuis la fin du XIXe siècle), de Dallemagne, 1er juin 1898, Bosna-Seraï (Sarajevo), *NS, Autriche-Hongrie,* 15, de Fontenay, Budapest, n° 392, 10 décembre 1908, et n° 360, 8 novembre 1911, *NS, Autriche-Hongrie,* 24 (sur Stadler, tous les fonds, dont 1907-1908 sur la « conversion forcée », *NS, Autriche-Hongrie*, 18, et Lacroix-Riz A., « L'église autrichienne », p. 73, et *passim*) ; Milza P. *et al.*, *L'Italie*, p. 193-194 et 199-200, Bled J.-R., *François-Joseph*, chap. 11-13, et tout *NS, Saint-Siège et Autriche-Hongrie ;* lettre de Charles-Roux n° 343, déjà citée ; concordat, lettres de Descos, Belgrade, n° 176, 28 novembre 1912 et n° 19, 24 janvier 1913, n° 3 de Boppe, Nish, 28 août 1914, n° 728 de Bompard, Thérapia, 9 octobre 1913, *NS, Serbie*, 28 (et le vol.) ; Pàllfy, Nobécourt J., *« Le Vicaire »*, p. 121-122.

La Russie

Pilier du front oriental, la Russie, lorgnée par les deux alliés germaniques du Vatican depuis leurs bases polonaises respectives, n'était pas moins haïe : le XIXe siècle y avait été fort occupé par la guerre entre uniatisme austro-romain et orthodoxie, pontificat de Léon XIII inclus. Dans la russophobie générale du Reich, Matthias Erzberger, homme de confiance du grand sidérurgiste Fritz Thyssen et chef du *Zentrum* (le parti du Centre catholique), faisait bonne figure : il ne rêvait que de « fermer la Baltique et la mer Noire à la Russie ».

L'empire tsariste subit dès l'automne 1914 les assauts, contrastant avec le silence strict sur l'occupation allemande dans le Nord français ou belge, de la presse vaticane. L'*Osservatore Romano*, organe officiel, et le *Corriere d'Italia*, « organe officieux de la secrétairerie d'État » (donc de Gasparri), dénoncèrent les persécutions infligées par les Russes aux zones qu'ils occupaient en Galicie. Ils posèrent en martyr Mgr André Szepticky, archevêque ruthène de Leopol (Lemberg ou Lvov) et primat uniate de Galicie, arrêté et interné dès décembre 1914 par le gouvernement tsariste : il demeurait emprisonné, toute visite lui était interdite, et on était allé jusqu'à lui supprimer le droit à la lecture des journaux. Petrograd avait ainsi (jusqu'en février 1917) mis un terme aux activités d'un émissaire de premier plan de « la cour de Vienne ».

Szepticky était la clé de voûte, depuis 1906 et pour près de quarante ans, d'une politique germano-« uniate » ainsi décrite en 1920 : « au nord et à l'est [...], on encouragea les efforts des uniates lituaniens et ruthènes contre le latinisme des Polonais pour achever de briser l'unité de l'ancien royaume. Mgr Szepticky [...] réorganisa ses couvents et ses évêchés, appela les catholiques et les orthodoxes à l'union (congrès de Velherad, 1907 et années suivantes), reçut de Pie X en 1910 pleins pouvoirs pour la propagande catholique dans la Russie du Sud et prépara longtemps avant la guerre une révolution ukrainienne. Les empires centraux se frayaient ainsi la voie vers les terres noires, le Caucase, la Perse et l'Inde. »

Quant à la trêve de Noël proposée au tournant de novembre 1914 par Benoît XV et transmise par Gasparri au cardinal-archevêque de Paris, Mgr Léon Amette, elle ne visait qu'à entraver les opérations des Russes en Pologne : tout arrêt, fût-il de 24 heures, était jugé catastrophique. Paris la jugea « inacceptable » autant que les Russes[3].

3. Fischer F., *Buts*, p. 118-119, 144-145, tél. n° 2990-2991 de Barrère, Rome, 6 décembre 1918, *Saint-Siège*, 1 ; *L'Osservatore Romano* (*OR*), 31 décembre 1914, et fiches depuis le n° 35, début décembre 1914, *Canet*, 63 ; fiche Morier n° 1901, Berne, 24 septembre 1917, *Paix*, 14, tél. Legrand n° 157, Paris, et de Paléologue n° 1054, Petrograd, 1er et 7 décembre 1914, *Saint-Siège*, 1 ; note sur la « politique catholique des Empires centraux », 31 mars 1920, *Saint-Siège*, 2 ; lutte anti-russe depuis le XIXe siècle, Stehle H., *Eastern*, p. 12-15, et *NS*, *Saint-Siège*, surtout, 9-10 et 14.

Le Vatican et les zones occupées de l'Ouest

La « stricte impartialité » refusée aux Serbes et aux Russes fut appliquée aux zones occidentales occupées par les armées allemandes, très catholique Belgique incluse. Elle joue un rôle essentiel dans la tactique consistant à « isoler la France et la discréditer auprès des gouvernements catholiques non inféodés à la Triplice ». Pie X avait livré « les attaques contre le modernisme [...] dans tous les États catholiques » en créant « la Correspondance de Rome » (1904) puis l'« Agence internationale Roma » (1911). Dotée de « filiales dans tous les États catholiques » (la *Correspondance catholique de Gand* en Belgique, *La Croix, La Vigie, L'Univers* et *Les Nouvellistes* en France), l'entreprise visait ici comme en France à « faire échouer toute tentative d'entente nationale et maintenir l'agitation dans le pays pour l'affaiblir au-dehors ». L'« intrigue ourdie contre la politique et l'influence françaises en Europe » supposait « d'intimider l'épiscopat » loyaliste : Rome avait lancé son « parti intransigeant » aux trousses des « éléments modérés et républicains du catholicisme », surtout leurs chefs de file, « les cardinaux Mercier de Malines et Amette de Paris », « dénoncé[s] comme moderniste[s] ». Il fallait « à tout prix empêcher l'entente entre les catholiques et les libéraux [...]. À un moment où la Belgique est disputée si âprement par l'influence allemande, il n'est pas difficile de voir la portée de ces attaques », affirma un expert en juillet 1913.

La Curie passa via sa presse belge les années d'avant-guerre à persuader les catholiques des excellentes intentions du Reich et à les enjoindre de préserver la « neutralité » de Bruxelles, contre l'alliance avec « cette pauvre France [...] sous le joug de la Franc-maçonnerie ». La même presse exalta en octobre 1910 le voyage du Kaiser à Bruxelles et « le rapprochement, tant au point de vue politique puisque la puissance de l'Allemagne [était] aujourd'hui une garantie de sécurité pour la Belgique, qu'au point de vue économique en raison des débouchés considérables que l'Allemagne ouvr[ait] aux produits de l'industrie belge ». Venait d'être publiée une information anglaise – confirmée « d'après des documents certains » – sur l'offre allemande faite à la Belgique d'autoriser le passage des troupes allemandes vers la France. « La presse cléricale » démentit énergiquement, et son *Patriote* pria ses lecteurs de croire aux serments de la presse allemande[4].

Ayant échoué à l'écarter de son alliance militaire à l'Ouest, la Curie tança dès le début de l'occupation l'indocile, responsable de la violation de sa neutralité. À une audience privée, Benoît XV déclara en décembre 1914 : « tout n'est

4. Note René Pinon, 20 juillet 1913, *NS*, *Saint-Siège*, 25, coupure de presse, (?) 4 mai 1903, *NS*, *Saint-Siège*, 21, lettres n° 549 de Beau, Bruxelles, 25, et n° 216 du capitaine Duruy, 17 octobre 1910, *NS*, *Allemagne*, 18 et 24.

pas clair dans le cas de la Belgique, et l'Allemagne invoque des griefs dont il faut bien tenir compte. » Gasparri observa « la même réserve » sur l'invasion allemande dans sa lettre *publique* au ministre belge au Vatican, Jules van den Heuvel (*Corriere delle Sera* du 14 juillet 1915) : « l'Allemagne a publié des documents de l'État-major belge, par où elle prétendait démontrer qu'antérieurement à la guerre la Belgique avait manqué aux devoirs de la neutralité, laquelle par conséquent n'existait plus au moment de l'invasion. » Les souffrances des populations, aggravées au fil des années, n'émurent pas davantage. Le nonce, Mgr Giovanni Tacci Porcelli, l'avisa d'emblée des crimes et délits commis par « une soldatesque effrénée. Et ce non exceptionnellement, mais presque en manière de règle et avec le consentement des officiers », et décrivit l'« amertume » des catholiques belges devant « l'attitude présumée ici du Saint-Siège ». Sa demande, le 6 décembre 1914, que ce dernier fît « entendre sa voix en faveur d'un pays aussi injustement attaqué et durement traité » ne trouva pas d'écho.

Les zones occupées de « la fille aînée de l'Église », frappée dans des régions catholiques ferventes, ne lui valurent pas plus de considération. *L'Osservatore Romano*, ne désigna fin octobre 1914, Ypres, bombardée (sans préciser par qui), que par une « note historique » rappelant qu'elle avait été « maintes fois prise et reprise par les Français, notamment en 1794 après un terrible bombardement ». Quand, dans les mois suivant la victoire de l'Entente, le Vatican se préoccupa de trouver des preuves de sa sollicitude de guerre en faveur de la Belgique, il n'en put, malgré ses efforts, en trouver aucune[5].

Silence d'autant plus éloquent qu'il continua à la harceler pour lui faire lâcher l'Entente, en concertation permanente avec Berlin. En novembre 1914, le Premier ministre du Luxembourg, Paul Eyschen, lié au Kaiser et au chancelier Theobald von Bethmann-Hollweg, stipendié par Berlin et très actif à Berne, fut chargé de faire réclamer par Bruxelles la médiation de Benoît XV, et recommença en 1915. Benoît XV intervint en personne en octobre 1915 auprès du roi Albert Ier pour « l'engager à conclure la paix ». En janvier 1916, il appuya la « vaste manœuvre [en faveur de] la paix séparée avec l'Allemagne » par maintes initiatives destinées à « démontrer [aux catholiques belges] que l'intransigeance devait céder » devant les pressions « pacifistes » : il envoya dans les territoires occupés « une mission de [sept] catholiques allemands [...] qui, du 2 au 10 janvier, prêcha la paix par tout le pays en se réclamant du pape [... A]u même moment, [il] appela auprès de lui le cardinal Mercier, pour le consulter sur le régime de la congrégation des Études ». L'affaire échoua, bien que le Wallon Désiré Mercier, homme politique de premier plan, eût obtempéré. Le président du Conseil

5. Note « Vatican, Belgique et Allemagne » (« Vatican »), Rome, 15 octobre 1917, *Paix*, 15, lettre n° 748 de Margerie, Berlin, 21 juin 1921 (rapport Tacci), *Saint-Siège*, 3, *OR*, 28 octobre 1914, fiche 25, *Canet*, 63 ; 1918-1919, détails, édition 1996, p. 11.

français (Aristide Briand) le vit à Rome le 11 février 1916, juste avant qu'il ne regagnât son diocèse, mission romaine « consciencieusement » accomplie, et le mit en garde, démarche parmi d'autres visant à fouetter l'énergie vacillante des élites belges : « les évêques belges, à défaut du nonce, protestèrent contre la propagande pacifique du Centre allemand. » Cet échec ne mit pas fin aux tentatives, alternant avec les humiliations : en décembre 1916, l'« entourage germanophile et pacifiste » de Benoît XV, « plus que jamais [soucieux d']écarter de lui toute influence hostile aux Empires centraux », l'incita à refuser audience à un prélat belge « chargé de certaines communications du roi Albert pour le Souverain Pontife »[6].

La germanophilie de Benoît XV suscita dans le camp franco-anglais de vives réactions, dont témoigne, outre l'important fonds conservé à la BDIC, la correspondance diplomatique. Le catholique français Guérin se plaignit à Mgr Federico Tedeschini le 30 août 1917, du mutisme pontifical, alors que « la loi morale se trouvait en jeu, » avec « la violation de la Belgique », les massacres allemands dans les provinces de Namur et de Dinant, le saccage des villes ouvertes, Lille, Tourcoing, Roubaix, les déportations et travaux forcés imposés [fin 1916] aux populations de Belgique et de France « sans nécessité militaire », les destructions massives, comme celle « de la cathédrale de Reims et de tant d'autres sanctuaires [...] On est douloureusement surpris que le successeur d'Attila n'ait pas trouvé devant lui le successeur de Léon le Grand ». Dans une France qui s'interrogeait sur les « motifs » de ce « silence », on recensait « de nombreux signes de désaffection » : le Nord, « la région la plus religieuse de France, éprouvait un terrible sentiment d'abandon [...] on est surpris de la non-intervention de la puissance morale qui, seule, eût pu en imposer au vainqueur momentané ». Des critiques fermes suivirent la note pontificale du 1er août 1917, tel le discours sur « la Paix française » du dominicain Antoine Sertillanges « en l'église Sainte-Madeleine le lundi 10 décembre 1917 en la cérémonie religieuse et patriotique présidée par [...] Mgr Amette » : « avec l'aval de l'archevêque », il repoussa les « appels de paix » faisant fi des responsabilités allemandes et des revendications françaises, et déclara Benoît XV non « infaillible ou impeccable en politique ».

Gasparri, furieux, « convoqua l'assistant de l'ordre des Dominicains pour la France, qui défendit le P. Sertillanges » et fut exilé « au couvent de Corbara en Corse » ; et il exigea par écrit du recteur de l'Institut catholique, Mgr Alfred Baudrillart – chef du « Comité catholique de propagande française

6. Tél. n° 44 du ministre de France auprès du gouvernement belge, Le Havre, 5 novembre 1914, *Paix*, 1 (tout novembre-décembre), et n° 44, 5 novembre 1915, lettres n° 989 de Beau, Berne, 23, n° 323, Le Havre, 24 octobre 1915, *Paix*, 3, note « Vatican. », 15 octobre 1917, *Paix*, 15, et Barrère, 22 décembre 1916, *Paix*, 6.

à l'étranger » (auprès des neutres) créé en 1915 et financé par l'État –, de savoir « quelles sanctions [avaient] été prises contre le père Sertillanges [...,] professeur à l'Institut catholique [,] afin que l'autorité ecclésiastique [pût] à son tour se prononcer sur son cas »[7].

L'épisode doit être retenu comme typique des avanies infligées à *tous les pays ennemis*. Il atteste : 1° l'exécration du Vatican pour les clercs des pays ennemis qui ne combattaient pas ou approuvaient les objectifs nationaux incarnés à leurs yeux par leurs États ; 2° l'exploitation des divisions entre élites ecclésiastiques dont la promotion dépendait de leur esprit de soumission et de la délation-répression exercée sur les confrères rétifs - tactique également pratiquée entre laïcs ; 3° la surveillance minutieuse et la délation, assignées ou non à un nonce, appliquées au clergé, les sanctions s'abattant au moindre manquement. Cette caractéristique de la dictature pontificale comporte un corollaire : toute prise de position d'un prélat non combattue par le Saint-Siège avait été prescrite. La thèse du non-contrôle des épiscopats nationaux conduisant l'historiographie indulgente à dégager la Curie de la responsabilité de leurs actes est infirmée par le prompt châtiment de toute déviation.

Les efforts pour maintenir la neutralité des alliés potentiels de l'Entente

Le cas italien

Un des ennemis était doté d'un statut plus ambigu : l'Italie, dont l'unification avait liquidé, malgré le sens du compromis de ses dirigeants, un fondement de la puissance matérielle du Vatican, les États pontificaux. Le rejet de la « loi des Garanties » du 13 mai 1871 avait, avec la « question romaine », empoisonné la vie du jeune État, frappé de divers interdits. La rupture officielle fut tempérée par des intérêts socio-économiques et politiques communs contre le péril social et par l'adhésion commune aux objectifs impérialistes africains et orientaux. Les ambitions coloniales de l'Italie l'avaient depuis les années 1880 rapprochée des « Puissances centrales » et éloignée de la future Entente : elle était depuis mai 1882 associée à la Duplice devenue Triple-Alliance. Depuis la fin du siècle, et surtout sous Pie X, l'Italie taillait en Orient (Proche surtout, et Extrême) des croupières à la France rivale,

---

7. Cote Benoît XV, BDIC, lettre de Guérin, Évian, 30 août 1917, *Paix*, 13, Mayeur J.-M., « Les catholiques français et Benoît XV », Chaline N.-J. (éd.), *Chrétiens*, p. 159-160, Hilaire Y.-M. et Prévotat J., *in* Cholvy G. *et al.*, *Histoire, t.* 2, p. 256 ; note anonyme, Rome, 30 décembre 1917, *Paix*, 16 ; Comité, Waché B., « Un parlementaire catholique dans la guerre, Denys Cochin » et Mayeur J.-M., *Chrétiens*, p. 51-54 et 155.

via les congrégations missionnaires dominées par la « société des missions étrangères de Milan ». Mais la politique italienne n'était tolérée qu'en cas de compatibilité avec l'expansion des Empires centraux. Tout compromis était exclu dans les Balkans, où l'aggravation des rivalités austro-italiennes suscita d'incessantes rumeurs sur une guerre imminente. Elle confirma donc l'Italie en ennemie, dans les préparatifs de l'affrontement majeur. En 1909, Fontenay évoqua l'« entente projetée entre Vienne, Berlin et le Saint-Siège [...] dont la pointe serait dirigée contre l'Italie, l'allié d'une fidélité si problématique envers la Triple Alliance », et dont « l'âme [...] serait le Vatican ». On « grouper[ait] les partis catholiques d'Allemagne et d'Autriche-Hongrie auxquels le Pape apporterait le contingent des catholiques italiens », le tout avec l'aval du Kaiser : « le but de cette action serait dirigé contre la France contre laquelle on ameuterait les passions des partis en question en excitant leurs rancunes à propos de la politique religieuse de ces dernières années. On tendrait à rien moins qu'à nous isoler, à nous rendre ainsi ce que l'Allemagne nous accuse d'avoir tenté de faire contre elle. »[8]

La croisade contre l'État italien avait tenté le pape indûment érigé en exemple de l'acceptation des rapports de forces du XIXe siècle, Léon XIII, autant que les hérauts de l'intégrisme, Pie IX et Pie X. À la fin de 1918, quand le Vatican se crut menacé de devoir rendre des comptes à ses ennemis, il redouta que les bouleversements en cours n'ouvrissent « les archives de Vienne », bourrées de « documents du Saint-Siège réellement dangereux » : Léon XIII n'avait cessé de réclamer secours à François-Joseph et de l'inciter à guerroyer contre l'Italie et avait même prévu de se réfugier chez son protecteur. Si le Quirinal apprenait les agissements du Vatican « pendant sa brouille avec l'Italie, il y aurait de quoi [le] compromettre [...] pendant cent ans ».

L'Italie, alliée précaire de la Duplice, cherchait garantie du côté des deux blocs depuis la fin des années 1890. La conjoncture de l'automne 1914 acheva d'y desservir la vraie Triplice. Les Empires centraux, n'ayant pas besoin de son armée, souhaitaient seulement qu'elle demeurât neutre pour que le Reich, libéré du souci d'un affrontement austro-italien, pût concentrer à l'Ouest ses forces contre la France. Cet objectif devint l'obsession du Saint-Siège. L'appareil de renseignement et de propagande dirigé par l'Allemand Rudolf von Gerlach fut donc décisif pour tenter d'arracher l'Italie à l'Entente (qui ne ménageait pas non plus les efforts pour rallier l'hésitante). S'y distinguèrent deux personnalités au rôle majeur pendant le conflit. Tedeschini, « le grand confident, l'alter ego du pape », son « ami de cœur », nommé fin septembre

8. Milza P. *et al.*, *L'Italie*, chap. 1 et 2 ; aspect colonial missionnaire, *NS, Saint-Siège*, 4, 11, 12, 17, 21, 24 et surtout 25 (bilans de 1911-1913) ; lettre n° 76 de Fontenay, 1er avril 1909, *NS, Autriche-Hongrie*, 24 (et le fonds, avec *NS, Saint-Siège, Italie, Allemagne)*.

substitut à la secrétairerie d'État, assura la correspondance avec Erzberger et reçut à Rome, via Mgr Pacelli, les fonds allemands expédiés au nom de Berlin par le chef du *Zentrum*. Bernhard von Bülow, ancien ambassadeur du Reich à Rome et ancien chancelier, à nouveau désigné « comme ambassadeur », qui arriva à Rome le 12 décembre 1914, incarnait les liens culturels (par son mariage) et financiers germano-italiens depuis la fin du siècle.

Le Saint-Siège, si influent qu'il fût, ne put agir efficacement contre les appétits balkaniques du Quirinal : l'Entente recueillit au terme d'un long « marchandage diplomatique » l'appui d'une Italie dont Vienne condamnait toute espérance tant dans les « zones irrédentes » du Nord qu'en Dalmatie[9]. Ceux qui avaient tant balancé avant de s'engager le punirent là de son indéfectible dévouement au camp germanique qu'ils avaient eux-mêmes officiellement déserté (la réalité fut plus complexe). Sidney Sonnino, bien informé des œuvres du Vatican, s'attira sa haine inexpiable en signant le traité de Londres du 26 avril 1915 : lâchant la Triplice, il aggrava son cas en souscrivant à l'article 15 qui excluait le pape des futurs pourparlers de paix. Humiliation suprême pour Benoît XV, vu ses ambitions de politique extérieure, son amour pour le Reich et son « espoir », obsessionnel dès l'automne 1914, selon le ministre de Prusse au Vatican Otto von Mühlberg, « de participer à une éventuelle conférence de la Paix ». La décision de l'Entente, connue sur le champ, l'ulcéra. Sa « vive irritation » s'accrut encore quand les trois signataires « divulg[uèrent ces] engagements » fin novembre 1917 : mesure prise moins pour le punir de sa note sur la paix du 1er août précédent que contre son projet de renouveler la manœuvre par un « appel pacifique » dans son discours de Noël aux cardinaux. Gasparri se tourna vers deux des pivots de sa campagne pacifiste : que faut-il « faire dans la presse » espagnole et suisse, demanda-t-il le 1er décembre au nonce à Madrid et au délégué à Berne, « pour relever le Saint-Siège du coup porté à son prestige par la publication de la convention de Londres » ?

1915 calma d'autant moins « la presse cléricale ou plutôt ultra-cléricale » que l'opinion était sensible à la croisade contre l'entrée en guerre qu'elle avait désapprouvée : l'Italie fut donc inondée des « élucubrations pacifico-humanitaires » - formule de Camille Barrère, ambassadeur de France au Quirinal - « de l'*Osservatore Romano* » ou d'autres organes vaticans, et des « brochure[s] de propagande » de « Desclée, éditeur pontifical »[10].

---

9. SRM, 25 novembre, 15 octobre 1918, *Saint-Siège,* 1 (et le vol.), note Guérin, Rome, 15 juillet 1918, *ibid.*, 12, fiches 15 et 32,1er octobre et 12 décembre 1914, *Canet,* vol. 63 ; données générales, Milza P. *et al.*, *L'Italie, loc. cit.*

10. *Paix,* tous vol., *Sonnino Papers ;* von Mühlberg à Bethmann-Hollweg, 15 novembre 1914, Nobécourt, J. *« Le Vicaire »,* p. 124, tél. Barrère n° 1711 et n° 1716, 1er, n° 1717, 2 décembre 1917, *Paix,* 16, note, Rome, 9 avril, et lettre n° 68 de Barrère, 5 février 1917, *Paix,* 7.

La carte américaine

Le Vatican tenta aussi fébrilement, avec Berlin, de maintenir les États-Unis dans la neutralité. Tous les belligérants pressentaient l'importance de cette puissance montante sur l'issue du conflit et l'avenir qui en résulterait pour le Vieux Continent. L'Allemagne comme les autres, dont l'ambassadeur à Washington, le comte Johann Heinrich von Bernstorff, sollicita dès le début de septembre 1914 « une médiation américaine ». Ce harcèlement de l'entourage de Wilson, en particulier du « colonel » Edward House, son confident et conseiller le plus influent, fut d'emblée soutenu par le vaste réseau des « Germano-Américains », presse du groupe Hearst en tête : les Américains d'origine allemande, surreprésentés dans les élites, assureraient définitivement la défense et illustration du Reich, prônant la « neutralité » contre l'alliance avec le camp antiallemand.

Le Saint-Siège disposait ici de deux instruments essentiels : les « Germano » et « Irlando-Américains », au catholicisme hégémonique, et la flagornerie envers Wilson le « médiateur », enjoint d'apaiser une France revancharde, obstinée à reconquérir l'Alsace-Lorraine rebelle à sa férule anti-chrétienne. On mobilisa « les masses catholiques » contre la fonction de banquier et commerçant qui menaçait la neutralité des États-Unis : en prêtant des fonds et en fournissant des armes à l'Entente, Washington nourrissait et aggravait les tueries. Benoît XV lança en avril 1915, par une interview au « Germano-Américain » Karl von Wiegand, un vibrant appel aux États-Unis en vue de « la prompte terminaison de cette terrible guerre ». À l'été 1915, ce fut le leitmotiv de la « propagande pacifiste » allemande, dotée depuis 1914 de « fonds allemands [...] inépuisables ». En août, Frank Buchanan, chef d'une des principales sociétés allemandes, le « conseil national du Travail pour la Paix » de Chicago, avoua lutter ainsi contre l'envoi d'armes à la seule Entente (l'Allemagne, auto-suffisante, n'en avait pas besoin). « Embrigadés et organisés », les catholiques allemands de Saint-Paul, alignés sur « les mêmes mots d'ordre », adoptèrent le 11 août une résolution contre la violation de la neutralité par Wilson « réclam[ant] l'interdiction de la vente des armes. C'est présentement le refrain de toutes les réunions d'Allemands ou de Germanisants ». L'antisémitisme perçait dans l'appel « accusant ce pays, parce qu'il fabrique des munitions, de tous les péchés d'Israël : "Tu donnes du fer pour de l'or, la mort pour la vie", etc. ».

Mgr Giovanni Bonzano, le délégué apostolique (seul admis en cette nation protestante hostile, catholiques inclus, à la tutelle d'un nonce), frappa plus haut, avec le cardinal-archevêque de Baltimore, Mgr James Gibbons. Il fallut attendre le 3 septembre 1915 pour que ce chef de file de l'épiscopat américain allât prier Wilson de ne pas se joindre à l'Entente, c'est-à-dire de tenter une médiation de paix. C'est avec des accents de triomphe que Gasparri commenta l'événement pour Bonzano : « La visite [...] a causé grand tapage en Europe. Le cardinal connaît la position très délicate du Saint-Siège. Priez-le de tenir la politique en dehors de ses conversations avec le public, spécialement avec les journalistes. Du reste cette guerre est un crime contre l'homme et elle durera tant que les États-Unis enverront des armes, des munitions et de l'argent » à l'Entente. Suivait un développement contre ce faux « neutre » soutenant de ses dollars le mauvais camp. On comprend son instruction finale de supprimer ce télégramme, qui « n'a, malheureusement pour lui, pas été détruit par tous ».

L'activité vaticane s'intensifia en 1916, la menace d'entrée en guerre se précisant, et connut des temps forts. Les 5 et 10 mai, Gasparri chargea Bonzano de demander à Wilson « de vouloir bien suspendre ses décisions dans la question des sous-marins avec l'Allemagne », en arguant de « la possibilité d'un règlement pacifique » et lui ordonna d'intervenir avec force en ce sens auprès de Gibbons. Il coordonna cette « démarche très pro-allemande » avec des « ouvertures » de Guillaume II en faveur d'une médiation de Wilson[11]. Décembre 1916 fut marqué par « l'offensive pacifique de grand style » de Berlin et Vienne, préparée depuis des mois en diversion à la décision, déjà prise, de guerre sous-marine à outrance du général Ludendorff. En juin, Bethmann-Hollweg avait déclaré au roi de Bavière : si la France ne le fait pas, l'Allemagne demandera un « armistice » en octobre, mais « nous avons les meilleures espérances que d'ici là, Wilson sera disposé à faire cela pour nous ». Le 12 décembre, jour du dépôt de la note allemande, Gasparri ordonna à Bonzano d'obtenir à tout prix de Wilson des offres de paix à l'Entente au nom des Empires centraux. Le 29 décembre, il envoya aux délégués de l'Entente une note certifiant que celles-ci « seraient "acceptables ou certainement discutables" ». La démarche aboutit à la note de Wilson sur la paix, le 21 décembre, et au discours « pacifique » au Congrès, le 23 janvier[12].

Quand les États-Unis eurent opté contre le Reich, leur ambassadeur à Rome dit à Barrère avoir « pendant la période de neutralité [...] reçu à plusieurs reprises des ouvertures de la part d'émissaires du Saint-Siège en

---

11. Jusserand, Washington, depuis le 7 septembre 1914, *Paix*, 1, et 1-16 ; Jusserand, lettre n° 351, 15 avril 1915, tél. n° 633, 10 novembre 1914, *Paix*, 1, lettre n° 672, 12 août, tél. n° 581 et note ambassade de Grande-Bretagne à Paris, 4 septembre 1915, *Paix*, 2, tél. Gasparri, 18 septembre ? 1915, 5, 10 mai 1916, cités par Barrère, lettre n° 28, 28 janvier 1922, *Saint-Siège*, 10 ; Jusserand, lettre n° 392, ? mai, tél. avant le 8 mai, et tél. Bapst n° 263, Copenhague, 8 mai 1916, *Paix*, 4.
12. Lettre de Paris, 28 juillet 1916, *Paix*, 5, démarches Gasparri, Barrère, lettre n° 28, 28 janvier 1922, *Saint-Siège*, 10, Fleury A., « Le Saint-Siège », p. 22, lettre n° 68 de Barrère, 5 février 1917, *Paix*, 7, Bihl W., « Mission », Vogt M., « L'Allemagne ».

vue de la suspension par le gouvernement américain de toute fourniture de guerre aux belligérants » : sans préciser leur date, que Barrère fixa au « message pacifiste » de Wilson de décembre 1916. L'opération amorça aussi « les avances aux Alliés ». La Curie devait les « convaincre non seulement de son impartialité, mais encore de son affection, de sa paternelle sollicitude [...] Le commencement des bons procédés, des avances, voire des concessions, qui ont fait croire à un revirement du Saint-Siège, a coïncidé exactement avec la préparation de la campagne pacifiste à laquelle il s'est si ardemment livré ». L'Entente fut cajolée : nomination de trois cardinaux français, bien accueillis à Rome, au consistoire du 4 décembre ; « flatteries » aux Anglais (en plein usage de l'arme catholique irlandaise) : le cardinal Francis Bourne, archevêque catholique de Westminster, obtint début 1917 en un temps record une audience pour un groupe de marins anglais en séjour à Rome, protestants inclus (plus nombreux que les catholiques) – « fait sans précédent » –, avec « bénédiction pontificale »[13].

II. Les relations avec les Empires centraux dans la perspective de la victoire

Ces revirements partiels contrastaient avec la stabilité des rapports avec les deux Empires, dont témoigna le *Kriegsbuch* remis à tous leurs soldats catholiques : ce manuel de guerre portait en première page et placés « *ex aequo* les trois portraits de Guillaume II, de François-Joseph et de Benoît XV ».

Les activités du Vatican au service des Empires centraux

Liens politiques et bancaires germano-vaticans avant 1914 et financements de guerre

Féal de Vienne, le Vatican s'était adapté aux impératifs créés par l'hégémonie prussienne en Allemagne. Les vieux conflits entre l'Allemagne catholique longtemps soumise à l'Autriche et la Prusse luthérienne avaient culminé dans le *Kulturkampf* des années 1870 : Bismarck prussianisa le Reich unifié en l'arrachant à l'influence des Habsbourg. Ce conflit sur les compétences de l'État et de l'Église, récurrent dans une Allemagne à la forte tradition *Los von Rom*, ne ternit pas un accord de fond : il reposait sur l'extrême générosité du Reich envers l'Église catholique fonctionnarisée et l'adhésion commune à l'expansion continentale et coloniale. Pie IX respecta l'article 6 du traité de Francfort

13. Lettres de Barrère n° 414, 16 juillet (Nelson Page), et n° 68, 5 février 1917, *Paix*, 7.

de 1871 stipulant coïncidence des territoires ecclésiastiques cédés par la France au Reich « avec la nouvelle frontière » politique. La germanisation alla bon train sous son successeur Léon XIII, et s'afficha vers la fin du règne.

Le 5 décembre 1902, le chef bavarois du Zentrum, Georg von Hertling, signa avec le secrétaire d'État Mariano Rampolla un « concordat » liquidant la tradition française : Berlin obtint enfin la suppression du séminaire de Strasbourg, dernier bastion francophile déjà fort entamé, et la création consécutive d'une faculté de Théologie allemande d'*État* (selon le droit commun). Berlin put ainsi, résuma plus tard Louis Canet, catholique gallican conseiller pour les affaires religieuses du Quai d'Orsay (1920-1946), y « envoy[er] des professeurs prussiens pour former le clergé d'Alsace, d'accord avec deux *docteurs* prêtres alsaciens renégats ». Dans le même sens était allé le remaniement épiscopal de l'été 1901, mûri depuis 1899. Fut en juillet nommé à l'évêché de Metz le bénédictin allemand de l'abbaye de Maria Laach – ordre et abbaye dévoués aux Hohenzollern –, Willibrord Benzler, qui « saurait [...] instruire ses diocésains dans la vénération de la personne impériale et dans l'amour de la patrie allemande ». En août, au défunt évêque de Strasbourg, Adolf Fritzen, allemand mais attentif aux susceptibilités alsaciennes, succéda un « renégat » alsacien. Son évêque auxiliaire, l'« alsacien indigène » Mgr Marbach, « adversaire déterminé de la politique allemande [...] sur le terrain religieux », fut acculé à la démission, et Berlin choisit le « fils d'un ancien chambellan de l'empereur Napoléon III », issu d'« une famille essentiellement alsacienne ralliée à l'Empereur allemand », le diplomate François (devenu Franz) Zorn von Bulach : ce clerc tout récent « se montr[a donc] allemand avec zèle [...et] surenchéri[t] en tendances germaniques, sur les Allemands d'origine »[14].

En mai 1903, le triomphal « voyage » romain de Guillaume II marqua l'acmé d'« une entente [...] intéressant la politique religieuse de l'Empire », avec la question vitale des ordres missionnaires. Il consacra l'idylle amorcée par Léon XIII avec le Kaiser en quête d'expansion mondiale. En mai 1898, Bülow, avant de quitter Rome pour la Wilhelmstrasse (les Affaires étrangères), avait fait au cardinal intégriste français Louis Billot « une singulière

14. Lettre de Guérin à Pichon, 26 juillet 1918, *Saint-Siège,* 12, E. Vermeil, *L'Allemagne, passim*, lettre de Guérin, 26 juillet 1918, *Saint-Siège,* 12, note Canet, 19 janvier 1925, *ibid.*, 20 (sur Canet, rédacteur de la prose du ministre et de ses adjoints, Neveu B., « Louis Canet », et Soutou G.-H., « La condamnation », p. 445-467) ; processus alsacien, *NS, Saint-Siège*, 5-6, *NS, Allemagne*, 15, et lettre n° 554 de Barrère, 5 décembre 1918, *Saint-Siège,* 13 ; évêques, depuis 1899, *NS, Saint-Siège*, 5, citations : lettres n° 274 de De Noailles, Berlin 26 octobre, de Nisard, Vatican, 19 juillet, n° 178, 21 août, de Prinet n° 251, Berlin, 27 septembre 1901, et de Lefaivre, Stuttgart, 11 novembre 1899 ; concordat de 1902, Lacroix-Riz A., « Forcing », p. 362-363.

confidence » : « aujourd'hui les affaires que nous avons à traiter avec le Saint-Siège présentent à nos yeux plus d'intérêt que celles que nous négocions avec l'Italie [...] Il ne s'agissait pas là d'une boutade ». Se dessinait l'accord pour remettre aux Empires centraux (secondairement à l'Italie) demandeurs l'héritage du protectorat catholique français dans l'Empire ottoman (Capitulations de 1740) et en Chine (traité de Tien-Tsin de 1858) : avec l'aide des catholiques français, opportunément dressés contre la « persécution » des congrégations, la Curie déposséderait le colonialisme français de ses prébendes d'Orient avant de mettre les missionnaires expulsés au service des Empires qui les auraient si généreusement accueillis. Berlin, en échange, régla le dossier de ses congrégations et négocia, de 1899 à 1903, l'autorisation du retour des jésuites exclus en 1872 : rendue publique en mars 1904, elle « symbolis[a] la disparition du dernier vestige du *"Kulturkampf"* ».

Quelques jours après, ces deux alliés célébrèrent « la rentrée en Alsace-Lorraine des congréganistes alsaciens-lorrains établis en France ». Les effets du Bagdadbahn furent donc consolidés par le catholicisme missionnaire allemand, élément de poids du « transfert de l'hégémonie en Orient à la Triple Alliance ». L'État radical français, *Émile Combes inclus*, avait tout fait pour éviter la rupture de 1904 - conséquence et non cause de cette idylle - dont il redoutait les effets coloniaux[15].

Les liens entre le Vatican et le *Banco di Roma*, « principale banque catholique italienne », présidée par le commandeur Ernesto Pacelli (cousin d'Eugenio), cimentèrent l'alliance allemande : elle finançait depuis 1906 l'expansion méditerranéenne et la « pénétration pacifique » en Tripolitaine. Le Reich s'était aussi, par son implantation bancaire, assuré des fiefs italiens : à la fondation, en 1894 à Milan, de la *Banca commerciale italiana*, les trois quarts d'un capital initial total de vingt millions de lires furent souscrits par les banques allemandes, maison Bleichröder au premier rang (pour un quart partagé entre Italiens et Suisses). Le contrôle de ce qui devint « la première banque d'affaires italienne » fit de « la finance germanique [...] un bastion de tout premier ordre », hégémonique dans l'industrie, surtout la sidérurgie, les industries électriques et les compagnies de navigation, et plus encore dans le commerce, l'Italie « import[ant] massivement les produits industriels allemands ». La Curie appartenait à la fraction des classes dirigeantes italiennes liée à la *BCI*, qui joua dans les tractations germano-vaticanes de guerre un

---

15. Voyage de mai 1903, *NS, Saint-Siège*, 6, et surtout *NS, Allemagne*, 21 ; lettres n° 81 de De Navenne, Rome, 23 mai 1898, *NS, Saint-Siège*, 5, n° 131 de Nisard, 19 juin 1902, n° 41, 10, n° 48, 19 mars 1904, *ibid.*, 6, note Rome, 17 février 1907, *ibid.*, 24 ; dossier, *ibid.*, 1-6, et 16-25, *NS, Allemagne*, 15, 21, 24-25, Lacroix-Riz A., « Forcing », et *Die grosse Politik*, 12, p. 587-638.

rôle essentiel, et servit de trait d'union avec Francesco Nitti, homme-clé de la « réconciliation ». Au printemps de 1918, Pacelli fit accorder au fils de celui-ci, sous-lieutenant prisonnier de guerre, un « traitement de faveur » : son transfert dans les locaux mêmes de la nonciature de Munich fut assuré par la *BCI*, via la *Deutsche Bank*. L'affaire fut réglée par « les démarches personnelles » du RP jésuite Pietro Tacchi-Venturi, instrument des missions allemandes secrètes, « en échange » de sa libre circulation entre Italie et Suisse. Pacelli fut, à sa mission romaine de mars 1918, chargé de remettre à M. (nom illisible, fini par un i : Nitti ?) « une lettre [d'Emil] Helfferich », directeur général de la *Deutsche Bank* (et ministre), qui souhaitait « voir [son directeur allemand] rester à la tête de la [*BCI*], pour travailler en accord avec la Deutsche Bank à la réconciliation » germano-italienne. Bref, la *BCI* fédérait les privilégiés italiens les plus liés au Reich, via Bernardino Nogara, parent de l'archevêque d'Udine, futur gestionnaire des biens du Vatican (de 1929 à sa mort, en novembre 1958, à 88 ans). « Arme secrète » de Pie XI, Nogara, « la meilleure chose [...] advenue au Vatican depuis Notre Seigneur Jésus-Christ » selon « un cardinal » était avant 1914 un « "gros bonnet" de la Banca commerciale, ami intime » de ses président et directeur, d'origine allemande, Otto Joel et Joseph Toeplitz : il avait, comme directeur de son « agence d'Istanbul », traité avec la Turquie le chemin de fer d'Adalia. Sa contribution à l'expansion italo-germanique lança sa carrière vaticane : Benoît XV, qui « avait fait des investissements personnels dans les titres de l'Empire turc avec l'aide et les conseils de Nogara », recevait couramment en audience privée le futur « vice-président de la [*BCI*] ». Laquelle, en vue d'une visite de juin 1918, le « charg[ea] de sonder le Vatican à propos d'un projet [allemand] d'expansion en Orient »[16].

Suisse, Italie, Allemagne et Autriche fournirent pendant la guerre au Vatican les fonds indispensables, notamment via la *BCI* et le *Credito italiano*. Ils servirent d'abord à dissuader l'Italie de rejoindre l'Entente : une lettre d'Erzberger du 2 août 1915 interceptée par les Français mentionna sa visite à Rome du 6 au 10 mai 1915 « pour offrir à l'Italie, au nom de l'Allemagne, un emprunt d'un milliard en or sans intérêt ». Le choix italien accentua les efforts en faveur du Vatican, plus que jamais précieux. Les Empires centraux assurèrent pendant la guerre l'essentiel de ses revenus. Les fonds autrichiens étaient régulièrement signalés, ainsi en novembre 1917, où « le Credit Anstalt

16. Tél. Barrère n° 1219, 24 mai 1919, *Saint-Siège*, 2, Milza P. *et al.*, *L'Italie*, p. 196-197, 127-128, 148, 192, tél. Barrère, 2 ou 3 avril, et note portant sur les 15 et 16 mars 1918, Rome, *Paix*, 16, Lo Bello N., *Vatican's Wealth*, p. 25-26 et 29 et *Vatican*, USA, p. 216, et Bulletin d'information, EM de la Marine (EMM), 25-28 juin 1918, *Saint-Siège*, 1. Helfferich, ici, et Fischer F., *Buts*.

de Bâle envoyait chaque semaine en Italie des millions », sans doute « par une valise diplomatique, celle du Vatican ou celle de la Suisse ». S'y ajoutaient des contributions de la Cour, comme fin juin 1918, où le « courrier diplomatique » de Vienne fut agrémenté d'« un don personnel » de 500 000 francs de l'empereur Charles pour « l'obole de Saint-Pierre ». Le renseignement militaire mentionna à l'été 1918 des versements austro-allemands mensuels d'un million de lires effectués via la Suisse. Les fonds, toujours « sous le couvert du denier de Saint-Pierre », étaient souvent transférés par les ordres, surtout la Compagnie de Jésus qui, associée aux plans d'expansion germaniques, inondait Gasparri : deux chèques du Crédit suisse de Saint-Gall de 600 000 et 400 000 francs le 1er juillet 1918. Cette seule banque lui envoya 5 404 076,69 francs du 3 août 1917 au 3 août 1918. Les versements mensuels s'intensifièrent à l'approche de la défaite : en moyenne, un entre août et décembre 1917, plusieurs en 1918, avec un maximum de huit en juillet. Ils étaient versés en chèques et espèces, ainsi en octobre 1918 (chèques du Crédit suisse de Saint-Gall avec « plusieurs paquets de billets de mille francs suisses et [de lires] »)[17].

L'essentiel du financement vint de Berlin, via Erzberger. Aussitôt après son séjour romain des 17-25 février 1915 commença l'inépuisable flux : les premiers crédits de la *Deutsche Bank* allèrent à l'agence romaine de la Banque allemande Nast-Kolb-Schumacher le 1er mars 1915. L'accord de Bethmann-Hollweg et du ministre des Affaires étrangères Gottlieb von Jagow avec le chef du *Zentrum* sur la nécessité d'assurer au Vatican « une contribution très considérable » permit le transfert de fonds de la *Deutsche Bank* sur un « compte Rome ». Ces « larges subventions » auraient atteint 18 millions de marks entre mars 1915 à juin 1918. Benoît XV avoua après coup à Mgr Amette avoir disposé de 7 millions de marks en un an - plus que les contributions du reste du monde.

Sans préjudice des dons des « principales personnalités catholiques ». Le nom du cardinal Felix von Hartmann, archevêque de Cologne, porte-parole du Kaiser et interlocuteur privilégié du Vatican, revient comme une litanie, avec d'énormes versements : à l'été 1918, 200 000 marks en une fois au nom de l'organisation chargée du denier de Saint-Pierre et des œuvres de propagande catholiques, 500 000 lires dans la deuxième quinzaine d'octobre, où Erzberger envoya à Tedeschini « 50 000 francs pour des prières ». Les diocèses, entretenus par l'État, étaient certes assez riches pour financer cette action politique, mais ils n'eurent pas à entamer leurs ressources :

---

17. Renseignement 1ère section EM général (EMG), 1er août 1918, *Saint-Siège*, 1, lettres d'Erzberger, 2 août, de Jacques de Bainville, 10 novembre 1915, fiche n° 2092, Morier, 8 novembre 1917, *Paix*, 2, 3 et 8, EMM, 25-28 juin, EMG, 1er août, Information, 24 août, et 29 octobre 1918, *Saint-Siège*, 1.

l'épiscopat fit seulement transiter l'argent spécifique du Reich. La manne des « fonds Erzberger » ne relève pas des fantasmes germanophobes des anticléricaux ou « des âmes simples »[18].

Le soutien multiforme du Vatican de 1914 à 1917

Quelques agents marquants : de von Gerlach à Pacelli

• Von Gerlach

Ces subventions furent affectés à l'espionnage *stricto sensu* et à la propagande, de presse avant tout. La scène vaticane fut dominée par « le fameux von Gerlach », chef allemand d'une nuée d'espions et principal corrupteur des journaux cléricaux italiens, dont l'adhésion de Rome à l'Entente compliqua la mission. Mais Berlin subordonnait ses paiements à la présence de son délégué, directeur « d'un durable service d'information et de propagande » et « représentant de l'Office Erzberger depuis les premiers jours de la guerre ». « Camérier secret du Pape », Gerlach, resté à Rome, submergeait de fonds le pape et les chefs de presse concernés, « homme[s] de confiance de Mgr Tedeschini », via le « Credito Laziale » (Crédit du Latium). Se distinguaient particulièrement le *Bastone,* « en partie rédigé par le personnel de l'*Osservatore Romano* » et la *Corrispondanza,* « imprimée dans les mêmes ateliers que » l'organe officiel, feuille « vaticane autant qu'allemande ».

L'action de von Gerlach et des siens était si voyante que l'Italie sembla s'en inquiéter. Gerlach échappa en 1917 par la fuite en Suisse à l'arrestation et au procès pour espionnage, qui révéla l'ampleur de la corruption. Il fut, le 23 juin 1917, « condamné par contumace à la cellule par le tribunal militaire de Rome pour haute trahison envers l'Italie ». En septembre, le général Morier, attaché militaire à Berne, le situa à Ragaz, où « il cherchait à se faire oublier quelque temps », se soignant et jouant au tennis. Il n'avait pas seulement été aidé par la Curie : le Quirinal avait laissé filer Gerlach, dont elle gâtait outrageusement le principal complice, Tedeschini, clan familial inclus : son frère, ancien « petit marchand de drap de Rieti », afficha, à l'été 1917, une immense richesse, acquise grâce aux commandes (de chaussures militaires) du « gouvernement italien [...] trop heureux d'acheter à ce prix la faveur du favori du pape ». Le « favori » était assuré de l'impunité, il le montra au procès.

---

18. 1re et 2e des « Trois lettres au Directeur du Temps » sur le budget de guerre du Vatican, 1920, *Canet*, 33, note sur la « politique catholique », 31 mars 1920, *Saint-Siège*, 2, Information, 30 juillet et 29 octobre 1918, *Saint-Siège*, 1 (leitmotiv, *ibid.*, 1-2 et *Paix*), Rémond R., *L'anticléricalisme,* chap. 7, Latreille A. et Rémond R., *Histoire,* p. 557-558.

Gerlach lui-même et ses hommes agissaient « par la volonté du pape », avait plaidé l'avocat de la défense[19].

Le reste du réseau germanique en Italie fut mis à mal par le départ forcé des délégués officiels germaniques (Autriche-Hongrie, Bavière et Prusse), éminents prélats compris : le primat des bénédictins Fidelis von Stotzingen (successeur de Benzler depuis 1901 à Maria Laach), « ami personnel de l'Empereur Guillaume II », en « haute considération auprès du Vatican », « l'intermédiaire véritable, l'agent véritable » de liaison entre pape et Kaiser plus encore que Pacelli, et Hartmann, dut « abandonner l'Italie à la déclaration de guerre ». L'importance « des établissements religieux, des séminaires, des collèges », permit cependant le maintien de « toute une colonie religieuse » truffée « d'Allemands et d'Autrichiens ».

Les États neutres et germanophiles servirent beaucoup, surtout avec les premières grandes manœuvres de paix germaniques, à l'automne 1916. Le Vatican usa pour son « activité occulte [...] de prélats et de religieux » néerlandais, dont le cardinal Willem Marinus van Rossum. L'internonce à La Haye fut à la fin de 1916, à son retour « précisément des États-Unis », envoyé à Munich et son internonciature rattachée « à la nonciature de Bavière ». Le roi d'Espagne Alphonse XIII, germanophile, gallophobe et (plus que tout) anglophobe, fut de toutes les intrigues germano-vaticanes d'avant-guerre et de guerre, comme son haut-clergé d'Ancien Régime, impliqué dans chaque « manœuvre pacifiste ». Fin 1916, le Vatican réorganisa aussi ses nonciatures d'Amérique du Sud, à commencer par celle du Chili, « l'État de [cette zone] le moins sympathique aux Alliés ».

Mais rien ne compta autant que la Suisse, plaque tournante des unions de capitaux et du renseignement, pour aplanir les difficultés germaniques en Italie. « Dès l'entrée en guerre de l'Italie contre l'Autriche-Hongrie, le 26 août 1915, le Vatican [...] subitement isolé sollicita » et obtint « du Conseil fédéral l'autorisation d'envoyer une mission extraordinaire » : son chef, Mgr Francesco Marchetti-Selvaggiani, « s'occuper[a] de la question de l'internement des prisonniers de guerre et [...], lorsque ce moment sera venu, *précisa un Conseiller le 17 septembre,* d'autres questions ayant trait aux négociations de paix ». Berne connut donc d'emblée *le* motif de ce qu'Antoine Fleury érige – avec prudence – en modèle historique de « l'action humanitaire » apolitique. La Curie avait, rapporta Beau, en poste à Berne, sollicité la Suisse sous prétexte d'intérêt pour « l'internement des blessés en Suisse » début juillet 1915 au plus tard, et ce en raison de « la présence en Suisse

19. Fiche n° 1900, octobre 1917 (cite le 3), *Paix*, 8, SRM, 3 décembre 1918, *Saint-Siège*, 1, 1re et 2e lettres, 1920, *Canet*, 33, note n° 1 avec lettre n° 347 de Barrère, 2 décembre 1919, *Saint-Siège*, 2, fiche Morier n° 1901, 24 septembre 1917, *Paix*, 14, SRM, 3 décembre 1918, *Saint-Siège*, 1, note, octobre 1917, *Paix*, 15.

des ministres allemands près du Saint-Siège et du général des jésuites », Wladimir Ledochowski, et des plans de médiation suisso-vaticans. Les Empires centraux, maîtres de l'Office apostolique de Berne, reconstituèrent donc en Suisse leur appareil d'espionnage et de propagande pacifiste chassé d'Italie : cette nonciature officieuse fut dirigée pendant près de trois ans par Marchetti, dont les Français observèrent « les sentiments germanophiles et les relations avec la légation allemande ». Depuis « très longtemps » auditeur de la nonciature à Munich, c'était un des piliers du « parti allemand » du Vatican « et les Allemands le considéraient comme un des leurs », mais Beau espérait en juillet 1915 le rallier à l'Entente en usant de hauts clercs « patriotes ».

Peine perdue. Marchetti leva en moins d'une saison le masque humanitaire : « de l'hospitalisation en Suisse des prisonniers français, allemands et belges, qu'il indiquait au début comme l'objet de sa mission, il ne parle pour ainsi dire plus [...mais] revient avec insistance dans toutes ses conversations sur la question de la paix ». Il multiplie les déclarations sur le souci de Benoît XV de « la restauration de l'indépendance de la Belgique et l'évacuation des territoires français occupés par l'ennemi. Pour le reste, il ne semble développer que des idées personnelles telles que la restitution de l'Alsace-Lorraine à la France moyennant des compensations coloniales et la cession de Constantinople à la Russie, en compensation de la création d'un royaume de Pologne autonome sous un archiduc autrichien ». Il souligne « le très vif désir de l'Allemagne de mettre fin à la guerre et d'essayer de déterminer la France ou la Russie à prendre l'initiative des pourparlers de paix ». À l'automne 1915 au plus tard, « les excès d'un neutralisme [affecté] qui se distinguait mal de la simple germanophilie » rendirent « la vie commune impossible » avec les oratoriens français de Fribourg qui l'avaient accueilli, et il dut loger ailleurs[20].

Marchetti rencontrait tous les délégués germaniques en Helvétie, lot dominé en novembre-décembre 1915 par Bülow, qui entama à Lucerne un long séjour suivi à la trace par les Français : le prince venait « préparer des ouvertures de paix par l'intermédiaire du pape », en application du projet du Kaiser de réaliser « une marche aussi rapide que possible vers Constantinople, d'y faire aux côtés du sultan une entrée sensationnelle et de proclamer les conditions de paix que l'Allemagne victorieuse offr[ait] à ses adversaires, en réponse à un appel que le pape adresserait à tous les belligérants au nom de la

---

20. Note 16 juin 1918 sur « le Vatican et les Empires centraux », *Allemagne*, 370, lettres de Vieugué, Madrid, 29 octobre 1915, n° 68 de Barrère, 5 février 1917, *Paix*, 7 et 3, Fleury A., « Saint-Siège », p. 18-19 et 26, tél. Beau n° 866, 15 juillet 1915, *Paix*, 2, n° 423, 30 juillet 1917, *Paix*, 7, lettres de Doulcet n° 104, Vatican, 5 décembre 1920, *Canet*, 41, de Beau n° 609, 29 juillet 1915, et n° 1044, 7 novembre 1915, *Paix*, 2 et 3, et note anonyme, Paris, 10 septembre 1920, *Allemagne*, 370.

religion et de l'humanité ». Bülow était escorté de prélats allemands et autrichiens « qui le second[ai]ent de près ou de loin », parmi lesquels Hartmann, déjà présenté, le cardinal-archevêque de Munich Francis von Bettinger, Raffaele Scapinelli, nonce à Vienne, et Frančišek Borgia Sedj, archevêque de Goritz. Je limite ce festival austro-allemand permanent sillonnant la Suisse (Lucerne, Coire, Fribourg, Lugano, Vevey, Lausanne, Brigue, Zizers, etc.) à deux interlocuteurs habituels de Marchetti, retrouvés plus loin, le second surtout : le comte Wladyslav Skzrynski, premier secrétaire de l'ambassade d'Autriche-Hongrie au Vatican, mêlé aux vastes plans polono-germaniques que dirigeait Ledochowski. Cet Austro-« Polonais » de Galicie (fief uniate), intime des Habsbourg, avait été nommé en 1906 assistant général des jésuites pour l'Allemagne, puis général de l'ordre le 15 février 1915. Chef vatican du dossier polonais, il animait à Zizers (Grisons) « une vaste organisation pacifiste [...] subventionné[e] par Berlin et Vienne », qui, dotée (début 1918) « de plusieurs millions, dirige[ait] de nombreux agents autrichiens, allemands et suisses ». Paris sut en novembre 1915 que « les jésuites [avaient] mis nettement la barre du côté des intérêts austro-allemands, en reprenant une grande influence sur le haut état-major du Vatican ».

En mai 1916, Marchetti sonda le chef de la diplomatie suisse (Alphonse Dunant) sur « une initiative du Saint-Siège en faveur de la paix ». En juin, Bülow annonça qu'il confierait les initiatives de paix à Benoît XV, « dont il a soigneusement préparé l'intervention pendant son séjour à Lucerne et dont les agents continuent à entretenir les dispositions favorables aux puissances centrales par des promesses qui vont jusqu'au rétablissement du pouvoir temporel ». Marchetti, rapporta Beau en juillet, « réside depuis quelques mois en Suisse centrale, où il sert d'intermédiaire entre le Saint-Siège et diverses personnalités politiques et ecclésiastiques bavaroises et autrichiennes qui se déplacent fréquemment pour venir le voir ». En cas de défaite austro-hongroise, leur confiait-il, Benoît XV « s'entremettr[a] auprès de puissances alliées avec lesquelles il entretient des relations ». On parlait beaucoup d'Erzberger en Suisse, où le laïc Guido Miglioli se rendit en août 1916 pour « fonder [...] une "Internationale Blanche" [...] inspirée par Erzberger pour l'Allemagne, par [Mihaly] Karolyi pour la Hongrie » et chargée de « propagande pacifiste [...] dans tous les milieux catholiques ». Marchetti ménagea au chef du *Zentrum* des rencontres avec des Français avant la publication de la note pontificale du 1er août 1917, mais Berlin le trouva trop « tiède » et s'en plaignit. La Curie, qui « n'avait pas grand-chose à refuser à de si puissants seigneurs », le rappela en février 1918, pour l'envoyer au Venezuela. Elle le remplaça par un pro-allemand incontesté, Mgr Luigi Maglione : « l'Allemagne ne se plaignit plus. »[21] Nonce à Berne, officieux puis officiel (jusqu'en 1926), il accompagna jusqu'à sa mort (en 1944) son pareil, Mgr Eugenio Pacelli.

• Mgr Pacelli et la préparation de la note sur la paix du 1er août 1917

Ce diplomate vatican né en 1876, nommé à 25 ans « "apprenti" à la secrétairerie d'État », fut confié à Gasparri, ancien professeur de droit canon à l'Institut catholique de Paris puis secrétaire de la congrégation des Affaires ecclésiastiques extraordinaires. Son maître, célèbre à la fin du pontificat de Léon XIII pour son hostilité au « parti français » et son inféodation à Berlin, fut en raison de son « influence prépondérante [sur] les affaires de la France », un champion de la rupture de 1904. Pacelli fut donc formé sous le signe du tournant du siècle : réconciliation enthousiaste, *Kulturkampf* achevé, avec le Reich, et affrontement avec la France, à son apogée de 1904 à 1906. Enrôlé dans la croisade dirigée par Pie X et Merry del Val, il fut chargé, « en 1904, de composer le Livre Blanc qui exposait l'attitude du Saint-Siège dans la crise de la séparation de l'Église et de l'État en France ».

Promu en 1911 sous-secrétaire, en 1912 secrétaire de la congrégation des Affaires ecclésiastiques extraordinaires, « homme des entremises secrètes », il passait pour germanophile éprouvé. Chargé en 1915 d'« un premier sondage à Vienne », il fut le truchement des tentatives « défaitistes » de Caillaux auprès du Vatican, dont une « à Rome, en décembre 1916 [...], aux dépens de la Serbie et de la Roumanie ». En 1915, il informait Berlin des confidences des naïfs, leur offrant un fallacieux « pacte » : « je vous aiderai, dit-il [au] conseiller à la légation d'Angleterre : mais renseignez-moi. Les Anglais le renseignèrent et s'en repentirent [...] il ne réclamait leur confiance que pour mieux servir l'Allemagne. » Son dévouement lui valut, en mai 1917, la nonciature de Munich, poste auquel, le 6 mai 1916, Erzberger avait réclamé « une "personne de confiance" pour débrouiller la question de l'indépendance de la Belgique et les problèmes de la paix ». « La mission de Mgr Pacelli, *annonça Gerlach à son employeur Erzberger,* consistait essentiellement à sonder le gouvernement allemand. Il n'était question ni de vainqueurs ni de vaincus, ni de responsabilités de guerre, ni de réparations des exactions ». Jacques Nobécourt résuma ainsi en 1964 l'« épisode » alors « mal connu »[22] qui

21. Beau, lettre n° 1044, 7, tél. n° 1372, 14, lettre n° 1119, 29 novembre 1915, *Paix*, 3 (et Information, 31 juillet 1918, *Saint-Siège*, 1, notes Canet, 12 avril 1920, *Canet*, 35, 1ère section, 14 mars 1918, *Paix*, 9) ; tél. Beau n° 1488, 19, et n° 1514, 31 décembre 1915, *Paix*, 3, courrier, mai (cite le 19), Beau, tél., 14 juin, *Paix*, 4, lettre, 5 juillet, note « propagande pacifiste », août 1916, *Paix*, 5, lettre de Morier n° 2658, 31 juillet 1917, *Paix*, 7, et note anonyme, 10 septembre 1920, *Allemagne*, 370.

22. Gasparri, lettres n° 4 de Nisard, 9 janvier 1900, n° 305 de Prinet, Berlin, 14 septembre 1902, note, Rome, 28 novembre 1906, *NS, Saint-Siège*, 5, 6 et 24 (et 22), et Lacroix-Riz A., « Forcing » ; notes Canet, 21 décembre, et d'« un ecclésiastique français » avec lettre de Tirard n° 7618, Coblence, 3 novembre 1920, *Saint-Siège*, 17 ; Nobécourt, J. *« Le Vicaire »*, p. 116-120 et 128. Sur Caillaux, note Canet, 20 juin 1918, *NS, Saint-Siège*, 10.

entama une longue carrière allemande : la « proposition de paix » de Benoît XV du 1er août 1917, préparée comme les autres avec les Empires centraux.

Cet apogée d'une « manœuvre pacifiste » permanente qui mit Paris en rage envahit plusieurs volumes de la série *Paix 1914-1920*. Les manœuvres en vue d'assurer une paix douce aux Empires qui sentaient la victoire se dérober s'intensifièrent au début de 1917, usant de nombreux intermédiaires, laïcs ou ecclésiastiques : des aristocrates suisses, le prince Sixte de Bourbon-Parme, Ledochowski, Tacchi-Venturi, les nonces à Vienne et à Munich, etc. Pacelli les conduisit en lien constant avec Erzberger, Hertling (alors ministre-président de Bavière) et Hartmann, avec le souci que l'allié autrichien, alarmé sur son avenir, n'entravât pas les plans allemands. Quand le ministre des Affaires étrangères Ottokar Czernin adressa le 13 avril 1917 à l'empereur Charles un mémoire net sur « la puissance militaire autrichienne en voie de désagrégation », il en adressa, « d'accord avec la diplomatie pontificale », copie à Erzberger, que Pacelli avait « secrètement averti » de son contenu avant réception : la panique de Vienne, qui « voulait se sauver à tout prix », gênait Berlin et celui que sa mission révéla comme aussi prussien que le Grand-Quartier-Général de Bad Kreuznach.

Pacelli, ébloui par les Hohenzollern, adhéra à la position allemande sans une touche critique, comme l'atteste sa correspondance (détournée par les Français) avec Gasparri. Dès sa première rencontre avec Bethmann-Hollweg et Guillaume II, à Berlin du 26 au 29 juin 1917, « il ne cessa plus, jusque pour ainsi dire à la veille de l'armistice, de faire parvenir à la secrétairerie d'État des nouvelles grandiloquentes qui devaient assurer les destinataires de la victoire éclatante des Empires centraux » (Ernesto Buonaiuti). Ses premiers rapports firent retentir la voix de son maître, tel, le 27 juin 1917, celui rédigé avant un nouvel entretien avec « l'empereur à Kreuznach », sur laquelle la note du 1er août semble calquée :

« L'Allemagne est sincèrement désireuse de la paix, non par faiblesse militaire, puisqu'elle se sent invincible, non par crainte de la famine, puisque, nonobstant d'indéniables et graves difficultés, nonobstant des privations pénibles, les vivres sont en quantité suffisante, mais pour mettre un terme à des carnages sans raison. » Elle l'« estime [cependant] actuellement impossible, à cause de la mauvaise volonté des États ennemis et spécialement de Lloyd George. [Elle] est disposée à la restitution de la Belgique, avec des garanties, pourtant, de son absolue indépendance vis-à-vis de l'Angleterre et de la France, dans les domaines politique, militaire et financier. Elle est disposée à traiter de l'arbitrage et de la diminution des armements, dans des conditions de réciprocité. *Quant à l'Alsace-Lorraine, il n'est pas impossible de faire quelque petite rectification de frontière moyennant compensation.*

En Russie, la situation continue d'être chaotique et il est possible qu'il se produise une contre-révolution avec une dictature pour rétablir l'ordre. Une paix séparée est impossible par cela même qu'elle manque de gouvernement avec lequel on puisse traiter. [Concernant] l'action militaire sur la frontière russe, il pourrait bien y avoir là quelque offensive locale et probablement en Bukovine, mais la position des Empires centraux est sûre. La population de l'Allemagne est calme, aucun danger de révolution. Les partis socialistes gardent une attitude patriotique, bien qu'ils insistent pour le suffrage universel, lequel ne peut pourtant être accordé pour le moment. La guerre sous-marine est toujours plus intense et plus efficace avec un minimum de pertes. Le gouvernement est satisfait de l'attitude impartiale de Sa Sainteté, dont il reconnaît la situation difficile et l'action bienfaisante »[23].

Le Vatican se montrait encore sensible « aux instances pressantes de la Cour [...] et plus particulièrement de l'impératrice d'Autriche » Zita. Discours et écrits « pacifistes » du pape, de Gasparri ou de la presse vaticane du printemps 1917 reflétaient le souci de plaire aux Habsbourg, mais ceux-ci avaient cessé de commander. De la note du 1er août rédigée par Pacelli et le Reich, le second seul définit les termes, non la Curie, comme le croit Emma Fattorini, qui ne précise pas l'origine allemande des offres transmises par Pacelli. Les Français le surent d'emblée. Jules Jusserand, ambassadeur à Washington, n'y vit en août qu'une « note allemande », trahie par son contenu et par « l'agitation que le clergé allemand » entretenait aux États-Unis « en [sa] faveur » avec Mgr Bonzano « parmi les catholiques de cette origine » (du « German Catholic Verein » rebaptisé « Central Catholic Union »). Début septembre 1917, Barrère acquit « la certitude » que Pacelli était allé « à Berlin pour s'en entretenir avec le gouvernement allemand ». Morier y vit « en grande partie l'œuvre des jésuites en compensation de la loi allemande » les rétablissant, et confirma en octobre que son principe en avait été arrêté « de concert entre Hertling, Mgr Pacelli et Erzberger ».

Les années suivantes déversèrent un flot de révélations allemandes que Pacelli s'efforça en vain d'endiguer : dans les joutes parlementaires de Weimar, quand la droite pangermaniste ferrailla contre l'alliance maudite *Zentrum-SPD* en mimant l'amnésie sur les bontés pontificales, les assaillis précisèrent l'emploi du temps du nonce à Berlin de juin à août 1917. Selon la chronologie de l'ambassadeur de France à Berlin Charles Laurent (mai 1921), Pacelli rencontra Bethmann-Hollweg début juin 1917 le matin à Kreuznach : il évoqua « le mauvais effet produit par les déportations d'ouvriers » ordon-

23. Barrère, lettre n° 68, 5 février, tél. n° 1022-1023, 1er août 1917, *Paix*, 7 (et surtout 13-17), EMM, 16 août 1919, *Saint-Siège*, 2, Buonaioti E., *Pio XII*, p. 65-66, Pacelli à Gasparri, Berlin, 27 juin 1917 (mots soulignés encadrés par un lecteur du Quai), *Allemagne*, 370. Plans d'expansion consensuels (sauf gauche SPD), Fischer F., *Buts*.

nées par « le commandement allemand et soul[e]v[a] la question d'Alsace-Lorraine », d'accord avec les « réserves » allemandes contre les revendications françaises. Dans la soirée, il vit Guillaume II, son idole : le « récit savoureux » de cet entretien par le SPD Philipp Scheidemann contredit la version *post bellum* que forgea Pacelli à l'usage des Français, celle du « discours de fou » du Kaiser. Du 25 au 27 juin, le nonce discuta avec Bethmann-Hollweg, Erzberger et le RP Robert Leiber, que le Vatican autorisa à « consulter [s]es archives » pour préparer la note pontificale du 1er août - et dont il fit son « secrétaire particulier » à vie. Après les événements des 10-14 juillet (vote par le Reichstag d'une résolution en faveur de la paix et nomination du chancelier Georg Michaelis, qui dépêcha Erzberger à Vienne sous couvert d'action de « propagande catholique »), Pacelli revint à Berlin le 24 soumettre la note « à l'approbation du gouvernement allemand ». Les 25 et 26, il s'en entretint avec Michaelis et son ministre des Affaires étrangères (Arthur Zimmermann), et resta à Berlin jusqu'au 10 août, attendant la réponse officielle de l'Allemagne aux propositions qu'elle s'était faites[24].

De la note sur la paix de Benoît XV du 1er août 1917 aux buts de guerre germaniques, 1917-1918

La note et la réplique ambiguë de l'Entente (août-septembre 1917)

C'est le 1er août 1917 que fut publiée la note pontificale « aux chefs des peuples belligérants ». Au contraire de ce qu'affirma Rome après coup, ces chefs, « du moins [ceux des] puissances alliées » (Alexandre Ribot), n'avaient pas été « préalablement pressentis ». On y retrouve les termes mêmes des conciliabules entre délégués des Empires centraux et du Vatican, Marchetti, Pacelli, Scapinelli puis (depuis la mi-septembre 1916) Teodoro Valfrè di Bonzo, nonces à Vienne, depuis 1915. En ressortent surtout les clauses territoriales adaptées aux objectifs germaniques avouables à cette phase délicate du conflit.

Après un long hommage à « Notre œuvre pendant ces trois douloureuses années », Benoît XV proposait « un juste accord de tous pour la diminution simultanée et réciproque des armements [...] puis, en substitution des armées, l'institution de l'arbitrage ». Il déclarait le Saint-Siège rallié à « la vraie liberté et communauté des mers, ce qui, d'une part, éliminerait de multiples causes de conflit, et, d'autre part, ouvrirait à tous de nouvelles sources de prospérité et de progrès ». Il écartait le principe même de « dommages à réparer et [...] frais

24. Pacelli à Gasparri, Berlin, 27 juin 1917, *Allemagne,* 370, lettres n° 230 de Charles Laurent, 5 mai, n° 30 de Doulcet, 27 avril 1921, *Saint-Siège,* 10 et 8, et n° 72 de d'Ormesson, 14 février 1949, Vatican, *Saint-Siège 1944,* 10.

de guerre » par celui d'« une condonation entière et réciproque ». Les mesures alternativement les plus vagues et les plus précises concernaient « la restitution réciproque des territoires actuellement occupés. Par conséquent, du côté de l'Allemagne, évacuation totale de la Belgique, avec garantie de sa pleine indépendance politique, militaire et économique, vis-à-vis de n'importe quelle puissance ; évacuation également du territoire français ; du côté des autres parties belligérantes, semblable restitution des colonies allemandes. Pour [...] les questions territoriales [...] débattues entre l'Italie et l'Autriche, entre l'Allemagne et la France, il y a lieu d'espérer qu'en considération des avantages immenses d'une paix durable avec désarmement, les parties en conflit voudront les examiner avec des dispositions conciliantes, tenant compte dans la mesure du juste et du possible, ainsi que [...] des aspirations des peuples, et [...] coordonnant les intérêts particuliers au bien général de la société humaine. Le même esprit d'équité et de justice devra diriger l'examen des autres questions territoriales et politiques, et notamment celles relatives à l'Arménie, aux États balkaniques et aux territoires faisant partie de l'ancien royaume de Pologne, auquel en particulier ses nobles traditions historiques et les souffrances endurées, spécialement pendant la guerre actuelle, doivent justement concilier les sympathies des nations ».

« Il est de plus en plus évident, malgré les explications fournies après coup pour en atténuer l'impression, que [cette] note papale [...] n'est, sous un habillement et des ornements différents, que la note allemande de décembre 1916. La paix qu'elle recommande est une paix allemande, basée sur le *statu quo* », trancha Jusserand. Certains membres de l'Entente furent moins brutaux, et le texte fut rejeté dans des conditions qui inquiétèrent Paris sur l'avenir. Le pape fut peut-être « mortellement blessé [du...] silence » qui accueillit sa note, « d'autant plus vivement ressenti par le Vatican qu'il s'attend[ait] à une réponse très courtoise des Puissances centrales » (elles ne pouvaient faire moins). L'échec provoqua des zizanies : Pacelli et Valfrè, dépités, rappelèrent qu'ils souhaitaient sa publication « au moment d[e l]'entrée en guerre des États-Unis »[25].

Le fiasco pontifical fut pourtant amoindri par des divergences interalliées qui exclurent réponse commune. Londres esquiva obstinément l'offre française d'un communiqué commun de rejet avant de la décliner début septembre. Et surtout, contrastant avec ce mutisme, le dithyrambe sur la note orchestré aux États-Unis par « la presse Hearst » inquiéta

25. Tél. Ribot, ? août 1917, *Paix*, 13, Fleury A., « Le Saint-Siège », p. 27-29, tél. Jusserand, ? août, Barrère, début septembre, Beau, 30 août 1917, *Paix*, 13 ; ce qui précède exclut les thèses 1° du conflit entre les pangermanistes-militaristes et un autre camp et 2° d'un accueil allemand frais à la note, *Paix*, 13-15 et Fischer F., *Buts*.

Jusserand. Fin août, Wilson répondit à Benoît XV par un « rejet [officiel] de la proposition papale [...,] s'oppos[ant] implicitement au projet de renvoi à plus tard de la question des revendications françaises et italiennes, des problèmes des Balkans et de la reconstitution de la Pologne ». Mais l'engagement d'avril 1917 n'ayant pas balayé la politique des deux fers européens au feu, Wilson y louait d'abondance le « grand peuple » allemand, « les grands peuples des Empires centraux » et déclarait « qu'il ne saurait être question de "démembrements d'Empires" ». Il incite – avertit Jusserand – à « se bercer d'illusions sur la parfaite innocuité du peuple allemand du jour où il serait doté d'un gouvernement responsable [...] Le vrai danger est la porte ouverte à des réformes plus ou moins sincères et plus ou moins durables en Allemagne, valant à ce pays une rentrée prématurée dans le cercle des nations honnêtes, et laissant à l'élément dominateur la faculté de reconquérir sournoisement, comme il s'y entend, ses anciennes positions, sachant bien que, excédées de la guerre comme seront les nations à la fin de ce conflit, on ne la lui fera pas pour chaque pas en avant qu'il effectuera en vue de la restauration de son pouvoir ». La note de Wilson « donne d'autant plus à réfléchir que [...] plus nous lui demandons son concours, financier, militaire, naval, etc. (et nous n'y allons pas à demi), plus nous le rendons maître de la situation, maître de l'heure, et faisons de lui l'arbitre du monde ». Wilson ayant seul répondu à Benoît XV, il « aura parlé en fait au nom de tout le monde, et notre silence est une quasi-consécration d'idées et de formules se prêtant à plusieurs interprétations qui ne sont pas toutes à notre avantage. Son autorité, au point de vue du règlement définitif, se trouve par là considérablement [renforcée] ».

La note du pape flagornait Washington, maillon faible de l'Alliance. Son offre de désarmement et d'arbitrage reproduisait celle que Pacelli avait recueillie fin juin 1917 à Berlin : « L'Allemagne [...] est disposée à traiter de l'arbitrage et de la diminution des armements, dans des conditions de réciprocité. » Le 31 juillet, Erzberger, dans un entretien avec un « informateur – un ecclésiastique français » - et Marchetti, déclara que le Reich réclamait « le désarmement et l'arbitrage obligatoire » (« le principe de la renonciation réciproque à ces réparations écart[erait] », traduisit Paris, « la question des responsabilités »). « La liberté des mers et le principe de la porte ouverte » proclamés satisfaisaient (sans frais) les revendications commerciales américaines[26].

---

26. Pacelli à Gasparri, 27 juin, *Allemagne*, 370, lettre de Morier n° 2658, 31 juillet, et tél., Paris, 28 août 1917, *Paix*, 7 et 13. Commerce, Fischer F., *Buts*.

Les projets germano-vaticans avant la défaite

Erzberger, Pacelli et Marchetti fournissent aussi la clé d'interprétation des clauses territoriales de la note pontificale précisées entre espoirs de victoire allemande, avec l'effondrement du front oriental, et craintes de la défaite promise par le renforcement du front occidental. Pacelli révéla alors les plans communs en négligeant les prudences minimales que Gasparri prescrivait encore. Il fut secondé par « une nouvelle intrigue » germano-vaticane « tram[é]e » par maint sondage en Belgique et dans les Empires centraux depuis le début de 1918, que les Français apprirent en interceptant la correspondance Gasparri-Pacelli des 8-22 février. Le 8, le nonce réclama, outre des instructions pour savoir quoi répondre aux deux empereurs, « son transfert à Berlin pour faciliter ses contacts avec le gouvernement allemand » : première d'une série de suppliques prouvant l'insincérité d'une de ses proclamations d'après-guerre aux diplomates français, son aversion pour la capitale protestante. Gasparri lui demanda le 12 communication des « conditions de paix de l'Autriche », en « fai[sant] vite afin d'empêcher si possible la prochaine offensive annoncée » de l'Entente.

Informé du détournement du courrier, il agréa l'idée de Pacelli d'effectuer cette démarche « par une voie très sûre », son « voyage à Rome » si c'était « absolument nécessaire ». Le nonce y fut donc invité par « télégramme ouvert pour éliminer cependant tous commentaires possibles, pour cause de maladie de sa mère » (qui « se port[ait] parfaitement bien »)[27] : modèle des courriers fictifs à opposer aux accusations ultérieures. Il était porteur d'une lettre autographe d'Hertling et Czernin le chargeant « d'insister » pour que le Saint-Siège obtînt de Wilson et du roi d'Angleterre une paix rapide. Le 15 mars, à son arrivée à Rome pour un séjour prévu jusqu'au début d'avril, il soutint « les prétentions de l'Allemagne » au point d'apparaître « au personnel de la secrétairerie d'État » plus zélé que les étoiles romaines du « parti allemand » : Berlin veut « continuer la guerre » et n'envisage la « paix que de la manière suivante », déclara-t-il avant de dévider la liste, incomplète, de ses revendications territoriales[28].

• L'expansion en Europe orientale

Je l'ouvre sur l'Europe orientale, vouée à l'expansion germanique que le Vatican consoliderait, en commençant par deux pays non cités par Pacelli. Son silence sur la Pologne et la Russie, condamnées à la même *Pax germanica,* mérite explication.

---

27. Novembre 1917-janvier 1918, *Paix*, 15-16, tél. Barrère, après le 22 février, Margerie à Jusserand, Paris, ? mars, Pacelli, 12, 17, Gasparri, 22 février, et Barrère, reçu le 17 mars 1918, *Paix*, 16.
28. Note sur les 15 et 16 mars, et tél. Barrère, reçu le 16 mars 1918, *Paix*, 16.

Le sort de l'ancien royaume de Pologne. Le vague de l'offre du 1er août 1917 sur la Pologne ne signifiait pas appui à la renaissance « de l'ancien royaume de Pologne » indépendant. Les émissaires des Empires centraux avaient depuis 1915 avec ceux du Vatican décidé du sort non pas de « la Pologne », mais des « territoires » que s'étaient partagés à la fin du XVIIIe siècle ses trois vainqueurs. L'un d'eux, « la Russie détestée », dont la Pologne constituait aussi un but de guerre, était hors-jeu. La résurrection « de l'ancien royaume » à laquelle Bernstorff avait en 1915 tenté de gagner House ne bénéficierait qu'aux deux autres. En juillet 1915, on avait parlé de recréer un « État tampon allié [...] contre la Russie » regroupant la Galicie, la Pologne russe et une partie de la Posnanie « avec pour roi un archiduc autrichien ayant attaches polonaises ». « Pour se dédommager l'Allemagne s'annexerait les provinces baltiques » de l'Empire russe. « La création d'un royaume de Pologne autonome sous un archiduc autrichien » évoquée par Marchetti arrivant à Suisse n'avait donc rien d'« idées personnelles »[29].

Ce plan était vite devenu allemand, malgré la cerise autrichienne sur le gâteau, le roi-archiduc Charles-Étienne, d'ailleurs « connu pour ses sentiments germanophiles ». Fin 1915, Vienne apprit que l'accord sur la Pologne dépendrait de son adhésion au « projet [allemand] d'union douanière » qui, le *Zollverein* en faisait foi, lui ôtait tout espoir de survie. Le mythe d'une Pologne autrichienne s'effrita donc. En avril 1917, Scheidemann présenta aux délégués russes à Stockholm ces conditions mensongères de paix : une « Grande Serbie » (Bulgarie, Serbie et Monténégro) « sous l'hégémonie de l'Autriche » ; sur la Pologne, tout en leur mentant sur « la formation d'un État polonais restreint à la Pologne russe », il ne cita même pas Vienne. Benoît XV, le 1er août, attaquait la Russie en évoquant les « souffrances endurées, spécialement pendant la guerre actuelle » : il n'avait condamné que son occupation de la Galicie autrichienne. Son silence sur les objectifs antagoniques de ses alliés en Pologne signifiait alignement sur ceux du plus fort, comme dans le reste des zones qu'ils se disputaient : Erzberger avait, le 31 juillet, déclaré devant Marchetti « que le sort de la Pologne », comme celui de l'Italie, de la Roumanie et de la Serbie, serait « réglé par la conférence de la Paix ». Le traité de Brest-Litovsk du 3 mars 1918 annonça la couleur, « abandonn[ant] les Polonais de la province de Cholm à l'Ukraine »[30] : la perspective d'une

---

29. Courrier de Rome, fin juin 1916, F° 228, *Paix*, 4, tél. Paléologue n° 957-959, 22 novembre 1914, *Paix*, 1, Jusserand, depuis le 30 mai, surtout lettre n° 477, 3, et tél. n° 410, 7 juin, Beau, tél. n° 886, 21, et lettre n° 609, 29 juillet 1915, *Paix*, 2.

30. Fischer F., *Buts*, p. 250 et *passim*, tél. Beau n° 1514, 31 décembre 1915, *Paix*, 3, Jusserand n° 423, 13 avril, lettre de Morier n° 2658, 31 juillet 1917, *Paix*, 7, et tél. Barrère, 12 mars 1918, *Paix*, 16.

Pologne agrégée à l'Ukraine *allemande* déplaisant à Vienne, on comprend le mutisme de Pacelli.

L'exclusivisme allemand de cette ligne fut confirmé à l'été 1918 à deux catholiques français, Denys Cochin et Guérin. Le premier, « fils du meilleur ami de Montalembert », vint en mission à Rome fin juin pour tenter de convaincre Benoît XV de « redresser la Pologne contre l'Allemagne ». On ne lui dit rien d'encourageant, mais il présenta fin juillet en termes « optimistes » une décision prise sur ordre de Berlin, l'envoi en Pologne du « visiteur apostolique » Achille Ratti (futur Pie XI). Lui ayant prêté dans *Le Gaulois* « des sentiments très favorables à l'Entente » et le propos : « si j'étais plus jeune je prendrais un fusil pour aller combattre dans les rangs des alliés », il fut sèchement démenti par l'*Osservatore* : Ratti n'est pas si « belliqueux ».

Guérin, moins ultramontain, fut reçu en juillet par un Gasparri très évasif quand il condamna l'idée d'une Pologne « sous l'hégémonie allemande [et...] insist[a] en précisant qu'il s'agissait de la *Pologne intégrale* et non pas seulement de la fraction enlevée à la Russie. Il m'a alors parlé de la mission confiée à Mgr Ratti », du « réel intérêt » qu'attachait la Curie à connaître « ses impressions » et à « suivre la question de près ». Le pape, brièvement rencontré le 13 juillet, esquiva aussi. Les appétits allemands à l'Est avaient en effet grandi depuis Caporetto (31 octobre 1917) et l'épuisement autrichien. Pacelli, dans un rapport rédigé après une réunion vers le 20 juillet chez Michaelis, entouré de collaborateurs, dont son « ambassadeur » (en Ukraine), avec le successeur de Czernin, Stephan Burian, et les chefs des groupes du Reichstag, fut net : Vienne espère placer « sous protectorat autrichien », pour équilibrer l'hégémonie allemande en terre russe, un royaume de Pologne incluant la Galicie, mais Berlin veut y « avoir les mains libres » et utiliser « les chemins de fer [...] pour les transports allemands. Rien n'a été décidé »[31].

L'ancien Empire russe. Tout l'était sur l'ancien empire des Romanov. Mise à part sa curieuse mention de l'Arménie, imputable à l'engagement allemand d'« abandonn[er] les Arméniens à la Turquie » alliée, la note du 1er août 1917 couvrait des exigences allemandes illimitées. Paris et Petrograd le comprirent sur-le-champ : « l'omission de la Russie et des États balkaniques [...] au point de vue non seulement du droit des peuples, mais même de l'évacuation des territoires occupés est soulignée comme une preuve de l'intention systématique de sacrifier les nationaux de l'Europe orientale aux puissances du Centre. » « Le gouvernement provisoire » en conclut « que la proposition en question [était]

31. Note de ou pour Canet, 8 mai, lettre de Cochin à Pichon, 26, tél. Pichon à Barrère n° 1647, 28, lettre de Cochin à Gasparri, 30 juin, tél. Barrère, n° 1559, 23, et sans n°, 24, lettre de Guérin à Pichon, 26 (souligné dans le texte), *Saint-Siège*, 12, et tél. Barrère, 20 juillet 1918, *Paix*, 74 (et vol.).

ouvertement dirigée contre la Russie » : le silence de Benoît XV sur l'évacuation de ses territoires (à la différence des cas belge et français) valait soutien au projet d'« annexions territoriales » germaniques. Dans la période suivante, Marchetti tenta d'allécher ses interlocuteurs occidentaux de l'Entente : il déclara à dom Ernesto Vercesi, du Bureau de la Propagande italienne en France, venu en septembre-octobre aux nouvelles en Suisse, « que la France pourrait obtenir toute l'Alsace-Lorraine, à condition que l'Allemagne pût s'agrandir aux dépens de la Russie ». L'offre à géométrie variable devint le 20 septembre pour un prêtre français : « à la France pourrait être rendue une partie de la Lorraine et voire toute l'Alsace-Lorraine si on permet aux Allemands de s'arrondir du côté de la Russie. » Les mois suivants, liquidant le front russe, dispensèrent Rome de ces duperies. Gasparri exalta Brest-Litovsk, « grande victoire » allemande sanctionnant « la défaite et l'anéantissement de la Russie ». La signature du traité n'avait d'ailleurs été « qu'un prétexte. L'intervention du Saint-Siège est combinée depuis quelque temps déjà entre l'Allemagne et la papauté », assura Barrère. Pendant son séjour romain, Pacelli n'eut donc pas à traiter le cas russe, réglé par « l'effondrement de la Russie que Rome exécrait »[32].

Le Saint-Siège avait reçu depuis mars 1917 des moyens accrus pour germaniser la Galicie, l'Ukraine et les Pays baltes : libérale, la révolution avait abrogé « toutes les lois d'exception » contre le culte catholique, supprimé « tout contrôle sur la correspondance [...] entre les catholiques et le Saint-Siège » et accepté d'accueillir les congrégations, jésuites inclus. La « loi nouvelle » ne prévoyait de concertation État-Vatican pour créer de nouveaux diocèses qu'en cas d'octroi de crédits budgétaires. Cette liberté illimitée seconderait « le grand dessein de l'hégémonie allemande ». Szepticky, *deus ex machina* uniate libéré par la jeune République, reprit aussitôt ses activités. En juillet 1917 on le vit à Stockholm, « en route pour l'Italie ». Mais « le pape », tout à sa « campagne pacifiste », tint « pour inopportune [s]a venue à Rome », vu ses « attaches avec la Cour de Vienne trop nettes ». Il lui ordonna donc de rejoindre en Suisse la cohorte germanique puissamment renforcée depuis le début de l'année. Szepticky figurait en août parmi « les puissants personnages » fréquentant les centres religieux de « propagande pacifiste germanique » déjà cités, Bülow, Erzberger, Gerlach et Ledochowski (alors à Einsiedeln), mobilisés par le dossier « ukrainien ».

Vassal de Vienne, Szepticky incarna le lâchage romain des Habsbourg pour les Hohenzollern : « il parlait beaucoup et agissait plus encore comme un agent décidé des Empires centraux. Il considérait le triomphe de l'Austro-

---

32. Barrère, 12 mars 1918, *Paix*, 16, Noulens, ? août, Paris, 28 août, *Paix*, 13, lettre n° 578 de Barrère, 14 octobre, *Paix*, 8, note anonyme, 21 septembre 1917, *Paix*, 14, tél. Barrère n° 485, 6, et n° ?, 12 mars, *Paix*, 16, et lettre de Guérin, 26 juillet 1918, *Saint-Siège*, 12.

Allemagne comme un fait acquis. Il recevait les membres des comités slaves qui pullul[ai]ent en Suisse, en particulier à Lausanne. Il [s'est] occupé entre autres de l'affaire ukrainienne avec une faveur toute spéciale. Il a rencontré le prince de Bülow » et les chefs bénédictins et jésuites affectés à ce secteur.

Simultanément, le Vatican remania son organisation orientale anti-schismatique : le 1er mai 1917, il créa, auprès de la congrégation de *Propaganda Fide* (propagation de la foi), dite de la Propagande (organisme ne régissant désormais que les missions de rite latin), celle de l'Orientale *(Congregatio de Ecclesia Orientali)*. Son statut et ses attributions (celles de la Propagande d'avant la réforme de 1908) figurèrent au canon 27 du nouveau Code canonique du 28 juin 1917 : « l'Orientale » reçut « pleine autorité » sur « les pays de rite oriental, c'est-à-dire l'Empire ottoman, et [ceux] de rite oriental dominant, c'est-à-dire tous les Balkans, l'Ukraine et la Russie proprement dite » – bref, l'Europe orthodoxe et ses marges. Signe de la priorité ukraino-russe de l'Orientale, Szepticky devait en être nommé secrétaire et était en début d'été « certain » de recevoir le chapeau au prochain consistoire[33]. Elle fut dotée en octobre 1917 d'un instrument uniate, l'« Institut [pontifical]oriental » : cette machine de guerre au service de l'expansion allemande contre la Russie, les Pays baltes, la Pologne et les États successeurs gagna en notoriété quand le cours des choses russes grima en croisade anti-bolchevique ces plans de conquête territoriale.

La Serbie. Belgrade avait bien avant la note du 1er août reçu notification de son avenir germanique. Elle avait dès la fin août 1914 ratifié « à l'unanimité » son concordat fantôme, ce dont le Vatican s'était abstenu, convaincu qu'il « suivra[it] le sort politique de la Serbie » dicté par la « victoire des Empires du Centre ». À quoi bon « donner une consécration solennelle aux relations diplomatiques avec un pays que les événements exposent à être rayé de la carte de demain » ?, clamait Gasparri qui, « dans cette affaire, comme dans d'autres, subit la pression du groupe [...] austro-allemand ». « Le Saint-Siège ne [voulait] pas [davantage] entendre parler [...] de la nomination d'un ministre serbe accrédité » et n'agréa Gavrilovitch, pressenti comme ambassadeur, qu'à titre d'« agent officieux ». Ce modeste « délégué » interdit de « lettres de créance » à son arrivée en juillet 1915 fut requis de protester, comme Petrograd, « contre l'omission faite de la Serbie dans la note pontificale sur la paix ». Gasparri lui confirma début octobre 1917 toutes les craintes serbes : par ses allusions au texte pontifical, notamment à

33. Notes Loiseau, Rome, 5 octobre 1917, *Paix*, 13, et sur la « politique catholique », 31 mars 1920, *Saint-Siège*, 2, tél. Barrère n° 1022-1023, 1er, note, Genève, n° 201, 14 août, *Paix*, 8 ; fiches Morier n° 1901 et n° 1903, 24 septembre, *Paix*, 14, notes « Saint-Siège et Églises orientales », 20 octobre, et « Congrégation des Églises orientales », 10 juillet 1917, *Canet*, 35 (et Stehle H., *Eastern, passim*).

« l'esprit d'équité » sur les questions balkaniques, par son éloge de la Bulgarie alliée des Empires centraux et, seul propos précis, en prônant « la solution du conflit sous la forme de concessions réciproques et, au besoin, d'échanges territoriaux » comme la restitution d'« une partie de l'Alsace-Lorraine » contre « l'abandon de quelques colonies, Madagascar par exemple ». La suite balaya, avec ces offres d'échanges, les espoirs autrichiens que Scheidemann flattait encore en avril 1917.

En mars 1918, Pacelli inclina la balance vers Berlin : Serbie et Monténégro seraient unis « en un seul État, dont on détacherait une petite partie qui serait annexée à la Bosnie-Herzégovine ». Ici, Vienne recueillerait des miettes et, du côté italien, un dédommagement incertain : le Reich envisageait « discussion » sur la « restitution des territoires occupés en Italie [...,] certains d'entre eux devant faire retour à l'Autriche ». La phase finale des espoirs de victoire confirma l'avenir *allemand* d'une Serbie vaincue avec le « traité d'union économique, douanière et financière » signé par Guillaume II et Charles Ier le 12 mai 1918, alors que « l'Autriche-Hongrie était plus que jamais à la discrétion de l'Allemagne » : ce « Zollverein austro-allemand » dont « les modalités » furent remises à la conférence d'experts réunie à Salzbourg de juillet à octobre « agrég[erait] de force [au] groupe économique » austro-allemand la Serbie comme les « autres pays de l'Europe centrale »[34].

La Roumanie. Le Reich prétendait aussi régler « par la conférence de la Paix [...] le sort de la Roumanie », où sa victoire avait auguré l'avenir germano-vatican des vaincus. La conquête de 1916 fut achevée par le traité de Bucarest du 7 mai 1918 qui par ses « clauses économiques rigoureuses [...la] subordonn[a] étroitement [...] au système germano-austro-hongrois ». « Le plus "prussien" » des diktats imposés à un vaincu de l'Entente au « sommet des succès de Berlin pendant la Grande Guerre » (G.-H. Soutou) comporta son volet « religieux ». L'article 27 de ses « annexes » secrètes sur le régime des cultes, œuvre de Gasparri et Pacelli, mit sous « protectorat déguisé » ce pays à majorité orthodoxe, qui ne comptait que deux diocèses catholiques, Bucarest et Jassy : « sous l'apparence d'une concession générale » à la liberté du culte catholique, il fut livré à « une entreprise effective d'absorption de toute l'influence [...d]u catholicisme au profit des Empires centraux ». Bucarest ne parvint même pas à savoir « si l'Église catholique de Roumanie

34. Lettres n° 3 de Boppe, Nish, 28 août 1914, tél. Barrère n° 206, 20 mars, notes Loiseau, Rome, 22 juillet, 15 septembre 1915, *NS*, *Serbie*, 28 ; notes pour Barrère, 18 septembre, *Paix*, 14, Loiseau, 5, tél. Charles-Roux n° 1360, 9 octobre, *Paix*, 15, Jusserand n° 423, 13 avril 1917, *Paix*, 7, Barrère, reçu le 16 mars 1918, *Paix*, 16, et lettre n° 75 de Charles-Roux, Prague, 24 mars 1931, *Autriche*, 195.

continuerait à relever de la Propagande ou passerait sous la juridiction de la [...] nouvelle » Orientale.

La tutelle du Reich fut garantie par les chefs des deux diocèses, comme avant guerre, où le catholicisme, aussi étranger que le roi Hohenzollern, était devenu « un véritable élément de germanisation ». L'archevêque latin de Bucarest nommé en 1905 (à 43 ans), Mgr Raymund Netzhammer, était tenu par les Roumains pro-Entente pour un « germanophile des plus dangereux ». Allemand de Fribourg-en-Brisgau, ce bénédictin d'Einsiedeln, ancien recteur du « collège grec [de nom] de Rome », « pionnier du germanisme », « recevait une subvention de la maison de Habsbourg ». Son clergé se composait d'« Allemands, Hongrois et Polonais si dévoués à la cause allemande qu'ils [avaient] spontanément abandonné leurs paroisses en août 1914 pour offrir leurs services à l'Allemagne ». Laquelle les avait « renvoy[és] à leur poste où ils pouvaient [la] servir plus efficacement que partout ailleurs ». Écoles et hôpitaux catholiques, germanophones, étaient », comme les archives diocésaines, « confiés à des Allemands. Netzhammer avait multiplié « les cérémonies religieuses en l'honneur des succès des Puissances centrales pendant l'occupation allemande ». Il se félicita devant les sœurs allemandes de la Charité des clauses religieuses du traité : son ordre serait « désormais représenté par un personnel austro-allemand, ou accrédité par les autorités austro-allemandes ». Le diocèse de Jassy, à l'Est - au contact de la Bessarabie russe -, était vacant depuis le décès, en 1916, de son titulaire italien, Mgr Joseph Camilli, : « le bruit » courut en juin 1918 qu'il serait remplacé par « un prélat magyar »[35].

• L'Europe occidentale

Si l'Est pouvait être germanisé sans précautions, la carte américaine et à moindre degré britannique imposait concessions formelles. L'illustra mieux que tout le cas de la Belgique, où la tactique joignit la pression à la capitulation et la séduction pour abattre une fragile Entente franco-anglaise. On comparera d'ailleurs ces habiletés belges à l'entêtement jusqu'au bout sur l'Alsace-Lorraine.

La Belgique. Dans cette zone vitale pour le commerce de l'Allemagne et de la Grande-Bretagne, facteurs extérieurs et intérieurs de désagrégation se conjuguaient. La formule de la note du pape, « restitution de

---

35. Lettres de Morier n° 2658, 31 juillet 1917, *Paix*, 7, n° 75 de Charles-Roux, 24 mars 1931, *Autriche*, 195, Soutou G.-H., *L'or*, p. 682-683 (depuis février 1918, p. 668-683) ; note Loiseau, 6, et lettre n° 299 de Barrère, 21 juin 1918, et tout juin ; Information, 18 mars 1919, note « Le Saint-Siège et la grande Roumanie », Paris, 26 mars 1920, lettre de Manneville n° 199, Bucarest, 6 juillet 1924, et note Loiseau, 6 juin 1918, *Roumanie*, 25. Avant 1914, lettres de Descos, Bucarest, 10 mai 1901, et de Grimault, 7 juin 1905, et n° 29, 24 septembre 1905, *NS, Saint-Siège*, 10 (et 9-10).

la Belgique dans son intégrité avec réparation des dommages qu'elle a subis », fut choisie, selon le ministre de Bavière à Berne, von Bohme, pour « incliner les Anglais à envisager plus volontiers les solutions pacifiques ». Astuce efficace car, inquiète de « la défection russe », Londres ne s'intéressait qu'à la libération de la Belgique, seule « nécessaire à son indépendance propre » : elle « proposa à l'Allemagne de faire la paix à [cette] condition », et Ribot puis Paul Painlevé « furent habilement abusés par la diplomatie anglaise ». Gasparri pressa Pacelli d'obtenir du Reich une déclaration en ce sens, faite le 30 août 1917. Londres poussa donc Bruxelles au compromis, et Erzberger eut en Suisse des entretiens secrets avec « des personnalités » britanniques et américaines fin 1917.

L'attitude vaticane s'explique d'autant mieux que Washington semblait ne pas disputer aux Anglais leur hégémonie en Belgique. Le septième des « quatorze points » du message de Wilson au Sénat, le 8 janvier 1918, relança le dossier : « il faut que la Belgique [...] soit évacuée et restaurée, sans aucune tentative pour restreindre la souveraineté dont elle jouit au même titre que toutes les autres nations libres. *Aucun autre acte isolé ne saurait servir autant que celui-ci* à rendre aux nations leur confiance en les lois qu'elles ont elles-mêmes établies et fixées, pour régir leurs relations réciproques. Sans cet acte réparateur, toute l'armature du droit international et toute sa valeur seraient ébranlées à jamais. » Cette souveraineté si prioritaire était ambiguë, puisque définie par les « lois », c'est-à-dire les traités de 1831 et 1839 stipulant neutralité absolue, exclusive de toute alliance militaire. Ce fut l'occasion d'une nouvelle manœuvre germano-américaine de rapprochement : le 10 février, Gasparri télégraphia à Pacelli qu'il devait absolument faire souscrire le chancelier à « notre proposition », faute de quoi la Curie ne pourrait certifier à Washington que Berlin « accep[ait] l'article 7 ».

Cette supplique ramène à la note du 1er août 1917, rédigée pour ne pas gêner le plan d'expansion allemande dans cette zone d'influence du camp adverse. Berlin avait en effet abandonné en 1915 l'idée d'annexion au profit du retour formel au « statut antérieur ». Hartmann transmit fin novembre 1915 à Rome « les projets pacifiques » de Guillaume II d'« indépendance de la Belgique » instituant « un contrôle allemand » plus strict que celui prévu en 1914 : retour à la neutralité des traités de 1831 et 1839 et octroi au Reich de « privilèges économiques et commerciaux » liquideraient « l'influence franco-anglaise ». Bethmann-Hollweg mit le 5 avril 1916 devant le Reichstag les points sur les i : émergerait de cette guerre « une autre Belgique », qui ne serait plus jamais « un État vassal de l'Angleterre et de la France ». Le Vatican s'aligna. « Le marquis [Filippo] Crispolti, ami personnel de Benoît XV », prôna dans le *Corriere d'Italia* du 5 juillet 1916 « la libération de la Belgique », qui recouvrerait « une vraie indépendance de fait » excluant qu'elle fût « entraînée par force dans aucun des deux groupes rivaux ». La note du 1er août 1917 reprit les conditions allemandes notifiées par Pacelli le 27 juin (« restitution de la Belgique, avec des garanties, pourtant, de son absolue indépendance vis-à-vis de l'Angleterre et de la France, dans les domaines politique, militaire et financier ») : « évacuation totale de la Belgique, *avec garantie de sa pleine indépendance politique, militaire et économique, vis-à-vis de n'importe quelle Puissance* ». Cette définition de l'« indépendance [...] en détruit la valeur et en retourne le sens », observa en octobre le rédacteur (Barrère ou François Charles-Roux, son attaché depuis 1916) d'un long rapport intitulé « Vatican, Belgique et Allemagne »[36].

Le Vatican comptait aussi sur une politique intérieure « catholique au sens politique du mot en Belgique » - formule du « catholique convaincu » van den Heuvel -, c'est-à-dire ultramontaine. Il s'était mis au service de la politique d'occupation allemande partagée entre « les promesses [et] la torture » : « division administrative » pour se « concilier les Flamands » et faire réfléchir les gouvernants, déportations pour vaincre les résistances, usage des « missions, socialistes et catholiques, [pour] calmer les rancunes et ouvrir les voies à la réconciliation », « propagande catholique » exacerbant les rancœurs flamandes contre « "l'influence du radicalisme français" sur les Wallons ». La note du 1er août suscita « la joie dans les cercles militaires de Calais » et aiguisa « les dissensions » au sein du gouvernement belge. Paris ne put, en dépit d'efforts répétés, empêcher sa soumission : après mainte approche, Bruxelles adressa avec l'aval de Londres une réponse officielle courtoise à la note d'août, que l'*Osservatore* publia triomphalement le 23 janvier 1918 : « M. van den Heuvel, soutenu par le parti catholique largement représenté dans le cabinet belge, a fini par avoir gain de cause ».

La « politique intérieure » avait lourdement pesé dans la démarche, doublée d'une lettre personnelle d'Albert Ier à Benoît XV. Depuis octobre 1917, le roi était « fort abattu, non seulement de la longueur de la guerre, mais aussi des perspectives peu séduisantes que lui réserver[aie]nt, au lendemain de la paix, les convoitises socialistes ». Il avait fait dire au pape par son intime Henry Carton de Wiart « qu'il regrettait sincèrement de n'avoir pas pu répondre à sa note, en présence du silence de l'Entente ». « Diverses personnalités, flamandes pour la plupart », du catholicisme institutionnel hégémonique depuis trente ans, avaient frémi à la nomination du libéral Paul Hymans aux Affaires étrangères et redoutaient une évolution électorale « dans un sens avancé » : l'adresse au pape visait donc à « atténuer ces » périls. « Acculée à l'héroïsme » sous peine de destruction, la Belgique y répugnait par hantise sociopolitique, que le fils d'Albert Ier (Léopold III) porterait à son comble vingt ans après. C'est l'épée (française) dans

36. Tél. Beau n° 603, 22 septembre 1917, *Paix*, 14, EMM, 14 août 1919, *Saint-Siège*, 2, tél. Beau n° 55, 12 janvier, *Paix*, 9, Barrère, 22 février 1918 (souligné par moi), note anonyme « Vatican », 15 octobre, *Paix*, 15, et Pacelli à Gasparri, Berlin, 27 juin 1917, *Allemagne*, 370.

les reins qu'elle réaffirma début février 1918 son attachement à une paix qu'elle ne signerait « qu'en plein accord avec les puissances garantes de son indépendance » : ce propos clair fâcha Gasparri.

Pacelli acheva le 15 mars 1918 de clarifier l'offre d'« indépendance » d'août 1917 en présentant les conditions allemandes de « paix » : « restauration de la Belgique mais Anvers devenant une base navale et commerciale allemande », « restauration » qu'il présenta au mode conditionnel dix jours plus tard. Fin juin 1918, devant Stotzingen mandaté par le Kaiser pour reprocher au Saint-Siège ses faiblesses pour l'Entente, il explosa de haine impuissante contre Mercier. Le docile cardinal-archevêque de Malines n'avait pas capitulé devant les sirènes de la paix séparée. Tenu pour patriote, défenseur des populations des régions occupées, il est si populaire, se lamenta Pacelli, que « le Saint-Siège ne peut rien contre lui. Il est devenu pour la Belgique un héros de la guerre et une idole ». Mais, assura-t-il, on l'a neutralisé : on lui a administré « de sévères avis de prudence et de réserve [qui] ont eu de l'effet car depuis longtemps il ne lui est plus parvenu de plaintes de la part des autorités allemandes en Belgique occupée »[37].

La France : des colonies à l'Alsace-Lorraine. Il était inutile de ménager du côté anglo-américain la France haïe. Comme pour l'Italie de Sonnino, la note du 1er août 1917 renvoya ses « questions territoriales » aux rapports de forces militaires ultimes, sans un mot sur l'Alsace-Lorraine. C'est, clamèrent les Allemands, par les armes seules qu'elle récupérerait la zone annexée en 1871. Ses alliés ne l'y aidèrent point, donnant à la coalition germano-vaticane les coudées franches à ce sujet comme sur les colonies, concentré des rivalités de l'Entente propice à ses intrigues.

Le Vatican avait pendant la guerre continué à préparer l'avenir colonial germanique funeste aux impérialismes britannique et français : le Reich, lorgnant les colonies de l'Entente, comptait plus que jamais sur lui pour aplanir ce gros terrain que lui vaudrait la victoire. En février 1915 à Rome, Erzberger prépara aussi l'organisation des missions allemandes en « Orient ». Le rapport qu'il rédigea à son retour pour Guillaume II ou Bethmann-Hollwegg décrivit l'adhésion à ce plan du pape et de Gasparri, ainsi « gravement compromis ». Berlin confia l'opération au RP Joseph Schmidlin, Alsacien germanisé, « depuis 1910 un dangereux agent de propagande contre les missions françaises, en particulier en Chine et en Turquie ». Son mémoire de 1916 sur les missions, *La culture alle-*

37. Lettre n° 549 de Charles-Roux, 4, note « Vatican », 15 octobre 1917, *Paix*, 15, tél. Cambon, Londres, 17, Barrère, 23 janvier, lettre n° 36, Le Havre, après le 9 février 1918, courriers de Guichen, Le Havre, 2 novembre 1917 et après le 23 janvier 1918, tél. Clinchant, 9 février, Barrère, reçu le 16 mars et du 25 mars, *Paix*, 16, et rapport Pacelli, 1er juillet 1918, *Allemagne*, 370.

mande, le catholicisme et la guerre, « expos[ait] ses idées [...] sans fard » : « nous croyons (et il le souligne lui-même) que la défaite et *l'humiliation de la France peuvent seules amener sa conversion.* Je voudrais même appliquer à ce peuple doublement fourvoyé dans l'erreur, la parole du Sauveur : *Celui qui perd son corps sauvera son âme.* » Il prescrivait « les [cinq] démarches à entreprendre auprès de la Turquie » pour chasser les Français : obtenir une convention cédant aux catholiques allemands les établissements des missions françaises ; puis un accord consacrant « définitivement » la cession ; concerter l'action austro-allemande « en ces matières » ; « traiter avec le Saint-Siège pour l'exécution des accords conclus » ; « s'occuper de recruter le personnel nécessaire ».

Ces plans poursuivaient la poussée germanique qui avait caractérisé la fin du pontificat de Léon XIII et tout celui de Pie X. Le Reich, auquel le Bagdadbahn avait ouvert l'Empire ottoman, s'y était heurté au « protectorat français ». Il comptait le « ruiner [...] en faisant appel au nationalisme turc, en se donnant pour protect[eur] de l'islam, en soutenant les entreprises sionistes *(Hilfsverein der Deutschen Juden)*, en développant ses établissements protestants et catholiques en Palestine, et en annonçant, en 1916 ou 1917, par la bouche de Mgr [John] Czernoch, cardinal-primat de Hongrie, l'exécutant de Berlin, et Schmidlin, la création de vastes fondations magyares et allemandes à Constantinople » : « un plan avait été élaboré, au plus menu détail, pour la substitution de religieux allemands aux religieux français dans tout l'Empire ottoman, et le gouvernement attendait du Saint-Siège, à la conclusion de la paix, qu'il transférât à l'Allemagne tous les droits de la France. »[38]

Il revêtit un manteau francophile au printemps de 1915, avec « la manœuvre » confiant Sainte-Sophie de Constantinople « à un cardinal français », avec « deux objectifs : faire échec à l'expansion orthodoxe ; ensuite, brouiller la France avec la Russie, en vue de dissoudre l'Entente et de la contraindre à la paix ». On contrebattrait donc les ambitions ottomanes de la Russie avec l'instrument catholique français, qu'on jetterait après usage. La création de l'Orientale en mai 1917 fut aussi gallophobe : ses études « substituer[aient] l'influence romaine à l'influence française dans les missions d'Orient ». En juillet 1918, Gasparri répondit « avec la plus grande netteté » à une demande d'explication de Cochin que « l'avenir du protectorat » dépendrait « de la situation que le conflit actuel créera[it] en Orient, particulièrement » du sort de l'Empire ottoman qui fixerait celui des Capitulations[39]. Exploitant au Levant les rivalités franco-

38. Lettres, Strasbourg, 23 mars 1922, *Allemagne*, 370, du MAE à Alapetite, sans date (sd) et sans n°, classée entre 1926 et 1927, du MAE à de Margerie, Paris, 22 septembre 1924, mémoire Schmidlin cité par Canet sur la base du *Pfeilschifber,* Amsterdam, 1916, *Canet*, 40, et note sur la « politique catholique », 31 mars 1920, *Saint-Siège*, 2.
39. Note sur le protectorat français, 17 juillet 1918, *Saint-Siège*, 12. Archives du Quai plus pessimistes que Cochin (Waché B., « Un parlementaire », p. 58-61).

britanniques, le Vatican fut secondé sur le continent par l'indifférence anglaise à l'Alsace-Lorraine et des vues américaines « assez inquiétantes ».

Selon les propos antérieurs au 1er août 1917, la France récupérerait au plus un bout de Lorraine contre cessions coloniales. De menus détails distinguèrent les offres successives, parfois dans la même journée, présentées en signe de bon vouloir par les délégués vaticans du Reich à leurs auditeurs français. La liste en est inépuisable chez Marchetti. Ayant discuté avec un conseiller de l'ambassade d'Allemagne à Berne, il le prétendit, le 30 juillet 1917, disposé « à [...] rétrocéder [à la France] la Lorraine en échange d'une colonie et à donner à l'Alsace un statut qui la placerait dans la situation du Luxembourg ». Le 31, en présence d'Erzberger, son hôte « ecclésiastique français » entendit ce refrain : l'Allemagne rendrait à la France « les parties françaises d'Alsace-Lorraine (par exemple Château Salins et Dannemarie) », et l'Alsace-Lorraine deviendrait « un État fédéral *libre* comme la Bavière ». Pacelli, dispensé de traiter avec l'Entente, dévoila le 27 juin le néant de *« quelque petite rectification de frontière moyennant compensation »*[40].

L'allusion du 1er août 1917 sur l'« évacuation [...] du territoire français » esquiva le dossier, confirmant l'adhésion d'origine à la germanisation des départements cédés. Paris jugea donc à leur valeur les avances de Benoît XV, qui ne refuserait pas « de *s'employer de tout son crédit* en vue de faciliter le retour de l'Alsace-Lorraine [si] la France [...] interven[ait] officiellement auprès de lui », et celles de Gasparri, qui déplora devant le Français Charles Loiseau l'incompréhension française. Berlin ne lâcherait rien : von Bohme affirma en septembre 1917 « qu'il ne pouvait [...] être question » de céder comme en Belgique sur cette « affaire [...] intérieure. L'Alsace a été conquise par les armes, l'Allemagne ne la cédera aux Français que si ceux-ci en font la conquête ». En septembre-octobre, on l'a dit, Marchetti, sans péril vu la conjoncture, orienta la France vers la récupération de ses provinces perdues aux dépens d'une Russie bientôt allemande. Gasparri parla de restitution d'« une partie de l'Alsace-Lorraine » contre « Madagascar par exemple », offre qui, s'indigna Charles-Roux, « montre à quelles idées en sont restés le pape et le secrétaire d'État » : « l'aveu en est précieux à retenir » sur leur campagne destinée à « induire en erreur l'opinion publique française sur leurs propres dispositions comme sur les concessions qu'ils prétendent être en mesure d'obtenir de nos ennemis. »

Le Vatican enrôla en octobre 1917 des prélats français dans l'entreprise qui cabrait Mgr Amette. Les *Gazettes de Cologne* (catholique) et *de la Croix*

---

40. EMM, 14 août 1919, *Saint-Siège*, 2, tél. n° 2197, New York, 4 octobre 1917, *Paix*, 8, Beau n° 423, 30, lettre de Morier n° 2658, 31 juillet (souligné dans le texte), Pacelli à Gasparri, Berlin, 27 juin 1917 (encadré par un lecteur du MAE), *Allemagne*, 370.

(luthérienne) dénoncèrent donc les 29 octobre et 10 novembre « le trop belliqueux archevêque de Paris ». Elles félicitèrent ses quatre homologues de Lyon, Bordeaux, Chartres et Orléans d'avoir rencontré Benoît XV à Rome puis Erzberger à Zurich pour élaborer ce compromis : la France récupérerait la seule Lorraine française, l'Allemagne conserverait le reste de la Lorraine et toute l'Alsace.

Le 15 mars 1918 à Rome, Mgr Pacelli entama par le dossier français sa liste des conditions allemandes : « restitution à la France de ses départements envahis mais restitution à l'Allemagne de ses colonies ; aucune concession en Alsace-Lorraine. » Ce diktat devint après quelques jours de tractations : « l'Allemagne n'a aucune idée de lui céder l'Alsace et la Lorraine. Tout au plus » envisage-t-elle de les lui rendre contre « compensation coloniale »[41]. Deux exemples, choisis à Rome et à Berlin-Cologne, attestent la gallophobie vaticane.

Son aspect alsacien-lorrain est éclairé par la correspondance de 1916 à 1918 entre Gasparri et Cochin, tourmenté par la haine perçue contre son pays, mais passant vite du reproche acerbe à la révérence. De l'important lot versé par Cochin au Quai d'Orsay se détache la démarche de Gasparri de février-mars 1918, après la prise en zone occupée, en janvier, de 1 000 otages, dont 400 femmes, menacés de déportation en Russie envahie. Le 18 février, il pria Cochin d'obtenir des concessions françaises valant reconnaissance en droit du caractère allemand de l'Alsace-Lorraine : « la libération des otages aurait lieu immédiatement si la France consentait aux demandes de l'Allemagne [...] 1° permettre le retour des prisonniers civils alsaciens-lorrains impropres au service militaire, selon les conventions générales relatives aux civils » ; 2° garantir l'application « aux Alsaciens-Lorrains sans aucune exception » de l'accord sur l'échange et l'internement en Suisse pour raison de santé des prisonniers militaires et civils ; 3° « relâcher tout le personnel alsacien-lorrain, conformément aux conventions de Genève. » Si la France, ajouta Gasparri, exécute sa menace d'envoyer « des notables allemands en Afrique », elle aggravera encore « les représailles » des Allemands, qui se saisiront de 1 000 autres otages : il faut « conjurer ce terrible assaut de représailles qui frappent si gravement de nombreux innocents », et le Vatican ne songe qu'à « faciliter et réaliser un accord au sujet de cette question des Alsaciens-Lorrains, qui a été la cause première de toutes ces pénibles controverses ».

Libération des otages du Nord contre abandon des provinces perdues, tel était le marché offert à un catholique français. Cochin, qui avait « perdu

41. Courrier, avant le 30 août 1917 (souligné dans le texte), *Paix*, 13, note Loiseau, 19, tél. Beau n° 603, 22 septembre 1917, *ibid.*, 14, lettre n° 578 de Barrère, 14, *Paix*, 8, tél. Charles-Roux n° 1360, 9 octobre, Barrère n° 1673, 26 novembre 1917, *Paix*, 15, et reçu le 16 et du 25 mars 1918, *Paix*, 16.

deux fils et un gendre à la guerre », le comprit, et s'indigna le 22 février : « je ne veux pas être un instrument de chantage et ne puis par conséquent me charger de cette commission [...] le Saint-Siège ne tient pas entre les belligérants la balance égale. "Avouez que l'Alsace est allemande : faute de cet aveu des Français seront déportés en Russie". Voilà le marché qu'on nous offre et que le Saint-Siège nous presse d'accepter [...] la lettre écrite au nom du pape ne contient pas un mot de blâme, pas même une parole sévère. » Quant à votre expression « "assaut de représailles" [...] il semble en vérité qu'en cet assaut le premier tort pèse sur nous ». Gasparri se déclara ulcéré le 16 mars : « le but, le seul but de ma lettre était d'empêcher les déportations » ; me prêter la thèse d'une Alsace-Lorraine allemande, « c'est un comble ! vous n'étiez pas maître de votre plume [...] par conséquent permettez-moi de considérer votre lettre comme non avenue ». Le versatile Cochin se confondit en excuses et remerciements le 26 : me voilà « rassuré par [vos] paroles si claires et si loyales[, je] m'étais ému mal à propos », etc. Cette « capitulation » devant une « lettre outrageante » lui interdit, estima Canet à l'époque du choix d'un ambassadeur au Vatican, de « représenter la France ».

Second exemple, le « rapport [...] au Vatican » d'Hartmann, en juillet 1918, illustre la liberté de ton entre alliés germano-vaticans sur l'ennemi héréditaire. On comparera sa prose glacée à ses lamentations déchirantes, quelques mois plus tard, sur le sort des vaincus : les seuls « risques » que courait la cathédrale de Reims bombardée résidaient dans « l'acharnement des Français à se maintenir », alors que les Allemands faisaient tout « pour l'épargner » ; quant au bombardement des villes de l'arrière, inutile que la Curie proposât à Berlin d'y renoncer : l'État-major comptant les poursuivre, cette requête serait vouée à « l'insuccès »[42].

L'Italie. Bien que la note du 1er août 1917 évoquât le débat « entre l'Italie et l'Autriche » sur « les questions territoriales », le dossier fut également remis au Reich. Le « renvoi à plus tard de la question des revendications [...] italiennes » dut tout à la conjoncture sinistre pour l'Entente, riante pour la Duplice. La Curie avait préparé et prévu la déroute de Caporetto (31 octobre) en spéculant sur « le besoin de paix qui se manifeste en Italie » (Gasparri). Elle avait auparavant affiché sa joie de « l'épreuve que subi[ssai]t l'Italie », son mépris et sa conviction qu'elle serait réduite à la portion congrue par une Autriche tuteurée par Berlin : le discours unifié d'Erzberger, de Marchetti et de Pacelli ne lui laissait aucun espoir. Juste après avoir, devant Erzberger, transformé pour Vercesi

42. Lettres n° 55.039 de Gasparri, 18, de Cochin, 22 février, de Gasparri, 16, et de Cochin, 26 mars 1918, *Saint-Siège*, 14 (thèse finale de Cochin, retenue par Waché B., « qu'il avait déformé la pensée de Gasparri », « Un parlementaire », p. 63), note Canet, 7 février 1921, *Canet*, 30, et tél. Charles-Roux n° 1653, 6 août 1918, *Allemagne*, 370.

l'Alsace-Lorraine en lambeaux français des dépouilles russes, Marchetti passa à l'Italie : l'Autriche lui donnerait satisfaction si elle « voyait la Pologne rentrer dans son orbite » (condition sans risque). Georg Baumberger, « alter ego » suisse d'Erzberger dont Berlin finançait le journal (les *Neue Zürcher Nachrichten)*, lui proposa cette aumône : « nous pourrons vous donner l'Albanie du Sud ». Bouillant d'impatience, Pacelli demanda le 3 novembre 1917 « des instructions sur le langage à tenir » pour « rendre responsable l'Entente [du] désastre de Caporetto ». Prudent, Gasparri lui prescrivit d'« éviter actuellement toute offre de paix séparée à l'Italie qui la ressentirait comme un affront et en serait donc confirmée dans sa résistance ». L'italophobie affichée serait compromettante : Benoît XV, « déprimé » après l'échec de ses manœuvres depuis la note d'août, s'inquiéta début novembre devant Merry del Val du « mouvement anticlérical qui se dessinait en Italie. Il a cité l'exemple des réfugiés du Frioul qui disent que la débâcle de l'armée est due à la note pontificale ». Il prescrivit donc une campagne de presse de plusieurs semaines pour « décliner la responsabilité de l'effet dissolvant que son initiative a[vait] eu sur certains pays »[43].

En mars-avril 1918, la mission romaine de Pacelli, dont le Quirinal prétendit ignorer « la raison secrète et véritable », révéla la subordination des relations italo-vaticanes aux intérêts des Empires centraux : c'est sur leur mandat que le nonce négocia avec des Italiens. Confiant dans le consensus romain sur l'opportunité de donner à l'Italie traîtresse une leçon autrichienne, il dressa le 15 mars les perspectives territoriales : l'Autriche ne lui ferait « aucune concession ; on discuterait s'il convient ou non de lui rendre le territoire occupé, ce territoire étant yougoslave », mais « certains [...] des territoires occupés en Italie [...] dev[raie]nt faire retour à l'Autriche ». Ce vinaigre n'empêcha pas d'appâter les mouches de l'État italien disposées à « la réconciliation » avec Berlin, tactique esquissée dans les conciliabules entre Pacelli, le président du Conseil, Victor-Emmanuel Orlando, le baron Carlo Monti, directeur des Cultes et « intermédiaire officieux avec l'Italie », et surtout le ministre des Finances Nitti.

Le nonce prit surtout langue avec les germanophiles notoires, auxquels il notifia « le désir du gouvernement allemand » que l'Italie fût représentée aux pourparlers de paix par Riccardo Bollati : « membre du groupe de sénateurs restés ouvertement attachés aux Empires centraux », ex-ambassadeur à Berlin, ce « germanophile impénitent » avait tenté d'« éviter la rupture » italo-allemande avec une audace qui entraîna sa « mise à la retraite anti-

43. Note Lansing et lettre de Jusserand, fin août 1917, *Paix*, 13, note Loiseau, 5, *ibid.*, 15, tél. Beau n° 746, 29, *Paix*, 8, Barrère, lettre n° 578, 14 octobre, *Paix.*, 8, tél. n° 1507, 3 novembre 1917, *Paix*, 15, lettre n° 28, 28 janvier 1922, *Saint-Siège*, 10, tél. n° 1574, 12 novembre, et n° 1737, 6 décembre 1917, *Paix*, 15 et 16.

cipée ». Il leur transmit la « lettre [du banquier] Helfferich » déjà citée sur les liens à renouer entre *Deutsche Bank* et *Banca Commerciale.* Au premier de ses entretiens avec Nitti, « fort long », le 16 mars dans sa voiture, dont il « tira les stores », il se dit « chargé d'offrir à l'Italie une rectification de frontière dans le Trentin, et la proclamation de Trieste ville libre ». Du 16 au 25 mars, il fit miroiter à ses interlocuteurs des « combinaisons comportant des concessions territoriales réciproques » : vague sur la cession par l'Autriche de « territoire occupé », il précisa la demande de Vienne, une colonie, la Somalie, l'Érythrée ou tout équivalent. Les Italiens rejetèrent sa duperie, d'où « son empressement à rentrer à son poste » bien qu'il eût annoncé vouloir rester à Rome jusqu'à Pâques. Orlando, démentant l'ignorance qu'il avait affectée sur l'objet de la mission du nonce, sonda alors Lloyd George « sur la possibilité d'une paix séparée avec l'Autriche ».

Rentré à Munich en avril, Pacelli reçut de nouvelles « instructions [de] négociations secrètes avec Berlin et avec Vienne » en vue de les « rallier [...] à des conditions de paix » acceptables par l'Entente. Autour du 20, Gasparri lui demanda d'exclure Tripoli de ses « propositions de négociations » austro-italiennes : satisfait du sens de la conciliation de l'Italie disposée à « faire le sacrifice de quelques colonies », il souhaitait « obtenir quelque chose de l'Autriche » en échange[44].

---

44. Tél. Barrère, reçus les 17, 16, des 22 et 25, note sur les 15 et 16 mars, tél. n° 812, ? avril, et reçus les 20 et 24 avril 1918, *Paix*, 16.

CHAPITRE 2

De la défaite des Empires centraux à la paix de Versailles (1918-1920)

I. La perception de la défaite de l'été à l'automne 1918 : de la fébrilité à la panique

Du printemps à l'été 1918

Les espoirs placés dans la victoire de la Duplice fléchirent au printemps avant de s'effondrer de l'été à l'automne 1918. Dès mars, Pacelli douta : « les Allemands savent que les Alliés ont fait de grands préparatifs pour la prochaine offensive et comptent beaucoup sur des succès. [Ils s'en] montrent très inquiets mais ils n'en sont pas moins décidés à ne rien céder. » Il comptait cependant encore sur les États-Unis pour lâcher l'Entente et ménager les Empires centraux : il « a dit que "l'unique planche de salut désormais était l'Amérique [...] si [elle] ne veut pas continuer la guerre le conflit devra cesser" ». Mais en mai, Rome « considér[a] comme virtuellement manquée [...] l'offensive allemande sur le front occidental »[1].

1. Tél. Barrère, 22 mars, *Paix*, 16, et renseignement 2e bureau EM Armée, intitulé « Choses du Vatican », Paris, (EMA), 21 mai 1918, *Saint-Siège*, 1.

Bien que le vent tournât, sa subordination demeura totale. En témoigne l'entretien, fin juin, de Pacelli avec Stotzingen, « ami personnel » du Kaiser chargé de transmettre ses cinq griefs contre l'« attitude du Saint-Siège à présent trop inclinée vers l'Entente ». J'ai cité leur échange sur « l'affaire du cardinal Mercier ». Les quatre autres griefs concernaient le départ des ambassadeurs allemands de Rome (2°), la nomination de cardinaux français en décembre 1916 (3°), le *Te Deum* chanté à Rome (à l'église de Santa Croce en 1918) pour la prise britannique de Jérusalem (fin 1917) (4°), le comportement amical envers l'Angleterre (5°). Pacelli « déclar[a] avoir répondu comme il le fallait », sans réussir à apaiser la « mauvaise humeur » grandissante de Guillaume II. La Curie, très affectée « qu'on se fût formé en Allemagne une semblable opinion », le chargea de « faire parvenir à l'empereur les assurances suivantes » :

2° « leur situation aurait été impossible » et si le Vatican les avait accueillis, ils « n'auraient pas joui de la liberté de correspondance [...] le cas de Mgr Gerlach, les infâmes calomnies propagées en public et en secret contre lui et le Saint-Siège font clairement voir quelle aurait été la situation des ambassadeurs » ;

3° « comme on l'a fait connaître en son temps au gouvernement allemand, l'abstention » que se sont imposée l'Allemagne et l'Autriche de revendiquer « une création de cardinaux » a été comprise par le Vatican « comme une attention délicate de ces gouvernements à [sa propre] situation difficile », visant à « éviter de lui créer de nouveaux embarras et de nouvelles difficultés » ; d'ailleurs, il « n'aurait pu garantir aux cardinaux allemands leur voyage à Rome ni un séjour pacifique dans cette capitale » ; enfin, la création de cardinaux français « n'a aucune signification pacifique », pas plus que celle des cardinaux Andrea Frühwirth et Scapinelli (nonce à Vienne de 1912 à 1916), d'autant plus que le premier « peut être considéré comme un cardinal de Curie allemand puisqu'il fait partie de cinq congrégations » ;

4° le *Te Deum* « a été ordonné par le cardinal-vicaire et le Saint-Siège ne pouvait pas s'opposer à cette manifestation purement religieuse » ;

5° « le Saint-Siège traite avec [le gouvernement anglais] comme auparavant », et il a toujours démenti « en public et en particulier » la prétention d'adhésion de Londres « à la note pontificale pour la paix ».

En juillet, en pleine offensive alliée, Hartmann, habitué du Grand-Quartier-Général, put donc après une réunion avec l'État-major enjoindre la Curie d'adapter ses prochaines nominations épiscopales aux stricts besoins du Reich à l'Est : « la Lituanie, la Livonie et l'Esthonie devant former pour l'Allemagne un territoire de défense contre la Russie, et Vilna devant être attribuée à la Lituanie, il est désirable qu'à Vilna soit nommé un évêque non polonais » - ce qui fut fait. Là où la domination militaire allemande se maintenait, on mit les bouchées doubles. « L'Allemagne avec l'aide du Vatican poursuit le but d'asservir le clergé russe, afin de mieux utiliser celui-ci à ses visées. Le Vatican tente l'union de l'Église orthodoxe et de l'église catholique romaine » : on releva en juin « une vive activité des prêtres catholiques [en vue de] persuader l'aristocratie russe de changer de religion. »[2]

La victoire militaire étant exclue, l'atout vatican se réévalua encore, avec l'enjeu de la participation pontificale à la conférence de la Paix. Benoît XV rêve, confia fin juin 1918 « un haut prélat », de prendre « la direction du congrès de la Paix, pour obtenir l'agrandissement territorial de l'Autriche et de l'Allemagne au détriment de la Russie, moyennant quelques légères concessions à la France et à l'Italie ». Le pape tenta donc le forcing contre l'article 15 du traité de Londres : tous les nonces reçurent depuis juin l'instruction d'en faire demander par les épiscopats nationaux la dénonciation solennelle à leurs États respectifs. L'entreprise, qui enrôla les neutres, notamment les Canadiens et les Espagnols, et le souple Mgr Mercier, toujours aussi détesté, éclaira à nouveau les divisions de l'Entente. Barrère, partisan de « la plus rigide intransigeance » sur la présence des seuls belligérants, fut indigné de la pression vaticane exercée sur la Belgique et de la complaisance britannique : Bruxelles devait attendrir Paris, et Londres pria « confidentiellement » Sonnino de modifier l'article 15, qui s'obstina dans le veto fin juillet. Gasparri se tourna donc vers Gibbons et, arguant du bon vouloir belge et anglais, prescrivit sa pression sur Wilson pour « lever [cette] opposition » : « un mot de M. Wilson au gouvernement italien obtiendrait tout. Que Votre Éminence le prie de le prononcer. »[3]

La flagornerie échoua, Wilson se gardant de donner au Vatican dans l'élaboration de la paix un poids qui lui serait retiré. Mais les Anglo-Saxons apportèrent leur caution aux *combinazione* vaticanes dans l'Est européen. Le Secrétaire d'État Robert Lansing confia à Jusserand vers la mi-juillet que, confrontée à une situation dégradée, l'Allemagne ferait des concessions en Belgique, en Alsace-Lorraine, dans les colonies, etc., « comptant naturellement se rattraper à l'Est ». Jusserand faisait encore partie des diplomates français que leur antisoviétisme, *de nature intérieure*, n'aveuglait pas sur les

2. Rapport Pacelli, 1er juillet 1918, *Allemagne*, 370 (Frühwirth, « Autrichien réputé allemand », avait été nonce à Munich de 1907 à 1917, note [Canet], Paris, 11 mars 1920, *Saint-Siège*, 14), tél. Charles-Roux n° 1653, 6 août, *Allemagne*, 370, et renseignement militaire, 20 juin 1918, *URSS*, 122.

3. Information, 25-28, *Saint-Siège*, 1 ; tél. Barrère n° 1212, 11 juin, lettre n° 487, Madrid, 17 décembre, *Saint-Siège*, 9, tél. Barrère n° 1512, 16 juillet, note, 12 septembre, *Saint-Siège*, 1 ; fin juillet, notamment tél. Pichon à Londres n° 2860 et Rome n° 1960, 28, Barrère n° 1598-1599, 30, n° 1615, 31 juillet, Pichon à Londres n° 2918 et Rome n° 1919, 1er août, et tél. Gasparri à Bonzano, reçu le 1er août 1918, *Saint-Siège*, 9.

conséquences françaises d'une expansion allemande en Russie. Convaincu du lien entre toutes les questions territoriales, il condamna formellement cet abandon des objectifs de l'Entente : « nous ne saurions nous déterminer trop fermement d'avance à rejeter ces propositions », sauf à accepter « la prédominance de l'Allemagne dans le monde avec certitude pour nous de nouvelle guerre contre l'Allemagne plus redoutable que jamais ». Toute l'Europe orientale était en effet concernée.

Face au projet de création d'un État agrégeant à la Serbie les Slaves du Sud arrachés à la tutelle des Habsbourg, la puissance du levier catholique échoirait, avec leur déchéance, au fondé de pouvoir vatican. Condamné à l'impuissance en Serbie orthodoxe, il s'employa à conserver la zone alentour à la vieille dynastie via le clergé, qui se dresserait contre les futures autorités : l'évêque de l'autrichienne Laibach (ou Laybach : Ljubljana, capitale de la Slovénie), que tentait l'aventure yougoslave, fut en mai 1918 sévèrement rappelé à l'ordre par le nonce à Vienne Valfrè. Pour préserver la « Fédération » austro-hongroise entre l'été et la défaite germanique, le Vatican utilisa les franciscains, vieil instrument de la dynastie autrichienne. Parmi eux se signala le RP Lambert, Autrichien de Laibach, membre du parti slovène des Habsbourg, envoyé dès 1914 en Suisse « par le gouvernement autrichien comme intermédiaire » des rapports avec le clergé des pays de l'Entente.

Ce germanophile notoire avait passé la guerre à Fribourg, avec les agents allemands, Ledochowski, Bülow, Szepticky, Gerlach, etc. Il ne fut « éloigné » du premier siège de ses activités, le couvent franciscain du « Petit Rome », qu'au début de l'été 1918 : les démarches répétées de personnalités et moines français auprès du supérieur du Couvent aboutirent enfin, issue fréquente à l'heure où le sort favorisa l'Entente. Lambert fut donc début juin 1918 transféré au collège théologique Albertinum de Fribourg, et fit à partir de ce Q-G « de fréquents voyages en Autriche ». Rome exploiterait ainsi au service de sa stratégie de sauvetage les contradictions des « franciscains de la province de Laibach, [...] Slovènes nationalistes » partisans de « l'indépendance mais [...] très dévoués à la dynastie des Habsbourg ». Atout précieux alors qu'il ne pouvait résister ouvertement à l'octroi de l'« autonomie en faveur des Slaves », du Sud ou du Nord : il devait y adhérer « dans un but politique dilatoire », affirma en juillet l'ambassadeur du Reich à Vienne Botho von Wedel. Cette campagne estivale en faveur des nationalités de l'empire présentait aussi l'avantage d'entraver les ambitions territoriales de Sonnino.

La Curie tenta de tenir ferme sur les droits menacés de la monarchie. Dans l'Empire en décomposition, la Cour sembla presque céder la place au haut-clergé, anticipant l'Autriche ultra qui prit le relais après les troubles de 1918-1920. Ledochowski demanda à l'empereur Charles d'appeler à la présidence du Conseil Max von Hussarek, professeur de droit canon à Lemberg

« tout dévoué à la cause catholique » : il ferait « approuver les crédits », après quoi on ajournerait le Reichsrat « pendant longtemps ». À ces astuces devenues dérisoires se bornait la tactique de Valfrè pour « éviter les querelles de nationalités ». Vienne chargea également la Curie de tâches de police : elle mènerait « une enquête » sur les députés serbes de l'Empire qui avaient publié une déclaration en faveur de la paix, et fournirait « des renseignements précis sur le nombre, les noms des plus influents et leurs desiderata »[4].

De l'été à la défaite

L'afflux inentamé des fonds des austro-allemands « sous le couvert du denier de Saint-Pierre » n'infléchit pas le sort des armes. Tedeschini concéda en août 1918 que les « victoires françaises [étaient] vraiment impressionnantes et que l'importance et l'étendue du concours américain étaient une surprise pour tout le monde ». La Curie alterna en octobre entre réactions antagoniques : « mauvaise humeur » devant la défaite et la défection de la Bulgarie et « la crise politique » dans le Reich (« qui aurait pu croire que l'empereur allemand en arriverait à former un ministère parlementaire et à y introduire des socialistes ? », gémit Gasparri) ; « optimisme stupéfiant sur l'avenir » proche « de la cécité ». La « chronique vaticane » du « service de renseignement militaire » décrivit les tentatives fébriles de « sauvetage de l'Autriche » et « une aversion extrême contre tout le mouvement yougoslave » : Tedeschini se répandit en imprécations contre « un mouvement essentiellement maçonnique en vue de la destruction du trône des Habsbourg et par suite d'un nouveau coup contre le Saint-Siège ».

Dans le raz-de-marée qui emporta alors l'Empire vermoulu, le Vatican dut se contenter de complots piteux, de plans ambitieux et de diatribes contre les ennemis de l'Église. Sa « germanophilie immuable et inchangée » lui fit « cherche[r] à sauver tout ce qui p[ouvai]t encore être sauvé des Empires centraux ». Mais il connut, en négociant l'inévitable virage en faveur de l'Entente victorieuse, un réel abattement. À la veille de l'effondrement définitif, Valfrè « accabl[a] le Vatican de messages » sur son impuissance et le piètre cas que ses anciens protecteurs faisaient de ses conseils. La Cour le considère « pour rien et il est mal vu », il n'a « pas d'autorité sur le clergé » et « ses instructions aux évêques [...] pour qu'ils influent sur le clergé et sur les populations dans le sens d'une fédération sous le sceptre des Habsbourg »

4. Tél. Jusserand n° 838, 18 juillet, *Paix*, 74, EMA, 21 mai, renseignement 8391/S n° 12, 5, EMM, 18, *Saint-Siège*, 1, tél. Barrère n° 1786, 20 août, et Information, 22, 31 juillet 1918, *Saint-Siège*, 9 et 1.

demeurent lettre morte : non seulement il n'obtient plus d'« obéissance [...] mais plusieurs [évêques] se sont ouvertement rebellés contre elles »[5].

Tout sembla s'écrouler en même temps que le pouvoir des Habsbourg sur leur empire. Les deux nonciatures ne furent pas « reconnues par les gouvernements provisoires ». Pacelli quitta en toute hâte Munich début novembre et se « réfugi[a] à Berne *par peur* », abandonnant l'auditeur, préposé à la garde des archives. L'alarme sur leur sort aggrava la colère que suscita sa fuite, et l'épisode parut menacer une carrière prometteuse. Après avoir câblé « que le régime républicain ne [voulai]t pas reconnaître la nonciature », il déplora « le manque de sécurité de la correspondance », décrivit « la situation [comme] très grave [et] demand[a] à être autorisé à quitter la Bavière, si les circonstances l'y obligeaient ». Ses supérieurs l'en dissuadèrent, ne l'autorisant à « quitter la Bavière qu'en cas d'extrême urgence ». Il gagna cependant la frontière pour « passer en Suisse », les irritant contre « cet acte peu convenable [...] On croit qu'il a cédé à un mouvement de vraie et simple peur ». Ce « départ [pouvait être] fatal à la représentation diplomatique du Saint-Siège et [...] faire croire qu['il avait] quelque chose à craindre du nouveau régime ».

L'épisode humain mais peu glorieux de la fuite de Pacelli en Suisse infirme l'auto-légende *a posteriori* de sa noble résistance aux barbares rouges de Munich « en avril 1919 » : « la nonciature même a été criblée de balles pendant le combat entre les communistes et les troupes du gouvernement républicain ; des spartakistes armés sont entrés ici avec la force, et comme je protestais avec énergie contre cette violation du droit international, un d'entre eux me menaça de son revolver. » Les révolutionnaires aux abois, voués à une mort imminente, n'en voulaient pas à sa vie, mais à sa voiture Daimler-Benz, « farce » décrite par Hansjakob Stehle.

La papauté lesta ses deux diplomates paralysés des tares de sa stratégie de guerre : Valfrè est resté sur place, mais « il n'a rien vu [et] n'a avisé de rien la Secrétairerie d'État » ; Pacelli, « s'il n'a rien fait de mal, n'a rien su faire de bien »[6].

---

5. Information, 24 août, tél. Barrère n° 1727, 14 août, n° 2234, 5, SRM, 12, 15, 24, *Saint-Siège*, 1, 15 octobre, et 5 novembre 1918, *Saint-Siège*, 10 et 1.
6. Information, 6 novembre (souligné dans le texte), SRM, 3 décembre, tél. Barrère n° 2812,20, n° 2847, 24 novembre 1918, *Saint-Siège*, 1, interview à J. Sauerwein, *Le Matin*, 25 septembre 1921, Nobécourt J., *« Le Vicaire »*, p. 136-137, archives secrètes de l'État bavarois, Stehle H., *Eastern*, p. 18, et SRM, 25 novembre 1918, *Saint-Siège*, 1.

II. Les remaniements de l'immédiat après-guerre : flatteries à l'entente et tactique de dissociation

Vers le partenariat italien

« Les dernières nouvelles ont révolutionné le Vatican [,...] complètement désorienté et très abattu et ne sachant quelle attitude prendre », câbla Barrère le 5 novembre 1918. Sans nouvelles de l'Allemagne, il n'a « plus aucune espérance » pour l'Autriche, qui « va fatalement à la ruine ». Le 8, Gasparri ordonna à Valfrè « de faire savoir que le Vatican se désintéresserait des Habsbourg et [de] prendre le plus tôt possible un contact bienveillant avec les organisations nationalistes ». Il avait « quelques appréhensions [sur] l'avenir » : il craignait moins « la contagion [du bolchevisme] à certaines provinces de l'ancienne monarchie [que...] des difficultés d'ordre spécifiquement religieux » : « le manifeste du gouvernement tchéco-slovaque [était] peu rassurant pour les intérêts, au moins matériels, de l'Église de Bohême », mais le cas yougoslave lui inspirait « plus de confiance », en raison de son « élément catholique agissant et cautionné, vis-à-vis des autres, par sa participation généralement loyale au mouvement national ».

Le Vatican dut « se composer une physionomie » pro-alliée, spectaculaire, surtout en Italie depuis l'été 1918. Il conclut fin juin ou début juillet avec le Quirinal un accord pour envoyer aux prisonniers de guerre 100 000 « paquets individuels ». Des bruits de couloir imputèrent ce brusque intérêt aux « rapports récents » de Pacelli « présent[ant] sous des couleurs sombres » leur situation matérielle en Allemagne (l'autre empire les aurait traités mieux sous l'influence du nonce à Vienne et de « divers évêques autrichiens et magyars »). Début novembre, le ralliement à l'Italie unifia la Curie : « ceux qui sont avant tout italiens » (jamais rencontrés depuis 1914) se réjouissent des « événements des derniers jours » ; « les autres », tels Gasparri et « le haut personnel de la secrétairerie d'État », sont « surpris parce qu'ils voient leurs plans contrariés. Toutefois ils espèrent toujours dans une reconstruction de l'Autriche et dans une Allemagne encore puissante ». Tous savaient pouvoir tirer parti des déchirements interalliés : « la plus grande mauvaise humeur » règne entre France et Italie, et l'Amérique enrage « parce que l'Angleterre ne veut pas admettre la liberté des mers ».

« Le danger socialiste » effaça, début novembre, la crainte d'une « hostilité croissante » du Quirinal et de « modifications désavantageuses de la loi des garanties ». Paysans et soldats inquiétaient, « les prisonniers rapatriés » étaient en « conspiration latente » : le cabinet informa la Curie – inquiète d'une manifestation anticléricale début décembre – qu'il proclamerait « la loi martiale » en « certains points » de regroupement des soldats et des prisonniers. La défense de l'ordre social menacé réconcilia les anciens adversaires en un éclair. « La germanophilie » et la rancœur de Benoît XV contre l'Italie de l'Entente éclataient début octobre : à quelqu'un « qui lui demandait sa bénédiction pour un soldat, le pape demanda si c'était un volontaire : auquel cas il ne l'aurait pas accordée ». Un mois après, un article dans le *Corriere d'Italia* du RP Agostino Gemelli, voix particulièrement autorisée, « montr[a] à quels humiliants désaveux [c]es milieux se jug[eai]ent acculés par la revanche des événements » : il dénonçait « la persécution systématique et savante de l'Autriche *catholique* », prêtres et aumôniers inclus, contre « le clergé [italien] des provinces envahies » ; il « lui reprocha[i]t *d'avoir laissé faire la guerre par la franc-maçonnerie (sic)* ». Stigmatisant les « viols » et « barbaries » des bourreaux autrichiens, il dispensa une fausse caresse à l'ennemi suprême : « la persécution maçonnique *comme en France (sic)* est cent fois préférable à la forme savante de religion de l'État autrichien. »[7]

Cachant « l'inquiétude et la peine » portées « au comble » par la débâcle allemande et la peur des manifestations hostiles qui avaient commencé à Rome aux cris de « À bas le Vatican ! À bas le pape allemand ! », Gasparri s'employa à « calmer l'excitation populaire » : aussitôt après l'armistice, il ordonna « aux autorités ecclésiastiques d'organiser des cérémonies solennelles pour la victoire ». Le Vatican avait dû déjà fin octobre, « en raison des circonstances politiques », ajourner pour ne pas « froisser » l'Entente, le consistoire de novembre : il comptait, après avoir été, via Pacelli, dûment chapitré par le Kaiser pour son retard, y proclamer « deux cardinaux réservés "in pectore" depuis environ deux ans » : l'archevêque de Prague et un prélat allemand (tous deux l'étaient, Mgrs Pavel von Huyn et Michael von Faulhaber, évoqués plus loin).

Contraint à renoncer à la création de cardinaux « de nationalité ennemie », le Vatican dut après le 11 novembre, pour tenter de relever son prestige effondré, promettre le chapeau à l'évêque de Trente, « célèbre par ses démêlés avec les autorités autrichiennes ». Il dut surtout marquer solennellement le changement d'allié, souci qui motiva la lettre de Benoît XV à Gasparri du 8 novembre sur la victoire de l'Italie et « le collapse de la monarchie austro-hongroise » : il fallait « mettre le Vatican en règle avec la monarchie » italienne à propos de l'Autriche et de « ses désastres et démontrer qu'en réalité le Saint-Siège » avait toujours prôné « des solutions conformes aux justes aspirations des peuples » sur les questions territoriales qui les divisaient. « La Curie, *ricana Barrère,* après avoir appuyé de toutes ses forces

7. SRM et tél. Barrère n° 2634, 5, notes, anonyme, Rome, 8 novembre, Loiseau, 5 juillet, tél. Barrère n° 2652, 7, Information, 6 novembre, *Saint-Siège*, 1, SRM, 7 octobre, et note, Rome, 8 novembre 1918 (*(sic)* et souligné dans le texte), *Saint-Siège*, 10 et 1.

la dynastie habsbourgeoise, la jette apparemment par-dessus bord et salue bénévolement l'artisan de sa défaite », avec des douceurs dignes « du premier chapelain du roi d'Italie ».

L'idylle s'afficha bientôt avec les décideurs compréhensifs, tels Nitti et Orlando, respectivement liés à Gasparri et Vincenzo Vannutelli, doyen du sacré collège. Mi-décembre 1918, on parla d'accord imminent incluant la « question romaine », et Mgr Bonaventura Cerretti fut envoyé à Washington pour obtenir l'appui de Wilson à un compromis politique, territorial et financier : reconnaissance de la Loi des Garanties, cession d'une bande de terrain jusqu'à la mer à titre privé sous réserve de respect du droit de souveraineté Italien et capitalisation de la rente de 3,225 millions de lires prévue par la loi des Garanties mais pas touchée depuis 1870. L'alliance eut son prolongement colonial et européen, et Paris traqua depuis l'été 1918 la menace sur ses prébendes orientales. L'Italie, forte des « titres acquis par les franciscains italiens, [...] profita[i]t des contestations des autres puissances pour se glisser à la première place » en Orient : en octobre, le voyage de « "l'évêque" de Jérusalem de Catane à Port-Saïd » sur navire italien portant « pavillon "papal" » fournit « une nouvelle preuve de [sa volonté ...] de s'attribuer en Syrie un rôle [indu] et de contrecarrer notre action »[8].

La question yougoslave, brûlot des rapports avec l'Autriche, avait anéanti la Triplice mais elle opposait aussi l'Italie à la France, et cimenta l'union des deux Rome (Quirinal et Vatican). Le Tchèque Édouard Benès, venu à l'automne 1917 à Rome solliciter « reconnaissance officielle du Comité national tchécoslovaque », avait exprimé l'espoir d'arracher l'Italie à la tentation d'hégémonie dans l'Adriatique et de la convaincre de la priorité de la lutte contre l'Autriche. Il avait insisté sur l'*intérêt* italien à soutenir « l'entente naturelle entre Slaves d'Autriche contre la dynastie des Habsbourg » et à préférer « la constitution d'une Yougoslavie indépendante [à...] une restauration trialiste » profitant aux seuls Habsbourg. Le « pacte de Rome » du 10 avril 1918 avait symbolisé le « compromis entre les ambitions italiennes sur le littoral dalmate et les intérêts du futur État yougoslave », affirmant : « l'unité et l'indépendance de la nation yougoslave est d'un intérêt vital pour l'Italie, de même que l'achèvement de l'unité nationale italienne est d'un intérêt vital pour la nation yougoslave. » Mais le Vatican, qui ne voulait pas y perdre ses énormes prébendes et savait l'Italie hostile aux « Yougoslaves »,

8. SRM, 10, tél. Barrère n° 2724, 13 novembre, tél. n° 2540, 29 octobre (sur Huyn, chap. 6, von Faulhaber, chap. 4), n° 2724, 13, lettres du pape, 8, n° 532 de Barrère, 18 novembre, *Saint-Siège*, 1, note XI et EMM, 17 décembre 1918, *Paix*, 321 et *Saint-Siège*, 1, note sur le protectorat français, 17 juillet, tél. du ministre de la Marine au MAE, 15 octobre 1918 (et depuis cette date), *Saint-Siège*, 12 et 1.

enfonça le clou. En octobre 1918, il fit pour sa propagande contre ce « mouvement essentiellement maçonnique » (Tedeschini) « faire une étude spéciale des Yougoslaves par un père bénédictin, Bastien » (« un extrait » en fut fourni à l'*Epoca*, organe vatican particulièrement anti-yougoslave). « Germanophile acharné », le Belge Bastien était l'agent, dans les Balkans d'avant 1914, de Scapinelli, nonce à Vienne (puis préfet de la congrégation des Religieux), qui « l'avait fait nommer visiteur apostolique en Bosnie-Herzégovine » en 1911, pendant la « discussion » sur les clergés régulier et séculier. Cette mission à Sarajevo conduite plusieurs années « sans aucun résultat » cachait un vieux contentieux *financier* qui avait « pri[s] un caractère inouï de brutalité » en mai 1910 lors des élections à la Diète, avec « rixes » et « batailles à mains armées donnant le plus regrettable spectacle aux orthodoxes et aux musulmans ». Il dressait les réguliers franciscains installés depuis le XIVe siècle contre l'antiserbe ultra et richissime

Stadler, instrument des jésuites séculiers, « recruté[s] dans l'intérieur de la monarchie ». Stadler s'était créé depuis les années 1880 « une très importante réserve en biens-fonds et [était] devenu en peu de temps un des gros capitalistes de Bosnie-Herzégovine comme il en [était] aussi un des politiciens les plus actifs ». « Ce conflit » inexpiable portait sur le partage des « cures rémunératrices » entre les deux ordres, alors « que l'administration de Mgr Stadler trahissait déjà de graves embarras financiers ». Seule la haine anti-serbe serait en mesure d'y faire diversion. Dans son rapport de l'automne 1918, Bastien souligna donc comme requis « le grand danger qui résulterait pour le catholicisme de la formation du royaume yougoslave » trop orthodoxe et protestant. Début décembre, il fut envoyé sous couvert d'enquête en Croatie pour exciter dans ce sens le haut-clergé croate et slovène sur lequel le Vatican comptait s'appuyer contre le nouveau statut de la Serbie[9].

La carte anglo-saxonne

Les flatteries à Wilson

L'atout américain n'avait cessé de s'apprécier. Washington, si sensible au sort du Reich, pèserait lourd sur les décisions d'après-guerre après avoir contribué par sa puissance financière à la victoire de l'Entente. La remarque de Pacelli en mars 1918 sur l'Amérique « unique planche de salut désormais » valait pour les conditions de paix. Le Saint-Siège prépara donc dès octobre la mission

---

9. Note Loiseau, Rome, 5 octobre 1917, *Paix*, 15, Milza P. *et al.*, *L'Italie*, p. 226-227, lettres de Dallemagne, 1er juin 1898, et n° 14 de G. Bertrand, Bosna-Seraï, 21 janvier 1911, *NS, Autriche-Hongrie*, 15 et 19, SRM, 24 octobre, et Information, 15 décembre 1918, *Saint-Siège*, 1.

aux États-Unis de Cerretti – son seul anglophone, valeur-or – officiellement chargé de le représenter au jubilé du cardinal Gibbons. « Prétexte jubilaire », grinça Barrère, « si évidemment faux qu'il ne trompera qui que ce soit », Cerretti partant « pour sauver la dynastie des Habsbourg, et obtenir pour l'Allemagne des conditions de paix plus douces ». Il remettrait à Wilson une lettre du pape arguant de son attachement indéfectible aux droits des nationalités : Benoît X avait toujours soutenu la résurrection de la Pologne, disait « toute sa reconnaissance [au président] pour avoir proclamé [son] indépendance [...], réparant ainsi une injustice "vieille de plus d'un siècle" *(sic)* », et jurait d'un dévouement égal au « peuple arménien ».

L'encyclique du début décembre prescrivant des prières pour la paix offrit à l'*Osservatore* l'occasion de verser l'« encens ». Sa « note officielle » du 5 félicita Wilson d'avoir dans son « dernier message » sur la paix choisi « la justice et l'équité [qui] véritablement excluent la vengeance, la passion, les rigueurs qui en déforment la notion et que condamne le sentiment chrétien ». Elle l'enjoignit de « modifier le programme » que s'était naguère fixé à Londres l'Entente européenne, au profit de « la paix [...] inspirée de ce sentiment chrétien auquel résistent seuls les violateurs de la civilisation et les déformateurs de la justice », ceux qui « souvent appellent justice la vengeance inspirée par la colère, et d'où est absente l'équité ». Le pape maria dès lors les thèmes de « la paix *juste* voulue par Wilson » et de la réconciliation chrétienne, « paix de concorde entre les anciens belligérants [à] recommander au respect des consciences catholiques ». Bientôt additionnés de celui de l'égalité des droits (*Gleichberechtigung*), ils formeraient le socle de sa propagande d'après-guerre.

Des « notes secrètes commentant [son] encyclique » précisèrent le sens des prières pour une « paix juste et durable » et les objectifs de l'action dans les pays ennemis : « envoyées à certains cardinaux, archevêques et évêques » (germanophiles), « elles insistent sur la nécessité d'amener l'opinion publique catholique à exiger une paix conforme aux principes contenus dans la note pontificale du 1er août 1917, [dont] le « droit d'autodécision de tous les territoires contestés [,] en évitant de provoquer toute idée de revanche allemande par des conditions trop dures ou trop humiliantes »[10].

Les concessions à Londres

Quoique située très bas dans la hiérarchie des sauveteurs de la Duplice et fort décriée auprès de Wilson, la Grande-Bretagne reçut sa part de miel. Dès avril 1918, Gasparri avait réuni secrètement Merry del Val, Vannutelli et

10. Tél. Barrère, Rome, 22 mars, *Paix*, 16, n° 2449, 22 octobre, Jusserand n° 1593, 5, Information, 19, *Saint-Siège*, 10, Information, 6, tél. Barrère n° 2797, 20 novembre, 6 et 9 décembre, et Information, 15 décembre 1918 (du 6), *Saint-Siège*, 1.

Frühwirth pour examiner l'offre de Bourne (de Rome en fait) d'appel pontifical aux cardinaux des pays belligérants à « un échange de leurs idées sur une paix possible ». « Démarche [...] périlleuse », avait-il commenté, car si « l'Angleterre était tout à fait disposée à faire la Paix, la France ne voulait rien entendre ». L'appel à Wilson ne suffisant pas, « la bienveillance pontificale » dut s'étendre à l'Angleterre, seule en mesure d'imposer l'abandon du « fameux article 15 des conventions de Londres ». Or, la Curie entretenait contre la puissance anglicane, via ses délégués les plus liés au *Sinn Fein* – tel Gasparri – et en compagnie du Reich, l'abcès irlandais. Elle avait ordonné au clergé d'Irlande, entre autres, de combattre la conscription et, en mai 1918, Londres, « qui parl[ait déjà] très haut », lui avait via son ministre (John Francis Charles de Salis) et son cardinal de Curie (Francis Aidan Gasquet), demandé d'exercer « une pression [contraire] auprès des évêques d'Irlande ». En vain, et la fière Albion avait capitulé devant son refus d'« intervenir dans une affaire politique ». « Les affaires irlandaises » n'étant alors pas négociables, il fallut l'« apaiser » autrement : « Benoît XV [lui fit] miroiter de possibles compensations en Orient ». En mai, Gasparri adressa à Mgr Bourne une lettre flatteuse, publiée par son *Corriere d'Italia :* « en plusieurs occasions, j'ai dit que l'Angleterre, *plus que toute autre puissance,* inspire une confiance absolue pour sa parfaite impartialité, son entier respect du droit des tiers, et son zèle pour l'avenir des Lieux Saints. » Un accord colonial « missionnaire » avec Londres s'amorça donc au second semestre de 1918, dont l'exécutant vatican fut van Rossum, préfet, depuis le 12 mars, de la congrégation de la Propagande (dite Propagande)[11].

Devenu « tout américanophile maintenant après avoir été fervent germanophile », van Rossum sacrifia aussi aux impératifs tactiques anglais de la stratégie vaticane. Mi-juillet, Londres obtint « la création d'une École d'Archéologie en Palestine et nul n'ignore, *commenta le catholique Guérin,* ce qui, sous ce couvert, peut s'abriter d'action variée ». Début décembre, le rival français brocarda la « politique anglaise » du Vatican que Londres lui « fai[sai]t payer cher ». Van Rossum venait de prendre sur requête britannique un décret sur les missions dépendant des délégations apostoliques de Constantinople, d'Égypte, de Mésopotamie, de Perse et de Syrie. L'Angleterre exigeait nomination de délégués apostoliques et d'évêques « ou anglais ou agréés par elle. Le Vatican est aujourd'hui tellement systématiquement disqualifié qu'il subit toute emprise et accepte des modifications à des clauses importantes

11. Tél. Barrère n° 725-726, 3 avril, *Paix*, 16, note (Canet ?), 17 juillet, *Saint-Siège*, 12, tél. Barrère n° 725-726, 3 avril, *Paix*, 16, note (Canet ?), 17 juillet (souligné dans le texte), EMA, 21 mai 1918, et note sur la « politique catholique », 31 mars 1920, *Saint-Siège*, 12, 1 et 2.

pour un plat de lentilles ». Le dépit grandit encore quand Paris apprit, début février 1919, le voyage de Bourne en Méditerranée : entrepris avec « tous les appuis du Pape », en accord avec les congrégations italiennes, il « dissimule une véritable mission et une ouverte affirmation de la puissance anglaise en Orient ». Cette mission orientale, longue (février-mars) et vaste (Égypte et Afrique orientale comprises), porta dès mai un « premier fruit », étape « de grande importance » vers l'acceptation de « la nomination exclusive d'Anglais pour des missions, délégations et autres représentations ecclésiastiques dans les zones d'influence et de domination anglaises » : fut nommé visiteur apostolique en Égypte un Anglais, que Benoît XV décida de faire avec « solennité » consacrer par van Rossum. Cette abdication apparente préparait en attisant les rivalités de l'Entente le retour en grâce coloniale du Reich et de l'Italie[12].

Le Vatican et la France

Un combat multiforme

Contre la France l'emportèrent les griefs et lamentations, concert germano-vatican dominé par la voix d'Hartmann. En décembre 1918, celui que le bombardement des villes françaises avait laissé de glace larmoya sur le Reich martyr, supplia le pape et tonna contre la France ivre de vengeance : il « dépeint [la situation intérieure de l'Allemagne] comme des plus critiques en implorant de Benoît XV une action plus énergique contre les conditions "trop graves et particulièrement déshonorantes" imposées à l'Allemagne par les Alliés » ; il insiste « surtout sur l'attitude de la France qu'il considère comme le principal responsable des décisions prises en raison "de la folie militaire" qui s'est emparée d'elle ». C'est sur ce thème que fut lancée à l'automne 1918 la croisade mobilisant les épiscopats du monde au service du droit du pape à élaborer une paix « douce » et « chrétienne », en particulier Mercier, truchement indispensable des relations avec l'Entente victorieuse.

L'offensive avait été concertée avec Berlin. Début décembre, Erzberger « recommand[a] au Vatican de ne plus faire obstacle à M. Wilson, de façon à pouvoir utiliser ultérieurement son intervention pour combattre l'impérialisme français ». Cerretti, en mission américaine, reçut donc, le 12, « des instructions [...] lui prescrivant de ne pas se compromettre ouvertement en faveur de l'Allemagne » auprès du président. Au moment même où la Curie

---

12. Note Guérin, 15 juillet, SRM, 13 décembre 1918, note LXXVI, 10 février 1919 (et le mois), *Saint-Siège*, 1, EMA, 14 mars, 6 mai 1919 (RP Contourier), *Saint-Siège*, 2, note XI, 17 décembre 1918, *Paix*, 321 (et juillet, décembre 1918, février-mars, et mai 1919, *Saint-Siège*, 1, 2, et 12).

stigmatisait la « paix de vengeance inspirée par la colère », début décembre, Gasparri se déchaîna contre la France et son alliée yougoslave au bénéfice *présumé* de l'Italie : c'est sur le terrain privilégié du soutien français au mouvement yougoslave que Tedeschini avait annoncé, en novembre-décembre, qu'il exciterait l'ire du Quirinal contre « les "bons frères voisins" qui commençaient déjà à démontrer leur reconnaissance envers l'Italie ». Le 4 décembre, le *Corriere d'Italia* prôna l'union italo-anglaise contre « la présence française sur le Rhin » qui serait aussi malséante pour les autres pays que la possession italienne du Danube : elle « signifierait la servitude de l'Italie [et] a toujours été une source d'impérialisme pour la France comme pour l'Allemagne ». Le 5, il attaqua « à fond les Yougoslaves »[13].

L'assaut colonial livré en compagnie de Rome et Londres ne se borna pas à l'« Orient ». Aucune sphère coloniale française n'y échappa, du Maghreb, Maroc en tête (dossier géré avec la complicité de l'État et du clergé espagnols), à l'Extrême-Orient. L'été 1918 avait déjà retenti de plaintes contre la décision d'envoi d'un nonce en Chine, que Cochin, pas si naïf, jugea mortelle pour le vieux « protectorat français » de Tien-Tsin. À la mi-juillet, Gasparri lui « notifi[a] brusquement le fait accompli » allemand, explicité par la presse anglophone en août : tout récent ministre des Affaires étrangères du Reich, l'amiral Paul von Hintze, ancien ministre à Pékin, y avait requis son ami Mgr Giuseppe Petrelli, germanophile et « antirusse » notoire, parce que la Chine « devenait un centre de renseignements et une sorte de base secondaire pour les opérations militaires en Extrême-Orient ». L'Angleterre oscilla entre le veto contre une mesure lésant aussi ses intérêts et le plaisir de voir la France menacée, avant d'accepter, mi-août, contre l'avis de son ministre en Chine, la nomination d'un autre germanophile, Mgr Pietro Pisani. Ce forcing anti-français profiterait aux Allemands et aux Américains, si impatients depuis vingt ans d'ouvrir la Porte de la Chine[14].

La tactique française : de la fermeté aux concessions

En décembre 1918, alors que la France s'interrogeait sur l'utilité de rétablir les relations diplomatiques rompues en 1904, Barrère prescrivit la fermeté contre cet assaut général : il faut « faire relever sévèrement par "le Temps" et dans les termes qu'elles méritent ces odieuses manifestations [de la secrétai-

---

13. Information, 15, *Saint-Siège*, 1 (et tous les n^{os} du temps), 22, *ibid.*, 10, tél. Barrère, 9, *ibid.*, 13, SRM, 3, et tél. Barrère n° 2990-2991, 6 décembre 1918, *ibid.*, 1.
14. Tél. Barrère n° 1458, 10, note (Canet ?), 17 juillet, tél. Charles-Roux n° 1696-1697, n° 1700, n° 1699, 12, Pichon n° 3154 à Londres, 17 août 1918, *Saint-Siège*, 12, *New York Times (NYT)*, 11 août 1918 et « notes sur la Porte Ouverte » de Hay en 1899 et 1900, Williams W. A., *The tragedy*, p. 43-46.

rerie d'État] exaspérée par sa propre défaite et acharnée à semer la mésintelligence entre la France et l'Italie [et...] bien spécifier que le *Corriere d'Italia* reflète les opinions de la Curie ». Le tandem Barrère-Charles-Roux voulait l'empêcher de manœuvrer les catholiques français comme elle l'avait fait depuis 1914, en invoquant l'esprit de paix contre le bellicisme puis, après la défaite germanique, en prêchant le rejet de la vengeance et la réconciliation.

Barrère avait autour du 1er août 1917 déploré l'enthousiasme pacifiste d'une presse catholique indulgente aux Empires centraux et au pape : « car après tout un peu de mauvaise humeur dans les milieux catholiques eût été le seul moyen à notre disposition à l'égard du gouvernement pontifical. » Entassant les preuves de la complicité entre le Vatican et ses alliés, il préconisa en avril 1918 d'informer les Français sur l'élaboration de la note du 1er août 1917 pour lui « faire sentir[...], à son tour, qu'il ne réussira[it] pas indéfiniment à nous faire prendre des vessies pour des lanternes ». Il dressa même la liste des échanges Pacelli-Gasparri que « le département a[vait] en mains » et qui prouveraient le « caractère mensonger des allégations » réitérées de neutralité de l'*Osservatore* : on reproduirait les courriers [de juin-juillet 1917] sur les négociations du premier avec Berlin et Vienne, et le télégramme du 20 août du second, qui contenait « l'aveu le plus irréfutable de collusion » : le Saint-Siège ayant publiquement soutenu, y écrivait Gasparri, qu'il avait « spontanément tout concerté à propos de la note, [...] il serait très grave que le chancelier dise le contraire ». En juillet 1918, Barrère conseilla d'ajourner la reprise des relations diplomatiques pour observer l'« absolue dignité » indispensable en représailles des mauvais « procédés » multipliés depuis 1914 et pour demeurer libre de ton envers « ce Souverain Pontife qui a jusqu'au dernier moment joué sur les perdants ». Au dernier trimestre, il proposa une tactique : négative, contre l'enrôlement dans la croisade pour les droits du pape de catholiques français qui pourraient être sensibles à la pression du Quai d'Orsay ; positive, pour une offensive étayée par la correspondance secrète de guerre.

Il eut satisfaction, d'abord contre Julien Luchaire, directeur de l'Institut français de Florence, qui avait défendu le 16 septembre le Vatican lésé par l'article 15 de la convention de Londres dans la *Revue des Nations latines,* « subventionnée par le ministère des Affaires étrangères ». Ulcéré par cet « exemple du péril grave qu'il y a à laisser des organes dits de propagande se créer et fonctionner en dehors du contrôle de l'ambassade », Barrère demanda et obtint une sanction. Puis furent publiés dans les numéros d'octobre et novembre 1918 d'« une revue des plus importantes », *La Revue de Paris,* deux retentissants articles anonymes, rédigés par Canet. Leurs révélations soulevèrent des mois de polémiques franco-vaticanes : en juillet 1919, au débat de la Chambre sur la question de la reprise des relations diplomatiques, un élu socialiste résuma les courriers puisés au Quai d'Orsay qui érigeaient la papauté en « instrument de la Wilhelmstrasse » depuis 1914 et rappelaient que « celui qui faisait la politique romaine était un monsignore von Gerlach, [...] condamné à mort ou aux travaux forcés par les tribunaux italiens »[15].

L'opération Canet, qui fit « fort grande impression » à Paris, n'eut qu'un effet apparent et tardif sur Gerlach, que le Vatican laissa dans son placard suisse, (ne) le privant (qu')officiellement de son titre de « camérier du pape ». Il préparait l'appartement de son successeur français début avril 1919, date du discret retour à Rome de Ledochowski qui « évit[ait...] de se faire voir ». Mesure parmi d'autres destinées à l'Entente, le nom de Gerlach disparut de l'édition de janvier 1919 des *Acta Apostolicae Sedis* (annuaire pontifical), juste avant impression, après des semaines de résistance de Benoît XV. Son rôle demeura cependant intact : l'enfant du Vatican, le Parti populaire italien, et sa campagne électorale de 1919 furent subventionnés « par le Banco di Roma et le Banco Regionale (ex-Credito Centrale del Lazio) de Mgr Gerlach ».

Début février, il fut nommé « prélat domestique et reçut de son plus "fidèle" soutien, Tedeschini, l'annonce de la hausse de son traitement [...V] on Gerlach connaît trop de choses au Vatican – et même de secrets intimes de la Curie – pour qu'on puisse le liquider aussi facilement ». L'assaut de *La Revue de Paris* contraignit aussi le Saint-Siège à la contre-offensive. Il y enrôla pendant plusieurs mois le ban et l'arrière-ban du haut-clergé français. D'abord Mgr Amette, qui déclara avoir protesté dans sa « Semaine religieuse », mais qui ne put parer l'assaut – ou qui, vu le contentieux qui l'opposait à la Curie, ne le voulut point. On dut donc recourir au RP Henri Le Floch, supérieur intégriste du séminaire français de Rome, instrument du cardinal Billot qui haïssait la France des Lumières. Début 1919, Le Floch, que la délégation française à la conférence de la Paix avait complaisamment joint à ses rangs, informait le Vatican sur ses débats. Il put donc exposer par le menu le « désaccord [régnait] » entre vainqueurs à Gasparri, qui en rit de bon cœur, et le « charg[ea] » de répondre à *La Revue de Paris.* Préparé grâce à la documentation et sur les instructions de la secrétairerie d'État, son « opuscule » fut revu en mars par Gasparri, « par le pape personnellement » et par le RP jésuite Enrico Rosa, directeur de *La Civiltà Cattolica*, avant remise à la

15. Tél. Barrère n° 2990-2991, 6 décembre 1918, *Saint-Siège*, 1, n° 1022-1023, 1er août 1917, *Paix*, 8, 16, n° 871, 22 avril, *Paix*, 16 ; lettre n° 344, 18 juillet 1918 (absente) citée par la n° 13, 17 janvier 1919, tél. n° 2049, 23 septembre 1918, *Saint-Siège*, 13 et 12 ; sur Luchaire, 25 septembre-10 octobre 1918, *L'Action Française*, 19 janvier 1925, EMA, 24 mars 1919, *JOD*, 2e séance du 2 juillet 1919, p. 3165 (député Jean Bon), *Saint-Siège*, 13.

presse catholique : on le destinait à « une grande publicité », qu'inaugura « un compte rendu copieux » de l'*Osservatore*[16].

Bien avant la mission Le Floch, la polémique de presse avait fait rage : *Le Temps* avait, selon le vœu de Barrère, vivement relevé l'attaque anti-française et anti-yougoslave de décembre 1918 du *Corriere d'Italia*. L'ambassadeur insista donc le 9 décembre 1918 sur la fermeté, qui permettrait seule de neutraliser cet allié crucial du germanisme qui combattait la France en tous lieux et dictait les choix politiques intérieurs et extérieurs du catholicisme national. « L'expérience, *affirmait-il,* prouve que le Saint-Siège est, de toutes les puissances politiques, celle qui se montre le moins sensible aux égards et le plus à la force. » Il convient de « s'en tenir à cette attitude énergique », car les opérations du maréchal Foch et « le réquisitoire » de *La Revue de Paris* avaient été plus efficaces « que les ménagements de la censure, les faiblesses de M. Denys Cochin ou les complaisances des évêques et de la presse cléricale ». Il faut instruire les catholiques français d'une politique contraire aux intérêts de leur pays et encourager leur « agitation [contre] l'effrayant despotisme du Saint-Siège ». La France aura tout à gagner à ce que Benoît XV « soit contraint de renouveler le personnel de la secrétairerie d'État », voire « d'abdiquer, ou au moins de convoquer un concile ». Et Barrère prôna « une double action : 1° une campagne de presse qui, sans faire tort ni à la doctrine catholique ni à l'autorité religieuse du pape, exposerait au public les services rendus par Benoît XV à la cause allemande ; 2° une action diplomatique qui ferait comprendre au pape que la France, si elle est prête à renouer des relations courtoises avec le Saint-Siège, n'ignore cependant pas les mauvais procédés dont le pape régnant ne cesse encore aujourd'hui d'user à son égard. [Ceci] rendrait le rapprochement plus aisé qu'une politique de ménagements, de faiblesses et de complaisances ».

La fréquente répétition de la leçon par Barrère (et Charles-Roux) le suggère seule, la tactique d'un front français solide contre l'ange gardien des Empires centraux ne dura pas. Dès le début de 1919, Paris pratiqua ce qu'un sénateur qualifia en décembre 1921 de vente du « droit d'aînesse du vieux parti républicain » contre des « lentilles » qui n'iraient pas « au feu » pour « les auteurs de cette politique ». Les clés d'une ligne dont Canet dénonçait l'impuissance étaient internes : les intérêts coloniaux, liés aux missions, poussaient comme naguère au compromis. Gasparri avait perçu ce « moyen de pression » dès

16. EMA, 24 mars, *Saint-Siège*, 2, Information, 30 janvier, *Saint-Siège*, 1, EMA, 9 avril, Information, 8 mars, EMA, 7 juin, *Saint-Siège*, 2, et note LXXV, 9 février 1919, *Saint-Siège*, 1, Information, 6 novembre 1918, note Canet, Paris, 8 juin 1920, *Saint-Siège*, 1 et 15 (intégrisme, chap. 5), SRM, 27 janvier, EMA, 24 mars et 1er avril 1919, *Saint-Siège*, 1, 2 et 13 (et Le Floch H., *Politique*).

juillet 1918, s'affirmant « sûr "de pouvoir tenir la France tôt ou tard", le gouvernement français ayant besoin de son appui pour conserver en Terre Sainte une influence qui lui [était] disputée par l'Angleterre et l'Italie »[17]. Pesèrent au moins autant les hantises intérieures d'une Union sacrée qui voyait le bolchevisme partout et savait gré au cléricalisme de défendre l'ordre. Signe de la puissance des éléments hostiles à l'assaut frontal, Barrère lui-même y renonça à la mi-janvier 1919. Le simple chantage à l'ouverture des dossiers suffirait, annonça-t-il, à faire précéder le rétablissement des relations d'« un règlement de comptes » à nos « conditions » : on reconstituerait ainsi une « Église de France » gallicane que la « rupture diplomatique » avait livrée à « la mainmise progressive du Saint-Siège » ; on maintiendrait les positions coloniales ; on obtiendrait un statut ecclésiastique arrachant l'Alsace-Lorraine à l'influence allemande. Il dressa presque alors le constat de décès de la fermeté : les sévères jugements français sur « les dirigeants de la politique pontificale [...] ne se traduisaient ni par des actes ni par des énonciations publiques ». L'isolement français extérieur s'aggravait : « favorable actuellement, le moment ne le restera pas longtemps, car le Saint-Siège reprend tous les jours un peu plus son équilibre compromis », disposant d'alliés potentiels ou sûrs.

« En Belgique le gouvernement rest[ait] déférent et accommodant » : le Vatican, qui avant l'armistice « redout[ait] plus [...] un mouvement de protestation et de détachement en France qu'en Italie ou en Belgique », refit vite de Mercier la caution de ses sentiments « aliophiles » : Bruxelles le désigna sur sa pression « comme plénipotentiaire », faisant « entrer la question romaine au Congrès [de la Paix] dans les plis de ce manteau rouge ». Le problème irlandais et ses ambitions en Orient poussaient Londres « à se concilier les faveurs pontificales ». En Pologne, « le pape faisait figure, usurpée mais tout de même admise, de libérateur ou d'apôtre de la Libération ». En Italie, « l'intérêt de politique intérieure et de politique extérieure [...] surtout orientale » incitait à l'« arrangement » et entretenait « un commerce de coquetterie » avec la Curie. Wilson couvait son électorat catholique en vue des échéances de novembre et cédait aux impératifs d'une paix douce qui, funeste aux « États successeurs », rendrait sa superbe au Reich associé là-bas aux capitaux américains[18].

---

17. Tél. Barrère, 9, n° 3076, 12, n° 3117, 16, n° 3125, 17 décembre 1918, lettre de Barrère n° 13, 17 janvier 1919, *Saint-Siège*, 13, *JOD* du 8 décembre 1921 (sénateur René Héry), *Saint-Siège*, 18, et EMM, 18 juillet 1918, *Saint-Siège*, 1.

18. Lettre de Barrère n° 13, 17 janvier 1919, *Saint-Siège*, 13 et, sur la Belgique, SRM, 15 octobre, « aliophile », EMM, 17 décembre 1918, *Saint-Siège*, 1, et lettre n° 48 de Doulcet, 15 février 1922, *Italie*, 133 ; sur Washington, 1919-1920, *États-Unis*, 19, et chap. 5.

Un tournant au bénéfice de l'Entente ?

Sa « situation politique discréditée » mit cependant encore le Vatican sur la défensive. Pendant la polémique *Corriere d'Italia-Le Temps,* il enragea des « accusations portées contre Gasparri, Tedeschini et Cerretti », mais « ne [put] rien répondre [...] aux fameux articles » de *La Revue de Paris.* Un renseignement du 16 décembre 1918 le dit en déroute. Benoît XV, Gasparri, « et surtout » Tedeschini, « très émus, *précisait-il,* considèrent la réponse du *Temps* comme une menace voilée de la diplomatie française. Ils supposent que le Quai d'Orsay a dû se faire livrer ou intercepter des notes, des rapports ou des télégrammes » qu'il a déchiffrés et transmis à la revue. « Tedeschini est le plus agité des trois [...] Le pape est assez abattu ». Gasparri, « beaucoup plus calme », a eu « une violente explication avec Mgr Tedeschini, auquel il a reproché d'avoir compromis la situation morale du Saint-Siège dans le monde entier ». Puis il a déclaré au pape « qu'il était absolument nécessaire de mettre immédiatement fin "aux rapports illicites et peu honorables de Mgr Tedeschini avec les Allemands" [et que...] le Saint-Siège allait "suivre l'Allemagne dans sa tombe s'il persistait dans sa politique germanophile" ». Il fallait abandonner la politique suivie « pour tâcher de reconquérir la sympathie des Alliés, en particulier celle de la France, dont la situation morale est aujourd'hui si grande dans le monde ». On abandonnerait Erzberger « à son destin, sauf à maintenir pendant quelque temps encore des rapports avec lui, mais sans imprudences, sans engagements précis » : « le Saint-Siège doit se borner en Allemagne à la défense pure et simple des intérêts ecclésiastiques », mais en revanche « renouer de la façon la plus cordiale avec la France, l'Angleterre et l'Amérique qui gouverneront le monde, tout au moins pendant une génération », en prenant soin de ne pas « se compromettre au profit des Alliés », bref « observer avant tout la neutralité la plus stricte ». Le pape aurait ensuite convoqué Tedeschini, maintenu en fonctions mais sommé de « mettre fin à son activité politique secrète » ; peut-être serait-il à l'avenir « sacrifié » à l'Entente.

Le trio se serait enfin à nouveau réuni pour définir la « politique de rapprochement avec les Alliés » et envoyer « des instructions en ce sens à Mgr Cerretti et à Mgr Pacelli. Les milieux aliophiles » romains jugent « opportun de ne pas redoubler les coups [contre Gasparri] et de lui donner le temps de modifier la politique du Saint-Siège ». L'information contenait du vrai, sur le désarroi, l'aveu des pratiques de guerre, le ralliement tactique à l'Entente, mais surtout des contre-vérités : l'hommage à la France, impossible de la part de Gasparri devant un familier, est démenti, comme la consigne d'abandon du germanisme, par le reste de la correspondance. La prétendue consigne des « milieux aliophiles » (lesquels ?) visait à stopper net une campagne de presse efficace : c'était une ruse conforme au « système habituel du double jeu » du Vatican[19].

Il s'agissait seulement de nouer avec Londres et Washington des liens pour abattre l'ennemi principal des Empires centraux à l'Ouest. En témoignèrent, entre autres, la longue mission Cerretti dans les capitales de l'Entente (mi-novembre 1918-début de mars 1919), ouverte et achevée sur un séjour américain prolongé ; les concessions irlandaises (évoquées plus loin) et coloniales faites à Londres ; le retrait officiel de Gerlach ou la suppression, dans l'édition de 1919 de l'annuaire pontifical, de la rubrique « Autriche-Hongrie », remplacée par de nouvelles rubriques comme Bohême, Hongrie, etc., dont Tedeschini confia la publicité à l'agence officieuse Stefani pour « se faire valoir auprès de l'Entente » ; la fébrile recherche, fin 1918, dans l'*Osservatore* d'articles philobelges depuis l'été 1914 qui n'avaient jamais été rédigés ; et surtout les préparatifs de la réception de Wilson, début janvier 1919, avec le souci de faire « plus luxueux » que naguère pour Edouard VII, par un Vatican « très excité » et « tellement obsédé par la visite qu'[il] aurait accepté n'importe quelles conditions ». Barrère rapporta « un entretien banal » avec Benoît XV, « insignifiant » avec Gasparri. Le pape, alors « d'excellente humeur et satisfait », ne put convaincre le président, mémoire antérieurement remis par Cerretti à l'appui, de sa « paternité de la Société des Nations » : Wilson « a mal pris la chose. Il a revendiqué sèchement pour lui-même l'idée et l'initiative de la Société des Nations et n'en a laissé aucune part au Souverain Pontife ». Lequel fit tout de même agréer sa « coopération spirituelle » dans l'organisation de la Paix.

Une anecdote, significative selon les agents de renseignement, mesure l'effort désespéré de la Curie pour démontrer son changement d'humeur envers Berlin : la mésaventure survenue en mars 1919, à son audience par Benoît XV, à une riche Berlinoise mariée à un Italien, « parente d'un des gros bonnets du ministère actuel ». Comme elle remerciait le pape de son action « pour soulager les victimes de la guerre, même allemandes », celui-ci lui répondit : « je n'ai rien fait pour vous ». La « dame allemande », ulcérée, « dit à un prélat, assez haut pour être entendue des assistants : "on voit que le vent a tourné parce que l'Allemagne est vaincue" ». Le gaffeur, tout penaud après avoir appris « qui était la dame, et de quelle influence elle disposait » en Allemagne, la fit inviter « à demander une autre audience [dans le but de] raccommoder la première ». Elle refusa, déclarant « qu'elle ferait de la "réclame" à Benoît XV une fois rentrée dans son pays » : des prélats lui avaient d'ailleurs expliqué que le Vatican, « de l'espèce de protection que

19. Lettre de Barrère n° 13, 17 janvier 1919, *Saint-Siège*, 13, SRM, 13, EMM, 17 décembre 1918, *Saint-Siège*, 1, et Information, 19 mars 1919, *Saint-Siège*, 2.

lui accordaient l'Allemagne et l'Autriche, [...] était passé au service le plus obéissant de l'Angleterre ».

La Curie mima même une francophilie tardive (jamais avant 1919) : « le thème préféré de la secrétairerie d'État » devint en février « le rapprochement avec la France. Par suite de cette tendance pontificale, Gasparri et Tedeschini, ce dernier surtout, sont devenus de grands amis de la France » et exagèrent « jusqu'à la caricature [...] l'attitude » pontificale. Malgré « ces manifestations voyantes, [...] en sous-main, dans l'ombre, on continue l'ancienne politique, toute contraire ». Dans les mois suivants furent circonvenus des prélats français en vue du « travail d'union et de rapprochement » projeté avec le Reich : début mai 1919, le Vatican, pourtant « très réservé » à l'égard de Mgr Baudrillart, le reçut et lui fit mille grâces (« tandis qu'on le comble de courtoisie – on se passerait bien de l'avoir dans les jambes »). Amette, l'ennemi gallican, avait été convié en mars : depuis le 14, à Rome, il « discut[a] avec le Pape d'affaires très importantes ». Il fallait appâter la France en quête de garanties dans son Orient colonial menacé et inquiète des « problèmes de l'Alsace-Lorraine, de Pologne et d'Autriche ». Erzberger ordonna à Tedeschini de surveiller « étroitement [...] les allées et venues » du cardinal français et d'adresser « des rapports détaillés » sur lui à Pacelli, via Maglione[20].

III. Une alliance intacte avec le Reich

L'influence du Reich demeurait entière quand certains crurent la « Révolution allemande » triomphante. Pas le Vatican, puisque Benoît XV confia début décembre à « son entourage [son] espoir d'assister dès la conclusion de la paix à une résurrection rapide de l'Allemagne "encore plus forte que par le passé" ». Début juin 1919, Mgr Hartmann, en contact permanent avec la Curie, rassura son ministre des Affaires étrangères Ulrich von Brockdorff-Rantzau, qui se demandait si elle n'allait pas « traiter l'Allemagne frappée par le ciel moins bien que la France victorieuse, fille aînée renégate de l'Église » : « le Saint-Père s'intéresse avec une chaleur particulière à l'Allemagne », et Diego von Bergen (représentant, officiellement, la Prusse) « est persona grata »[21].

---

20. SRM, 2 février, notes SRM XXI et XXV, 5 janvier, tél. Barrère n° 97, n° 82, 9 janvier, *Saint-Siège*, 1, Information, 19 mars ; SRM note LXXV, 10 février, Information, 17 mars, EMA, 6 mai, note Europe à Kammerer, 29 mars, *ibid.*, 2 ; EMA, 1er, tél. Charles-Roux n° 656, 13 avril, Information, 20 mars 1919, *ibid.*, 13.
21. Information, 15 décembre 1918 (du 3), *Saint-Siège*, 1, et note Brockdorff-Rantzau, 7 juin 1919, *Akten*, A, II, p. 97-99.

La permanence du financement et des agents du Reich entre la fin de 1918 et l'été 1919

Un financement allemand renforcé

Le flot financier ne se tarit jamais, le Reich tenant la propagande pour d'autant plus vitale que ses armes ne l'avaient pas emporté. La France elle-même apprit, quand éclata à Berlin l'apparente révolution dirigée par le SPD, qu'elle n'atteindrait pas le statut du Vatican : « la situation en Allemagne du centre catholique est en apparence irrémédiablement compromise mais [...] en réalité Scheidemann a promis à Erzberger de continuer secrètement à lui fournir des fonds importants pour la propagande, en particulier pour le Denier de Saint-Pierre et l'action catholique aux États-Unis ». « Le Saint-Siège a tout d'abord hésité à lier partie avec le nouveau gouvernement allemand. » Depuis la mi-novembre, il s'est cependant « décidé à l'aider, mais en évitant de donner à son concours un caractère trop apparent, car il veut réserver son attitude en prévision d'un retour possible de la monarchie après le désarmement général ».

S'il y eut brève répugnance devant le pénible tandem *Zentrum-SPD,* les liens avec Erzberger se maintinrent sans accroc : toujours « en relations avec le Vatican, [il] continue à lui envoyer des fonds (100 000 marks le 16 novembre) et sollicite son intervention en faveur de l'Allemagne ». De décembre 1918 à l'été 1919 furent effectués de gros versements réguliers, via la *Banca commerciale* et le *Banco di Roma*, et en février 1919, un envoi exceptionnel s'éleva à 7-8 millions (au lieu de 100 à 500 000) : mi-février, Erzberger joignit aux sommes nécessaires à « la campagne occulte » du Saint-Siège, « largement assurées pour plusieurs mois », des gratifications pour les prélats : il « était très large avec tout le monde et faisait de nombreux cadeaux »[22].

Maintien en poste et promotion des agents du Reich

Sa correspondance quotidienne continua à passer par l'office apostolique à Berne et la nonciature de Munich et à s'adresser aux pivots de l'action de guerre : Gasparri, Maglione et les deux diplomates qu'on avait crus menacés par le nouveau cours des choses.

---

22. Information, 19 et 26 novembre 1918, *Allemagne*, 370 (sur la « révolution » laissant le pouvoir aux classes dirigeantes et à l'Armée, Badia G., *Les spartakistes*) ; fonds, Information, 10 janvier, tél. Barrère n° 482-483, 20 février (mot « cadeaux » manquant), *Saint-Siège*, 10, et Information, 17 février 1919, *Allemagne*, 370 (et décembre 1918-juin 1919, ces cartons et *Saint-Siège*, 1-2).

Pacelli, « réfugié » à Berne, était « resté en liaison avec Erzberger [...] depuis son départ de Munich ». Il le resta à son retour début février 1919, sur ordre exprès de Rome, dans la capitale bavaroise qui l'accueillit sans « aucun commentaire ». Des rumeurs circulèrent jusqu'au début mars sur le tort que lui porterait sa fuite : il « n'est pas dans une situation agréable, et on dit aujourd'hui qu'il aurait mieux valu le laisser là où il était » ; encore « en Suisse », il a reçu « l'ordre péremptoire du pape » de rentrer à Munich ; Mgr Maglione a été « chargé de s'occuper de Pacelli, dont on n'a pas de nouvelles ». C'était faux : fin novembre 1918, Loiseau, spécialiste de l'Europe balkanique, voyait en Pacelli (alors en fuite) « de plus en plus l'agent considéré et diligent de la politique du Saint-Siège », par opposition au médiocre nonce à Vienne. En contact régulier avec la secrétairerie d'État, le nonce « réfugié en Suisse » reçut le 12 décembre de Gasparri ce télégramme : « Limitez autant que possible votre action. Il est absolument nécessaire de ne pas nous exposer et de ne pas nous compromettre. À l'heure actuelle notre activité est très surveillée partout. Conservez de bons rapports avec l'Allemagne, mais ne faites rien de votre propre initiative contre les Alliés. Réduisez votre travail en vous bornant à observer et à noter les événements jusqu'à ce qu'ils mûrissent ». Certes bridé, Pacelli n'était pas devenu *persona non grata,* comme le confirma son retour à Munich. Il n'obtint pas le transfert à Berlin qu'il continuait à réclamer car Rome préférait attendre « la tournure que prendr[aie]nt les événements ». Mais, « intermédiaire entre Erzberger et le gouvernement allemand d'une part, Mgr Tedeschini et le Vatican d'autre part », il demeurait, avec Maglione et Tedeschini, l'un des grands « agents de l'Allemagne au Vatican »[23].

L'étoile de Tedeschini ne pâlit pas au-delà de l'altercation alléguée avec Gasparri, son rival dans les faveurs du pape. Resté en place, il édifia avec le secrétaire d'État le parti catholique dont la Curie avait besoin en Italie. Toujours en lien direct avec Erzberger, mais « très impressionné par les événements », il observa en décembre 1918 un « changement d'attitude très net vis-à-vis de l'Allemagne » : il « refus[a] de rechercher le moyen d'établir par voie diplomatique ecclésiastique des communications régulières entre l'Allemagne et l'Alsace-Lorraine », exigence folle dans la conjoncture. Le chef du *Zentrum* ne lui en fournissait pas moins, via « un syndicat » bancaire des *Deutsche Bank* et *Reichsbank,* de « très larges moyens financiers » indispensables à « la propagande allemande, et [à la recherche de] personnalités italiennes, françaises,

23. Tél. Barrère n° 339, 3, n° 373, 9, EMM, 25 février, *Allemagne*, 370, EMA, 6 mars 1919, *Saint-Siège*, 13, note Loiseau, 28 novembre, Information, 22 décembre 1918, *Allemagne*, 370, EMM, 25 février et 29 juin 1919, *Saint-Siège*, 1 et 2.

anglaises et américaines » utiles. En janvier 1919, maints signes « allemands » révélèrent qu'il avait « repris toute son influence sur le pape »[24].

L'intervention au service du Reich dans les territoires perdus par les deux Empires

Le pangermanisme intact

Cette équipe, à laquelle fut associé le dernier venu, Mgr Cerretti, préposé aux flatteries à l'Entente, joua dès l'époque des traités un rôle déterminant. La correspondance entre Erzberger et les hommes du « parti allemand » traités en « agents » subalternes révèle un type de rapports qui surprend même le lecteur des fonds de guerre. Erzberger leur donnait des « ordres » et des « instructions » – termes récurrents – de banquier d'affaires vérifiant au jour le jour le bon usage des fonds alloués. La revendication du droit de contrôle était parfois explicite, ainsi début mars 1919, où leur maintien fut subordonné à une liste d'affectation minutieuse. « Les envois de fonds continuent, mais Erzberger en exige un rendement » : « pour la nouvelle demande de fonds nécessaires à la campagne électorale », câbla-t-il le 3 à Tedeschini, « il me faut un rapport circonstancié sur le travail déjà fait et sur les besoins futurs ».

Ces rapports inspirèrent à Canet, exaspéré en mai 1920 par les flagorneries d'Hanotaux, délégué de la France à la « la canonisation de Jeanne d'Arc, [...] opération du même ordre que la création de trois cardinaux français en décembre 1916, ou que les interventions en faveur des blessés, prisonniers et autres victimes de la guerre, dont le but principal était de dissimuler la véritable orientation de la politique vaticane », ce jugement à la Barrère : « multiplier les avances ne nous servirait de rien, mais nuirait plutôt à notre cause : Benoît XV et son entourage n'ont de respect que pour la force : le moindre excès de courtoisie leur apparaîtra comme la marque d'une faiblesse qu'ils s'efforceront d'exploiter ». Le style Erzberger incarna la « négociation menée à la prussienne » que Canet prescrivait parfois[25], en vain.

La conviction de pouvoir manipuler les alliés-rivaux de l'Entente et des appétits territoriaux identiques à ceux de l'ère hitlérienne posent le chef du *Zentrum* non en « modéré » ou « pacifiste » mais en « pangermaniste » *stricto sensu*, tel que décrit pendant la guerre par « les catholiques les plus marquants de la Suisse allemande » et les fonds allemands consultés par Fritz Fischer. L'expansionnisme d'Erzberger, mandaté par la jeune « république » et ses minis-

---

24. Information, 26 décembre 1918, *2, Allemagne*, 370, et 30 janvier 1919, *Saint-Siège*, 1 ; sur le PPI, chap. 3.
25. Information, 19 mars 1919, *Saint-Siège*, 2, notes Canet, 5 mai et 8 juin 1920, *Saint-Siège*, 15.

tres SPD alors que le Reich semblait abattu, embrassait l'Europe entière, ses possessions coloniales et jusqu'à l'Amérique, *politique intérieure incluse,* qui influencerait le sort du Reich. Le leader catholique escomptait que ses agents vaticans rendraient ou gagneraient au Reich ce que ses armes n'avaient pu lui conserver ni lui conquérir : la Curie, affirmait en décembre 1919 l'ambassade allemande encore à Berne, sera décisive pour abattre « le mur de haine qui entoure l'Allemagne » – grâce à l'idée d'« un rapprochement et d'une réconciliation des peuples [qui] trouve auprès du pape l'écho le plus vif » – et « collaborer à l'élaboration de la voie nécessaire à la révision de l'intolérable traité de paix ».

Les instruments et les objectifs de la revanche

À défaut d'abolir les rapports de forces militaires, la Curie prépara la revanche des vaincus défaite à peine acquise. Ses agents démontrèrent sur le terrain, dans les semaines suivant le dernier armistice, l'intangibilité de ses sentiments sur les droits des minorités nationales sous tutelle germanique. Ledochowski, toujours « fidèle aux Habsbourg » mais également acquis aux intérêts du Reich, fit en décembre 1918 la navette entre divers points d'Europe centrale et orientale. À Vienne, il réorganisa les chrétiens-sociaux avec le cardinal-archevêque de Vienne, Mgr Friedrich Piffl, qui « a[vait] reçu des subventions de la Cour pour organiser secrètement parmi les forces catholiques de Vienne et de toute l'Autriche allemande un mouvement favorable à la restauration des Habsbourg [et...] donné au clergé des instructions » anti-républicaines. Il revint aussi en Suisse, son poste de guerre dans les comités d'Erzberger : il s'y efforça d'obtenir de l'Italie le transfert de son centre de Zizers, qui s'était procuré des passeports suisses pour ses agents autrichiens envoyés à travers l'ancien Empire. « Beaucoup de prélats » romains virent dans ce « transfert [précipité] une manœuvre d'Erzberger pour surveiller de plus près le Saint-Siège et diriger plus directement sa politique pendant les pourparlers de paix ».

Le général des jésuites gagna à Noël la Pologne, où il agit « conformément aux directives de Berlin. Il n'a aucun rapport avec le gouvernement, mais y travaillerait le clergé et les milieux réactionnaires hostiles à l'Entente par l'intermédiaire de nombreux agents secrets ». Mi-février 1919, à Einsiedeln, les « agents catholiques allemands, autrichiens, suisses et italiens » des services secrets d'Erzberger se réunirent pour organiser la propagande. « La campagne occulte » conduite aux États-Unis avait déjà « produit les meilleurs effets, non seulement dans le public, mais encore à la Maison-Blanche et dans l'entourage du président Wilson ». On décida alors de « redoubler d'activité en Autriche, en Allemagne, en Suisse, en Italie, en France » et en Espagne, le Saint-Siège ayant « approuvé [le] projet d'unifier autant que possible l'activité politique des partis catholiques allemands, autrichiens et italiens ». On maintiendrait entre eux « certaines différences de détail afin de ne pas attirer les soupçons des journaux ou des partis adverses mais les directives seraient identiques ». « Une caisse générale », projetée à Fribourg, financerait ces activités.

L'ordre câblé le 21 février 1919 exigea davantage : « le gouvernement allemand, qui depuis quelque temps se contentait de l'action occulte de ses agents du Vatican, [a exprimé] une demande formelle d'un acte officiel du Saint-Père. Erzberger insiste par le double intermédiaire de Mgr Pacelli et de Mgr Maglione pour la réunion urgente d'un consistoire qui lancerait un appel solennel à tous les catholiques du monde [en faveur d']une paix chrétienne de réconciliation [et] prie le pape de publier une encyclique ou de prononcer un discours en ce sens. » C'est surtout après la signature des traités que triompherait ce volet du combat dont témoigne une lettre de décembre 1919 de Benoît XV à Amette lors de la consécration de la chapelle de Montmartre, exemple des pressions exigées de Rome pour réintégrer le Reich haï parmi les « peuples » estimables : le pape y « exhorte de façon pressante le clergé français et à travers lui le peuple français à méditer sur les mots "Aimez vos ennemis", et en conclusion fait allusion à la nécessité de perfectionner l'œuvre de Versailles dans un esprit chrétien »[26].

Le Reich ouvrit donc au Vatican une sphère d'intervention quasi illimitée, que Pacelli qualifia dans un câble du 16 février 1919 de « moyens politiques », par opposition à l'action diplomatique classique. L'Allemagne veut via le Saint-Siège, écrivait-il, « obtenir la reconnaissance du gouvernement républicain allemand au moins par l'Angleterre et l'Amérique. Si une démarche diplomatique paraît impossible prière d'agir par des moyens politiques ». Ceux-ci devaient garantir à l'Allemagne la préservation *immédiate ou à terme* de tous ses territoires en Europe, d'Eupen-Malmédy à l'Est cédé à la Pologne en passant par tous les autres « territoires allemands provisoirement occupés par les Alliés ». « Alsace-Lorraine » incluse, dont la restitution à la France embrasa Pacelli autant que ses interlocuteurs, tel von Brockdorff-Rantzau, qui haïssait également la France et la Russie. Le nonce reprit ainsi à son compte fin février les « déclarations confidentielles » du comte luthérien : il faut agir contre les quatorze points de Wilson et cette « paix contraire au droit international et à la pensée du président », terme désignant en général Erzberger. « Le démembrement forcé de l'Allemagne, l'occupation de la rive gauche du Rhin, du bassin de la Sarre et de l'Alsace-Lorraine démontrent

26. Tél. n° 2213, Berne, 7 décembre 1919, *Akten,* A, II, p. 459, lettre n° 578 de Barrère, 14 octobre 1917, *Paix,* 8, Information, 4, 31 décembre 1918, *Saint-Siège*, 1, Information, 17 février, 10, *Allemagne*, 370 et *Saint-Siège*, 2, 2 mars 1919, 26 décembre 1918, *Allemagne*, 370, et 19 mars 1919, *Saint-Siège*, 2, et 1re référ. ; Fischer F., *Buts.*

l'impérialisme français ». Suivait un argumentaire mêlant la menace allemande de ne pas signer « la paix de Paris », la référence au « péril bolcheviste » et à « l'Allemagne [...] affamée » et pillée (« on veut maintenant lui voler ses "vapeurs". La livraison des locomotives et des wagons est la principale cause des grèves et de la misère »). Le tout s'achevait sur l'équation entre Reich et *Kultur*, vieux thème également promis à la longévité : « la Conférence commet des injustices flagrantes et porte le dernier coup à la civilisation européenne. » Pacelli pressa le 3 mars ses chefs de lui fournir « d'urgence [...] un rapport détaillé sur les prétentions françaises à l'égard de l'Allemagne. Informez-vous à Paris » et par la voie diplomatique, en Grande-Bretagne, aux États-Unis et en Italie[27].

L'Alsace-Lorraine...

Ne pouvant présenter en détail un programme confondu avec les buts de la guerre suivante, et décrits, d'Ouest en Est, de l'Alsace à l'Ukraine et aux Pays baltes, au fil des chapitres, j'en ai isolé quelques éléments *représentatifs*.

Sur l'Alsace-Lorraine, Erzberger surmonta vite l'objection de Tedeschini contre l'usage de la filière vaticane pour rétablir des « communications régulières » avec l'Allemagne. Une extrême précaution s'imposait et Cerretti conseilla en janvier 1919 le recul tactique pour calmer Pichon et Clemenceau, « très irrités contre le Saint-Siège » : « il importe, pour se concilier Paris, de satisfaire jusqu'aux limites du possible, tous les désirs français relatifs à l'Alsace-Lorraine. » La France usa en effet de la méthode « à la prussienne » concernant les évêques de Strasbourg et de Metz, fonctionnaires allemands qui, ayant prêté serment au Kaiser, ne s'étaient pas tenus à la porte de leur cathédrale « pour recevoir le maréchal Pétain » : après des mois d'atermoiements où la Curie prétendit « remettre la solution de la question après les élections », elle en nomma en avril de nouveaux, cas de gallicanisme unique dans son histoire contemporaine. La gauche sénatoriale eut beau jeu de relever en juillet que Mgr Charles Ruch, ancien évêque de Nancy, et Mgr Jean-Baptiste Pelt, ancien vicaire général de l'évêque de Metz, respectivement installés à Strasbourg et à Metz, étaient « les évêques de M. Clemenceau, mais [...] pas encore les évêques du pape ». Ils devaient leur poste à un « arrêté de prince-président » appuyé « sur aucune loi en vigueur » et le pape n'avait ni contraint à la démission les précédents titulaires ni émis de bulle. Signe que la rigueur ne faisait pas l'unanimité dans l'appareil d'État, le clergé fourmillait d'éléments liés au Reich : « l'évêque boche » de Metz, Benzler, « actif agent de la

27. Information, 2 mars 1919, 26 décembre 1918, *Allemagne*, 370, et 19 mars 1919, *Saint-Siège*, 2.

germanisation en Lorraine », avait paradé à la Fête-Dieu devant un cortège formé « des plus hauts fonctionnaires français », militaires en tête.

Le Vatican prêtait au Reich dans les départements recouvrés le même appui qu'ailleurs : il se rallia donc d'emblée à l'idée lancée par Erzberger dès novembre-décembre 1918 d'« une campagne en faveur d'un plébiscite en Alsace-Lorraine » à l'occasion des élections anglaises et d'une vaste opération de « propagande en faveur du droit d'autodétermination de l'Alsace-Lorraine »[28].

Des consignes d'Erzberger à la mission coloniale de Mgr Cerretti de juin 1919

La Curie reçut aussi la charge des « colonies allemandes » que, début 1919, le Reich espérait « conserver » grâce à l'indulgence américaine. « Erzberger me fait connaître, *câbla Pacelli le 12 février*, qu'il est désigné comme ministre des Colonies. Faites soutenir par vos représentants et vos agents la nécessité que l'Allemagne obtienne un mandat colonial en compensation de la perte de l'Alsace-Lorraine. Faites agir d'urgence sur l'Amérique ». Erzberger déclara alors « à plusieurs de ses amis qu'il réclamerait et obtiendrait du président Wilson la restitution des colonies allemandes, et que ses agents politiques du Vatican intriguaient dans ce but ». Les grâces coloniales faites à Londres depuis plusieurs mois préparaient le terrain à un accord sur les anciennes colonies allemandes.

Le Saint-Siège, en concertation avec les Allemands, n'en entama pas moins, en mars 1919, dans les Lieux Saints et dans tout l'ancien Empire ottoman asiatique une croisade « contre les Alliés ». Erzberger obtint du pape un discours, publié en latin, anglais et français : transmis « d'urgence à toutes les puissances alliées », il avait pour but d'« empêcher la constitution d'un État sioniste en Palestine et la conquête de la Turquie d'Asie par le protestantisme anglo-américain ». Sur place furent mandatés quatre prélats au « passé germanophile et giolittien » (dont Pompili et Barlassina, présentés plus loin). Leurs rapports, début mars, tonnèrent « en termes sensationnels » contre l'intention des sionistes « de s'emparer de la Terre Sainte » (leur antisémitisme fut encore précisé par Gasparri dans une conversation avec « un Français résidant à Rome », explicite sur sa haine des juifs et de leur « esprit d'envahissement »). Ils dénonçaient en outre « les protestants anglais et surtout américains [qui] secou-

28. Continuité pangermaniste, Fischer F., *Buts, passim*, Bloch C., *Le III*e *Reich*, chap. 1 ; Information, 26 décembre 1918, *Allemagne*, 370, 2 janvier 1919, note Canet, 8 juin 1920, *Saint-Siège*, 10 et 15, lettre n° 554 de Barrère, 5 décembre 1918, et note jointe à la lettre n° 64 de Charles-Roux, 7 mars, *JOD*, 2e séance, 2 juillet 1919, p. 3161-3162, *Saint-Siège*, 13 ; Information, 26 novembre et 15 décembre 1918, *Allemagne*, 370 et 367.

raient les populations catholiques et leur distribuaient de l'or à pleine mains » pour obtenir leur conversion et « préparer le terrain pour leurs missionnaires ». Ces réquisitoires eurent un « effet immédiat », la convocation d'un consistoire où le pape compléta ce message public aux Alliés par des « déclarations assez vives » : « ce serait en effet pour nous et pour tous les chrétiens une douleur amère que de voir les *infidèles* de Palestine appelés à bénéficier d'une situation meilleure et privilégiée, surtout si les augustes monuments de la religion chrétienne étaient remis à ceux *qui ne sont pas chrétiens.* Nous savons aussi que des étrangers *acatholiques disposant de toutes les richesses* abusent des innombrables misères et des ruines produites par la guerre en Palestine pour *y répandre leurs doctrines.* On ne peut *tolérer* la perte de tant d'amis dans les lieux où Notre Seigneur Jésus-Christ a gagné, au prix de son sang, le salut éternel »[29].

Le combat était ardent contre les Américains et les Anglais dans ce que la Curie tentait depuis vingt ans de transformer en chasse gardée germanique (et italienne). Mais, pour adoucir les rudes clauses coloniales de Versailles, elle recourut aux Américains, que leurs intérêts « protestants » dressaient contre ceux des Anglais, ou aux Anglo-Américains, contre les Français. Convaincue de la bienveillance des Américains pour des revendications coloniales allemandes gênant leurs alliés-rivaux dotés d'Empires, et au fait des rivalités franco-anglaises, la coalition germano-vaticane délégua donc Cerretti. Fin mai 1919, celui-ci alla à Paris « s'occuper », avec un administrateur du *Banco di Roma*, des questions financières autrichiennes et allemandes d'où pourraient résulter de grandes pertes pour certains ordres religieux possédant un grand nombre de titres de rentes de ces deux pays ». Mais pas seulement.

Le voyage de celui qui « passe pour le mieux disposé à l'égard de l'Entente des diplomates du Vatican [...] n'est qu'une affaire combinée à Munich par Mgr Pacelli » pour donner au pape, obsédé par l'idée de « participer à tout prix à la Conférence » dont il est exclu, « un prétexte [à] parler de l'Allemagne » : le Reich a besoin du Vatican pour reprendre, « sur le terrain du droit canonique », le problème de ses colonies qu'il « n'a pu jusqu'ici aborder de front ». Une fois de plus via Mercier, Cerretti souleva donc à la Conférence début juin « la question des missions catholiques allemandes ». La thèse concertée avec Tedeschini sortait des « longs rapports » récemment reçus de Berlin : l'Allemagne ne pouvait abandonner ses œuvres coloniales « florissantes [...] sans de graves dommages pour le catholicisme ». Le Saint-Siège, venu tâter « à Paris le terrain sur ce point », réagirait vivement si Cerretti ne pouvait « sauver les missions catholiques allemandes » : Tedeschini et les jésuites préconisaient « une encyclique de protestation adressée à tous les catholi-

29. EMM, 25, EMA, 27 février, *Saint-Siège,* 1 et 2, lettre n° 64 de Charles-Roux, 7, et note d'information, 20 mars 1919 (souligné dans le texte), *Saint-Siège*, 13.

ques du monde, [qui] donnerait une nouvelle force à l'action des catholiques contre le traité de paix actuel ».

Cerretti remit donc à André Tardieu, via Baudrillart, un mémoire sollicitant « quelques modifications » ou l'abrogation des articles 438 (relatif aux biens des missions au Togo et au Cameroun) et 122 (stipulant l'expulsion des Allemands) du traité de Versailles liquidant les colonies africaines allemandes. « Avec peu d'espoir » de succès, déclara après coup Gasparri, trop pessimiste vu les rivalités entre vainqueurs. Le Vatican voulait leur faire admettre que les biens des missions appartenaient à la Propagande, propriétaire qui disposait du choix de ses gestionnaires. À la séance du 12 juin 1919, Lloyd George, Clemenceau et Wilson convinrent « que ces revendications étaient absolument inadmissibles. M. Orlando seul resta muet », signe de la réconciliation en cours. Geste dans l'air du temps anglo-vatican, Lloyd George resta intraitable (formellement en tout cas) sur l'article 122 mais accepta, bientôt suivi par Clemenceau et Wilson, que l'article 438 ne confiât pas l'héritage allemand à des non-catholiques : les biens des missions allemandes seraient « *transférés* à des missions catholiques d'autres nationalités ». L'article 438 fut rectifié en conséquence le 14 juin. Cerretti obtint même plus : les « sanctions contre les missionnaires » seraient appliquées sous réserve de ne pas mettre « la mission en péril » et ne seraient « prises qu'après *consultation* des "autorités de la religion intéressée" », c'est-à-dire, concernant les catholiques, le vicaire, le préfet ou l'administrateur apostolique pour les simples missionnaires et le Saint-Siège « lui-même » pour les dignitaires[30].

Les objectifs allemands en Europe : de l'Anschluss au loup-garou bolchevique

• Le soutien vatican à l'Anschluss

En Europe, le premier morceau convoité était « l'Autriche allemande » à annexer, objectif qui vaudrait aux jésuites l'octroi en Allemagne de « toutes les libertés même celle d'enseignement dans les limites de l'ancien empire ». Cette concession formelle (amorcée *de facto* avant 1914) sur les congrégations sanctionnait un accord général avec le Reich. Elle fut confirmée par un câble de Pacelli à Gasparri du 12 février 1919, dont l'allégresse argumentée éclaire sur l'insincérité de la terreur, *simultanément* alléguée, du péril rouge : « notre situation en Allemagne est renforcée. Nous travaillons à sauvegarder les biens ecclésiastiques et la liberté des congrégations religieuses. Erzberger

---

30. Tél. Barrère n° 1219, 24 mai, EMA, 2 juin, et EMG administration des Territoires rhénans, 27 mai, tél. Barrère n° 1279, 6, Information, 7, lettre de Barrère n° 159, 30 juin 1919, *Saint-Siège*, 2, lettre d'Herriot au ministre des Colonies n° 1193, 9 octobre 1924, *Saint-Siège*, 20, note Canet, 19 juin 1922, *Canet*, 30.

vous remercie de votre action et fait assurer Pierre (le Père Tacchi-Venturi) que ses amis (les jésuites) jouiront d'une complète liberté. »

L'énorme dossier autrichien, qui envahit le courrier depuis décembre 1918, établit l'hégémonie du Reich dans l'effort de reconquête des pays perdus. On vit précocement agir pour « l'annexion de l'Autriche allemande » de prétendus « fédéralistes » bavarois totalement dévoués au Grand Reich prussianisé, tel l'archevêque de Munich (depuis 1917) Faulhaber, intime de Pacelli. Classé parmi « les agents catholiques allemands, autrichiens, suisses et italiens » de Berlin, Faulhaber participa, comme Gerlach et Tacchi-Venturi, à la réunion convoquée à Einsiedeln en février 1919 par les services d'Erzberger. Elle déboucha sur d'importantes décisions. « L'État-major allemand » verserait « une grosse subvention » à Otto Bauer, chef du parti social-démocrate autrichien, en échange de son « appui inconditionné » à l'Anschluss : Scheidemann la lui remettrait comme « subvention » du SPD au parti ami - Bauer ignora peut-être « personnellement la véritable origine des fonds ». L'évêque de Coire, Mgr Georg Schmid von Grüneck, et « les ecclésiastiques autrichiens » garantirent l'adhésion définitive des jésuites et des chrétiens-sociaux. Benoît XV prit « l'engagement secret d'appuyer la campagne annexionniste grâce aux démarches personnelles d'Erzberger ». Il enverrait « en Autriche des prédicateurs et des agents religieux » chargés d'« y "travailler" les personnages catholiques les plus influents et le clergé » : Ledochowski, féal des Habsbourg attaché à la restauration, hésitait encore en décembre 1918.

Ce soutien formel à l'Anschluss réduisit à quasi rien la contribution réelle des milieux de l'ancien Empire favori à la reconquête des « États successeurs ». Le Saint-Siège affecta parfois la sympathie pour le « fédéralisme » allemand, prétendant rechercher « une union catholique bavaro-rhénane qui tiendrait en respect la Prusse et les États protestants de l'Allemagne du Nord » : comédie conjoncturelle à usage strict des Français en quête de mythique catholicisme fédéral. Au printemps 1919, quand le radicalisme du Nord gêna un Reich imparfaitement stabilisé et que le Sud catholique ultra, de la Bavière à l'Autriche, s'offrit en sanctuaire contre-révolutionnaire général, la Curie laissa les jésuites rêver du retour aux fastes habsbourgeois qui liquiderait les nouveaux États : « les jésuites de Fribourg travaillent infatigablement au rétablissement de la monarchie en Autriche » et leurs rapports au Vatican expriment « la plus grande confiance [...] La future monarchie devrait absorber la Hongrie, la Yougoslavie et la Bohême, exercer une sorte de protectorat sur la Pologne et s'appuyer à l'extérieur sur la monarchie bavaroise que l'on tente également de restaurer ». La panoplie des moyens d'action fut complétée par l'appui des mêmes milieux au « mouvement séparatiste rhénan en escomptant l'union de la future République avec la Bavière ». Les élites autrichiennes complotaient « grâce à l'appui inconditionné du comte Czernin », des évêques de Saint-Gall et de Coire « et de la grande majorité de l'aristocratie autrichienne ». L'informateur crut fin juin percevoir un virage sur « l'union austro-allemande » : d'abord « envisagée sous un aspect assez favorable, elle est actuellement considérée comme peu désirable en raison des progrès du socialisme ». Mais il se démentit lui-même : Tedeschini, toujours sous « l'influence d'Erzberger, [...] n'admet aucune atteinte à l'unité de l'Allemagne, tout en favorisant très activement au contraire le mouvement monarchique autrichien » ; Pacelli, « toujours dominé par la diplomatie allemande », et Maglione partagent ses vues ; Benoît XV et Gasparri excluent tout « mouvement rhénan », qualifié de « prématuré ». Début juin, Hartmann avait rassuré Brockdorff-Rantzau : « il n'est aucunement question d'un mouvement renégat, il règne au contraire une haine profonde contre les Français. À une séparation d'avec le Reich la population ne songe pas le moins du monde [...] l'esprit national demeure absolument intact. »[31]

• Les loups-garous français et bolchevique

Le Vatican fut également requis d'agiter les milieux catholiques des principaux adversaires du Reich par les moyens les plus divers. Erzberger lui ordonna ainsi le 19 février 1919 de « surveiller la situation parlementaire à Paris » en vue de « renverser Clemenceau » (le cas Sonnino, autre « bête noire du Vatican », est étudié plus loin). Il dut poursuivre l'agitation anti-anglaise en Irlande – tradition au double service de Berlin et Washington –, avant instruction d'un « brusque changement de tactique ». En janvier, Berne transmettait encore les consignes classiques d'Erzberger. Le 12 février, un câble de Pacelli arrêta tout : « par suite de changements survenus dans la politique allemande et afin de faciliter de nouveaux accords, il y a lieu de suspendre jusqu'à nouvel ordre notre action en Irlande. Transmettez d'urgence ces instructions à Cerretti en révoquant les ordres précédemment donnés. » Cette consigne de suspension parut si incongrue que Pacelli dut insister le lendemain : « le président » s'est rallié à notre conseil d'« attitude plus conciliante à l'égard des Puissances de l'Entente, de façon à isoler si possible la France [...; il] me fait [donc] connaître qu'il est nécessaire et urgent de confirmer l'assurance que l'Allemagne est favorable à un accord avec l'Angleterre ». Même la Pologne bénéficia de la tactique de l'heure : Tedeschini rédigea ou fit rédiger sur la question un rapport pour Erzberger, qui admit, le 9 février, qu'il fallait « favoriser un accord polonais-allemand contre la franc-maçonnerie parisienne.

---

31. Information, 15 décembre 1918, *Allemagne*, 367, EMM, 25 février 1919, *Saint-Siège*, 1 (avant 1914, Lacroix-Riz A., « Forcing »), Information, 17 février 1919, 12 décembre 1918, *Allemagne*, 370, EMM, 29, *Saint-Siège*, 2, note Brockdorff-Rantzau, 7 juin 1919, *Akten*, A, II, p. 97.

Mgr Tedeschini devra prendre à cet effet des accords avec le Père Tacchi-Venturi »[32].

Le thème de la France impitoyable demeura sans variation, comme dans ce câble à Erzberger du francophobe frénétique Pacelli, le 13 février 1919 : « l'action se poursuit suivant vos désirs, mais l'on prévoit de nouveaux incidents dus [à ses] procédés tyranniques. » Entre deux cris contre Paris, le loup-garou bolchevique occupa dans l'arsenal une place de choix, bien que l'appareil d'État allemand intact eût cessé dès décembre 1918 de craindre une révolution. Ce modeste péril contre lequel, informé et aidé par le SPD, Berlin avait pris toutes précautions utiles, servit cependant, gonflé à l'envi par Rome, de sésame-ouvre-toi de la « paix douce ». Le 22 décembre, Pacelli broda sur un plan allégué de « coup d'État au profit d'une dictature léniniste » à Berlin : « répandez cette nouvelle, afin de hâter la conclusion de la paix dans l'intérêt même des Alliés. » « Ces télégrammes, évidemment inspirés par l'Allemagne », commenta le lecteur de divers câbles déchiffrés de même source, visent à entretenir « des désaccords entre alliés et indiquent les moyens d['y] parvenir ». Erzberger souffla à Tedeschini en janvier 1919 des arguments du style : le sacrifice du Reich signifiera « le triomphe à Berlin des Bolcheviques alliés à la Russie, et la menace en 1919 d'une invasion de la France par une Armée rouge russo-allemande de dix millions d'hommes ». Conjuré presque partout, le danger demeura une litanie germano-vaticane. En témoignent les « déclarations confidentielles » de Brockdorff-Rantzau dont Pacelli fit état fin février, sur l'aggravation du « péril bolcheviste en Europe » due aux « retards de la Conférence » de la Paix. Le 11 mars, mouvement quasi anéanti, Pacelli télégraphia : « faites connaître directement en Amérique et au président Wilson, par tous les moyens possibles, que les conditions que la France veut imposer à l'Allemagne violent les libertés et les principes les plus élémentaires du droit international. Seule l'intervention du président américain peut sauver l'Allemagne d'un désastre intérieur politique et social. L'approbation des conditions exigées par la France provoquerait la chute immédiate du gouvernement actuel et le triomphe des révolutionnaires radicaux. »

À la mi-mars, Charles-Roux ridiculisa un rapport dans lequel Pacelli feignait la terreur du « danger [de] la diffusion du bolchevisme qui mena[çait] d'envahir tout et de saper les bases de l'organisation sociale » surtout en Italie, et pressait le Vatican d'intervenir auprès de l'Entente pour « conclure la paix promptement et aux conditions les moins dures que possible envers l'Allemagne, de manière à échapper aux dangers du bolchevisme ». Il était aussi peu dupe que les Anglais, qui avaient été gratifiés d'une note vaticane

32. Information, 2 mars, *Allemagne*, 370 (et EMA, 30 mai-27 juin, *Saint-Siège*, 2), Information, 23 janvier, 2 mars, *Allemagne*, 370, et EMM, 25 février 1919, *Saint-Siège*, 1.

et de récits effrayants de Maglione, de la vraie « préoccupation » du nonce : il « se fait l'instrument, par complaisance et par peur [..., d']une manœuvre des Allemands utilisant le spectre du bolchevisme pour essayer de faire adoucir les conditions de la paix »[33].

L'Italie et le dossier yougoslave : un enjeu décisif de la rupture de l'Entente

L'Italie fut un enjeu majeur de ce remue-ménage : entre fin de la guerre et signature des Traités, l'Allemagne tira parti de la rupture entre les vrais vainqueurs et le rallié tardif et faible, frustré du partage des dépouilles, pour œuvrer avec la Curie à la « réconciliation ».

L'application de ce vieux plan impliquant liquidation des traces de l'adhésion à l'Entente mobilisa des élites italiennes transformées en pantins : les complices pensaient tout en obtenir en achetant dans la presse, les Chambres, les partis, des hommes corruptibles et convaincus des bénéfices divers de l'alliance allemande. Elle éclaire, avec les aspects intérieurs de la création du Parti populaire italien (PPI) et de l'action vaticane sur les partis, le rôle du Reich qui, via Erzberger, finançait tout : « Servez-vous, *câbla Pacelli le 6 février,* de mon avocat [son frère Francesco], pour communiquer avec [Luigi] Sturzo [chef du PPI]. On autorise les dépenses que vous jugez nécessaires pour le Congrès (le 15 février) de fondation du "nouveau parti catholique italien". »

Fut ainsi réorganisé et étendu « le trust » de presse tentaculaire « tout à la dévotion du Saint-Siège » dont le renseignement militaire recensa en mai 1919 les nombreux titres. Sonnino, encore aux Affaires étrangères dans le cabinet Orlando, fut traqué : « la légation d'Allemagne [...] recommande », câbla Maglione le 15 février, « de recourir à tous les moyens possibles pour renverser le ministère italien » et en former un nouveau avec les Giolittiens et les socialistes de l'aile droite ou « socialistes officiels » (but atteint en juin 1919). Nitti orchestra l'opération, donnant à Tedeschini le 18 février « l'assurance formelle qu'il favorisera[it] le parti catholique italien ». Parmi « les moyens possibles » figurait l'exploitation d'une conjoncture sociale agitée mais plus contrôlable que celle de l'automne 1918 : il fallait « organiser » ici et là les « manifestations ouvrières » du Nord, selon les « instructions » qu'avait données Erzberger après avoir lu le rapport du 18 février de

33. Information, 2 mars, 2, *Allemagne*, 370, 10 janvier, *Saint-Siège*, 10 (et *ibid.*, 1-2, premiers mois de 1919), *Information*, 19 mars, *ibid.*, 2, tél. Clinchant n° 597, Berne, 19 avril, *ibid.*, 10, note Europe à Kammerer, Paris, 29, *ibid.*, 2, et tél. Charles-Roux n° 655, 14 mars 1919, *ibid.*, 10 (fin de la « République des Conseils » bavaroise, Badia G. *et al.*, *Histoire*, p. 64-68). Brockdorff et la Russie depuis 1914, Fischer F., *Buts*, p. 161-163 et *passim*.

Tedeschini sur les turbulences milanaises. Quel paradoxe que de voir les contre-révolutionnaires Erzberger, Pacelli, Maglione et Tedeschini, etc., aviver en Italie, pendant la déstabilisation préalable à la restauration, le fallacieux péril révolutionnaire. Paradoxe apparent, puisque Erzberger et autres experts du Reich ès subversion dans les États ennemis (empire tsariste en tête), Brockdorff-Rantzau et Bergen, « spécialiste du mouvement de subversion aux Affaires Étrangères » et futur ambassadeur auprès du Saint-Siège, avaient pratiqué cette tactique pendant la guerre. Erzberger déversait depuis février-mars 1919 des flots d'argent « pour organiser un mouvement révolutionnaire en Italie » et ordonnait : faites reprendre « l'agitation socialiste italienne par l'intermédiaire de vos amis. Interdisez à la presse catholique toute attaque contre le parti socialiste ». « Envoyez des instructions à Guido [le député catholique Miglioli] pour qu'il prenne part aux manifestations de Milan dans un sens favorable aux socialistes. Fournissez-lui d'urgence les moyens que vous jugerez nécessaires ». « Remettez au comte le reste des fonds, mais recommandez-lui ainsi qu'à Guido les grèves et les agitations » : il désignait le comte Giuseppe Dalla Torre, futur directeur de l'*Osservatore Romano,* cheville ouvrière du PPI après avoir dirigé l'agitation « pacifiste » dans le Nord italien pendant la guerre. Les requis firent ce qu'on en attendait : en juin 1919, Miglioli « donn[a] le caractère de lutte de classe aux agitations agraires actuelles » du Nord, et Dalla Torre mena « une campagne germanophile des plus actives, [...] envoy[ant] des agents de confiance à Bologne, Milan et Turin ». La conjuration vouée à la chute de « Sonnino, la "bête noire du Vatican" », ne reculait devant rien[34].

Le dossier yougoslave apparut alors subordonné aux impératifs du Reich plus qu'aux intérêts impérialistes italiens. Depuis décembre 1918, Tedeschini « dépens[ait] énormément d'argent pour créer » sur ce terrain fertile « une atmosphère favorable à l'Allemagne » et un prochain « rapprochement italo-allemand ». Vers la Noël, Pacelli ou Maglione et Tedeschini échangèrent fébrilement. Le 20 décembre, Berne informa Rome des graves conflits entre marins italiens et slaves dans les îles dalmates, et câbla le 23 : « Nous avons reçu votre rapport sur le conflit franco-italien [...] Signale[z] à nos amis l'utilité de favoriser la prolongation de ce conflit. Nous vous avons envoyé la somme réclamée. Organisez avec la plus grande publicité possible des prières en faveur de la paix. » Il faut obtenir « coûte que coûte et aussi vite que

34. EMM, 25 février, EMA, 10 mai, *Saint-Siège*, 1 et 2, Information, 2 mars 1919, *Allemagne*, 370, note Canet ?, 8 mai 1918, *Saint-Siège*, 1), Information, 19 mars, EMM, 29 juin, et EMA, 30 mai-27 juin 1919, *Saint-Siège*, 2. Dalla Torre en 1918-1919, *ibid.*, 1-2. Subversion de guerre, Fischer F., *Buts*, p. 130-164.

possible un accord avec l'Italie, qui pourra [...] faciliter l'action du Saint-Siège pendant la Conférence ».

En janvier 1919, on planifia la campagne italienne contre la France franc-maçonne avec les « fonds de la Banca commerciale et du Banco di Roma ». Début février, le conflit sur Fiume permit de dénoncer « la violation des engagements pris par l'Entente » envers l'Italie, thème désormais permanent. Retour à Munich, Pacelli inclut le sujet dans « les intrigues à poursuivre pour dissocier l'Entente » : « le président nous fait connaître qu'il est urgent de poursuivre le travail de rapprochement avec l'Italie, l'Allemagne étant disposée à soutenir les droits italiens sur l'Adriatique » ; il reçoit des « informations de Paris sur l'accord franco-yougoslave contre l'Italie qui confirment que l'action diplomatique française est constamment dirigée contre l'Italie ». Le 21 février, Brockdorff-Rantzau confirma qu'en demandant à Pacelli de « favoriser la campagne d'opposition italienne » à la France, Berlin ne cherchait *pas à satisfaire le nationalisme italien* : « que l'on évite de soutenir la complète réalisation des aspirations italiennes en Adriatique, car il fallait pouvoir maintenir et aggraver le dissentiment franco-italien [...] Il est certain que le traité de paix engendrera de nouvelles discordes dans l'Europe entière ». Tedeschini, ravi que « les rapports franco-anglais et anglo-franco-italiens [fussent] extrêmement tendus », conclut « que cette discorde rendra[it] forcément précaires les décisions à intervenir ».

Les préparatifs électoraux italienns eurent une forte dimension franco-italo-yougoslave : Bülow enjoignit Pacelli d'« utiliser [pendant la campagne électorale] l'alliance franco-yougoslave pour détruire l'accord franco-italien, disant textuellement que "le fait que la France ne reconnaît plus le traité conclu avec l'Italie doit être mis en lumière et expliqué au peuple italien" ». Sous « la même pression », Maglione transmit le 4 mars des informations allemandes venues de Paris sur le rejet du contrôle italien de Fiume et « autres renonciations [dues à] l'opposition de la France. Il importe de faire connaître cette situation aux milieux italiens et de pousser l'Italie à ne pas signer le traité de paix, que l'Allemagne ne signera pas. Informez-vous des intentions des hommes de confiance de Sonnino ». Maglione recensa le 6 mars les décisions prises : cession de Smyrne à la Grèce, cession de la Dalmatie à la Yougoslavie, transformation de Fiume en ville libre et en port franc et « accord secret franco-serbe » stipulant cession future de Fiume à Belgrade et engagement français à ne pas soutenir l'Italie. « Avertissez nos amis de cette situation qui favorise puissamment notre politique de rapprochement [...] avec l'Allemagne ». On peut, répondit Tedeschini le 9 mars, « compter sur l'appui électoral » des ennemis (dont Luigi Facta) de Sonnino et Orlando pour les « bat[tre] au Congrès ». La modification, « très défavorable à l'Italie », du pacte de Londres nourrira « un fort mouvement francophobe et anglophobe dans le parti bourgeois », et renforcera les socialistes germanophiles, qui « pourront aider les revendications allemandes »[35].

Le Vatican savait comme toutes les chancelleries que le veto à l'Italie était aussi américain que français. Il dut donc gérer ses contradictions, après le message de Wilson au peuple italien, le 23 avril, et le départ consécutif des ministres italiens de la conférence de la Paix, Orlando, le 24, Sonnino le 26 : il était partagé entre la joie de voir sa « bête noire » abattue, la consigne allemande d'envenimer la situation pour jeter Rome dans les bras de Berlin et le coup porté à son chauvinisme. En dépit d'un dévouement à Berlin devenu la seconde nature des « agents germanophiles du Vatican » (Pacelli, Maglione et Tedeschini), les ambitions adriatiques d'une Curie *italienne* ne pouvaient rester soumises au seul diktat du Reich. Quand Cerretti lui annonça, avant la publication du message du 23 avril, le non de Wilson à la cession de Fiume, elle éprouva « une impression pénible, encore accrue par le départ de Paris de la délégation italienne ».

Sa « tiédeur à l'égard des revendications italiennes » était feinte, puisqu'elle sollicita aussitôt « les bons offices » belges. Elle masquait seulement sa haine contre Sonnino : Benoît XV voulait la reprise des négociations mais « par un autre que lui ». Sonnino, qui présentait les titres expansionnistes requis, brigua l'absolution en proposant Bruxelles comme siège de la future Société des Nations, ce qui ménagerait « une influence indirecte au pape ». Mais le Vatican « ne [lui] pardonn[ait] pas le fameux article 15 » qui avait désigné le pape comme complice des Empires centraux, et fut « enchanté de [s]a tête », à son retour piteux de Paris : « c'était le doigt de Dieu, parce que l'insuccès actuel de l'Italie avait pour cause l'offense faite au pape par notre ministre italien », exulta van Rossum. Gasparri, qui lui vouait une « haine personnelle », écrivit le 9 mai 1919 dans l'*Osservatore* (en signant A) : Sonnino « paie maintenant la "gaffe" de son fameux traité ». « Le Vatican n'oublie pas : [...] il attend chacun de ses ennemis au passage dangereux où il arrivera prochainement », commenta le Deuxième Bureau français[36].

35. Information, 15 décembre 1918, 2 janvier, *Saint-Siège*, 1 *et Allemagne*, 370, Information, 10 janvier, *Saint-Siège*, 10, 28 février, 2 mars, *Allemagne*, 370 ; EMM, 25 février, *Saint-Siège*, 1 ; Information, 10, 19, et note Europe à Kammerer, 29 mars 1919, *Saint-Siège*, 2.
36. Milza P. *et al.*, *Le fascisme*, p. 44 (et chap. 2), tél. Charles-Roux n° 945, 27, et note Loiseau, 29 avril, EMA, 3, 6 et 10 mai 1919, *Saint-Siège*, 2.

IV. Rejet de la « paix de vengeance » et appui sur les « Germano-Américains », 1919-1920

Au début de l'été 1919, l'ancien empire des Habsbourg craquait de toutes parts et la rude Paix de Versailles annonçait la teneur des autres traités. Les sanglots sur le sort des prisonniers de guerre des Empires centraux - sur le modèle d'une note Gasparri de février 1919 réclamant à Londres la libération de tous les Allemands et Autrichiens qui donnerait à l'Entente « l'avantage moral [pour] cet acte généreux envers d'infortunés prisonniers » - n'avaient pas encore fléchi leurs destinataires. Le « procès du Kaiser » contre lequel Benoît XV et Gasparri s'activèrent (le 24 juin) menaçait la thèse de l'innocence de la Duplice précocement concoctée avec Berlin : Gasparri « aurait, à un moment donné [quand ?], demandé aux nonciatures de Vienne et de Munich un rapport détaillé sur les causes et les responsabilités de la guerre et écri[t] de sa propre main un billet dans lequel il disait que ce rapport devait être rédigé de manière à *disculper* complètement les Empires centraux. La nonciature de Munich chargea M. Erzberger de rédiger ce rapport que cet auteur envoya à Rome ». « Des nouvelles impressionnantes sur le mouvement du clergé arriv[ai]ent de Bohême, d'Autriche et de Hongrie où on march[ait] à grands pas vers un schisme », et la liste des déconvenues s'allongeait[37].

Le retour en gloire du Reich au Vatican

L'espoir grandit pourtant au fil des mois. Le Vatican et le Reich s'étaient retrouvé un allié, l'Italie en mal de gains territoriaux. Dès mars 1919, Dalla Torre, le « président général de l'action catholique italienne », prévit d'aller à Paris « s'aboucher avec les chefs du parti catholique français et belges, et peut-être anglais, pour jeter les bases d'une espèce d'Internationale catholique ». On lui joindrait au plus tôt les « catholiques allemands et autrichiens ».

Un an après la défaite, le Saint-Siège avait renoué avec son passé germanique et il ne manquait plus que « le retour des missions allemandes » dont « l'Entente et surtout la France » s'entêtaient à le priver. Benoît XV avait hâte, en novembre 1919, « de recevoir à nouveau les représentants officiels de l'Allemagne et de pouvoir ainsi marcher à nouveau en contact plus étroit avec l'Allemagne ». Mais « le retour à Rome des religieux allemands » était complet : Allemands, parfois sous nationalité d'emprunt, hollandaise ou américaine, jugée plus discrète ou qui leur avait permis de rester à Rome, et

---

37. Tél. Barrère n° 517, 23 février, EMA, 30 mai-27 juin, *Saint-Siège*, 10 et 2, tél. Barrère n° 482-483, 20 février, SRM, 12 juillet 1919, *Saint-Siège*, 10 et 2.

« germanophiles » : Autrichiens, Irlandais, Belges – flamands –, Hollandais, Italiens, Espagnols, etc. Les protégés de l'ex-Kaiser étaient revenus, tel Stotzingen, qui, avec sa cohorte de bénédictins, enrageait sous la tutelle anglo-belge : Gasquet les surveillait de près, et les Belges, qui s'étaient « séparés de la congrégation bénédictine de Beuron [, avaient...] réussi à lui enlever le collège grec qui était devenu un fief allemand ». « Se sent[a]nt surveillés et se [faisant] tout petits et modestes », ils avaient cependant repris place dans les « maisons généralices », carmes, capucins, jésuites, etc. Ils peuplaient les organismes d'apparence technique. À l'Institut biblique international, formant les clergés nationaux, trônaient à nouveau les Allemands : tel le jésuite Leopold Fonck, son ancien recteur, « autrichien, mais allemand très anti-français », qui avait avant son départ forcé de Rome en 1915 « annon[cé] son prompt retour lorsque les Français et les Italiens aur[aie]nt reçu une bonne leçon de la part des Allemands ». Il en restait le recteur « de fait » sous le faux titre de bibliothécaire, auprès de l'« Espagnol germanophile » Andreas Fernandez, recteur « de nom ». Le jésuite Franz Ehrle, ancien préfet de la Bibliothèque vaticane, autre auteur, en 1915, de propos bien sentis contre les futurs vaincus, dirigeait à nouveau l'école de restauration des manuscrits. Sans oublier Kappenberg, correspondant de la *Kölnische Volkszeitung*, « l'homme du cardinal Hartmann », pourvoyeur depuis la guerre d'instructions et de fonds à Gasparri et à sa presse : les Français présentaient dans les termes antisémites dignes des cléricaux de l'affaire Dreyfus ce juif « converti qui s'est toujours insinué au Vatican ». Les revenants semblaient se borner à larmoyer : « l'influence allemande au Vatican se fait surtout sentir par les récriminations et les lamentations sur la dureté des Alliés qui oppressent et refusent les vivres aux pauvres Allemands dénués de tout. »

En réalité, les ex-« Empires centraux » commençaient fin 1919 à mettre en œuvre leurs plans est-européens. Ils disposaient d'outils efficaces au Vatican même et dans les zones dont le haut-clergé germanique ou germanisé s'était toujours appliqué à « germaniser ou magyariser, selon les cas, les nations asservies, Pologne, Bohême, Slovaquie ». Survivant aux Habsbourg malgré les réclamations des États nouveaux ou agrandis liés à l'Entente, ils servaient le « grand dessein de l'hégémonie allemande », contrôlant tous les pays jalonnant la marche germanique vers l'Orient, moyen et extrême. L'élément germanique avait à la Curie maintenu ou récupéré son hégémonie, avec un personnel diplomatique et ecclésiastique aux moyens financiers considérables et « des ministères pontificaux peuplés de sujets choisis ». J'en retiens surtout les collèges, séminaires, instituts vaticans préposés à former les élites des clergés qui mettraient ensuite en œuvre dans leurs pays respectifs la ligne du Vatican. Les « Allemands, Autrichiens » et leurs alliés, « Hongrois, Suisses alémaniques et Flamands », ne contrôlaient pas seulement les trois collèges qui leur étaient « officiellement destinés » : le germanique, celui du Cimetière teutonique et celui de l'Anima - Église nationale, équivalent de Saint-Louis-des-Français pour l'Autriche et l'Allemagne, « un des principaux centres de la vie allemande à Rome », qui combattait l'octroi d'une partie de ses biens à la Belgique. Ils dirigeaient aussi d'autres organismes de formation, à dénomination « nationale » trompeuse. Sous leur férule, les collèges irlandais et américain avaient été « d'ardents foyers d'intrigues germaniques pendant la guerre ». Ils tenaient les collèges tchèque, polonais et ruthène, et la récente offensive anglo-belge sur le collège grec était précaire : celui-ci, chargé de former des uniates italiens et syriens *(« protégés par la France »)*, avait été remis par Pie X en 1913 aux bénédictins allemands de Beuron, qui avaient transféré en 1915 tous ses élèves sauf les Italiens pour « les endoctrin[er] à loisir dans la très germanophile abbaye d'Einsiedeln » (dans le canton de Schwytz). Le collège Saint-Anselme, d'origine française (don, comme l'Institut biblique international, d'une famille bretonne dévote), voué à l'accueil « des bénédictins de toutes nationalités, avait un recteur et des professeurs allemands (le nouveau recteur est autrichien) ». L'Église San Mancello, titre presbytéral de l'archevêque de Munich jusqu'à la mort du cardinal Francis von Bettinger en 1917, était « une des bases de la propagande germanique contre [...] l'Entente ».

Le recteur du nouvel Institut oriental où tous les missionnaires, hommes et femmes, envoyés en Orient effectuaient un stage était un moine de l'abbaye bénédictine du Mont-Cassin, don Ildefonso Schuster. L'ordre comptait parmi les plus « profondément germanisés » : sur ses 14 congrégations, 7 étaient strictement austro-allemandes, 5 sous influence allemande directe (outre celle du Mont-Cassin, celles de Suisse, dont Einsiedeln, et du Brésil). Plusieurs autres ordres étaient « soumis à des supérieurs allemands ou germanophiles », l'Autrichien Ledochowski pour les jésuites, un Hollandais pour les dominicains[38].

Du lâchage de Wilson au soutien « germano-américain »

En une volte-face spectaculaire depuis l'été 1919, la Curie voua à Wilson une rancœur aussi vive que l'avait été sa flagornerie, lui reprochant son refus des revendications italiennes et son impuissance devant « les conditions "de brigands" faites à l'Allemagne » (formule de Tedeschini). Elle se rappela qu'il était protestant, et même franc-maçon, horreur à géométrie variable comme

38. EMA, 14 mars, *Saint-Siège*, 2, lettre n° 148 de Ritter, Lugano, 11 novembre, *Akten*, A, II, p. 452-454, notes n° 1 sur « le retour à Rome des religieux allemands » (avec lettre n° 347 de Barrère, 2 décembre 1919), sur la « politique catholique », 31 mars 1920, *Saint-Siège*, 2, et SRM, 27 septembre, 21 octobre 1919, *Saint-Siège*, 8.

le montre une anecdote instructive : était « maçonnique » qui lui déplaisait. Gasparri, ayant reçu de Nitti des assurances sur la « politique ecclésiastique » de son futur cabinet (élaborée par ce duo), ne réagit pas, fin mai 1919, à son projet de nommer « deux [ministres] francs-maçons » : indifférence d'autant plus singulière qu'il s'agissait de la Justice et... des Cultes. Fin juin, la Curie autorisa deux catholiques à participer au cabinet Nitti, qui comportait « tant de francs-maçons » que don Sturzo dut envoyer « une lettre secrète aux directeurs de journaux catholiques italiens les avertissant et les obligeant à soutenir le ministère Nitti ». Pour conserver un moyen de pression sur Nitti, Gasparri fit cependant rédiger le 25 juin contre la présence ministérielle de deux francs-maçons un article que, ayant reçu à nouveau « des assurances formelles », il fit « supprimer » le lendemain. Fin juillet, la manœuvre inverse attesta le tournant contre Wilson : Benoît XV s'avisa qu'il était « dominé par la franc-maçonnerie » et, « poussé par les Irlandais et les Allemands, [...] décid[a] de le faire combattre par tous les catholiques des États-Unis ». Gasparri, désormais aussi italophile que germanophile, poursuivit de ses sarcasmes l'ancienne idole jusqu'au terme de sa carrière politique : il laissa éclater sa « joie » en novembre 1920, juste après la défaite aux présidentielles de « cet avocat entêté des Yougoslaves, disant que l'Italie gagnerait beaucoup à sa disparition »[39].

Cette rancune ne signifiait pas abandon de la carte américaine, imposée par les nécessités allemandes et financières. Le Vatican s'appuya plus que jamais sur les forces ultras et germanophiles que l'entrée en guerre des États-Unis avait affaiblies, mais dont Jusserand signala dès l'été 1919 « la fin [...d']hibernation ». Les Allemands *stricto sensu,* « recherch[ant] comme avant l'alliance des Irlandais plus surexcités que jamais contre l'Angleterre », amorçaient leur retour politique : il prit pour prétexte l'appel à la charité populaire contre les misères infligées par le vainqueur continental aux populations germaniques. Le 23 juillet 1919 fut constitué à New York un comité central, prolongé par « des sous-comités un peu partout » dans le pays : il devait « réunir au moins 35 millions de dollars, et le double si [possible] » au « prétexte » d'habiller et de nourrir ces malheureux. Dans la défense de la présence du pape à la conférence de la Paix et la croisade charitable l'Église américaine fut massivement enrôlée. Alors que chez les catholiques des pays belligérants du Vieux Continent, la pitié pour le camp des vaincus séduisait peu, Benoît XV fit vibrer la corde chez ceux du Nouveau. L'Amérique fut donc la cible de l'encyclique de la fin novembre 1919 priant les évêques du monde d'« organiser des souscriptions en faveur des enfants d'Autriche et

39. EMA, 30 mai-27 juin, Information, 27 juillet 1919, *Saint-Siège*, 2, tél. Doulcet n° 1857, 8 novembre 1920, *Saint-Siège*, 3.

d'Allemagne qui [mouraient] de faim ». « Pas plus que les nôtres en pays dévastés », s'indigna Barrère contre ce texte « hautement choquant » omettant les « régions du nord de la France ». Les évêques et catholiques français ne répondirent d'ailleurs pas à cet « appel du Pape » à la charité pour les seuls enfants dits « d'Europe centrale ».

L'entreprise au service des vaincus mit sur pied de guerre, outre l'épiscopat, les ordres, jésuites d'abord. Erzberger obtint à la fin de 1918 l'assurance de « l'appui inconditionné des membres de la Compagnie en Amérique ». Fut également utilisé le mouvement germano-américain des « chevaliers de Colomb », « sorte de milice d'avant-garde » anti-protestante « opposée au YMCA », d'une importance financière décisive dans la stratégie *européenne* du Vatican depuis lors. « Seconde société catholique par sa richesse », juste derrière les jésuites particulièrement puissants aux États-Unis, cette « organisation fraternelle d'hommes catholiques » créée dans le Connecticut en 1882 disputait au *Ku Klux Klan* la palme de la haine intégriste : elle prétendait « faux » le « serment » exigé de ses membres, « de "brûler, pendre et étrangler les chrétiens non-catholiques" » mais, interdit de publication, il figure dans le *Journal Officiel du Congrès (Congressional Record)* du 15 février 1913.

À la tête d'une œuvre éducative énorme avant 1914, elle était financée par de richissimes Américains catholiques très liés, par leur origine et leurs intérêts financiers, à l'Irlande (contre l'Angleterre) et à l'Allemagne[40]. La société des « chevaliers de Colomb » avait gagné en respectabilité au fil de la guerre grâce à l'intérêt grandissant de Wilson pour le catholicisme : il la reconnut « comme l'une des sept grandes organisations de bienfaisance américaines » admises à la souscription du *War Drive.* Elle devint ainsi l'une des plus importantes œuvres de la *National Catholic Welfare Conference (NCWC)* fondée par l'épiscopat américain pendant le conflit. À la mi-février 1919, Tedeschini « inform[a] Erzberger qu'il a[vait] réussi à développer en Amérique le mouvement des "Chevaliers de Christophe Colomb" » : sa contribution à ce qu'il appelait « une paix de justice » commença la « paix de vengeance » à peine signée car il représenta, avec d'autres apports catholiques américains, une source majeure des finances vaticanes.

Bien que le Reich eût maintenu sa manne, la situation financière des lendemains de guerre semblait incertaine. Troubles sociaux et réorganisations étatiques menaçaient dans l'ancien empire des Habsbourg l'énorme propriété ecclésiastique et les ressources romaines consécutives. La baisse du produit du « Denier de Saint-Pierre » avait été très marquée en Belgique

---

40. Information, 15 décembre 1918, *Allemagne*, 367, Loiseau, 2e fascicule des « Études sur l'état de l'Église catholique et la politique du Vatican après-guerre » (fascicule), 1er août 1920, *Saint-Siège*, 2, Lo Bello N., *Vatican*, USA, p. 49 et 191-193 (et *infra*, chap. 5).

et en France, à la fois appauvries et « déçu[e]s de l'attitude du Saint-Siège ». Les Français surtout se montraient « sensiblement moins généreux » que naguère. Hartmann vouait une solide rancune à Mercier, qui avait répondu à sa « demande pressante de faire quelque chose pour le malheureux peuple allemand que, selon l'enseignement de Saint-Augustin, charité bien ordonnée commence par soi-même et qu'il y avait de la pénurie en Belgique aussi ». « Des placements malheureux au Banco di Roma » (quoique Gasparri, évidemment informé, en eût retiré les fonds pour les placer « à la "Banca di Sconto" avant la crise » de juin 1919) « et une intervention onéreuse en faveur de la Banque catholique du Latium » avaient réduit la trésorerie. Le Vatican devait certes affronter des charges accrues : celles des « bonnes œuvres » au profit des vaincus subsumés sous l'expression *bambini affamiti*, et des frais de fonctionnement gonflés par les nouvelles délégations diplomatiques et le vaste réseau de la presse catholique. Mais ce dernier poste pesait largement sur Berlin. Le « budget spécial » de la Propagande, surtout alimenté par « l'Œuvre de la Propagation de la Foi » (OPF), atteignait au minimum 10 millions. La dîme ecclésiastique s'était envolée : doublement de la taxe sur les Brefs et Induits, accroissement de la part prélevée sur les revenus épiscopaux, hausse de toutes les taxes, même celles sur les missionnaires. Enfin, la baisse des dons de l'Europe ruinée et mécontente était compensée par les versements de l'Angleterre, du Canada « et surtout [d]es deux Amérique », encore grossis de « la prime considérable » du cours du dollar et de la livre en Italie. L'argent du Vatican avait d'ailleurs déserté Vienne pour « des banques américaines et anglaises » au plus tard à l'été 1918[41].

L'Église américaine, appuyée par les chevaliers de Colomb, lui donna bientôt de quoi étoffer ses placements Outre-Atlantique et pourvoir à ses dépenses en Europe. Les Américains furent les plus gros donateurs de l'OPF, avec environ la moitié des 15 millions de francs de dons recueillis en 1919. Début 1919, des travaux d'approche furent tentés « pour avoir de l'argent » aux États-Unis, sous forme d'emprunt ou d'appel accru à « la générosité des catholiques américains ». Selon Nino Lo Bello, Benoît XV ne put négocier un prêt d'environ un million de dollars aux États-Unis, mais cet échec fut atténué par un pèlerinage à Rome des chevaliers de Colomb qui rapporta 250 000 dollars, et surtout par les largesses de Mgr George Mundelein : l'archevêque de Chicago négocia auprès de banques américaines au profit du Vatican, ainsi « remis sur pied », un prêt de 1,5 million de dollars en bons à long

41. Rapport Dowling, archevêque de Saint Paul, sd, 1928, *Canet*, 49, note Brockdorff-Rantzau, 7 juin 1919, *Akten*, A, II, p. 98, Information, 10 mars, EMA, 30 mai-27 juin 1919, Loiseau, 2e fascicule, 1er août 1920, *Saint-Siège*, 2, et note du 12 septembre 1918, *Saint-Siège*, 1.

terme (vingt ans) garantis par les propriétés, évaluées à plusieurs millions de dollars, de son archidiocèse germano-américain. Ainsi fut franchie une étape majeure dans la constitution du Saint-Siège en puissance financière mondiale du XXe siècle. À l'automne 1919, le paiement en dollars par Dalla Torre, sur ordre du pape, de deux appareils typographiques américains révéla « que l'argent qui afflu[ait] abondamment au Vatican [venait] surtout d'Amérique ». La permanence des financements allemands interdit pourtant de parler de relais américain. Début 1920, les sommes folles remises par Kappenberg à la presse italienne suggéraient « que cette nation roul[ait] sur l'or ». « Le pape a[vait] beaucoup d'argent », qu'il investissait dans les plans allemands en Pologne et en Russie : il remit ainsi en février 1920 un million à Mgr Ratti et 100 000 lires au RP Giovanni Genocchi, en « mission spéciale en Ukraine », pour y « nouer d'autres relations »[42].

42. Note Loiseau, 11 février 1921, SRM, 27 janvier 1919, *Saint-Siège*, 3 et 1, Lo Bello N., *Vatican's Wealth*, p. 59, SRM, 13 octobre 1919, *Saint-Siège*, 2, SRM, 8 janvier et 20 février 1920, *Saint-Siège*, 8.

Le Vatican dans l'entre-deux guerres : du soutien des révisionnismes à celui de l'Axe

A. Des années 1920 à 1933

CHAPITRE 3

Les relations avec l'Italie : « conciliazione » et contradictions balkaniques

C'est le caractère surtout italien des relations entre les deux Rome que je retiendrai ici, en étudiant la « Réconciliation » intérieure et extérieure parvenue à son apogée dès le début de l'ère fasciste. Mais l'idylle demeurait obérée par les antagonismes germano-italiens.

I. Aspects intérieurs de la réconciliation

De la création au lâchage du Parti populaire italien (PPI), 1919-1922

Fin janvier 1919, « le nouveau parti catholique était le porte-parole d'une combinaison bancaire », selon un prélat « sarcastique ». Assuré de l'appui de « quelques hommes du trust de la presse catholique » retenus « en considération de leur situation financière », il était prêt au lancement. Benoît XV, « réfractaire [...] jusqu'au dernier moment », se méfiait encore d'une formation qui risquait, dans la conjoncture agitée, de ne pouvoir maîtriser les masses en mouvement. Mais la formule avait l'entier soutien de Gasparri, de « son conseil et ami le comte [Carlo] Santucci », président du *Banco di Roma*, et de Dalla Torre, « menacé dans sa position par les agitations » mal contrôlables. Le secrétaire d'État rassura le pape en lui remettant « la copie du manifeste avant » publication. On veilla en outre à ce que le désordre prescrit à court terme, d'un côté, ne gênât pas l'instrument du retour à l'ordre préparé de l'autre avec les « bailleurs de fonds » du *Banco di Roma*. Dalla Torre reçut « l'ordre d'être très sévère [contre...] toute tendance à mélanger l'action et la responsabilité de l'"Unione Populare" avec le nouveau parti » : il pourrait « dissoudre les comités diocésains qui enfreindraient cet ordre ».

Le Vatican fut en outre épaulé par l'État en quête de contrepoids conservateur à la gauche socialiste : Nitti « rêvait de s'appuyer à la fois sur les cléricaux et les socialistes » raisonnables. L'agitation sociale croissante du printemps montait jusqu'au sein du petit personnel du Vatican, qui osa réclamer une hausse des salaires. Elle accéléra le dispositif mis en place par ses chefs pour « éviter d'être entraînés dans la bourrasque imminente ». En mai-juin 1919 le complot noué contre un Sonnino affaibli par les échecs de la conférence de la Paix aboutit. Mais la formation du cabinet Nitti, où deux catholiques furent autorisés à entrer, puis celle du PPI, au congrès de Bologne, fin juin 1919, n'apaisèrent pas toutes les alarmes. Et si l'apprenti sorcier Miglioli emportait son camp avec la vague qu'il avait déchaînée ? : on « est très préoccupé de cette tendance à forme sociale » contre laquelle « les bureaux catholiques du Travail, les évêques et des particuliers protestent auprès du Vatican ». En juin, le Scapinelli redoutait encore la mainmise de l'État sur les biens des Congrégations : « il conseille à tous de vendre, et de mettre l'argent en sûreté et de mettre les propriétés au nom de personnes sûres. » On se rasséréna en août : Nitti garantit à Benoît XV, d'abord inquiet, une « enquête [inoffensive] sur Caporetto ». La concertation s'étendit à la très « scabreuse [...] affaire Gerlach ». Gasparri fut catégorique, en octobre, devant un familier encore inquiet : « le concours amical du gouvernement italien pendant la guerre et actuellement [...] a beaucoup servi à l'Église pour une quantité de questions et [...] nous a évité une série d'ennuis. » Aux élections du 16 novembre, « le succès des "Populaires" rempli[t] de joie Tedeschini et Gasparri ». Mais, hanté par une poussée de gauche, le « sceptique » Benoît XV se défiait des « accords secrets » conclus avant le scrutin par Sturzo avec les libéraux et les conservateurs[1].

La Curie avait pourtant, par « crainte d'une révolution en Italie », organisé les catholiques : elle les avait jetés « *en parti*, dans toutes les arènes électorales, parlementaires, ministérielles même, au point de découvrir le Saint-Siège devenu, à ses risques et périls, le principal organe de sauvetage de

1. SRM, 27 janvier, 2, 9 février 1919, *Saint-Siège*, 1, EMA, 9 avril, 27 juin, SRM, 12 juillet, 8 août 1919, Ch. Loiseau, 3e fascicule, 1er octobre 1920, SRM, 13 octobre, 25, 30, *Saint-Siège*, 2, Information, n° 496, 10 novembre 1919, *Allemagne*, 370. 20,6 % des exprimés, Mayeur J.-M., *Des partis*, p. 113 (et 109-117).

la monarchie de Savoie ». Le cabinet Nitti accentua « la détente » : « contacts [...] plus fréquents », notamment via Monti, directeur des Cultes au ministère de la Justice, et multiples « attentions », telles la remise de « hautes décorations italiennes » aux cardinaux-archevêques Pietro Maffi (de Pise) et Andrea Ferrari (de Milan), légat pontifical gratifié d'un navire de guerre pour sa mission en Palestine, « nomination de sénateurs appartenant au monde le plus noir, échange d'archives d'État », etc.

Ces égards mutuels n'avaient cependant pas anéanti les risques de dérapage social des paysans séduits par le programme agraire réformiste du PPI : en avril 1920, à Naples, son congrès invoqua « le droit à la terre de ceux qui la cultivent [...] sous réserve de quelques ménagements pour la propriété moyenne ». Le Vatican n'avait pas encore atteint son objectif de « sauver l'ordre social en Italie ». Il avait certes cantonné au combat contre « les revendications exagérées » son autre création (de septembre 1918), « la confédération générale des travailleurs "blanche" », mise sous tutelle de « conseillers ecclésiastiques ». Mais « la question sociale » demeurait à « l'ordre du jour » du syndicalisme catholique : à son congrès de Bologne du 14 juin 1920, « les ardents réformistes », favorable à une conception sociale du catholicisme, l'emportèrent sur la droite (vaticane). L'agitation de l'été 1920 balaya le cabinet Nitti, laissant d'ailleurs intactes ses relations avec Gasparri. Benoît XV et les siens montrèrent dès lors une « aversion » croissante contre les tendances populistes du PPI[2].

Nécessité faisant loi, les anticléricaux de Giolitti, dont la Curie se méfiait encore, et les cléricaux s'unirent dans l'appui à la formule à poigne que les fascistes de Mussolini prétendaient établir, désormais avec des chances de succès. On passa « entente », on se donna « assurance réciproque contre le mouvement révolutionnaire », bien qu'« un temps d'arrêt, presque un mouvement de recul, au rapprochement » italo-vatican fût observé sous le cabinet Giolitti (juin 1920-juin 1921). Fin 1920, la situation à Bologne, où l'extrême-gauche venait de conquérir la mairie, annonça le soutien des privilégiés au fascisme et donna à la Curie nouveau prétexte à lâcher le PPI. Les fascistes, parmi lesquels on comptait de « jeunes étudiants, fils de riches bourgeois », étaient subventionnés « par les agrariens, gros commerçants et par ceux que l'on appel[ait] les "requins" ». Jouissant de « l'appui tacite de l'autorité militaire et de l'autorité publique », ils étaient « en confiance avec le commissaire ». Mais les populaires ne penchaient pas « du côté des fascistes ». En septembre 1920, le parti, divisé entre la conception pontificale des jésuites exprimée par *La Civiltà cattolica* et Gemelli, d'une

2. Loiseau, 2e fascicule, 1er août 1920, *Saint-Siège*, 2, lettre n° 48 de Doulcet, Le Vatican, 15 février 1922, *Italie*, 133, Loiseau, 4e fascicule, 1er octobre, *Saint-Siège*, 2, lettre n° 174 de Doulcet, 25 juillet, *Italie*, 133, et SRM, 13 décembre 1920, *Saint-Siège*, 8.

part, « et la jeune école » de don Sturzo, d'autre part, connut un nouveau tour de vis : son président, le comte Luigi Pietromarchi, garde noble, « créé camérier secret » pour l'occasion, fut « nommé directement par le pape »[3].

Deux données essentielles se dégagent des options pontificales intérieures de 1921-1922, malgré des fonds claisemés : l'excellence des relations avec les cabinets Bonomi et Facta et l'apport de la Curie à la formule fasciste. Pie XI, qui succéda le 6 février 1922 à Benoît XV mort le 21 janvier, partageait les préventions de son prédécesseur contre « les tendances démagogiques » du PPI. Il n'était plus question d'accepter « l'alliance avec les socialistes » pratiquée par Sturzo, insupportable aux « éléments "réactionnaires" » très influents sur l'ancien nonce à Varsovie et chargé de mission en Ukraine puis cardinal-archevêque de Milan. Le Vatican, en « communauté de sentiment » avec la minorité de droite du PPI, attendit le début d'octobre pour officialiser le « lâchage » sans « élégance » de l'outil qu'il s'était forgé à la fin de 1918. Le 2 octobre 1922, par sa lettre confidentielle aux évêques italiens, Pie XI le désavoua, les enjoignant de « rappeler à leur clergé qu'il [devait] éviter soigneusement de se faire l'instrument d'un parti ». Il portait ainsi « un coup grave à l'organisation populaire pour laquelle le clergé représentait un puissant instrument de propagande et un agent électoral de premier ordre ». « Reni[ant] le parti » ainsi voué à « la désagrégation », Pie XI consacra « l'effondrement du prestige et de l'autorité » du docile Sturzo (qui servirait encore). Gasparri justifia ainsi le ralliement à la formule Mussolini : « les fascistes englobent les populaires dans leur animosité contre les socialistes », ce qui les incite à l'action « anticléricale. Nous avons voulu leur ôter tout prétexte de persister dans cette voie en empêchant le clergé de favoriser leurs ennemis »[4].

Les relations avec Mussolini, 1922-1932

Vers le traité du Latran

Les liens avec Mussolini envahissent la correspondance dès la fin de 1922, avec le don au pape de la bibliothèque chigienne (du prince Chigi), symbole de la « courtois[ie d]es relations actuelles des deux gouvernements romains ». Le récit ironique que fit Charles-Roux, en février 1923, du mariage religieux d'Aldo Finzi, sous-secrétaire d'État à l'Intérieur, et de Mlle Clementi, nièce du cardinal

---

3. SRM, 13 octobre 1919, *Saint-Siège*, 2, lettre n° 48 de Doulcet, 15 février 1922, *Italie*, 133, Milza P. *et al.*, *L'Italie*, p. 249, SRM, 21 décembre 1920, *Saint-Siège*, 8, Loiseau, 3e et 4e fascicules, 1er octobre 1920, *Saint-Siège*, 2.
4. Lettre n° 48 de Doulcet, 15 février 1922, *Italie*, 133 ; 20 janvier-5 février 1922, lettres de Barrère n° 298, 19 juin, n° 512, 17, et de Cambon n° 119, Rome, 20 octobre 1922, *Saint-Siège*, 4 ; Fabre H., *L'Église*.

Vannutelli, doyen du sacré collège, illustre les dithyrambes mutuels. « L'idylle qui se manifeste depuis quelque temps entre M. Mussolini et le Vatican s'est ouvertement manifestée à [cette] occasion » : Vannutelli conclut la cérémonie qu'il avait bénie en « félicitant le fiancé de s'être acquis la confiance de M. Mussolini, [lequel], par ses qualités éminentes, [...] par son intelligence, par son inlassable énergie, était désigné pour l'œuvre de salut dont le besoin se faisait tellement sentir ». La flagornerie fut surpassée par l'« enthousias[me de] la presse italienne » qui sembla célébrer le « mariage de M. Mussolini avec le Vatican ». La visite en grande « pompe » (gardes municipaux en grande tenue, valets du Capitole en costumes du XVIe siècle) à la mi-mars du nouveau commissaire du gouvernement à Rome, Filippo Cremonesi, au cardinal Basilio Pompili, vicaire général du pape, fut préparée par le frère du responsable fasciste, Mgr Carlo Cremonesi, « aumônier secret du Saint-Père » : elle apparut comme « un nouveau pas du gouvernement italien vers l'établissement des relations officielles avec le Saint-Siège ».

L'ancien anticlérical de choc Mussolini multiplia au tournant de 1922 les cadeaux en matière de culte et d'enseignement, sans oublier d'exclure les francs-maçons du parti fasciste. Ces « avances [et] bons procédés », qui visaient à obtenir l'« appui [de la Curie] dans [sa] lutte contre le Parti populaire » agonisant, furent renforcés par la menace de déroute du Banco di Roma (banque du PPI) et le chantage de Mussolini y afférent. Fin avril 1923, après le congrès de Turin où le centre d'Alcide De Gasperi et la droite, ralliés au fascisme, échouèrent à écraser « la gauche » minoritaire de Sturzo, celui-ci n'était toujours pas rappelé dans son diocèse, et Mussolini montra les dents : « quand le Vatican me demandera quelque chose, je serai moins empressé à le satisfaire que par le passé. »

La Curie « abandonn[a donc bientôt le PPI] à sa déliquescence » avec « désinvolture ». En juillet 1923, elle céda volontiers à une campagne de presse sur les périls « subversifs » d'une alliance entre le PPI et le PSI qui « voul[ait] plonger le pays dans le chaos » : elle « accentu[a] sa pression » sur Sturzo, via la lettre du « prélat journaliste » Enrico Pucci au *Corriere d'Italia* exigeant sa démission, « écrite, je le tiens de son auteur, sur l'instruction de la secrétairerie d'État ». Celui qui « était l'âme et la force du parti [...] démission[na donc] à la mi-juillet ». « Le gros du parti [... se] réfug[ia ensuite] dans l'abstention sur le projet gouvernemental » de loi électorale (Acerbo) qui devait faire triompher les fascistes. Neuf de ses députés avaient soutenu d'emblée le texte offrant 2/3 des sièges à la liste qui recueillerait 25 % des exprimés. Le tout anéantit « le prestige et l'autorité » du PPI[5].

5. Lettres de Charles-Roux, 30 décembre 1922, n° 84, 24 février, n° 112, 16, de Cambon n° 22, 20 mars, de Charles-Roux n° 172, 28 avril, de Jonnart n° 75, Le Vatican, 5 août, de Charles-Roux n° 354, 19 juillet 1923, *Italie*, 133, chantage fasciste, Forsyth D. J., *Crisis*, index Vatican et Banco di Roma, Milza P. *et al.*, *Le fascisme*, p. 257-274, et Mayeur J.-M., *Des partis*, p. 115.

Les fascistes maintinrent en tant que de besoin la tension avec la Curie sans menacer une « collaboration étroite ». L'atteste l'usage de l'Action catholique alors même que, deux semaines après la démission de Sturzo, les désordres anticléricaux reprirent en Toscane. L'AC avait été conçue par Benoît XV comme instrument à la fois de « paix sociale » et de liquidation de Versailles, « agent de reconstitution des groupements politiques d'avant-guerre ou, à l'inverse, de désagrégation des nations nouvelles ». Pie XI confia ce double héritage à Mgr Giuseppe Pizzardo, « créature de Gasparri », que celui-ci avait dès sa propre nomination nommé substitut de la secrétairerie d'État et chargé d'importantes missions au service des vaincus. L'AC servit en juillet 1923 au Vatican de « contact avec le gouvernement italien » et permit de « combiner leur action » : en vertu de l'« accord » passé par sa direction avec le Quirinal, ses « comités diocésains [...] devront désormais signaler aux préfets les désordres et s'entendre avec eux pour leur répression. Si celle-ci est insuffisante et inefficace, les comités en référeront à la direction centrale de l'association » à Rome, « qui s'adressera au gouvernement ». Après l'annonce, début août, de l'augmentation des traitements du clergé, le congrès eucharistique de Gênes de septembre 1923 présidé par le cousin du roi refléta l'idylle. Le légat du pape, le cardinal Gaetano De Lai, flanqué de sept autres cardinaux, y reçut « les honneurs souverains, civils et militaires » devant les autorités municipales et gouvernementales au grand complet. « La note la plus franche [fut] donnée par le cardinal Laurenti », qui demanda à la foule en délire de se taire « un instant [...] pour pouvoir crier lui-même : "que Dieu sauve le Roi ! Vive le Roi ! Vive l'Armée ! Vive l'Italie ! ».

La crise de 1924 ouverte par l'assassinat (le 10 juin) de Giacomo Matteotti acheva la liquidation du PPI. Frappant à coups redoublés l'antifascisme, le régime fit assaut de prévenances cléricales. En 1925, le projet de finances augmenta les traitements des évêques et curés des grandes villes (6 000 lires au lieu de 2 500 pour les curés de Rome) ; il octroya la personnalité civile à toutes les congrégations se consacrant à l'éducation, à la bienfaisance, aux missions et « autres œuvres d'utilité publique », ce qui leur conférait toute liberté d'acquisition et d'administration de leurs biens. L'État, docile à « la formule nouvelle » du Saint-Siège sur « les concordats et arrangements avec les gouvernements », renonça même à l'*exequatur* sur la nomination des évêques et à l'antique droit de patronage royal. Mais le « non obstat » écarterait les candidats « dont l'attitude politique serait notoirement dangereuse pour l'État »[6].

6. Ch. Loiseau, 4e fascicule, 1er octobre 1920, *Saint-Siège*, 2, lettre n° 3181 de la Sûreté générale (SG), 7 avril 1926, *Saint-Siège*, 5, tél. Cambon n° 75-76, 5 mai 1922, *ibid.*, 4, lettres de Jonnart n° 70, 27 juillet 1923, n° 52 de Doulcet, 12 avril 1924, de Jonnart n° 75, 5 août, de Cambon n° 87, 10 septembre 1923, et n° 61 de Doulcet, 9 juin 1925, *Italie*, 133, Milza P. *et al.*, *Le fascisme*, p. 171-172.

Le seul heurt, partiel et intermittent, concerna l'hégémonie sur la jeunesse et le rôle politique du Vatican via l'AC. Le pape avait aisément accepté la dissolution des scouts catholiques en 1927. Un nuage s'éleva lorsque Mussolini annonça fin mars 1928 une réorganisation des Balillas donnant à l'État le monopole de l'éducation des enfants et stipulant dissolution dans les trente jours de toutes les œuvres ou organisations non affiliées. Le conflit se borna à « un entrefilet très sec » dans l'*Osservatore* contre « une disposition d'une rigueur inouïe », sans exemple hors de « la Russie bolcheviste ». Cette soudaine fermeté dut tout en réalité à l'ire allemande contre les conséquences de cette décision sur les « catholiques tyroliens » du Haut-Adige italien. L'émotion s'apaisa bientôt, confirmant la thèse de l'*Action Française* que le Vatican avait « deux poids deux mesures [et] que poursuivant de ses foudres le nationalisme en France il le [protégeait] en Italie ». En mai 1928, tout fut réglé, même le conflit sur l'instruction militaire des jeunes filles : la Curie les fit dispenser de l'exercice du fusil, de saut en hauteur et en largeur et « autres acrobaties superflues pour la formation des mères de famille »[7].

On ne parlait plus alors que des négociations sur la « question romaine ». Un « projet d'entente » avait été préparé « dans le plus grand secret » par le conseiller d'État Domenico Barone, secrétaire général de la Commission royale pour la réforme des Codes italiens (mort peu avant que son œuvre ne fût connue sous le titre d'accords du Latran), et par Francesco Pacelli, frère et avocat du nonce (désormais) à Berlin. Le projet « prêt à être signé » depuis l'été 1927 le fut le 11 février 1929. L'ambassadeur du Reich au Quirinal, Constantin von Neurath, convergea avec les Français sur le « triomphe pour le fascisme » que constituait « la reconnaissance du régime par une puissance de l'importance de la Curie » et ses avantages intérieurs et extérieurs pour Mussolini.

« Rompant avec soixante années de tradition libérale et de laïcité de l'État », ce concordat faisant des non-catholiques « des citoyens de seconde zone » donna enfin au Vatican les moyens financiers en suspens depuis la loi des Garanties de 1871 : 750 millions de lires d'emblée et un titre de rente de 5 % sur une valeur nominale d'un milliard de lires. Certes, un net « manque d'enthousiasme » salua l'« emprunt de la conciliation » auquel le *Popolo d'Italia* fasciste avait promis le 12 février « un accueil enthousiaste ». Mais ce problème financier *italien* ne ternit pas une « convention financière » généreuse : outre les fonds versés (40 millions de dollars en une fois, 50 en obligations d'État à 5 %), l'État s'engageait à régler les salaires des prêtres et concédait à l'Église l'énorme privilège de l'exemption fiscale (articles 29

7. *Ibid.*, p. 263, lettres n° 38, Rome, 31, n° 394 de Guerlet, Berlin, 28 mars, de Fontenay n° 27, 27 mai 1928, *Italie*, 133, et *infra*, et note Canet, 29 juin 1933, *Canet*, 60.

à 31). Le 7 juin, jour de la ratification, Pie XI créa l'« Administration spéciale » du Saint-Siège et y nomma Nogara. Le gestionnaire des intérêts financiers turco-austro-allemands du Vatican entama alors la partie la plus glorieuse d'une longue carrière. L'État pria cependant le Saint-Siège d'investir en Italie une partie de sa manne.

Les laïcs noirs s'installèrent donc en masse dans les conseils d'administration des sociétés concernées, mandatés par Nogara qui n'y figura nommément que bien plus tard : l'importance de leurs noms variait en proportion du montant des capitaux placés. Les titres se répartissaient entre des secteurs très divers où dominaient le bâtiment et le textile, sans négliger les armements (une usine de Nogara livra l'État pendant la guerre d'Éthiopie). Le plus beau fleuron en fut Italgas, doté du monopole de la fourniture du gaz dans une bonne trentaine de villes. Mais la crise toucha aussi les entreprises et les banques vaticanes, *Banco di Roma* inclus : à l'automne 1931, « certaines valeurs industrielles » acquises avec l'argent italien avaient chuté de près de 50 % ; en 1932, le cours boursier d'Italgas s'écroula de 13,7 à 1,4 million de dollars. L'État ayant au début de la tourmente refusé le sauvetage, les hommes de confiance du Vatican se ruèrent dans ses bureaux, marquis Francesco Pacelli en tête. Lo Bello ignore quel pacte conclurent Nogara et Mussolini, mais l'État, via le futur IRI *(Istituto per la Riconstruzione Industriale)*, assuma les pertes, cédant à la Curie 632 millions de dollars, montant des valeurs envolées.

L'ère pacellienne

L'idylle

Dans ces opérations s'illustra le marquis Francesco Pacelli, avocat et conseiller du Vatican. Son nom fut jusqu'à sa mort (en avril 1935) cité dans tous les grands moments bilatéraux, de l'élaboration du traité de Latran au règlement de la crise de l'AC. « Entré en rapports personnels avec M. Mussolini dans les années qui précédèrent les accords du Latran, [...] il fut par la suite l'homme indispensable du cardinal Gasparri ». Entretenant avec « le Duce » des « contacts quotidiens, [il ...] était surtout un des agents de liaison les plus actifs et les plus renseignés entre le Saint-Siège et le gouvernement italien » : grâce à lui, le premier « était souvent informé avant les [ministres] du développement de telle ou telle question ». La carrière d'Eugenio bénéficia de l'« influence » exercée par ce frère « qui connaissait tous les secrets et à qui l'on en confiait chaque jour de nouveaux » : « on déclare [...] que, sans lui, le cardinal Pacelli n'eût pas été nommé secrétaire d'État, et qu'il ne le serait pas resté. Son action aurait été sourdement combattue par des membres de la secrétairerie d'État, jouissant de la confiance du pape [lesquels ?]. Mais on n'eût pas osé mécontenter le frère et se priver de ses services si inappréciables, en raison de l'amitié et de la reconnaissance qu'avait pour lui le Duce »[8] (interprétation « italienne » de l'ascension de Pacelli qu'on confrontera plus loin à l'« allemande »).

La manne financière italienne rendit moins cruciale l'américaine, mais elle ne la supplanta pas. La politique européenne des chevaliers de Colomb, appliquée sur place depuis 1925 par leur émissaire financier Mgr Spellman, sera étudiée dans le cadre de la stratégie allemande. Elle eut aussi une dimension italienne. Les deux Rome, sensibles au poids grandissant des États-Unis sur le continent, tenaient volontiers le « discours "ad usum" des financiers américains », enchantés du nouveau régime « d'efficacité et de discipline » de l'Italie, « la moins difficile de toutes les grandes puissances continentales » (Henry Stimson). Mais, avaient-ils prévenu, les crédits seraient réservés aux pays « pacifiques » : Pie XI, après avoir appris d'« un banquier américain de passage à Rome combien son appel à la paix serait apprécié aux États-Unis », fit en 1930 un discours de Noël sur la paix, de même que Mussolini. Le couple italo-vatican cajolait particulièrement les Italo-Américains, chez lesquels les conservateurs puis philofascistes tendaient à l'hégémonie[9].

Pacelli devenu secrétaire d'État ne fut pas moins « italien » que Gasparri, et sa nomination de février 1930 fut marquée d'effusions, dont la longue audience accordée par Pie XI le 7 février à Augusto Turati, « avec les honneurs dus à un personnage d'importance » : le chef fasciste « s'est présenté officiellement comme secrétaire du Parti, revêtu de son uniforme de lieutenant-général de la milice ». Le haut-clergé se mit au diapason pendant l'année entière, résumée à deux cas. Schuster rappela aux chefs du parti de Lombardie fin mars 1930, peu après sa nomination à Milan (ancien siège de Ratti), que « le souverain pontife a[vait], dès la première heure, béni le fascisme ». Luigi Sincero, secrétaire de l'Orientale (depuis 1927), bénit en novembre le drapeau d'un bataillon fasciste. Pacelli minimisa l'écho du dithyrambe susceptible de heurter certaines oreilles étrangères par des démentis successifs dérisoires. Mis par le premier cas dans « un embarras [...] si grand qu'il ne savait comment s'en tirer », il fit rédiger « un petit entrefilet » à l'*Osservatore* : Schuster ne pouvait désigner que le prédécesseur du présent pape, le Faisceau ayant été fondé en 1919 (« simple échappatoire », commenta *Le Temps).* Sur le second cas, il déclara à l'ambassadeur de France, Fontenay,

8. Milza P. et Berstein S., *Le fascisme*, p. 244-248 et 264-267, lettres de Fontenay n° 4, 6 janvier, n° 122, 20 février, *Italie,* 133 (texte *in extenso, Italie,* 134), tél. n° 21, Neurath, 13 février 1929, *Akten,* B, XI, p. 125-126, lettre de Fontenay n° 482, 30 novembre 1931, *Italie,* 266, Lo Bello N., *Vatican's*, p. 67-72, lettre de Charles-Roux n° 124, 24 avril 1935, *Saint-Siège*, 48 (*et Italie*, 133 et 265), Pollard J. F., *Money*, p. 138-177 (sur l'IRI, 172-174).
9. Costigliola F., *Awkward*, p. 93-96, lettres de Fontenay n° 377, 28 décembre 1930, n° 14, 10 janvier 1931, *Italie*, 265, Miller J. E., *United States*, chap. 1.

que Pie XI n'avait connu l'affaire que par la presse, et « prit sur lui toute la responsabilité [...] disant qu'il n'avait pas prévu l'ampleur et le caractère de la cérémonie », etc. Puis il prétendit que, ému par « l'imprudence du cardinal Sincero », Pie XI lui avait dicté « une note confidentielle et personnelle aux cardinaux résidant à Rome » : contraints désormais d'« agir avec la plus grande circonspection », ils ne pourraient « participer qu'à des cérémonies ayant un caractère strictement religieux et encore devr[aie]nt-ils en référer au pape avant de s'engager »[10].

Sens intérieur et solution du conflit de 1931

L'idylle se resserra en dépit des « coups d'épingle » du contentieux intérieur récurrent, traité avec une douceur ignorée des pays ennemis. Il devint aigu en mai-juin 1931, après l'arrestation curieusement manquée, fin mai, de Dalla Torre. Cachées sous des « polémiques de presse » d'une « violence inouïe », les « combinazione » passèrent par « des personnages officieux », le marquis Pacelli et le ministre de la Justice et des Cultes Alfredo Rocco. Entamées début juin, les discussions furent sereines, bien que l'encyclique *Non abbiamo bisognio* eût accrédité la thèse d'un antagonisme. Publiée le 4 juillet dans l'*Osservatore,* elle clamait les vertus exclusives de « l'éducation chrétienne » et de « la crainte de Dieu », sans nommer l'agresseur présumé. Le tapage sur l'« épreuve de force » n'était destiné qu'à l'étranger, d'où le recours au quotidien officiel, écho pontifical unique hors d'Italie (donc dans l'ancienne Entente) qui ne livrait pas « l'authentique pensée du Saint-Siège », à la différence d'organes comme *« La Civiltà cattolica »*. Il exalta Spellman, vaillant aviateur déversant sur Paris *Non abbiamo bisogno* sous forme de tracts, chevalier blanc de la papauté contre Mussolini selon Richard Gray. Pour John Cooney, cette flagornerie du bailleur de fonds et « favori de Pacelli » ne signifiait pas fâcherie avec le Duce.

Les archives tranchent. Pie XI, alors soumis à des pressions germaniques, « prépar[ait aussi] l'avenir » : conscient que le régime prendrait fin « un jour [...], et que sa disparition provoquerait un terrible mouvement de réaction », il savait « que l'Église avait le plus grand intérêt à ne pas avoir partie liée avec le fascisme, afin de ne pas être entraînée avec lui dans sa chute ». Ce tumulte international dissimula la poursuite des tractations, où intervint l'homme de l'ombre Tacchi-Venturi. L'accord sur l'Action catholique signé avec Mussolini le 2 septembre 1931 confirma que la Curie accordait aux nations élues, sur les droits respectifs de l'État et de l'Église, ce qu'elle déniait aux réprouvées. La « dictature pontificale » ou « fascisme pontifical » bafouant la souveraineté des États vainqueurs de 1918 s'accommode, observa Canet, de l'exigence par la

10. Lettres de Fontenay, n° 41, 8, n° 49, 12 février, n° 100, 29 mars, n° 103, 3 avril, n° 344, 24 novembre, et n° 354, 1er décembre 1930, *Italie*, 265.

dictature italienne du respect de la sienne : « la solution rejetée par l'Italie est celle que l'on voudrait imposer à la France [...,] seul pays au monde » privé, depuis 1907, de « ses assemblées épiscopales ». On comparera les privilèges des *Balillas* fascistes à l'interdit jeté sur les Sokols yougoslaves et tchèques.

L'accord fit grimacer les fascistes anticléricaux, et Mussolini, hésitant, « n'aurait cédé que sur intervention personnelle du roi qui, malgré ses sentiments peu favorables au clergé, aurait vu dans ce pacte un moyen de réaliser l'union des partis »[11]. Quoi qu'il en fût, il obtint, après des années de lutte sourde ou déclarée, une application restreinte de l'article 43, sur l'AC, du concordat de 1929. Le contrôle sur les masses impliquant une certaine laïcisation, l'accord limita strictement à des « activités religieuses » l'Action catholique, à la tête de laquelle Pizzardo fut confirmé avec promotion. L'AC, restreinte aux diocèses, serait plus directement assujettie aux évêques, donc au pape. Aucun de ses dirigeants ne serait choisi parmi les anciens membres des « partis contraires au régime » : excluant « des personnes suspectes au fascisme italien soit pour avoir appartenu précédemment à l'opposition, soit pour s'être livrées à quelque manifestation hostile au fascisme », cette clause acheva le lâchage des « populaires » non fascisés. Toute activité politique était interdite à l'AC, contradiction gérable parce que le Vatican, institution « essentiellement "politique" », soutenait le régime. « L'assistance religieuse aux *Balillas* » et aux organisations de jeunesse exclurait l'éducation physique, réservée aux *Balillas*, et les « activités récréatives », domaine du *Dopolavoro*. L'AC abandonnait tout emblème spécifique autre que religieux au profit du drapeau national. Pizzardo osa présenter à l'attaché d'ambassade François Gentil ces deux stipulations formelles comme « une inadvertance de rédaction ».

La presse italienne respecta aussitôt « la consigne du silence ». L'étranger commenta donc seul « la victoire du fascisme sur l'Église [et...] la disproportion évidente » entre l'appel de Pie XI « au monde entier » de juillet 1931 contre l'« étatolâtrie païenne » et le « petit texte anonyme (on ne sait qui l'a signé ni même s'il a été signé) et passablement obscur » de l'*Osservatore* du 2 septembre : « tous les points de doctrine » cités par *Non abbiamo bisogno* y « sont passés sous silence ». *L'Europe nouvelle* du 24 octobre 1931 souligna « la "capitulation" du pape » devant un régime qui le faisait renoncer aux règles canoniques qu'il opposait toujours à ses ennemis. Dans *La Civiltà* du 16 janvier 1932, Rosa, son « ancien directeur officiel et toujours directeur

---

11. Lettres de Fontenay n° 7, 7 janvier 1930, et depuis le 27 mai, de Beaumarchais n° 342, 4, de Fontenay n° 277, 15 juin 1931, *Italie*, 265, note Canet (sur *OR* et *CC*), 9 mai 1940, *Canet*, 32, Gray R., *Cambridge*, p. 181-182 ; Cooney J., *Spellman*, p. 46-47 ; depuis le 4 juillet, lettres de Gentil n° 330, 16 juillet, n° 364, 20, texte et commentaires, 26 août, lettre de Beaumarchais n° 551, 10 septembre 1931, *Italie*, 266 ; commentaire Canet sur l'AC, 29 août 1931, *Canet*, 53, et *infra*.

effectif », fustigea « cet esprit voltairien, une insanité, une injure, un blasphème, un venimeux sarcasme »[12].

La lune de miel culmina dans la visite de Mussolini à Pie XI le 11 février 1932, occasion de « manifestations d'amitié [...] retentissantes » avec remise de décorations mutuelles distinguant Pacelli et Tacchi-Venturi, puis dans la « splendeur », début juin, des fêtes de Padoue célébrant avec le légat du pape la cession par l'Italie au Saint-Siège du sanctuaire et des biens de Padoue y afférents. Charles-Roux arriva à Rome en juin 1932, alors que l'intervention sagace et prompte des autorités civiles contre l'attentat – manqué – contre le Duce « caus[ait à l'*Osservatore*] une joie toute patriotique et toute chrétienne de voir le chef du gouvernement avoir échappé au péril ». Le nouvel ambassadeur de France recensa dans ses premiers mois de mission les signes quotidiens de cette vénération. Les dignitaires, tel en septembre l'archevêque de Naples, s'extasiaient sur « l'Homme de la Providence [formule universelle], illuminé de Dieu », exaltaient l'œuvre intérieure « de Celui qui, d'une main forte, a conduit l'Italie sur la route de la discipline et de l'Ordre », et les plans extérieurs « de Celui [...] que l'Histoire appellera le restaurateur de la Patrie ».

De ces « coups d'encensoir » caractérisant « la vie de ménage de l'Église et de l'État italien », se détacha le « discours à la louange du Duce » de Gasparri au congrès eucharistique de Salmono, mi-septembre 1932 : il renchérit sur celui du préfet « en disant que dans le désarroi intellectuel, moral et social, dont l'athéisme est la cause et qui se remarque partout et chez tous, même chez les gouvernants, qui ont favorisé la diffusion des erreurs les plus funestes, un homme s'est rencontré, un seul, pour discerner les causes du mal et pour appliquer les remèdes. L'athéisme étant fatal aux nations, il a compris que le salut pour elles était dans le retour à Dieu. Cet homme [...], c'est le chef de notre gouvernement qui, le premier, a vu clair dans ce chaos mondial et qui s'est efforcé et s'efforce de remplacer la pesante machine de l'État sur ses bases naturelles, c'est-à-dire sur le concept de l'existence de Dieu et la morale chrétienne. [...C]ela constitue pour nous la meilleure des garanties et permet à nos cœurs de s'ouvrir aux plus belles espérances pour les destinées de notre patrie »[13].

II. La politique extérieure commune

Ces « espérances » n'avaient attendu ni l'avènement du « restaurateur de la Patrie » ni les accords du Latran.

12. Lettres de Beaumarchais n° 551, 10 septembre, de Fontenay n° 420, 10, 422, 15 octobre, de Gentil n° 377, 29 août, et n° 380, 3, n° 391, 9, n° 398, 17 septembre 1931, de Fontenay n° 20, 19 janvier 1932 (contre Noël Abrien), *Italie*, 266.
13. Lettres de Fontenay n° 81, 4, n° 88, 10 mars 1932 (et depuis le 12 février), n° 158, 20, n° 162, 24 mai, n° 186, 8, n° 190, 10 juin ; de Charles-Roux n° 317, 25 septembre (cardinal Ascaleri) et 336, 16 septembre 1932 (Gasparri), *Italie*, 266.

De l'Empire…

L'instrument : la réorganisation romaine des missions contre la France (1920-1929)

L'expansion coloniale italienne imposait de doter de gros moyens la Propagande, « ministère des Missions », donc d'affronter la France, qui avait conservé l'œuvre de la Propagation de la foi (OPF) à Paris, et surtout à Lyon, son siège. L'OPF, « principal soutien de toutes les missions françaises à l'étranger », était aussi « la principale source [du] budget spécial » de la Propagande. Française par son origine (1822) et son administration, elle s'était, plus que jamais après 1918, internationalisée par les offrandes. L'acharnement de van Rossum à centraliser « sous son administration directe » ses fonds – affectés pour 40 % aux diocèses, 60 % à Rome – demeura « sans succès » jusqu'en 1920. Il porta ses fruits dans l'offensive concertée avec les États-Unis, désormais principaux donateurs et demandeurs pour leurs missions chinoises, entamée fin 1920. À leur réunion plénière de novembre, les évêques américains décidèrent de « constituer un immense trust monopolisateur englobant toutes les œuvres », assaut visant « particulièrement » l'OPF : son conseil central de Paris ne recevrait désormais plus les subventions, qui seraient directement versées à Rome. À partir d'octobre 1922 commencèrent des négociations bilatérales, sous la houlette du secrétaire à la Propagande Pietro Fumasoni-Biondi, nouveau « délégué apostolique » à Washington, aux États-Unis mêmes[14] et à Rome.

En février 1921, une circulaire de Pompili au clergé, à tous les instituts et œuvres romains, puis, le 1er mars, un décret pontifical sur l'organisation des œuvres en Italie démantelèrent la tutelle française, l'épiscopat américain conservant le contrôle de ses missions. Le cardinal Louis Maurin, archevêque de Lyon, céda sur-le-champ et laissa saisir l'OPF, véritable « suicide » français. La direction de l'œuvre fut remaniée, sa composante française réduite à la portion congrue (avant d'être éliminée dans les années suivantes) et ses fonds centralisés à Rome : « les missions françaises », réduites dès 1922 à 65 % de leurs moyens antérieurs, étaient en 1923, selon leur responsable Jean de Guébriant, « virtuellement en faillite ». Les projets communs s'affichèrent aussitôt. Le Vatican prépara fébrilement dès 1923 son exposition missionnaire de 1925, suivie d'une phase nouvelle des plans colonisateurs. Le Quai s'inquiéta en 1926 de l'hyperactivité dans ses colonies des salésiens de don Bosco et des franciscains, et d'« une propagande acharnée […]

---

14. Lo Bello N., *Vatican, USA*, p. 196, et lettre n° 118 de Cambon, 18 octobre 1922, *Saint-Siège*, 4.

toute italienne et *toujours anti-française* ». Il redoutait la poussée italienne en « Orient », et le conflit sur les privilèges français à Constantinople retarda l'arrivée à Paris du nonce successeur de Cerretti, Maglione, tout l'automne 1926. Paris n'oubliait pas non plus le contentieux tunisien et marocain. La longue encyclique du 28 février 1926 sur les Missions, *Rerum Ecclesiae,* machine de guerre contre les Empires britannique et français au profit de leurs rivaux, avait prôné le développement des « clergés indigènes ».

Les Américains financèrent l'élan bâtisseur rendu nécessaire : en mars 1926, un contrat d'achat d'un terrain de 10 ha au Janicule fut signé par le séminaire nord-américain et Marchetti, ancien agent du Reich en Suisse devenu (en 1923) secrétaire de la Propagande. La nouvelle fit grand bruit, comme la « commission pour l'emprunt américain » touchée par Gasparri, dont « les préoccupations pécuniaires trop peu dissimulées » étaient notoires à l'aube du siècle. Quantité de collèges et d'offices seraient construits en plusieurs années, pour « beaucoup de millions. Pas plus pour le Saint-Siège que pour les États de l'Europe, *commenta l'ambassadeur de France Jean Doulcet,* le règne de l'Amérique n'est près de finir ». Fin août 1927 fut annoncé le voyage aux États-Unis de Marchetti, promu président de l'OPF dans le cadre de sa réorganisation : il « étudier[ait] sur place les améliorations possibles » avec le haut-clergé américain, qui avait souscrit en 1926 « 21 millions de lires soit la moitié du budget total ». Cerretti (ancien nonce à Paris de 1921 à 1926) y effectua en août 1928 une nouvelle mission liée, comme celle de Sincero au Canada, aux « besoins [des] œuvres mondiales » du Vatican. Les États-Unis assuraient désormais la moitié du total recueilli dans 22 pays - 22 millions de lires sur un total de 46 -, les nations catholiques, France et Italie, 5. Leur « influence au Vatican » explosait, entre afflux de pèlerins et frénésie d'achats de terrains et immeubles cédés à Pie XI.

La romanisation du clergé préposé à la conquête des « communautés chrétiennes se réunissant à Rome » progressa simultanément, via la formation des missionnaires confiée aux deux congrégations spécialistes, Propagande et Orientale – « prétexte à leur faire faire un stage à Rome pour les dénationaliser et les italianiser » (Canet). Elle requit un assaut définitif contre *tous* les organismes de missions encore soustraites à la tutelle pontificale : en avril 1928, le Conseil supérieur de l'OPF exigea la fin du soutien aux œuvres sises hors de Rome, visant « les sociétés restées éminemment françaises, comme les Missions étrangères, les Lazaristes, la Sainte Enfance, Saint-Pierre l'Apôtre, les Missions d'Afrique ». Les accords de Latran achevèrent l'entreprise italienne. Ses « clauses secrètes » contre « les missions françaises[, qui] seraient [leur] rançon », menaçaient autant les Anglais que les Français, et les Américains eux-mêmes : le bruit courut que le Vatican avait signé pour « échapper à la dépendance des catholiques d'Amérique ».

Il n'y eut certes pas de rupture en 1929 : les Américains participèrent, via le procureur général d'une société missionnaire des environs de New York, à la première démarche vaticane officielle en Éthiopie, la mission Marchetti, et ils reçurent de nouvelles faveurs en Chine. Mais en cette année faste marquant le succès de l'effort pour « centraliser à Rome toutes les forces de la catholicité » l'Italie gagna en autonomie. En avril 1929 fut inauguré le nouveau séminaire de la Propagande prévu par le contrat de 1925-1926 : sur 11 000 m^2, les bâtiments construits pour 40 millions pouvaient accueillir 200 élèves et dispenser des cours à 500. D'autres séminaires ou collèges furent agrandis, assurant « la formation "romaine" [de l']élite toujours plus nombreuse » des séculiers promis « à l'épiscopat » et de cette « espèce de prolétariat catholique » des réguliers missionnaires.

La France catholique perdit alors ses reliques d'autonomie financière. Le Vatican décida en avril de saisir les « immenses [...] revenus » des sanctuaires de Lourdes et de Lisieux : il en transféra la juridiction de leurs ordinaires respectifs, les évêques de Tarbes et de Bayeux, à des « administrateurs apostoliques » agissant « au nom du pape ». Entre le 25 mars, date de la lettre de la Propagande aux évêques italiens, et le 24 juin 1929, date des *motu proprio,* il frappa les œuvres de Saint-Pierre l'Apôtre et de la Sainte Enfance (« une œuvre capitale »). Il « leur retir[a] leur autonomie et les pla[ça] toutes dans chaque pays sous une direction unique, qui sera[it] celle du directeur unique de la Propagation de la Foi » : elles perdirent le droit d'éditer leur bulletin, leur clientèle propre et la liberté de répartir les fonds reçus (40 millions par an).

L'attaque livrée par Gasparri, van Rossum et Marchetti s'acheva brutalement en juillet. Le 11, l'*Osservatore* publia une série de décrets de la Propagande définissant les pays de mission : deux concernaient l'Afrique britannique (le Nigeria) et française (l'Afrique équatoriale) ; signe du privilège américain, quatre créaient en Chine « de nouvelles circonscriptions qui ser[aie]nt confiées au clergé indigène ». Le 16, après des semaines de comédie et de surprise feinte, Gasparri répliqua à la protestation française que « l'autorité séculière n'a[vait] aucun droit à influer sur les directives de ces œuvres », monopole des « congrégations romaines ». Mgr Eugène Tisserant, « consulteur » de diverses congrégations, dont l'Orientale, ulcéré par la germanophilie et l'italophilie vaticanes et grand informateur du Quai, rapporta que les Italiens y gagneraient tous les postes de commande (dont le secrétariat général), « places payées donc jalousement gardées et réservées ». La résistance du colonisateur français sauva (j'ignore combien de temps) la tenace Sainte-Enfance. Ses deux dirigeants, hostiles aux « intentions du Saint-Siège », requirent secours du Quai : la proposition de loi Justin Godard du 22 juillet 1929 affecta le produit des quêtes aux seules missions françaises.

Mais en 1930, le Vatican avait déjà « la libre disposition » des fonds de Lourdes et Lisieux[15].

Exemples de la collaboration italo-vaticane

De la Palestine à Malte

Je mentionne pour mémoire l'« Orient », où l'Italie reprit en partie, contre les intérêts français et anglais et les appétits américains et comme avant 1914, l'héritage ottoman que le Vatican avait réservé aux Empires centraux. On retrouve dans le dossier vatican des plans italiens d'expansion en Palestine, traité par Anthony Rhodes, les traits idéologiques soulignés plus haut. Les Anglais étaient accusés de faire le lit du sionisme depuis la déclaration Balfour du 2 novembre 1917 certifiant le soutien britannique à « l'établissement en Palestine d'un foyer national pour le peuple juif ». Les agents romains, tel le patriarche catholique de Jérusalem, Mgr Aloysius Barlassina, vouaient une haine subégale aux protestants couverts d'or et aux orthodoxes schismatiques. Mais rien n'égalait la virulence de leur antisémitisme, objet d'une conversation significative avec l'ambassadeur du Reich Bergen en mai 1922, sur les immigrants juifs d'Europe immoraux et révolutionnaires : responsables des lupanars et de la prostitution, ils vivaient « selon la ligne marxiste, en union libre » et se baignaient nus dans « la mer de Galilée » comme naguère dans la mer Noire. Moins « pittoresque » (curieux adjectif de Rhodes) fut le coup de force italien de 1928 dans les Lieux Saints. Le 4 janvier, une bagarre dans la grotte de la basilique du Saint-Sépulcre entre deux orthodoxes grecs et trois religieux italiens se termina par une intervention des Britanniques : après avoir séparé les combattants, ils les frappèrent d'interdiction de retour dans la chapelle de la Nativité (« de six mois à cinq ans »). Mussolini tonna contre « l'outrage infligé à des citoyens italiens », soutenu sans réserve par la Curie et son journal.

Les Anglais ne furent pas davantage épargnés à Malte, place-forte de la « Route des Indes », avec sa base de La Valette lorgnée par l'Italie en quête de « merveilleux ports » (selon la Wilhelmstrasse) pour son expansion à partir du *Mare Nostrum*. Le Vatican ne lui ménagea pas un soutien précieux dans cette île catholique : personnel des écoles, haut et bas-clergé, réguliers de plus en plus exclusivement italiens ; bénédiction pontificale des instituts et groupements italiens de propagande et d'espionnage, telle la « fondation de Vinci

---

15. Paragraphe tiré de *Saint-Siège*, 1-3, 5-7, 12, 17-20, 25, 47, *États-Unis*, 17 et 336 et *Canet*, 49, résumé de Lacroix-Riz A., « Le rôle du Vatican », p. 32-44 (sources précisées) ; sur le Lorrain Tisserant, lettres de Fontenay n° 333, 17 novembre 1930, de Truelle n° 149, 20 mai 1936, *Saint-Siège*, 43 et 47, Faligot R. *et al.*, *Éminences*, p. 55-91, et *infra*, corruption de Gasparri, lettre n° 4 de Nisard, 9 janvier 1900, *NS, Saint-Siège*, 5.

pour "la Diffusion de la culture italienne à l'étranger" » ; recours aux riches « chevaliers de Malte », etc. Le projet, limpide depuis 1924, de faire de l'italien *la* langue de Malte se heurta à l'Anglais Gerald Strickland, chef de l'opposition (le parti constitutionnel) depuis 1921, vainqueur aux élections d'août 1927 des « nationalistes » pro-italiens qui avaient transformé le clergé en agent électoral. Contre l'expansion de l'école confessionnelle, qui diffusait la « violente propagande [des…] fascistes italiens aidés par les jésuites », Strickland décida à son arrivée aux affaires d'imposer l'anglais et le maltais comme langues d'enseignement. La *Tribuna* du 17 août donna le ton à l'attaque contre cet Anglais *catholique* en dénonçant « l'antifascisme vulgaire de ce renégat de Strickland […] franc-maçon et anti-catholique ». Le Vatican prit en août 1928 sur injonction du Quirinal des mesures préparant la transformation de Malte en diocèse italien : il érigea l'île de Rhodes, jusque-là rattachée au siège de Malte, en archidiocèse italien, et persécuta le franciscain Micallef, un des rares clercs anglophiles, lançant à ses trousses l'« enquêteur » sarde Carta, qui réclama son transfert en Sicile.

Assailli, Strickland bannit l'euphémisme : il qualifia le Vatican de « groupe d'affaires » mû par le seul intérêt financier (« s'il y avait assez d'argent à la clé, le pape transformerait un cheval en marquis pontifical »), qui avait « pendant des siècles maintenu dans l'ignorance 80 % de la population ». Londres vérifia peu après le pacte du Latran qu'on voulait l'évincer de Malte. La visite de trois évêques anglicans dans la « salle du trône » suscita le 23 février 1929 une note de protestation indignée de Gasparri et le 25 la demande d'expulsion de Micallef, rejetées toutes deux. Les Anglais, ayant réclamé l'enquête d'un visiteur apostolique sur l'activité politique du clergé, virent débarquer un ennemi juré, le franciscain irlando-américain Paschal Robinson. Sa mission, des 1er avril-2 juin, officiellement vouée à l'étude des conditions d'un concordat, déboucha sur un rapport devenu « Livre Blanc du Vatican » : il fustigeait la persécution « n'épargnant pas les vénérables évêques » et la livraison de Malte « à un règne de terreur et de despotisme » et réclamait le désaveu public de Strickland, accusé de vouloir « à tout prix réduire l'Église de Malte en esclavage et transformer ses évêques en simples fonctionnaires ». Ce beau zèle valut à Robinson la nonciature de Dublin fin 1929.

Tandis que l'Italie fasciste développait à marches forcées son assise maltaise, via la presse, les sociétés « culturelles », les branches de la milice, les « combattants italiens », etc., la Curie guerroyait contre Strickland. Elle refusa de le recevoir le 5 juillet 1929, et Pacelli annonça à l'Angleterre en mars 1930 qu'il n'y aurait « pas de négociations pour un concordat tant que Lord Strickland serait au pouvoir ». Celle-ci exigea l'interdiction de l'ingérence des clercs et obtint réponse le 1er mai : la lettre pastorale des deux archevêques de Malte et de Gozo qualifia de « péché mortel » puni du refus des sacrements le vote pour le parti de Strickland à l'élection imminente.

Cette audace provoqua le retrait du ministre britannique, Henry Chalton. Le Quirinal (qui pratiquait le partage des tâches) osa dire que le Vatican allait trop loin. L'agitation prévisible poussa l'Angleterre à remettre les élections, abroger la constitution, gouverner par décret et laisser vacant le poste de ministre au Vatican. Mais l'*Appeasement* envers l'Italie fasciste la fit céder partiellement : le 3 mars 1931, devant la Chambre des Lords, Strickland présenta des excuses à Pie XI, qui les rejeta, et le 10 mars 1932, les lui renouvela sur un ton suppliant et en fit à l'évêque de Malte. Le conflit rebondit quand Londres, inflexible sur son bien maltais, interdit le 2 mars 1932 l'enseignement de l'italien à l'école élémentaire. Mais les deux Rome purent se réjouir en juin de la victoire électorale « nationaliste ». Après trois ans de vacance, Londres réinstalla en février 1933 un ministre au Vatican, mais cette capitulation ne mit pas fin au conflit, qui ressurgit peu après[16].

L'Éthiopie

« La prépondérance française en Tunisie » fut aussi menacée par l'agressivité italienne dont Pacelli se déclara, en maï 1930, non informé. Mais dans l'immédiat, l'Afrique orientale britannique concentra les manœuvres italo-vaticanes : la « romanisation » missionnaire préparait la conquête de l'Éthiopie, où l'impérialisme italien avait connu (en 1896, à Adoua) son plus cuisant échec. Le plan commun s'afficha au plus tard le 6 novembre 1929, quand Marchetti, Tisserant (consulteur de l'Orientale), un prêtre-secrétaire chinois et le procureur général américain d'une Société missionnaire de New York s'embarquèrent de Marseille pour Djibouti. Au grand déplaisir de la France, dont les missionnaires témoignaient de l'intérêt pour l'Éthiopie, voisine de son territoire de Djibouti : sur les trois circonscriptions ecclésiastiques, deux, les vicariats apostoliques d'Éthiopie (Gouala) et des Gallas (Harrar), étaient respectivement affectées à des lazaristes et capucins français.

Les quatre prélats sillonnèrent la contrée et convoquèrent à Addis-Abeba le capucin français Mgr André Jarosseau, vicaire apostolique à Galla d'Abyssinie : ce vieillard de près de 80 ans résidant depuis environ cinquante ans en Éthiopie servit d'instrument à la Curie (puis fut « jeté » après usage). Le séjour entretint la flatterie, vieille de quelques années, du négus Taffari Makkonen : le futur empereur Haïlé Sélassié, appelé au « séminaire abyssin » de Rome avant d'accéder au poste suprême, « élève et protégé » de Jarosseau, était tenu par la majorité copte de son pays pour un fantoche de l'Italie. Couvrant de présents et d'égards Taffari et sa mère, l'impératrice, Marchetti discuta

16. Contentieux « oriental » français, tout *Saint-Siège* ; Rhodes A., *Vatican*, p. 61-67, 53-61, Kent P. C, *The pope*, p. 73-96, Hachey T. E. (éd.), *Anglo-Vatican*, et Chadwick O., *Britain*, p. 2-3 et 13.

en secret avec Giuliano Cora, ministre d'Italie à Addis-Abeba, d'une action plus discrète mais décisive : celle des missionnaires italiens, quelques dizaines de capucins de la Consolata de Turin dépendant de la préfecture apostolique de Kaffa (siégeant dans la capitale), la seule « italienne » des trois d'Abyssinie. Ils étaient fin 1929 répartis sur onze stations situées dans l'ouest (au contact donc, de l'Érythrée italienne) et le sud-ouest de l'Éthiopie. Dotés des « subsides du gouvernement italien », ils s'implantaient, rendant service à la population à laquelle ils avaient caché « leur caractère religieux » : elle les connaissait comme commerçants et ouvriers. « Le prosélytisme ne viendra[it] qu'après cette première période » : « chaque chose devait venir en son temps », conseilla Cora à Marchetti, partisan de brûler les étapes.

L'Église copte flaira dans la venue de Jarosseau à Addis-Abeba des plans italiens. Jugeant « le péril [...] très grave et très pressant », le patriarche d'Alexandrie dont dépendait l'Église abyssine, Mgr Yohannes, « vieillard de 85 ans », courut en Éthiopie sur les talons des émissaires du Vatican dès janvier 1930. Dans les semaines qui suivirent, le pays s'embrasa. « La rébellion » qui en février s'étendait déjà « sur les provinces septentrionales de l'Éthiopie [...] m[i]t en danger le trône de Taffari ». Le protégé du Vatican devint cependant empereur à la fin d'une année où la flagornerie avait coulé à flots, et Marchetti accédé à la pourpre. Pie XI ne tarit pas d'éloges sur « la haute intelligence de ce jeune prince », qui, aux fêtes du couronnement de novembre, reçut maint cadeau et son message enflammé, transmis par Jarosseau. En septembre, il avait nommé le prêtre éthiopien Kidané Maryam Kassa évêque du rite éthiopien catholique en Érythrée, avec juridiction sur le Tigré, province Nord de l'Éthiopie : « placé sous l'influence italienne », ce féal avait été formé en Érythrée, avant un stage de deux ans au « collège pontifical éthiopien » de l'université grégorienne.

Les deux principaux rivaux coloniaux furent diversement avisés de cet « intérêt » africain. Ce gros morceau à avaler impliquait des avances aux Anglais voisins, méfiants. L'*Osservatore* accorda début décembre 1929 à Mgr Arthur Hinsley, recteur du collège anglais de Rome, une interview, après sa visite de 20 mois et 55 000 km dans les écoles des possessions anglaises d'Afrique. Puis la Curie confirma leurs prébendes aux Anglais : Hinsley, qu'on avait nommé visiteur apostolique des colonies anglaises d'Afrique de 1927 à 1930, devint en 1930 délégué apostolique pour les missions du Congo belge et du Sud africain et de presque toutes celles d'Afrique anglaise. Manquait à son fief la délégation d'Érythrée et d'Abyssinie, qui avait été créée en 1928 et rattachée aux missions d'Égypte, toujours confiées au délégué italien d'Égypte, Arabie et Palestine. Ces privilèges violant l'assurance donnée en 1928 par la secrétairerie d'État que les prochains délégués apostoliques d'Afrique seraient français mirent Paris en fureur. D'autant plus que le souci d'endormir Londres trancha sur la brutalité qui lui fut appliquée. Tenant la chronique des diatribes de Pie XI contre son « nationalisme outrancier », la France se sut seule visée par sa critique le 12 décembre 1929 du « nationalisme, [...] fléau pour l'apostolat ». Cette affiche tapissait simultanément les murs des églises italiennes : « Avec la civilisation de la croix le missionnaire porte aux ultimes confins de la terre l'amour pour Rome et l'Italie. »[17]

... à l'Europe

Les visées européennes de l'Italie semblèrent jouir du même soutien, très amoindri en cas d'antagonisme avec le Reich. Je retiendrai d'un dossier très divers les exemples de la France, de la Yougoslavie, cible d'appétits balkaniques disputés par le monde germanique (j'ai écarté les cas, identiques, de l'Albanie et de la Bulgarie), et des zones irrédentes, objet de conflit italo-allemand ouvert.

L'irrédentisme italien en France

Les Français constatèrent sur leur territoire « le danger permanent [...] des liens de plus en plus étroits entre » les deux Rome, et l'action conjointe de « deux ministres d'Italie », ambassadeur et nonce. Aux œuvres germano-vaticanes en Alsace-Lorraine recouvrée fit pendant le plan d'italianisation du Sud-Est, des cimes alpines à la côte. Les grandes manœuvres commencèrent sous Gasparri. En 1924, le secrétaire d'État, en violation du « droit » français consacré par une bulle de 1862 de Pie IX, tenta de faire passer « sous la juridiction [...] de l'évêque italien de Suse » Saint-Jean-de-Maurienne : cette paroisse-frontière du Mont-Cenis, dont la population était *« française pour les neuf dixièmes »*, appartenait au diocèse français de Maurienne.

La fermeté française stoppa l'assaut, qui reprit après l'accord du Latran. Pacelli joignit à l'agressivité et à l'obstination gasparriennes sa grande tactique de séduction et d'innocence. L'indulgence envers Mussolini et ses revendications garantirait une alliance franco-italienne, excellent atout international, jura-t-il. Paris fut donc confronté aux « tendances irrédentes, artificiellement réveillées » dans le Sud-Est, de Nice au Val d'Aoste, du Mont-Cenis à la Corse, complétées de manœuvres « religieuses ». Le Saint-Siège usa d'une méthode à double volet : 1° italianisation des zones où la France entendait conserver les droits de ses prélats (territoire italien du Mont-Cenis à population française) ou préserver l'usage du français pour ses minorités (val

---

17. Lettre de Fontenay n° 140, 10 mai 1930, *Italie*, 264. Ce paragraphe, issu de *Canet*, 51, 53, et de *Saint-Siège*, 6 et 47, résume Lacroix-Riz A., « Le rôle », p. 44-52 ; tél. Fontenay n° 174, 13, et Berthelot n° 181, Paris, 16 décembre 1929, *Saint-Siège*, 6.

d'Aoste) ; 2° nomination en territoire français à « minorités italiennes » de curés italiens.

Au printemps 1932, l'effort militaire italien en cours relança l'opération du Mont-Cenis. Maglione bombarda le Quai de notes invoquant contre la France l'alinéa 2 de l'article 16 de l'accord du Latran : le Vatican, protesta Paris, remet en cause des droits établis dans une zone de population à 90 % française, seconde les « efforts italiens pour refouler les estivants français hors d'une zone où l'activité militaire italienne est particulièrement intense », avec « des grands travaux stratégiques dont l'accès est jalousement gardé ». « Il faut céder », déclara Maglione, s'attirant la réplique « que le non était définitif et qu'il n'y fallait plus revenir ». Devant cette résolution, rare dans les années de « décadence », Pacelli recula, affectant un souci de conciliation que l'ère de l'Axe abolirait : l'Italie procéderait au renvoi forcé des habitants français « en 1938 ou 1939 ». Charles-Roux se heurta aussi en juillet-août 1932 à l'une des tentatives réitérées d'italianiser tout le val d'Aoste, la nomination d'un nouvel évêque italien : il parle « le français, comme tous les Piémontais (!) : il lui suffirait de prendre un peu d'aisance dans la conversation », minauda Pizzardo devant Gentil. Second volet, la Curie envoya des prêtres italiens dans le diocèse de Nice alors dirigé par Mgr Paul Rémond (ancien aumônier militaire en Rhénanie) : elle prétendait satisfaire le « besoin de secours spirituels » des Italiens du sud de la France laissés dans « l'abandon [par...] le clergé français ». Ces agents d'italianisation étaient « directement adressés au consulat général d'Italie [...et] s'entend[ai]ent directement avec [lui] à l'insu de l'évêque ». En 1932, le Vatican leur adjoignit « une sorte d'ordinaire de l'émigration italienne, dont la régularité [...] laiss[ait Charles-Roux] perplexe » : c'était donner à Mussolini un nouveau levier sur les quelque 100 000 « Italiens organisés, tenus en main par leur consulat, [et] passablement excités ». Rémond s'en plaignit en décembre 1932 : « les besoins spirituels ont surtout bon dos et servent à masquer des fins nationales. »[18]

Le cas complexe de la Yougoslavie

Dans le « Royaume des Serbes, Croates et Slovènes » né en décembre 1918 (Yougoslavie en 1929), Rome sembla succéder à Vienne la guerre à peine achevée. Cette proie de l'impérialisme italien sur le continent offrant un intérêt particulier à l'ère de sa nouvelle dislocation, je l'ai choisie comme

18. Cambon, Sofia, tél. n° 13-15, 16, lettre n° 7, 30 janvier 1933, *Canet*, 43, note, sd, classée entre 10 et 20 août 1933 (souligné dans le texte), *Italie*, 267, lettres du MAE n° 130, 20, de Gentil n° 293, 27 août, de Charles-Roux n° 471, 10 décembre 1932, *ibid.*, 264, note Canet n° 238, 15 février 1943, *Vichy-Europe*, 459, lettres de Charles-Roux n° 253, 1er août (Mgr Imberti), et n° 471, 10 décembre 1932, *Italie*, 264.

symbole d'une situation générale des États balkaniques successeurs (ou non), que Rhodes impute aux torts des schismatiques. Comme ses homologues, ce dossier éclaire aussi la stratégie vaticane postérieure à 1945. Ses aspects italien et germano-magyar sont si imbriqués qu'on ne peut parfois pas les dissocier.

L'héritage austro-hongrois

Après avoir clamé qu'il ne se bâtirait point, le Vatican reconnut l'« État serbo-croato-slovène » à la mi-novembre 1919. Le nonce, Mgr Cherubini, arriva à Belgrade plus de quatre mois après, le 26 mars 1920. « Ne connaissant pas un mot de la langue » (il n'existait qu'un serbo-croate, en caractères latins pour les Croates, slaves ou cyrilliques pour les Serbes), il « remi[t] ses lettres de créance sans prononcer de discours ». Arrivé « à trois heures du matin, seul, [cet] homme d'âge respectable » reçut un accueil glacial des Serbes, conduits par une sinistre expérience et la crainte de l'avenir à redouter ses maîtres. Le ministre français à Belgrade, « depuis un certain nombre d'années en Serbie », lui « conseill[a] de ne pas trop faire de zèle. Le Serbe n'est pas dévot mais il n'aime pas qu'on touche à sa religion. Le nonce devra donc être circonspect dans les régions orthodoxes [et...] non moins prudent dans les provinces catholiques s'il ne veut pas qu'on l'accuse de dresser les Yougoslaves catholiques contre leurs frères orthodoxes, de faire revivre la fameuse inimitié dont la politique de Vienne a su si bien jouer et sur laquelle elle avait basé sa politique ».

Cherubini en était précisément chargé. Il présida à la mi-avril 1920 « la troisième conférence des évêques catholiques yougoslaves » réunie dans la capitale croate, Zagreb. L'épiscopat germano-magyar y présenta la litanie des lamentations et revendications qui émailleraient vingt ans de vie yougoslave, fustigeant notamment « les procédés d'application de la loi agraire ». Le rapport des forces autorisait l'optimisme. L'ancienne « puissance orthodoxe » serbe était devenue « puissance catholique », passant de deux diocèses à dix-neuf. Elle comptait presque autant de catholiques (4 975 000, 38 %) que d'orthodoxes (5 360 000, 42 %) : « en Slovénie, tout le monde est catholique », en Croatie les deux tiers, en Dalmatie, les catholiques sont « très nombreux »[19].

• Le *statu quo* territorial

La Curie maintint la carte ecclésiastique au motif des « tracas » qu'occasionneraient « les questions de nouvelles délimitations de diocèses d'après les

19. Rhodes A., *Vatican*, chap. 6 et 10 (rapide et erroné, surtout p. 157-160) ; tél. sans n° de Barrère, 13 novembre 1919, note anonyme, Paris, 27 mars 1920, lettres, Belgrade, n° 172, 10, n° 14, Zagreb, 28 avril 1920, de Frédéric Clément-Simon, Belgrade, n° 203, 9, et n° 217 (1 360 000, soit 13 % de musulmans), 27 septembre 1921, *Yougoslavie*, 43.

frontières du traité de Trianon » et de ses homologues : prétexte, commenta Canet, qui ne résiste pas à la comparaison française du sort des diocèses alsacien et lorrain après le traité de Francfort de 1871. Ainsi demeurèrent intacts les diocèses austro-hongrois qui couvraient tout (cas tchécoslovaque) ou partie (cas yougoslave et roumain) des États successeurs. Maints diocèses « yougoslaves » dépendirent officiellement « de métropoles étrangères » : tels ceux de Knin, en Croatie, à la jonction avec la Bosnie, rattaché à Kalocsa (Hongrie) ; de Ljubljana, à l'ancienne Görz, devenue Gorizia (Italie) ; de Lavant, à Salzbourg (Autriche). L'annuaire pontifical des années 1920 semblait dater d'avant 1918. Tedeschini n'avait cité en 1919 les noms des nouveaux pays que pour plaire à l'Entente ; tôt libéré de cette contrainte, il classa les sièges non plus « par État, mais suivant la position géographique ». Les États honnis n'étaient donc ni classés ni nommés, et ce commentaire exprimait la hâte à « révis[er] la paix de Versailles » : « les indications qui suivent reflètent l'incertitude du moment et n'ont rien de définitif. »[20]

Les récriminations des prélats austro-hongrois menacés dans leurs possessions foncières par le démantèlement de leurs diocèses au profit des « États successeurs » furent entendues quand elles servaient la stratégie désagrégatrice, mais balayées quand l'alliée italienne entra en lice.

- L'épiscopat germano-magyar

La question territoriale infesta d'autant plus la Yougoslavie que l'épiscopat des Habsbourg resta en place et que les remplacements des défunts respectèrent la continuité. En avril 1920, « tous ces prélats appartenaient aux anciens territoires austro-hongrois », sauf un, l'évêque de Skoplje, albanais, aussi sûr que les autres. Protégé de Vienne « absent de son diocèse [...] pendant toute la période des hostilités » balkaniques d'avant 1914, il dirigeait un « clergé [...] élevé au séminaire de Scutari [et...] formé dans les méthodes de la police autrichienne ». Il avait avant la guerre refusé le compromis, notamment financier, offert par les Serbes soucieux de donner un statut aux catholiques albanais que l'Autriche agitait, et ordonné maintien de la prière des fidèles « pour SM François-Joseph » et non « pour le roi Pierre ». Le Vatican jouait donc sur du velours en confiant la réalisation de ses plans à ce haut-clergé : richissime, « habitué sous le régime autrichien à bénéficier de l'appui de l'État », alarmé par le risque de perdre « son autorité sur le jeune clergé », il se partageait entre « récriminations » contre l'État serbe et « regrets du passé ».

Cherubini à peine arrivé, commença la longue guerre des nominations des évêques. Ce qu'on sait des concordats de Serbie et de Monténégro montre

20. Tél. n° 84 de Doulcet, 8 juin, *Hongrie*, 42, notes anonyme, 27 mars 1920, *Yougoslavie*, 43, et de Canet, 19 janvier 1925, *Saint-Siège*, 20.

l'usage que fit la Curie de leur clause stipulant consultation de l'État. Celui de juin 1914, qu'elle n'avait jamais ratifié ni appliqué, fut enterré au consistoire secret du 21 novembre 1921 : Benoît XV décréta la caducité des concordats dont les privilèges avaient été concédés aux personnes des souverains, pas aux États successeurs[21]. L'affrontement s'ouvrit en février 1920 sur le siège vacant de Sarajevo. La Bosnie-Herzégovine occupait toujours, par « la multiplication des instruments de propagande catholique », écoles surtout, une position stratégique dans le « vaste plan d'ensemble préétabli » contre Belgrade. Le choix de Johannes Saric, chef des ultras anti-serbes, fut une déclaration de guerre. « Instrument en Bosnie [de...] la Cour de Vienne [qui] dressait les catholiques et les musulmans contre les orthodoxes » pour aggraver « la désunion » propice à ses intérêts, Saric avait été « le protégé de Mgr Schtadler [ou Stadler], évêque de Sarajevo, ennemi acharné des Serbes à l'époque de l'ancienne monarchie ». « Député au Sabor [Assemblée] de Bosnie avant la guerre », il avait, pendant, écrit « une série de poèmes [...] attaqua[nt] violemment les Serbes et leur souverain ». En 1918 il troqua le loyalisme autrichien contre « l'influence du Quirinal ». Sitôt nommé, il s'autoproclama chef des Croates et des Slovènes contre les Serbes, et pratiqua, appuyé sur « son journal *Istina* » au « ton extrêmement violent », la provocation permanente.

Toutes les nominations passèrent par le même moule. Le Saint-Siège plaça en 1920 sur le siège de Giakvo (ou Diakovo) Mgr Antun Aksamovic, « magyarophile et protégé de l'ex-impératrice Zita ». À Zagreb, il flanqua en 1926 l'archevêque allemand (comme tout son chapitre), Mgr Antun Bauer, d'un coadjuteur, Mgr Franz Ferry de Salis-Seewis, issu d'« une branche autrichienne de la grande famille grisonne des Salis » servant les Habsbourg depuis deux siècles, « famille d'officiers autrichiens connue pour ses sentiments antiyougoslaves ». Son père avait « commandé les troupes croates [...et] son frère aîné a[vait] été pendant la Première Guerre mondiale gouverneur militaire de Serbie ». Les « nombreuses difficultés [du] ministre de Serbie au Vatican [...] pour obtenir l'éloignement des évêques hongrois des territoires serbes » signalées en novembre 1920[22] durèrent autant que la Yougoslavie.

---

21. Lettres n° 105 du consul à Skoplje, 19 novembre 1913, *NS, Serbie*, 28 ; n° 14, Zagreb, 28 avril 1920 (sur Miedia), n° 10, Skoplje, 7 novembre 1919, n° 1, Raguse (Dubrovnik), 3 avril 1921, n° 137 de Dard, Belgrade, 28 juin 1929, *Yougoslavie*, 43, et de Jonnart n° 157, 30 novembre 1921, *Saint-Siège*, 3.

22. Lettres n° 64, Belgrade, 2 février, n° 14, Zagreb, 28 avril 1920, *Yougoslavie*, 43, n° 193 de Knobel, Belgrade, 5 avril, *Yougoslavie*, 168, tél. n° 8 de Naggiar, Belgrade, 3 janvier 1934, *Canet*, 60 ; *Obzor* (Zagreb), 10, BE n° 210, 13 août 1925, lettres n° 26 de Grenard, Belgrade, 5 mars 1926, n° 260, Belgrade, 23 mai, n° 10, Zagreb, 8 avril 1920, n° 33 d'Hennessy, Berne, 12 juillet 1926, *Yougoslavie*, 43, n° 272 de Radenac, Zagreb, 14 septembre 1948, *Yougoslavie 1944*, 36, et tél. n° 157 de Doulcet, 8 novembre 1920, *Saint-Siège*, 3.

• Le bas-clergé : un problème plus délicat

Le contrôle d'un bas-clergé auxquels les motifs de mécontentement ne manquaient pas imposa plus de doigté. Certes, au sortir de la guerre, la vieille arme contre-révolutionnaire était intacte. « Le clergé catholique des anciennes provinces autrichiennes et hongroises semble devenir un instrument dont se sert le germanisme pour battre en brèche les résultats obtenus par des pays vainqueurs [...] Les prêtres catholiques [...] excitent l'opinion dans les campagnes de Croatie contre la Serbie orthodoxe et, qui plus est, attaquent constamment la France athée. » Croatie, Slovénie et Bosnie ne connurent ni les « conseils de prêtres [ni les] soviets ecclésiastiques » qui fleurirent à la fin de 1918 en « Hongrie magyare » et en Tchécoslovaquie. Mais il y régnait les mêmes rapports entre un haut-clergé richissime et un « clergé prolétaire [...] privé de considération, isolé, sans contact avec l'évêque » absentéiste. « Les évêques se considèrent comme de grands seigneurs. Les uns plus, les autres moins, ils n'ont jamais de contact avec le clergé ; et le peuple là où il resta bon et religieux le resta par force d'inertie et par atavisme. Mais la guerre détruit les forces ataviques elles-mêmes ». Persistait donc le risque d'une extension aux « régions non purement magyares » de la révolte du bas-clergé hongrois contre sa hiérarchie. Deux problèmes ouvrirent une brèche dans la cuirasse anti-serbe et aidèrent le pays, comme le rapport des forces européen, à survivre vingt ans : 1° la pauvreté de cette plèbe cléricale, tendant à la dresser contre ses chefs opulents ; 2° son nationalisme serbophobe certes, mais italophobe aussi. Après avoir étouffé dans l'œuf l'aspect social de la révolte, la Curie dut gérer le second, qu'envenimait sa politique italienne, presque aussi *anti-croate et anti-slovène qu'anti-serbe.*

Plus tard écloses qu'en Tchécoslovaquie et en Hongrie, les revendications des curés aboutirent en mai 1920 à un « programme de réforme en huit points », sociaux et nationaux, plutôt gallican : union des églises catholique et orthodoxe ; création, en attendant, d'une province catholique indépendante dotée d'un primat de Yougoslavie ; élection de la hiérarchie par le clergé ; usage de « la langue nationale vivante » aux services et cérémonies ; lecture facultative du bréviaire ; réforme des études théologiques selon les « principes modernes » ; fin du célibat obligatoire ; *last but not least,* entretien du « clergé inférieur [par...] la vente et l'aliénation des biens ecclésiastiques qui dépassent un certain minimum strictement nécessaire ». Ce mouvement, poussé par l'Église orthodoxe serbe, était animé par une minorité d'une vingtaine à une bonne centaine de « jeunes » prêtres (selon les sources).

Son écho potentiel en Croatie alarma le Vatican et l'épiscopat : Cherubini admit début mai 1920 l'existence d'« un fort mouvement » réformateur à Zagreb. Il était faible comparé à celui de Bohême, comptant environ « deux mille prêtres réformateurs », mais « très nombreux sont les ecclésiastiques [...] prêts à s'y rallier, soutenus d'ailleurs qu'ils seraient par leurs propres ouailles ». Leurs griefs « contre le haut-clergé [...] détenteur de propriétés considérables et à qui il faut faire rendre gorge » trouveraient en outre appui dans les réformes prévues par Belgrade : « la loi agraire restituer[ait] à la circulation la majeure partie des biens de mainmorte ecclésiastiques », au grand dam des « conseils de chapitres ». La suppression du célibat régulariserait une situation banale dans « l'ensemble des anciens territoires de la catholique Autriche, où [c]e deuxième commandement a été si peu respecté par le clergé, aussi bien de haute que de basse lignée ». La vigueur de la répression, avec menace immédiate de suspension des rebelles, confirma l'inquiétude éprouvée.

• La question de la langue liturgique

Une autre donnée, *nationale*, menaçait la Curie : la demande d'usage liturgique de « la langue nationale vivante », le (pro)slavon (ou glagolitique), contre le latin portait en germe « l'autonomie de l'Église yougoslave » et l'exclusion du clergé étranger. Relancée par le « réveil » national slave du milieu du XIXe siècle, cette question séculaire avait ligué la papauté avec les Germains, puis avec « les éléments italiens du pays ».

Les manœuvres de Léon XIII relancées en Croatie depuis les années 1890 avaient abouti en 1901-1902 à une grave crise, orchestrée par Vienne et Stadler contre les Serbes, les Italiens et les Hongrois. Les Français en apprirent les détails en lisant les courriers austro-vaticans de septembre-décembre 1901 des archives du Saint-Siège dont l'allié italien de guerre leur avait remis copie. « La Bulle "Slavorum gentem" » d'août 1901 confisqua « au profit des seuls Croates » *(« pro Croatica gente »)* l'Institut romain de Saint-Jérôme, vieille fondation des Habsbourg, mais patrimoine commun théorique des « Yougoslaves », Serbes catholiques du Monténégro et Dalmates italiens inclus. Ce brûlot alluma dans la région et jusqu'en Russie un incendie politique nourri par le contentieux sur la langue liturgique. Pie X avait déjà, en tant que cardinal Sarto, « pris fait et cause pour les "latinisants" » (« les Allemands, les Italiens et quelques Slaves ») contre la masse des « slavisants » défenseurs du proslavon. « Pour complaire aux uns et aux autres, [il] entreprit la lutte » ouverte contre les « slavisants » par un décret du 18 décembre 1906 « condamna[n]t à une mort prochaine la liturgie glagolitique ». Il provoqua le « schisme [de] plusieurs paroisses » et les évêques durent en ajourner « de leur propre autorité l'[impossible] application ». Le « concordat » serbe de juin 1914 contenait « une clause additionnelle » qui semblait une concession : « les droits du slavon étaient réservés dans le territoire du royaume et l'effet du décret du 18 décembre 1906 suspendu. »

La chute des Habsbourg rouvrit le dossier gelé. Le synode épiscopal de décembre 1918 demanda au pape d'agréer le projet de statut des « droits et privilèges de l'Église yougoslave », dont celui de « célébrer la messe en slavon, ainsi que certains autres offices en langue vulgaire ». Début 1920, Rome n'avait pas répondu à cette revendication rejetée par l'Autriche-Hongrie et la nouvelle grande alliée antiserbe, l'Italie[23]. L'enjeu yougoslave gisait là : à qui reviendraient les dépouilles de la Serbie agrandie condamnée à mort par ses vieux ennemis ?

L'alliance anti-yougoslave avec l'Italie et ses supplétifs : Hongrie, Autriche et Roumanie

L'Italie sembla d'abord l'emporter pour « rogner les ongles à la Yougoslavie ». En juillet 1919, « l'accord entre Nitti et la secrétairerie d'État » organisa « la lutte d'influence [prévue] contre le serbisme orthodoxe en Dalmatie, en Croatie, en Slovénie et en Bosnie. L'action catholique y sera favorisée par tous les moyens possibles dans le but de créer des divisions parmi les Yougoslaves ». « On est en train de combiner quelque chose de sérieux avec la Bulgarie », rapporta un prélat de l'Orientale.

On perçut la tutelle italienne sur le dossier jusque dans l'alliance avec la Hongrie et l'Autriche, maîtresses respectives des diocèses croates et slovènes. Un plan hongrois anti-yougoslave et anti-français de mars 1919 prônait l'alliance avec l'Italie sur la base du révisionnisme territorial. Les plans de restauration monarchique depuis la liquidation, à l'été 1919, de la République hongroise des Conseils étaient sans espoir mais cette chimère transforma la Hongrie en supplétif de l'Italie. Budapest disposerait d'un poison anti-slave qui ravissait Tedeschini. L'avocat inconditionnel de l'Anschluss prétendait en août 1919 favoriser « le retour des Habsbourg [...] dans l'intérêt de l'Italie, car la consolidation d'une nation au détriment de la Yougoslavie est avantageuse pour l'Italie et nuisible à tous ceux qui, en sous-main, aident les Yougoslaves ». En mars 1920, la « lutte » ouverte s'annonçait entre un bloc Italie-Vatican-Hongrie, et le groupe Bohême-Yougoslavie « et peut-être même la Roumanie et la Pologne ». La coalition italo-hongroise fut complétée à la mi-avril 1920 par l'alliance avec Vienne : le chancelier social-démocrate Karl Renner « conclu[t] à Rome une convention d'aide politique

23. Lettres n° 64, Belgrade, 2 février 1920, *Yougoslavie*, 43, rapport avec lettre n° 75 de Charles-Roux, 16 mars 1919, *Hongrie*, 42, lettres n° 15, Zagreb, 25 mai 1920, *Yougoslavie*, 43 ; n° 215 de Nisard, 16 novembre 1901, n° 20 de Souhait, Raguse, 12, n° 35, Bosna-Seraï, 15 avril 1902, *NS, Saint-Siège*, 10, Vatican, 3 décembre 1898, de Revelli, Fiume, 21 août 1903, note, Rome, 29 janvier 1907, copies transmises par Barrère, *NS, Saint-Siège*, 14, Belgrade, n° 224, 8, n° 243, 15 mai, et note, 27 mars 1920, *Yougoslavie*, 43.

réciproque entre l'Autriche et Italie dirigée contre la Yougoslavie ». Nitti lui promit d'« user de tous les moyens pour amener *l'isolement politique de la Yougoslavie* ».

Le Vatican se servit aussi de la Roumanie, qu'elle désignait par ailleurs aux coups de l'Italie et du Reich. La catholique Transylvanie, arrachée par le traité de Trianon à la Hongrie, fut laissée aux mains de ses clercs allemands et austro-hongrois. Les dirigeants roumains, en majorité orthodoxes, n'ignoraient rien des intentions vaticanes, mais l'anti-serbisme aveugle les poussa à des manœuvres révélant la faiblesse initiale de la Petite Entente anti-allemande forgée par la France. Début 1919, les Français, qui voulaient remplacer « [l]es Allemands et [l]es Autrichiens » des missions et cures roumaines ou éviter leur relève par les seuls Italiens, constatèrent que ceux-ci gagnaient du terrain sur fond de « haine commune » contre la Serbie : à Jassy venait d'être nommé « un mineur conventuel italien »[24].

La conquête de la Dalmatie et ses difficultés sous Benoît XV (1919-1921)

Au printemps 1919, les nominations épiscopales dressèrent la Dalmatie, naguère croate, en bastion italien. En mai, « l'entourage du pape », dont l'évêque italien de Spalato (Split), « ami [et] protégé » de l'archevêque de Milan Ferrari, « travail[ait] beaucoup » à la création des « nouveaux évêchés des nouvelles régions, et particulièrement » celui, vacant, de Sebenico (Sibenik). Dans sa lutte contre le slavon Rome disposait aussi du soutien total de « l'opinion publique et [du] gouvernement italiens ». La France a « intérêt, *conclut un rapport de mars 1920,* à soutenir les revendications [yougoslaves pour...] enrayer par des moyens légitimes le double mouvement qui tend à donner au Saint-Siège une autorité sans contrôle sur tous les catholiques du monde et à le mettre lui-même sous le contrôle de l'Italie ». Il se servait au profit de celle-ci des prélats anti-serbes quand c'était possible, contre eux sinon.

Ainsi, Mgr Anton Jeglic, « prince-évêque de Laibach » (Ljubljana), se heurta-t-il à un mur quand, en visite à Rome en mars 1920, il pria le pape de créer un diocèse groupant la majorité des Slovènes de Carniole sous souveraineté italienne (la région était divisée depuis 1919 entre Italie et Yougoslavie). Benoît XV prétendit attendre « la reconstitution de la monarchie habsbourgeoise » avant tout changement, alors qu'il préparait la consolidation du

24. Information, 27 juillet, SRM, 1er, 8 août 1919, *Saint-Siège*, 2 ; rapport, 30 mars 1920, *Hongrie*, 42 ; tél. n° 102-103 de Romieu, Vienne, 18, n° 162-163 de Fontenay, Belgrade, 21 avril, note avec lettre n° 84 de Clément-Simon, Prague, 10 mai 1920 (souligné dans le texte), *Autriche*, 63 ; tél. Barrère n° 115, 10 janvier, Saint-Aulaire n° 159, Bucarest, 9 février 1919 (« le P. Cipollani »), et note du 26 mars 1920, *Roumanie*, 25 (ce vol., 175-176 et *Canet*, 57).

coup de force italien contre Fiume (Rijeka). La foudre pontificale tomba à la mi-mai 1920 avec le détachement de Rijeka de l'évêché yougoslave de Senj, dont la cité « dépend[ait] normalement », et la nomination de Mgr Celso Costantini, comme vicaire apostolique de ce nouveau diocèse. La Yougoslavie s'enflamma, toutes composantes confondues : « nationaliste italien extrémiste [haïssant…] les Yougoslaves », l'intéressé était « un des amis personnels » de Gabriele d'Annunzio et « ami intime du maire commandant de la place de Rieka », Riccardo Gigante, dont il avait été l'aumônier militaire pendant la guerre. La presse yougoslave s'indigna d'un « acte de violence et d'arbitraire » devant lequel même l'ancien empire avait reculé : en 1911, un arrêt similaire du ban croate Nikola Tomaši , champion de la croisade et des fraudes électorales contre la « coalition serbo-croate », avait provoqué un soulèvement général qui avait contraint la Hongrie et son féal Pie X à capituler[25].

Cet assaut inaugura le grignotage de la Dalmatie, zone cédée par les vainqueurs à l'Italie au terme de ses conflits avec la Yougoslavie, aussitôt confirmée par la Curie. Les morceaux arrachés au jeune État subirent une brutale italianisation-« déslavisation » qui se joua même des apparents compromis italo-yougoslaves, tel celui de Rapallo en novembre 1920. Canet commenta en 1923 les variations de « la doctrine de la souveraineté territoriale » invoquée par le juriste Gasparri contre la France et ses alliés : applicable aux seuls favoris, elle faisait place pour les ennemis à celle du concordat passé avec « les princes régnants en personne », caduc depuis 1918. Elle bénéficia aux Italiens « aussitôt après le coup de main de d'Annunzio, avant toute ratification des accords par l'Italie et la Serbie » : Costantini fut confirmé le 22 juillet 1921, et son successeur, Mgr Antonio Santin, originaire de Rovigno (côte sud de l'Istrie), « de langue et de tradition vénitiennes », nommé le 17 décembre 1922. Après l'annexion italienne de Zara, effective en mars 1921, la Curie divisa la zone le 2 avril 1922 en deux diocèses, qu'elle confia à deux administrateurs aussi dévoués à l'Italie. Les fascistes, supplétifs des autorités, malmenèrent les populations croates cédées à l'Italie par le traité de Rapallo (12 novembre 1920), séquestrant les prêtres chez eux et fermant leurs églises.

L'épisode laissa des traces assez profondes pour ressurgir intactes quand le Vatican reprit en 1945 contre la Yougoslavie sa vieille politique avec les mêmes dignitaires. On trouve donc dans les fonds français de l'été 1947 un descriptif précis des pratiques italiennes des années 1920 en Istrie croato-slovène. « Plus de deux cents prêtres avaient été expulsés et soixante empri-

---

25. EMA, 3 mai 1919, *Saint-Siège*, 2, note anonyme, 27 mars 1920, *Yougoslavie*, 43, note Loiseau, 18 mars, *Saint-Siège*, 2, lettres Zagreb, n° 14, 28 avril, n° 15, 25, n° 260, Belgrade, 23 mai, *Yougoslavie*, 43, Loiseau, 2e fascicule, 1er août 1920, *Saint-Siège*, 2 ; Tomaši, 1905-1912 (ban depuis 1910), *NS*, *Autriche-Hongrie*, 14.

sonnés et la plupart torturés ». Deux évêques furent chassés de leur siège dès l'arrivée des Italiens : Mgr Manhic, réfugié en Yougoslavie où il mourut « des mauvais traitements subis », et Mgr Andrea Karlin, évêque de Trieste, « brutalement attaqué dans son palais par des énergumènes armés ». L'usage du slovène fut puni de mort : à Trieste, les hommes de main tirèrent des coups de revolver dans l'église Saint-Antoine sur un prêtre qui prêchait ; à Pomjan, un chantre fut tué à la sortie de la messe ; à Idria, une bombe fut jetée sur une procession dont la foule chantait en slovène. Le socle des statues de Cyrille et Méthode fut gratté pour remplacer les noms des évangélisateurs slaves par ceux de Pierre et Paul. « Dans certaines églises, on allait jusqu'à forcer les paysans à se confesser en italien par l'entremise d'un interprète ! ».

De leur côté, les évêques ou administrateurs italiens ou italianisés « se distinguèrent dès leur arrivée par leur acharnement contre les Slaves, interdisant l'usage du croate dans les sermons, au catéchisme, dans les prières et même au confessionnal, supprimant l'enseignement des langues slaves au petit séminaire, faisant punir les élèves s'entretenant dans leur langue maternelle, envoyant le plus possible d'entre eux se former en Italie et [...] dénonçant même à la police des religieux, des prêtres et des fidèles qui s'opposaient à la dénationalisation des Slaves ». Précaution supplémentaire, dès l'été 1920 le Saint-Siège « éloign[a] peu à peu les curés croato-slovènes les plus militants, pour les remplacer par des religieux choisis dans un ordre international »[26]. Ce retour à la tradition autrichienne acheva d'établir sur la Slovénie, la Croatie, dalmates ou non, et la Bosnie l'hégémonie franciscaine : elle fit triompher le fanatisme catholique qui avait alarmé les diplomates français avant 1914. Lui seul permit d'échapper aux conséquences de l'affront de mai 1920 qui avait sauvé de l'isolement les « jeunes » réformateurs : le scandale Costantini risquait de leur rallier en masse curés et paysans.

Le haut-clergé, anti-italien par germanisme, avait aussi subi la pression de la base slave, bas-clergé inclus. La conférence épiscopale de Zagreb, en avril 1920, informée des projets sur Fiume, décida de discrètes « démarches [...] auprès du Saint-Siège afin d'obtenir le maintien de Fiume sous la dépendance de l'évêché de Senj ». Près d'un an plus tard, l'annexion italienne de Zara confronta le « haut-clergé dalmate », déjà menacé par la crise de « son autorité sur le jeune clergé », à la perte de ce siège de l'archevêque de Dalmatie : les évêques réunis à Spalato (Split) dans la seconde quinzaine de mars 1921 requirent du Vatican le transfert de la métropole dalmate à

26. Milza P. *et al.*, *Le fascisme*, p. 82, note Canet, sd, après le 6 août 1923, *Sarre*, 102, lettres n° 46 de Doulcet, 6, n° 1, Dubrovnik, 3 avril 1921, *Yougoslavie*, 43, n° 56 de Bernard, Trieste, 18 mai 1938, *Canet*, 42, de Radenac, Zagreb, 5 octobre 1947, *Yougoslavie 1944*, 36, Loiseau, 2e fascicule, 1er août 1920, *Saint-Siège*, 2.

Spalato. Début avril 1921, trois chefs de diocèses slovène (Ljubljana) et croates (Zagreb – Antun Bauer – et Sirmium-Osijek) allèrent secrètement à Rome. Menacés dans leur autorité par les exactions italiennes, ils sollicitaient « des garanties pour le clergé et les fidèles slaves et » le maintien de leur « juridiction non territoriale, mais personnelle, sur les Slaves d'Italie ». Le Vatican ne voulut rien savoir[27].

La politique italo-vaticane, 1922-1932

Mussolini avait en partie fondé son ascension sur l'affaire de Fiume, et ses « chemises noires » avaient italianisé les lambeaux yougoslaves devenus Vénétie julienne. Le Duce « entam[a] au début de 1923 » contre Belgrade « une campagne d'intimidation », puis la suspendit par le traité de Rome de janvier 1924 sur Fiume établissant une « amitié » synonyme de neutralité mutuelle « en cas de conflit de l'un des deux États avec un tiers ». Il ne renonça pourtant jamais à exploiter la haine anti-serbe des Croates. Pourquoi, s'interrogent Pierre Milza et Serge Berstein : « Au maximum, déstabiliser l'État yougoslave et provoquer son éclatement ; au minimum, s'en servir comme d'un moyen de pression sur Belgrade. » Tout appuie la première hypothèse.

Pie XI envoya à Belgrade dès 1922 Ermenegildo Pellegrinetti, son intime et secrétaire du temps de sa mission en Lituanie et en Pologne (1918-1920), spécialiste des affaires slaves des Empires centraux. Mobilisé en 1916, sachant le russe, il avait été attaché à la censure des lettres des prisonniers de guerre d'origine slave, et avait appris le slovaque et le tchèque « pour lire le courrier ». Nommé fin mai, installé en juillet 1922, cet ancien aumônier militaire anima l'agitation, scandée par les manifestations « religieuses » du Parti paysan croate de Stjepan Radic qui groupait les adversaires les plus résolus de l'État serbe – comptant nombre de non-Yougoslaves. Selon un rite fixé au début de la décennie pour l'Europe centrale et orientale, le congrès eucharistique de Zagreb, dont les organisateurs n'avaient adressé « aucune invitation aux autorités », vit affluer les 18 et 19 août 1923 les foules révisionnistes. 140 000 « participants étrangers » et « des personnalités politiques croates » accueillirent en grande « pompe » Pellegrinetti.

Les masses paysannes croates et slovènes furent mobilisées contre toute tentative de réduire l'hégémonie cléricale, notamment scolaire. Très déçues d'une réforme agraire timide – épargnant la hiérarchie –, elles demeurèrent d'autant plus soumises à leurs prêtres, chefs du combat contre la

---

27. Lettres n° 260, Belgrade, 23, Zagreb, n° 15, 25 mai, n° 14, 28 avril 1920, Dubrovnik n° 1, 3, et n° 46 de Doulcet, 6 avril 1921, *Yougoslavie*, 43. Avant 1914, Lacroix-Riz A., « L'église autrichienne », p. 69-71.

Serbie maîtresse de l'État. Elles soutinrent donc l'Église sur le terrain scolaire propice à la dénonciation de la persécution. Or, malgré une légende tenace, l'État serbe ne persécuta pas la religion. « Les catholiques, *affirma Loiseau, expert des Balkans, en avril 1924, après un séjour en Yougoslavie,* jouissent non seulement de la liberté du culte, mais de celle de l'enseignement. Leurs ministres émargent au budget. » Ils font librement « des processions », souvent en présence des « autorités militaires ». Les congrégations des provinces occidentales « n'ont pas été inquiétées ». Certes, « le clergé [était] mal rétribué », mais pas plus que « tous [l]es fonctionnaires ». Le séquestre avait frappé de nombreuses menses épiscopales ; mais la réforme agraire avait aussi atteint « une foule d'intérêts, purement laïques, du même ordre » que ceux de la richissime Église catholique - à laquelle elle ne fut d'ailleurs finalement pas appliquée. « Le culte vieux-catholique » avait ressurgi, mais il n'avait pas été « suscité par amour du schisme », ni encouragé par Belgrade, puisqu'il ne touchait guère plus d'« une vingtaine de prêtres, las surtout du célibat ». Rien ne menaçait donc la sérénité des populations et de leurs pasteurs. « Les questions confessionnelles » occupent dans « la crise actuelle » du pays « une place secondaire », conclut Loiseau, auquel le nonce avait certifié sa « neutralité méritoire » face au « gros de l'opposition » catholique.

Pellegrinetti entretenait en fait l'abcès que la Curie apaisait ou envenimait au gré des besoins italiens (ou germaniques), celui du concordat, manie de Pie XI et de ses adjoints. Les affaires en suspens l'étaient depuis la naissance du royaume : frontières des diocèses, usage de « la langue paléoslave », « nomination des évêques », application de la loi agraire, etc. Elles le demeurèrent. Rome s'assura la docilité de ses troupes : le recrutement des franciscains alla si bon train qu'à la fin des années 1930, ces instruments du démembrement formaient le tiers des « prêtres diocésains », et dans certains diocèses la majorité écrasante (jusqu'à plus de 90 %) du bas-clergé. La prudence étant devenue inutile, la Curie rompit la trêve tactique de juin 1914 sur le slavon, imposant le latin et excommuniant les clercs qui officiaient en croate. Le synode annuel de l'épiscopat, à Zagreb, du 29 janvier au 2 février 1924, déplora la « désaffection » populaire suscitée par cette décision[28].

À la comédie autrichienne du concordat serbe d'avant 1914 succéda la farce italienne du concordat yougoslave. En novembre 1923, Pellegrinetti le déclara « à l'étude » : on s'approchait du traité de Rome, qu'« un des jeunes

28. Milza P. *et al.*, *Le fascisme*, p. 312, lettre n° 510 de Brugère, Belgrade, 3 décembre 1937, *Saint-Siège*, 47, fiche sur tél. Varsovie n° 218, 19 juillet 1922, lettre n° 61, Zagreb, 31 août 1923, note Loiseau avec lettre n° 149 de Billy, Belgrade, 24 avril 1924, lettres n° 249 de Clément-Simon, 10 novembre 1923, de Berne-Lagarde n° 15, Zagreb, 14 février 1924, *Yougoslavie*, 43 ; *Saint-Siège*, 2 et 3, Falconi C., *Silence*, p. 372, et *Yougoslavie 1944*, 34-36.

prélats romains les plus distingués » présenta comme une « paix provisoire » ouvrant la voie à « un conflit armé [...] dans l'Adriatique ». Belgrade, aveugle aux « vexations » infligées par les fascistes italiens aux Slaves d'Istrie, le signa en janvier 1924. Le président du Conseil et le ministre des Affaires étrangères eurent donc l'honneur, *exceptionnel,* d'une visite au Vatican (20 minutes auprès de Pie XI, puis de Gasparri), pour entendre « que le Saint-Siège [les] constatait et déplorait [...] mais se reconnaissait impuissant à les empêcher ». Il mit les bouchées doubles, puisque Mussolini préparait en Albanie l'encerclement de la Yougoslavie que l'accord de Rome semblait proscrire. Le premier prétexte aux crises successives fut trouvé dans le vieux brandon de discorde de l'institut Saint-Jérôme, dont l'Italie avait recueilli l'héritage autrichien. Ses biens, mis après guerre sous séquestre italien, furent par l'accord sur Fiume cédés à Belgrade. Le Quirinal en abandonna l'application à la négociation avec le Vatican, arguant qu'il serait seul apte à reconnaître à Belgrade son droit à « la reconstitution à Saint-Jérôme d'un collège ecclésiastique yougoslave ». La discussion aboutit à un accord de principe, attestant l'esprit de concession serbe, sur la nomination d'un recteur italien et, après concertation entre État et évêques, d'un vice-recteur yougoslave. La reconnaissance de « la légitime jouissance de l'institut Saint-Jérôme à la Yougoslavie » constituait au printemps de 1924 le seul apparent acquis du « futur concordat »[29].

La question restait, sous l'apparence juridique, d'importance stratégique : les instituts et séminaires « nationaux » romains formant les clergés nationaux étaient confiés à des nationaux loyalistes pour les États amis (Allemagne, Italie, Hongrie, Autriche, etc.), à des non-loyalistes pour les ennemis. Les plus puissants, allemands ou germanisés, organisaient la « dénationalisation » bénéficiant soit à l'Italie soit au monde germanique. Le personnel en poste à Rome donnait toutes garanties, sauf exception, tels, pour la France, Auguste Boudinhon, curé de Saint-Louis-des-Français, et Tisserant, qui collaboraient avec leur État contre les équipes romaines d'*Action française.* Les nationalités fondatrices des États successeurs avaient au surplus de chétifs effectifs catholiques, peu ou pas serbes en Yougoslavie, pas tchèques en Tchécoslovaquie, pas roumains en Roumanie. Secondé par la carence logique de ces nations forgées par une longue histoire anti-catholique et anti-germanique, le Saint-Siège puisa dans les autres : c'est là qu'il recruta « ces milices mobiles et pénétrantes » dont Loiseau avait pressenti en 1920 l'influence délétère sur les États nés du sort des armes. La France et les États

29. Lettres n° 249 de Clément-Simon, 10 novembre 1923, n° 20 de Doulcet, 29 janvier, n° 15 de Berne-Lagarde, 14 février, n° 112 de Billy, 4 avril 1924, et n° 134 de Doulcet, 19 novembre 1925, *Yougoslavie*, 43.

« schismatiques » étaient représentés *le plus souvent* à Rome par des émigrés de Coblence acharnés contre leur pays d'origine. La romanisation des institutions religieuses nationales entraîna donc un choc violent.

Début 1925, alors que « tout [avait] march[é] assez bien durant un an », le Vatican orchestra une crise sur la direction de l'institut Saint-Jérôme. Il destitua les recteur et vice-recteur et nomma « un nouveau recteur italien », déclarant avoir cédé aux demandes de la hiérarchie « yougoslave ». Belgrade fournit au contraire « les preuves » que Pellegrinetti avait inspiré les clameurs des évêques, Saric en tête. À Rome même, en pleine crise, le 5 juin 1925, Pie XI provoqua les Serbes, honorant les Croates et Slovènes en pèlerinage. Il persécuta bientôt les délégués yougoslaves. En novembre, les bureaux de la légation étant situés dans le même immeuble que l'institut, le recteur évincé trouva sur sa porte un verrou bloquant l'accès entre son appartement de fonction et les locaux de son administration. « Les employés du Vatican tentèrent la nuit de forcer les portes » du Dr Josip Smodlaka, ministre au Saint-Siège : « le plus doux des Slaves et le plus timide des diplomates [dut] se constitu[er] une garde. » À l'été 1925, les Serbes avaient fermé les yeux sur le rôle de Pie XI, accusant Saric ou le nonce, et renoncé à réclamer, comme ils l'avaient fait en février, le départ de celui-ci. Mais, en novembre, leur fermeté sur l'institut et leur soutien à Smodlaka assailli ébranlèrent la coalition : « les évêques croates » déchaînés depuis des mois parurent « en désarroi devant le mal causé aux intérêts yougoslaves par leurs intrigues, et leur primat » Antun Bauer « qui s'était attardé ici a quitté Rome effondré ». La Curie fut placée dans un « embarras » où ses complices fascistes l'abandonnèrent : « le Quirinal n'est pas disposé à renier sa signature », déclara à Doulcet un directeur des Affaires étrangères ; « au Vatican ils sont fous s'ils s'imaginent que nous allons les soutenir dans leurs histoires de crochetages avec des légations ».

La question resta pendante jusqu'au début de 1926, où la surenchère épiscopale orchestrée par Pellegrinetti et *La Civiltà cattolica* prit pour prétexte un projet de réforme scolaire. Saric et Jeglic, évêque de Ljubljana, spécialiste « de la cuisine » antiserbe (expression d'un expert, Radic, alors neutralisé en ministre de l'Instruction publique), hurlèrent aux « persécutions terribles »[30]. Après le départ du ministre « modéré » des Affaires étrangères Salvadore Contarini (janvier 1926), Mussolini choisit l'affrontement, consolidant son alliance avec Vienne et Budapest. En mars-avril 1923, le chancelier autrichien, Mgr Ignaz Seipel, était convenu avec lui « que la mobilisation des forces contre la Yougoslavie aurait comme base une action commune ».

30. Loiseau, 2e fascicule, 1er août 1920, *Saint-Siège*, 2, lettre de Knobel n° 193, 5 avril 1934, *Yougoslavie*, 168, tél. Grenard n° 30, 5 février, *Obzor*, 10 août, lettres n° 134 de Doulcet, 19 novembre 1925, et n° 50 de Grenard, 27 février 1926, *Yougoslavie*, 43.

L'aggravation périodique, depuis 1925-1926, du conflit austro-italien – Seipel combattait farouchement Rome sur le « Tyrol du Sud » ou « Haut-Adige » – ne brisa pas ce consensus. Début avril 1927, en pleine visite officielle au Quirinal et au Vatican du Premier ministre de Miklos Horthy, Istvàn Bethlen, Gasparri prétendit ignorer « le fond de ses entretiens avec M. Mussolini ». Il savait en vérité tout du traité italo-hongrois alors conclu, « menace dirigée non seulement contre la Yougoslavie, mais contre l'ensemble des pays de la *Petite Entente* »[31].

En 1928, l'italianisation fut renforcée par le décret du 30 mars ordonnant dissolution des organisations de jeunesse *non-Balilla*. Applicable à tous les territoires italiens, la mesure provoqua un tel tumulte que l'évêque de Trieste, Luigi Fogar (successeur de Karlin depuis 1923), « Italien fanatique » agent de répression des « prêtres [et des] paroisses yougoslaves », lâcha du lest : en avril, il couvrit l'envoi de « deux mémoires » de protestation du clergé slave de Vénétie julienne contre « les mesures d'oppression » italiennes. Il dut affronter un Gasparri hors de lui, qui menaça les carrières des signataires, comptant sur les évêques les plus « italiens », ceux de Fiume et de Zara, non « solidaires » de la démarche. Aucune question n'avança d'un pouce avant que n'éclatât la crise yougoslave majeure de juin 1928. Le Vatican venait d'avouer au successeur de Smodlaka, Simic, que, vu les « derniers incidents entre la Yougoslavie et l'Italie » qui avaient bloqué les pourparlers sur « le différend » de l'institut Saint-Jérôme, « il serait bien difficile de signer un accord pendant une tension des rapports entre les deux pays ». « La réflexion est intéressante », commenta Fontenay, nouvel ambassadeur de France, sur la fusion des deux Rome. Le 22 juin, deux jours après l'assassinat, en pleine Chambre, de Radic, il alla demander à Gasparri de calmer le jeu après « les graves incidents de Belgrade ».

La Curie relança au contraire le feuilleton de l'institut Saint-Jérôme. Début juillet, on parla de recteur « yougoslave » (en fait italien), un « abbé mitré » de Spalato (Split), qui serait assisté d'un conseil de surveillance administrative de « quatre ecclésiastiques yougoslaves résidant à Rome ». Cette nomination, officielle en août, consacra le contrôle ultramontain de l'Église nationale « yougoslave » de Rome. En 1928-1929, l'institut oriental en pleine expansion comptait parmi ses étudiants (non parmi ses enseignants) des Croates et Slovènes. Début août 1928, Pie XI, d'ordinaire incapable de censurer son anti-serbisme, se fit tout miel devant Simic à la veille d'un voyage à Belgrade : là-bas « trop souvent on ne le comprenait pas et [...] on lui prêtait des intentions qu'il n'avait pas. En raison des circonstances le pape *ne peut*

31. Milza P. *et al.*, *Le fascisme*, p. 312-321, mars-avril 1923, note SG n° 45897, 9 août 1926, *Autriche*, 63 et 66, et lettre de Doulcet n° 37, 8 avril 1927, *Hongrie*, 42.

intervenir » dans la défense du « clergé slovène dans les provinces devenues italiennes [...] On devrait comprendre combien délicate et pénible est parfois sa situation. [...Il] est obligé de se taire quand cependant il voudrait parler car "n'oubliez pas que rien n'est changé pour la papauté depuis 1870" ». Ce thème est répété « depuis un certain temps [...] avec une certaine insistance », parce que le pape, expliqua Simic, « ne veut pas qu'on identifie la politique du Saint-Siège avec celle du fascisme »[32]. Le Vatican s'était en fait engagé pendant la discussion de l'accord du Latran (mûr en 1927) à hâter l'italianisation des zones irrédentes : il avait promis à Mussolini tout « concours [... en vue] de supprimer l'usage de la langue maternelle dans le culte et de faire place nette de tous les évêques, prêtres et religieux dont l'italianité et l'italianisme n'offr[ai]ent pas de complètes garanties ».

La tâche fut enfantine en Yougoslavie, où la liquidation dictatoriale, le 6 janvier 1929, de la crise de décembre 1928 n'apaisa ni la subversion cléricale ni la colère populaire. Les principes antibolcheviques revendiqués par le roi Alexandre lui valurent des approbations épiscopales publiques sans lui donner quitus romain. L'interdiction des partis renforça la répression contre le communisme, hors la loi depuis des années, mais le terrorisme sécessionniste à manteau religieux y échappa : l'AC, des militants à la presse, relaya donc les partis proscrits et, créée en Croatie avant 1929, la nouvelle mouture du « parti populiste » apparut en Slovénie en juin 1929. Ce « parti de l'ordre domina[i]t » une région assurant 42 % de « la production totale industrielle et minière » yougoslave. Ante Pavelic avait fondé le 7 janvier une organisation terroriste, l'Oustacha, qui menait la « "Guerre sainte" contre les Serbes » sous l'égide de l'Église romaine en général et des franciscains en particulier : son premier meeting eut « lieu chez le chanoine du Kaptol [couvent des franciscains] tout près de la résidence de l'archevêque de Zagreb. Interdite, elle se réunit « dans les églises et couvents », tel « le couvent franciscain de Cuntic » qui accueillit les leaders oustachis restés en Yougoslavie et les « délégués d'Italie et d'Allemagne de Pavelic ». L'Oustacha reçut d'emblée l'appui total de Mussolini (puis d'Hitler).

La Curie complota contre Belgrade avec l'ambassadeur italien que le traité du Latran lui avait octroyé, le comte Cesare Maria de Vecchi, poursuivant avec lui la tragicomédie des « négociations » sur « le concordat yougoslave ». Ce serpent de mer ressurgit à l'été 1929 : tout « était entièrement

---

32. Lettres n° 74 de Fontenay, 7 juin, *Yougoslavie*, 43, n° 38, Rome, 31 mars, n° 26 de Dollot, Trieste, 13 avril 1928, *Italie*, 133 ; n° 59 de Dard, 17 février 1927, Fontenay, lettre n° 74, 7, tél. n° 24, 22 juin, lettres n° 98, 7 juillet, n° 190, 10 novembre, *Yougoslavie*, 43, n° 69, 4 juin 1928, n° 138, 26 avril 1929, *Saint-Siège*, 5 et 6, et n° 125, 3 août 1928 (souligné dans le texte), *Yougoslavie*, 43.

à régler », les « nouvelles frontières », la nomination des évêques, l'institut Saint-Jérôme, « [l]es biens ecclésiastiques et [l]es écoles » ; il n'y aurait pas de cardinal yougoslave avant la signature (exclue) d'un concordat. Au second semestre, Gasparri ne cela même plus la haine qu'il censurait d'ordinaire devant les Français, liés aux Yougoslaves par leur « traité d'amitié et d'alliance » de novembre 1927. Après ses entretiens répétés avec Vecchi, sa joie, ses semi-aveux et son impatience d'en finir éclataient. En juillet 1929, quittant son compère, il déclara à Fontenay : « la situation intérieure serait très dangereuse et la vie du roi Alexandre est menacée par "les différentes mains, noires et blanches coalisées" [...S]i jamais les Yougoslaves avaient des velléités de troubler la paix, ils étaient si bien encerclés par la Hongrie, la Bulgarie et l'Albanie qu'ils seraient vite réduits à l'impuissance. » Les assurances fascistes sur l'assaut imminent lui rendirent en décembre sa fébrilité de 1914 : « ma première pensée a été », déclara-t-il juste après l'attentat contre le prince royal d'Italie à Bruxelles, « si le coupable est un Serbe, c'est la guerre »[33].

Belgrade réagit par une loi du 5 décembre 1929 sur l'école primaire, « empêch[ant] la création de nouveaux établissements catholiques d'enseignement » et confiant l'enseignement religieux aux familles. En janvier 1930 fut fondé le « Sokol national », liquidant « les sokols locaux [à] tendance politique ou confessionnelle déterminée » au profit d'« une vaste institution d'État uniquement nationale » et non « religieuse ». Cette « sorte de milice, animée d'un vif esprit sportif et d'un sentiment d'unité, de cohésion nationale », devait combattre « la propagande communiste » mais aussi les sécessionnistes : une partie des Sokols, surtout en Slovénie, étaient catholiques.

La coalition comprit la gravité du péril : l'épiscopat courut dès décembre 1929 à Rome et lança une vaste campagne de protestation, encore aiguisée par la loi sur les Sokols. Pellegrinetti surenchérissait en multipliant les notes officielles contre l'affreuse persécution. Les loyalistes embarrassèrent cependant les conjurés en dénonçant « certains intrigants venus de Rome, Vienne et Budapest en vue de former "un front catholique" contre » leur pays, et l'immixtion du nonce et en « demand[ant] aux évêques catholiques ce qu'ils attend[ai]ent pour lutter contre ce mouvement anti-national »

---

33. Lettres n° 345 de Charles-Roux, 5 octobre 1933, *Canet*, 53, n° 384 de Boissier, Zagreb, 21 décembre, n° 8 de Neuville, Ljubljana, 6, n° 137 de Dard, 28 juin, n° 259 de Gentil, 19 août, n° 253 de Dard, 23 novembre 1929, *Yougoslavie*, 43, rôle des franciscains, « commission des crimes de guerre » yougoslave citée par Kosanovic S. N., *Case*, lettres de Fontenay n° 231, 20 juillet, *Saint-Siège*, 6, n° 386, et 8 décembre 1929, *Yougoslavie*, 43 ; Kent P. C., *Pope*, p. 52, Falconi C., *Silence*, p. 253, et Milza P. *et al.*, *Italie*, p. 316 ; sources policières françaises riches sur l'oustacha, Lacroix-Riz A., *Choix* et « La gestion étatique du travailleur étranger dans la France des années trente, reflet de la priorité de l'ennemi intérieur : les cas polonais et yougoslave », *in* Gonzàlez-Bernaldo P. *et al.* (dir.), *Étrangers*, p. 127-138.

(*Novosti*, de Zagreb). Alexandre de Yougoslavie, sans accorder la « liberté d'enseignement » totale requise par Rome, recula dès l'été 1930 : il modifia sa loi de décembre « pour donner satisfaction aux évêques ». Ces « concessions [...] ne suffiront pas à [...] satisfaire [...] le clergé catholique de Croatie et de Slovénie [qui], habitué à une sorte d'omnipotence, demande beaucoup plus », prévit le ministre de France à Belgrade Émile Dard. La suite démontra sa clairvoyance et l'aveuglement sur la question nationale du roi hanté par les rouges : « Par ce temps de fermentation sociale et de bolchevisme, *plastronna Alexandre le 11 décembre 1930 devant Loiseau,* je ne trouve que des avantages à confirmer le peuple yougoslave dans ses sentiments religieux. »[34]

L'Italie renouvelait simultanément ses alliances contre Belgrade. Le 6 février 1930 à Rome fut signé un « traité d'amitié, de conciliation et d'arbitrage » avec le chancelier et ministre des Affaires étrangères autrichien Johann Schober. La Hongrie fit à l'été plus grand tapage, avec l'appui explicite du Vatican. Sincero, préfet de l'Orientale, fut nommé légat aux fêtes de St-Émeric organisées en grande « pompe » du 17 au 21 août 1930 à Budapest : on y vit la famille royale « au grand complet » et des catholiques français, tels Baudrillart et Robert Schuman, chef de l'action catholique mosellane, qui y soutint « les revendications nationales » hongroises par un discours retentissant. Les États assaillis, yougoslave, tchécoslovaque et roumain, protestèrent auprès de Pacelli et de Pizzardo. Ceux-ci répondirent respectivement qu'on ne pouvait se fier aux « commentaires tendancieux » de la presse et que la cérémonie avait eu un « caractère purement religieux ».

Sincero présida mainte manifestation, telle la conférence du 30 janvier 1931 au « Circolo di San Pietro », « où fut exaltée l'alliance italo-hongroise et par conséquent l'idée de révision du traité de Trianon ». Les dirigeants hongrois multiplièrent visites et douceurs à Mussolini et à la Curie – sans oublier les foules de pèlerins –, avec une intensité remarquée depuis l'été 1932 : en août, fêtes de Saint-Étienne et octroi par le collège germano-hongrois de l'Église de Saint-Étienne-le-Rond au Celius comme « église nationale des Hongrois à Rome » ; audience et bénédiction de Pie XI, le 19 octobre, aux trente-cinq délégués de la Fédération des associations nationalistes, dont le chapelain militaire de l'Armée hongroise, l'évêque *luthérien* Sándor Raffay : la réception eut lieu juste après qu'ils eurent remis à Mussolini les huit gros volumes de signatures des deux millions et demi de Hongrois « reconnaissants » du soutien italien à « leurs revendications ». Comme Prague, très émue, Belgrade y vit « la preuve que le Vatican a[vait] conclu avec le fascisme une alliance

34. Lettre n° 384 de Boissier, Zagreb, 21 décembre 1929, *Yougoslavie*, 43, note Canet, 29 juin 1933, *Canet*, 60, Dard, tél. sans n°, 31 janvier, lettre n° 167, 12 juillet 1930, *Yougoslavie*, 168, et note Loiseau, 3 janvier 1931, *Yougoslavie*, 170.

anti-slave ». L'*Osservatore* démentit cette « calomnie » et ces « conclusions absurdes et irrévérencieuses ». Le président du Conseil hongrois Gyula Gömbös (futur chef de l'alliance avec Hitler) les confirma en rapportant son entretien avec Pacelli devant la commission des Affaires étrangères de la Chambre[35].

L'alliance était viciée pour l'Italie, vu l'antagonisme de ses intérêts avec ceux du bloc austro-magyar soudé au Reich, comme la crise de 1931 le lui rappela. Le 30 janvier, Bauer rédigea un mandement ordonnant un service religieux spécial dans toutes les églises, le 19 mars, pour « nos frères de race et de religion persécutés en Italie et dans d'autres pays ». Il disculpa certes « le Saint-Père [qui] s'est levé plusieurs fois pour la défense de nos frères persécutés et pour autant qu'il était en son pouvoir, [...] a protégé dans le traité de Latran l'emploi des langues croate et slovène pour l'enseignement du catéchisme dans les écoles et dans l'instruction religieuse à l'église. De même certains évêques se sont dressés énergiquement devant les autorités d'État pour la défense des droits lésés de nos compatriotes. Mais les autorités aveuglées par le nationalisme païen ne veulent pas se rendre compte de ces violations du droit naturel et divin ». Ce conflit, rendu public par la parution du mandement dans la presse du 27 février, fut la *vraie* cause de la crise italo-vaticane de 1931. Le rôle du Reich avait été révélé par un article du *Berliner Tageblatt* du 25 février glosant sur l'abandon de la carte fasciste par le Saint-Siège. Mussolini, en furie, l'annota nerveusement en vue du Grand Conseil fasciste du 2 mars et fit de l'Action catholique un enjeu des rivalités balkaniques italo-allemandes et un test du loyalisme vatican.

En 1928 Fogar, en terre dalmate, avait été censuré pour avoir osé défier l'Italie ; Bauer, porte-parole allemand, put en 1931 le faire en paix. Pie XI observa un silence public insolite, éclairé par sa remarque à Fontenay que « s'il devait blâmer certaines paroles de Mgr Bauer, il devrait, pour être juste, dire son fait au gouvernement fasciste ». Mussolini batailla dur, dans les négociations de l'été, contre ce grave manquement vatican face à « l'offensive » de l'épiscopat « yougoslave » (allemand). Mais, impuissant à l'égard du Reich, il préféra accabler les Serbes, dont le roi avait cru voir un soutien dans l'initiative de Bauer : dans le *Giornale d'Italia* du 20 juillet, Virginio Gayda doucha son illusion par « une violente diatribe contre l'activité anti-italienne exercée avec l'appui du gouvernement de Belgrade par l'Action catholique

35. Février 1930, surtout lettres de Clauzel n° 38, Vienne, 11, et de Laroche n° 94, Varsovie, 17, *Autriche*, 192 ; n° 174 Mathieu de Vienne, Budapest, 4, n° 266 de Gentil, 3 septembre 1930, *Canet*, 52, Schuman, Lacroix-Riz A., *Munich*, index, lettres de Fontenay n° 52, 6 février 1931, de Gentil n° 292 et n° 291, 26 août, de Boissier n° 120, 24, de Charles-Roux n° 385, 20 octobre, n° 406, 3, et tél. n° 511 Beauverger, Budapest, 17 novembre 1932, *Hongrie*, 113 (et 1930-1932).

yougoslave »[36]. La chronologie de deux nouveaux assauts contre Belgrade, une péripétie du « concordat » et des mesures concrètes en faveur de l'Italie, confirme que l'accord de 1931 concerna ce dossier.

Dupé au début de 1931 par la secrétairerie d'État - désormais aux mains de Pacelli - qui prétendait vouloir « conclure rapidement » l'accord en friche depuis dix ans, Simic lui remit en juin les offres yougoslaves. Elle « laiss[a] traîner les choses en longueur » sans répondre, puis lui adressa fin août un « contre-projet », pure provocation en matière d'association, d'école, de législation du mariage, de droits des congrégations, d'exclusion des biens d'Église de la réforme agraire, etc. « Je refuse même de soumettre votre texte à mon gouvernement », commenta Simic. Pizzardo insista pour que lui fût présenté ce « projet maximum », quitte à « en réviser certaines clauses ». Le déclenchement de la crise de 1932 offrit à Belgrade prétexte à ne pas se prononcer sur ce texte intolérable, dérobade suivie de la remise, fin avril 1933, d'un mémoire que Pacelli jugea « décevant » par ses insuffisantes « concessions » et rejeta.

La « pression exercée par le gouvernement fasciste italien » entraîna en octobre 1931 « la mise à la retraite de l'évêque de Gorizia » (Goritz, Gorica), Sedj, pas assez italophile : il « avait été attaqué, insulté et finalement avait perdu son diocèse. Il mourut peu après » (fin novembre) « épuisé physiquement et moralement ». Son diocèse fut placé sous la juridiction des évêchés de Trieste, Pola, Zara, d'une part, de Krk et de Ljubljana, d'autre part. Lui succéda un administrateur apostolique, Giuseppe Sirotti, outil de l'« italianisation forcée des minorités Slovènes de Trieste et de Vénétie julienne » : « ce Croate d'Istrie fascistisé (de son vrai nom Sirotic) [...] combl[a] les désirs du gouvernement fasciste avec un zèle de renégat et [s'employa] sans aucun ménagement à proscrire dans son clergé et chez ses fidèles l'usage de la langue de ses pères. Cette persécution [ne fit] qu'exaspérer la conscience populaire slovène et la majorité des prêtres du diocèse [entra] en rébellion contre [ses] abus de pouvoir ». Ces remaniements préparaient la remise du siège au patriarcat de Venise. Quant à Fogar, son influence déclina sensiblement dans son diocèse de Trieste[37].

---

36. Lettres n° 50 de Boissier, 3, *Yougoslavie*, 168, de Fontenay n° 98, 10 mars, de Margerie n° 220, Berlin, 25 février (article de Leo Lania), de Fontenay n° 138, 5 avril, *Italie*, 265, n° 296, 25 juin, *Italie*, 266, n° 50 de Boissier, 3 mars, *Yougoslavie*, 168, de Beaumarchais n° 448, 20 juillet 1931, *Italie*, 266, et Kent P., *The pope*, p. 119.
37. Lettres de Gentil n° 360, 17, et 372, 27 août 1931, tél. Naggiar n° 284, 24 avril, lettres n° 190 de Charles-Roux, 20 mai 1933, *Canet*, 60 ; de Radenac, 5 octobre 1947, *Yougoslavie 1944*, 36, de Fontenay n° 455, 9 novembre 1931, n° 182 de Garreau, Zagreb, 28 août, *Yougoslavie*, 168, et de Charles-Roux n° 28, 19 janvier 1934, *Italie*, 264 ; Kent P., *The pope*, p. 120-121 ; Pollard J. F., *Vatican*, p. 97.

La crise italo-yougoslave de 1932 fit, en août, rappeler Simic à Belgrade, où il resta jusqu'à la fin janvier 1933. Pellegrinetti orchestra la phase décisive : l'« invasion » du territoire croate, à la mi-octobre, par des terroristes oustachis partis du camp italien de Zara et armés par l'Italie, qui s'acheva piteusement sur l'intervention des paysans et de la police yougoslaves à Lika. En juillet 1932, le nonce s'était dit « alarmé de l'état d'exaspération où se trouv[aient...], jetés par la rudesse de l'administration serbe, certains membres importants du clergé catholique ». Ils concoctaient avec lui l'offensive qui précéda et suivit l'attaque italo-oustachie.

En septembre, les évêques interdirent aux curés de bénir les drapeaux des Sokols. En novembre, à leur conférence annuelle de Zagreb, présidée comme toujours par le nonce, leur mandement en sept points vitupéra tout signe de laïcité, des manuels impies aux non-catholiques autorisés à enseigner aux enfants catholiques, et s'attaqua au symbole national par lequel le roi avait cru consolider sa dictature : les évêques « yougoslaves » dénoncèrent « l'idéologie culturelle naturaliste de [Miroslav] Tyrs », fondateur tchèque des Sokols, au XIXe siècle, et « demand[èrent] instamment que la jeunesse [fût] soustraite à l'influence pernicieuse de ce système d'éducation ». Saric, qui désignait ses ouailles comme « [s]es chers Croates », rejoignit alors Rome pour plusieurs semaines : il fut reçu en « audience privée » par Pie XI, et s'afficha au *Collegium germanicum* (tout dévoué à Berlin, non à l'Italie). Il se sentait assez intouchable pour « s'en vanter, et de n'avoir pas fait de visite au ministre de Yougoslavie auprès du Saint-Siège »[38].

« C'est au retour de Rome » de Saric, et après plusieurs conférences épiscopales, que Bauer, avec l'évêque de Sarajevo et celui de Krk, Josip Srebrnic (« l'ennemi juré des Sokols »), commit « un acte grave » : la condamnation « solennelle [et] publique » contre la fédération des Sokols de Yougoslavie, à lire dans toutes les églises catholiques le 8 janvier 1933. Ses huit pages truffées d'exemples précis présentaient plusieurs « griefs » : abstention aux cérémonies religieuses ; réunions et fêtes fixées sans tenir compte de l'horaire des offices, et troublant les cérémonies religieuses aux cris de « À bas l'Internationale noire, à bas Rome, à bas le pape » ; « danses et ribotes [...] parfois d'un caractère licencieux et immoral et risqu[a]nt de développer parmi la jeunesse l'esprit de luxure » ; gymnastique et exercices publics affichant une « nudité dégoûtante [...] C'est ainsi qu'on détruit la morale de la jeunesse, qu'on sape et qu'on tue la religion ». « Restons fidèles à la foi de nos pères et

---

38. Note Canet, 29 juin, tél. Charles-Roux n° 2, 30 janvier 1933, *Canet*, 60, *Foreign Office*, 17 octobre, 12 novembre 1932, Kent P. C, *The pope*, p. 150, lettres n° 184 de Naggiar, 23 juillet 1932, n° 13 de Boissier, 2 février 1933, n° 455 de Charles-Roux, 5 décembre (et texte *in extenso*), n° 141 de Naggiar, 16 juin, n° 458 de Charles-Roux, 7, et note Zagreb, 13 décembre 1932, *Yougoslavie*, 168.

ne nous laissons pas détourner de notre religion par ce sokolisme qui ne veut rien savoir des noms de Croates et de Slovènes dont nous nous honorons », concluait la diatribe. Cette déclaration de guerre « contre l'État et même contre la dynastie », signée de 20 prélats sur 23 – manquaient les signatures des seuls évêques de Kotor, de Bor et de Diakovo (Aksamovic) – souleva « une profonde émotion ». Belgrade y dénonça « la main du Vatican, et derrière elle celle de l'Italie », et « l'influence des jésuites ». « L'opinion presque tout entière a réagi » et « beaucoup de catholiques [en] ont été très vivement étonnés », ce qui inspira à Bauer « une démarche auprès du ban pour essayer d'en atténuer la signification ». Elle ne fut pas lue, ou incomplètement, dans 345 paroisses sur 1 699, soit 20 %.

Charles-Roux, devenu depuis sa nomination au Vatican (juin 1932) aussi complaisant qu'il avait été féroce pour Pacelli, couvrit les arguties du secrétaire d'État sur l'innocence du Vatican et des jésuites et la culpabilité serbe : ce penchant l'amena bientôt à réclamer de Prague et de Belgrade, jusqu'au seuil de leur mort, des « concessions » qui les en rapprocheraient. Canet préféra à sa cécité et à sa demande de pression sur Belgrade en faveur de la conciliation une démonstration comparative : « personne ne croira que l'épiscopat yougoslave ait agi de son propre mouvement et que les jésuites soient entièrement étrangers à la protestation contre les Sokols. » Le Saint-Siège agit ainsi « soit pour imposer un projet de concordat qui place les catholiques yougoslaves sous sa domination, soit pour provoquer entre les Yougoslaves et lui une rupture que le gouvernement italien souhaite [...J]e ne suis pas opposé à ce que nous intervenions discrètement dans cette affaire, mais en faveur d'un concordat raisonnable [...]. Nous ne pouvons pas [...] soutenir une politique qui condamne les Sokols alors qu'elle accepte les Balillas »[39].

Vatican, Italie et Reich dans les terres irrédentes

Une alliance révisionniste germano-italienne fragile

L'assaut vatican était aussi allemand. Or, Italie et Reich (et satellites), unis contre les États successeurs, se déchiraient dans les zones que l'Italie avait arrachées à l'Empire défunt. L'alliance révisionniste, minée par les mêmes tares que la Triplice, passait par l'Anschluss, instrument d'hégémonie du Reich en Europe centrale et balkanique. Le Vatican, son champion, dut donc affronter les délicats aspects italiens de son œuvre.

---

39. Lettres n° 13 de Boissier, 2 février, *Yougoslavie*, 168 ; de Dubail, Belgrade, n° 56, 2, tél. n° 55-57, 7, lettres de Charles-Roux n° 51, 9, de Naggiar n° 77, 20 février, *ibid.*, 170, note Canet, 29 juin 1933, *Canet*, 60 ; pourcentage calculé par moi, chiffres, *Slovenets*, 1er février, *Yougoslavie*, 168, tél. Charles-Roux n° 6-8, 1er, et note Canet, 2 février 1933, *Canet*, 60.

Nitti avait en avril 1920, déclaré à Renner « que l'Autriche pouvait, à l'avenir, compter sur le secours de l'Italie en cas qu'elle voulût se joindre à l'Allemagne suivant la tendance nationale à l'unification ». Il resta partisan de l'Anschluss mais le Quirinal hésita longtemps devant les dangers qu'il ferait peser sur sa frontière du Brenner et son expansion balkanique. Ainsi au printemps de 1925 Berlin ordonna-t-il à « tous ses consuls » en Italie de « renseigner régulièrement leur gouvernement sur l'importance des gîtes miniers et des prospections » (telle la bauxite d'Istrie, pour celui de Trieste). Mais l'Italie, fidèle à la tactique de bascule avant choix du plus offrant, ne serait jamais sur ce terrain un allié sûr, rappela Charles-Roux en janvier 1927 : elle n'oserait pas « de véritable opposition contre l'Anschluss » et sacrifierait l'Autriche dans le cadre d'« une combinaison [...] aux frais de la Yougoslavie et de la France ». L'antipathie envers « l'Allemagne vaincue [...] aussi prospère, aussi riche, aussi active que l'Allemagne victorieuse [et...] portée à la provocation et à la revanche », qu'exprimait Contarini, secrétaire général des Affaires étrangères avant l'avènement de Mussolini puis ministre après, survécut à son départ : les deux hommes redoutaient, contre le clan Nitti, les périls de l'alliance[40] qu'ils tissaient avec le révisionnisme germano-magyar. Le Duce, complice du pangermanisme contre la Petite Entente, stipendia certes les Heimwehren « autrichiens ». Mais la haine anti-slave l'agrégeant au bloc austro-allemand n'abolit pas les tensions, que la présidence Hindenburg aviva.

Les alliés du Vatican divisés sur le Brenner

Le Vatican, tout en poussant l'Anschluss, souhaitait qu'il ne lésât pas trop l'Italie. Il la laissa donc dans les années 1920, à la fureur de ses alliés allemands, « italianiser » les zones acquises : il traitait pareillement Croates et Slovènes de Vénétie julienne et « minorités germaniques du Sud-Tyrol », indifférent aux « droits des minorités étrangères, [...] ces fameux principes, qu'il dit avoir toujours défendus, sur le droit à la langue maternelle dans la cure des âmes, dans l'instruction religieuse et dans le fonctionnement des associations catholiques ». Bergen motiva en décembre 1926 le maigre bilan de « protection des intérêts religieux » des « minorités allemandes » du « Tyrol du Sud » par « la réserve du Saint-Siège à cet égard », et annonça qu'« un travail long et opiniâtre s'imposerait pour nous rapprocher du but ».

L'italianisation suscita en effet une résistance modulée par Vienne et Berlin, qui la stoppaient pour cause de combat contre les États voisins ou la déclen-

40. Lettre n° 524 de Romieu, Vienne, 13 avril, note avec lettre n° 84 de Clément-Simon, 10 mai 1920 (souligné dans le texte), *Autriche,* 63 ; lettres n° 209 d'Allizé, Berne, 4 mai 1922, *ibid.*, 74 ; n° 15 de Dollot, 14 mai 1925, *ibid.*, 75, de Charles-Roux n° 9, Prague, 11 janvier 1927, *ibid.*, 78, tél. Barrère n° 1101, 29 septembre 1922, *ibid.*, 74 ; juin 1925, *ibid.*, 75, dont note n° 47-25 du 2.

chaient aussi brutalement. Un des aspects du rouleau compresseur en faveur de l'Anschluss et du Grand Reich fut le thème allemand (vatican, hongrois, autrichien, etc.) des minorités. Relancée bruyamment début mai 1925, pourvue à l'automne 1926 d'une nouvelle tribune par l'entrée du Reich à la SDN, la croisade sur les droits bafoués des minorités germaniques s'accompagna de « nombreuses et imposantes manifestations » pangermanistes dans le Reich et en Autriche. Elle menaçait l'Italie, soumise dans le Haut-Adige à la pression révisionniste de ses « alliés », déchaînée après l'élection d'Hindenburg d'avril 1925. En mai-juin, la presse bavaroise, muette sur « la question de l'Alsace-Lorraine », tonna sur le « Sud-Tyrol », « docile au mot d'ordre qui lui a[vait] été donné par [Gustav] Stresemann » à son récent séjour à Munich. Hitlériens et « Bavarois réactionnaires et cléricaux » du Parti paysan bavarois (PPB) et des groupements autrichiens firent bloc contre Mussolini, naguère salué comme « le vainqueur de l'opposition marxiste ». Le professeur Albrecht Haushofer, président de l'« Association pour le germanisme à l'étranger » – tête pensante du pangermanisme avant et pendant l'ère nazie –, pleura le 17 mai sur les sœurs de charité de Bozen (Bolzano) et Brixen (Bressanone) chassées de leurs écoles pour avoir voulu continuer à enseigner l'allemand à leurs chers élèves. Les cléricaux, à « la grandiose "soirée tyrolienne" » du 18, se lamentèrent sur la « dégermanisation » et « le sort tragique des écoles allemandes de Bozen et de Brixen ».

Cette guerre des nerfs, qui visait à abattre l'opposition italienne à l'Anschluss, s'intensifia en 1926, où l'entrée du Reich à la SDN lui fit hausser le ton sur les droits des « minorités catholiques allemandes dans le Tyrol du Sud », et en 1928. Elle s'apaisa à la fin de 1929 avec la même brusquerie que l'assaut. L'idylle du Latran sembla en outre bénéficier à Rome : la « réconciliation » de février aurait calmé « le clergé autrichien », désormais privé d'« une arme dont il se servait volontiers contre l'Italie ». Mussolini, qui haïssait en Seipel le chantre social-chrétien du Grand Reich, imposa au Vatican sa « démission soudaine » de la chancellerie début avril 1929. À l'été, « le 59e congrès des étudiants catholiques allemands [s']indign[a encore du] traitement infligé aux frères allemands du Brenner » en présence de Seipel. En fin d'année, « l'agitation autrichienne » sur le Tyrol s'apaisa, et « la campagne assez systématique [de la *Reichspost* social-chrétienne] en faveur des "Croates opprimés" » – par Belgrade – parut, « dans les sollicitudes du journal de Mgr Seipel, remplac[er] les Tyroliens de Bolzano »[41].

41. Lettres de Charles-Roux n° 281,29 juillet 1933, *Allemagne,* 699, de Bergen n° 236, 12 décembre 1926, *Akten*, B, III, p. 485-490, n° 347 de Barois, Vienne, 27 décembre 1929, *Autriche*, 67, n° 34 d'André d'Ormesson, Munich, 4 juin 1925, *ibid.*, 75 ; « crises », *ibid.*, 67, 77 à 83, *et Akten, passim,* surtout décembre 1925-octobre 1926 et mai-juillet 1928, B, III et IX ; n° 97 de Clauzel, Vienne, 14 avril, n° 194, 8 juillet, *Autriche*, 60, et n° 347 de Barois, 27 décembre 1929, *ibid.*, 67.

Soutien précaire, tant la Curie ménageait les « minorités allemandes » du Haut-Adige. Dans la partie restée autrichienne du « Sud-Tyrol », elle renforça après guerre les irrédentistes : en 1921, elle nomma administrateur apostolique d'Innsbruck, avec tutelle sur les zones disputées, Mgr Sigismund Waitz, futur évêque de Salzbourg, nœud des intrigues annexionnistes, originaire de ces terres irrédentes. « Pôle catholique et réactionnaire de l'Autriche », la région d'Innsbruck était aussi « un centre de renseignements [...] et l'un des principaux centres [...] des Heimwehren ». « Autrichiens », ces groupes militarisés étaient épaulés en 1920 par des nazis, surtout des « officiers allemands » compromis dans le putsch Kapp, protégés et entretenus par Berlin, qui acquirent à la fin de la décennie l'hégémonie dans toute l'Autriche du sud : ils dirigeaient les groupes du Tyrol (Waldemar Pabst), de Styrie (capitaine Hans von Pranckh, ancien collaborateur du général Franz von Epp, « factotum d'Hitler ») et de Carinthie (le vrai « chef du mouvement » y était le lieutenant-colonel Hermann Kriebel, « l'un des accusés du procès Hitler-Ludendorff » après la tentative de putsch de novembre 1923). Préposés à l'Anschluss, les *Heimwehren* complotaient aussi sinon surtout l'invasion des États voisins. Malgré la menace que leurs plans faisaient peser sur sa frontière, l'Italie les subventionnait : c'est un employé du consulat à Innsbruck qui remettait les fonds italiens au chef nazi de la ville[42].

Le clergé austro-allemand participait aux *Heimwehren* depuis l'origine, sous la direction des prélats et des nonces, Marchetti (puis Enrico Sibilia) et Pacelli. Mussolini savait que l'Église couvrait cette action, aussi anti-italienne qu'anti-Petite Entente, dont l'un des maîtres d'œuvre était le prieur du cloître de Wilten, à Innsbruck, « connu comme un des protecteurs des éléments les plus radicaux du Tyrol [...] employés à l'instruction des troupes d'assaut des Heimwehren ». Le bâtiment accueillait « les officiers allemands » officiellement en fuite mais couverts par Berlin après l'équipée Ludendorff-Hitler, et abritait un imposant dépôt d'armes pour ces milices : surtout des mitrailleuses, le reste se trouvant dans l'ancien casino militaire des officiers des *Kaiserjäger* d'Innsbruck. Cas banal en terre germanique ou germanisée, tant après le premier après-guerre qu'après le second.

Le *statu quo* ecclésiastique maintenu dans le « Haut-Adige » même, à la colère du Quirinal, menaçait plus encore l'avenir des zones du Brenner devenues italiennes. La Curie abandonna la Vénétie trentine aux princes-évêques allemands de Brixen (Bressanone) et de Trent (Trente), aussi dévoués à

---

42. Note Gasparri, 19 mars 1926, *Saint-Siège*, 20, lettre de Charles-Roux n° 281, 29 juillet 1933, *Allemagne*, 69, note Mannenville, 29 juillet 1922, *Autriche*, 74, lettres n° 62 d'Ormesson, 15 avril, *Autriche*, 83, n° 195 de Féligonde, Vienne, 28 mai 1929 (et octobre-décembre), *Autriche*, 67 (détails, 1re édition, 1996, chap. 3, n. 44, p. 117).

l'Anschluss que leurs pairs d'Autriche, et ennemis de l'Italie « occupante ». Si stricte sur la discipline des prélats « yougoslaves » de Vénétie julienne, elle n'agit pas contre la rébellion sud-tyrolienne contre l'Italie. Gasparri pratiqua la tactique du limaçon sur le siège de Brixen, après la mort en septembre 1927 de Mgr Johannes Raffl. Le Reich, qui ne voulait pas y voir « un Italien », fit intervenir l'ambassadeur Bergen, son conseiller, Mgr Johannes Steinmann, le dominicain de Gratz, Frühwirth, « énergique défenseur de [la] patrie [des] Tyroliens du Sud », l'Anima et une délégation de Brixen : venue en octobre présenter ses candidats, celle-ci fut reçue avec chaleur par Pie XI en « audience privée ». « Le prélat [Georg] Schreiber » – spécialiste des « minorités allemandes à l'étranger » – fut chargé de « discuter de l'affaire énergiquement et sérieusement avec le nonce Pacelli », qui s'exécuta aussitôt : contre Mussolini qui exigeait sa réunion à celui de Trente, l'évêché demeura vacant[43].

Ce n'était pas encore l'action positive requise. Le sous-secrétaire d'État italien le confirma en février 1928 à un attaché de l'ambassade d'Allemagne : le Vatican ne « pouvait faire la guerre » ni s'exposer au « reproche de faire la politique allemande en Italie », bref, il « abandonnait plus ou moins les Allemands du Sud-Tyrol ». Or, le Reich exigeait qu'il renonçât à sa « dépendance envers l'Italie » et à « sa passivité blâmable du point de vue allemand ». Il en trouva l'occasion avec le rebondissement, fin mars, de la bataille austro-germano-italienne sur le décret des *Balillas*. Le *Zentrum*, dont le « fanatisme ultramontain » était subordonné au soutien romain de l'expansionnisme allemand, montra les dents : son journal, la *Germania*, flagorna le Saint-Siège, avocat des « catholiques tyroliens » contraint au « choc » avec l'Italie agressive, et « déplor[a] le soutien catholique italien apporté au programme fasciste d'enseignement religieux en italien imposé dans le Tyrol du Sud "alors que l'allemand [était] la langue maternelle de ses habitants" ». « Cédant à une violente pression des Allemands et des Autrichiens, furieux que M. Mussolini empêch[ât] les enfants du Haut-Adige de recevoir l'instruction religieuse dans leur langue maternelle, l'allemande », Pie XI capitula. Il invoqua pour « les catholiques tyroliens » l'impuissance, depuis le 21 septembre 1870, d'une Église sans État, « pas assez forte pour leur venir en aide » : « nous ne sommes pas libres », gémit-il devant le cardinal-archevêque de Vienne, Mgr Friedrich

43. Lettres n° 195 de Féligonde, 28 mai 1929 (noms respectifs : Mario et Abel), n° 116 de Lefèvre-Pontalis, 8 juillet 1922 (prieurs Adrian Zacher puis Johann Heinrich Schuler), et dépôt d'armes et de munitions chez « les diaconesses de Vienne », *Autriche*, 67 et 74, etc. (et *infra*) ; n° 74 de Clauzel, 7 avril 1930, *Autriche*, 190 et tél. Bergen n° 97, 17 octobre 1927 (et notes), *Akten*, B, VII, p. 91-93, et *infra*.

Piffl. En attendant mieux, Mgr Josef Mutschlechner, candidat du Reich, fut fin octobre 1928 nommé « administrateur apostolique de Brixen ».

En 1929, les antagonismes entre concordats italien et prussien éclatèrent, et Berlin parla fort en négociant le sien : il fut entendu, ce que montrèrent l'embellie austro-italienne de la fin de 1929 et les mesures de Pacelli à son arrivée au secrétariat d'État. C'est sur l'« avis personnel » de l'ancien nonce, très au fait des « difficultés religieuses du Tyrol du Sud pendant son long séjour en Allemagne », que le siège de Brixen fut pourvu : il échut – « avance » italienne pour « apaiser les esprits dans le Tyrol » – à un violent italophobe, Mgr Franz Geisler, natif du Tyrol resté autrichien. Les princes-évêques de Brixen et de Trente préservèrent donc leur fief de toute incursion italienne. Ils fulminèrent auprès du Vatican contre le décret royal du 27 août 1932 stipulant l'envoi dans le Haut-Adige de trente clercs italiens chargés de l'enseignement religieux des enfants : Pacelli interdit sur-le-champ par « des instructions très strictes » l'apostolat « à tout prêtre étranger à leurs diocèses respectifs ». L'*Osservatore* garda « le silence » sur « certains incidents » du congrès catholique de Nuremberg des 26-30 août 1931 qui avaient mis Rome en rage : les propos incendiaires de « l'ancien élève du lycée catholique d'Innsbruck, [...] député des Heimatwehren et du parti chrétien-social », désormais ministre, Kurt von Schuschnigg, à la tête de la « fédération des jeunes Tyroliens », et du prince Aloys zu Löwenstein, président du comité central des catholiques allemands, sur l'urgent sauvetage de « leurs frères du Tyrol du Sud ». Mais il osa des « allusions à la présence des délégués [...] du Haut-Adige »[44]. Quand Rome gênait Berlin, la priorité italienne cédait le pas.

44. Lettre n° 33 de von Brentano, Rome, 14 février 1928, *Akten*, B, VIII, p. 184-185, note, 10 février 1920, *Saint-Siège*, 13, lettres n° 38, Rome, 31, n° 394 de Guerlet, 28, *Italie*, 133, *Le Temps*, 25 mars 1928, *Canet*, 41, tél. Bergen n° 97, 17 octobre 1927, *Akten*, B, VII, p. 93 ; note Canet, 29 juin 1933, *Canet*, 60, lettres n° 164 de Margerie, 14 février 1929, *Allemagne*, 371, n° 74 de Clauzel, 7 avril 1930, *Autriche*, 190, n° 352 de Montbas, Vienne, 28 octobre 1932, *Canet*, 41, et de Gentil n° 387, 7 septembre 1931, *Allemagne*, 689 ; BH5 n° 10195, DGSN, 7 septembre 1934, AN, F 7, 13433.

L'alliance avec la sphère germanique : des aspects intérieurs à l'usage extérieur (1920-1933)

I. Un Reich clé de voûte, une Autriche-croupion

C'est dans la décennie d'après-guerre que se dégagea le rôle politique du futur Pie XII. Symbole de l'intervention multiforme du Vatican à l'heure de gloire du *Zentrum,* Pacelli participa à l'élaboration et à la mise en œuvre de la politique des milieux industriels et agrariens appuyés sur un haut-clergé dont il nomma avec Berlin les promotions de l'après-guerre.

Officiellement chargé de signer un ou plusieurs concordats allemands préservant ou accroissant les droits de l'Église, il avait pour vraie mission de promouvoir l'union sans exclusive de toute la droite allemande. La tâche, achevée en janvier 1933, fatale à l'« indépendance » de l'Autriche, ouvrit la voie à la guerre de revanche. Les étapes intérieures marquantes de ce cheminement érigent Pacelli en pangermaniste.

Les relations germano-vaticanes de Versailles à Hitler

Pacelli et la portée de l'alliance avec le Reich (1920-1929)

Pacelli et l'extrémisme d'avant 1924

Le précoce retour en gloire à la Curie des Allemands avait été affiché par la nomination de Pacelli comme nonce auprès du Reich. Rien ne fut donc après les traités changé à l'étroite collaboration que Friedrich Ebert exalta à la remise de ses premières lettres de créance, en décembre 1919 : le président du Reich « lui [...] promi[t] d'appuyer l'action du Vatican auprès de tous les gouvernements de l'Europe, en retour de son aide à l'Allemagne dans les difficultés qu'elle trouv[ait] momentanément ». Pacelli était au début de 1920 tenu « *en fait* [pour...] seul représentant du pape en Allemagne et en Autriche ».

Régnant sur les anciens Empires centraux, « il pass[ait] pour diriger, de Munich, la politique de tout le clergé allemand et la politique allemande du Saint-Siège ». Il continua en 1919-1920 à harceler Rome pour obtenir le transfert de son poste de 1re classe à Berlin même, bien que qu'il ne ne cessât de proclamer sa répugnance pour la capitale rouge et protestante au ministre de France à Munich, Dard. Son titre berlinois fut annoncé en mai 1920 et officialisé fin juin par la remise de lettres de créance. Son maintien dans le Reich prouvait, comme l'envoi de son adjoint Lorenzo Schioppa à Budapest, que « son action [...] continuera[it] de s'exercer avec une autorité croissante dans toute la Mittel-Europa ». Il entretint la rumeur que la Bavière entravait son départ définitif pour conserver son droit exclusif à la nonciature, mais le particularisme bavarois était démenti par l'alignement strict sur Berlin. D'abord prévu fin 1920, son transfert fut reporté à la fin de 1922 puis jusqu'à la signature (le 29 mars 1924) du concordat bavarois qui consacra l'intégration du fief de la réaction catholique dans le Reich prussien (étudié plus loin)[1].

Le haut-commissaire français en Rhénanie, Paul Tirard, comprit dès 1920 que les futurs concordats allemands, qui fusionneraient en « un concordat unique pour tout le Reich », seraient autant d'échelons vers l'ascension du nonce, « un titre de plus à son "avancement". C'est un homme jeune encore, ambitieux, jouissant déjà d'une certaine notoriété dans les sphères diplomatiques. Le gouvernement allemand n'hésitera pas à le pousser. Il penserait déjà

---

1. Notes, 10 février, 10 avril (souligné dans le texte), *Saint-Siège*, 13 et 2, lettre n° 536, Berlin, 9 avril, *Allemagne*, 367, note Canet, 24 mai, *Canet*, 52, et tél. Marcilly n° 1171, Berlin, 28 juin 1920, *Allemagne*, 370 ; novembre 1920 et septembre 1922, *ibid.*, 367 ; feuilleton Munich-Berlin, *Saint-Siège*, 2, 3 et 10, *Allemagne*, 367, 370-371, Fattorini E., *Germania*, p. 189 *sq.*, Stehlin S. A., *Weimar*, Fabre H., *L'Église, passim*.

à le faire choisir, au moment voulu, comme cardinal secrétaire d'État. Ce serait évidemment, pour Berlin, un grand succès diplomatique ». En mai 1921, l'ambassadeur Charles Laurent lui prédit le pontificat. C'est cette ambition suprême qui obligeait Pacelli à la prudence envers Paris : « la faveur du catholicisme français, revenu par la victoire au premier rang, est indispensable à un futur cardinal secrétaire d'État. » Or, le flot de déclarations sur les liens entre *Zentrum* d'Erzberger et Vatican menaçait cette ascension.

Il se démenait donc à Berlin pour « arrêter les malencontreuses révélations sur le rôle qu'il a[vait] joué pendant l'été de 1917 » : ce cauchemar récurrent rendait Gasparri et le nonce « particulièrement nerveux », car, disait le premier à Bergen, « on sait où ça commence, mais pas où ça finit ». Le masque de francophile « porté avec un air de loyauté si candide » par Pacelli impressionna certains diplomates, tel Dard, qu'il fascinait. Il dissimulait, selon le prince roumain Vladimir Ghika – catholique francophile et agent français –, désespéré d'un tel aveuglement, « un germanophile encore plus convaincu et plus dangereux que Mgr Tedeschini ». Cécité volontaire, car Paris savait tout des manifestations de « la docilité connue de Mgr Pacelli aux ordres ou aux désirs du gouvernement de Berlin ». Canet, comme Barrère, dénonçait sans trêve ce « précieux agent de l'entente germano-pontificale », preuve vivante que « l'Allemagne aura[it] dans la personne du pape un excellent avocat, toujours prêt à soutenir de son influence les intérêts vitaux du peuple allemand ». Mimant la francophilie, le nonce demeurait chargé d'informer Berlin de ce que lui confieraient les naïfs : « il demand[ait] à être tenu au courant » par les diplomates français en Allemagne, comme il avait offert en 1915 à « la Légation britannique [...] un contrat » d'aide réciproque violé aussitôt[2].

La commune volonté de revanche s'afficha à la fin 1919, où le nonce et Berlin discutèrent de la « nomination d'un évêque auxiliaire de Berlin ». Cette question, qui commença à être résolue en mars 1923, était cruciale car il s'agissait de choisir « un évêque de la Diaspora » catholique allemande, donc de tous les « catholiques » allemands établis à l'étranger. Les groupuscules d'extrême-droite fédérant en Bavière catholiques et luthériens sous la houlette de l'hitlérien Ludendorff comptaient, avec la bénédiction de Pacelli, nombre de clercs. Selon un renseignement de janvier 1921, le « clergé catholique allemand » comptait « deux tendances » : celui du nord adhérait au *Zentrum*, apportant un solide « soutien du gouvernement » ; celui du sud, dont « la politique [était] dirigée par le nonce de Munich

2. Lettres n° 6470 de Tirard, Coblence, 20 août 1920, *Allemagne*, 370, n° 230 de Charles-Laurent, Berlin, 5 mai, *Saint-Siège*, 10 ; minute, Bergen, 24 septembre 1921, *Akten*, A, V, p. 294-295 ; notes Canet, 31 mars 1921, *Saint-Siège*, 3, 7 mars, *ibid.*, 14, 21 décembre, et note avec lettre de Tirard n° 7618, 3 novembre 1920, *ibid.*, 17.

dans un sens tout à fait monarchique », était « en relations étroites avec l'Orgesch » (« groupes de guerre civile » constitués le 11 août 1920 à Munich par la fusion des mouvements qui avaient écrasé les conseils bavarois) « et les organisations similaires de Prusse orientale et de Mecklembourg ». Il y « combat[tait] les mouvements socialistes de toute nuance », et tout symbole, si fidèle au Reich fût-il, de la coalition intérieure de 1918 et de l'acceptation de Versailles. Le rôle alors assumé coûta la vie à Erzberger, tombé le 26 août 1921 sous les coups des exécutants de « l'organisation C » (Consul), Heinrich Schulz et Heinrich Tillessen. Ce dernier fut ensuite protégé par le chef du Parti paysan bavarois (PPB), le Dr Klaus Heim, « anti-républicain notoire »[3].

Ces pangermanistes, déjà dominés par l'élément nazi, ligués contre les pays voisins se fréquentaient beaucoup. Pacelli les voyait souvent, notamment Gustav von Kahr, chef du gouvernement bavarois depuis le printemps de 1920 : ce « protestant ne perd jamais une occasion de témoigner de son respect pour la religion et de flatter les catholiques », grinça Dard en mai 1921 après sa glorieuse réception du tout récent cardinal von Faulhaber (archevêque de Munich) et de Pacelli. En juin, ce dernier se porta caution devant Charles Laurent de l'opposition de von Kahr au nationalisme, au militarisme et à Ludendorff, son propre ministre. « Il m'[en] a fait un vif éloge [et…] regrette » que la présence de celui-ci et « d'un petit clan de réactionnaires militants, auxquels on attribue, à tort, selon lui, une influence sur le gouvernement, ne donne au cabinet von Kahr une apparence nationaliste qui ne correspondrait pas à la réalité ». Mais la sécurité des Français n'avait rien à craindre des « difficultés considérables [du] désarmement [des] Einwohnerwehren » : le cabinet bavarois était « de bonne foi », le malentendu ne provenait que du vif attachement à cet organisme des « paysans bavarois encore pénétrés des souvenirs de la dictature socialiste de Kurt Eisner ».

« Personnification de ses pires fantasmes » (Emma Fattorini), l'« athée, socialiste radical », chef révolutionnaire et surtout « juif galicien » Eisner était l'obsession de sa correspondance. Ses « paysans bavarois » désignaient 300 000 hommes armés jusqu'aux dents qui avaient mué en « parodie les clauses de démilitarisation de Versailles ». Élargissant le propos au Reich, Pacelli certifia le cabinet du leader du *Zentrum* Joseph Wirth « animé des meilleures intentions à l'égard de la France ». Il avait dit tout cela avec un air

3. Lettre n° 8078 de Tirard, 8 mars 1923, et note annexe, *Allemagne*, 371 ; Badia G. *et al.*, *Histoire*, I, p. 94 ; note 29 janvier 1921, *Allemagne*, 316 ; lien Orgesch, Heimwehren et groupes nazis depuis 1920, *Autriche*, 65, 72-74 (dont informations des 29 juillet et « mi-août 1922 », 74), etc. ; sur Heim, fiches S.C.R. 2/II Deuxième Bureau (DB), 3, 11 (2) juillet, 1er novembre, juillet et novembre 1922, AN, F7 13425 ; Sigrid Schutz, *Collier's*, 8 novembre, et lettres de Bonnet n° 2219 et n° 2225, Washington, 7 novembre 1947, *États-Unis 1944*, 176.

de sincérité sur « ses sentiments favorables à la France » qui troubla Dard : « peut-être [...] est-il arrivé à se dégager de la germanophilie dont son passé est teinté ».

De fait, Pacelli était le commensal de Ludendorff, cerveau prussien des coalisés du Sud, ministre du « modéré » von Kahr : ses démentis réitérés à ses interlocuteurs français le confirmèrent autant que les services de renseignements. Le Vatican, déclara-t-il à Dard dans un entretien de juillet 1921 où il glorifia « la grandeur de la France victorieuse », combat l'extrême-droite allemande « à cause de sa haine pour le catholicisme » et de son attachement à « l'esprit bismarckien du *Kulturkampf* ». Lui-même ne pouvait « toujours se dérober » aux constantes invitations des « catholiques bavarois » envers lesquels il éprouvait d'ailleurs une « extrême réserve ». Mais s'il prononçait un discours à leurs réunions, « il rest[ait] avec le plus grand scrupule sur le terrain moral et religieux » et s'était « fait une règle de refuser les invitations quand Ludendorff y assist[ait] ». Pris en flagrant délit de mensonge en août-septembre 1922, il courut chez Dard se « plain[dre] avec une grande véhémence d'avoir été récemment invité à une réunion d'étudiants catholiques à Munich. Ludendorff s'y trouvait comme par hasard. Mgr Pacelli assure qu'on ne l'y reprendra plus ». Fin octobre, Dard vit « sortant de chez [le nonce] chez qui [il s]e rendai[t] » von Hintze, « bien connu même avant la guerre par ses talents d'intrigue », héraut de « l'extrême-droite » russophobe désormais antibolchevique, venu à Munich « pour s'entendre avec Ludendorff [...et] participer aux complots de l'ancien chef d'État-major général. »

Cette intimité explique la panique qui saisit Pacelli après l'échec du putsch de novembre 1923 de Ludendorff et Hitler. Le général menaça même en mars 1924, à son procès, de conter ce qu'il savait du rôle du Vatican et de son nonce depuis 1917. L'émotion s'apaisa vite : l'entente perçait sous l'insulte et « les accusations », savamment distillées, de Ludendorff accréditèrent l'autoplaidoyer du Vatican sur sa « parfaite neutralité » de guerre. Mais la terreur de révélations parlementaires sur l'action pontificale de 1917 ressurgissait périodiquement. Ainsi en 1926-1927 Gasparri supplia-t-il Bergen d'éviter « les inadmissibles critiques de l'attitude du Saint-Siège » – et « en particulier [celle] du nonce à Berlin » – que soulèverait toute publication de la correspondance concernée. L'ambassadeur lui réitéra l'engagement de secret également utile aux deux alliés[4].

---

4. Lettres n° 128, Munich, 20 mai, n° 286 de Charles-Laurent, 19 juin, *Allemagne*, 370, Fattorini E., *Germania*, p. 105-106, Dard, tél. n° 170, 16 juillet 1921, lettres n° 238, 4 septembre 1922, *Allemagne*, 316 et 367, sans numéro 30 octobre 1922, AN, F7 13425 ; Stehlin S. A., *Weimar*, p. 289-292, lettres n° 36 de Doulcet, 10 mars 1924, *Saint-Siège*, 10, n° 7 de Bergen, 17 janvier 1927, *Akten*, B, IV, p. 88-89 ; réalités, *Allemagne*, Badia G. *et al.*, *Histoire*, 1, 68, 93, 114-115, 289, et (citation), Broszat M., *Hitler*, p. 6.

C'est à la fin de l'été 1922, alors que l'assemblée épiscopale annuelle de Fulda venait de dénoncer « le mensonge sur la responsabilité de la guerre », que les intimes du nonce proclamèrent leurs intentions, et en sa présence : il présidait toutes les réunions du *Zentrum*, du PPB et autres « congrès catholiques » maudissant l'occupant français et ses alliés. Parmi eux trônait Faulhaber, ancien « aumônier général des Armées du royaume de Bavière » du récent conflit : ce titre couronnait les services d'un prélat « complètement convaincu, *selon la Kirchenzeitung*, de la justesse de notre cause », « premier évêque catholique à avoir reçu la très prestigieuse Croix de fer ». Symbole de l'ancien régime, il incarnait « les tendances pangermanistes [d'un] fédéralisme bavarois » surenchérissant sur le prussianisme, aussi militaire que ses subordonnés : les six premiers prêtres qu'il ordonna après-guerre, à Noël 1919, étaient « tous anciens combattants décorés de la Croix de fer ».

Le faux naïf Dard lui-même brocarda les dupes que ni 1870 ni 1914 n'avaient instruites : « il y aura toujours en France des gens pour croire que la Bavière se sépare de l'Allemagne pour se mettre sous notre protection. » Commentant le 3 mai 1922 le congrès de Wurzbourg du PPB, où le comte Hugo von Lerchenfeld avait exalté « la mission [des États du Sud] non seulement dans la grande patrie allemande, mais aussi au-delà des frontières partout où habitent des Allemands », il réduisit le « fédéralisme bavarois » à un rideau de fumée : simple « formule de politique intérieure pour les conservateurs et les militaristes allemands. À l'extérieur, les fédéralistes estiment avoir en main un instrument plus souple pour les annexions qu'ils projettent en vue de renverser l'œuvre de Versailles »[5].

De ce « fédéralisme » instrumental le « congrès catholique » des 27-30 août 1922 à Munich bannit le souvenir. Von Faulhaber y voua aux gémonies, avec Pacelli à la tribune, l'alliance *Zentrum-SPD* imposée par la conjoncture de 1918-1919, et la « révolution » judéo-bolchevique (credo pacellien), « un parjure et une haute trahison [...], marquée dans l'histoire du crime de Caïn ». Il annonça la liquidation de « la politique de gauche » et le retour à la vieille alliance du Centre avec « les conservateurs [du] Parti national-allemand ». Il donna aux « partisans de l'ancien régime [...] un encouragement à renverser le régime nouveau », vite suivi « de tentatives de coups d'État, de troubles et d'excès patriotiques ». « La profession de foi antirépublicaine et antisémite du prélat », éructant contre les juifs et « la presse sémite », lui valut « des applaudissements frénétiques ». Le maire de Cologne et commissaire d'État pour le Palatinat-Wappes, Konrad Adenauer, autre intime du nonce,

5. Zahn G., *Germania*, p. 109-110, *Erntegarben* (archevêché de Munich), lettres de Vaux Saint Cyr n° 247, Munich, 26 novembre 1936, *Allemagne*, 695, de Dard, n° 122, tél. n° 85, 3 mai, *Autriche*, 74, et lettre n° 238, 4 septembre 1922, *Allemagne*, 367.

président du congrès, y surenchérit avec lui contre l'Europe des traités. Le laïc mandaté par Berlin fulmina contre la « dictature [traduction de *Diktat*] de Versailles[,..] document [le] plus honteux » depuis le Moyen Âge. Il sanglota sur « l'Allemagne réduite à la famine et anéantie [que] la France [...] martyris[ait et...] tortur[ait] » en lui extorquant un scandaleux « aveu de responsabilité ». Il magnifia « notre unité nationale » excluant tout séparatisme et en appela aux Anglo-Saxons contre le bourreau français, éminente mission assumée par les élites catholiques allemandes unanimes : « je supplie tous les catholiques du monde entier surtout de l'Amérique, de la Belgique et de l'Angleterre de nous aider. Souvenez-vous de votre foi catholique, de votre nom de chrétien. Évitez la mort d'un peuple de soixante millions d'âmes. » À son dithyrambe de Benoît XV, de Pie XI et du nonce si dévoués au Reich succédèrent des élans moins évangéliques. Il menaça l'ennemi d'une guerre prochaine, tonnant contre la SDN qui avait trahi les nobles objectifs initiaux de son vrai fondateur, Benoît XV : « si la haine et la volonté d'anéantissement dominent les conférences, il ne pourra jamais en résulter une paix durable. La guerre éternelle est la conséquence de la paix imposée par les armes et sans la justice [...] La SDN d'aujourd'hui n'est qu'une corde destinée à étrangler la vie économique d'un seul peuple, de paralyser encore davantage les faibles et de renforcer les forts. [Ce] n'est pas un soutien pour la paix mondiale mais la poudre qui servira à allumer une nouvelle guerre. Elle sert à la Bourse mondiale. » Cette proclamation revanchiste, à fort écho dans la presse française, fit tant scandale que Pacelli courut « assur[er Dard] qu'il ne s'était pas associé aux applaudissements bruyants »[6].

L'*alter ego* de Pacelli, Mgr Kaas, mérite la même attention. « Homme politique » patronné par Berlin et le Centre prussien, cet activiste de la lutte contre l'ennemi héréditaire se signala au plus tard en 1921. « Représentant du gouvernement prussien » pour les nominations épiscopales, notamment à Trèves, siège clé du futur plébiscite sarrois (et son diocèse de rattachement), l'abbé et professeur Kaas, membre du conseil épiscopal du diocèse, fit des tournées d'« agitation » voyantes en Sarre en avril 1922. Le Reich l'avait « à plusieurs reprises sollicité de manière pressante » depuis 1919 ou 1920 au poste d'« évêque auxiliaire de Berlin ». C'est-à-dire pour surveiller et agiter les « minorités ethniques [...] catholiques » allemandes contre leurs pays de résidence, conformément au point 5 du programme extérieur secret en huit points du *Zentrum* : « entretenir des relations

6. Lettres n° 232, 1er, n° 238 de Dard, 4, n° 577 de Saint-Quentin, Berlin, 9, n° 4770 de Tirard, 11 septembre 1922, *Allemagne*, 367 (et le vol.), n° 1, Munich, 3 janvier 1929, *Allemagne*, 369 ; *Canet*, 56, et Nobécourt J., *« Le Vicaire »*, p. 138-140. *Zentrum* de Cologne, *Allemagne*, 367-369 ; Pacelli antisémite, Fattorini E., *Germania*, et Cornwell J., *Le pape*, *passim*.

intellectuelles avec les minorités allemandes des États étrangers et les soutenir dans la défense de leur droit. » Kaas, devenu député, pouvait prétendre à mieux grâce à ses liens avec le haut-clergé et Pacelli. Il repoussa donc l'offre semi-épiscopale sous prétexte de dévouement « à ses électeurs catholiques de Trèves, qu'il ne [pouvait] abandonner tandis que se jou[ait] le sort des provinces rhénanes ». Début 1923, Pacelli, avec les élites socio-économiques d'un *Zentrum* divisé, le soutint fermement, demandant qu'on « laiss[ât] à » son ami, « appelé à un haut avenir, une situation indépendante » ; il accéderait ensuite « à un poste éminent, en rapport avec ses antécédents et ses capacités de premier ordre ».

L'ère de la stabilisation entamée en novembre 1923 fit avancer les plans, Pacelli l'avoua au diplomate français Jean Pozzi peu après le putsch de Munich (du 9) d'Hitler, Göring et Ludendorff : la formule Stresemann (en place depuis l'été), « est la moins mauvaise solution qu'on puisse vous offrir ». Pozzi invoquant le « lourd passé pangermaniste [du personnage,] ses campagnes pour la guerre sous-marine, etc. », il répliqua que si on n'avait pas fait appel à lui, on aurait eu « une dictature de droite (dont lui-même ferait d'ailleurs vraisemblablement partie) ». Son « opinion », conclut le Français, « paraît *pour aujourd'hui* assez justifiable, mais demain nous réserve peut-être une cordiale entente de M. Stresemann avec les extrémistes de Bavière et d'Allemagne ». Rome éprouvait « quelque souci » des tendances anticatholiques de la « direction [du] mouvement *deutschvölkisch* » ou « nationaliste » (nazi), mais sans plus. Le Saint-Siège si dévoué à « l'unité du Reich allemand », sans lequel, rappela en janvier 1924 Otto von Ritter, ministre de Bavière au Vatican, « le peuple allemand aurait été livré encore plus à l'arbitraire de la France [,...] a ressenti de façon particulièrement douloureuse le reproche qu'on lui a fait de contrecarrer les efforts dirigés par le mouvement nationaliste vers le maintien et le renforcement de [cette] unité ». C'est « une calomnie haineuse », alors qu'il « reconnaît l'utilité que peut avoir pour un peuple le nationalisme s'il est dirigé dans la bonne voie, mais [...] condamne ses dégénérescences en chauvinisme haineux et en égoïsme antichrétien [qui...] empêcheraient de rétablir des relations pacifiques entre les peuples »[7]. Cet avis *officiel* bénin sur le nazisme tranchait sur l'excommunication contre le « nationalisme » non germanique.

---

7. Tél. n° 39 de Bruère, Mayence, 8 juin 1921, note n° 8045,16 janvier, lettre de Tirard n° 2658, 7 mars 1922, *Canet*, 55, 56 et 55, note sd après le 8 novembre 1923, *Sarre*, 102, programme, janvier 1922, *Allemagne*, 316, lettre n° 8078 de Tirard, 8 mars et note annexe, tél. Pozzi, Munich, 15 novembre 1923 (souligné dans le texte), *Allemagne*, 371, et tél. Ritter n° 5, Rome, 12 janvier 1924, *Akten*, A, IX, p. 237-238.

Stabilisation et ère Hindenburg, entre concordats de Bavière et de Prusse (1924-1929)

• Le sens du concordat de Bavière

L'apogée bavarois de Pacelli, le concordat signé le 29 mars 1924 et ratifié le 15 janvier 1925, marqua une nouvelle étape dans « l'orientation de [la] politique [vaticane...] de plus en plus [vers] les pays germaniques ». Négocié depuis 1920 avec Berlin plus qu'avec Munich, il révélait le projet « de constituer une majorité exclusivement de droite pour le gouvernement du Reich » : la Bavière montrait la voie avec sa « coalition » PPB-« Deutsch-Nationaux » engagée « dans une politique nationaliste allemande » préparant « la guerre et la revanche ». L'argument par lequel la droite luthérienne justifia son vote d'un texte contraire à ses intérêts se passe de commentaires : le *Mittelpartei* agit au nom du « peuple allemand [...] uni et animé d'une seule volonté nationale [...] En assurant au pays la paix religieuse, nous lui donnons les moyens de créer l'Union sacrée pour le jour de la libération de l'Allemagne » : « la guerre de revanche de demain », traduisit un diplomate français.

Les 16 articles du premier concordat avec l'Allemagne vaincue codifièrent, du côté occidental, les pratiques par lesquelles les deux alliés préservaient depuis 1919 les chances de l'intégrité du Reich morcelé par Versailles. En échange de l'« assurance que rien ne serait innové dans le régime ecclésiastique du territoire de la Sarre », « le gouvernement bavarois accord[ait] au Saint-Siège les plus larges concessions en matière scolaire ». Aux articles 5 à 9 concédant une école confessionnelle « sans restriction » répondait « l'article 12 [qui] garanti[ssai]t les limites actuelles des diocèses et provinces ecclésiastiques ».

Ce cadeau territorial, désormais officiel, n'annonçait pas seulement le rejet de Sarre pour la France, mais menaçait toutes les nouvelles frontières : « la question [...] est de la plus grande importance pour les gouvernements amis [de la France], qu'ils soient laïques, comme en Tchécoslovaquie, catholiques comme en Pologne, orthodoxes comme en Yougoslavie et en Roumanie. » L'énormité des privilèges scolaires et culturels « publiquement » consentis à l'Église garante de l'ordre social permettrait surtout à « la Cour de Rome [de] s'en prévaloir dans les négociations [en cours] avec la Roumanie et la Pologne ». Paris était en effet convaincu que l'accord comportait comme le concordat allemand du 5 décembre 1902 des clauses secrètes : le Vatican, ayant « intérêt à rendre secrètement » une part des privilèges que le tandem Berlin-Munich lui avait concédés, ne les invoquerait que contre les États dont il exigerait l'impossible *sans contrepartie.* Des astuces les excluraient pour les parias : par les paragraphes 1 et 3 des articles 13 et 15, la Curie subordonnait ses « concessions [aux] "dépenses de l'État bavarois en faveur des ecclésiastiques", se ménageant ainsi la faculté de refuser à d'autres les mêmes ».

Sur les nominations était confirmée l'exception allemande : la cooptation du haut-clergé allemand, toujours respectée après guerre, serait maintenue avec « le droit [...] reconnu non seulement aux évêques, mais aux chapitres bavarois de présenter tous les trois ans au Saint-Siège une liste de candidats à la dignité épiscopale ». Serait perpétuée la concertation « entre le secrétaire d'État et le ministre de Bavière, le gouvernement et le nonce apostolique », refusée à tout autre État sauf l'Autriche, ce qui revenait au même, et l'Italie. Abandonnant les masses au catholicisme, le Reich prussien formerait en Bavière les élites, même cléricales : par « l'obligation faite aux clercs, avant leur ordination, de suivre un cours de philosophie et un cours d'histoire auprès d'une faculté des lettres dans une Université de l'État allemand ». Ainsi perdureraient les « pangermanistes » à l'« esprit combatif » requis contre l'ennemi héréditaire et dotés de la préparation militaire y afférente. Le séminaire de Munich contrôlé par Faulhaber et Pacelli, qui formait une partie des clercs de zone occupée ainsi soustraits à l'influence française, servait de modèle : garni de « mitrailleuses sur le toit du Convict », il consacrait trois jours par semaine aux études religieuses, le reste aux « sports » et autres manœuvres militaires[8].

• De la mort d'Ebert au concordat de Prusse

Peu après le triomphe bavarois de l'unitarisme prussien, la mort d'Ebert (le 28 février 1925) seconda la stratégie vaticane. Pacelli accourut à Berlin, où Stresemann avait hâte de le voir résider pour pouvoir traiter « toute une série de questions hautement politiques » et devenir « le doyen du corps diplomatique ». Le nonce participa au choix « du candidat à la présidence du Reich le plus sympathique au Saint-Siège » en appuyant avec la droite du *Zentrum* le héraut luthérien du pangermanisme impérial et du prussianisme unitaire, le maréchal Paul von Hindenburg.

La Curie refusa d'abord tout soutien officiel au candidat du parti, Wilhelm Marx, décrétant « intérieure » cette affaire allemande. Après le premier tour (le 29 mars), Marx, symbole weimarien, passa avril à Rome à tenter de convaincre ses chefs, tel Pizzardo, que l'accord avec le SPD contiendrait le mieux la radicalisation populaire et le bolchevisme. Le 21 avril, jour de son audience privée, à cinq jours du second tour, l'*Osservatore* redécouvrit les tares de l'alliance *Zentrum*-SPD dans son éditorial sur « le socialisme en marche » : il rappela l'antagonisme entre « conceptions chrétienne

---

8. Lettres de Jean Durieux, Munich, n° 93, 31 mars 1924, n° 5, 17 janvier 1925, n° 120 de Doulcet, 30 novembre, n° 226 de Pozzi, 18 décembre, n° 89 de Durieux, 24 mars, tél. Pozzi, 15 décembre 1924, lettres de Durieux n° 5, 17, de Munich pour plusieurs postes, 19 janvier 1925, texte, allemand et italien, *Allemagne*, 371, « conversation avec Hugo », 10 février 1922, *Allemagne*, 316 ; depuis 1920, *Allemagne*, 370-371, Fattorini E., *Germania*, et Stehlin S. A., *Weimar, passim* ; concordat de 1902, *infra*.

et socialiste », la thèse contraire étant « illusoire et dangereuse ». J'épargne au lecteur le détail des démentis de Gasparri des 23 et 24 avril privés de publicité dans le Reich, énoncés selon le rite une fois l'objectif atteint, sur les textes malencontreux, mal traduits, déformés, etc., qu'il avait oublié de viser. Entre-temps le *Zentrum* avait publié l'article du 21 en tracts, distribués à la sortie de la messe jusqu'au 26, jour du vote.

Confirmant le sens du concordat, le choix de Pacelli et de la hiérarchie allemande s'était affiché en Bavière avant que Marx ne reçût la gifle finale : le PPB, dont le chef, Heinrich Held, déchira ainsi le voile du « fédéralisme sain », appela à voter Hindenburg. En firent autant les aristocrates intimes de Pacelli, monarchistes comme lui : tels Faulhaber, le baron Theodor von Kramer-Klett junior, « possesseur d'une des plus grosses – certains disent même de la plus grosse – fortunes de Bavière », foncière et industrielle (contrôlant entre autres le Maschinenfabrik Augsburg-Nürnberg AG [MAN]), « l'un des familiers du prince Rupprecht, camérier de cape et d'épée du Saint-Père » depuis 1919, qui allait à Rome au moins deux fois par an pendant une quinzaine de jours « pour faire son service » ; l'héritier des Wittelsbach, Rupprecht, haut placé comme Hindenburg sur la liste française des criminels de guerre, dont Pacelli avait en avril 1921 béni l'union avec la princesse Antoinette de Luxembourg. L'appel officiel du prince en faveur d'Hindenburg avait été précédé d'une manœuvre du PPB l'incitant « à poser sa candidature à la présidence du Reich ». Ce ralliement découlait d'engagements formels pris auprès des Hohenzollern (autre jalon vers la formule de janvier 1933) : Rupprecht avait dans un entretien très secret avec le Kronprinz en octobre 1924 – après « le coup de Hitler et de Ludendorff » – juré « renonciation définitive » à la restauration des Wittelsbach. Menu sacrifice, car il avait « toujours [été] très sceptique » sur ses chances, qui explique la tactique du PPB puis la joie des élites bavaroises (et autrichiennes) après le triomphe au second tour d'Hindenburg, « candidat des Hohenzollern »[9].

Le Vatican exulta et l'*Osservatore* publia le 27 avril l'« éloge […] enthousiaste », qui ulcéra Briand, de celui que Paris considérait comme « l'ennemi né et l'incarnation du danger de guerre allemand » (formule de l'ambassadeur du Reich à Paris, Leopold von Hoesch) : « peut-être encore plus que son génie militaire, tous admiraient sa simplicité et sa modestie, son profond sentiment du devoir, de justice et d'humanité. » Pacelli ne quitta que fin août 1925 Munich, auquel l'attachaient « d'agréables relations personnelles et mondaines », pour

9. Lettres de Stresemann, 9, *Akten*, A, XII, p. 361-362, n° 13 de d'Ormesson, 16 mars, *Allemagne*, 371, note, Coblence, 12 juin 1925, *Canet*, 56, Stehlin S. A., *Weimar*, p. 300-310, Zeender J., « German Catholics », lettres de d'Ormesson n° 35, 6 juin 1925, *Autriche*, 75, n° 15, 2 mars 1927, de Doulcet n° 28, 7 mars 1927, *Allemagne*, 371 (et ce vol.), tél. Dard n° 174, 5 avril 1921, *Allemagne*, 370 ; avril-juin 1925, *Saint-Siège*, 20 *et Autriche*, 75.

Berlin, où son entourage bavarois voyait avec une insistance « morbide », selon Stresemann, rôder « des dangers bolchevistes » : seulement, donc, après que la présidence du Reich eut échu à un monarchiste sans lien *officiel* avec le compromis politique forcé de 1918-1919. Lui succéda Mgr Alberto Vassallo di Torregrossa, secrétaire à la nonciature de Munich avant la guerre, nonce à Buenos-Aires pendant, qui avait été signalé par « des religieux français » comme « très favorable aux Allemands » et prévu pour Munich dès 1920[10].

À Berlin et ailleurs, Pacelli, Kaas et le haut-clergé poussèrent à fond en 1926-1927 l'alliance pangermanistes-*Zentrum*. Mgr Karl Joseph Schulte, cardinal-archevêque de Cologne, fut publiquement « accusé d'avoir en accord avec Mgr Pacelli [...] et l'abbé [Heinrich] Brauns, préparé de ses intrigues la constitution du cabinet Marx, où le Centre collaborait avec les nationalistes ». Trois forces participèrent aux « tractations en vue du rapprochement » qui imposait d'écraser les syndicalistes chrétiens d'Heinrich Imbusch encore liés au SPD : « les centristes rhénans [des] milieux de la grande industrie [résolus à] faire opposition, en matière ouvrière, à toute réduction de la durée des heures de travail », Schulte et « son entourage », et Pacelli, qui « serait intervenu auprès des chefs du Centre catholique de Cologne et les aurait incités à une orientation vers la droite, en faisant valoir qu'avec l'appui des catholiques de la Prusse orientale il serait possible d'obtenir des nationalistes un engagement relatif à un concordat et aux lois scolaires » (argument examiné plus loin).

Cette coalition écrasa bientôt l'élément populaire du *Zentrum* partisan du compromis social weimarien. En janvier 1928, à l'issue d'une crise grave, Kaas fut nommé président du *Zentrum* contre la « gauche » syndicale. L'éditeur Lambert Lensing-Wolff (de Dortmund), « l'un des dirigeants de l'aile droite et réactionnaire du parti », consolida ensuite son assise en « cré[ant] un vaste trust de la presse centriste, sous la direction de la *Germania* ». Ce consortium regroupa « presque tous les journaux centristes rhénans », telle la *Kölnische Volkszeitung*, « journal principal du Centre » dont Pacelli acheta pour 60 000 RM d'actions et dont Kaas présida le CA de la maison d'édition (la *Görreshaus GMBH*)[11].

Le Vatican s'employa à l'objectif final de l'union des droites tant au-dehors qu'à l'intérieur pour aider Berlin entrant, en septembre 1926, à la SDN. Ainsi se prépara au nom de l'« égalité des droits » la nouvelle offensive du « peuple allemand » opprimé à la fois sur son terri-

10. Tél. Briand n° 37-38, 1er mai, *Saint-Siège*, 20, lettres de Hoesch, Paris, 12 avril 1925, *Akten*, A, XII, p. 640, n° 104 de Doulcet, 5 décembre 1920, *Canet*, 41, Stresemann, 9 mars, *Akten*, A, XII, p. 361-362, et mai-août 1925, *Allemagne*, 371 ; Reichswehr en 1918, Badia G., *Spartakistes*, *passim*.
11. Lettre n° 586 de Margerie, 28 mai, tél. Tirard n° 5, 23 janvier 1928, *Allemagne*, 369 et 317 (1927, *Allemagne*, 369 et 371), et note n° 297, 14 juin 1934, *Allemagne*, 691.

toire conservé et sur la partie démembrée au profit du reste de l'Europe. Louant l'« esprit de Locarno » et flattant Briand, la Curie prôna la « réconciliation franco-allemande » qui répugnait à une notable part de la droite française. Pacelli, aidé des prélats allemands, assaisonna le vieux plat de la coalition pangermaniste de la nouvelle sauce locarnienne : Mgr Ludwig Hugo, évêque de Mayence, conta en février 1927 à Mgr Rémond que Rome avait « favoris[é] l'accord entre le Centre et les nationalistes » en posant « comme condition » le ralliement de ces derniers « aux principes de Locarno ». L'entrée du Reich à la SDN ouvrait en effet de vastes perspectives, peu locarniennes. En avril 1926, Mgr Georg Schreiber, député du Centre, chef de « l'Institut de l'étranger » chargé des « minorités allemandes à l'étranger » si cruciales « pour le Reich et le monde civilisé » et interlocuteur habituel de Gasparri, avait exposé à Pizzardo les plans de « travail » commun imminent. « Avocat des minorités allemandes, particulièrement le long des frontières orientales », le Vatican « pourrait influencer considérablement les dirigeants politiques du monde, et la Pologne catholique en particulier » via « le nonce à Berne » (Maglione). Il n'en maintiendrait pas moins « un air d'impartialité et davantage de liberté pour décider du bon moment pour ajuster les frontières ecclésiastiques dans l'intérêt de l'Église ».

Bergen dressa en décembre 1926 un bilan encourageant – Italie exceptée – des réalisations et surtout des promesses de « protection des intérêts religieux » allemands en Europe centrale et orientale. La relance parlementaire, alors, des révélations sur 1917 s'inséra dans la gamme des pressions en vue de faire céder la Curie sur le « Tyrol du Sud ». Cette tactique requit déploiement du « mouvement pacifique », contrepartie allemande de l'interdit du Saint-Office contre l'*Action Française*. Les champions catholiques du pangermanisme anti-weimarien se grimèrent donc en pacifistes prêchant l'union européenne et le désarmement général que nécessitait celui du Reich. La conjoncture incita Rome à se résigner à la poussée électorale de gauche du 20 mai 1928 qui ramena le SPD au gouvernement : « la force [supposée] pacificatrice [dudit parti] en politique étrangère » aiderait à séduire Paris[12].

Les chefs du *Zentrum* animèrent donc le chœur locarnien des revanchards catholiques sonores d'août 1922. Avant l'entrée à la SDN, Adenauer s'embrasa pour l'Anschluss « pacifique », devenu sa marotte : « la force ne peut pas toujours empêcher ce que la nature a décidé :

12. Tél. Berthelot, Paris, 25 février 1927, *Allemagne*, 371 ; J. Winiewicz, « Rôle des catholiques allemands hors d'Allemagne », tableau des associations pangermanistes renforcées de 1918 à 1932, *Interallied Research Committee (IARC)*, Études allemandes n° 15, 13 avril 1945, *Allemagne 1944*, 67, lettre n° 236 de Bergen, 12 décembre 1926, *Akten*, B, III, p. 485-490 (et *supra)*, Stehlin S. A., *Weimar*, p. 324-330 et 342-343.

c'est-à-dire la réunion des peuples rhénans à leurs frères du Danube. » Il vibra pour le « rapprochement pacifique » franco-allemand – qu'il subordonna à une « condition principale » moins lyrique, « la stabilisation du franc et l'assainissement des finances de la France » : « les États-Unis d'Europe doivent être créés sous une forme quelconque, afin de prévenir un nouveau conflit épouvantable. L'Allemagne désarmée ne serait naturellement que spectatrice d'un pareil conflit », mais elle conservait le souvenir aigu des souffrances de « la guerre mondiale ». Faulhaber multiplia les sermons pacifistes très neufs de ton, ainsi à la Saint-Sylvestre 1928[13].

Le Quai, informé des plans d'expansion du *Deutschtum*, de l'avancement du réarmement clandestin et des causes de l'amabilité vaticane, continuait à collecter les analyses lucides. Comme celle de Gabriel Cudenet, qui imputa dans l'*Ère nouvelle*, en juillet 1928, ces manœuvres germano-vaticanes à l'espoir d'arracher à une France circonvenue le premier morceau, autrichien, des conquêtes avant de s'emparer des suivants : « accepter Locarno, même des mains d'un gouvernement athée, pour faciliter la réconciliation franco-allemande, obtenir peu à peu la résignation de la France à l'inévitable Anschluss, paraît être le dessein profond de la diplomatie vaticane. [...On] ne doit pas être dupe du prétexte libéral dont s'enveloppent les intrigues » rattachistes, première étape de la guerre de revanche : « ce serait le commencement de la crise de croissance d'une nation guérie des plaies de la guerre et qui reprend l'usage de ses muscles et le fil de ses rêves. » L'avènement d'Hitler fit éclater la vacuité de ce « pacifisme », avec l'effondrement immédiat, avant sa dissolution (le 1er juillet 1933), du puissant *Friedensbund* dirigé par les principaux prélats (40 000 membres à son apogée locarnien) : à la poudre aux yeux d'avant règlement de comptes succéderait l'enthousiasme sincère, étudié par le sociologue catholique américain Gordon Zahn, des « catholiques allemands [pour] les guerres d'Hitler ».

Les diplomates français de l'ère Briand – entre préparatifs de Locarno et du cartel de l'acier – commentaient le changement de registre des ténors du *Zentrum*. En septembre 1928, eut lieu la 5e assemblée générale de l'« Union pour la paix des catholiques allemands » fondée en 1918 (périodicité faible, comparée à celle des colloques, conférences, congrès catholiques pangermanistes). André d'Ormesson, en poste à Munich, se réjouit des « louanges de la SDN », de Locarno, du « pacte Kellogg » de 1928 et du pacifisme du Saint-Siège qu'il y entendit : « il est bon assurément que dans des milieux souvent réactionnaires pénètrent des pensées de fraternité humaine et de

---

13. Lettres n° 31 de Laffon, Cologne, 14, n° 207 de Beaumarchais, Vienne, 19 juin 1926, *Autriche*, 77 (et ces vol.), n° 1, Munich, 3 janvier 1929, *Allemagne*, 369 ; réarmement, Poidevin R., *L'Allemagne*, chap. 5 et p. 276, et Badia G. *et al.*, *Histoire*, I, p. 119-121.

pacifisme sincère. » La métamorphose de Faulhaber lui fit déceler « peut-être une certaine évolution » et prêter des chances au « mouvement pacifique »[14]. Mais dans un même courrier – celui du 10 décembre 1928 d'Albert Laffon, consul à Cologne – coexistaient l'éloge du « délégué permanent du Reich à la Société des Nations » Kaas, décrété « mal disposé pour le régime prussien », et le constat : « dans la question de l'occupation, il a nettement affirmé le droit de l'Allemagne à l'évacuation sans aucune contrepartie pour elle[,...] plan d'offensive générale contre l'occupation préparé depuis longtemps déjà. » Pierre de Margerie, ambassadeur à Berlin, diplomate type de l'Apaisement locarnien, connaissait aussi bien le but tactique du « pacifisme » ou de l'« européisme » à noyau franco-allemand, programme officiel du Centre à l'ère des « finasseries » ou des « béquilles américaines » de Stresemann. Il n'en dressa pas moins Kaas en *« homme du milieu »* (énormité qu'un lecteur souligna, avec point d'exclamation), « adhérent convaincu de la politique de Locarno [...et du] rapprochement avec la France » : « partisan déçu » car il n'en a pas obtenu l'« évacuation anticipée et même immédiate des pays rhénans » attendue, mais dont le verbe nationaliste, dû au simple souci « de ménager ses électeurs [,...] contrast[ait] avec la sagesse prudente de ses conversations particulières ».

Ce style ne reflétait que la résignation à l'impuissance ou la hantise du compromis des décideurs français. Le renseignement rendait son identité au « modéré » à Kaas, délateur haï et redouté des séparatistes et pacifistes rhénans qu'il avait écrasés en 1924. C'est à « l'influence » du député de Trèves que l'occupant français débordé attribua le tapage déclenché à l'automne 1928 par l'opérette *Die Goldene Meisterin* jouée au théâtre de la ville : un couplet évoquant l'Anschluss « provoqu[ait], à chaque représentation, les manifestations enthousiastes de l'assistance », et leur « développement [...], en présence de l'occupation », était guidé. Devant ses vastes auditoires, la haine de Kaas perçait, même sous le décor européo-pacifiste du discours de Sarrebruck de la mi-novembre 1928 : « Tant que les articles du traité de Versailles sont au-dessus de nous comme une épée de Damoclès, nous n'aurons pas intérêt à déclarer que le Rhin allemand est libéré [car] nous enlevons à l'esprit populaire allemand tout stimulant pour lutter davantage [...] nous détruisons la base juridique d'une offensive internationale, d'une offensive politique en vue d'autres résultats. »

Cette phraséologie pangermaniste, complétée par la croisade contre le « nationalisme outrancier » (*leitmotiv* gallophobe de Pie XI), gommait les

14. *Ère nouvelle,* 30 juillet 1928, *Canet*, 41, Zahn G., *German,* chap. 1-5 et *passim,* lettres de d'Ormesson, Munich, n° 124, 9 septembre 1928, *Allemagne*, 317, et n° 1, 3 janvier 1929, *Allemagne*, 369.

fioritures européennes de l'« esprit de Locarno » : est-il sérieux de prétendre « qu'une double voie ou un quai de chargement constitue une menace pour la sécurité de notre voisin [...] c'est vraiment pratiquer une fausse psychologie [...] que de s'occuper de si petites choses qui, vues dans l'ensemble, n'ont aucune importance pour la sécurité. À l'époque des avions, des zeppelins et d'un développement technique aux proportions gigantesques, on vient faire remarquer quelque ridicule voie ferrée, quelques quais de chargement, que la Reichswehr n'utiliserait même pas. J'étais, je suis et je reste partisan convaincu d'une politique d'entente loyale entre l'Allemagne et la France, les deux grands peuples, les deux grands États qui comptent le plus dans l'Europe centrale et occidentale [...] mais cette entente [doit] passer par le chemin de la confiance, et non par la destruction de quelques voies ferrées. Le jour où l'Allemagne est entrée à Genève, la Société des Nations aurait dû quitter la Sarre. C'eût été logique, c'eût été en droit international la rectitude même, c'eût été la sagesse politique, c'eût été, du point de vue européen, un geste fécond » qu'auraient dû suivre « des négociations en partenaires libres et indépendants [...] n'aurait-il pas plané sur nous vraiment quelque chose d'un esprit d'entente européenne et de politique commune ? »

On verra plus loin ce que signifiait pour l'Europe des traités l'allégorie de son discours au 66e congrès catholique de Dortmund de septembre 1927, auprès de Pacelli : « nous ne réclamons pas seulement du nouvel État allemand le pain et le travail, mais aussi l'espace et la lumière. » Ses voisins y furent plus explicites : le chantre de l'Anschluss Seipel exalta « l'idée de la Grande Allemagne [...et] déclar[a] que le mot "frère" sonnait agréablement pour les Allemands établis en dehors du Reich ». Fin 1928, sous l'enrobage « européen », Kaas invoqua contre les intolérables réparations « les nécessités vitales de l'économie allemande » – expression synonyme de buts de guerre de l'Axe qui deviendrait le *leitmotiv* public du pape Pacelli dès son élection de mars 1939. Il exprima l'« impatience [des] Allemands du Reich [à] confond[re...] les destinées du peuple allemand et du peuple autrichien [...] frères de race », déguisant l'Anschluss en « problème européen » qui « ne [pourrait...] être résolu que dans le cadre de l'entente européenne ». Il laissa percer les plans qui, avant d'abattre la Russie d'où les bolcheviques seraient chassés, frapperaient les pays situés entre elle et le Reich, « pont entre l'Est et l'Ouest » : « la politique extérieure allemande ne peut et ne doit se laisser barrer la route vers la Russie de l'avenir. »[15]

15. Lettres n° 61 de Laffon, 10, n° 1164 de Margerie, 11, note Armée du Rhin, 21 décembre, *Allemagne,* 317, lettre n° 2499 de Tirard, 28 octobre, *Autriche*, 81 ; discours du 15 novembre 1928, lettres n° 1035 de Laboulaye, Berlin, 5 septembre 1927, *Allemagne*, 317 et 369, de

L'union des droites soudée par ce programme progressa simultanément, grevée de contradictions éclairées par l'étape ultime de la nonciature de Pacelli, le concordat de Prusse du 14 juin 1929. Le feuilleton entamé en 1920 fut encore retardé, officiellement, par le scrutin de mai 1928, qui obligea à négocier avec une coalition à direction SPD. L'opération bavaroise ayant garanti l'essentiel, la prussienne fut infiniment plus délicate, et pas seulement à cause de la gauche anticléricale : dans la Prusse luthérienne, le Reich n'avait pas besoin des services que le catholicisme lui rendait en Bavière.

Pacelli savait depuis les débuts de Weimar, où la force du SPD offrait un bon prétexte au veto contre la férule catholique, que Rome ne ferait la loi à l'école ni en Prusse ni en Allemagne. Rien n'avait changé depuis le « concordat » Rampolla-Hertling de décembre 1902 qui avait appliqué au Reichsland alsacien-lorrain le principe général de la formation des clercs, catholiques inclus, par l'université d'État. Pacelli consentit donc dès juillet 1920 à ce que la question scolaire fût réservée en attendant l'adoption d'une législation scolaire générale. En novembre 1921, il n'obtint même pas « en privé » du chancelier catholique Wirth « une promesse générale que la question scolaire serait incluse dans le concordat ». Il se résigna aussitôt à ce que les concessions que le futur concordat bavarois ferait à l'Église ne préjugeassent point de celui du Reich. La comédie chemina lentement avant de ressurgir quand s'accéléra le regroupement des droites.

En mars-avril 1927, les luthériens annoncèrent que « le vieux protestantisme libéral » ferait payer cher son alliance avec « le catholicisme rhénan, westphalien et silésien », demandeur ultramontain. Stresemann, le 3 avril, lança devant le parti populiste « une attaque assez vive contre le projet de concordat » prussien dans le but de « provoquer un nouveau regroupement » fondé sur l'anticléricalisme des non-catholiques. Après cette sortie publique soigneusement dosée pour effaroucher la Curie – qu'il assura dès le 4 de sa faveur « de principe pour la conclusion du concordat » –, il fit « volte-face ». Mais l'alerte avait été chaude au *Zentrum* et les menaces de *« Kulturkampf »* entre « deux camps implacablement opposés » (Stresemann) persistèrent. Kaas fut en 1928 « désigné par le gouvernement prussien » comme négociateur pour éviter « une lutte confessionnelle », mais rien ne fléchit le veto scolaire, « question […] à peu près insoluble selon les vues du Saint-Siège » : les nationaux allemands et les populistes, absents du pouvoir en Prusse, donc dispensés d'égards envers le *Zentrum*, mêlèrent contre le texte leurs voix à celles du KPD athée. Le pape et son nonce, parangons de maximalisme concordataire contre les États ennemis, furent méconnaissables. Pacelli enregistra sans broncher le veto de Berlin sur une question qu'il présen-

---

Margerie n° 1217, 29 décembre 1928, *Autriche*, 82 ; et Zahn G., *German, loc. cit. (Volk, Vaterland, Heimat)*.

tait publiquement depuis 1919 comme *le* but de sa nonciature. En 1928-1929, ce « négociateur qui pouss[ait d'ordinaire] jusqu'à une limite extrême les prétentions du Saint-Siège » fit la navette entre Berlin et Rome pour démontrer à Pie XI que « les instructions » de Gasparri, « beaucoup trop intransigeantes », étaient « tout à fait inexécutables ». Le pape lui « donn[a] entièrement raison » et l'autorisa à les atténuer. Le jugement inspiré à Paris et à la Petite Entente par le contraste entre cette mansuétude et la rigueur courante imposa d'expliquer pourquoi on capitulait ici sans combat alors qu'on demandait l'impossible ailleurs. « La situation » de la Prusse est « toute différente » de celle de la Bavière, déclara Pacelli à Margerie en mars 1929 : « on se trouvait [ici]en face d'un luthéranisme très hostile. Dans ces conditions il fallait se montrer moins ambitieux ». Il retournerait donc « à Rome pour donner les explications dont Pie XI pourrait avoir besoin »[16].

La Curie si impérieuse sur le contrôle des jeunes générations n'obtint rien du Land de Prusse ni du Reich, aussi « catégorique ». Pour masquer ce néant accepté d'emblée, le pointilleux juriste Pacelli conta aux Français que les socialistes prussiens (le ministre des Cultes Carl Becker) avaient émis un veto public sous la pression de leur électorat laïque, mais lui avaient en privé laissé des espoirs. Lui-même aurait envoyé au gouvernement prussien « quelques semaines » avant la signature « une lettre [...] absolument secrète » : elle mentionnait l'intérêt du Vatican pour « l'enseignement religieux catholique dans les écoles en Prusse » et rappelait qu'« une déclaration antérieure autorisée du gouvernement prussien » l'habilitait à poursuivre le règlement de la question *« dans un concordat avec le Reich »*. Il « estim[ait] avoir ainsi sauvegardé le principe » des droits catholiques.

S'il exista, ce courrier unilatéral exposant des vœux pieux n'engageait en rien l'autre partie, et « le mot [d'école ne fut] même pas prononcé dans l'accord ». L'échec fut confirmé par un échange de lettres entre le ministre-président de Prusse et le nonce : Otto Braun y motivait le refus par l'absence d'une majorité parlementaire pour la ratification ; Pacelli regrettait la non-liquidation de la question scolaire. Il n'en signa pas moins le texte, le 14 juin 1929. Gasparri, pourfendeur du gallicanisme français, du schisme slave et de leur persécution commune des écoles catholiques, fit pour Fontenay « un très vif éloge » de son diplomate « en plein succès ». On comparera cette humilité au veto opposé aux offres d'accord des États successeurs pas plus catholi-

16. 1902, Lacroix-Riz A., « Forcing », p. 362-363 ; depuis 1919-1920, *Allemagne*, 370-371, Stehlin S. A., *Weimar*, chap. 7 (p. 375, 389-393, 412-429), et Fattorini E., *Germania*, chap. 5 ; Margerie, tél. n° 337-338, 4 avril, lettre n° 259, 17 mars, tél. n° 342, 6 avril 1927 (et le mois), *Allemagne*, 371, Stresemann à Bergen n° 18, 4 avril, n° 23, 24 mai 1927, *Akten*, B, V, p. 125-126, 398-399 ; Margerie, lettre n° 1212, 27 décembre 1928, tél. n° 134-136, 26 mars 1929 ; novembre 1928-juillet 1929 ; lettre n° 743, 15 juillet 1928, tél. n° 134-136, 26 mars 1929, *Allemagne*, 371.

ques que la Prusse, dont Pacelli contestait toujours la réalité des abandons scolaires.

Les privilèges allemands furent aussi crûment éclairés par les aléas « extérieurs » de la négociation – les exigences, bruyantes depuis le début de 1929, sur l'Alsace-Lorraine et le Sud-Tyrol, dossiers traités ailleurs – et par les 14 articles du concordat. Le texte officialisa le *statu quo* des diocèses de 1918 à l'Ouest (où le concordat bavarois avait proclamé la Sarre allemande) et surtout à l'Est. Celui de Breslau, maintenu contre les bénéficiaires de son démembrement (on y reviendra), fut, comme celui de Paderborn, érigé en archidiocèse, « ce qui renforcerait la position de l'Allemagne » en Haute-Silésie. Un diocèse de Berlin fut créé, celui d'Aix-la-Chapelle rétabli. La Prusse conserva le droit de présentation des candidats à l'épiscopat par les chapitres [que nommait le Reich] : le pape désignerait trois candidats sur leur liste et leur déléguerait le « choix définitif », auquel Berlin ne souscrirait qu'en cas de non-« objection politique ».

Les conditions de nationalité et de formation consacraient l'hégémonie de l'État « prussien » sur son haut-clergé : ses membres ne pourraient être « que des citoyens de l'Empire » titulaires de « grades conquis dans les universités allemandes », ayant donc pendant « au moins trois ans suivi les cours de l'université ou d'un séminaire allemand ou d'un collège ecclésiastique romain » (autre preuve que le Reich dirigeait *ses* « collèges » romains). « Une exception [était] prévue pour les universités autrichiennes » (équivalence rattachiste expliquée plus loin). L'État contrôlerait les directeurs des séminaires, qui « devr[aient] communiquer au ministère leurs règlements et leurs plans d'études », et leurs enseignants, pourvus des « qualifications requises des professeurs de l'université ». Enfin, texte à peine signé, fut relancée la question de l'organisation de l'aumônerie militaire régulièrement discutée pendant la décennie : Berlin réclamait « la création d'un évêque et de prêtres responsables devant lui et non devant les ordinaires locaux ». Pacelli reprit dès son retour à Rome[17] cette clause violant Versailles, qui serait fixée avec Hitler par le Concordat du Reich.

Le Vatican et le Reich, 1930-1933

Le sens allemand de la nomination de Mgr Pacelli au secrétariat d'État

Le retour triomphal du nonce au Vatican fut annoncé peu après son fiasco prussien. Les conditions mêmes de son départ de Berlin, le 12 décembre 1929, le posèrent en secrétaire d'État de l'Allemagne. Le bruit en courut avec « insis-

17. Lettres n° 475 de Margerie, 14 juin, échange Braun-Pacelli et lettres de Gentil n° 285, 16 septembre, n° 475 de Margerie, 14 juin, n° 186 de Fontenay, 17 juin, texte allemand et italien, lettre de Gentil n° 285, 16 septembre 1929, *Allemagne*, 371 ; Stehlin S. A., *Weimar*, p. 433.

tance », et Fontenay, inquiet de l'antipathie française, prôna l'amnésie : il y aura « intérêt à demander aux journaux français, quand la nouvelle se précisera, de ne pas compromettre nos relations avec le futur secrétaire d'État en se livrant à des appréciations inutiles, mais de s'inspirer des indications [...] rassurantes [de...] de notre ambassade à Berlin ». La façon dont le Reich célébra la promotion assurée de son candidat avéra les avis français d'après-guerre désormais censurés. Pacelli quitta Berlin dans « une série de manifestations grandioses ». La *Germania* fit son « pompeux éloge », rappelant le « rôle [joué] vers la fin de la guerre » par cet indéfectible avocat des droits du Reich qui n'avait « rien négligé pour essayer d'introduire dans le néant de la paix terrestre un peu de la paix divine ». Un aréopage se pressa autour de lui, des « nombreux hauts fonctionnaires » présents à la fête de l'Action catholique de Berlin aux ministres catholiques, porteurs de flambeaux de la nonciature à la gare : vinrent « le saluer » au train Julius Curtius, ministre des Affaires étrangères et son second, le secrétaire d'État Carl von Schubert (signataire de l'accord secret sur l'Anschluss de mars 1926), ainsi que « de nombreuses personnalités » catholiques de Berlin. La fête s'acheva sur un duo Pacelli-Kaas contre le péril rouge qui promettait un « avenir sombre, riche en luttes » (Pacelli) et imposait une « *lutte intellectuelle intensifiée* contre un monde de plus en plus en rébellion contre le Royaume du Christ » (Kaas)[18].

Nommé cardinal au consistoire secret de la mi-décembre 1929, Pacelli succéda en février 1930 à Gasparri. Monument de sang-froid, acteur exceptionnel, le nonce si prolixe à Berlin se mua en huître devant les diplomates français : Fontenay, François-Poncet et Charles-Roux furent frappés par l'aspect « si réservé, fermé même » de ce secrétaire d'État. Je retiendrai des fonds le descriptif de ses *pratiques,* négligeant les arguties qui visaient à lui gagner, avec l'ambassadeur de France (Fontenay puis Charles-Roux), la voix des cardinaux français au conclave suivant. Si enjoué en milieu germanique, il mima, surtout depuis (les élections allemandes de) septembre 1930, une inquiétude ou une tristesse « allemande » à usage français : les faux naïfs Fontenay, excellent analyste avant 1914 de l'alliance Duplice-Curie et du « Drang nach Osten », et Charles-Roux, observateur acéré de leurs œuvres de guerre, gobèrent le plus souvent cette nouvelle comédie, préalable au pontificat.

Pacelli épargnait ses simagrées aux petits alliés de Paris, par exemple en juin 1930 à l'occasion d'une tentative de l'ex-l'impératrice Zita en faveur de la restauration de son fils Othon en Hongrie – chimère qui semblait périodiquement affoler la Petite Entente et son tuteur français. Fontenay, venu aux nouvelles, apprit du secrétaire d'État que ce plan n'avait rien pour alarmer la France et « qu'il fallait être favorable à tout ce qui pouvait consolider la

18. Tél. Fontenay n° 173, lettre n° 943 de Margerie, 13 décembre 1929, *Saint-Siège*, 6, Stehle H., *Eastern*, p. 128 (italique dans le texte) ; Anschluss, *infra*.

paix » : Mgr Pacelli « était optimiste et [...] ne croyait pas au danger d'une guerre ». Le même rabroua le ministre de Tchécoslovaquie, qui doutant de l'équation Habsbourg-paix européenne, lui avait déclaré : « alors nous devons faire la guerre » : « Vous ne ferez pas la guerre car vous ne pourrez la faire. »

Pacelli avait laissé à Berlin un successeur congru, Mgr Cesare Orsenigo, son adjoint à Munich, chargé depuis 1925 à Budapest de la politique *allemande* du Vatican. Le nouveau nonce poursuivit l'unification des droites allemandes dans une conjoncture qui bouleversa leur rapport des forces internes et nourrit le thème du péril bolchevique. Ami de Pie XI, intimité à l'origine de sa promotion, il assuma l'héritage de Pacelli, qu'il revendiqua à la remise de ses lettres de créance de mai 1930, dans une « allocution [prononcée] en allemand » sur « le désir exprès de la Wilhelmstrasse », comme son prédécesseur en juin 1920[19]. Il exécuta la politique que Pacelli, plus que jamais préposé à la défense des intérêts du Reich, élaborait désormais auprès de Pie XI.

Pacelli, le Vatican et la solution hitlérienne

La présence vaticane dans la vie politique allemande s'intensifia après les élections du 14 septembre 1930, où la marée nazie au détriment des « pangermanistes » classiques fit entrer le vieux plan dans sa phase décisive. Son importance a été négligée par l'ouvrage pourtant documenté de Stewart Stehlin. Jean-Marie Mayeur, net sur le lâchage vatican du PPI, la nie en imputant le choix de 1933 à « l'évolution même du parti [du Centre] et de l'opinion allemande, sans qu'il soit indispensable de chercher la main de Rome »[20]. Peut-être le *Zentrum* n'avait-il pas besoin pour rallier le nazisme des conseils et pressions du Vatican, mais celui-ci les lui prodigua après avoir veillé à son évolution droitière. S'ils ne servirent à rien, reste l'hypothèse que l'Allemagne, catholique ou non, lui dicta ses vœux. Dès la victoire nazie, Pacelli rejoignit, sous prétexte de congé annuel (d'un mois), le couvent des religieuses de Rohrschach, sur le lac de Constance, pour « pouvoir, dans le plus grand secret, recevoir des membres influents du Centre allemand et leur donner des instructions, ou du moins des conseils, sur la ligne à suivre après les dernières élections pour le Reichstag ».

La presse évoqua son voyage « incognito à Innsbruck » pour une entrevue avec « Mgr Kaas [...] d'une grande importance car [...] les conseils et l'influence du cardinal Pacelli pourr[aie]nt être décisifs pour définir les rapports entre Hitler et le parti du Centre ». Pie XI afficha le 23 septembre

19. Lettres de Fontenay n° 511, 27 décembre 1931, *Allemagne*, 689, n° 404, 17 décembre 1929, *Saint-Siège*, 6, n° 183, 28 juin 1930, *Hongrie*, 113 ; n° 34 de De Vienne, Budapest, 26 février, et n° 340 de Margerie, 3 mai 1930, *Saint-Siège*, 45.
20. Plus de 6,4 millions de voix et 18,3 % des exprimés (810 000 et 2,6 % en mai 1928), aux dépens des nationaux-allemands et populistes, Badia G. *et al.*, *Histoire*, 1, p. 202-203. Stehlin S. A., *Weimar*, p. 352-367, Mayeur J.-M., *Des partis*, p. 138.

1930 son allégresse sur la conjoncture en accueillant une centaine de jeunes Allemands présentés par le *recteur du Germanicum*, le jésuite allemand Constantin Noppel. Ces « groupes d'assaut » (leur nom officiel) catholiques avaient martialement défilé pendant deux semaines dans Rome, « où leurs têtes rasées et leurs chemises bleues défraîchies [avaient] fait sensation ». Pie XI, prié par ces « pèlerins [de] bénir la bannière de l'association », leur répondit « en allemand », dit « sa joie » de l'essor de la « superbe organisation à laquelle ses chers fils appartenaient » et bénit « cette jeunesse catholique "qui se renouvel[ait] dans une Allemagne se renouvelant" ». Jugement clair, devant un « groupe d'assaut » dont le nom et l'allure « ne cadr[aient] guère avec des exhortations pacifiques ».

Rome s'affaira simultanément à une tâche compliquée par l'audace du NSDAP, dont la propagande *Los von Rom* n'épargnait même pas Pie XI : son spécialiste, Ludendorff, accusa en janvier 1931 « le pape d'être vendu aux juifs et aux francs-maçons ». Le Vatican, face aux Français tentés par une comparaison gênante, s'affirma inquiet des risques d'« une crise » semblable à celle de « l'Action française en France ». La ressemblance s'arrêta là. Or, le parti hitlérien hissé au second rang du Reich voulait abroger les concordats. La négociation s'imposant, Cerretti fut envoyé à Munich. Début novembre 1930, de retour à Rome, il déclara Faulhaber opposé à un parti hostile au concordat bavarois. Gentil lui ayant donc demandé si le Saint-Siège allait condamner la doctrine hitlérienne, il répondit que ce n'était pas le même cas que l'Action française » : il n'y a « pas erreur de doctrine religieuse », on est « simplement en présence de méthodes politiques », mais on a mis cette « affaire [...] à l'étude »[21]. Elle y demeura.

L'épiscopat allemand fut tôt partisan d'intégrer les nazis à une coalition qui abolirait leur mauvaise éducation, leur irrespect envers les vieilles élites et leur anticléricalisme – les fonds français le montrent comme les sources directes de Guenter Lewy. Les condamnations molles et tardives (1930-1931) du nazisme, cantonnées à « certains diocèses allemands », tranchèrent sur la croisade quotidienne contre « le socialisme et le communisme ». L'évocation vague des « périls du mouvement nationaliste » par « l'épiscopat rhénan » en mars 1931 coexista avec la surenchère sur des thèmes communs : l'exaltation du « bon patriotisme » au service de la « pauvre patrie, humiliée et asservie », l'antibolchevisme obsessionnel, l'« appel à la concorde et à l'esprit de sacrifice ». Le Vatican ne tolérait jamais une indiscipline épiscopale, et s'était ici comme ailleurs choisi des évêques adaptés à sa stratégie, avec cette particularité que sa chère Allemagne

21. Lettres de Gentil n° 275, 20, n° 277, 23 septembre 1930, *Allemagne*, 699 ; tél. sd (fin septembre 1930) agence Fournier, d'après *Corriere*, AN, F7 13427 ; lettres de Fontenay n° 40, 28 janvier 1931, *Allemagne*, 689, et de Gentil n° 316, 7 novembre 1930, *Allemagne*, 699.

les désignait. Le dernier élu du nonce Pacelli incarna l'appui romain à l'expansion du Reich et à l'alliance droite classique-hitlériens et démontra les effets mortifères de la « réconciliation » franco-allemande et du « pacifisme ».

Le concordat de Prusse avait prévu la création d'un diocèse catholique indépendant autour de Berlin, où l'évêque de Meissen (en Saxe), Mgr Christian Schreiber, fut « provisoirement » nommé administrateur apostolique en septembre 1929. Son portrait officiel, de ton locarnien, le maquilla en « homme conciliant et modéré [de] l'aile droite du Centre », « membre du comité de rapprochement franco-allemand », ce qui l'avait « admirablement servi auprès du Saint-Siège ». Prosélyte antibolchevique de l'Action catholique » (AC), il avait à Meissen depuis 1921 accru de 30 % le nombre de ses paroissiens, et s'était distingué par ses conférences et « une production littéraire [...] considérable [sur ...] le bolchevisme, le communisme, le socialisme et la doctrine chrétienne ». Dans un discours sur le thème « évêque et peuple » devant l'AC de Berlin le 20 novembre 1929, il revendiqua « adhésion sans réserve aux principes constitutionnels de Weimar ». Présenté au départ de Pacelli de Berlin comme « animé des meilleures intentions à l'égard de la France », le futur évêque fut l'un des artisans de l'accord avec les nazis.

Favori de Pacelli et de son clan, Schreiber développa à tout propos de 1930 à 1933, pour les seuls Français, la thèse suivante : l'expansion électorale foudroyante du NSDAP augurait un effondrement imminent, que l'Église n'avait qu'à attendre. Pizzardo, secrétaire aux Affaires ecclésiastiques extraordinaires, si féal au Reich qu'on l'annonça aussi à la mi-décembre 1929 comme futur nonce à Berlin, fit chorus. En décembre 1930, il déclara à Fontenay, après avoir certifié le Centre toujours « disposé à obéir aux instructions du Saint-Père » sur la paix : « l'évêque de Berlin, [...] personnalité remarquable [...], a demandé au Saint-Siège de ne pas prendre de mesures, en ce moment, contre le parti de Hitler qui serait à la veille de se dissocier de lui-même. De très nombreux catholiques » n'ont voté nazi que « par dépit [...D]éjà ils s'aperçoivent de leur erreur et du danger que présenterait l'arrivée au pouvoir de Hitler pour leurs convictions religieuses. Ils se préparent à se séparer de lui et on pourrait craindre qu'une intervention extérieure n'arrêtât cette désagrégation spontanée ».

En octobre 1931, Mgr René Fontenelle, correspondant de *La Croix* à Rome, interrogea Schreiber sur la différence entre sa méthode face au « paganisme » nazi et celle de Mgr Ludwig Hugo, qui avait « prononcé des peines canoniques contre les catholiques nazis ». L'évêque de Berlin répondit avoir « employé d'autres procédés pour condamner tout aussi catégoriquement les "doctrines païennes d'Hitler" ». Car il craignait que les hitlériens ne « déchaîn[asse]nt la guerre civile et peut-être aussi la guerre extérieure » avec « le retour du *Kulturkampf* et la ruine des œuvres sociales catholiques ». Mais il avait toute confiance « dans le succès parlementaire » de Brüning. Flagornant

Briand et Laval (en révélant ses appétits sur le « couloir de Dantzig »), il souligna « la nécessité du rapprochement franco-allemand » et enjoignit Fontenelle de persuader l'opinion catholique française sceptique du pacifisme du Reich et de sa volonté d'« alliance avec la France » : « travaillez donc à empêcher la presse de contrecarrer ces tendances. » Stehlin cite sans émoi l'argument absurde, suivi d'aveu, de Pacelli, après le triomphe nazi de juillet 1932, d'un péril rouge plus pressant que le nazi : les 14,3 % de voix du KPD lui serviraient de « base pour l'expansion future », tandis que les nazis, avec 37,2 %, jouxtaient le déclin : ayant atteint leur zénith, ils devraient s'allier avec un Zentrum renforcé[22].

L'alliance allait bon train, comme Gentil le comprit quand Brüning et Curtius vinrent le 8 août 1931 consulter Pacelli puis son chef. « Chacun sait que la principale préoccupation de Pie XI est le péril bolcheviste : depuis plusieurs mois le cardinal Pacelli ne cesse de répéter que l'Allemagne avec ses quatre millions de chômeurs est particulièrement menacée. » Pizzardo m'a confirmé « que le péril hitlérien n'effraie guère le Saint-Siège ; la crise vide ses caisses et c'est un parti que l'on peut dissocier par des moyens politiques. Il n'en est pas de même du parti communiste qui reçoit des subsides russes et dont les adhérents se recrutent parmi les chômeurs poussés au désespoir par la misère. Il est donc probable que le pape a surtout parlé du danger bolcheviste et peu du danger nationaliste » (ce qui corrobore les *Mémoires* euphémiques de Brüning, selon lequel Pacelli s'était dit « obligé de conseiller une union avec les nazis »). « Sans doute les ministres allemands auront-ils parlé d'une Allemagne désarmée et incapable de résister au bolchevisme, ce qui aura pu impressionner le pape. »

Ils avaient aussi abordé « la révision des traités », clé de l'union catholico-nazie. L'intérêt de l'*Osservatore* pour l'énorme congrès catholique de Nuremberg des 26-30 août 1931, conclu sur un service religieux qui n'attira « pas moins de 120 000 fidèles », afficha la communauté des programmes extérieurs. Le quotidien consacra « des pages entières » à ce « point de départ d'une ère de conquête pour le catholicisme dans les pays germaniques », osant « quelques allusions à la présence des délégués d'au-delà des frontières, des Sudètes, du Banat roumain, du Haut-Adige… » ou au « patriotisme [des] Allemands de tous pays ». Seul l'archevêque de Bamberg se voulut rassurant : « jamais […] les femmes catholiques de la campagne […] n'abandonneraient la Croix pour la Croix haquée. » Serment fort ambigu puisque l'épiscopat s'apprêtait à les décréter compatibles.

22. Lewy G., *Catholic*, p. 3-112. Lettres de Charles-Roux n° 355, 6 octobre 1932, de Fontenay n° 102, 14 mars 1931, *Allemagne*, 689 ; de Margerie n° 747, 28 septembre, n° 747 de Berne-Lagarde, Dresde, 12, *ibid.*, 369, n° 166 de Fontenay, 4, *ibid.*, 371, n° 770 de Margerie, 14 décembre 1929, *Saint-Siège*, 29, de Fontenay n° 378, 3 décembre 1930, n° 424, 16 octobre 1931, *Allemagne*, 689 ; Stehlin S. A., *Weimar*, p. 364-365.

En décembre 1931, la secrétairerie d'État discuta avec un « envoyé de Hitler ». Pacelli et son collaborateur Alfredo Ottaviani nièrent d'abord l'avoir reçu et dirent ignorer si Pizzardo « avait », avant son congé, « eu un entretien avec » lui. Pizzardo, retour de congé, avoua l'entrevue, mais en « s'exprima[n]t sur l'hitlérisme avec beaucoup de réserve » : cela suggère, observa Fontenay, une étude vaticane serrée de « la doctrine hitlérienne » en vue de savoir « si elle est [...] aussi subversive qu'on l'a dit à Rome [ou] si elle n'évolue pas de manière à donner à l'avenir des garanties suffisantes à l'Église ». Tout en donnant « l'impression [d'être] extrêmement inquiet », Pacelli annonça la couleur : « il prévoit l'arrivée prochaine au pouvoir en Allemagne des hitlériens et il se demande évidemment si, dès lors, il ne vaut pas mieux composer avec eux d'avance » en observant « le principe du Saint-Siège [qui] est de s'entendre avec le gouvernement que les peuples se donnent ». Entretiens décisifs puisque, selon le consul de France en Bade, le *Zentrum* aurait offert au NSDAP la « collaboration dans le gouvernement » au plus tard début 1932[23].

La coalition se trouvait en bonne voie à la réélection d'Hindenburg. Le révélèrent, peu après le second tour du 10 avril 1932, le détachement d'Orsenigo, à Berlin (Hitler « ne pourra rien faire sans le concours d'un autre parti »), et « la réponse [...] vague [de] la secrétairerie d'État » à une question de Fontenay sur sa position vis-à-vis du *Zentrum*. Cet embarras « permet de supposer que le Saint-Siège va examiner s'il ne serait pas préférable d'encadrer les hitlériens au pouvoir, de tenter ainsi de les assagir plutôt que de les abandonner à eux-mêmes et au concours d'un autre parti ». Ce tournant nécessiterait « une rétractation par Hitler de sa doctrine (anti-religieuse) [...] qui serait suivie de la levée de la condamnation prononcée par les évêques allemands ». Pie XI le reconnut à la mi-juin 1932 devant Fontenay en audience de congé, en posant la question : « Avec les hitlériens au pouvoir que pourrait-on espérer ? ». La Curie « croit [...] bien à une instauration d'un régime fasciste semblable à celui de l'Italie et qui suivra la même politique. Déjà les hitlériens ont pris leurs précautions [...] du côté du Vatican » : « une personnalité importante de ce parti » (anonyme) l'avait convaincu en déclarant « qu'il y avait deux raisons pour ne pas craindre l'avènement de M. Hitler : la responsabilité du pouvoir l'obligera à renoncer à bien des points de son programme [et] il n'est pas exclu qu'il fasse appel au Centre qui exercera alors sur le gouvernement une action modératrice ».

---

23. Lettres de Gentil n° 354, n° 356, 10 août, *Allemagne*, 699, n° 387, 7 septembre, n° 71, Nuremberg, 31 août, de Fontenay n° 511, 27 décembre 1931 (un certain Willys), *Allemagne*, 689 ; n° 47, Karlsruhe, 6 avril 1933 (« il y a plus d'un an »), *Canet*, 36. Brüning, Stehle H., *Eastern*, p. 151.

Pacelli, mimant la désolation, annonçait à Fontenay depuis janvier 1932 que le *Zentrum* serait balayé par une nazification irrésistible – postulat ruinant les thèses, simultanées, que ce parti civilisé calmerait « M. Hitler » et qu'il frôlait la Roche tarpéienne. « De hautes personnalités catholiques allemandes », lui dit-il, m'avouent leur ralliement à Hitler « malgré la condamnation [des] évêques catholiques », qui leur crée comme naguère aux membres de l'*Action Française* « un combat de conscience ». Un de mes proches, « que j'ai connu en Bavière comme l'un des plus fidèles adeptes de l'Église catholique », a publié une brochure favorable à Hitler, signe des « ravages causés par l'hitlérisme parmi les catholiques ». Le Saint-Siège peut-il fonder un espoir, demanda Fontenay, sur « la résistance » du Zentrum ? Mgr Pacelli « me répondit tristement : "Je n'ose dire que je le pense... quand je [le] vois [...] s'effriter de plus en plus tous les jours" ».

La Curie préparait depuis 1930 ledit effritement, condition *sine qua non* de la solution hitlérienne comme celui du PPI consenti en signe de joyeux avènement de Mussolini. La presse suisse rappela en février 1940 que la chute de Brüning (30 mai 1932) avait été précédée et provoquée par « un entretien de plusieurs heures » d'Hitler avec Kaas, « ven[u] le voir à la demande » de Pacelli afin que le candidat à la chancellerie lui renouvelât sa promesse « de ne pas toucher aux droits de l'Église catholique. » Deux semaines avant les législatives du 31 juillet 1932, la Sûreté générale assura imminent l'accord « dans la coulisse [...entre] le Zentrum allemand et le parti hitlérien ». « Depuis les élections à la diète de Prusse, qui ont consacré, au printemps, une avance foudroyante des nationaux-socialistes, des contacts répétés ont eu lieu entre les chefs du NSDAP et ceux du Zentrum. » Juste avant « ces tractations, » son chef Kaas « lui-même [...] a déclaré que sous un régime raciste, les catholiques deviendraient des citoyens de deuxième zone. [...S] imple avertissement [signifiant] : les racistes [terme synonyme de nazi depuis la fondation du NSDAP] n'ont pas à compter sur l'appui des catholiques, s'ils ne donnent pas à ceux-ci des assurances formelles quant à la situation qu'ils doivent occuper dans le Reich. [...] L'ex-chancelier Brüning, tout en livrant une guerre sans merci au Cabinet des Barons [de Franz von Papen], paraît pencher pour une alliance avec Hitler, après les élections »[24].

C'est une fois de plus à l'ombre de « l'école confessionnelle » et d'un concordat concocté par Pacelli que se noua l'alliance « chrétienne ». Le ministre de l'Intérieur du cabinet Papen, le baron prussien Wilhelm von Gayl (« représentant direct des gros agrariens de Prusse » et un des artisans du

---

24. Fontenay, tél. n° 31-32, 26 avril (et mois), *Canet*, 36, lettres n° 192, 14 juin, *Saint-Siège*, 37, n° 40, 30 janvier, *Allemagne*, 689, sans n° d'Alphand, Berne, 7 février 1940, *Canet*, 32, note DSG, Paris, 12 juillet 1932, AN, F 7, 13429.

renvoi de Brüning), adressa à ses homologues des *Länder,* le 29 juillet (à deux jours du scrutin), une lettre provocatrice sur la question scolaire. Elle louait « l'éducation austère et disciplinée à la "prussienne" », la « complète indépendance de l'école par rapport à la politique », les liens entre *Deutschtum* et *Christentum* et les bienfaits de « l'école confessionnelle ». À cette agression contre « les partis dits "marxistes" » accusés de « combattre toute morale et toute culture [et...] d'avoir une influence dissolvante sur la jeunesse », le *Zentrum* « pourrait sans difficulté [...] souscrire ». Tous les ennemis de « l'école "simultanée" » (laïque) se rallieraient à un Hitler si attentif au « problème de l'éducation [...] Si différentes que soient à cet égard les vues des nationaux-socialistes et des catholiques, ce terrain reste celui où un rapprochement entre ces deux grands partis pourrait encore le plus aisément se réaliser ».

Ce cas de figure fut réalisé peu après le nouveau triomphe électoral des nazis du 31 juillet, avec le concordat de Bade, signé le 12 octobre au couvent de Hogne, près de Constance, par Pacelli, Joseph Schmitt, président catholique du Land, Eugen Baumgartner, ministre catholique des Cultes, et Wilhelm Mattes, ministre populiste des Finances. Ce serpent de mer avait traîné pendant des années. Il fut repris « dans le plus grand secret » en août 1932 par les chefs politiques badois susnommés et surtout par Pacelli et un délégué de l'archevêque de Fribourg tout juste nommé (en juin), Mgr Konrad Gröber (nazi qui exigeait de son clergé « une attitude plus conciliante et plus "prudente" envers le national-socialisme »). Gröber serait associé au concordat allemand du 20 juillet 1933, en récompense de cette première mission pro-nazie de « concordat » bricolé « en dix jours ». Pacelli osa vanter, le 12 août 1932, son « "petit tour de force" » à Charles-Roux, qui le « félicit[a] de sa négociation record »[25].

L'étape fut décisive, malgré des apparences contraires : le NSDAP vota contre la ratification du concordat badois (le 9 décembre) comme le SPD et le KPD. Mais il ne rejeta que *publiquement* l'accord dont il récupéra la trace écrite peu après son avènement. Seule sa signification politique poussa les populistes à endosser un texte bien plus favorable au catholicisme que celui de Prusse : enseignement religieux obligatoire, subvention de 356 000 RM annuels en « marks-or », tutelle des « autorités ecclésiastiques » sur la nomination et la destitution des professeurs agréés par l'État, etc. L'opération que Pacelli déclencha et dont il suivit l'évolution quotidienne permit en effet « de détruire la coalition gouvernementale et d'élargir le fossé entre le Centre et la

---

25. Badia G. *et al.*, *Histoire*, 1, p. 228 ; lettres n° 660, Berlin, 3 août 1932, *Canet*, 36, Karlsruhe, n° 128, 14 décembre, n° 81, 7, de Charles-Roux n° 326, 20 ou 30 (?) septembre 1932, n° 280, 28 juillet 1933, *Allemagne*, 699 ; tél. 75, 12 août 1932, *SDN Saint-Siège*, 2189 ; Lewy G., *Catholic*, p. 22 et 350.

social-démocratie ». Pacelli y avait, à cet effet, inclus l'enseignement religieux obligatoire que la Prusse avait refusé en 1930 quand Adam Remmele, ministre SPD des Cultes, avait « entamé les premières négociations avec le Saint-Siège » sur un projet « ne contena[n]t aucune clause » de ce genre. Ainsi Pacelli et ses complices évincèrent-ils le SPD si longtemps conciliant envers les droites mais désormais entravé par « l'opposition très forte » de sa gauche et le veto « du parti communiste contre tout accord avec les Églises ». L'exorbitant concordat badois sonna dans le Land le glas de « la grande coalition » nouée en 1919[26].

Entre-temps Pacelli avait clamé son alarme sur l'agonie du parti qu'il organisait (comme en Autriche avec les chrétiens-sociaux) et imputé son décès imminent au laïc Brüning (qu'il haïssait). La tactique permettant d'innocenter son cher Kaas filtra de ses fausses confidences, fin septembre, au ministre de Roumanie au Vatican, Dimitri Ghika (dont le frère, Vladimir, avait averti Paris contre le pire « germanophile » de la Curie) : le Centre, « l'élément encore le plus sérieux et le plus pondéré d'Allemagne[, ...] manquait d'hommes » ; mené par un médiocre (Brüning), il était affaibli par l'effacement de sa « forte tête », Kaas, qui « serait malade et ne dirigerait plus son parti que de haut ». De l'égrotant présumé l'an 1933 attesterait la santé et l'apport, auprès de Pacelli, au pacte officiel entre le Vatican et le nouveau régime : Charles-Roux, ému par le concordat du Reich, trouva l'audace, « après coup », de le dire. Le Saint-Siège « tenda[it] à se rapprocher des hitlériens, par l'intermédiaire du Centre », mais mentait à Charles-Roux comme à Fontenay naguère sur ses préalables (risibles) au soutien d'un cabinet *Zentrum*-pangermanistes. Il met deux « conditions, religieuses et politiques, [pour] lever l'interdit frappant, dans certains diocèses allemands, les candidats et les associations hitlériens » : le NSDAP doit octroyer des « garanties religieuses » aux catholiques et « renoncer à sa politique agressive envers la France ». Pacelli s'encombrait si peu de « précautions » qu'il envoya à von Papen le 25 octobre 1932 un « mémorandum » relançant sur l'aumônerie militaire sa demande de concordat du Reich.

La Curie fut donc consternée par le scrutin du 6 novembre où le NSDAP perdit plus de 2 millions de voix. Le chargé d'affaires britannique rencontra des « personnalités vaticanes » accablées par ce revers, arguant « qu'en Allemagne, l'hitlérisme avait rendu le service de barrer la route au communisme, mais qu'aujourd'hui celui-ci opérait un retour offensif ». Invocation rituelle du péril rouge insincère, qu'admettrait en 1937 un Pacelli ironique : « savoir dans quelle mesure le communisme allemand à l'époque de

---

26. Lettres, Karlsruhe n° 128, 14 décembre 1932, *Allemagne*, 699, n° 47, 6 avril 1933, *Canet*, 36, n° 1057 de François-Poncet, Berlin, 17, de Charles-Roux n° 417, 8 novembre, et 7 septembre-14 décembre 1932, *Allemagne*, 699.

la prise du pouvoir par les national-socialistes représentait un danger direct insurmontable par d'autres moyens est une question factuelle sur laquelle le Saint-Siège n'a pas de sa propre initiative à se prononcer. »[27]

L'Autriche satellisée

Si le Reich confirma sous Weimar son hégémonie sur l'Empire balayé en 1918, le Vatican ne négligea pas ses deux reliques. Fallacieux féaux de l'Italie, les deux États raccornis par les traités redevinrent des alliés après avoir, comme la Hongrie, liquidé chez eux la révolution et rendu à l'Église les privilèges qu'elle avait failli perdre. Ils ne surmontèrent jamais au Vatican leur statut diminué.

L'enterrement des Habsbourg

La papauté conserva ses relations politico-mondaines avec les Habsbourg et la Cour, assidus à Rome, avec lesquels elle continua à comploter. Les archives de l'immédiat après-guerre décrivent les espoirs plus ou moins sincères placés dans la restauration monarchique que le Vatican avait lui-même exclue, et les lamentations sur ce « pauvre Charles » de Hongrie, expression de Gasparri quand le plan du prétendant échoua piteusement. Fin 1920, la rumeur circula que le Saint-Siège « jou[ait] un rôle actif dans les agissements » hongrois visant à restaurer la couronne de Saint-Étienne et à reconstituer « l'ancienne union » Vienne-Budapest : il voulait regagner auprès des Habsbourg « une influence dont il saurait tirer tous les bénéfices dans l'avenir [...] Des hommes de confiance seraient chargés de travailler l'opinion dans ce sens en France ». Benoît XV reçut le 31 janvier 1921 le héros du complot, l'ex-empereur Charles, ce qui signifiait, appuya Tedeschini, que la restauration était « possible pour la Hongrie ». À la conférence de Gênes d'avril-mai 1922, les Habsbourg reçurent encore des douceurs : le mémorandum antisoviétique remis à ses délégués par Pizzardo appelait en outre leur attention sur le patrimoine de l'ex-impératrice Zita et sur la fâcheuse clause du projet Benès de pacte de non-agression « considér[ant] comme une agression » toute intrigue monarchiste « dans l'une des nouvelles républiques d'Europe centrale »[28].

---

27. Lettres de Charles-Roux n° 347, 29 septembre 1932, *Saint-Siège*, 37, n° 280, 28 juillet 1933, et n 355, 6 octobre 1932, *Allemagne*, 689 ; *DGFP*, C, I, p. 267, lettre de Charles-Roux n° 423, 10 novembre 1932, *Saint-Siège*, 37 (élections, Badia G. *et al.*, *Histoire*, 1, p. 238-241), et Pacelli à Bergen, 30 avril 1937, *DGFP*, D, I, p. 964.
28. Lettres n° 30 de Doulcet, 1er mars 1921, *Canet*, 52 (et le mois ; *Saint-Siège*, 2-3, depuis la lettre n° 78 de Doulcet, 24 octobre 1920, *Autriche*, 60 et janvier 1921, *Canet*, 41) ; n° 600, Belgrade, 30 décembre 1920, tél. Doulcet n° 12-13, 31 janvier 1921, *Saint-Siège*, 3, et Cambon n° 75-76, 5 mai 1922, *Saint-Siège*, 4.

Ces amabilités masquaient un lâchage total. Le seul choix des nonces en terre austro-allemande avait placé dans l'ombre de Berlin l'ancienne capitale dynastique : Pacelli orchestrait tout entre Munich et Berlin. Marchetti, autre agent d'Erzberger, fut nommé à Vienne en décembre 1920 à sa demande, après avoir refusé la succession à Munich de Pacelli, « poste compromettant » qu'« il se démena » pour ne pas recevoir. La Curie avait encore en 1919 soutenu « la restauration autrichienne », donnant « au cardinal de Vienne [Piffl] et à Mgr Valfrè des instructions nettement favorables aux organisateurs du coup d'État ». Elle avait en fait cessé depuis la chute des Habsbourg de compter sur eux pour récupérer ce qu'ils avaient perdu. Les sarcasmes de Gasparri, en juillet 1920, sur la « puérilité des considérations » de l'ancien confesseur des maisons royales de Bavière et d'Autriche lié aux « princes réfugiés en Suisse », venu l'entretenir des « projets de restauration des anciennes dynasties dans les pays du Danube », cachait certes des complots communs. Mais son mépris n'était pas feint : « le prestige presque superstitieux » dont l'empire d'Autriche avait si longtemps joui auprès des papes « s'était évanoui comme par enchantement le jour de la disgrâce de la dynastie des Habsbourg »[29] – et même bien avant.

Le projet allégué de monarchie austro-bavaroise ne fut donc qu'une des tactiques d'agrégation des forces *unitaires* allemandes. Sous les *Heimwehren* « monarchistes » autrichiens, sous le plan de rattachement de la Bavière à l'Autriche « contre l'Allemagne de la Prusse orientale », leitmotiv pacellien *ad usum gallicum* depuis 1920, demeura intangible le plan d'Anschluss : en dépit des « illusions » de Charles, « le rattachement de l'Autriche à la Bavière ne serait en réalité que le prélude du rattachement de l'Autriche à l'Allemagne d'autant plus que la Bavière devient chaque jour davantage le centre du mouvement pangermaniste et militariste en Allemagne ». Le 24 janvier 1921, juste avant l'équipée hongroise du « pauvre Charles », Benoît XV mit les choses au point par sa lettre à Gasparri sur la misérable Autriche, « tête séparée du corps [qui] se débat au milieu des horreurs, de la misère et du désespoir » : tout s'y effondre, industrie et monnaie, « et l'on ne voit pas comment l'Autriche pourra trouver en elle-même les moyens qui lui permettront d'exister comme État et de donner du pain et du travail à sa population » ; l'indispensable « charité des cœurs généreux » ne pourra panser ses plaies, « puisque [...] l'Autriche ne possède pas les éléments d'une vie propre et indépendante ». Cet appel à l'Anschluss, qui avait été concocté dans le plus grand secret avec Bergen, fut précisé par Tedeschini devant « un diplo-

29. Lettre n° 104 de Doulcet, 5 décembre 1920, *Canet*, 41, EMM, 29 juin 1919, lettre n° 40 de Doulcet, 3 juillet 1920 (RP capucin Célestin), *Saint-Siège*, 2 ; *Allemagne*, 316, 367, 370 *et Autriche*, 60-63 et 72-74.

mate étranger » : il « a écarté résolument l'union avec la Hongrie comme la chose la moins réalisable par suite de l'antagonisme de la race. Il a dit qu'une confédération danubienne était impossible [...] et qu'un rattachement à l'Allemagne paraît plus normal en raison de l'identité de race et de langue »[30].

L'histoire de l'après-guerre fut donc celle de la maturation de l'Anschluss sous la férule d'une Église dictant sa loi aux 93,7 % de catholiques de 1931. Les prélats liés aux Habsbourg devinrent l'épiscopat sécessionniste des États successeurs, atout précieux car ici « le clergé [était] zélé [et...] son attachement au Saint-Siège n'[était] surpassé par aucun clergé au monde ». C'est ainsi que le cléricalisme autrichien contribua à la reconquête des États successeurs dont le bénéfice n'irait pas à la vieille dynastie. Le régime permit à la Curie, à partir du succès électoral chrétien-social du 17 octobre 1920 et du rejet consécutif de l'alliance forcée avec les socialistes, de régner jusqu'aux années 1930, à peine par procuration, sur un État condamné. Les chefs du parti, réactionnaires et antisémites frénétiques soudés à l'Église, étaient souvent membres de sa hiérarchie : tel Mgr Seipel, « ministre des Affaires sociales du dernier gouvernement impérial », maintes fois chancelier, aussi précocement pro-nazi que Rome. Réalisant d'emblée l'union des droites qui requit 14 ans en Allemagne, les chrétiens-sociaux gouvernèrent avec les pangermanistes « rattachistes » et démentirent leurs discours publics anti-Anschluss, destinés à Paris, par l'action en sa faveur, ouverte (au Tyrol, en Styrie et en Carinthie) ou clandestine (ailleurs).

Les nonces, Marchetti, puis, à dater du 22 février 1923, Sibilia, jouèrent un rôle très supérieur à celui de Pacelli dans le Reich, vu la faiblesse des partis non catholiques. Censurant mal leur hâte de l'Anschluss, ils enflaient à plaisir le péril rouge imaginaire, périodiquement réprimé dans un pays où les bolcheviques n'élurent jamais un député et où les « austro-marxistes » n'effrayaient pas[31]. Le « rattachement » envahit donc la vie du pays dans un consensus interne *réel* absolu entre forces étatiques. On ne citera avant 1925, pour éviter une liste fastidieuse, que la riche année 1921, dont émergent entre mille démarches tapageuses : d'une part, la tentative d'organiser des plébiscites sur la question, « agitation » que le chancelier allemand Wirth, après l'avoir suscitée et financée, stoppa brutalement début juin (ces « prépa-

30. Lettres de Tirard n° 7618, 3 novembre 1920, *Allemagne*, 367, n° 28 d'Allizé, 21, tél. Doulcet n° 9-10, 24, n° 12-13, 31, *Autriche*, 72 et 60, et Bergen n° 15, 27 janvier 1921, *Akten*, B, IV, p. 303.

31. 6,3 % de non-catholiques : 3,1 % de protestants et 2,9 % de juifs, lettre de Charles-Roux n° 83, 17 mars 1938, *Autriche*, 191 (tout *Autriche* et Weinzierl E., « Austria : Church, State, Politics and Ideology, 1919-1938 », *Catholics*, p. 6-30) ; note sd entre 11 avril et 5 décembre 1920, *Canet*, 41, Von Klemperer K., *Ignaz Seipel, passim*, lettre n° 64 de Lefèvre-Pontalis, 5 avril 1923, *Autriche*, 60 (et le 64) ; « saignées » du socialisme viennois, fonds et *op. cit*.

ratifs lui paraiss[aient désormais] particulièrement insupportables et dangereux pour les intérêts » du Reich confronté aux « grief[s de] l'Entente » ; d'autre part, en août, de grandioses manifestations catholiques en l'honneur de chanteurs bavarois d'« hymnes patriotiques », venus « un peu partout en Autriche » et « acclamés par la population » à Innsbruck sur la tombe d'Andreas Hofer, « le héros de l'indépendance tyrolienne [...] contre Napoléon ». « Ces associations musicales constitu[ai]ent en réalité de véritables sociétés de propagande [...] en relations étroites avec les associations militaristes. »

L'Anschluss à l'ère Hindenburg

Vers la fusion secrète de mars 1926

L'accession à la présidence du Reich du symbole du pangermanisme accéléra l'Anschluss. L'accord d'octobre 1924 entre Rupprecht et le Kronprinz déjà mentionné sonna le glas du mythe, utile pendant la Terreur blanche, de l'« union catholique bavaro-rhénane » contre « la Prusse et les États protestants de l'Allemagne du Nord ». En se désistant au profit des Hohenzollern, l'héritier des Wittelsbach avait définitivement accepté la *solution prussienne et unitaire* de la question austro-allemande. André d'Ormesson supposait que ce « désintéressement absolu dans les affaires prussiennes » lui vaudrait « une certaine liberté » dans la réalisation de « la mission bavaroise en Allemagne », l'absorption de l'Autriche. Les archives ruinent le mythe de future « Grande Bavière »[32], mais attestent l'efficacité de l'ancien royaume comme centre de « propagande rattachiste » (terme récurrent) et place d'armes de l'Anschluss, simple instrument d'une annexion prussienne.

Un habile partage des tâches entre *Zentrum* et pangermanistes officiels précéda les présidentielles de 1925. Le Centre réclamait (comme le SPD) l'expansion du Reich au nom de la paix et du droit des peuples à disposer d'eux-mêmes. La tactique, chérie du monde anglo-américain, plut aussi aux apaiseurs français : « ce sont, *observa de Margerie en avril 1927,* les partis les plus sincèrement pacifiques, les plus loyalement résignés à l'observation des traités de paix, qui se montrent les propagandistes les plus convaincus et les plus poussés de l'idée d'Anschluss ». À l'inverse, « la déclaration électorale » d'Hindenburg fit « le silence complet » sur l'Autriche, pour accréditer la légende d'un veto « à l'Anschluss [...d]es milieux prussiens et protestants » que ce trop gros morceau catholique étoufferait. Le muet à peine élu, l'action « rattachiste » se déchaîna : *« l'épiscopat et le clergé y travaillent activement*

---

32. Lettres n° 104 de Maugras, Vienne, 3 juin, n° 198 de Dard, 22 août 1921, *Autriche*, 73 ; EMM, 29 juin 1919, *Saint-Siège*, 2, et lettre de d'Ormesson n° 35, 6 juin 1925, *Autriche*, 75.

[et...] le Vatican appuie le mouvement auquel vont toutes ses sympathies », releva le renseignement français. Après de nombreuses rencontres à l'abri de ce tapage, le Reich conclut, entre les 26 et 29 mars 1926 à Berlin, avec l'Autriche du chancelier Rudolf Ramek, disciple et émule de Seipel, un accord secret « militaire, politique et économique », « non communiqué au Parlement ». Signé par Carl von Schubert, secrétaire général des Affaires étrangères allemand, et son homologue autrichien, ce « traité d'alliance » fut ratifié par les deux présidents de la République. Par cette « convention », bientôt connue de la France et de la Petite Entente, Vienne se livra à Berlin. Les tenaces rivalités économiques entre industrie et banque des deux pays n'avaient pas permis de lever tous les obstacles (l'accord prévit cependant qu'aucune faveur commerciale ne serait accordée à un État tiers sans discussion bilatérale préalable). Mais Vienne renonça à toute autonomie en consentant à sa subordination dans deux domaines cruciaux, diplomatie et armée.

L'atmosphère raviva les rumeurs sur les faveurs vaticanes pour l'Anschluss – et la liquidation de Versailles – à Londres, à la mi-avril. Doulcet osa contester par le menu un article du *Daily Express* en ce sens pour garantir « la réserve absolue du Saint-Siège » : il ne « souhaita[it...] pas [...] le rattachement » qui étendrait à l'Autriche « l'influence des universités allemandes, déjà si funeste pour la jeunesse catholique du Nord ». Le 18 mai, il démentit aussi le grand germaniste Edmond Vermeil, dont un article avait dénoncé les liens entre Vatican, Reich et autonomisme alsacien, pour déclarer Rome entièrement acquise à l'Europe centrale des traités[33].

Seipel et l'Anschluss

Mgr Seipel, qui pratiquait alors ses activités d'alternance avec la chancellerie – « conférences », congrès et publications –, en oublia les discours abscons pour francophiles sur « l'Idée autrichienne ». Il s'était depuis la fin de la guerre prononcé pour l'Anschluss – clairement et avec fougue – ou contre – mollement et vaguement – selon ses interlocuteurs. Les fonds français sont intarissables sur ses « finasseries », affirmations antagoniques, notes falsifiées remises à la presse sur le texte de ses conférences et déclarations, mensonges sur ses liens avec les pangermanistes, le rôle des *Heimwehren*, etc. Ces astuces parvinrent à l'apogée en juin 1925 lors d'une tournée de conférences en Suisse où son propos changea d'un jour à l'autre ou au fil

33. De Margerie, lettre n° 344, 9 avril 1927, *Autriche*, 78, tél. n° 715, 2 avril, note de renseignement, 27 mai 1925 (souligné dans le texte), *Autriche*, 75 ; note n° 45897, 9 août 1926 (toutes clauses), *Autriche*, 66, et lettre n° 14 de Beaumarchais, 13 janvier 1930, *Autriche*, 192, détail des clauses militaires (« traité secret » et « convention commune »). Poussée allemande semée d'obstacles et rôle économique moteur de Stinnes, « rattachement » ; lettres de Doulcet n° 54, 18 avril, et n° 73, 18 mai 1926, *Saint-Siège*, 5.

de la journée : louanges de la SDN et larmes versées sur les Habsbourg à Baden, en Argovie ; dénonciation de Versailles, « paix dictée et frontières arbitraires », et annonce de 90 % de partisans de l'Anschluss en cas de plébiscite à Zurich, devant des universitaires germanophiles ; discours plus modéré et vague à Berne devant le très germanophile chef du département politique des Affaires étrangères, Giuseppe Motta. L'année de l'Anschluss clandestin, Seipel omit les convenances qui avaient fondé ses bons rapports avec les Français – qui demeurèrent indulgents, arguant qu'il y avait pire pangermaniste que lui. En mars 1926, ses allocutions à Linz et Salzbourg et son article dans la revue *Volk und Reich* de Berlin prônèrent l'Anschluss, sous un enrobage « pacifiste » et « européen » écaillé par la référence à « la mission européenne du peuple allemand [qui] n'a jamais cessé depuis les grandes migrations [...] Les Allemands d'Autriche, d'après nous, doivent dans l'ensemble de la nation allemande, être les pionniers de la mission européenne de notre peuple et les hérauts de cette vérité que le devoir allemand est la reconstruction de l'Europe [...S]i nous parvenons à faire admettre des autres peuples la sincérité de notre attitude à cet égard, rien ne s'opposera plus au rattachement de l'Autriche et du Reich ». « Avant tout, l'ancien [et futur] chancelier est allemand », admit l'ambassadeur de France à Vienne Maurice de Beaumarchais : il était même si allemand que le *Deutsch-österreische Tageszeitung,* organe de la Ligue pangermaniste *(Alldeutscher Verband),* évoqua le 1er avril son projet de se fixer dans le Reich pour y diriger le *Zentrum.* Et que, début juillet 1926, Seipel participa aux « journées allemandes » de Regina, au Canada, « vieille province religieuse, à direction uniquement allemande ».

Accueilli triomphalement comme « membre de la race allemande », « il s'affirma comme un champion de la Grande Allemagne [...en] quatre discours » peu locarniens. À la gare, le 5, face aux drapeaux et bannières des délégations allemandes, il fustigea l'Europe de Versailles et exalta le *Deutschtum :* « "Les traités de paix appelés ainsi à tort ne vous changent en rien et ne vous enlèvent pas votre patrie intellectuelle allemande ; les cartes européennes peuvent changer, mais vous êtes toujours allemands, toujours unis par un lien sacré de notre foi catholique. Je vous salue, mes frères et mes sœurs, comme allemands et comme catholiques". Il parla ensuite au nom des Allemands d'Europe. » Le lendemain, en réponse à des compliments de ses hôtes « et "comme allemand", [il] félicita ses auditeurs de leurs sentiments religieux et patriotiques ». L'après-midi, il déclara : « les responsabilités de la guerre ne peuvent actuellement être déterminées [...] "mais il est impossible que le bon Dieu ait soumis tous les peuples à une pareille calamité, si tous n'étaient pas également coupables." » Le soir, « il fit ses déclarations les plus germanophiles, après qu'un évêque hongrois eut largement exposé l'amitié toujours vivante entre les peuples hongrois et allemand. Il célébra l'union des catholiques autrichiens et [...] allemands, exposa en des termes amphigouriques la malheureuse situation de l'Autriche et les iniquités des temps présents où, à la suite des traités, il y a plus de minorités ethniques sous la domination étrangère qu'il n'y en avait avant la guerre ». Il usa de « phrases comme celle-ci : "les vainqueurs ont pris ce qu'ils ont voulu, mais ils n'ont pas amélioré le sort de l'Europe. L'Autriche a été dépouillée" ». Il conclut sur une philippique « contre la lutte des classes » au Canada et sur l'appel à la répression : il « demanda [...] aux Allemands qui l'écoutaient, de s'inspirer alors de l'exemple des vieux pays allemands et autrichiens et de leur résistance au bolchevisme ». On imagine « l'effet de pareils discours sur les masses surexcitées et exaltées qui les écoutaient »[34].

Redevenu (depuis octobre 1926) chancelier à Vienne, Seipel y anima en juillet 1928 les « fêtes de Schubert », « démonstration retentissante à la fois pangermaniste et "rattachiste" » qui déchira le voile locarnien. Il pourfendait les « rouges » viennois, par la parole et l'acte : « sa qualité sacerdotale [...] ne l'a[vait] pas empêché de faire tirer sur le peuple par les policiers de M. Schober [...pendant] la journée sanglante du 15 juillet 1927. » Il toléra un an plus tard la promiscuité officielle avec un SPD très rattachiste. Car l'offensive pangermaniste austro-allemande fut orchestrée par le nouveau cabinet allemand à tête socialiste : les « majoritaires » avaient préservé la tradition wilhelminienne, avec le président du Reichstag Paul Lobe, héraut de l'Anschluss depuis la défaite et fondateur de l'*Österreich-deutsche Arbeitsgemeinschaft* (ODA) juste après l'élection d'Hindenburg. Lobe et le ministre SPD de l'Intérieur Carl Severing réussirent « une véritable mobilisation de plus de 150 000 hommes », festival de « cent mille chanteurs allemands organisés militairement et passant au pas de parade ». L'événement se déroula sous la houlette des deux gouvernements.

L'ambassadeur comte Clauzel déclara celui de Vienne « débordé dès le premier jour » avec une naïveté démentie par son rapport précis sur les discours, le *Deutschland über alles* joué après le salut de Seipel aux « chanteurs », etc. Entre autres délégués de la hiérarchie catholique, Seipel, Piffl et Sibilia regardèrent « dans la tribune officielle » le 22 juillet défiler ces belliqueux chanteurs. Le nonce (Sibilia) invoqua après coup l'obligation de ménager les pangermanistes luthériens à cause de leur « lutte contre les social-démocrates [dont l'] avènement au pouvoir [...] consacrerait le triomphe du bolchevisme en Autriche ».

L'opération afficha surtout des appétits menaçants non seulement pour « l'indépendance de l'Autriche » mais pour l'Europe des traités : de la France,

34. Lettre de Clauzel n° 194, 8 juillet 1929, *Autriche*, 60, tout *ibid.* et *Canet*, 41, tél. n° 114 d'Hennessy, Berne, 13 juin 1925, *Autriche*, 75, lettre n° 100 de Beaumarchais, 16 mars 1926, *Autriche*, 77 ; art. cit., BE 3 mai, *Canet*, 41, lettre n° 241, Montréal, 6 août 1926, *Autriche*, 66.

dénoncée en Sarre et à Strasbourg, à la Tchécoslovaquie en passant par la Yougoslavie, Memel, la Roumanie, la Pologne et le Schleswig danois. On recensa d'« innombrables délégués allemands de Tchécoslovaquie », et « plusieurs » de tous les autres pays déjà cités. Les bannières des marcheurs-« chanteurs » venus des quatre coins de l'Europe portaient, telle celle des Allemands de Dantzig, voilée d'un crêpe noir, « l'inscription : "faisons retour à l'Allemagne" ». Je mentionne pour mémoire les démentis sur le soutien à l'Anschluss renouvelés par Gasparri peu après l'épisode, et autres mensonges : Pie XI vanta en octobre l'union de l'Autriche avec la Bavière, qui « n'a nulle envie de se laisser absorber par Berlin ». Fontenay avalisa ces énormités : « Pie XI n'a pas encore pris position. »[35]

En février 1929, vers la fin des discussions sur le concordat prussien, fut évoquée la prochaine disparition du poste de nonce à Munich exigée par les « unitaristes ». Son texte même révéla l'avancement du dossier en stipulant au bénéfice des « universités autrichiennes [...] une exception » à la règle de nationalité allemande des futurs prélats. Cette clause (qui ridiculise le propos de Doulcet sur l'antipathie du Vatican contre les « universités allemandes ») reflétait les tractations Vienne-Berlin sur la naturalisation ou « double nationalité » et sur la fusion des universités, également pangermanistes. Car le « rattachement » progressait à marches forcées depuis 1926.

L'université de Vienne administrée par l'Église, fief pangermaniste et militariste de l'Anschluss, dispensait des enseignements dont Seipel feignit à l'automne de 1927 de tout ignorer. Deux professeurs de droit démontraient chaque semaine aux étudiants de Vienne, au moins depuis le premier semestre de 1927, l'inéluctabilité de l'Anschluss : l'un, spécialiste de « droit administratif », assurait un cours magistral intitulé « De la réunion de l'Autriche avec l'Allemagne, considérée comme un problème juridique », assorti de deux heures d'« exercices pratiques » en « droit constitutionnel » sur « le problème de la réunion des deux États » ; l'autre exposait « les exigences juridiques de la réunion de l'Autriche avec l'Allemagne ». On avait confié à un professeur d'histoire moderne un cours à la faculté de philosophie sur « les résultats des recherches concernant la question de la soi-disant responsabilité de la provocation de la guerre mondiale »[36], spécialité dont Seipel avait, à Regina, annoncé l'ouverture.

---

35. Lettres n° 790 de Margerie, 23 juillet 1928, n° 97 de Clauzel, 14 avril 1929, *Autriche*, 80 et 60 ; leitmotiv anti-SPD en 1928, *Autriche*, 80-81 ; sur Lobe, avril-juin 1925, *Autriche*, 75, et série ; *Tribune de Genève*, 25, Clauzel, tél. n° 144-146, 21, lettre n° 132, 23, et tél. n° 147-149, 22, *Autriche*, 80, tél. n° 27, Le Vatican, 30 juillet, *Saint-Siège*, 5, et lettre de Fontenay n° 173, 22 octobre 1928, *Autriche*, 81.

36. Lettres n° 33 de d'Ormesson, 18 février, de Gentil n° 285, 16 septembre 1929, *Allemagne*, 371 ; *Autriche*, 66-67 et 77-83 (projet de loi de naturalisation réciproque de 1928) ; lettre n° 235 de De Chambrun, Vienne, 12 décembre, et note, 5 novembre 1927 (Merkel, Wittmayer et Turba), *Autriche*, 80 et 79.

Les débuts de l'ascension d'Innitzer

Le Vatican, associé aux nominations des enseignants et administratifs ecclésiastiques, avait de longue date introduit à l'université de Vienne un clerc qui ne surgit dans les archives classées qu'en 1928, Mgr Theodor Innitzer. « Allemand des Sudètes » né en 1875 à Weipert, en « Bohême allemande », il effectua l'essentiel de sa carrière à Vienne, après des études dans un des fiefs romains du pangermanisme : « l'église germanique de Santa Maria dell'Anima », « collège teutonique » dont Pacelli devint le « protecteur » le 31 mars 1930, après la mort de Merry del Val (son titulaire depuis le 8 novembre 1907). Innitzer fut nommé à l'université en 1911 et en gravit tous les degrés de la hiérarchie, jusqu'aux postes de doyen puis de recteur, en 1928-1929, avant d'accéder à celui de ministre du « cabinet des capacités » du chef de la police Schober, en septembre 1929.

En novembre 1928, pour le 10e anniversaire de la république d'Autriche, le paraphe du « nouveau recteur » figura sur le numéro spécial du journal de la « Ligue » austro-allemande de Paul Lobe. Innitzer s'était joint aux nombreux signataires pangermanistes, agrariens, chrétiens-sociaux d'une déclaration rattachiste enflammée : « tous les directeurs de grandes banques et de grands établissements industriels », maint bourgmestre, les milieux artistiques et littéraires et « les principaux universitaires, dont les tendances allemandes sont connues depuis longtemps du département », tels les prélats-recteurs de Gratz et Innsbruck. Les abstentions de certains champions de l'Anschluss et protecteurs désignés des *Heimwehren,* comme le président de la République Wilhelm Miklas et « tous les gouverneurs de provinces », étaient purement tactiques. En septembre 1929, Wenzel Gleispach succéda comme recteur de Vienne à Innitzer promu ministre. Il célébra le 8 novembre 1929, lors d'une « semaine autrichienne en Allemagne » – étendue sur près de deux mois et explicite sur l'état des choses –, la mission historique de l'Autriche et de l'établissement, « bastion avancé de l'esprit culturel allemand, des caractéristiques et des mœurs allemandes. C'est le cœur plein de joie que nous voulons poursuivre notre mission pour l'ensemble du peuple allemand, sans réclamer récompense ni salaire. Mais lorsque viendra le jour où les frontières d'État tomberont, nous pourrons, alors, recevoir, la tête haute, les fruits de notre labeur ».

Innitzer préparait leur chute avec Pacelli, qui l'affecta à la réalisation de deux grandes étapes de l'expansion allemande : l'Anschluss et son corollaire, la liquidation de la Tchécoslovaquie. Pacelli réorganisa entre 1929 et 1933, avant de lui en confier les rênes, une « petite congrégation » allemande installée en Tchécoslovaquie, « l'ordre teutonique ». Cet « organe de propagande », centralisé à Troppau (Opavia) depuis mars 1933, comptait « seulement 125 religieux, dont six chevaliers » (anonymes) et quatre provinces dont chacune n'avait qu'une maison, et dirigeait une congrégation de 520 sœurs. « Toute petite chose » en apparence, il était chargé de « prépar[er...] les opérations allemandes tout à la fois en Autriche et en Tchécoslovaquie ». Cette mission valut à Innitzer une ascension vertigineuse. Il fut en novembre 1932, après la mort de Mgr Piffl (le 20 avril), nommé archevêque de Vienne, et gratifié à la mi-février 1933 du chapeau. Ce « tour de faveur », d'autant plus exceptionnel qu'il s'agissait d'une maigre promotion (six élus pour dix-huit postes vacants) après plus de deux ans sans nominations[37], fut un des dons de joyeux avènement d'Hitler. On retrouvera au chapitre 8, avec l'Autrichien Alois Hudal, recteur depuis 1923 de l'Anima romaine, autre protégé de Pacelli, Innitzer qui envahit depuis 1932-1933 la sphère austro-allemande. Car il remplaça *effectivement* Seipel déchu par Rome dès avril 1929 de la direction de l'État, et mort en août 1932.

Entre ces dates, l'accord austro-vatican était resté intact sur l'Anschluss : Seipel bénéficiait là d'une liberté quasi totale. La Curie (comme l'épiscopat autrichien) cautionna tout : l'absorption par les « anciens officiers allemands » nazis des *Heimwehren* dirigés depuis 1930 par le prince Ernst Rüdiger von Starhemberg, stipendié de Mussolini dont les « anciennes relations » avec Hitler, aussi solides, étaient moins notoires, les tractations intensifiées sur l'unification législative et les grandes manifestations rattachistes. Sans oublier le traité Curtius-Schober de mars 1931, pseudo-« union douanière [...] pour jeter les bases d'un Zollverein austro-allemand » relevant du « même plan » que le « traité » des deux empereurs du 12 mai 1918. La Curie observa sur l'affaire, bloquée par l'Entente un instant regroupée, un silence public de « neutralité ». Elle s'efforça surtout d'étouffer les vives rumeurs sur son enthousiasme. Pacelli et Ottaviani oscillèrent entre les arguments de la neutralité et de l'opposition par peur des rouges : « il suffisait de voir le danger bolchevique qui menace l'Allemagne pour ne pas être tenté d'y livrer aussi l'Autriche si l'Anschluss se faisait. » Pizzardo noya le poisson « avec une énergie rare [...] : "Pour nous ici, il n'y a qu'un Anschluss, celui de la France avec l'Allemagne et la Pologne. Il est indispensable. Il est la condition *sine qua non* de la Salvation de l'Europe" ».

Seipel donna donc jusqu'à son décès toute satisfaction sur l'Anschluss, et ses obsèques soulignèrent la vitalité du plan. Le ministre-président de Bavière, Heinrich Held, et le nouveau chancelier chrétien-social, Engelbert Dollfuss, se rencontrèrent près de Vienne à cette occasion, le 8 août 1932, pour « préconis[er] une entente de plus en plus étroite entre les

37. Note Canet, 20 octobre 1938, *Canet*, 40, lettre n° 60 de Charles-Roux, 15 février 1933, *Saint-Siège*, 47, note Canet, 29 avril 1939, *Canet*, 33, *Le Temps*, 22 septembre 1932, *ibid.*, 41, lettre n° 198 de Clauzel, 12 novembre 1928, *Autriche*, 82, annexe rapport Féligonde n° 392, novembre-décembre 1929, *ibid.*, 83, note Canet, 26 mars 1938, *Canet*, 41, lettres de Clauzel n° 654, 21 avril 1932, *Autriche*, 190, de Charles-Roux n° 60, 15, et n° 67, 18 février 1933, *Saint-Siège*, 47.

deux États ». L'Autrichien prononça un discours à vernis « culturel », réclamant « une collaboration intime [...] dans le cadre de la communauté de langue et de culture ». L'Allemand choisit le style *Blut und Boden* [sang et sol] : « nul au monde ne peut nous en vouloir, à nous qui sommes de même origine et de même sang, si nous voulons être le plus près possible l'un de l'autre. »[38]

II. La Hongrie : une pièce importante du dispositif anti-slave

Le Vatican et la Hongrie de Horthy, 1919-1925

Après la victoire remportée à Budapest, le Vatican afficha volontiers son soutien au « royaume de Saint-Étienne » contre « la nouvelle république » de Hongrie. Il avait naguère appuyé, via les Slovaques et les Croates (notamment en Bosnie-Herzégovine), les Autrichiens de François-Ferdinand contre les Hongrois que cette clique ultra détestait. Il s'adapta donc aisément à la réduction à un moignon d'un pays dont les élites en partie calvinistes n'avaient résisté au germanisme catholique des Habsbourg que pour tomber sous le charme de Berlin, en lutte pour assurer la relève allemande. Le régime dictatorial installé après l'échec de la révolution dans ce modeste État plut à la Curie, comme à certains monarchistes qui, tant à Budapest qu'à Vienne, admirent un an après le fiasco du « pauvre Charles » le caractère « chimérique » du retour au « drapeau blanc ». Les plus excités participaient *via* les *Heimwehren*, nœud des « intrigues des Wittelsbach et des Habsbourg », aux plans militaires dirigés par Ludendorff, l'« âme de tout le mouvement » contre les États ennemis. Leur « déception », conclut un diplomate français en janvier 1922, « risque de les jeter dans les bras de l'Allemagne et ils ne s'en cachent pas »[39] : le risque était dépassé depuis l'avant 1914.

Le Saint-Siège, comme les magnats, sut gré au calviniste Horthy du rétablissement de l'ordre sociopolitique et économique. Il apprécia la générosité de cet allié (hypocrite) de l'Italie et (sincère) du Reich envers l'Église romaine et la férocité de la répression menée depuis l'été 1919 contre rouges et juifs confondus dans l'opprobre. Rancœur et haine viscérale contre un

---

38. Lettres n° 62 d'Ormesson, 15 avril 1929, n° 208 de Clauzel, 25 septembre 1930, *Autriche*, 83 et 192 ; Weinzierl E., « Austria », p. 22 *sq.* ; *Autriche,* 82, 83 et 195 ; lettres n° 75 de Charles-Roux, 24 mars, de Fontenay, n° 147, 10 avril, n° 234, 25 mai 1931, et n° 119 d'Ormesson, 9 août 1932, *ibid.*, 195 ; Stehlin S., *Weimar*, p. 355-357.
39. Avant 1914, *NS, Allemagne, Saint-Siège et Autriche-Hongrie.* Rapport, 30 mars 1920, *Hongrie*, 42, lettres n° 30 de Doulcet, 1er mars 1921, *Canet*, 52, et n° 11 de Maugras, 23 janvier 1922, *Autriche*, 74.

régime Béla Kun assimilé au judéo-bolchevisme nourrirent ici un antisémitisme clérical effréné, qui facilita l'alignement sur l'Allemagne devenue nazie. La Hongrie suivit le pays désormais érigé en modèle après l'avoir précédé par ses pogroms de la « Terreur Blanche » de 1919-1920 et sa législation inaugurée par la loi du 24 septembre 1920 sur le *numerus clausus* à l'université. Budapest distillait des informations flattant l'antisémitisme vatican toujours en éveil. « *Une personne de Hongrie venue récemment pour parler avec nous comme d'ailleurs avec le gouvernement italien* me disait qu'en Hongrie les juifs forment le cinquième de la population alors qu'ils forment 80 % des professions libérales (avocats et médecins) », confia Gasparri début mars 1919. Un rapport hongrois du 16 mars (rédigé par la même personne), soulignait l'urgence de créer « une grande agence télégraphique catholique » capable de « s'opposer à la presse juive », source possible de la puissante Agence Fides créée dans les années 1920 par la Propagande. La presse ultramontaine soutint sans réserves l'activisme antisémite de la Hongrie blanche, l'assomptionniste *La Croix* incluse. Le 11 novembre 1920, un violent article identifia « à juste titre » les deux ennemis vaincus, rouges et juifs, et stigmatisa « la race conquérante » imposant le bolchevisme à la catholique Hongrie. Il justifia la loi sur le *numerus clausus* indispensable « pour sauver la jeunesse catholique-magyare », réduire le pouvoir de la presse juive, assurer « la renaissance catholique ». La Hongrie, délestée de ce fardeau, « est guérie moralement [...] L'esprit catholique est devenu le grand directeur de la vie économique et de la politique ».

La Curie pardonna donc à Horthy son protestantisme et le nonce Schioppa lui décerna à son arrivée à Budapest un satisfecit valant certificat de baptême. « Quoique personnellement calviniste », dit-il à l'ambassadeur de France en octobre 1920, il défend « la foi chrétienne ». Sous sa direction, « le peuple hongrois trouve dans la foi chrétienne et dans son union avec le Saint-Père une résignation à l'épreuve » – mention à strict usage français – « et la résolution de persister dans sa vocation historique en attendant l'heure de la résurrection » – propos révisionniste plus net. La nomination à Budapest, officielle depuis mai 1920, de Schioppa, auditeur de la nonciature à Munich et collaborateur de Pacelli, avait annoncé « que la politique du Saint-Siège en Hongrie sera[it] étroitement liée, comme il est naturel, à sa politique en Allemagne »[40]. Comme l'Autriche, la Hongrie flagornée ne fut donc traitée qu'en auxiliaire du Reich.

---

40. *Hongrie*, 42-43, lettre n° 64 de Charles-Roux, 7 mars 1919 (souligné dans le texte), *Saint-Siège*, 13, et rapport avec sa lettre n° 75, 16 mars 1919, *Hongrie*, 42 ; lettre n° 126 de Fontenay, 18 avril 1929, *Saint-Siège*, 7, *La Croix*, 11 novembre 1920, *Canet*, 52 ; lettre n° 229 de Fouchet, Budapest, 11 octobre, tél. Lacroix n° 219, Berne, 7, et note Canet, 24 mai 1920, *Hongrie*, 42.

Un épiscopat d'Ancien Régime

Mais ce supplétif eut un rôle essentiel pour la reconquête des territoires cédés, avec un haut-clergé tuteur du bas-clergé croate, slovaque et transylvain, donc des masses, agent de dissociation des États yougoslave, roumain et tchécoslovaque. Sur la puissance de la hiérarchie germano-magyare le rapport « remis au Vatican » par l'important Hongrois venu à Rome en mars 1919 portait un avis d'autant plus intéressant que son auteur était résolu à écraser le sursaut national et social du « clergé [...] prolétaire ». Il demanda au Vatican de se placer « sans délai » à la tête de la coalition contre une révolution qui menaçait avec les possessions de son clergé les intérêts romains.

L'impitoyable bilan de l'œuvre de ces « grands seigneurs » dans une Hongrie ressemblant à celle de « la France révolutionnaire après 1789 » aurait pu être rédigé par un analyste radical. « Responsables de l'anarchie religieuse de la Hongrie, comme les magnats le sont de l'anarchie politique et de la ruine nationale », ces « émissaires politiques » des Habsbourg, « gouvernement oppresseur » auquel les liait un « honteux esclavage », n'avaient « aucun contact » avec leurs desservants. Ignorant souvent « même la langue de leurs populations », absentéistes, « les évêques et les chapitres surabond[ai]ent d'argent ». Leurs mœurs n'avaient rien à envier à celles de leurs homologues de l'Ancien Régime français finissant, « je ne veux pas descendre dans des détails plus grands ». Leur énorme « propriété ecclésiastique » avait été préservée par un « régime quasi féodal », malgré les transformations structurelles de 1848. Les maîtres de l'Empire les avaient gavés de richesses foncières et autres pour leur fonction dans le maintien de l'ordre. Exclusivement allemands ou magyars au sein de peuples slaves, ils étaient tout dévoués à l'ancienne monarchie qui garantissait leur luxe, des revenus épiscopaux versés souvent « par centaines de mille de couronnes », des « privilèges honorifiques » et la domination totale de populations à écrasante majorité rurale.

« Réquisitoire implacable contre la politique du parti Tisza », ce texte suppliait « l'Italie, par l'intermédiaire officieux du Saint-Siège, de ménager la Hongrie et d'en favoriser le relèvement » contre les « Slaves du Sud », ce qui fut fait. Le Vatican partageait aussi son avis sur l'urgence de son intervention : il fallait « en s'appuyant sur le clergé [...] endiguer un mouvement qui mena[çait] toute la vie religieuse magyare » et surtout la propriété des « biens ecclésiastiques ». Maglione, Pacelli et Valfrè furent donc chargés en juillet 1919 par la secrétairerie d'État, qui « ne pouva[i]t agir directement, [...] d'organiser en toute hâte un mouvement contre-révolutionnaire et de faire appel pour le diriger aux jésuites et à tous les ecclésiastiques autrichiens, hongrois ou suisses de bonne volonté ». Le haut-clergé œuvra ardemment à l'écrasement du fugace régime de Béla Kun qui avait commis le sacrilège, via le « professeur Oscar Faber, israélite franc-maçon », de prononcer le séquestre et d'entamer la liquidation des biens d'« une des plus riches [Églises] du monde ». Après la victoire estivale qui lui rendit son rang à l'intérieur du territoire que définirait le traité de Trianon (4 juin 1920), l'épiscopat accourut à Rome sous prétexte d'y étudier la question des « intérêts religieux de la Hongrie » : c'est-à-dire organiser le combat contre les États successeurs qui avaient écorné le patrimoine foncier de ses anciens diocèses. À sa tête se trouvait Mgr John Czernoch, archevêque de Gram-Esztergom et primat de Hongrie, « le chef du nationalisme magyar, et comme tel le grand adversaire de la Tchécoslovaquie et de la Roumanie »[41], mais aussi de la Yougoslavie.

Les revendications territoriales

Le révisionnisme le plus radical des traités se maquilla d'emblée ici en défense de la foi catholique. L'utilité de l'instrument hongrois fut révélée par Schioppa à son arrivée triomphale à Budapest, le 3 octobre 1920, d'interview d'accueil (le 3) en allocution au congrès eucharistique (le 24), et par l'écho accordé à l'événement par l'*Osservatore* : d'énormes « manchettes », procédé inédit, « le lyrisme de l'éditorial, les passages relatifs au traité de Trianon, l'allusion à la présence de la famille royale de Hongrie », etc.

Le 3 octobre, Schioppa larmoya, sans citer le traité du 4 juin, sur « une nation [...] frappée par une immense douleur [...] à cause de la situation présente [...L]a Hongrie est pauvre et dépouillée de tout ce qui lui est nécessaire. Tous les yeux sont remplis de larmes », mais elle « est pleine d'espoirs et met son avenir dans la justice. Toute la nation a foi que l'heure viendra sûrement où les injustices commises seront réparées ». Il ne s'agit pas « de rancunes ni de désir de revanche mais seulement d'une confiance inébranlable dans le triomphe final d'une cause juste ». Cette formule finale, apaisante pour l'Entente, disparut au congrès du 24 octobre, dans l'« enthousiasme [d'une] foule considérable ». « On vous a pris vos canons et vos navires de guerre ; violemment on vous a arraché la terre et le pain qu'elle donne ; on a enlevé vos trésors, les sources de la vie ; néanmoins vous conservez une force, un trésor dont la valeur est incommensurable : [...] la foi [...] c'est elle qui vous fortifie dans ces heures critiques ; c'est elle qui vous autorise à espérer en un avenir meilleur, grand et heureux ; et cette espérance doit devenir réalité. Ce sont les paroles que notre Saint-Père m'a chargé de vous apporter. » « Cette manifestation, *commenta Canet*, jette un jour assez éclatant sur la politique

41. Rapport avec lettre n° 75 de Charles-Roux, 16 mars 1919, *Hongrie*, 42, Loiseau, 1er fascicule, 1920, Information, 31 juillet 1919, *Saint-Siège*, 3 et 2, tél. Barrère n° 2035, 1er septembre 1919, *Hongrie*, 42, et tél. Leygues, Paris, 8 décembre 1920, *Tchécoslovaquie*, 37.

pontificale et la part qu'elle prend au grand projet de restauration de la puissance austro-allemande. »[42]

Le dossier tchécoslovaque éclaire la mission de l'épiscopat hongrois, truchement du Vatican contre ce pays sacrifié certes à la Hongrie (supposée avaler la Slovaquie) mais surtout au Reich (les Sudètes et la Bohême-Moravie). Czernoch était membre de droit, comme les principaux dignitaires, de la Chambre haute, ce qui revenait à confier au Saint-Siège « un certain nombre de sièges au Parlement ». À ce titre second personnage politique de l'État hongrois, il fut utilisé jusqu'à sa mort (1927) contre Prague et Bucarest : Rome invoquait ses imprécations pour ne pas fixer de nouveau statut aux diocèses sis en Slovaquie et en Transylvanie roumaine. La « majorité » des 1 078 paroisses et de leurs 1 405 prêtres slovaques « demeur[a] donc soumise à l'influence ou au contrôle de l'archevêque d'Esztergom et de l'évêque magyar de Kosice ». Le hongrois continua à y être utilisé alors que le slovaque était proscrit, et « les difficultés et les vexations » infligées aux prêtres slovaques les firent massivement émigrer en Amérique. La gestion provisoirement tchécoslovaque du diocèse de Trnava fut remise au printemps de 1922 à un « administrateur apostolique », Mgr Pavol Jantausch : il était soumis, « malgré son apparente indépendance [, à] l'influence de Mgr Czernoch », et nommé comme tous ses pairs « sans l'approbation du gouvernement ». Bref, en Slovaquie, les intérêts hongrois (et allemands) furent gérés par un épiscopat, soit latin, soit, aux marges orientales, uniate.

La Curie, par nonces interposés, y organisait la subversion permanente : elle s'y appuyait sur l'abbé Andrej Hlinka et sur son « parti populaire de Slovaquie », dont « le faisceau central [était] composé surtout d'ecclésiastiques [et] de propriétaires » attachés à l'ordre ancien et résolus à le rétablir. Czernoch obtint aussi « du Saint-Siège le maintien de l'intrusion germano-magyare en Transylvanie » et dans le Banat roumains. Comme leurs homologues allemands, les « évêques hongrois [...] continu[èr]ent à faire de la politique active dans les pays annexés », aidés des nonces, tel Francesco Marmaggi. Celui-ci élut domicile chez l'ennemi allemand juré de la Roumanie resté en poste, Netzhammer, et assaillit le pays d'accueil, d'abord d'octobre 1920 à octobre 1922, puis à nouveau de janvier à mai 1923. Bucarest exigea alors son départ après une agression verbale contre l'Église orthodoxe[43].

---

42. *OR*, 30 octobre, note, 2 novembre, lettres de Fouchet n° 225, 4 octobre, n° 267, 20, et note Canet, 6 novembre 1920, *Hongrie*, 42.
43. Lettres de de Vienne, Budapest, n° 77, 7 mai 1927, n° 32, 5 février 1928, *Hongrie*, 42, n° 1 de Rötig, Bratislava, 20 février 1921, n° 137 de Couget, Prague, 6 juin 1922, n° 12 de Rötig, 18 novembre 1922, n° 288 de Cosme, Prague, 20 décembre 1924, *Tchécoslovaquie*, 37 ; note, 26 mars 1920, tél. n° 26 de Pellé, Constantinople, 12 janvier 1923, H. Cambon, Bucarest, tél. n° 435-436, 27 octobre 1920, lettres n° 112, 4 octobre 1922, et de Manneville n° 128, Bucarest, 19 mai 1923, *Roumanie*, 25 (et ce vol.).

Le primat évoquait moins librement, en public, ses diocèses croates perdus car l'avenir de la Croatie divisait les conjurés contre les États successeurs. Czernoch avait toujours servi les Empires centraux et les nouveaux dirigeants hongrois maintinrent le cap : Horthy détacha à Munich auprès de Ludendorff « son propre beau-frère », le colonel d'état-major Yanki, à la fin de 1921. Les Hongrois, « invités » de l'Orgesch bavarois, seraient les vautours des invasions à venir : selon le plan du 4 août 1922, la Hongrie n'attaquerait pas la Slovaquie mais récupérerait des territoires en cas d'effondrement intérieur des pays voisins. Cette coalition armée d'Allemands, Autrichiens, Croates et Hongrois menaçait aussi l'Italie, honnie de tous ses agents. Le vif conflit germano-italien et croato-italien peut seul expliquer le silence public de Czernoch sur ses anciennes terres croates. Mais il les réclamait aussi, hors des tréteaux, ainsi que la Serbie.

Il fit donc pression en 1922-1923 sur Mgrs Dubois et Luçon, cardinaux-archevêques de Paris et de Reims, dont l'indulgence lui vaudrait, espérait-il, celle de Paris à la commission de délimitation des frontières. Le 20 avril 1922, il sollicita Louis Dubois, qui était déjà intervenu en sa faveur au récent conclave, pour « sauver des terrains d'extension considérable » que la « frontière artificielle » de Trianon lui avait arrachés au profit de la Tchécoslovaquie. Le 30 août 1923, « le plus passionné et le plus puissant des nationalistes magyars » fit appel à Louis-Joseph Luçon, sous couverture antibolchevique. La Hongrie chrétienne, « pas coupable d'avoir provoqué la guerre [...et] toujours réfractaire aux courants radicaux et destructifs », avait, la première de « toute l'Europe », écrasé ce nouveau « péril turc ». La grande France catholique, elle-même si menacée de « tendances radicales », ne pouvait demeurer « privé[e] de l'appui de la Hongrie débilitée ». Après avoir maudit les traités par lesquels « de grandes parties du pays échouèrent sous la domination de la Serbie et de Roumanie schismatiques, et de la Tchécoslovaquie radicale, promotrice de l'Église nationale slave », il aborda le vrai motif de l'entretien. Quatre diocèses de Croatie mis à part [cas trop délicat], dit-il, vingt-six appartiennent à la Hongrie. « Il n'en reste que cinq d'intacts, tandis que six sont complètement perdus, onze sont coupés par les nouvelles frontières », six conservent leur siège en Hongrie, « cinq sur les territoires détachés ». L'expropriation des biens n'a donné lieu qu'à compensations « dérisoires » en Roumanie et en Serbie, et Prague les menace de « sécularisation » comme tous « les États voisins ».

L'épiscopat ultramontain français cautionna ces criailleries dans une motion transmise au Quai par Luçon recommandant « 1° d'obtenir des nouveaux États qu'ils servent plus fidèlement les stipulations du Traité en faveur des minorités ethniques de langue et de religion différentes, et qu'ils s'abstiennent de mettre obstacle aux libres relations des fidèles avec leurs évêques et des évêques avec leurs fidèles ; 2° de ne pas accabler la Hongrie, déjà si maltraitée, de nouvelles charges de réparations » : il convient « de ne pas oublier les propositions de paix séparée de l'empereur Charles Ier et de ne pas traiter la Hongrie avec la même rigueur que l'Allemagne ». Se « prêter » à ces revendications « absolument inacceptables », trancha Canet, « serait annuler le traité de Trianon »[44]. Paris n'y songeait pas en 1922.

L'ère d'Orsenigo et Seredi 1925-1932

L'encerclement par le futur Axe des alliés français de la Petite Entente avança dans la période suivante, sous la houlette d'Orsenigo, successeur à Budapest de Schioppa nommé à La Haye en mai 1925. Mgr Orsenigo était l'« homme du pape », naguère son supérieur à l'Ambrosienne de Milan, et l'intime de Pacelli. Il exerça sur l'épiscopat une tutelle dont les aspects attentatoires à la souveraineté nationale horripilaient les tartufes (protestants) hongrois, conscients que leur pays ne jouait, malgré ses proclamations de grande nation catholique, qu'un « rôle d'appoint » (François Seydoux) dans les plans allemands du Vatican. En témoigne le long conflit sur les nominations ouvert début 1926 par la vacance du siège de Pecs. Horthy invoqua la loi de 1920 stipulant transfert à l'État hongrois des droits de la couronne de Saint-Étienne, tel celui « de présentation » des évêques à Rome. En vain. Orsenigo confirma en 1927 la caducité des concordats et la « résistance opiniâtre et invincible [du] Saint-Siège » aux prétentions de Budapest[45].

Ce veto fut manié à la mort, en juillet 1927, du vieux Czernoch. Il visa moins le régime, simplement avisé qu'il n'avait aucune autorité sur le Vatican, que les nostalgiques de la monarchie enterrée. Czernoch, haute personnalité d'avant 1918, grand seigneur, homme de confiance et ami de François-Joseph et du comte Istvàn Tisza, avait été « le vivant symbole de cette foi presque unanime en une restauration dynastique ». Or, la Curie le remplaça début décembre 1927 par Mgr Jusztinián Seredi, « frère d'un chef de gare », ainsi mis à la tête de prélats issus « de cette classe arrogante » des magnats. Elle infligea ainsi une grave humiliation sociopolitique à cet épiscopat monarchiste, que ses « biens considérables » rendaient « plus indépendant » qu'il ne convenait. Le choix comme primat du bénédictin Seredi, conseiller de la légation de Hongrie au Vatican, fut un jalon majeur du triomphe de l'ultra-

44. Lettre n° 11 de Maugras, Vienne, 23 janvier 1922, information, « mi-août 1922 », *Autriche*, 74, lettres de Czernoch à Dubois n° 1175, 20 avril 1922, et sans n°, 30 août, de Luçon au MAE, 27 septembre, et note Canet, 10 octobre 1923, *Hongrie*, 42.
45. Lettres n° 97 de Carbonnel, Budapest, 9 mai 1925, *Hongrie*, 42, de Charles-Roux n° 251, 6 août 1935, *Canet*, 37, note n° 47-25, 2 juin 1925, *Autriche*, 75, lettres de Doulcet n° 38, 26 mars 1926, de Mathieu de Vienne, Budapest, n° 77, 7 mai, et de Doulcet n° 71, 6 juillet 1927, *Hongrie*, 42.

montanisme contre les tentations joséphistes : un « coup d'État imposant à l'Église de Hongrie un chef capable de la réformer et de la ramener à la stricte observance », sous la poigne d'Orsenigo, et un signe net du traitement du pays en satellite du Reich, non en grande puissance. « Fixé à Rome depuis vingt ans », pétri de « discipline romaine », Seredi fut nommé cardinal au consistoire de Noël 1927. Promotion exceptionnelle, insista le nonce : « voyez ce que Sa Sainteté fait pour la Hongrie ». Ce produit-type de la stratégie de « dénationalis[ation] » romaine fut honoré le 8 janvier 1928 d'un sacre somptueux à la Sixtine. D'apparence monarchique, il ne fut qu'« un coup habile » du chef du gouvernement Bethlen pour « entretenir la rivalité entre les prétendants au trône » qui se disputaient un mirage. L'entrée du primat à Budapest, « à la tête des magnats », le 19 janvier, fut suivie, le 29, de la rituelle cérémonie d'Esztergom. Les magnats civils et « certains évêques », mal remis du « soufflet » que leur avait appliqué l'« ascension impromptue » de ce roturier, la désertèrent.

Leur blessure d'amour-propre ne ternit ni l'éclat ni le sens de cette provocation contre le *statu quo* de 1919-1920. L'instrument « hongrois » – Seredi n'était pas magyar – du Vatican annonça la couleur devant le corps diplomatique invité par Orsenigo, « procédure [...] appliquée nulle part ». « Slovaque d'origine [...] dont le nom a été magyarisé », il devait, selon la presse hongroise, « incliner les Slovaques vers la Hongrie ». Il devait aussi combattre les États successeurs comme l'annonça son échange, à la cérémonie de Budapest, avec le préfet de Györ. Celui-ci glorifia le prélat « né dans le comitat de Pozsony (Bratislava), arraché à la Hongrie par le traité de Trianon. Nous voyons dans Votre Éminence l'idée vivante du retour aux anciennes frontières ». Seredi saupoudra de religion un « discours d'un irrédentisme presque incendiaire » explicitant sa devise « Pax et Justitia ». « Je suis donc venu me fixer ici [à Pannonhalma], comme réfugié expulsé de ma propre patrie » mais l'alliance italienne arrangerait tout : « il est très important pour nous que l'intérêt de cette grande puissance se tourne vers notre pays. » Lui-même représentait « la vérité hongroise qu'il lui avait été permis de faire entendre dans la Ville éternelle », vérité « d'existence piétinée, de libération et de résurrection, de frontières déplacées et recroquevillées, de pensée aux provinces perdues [...] Nous devons rendre à Dieu, [...] aux hommes, [...] à notre patrie ce qui lui appartient, afin qu'elle puisse se relever de ses ruines [...] Si nous travaillons épaule contre épaule, nous rétablirons notre patrie millénaire que nous laisserons à nos descendants pour mille nouvelles années [...] Ma nomination [...] unit moralement les territoires arrachés à notre patrie, [...] notre pauvre Hongrie foulée aux pieds dans la poussière. Je prie le Dieu tout-puissant de me permettre de collaborer dans la mesure de mes forces afin qu'elle redevienne ce qu'elle était autrefois. Sa Sainteté le pape a témoigné à mon égard d'une bienveillance particulière, et ceci parce qu'il a compris surtout la Hongrie. Si les nations petites ou puissantes nous dédaignent, le vice-roi du Christ sur la terre déclare courageusement et clairement au monde que la Hongrie a défendu non seulement la croyance catholique, mais encore la vraie civilisation, et cela pendant des siècles. Nous devons être reconnaissants au pape d'avoir fait ces déclarations à une réunion internationale à laquelle étaient présents ceux-là mêmes qui nous ont abaissés. Tant que la justice de la grande Hongrie n'aura pas été rétablie, il ne pourra y avoir de paix hongroise. Je me suis efforcé ces derniers mois de faire voir à tous l'injustice qui nous a été faite, pour qu'enfin ceux qui nous ont mutilés apprennent l'histoire et la géographie. Dieu merci, l'aurore commence à poindre et [...] la pénible situation actuelle fera bientôt place à un ordre nouveau dans lequel notre pays saura attirer sur lui l'attention et l'estime de l'étranger »[46].

La Petite Entente ainsi bafouée hésita, montrant à la fois sa colère et sa soumission aux injonctions de la France, complaisante envers Budapest. Ses ambassadeurs consentirent, après un débat à trois, à assister à « une réception ordinaire » du corps diplomatique en l'honneur de cet ennemi. La Tchécoslovaquie, « particulièrement visée par les discours patriotiques du nouveau primat », fut d'abord la plus réticente. « L'imbroglio s[e] poursuiv[ant] », « le Yougoslave [...] marqu[a] le coup » seul, en s'y abstenant[47].

L'insupportable Seredi entama dès 1928 avec Orsenigo une croisade contre le divorce, ulcérante pour une nation dont deux des trois religions d'État (protestante et juive) l'admettaient. La « cléricalisation » frappa même les privilégiés, dont Czernoch, libéral sur ce point, agréait les fréquentes demandes d'annulations de mariages. Horthy avait cependant motif à flatter cet émule en dictature intérieure, dont il admit l'utilité extérieure devant l'ambassadeur de France : « c'est ce nonce qui est le maître de tout. Il prépare, il propose et Rome dispose sans que je puisse rien dire », tant sur le problème des aumôniers que sur celui des « grands biens. Si on nomme ceux-là seulement qui acceptent d'envoyer là-bas la moitié de leurs revenus, qu'est-ce que je peux faire ? Mettre un gendarme sur le bien c'est tout ». Il avoua presque l'alliance passée avec les deux Rome contre la Petite Entente

---

46. Lettres de De Vienne, Budapest, n° 155, 29 juillet 1927, n° 32, 5 février 1928, n° 279, 21, tél. Doulcet n° 37, premières lettres de De Vienne n° 276, 3 décembre 1927, *Hongrie*, 42, de Doulcet n° 9, 9 janvier 1928, *Canet*, 42, de Charles-Roux n° 483, 19 décembre 1927, de De Vienne n° 32, 5 février 1928, n° 80, 29 mars 1929, et *Pester Lloyd*, 19, 20 janvier 1928, *Hongrie*, 42.
47. Lettre de De Vienne n° 41, 10 février 1928, *Hongrie*, 42. Pression de Seydoux sur Benès, qui fustigeait les Hongrois « extrêmement orgueilleux et encore plus fourbes que les Allemands », note n° 47-25, 2 juin 1925, *Autriche*, 75.

quand le Français lui demanda : mais pourquoi ne vous servez-vous pas de Seredi : « Ah ! il est si faible !.. Le pape a tort. Il devrait comprendre que son intérêt est de s'appuyer sur nous.

– Contre qui ?

– Au nord contre les hussites [Prague], au sud contre les orthodoxes » [Belgrade et Bucarest], mais la question se pose de savoir si l'Italien Ratti (Pie XI) fera preuve d'« une énergie égale à celle du Quirinal ». Les manifestations irrédentistes italo-hongroises du début des années 1930 rassurèrent Horthy, mais en masquant une satellisation bien plus allemande qu'italienne. Berlin avait pourtant chassé toute illusion sur les pourboires que la Hongrie pouvait en attendre. Début août 1928, alors que la Hongrie venait d'accueillir « plus de 2 000 chanteurs allemands » après leur démonstration viennoise et de célébrer « la grandeur de l'Allemagne », Lobe prononça son « discours du Burgenland ». Ce « coup de théâtre », après tant d'effusions, avisa Budapest qu'elle ne tirerait pas de l'Anschluss un pouce du riche Burgenland-frontière [austro-hongroise] revendiqué : le Reich se réservait *toute* l'Autriche[48].

48. Lettres de De Vienne n° 193, 10 septembre 1927, *Canet*, 42, n° 319, 16 décembre, n° 204, 25 novembre 1928, n° 80, 29 mars 1929, *Hongrie*, 42, et n° 213, 10 août 1928, *Autriche*, 81.

La lutte contre la France : vers la reconstitution du Reich à l'Ouest (1920-1932)

L'aide au Reich vaincu impliquait une intervention vaticane permanente dont la guerre avait, avec les initiatives « pacifistes », tracé le contour. On étudiera ici ce soutien diversifié contre la politique d'exécution française, avant de décrire les méthodes utilisées pour reconstituer les frontières occidentales.

I. L'alliance tactique anglo-saxonne, 1920-1932

Voies et moyens de la récupération de l'Empire perdu

L'accord avec Londres et Washington contre Versailles

L'assistance à l'expansion coloniale italienne et la soustraction du Reich à sa déchéance impériale impliquaient concessions aux Anglo-Américains. L'effort missionnaire américain fut conduit par un épiscopat d'origine irlandaise ou allemande et par des missionnaires allemands « qui, expulsés des colonies allemandes, [avaient], en très grand nombre, cherché un autre champ d'action aux États-Unis où ils comptaient déjà des confrères ». Les pères du Verbe divin, nombreux dans le diocèse germano-irlandais de

Chicago (Mgr Mundelein, archevêque depuis 1919), furent mobilisés contre la tutelle française de l'OPF. Participa à l'offensive le principal préposé à la reconquête « ecclésiastique » de l'Empire allemand, le RP Joseph Schmidlin, dont le mémoire de 1916 vitupérait cette œuvre « en somme exclusivement française, [...qui] n'a[vait] jamais accordé la moindre concession aux légitimes désirs allemands ». La campagne contre les horreurs françaises dans les colonies allemandes naguère si prospères trouva, comme toute « la propagande allemande », un solide relais « aux États-Unis ». Dès les débuts du plan anti-OPF, des « rumeurs [...] dans les milieux catholiques » y accrurent « les souscriptions recueillies un peu partout », de l'Est aux Grands Lacs, notamment chez les chevaliers de Colomb. Ces fonds alimentèrent une campagne exigeant le remplacement des Français en Orient et en Extrême-Orient par des missionnaires allemands ou « d'origine allemande »[1].

En juin 1919, Cerretti avait enjoint l'Entente de maintenir les missions allemandes, impératif apostolique jugé apte à ébranler « tous les catholiques du monde, même ceux des nations de l'Entente ». À l'été 1920 fut déclenchée l'offensive pour « réviser le traité de Versailles [...] toujours sous le couvert d'une propagande extérieurement "religieuse" » : elle visait, avec l'appui américain et neutre, Suisse en tête, l'abolition de l'article 438. Rome attisa donc les rivalités franco-anglaises : van Rossum critiqua en octobre 1920 devant Doulcet « en termes très sévères » la « chasse [anglaise] aux missionnaires allemands ». Berlin fixa simultanément par note à Benoît XV les « arguments » à invoquer : le sort des missions se jouait des interdits séculiers, le Christ ayant conféré « pleins pouvoirs » au pape, « commandant en chef de l'Armée des missionnaires [...] Celui qui l'entrave (sans aucun motif valable et juste) pèche contre sa grandeur et son indépendance. Le fait d'exclure une grande partie des messagers catholiques du champ des missions est une persécution de l'Église, de même que le fait d'expulser des ordres religieux des autres pays ».

L'expansion clandestine avait alors déjà repris. Selon la catholique *Tierische Zeitung* (journal de Trèves) du 9 septembre 1920, Benoît XV avait assigné aux Allemands « de nouveaux et importants territoires de missions au Brésil. Sur l'immense champ apostolique de Santarem, plus vaste que toute l'Allemagne » régnait Mgr Amandus Bahlmann, originaire d'Essen. Le pape avait également assuré le préfet apostolique de la *Deutsche Salvatorian Mission*, dans l'Assam (en Inde) « *que de nouvelles démarches diplomatiques*

1. *Saint-Siège*, 3, 17, *États-Unis*, 17, 336, « Le rôle », p. 33-43, note Canet, 29 juin 1922, *Saint-Siège*, 7, lettre du MAE, sd ni n°, entre 1926 et 1927, mémoire Schmidlin, *Canet*, 40, lettre n° 129 de Jusserand, 29 juillet 1919, *États-Unis*, 19, et note, 9 mai 1924, *Saint-Siège*, 7.

seraient tentées en vue de [leur] rendre possible [...] le retour dans cette contrée »[2].

Le ministre de l'Intérieur du Reich Erich Koch inclut dans sa circulaire aux *Länder*, le 6 janvier 1921, ce dernier des neuf points préalables à tout concordat : « la Curie n'autoriserait aucune réduction du nombre des missions sous contrôle allemand dans les autres pays. En cas d'impossibilité pour des raisons diplomatiques, elle permettrait aux missionnaires allemands de poursuivre leur travail sous la tutelle de supérieurs d'autres nationalités. » Koch fut vite exaucé. Londres, encore gâtée en Orient et en Afrique, négocia avec la Curie au premier trimestre de 1921, « avec l'assentiment des États-Unis, aux fins de maintenir ou de rétablir les missions allemandes supprimées par le traité de Versailles [...] en Afrique britannique ». L'accord, rendu possible par la concession, en juin 1919, du transfert des biens allemands « à des missions catholiques d'autres nationalités », fut appliqué via la Suisse alémanique : en octobre 1920 la *Marianhilfer Mission* fut fondée à Zurich pour « envoyer, sous une étiquette suisse, dans les anciennes colonies allemandes, des missionnaires pour y défendre l'influence germanique ». Les Autrichiens du Sacré-Cœur de Salzbourg, dont les missions d'Afrique constituaient le « but principal », s'y associèrent.

Pie XI assura la continuité, félicitant début mars 1922 « la Société italienne contre l'esclavage » de son combat « contre l'exclusion des missionnaires allemands de leur ancienne sphère d'activité ». En août, le « congrès suisse des Missions catholiques » d'Einsiedeln réunit « une semaine entière » cinq mille participants dont la surreprésentation allemande (délégués des cardinaux de Cologne, Vienne, Munich, coadjuteur d'Aachen, prince Aloys zu Löwenstein, etc.) motiva le retrait « au dernier moment » ou l'éclipse au fil des séances de certaines personnalités françaises. Le cardinal Bourne avait délégué le directeur des Missions catholiques de Londres, au titre des nouveaux territoires concédés aux « missions suisses en Afrique britannique ». « L'élément romand était peu représenté », mais pas l'état-major de l'Église suisse alémanique : « les premiers rôles ont été joués comme il fallait s'y attendre par le haut-clergé de Saint-Gall, de Lucerne et des Grisons » ; Fribourg figurait dignement. La dernière journée balaya tout faux-semblant. Mgr Hernemann, évêque allemand du Cap naguère expulsé du Cameroun, décrivit « les épreuves des missions allemandes du Cameroun » et flagorna ses hôtes. Il « donna les missions suisses comme ses meilleures consolatrices », vanta leur expansion dans la province du Cap où « deux stations

2. Lettre du MAE à Tirard, Paris, 13 octobre, *Canet*, 40, note n° 162, 8 septembre, lettres n° 83 de Doulcet, 27 octobre, *Allemagne*, 367 (et septembre-octobre), et du MAE, 13 octobre 1920 (souligné dans le texte), *Canet*, 40.

chrétiennes s'appellent déjà Engelberg et Einsiedeln » et lança « un appel aux Suisses en faveur des missions dévastées du Cameroun ». L'évêque de Coire, von Grüneck, « protecteur du congrès », profita du « vif succès » remporté par l'éploré « pour donner un coup décisif [...à] l'article 438 du traité de Versailles, atteinte à la liberté divine de l'Église ». Puis « habilement, [il] rendit [...] grâce au cardinal Bourne "dont l'intercession avait pu adoucir un peu les odieuses conséquences de l'article 438 [,...] pierre d'achoppement *(Hemmschuch)* de l'expansion apostolique moderne" ». La résolution finale le condamna donc « au nom de la liberté et de la souveraineté de l'Église » et loua les missionnaires, qui n'étaient « pas des séditieux, mais des pionniers de l'Évangile, respectueux des pouvoirs civils et défenseurs de la chrétienté et de la civilisation ». L'opération « aura[it] d'autant plus de retentissement que le congrès était suivi par toute l'élite du clergé suisse »[3].

La France ayant hérité l'essentiel de l'ensemble allemand Togo-Cameroun, le Vatican inclut le dossier dans le contentieux de la reprise des relations diplomatiques pour exercer une énorme pression. Il refusait tout accord sur les missionnaires catholiques « dans nos nouvelles colonies, Cameroun et Togo », arguant que les biens des missions appartenaient à la Propagande, seule habilitée à choisir ses gestionnaires. Paris, qui voulait extirper toute trace germanique, prit au Cameroun des mesures unilatérales faisant fi du transfert de propriété de juin 1919 : la commission consultative des Séquestres de guerre déclara le 24 octobre 1921 les biens propriété de l'État successeur de l'Allemagne, décision suivie des arrêtés des 16 décembre 1921 et 25 mars 1922. L'affaire valut à Paris, de mai à juillet 1922, trois lettres de Cerretti, premier nonce nommé en mai 1921.

Herriot céda (comme sur le continent) en octobre 1924, acceptant d'abroger les arrêtés de 1921-1922. Au Togo, les droits allemands furent d'emblée sauvegardés par l'administrateur puis vicaire apostolique, Mgr Cesson. Rien n'était donc acquis tandis que se précisait contre la France, « mandataire » des deux anciennes colonies allemandes au nom de la SDN, la menace de l'article 7 sur le mandat B « ouvr[ant] le territoire à tous les missionnaires ressortissants de tout État membre de la Société des Nations »[4].

---

3. Circulaire Koch, Stehlin S., *Weimar*, p. 378-379, notes Canet, 6 février, *Canet*, 30, 12 mars 1921, *Canet*, 50, lettres n° 326 d'Allizé, 15 août 1922, et n° 363, 5 septembre 1921, *Canet*, 40 ; tél. MAE sans n°, 20 mars 1922, *Canet*, 56, et lettre n° 326 d'Allizé.
4. Note Canet, 10 février 1920, *Saint-Siège*, 13, combat contre les pallotins allemands, Ngongo L., *Histoire*, et lettre d'Herriot n° 1193, 9 octobre 1924, *Saint-Siège*, 20.

Un bilan encourageant

L'exécution était bien avancée avant l'entrée de Berlin à la SDN, sous la houlette de Schmidlin et du rapporteur pour le service des Missions catholiques de la Wilhelmstrasse créé à la fin de 1923. La « romanisation » de l'OPF avait été exclusivement anti-française. Elle ne lésait ni les Américains ni le groupe austro-allemand, autorisé à conserver ses « filiales autonomes » de l'OPF, la *Leopoldmission* (fondée en 1829), le *Ludwigsmissionverein* (1838) et les deux sociétés de Saint-François-Xavier (1841 et 1848). La dernière étape de l'éviction française fut celle du directeur général depuis vingt-cinq ans de la *Society for the Propagation of the Faith* de New York (principal informateur du Quai sur l'affaire), Mgr Freri, Français naturalisé américain, concertée depuis 1921 avec l'épiscopat américain, dont Mgr Patrick Hayes, archevêque (irlandais) de New York (« archevêché le plus important des États-Unis »).

En décembre 1923, van Rossum déclara à Freri que sa « qualité de Français » constituait « le plus grand obstacle au développement » de l'œuvre aux États-Unis et réclama sa démission. Harcelé et isolé, Freri céda en mars 1924, et fut remercié de ses longs services par « un évêché in partibus, sans fonctions nouvelles ni pension », Constantia. Évêques et cardinaux étant interdits de direction de l'OPF, cette disgrâce permit d'en « éloigner nécessairement [...] le seul homme compétent qui pût du côté français être opposé à l'autorité du prince de Löwenstein ». En 1924, l'Allemagne, qui contribuait très peu au « fonds général », vit doubler les subventions à « ses missions à l'intérieur, autant dire au budget du culte catholique en Prusse protestante » ; les Français déplorèrent la baisse de leurs allocations et le retard indéfini de leur versement. Au Conseil central de l'OPF figuraient encore trois Allemands et un Autrichien, contre quatre Français, qui furent réduits à deux en 1925.

Au premier congrès de la « ligue universitaire des Missions », en mars 1925, Marx dressa un bilan prometteur, confirmé par la statistique des *Katolischen Missionen*. Les Allemands étaient réinstallés dans 34 de leurs 39 districts de 1914, avec 459 prêtres, 341 frères auxiliaires, 737 religieux et 467 820 personnes en charge. L'avenir resplendissait, avec la hausse du recrutement due aux « encouragements et subventions » reçus « en abondance » de Berlin. En 1927, Schmidlin stigmatisa l'« infériorité honteuse » à laquelle des « causes [...] diverses » avaient réduit le vaillant Reich par rapport à la France et même aux petits pays comme la Belgique et la Hollande. Mais il admit que les hypothèques de la dépossession et des expulsions étaient en partie « levées » ; il mentionna le triplement depuis la guerre des « maisons en Allemagne » dotées en chaires et cours par le « service des Missions catholiques » (préparant l'expansion du *Deutschtum*) ; il recensa les « principales » missions récupérées ou conquises : en Chine, aux Philippines, « en Océanie où les progrès sont lents et difficiles », en Afrique du Sud, en Amérique du Sud, zone d'essor continu (Chili, Brésil, Bolivie, Costa-Rica), en Amérique du Nord, avec les missions pour « les nègres » confiées au Verbe divin ; il exalta le rôle des sœurs allemandes. Ces missionnaires devaient cesser d'être des « soldats de la Légion étrangère, perdus pour la nation allemande » car placés « sous une direction étrangère ». Il fallait créer, comme en France et en Italie, un institut allemand de « prêtres » missionnaires, et consentir « un gros effort financier » pour créer « une Société générale des missions ayant son propre budget » vouée aux *Kulturaufgaben* (devoirs de culture)[5].

De cette « mission culturelle » poussée par Rome témoigne l'exemple malgache, éclairant sur la continuité entre Weimar et l'ère nazie. Van Rossum évinça d'autorité en 1932 les pères français du Saint-Esprit de la mission de Nossi-Bé pour l'attribuer aux « capucins d'Alsace ». Il s'agissait de religieux que la Curie, pour en maintenir la tutelle allemande, avait détachés de la province de Westphalie dont ils dépendaient à l'époque du Reichsland, les érigeant en « province autonome ». Fidèle à la tradition de lucidité coloniale, Charles-Roux négligea ici les fioritures : nul doute que la presse française ait reçu du Quai l'information sur « la goujaterie » vaticane de 1932 et sur « les singuliers capucins » qui ignoraient le français, ne recevaient que la presse allemande, et « ne correspond[ai]ent entre eux qu'en langage chiffré » d'espionnage. Les efforts répétés pour revenir sur ce coup de force « demeur[èrent] vains »[6].

Les campagnes germano-vaticanes contre Versailles et les traités aux États-Unis

Les fondements de la « politique douce »

Dans les colonies et ailleurs, la « planche » anglo-saxonne avait un fondement économique. Les intérêts « germano-américains » représentés dans les anciens Empires centraux pesèrent lourd dans le choix de la paix douce qui rendrait sa puissance au Reich-héritier des deux. Dans les territoires germaniques maintenus, Berlin offrit donc volontiers, pour lutter contre la politique française d'exécution, une association aux capitaux américains, incompatible avec l'occupation de la Ruhr : un industriel de la Ruhr confia en janvier 1923 que de nombreuses sociétés allemandes avaient cédé des

5. Sur New York, Cooney J., *Spellman*, p. 72, lettre n° 69 de Doulcet, 27 juin 1925, *Canet*, 40, mai et octobre 1921, *Saint-Siège*, 3, notes Canet, 23 juin, 21 mars 1924, 16 décembre, et lettre du MAE n° 116, 20 juillet 1925, *Saint-Siège*, 7, *Les Débats*, 25 mars 1925, et lettre de Margerie n° 379, 20 avril 1927, *Canet*, 40.
6. Lettre du MAE, 24 septembre 1936, et *Aux écoutes*, 3 septembre 1938, *Canet*, 40.

actions aux financiers américains, « ce qui expliqu[ait] l'attitude d'une partie de la presse américaine contre l'action des troupes françaises ». « Les grandes compagnies britanniques » combattaient aussi « l'hégémonie métallurgique française sur le continent ».

Dans les territoires perdus en Europe centrale et orientale, cette stratégie condamnait à mort les laborieux compromis de 1919-1920. La correspondance du prince Christian de Hesse avec sa belle-sœur, la princesse de Solms, révèle les liens financiers, en Yougoslavie et en Ruthénie, du colonel House « avec la haute finance allemande, et notoirement avec la banque Kuhn, Loeb et C° ». House et la famille Calt (de sa femme) étaient liés à « plusieurs consortiums [financiers] germano-américains » dirigés du côté allemand par Carl Melchior, les deux Warburg, Otto Kahn, Kuhn-Loeb, demandeurs de concessions en Ukraine, Galicie et Dalmatie. Des crédits aux filateurs allemands de coton en Silésie furent prévus début 1920 et un groupe d'experts américains ou germano-américains envoyés à cet effet en Allemagne (Lockwood and C°, Green and C°, Lawrence and C° de Boston, Paul Warburg du groupe Kuhn et Loeb), etc.[7] Ce modèle vaut pour le Royaume-Uni, dont l'ambassadeur à Berlin, Edgar Vincent Abernon, afficha une germanophilie conforme aux vues du *Foreign Office*. Londres et Washington vantaient après-guerre l'Anschluss « nécessaire au rétablissement de l'ordre et au maintien de la paix en Europe » et n'avaient que dédain pour la nouvelle carte du continent.

Berlin, comme la Curie, put montrer d'autant plus d'audace contre l'Est dans les préparatifs de Locarno que les Anglo-Américains ne désapprouvaient pas « le mémorandum allemand de février » 1925. L'ambassadeur américain à Berlin puis à Londres, Alanson Houghton, financier (président de Corning Glass Works) germanophile et francophobe de choc, soutenait le Reich sur tout, entre deux diatribes contre les rouges. Il définit en juin 1925 les frontières orientales du Reich – Dantzig, « le couloir polonais » et la Silésie – « comme de[s] solutions dangereuses et dont le maintien lui paraissait impossible ». Devant le secrétaire au Foreign Office Austen Chamberlain, « en contact avec les milieux financiers américains », autre partisan de l'expansion allemande à l'Est, Houghton rappela qu'on n'avait ouvert le Couloir que pour « exécuter la [stupide] promesse » wilsonienne d'accès de la Pologne à mer. La surproduction agricole endémique aux États-Unis ajouta aux bontés pour le Reich : le succès outre-Atlantique du thème de l'Allemagne affamée

7. Note avec lettre de Charles-Roux n° 39, 27 janvier 1923, *Canet*, 56, fiche n° 3744/2, Berne, 17 mai 1919, et tél. n° 28863, New York, 12 mars 1920, *États-Unis*, 19.

par la France doit beaucoup, ironisa Mgr Rémond en janvier 1924, au « fait que les Américains ont des stocks de blé à écouler »[8].

Ce ciment valut au Vatican, pressé par Berlin, les bons offices anglo-américains pour adoucir Versailles sur le désarmement et les réparations, au nom du risque de mise à mort assorti du déferlement des hordes bolcheviques. À la conférence de San Remo d'avril 1920, la Curie chargea Nitti de harceler Lloyd George à propos des demandes françaises, inacceptables. L'*Osservatore* sonnait l'alarme, ainsi en juillet 1920 avant la conférence de Spa, sur l'irréalisme des demandes de paiements et la gravité de « la menace bolchevique » pesant sur une Allemagne empêchée de « maintenir la loi et l'ordre à l'intérieur de ses frontières ». Début 1921, l'imminence de la conférence de Londres incita à frapper un grand coup : Berlin, refusant de payer plus de 50 milliards, proposerait « la création d'une commission impartiale sous direction américaine pour élaborer un plan de paiement ».

Mandaté par Bergen, Gasparri prit donc en mars contact, via Bonzano, d'abord avec le président Warren Harding puis avec le chef de file républicain des germanophiles au Sénat, Joseph Mc Cormick. La note qu'il lui adressa, « plein[e] de mansuétude à l'égard de l'Allemagne », présentait les « réparations [comme] dues par elle en raison des dommages causés "par ses opérations militaires" ». On les réduirait des deux tiers, et ces « 50 milliards de marks-or [...] immédiatement exigibles » et non étalés sur quarante ans, « seraient payés à l'Entente grâce à un crédit américain. Il n'envisageait « aucune réduction correspondante » de la dette alliée envers les Américains mais prévoyait, pour « simplifier », l'équivalence des deux sommes. La manœuvre fit long feu dans un concert de fuites de presse en avril 1921[9]. Elle annonçait l'avenir.

Les campagnes des années 1920

L'épiscopat germano-américain participa d'emblée au projet « en faveur de l'Allemagne d'une véritable fédération des œuvres catholiques – y compris la presse – du monde entier, avec conseil exécutif permanent ». Fin 1920, l'entreprise disposait d'appuis en Suisse, aux Pays-Bas, aux États-Unis, en Italie, en Espagne, en Angleterre (depuis 1918) et en Belgique. Début février 1921, un professeur de l'université de Delft « inspiré de très près » par le Zentrum de Mönchengladbach, convoqua à Paris « une réunion très confidentielle » de catholiques français, irlandais, espagnols, anglais, polonais, suisses, améri-

8. Tél. MAE sans n° et n° 468-470, 8 juin 1925 (et tout juin), *Autriche*, 75, et lettre de Rémond, Mayence, 10 janvier 1924, *Allemagne*, 369.

9. Stehlin S., *Weimar*, p. 71-72 et 75-78, tél. Bergen n° 68, 7, n° 81, 25 mars, n° 92, 16 avril 1921, *Akten*, B, IV, p. 398-399, 436-437, 502-503, lettre n° 497, Washington, 20 septembre 1922, *États-Unis*, 17.

cains, italiens, hollandais et belges : c'est l'évêque de Toledo (États-Unis) « né à Ratisbonne », Mgr Joseph Schrembs, qui la présida. Ce groupe, comme ses homologues, vitupérerait le bourreau français des *bambini affamati* d'Allemagne et d'Autriche sauvés par les dons américains. À l'été 1919 commença aux États-Unis une campagne de presse opposant l'excellente administration allemande à celle de la France dans l'Alsace-Lorraine recouvrée, assortie d'effrayants bobards sur les « progrès du bolchevisme en France ». S'y illustra « le journal *Hearst* [qui recevait] un service quotidien de radiogrammes allemands [...] payés par le gouvernement allemand »[10].

La « honte noire »

Mais rien n'égala en efficacité la campagne sur la « honte noire » qui, lancée à titre de ballon d'essai dans la presse allemande en novembre 1919, puis en grand en avril-mai 1920, culmina en 1923. Emma Fattorini lui prête « un caractère mythico-symbolique très fort », faisant du viol de la femme blanche par les Noirs et Arabes des armées françaises d'occupation « le symbole des frontières violées ». Symbole bien tardif pour cette « campagne » raciste « de caractère instrumental » dont Gisela Lebzelter a montré l'apport à la radicalisation droitière du « climat politique » de la jeune République de Weimar. La dénonciation des atrocités des troupes *coloniales* en Rhénanie puis dans la Ruhr n'éclata en effet qu'après dix-huit mois d'occupation. Elle sanctionna d'autant moins un brutal déchaînement « nègre » que les effectifs coloniaux avaient baissé beaucoup plus que l'effectif total, lui-même réduit de 200 000 à l'hiver 1919 à 85 000 en janvier 1920 : les enquêtes françaises sur les crimes et délits commis furent d'ailleurs confirmées par le commissaire américain à Berlin.

Le Reich n'en fut pas moins inondé de pamphlets sur les atrocités françaises fustigeant le « préjudice » subi par les Allemands, « d'autant plus ressenti par eux qu'ils constitu[ai]ent une population très civilisée [...à] haut degré de culture » : ici, celui de la municipalité d'Essen, en mai 1923, modèle du genre de 67 pages où les viols occupaient quelques lignes, sans mention d'un cas précis. L'épiscopat allemand et la Curie exaltèrent sans répit cette civilisation supérieure piétinée par les sauvages. Benoît XV « se pronon[ça] contre la honte noire » en janvier 1921. Pie XI loua « particulièrement [...] la Société italienne contre l'esclavage » pour son action contre « l'emploi des troupes noires d'occupation en Europe[,] outrage à la civilisation ». Pacelli relaya partout la propagande des autorités civiles et ecclésiastiques allemandes et contribua activement à faire de la Bavière le fief le plus « violent et

10. Note Johannet, février 1921, Loiseau, 2e fascicule des « Études », 1er août 1920, *Saint-Siège*, 3 et 2, tél. Cazenave n° 23963, 19 août, et n° 25177, 31 octobre 1919, *États-Unis*, 19.

haineux » de cette campagne. Le PPB y surenchérit sur la « Ligue allemande contre la Honte noire » *(Deutscher Bund gegen die Schwartze Schmach)* créée par l'Auswärtiges Amt (ministère des Affaires étrangères) en 1920[11]. Il ne s'agissait que de dresser contre la France les catholiques du monde, dans un tumulte tranchant avec le mutisme vatican de guerre sur les misères (viols inclus) infligées aux pays envahis par la Duplice.

« Toutes les grandes campagnes de propagande allemande [...] contre nos troupes noires » – « l'offensive boche », trépigna Doulcet en janvier 1921 – ciblaient les Anglo-Américains, garants de l'évacuation des territoires rhénans occupés et de l'abandon des réparations. « La croisade » fut lancée en avril 1920 par le Britannique Edmund Morel (illustre procureur des colonianismes concurrents, belge et français) dans le *Daily Herald* et la presse américaine : dans le *Freeman* de New York (« Le fardeau de l'homme noir »), il dénonça le recrutement forcé français de main-d'œuvre et de soldats africains, et les atrocités commises par ceux-ci contre les Allemands. La propagande sur « les actes criminels reprochés à nos soldats noirs » sera ici redoutable, avertit Jusserand, car « la masse de la population est généralement prête à croire le pire de la part des noirs ». En mai 1921, Doulcet se félicita avoir « brisé la propagande germano-irlandaise ».

Prématurément : animée par les organisations germano-américaines dominées par la *Steuben Society of America* et la *German American Citizens*, la campagne « contre les horreurs du Rhin »[12] qui hantait la diplomatie française ne connut pas de trêve en 1921-1922. Faulhaber, dans son discours au congrès catholique des 27-30 août 1922, livra, comme la récente conférence de Fulda, une « attaque contre [les] troupes de couleur [qui] soulev[a] des applaudissements interminables » : « nous demandons à nos coreligionnaires français de nous dire s'ils ne comprennent pas notre indignation de ce qu'on nous envoie juste dans la Rhénanie catholique des geôliers noirs, des païens, des Mahométans pour surveiller des catholiques ». L'appel concernait surtout « les catholiques américains », comme la longue « lettre ouverte » adressée peu avant par le *Retter Missions Bund* « au peuple anglais et américain tout entier », à Lloyd George, « chrétien fidèle », à Harding et aux peuples

11. 227 plaintes contre l'armée du Rhin depuis l'armistice, janvier 1921, Fattorini E., *Germania*, chap. 7, dont p. 268, et p. 405-406. Lebzelter G, « Schwarze Schmach », p. 37 *sq.* ; bulletin n° 1708, mars 1921, *États-Unis*, 19 ; EM 2e Bureau CE n° 5/2-D, 31 mai 1923, *Allemagne*, 368, *Frankischer Kurier*, 24 janvier 1921, tél. MAE sans n°, 20 mars 1922, et lettre n° 20, Munich, 21 janvier 1923, *Canet*, 56.

12. Lettre n° 36 de Doulcet, 12 janvier 1921, *Saint-Siège*, 17, Fattorinie, *Germania*, p. 277-278 et 284, Jusserand, lettre n° 204, 4, tél. n° 547-549, 11 mai 1920, *États-Unis*, 19, Suret-Canale J., *Afrique*, p. 38, M'bokolo E., *Afrique*, p. 279-284 (Morel) ; lettres n° 70 de Doulcet, 9 mai 1921, *Saint-Siège*, 17, sans n°, Chicago, 29 mars 1922 (et le mois), et bulletin n° 1708, mars ? 1921, *États-Unis*, 19.

neutres. Archétype de flagornerie, de furie gallophobe et de larmoiements sur les Allemands « *foulés aux pieds, déshonorés, dépouillés de leurs droits sur toute la ligne* » ; sur « le peuple allemand [...] opprimé, anéanti », en butte au « mensonge [français] des armes cachées », saigné à blanc par les réparations, pillé par les occupants qui réquisitionnent « villas et châteaux », victime d'une occupation « indigne » et d'un traité « incompatible avec le point de vue chrétien ». Était brandie la rituelle menace pour obtenir « une *paix véritable* pour tous les peuples », d'intérêt universel : « également dans le vôtre, car sans cela la vague dévastatrice de Russie n'hésitera pas à venir, répandant le sang, propageant la peste et la famine [...L]e bolchevisme fera aussi irruption chez vous, si ce cri des fidèles chrétiens allemands » ne trouve pas d'écho. La dénonciation des « troupes noires, règne de la France et de l'Injustice » occupait « un paragraphe entier » : cri de haine contre « la honte noire indigne d'Européens civilisés qui mine notre société nationale et sape la base de toute morale, qui nous contamine, empoisonne jusqu'à nos enfants et les enfants de nos enfants et qui, en fin de compte, avariera et anéantira aussi ses protagonistes »[13].

À l'ère de l'occupation de la Ruhr

La campagne connut avec l'occupation franco-belge de la Ruhr du 11 janvier 1923 un développement inouï, reflété par les trois numéros des *Échos de l'Allemagne catholique* de l'archevêché de Cologne. Ces « véritables pamphlets » envoyés jusqu'en Chine stigmatisaient les forfaits français et belges commis contre les femmes, les enfants et les prêtres en particulier, précisant que « l'âme des mesures brutales [prises] à Bochum » par 100 à 150 soldats contre 14 lycéens était « un juif né en France » ; le coup porté à l'Allemagne catholique donc au continent : « en face du grand danger du bolchevisme dont l'Allemagne est menacée c'est une question vitale pour le catholicisme d'Europe centrale de ne pas affaiblir la seule barrière efficace contre les idées destructives des bolchevistes » ; les « tentatives communistes et bolcheviques » des Français qui confisquaient du bois et vingt milliards de marks pour verser un « salaire aux ouvriers » ; enfin « une quantité angoissante de viols, pour la plupart commis par des Marocains »[14], devenus désormais le substitut des « nègres ».

Cette clameur dissimulait une étape décisive de la révision des réparations. « L'épiscopat allemand tout entier » dressé sous la direction de

13. Lettres de Dard n° 232, 1er, n° 238, 4 septembre, *Allemagne*, 367, *Das Retter* et lettre n° 4166 de Tirard, 4 août 1922 (souligné dans le texte), *Canet*, 56.
14. Circulaire Rémond aux évêques français, Mayence, 15 mai, *Échos*, n° 1, 27 mars, *Allemagne*, 368 et 367, lettre de Fontarce à Laroche, Le Vatican, 30, *Échos*, n° 2, 12 avril, rapport sd classé entre 1er et 2 juin, *Échos*, n° 3, 26 avril 1923, *ibid.*, 368.

Mgrs Schulte (Cologne) et Franz Bornewasser (Trèves) contre la politique rhénane et « l'impérialisme français » en appelait à l'étranger contre « une horrible révolution », « l'impitoyable traité de Versailles » responsable d'« une détresse qui crie vengeance ». « Tout le monde reconnaîtra l'urgence de la révision du prétendu traité de Versailles », France et Belgique exceptées, affirmait cet appel du 3 mars 1923, dans le n° 1 des *Échos*..., signé de Schulte et des évêques de Munster et de Paderborn. Audace aisément explicable. C'est Washington, très hostile à la décision française, qui soutenait et finançait l'action germano-vaticane. L'alliance s'afficha dans la mission de Mgr Gustavo Testa, dont la nomination de « représentant spécial [du pape] en Sarre et dans la Ruhr » fut annoncée à la mi-mars. « Auditeur à Vienne » après l'avoir été à Munich, cet « ancien confident de l'ex-Mgr Gerlach », officiellement chargé de tâches « humanitaires », sillonna la région flanqué d'un discret secrétaire « américain d'origine allemande ». Il fut doté de moyens quasi illimités, dont témoignaient les « messes à un dollar [...] commandées par des Américains » et les « fonds de secours » voués à l'« encouragement à la grève » qu'il distribuait aux « pauvres habitants de la Ruhr » au nom de Pie XI.

« Tout évêque allemand revenant de Rome » – ils furent légion en 1923 – « en rapport[ait] toujours, *selon la presse catholique allemande*, de grosses sommes pour les pauvres et pour les besoins de toutes les religions de leur diocèse ». Gasparri et Pizzardo reconnurent l'origine de cette munificence célébrée par la presse italienne, déclarant aux Français qu'inquiétait cet appui à la résistance passive : les fonds ne sont pas destinés à la Ruhr « mais aux nécessiteux de toute l'Allemagne [...] selon la volonté des donateurs », le *Welfare Council* des évêques américains. « Le Saint-Siège tire surtout ses ressources des États-Unis où les catholiques sont très agissants » : ils ont, surtout les chevaliers de Colomb, « mis à la disposition du pape pour les populations de la Ruhr, de la Bavière, de l'Autriche et de la Russie des sommes très considérables », rapporta l'abbé alsacien Émile Wetterlé, agent du Quai[15].

À peine arrivé, Testa exposa en privé le but de sa mission : « le problème de la Ruhr et des réparations restera insoluble tant que la France voudra dicter sa volonté à l'Europe [...Il y a un] seul moyen de régler le problème des

---

15. Lettre n° 7132 de Tirard, 18 janvier, *Échos*, n° 1, lettres du MAE sans n°, 15, *Allemagne*, 367, n° 42 de Doulcet, 31 mars, *Canet*, 56, rapport, Allemagne, 12 avril, cr visite Rémond à Laroche, Paris, 1er mai, *Allemagne*, 368, tél. n° 11 de Cambon, 19 mars, *ibid.*, 367, *Kölnische Zeitung*, 27 juin, *Saint-Siège*, 18, lettre de Cambon n° 24, 29, note Pizzardo, 25 mars, *Saint-Siège*, 5, et lettre de Wetterlé, 7 avril 1923, *Canet*, 56 (député du Haut-Rhin, « conseiller canoniste de l'Ambassade de France », correspondant de *La Croix* au Vatican jusqu'à sa mort, en juillet 1931, « cet agent de liaison excellent [y avait] ses entrées faciles et inaperçues », lettres de Fontenay n° 346, 30 juillet, et personnelle, 28 août 1931, *Saint-Siège*, 43).

réparations [...L]'Amérique devrait intervenir en disant à la France : "Je vous tiens quitte des dettes que vous avez contractées envers moi, en échange ne réclamez rien à l'Allemagne : je m'entendrai avec l'Allemagne quant à la somme qu'elle aura à me verser tôt ou tard" (long délai : vingt ans) ». Une variante de ce leitmotiv de son périple admettait l'« Angleterre » aux côtés de l'« Amérique » dans le clan de la révision-suppression des réparations et avouait qu'on ne cherchait pas un compromis mais la capitulation de l'ennemie : la France s'opposerait puisque les Anglo-Américains lui contestaient « la remise des dettes interalliées », mais elle devrait céder à « un arbitrage international [pour] statuer sur la solvabilité allemande ». En mars 1923, les contacts américano-vaticans s'intensifièrent, via le cardinal-archevêque de Boston, William O'Connell, et l'économiste George Paish. Reçu par Pie XI et Gasparri fin mars lors d'un voyage de deux jours à Rome, Paish apprit que le pape, partisan d'« un pacte mutuel de non-agression entre la France et l'Allemagne » soutenu par Washington, interviendrait en ce sens par son « message de paix de Pâques »[16].

La Curie suivit dans l'infime détail, depuis janvier 1923, les « suggestions » de Bergen (formule euphémique de Stehlin) à Gasparri qui avaient pour constante la recherche de l'« arbitrage » britannique et surtout américain. En témoignent, parmi mainte initiative concertée, le discours de Pie XI au consistoire du 23 mai 1923 et sa lettre à Gasparri « sur les réparations » du 24 juin publiée dans l'*Osservatore* du 28 : le pape y « demand[ait] que, dans la question des réparations, les peuples s'inspirent à la fois des principes de justice et de charité chrétienne ». Sur six pages, « une phrase » concédait « aux créanciers de l'Allemagne le droit d'exiger des garanties et des gages ». Le reste soulignait l'impératif de « ne pas risquer, par des demandes excessives, d'épuiser ses ressources et ses forces productives » et demandait qu'on substituât à « l'occupation des territoires allemands [...] du moins par degrés, d'autres garanties non moins idoines et certainement moins odieuses » pour s'assurer le règlement des « dommages dont des populations florissantes ont souffert gravement » – condition *sine qua non* d'« une véritable pacification des peuples ».

« Nous ne pouvons que nous réjouir », résuma Hans von Rosenberg, ministre des Affaires étrangères de Wilhelm Cuno, le 29, d'une lettre qui, selon « une éminente personnalité du Vatican [...,] agit comme un acide chimique qui retire leur patine aux plans poursuivis par la France avec l'occupation de la Ruhr et met en lumière leur hideuse substance véritable ». « La manœuvre paraît exactement semblable à celle qui a abouti à la publication

16. Rapport, 12 avril, *Allemagne*, 368, note sur Testa, 29 juillet, *Allemagne*, 369, tél. Cambon n° 8-9, 7 mars, et note pour Canet, 30 mars 1923, *Saint-Siège*, 10.

de la note pontificale du 1er août 1917 », conclut Raymond Poincaré, alors président du Conseil et ministre des Affaires étrangères. Le texte, élaboré en commun pendant le mois de juin, envoyé à Schulte, était encore discuté par Gasparri et Bergen la veille de sa publication. Il fut, selon Stehlin, annoncé aux Belges, alliés de Paris légitimement jugés précaires, et aux Anglais, garants de cette déloyauté, « qui n'élevèrent pas d'objections ». Paris fut tenu à l'écart des tractations. Les fonds français offrent des variantes mineures et décrivent les mensonges de Pacelli, qui joua dans le Reich son rôle habituel[17].

Au scandale soulevé en France par la lettre pontificale succéda aussitôt celui suscité par « l'abominable attentat [...] en territoire occupé » du 30 juin : l'explosion près de Duisburg d'un pont ferroviaire, qui tua neuf soldats belges d'un train militaire. Cuno, en conciliabules permanents avec Pacelli depuis le 4 juillet, se « résign[a le 6] à publier une déclaration condamnant le sabotage ». Ce « désaveu, *insista le nonce*, était la première étape indispensable avant de pouvoir reprendre les discussions sur les réparations et de disposer favorablement les autres nations à l'égard du Reich » : Paris céderait bientôt à la pression financière anglo-américaine. Cuno évita un débat au Reichstag sur « la situation extérieure » en arguant « que l'Allemagne devait attendre, immobile, l'issue prochaine et sûre de la lutte franco-anglaise pour l'hégémonie ». Nitti, truchement du Vatican auprès des Anglo-Américains, publia alors aux États-Unis une lettre ouverte diffusée « en nombre considérable ». Dans une de ses « variantes », le « bon chrétien [et] démocrate » dénonçait au nom de « la démocratie et [de] la paix » l'obsession française d'« asphyxier l'Allemagne [sous le] prétexte des réparations » : avant 1918, « l'impérialisme allemand était une *intention*. Après la guerre, l'impérialisme français est un *fait* » : dotée de « la plus forte armée [...,] la France aspire à l'hégémonie sur toute l'Europe »[18].

En novembre 1923, Stresemann, « faisant appel à la générosité du Saint-Père », le pria de solliciter Washington, appel aussitôt « entendu », déclara Pacelli à Pozzi : début décembre, « le pape a prié les fidèles d'Amérique d'adresser des dons en argent et en nature aux nécessiteux allemands, [qui] doivent être centralisés à Hambourg, et acheminés ensuite sur le reste de l'Allemagne ». L'appel aux catholiques américains à organiser « des quêtes

---

17. Texte, tél. Jonnart n° 51-55, n° 56-58, 27 juin, *Saint-Siège*, 10, tél. Rosenberg n° 63, Berlin, 29 juin, copie n° 81, Ritter, Rome, 13, *Akten*, A, VIII, p. 112, 150, tél. Poincaré, 1er, lettre de Charles-Roux n° 295, 5, tél. Poincaré n° 99, 23 juillet, lettre n° 193 de Pozzi, 1er août 1923, *Saint-Siège*, 11, et Stehlin S. A., *Weimar*, chap. 5 (dont p. 238-239 et 244-251).
18. Tél. Jonnart n° 81, 1er, Margerie n° 902-904, 6 juillet, *Saint-Siège*, 11 (et ce mois). Réactions françaises, *Saint-Siège*, 11, 19, *Canet*, 56, *Allemagne*, 369), et lettre n° 452 de Jusserand, 13 juillet 1923 (souligné dans le texte), *États-Unis*, 20, Stehlin S. A., *Weimar*, p. 250-251, 254-255.

[...] pour les Allemands [...] dans toutes les paroisses » visait le continent, Sud inclus. Cette « propagande charitable allemande » dont nul n'ignorait « le sens et la portée » accompagna une campagne de « grossières injures » contre la France où s'illustra *Christian Family*, journal des pères du Verbe divin de Chicago. Pendant idéologique de la pression financière préparatoire au plan Dawes, l'effort aboutit en mars 1924 à l'appel du « Comité américain de secours aux populations du Rhin et de la Ruhr ». Ce texte déchirant sur « l'esclavage » imposé au peuple allemand, signé d'un délégué de Schulte, fut largement diffusé aux États-Unis via quatre prélats, dont Hayes[19].

Subventionnés sur place, les prélats allemands allèrent outre-Atlantique au printemps 1923 quérir d'autres fonds. La Bavière occupa dans le dispositif le premier rang, après avoir relancé par « d'imposantes manifestations contre notre armée noire » l'union sacrée entre pangermanistes du *Deutscher Bund*... et catholiques du PPB contre les « crimes bassement odieux [...] de l'occupation noire sur le Rhin ». Pour mener l'action de « propagande [de l'Allemagne] près des catholiques américains », Faulhaber entama en mai à New York la longue tournée triomphale de son « voyage [...] aux États-Unis » : son maire, John Francis Hylan, homme à tout faire de William Randolph Hearst, l'accueillit en exaltant « la collaboration éclairée [des] Germano-Américains [...,] meilleurs citoyens du pays ». Le prélat sollicita partout la charité au profit du Reich misérable et martyrisé, « mendicité [...] particulièrement fructueu[se] » : le « voyage [entrepris] en Amérique [...] pour y recueillir les sommes nécessaires à la subsistance de ses prêtres » et au maintien de ses séminaires non seulement pourvut à l'entretien de l'ensemble mais généra un ambitieux programme bâtisseur[20].

La puissance américaine au Vatican

De Mundelein...

Mgr Mundelein, qui avait en 1919 renfloué les caisses vaticanes, refléta le poids croissant au Vatican de la grande puissance germanophile. « Né aux États-Unis mais d'origine allemande », il était depuis 1919 archevêque de Chicago, ville qui comptait, après Varsovie, la plus forte population polonaise. Indignant ses ouailles, il « dot[a] de curés allemands des paroisses où

19. Pozzi, tél., 15 novembre, *Allemagne*, 371, lettre, 16 décembre 1923, tél. Clausse, Buenos-Ayres, n° 87, 25, n° 88, 29 décembre 1923, *Saint-Siège*, 11, note pour Canet, 24 janvier (et 1923-1924), *États-Unis*, 20, et lettre de Rémond (RP Brinckmann), 28 mars 1924, *Canet*, 56.
20. Lettre n° 20, Munich, 21 janvier, *Canet*, 56, note avec lettre n° 8821 de Tirard, 16 avril, sa lettre n° 9417, 10 mai, *Allemagne*, 368, lettres n° 453 de Jusserand, 13 juillet 1923, *États-Unis*, 17, et de Vaux Saint Cyr n° 247, Munich, 26 novembre 1936, *Allemagne*, 695.

domin[ait] l'élément polonais » qu'il haïssait, et le « système d'espionnage » qu'il mit en place le fit « détest[er] de son diocèse ». « "Je n'exagère pas, *déclarait-il*, quand je dis qu'aucune nation catholique n'est aussi méprisée que les Polonais" [...Q]uant aux Allemands, "ils souffrent en silence les calomnies et les insultes dont ils sont accablés". » « La pourpre cardinalice » dont on parla pour lui au printemps 1922 passa en Pologne pour « un désastre », à Paris pour une « prise de parti » en faveur d'un « archevêque germano-américain » contre « les Polonais ». En 1924, Mundelein figura bien avec Hayes, de New York, dans la promotion d'un consistoire convoqué le 24 mars « uniquement pour les Américains du Nord ». Son « annonce [...] a[vait] été accueillie dans le public [romain] avec un sourire entendu, [relatif] à la générosité des diocèses américains et au cours du dollar ». « C'est presque naïvement que Pie XI y déclar[a l']avoir réuni [...] "par un geste extraordinaire" pour y créer deux nouveaux cardinaux américains afin de payer de la sorte l'épiscopat américain de ses générosités pécuniaires » : il y en eut désormais quatre, ceux de New York et de Chicago s'ajoutant à ceux de Boston et Philadelphie.

Ce nouvel hommage souligna les privilèges d'évêques auxquels leur richesse procurait une indépendance inédite. L'absence de rapports diplomatiques officiels Vatican-Washington leur épargnait la férule d'un nonce : la Curie se contente ici d'« un simple délégué apostolique, dont la situation officieuse ne leur porte pas ombrage et leur laisse sur le terrain politique une liberté d'action à laquelle ils sont [...] très attachés »[21].

... à Spellman

Les dollars irriguèrent la trésorerie vaticane bien au-delà des œuvres « romanisées ». L'Église catholique était le plus gros propriétaire foncier privé des États-Unis, et le second, toutes catégories confondues, après l'État fédéral. Rome pouvait aussi compter sur de richissimes donateurs laïcs, chevaliers de Malte ou de Colomb, d'où émergent les noms de grandes familles germano- ou irlando-américaines : les O'Shaughnessy, de Saint Paul (Minnesota), enrichis dans le pétrole depuis 1910 ; les Kennedy, dont le fondateur de la dynastie, Joseph, ultra-germanophile futur ambassadeur de Roosevelt à Londres et père du futur président des États-Unis, bâtit une énorme fortune spéculative, vendit habilement ses titres surévalués juste avant la crise boursière de 1929, puis continua à s'enrichir dans le pétrole du Texas et les achats immobiliers à New York, Palm Beach et Chicago ; les Kelly, rois de la brique

21. Lettre de Charles-Roux n° 315, 10 novembre 1919, *Pologne*, 58, Jusserand, tél. n° 611, 21 mai, lettres n° 453, 21 juin 1923, *États-Unis*, 17, de Doulcet n° 27, 14 mars 1925, n° 35, 8, n° 41, 28 mars 1924, *Saint-Siège*, 31, et Washington n° 36, 25 janvier 1934, *États-Unis*, 336.

(famille de l'actrice puis princesse Grace) ; les Brady, rois des travaux publics, etc. À côté de la ressource principale ordinaire (quête dominicale, impôts et taxes religieux), de gros dons étaient collectés par les évêques en vue des visites *ad limina*. Du plantureux « denier de Saint-Pierre » recueilli dans les 123 diocèses, le Vatican ne reversait rien aux œuvres de charité en arguant de la richesse du pays. La générosité américaine revêtit des formes très diverses, tel un emprunt de 150 millions de dollars obtenu sur la pression du candidat démocrate de 1928 à la présidence des États-Unis, le catholique Albert (dit Al) Smith.

Les accords du Latran atténuèrent « la dépendance [envers l]es catholiques d'Amérique » sans la supprimer et les chevaliers de Colomb se montrèrent aussi généreux qu'avant. Pie XI avait en juillet 1928 reçu 200 de leurs membres californiens, les remerciant chaleureusement pour les « services rendus [...] à la Société et au pays ». Il continua à leur témoigner sa gratitude, car depuis 1925, ce *lobby* irlando-germanophile avait délégué à Rome un personnage promis à un glorieux avenir romain, Mgr Francis Spellman. Cet homme jeune (né en 1889) d'origine irlandaise commença dès son ordination (1916) à Boston sous la direction du cardinal-archevêque O'Connell, qui l'exécrait, une carrière financière : « assistant du chancelier de l'archevêché », il intrigua pour être envoyé à Rome en 1925, au pèlerinage bostonien de l'Année sainte, après avoir traduit deux « livres de dévotion » de l'intime du pape, Francesco Borgongini-Duca, et l'avoir flagorné d'abondance. « Rappelé de Boston quelques mois après », il prit « un emploi à la secrétairerie d'État [...,] premier Américain à rejoindre » une structure « traditionnellement aux mains des Italiens ». Il dut ses faveurs romaines à ses fonctions d'assistant du richissime assureur Edward L. Hearn, ancien chef suprême (1899-1909) et alors commissaire pour l'Europe des chevaliers de Colomb.

Submergé de cadeaux et d'argent, notamment par Nicholas et Geneviève Brady, Spellman, hôte régulier de leur somptueuse villa romaine du Janicule, Casa del Sole, fit aussi couler la manne des milliardaires catholiques américains sur ses amis de la Curie. Sur son carnet figurait le feuilleton de leurs demandes, à commencer par celles de Pie XI, partagées entre dizaines de milliers de dollars versés à la fois et (en février 1929) voitures par lot minimum de trois. Deux étoiles s'imposèrent parmi ses « intimes » et « fidèles », Pacelli, rencontré en 1927 à Berlin, et le comte Enrico Galeazzi, « frère du médecin particulier » du nonce : successeur d'Hearn comme « contact européen des chevaliers de Colomb », cet « architecte de profession » fut l'un des premiers « *uomini di fiducia* [hommes de confiance] laïcs » durablement installés dans les CA vaticans.

La crise même ne tarit pas le flot. Fontenay signala en 1930-1931 et Charles-Roux en 1932 « l'influence toujours croissante que prennent les chevaliers de Colomb au Vatican » avec leurs « fonds presque illimités [...I]ls ont un bureau à Rome avec un représentant [...] à demeure. Un jeune prélat américain, Mgr Spellman [...] ferait couler le pactole [...] à la secrétairerie d'État ». « Secrétaire attaché à la congrégation des Affaires ecclésiastiques extraordinaires et attaché à la secrétairerie d'État[,...] en permanence au Vatican [où] il a[vait] des entrées dans les différentes administrations », il « aurait fourni une partie de l'argent nécessaire pour acheter la nouvelle nonciature » (d'Italie, après signature du traité de Latran) et « pour procurer des automobiles au cardinal Pierre Gasparri et à Mgr Pizzardo ». Il aurait versé « une grosse somme pour relever le traitement des petits employés du Vatican » et les fonds de l'achat des terrains de l'ancienne Villa Barberini, près de Saint-Pierre, où serait construit le nouveau bâtiment de la Propagande. Délégué de la « puissante et riche organisation des chevaliers de Colomb », « seul fonctionnaire non italien de la secrétairerie d'État », Spellman acquit ainsi une « influence hors de proportion avec ses fonctions » : il « faisait télégraphier les encycliques pontificales avant même » leur publication en Italie, il donnait « des gratifications à tout le petit personnel du Vatican, et il pouvait ainsi se procurer bien des renseignements utiles ». Ainsi débuta sa mission de chef des services de renseignements américano-vaticans que traitent les derniers chapitres : c'est évidemment à elle que « le nouvel État du Vatican » dut une « installation téléphonique spéciale [...] faite, à titre gracieux », par la firme *International Telegraph and Telephone* et inaugurée en grande pompe le 19 novembre 1930, par le PDG lui-même (éminent philofasciste), Sosthenes Behn[22].

Symbole d'avenir puisque cette installation ultra-moderne servirait les États-Unis. Le pape continua donc à exalter les chevaliers de Colomb qui animaient aux États-Unis les campagnes mêlant les pleurs sur l'Allemagne anéantie par Versailles et les diatribes contre la France impie et militariste ou l'URSS persécutrice de religion et exportatrice de révolution. En novembre 1931, Pie XI reçut et remercia « avec grande effusion » de leur « aide précieuse [...] au Saint-Siège » leur chef suprême, Martin Carmody, accompagné de sa femme et du « distributeur des libéralités » Spellman. En décembre, Nogara, interviewé par *La Stampa*, opposa la chiche aumône des catholiques français à la générosité des « catholiques américains [qui étaient] les soutiens financiers les plus efficaces de l'Église » : « on doit regarder l'Amérique catholique avec une admiration sans réserve. » Spellman s'était acquis

22. Lo Bello N., *Vatican*, p. 191-290, *L'AF*, 26 mars 1929, *Canet*, 49, lettre de Fontenay n° 109, 19 juillet 1928, *Saint-Siège*, 5, Pallenberg C., *Vatican*, p. 142-143 et 105, Cooney J ., *Spellman*, p. 29-42, Nobécourt J., *Le « Vicaire »*, p. 258, Lo Bello N., *Vatican's*, p. 33, lettres de W. d'Ormesson n° 94, 31 janvier 1952, *Saint-Siège 1944*, 18, de Fontenay n° 306, 23 octobre 1930, n° 468, 19 novembre 1931, de Charles-Roux n° 254, 3 août 1932, *États-Unis*, 336, de Fontenay n° 338, 20, n° 350, 30 novembre 1930, *Saint-Siège*, 48, et Higham C., *Trading*, p. 94-95, chap. 6 et *passim*.

tant de titres de gratitude qu'il fut en août 1932 nommé évêque auxiliaire de Boston. Lui succéda un nouvel « attaché [américain] à la secrétairerie d'État », agent du département d'État, Mgr Joseph Hurley, qui décrivit dans son journal aussi férocement que Spellman « la corruption [...] de la Cour pontificale » et l'ingéniosité de sa « bureaucratie [...] à traire la vache à lait ou le tiroir-caisse américain ». Les « chevaliers de Colomb » participèrent au « comité central pour l'Année Sainte » annoncé par le pape à Noël 1932[23].

Le symbole Hoover

Les dirigeants politiques américains se disputaient les faveurs romaines par souci électoral et en raison de leurs intérêts allemands. Début 1922, ces partenaires passèrent en outre, au motif de « secours aux affamés » russes, un accord, surtout financier, étudié ci-dessous. Herbert Hoover, un de ses artisans, se posa dès lors en inlassable défenseur d'un Reich victime auquel il fallait rendre « l'égalité des droits », armements inclus, que lui déniait la France armée jusqu'aux dents et pleine de rancœurs funestes à la paix. Il fut aussi l'un des hérauts les plus sonores d'un antisoviétisme aussi pro-allemand, posant le Reich en rempart de la civilisation chrétienne menacée par les rouges.

À la mi-novembre 1928, son nom fut cité lors d'une opération dont le « véritable but » n'était pas idéologique malgré les apparences. Berlin délégua « à Rome » un habitué de la Wilhelmstrasse (qui le resterait sous Hitler), le correspondant à Moscou du *Berliner Tageblatt*, Paul Scheffer : « en relations » avec Pacelli, il vint dresser de l'URSS un effroyable tableau sur « la ruine économique [qui] s'y achève », « l'imminence de la famine » et « les Russes martyrisés », pour dissuader tous les pays d'accorder un prêt à ce pays qui le dilapiderait pour son Armée rouge vouée à l'extension de la révolution mondiale. Il demanda aide à Pie XI qui, ayant « connu M. Hoover autrefois », pourrait faire pression sur les banquiers de New York et leur ouvrir les yeux sur la folie qu'ils allaient commettre. Sous couvert de flatter l'antibolchevisme américain, cette « habile manœuvre allemande » visait la négociation américano-soviétique en cours d'un emprunt de 22 millions de dollars « au taux fantastique de 20 % pour l'électrification des chemins de fer en Russie ». Berlin avait déclenché l'« alarme » pour la faire échouer et chargé le féal *Berliner Tageblatt* d'une campagne sur l'URSS à l'agonie et insolvable : ce tapage l'aiderait à conserver le monopole des emprunts soviétiques et à mettre le crédit américain projeté « sous l'administration et le contrôle de l'Allemagne ».

---

23. Lettres de Fontenay n° 468, 19 novembre, *États-Unis*, 336, n° 499, 12 décembre 1931, *Saint-Siège*, 41, de Charles-Roux n° 254, 3 août 1932, *États-Unis*, 336, de Phillips, Rome, 18 juillet 1937, *FRUS* 1937, II, p. 712, Phayer M., *Pius XII*, p. 100-102, *cit.* 101, et lettre de Gentil n° 19, 20 janvier 1933, *Saint-Siège*, 49.

Antisoviétique et germanophile, l'ancien secrétaire au Commerce Hoover n'en rêvait pas moins de pénétrer le vaste marché russe et redoutait l'intermédiaire allemand dans les affaires avec la Russie, bolchevique ou non. Tout commerce avec elle, dit-il en 1921 au secrétaire d'État Charles Hugues, doit placer la vente de « biens américains sous direction américaine » : l'intermédiaire allemand nous ferait finalement « perdre le marché ». Le groupe le plus anti-soviétique (Hoover, Hugues, Andrew Mellon et Henry Stimson) avait toujours trouvé goût aux « marchés » restés « soviétiques » malgré ses prédictions récurrentes sur l'écroulement imminent des Soviets. Hoover voulait aussi liquider les obligations financières de Versailles bien avant son « moratoire » de 1931. Il conserva donc les faveurs de la Curie, contre Roosevelt, aux présidentielles de 1932. Il n'avait pas négligé d'envoyer fin octobre à Rome, « en grand secret, un de ses amis » pour « exposer au Vatican ce qu'il a[vait] fait en faveur de la pacification des esprits et du désarmement, afin de bien disposer le Saint-Siège en faveur de sa candidature »[24].

II. Le *statu quo* des frontières occidentales du Reich

Dans la lutte contre Versailles secondée par Washington les mesures garantissant au Reich l'avenir des territoires arrachés occupèrent une place cruciale. Balayant le souci affiché de la marée rouge en plein reflux, les fonds français confirment à cet égard les allemands.

La France en croisade affecta parfois de se croire créancière du Vatican parce qu'elle avait secondé ses objectifs de réaction sociale armes à la main en Pologne et en Hongrie. On n'a que le choix parmi les diplomates, en poste à Vienne, à Budapest, et ailleurs, mais Doulcet, premier chargé d'affaires nommé en mars 1920, puis ambassadeur au Vatican, résume tout. J'ai fait valoir à Mgr Gasparri, câbla-t-il dans le premier télégramme de sa mission, « le rôle joué par la France en Europe pour la cause de l'ordre et de la stabilité dans la lutte contre l'anarchie ». Quand j'ai argué « que nous avions à préserver les populations catholiques de l'ouest et du sud de l'Allemagne contre les tendances bolcheviques et anarchiques qui leur venaient des régions allemandes du Nord et de l'Est, le secrétaire d'État m'a écouté très attentivement, mais n'a rien dit ». Pacelli joua en maître des atouts offerts par cet aveuglement, s'appliquant à persuader Paris des vertus d'un combat antibolchevique commun. Ce *leitmotiv* pratiqué depuis 1918 pour rogner les exigences des

24. Lettres de Fontenay n° 187, 8, *Canet*, 49, n° 197, 17 novembre, n° 219, 9 décembre 1928, *URSS*, 127, de Margerie n° 169, 28 février 1930, *URSS*, 956, Williams W. A., *Tragedy*, p. 142-143, Costigliola F., *Awkward, passim* (index, p. 378), et lettre de Charles-Roux n° 387, 25 octobre 1932, *Canet*, 49.

vainqueurs et dévidé jusqu'au terme de sa carrière l'aida à séduire maint diplomate, militaire ou clerc français. Deux exemples ont été ici choisis, en 1920 et 1922, modèles d'un genre qui emplirait un livre. Devant un clerc, Pacelli entonna en novembre 1920 l'antienne de l'anti-prussianisme et de l'alliance *séparatiste* entre les Allemands anti-prussiens et la France : « il sait, *rapporta son interlocuteur*, toute l'aversion qui croît de jour en jour, en Bavière comme dans les pays rhénans, au Hanovre, etc., contre la domination prussienne. C'est un mouvement désormais irrésistible. » À son avis, « le catholicisme, en fait l'Église catholique, constitue le plus sûr rempart, comme représentant suprême de l'ordre et de la justice, contre les sursauts de la révolution. Il envisage une communauté de plus en plus étroite entre les catholiques de Bavière, d'Autriche et des pays rhénans » : ce serait une solution excellente pour « cette partie de l'Allemagne décidée à travailler » – thème pacellien, *ad usum Galliae*, des gréviculteurs du Nord – « et à vivre en paix particulièrement avec la France, qui reste aux yeux de ces populations un pays essentiellement catholique ».

Avec Mgr Rémond, les 25-26 janvier 1922, sur le thème du péril bolchevico-prussien redouté par francophilie, Pacelli déclara la gauche et les « communistes plus nombreux et agissants [à Berlin] qu'on ne le croit. Si par malheur les bolchevistes de Russie se rapprochaient un jour des socialistes de Berlin et se laissaient organiser par eux, ce serait la fin de la civilisation. Un des plus gros dangers de l'avenir est dans un rapprochement de l'Allemagne et de la Russie. Que pourrait faire l'Occident contre les formidables puissances et les hordes innombrables de l'Orient organisées matériellement et encadrées par les Allemands ? De nouveau la barbarie régnerait sur le monde ». Puis il promit que le choix imminent d'un évêque de Trèves démontrerait « toute sa politique à lui » : celle de l'accord « sur le terrain catholique, dans les provinces occidentales », entre la « nation catholique » française et les catholiques allemands si « souvent rebutés par les protestants de leur propre pays »[25]. Rapports franco-allemands et choix des clercs allemands étaient bien liés, mais contre la France.

Des prélats rhénans garants des frontières

Les nominations prussiennes : de Schulte à Bornewasser

De la Rhénanie…

« Le sort de la Sarre, du Palatinat et de la province rhénane ne se réglera pas à Coblence, mais à Rome », annonça Canet en mars 1920 : il dépendra de

25. Tél. Doulcet n° 1-5, 23 mars 1920, *Saint-Siège*, 14, lettre de Tirard n° 7618, 3 novembre 1920, *Allemagne*, 367, et cr entretien 25-26, 30 janvier 1922, *Allemagne*, 316. Lefèvre-Pontalis à Vienne, Fouchet à Budapest, etc.

l'attitude des évêques dont les quatre diocèses originels couvraient les territoires rhénans occupés provisoirement ou saisis au Reich par Versailles, soit à titre définitif – Eupen-Malmédy –, soit dans l'attente d'un plébiscite – cas sarrois (l'alsacien-lorrain est traité plus loin). 71 couvents d'hommes et 901 « maisons religieuses » y dressent « une formidable force de résistance que le Reich ne manquera pas d'utiliser si l'on n'y met bon ordre ». Quatre prélats contrôlaient la rive gauche du Rhin, six avec les supérieurs de deux évêques : l'archevêque de Cologne, l'évêque de Trèves, son suffragant, ceux de Mayence et de Spire, suffragants respectifs des archevêques de Fribourg-en-Brisgau et de Bamberg. Dans leur nomination le Reich intervenait ès qualités ou de fait : les deux premiers étaient élus par leur chapitre sous le contrôle du « gouvernement prussien » (qui avait élu ses chanoines), ceux de Spire et de Mayence respectivement par les gouvernements bavarois et badois. Le Vatican, qui avait déclaré partout les vieux concordats caducs, respecta celui de Bavière (1817) et la bulle *De Salute Animarum* de 1821 sur les territoires du royaume de Prusse et les nominations capitulaires. Le tandem Pacelli-Berlin assura la continuité au décès des vieux fonctionnaires du Reich. Les nominations furent concertées, dirigeants catholiques et protestants se mêlant sans exclusive auprès du nonce, et le critère du choix fut l'engagement à la revanche contre la France honnie : fonds français et allemands convergent à cet égard.

La liste s'ouvrit à la mort d'Hartmann en décembre 1919. L'évêque de Paderborn, Schulte, « ancien aviateur de guerre », chef de la lutte contre l'occupant français en Rhénanie, fut choisi « avec Berlin » : Pacelli « s'est efforcé, sur la demande du gouvernement prussien, d'influencer le chapitre de Cologne pour la nomination d'un archevêque favorable à la politique unitariste prussienne, et susceptible de combattre certaines tendances favorables à l'autonomie rhénane qui se sont manifestées dans le clergé catholique des territoires occupés ». Le candidat « prussien » fut élu le 15 janvier 1920, à la joie de la presse, et promu cardinal début 1921 avec Faulhaber : ces nominations, requises par Guillaume II puis en 1919 par Erzberger, parachevèrent à l'Ouest l'œuvre acquise à l'Est fin 1919 avec l'accession à la pourpre de l'archevêque de Breslau Adolf Bertram[26].

À Mayence, le poste de Georg Kirstein, de santé fléchissante, échut au tournant de 1920 au militant recteur du séminaire de Spire, Ludwig Hugo : il fut choisi comme évêque coadjuteur avec droit de succession contre le

26. Note Canet, 7 mars 1920, *Saint-Siège*, 14, lettre de Charles-Roux n° 151, 20 mai 1935, *Canet*, 37, note n° 215, Coblence, 7, lettres n° 2989 du haut-commissaire du Rhin, Paris, 24 janvier 1920 (et mois), n° 60 de Dard, 21 février 1921, *Allemagne*, 367, Information, 19 mars 1919, *Saint-Siège*, 2, et Stehlin S., *Weimar*, chap. 4 et 7.

chanoine Ludwig Bendix, vicaire général de Kirstein, candidat canoniquement légitime, auquel Berlin ne pardonnait pas « des propos favorables à un État libre catholique et rhénan ». La Wilhelmstrasse s'employa via Bergen début juin 1920 à lui dresser un barrage vatican : on lui reprochait de « représenter les intérêts et les aspirations [des] catholiques rhénans [et] une attitude [...] trop conciliante [...] à l'égard des autorités d'occupation ». L'affaire fut traitée entre Berlin, « le gouvernement hessois » et le nonce, qui mentit effrontément à tous ses interlocuteurs français. En octobre, Pacelli annonça que le Vatican consulterait la France à laquelle il voulait « prouver ses sentiments », se déclara hostile au versement du traitement du futur coadjuteur par la Hesse ou par Berlin et feignit de s'intéresser à l'idée de Dard – « pas impossible » – de son règlement par « une contribution des catholiques français [...] très nombreux à Mayence » (c'est-à-dire par le « gouvernement français »). Berlin avait déjà décidé d'allouer « 2 000 marks [mensuels] au nouveau coadjuteur » : on les ferait transiter par le nonce pour cacher aux Français que « le ministère des Affaires étrangères allemand contribuait [à son] revenu ». En novembre-décembre, Pacelli mentit à nouveau sur ses navettes auprès des Allemands et pressa les Français de passer avec lui « un contrat » d'information, usant « exactement [du] même langage [qu']en 1915 » avec les Anglais.

À dater du 14 décembre 1920, « il se déroba », avant d'annoncer à Dard, le 5 janvier 1921, « une fin de recevoir » pontificale, mais sans « faire connaître [...] le nom » de l'élu : il le dévoilerait le jour même et il « ne pouvait manquer d'être agréable au gouvernement français », assura-t-il. Le 12, toujours non informé, Poincaré recensa ces duperies et autres « faits » similaires « qui nous oblig[eai]ent à ne répondre aux avances de ce prélat qu'avec une extrême prudence »[27].

... à l'avenir sarrois

Le 5 janvier 1921 Pacelli avait aussi mentionné à Dard, comme en passant, la dernière étape du bouclage diocésain : le problème du « successeur » du vieil évêque de Trèves Michael Korum (84 ans). « La question est pour la France d'un tout autre intérêt que celle de Mayence », avertit Poincaré dans son courrier du 12 : le séminaire de Trèves accueillant « la plupart des clercs sarrois », l'évêché dictera le vote de 1935 ; « il nous appartient [donc] de veiller à ce que le clergé qui dirigera dans quinze ans les opérations du plébiscite ne soit pas mis à l'école d'un évêque pangermaniste ». Korum avait proclamé en 1919 l'intangibilité des liens de la Sarre et du Reich à préserver « à tout prix » sous peine de traîtrise et accompagné Pacelli à Rome en mars 1920 pour se

---

27. Stehlin S., *Weimar*, p. 176-179, lettres sd (entre 20 et 31 octobre), sans n°, 31 octobre 1920 (et octobre 1920-avril 1921), *Canet*, 55, et de Poincaré n° 9, 12 janvier 1921, *Saint-Siège*, 17.

la faire confirmer. En septembre 1921, Berlin afficha sa hâte de nommer un coadjuteur successeur au vieillard, qui mourut début décembre. Pacelli déclara aux Français que les règles de *De Salute Animarum* (1821) confiaient l'opération à la Prusse et qu'il était contraint au secret total, tactique qui lui épargna le recours aux fables précédentes. Les choses se passèrent ainsi. « Pour court-circuiter la revendication française de consultation » et fournir à la Curie prétexte juridique à « l'exclusion de l'influence française », Berlin lui notifia, Korum à peine en terre, que la Prusse « renonçait à ses droits à l'élection », laissant libre choix au chapitre. Début janvier 1922 (au moins) une conférence réunit Pacelli, Kaas, Schulte et Bertram à Berlin pour pressentir Bornewasser, coadjuteur de Schulte à Aix-la-Chapelle. Mandaté par le Reich, Schulte profita de sa présence à Rome, fin janvier, au conclave dont Ratti sortit pape, pour s'en entretenir avec lui[28].

La continuité révélée par ces entretiens de janvier-février 1922 mérite détour. La presse allemande fut chargée entre le 21 janvier (mort de Benoît XV) et l'élection (le 6 février) de présenter Ratti « comme le candidat franco-polonais ». Le mythe de germanophobie (renouvelé pour Pacelli en 1939) forgé pour ce candidat soutenu par Gasparri et « nos cardinaux » (Bergen) s'effondra l'affaire faite. Le 7 février, la même presse fit « volte-face », glorifiant l'élu qui, rappela le *Lokal Anzeiger*, « a étudié à Munich et sait l'allemand ». « "Il est [...] le premier pape parlant l'allemand et connaissant l'Allemagne qui ait été élu depuis des temps immémoriaux. Il sera aussi équitable envers l'Allemagne que son prédécesseur" ». Le public apprit aussi que Ratti avait eu avant son élection de nombreux entretiens « en allemand avec les [trois] cardinaux allemands [qui] auraient voté pour lui [...] comme "der rechter Man am rechten Platz" » [l'homme qu'il faut à la bonne place] : Bertram, chef de file du trio, « avant l'ouverture du conclave, aurait pris nettement position en [sa] faveur » et mené « une ardente campagne [...] auprès des cardinaux étrangers ». « Les premiers actes du nouveau pape », qui maintint Gasparri, attestent, nota l'agence officieuse Wolff, son « intention [...] de rassurer l'Allemagne »[29].

Parmi les cadeaux d'avènement figura l'accord sur Bornewasser, confirmé par Pie XI à Schulte. Le candidat de Berlin au poste de Trèves avait depuis sa nomination à Aix observé une prudence qui trompa le renseignement français : il « entretenait avec les autorités belges les meilleures relations », avait refusé

28. Lettre de Poincaré n° 9, 12 janvier 1921, *Saint-Siège*, 17, BE à Canet, 23 septembre, Tirard, tél. n° 234-235, 9, lettre n° 2362, 24, *Canet*, 55, Braun, 11 décembre 1921, Stehlin S., *Weimar*, p. 180-182, 185, 188, et note n° 8045, 16 janvier 1922, *Canet*, 56.
29. Depuis le 24 janvier, *Saint-Siège*, 4, tél. Bergen n° 31, 31 janvier, n° 32, 6 février, *Akten*, A, V, p. 545-546, n° 266-269 de Charles Laurent et n° 265-267 de Le Rond, Oppeln, 7, et lettre n° 21, Nuremberg, 9 février 1922, *Allemagne*, 370.

les avances des « chanoines pangermanistes » pour combattre les Français et « tenu à faire exprimer [aux officiers de garnison] qu'il n'y était absolument pour rien » ; il prenait des cours de français ; « d'un caractère affable, [c']est un esprit à tendances *modérées* convaincu que la Rhénanie aurait tout à gagner à se séparer sinon de l'Allemagne, du moins de la Prusse ». Il fut élu le 27 février 1922 après « plusieurs séances préparatoires » du chapitre, avec « avis favorable » de Pacelli. Tirard apprécia le choix d'un partisan de « l'apaisement des esprits et de la collaboration avec les autorités d'occupation », auquel le nonce « donner[ait…] une orientation très nette » favorable à « des rapports cordiaux ». Le Saint-Siège « nomm[a l'évêque] le 12 mars 1922 » dans des conditions claires sur son veto contre Versailles : « sans l'agrément légalement nécessaire de la commission de gouvernement de la Sarre » successeur de la Prusse en vertu de la bulle de 1821[30].

Guérilla contre l'occupant et appui précoce des nazis

La contestation de ce « succès prussien » par Tirard, qu'obsédait le péril rouge, finit par céder aux informations accablantes. Rejetant aussitôt élu son masque de francophile, Bornewasser devint la bête noire des Français, tout comme Mgr Ludwig Sebastian, évêque de Spire. Sillonnant la Sarre dans leurs tournées épiscopales, l'un et l'autre prêchaient la révolte. Les Français suivaient à la trace Sebastian, qui venait sans répit s'assurer des « sentiments allemands » de ses ouailles et de l'« inébranlable attachement à la patrie allemande » de ses curés de Sarre bavaroise. L'activisme en Sarre prussienne de Bornewasser, ami de Kaas, fut salué en 1922 par le « triomphe du Centre au Landtag sarrois » : près de 50 % des exprimés – 92 000 voix sur 193 198 – et des partis de gauche laminés dans « une agglomération essentiellement ouvrière », avec 29 211 voix SPD, 2 639 USPD et 1 429 KPD. « Engagé à fond dans la lutte électorale », il distribua « des subventions importantes aux curés sarrois [pour] appuyer les candidatures du Centre » et usa de toutes les armes : propagande contre le règlement en francs des curés sarrois ordonnée aux instituteurs catholiques ; conciliation avec les protestants sarrois prêchée pendant sa tournée des 5 et 6 juillet pour « affermir l'unité du front allemand contre la France » ; croisade contre les écoles primaires *confessionnelles* des Mines domaniales, symbole de l'influence française. En décembre, l'évêque, inquiet de leur succès, « convoqu[a] secrètement à Trèves » ses curés doyens pour les « enjoindre d'organiser contre elles une lutte sans merci ». Il en recensa les modalités, « pression sur les pères et surtout sur les mères de famille pour les dissuader d'envoyer

30. Stehlin S., *Weimar*, p. 182, lettre n° 2610 de Tirard, 17 février, *Allemagne*, 370, note n° 8045, 16 janvier (souligné dans le texte), lettre n° 2658 de Tirard, 7 mars 1922, *Canet*, 56 et 55, et note Canet, 19 janvier 1925, *Sarre*, 103.

leurs enfants à l'école française », « très étroite surveillance [sur...] la vie privée des instituteurs et des institutrices [en vue de] réunir des renseignements et des griefs qui lui permettr[aie]nt [...] le moment venu [...] de ruiner le prestige de [ces] écoles », etc.

Bornewasser dut-il « contraindre son clergé », troublé par l'empressement clérical français ? Il gagna la partie contre des établissements très minoritaires (4 % des écoliers sarrois début 1922) pendant l'occupation de la Ruhr contre laquelle, on l'a dit, il lutta avec Schulte. En pleine « exaltation patriotique », il passa à « l'hostilité ouverte », faisant le 5 février 1923, premier jour de la grève des mineurs, voter par la conférence des doyens de Sarrebruck (puis par ceux de tout son diocèse) une motion d'interdiction : « le clergé catholique de Sarrebruck condamne de la façon la plus formelle l'envoi à l'école française des enfants de parents catholiques. Ces écoles ne satisfont en aucune façon aux exigences que, du point de vue catholique, doivent remplir, à notre avis, des écoles confessionnelles. Nous avons également la conviction que les écoles françaises mettent en grand danger les écoles allemandes. Pour ces raisons, nous sommes obligés, par devoir de conscience vis-à-vis de notre patrie allemande, de la Sarre et de sa population, de mettre en garde les enfants et les parents contre la fréquentation de l'école française. »[31]

Seul prélat ou presque dont Mgr Rémond, si naïf envers Hugo, Pacelli et Testa, ne fût pas dupe, Bornewasser s'appuya sur les forces les plus résolues à en découdre avec les Français. Ce partisan du Kaiser ne répugna pas plus que Pacelli à se lier aux « racistes » officiellement tenus au début des années 1920 pour plébéiens et infréquentables. Il se fit donc protecteur des nazis, dossier surveillé et connu des Français pour sa portée sarroise. Il couvrit et promut ses curés adhérant aux groupes d'extrême-droite, NSDAP inclus : ceux qui prononçaient des sermons incendiaires contre l'occupant et animaient le terrorisme avec « les protestants » des sociétés « de gymnastique » militaristes et « hostiles à la religion » (catholique) : un de ses clercs, envoyé par lui à Völklingen, fit lors d'une messe servie avec un pasteur au congrès de gymnastique du 28 mai 1923 « un sermon pangermaniste » conclu « par "Gut Heil" », formule consacrée. L'évêque assura l'ascension de Franz-Josef Bungarten, curé de la paroisse Saint-Joseph de Sarrebruck dont la gouvernante, Marguerite Krugs, « faisait de fréquents voyages à Munich » aux frais de Bungarten et y « entretenait [...] des relations étroites avec les organisations [nazies], notamment avec Hitler [,

31. Lettres de Tirard n° 3037, 23 juin, *Sarre*, 102, n° 79 de Dard, 19 mars, n° 27 de Koechlin, Sarrebruck, 22 février, *Sarre*, 101, note, Paris, 19 juillet, projet Canet, 1er septembre, *Sarre*, 102, lettres du MAE n° 422, 22 juin, n° 497, 17 juillet 1922, de Rault n° 570, Sarrebruck, 24 janvier, n° 1073, 14, et de Koechlin n° 25, 15, motion, 5 février 1923, *Sarre*, 101.

leur] chef ». Bungarten créa en Sarre une *Deutsche Ehrenlegion* (Légion d'Honneur allemande) vouée à la liquidation du Diktat : les « subsides [...] en marks de source inconnue » y afférents « lui avaient permis de vivre, lui et ses cinq vicaires, pendant près de deux ans » (donc depuis 1921). Bornewasser sauva l'abbé des rigueurs françaises, notamment des suites d'une perquisition éclairante à son domicile, en avril ou mai 1923. Non seulement il ne « pri[t] aucune mesure contre lui », mais il en fit l'adjoint au maire de Sarrebruck. On retrouve, au fil des fonds Sarre, le protégé nazi de Bornewasser porté à la présidence du *Zentrum* sarrois[32].

Le Vatican face aux demandes françaises et belges

Sarre et séparatisme rhénan

Le *statu quo* sarrois

Dès 1920, Paris réclama un statut religieux de la Rhénanie et de la Sarre, « rue aux prêtres » où « la pacification des esprits » dépendrait de l'influence française « sur le clergé, sur le choix des évêques et curés ». La montagne de papier noircie jusqu'en 1925-1926 par les procédures, plaintes et protestations fut vaine, tout ayant été réglé d'emblée entre Berlin, Pacelli et Rome.

Parmi « les affaires non engagées ou demeurées en souffrance » début 1921 figurait celle de la Sarre, « *affaire non introduite* en raison même de son importance ». On se rabattit sur la demande de création d'« un évêque *aumônier général* de l'Armée du Rhin [,...] solution [...] de grandes conséquences pour notre politique en Rhénanie » car « assur[ant] la liaison entre les autorités d'occupation et les autorités religieuses locales ». Paris arracha une ombre, le 9 avril 1921, la nomination de l'ancien aumônier du lycée de Besançon, Mgr Rémond : cet « aumônier général en Rhénanie » n'avait autorité que sur les fonctionnaires français, civils et militaires, du Rhin, « les enfants sarrois demeurant sous la juridiction de leur ordinaire ». « Notre succès le plus considérable » remporté au Vatican en plus de quatre ans d'efforts vains (Canet) fut vidé entre 1921 et 1922 de tout risque potentiel par Gasparri, Kaas, Anton Mönch, auxiliaire de l'évêque de Trèves, Cerretti, Pizzardo et Pacelli, soutenus par Pie XI[33]. La question était liée au statut de

---

32. Cr entretien 15 juin, 23 juillet 1923, *Sarre*, 101, lettre à Canet, 3 décembre 1924, *Canet*, 55, note sd après le 8 novembre 1923, *Sarre*, 102, lettre n° 1093 de Morizé, Sarrebruck, 2 novembre 1933, *Sarre*, 262 et tout *Sarre*, notamment sur Schlich, curé de Sarrebruck, autre protégé nazi.

33. Notes Canet, 10 février 1920, *Saint-Siège*, 13 (1920-21, *ibid.*, 13-18), 6 février, 15 mars 1921 (souligné dans le texte), 15 juin 1923, *ibid.*, 17, 15 décembre et 18 novembre 1924, *ibid.*, 19, et Stehlin S., *Weimar*, p. 193-194.

la Sarre, « une très grave négociation pendante », déplora Canet dans un des rapports établis pour Herriot en 1924-1925 sur le bilan nul de l'ambassade au Vatican. Elle ne pendait que pour la France. Fin septembre 1921, après de longues hésitations, Paris sollicita d'un Gasparri « absolument réfractaire » la nomination d'un administrateur apostolique, via le ministre des Affaires religieuses de la commission de la Sarre, le comte danois catholique Léon Albin Moltke-Huitfeldt. « Conduite scandaleuse », pesta Cerretti, alors nonce à Paris, devant l'ambassadeur du Reich Wilhelm Mayer. Canet recensa au fil des ans les arguments juridiques antagoniques de Rome : les concordats, ici en vigueur, mais proclamés caducs ailleurs, l'administrateur apostolique non légitime, alors que le juriste Gasparri en avait installé pour arracher la Vénétie julienne aux Yougoslaves (à Fiume, Senj, Zara et ailleurs), etc.

Le Vatican, dès 1922, répondit aux demandes, soit (à Dard en mars) par de bonnes paroles décourageantes de Pacelli, « tout à fait ignorant des dispositions de la secrétairerie d'État » mais « désir[eux] de nous servir » sur « ce sujet délicat », soit par le veto. Gasparri le renouvela chaque année de 1922 à 1925. Sa lettre n° 6383 du 18 août 1922 invoqua la « grande maxime [de] toujours [du] Saint-Siège » consistant à « quieta non movere » (ne pas agiter les choses tranquilles), sauf en cas d'enlèvement définitif du territoire « à la nation avec laquelle aurait été conclu le concordat ». Sa longue note du 6 août 1923 liquida les écoles françaises (sentence de mort exécutée avec zèle par les évêques allemands) et le « statut ecclésiastique ».

Il y invoquait « des raisons purement morales et religieuses » contre ces écoles ouvertes aux enfants allemands : « l'autorité ecclésiastique ordinaire » allemande est seule qualifiée, sans intervention du Saint-Siège, pour les juger laïques si l'enseignement, « anti-religieux ou même seulement areligieux », est dispensé par un maître « personnellement notoirement anti-religieux ou même seulement areligieux ou immoral [car] l'exemple donné par le maître exerce sur l'âme des élèves une influence plus grande encore que son enseignement ». Cette situation place les « parents allemands » dans « l'obligation sérieuse [...] d'éloigner leurs enfants de semblables écoles corruptrices ». Les « écoles confessionnelles allemandes » respectent au contraire toutes les règles : « écoles séparées pour les garçons et les filles, écoles pour les catholiques distinctes de celles pour les non-catholiques, maîtres catholiques convaincus et pratiquants, livres dont le texte soit à tous égards approprié au caractère confessionnel de l'école, instruction religieuse suffisante, pratiques religieuses en commun, surveillance des élèves pour autant qu'il est possible en dehors de l'école, en les accompagnant aux offices... ». Cet « enseignement [est catholique] du commencement à la fin », alors que, n'étant informé que par les « autorités françaises », « le Saint-Siège ne possède pas les données suffisantes pour [...] juger » si les écoles françaises sont « en tous points comparables » : classes mixtes, livres classiques,

« enseignement du catéchisme » de seulement « quelques heures par semaine au plus, etc. » ne feront pas l'affaire. Sur le « statut ecclésiastique », ajoutait Gasparri, le Saint-Siège ne peut créer ni diocèse ni administrateur apostolique « pour deux raisons » : il « sortirait de l'impartialité qu'il s'est imposée comme règle absolue dans des circonstances semblables » et violerait le concordat bavarois de 1817 et les accords avec la Prusse de 1821 sur les diocèses, « conventions [auxquelles il] ne peut contrevenir [avant le] futur plébiscite ». La note du 8 février 1924 n'ajouta rien au contentieux. Après le nouveau concordat bavarois, dont la France, suivie par la commission de la Sarre (qu'elle contrôlait), contestait l'application au « Territoire sarrois » des « articles 12 et 15 », Gasparri changea d'argument. Sa lettre du 22 juin 1925 déclara caduc le texte de 1817 mais refusa d'« entrer dans la question de savoir si sur le territoire de la Sarre [était] en vigueur ou non le concordat conclu avec la Bavière » : il invoqua ici le « droit commun » du code canonique de 1917 qui, observa Canet en août, « n'a jusqu'ici du droit commun que le nom »[34].

À l'ère Bleu Horizon, la tentation cléricale incitait à ménager la Curie, rengainer les menaces et démentir en parlement les arguments de la gauche anticléricale qu'avançait en privé Poincaré. Lequel réserva donc au secret des cabinets sa fureur, maximale en 1923 et reflétée par deux câbles du 1er juillet. Il y opposait l'attitude des papes en 1871 et 1923 : « en 1871, Pie IX, après avoir félicité l'empereur allemand de sa victoire, ne s'est pas inquiété de savoir si l'indemnité de guerre passait la mesure de notre capacité de paiement. » Il avouait que « depuis le rétablissement des relations diplomatiques, le gouvernement français n'a[vait] guère essuyé [...] que des échecs », et brandit les rétorsions : menaçant d'exhumer les fonds de guerre sur Benoît XV, il annonça la rupture s'il ne pouvait « annoncer [...] à la Chambre vendredi prochain » l'engagement du Vatican « à régler promptement la question du régime ecclésiastique de la Sarre selon l'esprit du traité de Versailles ». Il ne le put point mais rengaina l'épée. Herriot tonna autant en 1924, menaçant la survie de l'ambassade, mais, privé de politique de rechange, géra pareillement le dossier.

Depuis 1919, le combat allemand était ponctué des manifestations incessantes du clergé bavarois et prussien. Les curés de Sarre n'étaient « qu'exceptionnellement des Sarrois » : tous ceux nommés depuis 1920 l'avaient été « en raison de leur attachement au germanisme », après formation dans les séminaires et universités pangermanistes non sarrois. Le « peuple de la Sarre »

34. Notes Canet, 18 novembre 1924, *Saint-Siège*, 19, 7 juillet 1922, sd, après le 6 août 1923, lettres n° 75 de Dard, 11 mars 1922, de Gasparri, n° 6383, 18 août 1922, note, 6 août 1923, *Sarre*, 102, aide-mémoire, 8 février, tél. n° 935 du MAE, 11 décembre 1924, note commission, Sarrebruck, 7 février, lettres n° 42466 de Gasparri, 22 juin, n° 128 de Canet, 6 août 1925, *Sarre*, 103 ; Cerretti, tél. Mayer n° 921, Paris, 20 décembre 1922, *Akten*, A, VI, p. 582-583.

était quotidiennement requis, avec le soutien de Pacelli, de défendre l'éternelle « patrie allemande »[35]. 1923 porta l'action à des sommets et, encouragés par Pacelli et Testa, Schulte et Bornewasser firent de la Sarre leur terrain privilégié. C'est à Rome, où Schulte alla fin avril, muni d'un rapport de 29 pages « sur les exactions » françaises dans la Ruhr, que fut mise au point la tactique. Ce fut d'abord le voyage à Sarrebruck des deux prélats annoncé au tournant de mars, pour cause de « congrès catholique ». Le motif fut ensuite mué en pose de première pierre d'une église prévue le 3 juin, cérémonie qui fournit l'occasion d'un festival de mensonges de Gasparri et Pacelli aux Français : Schulte s'en dispenserait, il en ignorait d'ailleurs tout, la visite des évêques de Trèves et de Spire n'était « pas vraisemblable », etc.

Elle eut lieu le 3 juin, violant les quatre « conditions » que les Français avaient mises à sa tenue : présidence par un délégué spécial du pape (Testa), invitation de Mgr Rémond, honneurs rendus à la représentation de la commission de gouvernement, « aucune manifestation politique ». Testa n'« arriv[a] à Sarrebruck qu'après la cérémonie » : il n'a pu rentrer de Rome, retenu à Bergame par la maladie de sa mère, expliqua Gasparri *deux mois plus tard*. Rémond ne fut pas invité, mais seulement les deux Allemands de la commission de gouvernement. La fête, qui mobilisa de 40 000 à 70 000 personnes autour de Bornewasser et de Sebastian, observa les prudences encore prescrites par la Curie : Schulte ne vint pas, proclamations, hymnes, banderoles et drapeaux furent « religieux ». Mais les objectifs se lurent dans les thèmes choisis : « l'attachement [...] aux évêques de Trèves et de Spire [...] des catholiques de la Sarre » dont « les manifestations [...] ont évidemment été suscitées par les évêques intéressés », le « vœu de fidélité » de Bornewasser à sa mission d'« évêque du Territoire, la défense de l'école allemande face à la française, « contre [laquelle] la résolution est dirigée » par ses « allusions suffisamment claires [à] l'école non confessionnelle », l'ultramontanisme débordant des textes adressés à Rome et la harangue d'un avocat : « nous voulons un régime chrétien, la liberté de l'Église et l'école confessionnelle chrétienne [...] ce qui n'est pas chrétien, nous le combattrons de toutes nos forces. » Faisons « serment de ne laisser porter aucune atteinte à ces piliers de notre vie : la foi catholique et le germanisme ». Paris y décela, comme la presse catholique, « un plébiscite anticipé ». Bornewasser en acheva l'effet en visitant « la plupart des paroisses »[36].

---

35. Deux tél. sans n°, 1er juillet 1923, *Saint-Siège*, 11 (et 19-20), note Rault, 16 juin 1922, *Sarre*, 102, ce vol. et 101, 103, 262 (jusqu'en 1933), et Stehlin S., *Weimar*, p. 186 *sq*.
36. Courriers, 25, 26, 30 avril, cr visite Rémond à Laroche, Paris, 1er mai, *Allemagne*, 368, MAE, tél. n° 18, 4, *Sarre*, 101, lettre n° 47, 30 avril, tél. Rault n° 32, 15, tél. Jonnart, 18, lettre n° 41, 19 mai, tél. sn, 1er juin, *Allemagne*, 368 (et 3 mai-2 juin), Jonnart n° 114-115,

En octobre-novembre 1923, l'évêque alla cueillir à Rome le fruit *apparent* d'une année chargée, bilan qu'il exalta le 1er décembre 1929, à Sarrebruck, à la fête du jubilé de Pie XI : Ce voyage a mis fin à « mes inquiétudes [de] l'époque des grands périls [...] puisque l'intégrité du diocèse était en jeu [...A]vec quel soulagement je pris le chemin du retour » après les entretiens avec le pape, « les plus chers et les plus joyeux souvenirs de ma vie [...] L'histoire de son souci et de sa volonté de maintenir l'intégrité du diocèse de Trèves devra être écrite plus tard, lorsqu'on pourra ouvrir les archives. Alors, seulement, on reconnaîtra que le voyage de l'évêque de Trèves en 1923 n'a pas eu une grande influence seulement pour Trèves et Sarrebruck, mais aussi pour toute la patrie allemande ». L'emphase entretenait la flamme mais les assurances ne dataient pas 1923. Depuis 1919 Berlin avait reçu de Gasparri et des deux papes des engagements catégoriques sur le maintien, qui obsédait Pacelli, des « frontières ecclésiastiques » sarroises. Ils avaient motivé d'innombrables conciliabules avec Bergen, avisé de toute démarche des Français ou de la « commission de gouvernement » sarroise. Les prélats se les étaient fait répéter à chaque voyage à Rome, en compagnie parfois de l'ignorant présumé Pacelli. Gasparri avait sans trêve réitéré des serments dont les Allemands ne doutaient jamais de la sincérité. « La préservation morale du *statu quo* » des frontières de l'Ouest et de l'Est (Wirth) était le but suprême des futurs concordats[37].

La mission Testa, 1923-1924

Testa paracheva en 1923-1924 la mission unificatrice à laquelle se vouaient Pacelli et Kaas. Il mentit aux Français autant que le nonce, bernant jusqu'au bout de sa mission Rémond, qu'il convainquit aisément de sa germanophobie par des entretiens nombreux depuis le printemps de 1923. Dans un rapport sur les « opinions de Testa après neuf mois de séjour dans la Ruhr », le présumé « aumônier général de l'Armée du Rhin » certifia son soutien à l'autonomie rhénane et cita fièrement ses sarcasmes contre les protestants matérialistes, nationalistes, antisémites et xénophobes et les catholiques anti-prussiens lâches, tels Schulte, partisan d'« une *autonomie* » rhénane mais incapable « d'assumer courageusement et intelligemment des responsabilités », et Marx, « inoffensif » et assujetti aux industriels. Aux interlocuteurs non français d'un périple dont chaque étape avait été fixée par Gasparri et Bergen, Testa dit pis que pendre de « la politique française en Rhénanie et

---

25 juillet, lettres n° 4082 de Rault, 6, n° 40 du MAE, 25, de Koechlin n° 71, 30 juin 1923, et presse, *Sarre*, 101.

37. Tél. Rault n° 51, 27, MAE n° 139, 29 octobre 1923, *Sarre*, 101, lettre M.812 de Morizé, 3 décembre 1929, *Sarre*, 103 ; von Zech, 30 novembre 1919, circulaire Koch (point 5), 6 janvier 1921, Stehlin S., *Weimar*, p. 194, 198-199, chap. 4 et 7, tél. Wirth n° 233, Berlin, 31 décembre 1921, *Akten*, A, V et doc. Vatican, *Akten*, IV-VI, VIII.

dans la Ruhr ». Paris sut en avril 1923 au plus tard qu'il excluait toute séparation « du reste du Reich » de la Rhénanie-Westphalie catholique, dont il « admir[ait] les sentiments foncièrement religieux de la population », et qu'il ridiculisait l'« illusion » des Français, « Mgr Rémond serait du nombre », sur leur capacité d'« une *pénétration pacifique* en Rhénanie et en Westphalie ». Son action, dont l'ambassadeur de Margerie se méfia d'emblée[38], ne se borna pas aux visites humanitaires aux prisonniers des Français ni à la rédaction des rapports larmoyants préparant la lettre pontificale de juin 1923.

- Les grâces des condamnés

Testa avait un objectif *immédiat*, appuyé par des pressions répétées de Cerretti et de Pacelli : arracher à Paris la grâce des expulsés ou prisonniers condamnés pour divers motifs (attentats inclus) et assurer l'impunité aux agents les plus violents de la « résistance passive ». Dès avril 1923 il fléchit Rémond, qui pria le Quai de « contenter » son désir d'« obtenir [...] des adoucissements de peines pour des prisonniers, afin de pouvoir présenter à Rome quelque succès d'ordre pratique ». Il entama avec ses visites de prisons les implorations prescrites par Berlin et les intensifia après le procès en Cour martiale à Düsseldorf, le 11 mai, de sept auteurs d'attentats et sabotages menés par le nazi catholique Albert Leo Schlageter : Bergen reçut instruction immédiate de faire intervenir Rome, « en particulier en faveur de Schlageter », favori des élites étatiques, militaires et patronales du Reich pour des motifs rapportés et soulignés en 1933-1934 par le renseignement : appartenant de « l'armistice à sa mort [,...] presque sans interruption [,...aux] bandes armées qui sous le nom de corps francs, [avaie]nt répandu la terreur en Allemagne après la guerre », il était en 1923 le meilleur saboteur. C'est « le fameux Kohlensyndicat de la Ruhr », pivot de « la Schwerindustrie [industrie lourde] allemande », qui stipendiait cet « aventurier sans idéal » pour organiser la « résistance passive [...] sous le contrôle [...] de l'état-major de la Reichswehr ». « Chef de bande [...] employé à la destruction des voies ferrées [...,] *comme tel grassement payé* et d'autant plus que les attentats qu'il organisait étaient couronnés de plus de succès », il a lâché ses comparses : « arrêté le premier de sa bande, il a à l'interrogatoire *dévoilé le fonctionnement de l'organisation à laquelle il appartenait et dénoncé tous ses camarades*. Ceux-ci, arrêtés grâce à ses déclarations, ont été condamnés à des peines allant de 10 ans de réclusion aux travaux forcés à perpétuité. »

La délation ne sauva pas Schlageter et Cerretti harcela Paris à son sujet en vain : Poincaré resta inflexible sur ce « malfaiteur de droit commun,

---

38. Rapport ?, 15 janvier 1924, *Allemagne*, 369 ; sur Rémond, *Allemagne*, 367-369, *Saint-Siège*, 10, 11, et 18 ; rapport, Allemagne, 12 avril, lettres n° 306 de Margerie, 19, et du MAE sd ni n° classée le 27 avril 1923 (souligné dans le texte), *Allemagne*, 368.

spadassin à la solde d'organisations secrètes, payé pour tuer des hommes politiques allemands [et...] saboter nos trains ». Berlin pressa aussitôt Rome de sauver 32 policiers « refusant la coopération avec les autorités françaises » (Stehlin), le civil Paul Gorges, condamné à mort pour sabotage, et Alfred Krupp et ses directeurs, accusés et condamnés à des peines diverses de prison (quinze ans pour Krupp) : le 31 mars, ils avaient jeté leur personnel ouvrier contre les troupes françaises, qui avaient tiré, faisant treize morts et une quarantaine de blessés. Argumentaire soufflé par Berlin, Cerretti alla le 4 juin 1923 voir le directeur des Affaires politiques du Quai d'Orsay, Emmanuel de Peretti, pour le supplier d'arrêter les expulsions de fonctionnaires prussiens et « de rendre la liberté aux trente-deux policiers qu'on a fait venir d'Allemagne pour maintenir l'ordre contre les communistes et qu'on a ensuite emprisonnés ». Il invoqua des interventions pontificales dans le nord de la France en 1916 en faveur des populations de Lille, Roubaix et Tourcoing, audace qui lui attira une réplique glaciale : Peretti le pria « de ne pas intervenir dans ces questions », récusa toute comparaison avec la guerre et conclut sèchement : « une intervention du Saint-Siège sur ces points ne serait pas comprise en France, où elle causerait le plus mauvais effet ».

Berlin et Bergen insistant, la Curie alla de l'avant. Pacelli s'employa à fléchir les Belges (proie facile) et Gasparri envoya en France un de ses agents suisses chargés de « missions secrètes et officieuses ». Lequel exposa en juillet aux « prélats français et aux milieux cléricaux nationalistes de France » le caractère « dangereux pour la France [de] la politique de Poincaré » qui poussait Berlin dans les bras de Moscou, affreux péril imposant changement de ligne. Refleurit aussi le mythe, qui ne trompa personne, des Russes bientôt à Varsovie : le Vatican « feint de croire que les Soviets menacent la Pologne, que leur armée, où figurent de nombreux officiers allemands, se fortifierait tous les jours pour attaquer leur voisine au printemps prochain. Il est difficile d'admettre la bonne foi des personnes qui font circuler de pareils racontars, car le chef de la mission pontificale en Russie qui vient de rentrer à Rome » - le jésuite américain Edmund Walsh, antisoviétique professionnel – « est d'un avis tout différent. D'après lui les bolcheviques se garderaient bien de menacer la Pologne ; une démonstration militaire de leur part risquerait d'amener l'écroulement du régime soviétique »[39].

---

39. Depuis le 27 juin 1923, *Allemagne*, 368-369, *Saint-Siège*, 10-11, entretiens Testa-Rémond, 11 avril et 25-26 juin, *Canet*, 56, Stehlin S., *Weimar*, p. 241-242, cr visite, 4 juin, *Allemagne*, 368, Müller, 24, Stehlin S., p. 256, et lettre de Jonnart, 7 juillet 1923, *Saint-Siège*, 11 ; sur Schlageter, lettre de Garnier n° 942, Berne, 19 juillet 1945, *Allemagne 1944*, 75, fiche GB5, A/3496, 21 avril 1933, et note du CP de Mohon, sur « l'action secrète des organisations terroristes allemandes » depuis 1919, 30 octobre 1934 (délégué de l'État-major, « lieutenant von der Osten »), AN, F 7, 13430 et 13433, Walsh, *infra*.

Mi-juin 1923, Testa fit le siège de Rémond, larmoyant sur l'exécution de Schlageter qui avait suscité chez Pie XI « une douloureuse surprise » – contribution à la légende de martyr et « héros national » du spadassin dont nazis et Église allemande se disputèrent l'appartenance et le droit à célébration avant et après 1933. Le pape demandait qu'il ne fût « plus prononcé à l'avenir d'autres condamnations à mort » et que les précédentes fussent commuées en peines de prison. Fin juin, Rémond oscillait encore entre soumission et fermeté encore prescrite par le Quai, où un sursaut de colère avait accueilli une lettre de Pie XI et une sortie de Testa contre la politique française annexionniste devant « des députés catholiques de l'Allemagne occupée ».

Le 29 juin, Poincaré, chapitré par Canet (« ce n'est plus libéralisme, mais faiblesse. Il est temps que cela cesse »), câbla à Coblence et Dusseldorf que « Mgr Testa n'[était] plus autorisé à visiter les prisons ». L'indignation enfla encore début juillet. Juste après l'explosion de Duisburg, le Vatican, que Paris pressait d'intervenir, distingua, via une note officielle de Pacelli à Berlin, « les attentats et la résistance passive ». Celle-ci n'y fut pas condamnée, ce qui fit exulter la presse allemande ; ceux-là ne le furent que du bout des lèvres et sous un faux prétexte : le pape, « très affecté par les actes de sabotages [,...] s'est ému notamment du fait que les souffrances endurées par le peuple allemand pourraient faire pénétrer dans cette nation le bolchevisme avec ses terribles conséquences »[40]. Testa fit simultanément chanter Rémond : l'interdiction de visite aux prisonniers mettrait fin à sa mission ; si son « nom était jeté dans le débat » au Sénat, il serait rappelé et ne pourrait aller en Sarre. Rémond, qui s'obstinait à croire propice ce séjour toujours différé, pressa Paris de lui « rendre [...] sa liberté d'action ». Poincaré, une semaine après son coup de sang, considéra « l'incident clos » et rétablit « la situation "ante" ».

Après quoi Testa flagorna plus que jamais l'aumônier français et apaisa ses réticences en étrillant les Allemands « hypocrites », en louant « l'adresse incroyable » de Poincaré et en mimant la sympathie pour les séparatistes. Leurs entretiens s'achevaient toujours sur des demandes de grâces, que Rémond présentait (ici, début novembre) comme une excellente affaire : « Testa s'engage à nous servir et à Sarrebruck et sur le Rhin » si nous concédons « quelques grâces ou commutations de peines » qui lui permettront de s'en « prévaloir auprès du pape ». Paris consentit à en faire « l'arbitre de la situation » à la suite de Rémond, ravi de « la *fureur* de Mgr Testa contre les Allemands, particulièrement les catholiques allemands, et les neutres

40. Lewy G., *Catholic*, p. 164-165, lettres de Testa, Essen, 17, de Rémond, Mayence, 20, *Allemagne*, 368, entretiens, 25-26, *Canet*, 56, note Canet, Poincaré, tél. n° 388, 29, n° 51-52, 30 juin, *Saint-Siège*, 18, mention en marge cr visite Valeri, 4, et *Havas*, 1er juillet 1923, *Saint-Siège*, 11 (début juillet, *ibid.*, 11 et 19).

des bandes Hoover et des Croix-Rouge ». Ce mythe de l'« arbitrage » couvrit la capitulation devant la pression financière et monétaire anglo-saxonne qui avait fait chuter le franc de 40 % depuis janvier : c'est le 13 novembre 1923 que Poincaré céda à l'ultimatum lancé le 5 à l'ambassadeur de France à Washington par le secrétaire d'État Hugues au nom du banquier John Pierpont Morgan : arrêt de la spéculation contre le franc contre retrait de la Ruhr et acceptation d'« un comité de financiers ou "experts" » américains sur les réparations (préparatoire au plan Dawes).

La fin de l'année fut glorieuse : commutations de peines pour Gorges et les responsables de l'attentat de Duisburg, et non-transfert en France des directeurs de Krupp et autres condamnés. Berlin pria d'ailleurs sa presse, comme pour la lettre de Pie XI en juin, de modérer une allégresse explicite sur l'intimité germano-vaticane. Testa, qui remercia à Noël les Français de son triomphe, eut en janvier 1924, dans un flot de mensonges germanophobes, un élan de sincérité pour Rémond : ma mission dans la Ruhr « est bien terminée [...] puisque j'ai obtenu la plupart des grâces demandables ». Il lui promit de se rendre en Sarre « dans trois semaines au plus tard »[41].

• La liquidation du séparatisme rhénan

Testa quitta le 10 janvier 1924 l'Allemagne pour un séjour romain allongé de plusieurs semaines par une maladie diplomatique. Prétendument surchargé « sur le Rhin », il fut exempté d'une comédie inutile après le nouveau veto de Gasparri, le 8 février, contre le détachement ecclésiastique sarrois. En mars, il vit Rémond : le retard de votre voyage, argua le Français, crée une « mauvaise impression », accréditant le bruit que la Curie attend « les prochaines élections françaises ». Il lui ôta toute illusion, présentant la demande d'administrateur apostolique comme « impossible à obtenir » et posant de fausses questions sur les écoles françaises mauvaises catholiques[42]. Paris ne reçut donc pas le dividende sarrois de ses bontés ruhroises. Son bilan fut aussi piteux sur le séparatisme rhénan qu'il exploita en octobre-novembre 1923 avant de le lâcher trois mois plus tard, livrant ses partisans à une répression féroce – et perdant tout espoir de contrôler les marges occidentales du Reich. Le 9 novembre, trois jours après la proclamation de l'autonomie du Palatinat, Testa se déclara devant Tirard et Rémond partisan d'« un État rhénan autonome », ajoutant :

---

41. Lettre n° 11.315/D de Degoutte, Dusseldorf, 4, tél. n° 390 de Poincaré, 6 juillet, entretiens Testa-Rémond, 10, note Canet, 11, lettre de Rémond, Dusseldorf, 29 novembre, tél. Tirard n° 677, 23 décembre 1923, et rapport Rémond, 15 janvier 1924, *Allemagne*, 369, Stehlin S., *Weimar*, p. 252-255, 258, 269, 271, 273 (et ce chap. 5), et Costigliola F., *Awkward*, p. 115-116.

42. Tél. Peretti, 24 janvier, *Allemagne*, 369, Doulcet n° 12, lettre de Poincaré n° 15, 29 janvier, tél. Doulcet n° 13-14, 2 février, *Sarre*, 103, et cr entretiens des 10-11 mars, Mayence, 12 mars 1924, *Allemagne*, 369.

« le mouvement séparatiste [...] unanimement déconsidéré [...] ne pourra se maintenir. »

Il était aussi chargé d'organiser « la résistance du clergé luttant pour la défense de l'unité allemande » contre « l'action des séparatistes rhénans ». À la mi-décembre 1923, Cerretti était encore « intervenu auprès du gouvernement français pour obtenir une amnistie générale ou presque générale dans les pays rhénans à l'occasion de Noël ». Les larmes séchèrent quand les évêques allemands et le Vatican appliquèrent le fer et le feu aux séparatistes, vivants puis morts, ligne élaborée avec Faulhaber, un des chefs de la répression bavaroise, venu à Rome à la mi-décembre. Début novembre, la Curie avait suspendu sur demande de Berlin l'abbé Cremens, membre du parti républicain rhénan et ministre des Cultes du gouvernement séparatiste provisoire. Fin novembre, elle imputa la sanction, confirmée, à sa « conduite privée » : Tirard agréa ce mensonge mais Paris s'interrogea « sur la véritable raison de cette interdiction ». Le 19 janvier 1924, Borgongini jura tout ignorer d'une décision prise par l'évêque de Munster et notifiée le 5 novembre à celui de Trèves : il l'aurait connue si elle avait été politique. Les adhérents du syndicat indépendant de la Sarre avaient alors fait l'objet d'une « véritable excommunication »[43].

Le départ de Testa permit aux évêques du Reich de soustraire la Curie à toute responsabilité dans le massacre des séparatistes catholiques et de persécuter en paix morts et survivants. Sebastian, pressé par Faulhaber, ordonna aux curés de lire en chaire « une protestation politique contre le gouvernement autonome palatin ». Puis il leur interdit de célébrer les obsèques de son président, Franz Josef Heinz, assassiné le 9 janvier « par des membres de l'association secrète bavaroise "Treuhand" » établie à Heidelberg (« un commando dirigé par Edgar Jung, futur collaborateur de von Papen »). Le « motif » officiel – « indignité publique ou manifeste » – de cette sanction, terrible, contre « un catholique pratiquant » fut « donné verbalement » à sa famille. Aux demandes officielles qu'elle adressa fut refusée toute « réponse écrite ». Bornewasser réserva le même sort au cadavre de Schlich, ancien Landrat (sous-préfet) séparatiste de Mayan, tué le 24 janvier « par des inconnus ». Le Vatican, auquel Doulcet fut prié de demander s'il avait blâmé l'évêque de Spire pour cette vilenie, fit le mort ou l'ignorant. Il était très informé. Le 21 janvier, Sebastian se lamenta sur les horreurs séparatistes dans sa lettre à Pie XI rédigée par le

43. Tél. Tirard n° 590, 9 novembre 1923, *Allemagne*, 369, lettre du président du Conseil, 30 janvier 1926, *Canet*, 56, note Canet, 15, lettre de Pozzi, 16 décembre, *Saint-Siège*, 11, tél. MAE sans n°, 9 novembre, 13 décembre 1923, 19 janvier, *Canet*, 56, et lettre de Rémond, 13 mars 1924, *Allemagne*, 369. Contexte, Poidevin R. *et al.*, *Les relations*, p. 253-255, et Badia G. *et al.*, *Histoire*, 1, p. 102-103.

cabinet bavarois et requit l'envoi de Testa sur place. La secrétairerie d'État (Pizzardo et Borgongini, entre autres) prépara sans désemparer les voies et moyens du combat avec les ambassadeurs bavarois (Ritter) et allemand (Bergen). Schulte, « l'adversaire le plus résolu du séparatisme rhénan », attendit son écrasement pour accorder fin mars 1924, *« sur le désir exprès du Ministère des Affaires étrangères de Berlin »*, une interview à un journaliste français. Il s'y déclarait prêt à collaborer avec l'épiscopat français à une « réconciliation entre la France et l'Allemagne ». Mais il « n'a pas dit un mot de l'attitude chrétienne ou non du clergé du Palatinat, encore moins de l'évêque de Spire » : il s'est borné à répondre « que si la lettre d'un évêque si doux et si indulgent contenait des termes si amers, cela prouvait tout simplement combien avait dû être terrible la terreur sanglante du séparatisme palatin ». L'affaire s'acheva dans un jeu de cache-cache entre la secrétairerie d'État et les Français : ils ne s'enquéraient des sanctions prises contre les séparatistes qu'avec patience et humilité, vu leur lâchage de ces derniers et leur zèle à nier leur propre rôle, notoire, dans l'opération. Quand Doulcet posa des questions, fin février, sur « l'attitude » des évêques de Trèves et de Spire, ses interlocuteurs répondirent « qu'ils ne pouvaient et ne voulaient pas approuver l'attitude de Mgr Sebastian, mais qu'ils ne se croyaient pas en mesure de la blâmer ouvertement ». Borgongini dit tout ignorer, n'ayant reçu aucun rapport de Testa.

Entre-temps, le « convalescent » (Testa), convoqué par von Ritter et Sebastian, avait regagné l'Allemagne, non la Sarre, mais la Rhénanie. Vers la mi-février, il fut pris à partie à Spire, « battu et jeté par une sentinelle séparatiste ». Celui qui, selon Stehlin, concevait ici son œuvre comme « dans la Ruhr : observer et adoucir toute souffrance humaine », ne secourut que les anti-séparatistes. « Après s'être familiarisé avec le problème et avoir discuté avec les dirigeants civils et ecclésiastiques » allemands qui poussaient à l'hallali, « il commença en mars » – par sa lettre du 1er au général français de Metz, commandant des troupes du Palatinat – « à demander la clémence pour certains des prisonniers, faisant accélérer les procès de ceux qui avaient été détenus pendant les combats sanglants qui avaient éclaté contre le régime séparatiste dans des villes comme Pirmasens, Kaiserslautern et Bad Dürkheim, et l'autorisation de retour pour certains de ceux qui avaient été expulsés ».

Le camp séparatiste se fracassa sur un mur vatican aussi dur que l'épiscopal. Les membres du syndicat indépendant sarrois, excommuniés d'emblée, virent le refus des sacrements confirmé par la conférence de Fulda. Un de leurs chefs, Nicolaus Schmitt, supplia Rome, le 28 février 1924, de s'entremettre : « nous ne sommes pas des socialistes, pas des révolutionnaires, pas des ennemis de la religion et de l'Église. » Testa resta sourd et continua à flagorner Rémond, toujours aux anges. Il lui conta que la lettre au pape de

Sebastian « avait été entièrement composée et rédigée par un haut fonctionnaire bavarois, *lequel me l'a avoué lui-même* et que *l'évêque n'avait fait que* la signer[… C']est avant tout un *fonctionnaire* qui prend ses ordres à Munich, et que Munich fait trembler à son gré ». Il pesta contre « ce maudit pays », « cette manie germaine de la dénonciation et de la calomnie », etc. Acharné à la vengeance contre les parias, Pacelli attendit août 1924 pour déclarer au chargé d'affaires français à Berlin qu'il avait, « sur les instances de Lord d'Abernon, engagé le gouvernement bavarois à la clémence envers les séparatistes [et] contribué à faire libérer le fils du bourgmestre Helfferich »[44].

Les délégués français à Coblence et au Vatican poussèrent la faiblesse jusqu'à proposer pour Testa, en août-septembre, le grade d'officier de la Légion d'honneur : assuré de recevoir de Berlin « une distinction élevée, la décoration de la Croix-Rouge de 1re classe », ce « spécialiste des questions de la rive gauche du Rhin qui aura jugé les Allemands tels qu'ils sont » occuperait « un poste important à la secrétairerie d'État ». L'allant fut moindre au Quai, où le dossier traîna jusqu'en juin 1925 : cet « observateur partial » accoutumé « à prendre systématiquement le parti des Allemands » (formule de Georges Bidault en 1945) reçut alors le signe de la gratitude française pour l'affront subi[45].

Le cas belge

Eupen-Malmédy

Les frontières sarroise et palatine du Reich furent donc garanties par le concordat bavarois sur les décombres du séparatisme, dans des conditions propices à l'alliance des droites[46]. Si les veto vaticans furent nets, les compromis forcés furent trompeurs. Le cas d'Eupen-Malmédy, souvent invoqué par la France à l'appui de sa cause en Sarre, prête à éclairante comparaison avec celui de l'Alsace. Les cantons que Versailles attribua à la Belgique, tout en y prévoyant une consultation des habitants, faisaient partie du diocèse de Cologne. Gasparri, soumis depuis août 1919 à la demande de transfert aux autorités religieuses belges, y pratiqua la tactique habituelle : refusant le déta-

44. Tél. MAE sans n°, 28 janvier, 9 février 1924, *Canet*, 56 ; lettre n° 33 de Garreau, Zagreb, 24 février 1934, *Yougoslavie*, 168, note, sd, après le *Journal*, 26 mars, Doulcet, lettre n° 31, 28, tél. n° 16, 15, MAE sans n°, 16, Schmitt, Lisdorf, 28 février, cr entretiens 10-11 mars (souligné par un lecteur du Quai), *Allemagne*, 369, et lettre de Saint-Quentin n° 506, 2 août 1924, *Allemagne*, 371, et Stehlin S., *Weimar*, p. 264-267.

45. Tél. n° 291 de Tirard, 27 août, lettre n° 97 de Cambon, 9, note Europe, 18 septembre 1924, avril-mai et lettres n° 3391 de Tirard, 26 juin 1925, *Allemagne*, 369, et n° 34 de Bidault, 24 août 1945, *Allemagne 1944*, 67.

46. Dorten J. A., *La tragédie*, lie sort de la Rhénanie de 1924 et triomphe hitlérien cautionnés par le Vatican et Kaas.

chement, « il promit de placer le territoire sous administration apostolique, en attendant la décision finale sur son sort ». Berlin se retrancha derrière la bulle de 1821 et le vote futur des habitants. Les Belges n'eurent donc droit qu'à un administrateur, pas belge mais italien, leur nonce, Mgr Sebastiano Nicotra, et « pour six mois », du 10 janvier au 10 juillet 1920[47].

Nicotra avait été nommé après guerre, quand Erzberger « demand[ait] à la secrétairerie d'État de s'opposer [...] aux mesures ecclésiastiques contraires aux intérêts allemands qui pourraient être prises "dans les territoires provisoirement occupés par les Alliés" ». Chargé de lancer « en Belgique » la campagne contre les « conditions trop dures à l'Allemagne », il fut dans les cantons le prête-nom de Schulte, toujours investi de « l'autorité ». Le 30 mars 1920, ses curés assurèrent l'archevêque allemand de leur entière loyauté et signèrent le 23 avril sa lettre au pape : elle prêtait aux paroissiens des angoisses de dégermanisation, comparant la munificence de Cologne pour les œuvres et associations catholiques aux diocèses belges mal « dotés » et déplorant le péril d'expansion du français aux dépens de l'allemand. À la mi-mai, Schulte prédit à Benoît XV « le chaos et le désordre » à Eupen-Malmédy et le mit en garde contre l'« amer ressentiment de toute l'Allemagne » si elle en était dessaisie. Il bloqua donc aisément toute « intervention belge dans les affaires paroissiales des cantons », tandis que Bergen incitait les Allemands d'Eupen-Malmédy et d'ailleurs à venir en masse à Rome exprimer leurs alarmes et griefs.

Le 24 juillet 1920, la « consultation des habitants » que Berlin invoquait depuis un an démontra que leur majorité n'était pas si germanophile. Bruxelles invoqua donc le caractère « irrévocablement belge » des cantons, et Gasparri eut plus de peine à justifier l'attente, qui continua cependant. En octobre-novembre, le séjour de Schulte à Rome, à la tête du premier pèlerinage allemand d'après-guerre salué des premières pages de l'*Osservatore*, enfonça le clou sur Eupen-Malmédy et sur la demande franco-belge de (re-) création d'un diocèse d'Aix-la-Chapelle. Bergen et Schulte prescrivirent de faire traîner celle-ci en nommant à Aix un auxiliaire du second. Rome désignerait à Eupen-Malmédy « un délégué de l'archevêque responsable devant lui en cas de transfert de la zone à la Belgique », au pire, « un administrateur pontifical ». Après confirmation, le 13 décembre, de la décision de la SDN de transfert définitif des cantons, Bruxelles réclama leur rattachement au diocèse de Liège. Elle menace le Saint-Siège de rompre les relations s'il tarde encore, confia Cerretti à Bergen en janvier 1921. En mars, le voyage en Italie des souverains belges fut remis en raison de « difficultés [...] soulevées par le Vatican », mais on n'alla guère, selon l'ambassadeur Maurice Herbette,

47. Sauf mention précisée, Stehlin S., *Weimar*, p. 167-176.

au-delà de « relations [...] presque tendues » par la bruyante germanophilie de Nicotra[48].

L'impérieux Bergen avait obtenu dès janvier 1921 l'assurance que les cantons ne seraient ni rattachés à un diocèse belge ni répartis entre plusieurs : on créerait « un diocèse indépendant [...] provisoirement placé sous la tutelle de l'évêque de Liège jusqu'à une future révision des frontières diocésaines de la Belgique ». Cerretti jugeait sa formule, qui ferait mieux avaler aux Belges le rejet de leur demande, « très pratique, car si la région devait un jour revenir à l'Allemagne, on n'aurait pas à la séparer à nouveau d'un diocèse belge mais on pourrait la rendre *in toto* au Reich » ; il égréna « la liste des garanties » qui préserveraient de toute « belgisation » les Allemands, assurés de l'usage de leur langue et de leurs coutumes religieuses. Le 30 juillet 1921, une bulle (publiée le 1er octobre) codifia cette solution.

La tutelle « belge » s'allégea au fil des ans. En août 1925, sous prétexte de la modicité des subventions belges et de l'incapacité du Vatican à doter un nouveau diocèse, les deux cantons restèrent unis sous la direction d'« un vicaire général germanophone », théoriquement soumis à l'évêque de Liège. « Des garanties furent données pour l'usage de l'allemand dans les écoles et les églises. » Stresemann trouva ici, dans les conditions créées par l'entrée du Reich à la SDN, le soutien idéal à son « révisionnisme territorial », éclairé par l'échange entre Georg Schreiber et Pizzardo d'avril 1926 sur l'« ajustement des frontières ecclésiastiques ». C'est à cette étape du travail sur les « minorités allemandes » que fut adoptée « une extraordinaire décision pontificale » violant le « principe de la compétence territoriale » des ordinaires : Schulte, qui « avait pris sous sa juridiction spirituelle les Allemands d'Italie dès 1921 », reçut de Pacelli en 1926 (1924 selon une autre source) la charge de « tous ceux d'Europe occidentale ». La solution de Liège avait été retenue parce que son vieil évêque, Mgr Martin Rutten, présentait toutes garanties.

« L'évêque par excellence de tous les Flamands » (formule de Frans van Cauwelaert, maire d'Anvers, au congrès catholique flamand de mai 1921), passé par la Grégorienne, avait orchestré la croisade contre Mercier (et Paris) lancée par Rome en Belgique et aux Pays-Bas : en janvier 1921, en plein conflit sur les cantons, il soutint la pétition de 227 prêtres flamands – de Nicotra – contre le prélat wallon. La presse catholique du diocèse, financée par « des éléments puissants du parti catholique », menait contre la France une efficace campagne de « haine ». Mgr Rutten laissa toute licence à son clergé

48. Information, 26 décembre 1918, *Allemagne*, 370, lettres de Doulcet n° 87, 2 novembre 1920, n° 5, 12, *Saint-Siège*, 3, tél. Bergen n° 22, 25 janvier, *Akten*, B, IV, p. 291, n° 370 de Margerie, Bruxelles, 17 mars 1921, *Canet*, 54, et n° 78 d'Herbette, Bruxelles, 7 février 1923, *Saint-Siège*, 28.

allemand d'Eupen-Malmédy et de Saint-With, qui put adhérer dès sa création (1924 ?) au *Heimatbund* prônant le rattachement au Reich et porter « la redingote des prêtres allemands ». Il lui adressa sur ces deux points un rappel à l'ordre, aussi tardif (mars 1927) que vain. Le successeur et ancien coadjuteur de Rutten, mort à 87 ans en juillet 1927, Mgr Louis-Joseph Kerkhofs, professeur de 1900 à 1922 aux séminaires de Saint-Trond et de Liège (fiefs flamingants), passé par le même moule romain, poursuivit le cours. Dès juin 1926, après « quelques semaines » passées à Bruxelles, le conseiller de légation Richard Kuenzer, membre du *Zentrum*, s'était félicité de ses entretiens avec les Belges Aloys van de Vyvere, « chef de la majorité catholique », et son intime van Cauwelaert. Ils ne demandaient qu'à céder les cantons, et le premier avait même fourni un conseil tactique : il faudrait observer plus de prudence à Malmédy et à Saint-With, de sentiments wallons, qu'à Eupen, prêt à tomber dans l'escarcelle allemande[49].

Les flamingants contre l'unité belge

La contribution vaticane à la déstabilisation flamingante du royaume renforça les chances du transfert futur d'Eupen-Malmédy. Le dossier pose la question du choix des élites belges entre le Reich et l'Entente, vocable formel tant les rapports avec Paris et Londres impliquaient d'options différentes voire antagoniques. Je décrirai ici les effets intérieurs et extérieurs d'une « Action catholique » à laquelle la monarchie céda tout bien avant que Léopold III ne choisît la « neutralité » pro-hitlérienne.

« L'influence allemande » porta après comme avant la guerre « le manteau du dévouement aux intentions du Saint-Siège » et au « pape de la paix » – formule de l'« Union générale des étudiants flamingants » aux Journées sociales de Malines de 1920. Contre les catholiques partisans de Versailles et opposés en 1920 à une neutralité synonyme d'allégeance au Reich, Rome soutint les séparatistes. Nicotra envenima contre « les catholiques wallons [...] la question flamande », traquant Mercier, qui détestait cet agent du Reich auquel « la guerre » n'avait « rien appris » : appuyé sur un clergé dont la majorité flamande – 2 000 sur 2 500 prêtres vers 1925 – certifiait la germanophilie, il poussa ses dévôts jusqu'au cœur du diocèse du cardinal redevenu gênant. Il rencontra peu de résistance. Éclairé sur « l'attitude du Vatican pendant la guerre », Mercier « détourn[ait] » les fidèles de ce passé « troublant » par

49. Tél. Bergen n° 22, 25 janvier 1921, *Akten*, B, IV, p. 291-293, lettres de Garreau n° 33, 24 février, n° 98, 3 mai 1934, *Yougoslavie*, 168 ; de Margerie n° 627, 19 mai 1921, n° 1375, 28 décembre 1920, n° 44, 17 janvier 1921 ; d'Herbette n° 18, 22 avril, n° 14, Liège, 18 mars, n° 808 d'Herbette, 26 juillet 1927, n° 1187 de Margerie, 14 novembre 1921, *Canet*, 54, et note von Ow-Wachendorf, Bruxelles, 23 juin 1926, *Akten*, B, I, 1, p. 595-597 ; mission « occidentale » de Schulte en 1924, *infra*.

« discipline » et « esprit de soumission ». Le 23 septembre 1921, le catholicisme « non flamingant » cautionna un programme, « chef-d'œuvre de compromission et de restriction mentale », évitant toute « allusion à l'accord militaire franco-belge ». Le chargé d'affaires français à Bruxelles annonça l'avenir : « les non-flamingants [...] ont tout sacrifié » pour maintenir « l'unité du parti catholique », ce qui « aura contribué à la victoire de tous les éléments flamingants adversaires de l'alliance française et préparé l'accession au pouvoir d'un groupe qui vise, presque sans le cacher, à la séparation de la Belgique ». Le flamingantisme triompha alors dans les séminaires, universités (Gand et Louvain) et autres lieux catholiques[50].

L'occupation de la Ruhr rendit les pressions écrasantes. Sur une démarche de Schulte, « que le souvenir de Mgr Mercier [devait] hanter », Gasparri invita dès janvier 1923 Nicotra « à signaler à l'attention sérieuse du gouvernement belge les cruautés dont étaient l'objet de la part des troupes belges et françaises les femmes et les enfants des fonctionnaires expulsés de la Ruhr ». Nicotra transmit ces lamentations, non étayées par des « faits précis », et pria le ministre des Affaires étrangères Henri Jaspar d'agir sur Paris. Jaspar assura Herbette qu'il avait crié au « procès de tendances », juré de son amitié pour Paris, récusé le témoignage de Schulte, rappelé que « la Belgique a[vait] odieusement souffert de l'occupation allemande », et exigé de recevoir « des informations plus complètes » ; Nicotra, « tout stupéfait et décontenancé », lui aurait « avoué que ni le Vatican ni lui ne [les] possédaient ». Le nonce, lui, câbla à Rome après leur entrevue que Jaspar « lui avai[t] promis d'ouvrir aussitôt une enquête et de punir les coupables, en le remerciant ». Bruxelles, sensible d'emblée à la pression britannique et américaine anglo-saxonne, avait cédé. Paris releva sa pudeur sur la lettre pontificale de juin – « peut-être sollicitée par le Roi des Belges » selon la presse italienne - et son effort pour en « atténuer la portée » ; puis sa sérénité sur l'attentat de Duisburg, sur lequel son ambassadeur au Vatican, Napoléon Beyens, déclara n'avoir « reçu aucune instruction ». Jaspar, qui avait à nouveau assuré en juillet Paris de sa fermeté, multiplia en décembre les faux-fuyants pour cacha son envie d'offrir au Saint-Siège l'amnistie générale qu'il réclamait en Rhénanie pour Noël[51].

En juillet 1923, Nicotra fut nommé à Lisbonne. L'ambassadeur du Reich l'y entendit régulièrement maudire la France, ce « briseur de la paix mondiale » qui voulait « l'anéantissement de l'Allemagne », se proclamer en « guerre » contre

---

50. Loiseau, 4e fascicule, 1er octobre 1920, *Saint-Siège*, 2, lettres d'Herbette n° 78, 7 février 1923, *Saint-Siège*, 28, n° 55, 13 janvier 1926, de Margerie n° 1157, 2 novembre 1920, de *Victor* Jaunez n° 105, Bruxelles, 27 septembre 1921, et depuis novembre, *Canet*, 54.
51. Lettres d'Herbette n° 77, 6 février, tél. Cambon n° 7, 6 mars, cr conversation téléphonique (ct) Herbette-Peretti, 29 juin, *Saint-Siège*, 10, lettre n° 592 de Charles-Roux, tél. Jonnart n° 81, 1er, lettre n° 678 d'Herbette, 12 juillet, ct Herbette-de Peretti, 23 décembre 1923, *Saint-Siège*, 11, et Stehlin S., *Weimar*, chap. 5.

elle et ses « atrocités », annoncer « la guerre entre la France et l'Allemagne » et déclarer irrécupérable « la France actuelle » où on était « français avant d'être catholique » - monarchistes inclus, « les pires, *ajoutait-il,* car impérialistes ». Lui succéda l'ancien auditeur de la nonciature à Bruxelles, de février 1915 à la fin de 1916, Clemente Micara, venu de Prague où il avait depuis octobre 1919 tant poussé la subversion qu'on ne voulait plus l'y voir. Le nouveau nonce vanta à Herbette l'excellence de ses rapports avec Mercier, qui avait eu la faiblesse de le réclamer, et se déclara pro-allié, « surpris d'ailleurs » de la germanophobie belge. Il fit souffrir plus encore que Nicotra le cardinal, pourtant aussi complaisant que Bruxelles dans l'affaire de la Ruhr. En mai 1924, la Curie lui infligea une humiliation suprême, l'absence du clergé et des fidèles du Limbourg aux fêtes de son jubilé, où il prêcha l'union du clergé, des Belges et des peuples sous l'égide de la SDN.

Mercier, reculant toujours plus, but pendant sa dernière année – 1925 – le calice jusqu'à la lie. Au premier trimestre, la Ligue des étudiants (flamingants) se déchaîna contre l'unitarisme de l'université flamande de Louvain, encouragée par le Vatican et Rutten, malgré des apparences contraires. Début mars, Rutten condamna *officiellement* le « triple crime » ainsi commis « contre le peuple flamand, [...] contre la Patrie, [...] contre la Foi », et s'associa à la lettre publique unanime de l'épiscopat menaçant le 4 de suspension *a divinis* le recteur de Louvain, Mgr Paulin Ladeuze, qui laissait faire ces rebelles allégués. Rideau d'ombres, car Ladeuze ne prit le 10 mars que sur le papier des mesures énergiques, comme la dissolution de la Ligue. Les incidents s'intensifièrent, le plus notable se déroulant lors d'une séance de cinéma au bénéfice des invalides de guerre : une vingtaine d'énergumènes conduits par un professeur de philologie et littérature germaniques restèrent assis quand fut joué l'hymne national. Les rebelles violèrent impunément la discipline ecclésiastique : la répression de l'appel à la trahison nationale fut laissée à l'État, qui se montra aussi mou.

La Belgique reçut simultanément un traitement éclairant sur les impératifs tactiques de l'accord entre conservateurs et « éléments démocratiques du flamingantisme » appuyés sur le bas-clergé : c'était ici, comme en Alsace-Lorraine et ailleurs, l'arme décisive (mais provisoire) de la dissociation nationale. La croisade que le Vatican avait décrétée dans le Reich au printemps 1925, au profit d'Hindenburg, contre l'alliance *SPD-Zentrum* ne valait pas ici. Partout fut donc lue début septembre 1925 une pastorale visant à « provoquer[...] de redoutables polémiques » par ses « conseils » relevant « du domaine de la politique pure ». Les fidèles en retiendraient « une longue critique du programme libéral » – pilier du wallonisme laïque et francophile –, mais elle « ne condamnait point la collaboration catholico-socialiste » : cette abstention résultait d'« une nouvelle abdication » de Mercier, « complètement désarmé, en butte à toutes les attaques des flamingants ». Il dut alors, en pleine « réconciliation » locarnienne, recevoir l'accolade de son ennemi juré Faulhaber, aux Fêtes catholiques de Nimègue, leur première rencontre officielle d'après guerre (conclave de 1922 excepté). Il céda enfin à l'assaut livré en octobre-novembre 1925 contre un wallonisme exsangue, au motif de combattre « toute tendance [visant] ouvertement ou en secret la division de la Patrie ». « Le noyautage » des démocrates chrétiens avait alors dissocié « les catholiques wallons » ; le « jeune clergé » flamingant était sans péril en « rébellion ouverte contre l'épiscopat » et ses « mandataires au pouvoir [allaient] grâcier les activistes condamnés pour trahison ». Une lettre pastorale censura alors les partisans de « la politique nationaliste flamande (ou wallone) [...] en rébellion contre leur autorité légitime et contre l'Église catholique »[52].

Son cancer de l'estomac mit Mercier à l'agonie au tournant de 1925, mais les Français attribuèrent aussi sa mort (en janvier 1926) au « chagrin » causé par « la révolte » permanente des « prêtres flamands ». Le Quai, qui redoutait que la Curie ne lui choisît un « successeur parmi l'épiscopat flamingant », sembla prendre pour argent comptant la comédie francophile jouée par Micara. C'est bien un « Flamand de race [et] flamingant », Mgr Ernest van Roey, qui succéda à Mercier (et reçut la pourpre en mai 1927). L'ambassade allemande à Bruxelles rapporta dès juin 1926 que « la tendance réconciliatrice a[vait] depuis la mort de Mercier gagné du terrain parmi les catholiques belges ». Le pays, dont les trois diocèses wallons n'avaient plus « qu'un seul évêque wallon » (à Tournai), était investi par le « flamingantisme anti-français », que Londres « encourage[ait] ».

La « flamandisation » envahit au fil des ans la Flandre, armée, justice, administration, enseignement. « La rupture de l'unité belge » n'est qu'une question de temps, confia en 1932 à Canet l'abbé wallon Omer Englebert, du diocèse de Malines, rédacteur en chef de la *Revue catholique des idées et des faits*. Flamands et Wallons ne manifestent « aucun attachement » à l'unité nationale, le loyalisme dynastique ne dépasse pas la capitale, « l'annexion de la Flandre à la Hollande est virtuellement réalisée ». Berlin a partie gagnée : « les Flamands ne sont pas germanophiles, parce que même parmi les plus exaltés, il n'y a aucun partisan d'un rattachement politique à l'Allemagne ; mais, *concéda-t-il*, la haine de la France y est si violente qu'en cas de conflit franco-allemand, tous les Flamands prendraient parti pour l'Allemagne. » Indifférents à « la défense militaire » et majoritaires, ils refuseraient les crédits pour les fortifications de Liège, ouvrant la voie à l'invasion allemande via l'Ardenne. « Le mouvement allait d'un tel train que Mgr Micara n'avait pas besoin de l'encourager. »

---

52. Lettres n° 1929 de Voretzsch, Lisbonne, 4 décembre, *Akten*, A, IX, p. 40, n° 113 de Couget, Prague, 27 mars, *Tchécoslovaquie*, 37, d'Herbette n° 788, 1er août 1923, n° 792, 13, n° 26, Liège, 16 mai 1924, d'Herbette n° 401, 3, n° 469, 9, de Rutten, *La libre Belgique*, 2, n° 300, 12, n° 556 d'Herbette, 21 mars, n° 1417 d'Herbette, 9, de Marcilly, La Haye, 10 septembre, n° 1595 de Jaunez, 15 octobre, et n° 1689 d'Herbette, 4 novembre 1925, *Canet*, 54.

Il l'encourageait. La correspondance souligne la contribution active ou par défaut du Vatican et le rôle de « ces associations patriotiques d'outre-Rhin qui n'ont pas oublié l'œuvre ébauchée en Flandre pendant la guerre et à qui la querelle linguistique apparaît comme le meilleur moyen de diviser et d'affaiblir la Belgique ». « La coïncidence remarquable » de la presse flamingante avec « les thèmes de la presse nationaliste allemande » trahissait son financement allemand. L'insurrection des « jeunes prêtres » flamingants n'eût pas résisté ici plus qu'en Alsace-Lorraine aux injonctions romaines et épiscopales. Le louvoiement allégué « pour ne pas s'aliéner une des forces vives du pays » signifiait approbation, qu'il faut comparer à la poigne de fer appliquée aux clercs rebelles à l'italianisation ou à la germanisation au sud et à l'est de l'Europe et à l'*Action française*. « La guerre flamingante [était] menée par le clergé flamand avec la complicité d'une partie du clergé wallon et du Saint-Siège ». Elle s'appuyait sur le *Boerenbond*, « trust économico-politico-financier » lié au capital allemand qui « contrôl[ait] un groupe de banques », dont l'une, l'*Algemeene Bankvereniging*, était installée à Bruxelles dans un immeuble construit en partie avant-guerre par la *Deutsche Bank*.

En 1929, le *Boerenbond* était en passe de régner « sur l'ensemble du mouvement agricole catholique de Belgique ». Ce fut chose faite au début de la décennie suivante, où l'empire de cette « Fédération agricole » s'étendait non seulement à tout le pays, « mais parmi les colonies belges en France et parmi les Français de culture flamande ». Il « a largement contribué à rétablir la situation financière en Belgique (avance de 600 millions à l'État), dicte ses ordres au gouvernement, même aux ministres wallons. Il est soutenu par le nonce Micara et le roi se sent désarmé devant lui ». L'*Osservatore* célébra en août 1932 ce « lumineux exemple » d'Action catholique : « il ne s'agirait nullement d'une organisation flamande, mais bien au contraire [...] nationale », avec sa belle presse « en trois langues », tel l'hebdomadaire en allemand diffusé à Eupen-Malmédy.

C'est dans ce cadre fatal à l'unité belge que commença l'ascension du Wallon Léon Degrelle, militant maurrassien de l'AC intégriste de Louvain, nommé en 1930 par le secrétaire de celle-ci directeur de la maison d'édition Rex placée sous le signe du Christ-Roi. On retrouvera en 1933 ce jeune homme impatient, comme « la jeunesse nationaliste », de « brûler les étapes » pour remplacer « à la tête du mouvement » les chefs rassis du flamingantisme, van Cauwelaert et Louis Franck, « que les honneurs ont assagis et que gêne aujourd'hui leur situation officielle »[53].

---

53. Lettre n° 171 de Fontenay, 19 octobre 1928, *Saint-Siège*, 21, notes Canet, 12, 13, *Saint-Siège*, 25, 21 janvier 1926 (et 31 décembre 1925-6 février 1926), *Canet*, 54, lettre de Doulcet n° 57, 28 mai 1927, *Saint-Siège*, 31, note von Ow-Wachendorf, 23 juin 1926, *Akten*, B, I, 1, p. 596, lettres d'Herbette n° 808, 26 juillet 1927, et du 13 janvier 1926, note Canet, 21932, lettres n° 842, Bruxelles, 24 novembre 1932, n° 850, 30 octobre 1929, note Canet, 1er septembre 1931, *Canet*, 54, lettres n° 287 de Gentil, 20 août, *Belgique*, 181, n° 842, Bruxelles, 24 novembre 1932, *Canet*, 54, et *Dictionnaire*, 1, p. 1600, 2, p. 574.

Comme en France, la Curie imposa silence aux germanophobes de droite attachés à l'alliance militaire française : elle acheva, avec la condamnation de l'*Action française* de 1926 et l'aide du « Recteur magnifique » Ladeuze, la flamandisation de Louvain. Peu après le discours du 1er janvier 1927 du nouveau nonce à Paris, Maglione, source de scandale en Wallonie autant qu'en France, Micara chassa l'organe de Maurras des « milieux scolaires de Louvain ». Il dicta à l'épiscopat une lettre pastorale datée du 20 condamnant le journal et toutes les œuvres de Maurras mises à l'Index : il en interdisait la lecture, rappelait à « la discipline » le catholicisme belge si attaché à la « filiale soumission à toutes les directives du Saint-Siège » et s'indignait de l'« odieuse calomnie » répandue « contre le Saint-Siège et le Saint-Père » par ceux qui « voul[aient] faire passer l'intervention pontificale comme inspirée par des vues politiques ». Il ordonna à Ladeuze d'« en combattre la propagation » par tous les moyens nécessaires. Le recteur si débonnaire face aux flamingants agit ici d'une main de fer : en deux semaines, la diffusion du journal dénonçant la collusion du Vatican et du Reich « tomb[a] quotidiennement de 600 numéros à 30 », puis moins encore.

Depuis avril 1928, Ladeuze, mandaté par Gasparri, fut aussi le héros d'un feuilleton affichant son dévouement au Reich. La galerie de la bibliothèque de l'université de Louvain avait été reconstruite par un architecte américain ententophile, Whitney Warren, qui prévoyait d'apposer sur une plaque commémorative la « fameuse inscription » *Furore teutonico diruta, dono americano restituta* [détruite par la fureur teutonique, reconstruite par un don américain]. À l'heure de l'inauguration, le « Rector Magnificus, [...] ayant pris le parti de l'Allemagne pour complaire au Vatican », se battit comme un beau diable pour en éviter la pose. Sollicité, le germanophile Hoover, candidat aux présidentielles attentif à son électorat « d'origine germanique », l'appuya en juin 1928 par un télégrammme qui circula « sous le manteau ». L'affaire connut maints rebondissements : la colère du contremaître de l'architecte qui brisa en juillet 1928 « la fameuse balustrade » de Ladeuze, privée de son inscription, en criant : « on n'est pas encore tous des Boches à Louvain » ; le long procès en dommages-intérêts intenté par Whitney Warren à Ladeuze fin juillet et les incidents répétés à l'université. L'Américain gagna son procès en octobre 1929, le tribunal exigeant l'apposition dans les huit jours de l'inscription *Furore teutonico...* : nouveau signe de complaisance étatique pour Rome, le jugement ne fut appliqué ni à Louvain ni ailleurs.

Moins spectaculaire mais d'une efficacité redoutable fut la réorganisation des « jésuites belges ». L'ordre avait ici joué pendant la guerre un « rôle patriotique de premier plan » (« propagande, espionnage, etc. contre l'envahisseur ») et résisté au « mouvement flamingant ». Son unité fut brisée en août 1929 par la décision de Ledochowski de dédoubler la « province belge ».

Il n'en détacha que les régions wallonnes (les maisons des provinces de Liège, Luxembourg, Hainaut, Namur, le collège Saint-Michel de Bruxelles), les plaçant sous la tutelle d'un vice-provincial. Le flamand devint ensuite langue officielle des établissements de Flandre. Les flamingants sauluèrent là « un succès et un gage à leurs aspirations séparatistes », « un premier jalon posé vers la reconnaissance des droits du peuple flamand », « un signe précurseur de l'autonomie et de l'indépendance des Flandres »[54].

La France et l'Alsace-Lorraine

Les « accords » bilatéraux

Les courriers, bien qu'allusifs à la fin des années 1920, corroborent les accusations de l'ouvrage publié en 1930 sous l'égide du Quai par le journaliste Rémy Roure sous un nom d'emprunt (Pierre Fervacque), *L'Alsace et le Vatican* : il y dénonçait l'action de l'abbé autonomiste de Colmar, Xavier Haegy, interlocuteur de Pacelli et directeur de l'*Elsässer Kurier* entièrement financé par Berlin, qui prit définitivement en juin 1926 « la direction personnelle [...de] la presse catholique de langue française en Alsace ». Le contentieux, semblable à celui d'Eupen et Malmédy, forma un pan majeur des négociations sur la reprise des relations diplomatiques. L'annuaire pontifical, imperméable au diktat gallican de Clemenceau contre les « évêques boches » de Strasbourg et Metz, maintint jusqu'en 1924, malgré des protestations répétées, le nom de « Strassburg » et la localisation des deux évêchés en « Alsace-Lorraine », rubrique hors France[55].

Vichy évoqua, en 1940-1941, des concessions vaticanes sur le « statut particulier de l'Alsace-Lorraine » datant de décembre 1925, mais Rome déclara n'en pas retrouver trace : il n'en aurait existé ni texte « ni même un échange de notes, [...] simplement une correspondance relative aux questions religieuses en Alsace-Lorraine [...] sans conclusion » ou l'échange de deux notes, avec « une sorte de procès-verbal de mise au point ». Paris n'avait arraché, en cinq ans, par échange de lettres Cerretti-Poincaré les 16 et 17 novembre 1923, *qu'une* mesure jugée d'extrême urgence en 1918 : la remise aux Français de la faculté allemande de théologie de Strasbourg subs-

54. Lettres d'Herbette n° 14, 31 janvier (et pastorale, 20), n° 184, 9 février 1927, *Saint-Siège*, 21, n° 624, 28, n° ? de Fontenay, 29 juin 1928, n° 693, 17, n° 721 d'Herbette, 24 juillet, *AF*, 29 juin 1928, *Le Temps*, 17 octobre 1929, lettres n° 720, Bruxelles, 7 septembre 1933, n° 665 d'Herbette, 7, et n° 169 de Guermonprez, Ostende, 6 août 1929, *Canet*, 54.
55. Rapport inspecteur des RG de Strasbourg, 10 juin 1926 (contrôle du *Nouvelliste de Colmar* et du *Courrier de Strasbourg*), AN, F 7, 13220 ; courriers des 17 mai, 12 août 1922, 28 mars, 10 avril 1923, *Saint-Siège*, 25, 20 avril 1923, *Saint-Siège*, 18, notes Canet, 17 et 19 janvier 1925, *Saint-Siège*, 20.

tituée au « grand séminaire » français par le concordat de 1902 pour mieux prussianiser « le clergé d'Alsace ». Ce « succès considérable » unique[56] fut annihilé aussitôt par une série de contre-mesures francophobes.

Le triomphe de l'intégrisme francophobe

Parmi elles figura la liquidation au nom de l'anti-« modernisme » de l'influence française en Alsace-Lorraine et hors de France, qui ruinait les espoirs placés dans l'écho, au sein de la Petite Entente, d'une grande faculté de théologie *française* à Strasbourg. Cette romanisation fut secondée par « le parti d'extrême-droite » installé de longue date au séminaire français de Rome. Canet décrivait en des termes que n'eussent désavoués ni *Le Canard enchaîné* ni Anatole France ce « foyer de guerre civile », fief du cardinal de Curie Billot « que ses confrères jésuites eux-mêmes regard[ai]ent comme un énergumène ». De Lai, secrétaire de la Consistoriale, n'avait jamais promu en France que des prélats « réfractaires », assisté de « ses agents » français « qui ne rêv[ai]ent que plaies et bosses » – Dubois, archevêque de Rouen, « seul membre français » de cette congrégation, et ses deux consulteurs, Le Floch et Alexis Lépicier. Ici et en France même, les évêques nommés par la « coterie » de « MM. Daudet et Maurras », au grand dam du directeur gallican de l'École française de Rome, Mgr Louis Duchesne, combattaient « en conformité avec les vues de l'*Action française* » leur État républicain[57].

C'est au bénéfice *réel* de l'intégrisme francophobe, et non français, qu'œuvrait le « jésuite allemand » Fonck, aidé de son « fidéicommis [...] à la présidence de l'Institut biblique international, le P. Fernandez, jésuite espagnol, ardent germanophile ». L'équipe déclencha en 1919 « l'assaut » contre le directeur de l'École biblique de Jérusalem, le théologien dominicain français Albert Lagrange, « exégète universellement renommé », menacé d'interdit par le Saint-Office. Le complot échoua de justesse, mais il connut une première victoire mai 1920, contre le sulpicien français Jules Touzard, professeur d'Écriture sainte à « l'institut catholique de Paris, dont l'enseignement [était] suspect à ce parti et dont on voudrait détourner les étudiants tant français qu'étrangers pour les mener à Rome dans les universités pontificales » : le Saint-Office interdit son article « Moïse et Josué » du *Dictionnaire apologétique de la Foi catholique*, puis il évinça ce « monument d'érudition prudente »

---

56. Tél. W. d'Ormesson n° 555, 9, n° 558, Rome-Vatican, 11 octobre 1940, La Baume n° 20, Berne, 21, de Vichy n° 18, 25 mars 1941, *Vichy-Europe*, 556, lettre n° 554 de Barrère, 5 décembre 1918, *Saint-Siège*, 13, convention de 1905, échange, 16-17, lettre de Poincaré, 17 novembre 1923, *Vichy-Europe*, 556, et note Canet, 18 novembre 1924, *Saint-Siège*, 19.
57. Notes Canet, Paris, 11 mai, 8 juin 1920, *Saint-Siège*, 15, 17 janvier 1925, *Saint-Siège*, 20, lettre de Duchesne, 25 janvier 1921, *Canet*, 30 (voir *Saint-Siège*, 1-6, 12-21, 25-27 et *Canet*, 30-31).

de la rédaction d'un manuel majeur de formation des clercs. Touzard fit place à « un nationaliste allemand », bénédictin de Beuron, dom Hildebrand Höpf. Vint le tour, fin 1922, du manuel sulpicien Vigouroux-Brassac, en usage depuis dix-sept ans dans 200 séminaires français et étrangers, dont Paris, Malines et Milan, siège de Ratti. Sa condamnation, peu avant la publication de deux autres manuels, dont l'un rédigé par Höpf, fut laborieuse, vu la minceur des griefs. Trois évêques français (dont l'auteur envieux d'un manuel raté) lancèrent l'attaque, qu'Amette parvint à arrêter. Le Saint-Siège s'obstina, mais trois consulteurs de la commission biblique pontificale sauvèrent l'ouvrage et trois autres « se récusèrent ». Les parangons « romains » de l'intégrisme français donnèrent l'estocade : Billot, Maurice Maignen, de l'ordre de Saint-Vincent de Paul, « le plus taré des religieux français », « ennemi juré du cardinal Amette », et Le Floch, « intéressé entre tous à la ruine de Saint-Sulpice, puisque sa propre maison [le séminaire français de Rome] en recueillera[it] l'héritage ». Amette et les sulpiciens, avisés du projet par *La Croix* du 13 décembre 1922, tentèrent de conserver aux professeurs de Saint-Sulpice « le manuel en usage ». Suivit une lettre du Saint-Office (de Merry del Val), « aussi violente que vague », qui aggravait la condamnation, ordonnant à Brassac de « cesser toute espèce d'enseignement ». Lagrange, sauvé en 1919, fut abattu par le Saint-Office en janvier-février 1924.

Entre 1919 et 1924, l'« ostracisme » frappa donc « toute la science catholique française [et] tous les établissements français de haute culture [...] pour le plus grand profit des universités allemandes et italiennes ». Il culmina avec le *motu proprio* du 27 avril 1924 interdisant l'enseignement de l'Écriture sainte aux séminaires dont les professeurs n'auraient pas acquis leurs grades à Rome à l'institut biblique ou sous le contrôle de la commission biblique. C'était « une décision d'une extrême gravité » car « tous les séminaires français aur[aie]nt avant longtemps un professeur d'Écriture sainte formé par l'Allemand Fonck, l'Espagnol Fernandez, le Portugais Fonseca et l'Italien Vaccari »[58].

Les aspects alsaciens de la croisade anti-laïque

L'agitation anti-laïque prescrite aux évêques depuis 1918 eut aussi de notables effets alsaciens-lorrains. Elle prépara les législatives de 1924 tuteurées par Cerretti, « l'un des grands vaincus du 11 mai » - formule de François Albert, ministre de l'Instruction publique d'Herriot, qui publia le « mémoire confidentiel [du nonce] aux évêques de France » de juillet 1923 que Mgr Dubois avait diffusé dans tout le pays. Elle souleva aussi les catholiques des départements

---

58. Canet, projet de tél., 5, notes, 11 mai 1920, *Saint-Siège*, 15, 24, *ibid.*, 25, fiches, 24 janvier, 24 février, et note Canet, 19 juin 1924, *ibid.*, 19.

recouvrés auxquels « *un jeune clergé germanisant* » et un haut-clergé monarchiste présentaient la France comme la patrie de l'impiété, du péché mortel et des persécutions. Le « programme de revendications catholiques » d'avant et d'après la victoire du Cartel des gauches requit donc à la fois « l'abrogation des lois laïques » et le soutien des « revendications de l'Alsace-Lorraine ». Ce tumulte endémique fit exclure du droit commun les départements recouvrés, alors que Paris avait en mars 1920 abordé les négociations de reprise des relations diplomatiques en assurant le Parlement que « le statut l'Alsace-Lorraine ne saurait rester indéfiniment différent du régime français »[59].

S'ajouta le conflit ouvert depuis mars 1920 sur la reconstitution des « associations diocésaines » ou « cultuelles » vouées à l'interdit par Pie X en 1906, abcès de fixation renouant avec l'ère de la Rupture. Le statut que Rome leur projetait « au nom de l'épiscopat français » aurait aboli la législation laïque : il concédait « un statut légal de l'Église de France offrant toutes les garanties aux droits de la hiérarchie », « le droit commun » d'enseignement et d'association aux congrégations et « la restitution à l'épiscopat français de tous les édifices et biens confisqués depuis la loi de Séparation » de 1905. Gasparri et les deux papes concernés firent de 1920 à 1924 semblant de rechercher un accord, puis ils le repoussèrent *in extremis* en invoquant le veto des évêques. L'initiative ne venait pas d'eux mais de Pie XI, qui leur avait en novembre 1923 adressé « une lettre strictement confidentielle » notifiant sa « défiance à l'égard du gouvernement français ». L'accord, qui semblait alors acquis au Parlement, fut bloqué par des demandes complémentaires engageant à jamais le cabinet et ses successeurs – spécialité vaticane contre les États ennemis. Absurdité dans les termes, mais Cerretti avoua que Rome attendait de bonnes élections pour obtenir mieux. L'encyclique *Maximam* de janvier 1924 sur les diocésaines « renouvel[a] » donc les censures de Pie X, suscitant « l'enthousiasme des cléricaux les plus intransigeants » : elle n'est « avantageuse qu'aux évêques et au Saint-Siège », jugea Canet, qui redoutait son extension « sans correctif à l'Alsace et à la Lorraine ».

Dans un but indépendant de la question scolaire (jamais soulevée en Prusse), le Saint-Siège s'appuya dès sa défaite électorale du printemps 1924 sur un vaste mouvement de masse. Il chargea le général fasciste Édouard de Castelnau de fédérer toutes les organisations catholiques en une Fédération nationale catholique (FNC) « sous la houlette des jésuites » : elle devrait agir contre *La Dictature de la Franc-Maçonnerie sur la France* (titre de sa brochure envoyée à l'épiscopat en août 1924), dans le cadre d'une vaste campagne

59. *L'Œuvre*, 10, 17 mai 1924, *Saint-Siège*, 19, 1924-1925, 5 et 19-20 ; lettre n° 554 de Barrère, 5 décembre 1918 (souligné dans le texte), du ministre de l'Intérieur, 16 janvier 1925, et note de Selves, 25 mars 1920, *Saint-Siège*, 13, 20 et 14.

de l'ordre sur « la liberté de conscience de nos frères retrouvés d'Alsace et de Lorraine ». La sujétion du général et de la FNC, d'emblée totale, fut ainsi résumée en 1926 : « Castelnau n'ignore rien des dispositions du Saint-Père, il est en correspondance avec lui et lui soumet tous ses projets. » En septembre 1924, la Curie, inquiète de la fermeté initiale d'Herriot, avoua son action antérieure en offrant « la cessation de l'agitation alsacienne en échange du maintien de l'ambassade »[60].

Herriot ne dura guère plus que sa décision de rupture, et Pie XI afficha au consistoire du 18 décembre 1924 son optimisme sur l'« association [de Castelnau] pour défendre les choses de la religion » en dépit de « la condition des temps [...] ni heureuse, ni souhaitable ». Comme ce discours, celui de février 1925 devant la congrégation des Rites sacra le nouveau favori et laissa entrevoir (je souligne) le sacrifice de ses rivaux d'Action française : « mais voilà que la main de Dieu, comme d'ordinaire, fait sortir le bien du mal, un bien grand et magnifique [...] dans toute la France se développe une nouvelle ardeur de zèle pour les intérêts suprêmes de la religion et du pays [...] *Coordination et concorde qui se gardent (nous en avons la plus grande confiance) du danger et des équivoques auxquelles une œuvre si difficile et si vaste ne peut se soustraire* seront des sources de bienfaits inestimables pour la religion, pour l'Église et pour la société ».

En avril 1925, la nomination aux Affaires étrangères de Briand, malléable notoire, rassura définitivement Rome. Rien ne changea donc en Alsace. Dans le concert anti-laïque où les départements recouvrés occupaient le premier rang, le faible Mgr Ruch, aussi haï que Mercier et soumis aux mêmes avanies d'un « jeune clergé » lâché contre lui, prit une part éminente. Il surenchérit sur les presses germanophone alsacienne et allemande qui dénonçaient la France impie et athée martyrisant les catholiques alsaciens et les privant de l'usage de leur langue de culte. Briand se heurta à son arrivée à l'évêque qui, violant l'article 6 du concordat stipulant son abstention « de toute manifestation politique », venait de jeter l'interdit pour « danger de perversion » sur les familles catholiques dont les enfants fréquentaient l'école laïque du village de Brinkheim. Gasparri se déclara incapable de calmer le clergé alsacien : « les flots n'ont pas été déchaînés par lui, dit-il, et il ne dépend pas de lui de les arrêter subitement par un coup de baguette. » Il ne pouvait non plus « blâmer

60. Note Canet, 7 novembre 1920, *Saint-Siège*, 16 ; *Saint-Siège*, 13-21 et *Canet*, 31 ; tél. Jonnart n° 147-151, 16, cr visite Cerretti, 23 novembre 1923, *Canet*, 31 (1923-1924, ce carton et *Saint-Siège*, 18-19), notes Canet, 15 décembre, 18, *L'Écho de Paris*, 3 novembre 1924, *Saint-Siège*, 19, note commissaire de Modane, 8 janvier 1926, *Saint-Siège*, 20, tél. n° 33-34 de Cambon, 29 septembre 1924, *Saint-Siège*, 19. Sur Castelnau et la FNC, comparer Rémond R. (dévouement à la ligne allemande du Vatican qualifié de fantasme anticlérical), *L'anticléricalisme*, p. 235-282, à Lacroix-Riz A., *Choix*, index, et APP, BA 1905, FNC, 1922-1943.

l'évêque sans avoir provoqué ses explications, surtout » si l'affaire relevait de la « doctrine ». Fin avril 1925, Paris consentit à expulser d'Alsace, au motif d'apaiser « la conscience catholique », l'instituteur accusé d'affreux « propos » (non précisés).

Pie XI reçut trois semaines plus tard 600 pèlerins alsaciens conduits par Ruch et leur annonça « une bataille destinée à durer », « offense publique » qui indigna Briand mais seulement en privé. Cerretti affecta l'ignorance ou l'impuissance, mais entretint le brandon par des séjours alsaciens effectués sous divers prétextes : sa cure d'insuline (qui « ne dur[ait] jamais moins de six semaines ») couvrit un voyage de huit jours à Strasbourg, fin janvier 1926. Il en revint en déclarant n'avoir vu que Ruch et le doyen de la faculté catholique, n'avoir « pas [perçu] ombre d'esprit germanique en Alsace ». Il se porta en ces termes garant des bonnes intentions de Ruch : il est « prêt à modérer son clergé ! ; mais à condition qu'il n'ait pas à en prendre lui-même l'initiative ». Bon vouloir contesté par Canet, qui venait « de relire tout le bulletin ecclésiastique de Strasbourg depuis 1920 »[61].

C'est sur mandat vatican qu'œuvrait le « clergé autonomiste », qui eut les coudées plus libres lorsque le Reich entra à la SDN et que la droite nationaliste fut cassée. L'article (très documenté) d'« un catholique belge » anonyme publié le 3 février 1927 par *L'Indépendance belge*, journal de Paul Hymans qui soutenait L'*Action française* excommuniée depuis l'été 1926, affirma que le Vatican travaillait partout à la reconstitution et à l'expansion d'un Grand Reich, Alsace-Lorraine incluse : « et si le mouvement autonomiste qui sévit dans la France de l'Est n'a pas encore son appui direct, [...] des catholiques, des prêtres y participent, qui ne sont pas désavoués par Rome et qui en reçoivent – les preuves existent – des encouragements secrets ». Berlin, entre les manœuvres accompagnant l'entrée à la SDN et l'âpre négociation du concordat prussien, ne cessa de remettre l'affaire sur le tapis. En 1927, alors que le *Heimatbund* officiellement voué à la « défense de la culture » allemande venait, profitant de « la compréhension plus grande de l'administration » française, de se créer pour participer aux élections, certains cléricaux semblèrent s'en inquiéter.

Castelnau demanda à voir Canet après le discours de Maglione et, reçu le 17 janvier, se montra hésitant. Il prétendit d'abord « défendre le pape contre l'accusation de bochophilie » [terme banal au *Canard enchaîné*] de l'*Action Française* : « peut-être » éprouvait-il « plus d'affinités pour l'Allemagne que

61. Tél. Doulcet n° 40, 19 décembre 1924, *Saint-Siège*, 19, texte, 10 février, tél. Briand n° 22, Doulcet n° 9-10, 18 avril 1925, *Saint-Siège*, 20, lettre du préfet du Nord, 27 novembre 1924, *Saint-Siège*, 19 ; tél. MAE, 24, 25, Doulcet n° 14-16, 27, Europe n° 35, 30 avril, Doulcet n° 26-29, 23, MAE sans n°, 25 mai 1925, notes Canet, 13, 28 janvier 1926, *Saint-Siège*, 20, et Fervacque P., *L'Alsace*.

pour la France, mais [...] il n'y avait aucune raison de penser que sa politique fût germanophile. M. Canet lui demande si le pape avait donné des preuves de sa francophilie. M. de Castelnau a répondu que non et que, sauf en quelques points particuliers, nous n'avons pas beaucoup à nous louer de l'attitude du Saint-Siège à notre égard ». Près d'un mois plus tard, Castelnau accompagna Mgr Dubois à Rome, où la Curie, lucide sur les remous soulevés en France par sa germanophilie, les traita avec égards : ils « ont vu plusieurs fois séparément » Cerretti et Gasparri, qui « les ont minutieusement interrogés sur les griefs d'ordre national et patriotique [d']une portion de l'opinion et de la presse [...] contre le pape, spécialement concernant les affaires d'Alsace ».

L'agitation allemande sur place grossit à vue d'œil au fil des mois. En avril 1927, l'ambassadeur allemand von Hoesch avisa Berlin qu'Haegy, au procès qu'il avait intenté (en janvier) au journaliste français Édouard Helsey (du *Journal*), avait contraint ce dernier « à retirer son affirmation que le mouvement autonomiste était au service de l'Allemagne ». De 1926 à l'été 1928, la Curie fut mêlée aux préparatifs d'un « putsch Lyautey » à fort contenu « séparatiste », avec pour centre nerveux l'Alsace-Moselle et « pour épine dorsale le clergé des deux provinces ». Elle confia l'exécution de la partie cléricale du complot, premier de ceux qui allaient aboutir en mai-juin 1940, à Emmanuel Suhard, professeur de 52 ans du séminaire de Laval (depuis 28 ans), transféré à cet effet à Strasbourg près de deux ans, jusqu'en juillet 1928. Alors « totalement inconnu du public », il tira du service rendu au tandem germano-vatican une glorieuse carrière politico-épiscopale aussitôt ouverte par le siège de Bayeux et Lisieux.

L'année avait été fructueuse pour l'autonomisme. L'abbé et sénateur français Eugène Muller confia en mars à l'ambassadeur du Reich « qu'il désapprouvait la politique de répression du mouvement autonomiste en Alsace-Lorraine ». Il le pria surtout de conseiller aux Allemands « la plus grande prudence pendant le prochain procès des autonomistes, dans leur propre intérêt ». En avril, Hoesch dressa un bilan satisfaisant de « l'évolution depuis 1924 ». Mgr Ruch relança l'agitation scolaire, mais la tactique allemande de « gauche » rencontrée dans l'Italie de 1919 et la Belgique anti-Mercier, bref épisode (1928-1929) décrit par Rémy Roure, lui rendit des accents gallicans (fugaces). Contre l'alliance entre prêtres autonomistes alsaciens et communistes « rouges blancs » et non « rouges » (de l'avis allemand) en vue des municipales du 29 avril 1928, l'union sacrée se refit entre l'État et l'évêque. À la remise de ses lettres de créance, le 1er mai, Fontenay, fort courroucé, dénonça « l'inconcevable attitude de certains membres du clergé catholique d'Alsace qui avaient poussé les fidèles à une alliance avec les communistes ». Il demanda au pape « une admonestation » contre les coupables et un soutien moral à Ruch étayé par « les moyens suffisants pour tenir en main son jeune clergé ». Rien ne venant, Ruch, avec une « énergie » inédite, rappela le 2 septembre dans une pastorale « à ses prêtres » leur devoir « d'amour sans bornes pour la France », puis le 15 dans son *Bulletin ecclésiastique* « les devoirs concordataires » pour interdire « la participation du clergé d'Alsace aux mouvements politiques ». Le 22 septembre 1928, Pie XI lui avait adressé un message obscur esquivant cette fâcheuse union, dont l'autonomisme n'usa que jusqu'en 1929, après avoir dévasté de l'intérieur les camps catholique et communiste. Il y exprimait sa joie « de voir avec quel ardent amour des âmes » l'évêque s'employait à « faire arriver partout et surtout aux prêtres, et ensuite aux journalistes catholiques la parole qui éclaire, qui préserve, qui encourage et qui sauve ». Le Quai remercia Gasparri d'« avoir si rapidement et si largement tenu [s]a promesse » d'aide par ce « témoignage public de l'approbation du Saint-Siège ». Il soutint la thèse du clergé alsacien « en pleine révolte » anti-hiérarchique, à laquelle nul ne crut, à commencer par Ruch, qui « fulmin[a en novembre] contre la monstrueuse alliance des catholiques avec les communistes »[62].

S. Stehlin déteste le sentiment national français, « ultra-patriotique » ou « nationaliste », mais loue dans l'allemand « le combat d'une minorité nationale pour son identité linguistique et ethnique », partout légitime. Cet élan laisse augurer l'étude des œuvres germano-vaticanes en Alsace-Moselle, malheureusement absente (comme celle des préparatifs de l'Anschluss). Quelques allusions éparses suggèrent pourtant l'intérêt du dossier, telle la *démarche* effectuée en janvier 1929 par Bergen pour rappeler à Gasparri quelles « difficultés » entraînerait « tout signe de soutien par le Vatican du sentiment nationaliste [français] en Alsace » : le concordat prussien serait bloqué au « moindre signe de désaveu par [Rome] des activités de la minorité allemande ». La Curie, insista Bülow le 9, doit se vouer au « maintien du Deutschtum en Alsace-Lorraine », mission que Berlin ne peut assumer officiellement : soutenir la tentative de Ruch « d'étouffer grâce à son autorité religieuse le mouvement patriotique *(Heimatbewegung)* germanophone » serait prendre « contre une minorité en lutte pour sa langue et son *Volskstum* une position qui irait bien au-delà du problème de l'Alsace-Lorraine ». Mi-janvier, on parla d'« arrêt des négociations » du concordat prussien en représailles de la publication des

62. Art. cit., 3 février, note Canet, 29 janvier, tél. Doulcet n° 10, 21, *Saint-Siège*, 21, note von Bassenheim, 28 février, *Akten*, B, IV, p. 428 ; lettres de Hoesch, 15 avril 1927, *Akten*, B, V, p. 189 (et doc. n° 37 et n° 262), 22 mars, 11 avril, *Akten*, B, VIII, p. 391 et 477 *sq.*, février-mars, dont tél. MAE n° 51, 10 mars, lettres de Fontenay n° 48, 2 mai, n° 171, 19 octobre 1928, *Saint-Siège*, 21 ; octobre-novembre, dossier Bas-Rhin, dont lettre 8/5579 DSG, 20 novembre 1928, AN, F 7, 13226 ; note von Bülow, Berlin, 9 janvier 1929, *Akten*, B, XI, p. 21 ; Fervacque P., *L'Alsace*, p. 117-156 ; RG, 30 octobre 1944, APP, GA, S 10, Suhard, Lacroix-Riz A., *Choix*, p. 21-22, et *infra*.

lettres de Gasparri à Ruch. « En corrélation avec ces faits », Pacelli avait le 1er janvier prononcé devant Hindenburg, à la réception du corps diplomatique, un discours comportant « un passage assez déplacé sur la prolongation de l'occupation rhénane et sur le droit de l'Allemagne à l'évacuation », et déplorant « d'inévitables déceptions, de douloureux arrêts, des reculs temporaires » de la marche « dans la voie royale de la paix ». Après quoi il nia tout « rapport entre la question alsacienne et la négociation d[u] concordat ». Ruch, privé du moindre « signe d'encouragement qui pût passer pour un soutien à la France, [...] modér[a donc] son langage [sur] son loyalisme à *la patrie* ».

Le Quai savait que la Curie refusait d'ordonner « au clergé alsacien et au clergé allemand de s'abstenir de toute immixtion dans le mouvement autonomiste en Alsace ». Mais il s'obstina depuis octobre 1928 à clamer l'accord franco-vatican, thèse appelée à justifier de nouvelles concessions : il fit alors voter les articles 70 et 71 de la loi de finances portant dévolution des biens sous séquestre et la loi sur les congrégations missionnaires « *en compensation* », selon l'*Action française* et le *Kurier* d'Haegy, « *de l'application de la politique gouvernementale en Alsace-Lorraine* ». Fontenay, secondé par la grande presse, se félicita en 1928-1929 de la bienveillance romaine, avala les mensonges de la Curie et voulut lui témoigner sa reconnaissance. Pie XI lui dit en octobre 1928 qu'« après une si forte crise, il fallait compter avec le temps et la patience ». Un an après, le colérique Ratti, aussi patient, espérerait encore « que l'abbé Haegy s'assagir[ait] au point de vue politique ». En décembre 1929, l'ambassadeur, aligné sur son aveugle prédécesseur (Doulcet), requit avec conviction la Grand-Croix de la Légion d'Honneur pour Gasparri : par « très vive sympathie pour la France, [il s']occup[ait] avec la plus grande sollicitude » de l'Alsace-Lorraine et était intervenu « en toute discrétion mais avec fermeté pour ramener le clergé à une conception plus conforme aux directives pontificales »[63].

C'était vrai, mais dans le sens contraire de celui défini par l'ancien censeur du *Drang nach Osten* germano-vatican. Paris savait tout des contacts notoires Pacelli-Haegy, de l'arrogance du *Zentrum* à peine enrobée du sirop européo-pacifiste du temps et du congrès catholique de Fribourg consacré aux « catholiques allemands à l'étranger » du 28 août au 1er septembre 1929. Auprès de Kaas comme toujours, Pacelli transmit à l'auditoire « la bénédiction du Saint-Père et les félicitations du cardinal Gasparri » et le fit vibrer en évoquant « le temps où [...] j'ai vécu intimement l'histoire de votre patrie,

63. Stehlin S., *Weimar*, p. 347-348 (français et italique dans le texte), note von Bülow, 9 janvier, *Akten*, B, XI, p. 20-23, tél. Fontenay n° 11, 14, lettres de Margerie n° 117, 30 janvier, 14 février 1929, *Allemagne*, 371, de Tirard n° 1583, 26 avril, *Saint-Siège*, 5, de Fontenay n° 174, 24 (souligné dans le texte), n° 172, 22 octobre 1928 (et mois), n° 324, 20 octobre (et mars, juillet), *Saint-Siège*, 21, et n° 414, 28 décembre 1929, *Saint-Siège*, 6.

où je fus appelé à collaborer activement à la reconstruction de l'Allemagne catholique[,...] années d'héroïques efforts du peuple allemand pour la reconstruction de son État et de son économie ». Les chefs autonomistes, dont Haegy et Joseph Rossé, représentaient l'entité Alsace, et leurs discours « modérés » furent clairs comme les injures des extrémistes : « la religion ne connaît pas de frontières », déclara Rossé, « nos frères d'au-delà des Vosges, dans une situation plus difficile que celle des catholiques allemands, font d'héroïques sacrifices pour introduire de nouveau la religion catholique dans le peuple et dans la vie publique ». En octobre, la presse autonomiste tonna contre le « nationalisme » de Ruch, qui avait « célébré une messe solennelle [...pour] l'inauguration de l'Autel de la Patrie et de la crypte où repos[ai]ent les restes des soldats morts ». Pie XI bafoua alors des pèlerins alsaciens : après une allocution insipide sur « saint Ignace d'Antioche », il refusa un mot de soutien à Ruch qui l'avait mendié en évoquant « la patrie perdue » après 1871 et le devoir des fidèles et clercs d'Alsace « de travailler à la paix intérieure et à la prospérité de leur patrie ».

L'évêque avait en décembre 1928 prétendu être soutenu contre l'« action politique » des prêtres par Gasparri, qui lui avait en réalité interdit toute critique d'Haegy. Ce stipendié de Berlin put se vanter dans son journal d'avoir obtenu « l'autorisation [épiscopale] nécessaire à l'acceptation de sa candidature » sénatoriale aux élections du 20 octobre 1929. Plus discrètement, le trio Rome-Berlin-autonomistes monta contre l'évêque haï une campagne le « représent[ant] comme ayant des mœurs contre nature », tactique habituelle, naguère utilisée « pour essayer de disqualifier l'abbé Wetterlé ». Maglione convoqua à Paris Aloyse Riedinger, soutien de Ruch, pour le menacer de couvent en Espagne s'il s'entêtait à combattre son protégé Haegy. Bientôt rétrogradé dans la hiérachie, ce jésuite « patriote » fut chassé de la direction du *Bulletin d'Alsace et de Lorraine* (profrançais) qui déplaisait au « général allemand » de son ordre (Ledochowski).

Les alliés montraient cependant ici plus de retenue publique que sur les frontières orientales. Dans la *Germania* du 9 avril 1927 – année d'alarme française sur les plans germano-vaticans – Otto Siegel avait exalté l'Anschluss et recensé les Allemands de l'ancien Empire dualiste vivant dans les États successeurs (Italie incluse), sans mot dire des « minorités allemandes détachées » à l'Ouest. La diplomatie allemande s'efforçait (ligne maintenue jusqu'au 10 mai 1940) de fléchir Paris à l'Est en opposant sa renonciation sincère à l'Alsace à l'impossible abandon du corridor de Dantzig. Mais l'ère « réconciliatrice » du plan Dawes et du cartel international de l'acier ne réduisit pas les manifestations catholiques explicites sur le pangermanisme du *Zentrum* : aux « fêtes de Schubert » de Vienne on entendit le 21 juillet 1928 un chant en l'honneur de Strasbourg à libérer ; au congrès de Nuremberg des 26-30 août 1931 apparurent des « prêtres alsaciens plus ou moins autonomistes » : « on a un peu parlé des minorités allemandes du Tyrol et de Tchécoslovaquie », mais pas des « catholiques d'Alsace [...], du moins en public ». Bref, continua de plus belle « la néfaste agitation autonomiste du clergé catholique alsacien en Alsace-Lorraine » - formule d'André François-Poncet, confronté en mars 1931 à un Pacelli obstinément muet à ce sujet. Paris, Canet en tête, savait « le Vatican derrière les autonomistes d'Alsace » : il était informé au jour le jour par l'armée, la Sûreté générale, les services d'Alsace-Lorraine et l'*Action française* qui, en furie depuis la fin 1926, accusait les « "germanophiles romains" » de manigancer le remplacement de Ruch par « une personne qui favoriserait les autonomistes alsaciens »[64].

III. Le Vatican contre le « nationalisme français »

Une des cibles de la francophobie vaticane offre un cas typique du deux poids deux mesures, le thème du « nationalisme » français, qui succéda à celui de la paix de vengeance. Pendant « occidental » de son cousin, « oriental », de la déferlante rouge, ce *leitmotiv* masquait une stratégie de paralysie *militaire* de la France et de *ses alliés* déclarés ou potentiels. Brûlot contre l'« Entente » des ennemis du Reich, cette campagne connut dès les années 1920 des temps forts : ils correspondaient aux étapes décisives, d'une part, du soutien des révisionnismes allemand et italien et des moyens militaires correspondants, et, d'autre part, du plan français de digue contre la Revanche, l'« alliance de revers » à l'Est. J'en retiendrai des moments essentiels, dominés par les décisions de 1926-1927 destinées à casser la germanophilie de droite.

Le début des années 1920

Pie XI se dressa à peine élu contre les traités par sa lettre à l'archevêque de Gênes Josué Signori, le 7 avril 1922, à l'aube d'une conférence internationale utile pour séduire Londres et Washington. Il espérait « que les envoyés des puissances voudr[aie]nt considérer avec un esprit non seulement serein, mais aussi disposé à quelques sacrifices, les tristes conditions dans lesquelles les peuples souffr[ai]ent sur l'autel du bien commun. Ce serait la première condition pour y porter un remède efficace et le premier pas envers [...l'indispen-

---

64. Fervacque P., *L'Alsace, passim* ; lettres n 1371 du commissaire spécial (CS)de Strasbourg au DSG, 25 décembre 1929, AN, F 7, 13226 ; n° 344 de Margerie, 12 avril, n° 242 de Tripier, Varsovie, 23 juillet 1927, *Autriche*, 78 et 79, tél. Clauzel n° 147-149, 22 juillet 1928, *Autriche*, 80, lettres n° 71, Nuremberg, 31 août 1931, *Allemagne*, 689 ; de Fontenay n° 131, 26 mars 1931, *Saint-Siège*, 41 ; Eugène Lautier, « Une querelle nationale. Le Vatican et l'Allemagne », *L'Homme libre*, 16 décembre 1926, AN, F 7, 13196 ; fonds *Canet*, AN, F 7, Allemagne, FNC, Action française, etc. et *infra*.

sable] pacification universelle ». La « charité chrétienne » devait supplanter « les haines internationales, ce triste héritage de la guerre, [qui] agiss[ai]ent aussi au préjudice des peuples vainqueurs et prépar[ai]ent pour tout le monde un très redoutable avenir. On ne doit pas oublier que la meilleure garantie de tranquillité n'est pas une forêt de baïonnettes, mais la confiance et l'amitié mutuelles ». L'encyclique *Ubi arcano Dei* du 23 décembre 1922 fustigea « une paix artificielle établie sur le papier [qui] au lieu de réveiller [de] nobles sentiments, a augmenté et a presque légitimé l'esprit de rancune et de vengeance » ; et « un nationalisme déréglé [qui] oublie aussi que les peuples sont frères dans la grande famille de l'humanité et que d'autres nations ont le droit de vivre et de prospérer ».

Après-guerre, le catholicisme français avait entravé le projet de créer, sous l'égide du PPI, une Internationale dite « blanche » ou « noire ». Les rivalités de l'ancienne Entente nourries par l'occupation de la Ruhr donnèrent à cette « Internationale blanche » avérée de nouveaux atouts, en France même : « M. Marc Sangnier en est au moins la dupe », assura Canet en juillet 1923. Le fiasco ruhrois de la « politique d'exécution » contraignit Paris au traitement anglo-saxon du Reich – le plan Dawes – et imposa la tactique « réconciliatrice » du Comité des Forges. Locarno, qui agita la question des frontières orientales en semblant clore celle des occidentales, et l'entrée du Reich à la SDN eurent en France une portée décisive[65].

Le coup porté contre le catholicisme germanophobe : la condamnation de l'Action française à l'ère briandiste

Pie XI avait avec Castelnau préparé dès 1924 la fracture du catholicisme français, qu'il aggrava en 1926 par la condamnation de l'*Action Française*. Comme pour accentuer l'humiliation infligée, il se servit pour éliminer la germanophobie d'extrême-droite d'un ancien adversaire : Pierre Paulin Andrieu, cardinal-archevêque de Bordeaux, chef des « intransigeants français » auquel il ne pardonnait pas d'avoir agi au conclave de 1914 contre le « germanophile » Ratti. Mais la Curie avait souvent utilisé cet intégriste, notamment contre Amette avant 1914. Le Saint-Office (Merry del Val) lui prescrivit donc en juin 1921 l'initiative apparente d'interdire la participation des catholiques au Congrès de la natalité, rituel d'Union sacrée dont le gouvernement français attendait les mêmes effets qu'en 1919 et 1920 (le camouflet démontra la vanité des efforts français de séduction). C'est via l'hebdomadaire diocésain, *L'Aquitaine*, que tomba la foudre le 27 août 1926, la lettre d'Andrieu interdisant l'adhésion des « Jeunesses catholiques » à l'*Action française*. Celle de

65. Tél. Jonnart n° 58, 9 avril, *Temps*, 25 décembre 1922 (et ces mois), *Saint-Siège*, 4, et note Canet, 5 juillet 1923, *Saint-Siège*, 11, et *infra*.

Pie XI, le 5 septembre, publiée le 7 par l'*Osservatore*, « approuv[a] pleinement » le courrier *romain*. Rome décelait brutalement dans le journal et les œuvres de Maurras et Daudet « les traces d'une renaissance du paganisme à laquelle ces auteurs ont puisé, inconsciemment, comme tant de leurs contemporains, à l'enseignement public de cette école moderne et laïque empoisonneuse de la jeunesse, qu'eux-mêmes combattent souvent si ardemment ». Cette redécouverte était si saugrenue, après un si long oubli du paganisme maurrassien – perçu avant le choc des deux blocs de 1914 –, que Gasparri dut auprès des Français surpris la justifier par une relecture exhaustive.

Aucune patience ici, mais « l'obstination milanaise de Pie XI » (Doulcet) pour arracher « une soumission absolue et sans réserves ». Le pape exerça sur les tenants du « nationalisme aigu » une pression écrasante, scandée par les discours publics et privés, les articles de *La Croix* et autres féaux et les décrets de « la Suprême Congrégation du Saint-Office » et de « la Sacrée Pénitencerie apostolique » de Frühwirth (tout exprès délégué à ce dernier poste de 1925 à 1927). Elle visa d'abord les évêques qui, tous issus de l'*AF*, avaient été « surpris » et « déconcert[és] » par ce coup porté au seul bénéfice apparent de la FNC. Ils pratiquèrent d'abord la résistance passive aux « directives de Rome, qui risquaient de mettre le trouble dans leur troupeau et de les jeter en difficultés avec des personnalités ou des familles en vue dans leur diocèse ».

Dans ce « jeu d'escrime », Billot, qui confirma en septembre 1926 son loyalisme à Daudet, fut accablé d'outrages privés et publics (rubriques vengeresses de l'*Osservatore* rédigées « en français pour que chez nous nul n'en ignore »). Après avoir avec le général de son ordre, Ledochowski, exigé début 1927 sa rétractation publique, Pie XI fit « "sauter" le seul cardinal qui fût favorable à ce parti » : en septembre, il « extorqu[a] » à l'inflexible vieillard de 82 ans sa démission, cas « extrêmement rare », inédit depuis Pie IX. Après le décret du Saint-Office du 29 décembre 1926 « condamnant certaines œuvres de Charles Maurras et le journal l'*Action française* », « le grand pénitencier » Frühwirth sonna l'hallali : son décret d'excommunication du 8 mars priva les rebelles de sacrements[66].

66. Notes Canet, 31 août 1926, *Saint-Siège*, 20, R. Pinon, 20 juillet 1913, *NS, Saint-Siège*, 25, juin-juillet 1921, *Saint-Siège*, 3 et 17, notes, 20 janvier 1922, *Saint-Siège*, 30, 31 août, d'Henry, Vatican, tél. n° 44, 8, lettres n° 103, 10, n° 111, 29, n° 107, 20 septembre, *Saint-Siège*, 20, de Doulcet, n° 138, 9 décembre 1926, et n° 11, 7 janvier 1928, *Saint-Siège*, 21, d'Henry n° 95, 20 septembre 1927, *Saint-Siège*, 31 ; fiches RG et presse, *La Croix, AF* et presse anticléricale, décembre 1926-mars 1927, AN, F 7, 13196. Les fonds excluent la thèse de « pacification » religieuse, avec condamnation de l'*AF* sans « arrière-pensées politiques », pour « des motifs d'ordre [exclusivement] religieux », Prévotat J. (*cit.*, p. 312), Cholvy G. *et al.*, *Histoire*, II, chap. 7.

L'hypothèse du choix de « la voie de la conciliation avec la République française » fut d'emblée exclue par des signes nets (outre le « putsch Lyautey » en cours). En octobre 1926, « la béatification des martyrs de septembre 1792 », injure à la république, donna prétexte à convoquer une quinzaine d'évêques français. Pie XI leur rappela « très ferme[ment] dans les audiences privées [et à] l'audience publique [...] la nécessité de l'obéissance à ses directives » : c'est-à-dire le maintien de la guérilla, affiché par les lettres de convocation de Gasparri, le 17, maudissant la Révolution française, *seditio miseranda* ou « terrible et misérable sédition ». Doulcet argua que *miseranda* avait sens de pitié et non de mépris, etc., sans convaincre Briand. Adepte lucide d'une politique douce au Reich, ce dernier compara, en novembre, « le soin de ne pas blesser les "Allemands non catholiques et leurs princes" » à cette gallophobie qui violait une norme minimale : la « demande [du gouvernement de la République] à toutes les puissances avec lesquelles il entretient des relations diplomatiques [du] respect de tout le passé de la France, et en particulier de cette Révolution » fondatrice de « tous les États modernes ».

La ligne Pie XI-Gasparri, venait de rappeler Canet, a « d'abord et surtout une raison internationale », l'amour pour « le Centre allemand » supposé pacifiste et l'antipathie pour « l'Action française » taxée de bellicisme et d'« ardente manifestation de nationalisme ». L'interdit jeté ne vaut pas choix républicain conservateur et n'entraînera « un gain pour la paix publique [...] que si les catholiques libéraux et démocrates se gardent de triompher des malheurs de l'Action française et si le gouvernement se tient systématiquement en dehors du conflit ». Au consistoire secret du 20 décembre 1926, Pie XI « engag[a] les catholiques à entrer dans la fédération nationale du général de Castelnau et à se livrer à des manifestations de plus en plus éclatantes pour obtenir l'abrogation des lois laïques »[67].

C'est l'ancien espion du Reich à Berne, Maglione, qui fut chargé de l'exécution du Plan. Resté nonce à Berne après guerre, il fut choisi en octobre 1925 pour succéder à Cerretti, provocation relevée par Canet : « il serait vraiment fâcheux que la nomination de [ce] personnage de second ou de troisième plan [,...] esprit très médiocre, peu franc et peu porté à embrasser notre cause [,...] permît de penser que pour devenir nonce à Paris il est plus avantageux de servir l'Allemagne que de servir la France. » Paris tenta d'abord de l'évincer et sembla y parvenir en janvier 1926, où Gasparri promit de l'écarter « en tout cas ». En mai, Briand céda à l'obstination romaine, se bornant à différer sa venue de plusieurs mois pour cause de droits français de Protection

67. Soutou G.-H., « La condamnation », p. 459-460, lettres n° 120 de Doulcet, 20 octobre, *Saint-Siège*, 20, n° 192 du MAE, 27 novembre, de Doulcet n° 140, 10 décembre, et notes Canet, 22 novembre 1926 et 4 janvier 1927, *Saint-Siège*, 21.

contestés à Constantinople. Installé à Paris le 3 novembre 1926 pour achever l'*Action française*, Maglione fut sa bête noire : le quotidien martela jusqu'à son départ son passé d'« agent de l'Allemagne », ne cachant plus rien (action de guerre de « Monsignor Gerlach » incluse) des vieilles intrigues de la Curie et de son « organe pro-allemand de langue italienne », « *Diffamatore Romano* », « *Tartufe proboche* », « *Osservatore Tedesco* », etc. (Léon Daudet).

Le nonce inaugura sa mission par un fracassant discours au nom du corps diplomatique, à l'Élysée, le 1er janvier 1927. Il décerna un hommage solennel à la docile FNC contre l'*Action française* et flatta Briand, l'opposant à ses collègues ou prédécesseurs, nationalistes : « *un contre tous* », il avait assumé à Locarno « une tâche qui est à plus d'un titre la *sienne propre* [...] Pour cette œuvre bienfaisante [de paix] la France peut être assurée de l'active et loyale collaboration de nos gouvernements et en particulier – qu'on me permette de le dire – de celui qui n'a jamais cessé d'appeler avec la tendresse d'un père, et au nom du Prince de la paix, le désarmement des esprits" ». L'« abus manifeste » commis au profit du Reich, inspirateur d'un « rapprochement franco-allemand » laissant exploser le revanchisme du *Zentrum*, ulcéra « les nationalistes », « les gallicans » et le camp laïque : la flagornerie envers Briand, suivie de deux interviews autojustificatrices du ministre dans le *Matin* et le *Journal*, provoqua une tempête de presse, dominée par Pertinax (André Géraud) et Maurras. « La question Briand » menaça le cabinet qui capitulait devant le partenaire de la SDN arrimé à sa nouvelle tribune contre Versailles et son ambassadeur au Vatican : l'*AF* fustigea Doulcet, « tout bonnement aux ordres de la Secrétairerie d'État [,...] agent le plus actif de [la] délation [...], au point qu'on ne l'appelle plus à Rome que "le gendarme du Saint-Office" ». Berlin craignit de perdre *son* ministre car « aucun autre candidat » à ce poste « ne serait de la même manière que lui convaincu de la nécessité d'une entente avec l'Allemagne et du caractère inéluctable des sacrifices à consentir à cette entente » (Hoesch).

C'est alors que Canet, inquiet que « la politique catholique » du gouvernement ne l'« engageât dans une politique cléricale, c'est-à-dire inféodée au Saint-Siège », pria Castelnau, le 17 janvier, de tempérer sa papophilie. *L'Indépendance belge* du 3 février parla pour tous les germanophobes en s'indignant de l'audace de Maglione qui venait, sur « l'injonction du germanophile Mgr Gasparri », d'interdire « à l'archevêque de Rouen de participer à une cérémonie en l'honneur des Bretons morts au champ d'honneur [...] présidée par l'amiral Schwerer, membre [et vice-président] de l'Action française. Un outrage qui sera vivement ressenti par tous les Français, catholiques ou non. Dans son désir de complaire à l'Allemagne d'Hindenburg, le Vatican perd toute mesure ». Pie XI a condamné l'Action française parce que c'est « une des forces nationales qui s'opposent le plus énergiquement à toute politique susceptible de désarmer la France devant l'Allemagne qui prépare dans l'ombre, à présent avec le concours d'un ministère nationaliste – constitué sur le conseil du pape –, la guerre de revanche ». Dénonçant, « avec les républicains modérés, le danger allemand [...], elle gênait le Vatican [...] ; il fallait la briser, de même que l'union des catholiques français patriotes [...] Sous l'influence occulte des catholiques allemands qui rêvent on ne sait quelle conversion en masse des protestants du Reich, le pape voudrait achever promptement la destruction du traité de Versailles, dans ses dispositions territoriales d'abord et sans doute après dans ses dispositions financières ». Suivaient trois exemples (seulement) des plans territoriaux : restitution de la Pologne et de l'Alsace-Lorraine et Anschluss, pour « reconstituer le Saint Empire germanique qui, par sa puissance, serait à même de faire la loi à l'Europe [et] serait évidemment soumis à l'étroite obédience de la papauté »[68].

Aidé de Maglione sur place, Pie XI s'employa à dompter « une partie des évêques de France [...] trop peu enclins à suivre ses directives et à seconder ses vues », en niant (au consistoire du 20 juin 1927) « les accusations [...] de travailler à la reconstitution de tel Empire et d'être partial pour telle nation ». Le corps entier, selon l'habitude, capitula comme l'ultra Luçon, doyen des cardinaux et président de l'Assemblée des cardinaux et archevêques de France : il soutint *perinde ac cadaver* l'hallali contre l'*Action française*, mais précisa « *très confidentiellement* » à ses pairs (le 10 février 1927) que la condamnation avait bien « *été rédigée à la demande formelle du Vatican* ».

Pacelli organisa en août-septembre à Trèves une opération locarnienne en milieu *militaire*, fief laïc de l'Action française, la cérémonie du 2 septembre, cautionnée par Tirard et Briand, sur le terrain d'aviation des autorités d'occupation françaises, à Euren. Les Français l'avaient autorisé à survoler la zone occupée en avion allemand – une première. Arrivé à Trèves flanqué de militaristes notoires, dont Kaas et Bornewasser, Pacelli rejoignit Dortmund par les airs avec Kaas et le directeur de la *Westfälische Luftfahrt* (un des multiples masques du réarmement clandestin en cours). Avant leur départ, le général français Camille Rampont s'associa à ce que la presse du *Zentrum* exalta comme la première manifestation de la « réconciliation définitive entre les deux peuples » : le « dignitaire de l'Église de Rome » a scellé l'émouvante rencontre « entre un évêque allemand [Bornewasser] et un général français » où l'on sentait « comme un souffle de l'esprit de Locarno ».

---

68. Note Canet, 28 octobre 1925, *Saint-Siège*, 28, tél. Doulcet n° 3, 17 janvier, n° 55, 1er novembre 1926, *Saint-Siège*, 29, depuis octobre 1925, *Saint-Siège*, 20-21, 28-29, *AF*, Daudet, 6, Maurice Pujo, 11 janvier 1927, et janvier-mars, AN, F 7, 13196 (et vol.), lettre de Hoesch n° A 24, 4, *Akten*, B, IV, p. 6-10, notes Canet, 4, 29 janvier, art. cit., 3 février 1927, et janvier-mars, *Saint-Siège*, 21 ; fiches RG, *La Croix, AF* (ici, M.P. *(sic)* « La délation à Rome », 30 mars 1927) et presse anticléricale, décembre 1926-mars 1927, AN, F 7, 13196.

Pie XI loua le 17 octobre, pour Doulcet, la démonstration militariste baptisée politique de « paix [et de…] bonne entente entre tous les peuples […] autour du Nonce Pacelli qui personnifiait la conciliation ». Rien ne valait pour étouffer d'éventuels scrupules que le refrain de la peur du rouge, entonné comme après la défaite du Reich et que l'ambassadeur adorait (comme les « évêques de France ») : « Pie XI m'a parlé ensuite du péril croissant du bolchevisme rouge [, sa…] préoccupation » habituelle, et « j'ai mis une vigueur particulière à déclarer que la tâche principale de tous les gouvernements aujourd'hui est avant tout de combattre le communisme vu les progrès effrayants de son infiltration et l'ingéniosité effarante de son activité. J'ai pu le rassurer en ce qui concerne la France en citant les discours et les actes des chefs de notre gouvernement depuis six mois et en lui indiquant que ç'avait été une des causes déterminantes de notre réforme électorale ».

Fin 1927 Pie XI avait circonvenu le haut-clergé grâce aux visites *ad limina* prévues tous les cinq ans et en 1927 pour toute « la France continentale » : 81 évêques, « la presque totalité de l'épiscopat », malades ou infirmes exceptés, qui déléguèrent leur auxiliaire ou leur vicaire général. Dans ses « longues audiences », il avait usé de « la manière douce », invoquant « les raisons doctrinales qui seules import[ai]ent à ses yeux : « tous les évêques ont été ainsi retournés et subjugués, tous se sont déclarés d'accord, même l'évêque de Montauban et l'archevêque d'Avignon qui n'avaient pas signé la lettre collective de l'épiscopat au début de [1927], en ont exprimé publiquement les regrets et ont promulgué dans leurs diocèses les condamnations et leurs sanctions. »

Le pape refit donc « l'unité de l'épiscopat », gage du ralliement de « tout le clergé », qu'il consolida au long de l'année par deux thèmes obsessionnels, l'antibolchevisme et la lutte contre les « lois laïques ». Il poussa l'avantage en nommant en décembre à la tête de *La Croix* le RP Léon Merklen, mandaté à « la réconciliation franco-allemande ». Les réclacitrants devinrent « quantité [si] négligeable » qu'il les traita le 6 janvier en 1928 « de "brebis galeuses" ». En décembre suivant, « un décret de la sacrée pénitencerie renfor[ça] les condamnations portées contre les confesseurs qui donn[ai]ent l'absolution et admett[ai]ent aux sacrements les adhérents de l'Action Française sans exiger d'eux l'abandon de la doctrine et de l'organisation du parti »[69].

---

69. Lettres de Doulcet n° 64, 23 juin, *Saint-Siège*, 5, de Luçon, *AF*, 3 mars 1927, AN, F 7, 13196, n° 140 de Laboulaye, 17, de Tirard n° 124, 23 août, n° 207, 7, de Laboulaye n° 1043, 9 septembre 1927, *Saint-Siège*, 29, tél. n° 32-33 de Doulcet, Rome-Saint-Siège, 17 octobre 1927, *SDN*, 2189, lettres n° 11 de Doulcet, 7 janvier, n° 229 de Fontenay, 19 décembre 1928, *Saint-Siège*, 21 ; servilité épiscopale, AN, F 7, 14613 et 13213 ; Cholvy G. *et al.*, *Histoire*, il, p. 309, 320, et Christophe P., *1939*, p. 44.

Briand n'avait rien changé aux relations franco-vaticanes. Le conflit perdura tant sur l'école, qualifiée depuis 1927 de « peste laïque » par Andrieu et consorts, que sur les biens ecclésiastiques : l'épiscopat bafoua le ministre en criant aux « biens volés par l'État » en janvier 1929, en plein vote du collectif budgétaire qui intégrait l'article 70 de la loi de finances sur leur dévolution. Les aspects européen et colonial du contentieux sont traités ailleurs.

G.-H. Soutou perçoit après « la Condamnation » une « détente » ou « inflexion », thèse que soutint Paris en se félicitant du choix de deux évêques locarniens : en septembre 1928, Achille Liénart à Lille, issu de « la moyenne bourgeoisie » fortunée, qui ferraillait contre l'*Action française* dans les réunions d'anciens combattants et passait pour républicain, libéral et populaire ; en novembre 1929 à Paris, Jean Verdier, que sa répugnance à l'alignement sur l'Axe Rome-Berlin fit haïr plus qu'Amette et voua à une mort prématurée. Le « souci [...] de réfuter les griefs des nationalistes français » inspira des assurances pontificales réitérées aux évêques (re)conquis d'« amour paternel » pour la France redevenue « fille aînée de l'Église ». La Curie continua à flatter « son » inusable ministre Briand, dont la ligne facilitait la sienne : en novembre 1929, à la formation du cabinet Tardieu, Gasparri se dit « très heureux » de son maintien et l'*Osservatore* vanta son récent « exposé lumineux » propice à « l'entente » et à « la paix », après tant d'autres hissant le Reich au rang des égaux[70]. C'était le volet pontifical des débordements euro-pacifiques du *Zentrum*.

Le début des années 1930

La crise et l'évacuation anticipée de la Rhénanie le 30 juin 1930 – fruit du plan Young et prétexte à démonstrations militaristes échevelées – firent ressurgir le discours moins « européen » sur « les nécessités vitales » allemandes (Kaas). L'ère pacellienne intensifia une « action [pontificale] contre le nationalisme [...] bornée à la France où les déclarations chauvinistes de l'Action française constitu[ai]ent un jeu presque enfantin comparativement à la situation en Allemagne ». L'obstacle de droite ayant été levé, l'antibolchevisme flamba pour détourner les élites françaises d'éventuelles tentations pour l'alliance de revers. Y œuvrèrent des choix épiscopaux plus explicites mais moins commentés que les précédents, tel celui du putschiste Suhard, successeur de Luçon mort fin mai 1930, placé « en réserve, à Reims » (début 1931). « La prin-

70. Lettres 3759 du CS de Bordeaux au DSG, 11 avril 1927, AN, F 7, 13213 (et vol.), n° 44 du MAE, 17 janvier 1929, *Saint-Siège*, 21, Liénart, note Intérieur, 30 septembre 1928, Verdier, novembre-décembre 1929, *Saint-Siège*, 27 ; Soutou G.-H., « La condamnation », p. 465-466, lettre n° 11 de Doulcet, 7 janvier 1928, de Fontenay, tél. n° 159, 3, et lettre n° 346, 11 novembre 1929, *Saint-Siège*, 21.

cipale question » abordée en décembre 1930 avec Verdier, en séjour romain deux semaines, fut l'organisation de l'AC, qui « grouper[ait] les catholiques en les soumettant à une stricte discipline sous l'autorité des évêques non seulement dans un but religieux mais aussi pour la défense contre la propagande soviétique ». « Le gouvernement pourra, *argua Pie XI*, faire utilement appel à ce groupement dans l'intérêt du maintien de l'ordre. » L'année 1931 (du « moratoire » Hoover) fut riche en avanies pour la France et en bontés pour le Reich. En janvier 1932, Laval, président du Conseil (depuis 1931), successeur aux affaires étrangères de Briand (parti le 12), contesta le riant tableau de Fontenay de dix ans de pontificat, mais maintint l'infinie patience française : il le pria « de vouloir bien [...] dresser la liste, si incomplète soit-elle, » des textes francophobes de l'*Osservatore* et de l'agence Fides, « afin que nous puissions, quand le moment sera venu, faire les remontrances nécessaires ».

La conférence du Désarmement ouverte en février 1932 enrichit « la liste ». Pacelli « et ses collaborateurs » feignirent d'abord de soutenir le plan Tardieu : Paris renonça donc aux « remontrances ». La hargne grandit au retour d'Herriot (en juin) : Rome blâma plus que jamais l'écrasante supériorité militaire française sur les pauvres vaincus ou bernés (l'Italie) et brandit, thème nouveau, le péril *militaire* soviétique. Fin octobre, l'*Osservatore* vit « une manifestation du plus arrogant nationalisme » dans le « plan constructif » français recherchant l'impossible accord avec Berlin en quête d'« égalité des droits ». Pacelli décréta que Moscou devait adhérer aux éventuels accords sur le désarmement, faute de quoi l'Europe serait « insuffisamment forte devant une Russie mieux armée ». Maglione avait montré tant d'audace que le Quai se servit à l'automne de l'*Action française*.

Maurras et Daudet, « résolus à en finir avec Mgr Maglione », voulaient lui rendre « intenable [...] son poste à Paris » pour l'acculer au départ. Ils « savaient avoir pour eux les sympathies des anticléricaux de gauche, qui considéraient que la nonciature avait rendu, en divisant les catholiques français, le seul service dont elle fût capable face aux menaces du Reich ». Le 22 septembre, l'*AF* dénonça cet « agent de l'Allemagne » et ses « rapports d'espionnage ». L'offensive échoua – on ne pouvait « apaiser » Berlin et frapper son protecteur vatican –, mais dans des conditions révélant division du travail : Herriot céda le 4 octobre, sur les instances du pape, adressant « au nonce absent de Paris l'expression de sa haute estime et de son entière confiance pour la façon dont il a rempli sa mission depuis le jour où le gouvernement français lui avait *donné son agrément, en toute connaissance de cause* »[71].

---

71. Lettre du préfet, Châlons, 14 février 1931, AN, F 7, 13225, RG, 30 octobre 1944, APP, GA, S 10, Suhard ; lettre de Margerie n° 1217, 29 décembre 1928, *Autriche*, 82, *Przedswit*, 18 février, *Pologne*, 327, lettres n° 365 de Fontenay, 16 décembre 1930, *Saint-Siège*, 47,

1932 libéra d'autant plus la Curie qu'elle haïssait le germanophobe (impuissant), laïque et russophile Herriot, qui avait osé en octobre 1924 reconnaître *de jure* l'URSS en songeant à l'alliance de revers. « Il n'y a pas de temps à perdre pour travailler, entre la Russie et ceux de ses voisins qui nous intéressent particulièrement, à cette détente sans laquelle l'Europe irait presque irrésistiblement à de nouveaux conflits et la France à de nouveaux deuils », avait déclaré en avril 1925 l'ambassadeur Jean Herbette, russophile fugace que la chute d'Herriot et le retour de Poincaré ramenèrent à la russophobie. En 1932, Herriot rechercha un « rapprochement [*militaire*] avec l'URSS » par précaution contre le péril allemand que ses propres concessions aggravaient : ce seul « côté positif » de sa brève « action » (J.-B. Duroselle) lui valut les foudres du Vatican. Depuis juin 1932 le thème de la menace rouge contre la « civilisation chrétienne » s'enrichit de variations militaires, et Pie XI harcela les pays visés par la Revanche de lamentations sur les Allemands impuissants et le bellicisme soviétique. Ce nouvel habillage de vieux refrains – nationalisme agressif français, innocuité militaire allemande, déferlante bolchevique, cette fois non plus avec (comme à l'époque du traité de Rapallo) mais contre le Reich – confirmait la priorité romaine : peser sur le rapport de forces *militaires* entre l'ancienne Entente et le Reich.

Les propos que rapportèrent Fontenay et Charles-Roux de leurs audiences respectives de congé et de remise de lettres de créance, les 14 et 27 juin 1932, fixèrent une ligne intangible jusqu'à la guerre. « Comme toujours, *nota le partant,* Pie XI a parlé aussi du danger bolchevique qui se généralise dans le monde entier. » Il a « déplor[é...] la faiblesse dont [...] ont fait preuve vis-à-vis de ce danger social ceux qui prétendent vouloir défendre la civilisation. Le danger redouble partout, même là où on semble le redouter le moins comme en Italie ». Suivit une charge contre la propagande soviétique auprès des marins d'Italie et des ports étrangers, français, etc. « Les résultats sont les mêmes mais les formes sont sauvées aux yeux de la bourgeoisie passive. » Il prétendit redouter, sur la base d'« informations [...] de plus en plus inquiétantes », que l'URSS ne déclenchât la guerre.

À l'arrivant il reprocha les absurdes exigences françaises : « on ne devait pas trop s'attarder à la conception de sécurité, ni en faire une condition préalable d'arrangement international. » Charles-Roux invoqua « l'effervescence

---

n° 33, 26, du MAE n° 20, 30 janvier, n° 50 de Fontenay, 19 février, de Charles-Roux n° 416, 7, *Saint-Siège*, 41, n° 407, 4, *Saint-Siège*, 37, n° 449, 30 novembre, n° 334, 25, n° 338, 27 septembre 1932, et lettre du MAE n° 586, 16 février 1933 (souligné par moi), *Saint-Siège*, 42 ; Duroselle J.-B., *Décadence*, p. 38-43 et 45, Poidevin R. *et al.*, *Les relations*, p. 287 ; Lacroix-Riz A., *Choix*, p. 59-64, et index Suhard, Herbette et Herriot, et « L'arme de la presse contre un ennemi de guerre et son abandon: le Quai d'Orsay face au Vatican de la Première Guerre mondiale à la Seconde », *in* Ory P., éd., *La censure*, p. 280-283.

du nationalisme dans divers pays, notamment en Allemagne », provoquant la réplique, assortie de longs développements : « le nationalisme est partout : et c'est bien là qu'est le mal. » L'ambassadeur opposant « le nationalisme français bien modeste et bien accommodant » à d'autres, menaçants, Pie XI objecta : « notre nonce ne dit pas cela. » « L'éventualité d'une guerre lui apparaît improbable pour bien longtemps. Aucun peuple, à son avis, n'en veut ; aucun n'est matériellement en état de la faire. » La précédente avait laissé d'affreux stigmates, « en Allemagne non plus l'on n'avait pas oublié », il le savait par ses « informations suivies » de Rhénanie et de Silésie. Faire la guerre supposait « des préparatifs, des armements formidables, une masse énorme d'artillerie [...] Rien de tout cela ne s'improvisait ». Charles-Roux argua qu'« une puissante industrie » passait aisément d'activités de paix à « la fabrication rapide du matériel de guerre et de tous les moyens offensifs » : « le pape m'a répondu que l'industrie allemande était déjà bien diminuée. » Un cri du cœur accueillit l'argument que, animés d'« un louable esprit de conciliation [,...] nous ne demandions rien à personne [...] Que pourriez-vous demander que vous n'ayez déjà ? Vous avez de l'or, des territoires, des forces armées. La France est puissante », dotée d'« admirables ressources » – il « pensait aux réparations ». Vint l'antienne : « le danger que courait le monde n'était pas [dans] un conflit armé européen ; il était dans le bolchevisme, qui profitait de la crise universelle, empoisonnait les masses, et usait, pour s'implanter partout, de tous les moyens, sans excepter l'argent. C'était là un péril plus réel que la guerre. » Bismarck a dit que les guerres n'avaient lieu « que tous les trente ans, ou tous les cinquante ans [...] Dans tous les cas, nous sommes bien sûrs que nous ne la verrons pas ». Quand Charles-Roux voulut parler de Prague, où il venait de passer cinq ans, Pie XI ne répondit même pas.

Encore insensible à l'atmosphère vaticane, l'ambassadeur reconnut « les théories » fleurissant « en Italie et [...] en Allemagne » dans ce quasi-soliloque « sur l'excès de nos soucis en matière de sécurité, sur notre richesse et par conséquent, sur notre aptitude à nous passer de réparations, sur la faiblesse militaire de l'Allemagne et par conséquent, sur notre aptitude à réduire nos propres armements ». En octobre, il imputa au pur « calcul » l'optimisme du pape sur la situation internationale tout juste seriné à l'archevêque d'Avignon : « tout Français sans doute lui para[ît] en ce moment avoir besoin d'être rassuré, pour ne pas trouver dans l'inquiétude patriotique un prétexte à l'intransigeance sur le terrain international. »

Demeurant inquiet du péril allemand, Charles-Roux conservait le souvenir cuisant de la francophobie de Ratti. Le 28 juin, alors qu'il craignait un nouveau discours sur la « forêt de baïonnettes », Pacelli s'extasia sur « le courage habituel aux Français », leurs « sacrifices méritoires » sur les réparations, etc. Dans ce premier contact le nouvel ambassadeur « trouv[a] chez le secrétaire d'État plus d'inclination que chez le pape à comprendre la situation et les intérêts de la France, et une notion plus exacte de la psychologie de notre peuple »[72]. Il jouerait bientôt les dupes du grand « agent du Reich ».

72. Wenger A., *Rome*, p. 175-178, lettres de J. Herbette n° 51, 17 avril 1925, *URSS*, 124, de Fontenay n° 49, 7 février, *Italie*, 266, n° 192, 14, de Charles-Roux n° 204, 27 juin, n° 372, 16 octobre, et n° 204, 28 juin 1932, *Saint-Siège*, 37, 41, 37 et 41.

CHAPITRE 6

Voies et moyens de l'expansion allemande à l'Est (1920-1932)

La politique « orientale » du Vatican visait, comme l'« occidentale », à rendre au Reich ses frontières de 1918, usant de moyens similaires à deux différences près : le révisionnisme, moins discret qu'en zone occidentale, ne visait pas le retour au *statu quo* allemand de 1918, mais la récupération de la sphère des Habsbourg et de nouvelles *conquêtes territoriales* ; le Vatican employa ici l'uniatisme quels que fussent ses ennemis, catholiques latins (polonais) ou orthodoxes. Le cas soviétique fut, par le verbe, aisément réglé, l'action se déguisant en évangélisation-croisade contre un régime persécuteur et athée. La plupart des États successeurs, schismatiques, furent traités sans beaucoup plus de précautions, Pologne exceptée : ne pouvant lui reprocher son irréligion ou la tiédeur de son antibolchevisme, on se plaignit de sa folie nationaliste.

I. Le Vatican et l'URSS : entre idéologie et plans territoriaux

À l'époque de l'espoir de la chute des Soviets (jusqu'en 1921)

Dans la première phase du processus de « la restauration de l'Europe orientale » prévue avant la défaite, le Vatican opéra à partir des marches de la Russie assaillie.

La question russe était si décisive que toutes les têtes de la Curie s'en saisirent, Gasparri, Pacelli, Cerretti, Ratti, chargé du plan d'Ukraine « indépendante » et antipolonaise, etc. « Procéd[ant] méthodiquement, et par la périphérie, à l'investissement religieux de ce qui fut l'Empire des tsars », il envoya des agents de la Sibérie au Caucase, de la Pologne aux Pays baltes, de la Finlande à l'Ukraine : « les initiatives catholiques enchevêtrées dans les intérêts de formation ou de consolidation des nouveaux États » se portèrent « jusque sur les frontières caucasiennes de l'Europe et de l'Asie ».

L'investissement « uniate » de l'Europe orthodoxe impliquait recrutement initial de personnel français, dans le seul but, expliqua Loiseau, d'échapper au « reproche de n'employer à [d]es fins [allemandes] que des coopérations d'Europe centrale ». Le catholicisme s'y était en effet naguère en partie confondu avec les assomptionnistes français, qui y avaient laissé des biens importants depuis le XVIIIe siècle, dont l'église Saint-Louis-des-Français. La pénétration immédiate et exclusive d'Allemands ou d'Italiens eût provoqué les soupçons de l'ancienne Entente. On nomma donc visiteur apostolique en Sibérie Mgr de Guébriant pour réorganiser les communautés catholiques (à peine « une dizaine de milliers » d'individus) détachées de l'archevêché biélorusse de Mohilev (sur le Dniepr). S'avouant à l'été 1921 surpris de la « liberté » religieuse qu'accordait « le régime nouveau », laïque mais indifférent aux religions, et affirmant que son « voyage » eût été « impossible [...] du temps de l'Empire », il déplut. En 1918-1919, le Vatican délégua aussi le père blanc français Antoine Delpuch, « un des promoteurs du mouvement oriental à Rome » (vice-président de l'« Institut oriental » présidé par Schuster), en mission « auprès des Républiques géorgienne, caucasienne et arménienne », qui l'« accueilli[rent] avec les plus grands égards ». Paris, à l'avant-garde de la guerre faite aux Soviets, s'intéressa d'emblée au combat pontifical contre « le bolchevisme [qui] s'attaqu[ait] à ces jeunes Républiques » situées « au centre d'un observatoire intéressant ». Mais il perçut vite qu'il ne seconderait pas « la politique française »[1].

Canet comprit dès 1920 que la Curie n'avait pas renoncé à arracher l'Ukraine à la Russie, plan allemand inquiétant pour la France, si antibolchevique fût-elle. Szepticky, « l'agent du consortium austro-allemand », conservait « la question ukrainienne » que Berlin avait « pri[se] en main » depuis la guerre. C'est un « élément considérable du problème européen, et la France, selon qu'elle voudra maintenir ou dissoudre l'unité russe, devra prendre parti

1. Loiseau, 2e fascicule, 1er août 1920, SRM, 13 octobre 1919, *Saint-Siège*, 2, notes Canet, 13 avril 1920, *Canet*, 35, Loiseau, 11, Canet, 10 février 1921, *Canet*, 30 (mars-avril 1920, janvier-février, *Canet*, 35, et février-mars 1921, *Saint-Siège*, 17), Wenger A., *Rome*, chap. 1-3, Lesourd P., *Entre*, p. 67, lettre de Maugras n° 155, Pékin, 3 août 1921, *URSS*, 122, et Loiseau, 1re référ.

pour ou contre la politique pontificale ». Le plan ukrainien, placé « sous les auspices spéciaux du comte Ledochowski », animé par Szepticky, disposant de fonds énormes et « de nombreux émissaires » en Suisse, avait pour complice le comte Michel Tyszkievicz, représentant de l'Ukraine à Paris : en avril 1920, se félicitant que « le pape "ag[î]t pour nous jusque dans les parlements" » via le PPI, il s'efforça d'appâter Canet en faisant miroiter un remboursement partiel – 30 % – de la dette que les Bolcheviques reniaient.

Le plan, auquel il déclara « le gouvernement anglais [...] converti », inspirait grand optimisme à Rome : début 1920, Delpuch y était revenu « convaincu que le bolchevisme était maître partout sauf en Ukraine », mûre pour l'indépendance. Le Français, dont Schuster avait, à son départ, saisi la vice-présidence de l'Institut oriental, fut supplanté dans la mission antirusse promise – à lui ou à un assomptionniste français, Évrard – par un Italien, le père Genocchi. Ce missionnaire du Sacré-Cœur d'Issoudun, « personnage considérable », fut envoyé en avril 1920 en Ukraine comme visiteur apostolique avec « le consentement de M. Nitti » et chargé d'« une mission politique du Quirinal ». Il devrait d'abord passer par Varsovie pour en discuter avec le nonce Ratti, « aussi dévoué à l'Italie qu'à l'Église », et avec Szepticky. L'heure de l'éviction des Français était venue : Delpuch fut « confiné dans un poste sédentaire, à Venise », de gestion de la congrégation arménienne des méchitaristes, Évrard fut écarté de Kiev et Guébriant revint à l'OPF pour y pleurer sa mise à mort[2].

Avec les figurants français chassés en 1920 contrasta le cas du baron germano-polonais Mgr Eduard von der Ropp, instrument aussi éprouvé que Szepticky. Sillonnant la zone polono-russe sous Pie X, du sud ukrainien au nord balte, il avait suivi un parcours semblable : nommé en 1903 à Tiraspol (sur le Dniestr, au sud de l'Ukraine), puis à Vilna en 1905 (Lituanie), exilé en octobre 1907 par la Russie tsariste, il était resté très actif. Comme Szepticky, la première révolution russe le trouva en prison et le relâcha. Rome le renvoya en Ukraine, comme archevêque de Mohilev, où son action d'espionnage le fit remarquer. Moscou l'arrêta le 19 avril 1919 puis, cédant à la pression de Gasparri, le libéra et le reconduisit à la frontière. Ratti l'« accueilli[t] le 19 novembre 1919 » à Varsovie, où il résida désormais. Les Français, qui le savaient allemand, le surveillaient autant que les Russes, qui le croyaient polonophile. Après un séjour à Rome, il « s'arrêt[a] longuement à Paderborn » (en Allemagne) avant de rentrer à Varsovie préparer sa mission « uniate » sous couvert de « négocier un statut pour l'Église catholique en Russie ».

---

2. Notes n° 18867 2e bureau, 6 avril 1919, *Tchécoslovaquie*, 37, Canet, 25 mars, 12, 13 avril, *Canet*, 35, Loiseau, 2e fascicule, 1er août 1920, *Saint-Siège*, 2, notes Canet, 10 février 1921 et 15 juin 1923, *Saint-Siège*, 3 et 18.

Statut exclu d'emblée par trois exigences romaines : liberté absolue du culte, c'est-à-dire droit de fonder des communautés latines ou uniates, alors que « le rite uniate [était] entièrement proscrit [...] sous l'ancien régime ; liberté d'ouvrir des écoles catholiques ; restitution des biens et édifices appartenant à l'Église ». Von der Ropp participa en novembre 1919 à Berlin, « avec des Russes émigrés et des personnalités catholiques allemandes, à des conférences [sur le] rapprochement entre l'Église orthodoxe russe et l'Église catholique romaine ». Il se prétendit « à même, par ses relations internationales, de provoquer une union d'associations catholiques dans le même but, *selon les intentions du Pape* ». *Das innere Leben* et l'*Osservatore* louèrent début 1921 son action qui « opposer[ait] une digue plus forte aux doctrines antichrétiennes ».

En janvier 1921, le sénateur catholique Antonin Cyril Stojan, chef depuis la fin du XIXe siècle de la droite morave et de l'uniatisme, fut nommé archevêque d'Olmutz (Olomouc, en Moravie) : Canet prévit donc (en février) que le plan de « rapprochement ecclésiastique avec la Russie » serait mis en œuvre via les « uniates ruthènes [...] hostiles à la Pologne [...] afin de faire de la Galicie orientale un pont entre la Tchécoslovaquie et la Russie [...] au détriment de la Pologne ». Cerretti et Tedeschini venaient de soulever la question avec le ministre des Affaires étrangères tchécoslovaque, Édouard Benès, en voyage à Rome. Cette « campagne » uniate, susceptible « de rencontrer quelque succès dans la Russie du Sud », menaçait la France : « il importe [donc] que les nouveaux diocèses, soit latins, soit orientaux, ne soient pas attribués à des sujets allemands ou à des agents de l'Allemagne. Cette question, encore peu connue, est capitale »[3], assura Canet.

Y œuvrait ardemment l'Institut pontifical oriental, doté depuis l'été 1918 d'une équipe d'enseignants, pas tous jésuites, de quatre Français, un Allemand (son président, le bénédictin Schuster), un Irlandais et un Italien (le jésuite Alberto Vaccari). L'institut de Schuster passait en 1920 pour une arme majeure de la « politique catholique des Empires centraux ». Szepticky, qui rencontrait souvent Benoît XV, résolu à « réorganiser et rouvrir à ses frais le collège ruthène de Rome », y fit le 17 février 1921 une conférence remarquée. Puis il partit pour l'Amérique du Nord s'assurer le soutien des 800 000 Ruthènes (500 000 aux États-Unis, 300 000 au Canada) à une entreprise dont les Polonais se méfiaient au moins autant que les Russes. En octobre, son cousin, le comte Skzrynski, comploteur de guerre des Empires centraux,

---

3. Wenger A., *Rome*, p. 26, 36-41, 45-48, 91, 95, 133, Stehle H., *Eastem, passim* (p. 29-30), notes Loiseau, 11 (souligné dans le texte), Canet, 10 février 1921, *Saint-Siège*, 3, lettres de Couget n° 31, Prague, 25 janvier, n° 22 de Doulcet, 25 février 1921, *Tchécoslovaquie*, 37, notes Canet, 6 février et 15 mars 1921, *Saint-Siège*, 17.

présenta le dossier simplement : « le Saint-Siège abonde dans le sens allemand. C'est l'Allemagne qui a créé l'Ukraine [...] au début » comme simple « base militaire », à laquelle elle veut désormais édifier une base « morale. C'est elle qui pousse et soutient Mgr Szepticky et qui encourage le Saint-Siège à poursuivre le rattachement de la Russie à Rome par le moyen du rite grec »[4].

Les formes diverses d'intervention en URSS (1921-1932)

En 1921, la Russie récupéra l'Ukraine, mais le Vatican ne renonça pas à « établir aux flancs de la Pologne et aux portes de la Russie du Sud une zone allemande d'influence et d'action », bref à « créer un État indépendant de la Galicie orientale », en s'appuyant sur « les Ukrainiens presque unanimement germanophiles » (Charles Quinet). Il ne négligea pas davantage l'objectif allemand de contrôle du Nord balte, perdu par les Soviets. Mais la tactique périphérique ne suffisait plus.

Le « secours aux affamés », 1921-1924

Campagne humanitaire et antibolchevique, 1921-1922

C'est sous le manteau humanitaire, la famine accablant la Russie après la guerre civile et étrangère, que fut lancée la seconde phase de l'action, par l'appel au monde de Benoît XV en faveur « des populations affamées de Russie », le 5 août 1921. Les Allemands, notamment Steinmann, conseiller de Bergen, provoquèrent à la mi-décembre 1921 une rencontre entre Waclaw Vorowski, délégué commercial soviétique à Rome, et Pizzardo. Les contacts aboutirent à un projet d'accord sur l'envoi d'une mission catholique de secours, financée par « un syndicat financier » dirigé par la banque allemande de l'Orient de Berlin. Le 12 mars 1922, Gasparri signa avec Vorowski un accord en quatorze points en vue de « l'envoi d'agents du Saint-Siège en Russie », « seul traité en forme jamais signé entre le Vatican et l'État russe » (Antoine Wenger).

Moscou s'y montrait déchirée entre faiblesse et résistance à « la propagande politique ». Les missionnaires ne pourraient appartenir « à des nationalités ou formations politiques hostiles à la Russie des Soviets », clause excluant les Polonais ; leur liste, « avec le *curriculum vitae* de chacun », serait soumise à approbation préalable ; procédures de contrôle et législation en vigueur leur seraient appliquées. Mais ils obtenaient beaucoup : les « distributions de vivres aux affamés » leur vaudraient « droit illimité de déplacement » ; leurs « droits

---

4. Note Loiseau, 10 juillet 1918, note, 31 mars 1920, *Saint-Siège*, 1 et 2, lettres n° 27 de Doulcet, 27 février, et n° 142 de Cambon, 8 octobre 1921, *Pologne*, 58.

et [...] privilèges [...] devr[aie]nt correspondre dans leurs grandes lignes [à ceux] des missions de M. Nansen et de la Croix-Rouge allemande ».

L'encre de l'« accord » à peine sèche, le Vatican le piétina, dénonçant une politique religieuse qu'avait fixée la loi de Séparation soviétique du 23 janvier 1918. Le gouvernement avait le 23 février 1922, invoquant la famine, prit un décret saisissant « tous les biens précieux des églises ». Rome attendit d'avoir signé pour le stigmatiser, apportant un soutien inédit au patriarche orthodoxe en conflit (depuis octobre 1917) avec Moscou. Tykhon (Vassili Bellavine) avait, le 10 août 1921, « lancé un appel aux chefs d'Église » étrangers, surtout anglo-saxons, pour des secours d'urgence « laiss[ant] de côté [...] toutes considérations d'un autre ordre ». Il prit fin février la tête de la résistance au décret, ce qui suscita des troubles « partout dans la Russie », très « graves [...] à Chouïa », le 15 mars.

Le Vatican s'engagea dès lors, pour cause de conférence de Gênes, dans une grande campagne antisoviétique. Elle ne fut pas liée à l'arrestation, début avril, de Tykhon, mais avait été préparée avec « M. [Filippo] Meda, chef du parti catholique italien, et [le] centre allemand ». Meda, qui voulait « substituer l'influence de l'Italie à celle de la France dans la Russie méridionale », avait mis la main aux clauses d'« accord » religieux : liberté du culte, écoles jésuites, « restitution des biens des couvents catholiques, [...] privilèges spéciaux pour l'église catholique en Ukraine ». Cheville ouvrière du dossier, le *Zentrum*, parangon de la russophobie allemande, avait sacrifié au partage des tâches typique de l'ère du compromis germano-soviétique : le chancelier catholique Wirth fit signer, le 16 avril, par Walter Rathenau, son ministre des Affaires étrangères, le célèbre accord de Rapallo pour « briser le "cercle de Versailles" » et des réparations ; non sans avoir prié la Curie d'alerter le monde sur cette abomination, imputée au seul ministre (juif) (tapage suivi de l'assassinat du coupable par l'organisation Consul). Berlin concluait un excellent compromis – dont Wirth, bientôt doté d'« une grande concession en URSS » (institution typique de la NEP), tira d'énormes avantages personnels – et prescrivait au Vatican de proscrire au nom du péril bolchevique tout rapprochement avec la Russie.

La tactique avait aussi la vertu de plaire à Washington. En mai, Gasparri adressa donc aux nonces une circulaire d'instructions sur « les dangers d'un nouveau conflit armé ». Pacelli fut « chargé d'appeler l'attention du gouvernement allemand sur le péril qui résulterait, pour la paix de l'Europe, d'une entente militaire germano-russe » menaçant toute l'Europe centrale. Il affecta pour les Français la panique, rageant contre « les Soviets russes [,...] simples criminels » indignes de la moindre « confiance », comme le lui avait enseigné son contact avec « certains d'entre eux pendant la révolution de Munich et notamment [Eugen] Leviné » : « le juif » obsédant de ses courriers à Gasparri – correspondance Fattorini explicite sur son appartenance au courant le plus virulent d'une Curie très antisémite. Le Vatican ne négocierait pas sincèrement avec Moscou : « les intérêts catholiques en Russie » avaient fait l'objet de « conversations [romaines] avec des personnalités n'ayant aucune attache avec les Soviets, mais appartenant au contraire au monde de l'ancien régime »[5].

On avait appris en mars-avril 1922 que trois missions vaticanes iraient en Russie, des jésuites à Moscou, des salésiens à Saratov, des membres d'« un troisième ordre » au Nord, et qu'un jésuite (Walsh) collecterait aux États-Unis les fonds indispensables. Dispositif contredisant d'autant plus l'objectif proclamé « exclusivement de bienfaisance » que le « troisième ordre » était le Verbe divin : ces missions, commenta Canet, ont été « confiées aux salésiens, agents passionnés du nationalisme italien, et aux pères du Verbe divin, agents passionnés du nationalisme allemand, et [...] tout Français [en] aurait été éliminé, en particulier le père D'Herbigny, jésuite, qui devait diriger la mission de Moscou ». Cette « intrigue italo-allemande », conduite par Benoît XV « sous couleur de constituer une mission [de] secours à la Russie affamée » et confiée aux ordres francophobes, vise la « pénétration en Russie » : cela « recoupe ce que la "forêt de baïonnettes" et les échanges de gracieusetés entre M. Wirth et l'archevêque de Gênes [Signori] nous ont déjà permis d'entrevoir », affirma Loiseau[6].

Le 29 avril, Pie XI adressa à Gasparri sur la conférence une lettre publique antirusse. Il y plaignait « les pauvres populations de l'extrême Europe qui, déjà désolées par la guerre, par les luttes intestines, la persécution religieuse, sont au surplus décimées par la faim et les épidémies tandis qu'elles possèdent tant de sources de richesses et pourraient être des éléments précieux de restauration ». Il appelait à « l'unité », donc à « la fusion » des deux Églises séparées « par l'ancien malheur des temps » (*Le Temps* rappela le 2 mai la vieille stratégie romaine de conquête de la Russie fondée sur la haine anti-orthodoxe). Il déplorait que « les assurances » des Russes sur les libertés de culte et de conscience et le respect des biens d'Église (point sur lequel ils n'avaient rien promis) fussent « complètement fausses ».

---

5. Rapport Quinet, 30 septembre, *Pologne*, 58, *La Croix*, 15 août 1921, *Canet*, 59, accord du 12 mars, lettre n° 185, Copenhague, 8 mars 1922, *URSS*, 122, presse, 8-9 avril, *Saint-Siège*, 4, note, 28 avril, *URSS*, 122, note, Trèves, 1er, *Allemagne*, 316, lettres n° 127 de Dard, 14, *Canet*, 59, et de Tirard n° 2907, 10 mai 1922, *Saint-Siège*, 4 ; note DGSG, « Les Soviets et la situation ministérielle en Allemagne », 29 mars 1930, AN, F7 13427 ; Stehle H., *Eastern*, p. 27-32, 35, Wenger A., *Rome*, p. 141-142, Fattorini E., *Germania*, p. 116, 323-324, Bournazel R., *Rapallo*, p. 126, 65-70 et *passim* ; Croce G. M., « Saint-Siège », 272 *sq*.
6. Tél. Cambon n° 51, 14 mars, *Saint-Siège*, 4, *Les Débats*, 21, *Canet*, 59, notes Canet, 29 avril, *Saint-Siège*, 4, et Loiseau, sd, classée entre 28 avril et 6 mai 1922, *URSS*, 122.

Le 4 mai, Pizzardo quitta Rome pour communiquer aux puissances de l'Entente, à Gênes, un mémorandum les pressant « d'obtenir des délégués russes des garanties » sur ces « trois points », et surtout de « se mettr[e] en rapport avec MM. Lloyd George et Barthou ». L'Italien Facta loua ce geste « touchant à la liberté des peuples ». Louis Barthou enterra la question sous « l'examen par une commission ». Lloyd George fit valoir la susceptibilité des participants qui eux-mêmes avaient « à des époques récentes procédé à la nationalisation des biens d'Église », mais aussi l'argument que donnerait aux Russes « une immixtion dans leurs affaires intérieures ». La manœuvre ayant échoué, Berlin renouvela les ordres. Pizzardo, qui avait fixé avec Steinmann et Wirth les exigences à présenter à la Russie, dut donc sur la pression du second considérer le « troisième point » du mémorandum comme « non avenu ». On y substituerait un marché « donnant-donnant » moins humiliant que le sacrifice des biens d'Église en échange d'« aide du Vatican contre la famine »[7].

La campagne contre les persécutions reprit de plus belle en juin-juillet 1922 sous couvert de défense de Tykhon, menacé de poursuites pour avoir soulevé les populations, excommunié les gouvernants et donné aux prêtres catholiques polonais prétexte à action « en relations avec les organisations blanches ». Le 14 juin, Pizzardo demanda par écrit sa libération au commissaire aux Affaires étrangères Georgui Tchitcherine. Moscou lui épargna la prison et le procès pour ne pas en faire « un martyr ». Début juillet, les Américains, antibolcheviques modèles, refusèrent publiquement d'intervenir : ce sera pire pour Tykhon, argua Hugues ; l'*American Relief Administration (ARA)* « s'est formellement engagée à ne pas s'immiscer dans les affaires intérieures de la Russie », rappela Hoover, son président. Engagement que la mission pontificale financée par Washington permit de tourner.

L'échec de la mission pontificale en Russie, été 1922-fin 1924

Elle eut lieu à l'été 1922, après le « voyage exploratoire » que fit à Moscou et Petrograd de fin mars à fin avril 1922 le jésuite américain Edmund Walsh (« allemand » selon les Français), fondateur en 1919 de la faculté des affaires étrangères *(School of Foreign Service)* de l'université jésuite privée de Georgetown, héraut d'« une guerre froide catholique » de novembre 1917 à sa mort (1956). Walsh fut pour ces qualités « nommé [...] président de la mission pontificale » ou « comité des affamés russes », lié à l'*ARA*. Son ami le colonel William Haskell, directeur de l'*ARA*, fut censé assister « les

7. *Havas*, 29 avril, *Saint-Siège*, 4, *Le Temps*, 1er, 2, *La Croix*, 2, *Canet*, 59, tél. Cambon n° 75-76, 5 mai 1922, *Saint-Siège*, 4, Mourin M., *Vatican*, p. 45, 48-49, échange Poincaré-Barthou, 9, 10 mai 1922, *URSS*, 122, et Stehle H., *Eastern*, p. 38.

religieux pour les questions techniques, en particulier celles du transport » : hommage romain rendu au financement américain. Walsh précéda les onze missionnaires dont le départ de Bari, le 26 juillet 1922, nourrit les rumeurs : *La Croix* démentit le 25 qu'ils fussent dirigés par l'évêque allemand de Tiraspol, Mgr Joseph Kessler, et qu'ils eussent emporté des stocks d'images pieuses et de propagande[8].

Tout confirma les pires craintes françaises : leur nationalité, « italiens, allemands, tchécoslovaques [slovaques], yougo-slaves [non-serbes], américains », leur affiliation (trois salésiens, trois jésuites, trois « du Verbe divin » et deux « du cœur de Marie d'Espagne »), leurs destinations : les salésiens à Moscou, « les jésuites à Rostov, les autres à Ekaterinodar où ils pourront se subdiviser selon les besoins », le message d'adieu de Pie XI, après « quelques mots [...] sur leur rôle charitable : "vous êtes des soldats, je vous attends tous au rapport" ». Berlin subventionna la cohorte du Verbe divin, et les informations militaires adressées par Walsh à Rome transitèrent par l'ambassade allemande à Moscou et la Wilhelmstrasse. La presse catholique française, aveugle à la portée *allemande* de l'opération, célébra l'avenir antibolchevique : « le Saint-Siège voit plus loin que le bolchevisme », les martyrs voient enfin « un mouchoir blanc s'agiter devant les fenêtres de leur cachot. [Ce] n'est donc ni un accord avec les bolcheviques pour faire triompher le catholicisme aux dépens de l'orthodoxie [...] ni une reconnaissance du gouvernement des Soviets, de sa doctrine politique et de son autorité politique ».

L'héritage *national* anti-vatican échut donc aux communistes confrontés aux préparatifs cléricaux de la conquête allemande – ou germano-américaine : Walsh devait réconcilier contre eux les émigrés convertis au catholicisme et les orthodoxes restés en Russie que le Vatican comptait convertir, but servi par « de généreuses contributions financières »[9]. Avant la reprise diplomatique de 1924, les délégués français présents sur les marges baltes du « cordon sanitaire » se joignirent au concert universel sur la persécution : Antoine Martel, en poste à Riga, se « comprom[i]t » avec la Curie (et continuerait). La Pologne, dont les clercs, « ressortissants soviétiques », étaient poursuivis par l'URSS pour espionnage, occupa le premier rang du concert contre la persécution. Mais l'aide-mémoire polonais de janvier 1923, publié

8. Presse depuis le 9 juin, *Canet*, 59, lettres de Martel n° 287, Riga, 14 juin 1922, n° 220, 14 avril 1923, tél. Jusserand n° 725, 7 juillet 1922, lettre n° 120 de Barante, Varsovie, 29 avril 1923, *URSS*, 123, *La Croix*, 25 juillet 1922, *Canet*, 59, Wenger A., *Rome*, p. 161, Mourin M., *Vatican*, p. 50-51, Stehle H., *Eastern*, p. 32-33.
9. Lettre n° 82 de Jonnart, 26 juillet 1922, *URSS*, 123 (variantes, Mourin M., *Vatican*, p. 50, Wenger A., *Rome*, p. 161-162) ; *La semaine religieuse de Paris*, 3 juin, *Canet*, 59, Steinmann, 30 mars 1922, Brockdorff-Rantzau, 28 août 1927, Stehle H., p. 43, 436-440 et chap. 2, McNamara P., *Catholic*, p. 23-57 et *passim*.

avant l'ouverture du procès de Mgr Jan Cieplak, archevêque de Petrograd – successeur de Ropp exilé (à Varsovie) –, ne fournit pas d'exemple probant d'atteinte à la liberté du culte. Il citait comme « actes fréquents de violences évidentes » l'obligation pour les prêtres de consentir au remariage religieux des catholiques divorcés qui le réclamaient, la tenue de l'état-civil par l'État et la « confiscation des objets précieux [pour] discréditer la religion aux yeux des fidèles ». Il déplorait la fermeture des dix églises de Petrograd tenues par des prêtres polonais, mais le Français Jean-Baptiste Amoudru, informateur de Paris et du Vatican, y exerçait librement, en l'église Notre-Dame de France[10].

L'opération « missionnaire », répartie entre Moscou, siège du groupe Walsh, Orenburg, dans l'Oural, et surtout l'Ukraine, afficha l'antisoviétisme et la haine de l'orthodoxie. S'y illustra Walsh, que Brockdorff-Rantzau, ambassadeur d'Allemagne (depuis novembre 1922), détestait cordialement : inquiet (à tort) de sa polonophilie, il partageait l'avis des Russes sur ses arrogantes « manières américaines » ou « yankee » et sa provocation à « la rupture des relations officielles ». Excédée, l'URSS notifia au jésuite la fin de son séjour pour le 15 juillet 1923, mais le laissa à Moscou jusqu'au 23 novembre, où le « chef de la mission papale en Crimée », le père allemand du Verbe divin Eduard Gehrmann, le remplaça. Walsh rentra quelques semaines aux États-Unis, s'y répandit en « vifs pamphlets sur la situation religieuse en Russie », puis revint en Europe « participer à l'œuvre pontificale de secours en Allemagne ». Les autres missionnaires, surreprésentés en *Ukraine* (Crimée, Rostov, Krasnodar, et la proche Saratov, résidence de l'Allemand Kessler), distribuaient des paquets portant « la mention : "Aux enfants de Russie, le pape de Rome" ».

Leur bruyante agitation avait suscité à la mi-octobre 1922 une déclaration du nouveau patriarche de Moscou Antonin (Granovsky) (Tykhon avait dû démissionner le 21 mai) à l'envoyé spécial du *Giornale d'Italia* : « À bas les mains ! » Le pape « n'a rien à faire à Moscou. Il a son Église, nous avons la nôtre »[11]. Ils excitaient les adversaires de la saisie des biens d'Église, orthodoxes hostiles au régime (Tykhon et « 69 prêtres russes » furent alors arrêtés et menacés de procès) et clergé catholique unanime : Cieplak, exécutant de la ligne d'affrontement, ordonna à son clergé de s'opposer par la force à la

10. Lettres n° 670 de Lescuyer, Riga, 19 décembre 1922, n° 63 de Margerie, 30 janvier 1923, *URSS*, 123. Martel riait des fantasmes soviétiques de « complot », mais complotait avec D'Herbigny et « le clergé polonais » : pris pour un délégué du Vatican, il fut expulsé : Herbette, Moscou, lettre n° 48, 18 janvier, et tél. n° 166, 23 février 1927, *URSS*, 126.

11. Wenger A., *Rome*, p. 159 et 25, Stehle H., *Eastern*, chap. 2 (dont p. 51-53), renseignements, 15 décembre 1923, *URSS*, 124, Mourin M., *Vatican*, p. 51-52, lettre n° 2 de Doulcet, 5 janvier 1924, note Grenard, 28 avril 1923, *URSS*, 124 et 123, et *La Croix*, 19 octobre 1922, *Canet*, 59.

nationalisation. Il fut donc avec « 18 de ses prêtres » les plus actifs arrêté et traduit devant un tribunal en mars 1923. Un lapsus d'Amoudru éclaire son délit : « l'accusation repose sur un papier » que la police, lors d'une perquisition, a saisi à « notre très absurde doyen qui avait pris en note tout ce qui se disait, en nommant les personnes, dans les réunions sacerdotales hebdomadaires chez l'évêque. Il portait ce papier sur lui [...] On a bâti là-dessus une histoire d'association illégale et de contre-révolution ». Cieplak et son vicaire général, Constant Boutkievitch, furent, comme prévu, condamnés à mort : Varsovie, avec « une immense indignation », se mobilisa contre l'arrêt et le général Wladyslav Sikorski menaça l'URSS de représailles militaires[12].

Comme prévu également, Cieplak échappa au verdict. Ayant avoué son action contre l'État en arguant que les « règles canoniques » lui imposaient de désobéir à la loi soviétique, il fut épargné au motif que sa « confession religieuse [avait été] persécutée sous le tsarisme », et sa peine commuée en dix ans d'emprisonnement. Boutkievitch eut moins de chance : exécuté, le 31 mars 1923, il fut, selon A. Wenger, « le premier martyr de la persécution bolchevique », thèse empruntée à la Pologne qui dénonça cette « brutale et insolente provocation ». L'affaire entraîna des démonstrations anticommunistes achevées en pogroms – « quelques excès antisémites » enflés par « la presse juive », ricana l'ambassadeur de France à Varsovie. De fait, Boutkievitch paya de sa vie l'activité d'espionnage, dont Moscou détenait des preuves écrites, conduite depuis 1918 au service de Varsovie, et celle du Vatican, qui reçut là « un brutal avertissement » sur les périls de l'« idée d'une catholicisation orthodoxe ». L'organe officiel, les *Izvestia*, le pria le 22 avril de se démarquer de la Pologne, qui « n'offr[ait] ses bons offices à l'Église catholique en Russie que pour servir ses intérêts impérialistes » : « une entente avec elle ne peut que nuire à l'œuvre de propagation du catholicisme en Russie. »[13]

Ces complots sans étai intérieur échouèrent à établir « les racines en Russie » dont Pie XI rêvait devant le Bavarois von Ritter le 14 février 1923. D'autant plus que, amorçant un regroupement national appuyé sur l'orthodoxie dégagée, avec peine, de ses liens avec l'Ancien Régime, Moscou obtint le 30 juin 1923 du « citoyen Bellavine » (Tykhon), libéré quatre jours avant, une déclaration de repentir au « tribunal suprême ». Cette « rétractation porte un nouveau coup à l'autorité morale de l'Église orthodoxe et donne une nouvelle preuve du peu de fond que peuvent faire sur son appui les ennemis du régime bolche-

---

12. Lettres n° 253, Reval (Tallin, Estonie), truchement d'Amoudru, Petrograd, 7 avril, n° 161 et d'Amoudru, 12, n° 83 de Barante, 30 mars 1923, *URSS*, 123, et Stehle H., *Eastern*, chap. 1-2.

13. Lettre d'Amoudru, 12, note, 30, lettre n° 93 de Barante, 30 mars, note, 11 (et Stehle H., *Eastern*, p. 46-48), lettre n° 120 de Prosper de Barante, Varsovie, 29 avril, *URSS*, 123, et copie de lettre, Moscou, 1er mai 1923, *Canet*, 59, et Wenger A., *Rome*, p. 166-167.

viste », commenta, comme ses pairs, un Français en poste à Reval (Tallin)[14]. Mais les bons rapports germano-soviétiques continuèrent à couvrir l'« étroite coopération entre Berlin et Rome », tandis que Pie XI, Gasparri, Ledochowski, Pacelli et Pizzardo s'obstinaient en 1924 dans l'affrontement. Gehrmann, face à des Soviets conciliants, reçut les mêmes instructions que Walsh. Gasparri fit pression sur les États de l'Entente désireux d'établir des relations avec l'URSS, demandant à Londres en janvier 1924 de faire de la « libération [des...] prêtres catholiques emprisonnés une des conditions pour la reconnaissance de *jure* du gouvernement soviétique ». La Curie rendit un hommage tapageur à l'incarnation de la guérilla : Cieplak, reconduit le 9 avril 1924 à la frontière lettone, reçut en mai à Rome « un accueil triomphal ». Gasparri l'attendit à la gare à 7 heures du matin et, autre « honneur sans précédent », Pie XI lui accorda audience « le soir même ». « Les Polonais exult[ère]nt de l'hommage rendu à leur compatriote », annoncé comme prochain cardinal de curie – promotion certifiant qu'il travaillait contre eux. Rome et Berlin menèrent jusqu'à fin août 1924 d'obscures tractations pour que le Vatican pût se maintenir en URSS sans rien concéder à l'État hôte. Le 23, Gasparri ordonna par câble à Gehrmann « la retraite en ordre de la mission » et, en termes codés, la poursuite du travail en Ukraine : « transmettre aux vicaires généraux des paroles d'encouragement pour les prêtres et les croyants des diocèses de Mohilev et de Tiraspol. »

Le 12 novembre 1924, six semaines après son retour à Rome (le 26 septembre), Gehrmann présenta à Pie XI un rapport apocalyptique, adressé à la Wilhelmstrasse et truffé de formules du genre : « l'Europe a accepté une terrible responsabilité en permettant à ces démons de continuer à exister. » Il prônait l'intervention « contre le communisme en Russie [et l']action contre les Soviets » : le Vatican ne pouvait prendre le risque de se faire reprocher son indulgence pour ces derniers par les « nouveaux maîtres » de la Russie, après l'« invasion armée » qui l'aurait délivrée du communisme. Ce « rapport militant » le fit, début 1925, nommer conseiller de Pacelli à Berlin pour les « négociations » avec les Russes. Au consistoire du 18 décembre 1924, Pie XI « s'étend[it] sur la mission pontificale de secours en Russie et les périls engendrés par le bolchevisme », et confirma le rejet de toute « négociation » : il n'avait jamais songé à « reconna[ître un] régime » *(une maniera de governo)* et devait « mettre en garde chacun, et particulièrement les hommes d'État, pour qu'ils tentent de parer au danger extrêmement grave et au mal très certain du *socialisme et du communisme* »[15].

---

14. Stehle H., *Eastern*, p. 4, lettre n° 439 de Duchesne, Reval, 30 juin et note, 5 juillet 1923, *URSS*, 124.
15. Lettres de Doulcet n° 21, 1er février, *Canet*, 59, n° 65, 10 mai, *URSS*, 124 (et vol.), tél. n° 40, 19 décembre 1924, *Saint-Siège*, 19, Wenger A., *Rome*, p. 167-170, Stehlin S., *Weimar*, p. 275, et Stehle H., *Eastern*, p. 57-75 (italique dans le texte).

D'Herbigny et Pacelli : apparences et réalités de l'usage des Français, 1922-1933

Après le fiasco « missionnaire », la Curie dut, pour « continuer son activité à l'Est [...] à la poursuite de ses grands desseins », emprunter « de nouvelles voies » (expression allemande) sans abandonner les anciennes.

D'Herbigny jusqu'en 1923

Pacelli continua à traiter la question à Berlin, en faisant usage du jésuite français Michel D'Herbigny. L'ouvrage dévot de Paul Lesourd (« archiviste paléographe » préfacé par Baudrillart, rédacteur religieux au *Figaro* et futur cagoulard récompensé par la francisque) fournit d'intéressantes indications sur sa carrière. Le futur jésuite fut formé (en 1894 à 14 ans) par le diocèse de Trèves de Mgr Korum, et voué dès lors par l'évêque « à l'apostolat auprès des Russes » – au combat anti-russe. Il fut en 1911 chargé « d'observer la situation des schismatiques russes, situés hors de Russie, et les relations des Russes de Russie, catholiques ou non, avec le clergé catholique de la Pologne autrichienne ». Il sillonna l'Allemagne (la Saxe, Berlin, Breslau), la Galicie (de Cracovie à Lemberg, lieu, Lesourd ne le dit pas, où il œuvra forcément avec Szepticky), la Croatie et la Bosnie. En 1912, il anima à Enghien (en Belgique) « un embryon de séminaire secret pour les Russes ». Il fut en Belgique occupée interprète et aumônier du camp allemand de prisonniers russes d'Essines. En charge, après-guerre, des Russes blancs à Paris, D'Herbigny fut en mai 1920 jugé bon pour le service russe après réception par

Benoît XV et Ledochowski. En août 1921, il participa avec Micara, qui estimait « le moment [...] particulièrement favorable », et Stojan, évêque uniate d'Olomouc, à une réunion, à Prague, « de l'œuvre de Cyrille et Méthode » en vue de « rechercher les moyens de ramener à l'Église catholique les orthodoxes de Russie ». Fin octobre 1921, il devint professeur à la Grégorienne, où il forma le RP Jean-Baptiste Janssens [digne successeur de Ledochowski en 1946] : ses élèves jésuites furent nommés visiteurs apostoliques dans les trois États baltes. Considéré comme « le spécialiste des affaires russes au sein de la Compagnie de Jésus », il aurait dû être associé à l'opération de 1922 avec Walsh, son ancien élève : la solution fut écartée non pour refus soviétique, mais parce que Rome ne voulait pas d'un Français.

À l'automne 1922, la réorganisation par Pie XI de l'Institut oriental sous l'égide des jésuites fit espérer à Paris que « les éléments français [de l'ordre] actifs, intelligents et patriotes » y verraient leur place reconnue. En octobre, Schuster en ayant à sa demande quitté la direction, D'Herbigny lui succéda. Ledochowski en recruta les professeurs, accordant aux Allemands et à leurs alliés (un Croate secrétaire, un Allemand pour le droit canon oriental, un

Espagnol pour la théologie) le primat sur les Français : D'Herbigny assura le cours sur la Russie. L'Institut fut doté de gros moyens, parfois par des ultramontains français : frère des grands industriels de Tourcoing, Mgr Jules Tiberghien, archevêque de Nicée mort en janvier 1923, qui « avait acquis au Vatican une importante situation » due à « sa fortune et surtout [à] l'usage qu'il en faisait », lui légua ladite fortune (Canet le tenait pour « à peu près complètement dénationalisé »)[16]. D'Herbigny, également lié à la *Casa dei Russi* de Rome chargée des « secours » aux Russes blancs, fut envoyé en mai 1923 à Innsbruck puis à Munich où il vit « plusieurs fois » Pacelli (selon Bergen « pour discuter du ministère aux émigrés russes »).

Il aurait préparé l'encyclique de promotion de l'Institut oriental *Ecclesiam Dei*, adressée le 12 novembre 1923 à l'épiscopat mondial pour célébrer le tricentenaire du « très glorieux martyre » de l'archevêque ruthène uniate de Polotsk (Biélorussie), « Saint Josaphat » (Jean Koncevitch), croisé anti-orthodoxe qui avait mis la région à feu et à sang : elle appelait à la croisade contre le schisme, larmoyait sur « les misères matérielles et morales [...] des Slaves orientaux », prônait la formation romaine des « ecclésiastiques occidentaux et orientaux destinés à constituer les premiers éléments d'un clergé dans les communautés chrétiennes se réunissant à Rome », « l'unité » des Églises via le retour des « dissidents au sein de l'Église romaine ». Informateur – très sélectif – du Quai d'Orsay, le « père d'H. » lui confirma en décembre 1923 que la Curie ne négocierait jamais avec l'URSS honnie[17].

De Pacelli à D'Herbigny, 1924-1926

Après le départ de la « mission pontificale », Berlin chargea Rome de reconstituer une hiérarchie dont les éléments germaniques ou assimilés étaient clairsemés et les polonais trop nombreux : le 2 octobre 1924, Gehrmann présenta à Pie XI un plan pour arracher les « diocèses russes » à leurs évêques polonais et les remettre à des « administrateurs apostoliques ». Il avait pour préalable « un accord avec [...] Moscou » : tout en mettant au point la ligne Gehrmann (de combat), Rome refit donc jouer à Pacelli la farce d'une recherche d'« accord ».

---

16. Stehle H., *Eastern*, p. 66, Lesourd P., *Entre*, p. 17, 20-23 et chap. 4 (francisque n° 1872, Conseil du 11 décembre 1942, parrainé par Bernard Faÿ et Simon Arbellot de Vaqueur, AN, F7 15387) ; lettre n° 210 de Couget, 24 août 1921, *URSS*, 122, note Canet, 29 avril (erreur de Mourin M., *Vatican*, p. 50, et Stehle H., p. 28 et 81), lettres de Cambon n° 107, 18 septembre 1922, et n° 2, 9 janvier 1923 (mention de Canet), *Saint-Siège*, 4 et 18.
17. Lesourd P., *Entre*, p. 49-51, Wenger A., *Rome*, chap. V, Stehle H., *Eastern*, p. 404, lettres n° 1198 de Jonnart, 14 novembre 1923, n° 69 de Fontenay, 4 juin 1928, *Saint-Siège*, 5, note Canet ?, 21 décembre 1923, *URSS*, 124 ; Florja B.-N., « Les conflits », et http://missel.free.fr/Sanctoral/11/12.php.

Début 1925, les Soviétiques, poussés par Berlin, s'efforcèrent à nouveau, via leur ambassadeur Nikolai Krestinski, d'« entrer en arrangement avec le Vatican pour régler la situation religieuse des catholiques en Russie ». Pacelli en profita pour harceler les diplomates français de questions sur l'état du pays ou la solidité du régime, que Berlin n'avait pas besoin d'eux pour scruter : astuce, comprirent Margerie et Herriot, pour s'informer sur la politique russe du Quai. Krestinski, dans l'aide-mémoire qu'il remit à Pacelli le 4 février 1925, au premier jour de trois semaines de « négociations », notifia l'aval soviétique à la reconstitution d'une hiérarchie et admit « même un séminaire ». Mais, se plaignit le nonce à Margerie, l'URSS refuse droit de séjour aux ordres ; elle « subordonne la désignation des évêques à une véritable entente préalable » excluant d'éventuels candidats pour des « raisons graves » (demande à laquelle Krestinski renonça le 11 février) ; elle fait « silence [...] sur la nécessité absolue d'assurer toute liberté à l'enseignement religieux des catholiques dans les écoles », impératif sur lequel Rome ne transigerait pas.

Pacelli rencontra Krestinski jusqu'au 25 février, puis interrompit tout contact en disant attendre de « nouvelles instructions » : il ne se passa plus rien avant sa « note du 7 septembre » décrétant insurmontable le désaccord sur les nominations et l'enseignement religieux. Les contacts berlinois reprirent le 30 septembre, au dîner, avec le nonce, offert par Stresemann à Tchitcherine, puis secrètement le 6 octobre, aussi vainement. À la mi-octobre, le Vatican maintint toutes ses « objections », dans le but de « favoriser la "polonisation" de la Russie », pensait Moscou[18].

Il briguait non la polonisation de la Galicie, mais sa germanisation. La « commission spéciale pour les affaires russes » *(Pro Russia)* de l'Institut oriental créée par la secrétairerie d'État le 20 juin 1925, et présidée par Sincero s'y emploierait. L'influence française sera forte, plastronna Doulcet, sur cette quasi-« congrégation » orientale dont la « compétence s'étend à toutes les affaires russes, même du rite latin, ce qui intéresse particulièrement les Polonais » : aux côtés de trois fonctionnaires romains, Isaias Papadopoulos, Paolo Giobbe et Carlo Margotti, D'Herbigny « en est à la fois le secrétaire et l'unique consulteur, c'est-à-dire la cheville ouvrière et l'âme véritable ». La Curie avait dans sa prétendue quête d'accord avec Moscou besoin de Français, car l'URSS ne s'en méfiait pas. Deux prêtres résidaient sur place, Amoudrou, à Petrograd devenue Leningrad, et Pie-Eugène Neveu, aumônier à Saint-Pétersbourg en 1906 et depuis novembre 1907 à Makeevka (bassin du Donetz), qui avait osé se réjouir en 1921-1922 que l'exercice du culte catho-

---

18. Tél. Margerie n° 266, 6, Herriot n° 120, 10, Margerie n° 284, 12 février, *Canet*, 59, n° 433, 10 mars, Herbette n° 734, 5, lettre n° 1233 de Margerie, 13 octobre 1925, *URSS*, 124, et Stehle H., *Eastern*, p. 68 et 75-79.

lique fût plus libre depuis novembre 1917 et prôner « honnête *modus vivendi* » avec Moscou. Le Saint-Siège « s'entêtait à [les] ignorer systématiquement », admit en février 1926 Doulcet, qui s'en consola vu le recours depuis quelques mois à D'Herbigny, « resté excellent français ». Celui-ci fut en effet requis en URSS pour un premier voyage d'un mois en octobre 1925, officiellement pour assister à « l'assemblée du synode » orthodoxe : en réalité, parce que le tandem germano-vatican manquait de moyens d'action au « sud de Russie » depuis que son agent Kessler, expulsé de Tiraspol, s'était « réfugié à Berlin »[19].

En contact permanent avec Pacelli pour toutes ses activités « russes », l'« excellent français » passa d'abord un moment à Berlin, où on le vit au dîner Stresemann du 30 septembre. Paris, satisfait, même Canet, de ce choix – il « serait probablement remplacé par un Allemand » –, avait prêté ses bons offices à l'opération clandestine de Pie XI, Gasparri et Pacelli. Reçu au Quai avant son départ, D'Herbigny fut aussi bien accueilli par l'ambassade à Moscou (Herbette et son secrétaire Eirik Labonne) dès son arrivée le 4 octobre. Il sillonna le pays – « tout franchement et sans déguisement », écrivit après coup Doulcet, puis rentra à Rome. Les Allemands prolongèrent la farce des tractations jusqu'à la fin février 1926 en demandant à Tchitcherine pourquoi il ne répondait pas à la « note [du Saint-Siège] du 7 septembre » 1925.

Le *motu proprio* du 10 mars 1926 ordonnant « réorganisation totale de la hiérarchie ecclésiastique en Russie » donna le signal du second voyage. Le pape avait muni « dans le plus grand secret » D'Herbigny des pleins pouvoirs pour sacrer clandestinement les évêques de Mohilev, Tiraspol, Loutsk (diocèse de Minsk), Pinsk (diocèse de Kamenets) et jusqu'au « délégué apostolique en Perse ». On remarquera la concentration dans la zone-frontière lorgnée par le Reich de ces promotions clandestines de Baltes et Ukrainiens, méthode immuable. Pour convaincre les Français qu'ils supplantaient les Allemands, Rome les assura que le jésuite ordonnerait « administrateur apostolique de Moscou » Mgr Neveu, ainsi promis au prestige de l'exilé Ropp. Herbette se méfia, et insista le 8 mars sur le fait que l'envoi « par la valise [...] des vêtements et insignes épiscopaux » était conditionné à leur attribution « uniquement [...] à un Français ». Paris savait aussi Moscou confrontée à « des conditions [romaines] inacceptables » sur la « propriété des édifices religieux catholiques situés en URSS [et] la nomination des évêques ». Pour obtenir son visa des Russes, désormais réticents, D'Herbigny se déclara chargé de

19. Lettres n° 97 de Doulcet, 10 août 1925, n° 509 de Fontenay, 24 décembre 1931, *Havas*, 28 février 1935, lettres n° 22 de Doulcet, 28 février 1926, manuscrite de Canet, 26 septembre 1925, *URSS*, 124, 956, 957, 125, 124 ; Neveu, *URSS*, et Wenger A., *Rome* (index).

« dresser l'inventaire des biens ecclésiastiques français » (des quatre églises de Moscou, Petrograd, Makeevka et Odessa) nationalisés depuis janvier 1918.

Le 27 mars 1926, Moscou céda à deux semaines d'objurgations françaises en faveur d'un visa « d'urgence ». Le 29 à Berlin, Pacelli sacra secrètement D'Herbigny « évêque d'Ilion » (ironie pontificale sur ce « cheval de Troie », selon Stehle). Le jésuite partit le soir même pour Riga et arriva le 1er avril à Moscou, où il demeura le protégé d'Herbette. Il contacta Neveu et l'attaché militaire italien, intime à Varsovie de l'ancien nonce Pie XI, qui le lui avait recommandé « comme pouvant en toute discrétion lui rendre de grands services ». Il rendit compte à Brockdorff-Rantzau, et mentit effrontément à l'ambassade de France (le 10) sur leur entrevue, brocardant la prétention, sans fondement, de cet Allemand au rôle de « protecteur des intérêts catholiques en URSS et [d]'homme chargé de conduire la négociation entre l'URSS et le Vatican ». Le 21 avril, il sacra à Moscou évêque et « délégué apostolique », y compris pour le centre de la Russie, Neveu, désormais fiable dans la « lutte [quotidienne] contre le communisme » – formule d'un expert, Suhard, à ses obsèques (octobre 1946)[20]. Le même jour, l'adjoint de Tchitcherine Maxime Litvinov, d'abord hostile à tout séjour en province, autorisa pour complaire à Herbette les voyages prévus, notamment celui vers Makeewka avec Neveu.

Le 22 avril, les deux clercs quittèrent Moscou pour l'Ukraine où, après avoir laissé Neveu à Makeevka, D'Herbigny entama la longue part allemande de sa mission (avril-mai). À Carlsruhe, « village allemand de la Volga », il nomma « administrateurs apostoliques du territoire allemand de la Volga et du Caucase [...] deux ecclésiastiques allemands, Augustin Baumtrog et Johann Roth ». Fin avril, à Odessa, il promit à l'Allemand Alexandre Frison, doyen de Sébastopol formé au *Germanicum*, l'épiscopat pour la mi-mai. Début mai, à Leningrad, où il rencontra Amoudru, il fit la même promesse au Letton Boleslas Sloskans, clerc de 33 ans qui avait pour pouvoir rester sur place troqué à prix d'or en 1924 sa nationalité lettone pour la soviétique, et ne s'était pas signalé « aux yeux des Soviets ». D'Herbigny sacra secrètement évêques le 10 mai, à Moscou, ces deux chefs allemands de la hiérarchie reconstituée : Sloskans fut chargé du Nord (balte), et Frison, du Sud (ukrainien). Le 1er mai à Kiev, l'« évêque d'Ilion » avait nommé « administrateur apostolique » de la partie russe du diocèse ukrainien de Jitomir le vicaire général polonais Teofil Skalski, vieil agent de Varsovie, qui ne gênerait pas longtemps Berlin. Cette seconde mission, pendant laquelle

20. Tél. Herbette n° 734, 5 octobre 1925, P. Lesourd, *Figaro*, 25 septembre 1926, *Canet*, 59, lettres n° 22 de Doulcet, 28 février, tél. Herbette n° 260-261, 8 mars, n° 274, 15, n° 194 Berthelot, Paris, 16 mars, (extrait) sans n°, Moscou, 10 avril 1926, *URSS*, 125, de Canet, 26 septembre 1925, *URSS*, 124, RGSN, 30 octobre 1946, AN, F 7, 15292 ; Lesourd P., *Entre*, p. 54-56, 66-67, 76-96, 103-109, 114, 123-125, Wenger A., *Rome*, p. 173, 184-208, 297, 302, et Stehle H., *Eastern*, chap. 3.

D'Herbigny rencontra à Moscou Wirth, censeur de Rapallo et président du CA de la concession allemande Mologa, s'acheva le 15 mai. Via Berlin (Pacelli) et Zurich (Ledochowski), il revint à Rome où Pie XI le reçut longuement le 23 mai.

Comme Briand, pour lequel il rédigea de Rome, le 26 mai, un rapport obséquieux et mensonger, Moscou n'y vit que du feu. « L'assesseur de M. [Mikhaïl] Kalinine », Piotr Smidovitch, très conciliant, avait à la veille de son départ accepté ses « demandes » : l'URSS n'avait rien contre un séminaire à Odessa, « la théologie éta[n]t libre en URSS », et autoriserait, dès septembre, les cours « de cinq professeurs prêtres, pourvu qu'ils ne soient pas polonais, avec prédominance d'influence française » ; elle ne s'opposait pas au choix pontifical d'un évêque français – qui venait d'être investi à sa barbe. D'Herbigny concluait sur deux énormités : Neveu sera sacré quand le Vatican le renverra en URSS, « probablement dès juillet », et ceci « pourra contribuer notablement à maintenir et à développer en Russie l'influence française » par malheur si affaiblie.

Sa troisième mission prévue pour de nouvelles consécrations clandestines, sous prétexte « d'installer le RP Pie Neveu comme évêque à Moscou », fut plus délicate. À nouveau avec l'aide française, D'Herbigny partit le 24 juillet 1926, passant par l'étape berlinoise de Pacelli. Mais Moscou avait depuis mai acquis des lumières, donc désavoué Smidovitch (« nous lui avons fait dire de ne plus le recevoir ») et arrêté « pour espionnage » le 9 juin des prêtres polonais de la région de Kiev, dont Skalski, le seul Polonais de la promotion. Le 3 août, jour de l'arrivée de D'Herbigny à Moscou, un Tchitcherine fermé déclara à Herbette : « nous ne sommes pas dans de bonnes dispositions », déplorant que l'Église catholique « continu[ât] à représenter en URSS le "polonisme" » : il y avait malhonnêteté à nommer de nouveaux évêques puisque, « seule » Église, et de son propre fait, « à pas avoir de statut en URSS », elle s'était mise « dans une situation illégale ». Il insista pour que D'Herbigny restât à Moscou. Herbette, russophobe depuis Poincaré, cria au caprice, l'imputant à des faveurs pour Berlin. Paris tonna à la mi-août contre le changement d'avis russe sur le séminaire d'Odessa, inacceptable alors que les droits des protestants allemands étaient reconnus (avec un séminaire à Leningrad depuis 1925), etc. Le 13 août à Leningrad, D'Herbigny sacra « administrateur apostolique » le Polonais Antoni Maletski, ancien vicaire général de Mohilev, antibolchevique notoire : il avait participé à la résistance ordonnée par Cieplak contre la saisie des biens du clergé et été condamné au procès de mars 1923 à trois ans de prison, puis relâché en 1925. Pur prétexte à lui retirer son poste biélorusse, puisqu'il remit Mohilev, couplé avec Minsk, à Sloskans, présent à la cérémonie.

Moscou refusa de renouveler le passeport du jésuite accordé jusqu'au 2 septembre et le « pri[a] de quitter le territoire soviétique ». La GPOU émailla son départ d'incidents, à la gare de Toula, signe qu'elle n'ignorait rien de ses activités. Le 5 septembre, D'Herbigny, interdit d'Ukraine, investit son paravent Neveu de nouvelles prérogatives pontificales. Il quitta l'URSS (Leningrad) le 8, « pour ne plus jamais y revenir », rencontra en Estonie le Dr Ludwig Puusepp, luthérien allemand et célèbre neurochirurgien de l'armée impériale tsariste, lié au Vatican, et repassa par Berlin (Pacelli)[21].

Le Quai flaira la tromperie en lisant l'*Osservatore* du 7 septembre 1926 révélant que D'Herbigny avait été nommé « évêque d'Ilion » avant son premier voyage, Pie XI l'ayant ainsi chargé « d'apporter aux catholiques de Russie des bénédictions plus abondantes » : « il est bien difficile de comprendre pourquoi, contrairement aux habitudes, la secrétairerie d'État a si bien dissimulé une nomination qui n'aurait étonné personne » ni gêné la mission du promu. Fin septembre, D'Herbigny se mit, comme d'habitude, « à la disposition » du département, continuant à rapporter sélectivement à son « bureau russe ». L'espion militaire assura le chargé d'affaires à Moscou Jean Payart du pacifisme de l'URSS, de sa crainte d'une attaque polonaise et de ses précautions (« des clauses secrètes » prévoyant, dans le cadre du prochain traité soviéto-lituanien, une intervention soviétique pour défendre la Lituanie en cas d'attaque polonaise) et de la précarité de l'« alliance » germano-soviétique, vu la russophobie allemande, que tentait d'exploiter Pilsudski en quête « d'entente avec l'Allemagne ». Il cacha en revanche ses nominations de non-Français.

En janvier 1927, Canet jugea prématuré d'honorer de la Légion d'Honneur ce jésuite qui, « quoique bon français, [était...] avant tout un fonctionnaire pontifical et un agent du Saint-Siège ». À partir de février, la vérité apparut, partiellement, aux Français, qui continuèrent à ignorer que D'Herbigny rendait compte aux Allemands. Après après avoir longtemps accusé du pire l'URSS qui refusait depuis octobre 1926 tout visa aux clercs étrangers, Français inclus, ils admirent son innocence. Briand pria Doulcet, fin février, de n'accueillir « qu'avec une extrême prudence les ouvertures de Mgr D'Herbigny ».

Facteur aggravant de « ces demi-confidences [...] dans une atmosphère [rappelant] un peu trop celle des Provinciales », le présumé « bon français » devint la coqueluche des Allemands. En avril-mai 1926, Brockdorff-Rantzau avait affecté de s'« inquiét[er] des séjours en Russie » de D'Herbigny et de redouter leur « portée politique » francophile, et menacé de protester par écrit auprès de Pacelli. Au printemps 1927, les spécialistes allemands des questions orientales s'empressèrent à Rome auprès du jésuite français : Steinmann, son confident, lui fit rencontrer le professeur Otto Hoetzsch, « du parti national allemand »,

21. Tél. Herbette n° 315, 2, n° 372, 21 avril 1926, rapport Herbigny à Briand, 26 mai, note sur sa visite, 7, tél. MAE n° 478, 24 juillet, lettre d'Herbette, 3, tél. MAE n° 508-510, 18 août 1926, *URSS*, 125, et vol. (vide du 6 au 26 mai 1926), Stehle H., *Eastern*, p. 98-102, 107, et chap. 3, Wenger A., *Rome*, p. 256-257, 274, 286-290, Lesourd P., *Entre*, p. 114, 123-125, Herbette, tél. n° 693, 4, et lettre n° 404, 9 septembre 1926, *URSS*, 125.

membre de la commission des Affaires étrangères du Reichstag et directeur de « l'Institut berlinois pour l'Europe orientale », son homologue du *Zentrum*, Georg Schreiber, tel haut fonctionnaire de la Wilhelmstrasse lié à Wilhelm Marx, alors chancelier, etc. Le sens de ces conciliabules ressortit des gloses de la presse catholique sur la mission du *Zentrum* à l'Est et le droit de l'Allemagne à « la protection des catholiques en Russie » en contrepartie de celui concédé à la France en Orient. D'Herbigny à peine brûlé, la Curie et Berlin tentèrent d'obtenir pour « un chapelain de l'Anima », l'Allemand Aloys Mauderer, spécialiste du travail en milieu socialiste, « un visa pour un assez long séjour en Russie, afin de s'occuper des catholiques allemands en premier lieu dans le diocèse de Saratov »[22].

Moscou contre le Vatican

• Répression anticatholique

Sur les talons de D'Herbigny, les Soviétiques commencèrent au tournant d'août 1926 à arrêter les agents polonais et baltes du Vatican. En octobre 1926, deux jésuites – Joseph Schweigl, « soviétologue » autrichien et enseignant au *Russicum* et à la Grégorienne, et Joseph Ledit, « Français muni d'un passeport américain » –, en tournée d'Odessa à Leningrad en passant par Moscou, « se présentèrent devant toutes les délégations diplomatiques allemandes ». L'URSS décida donc le 15 de refuser l'accueil des clercs étrangers « jusqu'à nouvel ordre ». De l'été 1926 au printemps 1927, elle répéta aux Français, Tchitcherine et Litvinov inclus, « que tous les ecclésiastiques » arrêtés en Ukraine et dans la zone ultra-sensible « de Leningrad » l'avaient été pour espionnage *stricto sensu*. Un haut fonctionnaire des Affaires étrangères lut à Herbette, venu le 22 avril demander qu'on épargnât « une sorte de torture morale » à Skalski, « les pièces essentielles » de son dossier : participation continue à l'action subversive polonaise en Ukraine jusqu'en 1921, organisation du passage clandestin de la frontière des espions polonais, de leur séjour et de leurs transmissions, etc. Tous ses pairs arrêtés, « convaincus de faits analogues », seraient passibles du même procès.

Neveu, agent français notoire, fut épargné. Mais quand, fin août, Herbette porta à Tchitcherine la liste Neveu des 28 clercs et laïcs emprisonnés dont Paris demandait la libération, il lui fut répondu que le dossier relevait non de religion mais d'espionnage. Il l'admit en le priant de séparer le lot en deux groupes, celui des espions avérés, à « juger publiquement », et les autres. Moscou borna la répression (arrestations, procès et condamnations) aux « ressortissants soviéti-

22. Lettre d'Henry n° 104, 10, note Europe, 24 septembre 1926, *URSS*, 125, note Canet pour Berthelot, 8 janvier, tél. MAE n° 23, 3, n° 54, 26 février 1927, *URSS*, 126, refus de visas, octobre 1926, projet manuscrit Canet, ? avril 1927, *Canet*, 59, extrait courrier Moscou, 10 avril, lettre n° 603 de Margerie, 6 mai 1926, *URSS*, 125, *Ausburger Postzeitung*, 10, 19 mars, lettre de Doulcet n° 46, 29 avril 1927, *URSS*, 126, Stehle H., *Eastern*, p. 68-69, 104-106, 114, et lettre Wallroth, Berlin, 14 avril 1927, *Akten*, B, V, p. 254-255.

ques » polono-baltes, par souci exclusif des menaces militaires, et exonéra Paris, en dépit d'articles vengeurs contre ses noirs desseins[23].

Sloskans fut emprisonné le 17 septembre 1927. La police a trouvé chez lui au cours d'une perquisition « des documents compromettants d'ordre militaire », placés par elle-même, prétendit Neveu, que Rome avait délégué au sauvetage, via le Quai, des Polono-Baltes arrêtés : c'est la thèse retenue par l'hagiographie des « martyrs ». Les quolibets antisoviétiques d'Herbette furent ambigus : soutenant, à la mi-octobre, « l'action [de] notre presse » contre l'URSS et « les communistes français », il mit en garde contre les excès de zèle et le danger de défendre des clercs convaincus de « propagande anti-révolutionnaire, renseignements, etc. ». Les « plans de mobilisation de l'armée soviétique » n'avaient pas été « déposés par la GPOU » chez Sloskans. Condamné en octobre 1927 à 10 ans de prison au camp de Solovietz, il en fut libéré début 1933 et remis à la Lettonie[24]. On retrouvera plus loin cet agent décisif du tandem germano-vatican voué à la conquête allemande de la Lettonie.

Skalski fut condamné à 10 ans de prison pour espionnage, à la satisfaction de Brockdorff-Rantzau, qui rejeta la requête de Pacelli d'intervention en sa faveur, estimant ne pas « être ici en tant qu'ambassadeur d'Allemagne pour intervenir pour un prêtre polonais condamné pour haute trahison ». Il « fut échangé quatre ans plus tard » et rentra en Pologne, où « il n'apparut plus jamais publiquement ». Maletski, arrêté le 5 mai 1927, fut exilé à Arkhangelsk, mesure annulée en juin : il « rentr[a donc] à Leningrad ». Craignant l'arrestation, il y sacra secrètement évêque auxiliaire le Lituanien Teofilus Matoulanis (sur décret de la *Pro Russia* du 28 décembre 1928) le 9 février 1929, en présence de Neveu et Amoudru : ce prêtre de Mohilev avait été condamné comme lui au procès de mars 1923 pour le même motif à la même peine (trois ans de prison) et également libéré en 1925. Matoulanis fut à nouveau arrêté fin 1929, condamné à dix ans de travaux forcés et déporté en 1930, et expulsé en 1933 « grâce aux efforts du gouvernement lituanien ». La suite des événements le promut – en Lituanie occupée – comme le Letton Sloskans. Maletski fut lui-même arrêté fin novembre 1930 et déporté trois ans « dans la taïga de Bratsk ». Rendu à la Pologne, il revint à Varsovie fin avril 1934 et y mourut en janvier 1935.

La fonction de l'Allemand Frison, aussi voyant que Sloskans par sa navette du Sud à Moscou, fut découverte au plus tard à l'automne 1927 : la police soviétique lui interdit d'œuvrer en milieu allemand à Odessa en l'assi-

---

23. Stehle H., *Eastern*, p. 109-110, Herbette, lettres n° 351, 12 août 1926, *URSS*, 125, n° 21, 19 janvier, n° 369, 17 mai, tél. n° 212, 22 avril, lettre n° 529, 30 août 1927 (liste jointe) *URSS*, 126, et *URSS* 126-127.
24. Tél. MAE n° 486, 4, Herbette n° 713, 12, lettre n° 640, 17 octobre 1927, *URSS*, 126, lettre n° 42 de Tripier, Riga, 25 février 1933, *URSS*, 956. Stehle H., *Eastern*, p. 122 (manipulation de la GPOU, thèse du « journal » de Sloskans déposé à l'Institut oriental).

gnant « à résidence à Simféropol » en mai 1928. Il fut arrêté, de nouveau « à Odessa », en novembre 1929, « détenu sans aucun motif », écrivit Gasparri à Herbert von Dirksen, successeur à Moscou de Brockdorff-Rantzau (mort en septembre 1928) et beau-frère de Bergen. Dirksen s'abstint de compromettre Berlin dans une demande de grâce alors que la rupture Rome-Moscou était consommée depuis 1927. Frison, relâché en 1931 (en pleine croisade vaticane), regagna Sébastopol et reprit sa mission ukrainienne.

• L'alliance Moscou-Église orthodoxe

La neutralisation d'un haut-clergé étranger ouvrant la voie aux envahisseurs eut pour parallèle la recherche soviétique d'un soutien religieux *national*. La hiérarchie orthodoxe redoutait en général autant que le Kremlin les effets d'une « réunification » romaine. Ce mélange de haine et de crainte souda une alliance négative qui progressa entre 1925 et 1927. Tykhon « sign[a] le jour de sa mort », le 7 avril 1925, un appel aux fidèles pour « faire d'eux les collaborateurs dévoués [du] gouvernement », dont Herbette, alors soviétophile, certifia la sincérité : « il est donc possible que la religion orthodoxe cesse complètement [...] d'exercer son influence contre le régime soviétique », ce qui renforcerait « son caractère national » et unirait les nouveaux alliés dans « la défense du sol natal, la revendication des territoires perdus, l'expansion de la culture russe ».

Cette « politique de ménagements mutuels » née du « patriotisme russe » se développa, malgré des à-coups, sous le règne de son successeur, le métropolite Serge (Stragorodsky). Zélé en 1925, Serge protesta en mai 1926 contre les empiétements anti-religieux de l'État. Mais il lui renouvela son appui en juin 1927, en pleine psychose de guerre accréditant la thèse d'une alliance offensive anglo-vaticane : après la rupture à la mi-mai 1927 des relations anglo-soviétiques – qui ravit Rome en général et Pacelli en particulier –, au motif d'espionnage et de propagande soviétiques en Grande-Bretagne, et l'assassinat dans la rue, le 7 juin, de l'ambassadeur d'URSS à Varsovie. Arrêté le 27 novembre 1926, relâché le 30 mars 1927, Serge jura le 29 juin « fidélité et obéissance à la nation soviétique » : « tout coup porté contre l'Union soviétique, qu'il s'agisse de guerre ou de boycott, tout malheur public, et même un meurtre au coin d'une rue – comme ce fut récemment le cas à Varsovie – sera considéré comme dirigé contre nous ». Il fustigea « les rêveurs célestes » d'unification des Églises « se dissimulant aux yeux des autorités »[25].

---

25. Stehle H., *Eastern*, p. 123, 131, 133, 141, tél. Brockdorff-Rantzau n° 54, 11 janvier 1927, *Akten*, B, V, p. 256 (Skalski et Frison), lettres de Laboulaye, n° 385, 30 mai, n° 404, 15 juin 1927 (Maletski), *URSS*, 126, n° 226 de Fontenay, 16 décembre 1928 (Dirksen-Bergen), *URSS*, 127, Lesourd P., *Entre*, p. 99 et Wenger A., *Rome*, p. 294-304 (Maletski, Matoulanis et Frison), lettres d'Herbette n° 51, 17 avril, n° 661, 24 octobre 1925, *URSS*, 124, Mourin M., *Vatican*, p. 60-61, Stehle H., p. 115-119, et lettre de Doulcet n° 90, 30 mars 1927, *Saint-Siège*, 5.

Renouant avec l'alliance de l'Église et des tsars, l'État soviétique pactisa donc avec l'orthodoxie contre l'offensive du catholicisme *allemand* sur ses marches européennes : bien avant la « Grande Guerre patriotique » et la tentative d'après 1945 de coalition orthodoxe panslave pour tenir en lisières le Reich vaincu et son protecteur vatican.

La Pro Russia à l'ère D'Herbigny, 1927-1932

• L'ère de gloire de D'Herbigny, 1927-1929

La « pénétration dans l'ancienne Russie » supposait d'aller au-delà du saupoudrage de clandestins et d'« écarter ce principal danger : laisser apparaître l'Église romaine comme une institution des étrangers pour les étrangers » (Maxime Mourin). La formation russe de clercs non russes qui agiraient le moment venu sur le terrain balte et ukrainien, encore impossible en URSS même, revint à l'Institut oriental, alors dominé par D'Herbigny. Actif à Rome, celui-ci fit aussi des conférences antibolcheviques « non seulement en Italie mais dans divers pays » : d'avril à octobre 1927, Pie XI l'envoya en Yougoslavie, en Roumanie, en Tchécoslovaquie (Moravie), en Bulgarie, en Hongrie, en Grèce, en Turquie et en Égypte. Cette mission dans « presque tous les centres de l'orthodoxie situés hors de l'Union soviétique » doit intensifier, déclara D'Herbigny aux Français et aux Polonais, la conversion catholique des émigrés russes que favorise déjà le ralliement de l'orthodoxie au Kremlin : en clair, traduit Stehle, rompre tout lien entre orthodoxie russe et non russe pour établir « un front uni contre le communisme athée ».

1928 consacra la gloire de D'Herbigny et de l'Orientale, sans omettre Herbette, antisoviétique forcené dont Pie XI chanta les louanges à Fontenay à sa première audience. L'Institut oriental, jugé « trop à l'étroit » dans les locaux de l'Institut biblique, fut transféré en mai-juin « dans un vaste édifice construit pour l'abriter ». « Le séminaire russe » (futur *Russicum*) disposerait de l'espace nécessaire, d'« une importante bibliothèque » et de publications « scientifiques, les "Orientalia Christiania" ». Pie XI reçut fin mai « son personnel enseignant [...] et ses étudiants » (une cinquantaine en tout) : les professeurs venaient de France, d'Italie, d'Allemagne, d'Autriche, d'Espagne, de Belgique, de Hollande, de Tchécoslovaquie, de Turquie et de Russie ; leurs élèves, des mêmes zones, moins l'Autriche, plus la Pologne, la Bulgarie, la Yougoslavie, la Roumanie, l'Albanie (et de Syrie, d'Abyssinie et d'Amérique du Nord). Pie XI leur rappela son combat contre « toute tentative d'union des Églises [dans...] la confusion » : il fallait « promouvoir la "véritable et parfaite" union dont l'Église romaine définirait les conditions ». Il exalta leur rôle décisif dans « la réalisation des vues [pontificales] sur le "cher et grand Orient" » : gagner la confiance de « tous ces Orientaux[,..] pour pouvoir mieux les pénétrer, lire mieux dans leurs propres sentiments, s'en faire mieux entendre et les entendre ».

« Les milieux diplomatiques romains » glosaient alors sur les effets prévisibles de la « grave crise du bolchevisme » : l'ambassadeur polonais Skzrynski jurait qu'il n'y avait « rien à craindre des Russes », Gasparri dénonçait « les dangers menaçants de l'Est » et Cerretti brodait sur une « attaque russe [...] uniquement contre la Roumanie », sans « mobilisation générale » mais qui « paralyserait les autres pays par des soulèvements communistes », etc. « On entend[ait] déjà des émigrés russes escompter la chute prochaine du bolchevisme et il [fallait] calmer chez eux des espoirs prématurés. » Le 8 septembre 1928, l'encyclique *Rerum Orientalium* sur la guerre à l'Est baptisée « œcuménisme », préparée avec D'Herbigny comme celle de 1923, exalta l'Institut oriental et son avenir grandiose (sa bibliothèque vaudrait la « vaticane pour les études occidentales »). En décembre, Kaas, dans son discours sur « les nécessités vitales de l'économie allemande », dévoila les buts du Zentrum, dont la fébrilité « orientale » avait marqué l'année écoulée : « la politique extérieure allemande ne peut et ne doit se laisser barrer la route vers la Russie de l'avenir. » La vigueur des complots germano-polonais surexcitait la Curie : Rome bruissait de rumeurs sur « des "bandes" [...] en formation en Pologne du côté de l'Ukraine » ; Pie XI y avait chargé un de ses féaux (présenté plus loin), August Hlond, évêque de Katowice (Silésie polonaise), de surveiller la frontière avec l'URSS sur laquelle on pouvait « craindre de fâcheuses surprises au printemps ». Les Russes blancs, aveuglés par le désir de revanche, croyaient leur retour imminent. Bref, le « durcissement » apparent du Vatican envers Moscou depuis 1927 avait suivi celui du *Zentrum*, où avait triomphé le courant (Kaas) le plus résolu à en découdre avec la Russie[26].

D'Herbigny était désormais installé « à côté de la secrétairerie d'État, ce qui [...] avait fait beaucoup jaser ». Le 25 avril 1929, la nouvelle réception par Pie XI des membres de l'Institut oriental promis à « un développement considérable » attesta son « autorité » croissante. Les effectifs, installés dans le nouveau palais de Sainte-Marie Majeure qui avait bénéficié « d'importantes réparations et constructions nouvelles », s'étaient fortement accrus en moins d'un an (66 contre 50). Ses 16 professeurs appartenaient à 15 nations ou *fractions de nations* amies du Reich ou de l'Italie (Allemagne, Autriche, Belgique, Espagne, France, États-Unis, Irlande, Italie, Pays-Bas, Russie, Tchécoslovaquie, etc.). 15 consacraient la majorité ou la totalité de leur activité à l'URSS : 14 jésuites, ordre-roi du *Russicum*, et le prince Pierre Volkonski, professeur laïc de russe (le seizième était un prêtre turc converti). Les 22 étudiants – 14 clercs séculiers, 8 réguliers (passionniste, carmélite, bénédictin, franciscain, capucin, jésuite, Père blanc,

---

26. Lettres de Fontenay n° 48, 2 mai, *Saint-Siège*, 21, n° 69, 4, n° 93, 29 juin, de Gentil n° 158, 18 septembre, *Saint-Siège*, 5, de Margerie n° 1217, 29, *Autriche*, 82, de Fontenay n° 226, 16 décembre 1928, *URSS*, 127 ; Mourin M., *Vatican*, p. 58-59, Lesourd P., *Entre*, p. 125-127 et 142, et Stehle H., *Eastern*, p. 120-129.

missionnaire d'Afrique) – appartenaient à des « nationalités » éclairantes : de celles déjà citées il faut soustraire l'autrichienne et l'irlandaise, et ajouter la croate – Krunoslav Draganovic, fleuron de ce vivier de fanatiques, futurs criminels de guerre, y étudia de 1932 à 1935 –, la « roumaine », la slovène, l'ukrainienne. Les 28 auditeurs libres (d'origine inconnue) comptaient 26 réguliers (carmélites, bénédictins, mineurs conventuels, carmes, jésuites) : soit 34 réguliers sur 50 étudiants. En octobre 1929, D'Herbigny présenta à Gentil ce germanophile *Russicum* – officiellement fondé le 15 août précédent – comme une des « institutions destinées à préparer pour la Russie un clergé éclairé et instruit ». Les Français y étaient très minoritaires, mais l'avaient financé : « tout le monde ignore que le nouvel institut du Russicum a été construit avec l'argent de Lisieux », releva Fontenay en 1930, pour opposer aux ultramontains français méprisés de Rome les « chevaliers de Colomb », qui ne versaient « des fonds presque illimités que pour des buts bien déterminés » conformes aux intérêts nationaux américains[27].

D'Herbigny servait de « couverture » au grand œuvre du clan germanique dirigeant, de plus en plus bavard. Gasparri déclara fin décembre 1929 vouloir « travailler à la codification du droit ecclésiastique pour l'Église orientale », et Pacelli ferait du dossier russe, comme Pie XI, obsédé par « ce qui se pass[ait] en Russie », une priorité : le jésuite avoua le 10 janvier 1930 à Neveu redouter de perdre « son domaine réservé ». Fin novembre 1929, au moins deux « indice[s] significatif[s] » avaient auguré un nouveau coup contre l'URSS : une diatribe de l'*Osservatore* contre son avancée en Chine et son « élan belliqueux », « diversion à la crise économique et morale qu'elle traverse » ; une « causerie » pour les diplomates accrédités au Vatican de D'Herbigny sur « le front antireligieux en Russie soviétique depuis avril 1929 » (allusion aux lois des 8 avril et 7 mai renforçant le contrôle étatique sur les « communautés religieuses » et le clergé). Il y « a tracé des persécutions anticatholiques déchaînées dans ce pays un tableau à la fois effrayant et émouvant », rapporta Fontenay.

- Assaut germano-vatican contre Moscou depuis 1930 et amorce de la disgrâce

Le couperet tomba le 2 février 1930, en pleine relance des plans de *Drang nach Osten* et de la discussion Pacelli-Reich sur l'aumônerie militaire. Dans une longue lettre à Pompili, vicaire général de Rome, Pie XI ordonna « une croisade de prières [...] en réparation des droits divins cruellement lésés dans le territoire de l'État russe ». Invoquant ses mises en garde aux pays « civilisés », à la conférence de Gênes, contre tout rapport avec ces persécuteurs, « sacrifiées à des considé-

27. Lesourd P., *Entre*, p. 144-146, lettres de Fontenay n° 138, 26 avril, *Saint-Siège*, 6, de Gentil n° 307, 5 octobre 1929, *URSS*, 127, Goñi U., *Odessa*, p. 330, de Fontenay n° 306, 20 octobre 1930, *États-Unis*, 336, et Stehle H., *Eastern*, p. 128.

rations terrestres », il larmoya sur « les évêques emprisonnés pour la foi » (il en cita trois, dont Sloskans et Frison) et annonça « une cérémonie d'expiation et de réparation » à Saint-Pierre de Rome pour le 19 mars. Ce pamphlet saugrenu de six pages avait tant enthousiasmé la presse fasciste que la Curie dut fournir à divers interlocuteurs des explications contradictoires : Neveu, opposé à cette initiative, a invoqué le risque de rupture avec l'URSS, Pie XI a eu « de grandes hésitations », car Moscou « pourrait en prendre prétexte pour ordonner une recrudescence de persécution contre les catholiques de Russie, mais il a finalement pensé que le mal était trop grand », et qu'il fallait parler[28].

La provocation relança l'antisoviétisme universel, toutes confessions confondues, cléricaux juifs compris : « les rabbins de Pologne recommandèrent une journée de jeûne antisoviétique. » La « grandiose » cérémonie uniate consacrée le 19 mars à « tous les persécutés de Russie », dominée par Sincero et Pacelli (et Kaas), dressa en ordre de bataille les forces antirusses : « les basiliens » voués à la conquête de l'Ukraine, « leurs séminaristes du collège ruthène et [...] le *Russicum* », exécutants des chants liturgiques (dont le 59e psaume « délivrez-moi de mes ennemis »). Auprès de diplomates « invités » (très germaniques), fort peu de pays s'y firent représenter (Belgique, Hongrie, Nicaragua, Honduras, San-Marin, Ordre de Malte, Colombie, Espagne et Chili) : son « caractère politique » l'interdisait aux délégués de nations entretenant des rapports diplomatiques avec l'URSS, avait averti Fontenay.

Le délire antibolchevique allemand, « à l'instigation [présumée] du Saint-Siège », trahit l'opération catholique concertée, soutenue par la droite luthérienne et cautionnée par le cabinet (à tête SPD). En février 1930, le *Zentrum* invoqua la « croisade de prières » pontificale pour exiger à grand bruit de presse la rupture avec l'URSS : il « rappel[a] que jamais, depuis sept années, le danger du communisme n'a[vait] été aussi grand en Allemagne qu'aujourd'hui », où les Soviets portaient leur subversion au cœur de Berlin : leur « lutte anti-religieuse [...] n'est qu'un aspect de leur activité subversive, et elle est devenue, de ce fait, un danger européen ». Fin mars, il lança « un appel au pays, en l'invitant à protester énergiquement contre les persécutions religieuses en URSS », après un mois de tractations préparant la chute du dernier chancelier SPD de la République de Weimar, Hermann Müller, au profit du chef du parti, Brüning (27 et 30). La formule, au programme extérieur offensif, fut peaufinée par « des conférences secrètes [...] au Herrenklub de Berlin (société aristocratique), parmi les dirigeants duquel on trouv[ait...] le prince Aloys zu Löwenstein, von Papen et d'autres représentants

28. Lettres de Fontenay n° 414, 28 décembre 1929, *Saint-Siège*, 6, D'Herbigny à Neveu, 10 janvier 1930, Wenger A., *Rome*, p. 388, n° 369 de Fontenay, 27 novembre, d'Herbette n° 306, 7 mai 1929, *URSS*, 127, Stehlin S. A., *Weimar*, p. 433, lettres n° 145 de Beaumarchais, Rome, 9 mars, n° 42 de Fontenay, 9 février 1930 et de Pie XI *in extenso*, *URSS*, 956.

éminents du catholicisme et du parti du Centre allemand », tous hérauts du *Drang nach Osten*.

« À ces "conférences secrètes" [avaient] participé, outre les personnalités » susnommées, « le comte [Kuno von] Westarp », leader du DNVP (Parti national allemand) luthérien, pangermaniste de choc, l'évêque [Georg] Schreiber » et d'autres militaristes notoires. Von Papen tint « le rôle dirigeant » dans « ces "conférences secrètes" [qui s'occupèrent] du problème du danger bolchevique et de la nécessité d'en finir avec le bolchevisme *à Moscou*, par une *attaque directe* ». L'« active campagne [...] contre la persécution religieuse en Russie » eut en Bavière, autre centre clé de l'expansion à l'Est, « un écho retentissant », avec « plusieurs réunions » sous l'égide de Faulhaber. « La plus imposante », le 17 mars à Munich, groupa autour de Held, chef du cabinet bavarois, les princes de la Maison royale et une foule de hauts fonctionnaires et parlementaires. Elle adopta une motion virulente contre les persécutions et le viol russes des « droits de l'homme », à laquelle la presse PPB fit grand écho, de même qu'à la participation à la cérémonie romaine, le 19, du ministre de Bavière von Ritter. Après la protestation soviétique officielle contre ces provocations, le gouvernement allemand invita négligemment Held à arguer de sa présence « comme particulier » et non comme chef d'État. Stehle semble naïvement s'étonner de la présence à Rome le 19 mars de Kaas, ministre avec les « social-démocrates à Berlin ! ». Il dément sa surprise en décrivant l'effervescence de l'*Auswärtiges Amt* depuis février et l'entretien Bergen-D'Herbigny au cours duquel le second revendiqua la paternité de l'opération et en précisa le sens : « un *important tournant* dans le combat de toutes les nations civilisées contre le bolchevisme. »[29]

Moscou réagit dès février contre le « "saint" spéculateur à la tête de la "croisade" ». Une campagne de presse attesta l'excellence de son information sur le rôle de la *Pro Russia*, de D'Herbigny et du *Russicum* préparant les clercs uniates à la gestion de l'URSS envahie. On recourut aux popes, qui déclarèrent les 16 et 17 février avec le métropolite Serge ne pas s'être avisés des tourments qu'on leur infligeait, repoussèrent une solidarité suspecte après les « tortures » et le « bûcher » que Rome avait si longtemps administrés aux schismatiques, et dénoncèrent les vieilles visées russes du Vatican. Berlin et Rome imputèrent, avec succès dans la presse occidentale, ce langage aux pressions du GPOU.

Mais l'ancienne Entente calma le jeu. Le Quai modéra fin février les élans pro-allemands du pasteur Marc Boegner, qui voulait son appui pour associer la Fédération protestante de France, qu'il présidait, à la campagne de « protesta-

29. Mourin M., *Vatican*, p. 62, Holmes J. D., *The Papacy*, p. 95, lettres n° 142 de Margerie, 16 février, de Fontenay n° 77, 10, n° 89, 20, n° 41 d'Ormesson, 31 mars 1930, *URSS*, 956 ; n° 375 de Beaumarchais, 20 mai 1932, *Canet*, 59, Stehle H., *Eastern*, p. 134-135 et 138-141, souligné dans le texte ; note DGSG déjà citée, « Les Soviets », 29 mars 1930, AN, F7 13427.

tion » collective de l'étranger : il le pria de s'abstenir. Éclairé, Boegner promit d'« orienter les délibérations de la Fédération protestante dans un sens conforme aux vues du gouvernement ». Londres en fit autant. Après trois semaines de tapage orchestré par le *Foreign Office* et les conservateurs alors dans l'opposition, Ramsay MacDonald, Premier ministre travailliste complice, mit un coup d'arrêt. Le 25 février, dans la rubrique des réponses aux lecteurs du *Times*, il prôna une « attitude réservée [...] sur cette question » : il réprouva « les persécutions » mais aussi toute ingérence extérieure qui « exaspérer[ait] contre l'étranger » le peuple russe abandonné « dans l'ignorance », et justifia les relations (rétablies) avec l'URSS. En mars, l'État interdit aux chapelains de l'armée et de la marine le service de « prières pour les persécutés russes » et orchestra des fuites sur le rapport de son ambassadeur à Moscou : Sir Edmond Owey y démentait la persécution religieuse redoublée en URSS[30].

Pacelli donna peu après à l'évêque d'Osnabrück, Wilhelm Berning, la direction *officielle* des « minorités allemandes » dans tout l'Est européen. Le 2 décembre 1930, il lui confia de droit « l'aide religieuse aux catholiques allemands qui habit[ai] ent les régions de l'Europe orientale et hors d'Europe » : cette mission détenue *de fait* depuis 1924 pour « les catholiques allemands en Amérique », était étendue aux « catholiques allemands en Galicie » ; et en URSS, comme Pacelli l'avoua le 13 février 1931 à Fontenay, qui lui présentait un « journal alsacien » du 7 annonçant la nouvelle : « la récente lettre destinée à l'évêque d'Osnabrück complète [l] es instructions [données] en 1924 *(sic)* à l'archevêque de Cologne de faciliter les secours religieux aux Allemands se trouvant hors de chez eux à *l'Ouest* [...] en confiant à [Berning] les Allemands dans les pays à *l'Est*, la Pologne notamment et même plus loin. » Paris agréa le mensonge pacellien habituel, à savoir « que ces mesures avaient un but exclusivement spirituel et répondaient uniquement au désir de ne pas laisser sans secours religieux les Allemands hors de leur pays et ignorant une autre langue et de maintenir chez eux l'influence de la religion ».

Berning était « particulièrement qualifié pour travailler à la défense du germanisme, s'étant fait l'agent électoral de la Prusse pour lui conserver le Hanovre ». Ce nazi lié à Göring fut donc « chargé à partir de 1931 des minorités allemandes de l'Est et du Sud-Est de l'Europe, ainsi que des colonies allemandes dispersées dans le monde ». Ainsi s'acheva le bouclage du continent entamé à l'Ouest par Pacelli en 1921 puis 1924 (ou 1926) au profit de Schulte : « l'apostolat, *expliqua en 1934 Roger Garreau, consul de France à Zagreb,* servait de prétexte pour regrouper et renforcer les minorités allemandes à l'étranger. »

---

30. Lettres n° 135 d'Herbette, 13 février (*Pravda* jointe), n° 179 de Margerie, 3 mars, février-avril, note sur visite Boegner, 20, de Fleuriau, Londres, lettres n° 57, 9, n° 60, 11, n° 72, 20, n° 76, 25 février (et *Times*), n° 90, 5 mars 1930, *URSS*, 956 ; Wenger A., *Rome*, p. 390-400, et Stehle H., *Eastern*, p. 138.

Fin 1931, la relève allemande commença à bousculer D'Herbigny. Étape décisive vers la disgrâce, le jésuite allemand Hermann le supplanta en décembre comme président de l'Institut oriental et de la *Pro Russia*. Il apprit alors qu'il ne résiderait pas dans la Cité pontificale, mais resterait au Vatican, place Sainte Marie Majeure, siège des deux institutions. Le Quirinal, qui le « considér[ait] comme nettement hostile au fascisme et [...] adversaire convaincu de la Conciliation », le fit « surveill[er] par la police » pour complot avec les Yougoslaves. Il se prêta pourtant avec un allant intact aux initiatives antisoviétiques. Ainsi en juillet 1932 tenta-t-il (en vain) de faire aboutir, via Bruxelles, puis Paris, Londres et Washington, une demande d'intervention pontificale auprès de la SDN en faveur des « orthodoxes persécutés par le régime soviétique [...,] au titre des minorités ». Même Bruxelles la rejeta, et Paris argua qu'il n'y avait « pas de "minorités" en Russie au sens des traités de paix » : on ne pouvait donc intervenir plus « que les Russes en France ou en Italie pour les Alsaciens ou les Tyroliens ».

Double jeu (il continuait à mentir aux Français) ? Masque maintenu à des activités secrètes désormais moins allemandes ? D'Herbigny fréquenta le Quai et l'ambassade de France à Rome à l'été 1932, et leur tint sur l'URSS un discours à mille lieues de ses tirades de tréteaux : il décrivit ses intenses efforts pour obtenir du Vatican une trêve en échange de la remise en liberté de « 80 % des prélats » condamnés, et l'accalmie du combat athéiste, notamment dans l'armée, à la demande expresse du général Vorochilov qui devait s'occuper de recrues non pas communistes mais croyantes à 80 %. Fin 1932, sur fond de mesures soviétiques de « détente » religieuse, il sema encore l'alarme : il décrivit à Gentil, en octobre, le péril bolchevique grouillant en Afrique et en Asie, des tracts imprimés à Hambourg lançant « un appel à l'insurrection contre les puissances colonisatrices » au centre d'action de Tachkent chargé des Indes, de la Perse et de l'Afghanistan. Sa conférence du 27 novembre 1932 « sur la campagne antireligieuse des Soviets dans le monde » annonça l'anéantissement de la religion pour 1937. Charles-Roux fut agacé par sa thèse de la « lutte à mort » entre catholicisme romain et impiété bolchevique mais reconnut son utilité intérieure : *La Revue des deux mondes* la publia donc les 1er et 15 février 1933[31].

---

31. Lettre n° 430 de Frank, Kattowitz, 20 mai 1924, *Akten*, A, X, p. 230, SIP n° 3455/30, 21 septembre 1933 (*Germania*, 27 janvier 1931), *Canet*, 36, tél. n° 3 de Fontenay, 13 février 1931, *SDN*, 2189, lettres n° 33 de Garreau, 24 février 1934, *Yougoslavie*, 168, n° 509 de Fontenay, 24 décembre 1931, n° 380 de Beaumarchais, 23 mai 1932, Charles-Roux, n° 377, 10 octobre, tél. n° 65, 12, notes Canet, 22 juillet, 1er août, Charles-Roux, tél. n° 65, 12 juillet, lettres n° 310, 9 septembre, de Gentil n° 294, 27 août, de Charles-Roux n° 494, 29 décembre, *URSS*, 956, et n° 379, 19 octobre 1932, *URSS*, 958 ; Wenger A., *Rome*, p. 412.

II. Le Vatican et la Pologne : un pays catholique ennemi

Les agents uniates furent aussi mobilisés contre le fruit polonais de Versailles. La haine commune contre la Russie n'effaça jamais le péché originel des territoires « volés » au Reich. Ratti faisait mine d'adorer le gardien-chef du cordon sanitaire, Pilsudski, flattant ce « franc-maçon [...] incroyant », installant (en 1928) « à Lorette un tableau représentant [le maréchal] sauvant l'Europe des barbares en 1920, comme Léon Ier avait sauvé l'Italie des Huns », affectant « une réelle confiance » envers ce « patriote très consciencieux [...] ayant expérimenté la guerre et même la guérilla ». Nonce et pape, il exécra Pilsudski et la Pologne, ne les flagornant que pour les éloigner de l'alliance française, entretenir leur hargne contre Prague et Moscou et leur faire oublier le péril militaire allemand et le nœud du conflit polono-vatican, le Reich.

La défense des frontières allemandes, de la Haute-Silésie à Dantzig

En Pologne, la lutte contre Versailles impliquait comme ailleurs la promotion des prélats les plus germanophiles. Le ton fut donné en décembre 1919 avec le refus de la pourpre au prince-archevêque de Cracovie, Mgr Adam Sapieha, « qui pass[ait] pour le plus polonais », et son octroi aux deux plus compromis : Mgrs Edmond Dalbor, primat-archevêque de Poznan et Gniezno, au « passé un peu lourd » du temps de la Posnanie prussienne, et Alexandre Kakowski, archevêque de Varsovie, un des trois membres du « fameux conseil de régence installé à Varsovie par l'occupant allemand [en 1917]. Ces nominations rapprochées de celle de l'évêque allemand de Breslau [Bertram] promu en même temps par Rome au cardinalat et dont l'activité au profit du pangermanisme est connue, jette[nt] un jour assez curieux sur les dispositions du Saint-Siège »[32].

Le Vatican, Bertram, et le plébiscite de Haute-Silésie, 1920-1921

Le maître de l'histoire polonaise (et tchécoslovaque) fut Adolf Bertram. Élu et ami de Pacelli, gratifié en décembre 1919 du chapeau reçu *in petto* dès 1916,

---

32. Lettres n° 8 de Laroche, Varsovie, 30 décembre 1926, n° 145 28 avril 1928, *Pologne*, 59, tél. Doulcet n° 43, 28 décembre 1927, *Saint-Siège*, 11, et Pralon n° 426, Varsovie, 7 décembre 1919, *Pologne*, 58.

il jouait à l'est du Reich le même rôle que Schulte à l'ouest : il défendait aussi ardemment l'avenir allemand de son riche archidiocèse de Breslau, entre Baltique et Haute-Silésie. Action d'autant plus urgente que seraient soumis à plébiscite en 1920 et 1921 les territoires menacés : Teschen, zone méridionale que se disputaient Prague et Varsovie, et le reste de la Haute-Silésie, gros morceau. C'est pour préparer ce combat que Ratti fut en 1918 nommé visiteur apostolique en Pologne et en Lituanie (autre cible), en juin 1919 nonce à Varsovie, en avril 1920 « haut-commissaire ecclésiastique en Silésie contestée [...] en attendant la consultation populaire » (Bertram étant en apparence dessaisi de « l'administration religieuse de la Haute-Silésie »). On lui forgea d'abord la réputation d'ami de l'Entente soucieux de « fortifier la Pologne contre la Prusse », fiction à usage franco-polonais.

Gasparri et Pacelli en furent dispensés. Le premier accueillit en novembre 1919 le premier secrétaire de la légation de Pologne au Vatican en lui « déclar[ant] à trois reprises différentes au cours de la même conversation, et en faisant évidemment allusion à la question de Haute-Silésie : "Et surtout, ne prenez pas de territoire aux Allemands" ». Il lui « propos[a aussi] des vicaires épiscopaux allemands dans les territoires soumis au plébiscite, assurant qu'ils étaient fort intègres et que l'on pouvait avoir toute confiance en leur pondération. Le gouvernement polonais a[vait] eu, au contraire, les preuves qu['ils] avaient été recrutés parmi les Allemands nationalistes, et que leur propagande s'exerçait dans un sens tout à fait anti-polonais ».

Pacelli, qui traitait le problème avec Bertram, déclara en février 1921 à Dard souhaiter un vote « au profit de l'Allemagne » pour ne pas affaiblir le Centre au Reichstag et en raison des « regrets [...] assez naturels » du pauvre prélat : son « immense diocèse [...] exige de grandes dépenses pour l'action catholique en pays protestant. [Il] a perdu les biens considérables qu'il possédait à Johannisberg, en Bohême, une partie de ce pays étant enclavée dans son diocèse allemand ; s'il perd encore la Haute-Silésie il se trouvera très gêné et très diminué ». Berlin avait enjoint la Curie de régler en sa faveur le contentieux dont, comme en Sarre mais bien plus tôt, l'issue dépendait de l'autorité du clergé sur ses ouailles. Pacelli fournit sa couverture juridique, l'invocation de la bulle de 1821[33].

Un habile partage des tâches fut pratiqué entre Bertram qui, après avoir le 24 juin 1920 appelé son clergé au combat, voulut galvaniser ses troupes

33. Tél. Barrère n° 1297, 7 juin 1919, lettre n° 3, 3, tél. Doulcet n° 45, 21 avril, *Pologne*, 58, Loiseau, 2e fascicule, 1er août 1920, *Saint-Siège*, 2, lettres de Charles-Roux n° 315, 10 novembre 1919, de Poincaré n° 9, 12 janvier, *Pologne*, 58, de Dard n° 60, 21 février 1921, *Allemagne*, 367, Stehlin S., *Weimar*, p. 103-136 ; Tooley T. H., *National Identity, passim*, aussi pangermaniste.

sur le terrain, et Ratti, curieux arbitre en zone contestée, vissé à Varsovie. Son titre pompeux de « haut-commissaire ecclésiastique » était un hochet tendu aux Polonais qui s'étaient plaints du maintien de la tutelle ecclésiastique allemande. Laissant à Bertram la direction de fait puis de droit de son ancien fief, Ratti pouvait se montrer serein : « environ 65 % des prêtres paroissiaux étaient allemands » (Stehlin), « 80 % » avec les curés « germanophiles » (Peretti). Il prêcha donc le calme à Bertram *(quieta non movere)*, arguant le 12 juillet 1920 que la commission interalliée l'empêchait d'agir ouvertement : ce qui, *officiellement*, déplut à Bertram et à Berlin, et nourrit la fable, liquidée au conclave de 1922, de ses faveurs pour l'Entente et des rancœurs du Reich. Il approuva le « plan de partition » proposé par le membre italien de ladite commission « assign[ant] la totalité du secteur industriel à l'Allemagne ». Benoît XV confirma le 20 juillet « l'autorité de l'ordinaire de Breslau » et promit de tout tenter pour lui obtenir le droit de visiter la zone soumise à plébiscite. Ces faveurs, baptisées « impartialité » et « neutralité » par S. Stehlin et E. Fattorini, échauffèrent en août-septembre les « bandes [d']agitateurs » polonais (Stehlin). Réplique, écrivit Doulcet fin septembre, aux « actes de pression, sinon de terrorisme [que] les organisations allemandes multipliaient », et à l'annonce de « la tournée pastorale » de Bertram : il fallait l'« empêcher » et inviter Ratti, toujours absent, « à s'installer en personne en Haute-Silésie ».

C'est Berlin qui planifia son séjour. L'ordonnateur silésien du ballet, le prince Hermann von Hatzfeldt, demanda à Rome le 5 octobre 1920 d'interdire aux clercs toute prise de parole sans approbation expresse des autorités ecclésiastiques (Bertram) : ceci imposerait silence aux « nationalistes polonais ». Le 8 novembre, il prescrivit de « nommer un représentant spécial à la commission pour la Haute-Silésie » : ce fut Ratti. Gasparri confirma aux Allemands les 13 et 20 octobre que Bertram conservait toutes ses prérogatives, droit de visite inclus, et que Varsovie prêtait à Ratti des pouvoirs inexistants. En novembre, Ratti passa trois semaines dans la zone en ébullition, pour préparer le terrain à la circulaire n° 682 de Bertram au clergé publiée le 25, juste après son départ : Bertram s'y déclarait autorisé à agir souverainement « après de soigneuses négociations avec le Saint-Siège apostolique », imputant le désordre aux « influences maçonniques ». Il y interdisait « expressément » 1° au clergé de la zone soumise à plébiscite « de participer à des manifestations politiques ou de faire des discours politiques sans la permission des autorités ecclésiastiques compétentes » : ce clergé allemand (à 80 %) parlerait librement, sa minorité polonaise serait réduite au silence ; 2° au « clergé non diocésain » toute activité politique « avec ou sans autorisation du prêtre de la paroisse sous peine de suspension » : polonais, il serait paralysé. Ces décisions balayèrent l'angélisme de Doulcet sur la « complète neutralité » de la Curie et son indifférence à « une question de charbon ». Le général Henri Le Rond, à Oppeln, constata que « le mandement de Mgr Bertram [...] favoris[ait] ouvertement, de l'avis de tous les Polonais, l'action du clergé allemand » ; que derrière le masque des « droits [de Ratti] de juridiction sur le territoire du plébiscite », Bertram régissait son diocèse ; que Gasparri avait prescrit à Ratti « de tenter d'obtenir tant pour le cardinal Bertram que pour le parti catholique allemand une satisfaction visible ».

Varsovie savait Ratti tout dévoué au Reich. Telle « grande dame polonaise de beaucoup d'esprit et d'une vive intelligence » conserva aigu (en 1927) le souvenir d'un nonce « à qui la puissance, la méthode et l'éducation allemandes en imposaient[, qui...] puisait ses informations [...] dans la presse de Berlin[,..] ignorait le polonais et lisait couramment l'allemand [, et...] abordait les Polonais en leur disant "J'ai lu dans le *Berliner Tageblatt*"... ». Désormais « à couteaux tirés avec le Vatican », ceux-ci déléguèrent à la mi-décembre 1920 deux prélats à Rome, Sapieha et l'archevêque arménien (uniate) de Leopol, Jozef Teodorowicz. Gasparri stigmatisa « le nationalisme inconsidéré des Polonais », « trait[a Sapieha] avec raideur », et le renvoya à Cerretti qui lui confirma le désaccord[34].

Début décembre 1920, Mgr Giovanni Ogno-Serra succéda à Ratti, taxé de mollesse dans l'appui au Reich, comme « délégué pontifical » jusqu'à la fin du plébiscite. Il joua à Le Rond la même comédie que Testa à Rémond. Mgr Mercier avait menacé cet attaché à la nonciature à Vienne « avant son départ de Rome », lui « donn[ant] à entendre que le nombre des prélats romains ententophiles était si réduit qu'il avait tout intérêt pour sa carrière à figurer parmi eux ». Le subordonné de Marchetti n'en eut cure. Immédiatement installé chez l'archiprêtre allemand d'Oppeln Josef Kubis, lieutenant de Bertram, il voyait dans les Polonais des « fanatiques » à la « sotte puérilité slave », d'« intempérance moderniste et bolcheviste ». Les prélats polonais avaient à Rome tenté de lui arracher l'engagement à déclarer « que le fait de voter pour la Pologne ne constituerait pas pour les habitants qui avaient jadis prêté serment de fidélité à l'empereur d'Allemagne un acte répréhensible du point de vue religieux, comme les confesseurs allemands cherchent à le faire croire à leurs ouailles » dociles. Il répondit par un décret « daté de son arrivée » mais « lu dans toutes les paroisses » à partir du 27 décembre : calque du mandement de Bertram, il interdisait « *sub gravi* [toute] propagande politique » aux prêtres.

---

34. Stehlin S., *Weimar*, p. 113-116, 120-123, Fattorini E., *Germania*, p. 231-264, tél. Bergen n° 319, 9, *Akten*, A, IV, p. 137-139, Peretti, 22 décembre, Doulcet, lettre n° 65, 27 septembre, tél. n° 181-182, 7, *Pologne*, 58, n° 179-180, 5, Le Rond, Oppeln, n° 734-738, *Allemagne*, 370, et n° 739-741, 5 décembre 1920, *Pologne*, 58, lettre de Laroche, n° 45, 28 janvier 1927, *Pologne*, 59, SRM, 13 et 21 décembre 1920, *Saint-Siège*, 8.

Le résultat électoral du 20 mars 1921 récompensa les efforts locaux d'Ogno et du clergé allemand, berlinois de Bertram et du Reich, romains de Bergen et de Steinmann (ancien doyen du chapitre de Breslau, consulteur depuis 1920 à l'ambassade allemande au Vatican, qui y gagna du galon). Il était si sûr que le bruit de la nomination imminente de Ratti à Milan, « poste cardinalice », avait circulé peu avant. Le rattachement au Reich recueillit 60 % des voix (707 488) et à la Pologne 40 % (479 369). Les Alliés remirent aux Allemands « 51 % des habitants et 70 % du territoire », et aux Polonais le reste, dont « l'essentiel de l'industrie et des mines »[35].

Les voies du statu quo *allemand, 1921-1925*

Varsovie ne put faire consacrer le territoire acquis par la création d'un diocèse de Katowice en Silésie polonaise. Rome y nomma un administrateur apostolique rattaché à celui de Breslau, rejetant sa demande d'y affecter un « Polonais déclaré », Teodor Kubina : Berlin y mit son veto, appuyé par Pacelli « qui [a] fait rapport à Rome tout à fait comme nous le souhaitons ». L'affaire traîna jusqu'à l'élection de Ratti en février 1922, qui débrida les exigences allemandes. La presse de Breslau, commentant la remise immédiate à Bertram par Pie XI de 200 000 lires « pour des œuvres de bienfaisance prussienne », s'attendrit : « le dernier geste de Benoît XV [...] a été pour les Silésiens [...], le premier geste de Pie XI est encore pour eux ».

Mais les catholiques allemands souffrent « des empiétements des Polonais », notamment à Posen (Poznan), et du « manque de prêtres allemands dans les territoires polonais », pleura la *Germania*. Suivait le programme précis discuté avec Rome depuis le plébiscite : Pie XI devrait soutenir « les minorités allemandes passées sous la domination polonaise et les laisser sous l'autorité de l'évêché de Breslau » ; détacher les zones restées allemandes de Prusse occidentale de l'« archevêché » polonais de Posen-Gnesen (Gniezno) pour les confier « à un délégué apostolique spécial » ; réorganiser « l'État de Dantzig (divisé entre le diocèse allemand de Warmie et l'évêché de Kulm devenu polonais) » en le rattachant à la zone restée allemande – l'évêché d'Ermland – ou en y créant « un vicariat apostolique spécial [pour] protége[r] les catholiques allemands contre les tentatives de polonisation ».

---

35. Tél. Doulcet n° 184, 11, n° 191, 15, *Pologne*, 58, Le Rond n° 739-741, 5 décembre 1920, *Allemagne*, 370, n° 57-60, 13 janvier 1921 (et décembre-février), Barante n° 593, 15, Peretti n° 261, 18, et à six postes, 22, Le Rond n° 833-835, 28 décembre 1920, *Pologne*, 58, Fattorini E., *Germania*, p. 254-259, tél. agent, Berlin, 6 août, lettre n° 611 de Saint-Quentin, 12 décembre, *Allemagne*, 370, tél. Doulcet n° 22-23, 18 mars 1921 (et janvier-mars), *Pologne*, 58, Stehlin S., *Weimar*, p. 129.

Hlond, « administrateur apostolique de la Haute-Silésie polonaise »

Le dossier fut donc géré selon la méthode décrite en Sarre, maintien du *statu quo* de Bertram et faux accords avec l'ennemi préservant l'avenir allemand de *toute* la Pologne. À Oppeln (Opole), Ogno fit diversion en brandissant les « craintes [vaticanes] très vives sur les intentions [...] de Moscou » contre Varsovie ou en assurant Le Rond sous le sceau du « secret » que Rome acceptait « l'indépendance ecclésiastique de la Haute-Silésie polonaise ». En novembre 1922, Berlin remporta « une victoire diplomatique » (Bergen et Steinmann) avec la nomination d'un « administrateur apostolique de la Haute-Silésie polonaise », Hlond, simple abbé, privé de « la dignité épiscopale ». Ce Polonais de Slupna né en 1881 issu d'une famille antirusse (son grand-père avait participé à l'insurrection de 1863), rassurait Berlin : nommé en 1903, après des études à Turin, Fogli puis à la Grégorienne, prêtre à Vienne, il y avait dirigé la maison des salésiens avant de devenir provincial de l'ordre pour l'Autriche, la Hongrie, la Bavière et l'Allemagne. Ratti le connut pendant sa nonciature à Vienne et fit la carrière de ce « chef de l'insurrection polonaise contre l'invasion bolchevique ». Malgré l'annonce, en octobre 1923, de sa prochaine promotion épiscopale[36], Hlond fut le prête-nom d'un Bertram aux pouvoirs intacts.

Le nord de la zone soustraite au diocèse de Breslau par Versailles (Posnanie, Prusse occidentale, Dantzig) subit un sort similaire : l'annuaire pontifical désignait « un certain nombre de ses diocèses [...] comme appartenant à l'Autriche ou à l'Allemagne ». Varsovie aurait pu répéter jusqu'en septembre 1939 la question posée au Quai en octobre 1922 sur la Posnanie – « archevêché polonais » de Posen-Gnesen –, qui n'avait connu aucun « assainissement dans le clergé » : comment avez-vous « obten[u...] l'éloignement des évêques et chanoines allemands des évêchés de Strasbourg et de Metz » ? Le Reich prétendit en 1924 flanquer Hlond d'un Allemand chargé de « la protection des catholiques allemands ». Il y renonça en septembre après discussion de Bertram « avec Rome ». La Curie ne pourrait assumer, si elle nommait « un évêque des minorités », un tel « vote de méfiance contre les évêques compétents » (polonais) : il susciterait leur « résistance acharnée » et, vu « leur chauvinisme sans bornes », les Polonais exigeraient la réciproque pour « les minorités polonaises dans le Reich allemand ». Elle « s'emploie-

36. Tél. von Mutius n° 15, Berlin, 6, Zech n° 5, 8 mai, *Akten*, A, VI, p. 177-178, lettre n° 34 de Terver, Breslau, 18, tél. Charles-Laurent n° 61, 17 février, *Allemagne*, 370, tél. Le Rond n° 640-643, 1er avril, n° 1473-1474, 8 juillet, *Pologne*, 59, courriers, 23, 24 novembre 1922, Stehlin S., p. 131 *sq.*, lettres de Charles-Roux n° 178, 16 mai 1939, *Saint-Siège*, 39, de Baelen n° 989, Varsovie, 22 octobre 1948, *Pologne 1944*, 54 ; Katowice, n° 123, 19 décembre 1922, et n° 175, 16 octobre 1923, *Pologne*, 59.

rait [donc] à apporter son aide par une action – directe ou via le nonce à Varsovie – sur les évêques polonais ».

Dantzig et la Prusse occidentale « polonaise »

À Dantzig, où Varsovie se targuait de défendre le catholicisme « contre les Prussiens luthériens », et en Prusse occidentale devenue polonaise, l'affrontement fut brutal. Dans l'ancien diocèse de Kulm-Chelmno, la Pologne demanda vainement que fût adjoint « un coadjuteur avec droit de succession » à l'évêque allemand Augustin Rosentreter, l'un de ceux qui « favoris[aient] ouvertement les menées des partis anti-nationaux ». Tout risque de polonisation fut écarté par Pacelli, Mgr Franz Sander, interlocuteur habituel du Reich, et le président allemand du Sénat de Dantzig, Heinrich Sahm. La demande de rattachement à l'Ermland étant trop explicite, le trio se rabattit sur la seconde proposition allemande : « un administrateur apostolique », le comte Eduard O'Rourke, de toute confiance. Rome dota de pouvoirs épiscopaux le 22 avril 1922 cet « Allemand balte d'origine irlandaise », « défrayé » par Berlin dès son installation, en mai ; les diocèses de Breslau, Munster et Ermland fourniraient, autre garantie, les prêtres de Dantzig. L'élu bloqua dans son diocèse la moindre pénétration polonaise, fût-ce, en 1923, l'installation de sœurs hospitalières.

En avril 1924, Varsovie, avisée du prochain voyage de Sahm, tenta d'éviter sa réception officielle en arguant du « privilège » que lui avaient conféré « les traités [...] de représenter la ville libre vis-à-vis des puissances étrangères ». Pie XI répliqua qu'il avait le droit de « recevoir quiconque, même les souverains déchus, et n'y admettait aucune limite ; que [...] les traités de 1919 – *res inter alios acta* – ne liaient pas le Saint-Siège, qui n'y avait pas pris part ; enfin que les questions spirituelles restaient partout du domaine du Saint-Siège ». La visite, remise alors, eut lieu en décembre. Camouflet pour la Pologne, « le pape re[çu]t en audience privée M. Sahm » le jour où le comte Skzrynski présentait ses lettres de créance[37], en pleine négociation du concordat.

Le conflit uniate galicien

A l'Est, Varsovie, ulcérée que Rome le lui contestât, revendiquait le titre de meilleur croisé contre le bolchevisme, sans illusion : même les Polonais les plus liés aux plans de guerre germano-polonais admettaient au début des années 1920 les objectifs *allemands* de la croisade uniate. Ce dossier unique visait la Pologne, la

---

37. Lettres n° 5 P, Poznan, 24 octobre 1922, de Doulcet n° 59, 24 avril, n° 121, 11 décembre 1924, de Varsovie, 12 mars 1925, *Pologne*, 59, n° 430 de Frank, 20 mai, n° 158 de Mayer, 9 septembre 1924, *Akten*, A, X, p. 228-230, et XI, p. 170-171 (et chap. 10), et Stehlin S., *Weimar*, p. 143-150.

Lituanie catholiques, la Russie (bolchevique), la Tchécoslovaquie et la Roumanie « schismatiques » : toute la zone relevait de Szepticky, archevêque de Lwow, alors polonaise, et Berning dirigeait, officiellement depuis 1930, « les catholiques allemands en Galicie ». Rome eut beau jeu de dénoncer la latinisation forcée des « allogènes » ruthéno-ukrainiens (Laroche), les « projets fantaisistes et dangereux de catholicisation de la Russie [et de] polonisation [qui] révolterai[ent...] le peuple russe [et] serai[en]t certainement exploité[s] par les Allemands » (Panafieu).

Ce n'est pas parce que la Pologne russophobe menait une politique absurde qu'on poussait contre elle l'uniatisme, mais parce que la Galicie était promise au Reich. Les lendemains de l'exécution du Polonais Boutkievitch le démontrèrent. Érigé en martyr catholique polonais, le défunt n'eut droit qu'à un « article assez court » de l'*Osservatore* du 4 avril 1923. Le ministre de Pologne, « fort irrité », se fit refuser la célébration d'une messe d'hommage dans une basilique de Rome. Varsovie « attend[ait] un geste du pape flétrissant les Soviets », mais Berlin se réjouissait d'être débarrassé d'un Polonais gênant : c'est sur sa pression que, le 9 avril, la Curie annula une démarche va-t-en guerre contre Moscou prescrite à Walsh le 31 mars, jour de l'exécution. Quand la Pologne arracha, au bout de quinze jours, une cérémonie dans l'église polonaise de Rome – pas Saint-Pierre, comme requis – avec Gasparri et nombre de cardinaux, « les Allemands » s'abstinrent « à peu près seuls ».

Le combat fut souvent livré via Szepticky, qui se partageait entre action sur place et en Amérique, où il recrutait forces et fonds dans les minorités ruthéno-ukrainiennes. Ainsi, s'apprêtant à regagner Lwow après un séjour américain, fut-il arrêté à la frontière en août 1923. C'est « en particulier » contre lui que Varsovie, « méfian[t]e à l'égard des évêques uniates », demandait qu'un « serment de fidélité » épiscopal à la nation « dérivé du serment français »[38] fût inscrit dans le concordat.

Du concordat de 1925 au forcing de 1932 sur le Corridor

Un chiffon de papier

L'article 12 du concordat bavarois de mars 1924 « garanti[ssan]t les limites actuelles des diocèses et provinces ecclésiastiques » valait à l'Est. Le ministre de Pologne au Vatican ne put jamais en obtenir communication. Varsovie n'en discuta pas moins depuis septembre 1924 un concordat, signé le 19 février 1925 et ratifié par la Diète fin mars.

---

38. Lettres n° 430 de Frank, 20 mai 1924, *Akten*, A, X, p. 230, n° 70 de Laroche, 8 février *1930, Pologne*, 327, n° 197 de Panafieu, Varsovie, 13 juillet 1921, *Pologne*, 58 (et *URSS)*, n° 28, 9, n° 31 de du Sault, Vatican, 19 avril, *URSS*, 123, n° 228 de Barante, 25 août 1923, et note Canet, 8 mars 1925, *Pologne*, 59, et Stehle H., *Eastern*, p. 47-48.

Certains de ses 27 articles semblaient prometteurs à l'ambassadeur François de Panafieu, optimisme sonnant faux. L'article 3 étendant les pouvoirs du nonce en Pologne à Dantzig serait « complété par un échange de lettres secret » par lequel le Vatican s'engagerait « à prendre en considération [...] l'état de choses résultant des traités ». Cet « engagement secret [d']une extrême importance », puisque « le clergé catholique à Dantzig est presque exclusivement » allemand, ne valait rien : « un prélat romain particulièrement en vue a déclaré, pendant [les] pourparlers, que la papauté entendait continuer à ignorer [l]e traité [de Versailles] à propos duquel elle n'a jamais été consultée. » Panafieu présenta l'article 9 comme décisif sur les frontières (« aucune partie de la république de Pologne ne dépendra d'un évêque dont le siège se trouverait en dehors des frontières de l'État polonais ») : la Haute-Silésie dépendrait de l'archevêque de Cracovie, auquel on rattacherait le nouveau diocèse de Katowice. L'article 11 sur la consultation du président de la République avant nomination des évêques serait « une garantie efficace [...] contre [les...] dangers » de l'action antinationale de « trois des titulaires actuels des évêchés-frontières », Mgrs Jerzy Matulewicz, évêque de Wilno (Vilnius), Szepticky et Rosentreter. Mais le diplomate ne releva même pas l'article 12 imposant aux évêques le « serment de fidélité au président de la république », ni le 21 prévoyant des « mesures appropriées » en cas d'« objections » contre un clerc du point de vue de « la sécurité de l'État ». Quant au n° 23 remettant à la conférence épiscopale le choix de la langue liturgique des diocèses latins, il n'y vit pas l'amorce d'une « réplique de notre gallicanisme », inconcevable « en raison de l'esprit de passivité et de routine de la plus grande partie de la population et du clergé ».

Second temps de l'affaire, la Curie prétendit le Reich en fureur contre les droits exorbitants concédés à la Pologne sur Dantzig et le nouvel évêché de Katowice (Kattowitz). Berlin a, rapporta Margerie à la mi-mars 1925, « protesté avec acrimonie auprès du nonce » Pacelli - qui déplorait devant lui « les audacieuses contrevérités » des Allemands déchaînés : « note écrite de protestation » de la Prusse contre les clauses « extraordinairement déplorables » violant la bulle de 1821, manifestations le 12 mars des « catholiques de Dantzig » conduits par O'Rourke, convocation de Pacelli à Berlin, etc. Le Reich était en fait si serein que sa presse, toujours alarmée sur les droits du *Deutschtum*, se tut jusqu'au 8 mai : la *« Gazette de Voss »* commenta sans émoi, à cette date, la « victoire diplomatique et morale de la Pologne » dont « l'Église a[vai]t désormais sanctionné les frontières »[39].

---

39. Lettres de Munich, 19 janvier 1925, n° 48 de Doulcet, 9 avril 1924, *Allemagne*, 371, de Panafieu, 12, 28 (et texte), *Pologne*, 59, note Meyer, Berlin, 25, *Akten*, A, XII, p. 508-510 ; Margerie, tél. n° 483, 16 mars, lettres n° 420, 30 avril, et n° 464, 8 mai 1925, *Pologne*, 59.

Varsovie appliqua jusqu'en septembre 1939 un concordat que Canet classait parmi les plus « absurdes », sur « l'enseignement religieux obligatoire » (sauf dans les écoles supérieures), l'autorité épiscopale sur l'enseignement (article 13) et les richesses et privilèges de juridiction : entretien des clercs par l'État, statut des biens (14), exemption fiscale (15), juridiction spéciale (17), reconnaissance des propriétés, biens saisis inclus. Dans l'attente « des arrangements ultérieurs », l'Église recevrait des « dotations annuelles non inférieures comme valeurs réelles » à celles versées avant 1918 aux territoires polonais par Petrograd, Vienne et Berlin (montant cité à l'annexe A), etc. Rome remit en échange un chiffon de papier à la Pologne. Elle s'y résigna vu les liens économiques germaniques qu'elle avait, comme Prague et Bucarest, maintenus ou renoués, et ses intérêts politiques *intérieurs* : son cléricalisme était dû comme ailleurs aux effets espérés de « l'énorme influence que conserv[ait] le clergé sur les masses populaires paysannes ».

Docilité intéressée qui ne change rien aux faits. L'annexe B délimitant les diocèses fut « renvoyée à plus tard », au motif que « ce travail eût été très long, et qu'on était pressé d'aboutir ». Berlin, Ritter l'affirma le 23 mars, avait reçu l'assurance que les clauses gênantes lui bénéficieraient à terme : le concordat serait caduc dès que les territoires concernés « seraient placés sous le contrôle d'un autre gouvernement », donc en cas de « retour à l'Allemagne ». « Des arrangements spéciaux » donneraient à la minorité allemande droit d'appel direct au Vatican, seul compétent – hiérarchie polonaise exclue – sur l'usage de la langue du culte. La responsabilité exclusive du nonce à Varsovie sur Dantzig garantirait les droits allemands. L'archevêque de Cracovie n'aurait sur le « nouveau diocèse de Silésie » qu'une « autorité de titre » sans « pouvoirs de juridiction »[40].

Ce « diocèse » de Katowice créé par la bulle du 28 octobre 1925 revint au surplus à Hlond. Les Allemands de Haute-Silésie polonaise ne protestèrent pas plus que ceux de Berlin. Un de leurs députés affirma à la Diète « que les Allemands voulaient être fidèles et loyaux envers le nouvel évêque », loyalisme réitéré, sans « correspondre à leurs sentiments intimes », à l'entrée de Hlond dans sa ville le 1er janvier 1926. « La presse catholique berlinoise » ne fit « aucun commentaire ». Puis Hlond succéda à Dalbor, primat-archevêque de Poznan et Gniezno, germanophile notoire, mort en février 1926. L'octroi du chapeau, en 1927, à cet homme de 46 ans, le plus jeune du sacré collège, confirma la rancœur vaticane contre le « Polonais » Sapieha et révéla l'importance de sa mission : saborder l'alliance française, dissuader Varsovie de tout « rappro-

40. Non-liquidation des sociétés allemandes prévue, contre dédommagement, par « les articles 921, 256, 297 du traité de Versailles » dans les trois pays, Poidevin R., *L'Allemagne*, p. 94, note Canet, 2 février 1933, *Canet*, 60, lettres n° 49 de Laroche, 28 janvier 1927, n° 36 de Doulcet, 26 avril, n° 152, Katowice, 24 novembre 1925, *Pologne*, 59, et Ritter, Stehlin S., *Weimar*, p. 137-138.

chement » avec Prague vu « d'un très mauvais œil » par la Curie, et surtout avec Moscou, pour la guider vers le Reich. Mission enfantine : la dénonciation (russophobe) du bolchevisme nourrissait en Pologne toutes les surenchères et celle de l'impiété française ou de « l'agnosticisme des Tchèques et de leurs idées démocratiques » était aussi répandue. Pilsudski, naguère austrophile, faux allié d'emblée, s'afficha au seuil de l'entrée du Reich à la SDN « très nettement pour une politique d'entente avec l'Allemagne », elle-même « assez encline à accueillir [s]es ouvertures [...] moyennant des concessions » polonaises. Hlond servit donc une ligne funeste à la survie du pays avec d'autant plus de zèle que, sitôt nommé cardinal, il caressa « les plus hautes ambitions », l'espoir, avoué à Charles-Roux en 1930, de succéder à Pie XI. Il le conserva même après avoir échoué à obtenir, à l'automne 1932, « la succession du cardinal van Rossum, comme préfet de la [...] Propagande »[41].

Vers les conflits ouverts à l'Est et à l'Ouest

Les amis du dictateur, anciens socialistes comme lui et inquiets des suites allemandes du cléricalisme, jouèrent les Cassandre quand Pacelli devint secrétaire d'État : « Il faut être prudent avec Rome en faisant de la politique [...] La Pologne a déjà payé très cher au cours de l'histoire sa politique de sentiment ainsi que sa politique qui consiste à ne pas se rendre compte de la réalité. La Pologne d'aujourd'hui ne permettra pas qu'on puisse répéter un jour les paroles d'un de ses grands poètes : "Pologne, ta perte se trouve à Rome". »

Dès la seconde partie des années 1920, « l'Église et l'État [avaient] commen[cé] à s'affronter ». Varsovie détestait autant que les États schismatiques les nonces contraints à vivre sans éclat par « la modicité des crédits alloués à [une] nonciature » dépréciée. C'est « une créature de Benoît XV », Lorenzo Lauri, qui l'occupa de mai *1921* à 1927, ne cachant pas « son aversion pour le climat de Varsovie » (et pas seulement lui). En avril 1928, après plus de neuf mois de vacance clairs sur le mépris vatican, le germanophile notoire Marmaggi lui succéda. Annoncé en janvier 1927, alors qu'on parlait d'accord polono-tchèque insupportable à Rome, il avait bien œuvré à la dislocation nationale dans ses deux précédents postes, Bucarest, puis Prague[42]. Il envenimerait le conflit avec Prague sur Teschen et animerait l'œuvre uniate.

---

41. Lettres n° 3, Katowice, 6, n° 90 de Laboulaye, 13 janvier, courriers 13 février 1926, *Pologne*, 59, lettres de Baelen n° 989, 22 octobre 1948, *Pologne 1944*, 54, de Doulcet n° 57, 28 mai 1927, *Saint-Siège*, 31, de Laroche n° 8, 30 décembre, *Pologne*, 59, note, 24 septembre 1926, *URSS*, 125, lettres de Noël n° 5, Varsovie, 4, et de Charles-Roux n° 17, 16 janvier 1937, *Pologne*, 328.
42. *Przedswit*, 18 février 1930, *Pologne*, 327, lettres de Laroche n° 8, 30 décembre 1926, *ibid.*, 59, n° 403, 20 octobre 1928, *Saint-Siège*, 29, n° 3, 27 janvier 1926, de Doulcet n° 15, 26 janvier, de Laroche n° 209, 15 juin 1927, n° 8, 30 décembre 1926, n° 46 du MAE, 20, et n° 15 de Doulcet, 26 janvier 1927, *Pologne*, 59.

Le conflit uniate en Galicie

Elle se poursuivit en Galicie, bien que Szepticky eût, après un voyage à Rome, rendu fin septembre *1928* sa première visite au gouvernement. Il ne s'agissait pas « de réconciliation avec le gouvernement polonais », encore moins « de neutralité dans la question ukrainienne », en une année propice à l'« Ukraine indépendante », dossier sur lequel, on l'a dit, Hlond renseignait Rome, surveillance des frontières incluse. Le Vatican y accrut alors ses moyens d'espionnage militaire et d'action psychologique. Il installa au couvent d'Albertyn, près de Slonim, propriété d'« un groupe jésuite de Cracovie », le jésuite français Philippe de Régis qui y « travaill[a] sur [s]es instructions [...] à la propagation du néo-uniatisme » avec une trentaine d'hommes, selon la coutume : une patiente action sur les paysans orthodoxes auxquels on se garde d'expliquer les « différences entre les deux religions », dit-il en janvier 1933 à l'ambassadeur de France à Varsovie Jules Laroche. Il qualifia de « mirage » vatican « l'amorce hypothétique de la conversion de l'immense Russie » qui l'occupait « depuis cinq ans », mais ne dit mot de la clé de voûte *allemande* de l'édifice.

Les Polonais qui, vers 1920, la dénonçaient sans répit, se censuraient dix ans après. C'est sans parler du Reich qu'une Polonaise « cultivée et intelligente » entretint Laroche, en janvier 1931 des risques mortels que faisait courir à son pays l'obsession « irréalisable » de Pie XI de « rallier les orthodoxes russes à la papauté. La Pologne ne pèse pas lourd en présence d'un enjeu pareil. Elle est et sera sacrifiée ». Même ceux qui avouaient le but allemand de l'uniatisme se résignaient. Ils voulaient croire, tel cet « interlocuteur » de Laroche en plein vacarme « expiatoire » de mars 1930, que Varsovie partagerait avec Berlin les dépouilles de l'URSS quand la religion y serait « restaurée » : « deux écoles seraient en présence. L'une veut se servir des Polonais, l'autre des Allemands. » Pacelli « partisan de la double manœuvre,[...] va s'atteler à la tâche ».

Pacelli n'était « partisan » que de l'allemande et du sacrifice des pillards du bien du Reich, la volte-face de Pie XI devant les Français le confirma. Il avait, à leur usage, toujours dissocié le « nationalisme » polonais et les vertus de Pilsudski, croisé contre les Huns du temps. Il découvrit au début de 1931 ses « procédés dictatoriaux » et confia à Fontenay, naguère témoin de ses louanges, « ses désillusions sur son ami ». Sa déception était à la mesure de l'œuvre en cours aux frontières : la *Pro Russia* nomma alors l'un des principaux adjoints de Szepticky, l'Ukrainien Mikolai Czarneckyi, évêque « de tous les Slaves catholiques » uniates en Pologne (« sauf ceux des diocèses purement ukrainiens ») et visiteur apostolique de Kovel, en Volhynie. Affecté à un effectif uniate infime (« 45 pasteurs pour 18 000 fidèles »), il devint la bête noire des Polonais[43].

La croisade uniato-jésuite s'amplifia tant qu'elle emplit en 1931 et 1932 les volumes polonais « questions religieuses » du Quai d'Orsay. Le dossier explique en partie la lutte, sourde ou ouverte, entre Rome et Varsovie, officiellement en si bons rapports. La Pologne connut donc au tournant des années 1920 des conflits qui nous ramènent au lot français. L'amorce de laïcisation de l'école, de l'état-civil et du mariage, si molle vu les obsessions *intérieures*, souleva l'épiscopat au nom du respect des « principes chrétiens dans la vie de l'État ». Le Vatican dut étouffer l'expression, grandissante, de la colère polonaise : en octobre 1932, « à la demande de Rome », Mgr Kakowski, vieux féal du Reich, mit à l'index le livre du comte Lubienski, *Le chemin de Rome vers l'Orient* : très hostile à la politique vaticane envers les orthodoxes polonais, il attaquait la *Pro Russia*, « dans laquelle nous connaissons nos ennemis, mais pas nos amis ». Varsovie laissa dès 1931 filtrer son information : Szepticky conservait toute son influence à Rome ; Marmaggi inondait de rapports le pape « obsédé par l'idée de rattacher l'orthodoxie à Rome » ; la Curie était liée à tous les complots (germano-)ukrainiens, tant au « mouvement insurrectionnel de grande envergure » que préparait « l'Organisation militaire ukrainienne » qu'à son masque pacifique, la présentation à Genève des « revendications ukrainiennes » ; les jésuites pro-uniates de Ledochowski étendaient désormais au « reste des "confins" [...] du Nord et de l'Est » leur « agitation » routinière « en Galicie orientale ». C'est dans ce contexte que Varsovie dénigra l'Institut pontifical oriental et D'Herbigny, présenté comme l'instrument de l'alliance uniate avec les Russes blancs. Mais la chute du favori français ne lui dut rien, la Curie se moquant « des susceptibilités des Polonais »[44].

La tactique de revendication du Corridor

À l'Ouest comme à l'Est, seuls les intérêts allemands dictaient l'avenir de la Pologne. En janvier 1927, la nonciature démentit officiellement son action, notoire, contre les frontières de la Pologne, que Bergen confirma en juillet : « la Curie » faisait tout pour que le Reich récupérât « Dantzig et le corridor », sous prétexte « d'améliorer les relations entre les deux peuples et États » gâchées par « l'actuel tracé des frontières ». L'affaire se cacha à la fin de 1928 sous l'opéra-

43. Lettres de Martin sans n°, Lwow, 28 septembre, *Pologne*, 59, de Fontenay n° 226, 16 décembre 1928, *URSS*, 127, de Laroche n° 31, 19 janvier 1933, n° 28, 14 janvier 1931, *Pologne*, 327, n° 127, 11 mars 1930, *URSS*, 956, n° 49 de Fontenay, 4 février 1931, *Pologne*, 327, et Stehle H., *Eastern*, p. 146.

44. Lettres de Laroche n° 402, 21 septembre 1929, *Pologne*, 59, n° 95, 16 février 1931, n° 156, 4 mai, n° 367, 19 octobre 1932, n° 103, 24 février, de Fontenay n° 184, 30 avril 1931, n° 177, Tallin, 15 novembre 1932, *Pologn.*, 327, et de Charles-Roux n° 210, 28 mai 1933, *URSS*, 956.

tion romaine (déjà décrite) confiée au journaliste Paul Scheffer en réponse aux avances de Pilsudski. L'URSS, déclara cet agent du « gouvernement allemand », « est aux abois, à la veille de sombrer », « les Ukrainiens désespérés » et privés de blé n'aspirent qu'à leur « délivrance » par la Pologne. Ainsi celle-ci, « encore agrandie et fortifiée », édifiera-t-elle « une Prusse orientale en État indépendant » qui assurera « la solution naturelle du couloir de Dantzig ». Ce plan, expliqua Fontenay, « n'est pas uniquement dicté par le désir de tuer le bolchevisme » : l'Allemagne ne « réclamer[a-t-elle pas] aux Polonais, après leur avoir apporté [son] appui moral et même quelque secours, une légitime compensation de l'effort fourni, sous la forme de quelques rectifications du côté de la frontière orientale du Reich ? » Elle renoue là avec son vieux plan d'expansion vers la Méditerranée via les Autrichiens qu'elle poussait vers les Balkans et Salonique « avec l'arrière-pensée de leur demander ensuite une juste compensation qui l'eût installée à Trieste ». Il faut donc « bien réfléchir avant de laisser la Pologne s'engager dans une voie à laquelle on cherche à donner un aspect tentant et dont le premier résultat serait de l'éloigner de la France puisque l'aide et la coopération lui viendraient d'Allemagne ». Bergen corrobora cette analyse par son soutien inédit à l'idée d'« entente défensive sérieuse avec la Pologne » – tactique de Kaas et du *Zentrum*. Mais Fontenay prêtait à Paris un pouvoir déjà perdu, que Berlin était près de saisir.

Ces douceurs ukrainiennes furent avalisées par les tenants polonais de la théorie des « deux écoles » sur les confins orientaux, et leurs espoirs de « compensation » enhardirent le Reich sur les frontières occidentales de la Pologne. Rappelons que le concordat de Prusse instituait un diocèse de Berlin, confié à Christian Schreiber, et que Pacelli s'agitait dans cette zone restée allemande. En septembre 1929, où fut créé ledit diocèse, il rendit visite à l'évêque d'Ermland, Mgr Maximilian Kaller (l'un des plus nazis et revanchards). Il institua un an plus tard Berning tuteur des « minorités allemandes » des frontières orientales. Toutes les manifestations catholiques pangermanistes exaltaient, telles les « fêtes de Schubert » de juillet 1928, « le retour à l'Allemagne » des zones polonaises. Les réunions et congrès catholiques, discrets sur leurs délégués d'Alsace-Lorraine ou d'Eupen-Malmédy, affichaient toujours ceux de « Haute-Silésie polonaise », présents en masse comme ceux de Sarre, d'Autriche et des Sudètes.

Au sommet, l'action commune avec le cabinet Brüning progressa tant que Pizzardo bannit toute autocensure devant Gentil pendant la visite romaine d'août 1931 de Brüning et Curtius : « je taquine parfois votre collègue polonais sur la question du couloir, mais il est irréductible et se récuse chaque fois avec la même violence. » Gentil répliqua « que la seule idée de révision des traités mettait la paix en péril », faisant reculer le sondeur : « oh, [...] je sais bien que le moment n'est pas encore venu. » En octobre 1931, Christian Schreiber déclara à Fontenelle : « on ne saurait exiger des Allemands qu'ils renoncent définitivement au couloir de Dantzig », qu'il faut « repousser [...] plus à l'Est ». La France n'aura qu'à donner à la Pologne « une colonie pour la dédommager du sacrifice qu'on lui demande ». Tant d'audace suggère sa connaissance des tractations en cours des partenaires franco-allemands du cartel de l'acier, au détriment de l'URSS mais aussi des frontières polonaises, plans « révisionnistes » assurés du soutien du ministre des Affaires étrangères Pierre Laval[45].

III. Le calvaire des schismatiques

Toute la zone orientale promise au Reich, de l'Estonie à la Bulgarie, sans oublier la Finlande, était menacée. Dans un même pays, l'œuvre pouvait être conduite avec l'épiscopat germano-magyar latin et avec l'uniatisme ukraino-ruthène également promus au détriment des États nationaux. La Curie imposa des concordats insignables ou, signés et ratifiés, inapplicables, tant les privilèges catholiques lésaient les autres confessions, tels le lituanien, aussi « absurde » que le polonais. Dès que la Lituanie catholique et antisoviétique le conclut, en 1926, elle fut à Memel mal récompensée de ses bontés. Berlin, qui voulait conserver à son évêché d'Ermland cette cité rattachée à la Lituanie, y avait bénéficié d'emblée d'une formule à la Dantzig : clergé allemand salarié et formé par le Reich, etc. Dès l'« accord » de 1926, le Vatican transforma Memel, dont la Lituanie réclamait en vain l'intégration au diocèse de sa capitale, Kaunas (Kowno), en prélature *nullius* (sans évêque, directement soumise à Rome) : désormais officiellement détachée de la hiérarchie nationale, qui n'avait jamais eu à en connaître, elle put « mieux préserver les traditions allemandes » (S. Stehlin)[46].

La Roumanie, la Tchécoslovaquie et la Yougoslavie, meilleures alliées de la France que la Pologne, connurent des avanies dont les chapitres précédents ont décrit les aspects italien et hongrois. Leur tableau allemand ressemble à celui de l'URSS et de la Pologne (le cas roumain est résumé au chapitre 8).

La Yougoslavie, le Vatican et le Reich

Les forces croates, slovènes et bosniaques nostalgiques de l'ancien Empire trouvèrent solide appui dans les élites « nationales » sauvées de sa ruine et surtout dans le Reich : leur italophobie était synonyme d'allégeance germanique ou germano-magyare. La Curie livra la Yougoslavie au Reich non seulement objectivement – par son alignement sur l'Italie – mais aussi, et de plus en plus, subjectivement.

---

45. Lettres de Doulcet n° 32, 18 mars 1927, *Saint-Siège*, 21, de Bergen, 1er juillet 1927, *Akten*, B, VI, p. 2-4, de Fontenay n° 197, 17 novembre, n° 226, 16 décembre 1928, *URSS*, 127 ; Königsberg n° 163, 7 septembre 1929, *Allemagne*, 371, juillet 1928, *Autriche*, 80, lettres n° 55 d'Henry, 29 septembre 1932, *Canet*, 36, Gentil n° 356, 10 août 1931, *Allemagne*, 699, de Fontenay n° 424, 16 octobre 1931, *Allemagne*, 689 ; Lacroix-Riz A., *Choix*, p. 93-94.
46. Note Canet, 2 février 1933, *Canet*, 60, et Stehlin S., *Weimar*, p. 151-154.

Croates et Serbes face au Reich

Les Croates

L'épiscopat « yougoslave » se partageait entre Italiens et Allemands ou assimilés, ennemis jurés de l'italianisation. Les laïcs du parti catholique croate et slovène furent associés aux incessants complots germano-austro-hongrois contre la Petite Entente – et l'Italie. Ils ne servirent que de force supplétive du (futur Grand) Reich, en dépit de leurs espoirs d'expansion de la décennie 1920 : le territoire croate brigué serait-il autonome, « indépendant » ou intégré à tel État complice du dépècement ? Au fil des ans, la déstabilisation de la Croatie augura un avenir de plus en plus allemand.

Selon l'information militaire de janvier 1922, la coalition dirigée par Ludendorff et le colonel Max Bauer, son ancien chef d'état-major et délégué en Autriche, complice de ses intrigues bellicistes « entre Munich, Budapest et Agram » (Zagreb), céderait en cas de partage de l'Autriche la Carinthie à la Yougoslavie : c'était un appât, puisqu'il était exclu de démembrer le lot du Reich. Plus sérieux fut le projet de « neutraliser la plus redoutable des armées de la Petite Entente ». Il inspira « un plan » de l'Orgesch arrêté le 4 août 1922 par ses chefs réunis à Berchtesgaden, avec l'aval de « Ludendorff et son entourage », associant deux Autrichiens champions de l'Anschluss, les gouverneurs du Tyrol, Richard Steidle, et de Styrie, Anton Rintelen. Il prévoyait contre la Tchécoslovaquie, résolue contre l'envahisseur, une attaque militaire *stricto sensu* : les 10 000 hommes de l'Orgesch bavarois seraient rejoints par ceux de l'Orgesch autrichien, massés le long des frontières tchécoslovaque et saxonne. Contre la Yougoslavie, jugée vulnérable, on compléterait l'assaut en suscitant des « troubles intérieurs » en Croatie et en Slavonie : le « Comité des émigrants de la Croatie », « réactionnaires » obsédés par « la destruction de la Yougoslavie », avait proposé la tactique. Ce plan *allemand* prévoyait d'armer et d'organiser militairement « les paysans de Croatie » et de désarmer et expulser les troupes serbes d'Agram : Radic ne peut l'avoir ignoré, lui qui, après l'échec de ses complots anti-serbes, se réfugia en 1924 « en Autriche » pour les y poursuivre.

C'est par le soutien à l'Anschluss que s'afficha la dépendance allemande des Croates du parti paysan. Selon ceux que rencontra Loiseau en 1926, il permettrait au Tyrol du Sud de réintégrer ce Reich agrandi et à eux-mêmes de récupérer l'Istrie et la Vénétie julienne où l'Italie opprimait 500 000 Croates et Slovènes. La presse croate le proclama au plus tard en juillet 1928, avec le *Jugoslavenski Lloyd*, organe des milieux financiers : ces « revendications » nationales allemandes « justifiées coïncidaient avec les intérêts économiques essentiels des Yougoslaves », qui disposeraient ainsi d'« une frontière directe avec la

Grande Allemagne » ; l'Anschluss étant « une nécessité » économique pour l'Allemagne, l'Autriche, la Yougoslavie et les Balkans, « il n'y a[vait] pas à faire de sentiment ». En août, Jovan Jovanovic Pižon, « ancien diplomate » croate, président de la délégation officielle yougoslave à la conférence interparlementaire de Berlin, donna une interview à la *Vossische Zeitung* et rédigea « un long article » dans le *Berliner Tageblatt*, tous deux reproduits par le journal croate *Obzor*. Il s'y prononçait pour l'Anschluss, dette croate envers la pacifique Allemagne dont les minorités en Yougoslavie étaient si loyales, et pour la poussée du Reich jusqu'à Salonique : « Notre peuple croit aussi à la nécessité que l'Allemagne obtienne un accord sur la Méditerranée, et il contribuera de son côté à réaliser cette nécessité. » Soutien si compromettant que « la rédaction du journal » allemand présenta le texte comme exprimant l'opinion, « dans l'air du temps » *(dem Wert eines Stimmungssymptoms)*, de son seul auteur.

Si les Croates attendaient autonomie et gain territorial, il leur fallut une inconscience totale pour garder espoir en négociant avec « Vienne ». En février 1929, Bucarest informa Paris d'une discussion sur un plan de « réunion de la Croatie et de l'Autriche », c'est-à-dire d'annexion de la première au Reich grossi de l'Autriche. Deux cas étaient envisagés : scission de la Yougoslavie sanctionnant un refus serbe de concéder une « large autonomie » aux Croates, ou « complot militaire » contre le roi s'il se montrait « trop libéral »[47]. L'affaire était donc fort avancée bien avant que l'attentat d'octobre 1934 ne révélât l'efficacité d'intrigues *allemandes.*

Les Serbes

La Yougoslavie, à laquelle l'agressivité de Rome fit oublier l'« intérêt commun à s'opposer, *manu militari*, à un agrandissement de l'Allemagne », baissa la garde à l'ère locarnienne. Comme tous les États successeurs, elle se disait hantée par la résurrection de l'Empire dualiste. Terreur réelle ou tactique ? Ce fut à partir du printemps de 1925 un des arguments invoqués pour résister à la pression de la France, qui prétendait obtenir de ses alliés de la Petite Entente, au motif d'éviter l'Anschluss, « une entente commerciale et économique avec l'Autriche ». Benès, plus sincère, y voyait un gain net pour le futur bénéficiaire de l'annexion. Ignorance volontaire du danger grand-allemand, par italophobie et austrophobie ? C'est improbable, puisque Belgrade analysait lucidement les lendemains de l'Anschluss pour tous les voisins d'un Grand Reich, Hongrie incluse. Ou peur, aiguisée par la conviction de la mollesse du soutien anti-germanique français ? La

47. Lettre n° 11 de Maugras, 23 janvier, note « mi-août 1922 », *Autriche*, 74, lettre n° 168 de Lefèvre Pontalis, 20 juillet 1924, *Autriche*, 65 ; rapport Loiseau, 18 décembre 1926, *Autriche*, 77, lettre n° 131, Zagreb, 25 juillet, article, 22, *Autriche*, 80, *Obzor*, 23, lettre n° 869 de Margerie, 29 août 1928, et tél. Puaux, Bucarest, 7 février 1929, *Autriche*, 81 et 82.

France, exigeant des petits alliés des sacrifices économiques autrichiens qu'elle s'épargnait, contribua au « malaise » : ces pays ont l'impression, écrivit en juin 1925 le ministre à Belgrade Joseph-Fernand Grenard, « que nous soutenons leurs anciens ennemis pour des raisons d'affaires malentendues et qu'au fond nous n'avons pas confiance dans les États nouveaux ». Que dire de la non-garantie des frontières orientales du Reich en octobre 1925 à Locarno, explicite sur l'attitude française en cas de remise en cause pratique ? Belgrade se réfugia donc dans « la veulerie et l'aveuglement » comme Prague. Mais elle céda plus tôt – 1925 au lieu de 1927 – à « la tendance dangereuse à s'abstraire des problèmes de l'Europe centrale et occidentale, à laisser la France et la Tchécoslovaquie s'y débrouiller, et à s'enfermer dans son domaine balkanique ». Pour nier le péril, on invoquait les fantasmes du passé, le risque de résurrection de Vienne comme « capitale financière et économique de l'Europe centrale et balkanique ». La Yougoslavie, résuma Grenard, redoute l'annexion en raison de « la communauté de frontières entre l'Allemagne et la Hongrie ». Mais elle n'y voit pas « une catastrophe », pensant qu'elle « offrirait quelques compensations, [...] permettrait de rompre ouvertement des liens gênants, de reprendre une entière liberté d'action économique, [et] réduirait définitivement le rôle de Vienne, devenue simple ville de province germanique ».

Les sécessionnistes n'étaient donc pas les seuls à espérer écraser l'Italie en compagnie du Grand Reich tout en neutralisant la menace allemande contre leurs territoires. L'illusion était absurde, rapportée aux informations dont disposaient la Petite Entente et la France sur les appétits allemands qui condamnaient à mort, avec les prétentions balkaniques de l'Italie, la survie même des États de la région[48].

Les plans du Reich et le Vatican

Quand Berlin entra à la SDN, Belgrade, que la mission « catholique » sur « la question des minorités allemandes » à l'Est visait aussi, avait censuré le péril. L'épiscopat germano-magyar italophobe travaillait pour le Reich, le *veto* vatican contre le slavon aussi. *Rietch*, organe du parti démocrate indépendant de Zagreb, s'en plaignit le 12 février 1927 : un article tout récent de l'*Officio Romano d'Informazioni* « repousse la revendication de la majorité des catholiques yougoslaves, mais assure à la minorité allemande que le Saint-Siège ne permettra jamais l'extension de la liturgie slave ». « L'Église, *arguait l'ORI à destination des Allemands*, est opposée à toute politique de dénationalisation », argument que le journal imputa aux fidélités italiennes du Vatican.

---

48. Rapport Loiseau, 18 décembre 1926, *Autriche*, 77, copie sans n° MAE, 5 mars, tél. MAE n° 103-106, 22 mai, note n° 47-25, 2 juin (visite Benès à Seydoux), note sans n°, 10 décembre 1924, *Autriche*, 74, Grenard, tél. n° 141-144, Belgrade, 26 mai, et lettre n° 134, 6 juin 1925, *Autriche*, 75 ; 1925-1933, *Autriche*, 75-83 et 195.

Les conciliabules Georg Schreiber-Pizzardo sur l'action auprès « des minorités allemandes » furent donc tôt suivis d'effet. La *Germania* omit en 1927 le badigeon « locarnien », avouant que l'Anschluss précéderait d'autres jalons vers le Grand Reich : début avril, en pleine campagne de « réconciliation franco-allemande », elle rappela « la faveur » romaine pour l'Anschluss, moyen de « renforcer ce levier puissant que constituerait en Europe centrale, pour le Saint-Siège, l'union, sur tous les terrains de la politique intérieure et extérieure, des catholiques germaniques ». Otto Siegel rappela les motifs antiques et légitimes de l'Anschluss, et recensa les minorités allemandes qui feraient triompher ailleurs les droits du Reich et « des peuples » : « l'enjeu est considérable », il y a 9 950 653 Allemands dans l'ancienne monarchie dualiste, dont 5 787 192 en Autriche, 3 483 945 « dans les territoires sudètes », 272 000 en Italie, 25 000 à Fiume, 105 810 en Yougoslavie, 168 601 en Roumanie, 133 070 en Galicie polonaise. « D'importantes forces nationales sont ainsi en jeu. Elles montaient la garde aux marches de l'Est et protégeaient le patrimoine et la race allemands en d'innombrables et chaudes batailles d'avant-garde. *L'Anschluss ne représente qu'une étape vers le maintien de la nationalité allemande et de la force de la race allemande (deutschens Volkstums und deutscher Volkskraft) dont la valeur et la puissance doivent se manifester dans l'ensemble de la politique nationale culturelle, économique et sociale allemande.* »

Rappelons les envolées de Kaas, devant Pacelli, au 66e congrès catholique allemand de Dortmund en septembre 1927, sur « l'espace et la lumière » attendus du « nouvel État allemand », et de Seipel sur « l'idée de la Grande Allemagne » et « le mot "frère" » si doux aux oreilles des « Allemands établis en dehors du Reich ». Le professeur d'université Georg Schreiber y prononça « le principal discours », prescrivant d'« envoyer des prêtres de langue allemande [aux] catholiques allemands de l'extérieur [qui étai]nt profondément religieux »[49]. La mission « orientale » confiée par Pacelli à Berning visait aussi la Yougoslavie, où elle se dévoila en 1933.

La Tchécoslovaquie, le Vatican et le Reich

Vrai contentieux et faux modus vivendi, *1919-1928*

Les revendications territoriales

Prague subit la poigne de la Hongrie – de Mgr Czernoch, « un [de ses] ennemis les plus irréconciliables » – et du Reich dès sa naissance, la longue

49. Lettres n° 59 de Dard, 17 février (et article, 12), *Yougoslavie*, 43, n° 344 de Margerie, 9 avril (souligné par un lecteur), *Autriche*, 78, n° 1035, 5, et n° 1032 de Laboulaye, 7 septembre 1927, *Allemagne*, 369.

histoire anti-allemande des Tchèques faisant du jeune État l'ennemi par excellence. Il ne mérite pas plus que la Yougoslavie d'être classé (par Rhodes) parmi les « États anticléricaux » résolus à affronter le Vatican. L'Église catholique « inféodée à l'État des Habsbourg » et symbole de « la domination allemande » était certes « odieuse » (formule d'un clerc français) aux héritiers de Jean Hus et des vaincus de la Montagne Blanche. Benès et Thomas Masaryk n'en voulurent pas moins traiter par souci de stabilité nationale *et* sociale[50]. Benès était sincère lorsque, voulant « conserver [à Prague et à la Curie] la maîtrise de la question des rapports de l'Église et de l'État à l'abri des caprices ou même des sommations de l'opinion publique », il déclara à Cerretti le 25 juin 1919 : « le pays a besoin de paix religieuse et il s'agit de la lui procurer, en dépit 1° des justes ressentiments de la population contre le haut-clergé, ancien complice et serviteur de l'Autriche, 2° de certaines tendances démocratiques auxquelles participent des membres du bas-clergé, 3° des préventions anticléricales du parti socialiste. » Cerretti ne l'était pas en saluant par « des signes d'acquiescement les principaux passages » de ce programme de « concordat de séparation amiable » et en déclarant la Curie prête à « s'entendre avec tout gouvernement qui ne lui demandera[it] pas de concessions incompatibles avec les règles canoniques ». Les éléments du bas-clergé tchèque résolus à « instaurer une Église nationale » démocratique sur des bases identiques à celles décrites en Yougoslavie semblèrent y parvenir à Prague, début janvier 1920. Mais ces « soviets ecclésiastiques » issus des « conseils de prêtres » de 1918-1919, excommuniés par Rome, ne furent pas soutenus – avant d'être lâchés – par leur État : il redoutait leur radicalisme. Contre « l'immense majorité du public tchèque », Prague s'abstint donc, pour « ménager les catholiques », d'appliquer un programme laïque qui n'avait rien à envier, par son ambition économique (biens sécularisés) et culturelle, à l'exemple français étiré sur plus d'un siècle[51].

Le schéma vatican ressembla à tous ceux déjà décrits. Furent maintenus ordres et congrégations magyars et allemands, richissimes propriétaires fonciers et force dissolvante, tels les couvents de prémontrés de Jasovar sur les confins hongrois. Ils furent confiés à l'abbé Tazkacs Mednard, *Prelatus nullius* rattaché à Rome de droit, à Budapest de fait, après avoir été arrachés à l'ordinaire, évêque de Kosice (Slovaquie), Mgr Augustin Fischer-Colbrie,

---

50. Colline de l'ouest de Prague où en 1620 les partisans des Habsbourg vainquirent la noblesse protestante tchèque, défaite suivie d'une terrible répression, du pillage de ses biens par sa rivale germanique et de la férule impériale. Hus, *infra*.
51. Rhodes A., *Vatican*, chap. 5, rapports, 16 mars 1919, 30 mars 1920, *Hongrie*, 42, tél. président du Conseil, 8 décembre, note Loiseau, 30 juin 1919, lettre n° 9 de Clément-Simon, 10 janvier, tél. Barrère n° 499, 25 février, rapport du RP Bousbée, 18 juillet, et lettre n° 173 de Couget, 1er septembre 1920, *Tchécoslovaquie*, 37.

avec sa complicité : cet Allemand « de Hongrie » y possédait « des propriétés » qui lui faisaient confondre « ses intérêts personnels » avec ceux de ce pays. Prélats magyars et allemands restèrent en poste ou furent remplacés par des éléments similaires. On se bornera au cas du comte Pavel von Huyn, « allemand de race et de sentiment », nommé à Prague sur ordre exprès de Vienne en octobre 1916, contre les Tchèques, à la place de Mgr Lev Skrbenski (aussi détesté), transféré à Olmütz : accusé entre autres « de commerce de sièges archiépiscopaux », Huyn courut dès la révolution du 25 octobre 1918 « se réfugier en Suisse tant il était impopulaire ». Lui succéda en septembre 1919 František Kordac, chef du « parti clérical » de Hlinka qui n'avait fait carrière qu'en « Bohême allemande » (les Sudètes). Il avait pendant la guerre dénoncé des Tchèques, déclaré : « si l'Autriche et l'Allemagne sont vaincues, je quitterai la Bohême », et « après la révolution » comploté « contre la république »[52].

Prague accueillit des nonces venus organiser la sécession de la Slovaquie au profit (présumé) de la Hongrie et, plus discrètement au début, celle de la « Bohême allemande ». Le sort des zones dévolues au Reich fut remis, d'une part, au nonce à Vienne et à l'épiscopat autrichien (j'ai évoqué la mission du Sudète Innitzer), d'autre part, à Berlin et à l'épiscopat allemand. Valfrè, nonce à Vienne, demeura donc en titre à Prague jusqu'en septembre 1920, seul d'abord, et, depuis octobre 1919, avec son successeur Micara. Celui-ci dirigea l'uniatisme anti-russe « en Carpathorussie » (Ruthénie ou Russie ou Ukraine subcarpathique) avec les évêques Papp, d'Uzhgorod (à la frontière hungaro-slovaque), « Hongrois, qui ne dissimul[ait] même pas ses origines », et Fischer-Colbrie, de Kosice. Il organisa contre Prague avec l'abbé Hlinka et son « parti populaire de Slovaquie » une guérilla dont les aspects hongrois et allemand finirent par se confondre.

Au printemps 1923, quand les activités slovaques et *veto* répétés de Micara contre toute participation catholique au gouvernement furent assez avérés pour que Prague exigeât son départ, Marmaggi le remplaça. La lutte contre l'impiété, contre le protestantisme ou le « hussisme » et contre l'orthodoxie que Prague tentait de protéger contre l'uniatisme au contact de l'Ukraine – protection contre le sécessionnisme « ukrainien » dont Cerretti exigea l'abandon en 1924 – couvrait la question cruciale : les pertes territoriales hongroises et allemandes. Rome mit donc son veto au règlement du problème des frontières, au contrôle de l'État sur les nominations épiscopales, à l'application de la réforme agraire aux biens d'Église, et fit de l'indemnisation des prélats spoliés un abcès purulent.

---

52. Octobre 1920, lettres n° 12 de Rötig, Bratislava, 18 novembre 1922 ; de Charles-Roux n° 85, 27 mars, de Clément-Simon n° 21, 2 avril, n° 110, 17 septembre, et n° 123, 20 octobre 1919, *Tchécoslovaquie*, 37.

Du point de vue du Reich, il faut distinguer le dossier « autrichien » des Sudètes du silésien, identique au cas polonais avec les revendications de Bertram sur la partie tchécoslovaque de son diocèse, Teschen, devenu Cesky Tesin. L'archevêque de Breslau recourut comme Czernoch à l'épiscopat français, larmoyant en février 1922 dans une lettre à Mgr Dubois sur ses « 32 000 ha de forêts excellentes » (« environ 300 000 », corrige Stehlin) : Prague ne lui avait accordé qu'« une mince compensation » et, « privé de cet appoint[, il] ne pourra[it] plus entretenir les institutions ecclésiastiques [ni] sauver les petits enfants » dépendant de sa charité. « La Tchécoslovaquie ne sera pas définitivement détachée du diocèse de Breslau tant que cet évêché y possédera "32 000 ha d'excellentes forêts" », trancha Canet.

Les affronts politiques : l'affaire Hus

C'est en vitupérant l'indemnisation dérisoire que le tandem germano-vatican (Steinmann, Bergen, Gasparri, Pacelli, Bertram, etc.) prépara dès 1919 le retour au Reich. À dater de 1924 se succédèrent les humiliations. Ce fut d'abord à la Noël une pastorale des neuf évêques « slovaques » destinée à « soulever les passions locales » : elle dénonçait « les sokols tchèques » sans les nommer et interdisait aux fidèles d'être « membres d'une association antichrétienne, quels qu'en soient le nom et la couleur ». Marmaggi, hissé « à la tête du parti catholique », voulait ainsi arracher le départ des deux ministres catholiques (dont Mgr Jan Sramek), préparer les élections générales (de la fin de 1925), et enterrer le projet récemment repris de « partage rigoureux des biens épiscopaux ecclésiastiques » par la réforme agraire. Secondant la Hongrie, cette déstabilisation servit surtout Berlin, soucieux d'exploiter le bon « climat diplomatique » pour poser la « question de ses droits de propriété » sur Teschen lors des « négociations de Locarno » en vue du « traité d'arbitrage germano-tchèque »[53].

Ce plan valut à Prague, à l'été 1925, le plus grave affront jamais subi. Pour apaiser l'opinion exaspérée par Marmaggi, le cabinet fit voter une loi érigeant en fête nationale l'anniversaire, le 6 juillet, de la mort de Jean Hus (héros tchèque entre tous), jour où « le peuple tchèque [...] confond[ait] dans un même sentiment de haine Vienne et Rome, le pape et les Habsbourg ». La veille de l'événement promis à « un éclat inaccoutumé », Pie XI ordonna au nonce « de quitter Prague pour protester contre la participation des plus hautes autorités de l'État aux fêtes ». La « provocation pontificale » équivalait à frapper d'interdit le 14 juillet français.

53. Bertram, 6 février, note Canet, 31 mars 1922, *Allemagne*, 367 ; indemnité, *Tchécoslovaquie*, 37, 38, 107-109, lettres n° 1 de Rötig, 13 janvier, n° 95 de Couget, 8 avril 1925 (et janvier-avril), *Tchécoslovaquie*, 38, et Stehlin S., *Weimar*, p. 138-142.

« Goutte d'eau qui [fit] déborder le vase », elle déclencha l'ouragan qui fit « jubiler [...] Berlin et [...] Budapest » en soudant « les opposants slovaques[,..] allemands et [...] magyars » contre la nation ainsi « affaiblie ». Le coup porté au « sentiment national tchèque » entraîna une « demi-rupture » diplomatique, et l'« appel » à Prague du ministre au Vatican. L'interminable crise donna lieu à mainte avanie, notamment la réception, le 17 juillet, d'un pèlerinage de « catholiques de Bohême » [sudètes]. Pie XI les loua en latin « pour leur fidélité et la fermeté de leur foi qui ne se laissait pas intimider par les menaces et par la propagation de l'erreur même si elle venait de haut ». Il exprima son « espérance d'une ère meilleure et de meilleures conditions pour la religion catholique en Tchécoslovaquie » et glorifia le nonce. Le coup provoqua « une crise parlementaire de cabinet » et déchaîna l'épiscopat, entre aumônier général de l'Armée venu en tête du pèlerinage « participer [...] à un acte de soumission » à Rome et pastorale générale, aussi incendiaire que la slovaque. Le 15 novembre 1925, les élections renforcèrent à la fois « les catholiques modérés » tchèques et les subversifs reconnus, « populaires slovaques » et « chrétiens-sociaux allemands », qui doublèrent leurs sièges[54].

Prétexte, forgé avec Berlin, au verrouillage des problèmes des frontières, des diocèses et de la réforme agraire, l'affaire Hus ressurgit tous les ans, bien avant juillet. Le 20 février 1927, Pie XI adressa un « ultimatum » à Prague par une lettre à l'épiscopat exigeant « qu'aucun membre du gouvernement tchécoslovaque n'assistât jamais, même à titre privé, à la fête de Jean Hus ». S'ensuivit une nouvelle crise, qu'orchestra Mgr Pietro Ciriaci, « quatrième personnage de la secrétairerie d'État », envoyé fin mars à Prague (où, depuis juillet 1925, la nonciature n'avait plus qu'un chargé d'affaires) : toute négociation ultérieure fut subordonnée à cette condition. « Donn[ant] le branle à l'agitation [des] cléricaux », Gasparri et Borgongini déclarèrent, fin avril, « qu'un accord serait difficile tant que M. Benès dirigerait les Affaires étrangères ». Fin juin, le pape nomma protonotaire apostolique Hlinka, « un exalté et un aventurier » : sa promotion fut célébrée à Buzombzrk avec le clergé, les députés et sénateurs et les deux ministres slovaques du cabinet (dont Josef Tiso). L'État capitula sur la fête nationale : le 6 juillet 1927, Masaryk quitta Prague, le président du Conseil s'abstint. Le cabinet maintint une façade de dignité en déléguant trois ministres, dont Benès, « à titre purement personnel », mais « aucun [ne prit] la parole ». Pie XI en exigea alors « une déclaration catégorique » sur les conditions futures de la cérémonie. Cette

54. Lettres n° 204 de Cosme, Prague, 7, n° 207 de Couget, 13, n° 211 de Cosme, 20, de Doulcet n° 77, 9, n° 80, 15, sans n°, 18 juillet (et mois), de Couget n° 244, 14, n° 239, 6, n° 249, 29 août, et de Doulcet n° 138, 2 décembre 1925, *Tchécoslovaquie*, 38. Hus, *Encyclopœdia Universalis*, Paris, 1973, 8, p. 612-613.

provocation fut prétexte à « ajourner *sine die* » la mission à Rome du secrétaire général des Affaires étrangères, Kamil Krofta[55].

La Curie exploita le conservatisme grandissant, au fil des années, de l'État, qui versa en 1927 à Budapest 23 millions de couronnes d'indemnités. L'inclination à la conciliation à tout prix, combattue par la gauche laïque, reflétait aussi l'évolution envers l'Allemagne. Benès, hanté par la révision des traités fondateurs, présenta jusqu'en 1926-1927 l'Anschluss comme synonyme de « guerre » et de mort pour son pays, puisqu'il aurait « inévitablement pour conséquence l'Anschluss des Allemands de Bohême ». Puis vint le mutisme, qui fut également ordonné à la presse – ainsi pour les « fêtes de Schubert » de juillet 1928 –, ou l'embarras. Charles-Roux s'inquiéta en 1927 des progrès d'une opinion « diffuse dans les milieux d'affaires », dont il innocentait Benès : « tous les milieux politiques tchécoslovaques, à l'exception peut-être des communistes, considèrent l'Anschluss comme inévitable. Il est presque réalisé », lui confia en octobre un ancien haut fonctionnaire des Affaires étrangères. Il faut, avertit l'ambassadeur, « prendre garde aux conclusions arbitraires que pourrait tirer la Tchécoslovaquie de notre rapprochement avec l'Allemagne et dans lesquelles peuvent trouver un auxiliaire la veulerie et l'aveuglement ». « La veulerie et l'aveuglement » s'alignaient sur ceux des Français, lui inclus[56].

La mission Krofta alla en août 1927 et pour des mois rechercher à Rome accord sur « les questions litigieuses », baptisé à la fin de l'année *modus vivendi*. Benès célébra, en décembre, l'« entente [...] complète » sur la fête de Hus, les diocèses, les nominations, et affirma que le litige se bornait à Marmaggi. C'était faux. L'accord en six points du 17 décembre 1927 – borné à une note de Benès à Gasparri publiée le 1er février 1928 – resta lettre morte. Il renvoyait l'application des décisions sur les frontières à deux futures « commissions indépendantes l'une de l'autre », nommées par les deux parties et aidées d'« experts ». Celle du Vatican, formée de délégués des diocèses intéressés (point 1), confierait donc le dossier à Budapest, Vienne et Berlin. Jusqu'à l'accord, l'État confierait l'administration des biens du territoire concerné à une commission épiscopale (point 2) – avec le même résultat. Les quatre clauses suivantes (3 à 6) relevaient de la farce, s'annulant mutuellement : la non-subordination des ordres et congrégations à des supérieurs étrangers était renvoyée aux calendes grecques, « si » une province de Tchécoslovaquie

---

55. Tél. Charles-Roux n° 92-93, Prague, 1er avril, Doulcet n° 16-17, 26, lettres de Charles-Roux n° 92-93, 28 mars, de Doulcet n° 47, 30 avril, de Charles-Roux n° 254, 19, n° 259, 21 juin, n° 286, 6, n° 297, 12 juillet, et n° 347, 12 août 1927, *Tchécoslovaquie*, 38.
56. Lettres n° 10 de Manach, Prague, 13 janvier 1948, *Tchécoslovaquie 1944*, 47, de Beaumarchais n° 397, Vienne, 23 novembre 1926, *Autriche*, 77, juillet 1928, *Autriche*, 80 (et depuis vol. 75), note Cochet, 19, et lettre de Charles-Roux n° 466, 17 octobre 1927, *Autriche*, 81.

était créée ; la nomination épiscopale serait soumise à la non-objection de l'État pour des « raisons ayant trait à la sécurité du territoire » ; les élus prêteraient à leur entrée en fonctions un « serment de fidélité » en latin, s'engageant à « ne rien faire contre la sauvegarde, la sécurité et l'intégrité de l'État » *(ne non mihi me facturum quod sit contra salutem, securitatem, integritatem Reipublicae)* ; la législation relative à ce *modus vivendi* suivrait « le plus tôt possible ».

Prague présenta en 1928 le faux « accord avec le Vatican » comme une victoire : Benès en visite à Berlin en mai confia la « satisfaction particulière » qu'il lui avait inspirée, et l'État renonça en juillet à honorer son héros national. Le 16 décembre 1927, Bergen avait décrit la tactique de Berlin et de Seredi pour violer la promesse verbale de Borgongini à Krofta d'adapter la carte ecclésiastique aux frontières de la Tchécoslovaquie : invoquer sans répit le brûlot des biens à indemniser. Il avait subordonné, soutenu par Kaas et Pacelli, « le destin du concordat prussien » au strict respect des « vœux » allemands. Le nonce Ciriaci, revenu en février 1928 relayer le chargé de la nonciature, Mgr Saverio Ritter, « Milanais d'origine allemande et homme de confiance du Pape, qui l'a[vait] eu avec lui à Milan », allait s'y employer[57].

Vers la dissolution de la Tchécoslovaquie, 1928-1932

Le papier noirci ne valait rien face aux « grands efforts » de Budapest et de Berlin, source des « instructions » vaticanes à Ciriaci contre tout compromis. Les commissions étaient mort-nées : à l'été 1928, Prague prévoyait pour la sienne deux ans d'étude sur le projet Krofta et « encore dix ans pour le réaliser ». L'État revendiquait son droit historique sur la nomination des chapitres et paroisses, que Rome décrétait éteint avec les Habsbourg. Le pays n'avait plus de cardinal, alors que les « villes d'Autriche » Prague et Olomouc (Olmütz) étaient sièges cardinalices.

Le tapage hongrois

La Tchécoslovaquie semblait devoir ses maux à Seredi, qui venait « continuellement à Rome pour dire sa misère au Vatican ». Au début des années 1930, tandis que le séparatisme slovaque et allemand flambait sous la houlette du nonce, il « attend[ait] de la révision du traité de Trianon », avec la caution de Mussolini, « la possession tranquille de tous les biens ayant appartenu à

57. Lettre n° 130 de Doulcet, 17 décembre (mission : depuis le 2 août), Charles-Roux, tél. n° 288, 20 décembre, tél. n° 113-114, 15 avril 1927, lettres n° 82, 11, n° 55, 1er février 1928, texte latin, *Tchécoslovaquie*, 38, fêtes Hus, juillet 1928, 1929, et 1932, *Tchécoslovaquie*, 38 et 107, note Schubert, 24 mai 1928, *Akten*, B, IX, p. 74, et tél. Bergen n° 125, 16 décembre 1927, *Akten*, B, VII, p. 512-514.

son archevêché ». On le croyait maître de la Slovaquie, où il désigna à l'été 1931 « son » candidat pour le nouvel archevêché de Bratislava, un chanoine de Trnava « d'origine et de sympathie nettement hongroises ». Fin 1932, les prélats « slovaques », tels ceux de Spis et de Roznava, négociaient ouvertement « non seulement avec le primat de Hongrie, mais même avec les autorités civiles hongroises » le statut futur de leurs biens et « l'autonomie de la Slovaquie »[58].

La poussée allemande

Ce tapage couvrait l'action allemande. Ciriaci « ne faisait pas mystère de sa germanophilie » *(Deutschfreundlichkeit)* et « travaillait sur la question de Breslau main dans la main avec notre ambassadeur à Prague », écrivit Bergen en décembre 1928. Le nonce avisa alors « le gouvernement tchécoslovaque » qu'elle serait « traitée séparément de celles de la Hongrie » et donc soustraite à « la commission d'État ». Collaborant avec Mgrs Steinmann et Bertram, bernant les Tchèques, il recommandait aux Allemands de « faire traîner la chose le plus possible, car le temps travaillait pour nous ». « L'œil fixé sur Berlin », le secrétaire d'État Pacelli fit de « la dévolution des biens ecclésiastiques dépendant de l'évêché de Breslau » son affaire « personnelle ». En juin 1931, sa note au ministre tchécoslovaque au Vatican confirma le distinguo entre les cas hongrois et allemand : Prague devrait traiter directement avec Bertram pour son territoire silésien.

En août 1931, la démission forcée de Mgr Kordac, ennemi personnel de Ciriaci, dont la « *sacra aurea fames* » (demandes d'argent, cadeaux précieux et propriétés) horripilait l'épiscopat, suggéra une tension germano-vaticane. Sans doute décidée pour apaiser l'Italie alors furieuse contre Berlin, la disgrâce de ce « représent[ant] » indocile du « vieil épiscopat autrichien » irrita les Allemands de Bohême. Mais elle n'entraîna pas de crise entre le Vatican et le Reich flanqué de son satellite autrichien. Le successeur de Kordac à Prague, Mgr Karel Kaspar, aussi soumis que le Polonais Hlond, fut intronisé à la mi-novembre, mais les chefs ecclésiastiques de la Tchécoslovaquie résidaient ailleurs. Pacelli affecta le Sudète Innitzer en 1929 au plus tard à l'œuvre dont les congrès catholiques allemands, explicites sur les Sudètes, comme à Nuremberg en août 1931, reflétaient les progrès. Depuis 1930, la Moravie accueillait à Velherad les congrès annuels de « l'Union des Églises d'Orient et d'Occident » groupant prélats uniates et jésuites pour dénoncer « la persé-

58. Lettres de Charles-Roux n° 263, 30 mai, de Fontenay, n° 307, 29 juin, de Charles-Roux n° 298, 1er novembre 1931, de Fontenay, n° 90, 27 juin, sans n°, 4 décembre 1928, n° 307, 29 juin, n° 9, Brastislava, 25 juillet 1931, de Noël, Prague, n° 461, 26 décembre 1932, *Tchécoslovaquie*, 107, et n° 2, 7 janvier 1933, *Tchécoslovaquie*, 108.

cution de la religion chrétienne en URSS ». Au début de 1933, l'hégémonie allemande éclaterait « avec l'appui de la nonciature »[59].

59. Lettres de Bergen n° 232, 10 décembre 1928, *Akten*, B, X, p. 486-487, rapport Fontenay, 10 février, lettres de Seguin n° 186, 6, n° 199, 18 août, n° 321, 17 novembre 1931, *Tchécoslovaquie*, 107, de Noël n° 23, 23 janvier 1934, *Tchécoslovaquie*, 108, de Nuremberg, n° 71, 31 août 1931 (formule d'Énée : *auri sacra fames* : « maudite faim de l'or », Virgile, *L'Énéide*, Livre III), *Allemagne*, 689, de Noël n° 280, 25 juillet 1932, et n° 128, 17 mars 1933, *Tchécoslovaquie*, 108.

DEUXIÈME PARTIE

Le Vatican vers l'Axe
B. De 1933 à la guerre

CHAPITRE 7

Les relations avec le Reich hitlérien (1933-1939)

Les relations germano-vaticanes auraient entre 1933 et 1939 connu deux phases distinctes : le Saint-Siège en quête de rempart antibolchevique se serait réjoui de l'avènement d'Hitler, confirmant son appui par le concordat du Reich du 20 juillet 1933 ; l'entente se serait ensuite brouillée à cause des persécutions anticatholiques hitlériennes. La non-application du concordat aurait abouti à la quasi-rupture, avec l'encyclique de mars 1937 *Mit brennender Sorge* condamnant le nazisme. Pie XI serait devenu en 1937-1938 l'un des chefs de la lutte contre le fascisme : « pape des Alliés », il aurait prévu un discours explicite, interdit par sa mort en février 1939. Le texte aurait été versé par son successeur, aussi antinazi que lui mais diplomate dans l'âme, « aux archives secrètes ». Charles-Roux l'évoqua en mai 1939 pour opposer le défunt au nouveau pape « porté par tempérament et par accoutumance à cheminer dans les chemins couverts ». Il ne sortit jamais des « archives du Vatican » où il fut « relégué [...] sans avoir été montré à quiconque »[1]. Les sources soulignent à l'inverse la continuité dans la gestion des questions intérieures et des plans extérieurs allemands.

---

1. Chadwick O., *Britain*, chap. 1 et 2, dont p. 19, 30, 34 (Rhodes A., *Vatican*, chap. 12-15, Conway J. S., *Nazi*, *passim*) et lettre de Charles-Roux n° 438, 24 mai 1939, *Saint-Siège*, 39. Lewy G., *Catholic*, fait exception avec Falconi C., *Silence*, qui exclut la thèse d'« une encyclique contre le nazisme », p. 76, encyclique manquée de 1938-1939 – un néant –, Passelecq G. *et al.*, *L'encyclique*.

I. Du soutien officiel à l'antibolchevisme hitlérien au Concordat du Reich, janvier-juillet 1933

Pie XI et l'antibolchevisme hitlérien, janvier-mars 1933

Les motifs du choix en faveur d'Hitler remontent à la défaite : le Vatican, vaincu avec les Empires centraux, s'était engagé aux côtés du Reich à en liquider les stigmates. Ce programme inavouable, visant les nations qui, à la différence de l'URSS, avaient maintenu le *statu quo* socio-économique, se cacha derrière le rideau de fumée de la croisade pour la légitime libération chrétienne d'un pays mis au ban des « pays civilisés ».

Hitler assura Rome, le 1er février, de l'intention du « gouvernement national [de] prendr[e] sous sa ferme protection "le christianisme, comme base de toute morale" », et s'érigea en croisé anti-rouge. Le fascisme italien, empressé à « fournir ses recettes » à l'élève allemand passé maître, s'appliqua « à modérer les tendances anticléricales des hitlériens et de leurs alliés racistes, à prévenir tout conflit » avec l'épiscopat et le *Zentrum* « et à éviter des incidents entre le gouvernement du Reich et le Saint-Siège. Allemands et Italiens se vantent actuellement auprès du Vatican de faire front commun contre le communisme et de mener, contre la Troisième Internationale, une lutte de grand style. Si les hitlériens réussissent à éviter les querelles religieuses en Allemagne, eux-mêmes et leurs amis fascistes pourront tirer parti, au Vatican, d'avoir modéré les tendances primitives de l'hitlérisme en matière confessionnelle et d'avoir jugulé le communisme, bête noire du Pape ».

Orsenigo, « franchement jubilant » le 30 janvier 1933, et les évêques allemands, oscillant entre le lâchage honteux de leur outil politique et l'appel à voter nazi le 5 mars, avaient fixé la ligne. Pacelli vanta à Charles-Roux les mérites de leur lettre publique du 20 février sur les élections reproduite par l'*Osservatore*, mais omit l'essentiel : limpide contre la gauche (« gardez-vous des agitateurs et des partis qui ne sont pas dignes de la confiance du peuple catholique »), elle ne parlait ni du *Zentrum* ni du PPB, silence éclairé par l'allant épiscopal pro-nazi. Le Vatican attendit pour se prononcer publiquement le résultat des élections puis une proclamation d'Hitler sur son rôle dirigeant dans la croisade. D'Herbigny, informateur désormais sérieux, l'annonça à Gentil début mars : il lui décrivit le siège du pape et de Pacelli par « les diplomates allemands et italiens » pour leur garantir « que leurs gouvernements respectifs étaient décidés à lutter avec la dernière énergie "contre le communisme et ses alliés" [et les] persuader [...] que le pacte de non-agression conclu [le 29 novembre 1932] entre la France et le gouvernement soviétique était une véritable alliance ».

Au consistoire secret du 13 mars 1933, Pie XI « décern[a donc] à Hitler » sans le désigner « un satisfecit » pour l'avoir accompagné, lui dont la « voix était restée [...] jusqu'à il y a peu de jours [...] la seule à dénoncer le grave danger qui menace la civilisation chrétienne ». Il le félicita du traitement administré aux « ennemis de tout ordre politique, social et religieux » : dénonçant « la capacité de ces mouvements à traduire en actes leur idéologie catastrophique et meurtrière », il accusa implicitement le KPD de l'incendie du Reichstag. Selon D'Herbigny, il en connaissait les « véritables incendiaires » et la fonction, « le signal attendu pour déclencher la répression de tous les partis hostiles aux hitlériens ».

Pacelli confirma à Bergen que ce discours valait « reconnaissance indirecte des actions décisives et sans défaillance du chancelier du Reich, ainsi que du gouvernement, contre le communisme ». Tout interlocuteur (Varsovie fut très gâtée) reçut de Pie XI, comme Charles-Roux dès le 6 mars, cette explication : « j'ai modifié mon opinion sur M. Hitler à la suite du langage qu'il a tenu ces jours-ci sur le communisme. C'est la première fois, il faut bien le dire, que s'élève une voix de gouvernement pour dénoncer le bolchevisme en termes aussi catégoriques et se joindre à la voix du Pape. »[2] Critique implicite contre Mussolini, qui renâclait à rompre de fructueuses relations (commerciales) avec l'URSS.

Négociation et signature du Concordat du Reich, mars-juillet 1933

Les tractations sur la mort du Zentrum et le concordat : les hommes-clés

Le soutien ne datant pas de mars 1933, la chronologie déroula jusqu'en juillet la mise en œuvre de décisions antérieures. Cerretti annonça à la mi-mars que le *Zentrum* subirait « le sort du "partito popolare" en Italie », la Curie abdiquant son rôle de guide. Délégué à Rome par ses pairs, Faulhaber prônait « des négociations avec les hitlériens pour participer au pouvoir mais en posant des conditions » risibles ou tragiques : « respect d'un minimum de liberté individuelle » et « maintien d'un minimum de la constitution de Weimar » (que lui-même avait toujours vouée aux gémonies). Après tout, « si l'épiscopat allemand inclinait à chercher, dans une entente du centre avec les nationaux-socialistes la sauvegarde des intérêts essentiels de l'Église catholique en Allemagne, il serait difficile au Saint-Siège de l'en détourner ». Dans son discours du 23 mars, Hitler « distin[gua...] les confessions chrétiennes

---

2. Lettres de Charles-Roux n° 146, 7 avril, n° 91, 6 mars, n° 80, 25 février 1933, *Allemagne*, 689, 699, 689 ; Lewy G., *Catholic*, p. 24-31 ; lettres de Charles-Roux n° 30, 8, *Saint-Siège*, 37, n° 101, 15 mars 1993, *Allemagne*, 699, Buonaioti A., *Pio XII*, p. 125, tél. Bergen, 13, Skzrynski, 11, Stehle H., *Eastern*, p. 151-152, et lettre de Charles-Roux n° 94, 7 mars 1933, *Saint-Siège*, 37.

[de] "toutes les autres" » et revendiqua « des rapports amicaux avec le Saint-Siège ». Ce code ravit l'*Osservatore* et permit au *Zentrum* d'accomplir ce que lui avait de longue date prescrit sa direction. Il vota, le soir même, les pleins pouvoirs à Hitler. Le lendemain, l'épiscopat prépara la déclaration de Fulda du 29 mars, qui levait solennellement les interdictions contre le NSDAP en se référant à « l'assurance expresse [du chancelier] que la doctrine chrétienne ne serait pas violée et que les concordats existants resteraient en pleine vigueur ». De cette promesse l'*Osservatore* « se réjouit » autant que de celles qui l'avaient précédée[3].

Cette alliance fébrile fut complétée par la mise au point du concordat du Reich, que Pacelli avait à nouveau réclamé par son « mémorandum du 25 octobre 1932 » à Papen. Les clauses religieuses ou scolaires en importaient peu : Hermann Pünder, secrétaire d'État à la chancellerie, avait toujours jugé le nonce « plus soucieux de conclure [avec le Reich] un accord en tant que tel que préoccupé de son contenu ». Malgré les démentis (mous) prolongés par Pacelli jusqu'à la signature, les Français comprirent vite que les « tractations diplomatiques que nous ne connaissons pas, entre la chancellerie allemande et la secrétairerie d'État pontificale », visaient cet accord général. Fin mars, Faulhaber, tout en s'associant au délire épiscopal pronazi, fit la navette entre Rome et Munich dans le but de protéger son enfant bavarois, menacé par « l'intention » d'Hitler de dénoncer les trois concordats de Länder pour en signer « un seul [...] applicable à tout le Reich » et franchir « un pas de plus vers l'unification et la prussification du Reich ».

L'idylle s'afficha en avril, exaltée par la presse fasciste et nazie, laborieusement justifiée, ailleurs, par la presse ultramontaine : *La Croix* s'employa le 6 avril à « expliquer et [...] justifier aux yeux de l'opinion catholique française l'attitude de l'épiscopat hitlérien ». Les voyantes visites germaniques furent dominées par le mentor de l'opération du 30 janvier, le vice-chancelier Papen, favori de la Curie. Le fondateur – le 3 avril – et « protecteur » du groupe catholique nazi *Kreuz und Adler (la Croix et l'Aigle*) se rendit à Rome le 8 en compagnie de Kaas, avec lequel il avait déjà discuté à Munich. Il n'avait pas préparé de « projet défini », se moquant de son contenu *à l'exception* de deux points : l'organisation de l'aumônerie militaire et l'article-modèle 43 du concordat italien interdisant au clergé l'action politique. Il multiplia les entretiens à la secrétairerie d'État, toujours avec « le prélat Kaas », avant d'accompagner, le 12, Göring venu aussi négocier avec Pie XI et Pacelli : événement dont le Vatican « estime que dans le moment politique actuel, il en rejaillit un

3. Lettres de Charies-Roux n° 100, 15 mars, n° 146, 7 avril 1933, *Allemagne*, 689, Zeender J., « Germany : the Catholic Church and the Nazi regime, 1933-1945 », *in* Wolff R. *et al.*, *Catholics*, p. 98, et Lewy G., *Catholic*, p. 34-41.

grand prestige tant sur le Saint-Siège que sur les catholiques d'Allemagne » (Bergen). Le 13 avril, Papen escorta l'Autrichien Dollfuss pour des tractations noyées sous les honneurs religieux : notamment une messe pour l'Allemand dans la chapelle privée du pape conclue par la communion reçue de ses mains, « faveur très rarement accordée [...] sous le pontificat actuel »[4]. La symbiose austro-allemande fut affichée depuis février par la navette Munich-Rome du duo Faulhaber-Innitzer. Papen fut avec Kaas, Pacelli, Pie XI, les chefs nazis et les évêques le négociateur quotidien du dossier à Berlin et à Rome jusqu'au 18 avril, puis à nouveau à partir du 28 juin. Le 17 mai, songeant enfin à rédiger un projet, il annonça à Kaas que son « article 31 » [32 du texte définitif] interdisant au clergé toute action politique « serait sous la forme voulue par nous une condition *sine qua non* [et...] le point crucial [de] notre accord »[5].

Kaas, symbole de l'intimité germano-vaticane, fut avec ce compère l'autre pivot du *double* objet de la discussion : exécution du *Zentrum* et Concordat. Il porta l'estocade au condamné, mouvements et presse inclus. Le Vatican avait besoin, comme les nazis, du concours du chef du parti pour « interdire toute activité politique au clergé allemand et [laisser...] disparaître toute organisation politique des catholiques » : cette « abstention politique » se « transformer[ait] en appui [...] à la politique du gouvernement », comme en Italie. Kaas joua un rôle aussi important dans la négociation du concordat. Il l'entama le 24 mars par une navette entre Rome, Munich et Berlin, où il eut le 2 avril, après une réunion du *Zentrum* avec Hitler, le ministre de l'Intérieur Wilhelm Frick et le chef de la chancellerie Hans Lammers, un entretien privé avec le premier. Il poursuivit les conversations à Rome, où il se fixa après avoir quitté Berlin le 7 avril – mais fit de discrets séjours dans le Reich.

Charles-Roux imputa d'abord son brusque départ à des scrupules contre l'assassinat de son parti par la Curie et le cabinet hitlérien : « on aurait répondu à Mgr Kaas, venu protester au Vatican contre la menace de dissolution du Centre, que les intérêts du parti étaient maintenant dépassés par des considérations supérieures. » Papen craignit fin mai que Kaas, « si étroitement lié à la politique du parti », fût mal qualifié pour presser le Saint-Siège de liquider son enfant via l'article 31. Il pria donc Bergen, pour « adopter une mesure

---

4. *Ibid.*, p. 61-62, Stehlin S., *Weimar*, p. 415 ; démentis, avril-juillet, lettres de Charles-Roux n° 149, 9 avril, d'Ormesson n° 649, 28 mars, *Allemagne*, 699, de Charles-Roux n° 151, 10 avril, *Canet*, 36, Lewy G., *Catholic*, p. 41, 46, 63, 65 ; rapport Menshausen, 7, Bergen, 20, *DGFP*, C, I, p. 266-268, 298, lettres de Charles-Roux n° 155 et n° 154, 14 avril 1933, *Allemagne*, 699.

5. Lettres de Charles-Roux n° 146, 22 avril, n° 218 (fiche), 30 mai, de Gentil n° 248, 30 juin, *Allemagne*, 699, 689, 699 ; de Papen à Kaas, 17 (et texte), à Bergen, 26 mai, *DGFP*, C, I, p. 461, 491, à Hitler, 2, et à Neurath, 3 juillet 1933, Lewy G., *Catholic*, p. 75-76 (et chap. 3).

correspondant à nos vues [, de] parler franchement de ces questions avec le cardinal Pacelli ou le Saint-Père lui-même ». Pure ruse. Fin juillet, affaire faite, Charles-Roux admit que l'intime de Pacelli et homme fort du *Zentrum* avait depuis longtemps organisé l'alliance hitléro-vaticane qu'il parachevait. Ce prétendu réfugié à Rome « s'y conduisait, non en émigré aigri, mais en artisan diligent d'une nouvelle organisation catholique en Allemagne » : il s'est bien occupé de « la négociation du concordat allemand [...], ayant reçu, à la requête du cardinal Pacelli qui me l'a dit depuis, mandat des évêques allemands d'être auprès du Vatican l'interprète de leurs desiderata ». Parmi eux s'illustra Gröber, archevêque de Fribourg, instrument pacellien du concordat badois. Passé du soutien des nazis avant leur avènement au nazisme pur et dur, ce « "membre promoteur" de la SS » *(förnderndes Mitglied)* payant ses cotisations mensuelles depuis 1933, tôt surnommé « l'évêque brun » *(der braune Bischof)*, participa aux discussions : il s'installa fin juin au *Germanicum* pour « travailler à la rédaction du Concordat »[6].

Kulturkampf *hitlérien et conclusion du concordat*

Les modalités du processus montrèrent une Curie soucieuse de traiter à tout prix. Les schismatiques et divers impies toujours taxés de persécution contre l'Église eurent matière à réflexion en observant sa disposition – thème des courriers comparatifs de Charles-Roux en juillet 1933 – à tendre ici la seconde joue après avoir reçu un soufflet sur la première. Car les dirigeants nazis loués *urbi et orbi* par le Saint-Siège s'ingénièrent *simultanément* à bafouer publiquement leurs interlocuteurs du *Zentrum* et partant, leur protecteur romain. Ce qui se déroula d'avril à juillet (et au-delà) rappelle les « ordres » d'après-guerre d'Erzberger et avalise le témoignage d'Hermann Rauschning sur le mépris d'Hitler pour « les prêtres » avides (« ils avaleront n'importe quoi pour garder leurs avantages matériels ») et serviles (« ils reconnaîtront une volonté ferme, et nous n'aurons qu'à leur montrer une ou deux fois qui est le maître. Ils comprendront d'où vient le vent »).

Souci politique d'humilier ce colosse aux pieds d'argile « passé en bloc aux nazis » dans les jours qui précédèrent son auto-dissolution officielle ? C'est le sens que donna le consul de France à Karlsruhe à un épisode éclairant sur la gratitude hitlérienne. Début avril, alors que Papen préparait à Rome le concordat suivant, les nazis montrèrent quel cas ils faisaient du dernier,

---

6. Lettres de Charles-Roux n° 280, 28 juillet, *Allemagne,* 699, Bergen, 12, Neurath, 19 mai, *DGFP*, C, I, p. 413, 461-462, Lewy G., *Catholic*, p. 45-46, Zahn G., *German*, p. 123 *sq.* ; lettre de Gentil n° 250, 2 juillet 1933, *Allemagne*, 699. J.-M. Mayeur écarte « la main de Rome » des tractations : « aucun indice ne permet d'assurer que la signature du concordat ait été liée à un marchandage quelconque relatif au Centre », *Des partis*, p. 138.

concocté par Gröber, Pacelli et la droite badoise : ils arrêtèrent son « principal négociateur », le Dr Frech, homme de confiance du dernier président du Land, le Dr Joseph Schmitt, dans sa « pension tenue par des sœurs catholiques ». Schmitt, son signataire, alors reçu par Pie XI, fut accusé de recel d'archives publiques (récupération des traces de l'affaire et évident moyen de « tenir » la Curie). « Ainsi la couardise du Centre catholique ne l'aura pas mis à l'abri de la vindicte de ceux auxquels il y a plus d'un an, il avait cependant offert une collaboration dans le gouvernement. »

Ni cet affront ni les suivants ne troublèrent Rome ou l'épiscopat allemand, qui jura quotidiennement de son patriotisme « brûlant » tout en pleurnichant sur les licenciements de « fonctionnaires du *Zentrum* » si loyaux envers le régime. Les organisations catholiques s'auto-détruisirent avec un bon vouloir désarmant. Les évêques celèrent les lourdes menaces contre l'enseignement catholique, ce cheval de bataille de toujours. Le 26 avril, Berning et Steinmann, désormais vicaire général de Berlin, rencontrèrent longuement Hitler. Il les assura de « sa très haute considération pour l'Église catholique » avant de sacrifier aux rites antisémites et antimarxistes. L'évêque d'Osnabrück, qui « montrait une agréable compréhension des vœux du gouvernement et des nécessités de l'ère nouvelle », donna le ton par la déclaration qui s'ensuivit : « les évêques, cela va sans dire, ont rendu à l'État et aux autorités ce qui selon le commandement de Dieu leur est dû. L'Église l'a fait sous les précédentes formes de gouvernement, et elle agirait pareillement sous l'actuel ; elle exhorterait les fidèles à l'obéissance et au respect. Les évêques reconnaissaient avec joie que le nouvel État avait servi les intérêts du christianisme, relevé le niveau de la moralité et mené le combat contre le bolchevisme et l'impiété avec vigueur et succès. Mais [...] en même temps, [ils] partageaient les craintes [...] de nombreux cercles catholiques [...] qui ont rendu plus difficile la coopération confiante avec l'État... » Hitler cloua le bec à ses visiteurs en arguant que leur ami Kaas n'avait rien objecté à son offre de conserver aux chefs du Zentrum des postes « dans le même pourcentage que celui des voix du Centre aux dernières élections » : il fallait en dégager pour « les vétérans » du NSDAP.

La conférence de Fulda des 30 mai et 1er juin attisa ces élans loyalistes. Sa lettre, œuvre des trois cardinaux du Reich, flanqués de Gröber, Matthias Ehrenfried (Wurzbourg) et Konrad von Preysing (Eichstätt), revendiqua les droits catholiques au nom de la fidélité au Reich ; exalta le programme intérieur de « l'État allemand » : « l'accent fort et nouveau mis sur l'autorité » et la lutte contre « l'incroyance, l'immoralité et le bolchevisme » ; et son programme extérieur de *Lebensraum* et de « justice » conquérante : « notre nation allemande, après des années d'esclavage, de mépris de nos droits nationaux et d'immixtion honteuse contre eux, doit à nouveau recevoir cette liberté et cette place d'honneur dans la famille des nations qui lui est due en raison de son importance numérique et de ses capacités et réalisations civilisatrices. »

Faulhaber précisa à Papen en juin, avant le retour de celui-ci à Rome, que les minauderies sur l'article 31 ne feraient pas obstacle au sacrifice du *Zentrum* : les évêques ne voulaient que la « position différente » de celle de l'État qu'ils avaient prise à Fulda fît « échouer le concordat ». Il lui offrit d'envoyer Preysing à Rome « pour éviter de laisser Kaas apparaître ouvertement lié à nos négociations ». Les réserves de la résolution de Fulda relatives à l'Église et sa brumeuse référence aux juifs convertis disparurent donc des interventions individuelles des prélats : « la tête haute et le pas ferme nous sommes entrés dans le nouveau Reich[,...] prêts à le servir avec toute la force de notre corps et de notre âme », clama Bornewasser devant des « jeunes catholiques dans la cathédrale de Trèves ». Discours significatifs, parmi une avalanche de semblables[7], du fondement pangermaniste de leur nazisme : hantise de la subversion contre l'ordre social wilhelminien, revanche contre le Diktat, conquête de l'espace vital dû au peuple supérieur aux dépens de ses voisins inférieurs.

Cet unanimisme fut suivi d'une manifestation révélatrice, vu son enjeu sarrois, de l'assurance du NSDAP, en pleine négociation du concordat, sur sa cote au Vatican. Il avait pu persécuter sans crainte de réaction rouges et juifs : Rome, qui s'était réjouie des misères infligées aux communistes depuis février, resta de marbre devant la persécution officialisée par le boycott des magasins juifs du 1er avril 1933 et les violences des SA et SS. Pacelli mit, selon Charles-Roux, la main à ces « ménagements » envers Berlin : alors que « les persécutions contre les juifs » avaient provoqué « l'indignation du monde », il censura Mgr Verdier, auteur d'une lettre de solidarité au grand rabbin de France, « dont la publication fut annoncée », mais qui « ne fut pas publiée [...] Le pape chargea bien le nonce à Berlin [Orsenigo] de demander au gouvernement allemand si la question juive ne pouvait pas être résolue par des moyens plus conformes aux lois de l'humanité : mais même cette interrogation ne fut pas rendue publique ».

Le NSDAP put aussi impunément frapper le catholicisme alors que son épiscopat unanime « confirm[ait] aux catholiques l'instruction de coopération avec les hitlériens au relèvement national allemand ». Le 8 juin, « ce fut [à leur] tour » d'être soumis à vexations, lors du congrès (du 8 au 12) des « Compagnons de Kolping », à Munich, fief du catholicisme politique. Non comparables certes au sort infligé aux deux groupes parias, elles touchèrent des milieux jusqu'alors

---

7. Rauschning, Lewy G., *Catholic*, p. 26, tél. François-Poncet n° 1224-1227, 1er juillet, lettre n° 47, Karlsruhe, 6 avril, *Canet*, 36 ; note, 7 juin, sur le 26 avril, Bergen, 1er, Papen, 16 juin 1933, *DGFP*, C, I, p. 347-348, 574 ; Lewy G., p. 44-45, 50 *sq.* et 94-100, et Zahn G., *German*, *passim*.

jamais molestés par les délégués, officiels ou officieux, de l'État. SA et SS exercèrent durant des heures, face à une « police [anormalement] impuissante, [...] d'innombrables sévices » contre les délégués de cette énorme association catholique pangermaniste, toute-puissante en Sarre et forte en toutes zones de « minorités allemandes » (1 980 sections en Allemagne et Sarre, 100 en Autriche, 40 en « Tchécoslovaquie allemande », 30 en Pologne, 50 en Hongrie, 40 en Roumanie, etc.). Les congressistes furent dépouillés de leurs uniformes à chemise orange, laissés « torse nu » dans la rue, insignes et bannières arrachés, traités de *schwartze Schweine* (« porc[s] noir[s] ») ou de *dreckiger Hund* (« chien de merde »), qualificatif attribué au président du groupe sarrois. Le président général du groupement fut emprisonné quelques heures avant d'être libéré sur intervention du consul des États-Unis, également visé, une bannière étoilée ayant été confisquée à une délégation américaine. La presse catholique sarroise emprunta sans émoi l'explication fournie par un SS « à une personnalité éminente du Congrès » : « nous avons dans les SA au moins 30 % de crapules communistes ».

Onze jours plus tard, l'*Osservatore* continuant à taire un fait connu de tous, les ambassadeurs de France et de Belgique sollicitèrent (enfin) éclaircissements. Pacelli osa demander à Charles-Roux s'il voyait dans « la coïncidence des incidents de Munich avec la déclaration de Fulda [...] une circonstance aggravante ». Il déclara au diplomate belge (puis à Charles-Roux) « qu'il attendait de la nonciature de Munich un rapport circonstancié sur la question », et « cela alors que le chargé d'affaires du Saint-Siège en Bavière », Vassallo di Torregrossa, « avait été confier au nôtre son indignation et lui demander que notre presse donnât du retentissement aux vexations dont ses coreligionnaires avaient été l'objet. La dérobade [...] était donc évidente. Même absolu silence gardé par le Vatican sur les nombreux autres cas de persécution qui se vérifièrent pendant des semaines dans le Reich ».

De fait, Vassallo maniait le dithyrambe depuis février 1933 et Orsenigo confirma avec les ténors du *Zentrum* l'insignifiance de ces « incidents » : le 25 juin, il participa au congrès catholique de Berlin, au stade de Grunewald, avec Erich Klausener, chef de l'Action catholique, émerveillé du « réveil capital de la nation allemande [qui] imposait de grandes missions aux catholiques allemands ». Il fut « accompagné à l'autel au son des cloches carillonnantes et des fanfares [...] par un contingent de SA portant les drapeaux à croix gammée »[8].

---

8. Lettres de Charles-Roux n° 233, 19, n° 5221, Sarrebruck, 14, *Allemagne*, 689, n° 115 de Petit, Munich, 16 juin, *Canet*, 36, de Charles-Roux n° 280, 28 juillet 1933, *Allemagne*, 699 (juin-juillet, ces vol. et *Saint-Siège*, 37), Lewy G., *Catholic*, p. 100, tract nazi d'avant plébiscite du 12 novembre 1933 sur son discours « au Führer », avec photo, *Der Spiegel*, août 1965, p. 40.

Cette poussée de *Kulturkampf* contre le « monde noir » se poursuivit, surtout en Bavière où, du 28 juin au 4 juillet, une vague d'arrestations de personnalités catholiques (1 917) précéda l'auto-dissolution (le 4) du PPB sans soulever plus d'émotion. « Évidemment, *déduisit Charles-Roux*, le Saint-Siège ne se souciait pas de compromettre par une protestation contre des persécutions qui s'arrêteraient si le concordat se concluait la négociation d'un concordat destiné à doter d'une base nouvelle l'Église catholique d'Allemagne. Mais évidemment aussi il acceptait de poursuivre l'étude de ce concordat dans des conditions peu banales, c'est-à-dire simultanément à des persécutions sans précédent contre ses fidèles ». C'est fin juin, « au moment où les persécutions contre les catholiques battaient leur plein », que Papen effectua sa seconde mission romaine, presque en même temps que Gröber, mandé par lui. Arrivé le 28, il discuta amicalement avec Pacelli, le 30, de « la situation générale de l'Allemagne et des attaques de la presse étrangère [...] sur les arrestations de prêtres catholiques ». Il lui exposa les « raisons pour lesquelles le national-socialisme était aujourd'hui attaqué à travers le monde » et le pressa « de contribuer à la pacification générale par la conclusion rapide du concordat ».

Le dossier fut clos les 1er et 2 juillet, date de la dernière conférence avec Pacelli conclue par l'aval de Pie XI. Le 3, « une audience chez le pape et, comme par hasard, une visite à M. Mussolini marquèrent que l'entreprise du vice-chancelier était arrivée à bon port ». Le Vatican avait enterré le Centre, en acceptant l'article (désormais) 32 proscrivant toute activité politique du clergé : il « concluait » l'accord, soulignant qu'il en était « l'article le plus important », triompha Papen ; les articles 31 et 32 permutés « suiv[aient d'ailleurs] textuellement le concordat italien » (le 31 assurait « la protection [des] associations purement religieuses », à définir par l'État). On a imposé à la Curie l'article 32 à la fin du texte « pour des raisons tactiques », commenta Bergen le 3 juillet, pour la confronter à « sa responsabilité » : le sacrifice éventuel en son nom des concessions acquises dans les premiers articles. « Mais elle [en] a en fait finalement avalé la pilule amère. » Le même jour, ses trois interlocuteurs lui confirmèrent « qu'avec la conclusion du concordat, la dissolution du Centre était ici considérée comme certaine et approuvée » : Pacelli, qui fit allusion à « l'arrestation et [au] mauvais traitement du clergé, etc. », Kaas, qui avait fait un « travail préliminaire excellent » et décisif, Gröber, qui « manifestait une compréhension totale des vœux du gouvernement et des nécessités imposées par la situation nouvelle ». S'interdisant tout grief ultérieur, l'évêque brun tenta de sauver l'organisation de jeunesse *Jugend Kraft* et « ses 100 000 membres allégués, mais déclara très loyalement qu'il accepterait toutes les conséquences du concordat ».

Le Vatican rompit le 2 juillet son « silence le plus absolu [de] trois semaines sur des violences sans précédent contre les catholiques et les prêtres d'Allemagne [,...] qui n'avaient pas ralenti ». Le premier article de l'*Osservatore* évoqua en « quelques lignes seulement, et combien prudentes, [...] quand déjà l'on pouvait prévoir que ces horions allaient aboutir à un contrat », les « arrestations par des dizaines de mille » et le non-respect du « caractère sacré des missions sacerdotales ». Aucune condamnation de « la dictature » nazie dans ces « commentaires [...] extrêmement sommaires et faibles » citant des critiques étrangères sur « la vie politique allemande ». Quel contraste entre la « timide protestation » susurrée l'affaire faite et l'audace courante : « si le quart de ce qui se passe en Allemagne survenait en Yougoslavie, en Espagne ou ailleurs quelle indignation n'aurait pas fait éclater l'*Osservatore* ! »

« Le Vatican avait espéré que l'agonie du Centre durerait assez pour que le concordat pût être paraphé avant sa mort et apparût comme une magnifique couronne déposée sur sa tombe. Il fut privé de cette satisfaction. Le Centre rendit le dernier soupir [le 5 juillet] avant que la couronne concordataire fût entièrement dressée. Ombre au tableau, mais très légère. Moribond ou mort, le centre remplissait déjà, dans cette affaire, le rôle du personnage que le droit civil appelle le *de cujus* ». Charles-Roux se gaussa autant de la « phase finale » du processus, accélérée « au point d'en faire un tour de force[,..] une course au clocher » où « les hitlériens [...] contraignirent [Pacelli] à battre son propre record de vitesse », le concordat de Bade bâclé « en dix jours ». « Les voies de la Providence sont toujours impénétrables, mais quand il s'agit de l'Allemagne, elles sont de plus expéditives. » Le juriste Pacelli avait perdu toute réserve.

Le précieux texte de l'accord Pacelli-Papen-Kaas-Gröber-Rudolf Buttmann (« chef du département de la *Kulturpolitik* au ministère de l'Intérieur », préposé ensuite aux discussions sur l'application du concordat) gagna Berlin par avion, « seul appareil approprié, par sa vélocité, aux transmissions exigées par une négociation aussi précipitée ». Cette « colombe symbolique » portant son « rameau d'olivier » regagna Rome le 6 juillet, mais « le rameau avait été légèrement rogné à Berlin. D'où l'incident des difficultés de la dernière heure [...non] pas inventé mais [...] grossi ». La fausse reprise des négociations entre le soir du 6 juillet et le matin du 8, avant le paraphe du 8 à 18 heures, devait accréditer la fermeté vaticane : deux jours de plus pour renvoyer au « commun accord » du Reich et de l'épiscopat, dans le délai d'un mois, le choix « des organisations sociales et professionnelles catholiques » protégées par l'article 31.

Le 9 juillet, le communiqué d'Hitler à la presse, très rassurant à ce sujet, précisa aussi le sens général du concordat : « fournir la garantie suffisante que les citoyens allemands de la foi catholique et romaine se mettr[aie]nt désormais sans réserve au service du nouvel État national-socialiste. » Le 14, à la réunion de cabinet, Papen vit dans l'événement l'expression de la volonté de Pie XI d'« accord avec l'Italie et l'Allemagne qui selon lui représentaient le noyau du monde chrétien ». Hitler souligna quelle « chance » le Reich avait trouvée là de se créer « une atmosphère de confiance qui avait une signification particulière compte tenu de l'urgence de la lutte contre les juifs internationaux. Les éventuels défauts du concordat pourraient être corrigés plus tard quand la situation extérieure se serait améliorée » – propos clair sur la « protection » acquise au catholicisme. Il définit enfin « les trois grands avantages [... du] succès indescriptible » de concessions vaticanes inconcevables « même le 30 janvier » : anéantir l'argument autrichien du « national-socialisme anticatholique » ; établir « de bonnes relations [entre le Vatican et] cet État purement national-socialiste » ; exclure l'Église romaine de la scène politique. La Curie se contentant comme les évêques des assurances verbales sur « l'avenir des organisations catholiques » prodiguées par Buttmann à Gröber et Berning, le 18, le traité fut signé en grande pompe par Pacelli et Papen le 20 juillet[9].

La secrétairerie d'État rendit alors la plume à l'*Osservatore :* il « ne laisse maintenant passer aucune occasion de publier des communications, la plupart datées de Berlin, qui, toutes, concourent à faire l'éloge des mesures de politique intérieure prises par le gouvernement hitlérien ». Les victimes de la « terreur », qu'arrêta net le suicide des deux partis catholiques, les 4 (PPB) et 5 juillet *(Zentrum)*, furent consentantes. La signature fit déferler un nouveau déluge de déclarations d'amour au Führer de Bertram, Bornewasser, Schreiber, et tous les autres : Faulhaber inclus, que la diplomatie française, postulant une « résistance » épiscopale (surtout le délégué du Comité des Forges, François-Poncet, ambassadeur à Berlin), avait cru menacé d'arrestation. Sa lettre à Hitler, le 24 juillet, conclue par « ce vœu "nous venant du fond du cœur : Dieu préserve le chancelier du Reich pour notre peuple" », se passe de commentaires : « ce que les vieux parlements et les vieux partis n'ont pas accompli en soixante ans, votre clairvoyance d'homme d'État l'a réalisé en six mois. Pour le prestige de l'Allemagne à l'Est et à l'Ouest et devant le monde entier cette poignée de main avec la papauté, la plus grande puissance morale de l'histoire du monde, est une bénédiction incommensurable. »

Cette étape paracheva donc l'« accord [du Vatican] avec les hypernationalistes de Berlin et de Rome ». Le Reich avait, « répétition de ce qui s'est

9. Persécutions, *Canet*, 36, Lewy G., *Catholic*, chap. 4, et Conway J., *Nazi*, chap. 1, lettres de Charles-Roux n° 254, 4, n° 266, 18, n° 280, 28 juillet, *Allemagne*, 699 ; Papen, 23 juin, résumé de Neurath, 1er, et de Papen, 2, Papen, 2, Bergen n° 39 et sans n°, 3, Bergen, 8, conseil, 14 juillet 1933, *DGFP*, C, I, p. 610-611, 623-633 (il y eut finalement 34 articles), 634-635, 642, 651-653 ; comparer textes, 2 juillet, 623-633, et définitif, 669-679.

passé en Italie, mais avec sept ans d'avance », reçu l'appui décisif à « l'affermissement [du] régime [...] de M. Hitler, au moment où celui-ci supprimait partis et journaux catholiques ». On avait encore relevé « le parallélisme de la politique italienne et de la politique vaticane », « le gouvernement fasciste » se posant en « mentor de la dictature hitlérienne ». Ce « contrat avec le gouvernement du Reich » en signe de « réconciliation solennelle avec le national-socialisme » affichait la « priorité » accordée par le Saint-Siège « à ses intérêts dans ce pays [...], au moins depuis une trentaine d'années [...] ; et ce n'est pas sous le pontificat de Pie XI, ni sous le ministère du cardinal Pacelli, qu'il renoncera à cette longue habitude [...] Aucune illusion n'est à se faire à ce sujet ».

Le souci de respectabiliser le nouveau régime expliqua-t-il seul la « hâte extrême » de Pacelli de « mener à bien »[10] cette fausse négociation ? D'autres facteurs facilitèrent la précipitation. On l'a vu avec le cas badois, la police rafla une masse de documents, politiques et financiers certes, mais pas seulement. La précision des dossiers constitués en vue des procès pour mœurs (en 1937) des religieux et le trouble que le procédé suscita à Rome donnent crédit à la thèse que « les services de sécurité nazis » détenaient des détails sur « certaines parties fines du temps de Munich » impliquant Pacelli et les siens, dont la célèbre « sœur Pascalina », sa compagne depuis sa nonciature munichoise, et Spellman. Les intérêts de presse acquis par les chefs du *Zentrum* et le nonce Pacelli leur assouplirent aussi l'échine. Les plus disposés à aller « au bout pour éviter la rupture définitive du concordat » avant et après sa conclusion, Kaas et Pacelli, étaient menacés par la liquidation de la presse catholique qui accompagna l'agonie et suivit la mort du *Zentrum*. L'énorme maison d'édition de la *Kölnische Volkszeitung,* dont Kaas était président du CA et Pacelli actionnaire (pour 60 000 RM), fit faillite avant le 5 juillet 1933 (le Centre vivait encore). Les nazis intentèrent donc un procès aux dirigeants de la *Görreshaus GMBH* de Cologne : « plusieurs années de détention » frappèrent ses cinq gérants, hautes personnalités du *Zentrum*, dont le président du Centre rhénan (gracié ensuite), Hugo Mönnig, intime d'Adenauer.

Mais Berlin ménagea d'emblée ses deux interlocuteurs privilégiés : à Rome, Papen fit « savoir à Kaas que le gouvernement allemand n'avait pas l'intention d'étendre le rayon des accusés ». Brüning, que le concordat n'enthousiasmait pas et qui vouait à Pacelli une inimitié réciproque, invoqua les « pertes subies par les petites gens » pour rejeter la solution exigée par Kaas de la présidence du parti : « une quête parmi les gens aisés du centre pour resti-

---

10. Lettres de Charles-Roux n° 266, 18 juillet, *Saint-Siège*, 37 ; de François-Poncet (inquiet avant le 30 juin 1934 du gauchisme nazi) n° 617, 14, n° 687, 27 juin, de Gentil n° 253, 4 juillet, *Canet*, 36, Lewy G., *Catholic*, p. 104 ; lettres de Charles-Roux n° 262, 9, n° 278 et n° 280, 28 juillet 1933, *Allemagne*, 699.

tuer au cardinal ou "à la famille Pacelli" la somme investie. » C'est le député du *Zentrum* et industriel Albert Hackelsberger qui indemnisa Pacelli : l'« homme de liaison au parti des nazis, devenu membre du conseil national-socialiste de l'économie et confident d'Hitler, vers[a] ces 60 000 RM "à la famille Pacelli" ». Ce « dessous du concordat allemand », où intervint la « famille Pacelli », haut placée dans le palmarès du népotisme romain, illustre la remarque générale de Charles-Roux sur le Vatican « pris entre un gourdin et un pont d'or »[11]. Il ne saurait éclipser les raisons fondamentales du contrat de juillet 1933.

Le Vatican et la signification du concordat du Reich

Le 4 juillet, Mussolini définit le concordat, « dans la position isolée où se trouvait actuellement l'Allemagne », comme « une immense victoire morale » qui permettrait enfin au fascisme de « se rallier l'opinion catholique à travers le monde ». Ce soutien si apprécié du Reich (et de l'Italie), selon son ambassadeur au Quirinal Ulrich von Hassell, à l'ère du « Pacte à Quatre », prolongea l'action vaticane d'après défaite (définie par Stehlin) : donner au Reich un *appui* décisif dans les moments difficiles, l'aider à réintégrer la communauté des nations respectables.

Concordat et prussianisme

Le Vatican usa volontiers de la thèse des « violations » nazies du concordat, utile hors du Reich mais mensongère. Pacelli, négociateur du prussien, savait mieux que quiconque que certains des (finalement) 34 articles du « concordat avec le national-socialisme » étaient d'emblée caducs. Il avait toujours admis les bornes de la puissance catholique dans l'Allemagne luthérienne. Le NSDAP assumait pleinement cette tradition et ses éléments bavarois étaient, au terme d'une longue lutte contre l'hégémonie de l'aristocratie noire monarchiste, « beaucoup plus hostiles au catholicisme que les milieux gouvernementaux de Berlin et l'entourage d'Hitler lui-même ». Hitler avait en maint domaine un besoin impérieux de l'Église catholique, mais userait sans hésiter de ce levier contre ses prétentions politiques. La phase de tractations avait balayé toute illusion sur la « protection » des organisations catholiques, liquidées avec le *Zentrum* mais gratifiées d'une brève agonie.

L'argumentation « inspirée » à la presse catholique française, « la Croix en particulier », sur l'article 32 est une escroquerie, affirmèrent début juillet Gentil et Charles-Roux : la « garantie spéciale » qui l'aurait fondé, le lien étroit et organique avec les 31 autres, n'existait pas, tous les groupements politiques étant liquidés

11. Faligot R. *et al.*, *Éminences*, p. 65-66, lettre de Charles-Roux n° 328, 19 août 1933, *Allemagne*, 700, Lewy G., *Catholic*, p. 73, note n° 297, 14 juin 1934, lettre de Charles-Roux n° 280, 28 juillet 1933, *Allemagne*, 691 et 699.

et incapables de se réorganiser dans cette dictature ; l'expérience italienne avait démontré au Vatican la valeur nulle des « garanties toutes spéciales » pour l'AC prévues par les articles 43 et 44. Début août, impitoyable sur « la compromission » romaine avec « le régime hitlérien », « l'agence officieuse » Wolff bafoua l'*Osservatore*, intarissable sur la solidité de roc de l'article 32, par ce communiqué : la Curie s'étant privée de tout recours, son éventuelle levée de l'interdiction de l'action politique du clergé abrogerait le concordat[12].

Pacelli et Pie XI, qui s'étaient accommodés de leur échec prussien sur l'école, ne pouvaient escompter renonciation des hitlériens à la partie scolaire de leur programme : elle impliquait contrôle direct sur la jeunesse, que le nazisme disputait au catholicisme organisé, si philonazi fût-il. Les articles 15 et 19 à 25, indûment présentés comme l'agrément aux revendications cléricales, légitimant la signature, étaient creux : « la phrase omniprésente, "dans les limites de la législation générale et des conditions établies par la loi" », annihilait les privilèges acquis (hérités du IIe Reich et de Weimar) et nouveaux. L'accord confirmait en effet des droits anciens : maintien des facultés théologiques dans les universités financées par l'État, droit d'établir des séminaires (articles 19 et 20) ; garantie de l'enseignement religieux des professeurs des écoles confessionnelles catholiques et du droit des congrégations à « établir et diriger des écoles privées » (24 et 25) ; liberté des activités des mêmes, enseignement inclus (15).

Le concordat en rajoutait, prescrivant l'instruction religieuse dans tous les cycles de l'enseignement (article 21) et donnant à l'Église droit de veto sur la nomination et la carrière des professeurs de religion pourvus d'une *missio canonica* par l'évêque local (22), privilège vainement réclamé jusqu'alors. Et surtout son article 23, « victoire » exaltée par Papen, « garantissa[i]t "le maintien des écoles confessionnelles existantes et l'établissement de nouvelles partout où les parents le demandaient et où le nombre prévisible d'élèves était suffisamment important" ». Confirmant l'acquis, ses articles 5 à 10 concernaient le « statut légal du clergé » et le « pont d'or » de l'article 17 garantissait les propriétés de l'Église (la partie relative à l'entretien du clergé fut toujours respectée).

La contribution à la revanche

Le texte officiel

Le texte public du concordat reprit les clauses « extérieures » des précédents ou les explicita. Il n'y avait rien de neuf dans les articles 11 et 12 subordon-

---

12. N° 160 de Hassell, *DGFP*, C, I, p. 636, *Arbeiter Zeitung*, Bâle, 10 octobre 1947, *Allemagne 1944*, 68, lettre n° 115 de Petit, 16 juin 1933, *Canet*, 36 ; Lewy G., *Catholic*, chap. 1-4, lettres de Charles-Roux n° 256, 7, n° 293, 30, de Gentil n° 252, 4 juillet, *Allemagne*, 699, de Charles-Roux n° 314, 10 août 1933, *Allemagne*, 700.

nant à l'approbation de Berlin toute modification des diocèses, dans le 14 sur l'objection politique aux nominations, ou dans le 16 sur le « serment de loyauté » des nouveaux évêques, engagés à en exiger autant de leur clergé, « dans le respect légitime du bien-être et des intérêts du Reich allemand », et à « empêcher tout ce qui pourrait menacer de [leur] nuire ». Que signifie l'« obligation de souligner et d'entretenir "la conscience patriotique, civique et sociale et le sens du devoir" » des élèves, contrepartie de l'article 21 sur l'enseignement religieux, demanda, fin juillet, Charles-Roux : ce serait fait « selon les principes de la foi et de la morale chrétiennes », répondit Pacelli. Les « gages de loyalisme [du] haut-clergé [...] au chancelier » et l'ultra-patriotisme d'une Église acharnée à effacer ses stigmates ultramontains du *Kulturkampf* en feront « moins une disposition modératrice du patriotisme et du civisme selon la formule hitlérienne qu'un engagement à ne pas contre-carrer un programme d'éducation nationaliste par le rappel inopportun de principes restrictifs du nationalisme », comprit l'ambassadeur. L'agence Wolff confirma début août, contre cette « précaution » vaticane, « l'interprétation allemande » de l'article 21[13].

On était là au cœur du concordat. Hitler ne demandait à l'Église que de lui forger en vue de la revanche des guerriers dociles à leurs maîtres et sans pitié pour les ennemis. Le 26 avril 1933, lors du long entretien déjà cité avec Berning et Steinmann, l'épiscopat, via ces deux grands croisés contre Versailles, cautionna le plan que le Führer délesta du refrain antibolchevique : « il y a des ennuis avec la Pologne à l'horizon. Nous avons besoin de soldats, de soldats dévoués. Les soldats dévoués sont les plus précieux car ils risquent tout. Nous garderons donc les écoles confessionnelles pour élever des croyants. » Papen « souligna » le 2 juillet la portée de l'article 29 « qui garantissait la *protection des minorités allemandes* », c'est-à-dire leur droit à l'usage de l'allemand. La « concession » était aggravée par « le protocole additionnel final » stipulant qu'il serait garanti par les futurs concordats avec les autres États : « c'est la première fois que le Saint-Siège a affirmé son soutien [...] sous cette forme. » Les victimes potentielles de cette disposition s'alarmèrent d'une règle d'autant plus « absurde » que Rome avait violé en Vénétie julienne et dans le Haut-Adige « ces fameux principes [...] sur le droit à la langue maternelle [...] des minorités étrangères ». L'article 30 prescrivant « une prière [...] "pour le bien-être du Reich allemand et de son peuple" après chaque Grand-Messe » entretiendrait la nostalgie du Grand Reich. L'article 27 sanctionnait l'entente sur l'aumônerie militaire discutée

13. Papen à Hitler, 2 juillet, et textes, *DGFP*, C, I, p. 623-633 et 669-679 ; Lewy G., *Catholic*, p. 79-85 ; textes italien et allemand, lettres de Charles-Roux n° 280, 28, n° 283, 29 juillet, *Allemagne*, 699, et n° 314, 10 août 1933, *ibid.*, 700.

par Pacelli depuis 1920 : « l'évêque militaire » affecté à l'armée serait « choisi d'un commun accord » ; les ordinaires approuveraient le choix des aumôniers militaires placés sous ses ordres – concession formelle puisque Berlin nommait tous les évêques ; le choix final serait notifié par « un bref apostolique » qui, en « coopération avec le Reich[,] réglerait ces questions dans le détail ». Cet article figurait parmi les six jugés décisifs par Papen (avec le 32, le serment de fidélité, la prière pour le Reich, la référence au « service militaire obligatoire » et le statut des minorités)[14]. Il touchait au tabou militaire de Versailles.

Les clauses secrètes

Deux catégories d'« *articles secrets* annexés » le violèrent, agitant les chancelleries, informées dans les jours (pour la première), au plus tard dans les deux semaines (pour la seconde) qui suivirent la signature.

« Les devoirs des ecclésiastiques en cas de rétablissement du service militaire obligatoire ou de mobilisation générale » étaient définis par quatre articles : les candidats à la prêtrise seraient dispensés de service, sauf mobilisation générale (1) ; les ecclésiastiques employés dans les administrations diocésaines ou exerçant le sacerdoce resteraient exemptés en cas de mobilisation générale (2) ; les autres clercs, aptes au service, seraient nommés aumôniers et placés sous la juridiction de l'évêque aux armées ou versés dans des formations sanitaires (3) ; cette dernière fonction serait affectée aux ecclésiastiques « in sacris » ou non encore ordonnés (4). L'appui de Rome au militarisme allemand épargna aux clercs les combats, réservés aux soldats laïcs dont ils tremperaient l'âme : G. Lewy a cru que Pie XI n'avait pas dénoncé le concordat, « malgré sa colère contre [s]es violations grossières et répétées », à cause de ce privilège[15].

La seconde catégorie des *« articles secrets »*, plus spectaculaire, consacra la vieille collaboration en vue de la conquête ou reconquête territoriale. On parla de « clauses secrètes » sur l'action contre l'URSS et le communisme, mais aussi en faveur des « missions allemandes Outre-Mer », en particulier au Cameroun. Sur l'URSS, les Polonais, vite informés, renseignèrent tant Paris que Moscou. Début août 1933, Stanisław Janikowski, leur chargé d'affaires au Vatican, avisa de « source sûre » Charles-Roux de « l'accord secret » sur la « politique » commune envers l'URSS. Une autre source révéla que « le gouvernement alle-

---

14. Lewy G., *Catholic*, p. 50-52, note, 7 juin, Papen à Hitler, 2 juillet (souligné dans le texte), conseil, 14 juillet, *DGFP*, C, I, p. 347-348, 623, 652, et lettre de Charles-Roux n° 281, 29 juillet 1933, *Allemagne*, 699.

15. Lettre n° 795 de François-Poncet, 26 juillet 1933 (souligné dans le texte), et texte, *Allemagne*, 700 ; Lewy G. a cru ces articles, seuls connus de lui, secrets au point de le rester jusqu'au 29 août 1939 pour le secrétaire d'État aux AE Ernst von Weizsäcker, *Catholic*, p. 85-86 ; *DGFP*, C, I, ne publie que cette annexe, p. 678-679.

mand se serait engagé [...] à combattre le communisme par tous les moyens et [...] à ne s'opposer plus tard, d'aucune façon, à la propagande catholique en Ukraine », renseignement aussitôt confirmé « avec plus de précision ». L'affaire suscita un festival de mensonges, inégalement convaincus, de Pacelli : mi-août, il mit « amicalement » le Reich en garde contre les tentatives, pas seulement russes, de découvrir « l'annexe au concordat », mais celui-ci multiplia les fuites sans égard pour la « mauvaise humeur » vaticane. Il « répond[it] évasivement » le 8 août à Janikowski, démentit formellement à Charles-Roux le 10 une clause secrète sur « le bolchevisme ou tout autre sujet », puis passa vers la mi-août à « la dénégation [...] sobre » quand Charles-Roux l'interrogea sur d'éventuelles clauses secrètes. Le tenace Janikowski en obtint à la mi-août un aveu complet. Il ironisa d'abord, arguant « que les hitlériens étaient d'eux-mêmes assez anticommunistes pour que le Saint-Siège n'eût pas lieu de convenir avec eux de quoi que ce fût à cet effet », mais n'osa « pas une fois [...] déclarer catégoriquement » qu'il n'y avait pas d'accord secret. Puis, Janikowski ayant argué que les Russes finiraient par mettre la main dessus puisqu'ils « avaient beaucoup d'amis en Allemagne, notamment dans la Reichswehr[, il...] a répondu, comme machinalement, qu'en effet ils le trouveraient ». Le 25 août, il mentit effrontément à Charles-Roux. Haïssant plus que tout le mensonge, il devait lui avouer la vérité, sous le sceau du secret : on n'avait pas rédigé de clauses sur le communisme et les missions allemandes Outre-Mer, mais seulement traité « des affectations militaires des ecclésiastiques et de leurs exemptions » comme pour les autres pays et concordats. Il n'y avait rien de plus : Papen – qui avait beaucoup bavardé – avait tenu des propos stupides et excessifs, mais Rome ne pouvait officiellement y réagir[16].

II. Les relations avec le régime nazi, 1933-1939 : crise ou consensus ?

Anticléricalisme et accord avec le Vatican jusqu'au plébiscite sarrois, 1933-1935

Les plaintes, à usage de l'ex-Entente, sur les déceptions et craintes soulevées par les manquements hitlériens au concordat avaient alors commencé. Fin août 1933, Pacelli fit, « en termes mesurés, mais très nets », pour le chargé d'affaires britannique sur le départ (pour Berlin) – Ivone Kirkpatrick, qui réper-

16. Charles-Roux, lettres n° 319, 18, n° 338, 29 août, *Allemagne*, 700, n° 298, 3 août, *Saint-Siège*, 37, tél. n° 292-293, n° 294, n° 309, 8, 10, 25 août, *URSS*, 956, lettre n° 319, 18 août, *Allemagne*, 700 (août-septembre 1933, ces vol. et *Canet*, 59) ; Stehle H., *Eastern*, p. 158-159.

cuterait la tromperie –, « le procès » des dirigeants allemands sur « leur politique envers l'Autriche, leurs persécutions contre les juifs et leur oppression de toute liberté civile ». Il se lamenta d'avoir dû signer « un Concordat avec de telles gens (sic). Mais sachez qu'ils m'ont mis un revolver sur la tempe (sic). J'ai dû choisir entre deux partis, ou laisser s'écrouler l'Église catholique, ou négocier. Et encore n'ai-je [eu] que huit jours pour mener la négociation à terme » ((sic) de Charles-Roux). Pie XI, jura-t-il, était ulcéré par l'attitude allemande, « répugna[n]t à la conscience humaine », envers l'Autriche dont il fallait « soutenir la résistance », et par les persécutions antisémites, qui « heurtaient aussi la conscience humaine ».

La « négociation » sur l'application du concordat : le statut du document écrit

Plus discrètement, Pacelli annonça aux nazis qu'il consacrerait son « congé » de septembre à Rorschach à poursuivre les entretiens avec Buttmann (ce que Pie XI lui refusa). Aucune vraie « négociation » n'eut en fait lieu après juillet 1933. Pacelli présenta comme préalable à la ratification son souci de « clarifier un certain nombre de dispositions du concordat » dans une note du 5 septembre 1933 reproduite par les « documents sur la politique extérieure allemande ». Mais il y renonça par un rapport du 7 (non reproduit) et lui préféra un « communiqué commun » annonçant règlement imminent des « éventuelles divergences » par un « échange de vues amical ». Pie XI signa donc le 9 septembre le texte ratifié le 10.

On retiendra du feuilleton des « négociations » et « notes de Pacelli » l'épisode du 12 septembre 1933, face au chargé d'affaires à l'ambassade au Vatican, Eugen von Klee. Pacelli devait lui remettre un « mémorandum en trois points » : « les associations catholiques », « la presse catholique » et « le renvoi des fonctionnaires catholiques et les catholiques d'origine juive ». Il le restreignit aux deux premiers quand Klee argua que le point 3 n'avait « rien à voir avec le concordat [,...] objection qu'il reconnut justifiée ». Klee revenant sur ce problème « non pas religieux mais de race », Pacelli rappela qu'il remettait ce texte « à la demande du pape, qui n'était guidé que par des points de vue religieux et humains ». Klee « insista » sur l'engagement « initial » du Vatican à ne « pas se mêler des affaires politiques intérieures de l'Allemagne », sur la nécessité de rayer la partie juive du point 3 et de « baisser le ton sur le reste ». Pacelli « décid[a alors] de ne pas remettre le mémorandum ».

Il adressa à Klee, le soir même, une note conforme à ses demandes et *antidatée du 9* (donc d'avant la ratification) : dix-huit lignes de plaintes sur « les fonctionnaires catholiques » dont les déclarations de mars d'Hitler « et plus encore [...] la conclusion du concordat » avaient « rendu possible la coopération pratique au sein du nouvel État » ; cinq lignes et demie « pour ajouter un mot pour les catholiques allemands d'origine juive » récente ou lointaine, « et qui *pour des raisons connues du gouvernement allemand* souffrent également de difficultés économiques et sociales ». Bref, ce fut un *courrier-paravent*, du type des échanges convenus Pacelli-Gasparri de la Grande Guerre ou de la lettre de Pacelli sur l'école catholique après le concordat prussien. Le 22 juin 1941, Bergen en décrivit au secrétaire d'État Ernst von Weizsäcker l'usage purement tactique : « L'échange de vues privé [...] a lieu entre nous en esquivant les autorités officielles [..., il] poursuit une habitude établie par le cardinal et moi depuis de nombreuses années en vue de faciliter un traitement franc et souple de questions souvent délicates. Cela a un effet de bien plus long terme que les démarches et protestations officielles. »

Des « vrais » dossiers écrits, il reste peu. En 1945, l'« incinération générale » des fonds de l'ambassade du Reich au Vatican, que le commandement allié avait ordonné d'inventorier, « précéd[a] les troupes libératrices ». Kaas brûla ceux du Saint-Siège sur ordre de Pie XII. En mars 1947, la Curie fit « évacuer une partie [de ses] archives [...] les plus précieuses », chargées et transportées « avec un maximum de précautions [...] sur un navire de guerre américain [basé] à Naples », pour transfert « dans un couvent de jésuites aux États-Unis »[17]. L'historien est cantonné à la minuscule partie visible, à peine conflictuelle, d'un iceberg d'entente.

Du conflit apparent à l'accord réel

À la mi-septembre 1933, Orsenigo ruina la thèse du « revolver sur la tempe » en célébrant la ratification du concordat à la cérémonie organisée par la *Gauleitung* de Berlin avec son aval et celui de la chancellerie du diocèse : par une « grand-messe spéciale dans la cathédrale Sainte-Hedwige », avec les « formations en uniformes de tous les SA et SS catholiques de Berlin », répercutée par une nuée de hauts-parleurs aux milliers de partisans que ne pouvait contenir le vaste bâtiment. Après un sermon adapté, la fête s'acheva sur le *Horst Wessel Lied* chanté par la foule dans la cathédrale et en dehors, et sur un télégramme enflammé de Klausener et Steinmann au Führer lui promettant de « regrouper toutes les forces pour le *Volk* et la patrie ».

---

17. Tél. Charles-Roux n° 310, 1er septembre, *Canet*, 36 ; notes, 11, 18 septembre, note Pacelli, 5, rapports Klee, 7, 8, note éditoriale, Klee et Bergen, 12, 14 octobre 1933, *DGFP*, C, I, p. 782-786, 789-790, 793-794 (souligné par moi), p. 927-928 ; Bergen, 22 juin 1941, *DGFP*, D, XII, p. 1082 ; lettre de Rivoire (qui en était chargé pour la France), Szczecin, 10 août 1949, *Pologne 1944*, 133, Stehle H., *Eastern*, p. 206, et SDECE, C/3 mars n° 33067/3758, 14 mai 1947, *États-Unis 1944*, 320.

La fausse crise du tournant de 1933

Ce que Rome et les évêques allemands appelaient les « violations » du concordat désigne le conflit sur l'AC, école et organisations de jeunesse surtout. Les mesures anticléricales n'ayant pas faibli, la première « crise » alléguée se produisit entre octobre et décembre 1933. Bergen la motiva par le besoin du Vatican de relever sa « dignité », très diminuée dans le monde par sa « réserve[,...] incompréhensible pour les fidèles », sur la conjoncture allemande. Pacelli, dans la note qu'il lui adressa le 19 octobre pour se réjouir de l'arrivée imminente de Buttmann pour régler la situation « virtuellement intolérable » créée aux catholiques par la « violation ouverte du concordat », admit l'urgence de tenir compte des troubles de « conscience des catholiques, à la fois en Allemagne et dans le reste du monde, des conclusions et jugements qui, bien que dépourvus de fondement objectif, ne [pouvaient] laisser le Saint-Siège indifférent dans l'intérêt de sa dignité et de [s]a haute autorité morale ». Il ne se passa rien après que Buttmann fut venu, du 22 au 28 octobre, entendre les griefs vaticans, avant de rentrer à Berlin pour près de deux mois. Ce délai vexa Pacelli, qui l'appréciait fort.

La « crise » publique fut ponctuée par la lettre pastorale, publiée par l'*Osservatore* du 24 octobre, de Bertram réclamant la liberté d'action pour les associations, les œuvres de charité et la presse catholiques et pour « l'éducation religieuse de la jeunesse » ; par l'arrestation début décembre de prêtres bavarois accusés de collusion avec le KPD ; par l'ordonnance sur la stérilisation du 9 décembre ; et par les sermons de l'Avent de Faulhaber sur les « valeurs morales de l'Ancien Testament » dans lequel l'Occident chrétien, Paris inclus, voulut voir « en quelque sorte le procès de l'antisémitisme ». Le 14 décembre 1933, l'*Osservatore* loua la « courageuse affirmation doctrinale » de Faulhaber sur la validité de l'Ancien Testament pour faire oublier le mutisme sur la politique antisémite des « autorités supérieures de l'Église, gardiennes de l'orthodoxie catholique ». Il célébra sa diatribe contre le décret du 9, « document le plus impressionnant de l'esprit antichrétien, inhumain et barbare de cette pratique devenue obligatoire ». Brusque réveil sur un projet connu depuis au moins sept mois et laissé secret : l'épiscopat, informé en mai 1933 au plus tard de la stérilisation « volontaire », devenue « obligatoire » et légale le 25 juillet, ne s'y était pas plus opposé qu'au sort des juifs, G. Lewy l'a définitivement montré.

Les archives ne révèlent pas un Faulhaber philosémite. « La presse américaine » a, câbla-t-il le 30 mars 1933 à Mundelein, à Chicago, « grandement exagéré les violences faites aux juifs ». Son sermon de décembre 1933, expliqua-t-il définitivement en 1934, ne prenait pas « la défense des juifs persécutés par le régime hitlérien » : « il n'a pas pris position à l'égard de la question juive telle qu'elle se pose aujourd'hui », fut-il notifié le 31 août au secrétaire de la conférence israélite mondiale de Genève. En novembre 1934, il rendit publique par écrit et « en chaire [...] sa protestation » contre la réputation d'ami des juifs que lui forgeaient depuis près d'un an « des émigrés et des publicistes étrangers [...] dans certains journaux de Prague, de Bâle et de Sarrebruck », qu'il « flétri[t] » nommément[18]. Il avait, comme tous ses pairs, tel l'« agent électoral des nazis » Gröber, soutenu dans sa pastorale du 8 novembre 1933 le référendum (du 12) d'abandon de la SDN : « les catholiques à la fois pour des motifs patriotiques et chrétiens doivent élever la voix en faveur de la paix entre les nations avec des droits égaux pour le peuple allemand [... Ils] déclareront une fois de plus leur fidélité à la patrie et leur plein accord avec les larges vues et les efforts vigoureux du Führer pour sauver le peuple allemand des horreurs d'une nouvelle guerre et des atrocités du bolchevisme, pour assurer l'ordre public et donner du travail aux chômeurs. »

Bergen admit en octobre 1933 que les évêques les plus fermes en public sur les droits catholiques, tels Bertram et les Bavarois, prônaient la « modération » et s'entendaient fort bien avec les autorités. Pie XI, qu'il présentait volontiers, contre « le réalisme politique de Pacelli », comme raide envers Berlin, soutint le plébiscite, déclarant à des pèlerins allemands de la Jeunesse le 29 octobre : « si lourde qu'elle semble à vos épaules, Nous devons vous dire qu[e...] l'heure actuelle [...] nous apparaît riche de grandes espérances. » Début novembre, après ses « nombreuses conférences » à Cologne et ailleurs, Papen jugea l'épiscopat prêt à conclure le même accord sur la Jeunesse hitlérienne que celui des *Balillas,* voire, comme il l'avait demandé à Gröber, à le proposer « spontanément ». L'*Avvenire d'Italia,* organe de l'AC fondé en septembre 1933, dont le philonazisme et la date de création attestent filiation avec le concordat, et fief de Pacelli qui y écrivait sous la signature de « Renano » (Rhénan), certifia en novembre qu'en votant oui à Hitler, les catholiques obtiendraient ce que Rome réclamait pour eux : la « dispense » de stérilisation pour les personnels catholiques des hôpitaux (après quoi il affronta sereinement le démenti à cette prévision). En décembre, l'*Osservatore* taisait encore « les arrestations de prêtres catholiques ».

Le bruissement, grossi à l'étranger, de la seconde quinzaine de décembre ne fut pas motivé par un conflit. Les pastorales contre « la campagne antireligieuse »

18. Lewy G., *Catholic*, p. 105-106, Bergen, 14 octobre, *DGFP*, C, I, p. 927-928 ; note Pacelli, 19 octobre, Bergen, 3 décembre, *DGFP*, C, II, p. 24 (et *passim*) et 172-173 ; lettres de Charles-Roux n° 426, 24 octobre, n° 490, 18 décembre, *Allemagne*, 700 et 689, d'Amé-Leroy, Munich, n° 190, n° 198, 4, 26 décembre 1933, *Canet*, 36, Lewy G., *Catholic*, p. 275, et chap. 9-10, Zeender J., « Germany », p. 98, et lettre de Marchai n° 218, Munich, 16 novembre 1934, *Allemagne*, 691.

émises pour « la première fois depuis le concordat » devaient, avec « l'approbation du Saint-Siège », détourner l'attention de la mission sarroise de Testa. De nouveaux sermons anti-païens de Faulhaber de décembre-janvier eurent pour « vraie cause [le] malaise » menaçant le haut-clergé : « ceux des évêques et des hauts prélats qui s'efforcent de pratiquer une politique de conciliation perdraient peu à peu de leur popularité et le peuple donnerait toujours davantage sa confiance au bas-clergé, dont plusieurs membres ont déjà été envoyés dans les camps de concentration »[19].

Il n'y eut donc pas « crise », comme le montrèrent les entretiens amicaux entre Buttmann, de retour à Rome le 18 décembre 1933, et Pacelli puis Kaas. Pacelli lui confirma l'origine tactique du haussement de ton des évêques bavarois auxquels « on reprochait largement de tout accepter en silence ». Sa sérénité dans la discussion sur l'obligation pour les séminaristes de passer par la SA ou le « Service du Travail » mérite comparaison avec son déchaînement contre les Sokols et autres associations nationales des États ennemis. Leur accord en quatre points du 19 décembre – au *lendemain* de l'arrivée de Buttmann – omit les vexations anti-catholiques (après sa rédaction, Pacelli dit avoir « oublié la réponse [allemande] à la question de la suspension et du renvoi des fonctionnaires catholiques »). Il prévoyait 1° de prochaines « négociations orales » sur « les clauses séparées [secrètes] du concordat », 2° un accord sur la nomination épiscopale de Nikolaus Bares à Berlin, 3° la suppression de l'obligation de SA ou de « Service du Travail » pour les séminaristes, compensée par l'entraînement dans « le service des samaritains », et 4° le respect par le Reich « dans toute la mesure du possible » – restriction qui fit d'abord tiquer Pacelli – des obligations financières des *Länder* « dans la période intérimaire de [leur] dissolution ». Le secrétaire d'État promit « de soumettre au pape la proposition d'une renonciation volontaire des organisations spéciales de jeunesse catholique ». Puis il montra « une grande chaleur » sur « les sentiments religieux du président du Reich » Hindenburg et dans ses vœux de Noël et de Nouvel An à ce dernier, à Hitler, à Frick et à Neurath (ministre des Affaires étrangères).

Le feuilleton des notes germano-vaticanes versées aux archives n'en continua pas moins, tel le rapport Neurath à Bergen, le 11 janvier 1934, réponse convenue – sur le christianisme et la lutte antibolchevique impeccables du régime, les abus du cléricalisme politique – au mémorandum Pacelli du… 19 octobre 1933. Bergen avait le 28 décembre requis cette réponse,

---

19. Fiche sur lettre du MAE n° 425, 20 novembre 1933, *Allemagne*, 689, J. Winiewicz, *IARC*, Études allemandes n° 10, 21 février 1944, *Allemagne 1944*, 67 ; Bergen, 16, 17 octobre, *DGFP*, C, II, p. 3-5 et 8, lettre n° 1158 de Morizé, 15 novembre, *Sarre*, 262, Papen, 11 novembre, *DGFP*, C, II, p. 113-11, Charles-Roux tél. n° 363, 30 septembre, *Canet*, 59, lettres n° 458, 24 novembre 1933, n° 20, 16 janvier 1934, n° 479, 9, n° 489, 16 décembre 1933, et d'Amé-Leroy n° 3, 13 janvier 1934, *Allemagne*, 689, sauf n° 479, *Allemagne*, 700.

prétendument pour empêcher la publication éventuelle d'un « livre blanc » vatican. Il s'agit en fait, écrivit-il à la mi-février, d'un serpent de mer pour l'Occident chrétien : « sa publication éventuelle n'est plus considérée comme un moyen de pression, encore moins comme un appel à la bataille, [...] mais simplement comme une justification de l'attitude du Saint-Siège. Le Vatican se voit adresser des reproches d'un peu partout pour sa trop grande faiblesse dans la défense du credo catholique et des intérêts ecclésiastiques. Ainsi en France compare-t-on la soumission dont le Saint-Siège fait preuve envers le national-socialisme à l'action vigoureuse qu'il a déployée contre l'Action française [...D]ans l'épiscopat et dans le laïcat catholique, on ne comprend pas l'expectative de la Curie[;...] en Amérique on répète sans arrêt que le protestantisme résiste bravement au nom de la foi chrétienne alors que l'Église catholique se soumet à tout. » Ceci réduit à un jeu d'ombres les façons de Pacelli, annonçant depuis décembre 1933 à Charles-Roux des « négociations » sur les associations catholiques, commentant les voyages romains de Buttmann, confiant sa déception, « son amertume » et son « regret », approuvant l'ambassadeur d'un « geste » de la main, de la tête et d'un « soupir ». Ces simagrées dureraient jusqu'au conclave.

La politique anticléricale épargna la hiérarchie : les mesures de rigueur furent réservées aux curés. Dans des proportions qu'il faut cependant rapporter aux dizaines de milliers de « rouges » frappés ou aux juifs exclus de la vie civile avant de l'être de la vie : en février 1934, environ 200 prêtres se trouvaient en prison ou en camp[20].

Combat licite contre Rosenberg et accord sur la *Hitlerjugend* du 29 juin 1934

Autre rideau de fumée, le Vatican dénonça à partir de janvier 1934 Alfred Rosenberg, auteur très anticlérical du *Mythe du XXe siècle* tout juste nommé adjoint d'Hitler pour les questions idéologiques du NSDAP, et toutes les œuvres « païennes ». Ce code accréditant la thèse de l'incompatibilité entre papauté et nazisme, utile aux relations avec l'ex-Entente, permit aussi de gérer sans péril les rapports avec Berlin : Hitler avait avisé Berning et Steinmann le 26 avril 1933 que l'œuvre de l'idéologue du parti « n'était qu'une publication privée ». Il le répéta le 7 février 1934 à Schulte lors d'un entretien de deux heures largement consacré à l'AC, au cours duquel le cardinal lui suggéra

20. Entretien Pacelli-Buttmann, note Buttmann à Pacelli, rapport Buttmann, 18, 19 décembre, Bergen, 28 décembre 1933, Neurath, 11 janvier, Bergen n° 48, n° 78, 5, 16 février, *DGFP*, C, II, p. 239-249, 283-285, 339-344, 451-452, 504, Charles-Roux, lettre n° 47, 2 février 1934, *Allemagne*, 689, tél. n° 471, 28 décembre 1933, et François-Poncet n° 291, 6 février 1934, *Canet*, 36 (depuis octobre, *ibid.* et *Allemagne*, 700).

la meilleure façon d'intégrer les jeunesses catholiques à la *Hitlerjugend* (une décentralisation sur la base diocésaine) : « le livre de Rosenberg ne lui plaisait pas, [...] n'avait pas de valeur culturelle et [...] ne devait son gros tirage qu'à l'opposition des évêques. »

Le Saint-Office mit donc le jour même à l'Index, en toute impunité, cet ouvrage et *L'Église nationale allemande* (de la même eau), d'Ernst Bergmann. L'*Osservatore* condamna aussi sereinement depuis janvier 1934, avec l'épiscopat allemand, les discours de Rosenberg et son livre à « exclu[re] des bibliothèques des familles chrétiennes et des mains de la jeunesse catholique ». Comme l'*Avvenire d'Italia*, *La Civiltà cattolica* distingua d'emblée le mauvais païen Rosenberg du bon chrétien Hitler, via l'article du RP Mario Barbera du 3 février (loué le 6 par l'*Osservatore*), typique de la presse vaticane sur le sujet jusqu'à la guerre : « livre fanatique et violent à l'excès, semeur de haines de race et de religion, il est à cause de cela, contraire au dessein générique du national-socialisme, qui est d'unifier le peuple allemand... et opposé aux déclarations de Hitler, qui a voulu fonder le "Troisième Reich sur des bases chrétiennes" ». Hitler n'en est pas responsable, avait affirmé Papen à Rome. « Que le gouvernement du Reich, qui a déjà tant fait pour balayer la presse athée et subversive des communistes, montre clairement qu'il dégage sa responsabilité [et] qu'il prenne les mesures nécessaires contre ce livre », pria Barbera. « Les catholiques attendront longtemps ce désaveu », vu la fonction de Rosenberg, commenta Charles-Roux. Quand Orsenigo demanda, fin mars, si Berlin ne pouvait envisager « une forme ou une autre de déclaration pour le pape à propos du livre de Rosenberg », Bergen répondit qu'« il n'y avait pas de souci à se faire puisque personne n'était obligé de [le] lire »[21].

Le Vatican observa donc calmement la guérilla menée contre les associations et contre une presse catholique d'autant plus aisée à liquider que, depuis 1933, son contenu était calqué sur son homologue « laïque ». Le 20 février 1934, Baldur von Schirach transmit à Papen une note confirmant leur accord sur les cinq conditions d'« intégration de l'organisation de la jeunesse catholique dans la Jeunesse hitlérienne » relatives aux droits religieux. Buttmann les présenta début avril aux prélats de Cologne et de Fribourg puis à Rome, à dater du 17. Les « négociations » visant à masquer ou différer la totale « soumission du clergé aux volontés des nouveaux maîtres de l'Allemagne » continuèrent donc, entre Berlin, Rome et l'épiscopat. Elles furent confiées, en juin 1934, après la conférence de Fulda (du 5 au 10), aux prélats les plus notoirement nazis :

---

21. Note, 7 juin 1933, *DGFP*, C, I, p. 347-348, Papen, 7 avril 1934, *DGFP*, C, II, p. 718 ; Lewy G., *Catholic*, p. 151-152 et 119-120, Charles-Roux, lettres n° 49, n° 51, n° 59, 6, 7, 14 février, *Allemagne*, 689, tél. n° 24, 24 janvier, *Canet*, 36 (1934-1939, *Allemagne*, 689-698, 700, *Canet*, 36-40, Lewy G., chap. 6) ; Bergen, 29 mars 1934, *DGFP*, C, II, p. 693.

Bares, nommé à Berlin à l'automne 1933, Berning et Gröber, l'évêque « calme et modéré » que Kaas mandait à Rome pour faire « contrepoids [à] l'intransigeant » Faulhaber[22].

Tandis que la défense du catholicisme contre le paganisme achevait d'ériger en résistant Faulhaber, confronté à la laïcisation bavaroise, les brèves « négociations » ouvertes à Berlin le 24 juin 1934 aboutirent le 29 à un accord « sur les principaux points en litige » (l'article 31). Étape décisive vers l'absorption de la Jeunesse catholique par la reconnaissance de ses associations, autorisées à porter l'uniforme, à défiler et à adhérer au Front du Travail et à la Jeunesse hitlérienne. Bien que tout fût acquis le 27, Hitler attendit le 30 juin pour publier le communiqué officiel : l'anéantissement de la direction mauvais genre des SA d'Ernst Röhm put coïncider avec une déclaration d'amour entre État nazi et Église romaine.

« Détente » de la Nuit des Longs Couteaux au plébiscite sarrois

L'Église retint donc de la Nuit (précédente) des Longs Couteaux l'opération d'ordre, non l'assassinat d'éminents représentants du « catholicisme politique », tels Adalbert Probst, *Reichsführer* de l'organisation sportive catholique DJK *(Deutsche Jugendkraft-Sportverband)*, Klausener – qui avait une semaine avant exalté le patriotisme des catholiques à leur congrès de Berlin, « déchaîn[ant] par ses paroles les acclamations de la foule » – et, autre affront, « les deux secrétaires qui avaient accompagné von Papen à Rome » pour signer le concordat. La presse catholique et l'épiscopat n'exprimèrent « aucune réaction apparente [sur] celui qui avait si longtemps combattu pour l'Église » : la *Germania* consacra « quelques mots encadrés de noir [à] la mort subite après une vie d'amour et de sacrifice du Dr Klausener », dans un numéro éperdu de gratitude pour « le Führer [qui avait], par son intervention rapide, rappelé à tous les citoyens qu'il avait la volonté et le pouvoir de défendre son autorité et celle de l'État contre toute attaque, de quelque côté qu'elle vînt ».

Le 6 juillet – jour où Pertinax se dit « curieux » de « la réaction du Vatican » sur l'incinération par « les autorités » du corps de l'insigne catholique –, Pacelli confirma à Charles-Roux son absence d'« émotion » : « les adversaires du chancelier auraient mieux fait de ne pas s'exposer à ses coups », dit-il, avouant espérer « une entente entre l'épiscopat et Hitler ». Le 16, Dalla Torre ratiocina dans l'*Osservatore* sur l'appartenance possible de Klausener à la catégorie

22. 1934 : *Allemagne*, 689-691, *Canet*, 36, Lewy G., *Catholic*, chap. 5, note, 20 février, Bergen, 29 mars, *DGFP*, C, II, p. 519 et 693, lettre, Dusseldorf, 5 juin 1934, *Allemagne*, 691 ; rapports, 24 novembre, 18, entretien Pacelli-Buttmann, 18, note Buttmann, 19 décembre 1933, Bergen, 24 mai 1934, *DGFP*, C, II, p. 150-151, 242, 244-246 et 842.

« suicidés » des morts de « cette tragique journée » ; le 24, un papier traita « presque sans commentaires, [d]es circonstances » de l'assassinat. Pie XI et Pacelli, aussi indifférents à celui, le 25, d'un autre féal, Dollfuss, déclarèrent aux ambassadeurs français, britannique et italien qu'« il n'y a[vait] rien à faire [et ...] qu'une protestation [...] paraissait inopportune »[23].

Depuis la fin de l'été, en plein feuilleton sur l'application de l'accord du 29 juin, la presse vaticane loua la « détente ». Cette bénignité, en pleine agression contre les États successeurs, agaça les grands alliés des humiliés. Il flotta donc des rumeurs d'encyclique condamnant « quelques-unes des doctrines national-socialistes, notamment » la supériorité de la race germanique et la stérilisation. La secrétairerie d'État prétendit préparer « un livre blanc qui ne serait publié que dans le cas où toutes les possibilités de négociation auraient été épuisées. On peut donc prévoir que ce ne sera pas de sitôt », dauba le chargé d'affaires Jacques Truelle. L'idylle irrita Mussolini qui, encore hésitant devant l'option allemande, avait le 26 mai 1934 stigmatisé la politique religieuse du Reich dans un article non signé du *Popolo d'Italia* (« Teutonica ») : « Racisme 100 %. Contre tout et contre tous : hier, contre la civilisation chrétienne, aujourd'hui, contre la civilisation latine, et demain, qui sait, contre la civilisation du monde entier ! » Les réserves (exceptionnelles) sur l'Allemagne des articles du « Rhénan » dans l'*Avvenire*, le 4 septembre, résultèrent « des avertissements [...] donnés à sa direction par le gouvernement italien » ulcéré par son dithyrambe. Mais « *Renano* » célébra comme le reste du Vatican, surtout depuis la mi-septembre, la « détente » ou l'« accord imminent » entre Église et Reich – évoqué lors du séjour à Rome de Bares début décembre – propice au bon vote catholique sarrois du 13 janvier 1935. Pie XI illustra la tendance le 9 janvier devant une délégation de jeunes compagnons de Kolping, Allemands résidant à Rome et groupes issus de « divers pays de langue allemande » : « fidélité allemande ! [...] et surtout et avant tout [...] fidélité chrétienne et catholique [...] : amour, fidélité à la patrie mais surtout fidélité absolue à la sainte religion catholique »[24].

« La parole décisive » émise par « les catholiques et leurs associés de la Sarre » – le oui – relança le thème du donnant-donnant. Le directeur de l'*Osservatore*, Dalla Torre, s'enflamma : après « la promesse, illuminée par l'hon-

23. Accord, 29 juin, *DGFP*, C, III, lettres d'Arnal n° 944, 21 juin, de François-Poncet n° 1010, 5 juillet, *Allemagne*, 691 (et juin-juillet), tél. Charles-Roux n° 264-267, 6 juillet, *Canet*, 36, Pertinax, « Les victimes et les chefs », *L'Écho de Paris*, 6, *La République*, 17 juillet, AN, F 7, 13433 ; Charles-Roux tél. n° 305, 24 juillet, *Canet*, 36, et lettre n° 26, 9 août 1934, *Autriche*, 198, et *infra*.

24. *DGFP*, C, III, depuis note Pacelli, 2 septembre (p. 387-390) ; lettres de Truelle n° 303, 18 septembre, *Allemagne*, 700, n° 178 de Rome, 30 mai (et article), de Truelle n° 289, 4 septembre, de Charles-Roux n° 382, 4 décembre 1934 (et septembre-décembre), *Allemagne*, 691, et de Truelle n° 4, 9 janvier 1935, *Allemagne*, 692.

nêteté de la foi religieuse », donnée au « régime actuel du Reich », confirmée par « un fait, [...] une preuve, [...] un gage », comment ne pas « exalter le rôle joué par les associations catholiques, dont le patriotisme ne peut plus être mis en doute » ? Comment leur reprocher « de tendre à des divisions au sein d'un État totalitaire » ?

Il n'y aurait pas de « récompense » pour « l'aveugle soumission » des catholiques sarrois, les fausses « négociations » (terme de Pacelli pour les Français) Buttmann-Orsenigo de novembre 1934 l'avaient montré. Le nonce n'avait rien à dire « sur les objections du Vatican » ni de « pouvoirs spéciaux » pour traiter. Il n'était d'ailleurs pas chargé de « conduire des négociations mais simplement [de] tenter par des conversations avec Herr Buttmann de parvenir à une clarification plus grande et à un *rapprochement* entre les points de vue ». « Les manifestations néo-païennes » reprirent avec vigueur au début de 1935, en Bavière surtout, où « le sort des écoles catholiques » était scellé. Maint article vatican y fut consacré, mais Orsenigo dit à Neurath le 26 janvier que la Curie se satisferait d'« une déclaration du Führer selon laquelle le gouvernement allemand considérait les seules confessions chrétiennes comme base de l'éducation religieuse de la jeunesse ». Le 15 février, Pacelli, « alarmé » et indigné par l'assaut contre l'école confessionnelle, dit à Charles-Roux avoir « adressé ces jours-ci [...] une note de protestation » à Berlin. Il mentait : sa note du 29 janvier évoquait dix notes antérieures relatives aux « consultations qui progressaient avec le nonce »[25].

Le 17 février 1935, Orsenigo révéla, par la cérémonie « grandiose » du treizième anniversaire du couronnement de Pie XI, tradition berlinoise depuis 1925, l'excellence des rapports bilatéraux. Première manifestation de Mgr Bares depuis le congrès catholique d'avant la Nuit des Longs Couteaux, cette grande parade « religieuse » typique du temps se déploya entre Palais des Sports et cathédrale Sainte-Hedwige. Le nonce célébra dans un vibrant sermon le consensus germano-vatican contre « la menace de l'Antéchrist. Il s'en prend au nihilisme négateur, au bolchevisme », aux « applaudissements frénétiques des 20 000 catholiques ».

La prose contemporaine de Gröber, conforme aux canons du Saint-Office, atteste la contribution du catholicisme allemand à la « Solution finale ». Son « manuel des questions religieuses du temps présent » *(Handbuch der religiösen Gegenwartsfragen)* publié en 1935 l'érigea en champion du sang

25. Lettre de Charles-Roux n° 16, 19 janvier, *Allemagne*, 692, tél. n° 47-48, 26 janvier 1935, *Canet*, 37 ; Menshausen, 19, Neurath, 24 (français et italique dans le texte) novembre 1934, *DGFP*, C, III, p. 646 et 672, tél. Charles-Roux n° 67, n° 68, 14 février, *Canet*, 37, Neurath, note Pacelli, 24, 29 janvier, *DGFP*, C, III, p. 860-861 et 906-908, et tél. Charles-Roux n° 69, 15 février, *Canet*, 37. Inscriptions dans les écoles confessionnelles et « neutres » (84 et 15 % en 1934, 65 et 34 % en 1935), lettre de Vaux Saint Cyr n° 52, 16 février 1935, *Allemagne*, 692.

et de la race, l'année des lois de Nuremberg, que son article « race » justifiait en droit : « chaque peuple porte lui-même la responsabilité du maintien de son existence, et l'apport d'un sang entièrement étranger représentera toujours un risque pour une nationalité qui a prouvé sa valeur historique. On ne peut donc refuser à aucun peuple le droit de maintenir sans perturbation sa vieille souche raciale et de décider des mesures de sauvegarde à cet effet. La religion chrétienne demande simplement que les moyens utilisés n'offensent pas la loi morale et la justice naturelle. » Le propos était précisé par les articles « marxisme », sur le « juif Karl Marx » ; « bolchevisme » (« despotisme d'État asiatique, en vérité au service d'un groupe de terroristes conduit par les juifs ») ; « art », sur le judaïsme athée et perverti, coupable des « aspects anti-allemands de l'art depuis le XIXe siècle ». Sa pastorale du 30 janvier 1939 contre les juifs assassins de Jésus, animés d'une inexpiable « haine meurtrière », compléta le tableau[26].

Croisade et capitulation devant la nazification-laïcisation, 1935-1939

Des procès à l'idylle de 1936

Le Reich, qui déclarait s'en tenir à l'accord du 29 juin 1934, livra sans risque en 1935 l'assaut intérieur contre l'AC. Il leva deux tabous majeurs pour « tenir » le Vatican et l'Église allemande et s'assurer un soutien de masse anticlérical : l'argent et les affaires de mœurs. C'est entre 1935 et 1937 que la nazification s'acheva, les attaques précédant deux phases respectives d'idylle, le lancement de la croisade « antibolchevique » espagnole de 1936 et les conquêtes « pacifiques » de 1938. Fin mars 1935, Pacelli-Rhénan pria une fois de plus dans l'*Avvenire* le « Führer de faire cesser l'action de "ces nouveaux apôtres" » païens, s'attirant répliques nettes : a) un renforcement de la protection du « néo-paganisme » : le décret Terboven frappa d'une amende ou de trois semaines de prison toute critique portée contre les principes nazis « sous prétexte de défendre les principes religieux ou ecclésiastiques » ; b) les premières arrestations de congréganistes, dans le cadre d'« une enquête minutieuse » concernant « surtout les devises et les documents dits dangereux pour l'État »[27].

---

26. Lettre de François-Poncet n° 220, 20 février 1935 (fleuron de la « décadence »), *Canet*, 37 ; Gröber, Lewy G., *Catholic*, p. 45-46, 275, 277, Papeleux L., *Silences*, p. 72, 77, Zahn G., *German*, p. 123 *sq.* et, dès 1933, *Allemagne*, 689-700.
27. *DGFP*, C, III et IV, dont Köpke, 16 avril, et note Pacelli, 6 juin, p. 55-57, 287-291, lettres de Truelle n° 81, 6 mars, de Charles-Roux n° 117 et du président du Conseil n° 545, 13 et 4 avril 1935, *Allemagne*, 692.

Des procès financiers de 1935 à la remilitarisation de la Rhénanie

Berlin attaqua pour « fraudes fiscales » les ordres, symbole ultramontain, pivot de l'école confessionnelle et d'opérations financières vitales pour le budget vatican, vu la richesse de l'Église allemande – « dix milliards de marks » pour la seule « fortune immobilière » en 1939. « L'État tenait le clergé par la bourse ; il peut même le frapper pécuniairement très durement sans dénoncer le concordat », observa un diplomate français. La Curie avoua vite, contre sa norme du démenti indigné, surtout en matière d'argent. Pizzardo admit fin avril 1935 que les emprunts d'État de 1926 souscrits par les évêques et « surtout » les religieux allemands, placés aux États-Unis, avaient contourné l'interdiction d'exporter les capitaux. Enfreignant « la législation fiscale [...] particulièrement sévère en Allemagne », les réguliers, dotés d'« établissements dans beaucoup de pays », donc de la capacité de virer des comptes, avaient « depuis quelque temps » massivement transféré des « capitaux à l'étranger », confirma un informateur. En juin, Pizzardo reconnut « les maladresses [,...] les imprudences et les illégalités [...] commises », spéculation sur les changes, transfert des fonds « dans des banques hollandaises », etc. Berlin infligerait de « très fortes amendes [...] pour fraudes et contrebandes fiscales » aux maisons-mères sises en Allemagne, qui seraient « fermées ou séquestrées » en cas de défaut de paiement.

En mai débutèrent les procès, à l'occasion desquels les nazis respectèrent les formes juridiques qu'ils violaient d'ordinaire : ni tortures ni pressions physiques, correction des perquisitions dans les couvents, traitement normal des accusés, etc. Ils se révélèrent « particulièrement compromettants pour le catholicisme ». Dès le premier, celui de sœur Wernera, secrétaire provinciale des sœurs de Saint-Vincent-de-Paul de Cologne, la presse « passionn[a] l'opinion », avec ses « énormes manchettes » et ses détails croustillants sur les réalistes mœurs financières, travesties en gestes évangéliques, des religieuses qui avaient suivi à la lettre les conseils donnés par Erzberger dès 1911 pour dissimuler les capitaux au fisc. « Les transactions » avaient leur code de « formules pieuses ». Une réponse de la banque de Saint-Louis devenait : « j'ai reçu une lettre de Louis. » « Le Père Haas a-t-il pris soin de votre âme ? » demandait à sœur Wernera si « son émissaire » sœur Dorothée avait passé la frontière « sans difficulté » (les sœurs « passaient des paquets de devises sous leurs vêtements »). Les lettres commençaient par : « La grâce de Dieu soit avec vous » et s'achevaient sur la « formule pleine d'hypocrisie : "prions pour que, dans notre patrie, tout se règle au mieux des intérêts du Seigneur" ».

Presse catholique et épiscopat courbèrent l'échine, invoquant « l'effroyable misère des cloîtres » plus que l'innocence des accusés (Bertram). Ils assumèrent humblement la lourdeur du verdict contre la sœur Wernera, cinq ans de travaux forcés, perte des droits civiques et amende de 140 000 marks pour 250 000 frauduleusement exportés. La soumission grandit au fil des semaines de révélations et de verdicts : début juin, un communiqué de Bertram approuva les condamnations et annonça les mesures canoniques contre les coupables.

Le Vatican fut aussi timide face au flot de procès consécutifs (une cinquantaine), aux nouvelles mesures d'absorption des associations catholiques et aux démonstrations anticléricales y afférentes (surtout en Bavière). Une humiliation fut infligée début mai, à leur retour de Rome, à des pèlerins allemands reçus en audience par Pie XI : arrêtés à la frontière, ils furent traités avec rudesse pendant leur court interrogatoire, insignes et ceinturons enlevés. Rome justifia pour les Français son silence officiel par le fait que tout commentaire était inutile, puis par un article brumeux de Dalla Torre dans l'*Osservatore,* suivi d'une piteuse retraite dès la « violente attaque » de la *Diplomatische Korrespondanz*. Fin juin, Pacelli exclut toute démarche vaticane sur « le sort de religieux [...] coupables ». On parla début juillet d'accord bilatéral : « toutes les congrégations intéressées » verseraient « 10 millions en devises étrangères à la Reichsbank » à titre de « compensation » du préjudice subi[28].

À partir de juillet, à propos d'un conflit entre Clemens von Galen, évêque de Munster, et Rosenberg ressurgit le mythe du « dossier » de la secrétairerie d'État sur « les sévices, vexations, infractions au concordat » ou du « livre blanc ». Pacelli aurait « fait préparer une note de protestation énergique [à] adress[er] incessamment à Berlin », mais y aurait renoncé devant la menace allemande de « rupture des relations diplomatiques ». Le « prélat-journaliste » Pucci affirma qu'aucune protestation n'avait été émise et les informations embrouillées de François-Poncet aboutirent au même constat d'inaction d'Orsenigo. Fin juillet, le « résistant » Faulhaber réitéra sa décision « de lutter contre le communisme [...] d'accord avec les autorités publiques » et d'interdire aux « éléments hostiles à l'État de s'infiltrer dans les associations de la jeunesse catholique ». Il ne s'était donc rien passé. Charles-Roux accusa le seul Orsenigo, qui « pouss[ait] [...] la prudence [...] jusqu'à la faiblesse »[29].

---

28. Lettres n° 5, Brême, 4 février 1939, *Allemagne*, 698, n° 15 de Dobler, Cologne, 25 juillet, Charles-Roux, tél. n° 137, 27 avril, *Canet*, 37, lettres n° 127, 25 avril, n° 168, 5 juin 1935, *Allemagne*, 692, tél. François-Poncet n° 1248, 17 mai, *Canet*, 37, lettres d'Arnal n° 681, 23 mai, n° 756, 6 juin, *Allemagne*, 692, tél. François-Poncet n° 1256, 18 mai, Arnal n° 1450, 6 juin, *Canet*, 37, lettres de Charles-Roux n° 132, 4, n° 132 *(sic)*, 8, n° 145, 17 mai, *Allemagne*, 692, tél. Truelle n° 184, 29 juin et lettre de Charles-Roux n° 200, 9 juillet 1935, *Canet*, 37.
29. Charles-Roux, lettres n° 200, 9, n° 205, 10, n° 230, 24 juillet, *Allemagne*, 692, 692 et 693, tél. n° 197-198, 12, n° 209, 17, François-Poncet n° 1889-1891, 22, n° 1981, 31 juillet, n° 2002, 1er, et lettre de Charles-Roux n° 251, 6 août 1935, *Canet*, 37.

À dater de juillet 1935, le nouveau *Kulturkampf* préféra le thème de l'infâme collusion entre Vatican et judéo-bolchevisme à celui des trafics de devises – sans l'abandonner. L'*Osservatore* indigné démentit donc en août les « inventions tendancieuses » et les « méthodes grotesques » du *Völkische Beobachter.* Début septembre, une déclaration « patriotique » des évêques à Fulda pétrie de « modération » et d'« esprit conciliant » valida la « détente » vantée par la presse vaticane. Le 15 octobre, tandis que courait toujours la légende du « document pontifical, encyclique ou autre », imminent, les *Acta apostolae sedis* présentèrent, « comme si de rien n'était, tels et tels points laissés en suspens par le concordat » : « les statuts relatifs à la cure spirituelle des militaires catholiques » prévue par l'article 27 (nomination de l'évêque aux armées résidant à Berlin, de ses aumôniers, traitements et pensions payés par l'État, etc.). Pacelli, en « vacances » à Constance, discuta avec le nonce et les évêques, qu'il dissuada de protester contre l'arrestation (le 5 octobre) de l'évêque de Meissen, Petrus Legge, car Pie XI estimait que l'épiscopat se porterait bien de secréter un martyr *(Unum ex vobis martyrem fieri oportet)*. Martyr relatif : Legge était convaincu de trafic de devises avec les Pays-Bas[30].

L'exécution de la presse catholique au 31 décembre 1935 et la nouvelle taxe de janvier 1936 sur les honoraires de messes, « offense cynique à la sainteté et à la liberté de l'Église » selon Rome, perturbèrent peu les relations. Bergen mit les propos acerbes de Pie XI à la cérémonie des vœux, « en allemand », « en privé et pas en public », au compte de l'irascibilité et des « éclats » légendaires du « vieux monsieur » dont Mussolini avait naguère sans dommage fait les frais apparents : on pouvait d'autant plus « le laisser dire », selon « la bonne recette » du Duce, que Pacelli « l'apaiser[ait] et exercer[ait sur lui] une influence modératrice ». L'idylle, nourrie d'antibolchevisme débridé, fut raffermie par la conjoncture éthiopienne et la réoccupation militaire de la Rhénanie du 7 mars 1936. Pacelli-Janus annonça à Charles-Roux que « cela se passera[it] comme pour la Sarre. Après le plébiscite on persécutera[it] de plus belle ». Son double « rhénan » pratiqua « la surenchère patriotique », saluant dans l'*Avvenire* « cette "manifestation de concorde nationale" » qui donnerait au Reich « la paix et la liberté ». Tout l'épiscopat allemand adressa « des télégrammes de félicitations au gouvernement », souhaita la « bienvenue aux autorités militaires » et incita « en chaire » les fidèles « à voter pour Hitler » au plébiscite du 29 mars 1936 exaltant la nouvelle violation de Versailles.

---

30. Juillet-août 1935, *Canet*, 37, *Allemagne*, 693 (procès pour devises jusqu'en août 1936, *ibid.* et *Canet*, 38) ; tél. Charles-Roux n° 225, 3 août, *Canet*, 37, lettres de Truelle n° 280, 12, n° 285, 18, n° 289, 20 septembre, de Charles-Roux n° 305, 10, n° 326, 24, n° 332, 30 octobre, *Allemagne*, 693, et tél. n° 339, 8 novembre 1935, *Canet*, 37 ; sur Legge, éloigné du diocèse jusqu'en mars 1937, *op.* de 1993 et 2005, http://de.wikipedia.org/wiki/Petrus_Legge.

Charles-Roux s'obstina dans l'aveuglement sur Pacelli qui « avait perdu toute confiance dans la fidélité des nazis à leur parole », faisant état le 2 avril d'« une espèce de livre blanc » prêt depuis deux mois et demi : ne lui manquait qu'« une seule condition [...] pour être un livre blanc [,...] la publicité [,...] preuve que les choses ont été assez loin ». Si loin qu'Orsenigo, « qui souffre du foie et était alité, a cru devoir se lever pour se rendre à » la dernière « grande parade militaire » de Berlin, dont s'abstinrent « la plupart des nombreux diplomates »[31].

1936 : des procès pour mœurs à la croisade espagnole

Fin mai 1936 courut la rumeur que Rome offrait l'abandon de « certains avantages » du concordat « en contrepartie de l'amnistie accordée aux religieux » fraudeurs. Berlin accéléra alors la sécularisation scolaire en dénonçant les affreuses mœurs des clercs auxquels on avait livré la jeunesse. Ce fut l'objet, depuis la fin juin, de l'énorme procès de Coblence intenté « pour outrage aux mœurs contre plus de 200 » tertiaires franciscains. « D'autant plus embarrassé que, d'après l'enquête faite en Allemagne, les accusations [...] ne seraient pas toutes dénuées de fondement », le Vatican s'efforça d'emblée, sans « aucun succès, [d']obtenir qu'un peu de silence [fût] observé sur cette affaire » qui le frappait au cœur : « l'assistant spirituel » de l'ordre, dont le fondateur « serait en fuite », figurait parmi les coupables et, « fait » évidemment « exploité contre le Saint-Siège », « cet ordre » assurait le service personnel du pape. Bornewasser, convoqué à Rome en juin, en « reparti[t] avec la mission d'obtenir un procès à huis clos ».

Le souci des nazis de complaire au Vatican utile à l'expansion entrait en conflit avec le bénéfice intérieur à tirer d'un « scandale » flétrissant « un ordre religieux enseignant », atout irremplaçable « dans leur lutte contre les associations et les écoles catholiques et d'une manière générale pour déconsidérer auprès du public le Saint-Siège et le catholicisme ». Le tapage de presse aussitôt prescrit contre ces « brebis galeuses » égala celui de 1935 sur les trafics de devises. Il transforma l'affaire en « un spectacle de honte et d'infamie », au désespoir, piteux, de l'*Osservatore*, bien que Pacelli prétendît avoir envoyé « des notes vives » à Berlin sur le procès des 276 franciscains[32].

Les arrangements autrichiens et espagnols et les Jeux olympiques de l'été 1936 suspendirent les litiges. En juillet, « les procès pour fraude

31. Lettres de Charles-Roux n° 14, 16, n° 18, 18, *Allemagne*, 693, Bergen, 4, Neurath, 20 janvier, *DGFP*, C, IV, p. 963-967 et 1010-1011, lettres n° 82 de Vaux Saint Cyr, 30 avril, Dusseldorf, 27, *Canet*, 38, de Charles-Roux n° 90, 28, n° 93, 30, *Allemagne*, 693, tél. n° 73, 7 mars, n° 95, 2, et note Canet, 23 avril 1936, *Canet*, 38.

32. Lettres de Truelle n° 154, 26 mai, de Charles-Roux n° 139, 29 juin, n° 198, 4, n° 201, 7 juillet, *Allemagne*, 693, tél. François-Poncet n° 1947, 29 juin, et Charles-Roux n° 235, 5 août 1936, *Canet*, 38.

sur les changes et immoralité [...] furent mis en sommeil ». Mi-août, le journal de la SS, *Schwarzes Korps,* contre lequel l'*Osservatore* polémiquait aussi licitement qu'avec Rosenberg, lança encore de « violentes attaques » : il opposa la mollesse du Saint-Siège devant la « série d'atrocités » contre l'Église commises par les « rouges » en Espagne à ses cris contre les pseudo-« persécutions » du Troisième Reich. Le 18 à la conférence de Fulda, Faulhaber déclara « que les événements espagnols, et plus spécialement les assassinats de prêtres et de religieux, devaient faire reconnaître et apprécier l'ordre que le gouvernement actuel fai[sai]t régner en Allemagne ».

La presse souligna la présence d'« un représentant du Vatican » et consacra d'« énormes manchettes » au mandement signé « par les cardinaux, les archevêques et les principaux évêques », à diffuser le 30 août dans tout le Reich : « si l'Allemagne sombrait aujourd'hui dans le bolchevisme [...], le destin de l'Europe ne serait pas définitivement scellé et des problèmes angoissants se poseraient à nous. La tâche qui incombe à notre peuple est nettement tracée. Puisse notre Führer, avec l'aide de Dieu, venir à bout de sa mission, grâce à la collaboration fidèle de tous ses compatriotes... On a dit que l'Église catholique, le pape, les évêques et les prêtres se seraient rangés du côté du bolchevisme et du communisme. Or c'est précisément dans l'Église catholique, dans son clergé et dans ses ordres religieux, que le bolchevisme russe et espagnol voit son ennemi le plus irréconciliable et le plus dangereux. » Fin août, les procès disparurent des journaux, « essai d'apaisement » du Reich « par égard pour ses relations nouvelles avec l'Autriche et l'Italie ». « Sur ordre venu d'en haut et presque sans transition, la presse a ignoré du jour au lendemain les scandales qu'elle se plaisait à étaler. »[33]

La prétention des évêques à la direction de la croisade agaçait cependant les nazis : ils firent saisir le 3 septembre tous les exemplaires de la pastorale bavaroise où von Faulhaber taxait de « pure invention » l'accusation de « collusion [...] entre les communistes et les catholiques ». Confirmant la rumeur d'« une entente entre le Saint-Siège et le gouvernement du Reich en vue de combattre le communisme », l'*Osservatore* revendiqua début septembre le rôle de meilleur croisé avec son clergé allemand : il polémiqua contre la presse de la *Hitlerjugend* en accusant ceux qui luttaient jusqu'au sein des familles contre le christianisme d'être « "les collaborateurs du bolchevisme" puisqu'ils travaill[ai]ent comme lui à détruire la foi ». Cette surenchère sans fin permit aux hitlériens de « se poser implicitement en sauveurs du christianisme » et

33. Dieckhoff, 7 avril 1937, *DGFP*, D, I, p. 945, lettre de François-Poncet n° 1306, 19, *Allemagne*, 693, tél. n° 2741, Vaux Saint Cyr n° 124, 27, François-Poncet n° 2759, 29 août, *Canet*, 38, et lettre n° 1465 d'Arnal, 30 septembre 1936, *Allemagne*, 695.

à Göbbels de revendiquer « le rôle de défenseur de la Foi » au congrès de Nuremberg de septembre 1936.

Les « avances » épiscopales et « la politique d'apaisement » allemande fournirent motif officiel à l'entretien de trois heures Faulhaber-Hitler du 4 novembre à Berchtesgaden, préparé dans le plus grand secret, depuis Fulda, par Orsenigo et Lammers. Trois jours après la proclamation de l'Axe par Mussolini, ils traitèrent de la contribution catholique à la guerre de revanche, brodant sur « la cause commune contre le bolchevisme de l'Église et de l'État » et la mission du national-socialisme, « vaincre le bolchevisme menaçant de mort l'Église et la chrétienté en Europe ». Faulhaber recensa les initiatives de son camp avant que Hitler ne lâchât le masque de « la menace des rouges » : « l'homme ne peut exister sans croire en Dieu. Le soldat qui pendant trois ou quatre jours est soumis à un bombardement intense a besoin d'un soutien religieux. » Pour l'y mieux préparer, l'Église devait se mobiliser. Hitler conclut l'entretien sur ces mots au prélat, enchanté par sa « maîtrise de l'étiquette diplomatique et sociale meilleure que celle d'un souverain héréditaire » : « réfléchissez à tout cela, cardinal, et discutez avec les autres dirigeants de l'Église, sur la manière dont vous pouvez soutenir la grande mission du national-socialisme, empêcher la victoire du bolchevisme, et parvenir à des relations pacifiques avec l'État. »

Fin novembre et à Noël, Faulhaber rédigea donc deux pastorales, pour les évêques bavarois et ceux du Reich, lues les 13 décembre 1936 et 3 janvier 1937. Celle-ci (comme l'autre) alarmait la population catholique contre « le bolchevisme russe [qui] a commencé sa marche vers l'Europe. Le Führer et chancelier du Reich, Adolf Hitler, a prévu à temps l'avance du bolchevisme, et ses pensées et ses aspirations ont pour but de détourner cet horrible danger du peuple allemand et de tout l'Occident. Les évêques allemands pensent de leur devoir de soutenir le chef du Reich allemand avec tous les moyens dont dispose l'Église. Le bolchevisme étant l'ennemi juré de l'État et en même temps de la religion… comme les événements d'Espagne le démontrent clairement à présent, il est hors de doute que le concours apporté à la défense contre cette puissance satanique est devenu un devoir religieux autant qu'ecclésiastique. Nous les évêques ne voulons pas mélanger la religion et la politique, nous ne voulons qu'exhorter la conscience à combattre contre ces effroyables dangers avec les armes du Christ. Nous les catholiques, en dépit de la défiance qu'on nourrit contre nous, sommes prêts à donner à l'État tout ce à quoi il a droit, et à soutenir le Führer dans le combat contre le bolchevisme et dans toutes les autres justes missions qu'il a entreprises [...M]ême là où nous repoussons les empiétements sur les droits de l'Église, nous voulons respecter les droits de l'État dans son propre domaine d'intervention et considérer aussi les éléments bons et grands du travail du Führer.

Nous, vos évêques, concluons donc par cette admonition : ne laissez pas les mécontents vous entraîner vers l'insatisfaction et la bouderie. Cette attitude a toujours donné un terrain fertile aux sentiments bolcheviques ! ».

L'épiscopat allemand cautionna ainsi la sécularisation-laïcisation nazie, intensifiée en pleine conférence des évêques de Bavière à Regensberg. Le 1er décembre 1936 parut le décret sur l'adhésion obligatoire des enfants à la *Hitlerjugend* et fut nommé aux Cultes et à l'Instruction publique le ministre bavarois de l'Intérieur, Adolf Wagner-Faulhaber polémiquait en public contre cet anticlérical mais le saluait en privé d'« un salut hitlérien sans défaut et dans les règles ». Cette reconnaissance des *« droits de l'État dans son propre domaine d'intervention »*, unique dans l'histoire contemporaine de l'Église romaine, eut d'autant plus d'éclat que Faulhaber était le héraut incontesté de l'école confessionnelle. Bergen avait été ravi de l'entretien Faulhaber-Hitler et de « l'apaisement [...] entre l'État et l'Église ». À deux jours de Noël, il se réjouit aussi que Pie XI, seul homme de la Curie qui osât, bien qu'en secret, lui parler fort, n'eût « pas très longtemps à vivre » : lui succéderait « une personnalité plus jeune [,...] peut-être moins rigide et négative sur le nouveau cours »[34].

Apparences et réalités de Mit brennender Sorge

C'est donc dans l'harmonie germano-vaticane que se prépara l'encyclique de mars 1937 *Mit brennender Sorge*. La trompeuse campagne d'opinion *internationale* qui la précéda fut déclenchée alors que l'épiscopat, sur fond de nazification définitive de la jeunesse, adhérait aux consignes de Hitler à Faulhaber.

La « crise » de 1936-1937

Du « grand mystère » des « conversations » Faulhaber-Hitler avait filtré l'écho d'un échec. Le consul à Munich Christian Vaux Saint Cyr, attaché au rite du prélat opposant, prit pour argent comptant les mensonges du secrétaire du prélat sur les « difficultés » – l'école confessionnelle – qui avaient exclu tout « compromis » ou « conciliation » au-delà « peut-être de quelques concessions de détail ». « La crainte du communisme qu'ont pu faire naître dans l'esprit du cardinal les événements d'Espagne n'a donc pas suffi à réunir les deux chefs politique et religieux. » Ce thème *à usage externe* d'un « renouveau d'hostilité » et d'une fermeté épiscopale séduisit les Apaiseurs français. François-Poncet vit dans la pastorale bavaroise du 13 décembre une « protestation » contre « l'atteinte au concordat » que constituait l'adhésion de tous les écoliers à la *Hitlerjugend*, et glosa sur le flegme

34. Lettres de Vaux Saint Cyr n° 132, 8 septembre, *Canet*, 38, de Truelle n° 270, 12, d'Arnal n° 1465, 30 septembre, *Allemagne*, 695, tél. François-Poncet n° 3739, 19 novembre, Vaux Saint Cyr n° 171, 3 décembre, *Canet*, 38, Bergen, 23 décembre 1936, *DGFP*, C, VI, p. 211-212, Lewy G., *Catholic*, p. 207-209, 236, 382, 131, et Manhattan A., *Spain*, p. 19-20.

du Reich face aux « protestations qu'a[vait] vraisemblablement élevées le nonce ». Le 9 janvier 1937, l'*Osservatore* donna au mandement du 3, intitulé « contre le bolchevisme », un faux double titre : « contre le bolchevisme et pour la liberté de l'Église ». Il le dota ainsi d'une « seconde partie » imaginaire : la caution apportée à la lutte d'« Adolf Hitler » contre « le communisme, "ennemi juré" de l'ordre temporel et de la religion », semblait contrebalancée par la « condamn[ation des évêques de] "la religion matérialiste de la chair et du sang" et [leur] protest[ation] contre la campagne antichrétienne du régime hitlérien ».

Presse vaticane aidant, les semaines suivantes dramatisèrent la « crise ». À la mi-janvier le pape reçut sous prétexte de « visite *"ad limina"* » les trois cardinaux allemands (Schulte, Faulhaber et Bertram), flanqués des évêques de Munster, Galen, et de Berlin, Preysing, « ancien diplomate [...] mieux qualifié que ses prédécesseurs pour négocier ». De vieille noblesse bavaroise, cet ancien élève du collège des jésuites d'Innsbruck et ancien secrétaire de la légation de Bavière en Italie, lié au nonce Pacelli à Munich, successeur de Bares en juillet 1935 et intime du régime, avait à sa prestation de serment eu droit aux éloges du président de la Reichsbank et ministre de l'Économie nationale, Hjalmar Schacht, et du ministre des Cultes, Hanns Kerrl.

La visite des « cinq prélats les plus en vue de l'Église allemande » était due, expliqua-t-on, à « la crise aiguë » sur « le double problème des écoles confessionnelles et des associations de jeunes ». Mussolini « faisait miroiter aux yeux du Führer les avantages d'un front spirituel anti-bolcheviste » impliquant « modération » envers l'Église et efforts de « détente ». Après ces conciliabules du 18 au 23 janvier 1937, la presse vaticane broda jusqu'en mars sur « la protestation catégorique [des évêques allemands] contre la politique religieuse », l'apostasie des hauts fonctionnaires, les discours de Rosenberg ou la guerre contre l'école catholique, le « fameux "plébiscite" scolaire bavarois », etc.[35]

La laïcisation-nazification triompha en effet en janvier au référendum de Bavière sur l'école publique par 96,11 % des inscrits contre 3,89. Elle prépara l'étape d'abord envisagée en février comme ultime : la loi scolaire supprimant l'école catholique et violant l'article 23 du concordat, qui fut finalement restreinte à Berlin. Après la reconnaissance des « droits de l'État » à la fin de 1936, cet achèvement du processus entamé en 1933 infirme la sincérité des sermons indignés, comme ceux de Faulhaber dénonçant le 24 janvier 1937

35. Lettres de Vaux Saint Cyr n° 260, 30 novembre, de François-Poncet n° 1874, 31 décembre 1936, *Allemagne*, 695, Lewy G., *Catholic*, p. 207-208, sur Preysing, lettres n° 207 de Charles-Roux, 12 juillet, n° 280, 12, n° 287 de Truelle, 20 septembre 1935, *Allemagne*, 692 (Ire) et 693, note Carteron, 16 mars 1946, *Saint-Siège 1944*, 7, tél. Charles-Roux n° 12, 18, n° 15, 20, n° 20 et François-Poncet n° 356-358, 23, tél. Charles-Roux n° 22, 25, lettres de Rivière n° 46, 30, de Charles-Roux n° 40, 27 janvier, et n° 64, 18 février, *Canet*, 38, et mars 1937, *Allemagne*, 695.

« tous les moyens de pression directs et indirects » utilisés contre l'école catholique et le 14 février le non-respect du « traité » par les « hommes d'État allemands ». Les cinq prélats n'étaient pas venus chercher à Rome « l'agrément du Vatican » à une demande d'annulation du récent décret sur la jeunesse. Les « renseignements » les présentant *a posteriori* comme « divisés entre deux attitudes possibles » ne mentionnèrent même pas un partisan de la « rupture » : à supposer qu'il y eût des adeptes d'« une protestation vigoureuse contre les violences (sic) répétées », du « rappel du nonce », voire de l'interdiction « de confier les enfants » à la Jeunesse hitlérienne, Rome « a retenu [...] la thèse » de ceux qui conseillaient « de ne pas rompre les ponts, de temporiser, d'attendre, de "tenir" opiniâtrement, tout en essayant de sauver les vestiges d'un concordat chancelant et de rétablir avec souplesse par de nouvelles conversations le maximum possible des droits accordés aux catholiques allemands »[36].

La « crise » se limita au dépit du Vatican de ne pas recevoir réponse à « toutes [s]es notes et *démarches* », telle la note Pacelli du 25 février sur l'école, et coïncida avec des signes d'accord. Schulte adressa à Hitler un télégramme de félicitations pour le Nouvel An, mais Pacelli invoqua ses « véritables mémoires de plaintes » antérieurs, nia toute « détente » et prétendit tout ignorer d'éventuels « pourparlers » Reich-Église depuis la conférence de Fulda de janvier 1937. En février, Hitler envoya à Pie XI un télégramme de félicitations, mais, dit Pacelli à Charles-Roux, « on n'a guère attaché d'importance à ce geste de courtoisie ». Dans une séance de préparation du prochain conclave, « fort découragé », il décrivit au chargé d'affaires Jean Rivière une « réalité de plus en plus sombre » : tout va « de mal en pire [...,] je continue à envoyer note sur note à Berlin, mais on n'y répond que par des arguties sans valeur » ; les Allemands trahissent les traités, « avec de pareilles théories, le monde international ne peut être que chaos ». « Agréable[s...] paroles », se réjouit le Français, « dans la bouche de ce prince de l'Église italien dont on cite le plus souvent le nom pour la succession au trône de Saint-Pierre »[37].

La vraie chronologie et le sens de *Mit brennender Sorge*

Fin mars 1937, l'Europe non germanique apprit sans surprise, après ce tumulte, que Pie XI avait rédigé en allemand une « encyclique sur la situation

36. Tél. Vaux Saint Cyr n° 126, 1er, François-Poncet n° 708-709, n° 710, 15 février, *Canet*, 38, lettre n° 12 d'Henry, 4 mars, *Allemagne*, 695 (et janvier-mars 1937, ces deux vol.), projet puis loi, *DGFP*, C, IV, depuis le 18 février, Neurath à Rust et à Orsenigo, p. 455-456 et 530-531, tél. Corbin n° 271, Londres, 4, lettre n° 60 de Rivière, 10 février 1937, *Canet*, 38 ; Galen, MAE et Lewy G., *Catholic*, index.
37. *DGFP*, C, IV, dont Bergen, 25 février, 6, Neurath (français et italique dans le texte) 12 mars 1937, p. 481-482, 509-510 et 541, Charles-Roux, tél. n° 23, 24 janvier, *Canet*, 38, lettres n° 64, 18, *Allemagne.*, 695, et de Rivière n° 60, 10 février 1937, *Canet*, 38.

des catholiques dans le Reich allemand » : *Mit brennender Sorge, (anti)datée du 14*, fut lue en chaire le 21 mars. Charles-Roux et François-Poncet s'embrasèrent : « un acte de courage, de conscience et d'indépendance » décidé en pleines démonstrations d'« amitié germano-italienne [...] au risque de mécontenter le gouvernement italien » ; une « attaque directe contre le gouvernement du Reich [qui] encouragera[it] les ecclésiastiques qui combattent le nouveau régime » ; « la politique religieuse du Troisième Reich condamnée en bloc [...] et avec une rare vigueur » ; « le réquisitoire le plus sévère que l'Église ait formulé jusqu'ici contre la politique d'oppression religieuse du Troisième Reich », etc.[38]

Hosanna aussitôt démenti par la lecture du texte et les informations sur sa rédaction et sa diffusion. Il se partageait entre références religieuses, notamment à l'Ancien Testament – sans un mot sur les juifs allemands –, et litanie de la « patrie » et du Reich. Il dénonçait des contraintes exercées contre la religion catholique, critiquait le néopaganisme et contestait l'idée d'un « Dieu national », en termes vagues, au mode passif ou impersonnel : « on », « les ennemis », « ceux qui vous persécutent, ceux qui abusent de la force du pouvoir », etc. Ces termes étaient plus obscurs même que ceux de la presse vaticane, aucun théoricien des doctrines incriminées n'étant nommé. À la fin d'une vingtaine de pages, on ignorait toujours qui harcelait les « évêques d'Allemagne » et leur troupeau, et au nom de quelle idéologie. « Condamnation [...] anonyme » et « euphémismes », résuma François-Poncet : « à aucun moment, Pie XI ne cite le nom des dirigeants du Troisième Reich. Il évite même, par un excès de tact, de parler du national-socialisme et des nationaux-socialistes. »

Curieux pamphlet contre un ennemi non désigné que cette « encyclique à une seule nation » – formule de Pacelli le 30 avril. Orsenigo, après avoir délivré cette « lettre aux évêques d'Allemagne », fut « très embarrassé », défensif puis muet quand, le 23 mars, Hans-Heinrich Dieckhoff, chef du département politique de l'*Auswärtiges Amt*, s'emporta contre ce « quasi-appel à la bataille contre le gouvernement du Reich ». Le 5 avril, lui remettant son *pro memoria*, le nonce « évita de parler d[e son] contenu ». Selon Charles-Roux, la publication, compliquée, du texte daté du 22 mars, aurait été retardée. Il aurait été lu dans les églises d'Allemagne le dimanche des Rameaux (21 mars) non comme encyclique, mais comme « lettre pastorale » exprimant les « regrets » de l'Église « que le concordat fût mal appliqué » en vue de tendre « la "perche" aux Allemands pour négocier ». En avril, on le déclara clandestin : Berlin aurait censuré sa publi-

38. Lettres n° 471 de François-Poncet, 25, n° 114 de Charles-Roux, 27, *Allemagne*, 695, n° 116, 27, tél. François-Poncet n° 1288, 25 mars 1937, *Canet*, 38 ; date, *DGFP*, D, I, p. 932 *sq.* : aucun document avant le 22 mars, et *infra*.

cation, fait saisir les bulletins paroissiaux ou fait arracher son texte à un prêtre en chaire, mais les exemplaires en auraient circulé, comme dans le diocèse de Munster, malgré la répression et la fermeture de 15 imprimeries. Dans sa note du 30 avril à Berlin, Pacelli convint que « la Gestapo n'en avait pas empêché la lecture dans les églises ». Pie XI se serait félicité devant Baudrillart et Martin Gillet (supérieur des dominicains) « d'avoir dit leur fait aux Allemands et d'avoir réussi à faire lire son encyclique dans les églises d'Allemagne ». Pacelli dit à Charles-Roux tout ignorer de la réaction allemande, puis lui annonça fin mars que l'*Osservatore* ne répondrait pas à la presse nazie « pour ne pas souffler sur le feu » : Hitler, en fureur, aurait été « calmé » et convaincu par Neurath et Papen « que la meilleure politique serait de se taire »[39]. Drôle de guerre, qu'aucune des parties n'avait déclarée.

Le 23 mars Bergen expliqua tout sur ce texte destiné à « l'étranger », alors que Rome ne cherchait que « relations normales » et « détente » avec Berlin : il fallait « ignorer » un éclat identique à l'encyclique italienne de juillet 1931 *[Non abbiamo bisognio]*, visant à atténuer l'appui à l'Axe qu'incarnait *Divini redemptoris*, l'« encyclique » datée du 18 mars qui l'avait *précédé* : la vraie, analysée plus loin, contre le communisme, diffusée *urbi et orbi*, aussi nette que cette « lettre aux Évêques d'Allemagne » était brumeuse. *Mit brennender Sorge* a été, précisa Bergen « de source bien informée » (Pacelli) le 31, rédigée sous la pression de l'ancienne Entente par Pie XI à Castel Gandolfo à l'été 1936 – quand l'Axe s'était soudé contre Madrid. D'une part, la « condamnation du communisme » de l'encyclique de Pâques 1936 contre le Mexique et « la Russie » imposait celle de « certains traits du national-socialisme susceptibles de conduire aux théories communistes », sans que fût atteint « l'amour intact du pape pour le peuple allemand ». D'autre part, au consistoire sur la réorganisation ecclésiastique de l'Éthiopie (mi-mars 1937), « plusieurs cardinaux » avaient prôné la fermeté voire la rupture : Pie XI ne pouvait passer outre car le *Kulturkampf* en cours l'empêchait « d'intervenir auprès des gouvernements étrangers en faveur du retour de ses colonies à l'Allemagne. L'Angleterre et la France exploitaient la situation pour [lui] présenter des offres d'accord en vue de remplacer les missionnaires allemands dans les anciennes colonies allemandes par leurs propres nationaux ».

Charles-Roux était venu le 20 mars, après la parution de *Divini Redemptoris*, « demand[er à Pacelli] s'il ne craignait pas que le Saint-Siège

39. Textes français et allemand, lettre n° 471 de François-Poncet, 25 mars, *Allemagne*, 695, note Pacelli, 30 avril, Bergen, 23 mars, 5 avril, *DGFP*, D, I, p. 957, 933, 943, lettre de Charles-Roux n° 117, 26 mars, *Saint-Siège*, 38, tél. François-Poncet n° 1362, 3, Charles-Roux n° 104, 7, *Canet*, 38, Orsenigo, 5, note Pacelli, 30 avril, *DGFP*, D, I, p. 944-945, 962, tél. Charles-Roux n° 81-82, 23, n° 96, 31 mars, et François-Poncet n° 1362, 3 avril 1937, *Canet*, 38.

parût n'avoir de sévérité que pour le communisme, ou ne pas discerner d'autre danger dans le monde ou encore subir l'influence du gouvernement italien », bref, « ne se servir de sa férule que pour frapper d'un seul côté ». Niant toute pression italienne, Pacelli lui annonça la publication « dans un court délai d'un second document », qui se prononcerait contre « la doctrine des nazis », dont les « erreurs [étaient] telles qu'elles [...] faisaient douter [le Vatican] de la sincérité des nazis en tant qu'adversaires du communisme ». Il requit discrétion extrême, faute de quoi Berlin entraverait sa publication, « tandis que nous avons l'espoir d'arriver à la faire connaître en Allemagne, *du moins dans une certaine mesure* » : Charles-Roux fut sidéré de cette façon « de mettre un diplomate étranger au courant de la préparation d'une encyclique sur un sujet brûlant ».

Il était si froid que Berlin attendit le 12 avril pour fustiger cette trahison de l'antibolchevisme annihilant « l'effet de l'encyclique pontificale contre le communisme publiée juste avant » ; l'ingratitude d'une Église dotée depuis 1933 « au-delà des lourdes obligations résultant du concordat » ; le danger de voir dans un État multiconfessionnel « l'Église » s'ériger en « État dans l'État » et le clergé en « caste privilégiée au-dessus des lois nationales » ; et la « grave violation des obligations contractuelles du concordat ». La réponse officielle de Pacelli tarda jusqu'au 30 avril, révélant la modestie des désaccords. Il protesta vivement (en 2 pages sur 10) contre l'accusation de désertion « du front de défense contre la menace mondiale du communisme » : elle était injuste alors que le Vatican avait tant fait pour « la formation de fronts politiques défensifs contre le danger du bolchevisme athée » et y revendiquait « la place légitime [des] pouvoirs spirituels ». Il remercia « l'actuel gouvernement allemand d'avoir réussi à éliminer le communisme en tant qu'organisation publique » car, quelle que fût la gravité de ce « danger », on ne pouvait qu'« apprécier tout effort honnête en direction de l'ordre et de la paix ». Il fixa les limites d'un combat « catholique » d'arrière-garde : « le Saint-Siège, qui a des relations amicales et correctes ou au minimum acceptables avec des États ayant telle ou telle forme et orientation constitutionnelles, n'interviendra jamais dans la question concernant la forme de gouvernement qu'un peuple choisit de considérer comme le mieux adapté à sa nature et à ses besoins. »

L'information française sur l'usage des deux textes en Alsace fait de *Mit brennender Sorge* une pure manœuvre diplomatique. *Divini redemptoris*, « destinée aux Évêques de France », dut être diffusée immédiatement et massivement auprès des clercs et des fidèles : Mgr Ruch en ordonna dès le 1er avril la lecture (quotidienne) dans son *Bulletin* diocésain, qui n'en publia sa prétendue contrepartie antinazie qu'« à titre d'information » les 15 avril et 1er mai, « sous la rubrique Actes du Saint-Siège comme tous les documents de cette nature. Non seulement le clergé n'a pas été invité à en donner lecture, mais [...] celle-ci n'a été faite nulle part ». Les catholiques français continuèrent donc à recevoir de leur presse et de leurs clercs une information très inégale sur le nazisme et le communisme[40].

Escarmouches et « détente », 1937-1939

Nouveaux procès, avril-juillet 1937

Face à ce nouveau *Non abbiamo bisognio,* le Reich hitlérien évinça cependant le Vatican, plus rudement que l'État fasciste, de ses « affaires intérieures », pour établir son hégémonie sur les organisations de masse. Selon le rite, une campagne de presse annonça, le 1er avril 1937, la relance des procès sous deux rubriques, communisme et tabou sexuel : des « centaines » étaient en souffrance sur ce dernier thème depuis l'été 1936. La « collusion avec le bolchevisme » servit de chef d'accusation au procès de l'abbé (antinazi) Joseph Cornelius Rossaint, repris à Berlin le 7 avril. Cela garantit « la passivité et l'apathie [des...] milieux catholiques [et] encourage[a] le nazisme à accentuer ses attaques contre l'Église et [...] à frapper le grand coup ». À son verdict du 27 avril (des peines de prison de 18 mois à onze ans), objet des « énormes manchettes » habituelles, succéda, le lendemain, « avec un ensemble parfait [...] une campagne extraordinairement violente » sur les scandales de mœurs dans les couvents.

Cette claire « réponse du Troisième Reich à l'encyclique pontificale » reprit le chœur interrompu en août 1936 contre l'homosexualité des religieux, les sévices et la pédophilie subis par les enfants qu'on leur avait confiés et les sacristies transformées en lupanars. Hitler fut net, le 1er mai : l'Église et ses chefs n'ont aucun titre à « s'arroger les droits qui appartiennent à l'État » et par quelque « moyen » que ce fût, « des écrits, des Encycliques, etc. Nous les refoulerons sur leur activité propre qui est le sort des âmes ». Göbbels joua le 28 mai les hérauts de la « propreté », « père de famille » de quatre enfants « alarmé du danger que la dépravation du clergé allemand fai[sai]t courir à la jeunesse ». Dénonçant l'« effroyable pourriture », les « monstres » auteurs de « crimes sexuels » avérés contre lesquels l'Église, ne se préoccupant que d'« éviter le scandale », n'avait pris aucune mesure, il menaça : « si l'on nous oblige, nous sortirons nos dossiers. Nous poserons à quelques princes de l'Église des questions précises auxquelles il ne s'agira pas de se dérober en refusant de témoigner [...C]e n'est pas la loi

40. Bergen, n° 19, 23, n° 25, 31, *DGFP*, D, I, p. 934, 941-942, lettre de Charles-Roux n° 110, 20 mars (souligné dans le texte), tél. n° 116, 14, n° 117, 15, *Canet*, 38, notes allemande, 12, Pacelli, 30 avril, *DGFP*, D, I, p. 950-954, 956-966, lettre des services d'Alsace-Lorraine, 19 mai 1937, *Canet*, 39, Ponson C. *et al.*, « L'information sur le nazisme dans la presse catholique française entre 1933 et 1938 », *in Églises et chrétiens*, p. 17-32, et Fleury A., *La Croix*, *passim*.

du Vatican qui est en vigueur, c'est la loi du peuple allemand. » La campagne, qui n'avait « jamais atteint un tel degré de passion et de fanatisme », dura tout l'été. Elle donna l'estocade à l'école catholique en Bavière : y furent en juin-juillet fermées 251 écoles, au motif de « conduite immorale du personnel enseignant », tandis que se préparaient des procès contre les maristes, les pallotins, les augustiniens et les frères des écoles chrétiennes[41].

Le Vatican tenta l'esquive en sollicitant son cher Mundelein, qui cogna dur. Le 18 mai 1937, devant plus de 500 ecclésiastiques du diocèse, l'archevêque de Chicago présenta la campagne et les procès de mœurs contre le clergé comme la reprise de la « propagande [allemande] sur les atrocités alliées pendant la Guerre mondiale », qui, comparée à celle d'« un ministre de la Propagande malhonnête[,..] sonnait presque comme un conte pour enfants ». « Peut-être, *ajouta-t-il,* vous demanderez-vous comment une nation de 60 millions de gens intelligents se soumettent par peur et par servitude à un étranger, un poseur de papier peint autrichien, et bien médiocre dans ce domaine, et à quelques complices comme Göbbels et Göring, qui dictent au peuple chacun de ses mouvements. »

Le Reich conserva l'initiative. Il tonna via le NSDAP puis officiellement (le 24 mai) contre ces « paroles offensantes » et exigea que le Saint-Siège s'en « désolidarisât […] et exprimât ses regrets » : tout refus de réponse réelle « couvre des attaques publiques et absolument inqualifiables d'un haut dignitaire de l'Église contre la personne du chef de l'État allemand […C]ette attitude absolument inattendue et incompréhensible […] fait disparaître les conditions indispensables au développement des relations » bilatérales. Pacelli, dans sa note du 25 mai, prétendit n'être pas au courant mais suggéra sa complicité avec Mundelein en condamnant la campagne « anticatholique » du Reich. Berlin dénonça le 29 ce texte aux « termes "vagues, inexacts, sans substance et déplacées" ». Sommée de dire ce qu'elle avait fait et comptait faire « pour combattre et empêcher à l'avenir l'affreuse corruption morale des monastères et institutions et des prêtres », la Curie recula.

La pression ayant échoué, Pacelli osa se plaindre que Mundelein eût « mis cette affaire sur les bras du Saint-Siège ». Puis il délégua début juin le jésuite français Yves de la Brière à la critique, dans *L'Excelsior* de Paris, des paroles « violentes et manquant de finesse diplomatique » du prélat américain, article aussitôt reproduit par son *Avvenire*[42]. Il reprit son masque de désolation et son

41. Lettres n° 143 de Charles-Roux, 26, de François-Poncet n° 532, 4, *Allemagne*, 695, de Dieckhoff, 7, *DGFP*, D, I, p. 945, de François-Poncet n° 615, d'Henry n° 27, 15, *Allemagne*, 695, tél. François-Poncet n° 1763, 28, n° 1767, n° 1776, 29 avril, *Canet*, 38, n° 1809, 2 mai, Arnal n° 2137, n° 2138, n° 2142-2151, 29 mai, *Canet*, 39, et lettre de Vaux Saint Cyr n° 140, 12 juillet 1937, *Allemagne*, 696.

42. Weizsäcker, 21, Neurath sd, entre 25 et 26, Bergen, 25, *DGFP*, D, I, p. 968-969, 970-972 ; tél. François-Poncet n° 2004, 20 mai, n° 2196, n° 2197, 1er, Charles-Roux n° 220-223, 7, *Canet*, 39, et Menshausen, 9 juin 1937, *DGFP*, D, I, p. 975.

discours sur les relations « à l'extrême limite de la tension » sans la franchir. Charles-Roux renoua avec l'admiration pour « la méritoire patience » que manifestait la Curie « en laissant son nonce » – absent du présumé conflit – « à Berlin ». Pie XI rappela en juin à des pèlerins allemands que, contre toutes les apparences, Rome protégeait les catholiques qui avaient la « consolation [de...] pouvoir pleurer ». Dans sa note officielle à Berlin, le 24 juin, Pacelli avoua presque avoir recouru à Mundelein, si grand bienfaiteur du « peuple allemand dans la difficile période d'après-guerre », pour parer l'assaut sur les mœurs des clercs. « La diffamation de l'Église et de la religion, *ajouta-t-il,* affaiblit les plus grands facteurs moraux d'ordre et de résistance dans le combat contre le bolchevisme. » Berlin avait en effet dans le cadre des procès multiplié les perquisitions dans les archives épiscopales de Cologne, Trèves et Aix-la-Chapelle. Le 3 juillet, Orsenigo, inquiet désormais de « l'activité de la Gestapo », requit de Neurath le secret au nom des articles 4 et 9 du concordat. Pacelli dut même se justifier d'attaques du Gauleiter de Sarre-Palatinat Josef Bürckel contre l'absence d'appui de l'évêque de Spire et de Rome sur le plébiscite sarrois. Pie XI loua le 17 juillet devant des pèlerins de Chicago leur cardinal si attentif et zélé « dans la défense des droits de Dieu et de l'Église et dans le salut des âmes ». Cette hardiesse irrita « les autorités hitlériennes ».

Ces escarmouches, imputées par Bergen, Gasparri et Pacelli au pontife « âgé, têtu, irascible [...] et imprévisible », masquaient un accord profond : le 23 juillet, Pacelli assura Bergen de ses excellentes intentions et de sa disposition à prendre langue à tout moment avec Neurath ou Göring. Le 24, Weizsäcker (successeur depuis mai de Dieckhoff au secrétariat général de l'*Auswärtiges Ant*), qu'agaçait comme son chef Neurath la gestion, à usage anticlérical intérieur, par Kerrl des relations extérieures, rassura Bergen : « sur les instructions du Führer et chancelier », « les procès pour mœurs contre les prêtres catholiques » étaient suspendus « jusqu'à nouvel ordre »[43].

La « détente » de 1937-1938

- L'accord définitif sur l'Action catholique et la liquidation des organisations catholiques

La « détente », après ce conflit légitimant la « loi scolaire du Reich », s'afficha depuis la fin août 1937. Orsenigo fut reçu à la Wilhelmstrasse, pour ne rien

43. Tél. François-Poncet n° 2197, 1er, Rivière n° 216-218, 3, lettre de Charles-Roux n° 211, 20, tél. n° 230, 9 juin, *Canet*, 39 ; tél. Rivière n° 295, 19 juillet 1937, *États-Unis*, 336 ; Pacelli, 24 juin, Neurath, Pacelli, 3 juillet, juillet (depuis le 20, Bergen)-août 1937, dont Bergen, 23, note en marge des courriers Muhs et Weiszäcker, 24 juillet, et Neurath, 13 août 1937, *DGFP*, D, 1, p. 976-981, 983, 985-992, 995 et 998.

dire ou pour convenir d'actions communes. Pacelli redemanda à Bergen une entrevue avec Neurath ou Göring, et avoua à Charles-Roux l'innocuité de la dernière pastorale de Fulda : « fort courtoise, modérée, calme mais ferme », et surtout « pas publiée, pas maintenant en tout cas ». Le 18 septembre, Pie XI reçut ensemble des pèlerins « néerlandais », qu'il félicita pour leur ardeur missionnaire [exercée au seul profit du Reich évincé], autrichiens et allemands, les entretint tous en allemand et égratigna la cible licite : le « nouveau faux prophète », non nommé, Rosenberg, tout juste promu par le congrès nazi de Nuremberg. La Curie attendait alors « les résultats favorables du voyage de Mussolini en Allemagne ».

En octobre 1937, elle agréa la liquidation des organisations, abdiquant jusqu'à la prétention verbale de privilèges catholiques en Allemagne : en moins de cinq ans, l'État nazi en avait obtenu *en droit* ce que Mussolini ne lui avait arraché qu'au bout de neuf. « La pression » financière favorisa cette nouvelle « capitulation », Berlin « empêchant tout transfert du denier de Saint-Pierre recueilli en Allemagne (environ 8 millions de marks par an depuis les deux dernières années). Quelques transferts très limités » avaient eu lieu au début via le clearing italien « et sur la demande expresse de M. Mussolini, mais ce dernier appui lui faisant désormais défaut, la papauté s'inclinerait désormais devant une dure nécessité financière ».

Pour la seconde fois, l'Église admettait la primauté de l'État, remisant au fourreau l'AC, arme qu'elle brandissait partout hors d'Italie et d'Allemagne. Canet en profita pour alerter le Quai – et l'apparent aveugle Charles-Roux – sur les périls de ses bontés pour l'action vaticane en France : « si absurdes que soient les exagérations de M. Hitler et si odieux ses procédés, son opposition à "l'Action Catholique", qui n'est pas une action catholique, mais un fascisme pontifical s'exerçant sur le territoire allemand comme il s'exerce sur le territoire français, est légitime », comme l'avait été celle de Mussolini avant « l'accord de septembre 1931 ». Partout, cette ingérence crée aux États « des difficultés » et conflits, comme en Lituanie, où « le gouvernement n'admet pas que, toujours sous le nom d'Action catholique, les enfants soient groupés, jusque dans les lycées de l'État, en associations qui substituent l'autorité du nonce à celle du pouvoir civil. Toutes ces inquiétudes sont légitimes et il est profondément regrettable que la France ne les partage pas ». Même si l'information financière venue de La Haye « est inexacte ou prématurée, il est certain que tôt ou tard le Vatican s'inclinera devant la plus grande partie des exigences allemandes comme Léon XIII a dû le faire, sous l'influence de Mgr [Luigi] Galimberti, après les lois du *Kulturkampf*. À ce moment, nous regretterons d'avoir fait chorus avec ses agents contre la persécution hitlérienne : une fois réconcilié avec M. Hitler, rien ne lui paraîtra plus urgent que de rapporter aux agents de l'Allemagne les propos désagréables que nous aurons tenus »[44].

Après l'acte de décès des organisations catholiques, rien ne changea dans la « campagne anticatholique » menée « surtout sur le terrain scolaire » (avec « l'exclusion générale des prêtres de l'instruction religieuse », désormais confiée à « des formateurs laïcs »), ni dans les astuces romaines : désolation, récriminations du secrétaire des Affaires extraordinaires Domenico Tardini, mutisme de Pacelli sur les plans extérieurs du Reich et la consolidation de l'Axe. Orsenigo déplora le 10 novembre au nom du code canonique les rigueurs de la nouvelle « législation fiscale sur les biens immobiliers ». La délation imposée aux clercs par le projet de « code pénal » violant « le secret du confessionnal », l'inquiétait moins : il « ne comptait pas pour le moment présenter de proposition dans ce domaine », et « étudierait la question de plus près » avant d'y revenir « si nécessaire ». En décembre, le Vatican dévida la litanie du « cela va de mal en pis », Charles-Roux assura que le conflit religieux empêchait son adhésion à l'Axe et Bergen prévit accord « dans un délai pas trop long ». Dans la fièvre de l'Anschluss imminent, le *« modus vivendi »* l'emporta sur les griefs, susurrés et non « politiques » : Pie XI déplora à Noël devant le sacré collège – international – le « néopaganisme [...et] la vraie persécution religieuse » dans cette Allemagne qu'il admirait, aimait tant, et connaissait si bien[45].

En janvier 1938, Tardini s'expliqua laborieusement sur le télégramme de félicitations adressé pour le Nouvel An par Hitler à Pie XI. Pacelli annonça, via l'*Avvenire,* les prochaines étapes, concluant ainsi un papier sur la mort de l'école confessionnelle en Bavière : « nous espérons que, malgré tout, leur grand pays parviendra finalement à trouver cette pacification qui seule pourra rendre à tout le peuple germanique l'unité nécessaire. » Le « rattachement » envahit alors la scène bilatérale, tandis qu'était dressée la liste des dépouilles catholiques ex-concurrentes : hôpitaux, associations d'étudiants, de « jeunes gens », de scouts, écoles, etc. Pas plus que « les vexations et les outrages » maintenus contre l'Église allemande, la déchristianisation radicale de l'Autriche, patrie du

44. Souci d'accord de Pacelli admis par Chenaux P. *Pie XII*, p. 218-219, Mackensen, 26, Bismarck, 27, Bergen, 30 août, Bergen, 20, 21 septembre, *DGFP*, D, I, p. 1000-1004, tél. Charles-Roux n° 369, 29 août, n° 381, 6 septembre, *Canet*, 39, lettre n° 477, La Haye, 17, *Allemagne*, 696, et note Canet, 30 octobre 1937, *Canet*, 39.
45. Lettre n° 192 de Bourdeillette, Nuremberg, 12, *Allemagne*, 696, Charles-Roux, tél. n° 501, 9, *Canet*, 39, lettre n° 440, 29 décembre 1937, tél. n° 14, 13 janvier 1938, *Allemagne*, 696 et 700 (novembre 1937-janvier 1938, ces vol., *Canet*, 40 et *Saint-Siège*, 38) ; Pacelli, 26 novembre (contre une clause du décret du 1er juillet), Gaus, 10 novembre, Bergen, 26 décembre 1937, *DGFP*, D, I, p. 1008-1016.

catholicisme politique[46], n'entrava des rapports confondus depuis 1938 avec la politique extérieure (et traités dans ce cadre).

• L'idylle de 1938 : de la visite d'Hitler au lâchage des juifs italiens

Entre Anschluss et démembrement de la Tchécoslovaquie, les soupirs relevèrent de la routine. Pie XI partit pour Castel Gandolfo et fit fermer les musées du Vatican, le 4 mai 1938, pour la visite d'Hitler à Rome, non par antinazisme mais par dépit « de n'avoir pas été sollicité de recevoir » celui-ci. L'*Auswärtiges Amt* jugea dès février « une telle visite [...] hors de question » : pour respecter sa tradition de traitement à la prussienne de la Curie ou ne pas la compromettre dans ce séjour effectué sous le signe de « la liaison étroite entre le national-socialisme et le fascisme ». Le Vatican, qui avait en février-mars sollicité ce signe de *« détente »*, notifia qu'il « considérerait [un refus] comme une marque résolue d'inimitié ». Il tenta jusqu'en mai d'infléchir Hitler, car Pie XI avait, rapporta Bergen, « espéré la visite jusqu'au dernier moment ». Charles-Roux décrivit fin avril « l'émotion et l'amertume » du pape devant « la cérémonie grandiose » prévue pour Hitler qui « ne daignera[it] pas [lui] faire visite ». Les « angoisses » alléguées devant des pèlerins allemands, le 20 août 1938, sur « la situation des catholiques et du clergé allemands » n'entravèrent pas l'accord avec l'Axe[47].

Le pape, retranché derrière un murmure pro-sémite à usage franco-belge, cautionnait alors la capitulation mussolinienne devant le tuteur allemand : les décrets antisémites négociés fin août avec la Curie et parus les 5 et 7 septembre. Le 23 août, une note « officieuse » de l'*Osservatore* condamna le racisme, « un péril pour la grande famille humaine et chrétienne, un péril essentiellement spirituel, moral et religieux ». Devant un religieux français, le 8 septembre, « le pape a jugé très sévèrement les mesures antisémites du gouvernement italien ». L'ample littérature hagiographique invoque sa déclaration du 6 septembre, devant « 120 pèlerins de la radio catholique belge », antisémite (« nous reconnaissons le droit de tous à se défendre contre ceux qui menacent leurs intérêts légitimes »), dont elle ne cite que la conclusion : « Mais l'antisémitisme est inacceptable. Spirituellement, nous sommes tous sémites. » Reproduit par la seule presse catholique belge (*La Libre Belgique*, le 14 septembre) et française (dont *La Croix*, le 14), le discours fut inconnu des Italiens.

---

46. Charles-Roux, tél. n° 10, 8, *Canet*, 40, lettre n° 30, 17 janvier, janvier-février, *Allemagne*, 696, lettre n° 68 d'Henriet, Stuttgart, 30 août 1938, *Allemagne*, 697 (et *Autriche*, 190-191 et 203-205).

47. 1938, *Allemagne*, 697-698, *Canet*, 40 ; défit : interprète SS d'Hitler, Eugen Dollmann, Sereny G., *Au fond*, p. 374 ; Mackensen, 14, Weizsäcker, 26 février, 3 mars, Bergen 18, 23 mai, *DGFP*, D, I, p. 1022, 1023, 1036-1039, Charles-Roux, tél. n° 221, 29 avril, *Allemagne*, 700, et lettre n° 261, 20 août 1938, *Allemagne*, 697.

La Curie avait alors « lâché les juifs au gouvernement italien, en échange des concessions qu'[elle venait] d'obtenir » sur l'AC après un nouveau conflit. Mi-novembre, l'*Osservatore* fut « muet » sur « la combinaison » relative à l'interdiction des mariages mixtes qu'elle avait acceptée fin août : la « solution [...] trouvée » via l'article 6 du décret-loi permettrait à l'Église de bénir une union qui, en contradiction avec l'article 34 du concordat de 1929, n'aurait plus « aucun effet civil [...] Le droit canon [était] sauf et la législation fasciste [...] satisfaite ». Le journal officiel revendiqua « le caractère universel de l'Église » et son attachement à « l'égalité des races », et prétendit que cette rupture du concordat avait été décidée « sans l'accord du Saint-Siège », frappé de « douloureuse surprise ». Il avoua en précisant : « le catholicisme est défavorable aux mariages mixtes et les déconseille » car « il se méfie du métissage ».

En janvier 1939 dans l'*Avvenire*, Gemelli, « personnage le plus en vue du monde universitaire confessionnel d'Italie, connu [...] pour jouir de la confiance et de l'estime du pape », recteur de l'Université du Sacré-Cœur de Milan, le « plus important Institut catholique de l'Italie », enfonça le clou : « les cardinaux et les évêques ont toujours et partout combattu le racisme exotique, mais [...] celui-ci n'a rien à voir avec la politique raciale de l'Italie. » L'approbation romaine des décrets antisémites venait d'éclater dans la « polémique » entre *La Civiltà Cattolica* et *Il Regime Fascista*. « L'antisémitisme fasciste est franchement inférieur, tant par ses propositions que par son exécution, à la rigueur [de celui] des pères de la Compagnie de Jésus », avait ricané le quotidien de Roberto Farinacci, chef fasciste du courant nazi, citant d'abondance, le 30 août 1938, ses trois célèbres articles d'octobre à décembre 1890 sur « La question juive en Europe » : la revue jésuite confirma par sa réponse de septembre-octobre 1938 son antisémitisme notoire et l'aggrava de « nouvelles accusations, impossibles en 1890 », sur la révolution bolchevique, machination juive[48].

- Le cas Sproll

La conjoncture de l'été 1938 corrobore, admit Charles-Roux, « la fameuse assertion d'un polémiste français [...sur] le pontificat le plus allemand de l'histoire ». On perçoit cependant des nuances entre le germanophile Ratti et son successeur pangermaniste, à propos, par exemple, du cas unique d'indiscipline d'un évêque à l'égard du nazisme, celui de Mgr Johannes Baptista Sproll, évêque de Rottenburg (Wurtemberg). Sproll, aussi pro-nazi que ses

48. Charles-Roux tél. n° 438-439, 23 août, *Italie*, 267 (ce vol. depuis août), lettre n° 290, 9 septembre, *Saint-Siège*, 38, tél. n° 467, 4 septembre, *Canet*, 42 (polémique AC, été 1938, *ibid.* et *Italie*, 264, 267), tél. Rivière n° 585-586, 12, n° 587-591, 14 novembre 1938, *Canet*, 42, lettres de Charles-Roux n° 50, 19 janvier 1939, et n° 387, 29 décembre 1935, *Italie*, 267 et 264 ; déclaration du 6 septembre 1938 et réalités, Zuccotti S., *Under*, p. 42-57, ici 45-48. Recension des hagiographies impossible, dont Cholvy G. *et al.*, *Histoire*, t. 3, p. 57.

pairs, avait au Nouvel An de 1934 comme eux « célébr[é] les mérites de l'État national-socialiste », alors même que la police prenait contre trois curés du diocèse jugés hostiles des « mesures de rigueur » : « "nous sommes pour le nouvel État [...] ; nous reconnaissons ce qu'il a accompli en maints domaines", et il a cité notamment la lutte contre le bolchevisme "qui ne pouvait être menée seulement par les armes spirituelles", l'abandon de beaucoup d'idées libérales, l'instauration du principe du Führer, la lutte pour assurer à l'Allemagne parmi les peuples le traitement auquel elle a droit, le renforcement de l'état moral du peuple, la lutte contre la pornographie, contre la prostitution, le souci de la famille, etc., etc. L'évêque assure d'autre part qu'il défend à son clergé toute activité politique ; il ne veut pas, dit-il, empêcher la roue du temps de tourner. »

Il avait cependant émis « une seule réserve » (sincère) : « les catholiques doivent prendre position contre les lois qui sont en opposition avec la conscience, conformément à la parole : "il faut obéir à Dieu avant d'obéir aux hommes". » Partisan de l'Anschluss comme tous ses pairs, il l'avait « célébré par une sonnerie générale de cloches ». Il s'abstint cependant, seul de son espèce et seul citoyen du cru, au référendum du 10 avril : y « particip[er] », expliqua-t-il le 28 juillet suivant, serait revenu à « donner mon vote et exprimer ma fidélité à des hommes dont l'attitude est hostile à l'Église catholique et au christianisme, ce qui devient d'année en année plus évident ». Les nazis ne le lui pardonnèrent pas. Ils lui ordonnèrent, au tournant d'avril, de quitter son siège, pressant le Vatican d'arracher sa démission.

Début juin, Pacelli « n'approuvait pas les actions de l'évêque » et « les milieux ecclésiastiques » jugeaient sa conduite « très inepte ». Mais la base légale manquait, le vote n'étant pas obligatoire. Le pape ayant en mai autorisé Sproll à rejoindre son diocèse, l'évêque y revint le 15 juillet. Les hitlériens, guidés par « le Statthalter [Wilhelm] Murr lui-même », orchestrèrent les 17 et 18 une manifestation de 3 à 400 personnes devant le palais épiscopal, qui fut envahi. Refusant de partir en déclarant « qu'il se ferait plutôt tuer », Sproll subit pendant plus d'un mois « ces scènes de véritable sauvagerie et ces menaces », puis passa « quelques semaines à l'hôpital [...] pour remettre sa santé ébranlée ». L'*Osservatore* évoqua plusieurs fois le cas du prélat finalement expulsé et « emmené sous escorte à Fribourg-en-Brisgau » fin août[49].

Rome refusa son rappel en juillet, alors que Pie XI et Pacelli négociaient secrètement un accord avec Bürckel, commissaire du Reich à Vienne depuis

49. Lettres de Charles-Roux n° 298, 15 septembre 1938, *Saint-Siège*, 38, n° 1, Stuttgart, 9 janvier 1934, *Allemagne*, 689 ; depuis le 5 mai 1938, *DGFP*, D, I, p. 1035 *sq.*, dont Bergen, 10 juin, Heydrich, 20 juillet, p. 1044, 1049-1051, lettres de Charles-Roux n° 245, 8, n° 445, 26, et d'Henriet n° 68, 30 août 1938, *Allemagne*, 697.

avril, et l'épiscopat autrichien. Mais, dans ce cas unique de bannissement épiscopal, Sproll ne fut – faiblement – soutenu que par la pastorale de Fulda du 19 août 1938, lue le 28 dans toutes les églises sauf celles de son diocèse. Cette « déclaration une fois pour toutes » valorisait pour la énième fois ses titres antibolcheviques, son loyalisme au Reich et à la patrie. Son paragraphe « conflits de doctrines » n'évoquait précisément que la lutte contre « l'Antéchrist bolchevique » pour défendre « l'Espagne catholique » où les chrétiens avaient « accompli [...] leurs devoirs civiques et militaires ». La référence au « Dieu allemand » opposé au vrai Dieu, universel, et à « la nécessité d'obéir à Dieu plutôt qu'aux hommes » relevait de la même routine. Bertram, qui n'avait pas besoin de conseils de conciliation, en reçut pourtant, avec son auxiliaire et l'évêque de Limbourg, à l'« audience privée » du 28 octobre : pierre jetée dans le jardin de l'expulsé, Pie XI « recommand[a] aux évêques de veiller à ne pas justifier par leur attitude les attaques dont ils sont l'objet ». Le 5 mars 1939, Pie XII à peine élu répondit au mémoire de Faulhaber lui demandant si Sproll devait démissionner qu'il était « prêt à accepter de sacrifier le courageux évêque si cette concession était une condition pour ramener la paix religieuse »[50].

La ferveur allemande de Pie XII

Successeur, le 2 mars 1939 (dans des conditions évoquées plus loin), de Pie XI décédé le 10 février, Pacelli libéra ses sentiments envers le Reich (et l'Italie). Il reçut après son élection « pendant plus d'une heure » les quatre cardinaux allemands (le quatrième était Innitzer) et interdit à l'*Osservatore* tout écrit sur « la guerre faite à l'Église en Allemagne ». Le pape et Orsenigo surenchérirent de prévenances d'ailleurs réciproques. Au télégramme de condoléances d'Hitler pour la mort de Pie XI succéda celui de félicitations à l'élu. Pie XII lui réserva la primeur des annonces de son élection et rompit avec le protocole en en signant le texte de sa main et en exprimant avec chaleur « son espoir de relations amicales ». Le 4 mars, il convoqua Bergen, qu'il reçut le 5 avec une ferveur ainsi décrite par son hôte favori. « Il a souligné que j'étais le premier ambassadeur qu'il recevait : il avait hâte de me charger personnellement de transmettre ses remerciements du fond du cœur au Führer et chancelier ; il y a ajouté ses vœux les plus sincères pour la prospérité du peuple allemand, qu'il avait appris à estimer et à aimer par la longue connaissance qu'il en avait acquise à ses postes de Munich et Berlin. Le pape a ajouté qu'il "*brûlait* du désir d'établir la paix entre l'Église et l'État" ; il me l'avait souvent dit en

---

50. Bergen, 30 juillet 1938, *DGFP*, D, I, p. 1054, Lewy G., *Catholic*, p. 217-218, 383, Conway J. S., *Nazi*, p. 224, lettre de Charles-Roux n° 453, 1er septembre (et texte, *OR)*, tél. n° 575, 29 octobre 1938, *Allemagne*, 697, et Papeleux L., *Silences*, p. 62.

tant que secrétaire d'État mais il tenait à me le confirmer expressément aujourd'hui en tant que pape. » Puis il est revenu sur le discours qu'il avait prononcé (en mai 1938) « au Congrès eucharistique de Budapest », prouvant son souci de ne créer à Berlin aucune difficulté intérieure : « ce n'est pas l'affaire de l'Église de prendre parti dans les affaires purement temporelles et dans les ajustements entre différents systèmes et méthodes qui peuvent surgir du besoin de surmonter les problèmes du présent. » Bergen entendit encore des propos lyriques sur l'intangibilité de « nos relations amicales qui duraient depuis près de trente ans ».

Orsenigo transmit « personnellement » le télégramme de félicitations du pape du 20 avril 1939 au Führer pour son cinquantième anniversaire, qui souleva un délire épiscopal, entre drapeaux du Reich à croix gammée et volée de cloches de toutes les églises, peu après la mort de la Tchécoslovaquie. Pie XII, que cet événement avait laissé publiquement impavide, exposa ses intentions le 20 mars à « une personnalité française », mêlant aveux et réserves d'usage : « nous sommes décidés [...] à pratiquer vis-à-vis du gouvernement hitlérien une politique de "main tendue" : nous désirons essayer loyalement de rechercher avec lui un accord. Nous ne voulons pas qu'il puisse être dit en Allemagne que la politique du Vatican s'identifie avec celle des États prétendus "démomarxistes" et qu'elle se refuse à traiter avec les puissances totalitaires. Mais [...] nous ne nous faisons guère d'illusions sur l'accueil que fera le gouvernement hitlérien à ces bonnes dispositions. Nous craignons que celles-ci ne trouvent aucun écho. Nous aurons du moins tout tenté. »

Ledochowski l'innocenta auprès des Français, imputant aux « cardinaux allemands [...] âgés et las, un peu fatigués de la lutte [ce] désir d'une détente » : « même le cardinal Faulhaber [...] a manifesté [...] le vœu que le Saint-Siège ouvrît au gouvernement du Reich un certain crédit de confiance en son amendement ». Charles-Roux prétendait Pie XII « angoissé devant le problème religieux en Allemagne », mais il ne fournit au printemps 1939 que des preuves de sa joie. Le pape montrait « le souci de jeter, le plus possible, un voile sur tout ce qui touch[ait] à l'Allemagne », abdiquant sa tutelle sur la société civile : « le respect des droits de Dieu et de l'Église par les autorités allemandes devait constituer un élément essentiel de la prospérité et du bonheur de la prospérité et du bonheur de la nation », déclara-t-il sobrement à des pèlerins allemands. Le propos fut jugé trop cru pour être reproduit par l'*Osservatore*. Maglione qui, rappela Canet, « nous a donné pendant la guerre beaucoup de fil à retordre », était devenu secrétaire d'État. Il fut aussi, à la veille de la suivante, nommé (en avril 1939) « protecteur du collège teutonique de Sainte Marie de l'Anima », y succédant à son maître. Le 5 mai à Berchtesgaden, Orsenigo fit une « longue visite » d'une heure et demie « à

M. Hitler » dont il se proclama « très content » et sur laquelle les deux interlocuteurs s'« engag[èrent] à garder le silence »[51].

Le mutisme pontifical sur l'agonie de la puissance idéologique de l'Église dans les mois précédant la guerre consacra l'abandon de revendications soutenues partout ailleurs avec acharnement. Schulte salua le 18 avril la défunte école confessionnelle rhénane : « je pourrais, en ma qualité d'archevêque, vous demander de faire opposition dans le délai légal de quatre semaines, mais l'expérience des dernières années et de ces derniers temps m'a appris que, d'une part, une attitude courageuse en faveur de l'Église catholique pourrait entraîner, dans chaque cas, de graves préjudices pour des familles entières, et que, d'autre part, on ne souscrirait pas à la volonté des parents. »

L'Église autrichienne sembla sacrifier ses antiques privilèges toujours défendus bec et ongles. La richissime abbaye de Klosterneuburg céda en mai « de bonne grâce à l'État allemand, sur la recommandation du Saint-Siège, 2 000 ha » (Giovanni Battista Montini, secrétaire des Affaires ordinaires, nia ce cadeau devant les Français) : des terrains d'« une valeur considérable » sis à Vienne et aux alentours, loués par petites parcelles à quelque 9 000 locataires astreints à « des loyers très élevés » que Bürckel diminua « uniformément de 50 % », flétrissant cet « esprit de lucre regrettable ». De fait, les autorités nazies avaient d'abord fixé le délai du 8 mars pour confisquer ces 1 640 ha, estimés 17 millions de marks, que le prieur refusait de céder contre « indemnisation » de 50 000 marks. Orsenigo avait en vain requis « un délai » et le conseiller de la nonciature Carlo Colli « profondément regretté » ce sacrifice. Contre la confiscation grimée en don gracieux, on n'entendit pas les cris poussés contre tout État ennemi : non seulement l'Église allemande ne protesta pas contre « le grignotage des avoirs temporels » (saisie des biens des associations, laïcisation des œuvres), mais elle répondit, encouragée par Rome, aux besoins financiers du Reich bientôt en guerre[52].

Cette capitulation publique exceptionnelle s'explique par la mission assignée au Reich dans la destruction de l'œuvre édifiée sur sa défaite par les « États prétendus "démomarxistes" ».

---

51. Lettre de Charles-Roux n° 120, 23 mars, *Allemagne*, 700, n° 26 de Bergen, 5 mars, *DGFP*, D, IV, p. 598 (italique dans le texte), Lewy G., *Catholic*, p. 220-222, tél. Charles-Roux n° 235-236, 21 mars, lettres n° 139, 4 avril, *Allemagne*, 698, n° 120, 23 mars, n° 161, 26, *Allemagne*, 700, et note Canet, 29 avril, *Canet*, 33 ; tél. n° 1864 François-Poncet, Rome, 6, et 1253-4 Coulondre, Berlin, 8 mai 1939, *SDN Saint-Siège*, 2190.
52. Charles-Roux, tél. n° 361, 2, lettres n° 167 et de Cologne, n° 55, 4, de Rivière n° 439, 31 mai, Vienne, n° 112, 12 juin, de Chevillotte n° 28, Brême, 13 mai, *Allemagne*, 698 (nombreux ex.) ; rapport du Moulin, 8 mars 1939, *DGFP*, D, IV, p. 599.

CHAPITRE 8

Vers le grand Reich et la condamnation des ambitions européennes de l'Italie (1933-février 1939)

I. Les conquêtes « pacifiques », 1933-1938

Le Reich ne pouvait attendre de la Curie des divisions, mais son appui demeurait aussi précieux qu'à l'époque de la défaite : « l'Allemagne a besoin pour sa mission historique de la compréhension pleine de sympathie et du soutien du Saint-Siège », déclara Pie XI à Papen « d'une façon si inoubliable avant la conclusion du concordat »[1]. Sont ici exposés la contribution du Vatican à l'expansion allemande d'avant-guerre – entre Sarre et accords de Munich – et aux préparatifs de la phase européenne suivante ; son soutien sélectif à une Italie lâchée par ses alliés austro-hongrois et vouée par le Reich à des bribes européennes (contre compensations méditerranéo-africaines provisoires) ; et son action à l'Ouest franco-belge de l'*Altreich*.

1. Papen, 7 avril 1934, *DGFP*, C, II, p. 722.

La préparation du plébiscite sarrois (1933-1935)

Bornewasser et Sebastian multiplièrent dès les premiers mois de 1933 dans la partie sarroise de leurs diocèses de Trèves et de Spire les initiatives hitlériennes, tel l'« ordre » de « messe solennelle » pour la fête du Travail nazie le 1er mai : « Que Dieu [...] accorde à la patrie allemande protection et bénédiction pour tout le peuple et adoucissement à la misère ouvrière. » Leurs préparatifs du plébiscite de janvier 1935 nourrirent un vain flot de correspondance française sur les éventuelles démarches à tenter auprès du Vatican.

Pacelli, sollicité par Charles-Roux, lui promit régulièrement de « faire part » aux évêques de Trèves et de Spire des contraintes du « régime international de la Sarre » incompatibles avec son traitement en morceau du Reich : il leur expliquerait que le concordat du Reich n'y était « pas actuellement en vigueur ». Il n'en fit rien. « Depuis [s]a signature [...], l'évêque Bornewasser exerce une forte pression sur ses prêtres, notamment sur ceux qui n'ont pas caché leurs sentiments hostiles au régime hitlérien. » Sebastian agit de même, après avoir en juin conclu avec les autorités de Sarre-Palatinat « une sorte de concordat local », qui lui confiait la répression de ses subordonnés, des « ordres au clergé [de] grande réserve en matière politique » aux « mutations » d'opposants.

Les Français, pleurant l'ingratitude des catholiques qu'ils avaient tant flattés, recensèrent impuissants les anathèmes lancés contre eux jusque dans les églises bâties par leur administration des Mines, tel le « sermon violemment politique » d'un curé de Merbach, fin août 1933. « Les inférieurs doivent être soumis à l'autorité supérieure, mais non pas que celle-ci utilise son pouvoir à les détourner de leur patrie. En agissant ainsi, en les contraignant économiquement, en créant un conflit de conscience chez les subordonnés, l'autorité agit d'une façon immorale et anticatholique et commet un péché qui crie vers le ciel. » Les Français interdirent au curé de célébrer le culte, déchaînant une campagne de presse hitlérienne. Ils réclamèrent en vain, une fois de plus sous couvert de la commission de gouvernement et malgré leurs déconvenues antérieures, la venue d'un émissaire romain : Pizzardo « se demand[a gravement] si "quelques légers incidents" étaient suffisants pour justifier la nomination d'un administrateur apostolique à si peu de temps du plébiscite »[2].

Après avoir espéré que l'anticléricalisme hitlérien susciterait, surtout en juin 1933, « le mécontentement [des] catholiques sarrois » contre Berlin et seconderait le *statu quo*, le secrétaire général (français) de la commission de

2. Tél. n° 3-4 de Vaysset, Sarrebruck, 28 avril, Charles-Roux, lettre n° 182, 13 mai (et intervalle), tél. n° 232, 14, lettres du MAE n° 5, 24 juillet, n° 808 de Morizé, 1er septembre, *Sarre*, 262, et BE 268, 27 juin, *Allemagne*, 689, cr Viossat SB 13.251 sur le sermon du 27 août, tél. François-Poncet n° 1582, 9, lettre n° 866 de Guillaume, Sarrebruck, 13, et tél. Charles-Roux n° 232, 26 septembre 1933 (et mois), *Sarre*, 262.

gouvernement, Jean Morizé, admit fin septembre que « l'attitude du Saint-Siège à l'égard de l'Allemagne hitlérienne a[vait] constitué le coup le plus grave qui pouvait être porté à nos intérêts dans le bassin » : elle avait scellé le sort du Territoire en « consacr[ant] le régime hitlérien ». Le concordat avait offert à Bornewasser l'ultime argument pronazi contre les clercs réticents : « vous ne pouvez prétendre être plus catholique que le Saint-Père. »

Tout dès lors s'accéléra. La *Deutsche Front* financée par le Reich fut fondée en juillet 1933, et le Centre sarrois prononça sa dissolution en octobre pour « permettre à ses membres », comme tous les partis de droite, de « passer en bloc au parti national-socialiste ». Le syndicat chrétien se rallia, après que Berlin se fut « assuré les bons offices de ses secrétaires principaux, par une vive propagande parmi les syndicalistes faisant appel, suivant les cas, à leurs sentiments patriotiques, à leurs intérêts ou à la menace ». Papen, actionnaire de la *Saarbrücker Landeszeitung*, avait totalement livré le journal au gouvernement hitlérien « qui [en] possédait déjà une grande partie ». Fin octobre, il fut mandaté par Berlin et la Curie auprès des « prêtres sarrois » pour aider Bornewasser à les « éclairer [...] sur les avantages faits aux catholiques par le concordat », les rassurer sur les pratiques hitlériennes et les pousser à « agir en faveur du retour de la Sarre à l'Allemagne ». Le catholicisme sarrois avait alors capitulé, sauf quelques « îlots de résistance [...] parmi les membres de l'ancien Centre », tel Johannes Hoffmann (l'homme des Français), rédacteur en chef du journal, « écarté » pour anti-nazisme. « Fidèle à sa politique traditionnelle en Sarre qui s'est traduite successivement par le refus de créer en 1920 un épiscopat sarrois, laissant ainsi le clergé sarrois sous la domination d'évêques allemands, puis par l'enquête en Sarre de Mgr Testa, le Vatican approuv[ait] la pression actuelle exercée en faveur de l'Allemagne sur le clergé sarrois [...] par les autorités épiscopales de Trèves et de Spire. »[3]

Début novembre 1933, Charles-Roux vanta la « bonne volonté » et la « concession très appréciable » de Pacelli quand fut annoncée la nomination d'un visiteur apostolique, sans doute Testa. La diplomatie de la « décadence » se confondit en remerciements et en louanges de ce grand francophile de 1923, concert interrompu par un Canet excédé. Parti le 23 novembre de Rome pour un séjour sarrois terminé le 20 décembre, Testa, « observateur, sans aucune juridiction », préserva « l'autorité des évêques » sur leurs ouailles. Il recommença, le 18 décembre 1933, la comédie de 1923 à Mgr Rémond : « vous n'avez pas à vous faire de bile, les Allemands travaillent pour vous ; vous n'aurez qu'à recueillir les fruits. Je vais aller à Rome pour demander les mêmes pouvoirs qu'avait eus en Silésie Mgr Ratti » – véritable aveu. « Je

3. Lettres de Morizé n° 560, 28 juin, n° 937, 28 septembre, n° 1093, 2, *Havas*, 25 novembre, *Sarre*, 262, et note DSG, Strasbourg, 31 octobre 1933, *Sarre*, 221.

ne compte pas revenir tout de suite, il suffit que je sois là un peu avant le plébiscite. Ma présence ici ne servirait à rien. Laissez-moi la liberté de mes mouvements. » Il ignorait tout de la dissolution du Centre sarrois, qui s'était « spontanément liquéfié » sans que le Saint-Siège y fût « pour rien ». Morizé avait été aussi gâté le 30 novembre : Testa lui décrivit un Bornewasser « mécontent et inquiet du régime hitlérien » comme les catholiques sarrois, et ironisa sur « ces bons Allemands [...] incroyables » ou sur la vanité des discours aux Sarrois (le 9 novembre) d'un Göring auquel « vous devriez donner la Légion d'honneur ». Il était chargé, résuma Morizé, de faire renoncer Paris au plébiscite sous couvert d'éviter les « luttes "fratricides" » qu'il entraînerait[4].

Testa avait d'autant plus besoin de « la liberté de [s]es mouvements » qu'il venait au secours des hitlériens, des deux évêques et de leur supérieur, Schulte. Bornewasser, qu'angoissait l'opposition croissante des Sarrois au retour au Reich, passée en un an de 2 % à 25 %, entreprit avec Kaas, Pacelli et Papen d'apaiser les Français. Il grima les chefs du *Zentrum* sarrois nazifié en anti-hitlériens et fit depuis novembre 1933 de la défense du catholicisme contre les « anti-chrétiens » le thème récurrent de ses sermons. Son vieux protégé hitlérien Bungarten, président du *Zentrum* sarrois, homme de main « violent, [qui] était jusqu'à ces derniers mois [le] plus farouche ennemi » des Français, joua (très mal) devant l'un d'entre eux, en janvier 1934, la comédie de l'hitlérien déçu. Il promit de transformer la Sarre en « asile de tous les prêtres et croyants allemands qui se refuseraient à pactiser avec l'iniquité ». Il se démasqua aussitôt en observant que « ce misérable Hitler », qui n'était « plus aujourd'hui qu'une marionnette sans défense maniée, au gré de leur fureur anti-chrétienne, par les Göbbels et les Göring, ces suppôts de Satan [,...] avait [...] commencé par faire beaucoup de bien, puisqu'il avait maté, réduit à l'impuissance le communisme, le socialisme et la "juiverie" ».

Au printemps de 1934, tandis que les Français suppliaient la Curie de leur renvoyer le bon Testa, Bornewasser paracheva l'adhésion catholique à la *Deutsche Front*. Il ordonna celle « en bloc » des couvents et doucha ainsi les derniers scrupules de son clergé sur les mesures anticatholiques du régime : « vous ne devez pas [...] vous en émouvoir trop, ni vous impatienter, Hitler n'aura qu'un temps, et en tout cas, le Saint-Siège parviendra à faire respecter le concordat. Ne vous lancez pas dans un mouvement séparatiste qui engagerait tout l'avenir, alors que les tribulations dont vous vous inquiétez ne sont que temporaires. » Ce discours fut renouvelé sans trêve. L'avenir se dessina sous des traits plus souriants quand, à l'ère Barthou, les catholiques antinazis

4. Tél. Charles-Roux n° 410, 3, Canet sur tél. François-Poncet n° 1984-1985, 8 (et 3-13), tél. Charles-Roux n° 440, 24, n° 447, 25 novembre, note Canet, 20 décembre, lettres de Morizé n° 1238, 30 novembre, n° 1316, 18 décembre 1933, *Sarre*, 262.

de Hoffmann lancèrent le 6 mai sous la houlette de la France le journal *Neue Saar Post*. Les deux évêques maudirent dans le *Landeszeitung* la « fondation [...] pernicieuse au plus haut point » d'un journal traître à la patrie, et certifièrent aux « catholiques sarrois » qu'après leur retour « à leur chère patrie » le concordat du Reich « sera[it] appliqué généreusement »[5].

Testa, requis par d'autres urgences (l'Éthiopie), fut nommé fin mai 1934 délégué apostolique d'Égypte, Arabie et Palestine, mais retourna fin juin en Sarre. Un effort accru s'imposait après la Nuit des Longs Couteaux : l'assassinat de deux notables catholiques, Klausener et Probst, pourrait renforcer le camp Hoffmann et dresser, avertit Bornewasser, « des obstacles » sur la voie « du retour du peuple de la Sarre à la patrie ». Il implora donc Hitler de tout faire pour les lever par une lettre dont Kaas reçut copie, transmise le 27 août par Bürckel, *Gauleiter* du Palatinat – et depuis le 7 plénipotentiaire en Sarre remplaçant Papen nommé à Vienne. La pression épiscopale s'alourdit, tandis qu'augmentaient depuis début juillet les « transferts » dans le Reich de prêtres sarrois antinazis, dont Pacelli affecta de s'émouvoir pour Charles-Roux. Sebastian, qui avait tardé à la besogne plus que Bornewasser, fut soumis au chantage à des révélations sur « un emprunt en Amérique » contracté jadis : il livra trois vicaires (dont l'un avait fui le Reich) aux nazis en déclarant qu'ils avaient « trop parlé et qu'ils devraient apprendre à se taire ». Testa, muet, demeura sur place jusqu'au 20 juillet sans avoir « reçu d'instruction de Rome », parce que, argua Pacelli, il « n'avait pas de chiffres ». J'épargne au lecteur la liste des mensonges justifiant son silence et son inaction, qu'il prolongea à son retour à Rome. Hoffmann, venu chercher ici un appui exclu, fut fin juillet « éconduit par [Pacelli] qui le considérant comme journaliste s'est dérobé à sa demande d'audience ». Puis, sur pression française, il fut reçu sans rien obtenir[6].

Le successeur de Testa, l'intime de Faulhaber Giovanni Panico, nonce à Munich et, depuis octobre 1933, à Prague, recueillit l'héritage. Aussi « impressionné par les grandes qualités du fascisme italien » qu'attaché « au succès du national-socialisme » – avis autorisé du conseiller de presse de la Wilhelmstrasse, Gustav Braun von Stumm –, il fut pressenti fin juillet. Nommé « délégué apostolique » vers la mi-août, Panico n'arriva en Sarre que le 10 septembre. La diplomatie française célébrant en tous postes ce « francophile », Canet ironisa le 11 août : « la comédie continue. Il faut d'abord

5. Lewy G., *Catholic*, p. 183-186, lettres de Morizé n° 1093, 2 novembre 1933, n° 134 (et note Guirard), 18 janvier, de Charles-Roux et Morizé sur Testa depuis les 6-7 avril, de Morizé n° 349, 14 avril, n° 448, 4, et n° 474, 11 mai 1934, *Sarre*, 262.

6. Depuis tél. Charles-Roux n° 203, 25 mai 1934, *Sarre*, 262, Lewy G., *Catholic*, p. 187, lettre n° 707 de Morizé, 10, tél. MAE n° 73-74, 12, Charles-Roux n° 280, 14, MAE n° 79-80, 18 juillet, *Sarre*, 262, Charles-Roux, n° 301, n° 307-309 et lettre n° 744 de Morizé, 20 juillet 1934 (et juillet-août), *Sarre*, 263.

que les deux vicaires soient réintégrés en Sarre ; ensuite qu'aucun prêtre exerçant actuellement en Sarre ne puisse en être éloigné sans son consentement ; enfin que le pape octroie par écrit des pouvoirs au visiteur apostolique (canon 267). Mais il ne fera rien de tout cela ; et en lui demandant de le faire nous lui en aurons reconnu le droit. Ce droit, il ne l'exercera pas en Sarre, mais il l'exercera chez nous. »

« Visiteur » absent de juillet à septembre, les deux évêques avaient mis les bouchées doubles. Leur loyalisme à « la "Deutsche Front", c'est-à-dire [a]u national-socialisme », éclata aux fêtes des jeunesses catholiques sarroises de Sarrebruck, le 29 juillet 1934. Avec les chefs nazis, ils mobilisèrent environ 50 000 personnes venues de Sarre et du Reich pour ôter à Hoffmann et à son journal les appuis que l'assassinat de Klausener et de Probst menaçait d'amplifier. Bornewasser lança donc l'assaut « contre la *Neue Saar Post* et son rédacteur en chef » (« tu es pire qu'un menteur, tu es un calomniateur », etc.). Un télégramme fut envoyé « au Saint-Père » et un autre, « acclam[é] par la foule », à Hindenburg : « les jeunes gens et jeunes filles catholiques du Territoire de la Sarre réunis autour de leurs évêques de Trèves et de Spire pour une manifestation de fidélité catholique adress[èr]ent de la marche occidentale de l'Allemagne au chef de l'Empire allemand un salut d'indéfectible fidélité ».

Le 6 août, le Vatican déclara n'avoir « encore reçu [...] aucune information » à ce sujet. L'*Avvenire* avait rejeté « catégoriquement » le 5 la nomination d'un administrateur apostolique en Sarre, attaqué sans le nommer le journal d'Hoffmann, et fixé la ligne pour « les catholiques de la Sarre » : s'ils « condamnent les aberrations autrichiennes du national-socialisme, ils se sentent fils de la grande patrie allemande et acceptent de partager le sort de leurs frères dans la foi. Ils voteront en grande majorité en faveur du rattachement à l'Allemagne, se rendant compte qu'après ce retour ils devront défendre fermement leur patrimoine religieux et protéger l'âme de leurs enfants. Ils ne seront pas seuls, et à leurs côtés ils trouveront vingt millions de frères catholiques également fermes dans la défense des principes religieux et également fidèles à leur patrie ».

Sur fond de « transferts » des rebelles, de « campagne [épiscopale] pour l'Allemagne hitlérienne » et d'articles de la *Germania* célébrant l'appui romain, Panico montra dès son arrivée à Sarrebruck un « empressement » et une « apparente franchise de [...] propos » tels que Morizé suspecta ses « arrière-pensées » et son « double jeu ». Le projet, en octobre, de création d'« un parti catholique indépendant » risquait d'agréger des voix catholiques à celles des « social-communistes » anti-nazis, « lesquels, mettant les passions de parti avant la cause de la Patrie, voudraient que la Sarre en reste à l'état de choses actuel ». Commentaire de Truelle, en novembre, bien dans l'air apaiseur du temps : son ministre de tutelle (Laval) avait lâché le brulôt sarrois dès sa succession de Barthou, assassiné à Marseille le 9 octobre sur ordre de Berlin[7].

Les nazis chargèrent la Curie d'obtenir de la SDN, si le *statu quo* triomphait le 13 janvier, le principe d'une nouvelle consultation, dans un certain délai, sur « la réintégration à l'Allemagne ». Pour l'immédiat, les alliés renouèrent avec les méthodes de « la campagne électorale de Haute-Silésie » : Panico, pour ne pas exposer Rome au reproche de « partialité en faveur de l'Allemagne », demanderait aux deux évêques, sous couvert de « neutralité la plus absolue », d'interdire officiellement à leurs « prêtres de prendre la parole dans toute réunion publique ». Cela « priver[a] par avance les nombreux prêtres de la liberté dont leurs confrères du Front allemand ont fait jusqu'ici un ample et abusif usage », comprit Morizé. La *Deutsche Front* n'a plus besoin de faire campagne, tant les deux évêques ont prêché pour sa paroisse : c'est donc le seul moyen, expliqua Braun von Stumm, d'imposer silence aux tenants du *statu quo*. Steinmann et Bergen avaient demandé au Vatican de démentir les « mensonges » de la *Neue Saar Post* sur le soutien du *statu quo* par « un dignitaire d'Église de Rome ou de la Curie ». Ils admirent fin octobre, après débat, la supériorité du mutisme pour accréditer la neutralité de celle-ci : « le gouvernement allemand, *ironisa-t-elle,* serait tout à fait libre pour sa part de démentir ces informations [...] en attendant que le "dignitaire d'Église" en question trouvât le courage de laisser publier son nom et les preuves de la véracité de ses déclarations. »

Le 12 novembre, en pleines manœuvres hitléro-vaticanes – notamment un entretien Pacelli-Max Müller, de la *Deutsche Front,* le 7 –, Bornewasser et Sebastian rédigèrent leur mandement sur « l'intervention politique des prêtres ». Il fut publié dans la presse allemande le 16 et par l'*Osservatore* « sans commentaires », pour « faire ressortir sa parfaite impartialité [sur] la question sarroise ». Il ordonnait l'abstention des clercs « de toute participation dans les controverses politiques [...et] la plus grande réserve [...] dans leurs prédications ». Les deux évêques « ajout[aient] que leurs recommandations laissaient subsister intact "le devoir moral d'amour pour la race d'origine et de fidélité envers la patrie, sentiments dont on ne doit pas oublier que la doctrine catholique a fait des vertus morales" ».

Le coup n'empêcha pas la création, le 30 novembre, du « parti catholique indépendant », le *Deutscher Volksbund.* « La participation de 70 prêtres » ayant « vivement inquiété la Deutsche Front », les deux évêques frappèrent, sous la « forte pression » de Bürckel : leur mandement du 4 décembre condamna la

---

7. Lewy G., *Catholic*, p. 187-188, tél. Charles-Roux n° 316, 26 juillet, Monicault n° 511, Prague, 13 août, lettre n° 947 de Morizé, 12 septembre, note Canet, 11 août, lettres de Morizé n° 787, 30, sans n°, 31 juillet, de Charles-Roux n° 259, n° 261, 6, n° 9566 de la DSG, 21 août, n° 1325 de François-Poncet, 19 septembre, n° 1048 de Morizé, 18 octobre, et tél. Truelle n° 443, 23 novembre 1934, *Sarre*, 263, et *infra*.

« nouvelle organisation politique [et...] ces ecclésiastiques [qui] agiss[ai]ent contre le sens évident et contre l'esprit de Notre prescription. Nous attendons qu'à l'avenir ils se conforment à ce que leurs évêques leur ont prescrit ». Bornewasser, en accord avec Sebastian, menaça le lendemain les doyens du Territoire de publier les noms de tous les prêtres membres du *Volksbund*, qui perdraient leur poste après la victoire assurée du 13 janvier. Il chargea un de ses féaux, un des trois doyens nazis enthousiastes sur un total de douze, d'appuyer ce chantage par des coups de fil. Après cet « appel [renouvelé] à leur devoir d'obéissance », les douze signèrent le 30 décembre une déclaration patriotique enflammée en faveur du oui, très rassurante sur l'avenir au sein du Reich « fondé [...] sur la base d'un christianisme positif ». L'épiscopat entier, de la province de Cologne, le 26, à celles de Breslau et de Berlin, le 31, acheva la mobilisation : des mandements vibrants dénoncèrent la séparation imposée « par la paix de violence de Versailles », exaltèrent le devoir des catholiques sarrois de voter « pour la grandeur, le bien-être et la paix de leur patrie », et prescrivirent pour le 13 janvier, jour du scrutin, « trois prières » (« trois *Pater* et trois *Ave* ») pour « une issue du plébiscite bénie pour l'Allemagne »[8].

Aveugles, muets, inertes, faussement désolés depuis des mois face au flot allemand et aux gémissements français, la secrétairerie d'État et Panico prolongèrent la farce jusqu'au bout. Le 4 janvier 1935, Pacelli « assur[a Charles-Roux] qu'il avait prié Mgr Panico de faire les observations nécessaires aux évêques de Trèves et de Spire » : il avait « l'intention de proposer au pape de faire publier par le nonce des remontrances aux évêques allemands » contre « leur dernier mandement », bien qu'il fût « déjà trop tard » pour condamner une « initiative [à laquelle] le Saint-Siège [était] étranger ». Paris recueillit le 7 janvier l'aumône des deux jours précédents où Laval avait laissé à Mussolini « les mains libres » en Éthiopie. Un communiqué de l'*Osservatore,* renouvelé le 12, déclara « absolument sans fondement [les...] rumeurs » sur la position du Vatican, qui respectait « la neutralité et l'impartialité ». Démentant ce démenti, il rappela l'impératif de voter selon « les exigences de la conscience catholique ». Bien que Pacelli et Panico eussent pour Charles-Roux, indulgent jusqu'à la cécité, mimé « la surprise », « la déception », la tristesse, etc. devant la marée nazie du 13 janvier, la Curie montra à peine moins d'allégresse que l'épiscopat du Reich.

L'ambassadeur à Belgrade Émile Naggiar décrivit le 19 celle de « la presse catholique yougoslave » – croate – qui « s'inspirait [toujours] fidèlement des instructions du Saint-Siège » devant cette « victoire de la conscience nationale [...]

---

8. Lettres de Bergen, 31, *DGFP*, C, III, p. 552-554, n° 1048 de Morizé, 18, *Sarre*, 263, de Stumm, 12 octobre 1934, Lewy G., *Catholic*, 189, tél. Charles-Roux n° 419-420, 9, texte, 12, tél. François-Poncet n° 2127-2128, 16, Truelle n° 436, 20 novembre, lettre n° 1278 de Morizé, 14 décembre, texte du 4, *Sarre*, 263, lettre, 5 décembre 1934, Lewy G., *Catholic*, p. 190-191, *Havas,* 4 janvier 1935, texte, 30 décembre 1934, textes et tél. Brun n° 1, Sarrebruck, 3 janvier 1935 (et 26 décembre-12 janvier), *Sarre*, 263.

sans exemple dans l'histoire et qui force l'admiration » *(Slovenetz)*. « La *Hrvatska Straza* (La Vigie Croate) », quotidien de l'archevêque de Zagreb, Antun Bauer, « ne cache pas, *releva la revue de presse du Quai d'Orsay,* la joie que lui causent les résultats du plébiscite de la Sarre qui sont pour elle "une défaite honteuse de tous ceux qui pensent pouvoir lutter contre les aspirations nationales justifiées. Le matérialisme historique des juifs est encore une fois battu" ». Le 17 janvier, elle « enregistr[a] la défaite de la France et de la franc-maçonnerie qui, dissoute en Allemagne, appuyait le front du *statu quo* »[9].

Préparation de l'Anschluss et contradictions entre italianisme et germanisme (1933-1938)

Naggiar annonça le 19 janvier 1935 la suite autrichienne de « cette tactique » vaticane d'offre des « votes catholiques [au] Führer ». De l'énorme dossier ouvrant sur l'Europe centrale et balkanique je retiendrai trois points : le contraste entre la flamme vaticane et les hésitations de l'Italie avant que celle-ci, satellisée, ne lachât Vienne ; le bluff vatican de l'attachement à l'« indépendance autrichienne » et de la « résistance » au nazisme du haut-clergé et du laïcat social-chrétien dirigé par Dollfuss puis Schuschnigg, héritiers de Seipel ; l'ascension de la créature de Pacelli, l'Autrichien Alois Hudal, recteur depuis 1923 de l'Anima.

L'Anschluss sous Dollfuss, 1933-1934

En mars 1933, quand Pie XI mêla aux « satisfecit [...] à Hitler [...] pour sa déclaration de guerre à mort contre le communisme » l'aveu de son impatience à liquider l'Europe de Versailles, Pacelli se censura mal devant Charles-Roux. Certes, « le *statu quo* » autrichien garantirait « mieux [...] l'intérêt de l'Église » et plairait au « gouvernement italien actuellement hostile à l'Anschluss », mais s'il « se réalisait jamais, l'Église serait bien obligée d'en prendre son parti ». Puis vinrent les « éloges sur l'intelligence » du nouveau cardinal Innitzer, alors à Rome, connu, à Prague, comme « intermédiaire entre le Saint-Siège et les hitlériens ». Le 10 octobre 1933, Pie XI nomma l'archevêque de Vienne « protecteur » de « l'ordre teutonique », qu'il avait au printemps transféré de Brno-Brünn, en Moravie, à Opavia-Troppau, dans les Sudètes - base logistique de la conquête de l'Autriche et de la Tchécoslovaquie. Tout était mûr alors du côté du « clergé », vrai maître, « derrière les ministres », avec son trio de tête : Innitzer, Waitz « et le prieur de l'abbaye de Wilten à Innsbruck » (Heinrich Schuler, de 1922 à 1949),

9. Lewy G., *Catholic*, p. 192-201, depuis le 30 octobre 1934, tél. Charles-Roux n° 6, n° 7, 4, n° 9-10, 5, n° 11, 7, Truelle n° 25-26, 12, Charles-Roux, tél. n° 41, 19, lettres n° 18, 20, n° 31, 28, et de Naggiar n° 23, 19 janvier 1935, *Sarre*, 263 ; Bulletin périodique de la presse yougoslave, 1er janvier-21 mars 1935, AN, F 7, 14753.

très pangermaniste « intermédiaire entre l'Italie de Mussolini et l'Autriche » (« tout le courrier pass[ait] à Milan des mains du cardinal archevêque de Milan [Schuster] au parti fasciste et vice-versa »).

Mussolini mit trois ans à se rallier au piège tendu en 1933 par Berlin, qui *prétendait* « troquer les prétentions de l'Allemagne à des mandats coloniaux » (« le temps de l'expansion coloniale est passé ») « contre l'assentiment de l'Italie » à l'Anschluss ; et qui jurait soutenir des ambitions méditerranéennes ayant « pour l'Italie la même signification que l'Autriche ou la Bohême allemande pour l'Allemagne ». La Curie dut donc adapter son rattachisme au veto italien et au souci des relations entre l'Italie et l'ancienne Entente. Elle afficha pourtant sa hâte via Innitzer, en navette depuis février 1933 entre Vienne, Rome et Munich avec Faulhaber, pilier bavarois de l'Anschluss. Fin mars, retour de Rome, l'« Allemand des Sudètes » déclara à Gratz devant le ministre Rintelen, fervent rattachiste, « que les dogmes politiques nouveaux relatifs à la reconstruction des patries sur les bases ethniques ne paraissaient pas contradictoires avec le caractère international de l'Église catholique » : « tentative de réconciliation avec » le NSDAP, traduisit la presse allemande. Le 2 avril 1933 au congrès catholique de Vienne, Innitzer déguisa son appel à l'Anschluss en croisade contre « le bolchevisme » qui alarmait « le Saint-Père » (« nous sommes des Allemands, un rameau du peuple qui a fait des choses si remarquables pour la civilisation »). Mais Mussolini, fin avril, répliqua à Göring qui lui demandait de « laisser faire l'Anschluss » : « j'y réfléchirai et nous en reparlerons une autre fois. »

Malgré les honneurs alors réservés au tandem Dollfuss-Papen, le Saint-Siège forgea donc le mythe d'un Dollfuss protégé de l'Italie. La Petite Entente « soupçonn[ait son] double jeu » : le chancelier « devenu ouvertement le protecteur des Heimwehren » était officiellement venu « demander au Duce un appui contre les nazis » tout en « nourrissant dans son cœur, et comme son maître Seipel, des sympathies pour » l'Anschluss. Les conciliabules romains d'avril-mai 1933 entre Vatican, Berlin et Vienne élaborèrent une tactique suggérée par la signature du concordat autrichien, mais voilée jusqu'en 1938 par le mythe de l'Autriche bastion catholique contre le *Kulturkampf* et le « néopaganisme ». Ce fut l'origine du virage d'Innitzer à 180 degrés, cautionné par l'ambassade de France à Vienne (la plus « décadente » de toutes), qui suivit le voyage romain de Dollfuss à la Pentecôte. Il « est aujourd'hui acquis à la cause "nationale" autrichienne, [et] seconde activement les effets » de la politique de Dollfuss « en luttant contre la propagande hitlérienne dans le clergé ; il aurait déjà obtenu des résultats encourageants », assura fin mai à l'attaché français Hubert de Montbas l'Autrichien

Theodor Hornbostel, directeur politique du Ballplatz (ministère des Affaires étrangères), pronazi comme tous ses pairs[10].

Le concordat autrichien fut signé le 5 juin 1933 par Pacelli, Dollfuss et Schuschnigg, mais pas publié avant sa ratification, le 1er mai 1934. Celle-ci, qu'aucun « corps élu » n'eût pu consentir, tarda surtout parce que la Curie attendait le départ de Dollfuss, « douta[n]t de la solidité de son gouvernement ». Ce « concordat introuvable » paracheva le statut de paradis clérical de l'Autriche, apparente annexe du Vatican glissée dans une « peau neuve d'État chrétien » (Charles-Roux). Il fut intégré de fait (on n'osa pas aller jusqu'au droit) à la constitution, « ouverte par les mots "Au nom de Dieu, dont émane tout droit" ». Dollfuss, qui « se passait [du parlement] pour gouverner » depuis la saignée de février qui avait mis hors-la-loi les social-démocrates et confisqué leurs 71 sièges, le promulgua en mai 1934. Il ne réunit alors ce parlement croupion « qu'une seule et même fois, pour sanctionner simultanément la nouvelle constitution et l'arrêt de mort du parlementarisme ». Pacelli, qui avait truffé ce concordat d'« Action catholique » exclue par le Reich, le déclarait « son préféré ». Conforme à l'accord militaire secret de mars 1926, il contenait les « clauses secrètes » militaires[11] de son jumeau allemand.

On poursuivit de conserve la comédie de « la restauration des Habsbourg » ou de l'appui de l'Autriche « corporatiste » sur l'Italie fasciste. Vienne affecta l'effroi devant le *Kulturkampf* et opposa son « Front patriotique » à « la mystique hitlérienne » : lui seul pourrait agréger les victimes désignées de l'Anschluss aux chrétiens-sociaux « soutenu[s] par l'épiscopat entier, discrètement encouragé[s...] par l'organe officiel du Saint-Siège ». Ces austro-fascistes ne parvenaient même pas devant les Français à censurer leur haine pour leurs prétendus alliés, qu'ils qualifiaient « d'éléments douteux, de marxistes mal repentis et d'israélites camouflés ». La fiction du « Front patriotique », maintenue pour l'étranger jusqu'à l'Anschluss, ne dura pas à Vienne au-delà de juillet 1933. Le concordat du Reich promit alors de traiter « la question d'Autriche [,...] la plus brûlante », avant les autres, la Sarre, les « minorités germaniques en Tchécoslovaquie, en Pologne,

---

10. Lettres de Naggiar n° 23, 19 janvier 1935, *Sarre*, 263, de Charles-Roux n° 94, 7, *Saint-Siège*, 37, n° 101, 15, *Allemagne*, 699, n° 111, 18, n° 121, 20 mars 1933, *Autriche*, 195, note Canet, 26 mars 1938, *Canet*, 41, BH5 n 10195, DGSN, 7 septembre 1934, AN, F 7, 13433, et Chomers F. N., « Abt » ; *Taglische Rundschau,* lettre de François-Poncet n° 323, 5 avril, *Autriche*, 195, tél. Clauzel n° 288-289, 29 mars, Charles-Roux n° 119, 30 avril, *Canet*, 41, Bulletin périodique de la presse autrichienne d'avril-mai n° 219, 29-30 mai, AN, F 7, 14717, lettres de Montbas, n° 107, 11 avril, *Autriche*, 196, et n° 487-488, 24 mai 1933, *Canet*, 41.
11. Tél. Charles-Roux n° 163, 5 juin, *Canet*, 41, lettres de Puaux n° 293, 11 novembre, de Charles-Roux n° 397, 28 septembre 1933, *Autriche*, 190, n° 166, 2, n° 176, 15 mai 1934, *Canet*, 41, Weinzierl E., « Austria », p. 18, lettres d'Ormesson n° 11, Vatican, 5 janvier 1951, *Saint-Siège 1944*, 27, de Charles-Roux n° 339, 29 août, n° 445, 6 novembre, *Autriche*, 190, et n° 348, 8 septembre 1933, *Allemagne*, 700.

peut-être en Yougoslavie, peut-être à Eupen » : cette liste de Charles-Roux omettait l'Alsace-Lorraine.

Dollfuss prépara avec Berlin au printemps 1933 la saignée du mouvement ouvrier viennois par la dissolution du *Schutzbund* républicain. Au second semestre, les « conversations secrètes [...] entre M. Dollfuss et Berlin », et « entre personnalités allemandes et autrichiennes », en Suisse, à Berlin et, avec la complicité italienne, à Venise, allèrent si bon train qu'à l'automne la Curie se découvrit. Fin septembre, on parla d'accord italo-vatican pour aggraver la dictature autrichienne : ainsi « favoriser[ait-on] le succès des négociations de rapprochement austro-allemandes » qui auraient « plus de chances d'aboutir [...] après la mise à exécution des réformes constitutionnelles annoncées par M. Dollfuss ». Pacelli « profit[a début octobre 1933] de son séjour en Suisse pour y rencontrer certaines personnalités catholiques allemandes, auxquelles il recommanderait ce rapprochement »[12].

Après des « négociations secrètes » avec Vienne, le Vatican reprit en octobre le refrain de 1930-1933 du *Zentrum* fléchissant. Pacelli confia aux Français son « inquiétude » sur les progrès nazis et son « scepticisme » sur « l'issue de la bataille » du pauvre Dollfuss. Début décembre 1933, la conférence épiscopale fournit « un nouveau signe avant-coureur des changements inévitables et peut-être proches en Autriche ». « L'Église [...], après avoir tiré du régime Dollfuss tout ce qu'elle pouvait en tirer », annonça l'abandon « du navire qui commen[çait] à donner des signes de détresse » : appliquant (sans le dire) l'article 32 du concordat du Reich à l'Éden clérical, l'épiscopat ordonna au clergé démission immédiate (avant le 15 décembre) de « tout mandat politique » et l'obligea à requérir son « autorisation spéciale » pour toute activité politique. « La pastorale en question » était l'œuvre d'Innitzer, « *persona gratissima* au Vatican », et du nonce Sibilia, son intime. Nul ne crut donc à « l'initiative des évêques autrichiens [...] n'engagea[n]t que [leur] responsabilité » ni aux communiqués romains et chrétiens sociaux assurant Dollfuss d'un soutien intact. Le Reich afficha « une réelle et vive satisfaction », clamant que la « résolution a[vait] été prise d'accord avec le Saint-Siège, si[non...] dictée par lui ». Sa presse exulta devant ce « nouveau pas vers la "Gleichshaltung" [mise au pas] » : « le clergé catholique s'est désolidarisé du système actuellement au pouvoir en Autriche [et...] rendu les mains libres pour l'avenir. » Elle « couv[rit] de fleurs [...] le cardinal Innitzer[,..] la haute sagesse

12. Lettres n° 180 de Puaux, 10, n° 192 de Montbas, 28 juillet, *Autriche*, 196 (et tous vol., depuis), n° 278 de Charles-Roux, 28 juillet, *Allemagne*, 699, *Taglische Rundschau,* 5 avril, *Autriche*, 195, lettres n° 652, Londres, 7 septembre, n° 20 de Gueyraud, Venise, 7 novembre, *Autriche*, 196, tél. Charles-Roux n° 368, 27 septembre et Truelle n° 373, 2 octobre 1933, *Canet*, 41.

du Saint-Père, la grandeur de la mission de l'Église catholique, et le sentiment allemand qui anim[ait] l'épiscopat autrichien »[13].

Dollfuss avait élaboré la formule de sa défaite (et de sa mort) en négociant avec Berlin dans des conditions qui éclairent la hâte vaticane de la fin 1933. Mis au point entre novembre et janvier, « le plan » d'accord fut différé, le 8 janvier 1934, par des querelles entre gouvernants autrichiens, Dollfuss et les tuteurs des *Heimwehren*, Starhemberg et le major Emil Fey, vice-chancelier et ministre de la Sécurité, « bourreau » de février 1934 pour lequel « le cardinal Innitzer pri[ait] du matin au soir ». Le déclenchement à partir du centre de Munich d'« une nouvelle offensive terroriste » offrit à Dollfuss prétexte à ne pas signer ce que certains des siens lui reprochaient d'avoir élaboré « sans le[s] consulter ». Mais « le chancelier de la catholique Autriche montra ce qu'était l'éducation des Jésuites », en appliquant du 11 au 13 février 1934 le volet intérieur du « plan » *austro-allemand* – et non austro-italien.

La guerre des *Heimwehren* contre le mouvement ouvrier viennois, avec « bombardement des maisons habitées », révéla aussi « le duel entre l'influence allemande et l'influence italienne en Autriche ». Le 20, le renseignement militaire sur « les coulisses de l'émeute autrichienne » précisa la part prise par « les chefs hitlériens [...au] mouvement de la Heimwehr pour faire perdre l'équilibre à Dollfuss et pour provoquer une révolte des Gauches ». Décrit avec une précision chirurgicale par l'écrivain et journaliste soviétique Ilya Ehrenbourg, ce massacre (plusieurs centaines de morts), suivi de condamnation à pendaison ou travaux forcés de « trois mille ouvriers et employés [...] parqués dans les casernes », ouvrait sur l'Anschluss. Il « a ouvert les voies, *commenta-t-on à Berne*, sinon à un Anschluss immédiat, du moins une *Angleichung* – ou assimilation –, dont les milieux nationaux-socialistes d'Autriche et du Reich seraient les principaux bénéficiaires ». « Après la victoire remportée sur les ouvriers, l'Autriche en tant que pays, a définitivement cessé d'exister, elle n'est plus qu'une base d'opérations, quelque chose comme un nouveau Sarajevo », trancha Ehrenbourg.

L'*Osservatore* salua la « victoire "douloureuse", mais nécessaire, du gouvernement » accouchant du fugace « État corporatiste » (Dalla Torre). Sibilia fit rejeter une requête française d'intervention de Pie XI en faveur de la « clémence » pour les socialistes vaincus, qu'il honnissait. Mais la Curie dut tenir compte de « la déclaration commune des Grandes Puissances » (France-Angleterre-Italie) de la mi-février, sur la nécessaire « indépendance de l'Autriche ». La conférence épiscopale extraordinaire de Vienne des 22 et 23 février prêcha donc « l'apaisement et la réconciliation des esprits ». Son manifeste, lu par Innitzer, prôna l'« "égalité des droits" pour la population ouvrière »,

13. Tél. Puaux n° 876, 11, Truelle n° 384, 13, Charles-Roux n° 407, 29 octobre, *Le Temps*, 7, tél. Puaux n° 1027-1028, 11, François-Poncet n° 1342, 12 décembre 1933, *Canet*, 41, et Charles-Roux n° 23, 24 janvier 1934, *Canet*, 36, Siegfried K. J., et *Klerikalfaschismus*, p. 69.

« la complète égalité sociale », l'étude « de plus en plus à fond » du problème du chômage – « un terrible martyre » –, « le devoir social » prescrit par l'encyclique *Quadragesimo Anno* de 1931, plus impérieux « que jamais ». Il conclut sur un « appel profondément émouvant » aux secours pour « les familles des victimes civiles de l'émeute ». Pacelli loua début mars à Charles-Roux ce « beau zèle » et vanta l'afflux « ces dernières semaines [d]es conversions au catholicisme » d'ouvriers ou d'anciens social-démocrates. C'était un énorme mensonge : la « rage anti-marxiste » de la réaction « noire » bénéficiait aux nazis seuls[14].

À partir de juin 1934, le Reich relança le terrorisme depuis la Bavière. Le 22 juillet, trois jours avant l'assassinat de Dollfuss, Dalla Torre évoqua la « guerre de terreur », qualifiant les attentats commis en Autriche (il ne dit pas par qui) d'extension à la « politique internationale [de] la barbarie cynique du nihilisme et du communisme ». Ottaviani motiva son mutisme par l'absence d'« information ». L'attitude des ex-vainqueurs oscillant entre la non-« immixtion dans les affaires intérieures de l'Autriche » et les « déclarations » tripartites sans frais rassura vite. Début août, Pacelli dit aux Belges avoir consulté « immédiatement après l'assassinat de Dollfuss » Pie XI, qui avait jugé « les protestations » vaines et « les voix des trois puissances » sans écho (« il n'y avait rien à faire »). Il avait donc notifié « à titre personnel aux ambassadeurs de France, d'Italie et d'Angleterre qu'une protestation à Berlin lui paraissait inopportune ». Puisqu'on n'a « rien dit à un pareil moment, il ne serait [...] plus utile de parler maintenant ni dans l'avenir », répéta-t-il fin août à Charles-Roux. D'ailleurs, « la question d'Autriche ne peut pas se régler uniquement à l'intérieur [ni] par une concentration de troupes italiennes sur la frontière de Brenner », mais « par un travail diplomatique » dotant ce pays d'« un statut international [...] entouré de quelques garanties » (farce allemande que les accords de Munich réserveraient à Prague). D'ailleurs, la situation s'améliore à Vienne, et Hitler « ajournera la poursuite de son dessein »[15].

---

14. Information de Prague, 8 janvier, sur l'accord et ses protagonistes, Jakoncig, Starhemberg, Hornbostel, Fey, etc., François-Poncet, tél. n° 307, 9, lettres n° 245, 21, de Clauzel n° 17, Berne, 15 février, *Autriche*, 197 (et mois), note « coulisses » sans n°, Berlin, 20 février, *URSS*, 679 ; Ilya Ehrenbourg, *La guerre civile en Autriche*, sd, 1934, F 7, 14717 ; tél. Truelle n° 73, 17, Puaux n° 259, 21, *Canet*, 41, lettres de François-Poncet n° 245, 21, Copenhague, 28, *Autriche*, 197, tél. Truelle n° 92, 27 février, n° 103-104, 9 mars, et lettre de Puaux n° 55, 27 février 1934, *Canet*, 41 ; Pasteur P., *Être syndiqué(e), passim*.

15. Depuis juin 1934, *Autriche*, 197-198 (surtout lettre n° 97 d'Amé-Leroy, 29 juin, 198), tél. Charles-Roux n° 304, 22, *Canet*, 41 ; depuis le 12 juillet (lettre de Noël n° 51, Prague), *Autriche*, 198 ; 26-31 juillet, dont tél. Charles-Roux n° 334, du 31, *Canet*, 41, sa lettre n° 255, 9 août, *Saint-Siège*, 37, démarches tripartites, février et août, *Autriche*, 200 ; vrais enjeux, BH5 n° 10195, DGSN, 7 septembre 1934, AN, F 7, 13433 ; Munich et le « statut international » du moignon tchécoslovaque, Lacroix-Riz A., *Munich*, p. 25-27.

L'Anschluss à l'ère Papen, 1934-1938

La marginalisation de l'Italie, 1934-1936

Pacelli évoquait l'arrivée « du serpent » Papen fin août 1934 à Vienne, pour une « mission » catholique imposée par le fiasco du 25. L'Anschluss, avait dit Göbbels à François-Poncet le 15 juillet, requiert les deux volets « de la diplomatie hitlérienne », terreur et ruse : « à la force du lion, nous savons joindre l'astuce du serpent. »

Hornbostel mentit comme d'habitude à l'ambassadeur à Vienne Gabriel Puaux : l'épiscopat a accueilli Papen avec « la plus grande répugnance », le Vatican n'est pas intervenu, on déteste ce « fourbe », etc. L'avenir s'annonçait d'autant plus glorieux que les alliances militaires renouvelées, du printemps à l'automne 1934, entre Italie et l'ensemble Autriche-Hongrie, ne valaient même pas leur papier noirci. Le successeur de Dollfuss, Schuschnigg, « serviteur aveugle du clergé catholique », passa à dater du 16 novembre plusieurs jours à Rome, escorté « de nombreux ecclésiastiques, dont les élèves autrichiens du séminaire allemand » [le *Germanicum*]. Partageant son temps entre la Curie, Ledochowski inclus, et Mussolini, il conclut un accord militaire secret autorisant l'armée italienne à « pénétrer en territoire autrichien pour y défendre le régime actuel », complété d'un accord italo-hongrois signé par l'hitlérien Gömbös. Belgrade contesta leurs visées anti-allemandes : cette « collaboration militaire [...] a essentiellement pour but le débordement par le Nord du dispositif de défense de la Yougoslavie et [...] tend plus encore à détruire la Petite Entente qu'à barrer la route à l'Allemagne ».

Le triomphe sarrois de janvier 1935 fouetta les énergies. Le contraste entre « les libertés catholiques » en Autriche et la situation moins « idéale du point de vue des intérêts supérieurs de l'esprit » n'entame pas la fidélité des catholiques autrichiens « aux particularités ethniques qui les lient au germanisme dont ils sont les fils », clama l'*Avvenire* le 4 février. La collaboration avec Papen – « partisan de la restauration des Habsbourg », prétendit Pacelli en juin – avança à pas de géants quand l'aventure éthiopienne obligea l'Italie à abandonner son jeu de balance entre le Reich et la défunte Entente. « L'épisode du [faux] "front de Stresa" » franco-anglo-italien d'avril 1935 ne fut pour ce pays « révisionniste [...] qu'une concession exceptionnelle [...] vite mentalement rayée [...] due au désir d'acquérir la bienveillance des puissances occidentales pour son entreprise d'Abyssinie »[16].

---

16. Lettres de François-Poncet n° 1162, 15 juillet 1936, *Autriche*, 199, de Puaux n° 259, 31 août, *Autriche*, 198, BH5, 10195, DGSN, 7 septembre 1934, AN, F 7, 13433 ; lettres de Rome n° 383, 20 novembre, de Naggiar, 8 décembre 1934, *Autriche*, 193 (ce vol., 194 et 196-205), de Charles-Roux n° 67, 18 février, de Truelle n° 187, 26 juin 1935, *Autriche*, 198, et de Charles-Roux n° 223, 29 juillet 1936, *Autriche*, 199.

Mussolini ravala donc les humiliations subies depuis 1933 dans le Haut-Adige. Le Vatican s'y accrochait, contre lui, à l'article 29 du concordat du Reich dont von Hassell avait d'emblée saisi l'utilité pour « la protection religieuse des minorités allemandes [...] dans le Tyrol du Sud ». Il concéda à Rome des mesures symboliques, comme la création en 1934 à Bolzano d'une « province » franciscaine jusqu'alors dépendante de Hall (près d'Innsbruck – fief rattachiste). Mais il mit son veto à la fusion des diocèses de Vénétie trentine avec les deux provinces de Bolzano et Trente au service des deux princes-évêques allemands. Franz Geisler, « en apparence respectueux du nouvel ordre des choses », avait à Bolzano contenu les prêtres italiens à un « niveau relativement minime » malgré la forte hausse démographique italienne. Il les avait cantonnés aux églises mineures, « réserv[ant] » les églises paroissiales aux Allemands. Le germanophile archevêque de Trente, Celestino Endrici, dotait ses « décanats allemands » de curés allemands, même en cas de majorité italienne. L'Italie subit donc ici le traitement qu'elle appliquait à sa zone slave : en 1934, Geisler expulsa « en 24 heures » deux curés venus du diocèse d'Acqui. Le « bas-clergé » allemand pratiquait « l'action politique » multiforme, via le bulletin paroissial, les « manifestations religieuses », la chasse aux enfants en uniformes de *Balilla*, etc. Il assurait le renseignement et la préparation militaires, les curés finançant le « club alpin allemand, organisation mi-politique, mi-d'espionnage ». « Les membres de l'ordre teutonique » (d'Innitzer et Pacelli) s'agitaient tant avec les curés de Bolzano que le ministère italien de l'Intérieur constitua en 1935 « un dossier des propriétés terriennes et des bénéfices ecclésiastiques de cet ordre étranger pour sa substitution par un ordre national »[17].

En vain. « Affaiblie » par sa guerre, approvisionnée par les « pays non sanctionnistes » et « en face d'un front franco-anglais » (si mou fût-il), l'Italie céda dès janvier 1936 au Reich des valeurs autrichiennes « en paiement de matières premières ». Le rideau de sa protection de l'Autriche et de la restauration de l'archiduc Othon se déchira à l'été. « Pour digérer le morceau qu'elle [venait] d'avaler en Afrique », elle dut laisser à son fournisseur et protecteur allemand « les mains libres en Autriche [et] en Europe centrale » (Göring s'en vanta auprès « de ses amis intimes » suédois). L'accord austro-allemand du 11 juillet 1936, « enfant de M. von Papen » (et de Schacht), par lequel Schuschnigg livra l'Autriche à l'« Allemagne de Hitler » eut pour préalable le retrait italien d'Autriche négocié entre Mussolini et Schuschnigg mi-juin et début juillet.

Le Vatican fut chargé auprès des Français de la partie « douce » de la tactique, préservant l'Italie des périls du choix allemand exclusif : il soutint que « le rapprochement italo-allemand [était] superficiel, inspiré à M. Mussolini par un souci de prudence, [et que sa] durée sera[it] limitée à celle des charges

17. Von Hassell, 4 juillet 1933, *DGFP*, C, I, p. 636, et lettre n° 22 de Gueyraud, Venise, 6 mai 1935, *Canet*, 53.

de l'entreprise africaine ». Il maintint la thèse de l'alliance précaire quand l'Italie et le Reich assaillirent l'Espagne républicaine, attaque dont le masque antirouge séduisait les Apaiseurs français sans les duper : « leur commun anticommunisme » les rapproche, déclara fin juillet Pacelli à Charles-Roux, qui rappela cependant au Quai le vrai motif de l'idylle : les plans sur « l'Europe centrale »[18]. La Curie cacha mal la joie estivale que l'épiscopat autrichien avoua via l'officieuse *Reichspost* de Vienne. Ses démentis laborieux ne pesènt rien face aux preuves de son rôle, dont deux sont aveuglantes.

Le sort de la nonciature, d'abord, annonça l'annexion imminente. Sibilia quitta Vienne juste avant l'accord du 11 juillet, pas pour recevoir le chapeau, attribué depuis novembre 1935 pour son action (depuis 1923) au service de l'Anschluss, ni parce que, au dire de Pacelli, il « avait apporté à Rome des impressions confiantes [sur] la situation intérieure [...] et la stabilité du gouvernement autrichien » : pour signifier que l'Autriche ne valait même plus une nonciature. Ce poste naguère si prestigieux conserva un simple auditeur jusqu'à la nomination en novembre-décembre 1936 de Gaetano Cicognani, fantôme viennois qui rejoignit le camp franquiste en 1938. Schuschnigg notifiait là son « souci de ne pas laisser l'Autriche apparaître comme une place d'armes du catholicisme contre le Troisième Reich ». Le Vatican laisse, commenta Montbas, l'épiscopat déployer librement son « action », alors que « seul [son] représentant [...] aurait qualité aux yeux des Autrichiens pour reprendre en mains une opinion livrée sans direction à des polémiques telles que celle suscitées par la "Reichspost" ».

La gloire de Mgr Hudal, 1936-1938

Cette allusion mène à la seconde preuve, le rôle d'Hudal, sur la carrière pacellienne duquel coïncident les fonds français des années 1930 et les fonds et travaux étrangers ultérieurs. La « polémique » ou « l'incident » surgit quand ce « recteur du collège germanique à Rome », l'Anima, salua « dans la *Reichspost* et ailleurs » l'accord austro-allemand, « cet acte pacificateur », par des « articles louangeurs [...] appelant de tous ses vœux une étroite collaboration entre le catholicisme autrichien et le national-socialisme allemand pour le progrès et la gloire de la race et de l'idéal germaniques ». Je mentionne pour mémoire le mensonge romain d'une *Reichspost* sortant les propos d'Hudal de leur contexte, que les Apaiseurs français avalèrent comme celui du franc-tireur condamné par l'épiscopat autrichien.

---

18. Lettres de Vaux Saint Cyr n° 28, 4 février, *Autriche*, 198, de Charles-Roux n° 223, 29 juillet, note DSG, 23 juin 1936, *Autriche*, 199, lettres de Maugras n° 41, Stockholm, 17 février 1938, *Autriche*, 200, de François-Poncet n° 1162, 15, de Charles-Roux n° 223, 29 juillet 1936 (et juin-juillet), *Autriche*, 199.

L'ascension romaine de ce protégé d'Innitzer, son aîné de dix ans, et nazi aussi précoce, fut vertigineuse quand Pacelli devint secrétaire d'État puis « protecteur [...] de Santa Maria dell'Anima ». Hudal, mandaté par le chancelier Schober, discuta d'un futur concordat autrichien avec Pacelli dès 1929. « Chef de la communauté catholique allemande de Rome », il fut en 1930 nommé conseiller au Saint-Office, sanctuaire de la doctrine : cette fonction justifia ses « tournées de conférence[s] » en Italie et en Allemagne, où il prêchait à « d'énormes foules de catholiques germanophones » la formule du 30 janvier 1933. Il exprimait régulièrement sa ferveur, ainsi en mai 1933, où il déclara « devant un parterre » de diplomates et dignitaires nazis réunis à l'Anima : « en cette heure marquée au sceau du destin, tous les catholiques allemands vivant à l'étranger saluent l'avènement du nouveau Reich, dont la philosophie s'accorde tant aux valeurs nationales qu'aux valeurs chrétiennes. » Il reçut en juin (comme son primat, Innitzer) une récompense « plutôt rare » pour un recteur de collège : le titre « d'évêque titulaire d'Ela », consacré par une messe à l'Anima célébrée par son « protecteur » Pacelli.

Hudal, après avoir été associé au concordat autrichien, et sans doute à l'allemand, renforça son intimité avec Papen : le « serpent » le prit pour conseiller dès sa nomination de 1934 à Vienne. Après le *Te Deum* saluant à l'Anima le plébiscite sarrois, on le remarqua en 1935, comme truchement de la tentative catholique de conciliation doctrinale dont l'anticléricalisme nazi se moquait comme d'une guigne. Il édita à Innsbruck et fit publier sous forme d'« étude » par la *Bayerische Volkszeitung* (organe de l'ex-PPB) l'ouvrage « Rome, le christianisme et le peuple allemand » *(Rom, Christentum und deutsches Volk)*. Il mettait en garde contre « les dangers d'un divorce du germanisme et du christianisme, qui serait pour l'Allemagne "un suicide spirituel" » alors que « sur Rome [...] repos[ait] le dernier espoir de la civilisation ».

En décembre 1935, Mussolini, furieux de l'offensive allemande en terre irrédente, interdit l'usage de l'Arbre de Noël et exigea l'aval vatican. L'*Osservatore* censura donc « une coutume païenne venue des pays du Nord », ce qui l'entraîna dans « une vive polémique » avec la presse catholico-nazie déchaînée. Le Reich l'emporta sur l'Italie : le journal bredouilla des « explications embarrassées », reconnut dans l'arbre de Noël associé à la crèche « une coutume catholique » en Allemagne, et la Curie arracha à Mussolini la suspension de l'interdit dans les communes allemandes du « Tyrol du Sud ». Hudal avait, révéla la *Germania*, exprimé sa « vive protestation » et « reproché » à l'*Osservatore* « d'avoir blessé le peuple allemand dans ses sentiments les plus sacrés »[19].

---

19. Lettres de Charles-Roux n° 237, 8, n° 199, 6 juillet, *Autriche*, 199, fiches des mois cités, *Autriche*, 190, lettres de Montbas n° 217,4 septembre 1936, de Charles-Roux n° 146, 17 mai 1938, *Autriche*, 199 et 191, de Bourdeillette n° 19, 12 mars, *Allemagne*, 692, de François-Poncet n° 3138, 13, de Charles-Roux n° 383, 26 décembre 1935, *Italie*, 264, Aarons M. *et al.*, *Nazis*, p. 47-51, Weinzierl E., « Austria », p. 15-16, Goñi U., *Odessa*, index Hudal, et *infra*.

Il « se révéla surtout après l'accord austro-allemand ». De l'été à l'automne 1936, il théorisa sur le « meilleur avenir » qu'ouvrirait le règlement de « la question juive », thème de sa brochure de juin *(Schönere Zukunft-Gedanken zur Judenfrage)* et sur les vertus d'un antibolchevisme catholico-nazi unifié – seul aspect retenu par les courriers français classés. Les 28 septembre et 17 octobre, la presse autrichienne et allemande accueillit ses articles sur « la mission du peuple allemand et [...] son importance décisive à l'heure actuelle » et sur les « grandes chances [d'une] normalisation entre catholicisme et nazisme » fondée « sur la lutte contre le bolchevisme ». Il y a « incompatibilité absolue entre le christianisme et le bolchevisme [...] foncièrement antireligieux » : il ne peut « s'agi[r ici...] que d'une haine forte et sainte et d'une lutte jusqu'à l'anéantissement », alors que « le national-socialisme veut se maintenir sur une base religieuse ». Tandis que la dissolution des *Heimwehren* sanctionnait la capitulation « monarchiste », la presse du Reich célébra l'appel à la croisade et le « masque autrichien » destiné à rassurer la prochaine proie sur sa non-prussianisation. Les théoriciens nazis désertèrent la polémique anticatholique : « significati[vement...], c'est M. Rosenberg qui, en termes chaleureux et satisfaits, félicita [...] Hudal de sa profession de foi antibolchevique. »

Fin octobre 1936, la presse austro-allemande annonça que sortirait bientôt son livre pro-nazi et que, « désigné pour aider à un accord entre le Saint-Siège et le Reich », il recevrait « un poste archiépiscopal important ». Sa notoriété nazie y fit obstacle, mais *Les bases du national-socialisme (Die Grundlagen des Nationalsozialismus)* parut bien en novembre, escorté d'une note de l'*Osservatore* : il « n'avait été inspiré par aucune autorité romaine ». Postdaté de 1937, l'ouvrage fut publié à Leipzig et à Vienne avec l'imprimatur d'Innitzer, qui « soucriv[ai]t chaleureusement à cette "précieuse tentative d'apaisement de la situation religieuse des Allemands" ». Il martelait les thèmes rituels : « la lutte contre le bolchevisme » et les juifs après les lois de Nuremberg, « mesure nécessaire d'auto-défense contre l'invasion d'éléments étrangers ». Le droit canon les avait exclus « jusqu'à ce que les murs du ghetto eussent été abattus au XIXe siècle par l'État libéral d'abord et non par l'Église ». Car « les principes de l'État moderne » fondés sur la règle de l'égalité de traitement devant la loi « ont été créés par la Révolution française et ne sont pas ce qu'il y a de mieux du point de vue du christianisme et de la nationalité ».

Les évêques autrichiens, dressés contre Hudal selon Puaux et Charles-Roux, ne purent même pas, à leur réunion viennoise de novembre 1936, feindre l'hostilité. L'« antinaziste » Johannes Maria Gföllner, de Linz (aussi chaud partisan que ses pairs du « ghetto », seule « digue solide [...] contre tous les immondices spirituels et les torrents de boue immoraux » déversés par les juifs envahisseurs « de la presse, du théâtre et du cinéma »), et le « légitimiste » Waitz, archevêque (depuis 1934) de Salzbourg (un des pères de l'austrofascisme), « auraient voulu saisir l'occasion pour publier une déclaration commune mettant en garde l'opinion publique contre les tentatives de Mgr Hudal et réfutant à nouveau, du point de vue religieux, les principes du national-socialisme ». Leurs confrères, au premier chef ceux de Klagenfurt (Carinthie) et de Gratz (Styrie), de « tendance grande-allemande » reconnue, les auraient convaincus du « danger que présentait un tel geste, après l'accord du 11 juillet » ; eux-mêmes ne pouvaient mener « une action anti-hitlérienne [...] dans leurs diocèses respectifs ». Faute de « mandement commun », l'épiscopat laissa à chacun sa « liberté d'action » et invita les deux réticents présumés « à prendre nettement position dans la question des relations entre l'Église catholique et le national-socialisme » : c'est donc Hudal qui définit le contenu de cette « liberté d'action ».

Il subit officiellement dans le Reich le sort commun à tous les « théoriciens » cléricaux qui enjoignaient le NSDAP, « pour collaborer avec le catholicisme, [...de] s'expurge[r] au préalable de ses préjugés anti-chrétiens [...L]es nazis rejetèrent cette proposition. Les journaux attaquèrent vivement le prélat, et son livre », d'abord « autorisé sur l'intervention personnelle de M. von Papen, fut mis à l'index national-socialiste ». Ce faux conflit servit la thèse romaine des désaccords catholico-nazis, mais *Les bases du national-socialisme* fut massivement diffusé en Autriche, seul endroit où il fût utile. Et Hudal reçut « l'insigne d'or de membre du parti »[20].

Le dossier progressa en 1937 sur fond d'abdication des puissances de l'ex-Entente. Schuschnigg et ses « intellectuels "nationaux" » harcelèrent Puaux sur leurs « vives appréhensions [...des] dangers [de] la propagande communiste » contre l'« œuvre » de Schuschnigg : « le pays sourdement miné par les agitateurs moscoutaires pourrait bien se réveiller un jour sous le drapeau rouge. » Dans l'*Avvenire*, « Danubiano » – Pacelli, « danubien » autant que « rhénan » – déguisait Waitz en antinazi ennemi d'Hudal. Fin janvier, Charles-Roux le dressa en « diplomate très soucieux de la question d'Autriche », redoutant « l'annexion pure et simple » sans que « malheureusement [...] l'Italie » montrât une « opposition résolue ». Pacelli lui chanta en février les louanges d'Arthur

20. Lettres de Montbas n° 232, 17, de François-Poncet n° 1563, 21, *Autriche*, 199, de Charles-Roux n° 313, 28 octobre, *Allemagne*, 695, fiche sur lettre n° 270, Vienne, 26 novembre 1936, *Autriche*, 199 ; *Hirtenbrief über wahren und falschen Nationalismus* de Gföllner, janvier 1933, traduit par moi ; lettres de Charles-Roux n° 146, 17 mai 1938, *Autriche*, 191, de Puaux n° 288, 14 décembre 1936, *Autriche*, 200, fiche *OSS* septembre 1944, Aarons M. *et al.*, *Nazis*, p. 49, *Die Grundlagen [...] : eine ideengeschichtlische Untersuchung von Katholischer Warte,* Lewy G., *Catholic*, p. 165 et 281, légende d'Hudal « Vatican outsider », Phayer M., *Pius XII*, p. 77 (et index).

Seyss-Inquart, nouveau ministre catholico-nazi : « s'il nourrit pour l'Allemagne une active sympathie, [il] paraît être "correct", d'un loyalisme auquel on peut provisoirement faire confiance et de sentiments catholiques indubitables. »

L'escroquerie pacellienne confina au grandiose juste avant l'Anschluss : « l'opinion autrichienne [...] se serait ressaisie, aurait repris du ton et de la confiance [...], la courageuse attitude » de Schuschnigg lui « rend[ait] espoir » ; Seyss-Inquart était « moins mauvais qu'on n'aurait pu le craindre [...] tout le monde savait que le Saint-Siège souhaitait le maintien de l'indépendance autrichienne et faisait grand cas de la politique de M. von Schuschnigg ; que l'attitude de l'épiscopat était nettement patriotique », etc. Le 9 mars, dans un Vatican muet, Charles-Roux goba tout : « jamais, depuis six ans que je le pratique, je ne l'avais vu si inquiet pour le sort de l'Autriche et pour la paix européenne. »

Le Vatican et l'épiscopat d'Autriche face à l'Anschluss

La Curie censura la félicité que lui inspirait l'œuvre préparée depuis vingt ans par cette « note » du 12 mars : « personne au monde ne peut penser que l'*Osservatore Romano* soit resté insensible en face de faits si graves pour la vie d'un peuple géographiquement et spirituellement si voisin. La brièveté du temps nous empêche de traiter ce grave sujet mais nous nous réservons d'y revenir prochainement. » « Les grandes douleurs [étant] muettes », persifla Charles-Roux dégrisé, « l'Autriche indépendante [...] fut mise au tombeau sans la moindre oraison funèbre du Vatican, sans même une bénédiction sur le seul pays du monde qui, dans sa constitution, se fût déclaré chrétien ».

Le 13 mars, Pie XI offrit à un journaliste français puis à Tisserant un visage « très affecté » et un beau mot : « François Ier après Pavie écrivait : "Tout est perdu fors l'honneur" ; nous, nous devons dire que nous avons perdu même l'honneur [...] Je l'ai fait savoir au chef du gouvernement italien. » Le 18 mars, sincère et lyrique devant ses séminaristes du *Russicum*, futurs conquérants, il remercia la Providence en annonçant l'objectif russe. Après s'être lamenté sur les persécutions en URSS, il « exprim[a] sa confiance que ces jeunes ecclésiastiques pourr[aie]nt un jour se consacrer à l'apostolat dans ce pays [par] une allusion » à l'Autriche non conforme à « la protestation solennelle, ni même [à] l'expression du regret que ces événements auraient dû provoquer de la part du chef de l'Église » : « quand l'heure de Dieu sonne [...], il arrive ce que nous avons vu de nos jours et de nos yeux. Les hommes peuvent en être abasourdis, mais il arrive précisément ce que Dieu a décidé, quand l'heure en est venue. » Rudolf Kohlruss, ambassadeur d'Autriche au Saint-Siège, tomba dans les bras de son confrère Bergen, qui requit son « transfert [...] au service du Reich » : il n'avait « jamais caché ses sympathies pour le mouvement » et avait usé des « moyens indirects » de soutien, seuls licites dans « sa position », en lui remettant « pour [les] aider » les « réfugiés national-socialistes »[21] que Vienne prétendait traquer.

L'épiscopat autrichien célébra l'Anschluss et Hitler, malgré des arrestations provisoires et perquisitions rappelant l'ère du suicide du *Zentrum*, Innitzer en tête et Waitz inclus. L'allégresse d'Innitzer, criant *Heil Hitler* à tout propos et livrant au Führer l'Autriche nazifiée à « un rythme hallucinant », est connue. Rappelons-en les étapes marquantes pré-plébiscitaires. « L'appel aux fidèles » du 14 mars leur demanda de « prier Dieu pour le remercier de ce que notre bouleversement politique se soit accompli sans effusion de sang et à l'implorer pour un avenir heureux de l'Autriche. Il va de soi que toutes les prescriptions des autorités doivent être suivies de bon cœur ». Le 15, à la veille de l'arrivée d'Hitler à Vienne, Innitzer s'entretint avec lui. Suivit, le 18, la « proclamation des évêques d'Autriche à leurs fidèles », lue dans toutes les églises le 27, « une plate adhésion au régime nazi et un hymne à sa gloire » : « le jour du plébiscite ce sera pour nous, évêques, un devoir national de nous déclarer, en tant qu'allemands, partisans du Reich allemand et nous attendons aussi des fidèles chrétiens qu'ils manifestent la conscience de leur dette à leur race. »[22]

La thèse de Pacelli et des étoiles montantes de la secrétairerie d'État, Tardini et Montini, mérite examen. Le Vatican, « surpris », ignorait tout des actes de l'épiscopat autrichien, décidés « sans aucune entente préalable avec le Saint-Siège ou approbation ultérieure de sa part, et sous l'unique responsabilité de cet épiscopat ». Il était affecté, bouleversé, « écœuré », « indigné », etc. Tisserant lui-même accrédita l'affliction de Pie XI, voire de Pacelli, usant de l'argument saugrenu, surtout pour ce fief ultramontain, « des habitudes d'autonomie et d'indépendance au regard du Vatican [d]es épiscopats d'Europe centrale » : Innitzer aurait été mandé au Vatican pour y être « sévèrement chapitré par le pape », et contraint à signer une déclaration revenant sur la lettre épiscopale du 27 mars. Le 6 avril, Bergen eut « l'impression » qu'Innitzer « avait dû mener un dur combat », vu « l'irritation morbide [du pape] envers l'Allemagne »[23]. Le mythe du désaccord s'était pourtant effondré avant

---

21. Lettres de Puaux n° 286, 14 décembre 1936, *Autriche*, 200, de Charles-Roux n° 27, 20 janvier 1937, *Autriche*, 190, 1937-1938, *Autriche*, 200-205, de Rivière n° 40, 29 janvier, tél. n° 64-66, 22 février, *Autriche*, 200 et 201, lettres de Charles-Roux n° 94, 5, n° 95, 9, *Autriche*, 202, tél. n° 106-107, 12, lettre n° 88, 19, *Autriche*, 203 et 204, tél. Blondel n° 416, Rome, 14, Charles-Roux n° 125, 19, *Autriche*, 203 et 204, lettre n° 86, 17, *URSS*, 958, Bergen, 15 mars 1938, *DGFP*, D, I, p. 1026-1027.
22. Lettre de Charles-Roux n° 88, 19, tél. Puaux n° 491, 14, *Autriche*, 204 et 203, Charles-Roux n° 150, 28 mars, *Autriche*, 190, lettre n° 67 de Chauvel, 5 avril, *Autriche*, 191, et tout 190-191, 205, *Canet*, 41 et *Allemagne*, 695-697, texte, 27 mars 1938, *DGFP*, D, I, p. 1028.
23. Tél. Rivière n° 160, 1er, lettres de Charles-Roux n° 110, 6, de Rivière n° 111, 8 avril, *Autriche*, 191, depuis le 14 mars, *ibid.* et 190, Rhodes A., *Vatican*, p. 151, n° 23, n° 26 de Bergen, 6 avril 1938, *DGFP*, D, I, p. 1030-1031.

l'arrivée, le 5 avril, du chef sudète à Rome. Le 29 mars, Tardini admit « que l'Église n'était pas *a priori* hostile à l'Anschluss » : « la philosophie religieuse ne peut se montrer que favorable à l'élargissement de la communauté nationale [et] l'Église peut retirer certains avantages de l'infusion dans la masse germanique de sept millions de catholiques nouveaux. [...T]out en reconnaissant que certaines mesures désagréables ont déjà été prises en Autriche contre l'activité des catholiques, il n'estime pas que les intérêts essentiels de l'Église aient eu véritablement jusqu'ici à en souffrir [Il...] a répété plusieurs fois : "au cas où les intérêts religieux y trouveraient leur compte, nous ne verrions pas d'inconvénient à l'Anschluss". » Dans la nuit du 1er au 2 avril, « une causerie en allemand » sur Radio-Vatican évoqua « le catholicisme politique », formule dans laquelle certains perçurent « un désaveu et même un blâme de l'attitude du cardinal Innitzer ». Berlin dénonça comme auteur de l'outrage un juif converti, Allemand passé à Vienne en 1933, naturalisé autrichien, puis réfugié à Rome. Bergen fut chargé de le priver de « sa nationalité » sur l'heure. Pacelli courut chez lui, s'engageant à renforcer le « contrôle sur la radio du Vatican [...et] protestant à plusieurs reprises de son souhait fervent de paix avec l'Allemagne ». Les rumeurs allèrent bon train le 4 avril, mais Montini confirma à Rivière qu'Innitzer « n'a[vait] pas commis sur le plan canonique un acte d'insubordination » : le « désaveu » portait sur la seule non-communication d'*éventuelles* « garanties » allemandes données au cardinal, qui « dégager[aient] pour l'avenir l[a] responsabilité [d]u Saint-Siège ».

De la prétendue exigence de justification d'Innitzer, arrivé au soir du 5 et reçu le 6 avant de regagner Vienne à 14 heures, ressortit la « déclaration de l'épiscopat autrichien » du 6 avril, galimatias que Pacelli adressa à son cher Joseph Kennedy, richissime ambassadeur américain à Londres. Il l'accompagna d'un courrier, typique de l'attention prêtée aux États-Unis (pronazi notoire, Kennedy représentait aussi Roosevelt), présentant le texte du 18 mars de « la hiérarchie catholique autrichienne », que Rome avait aussitôt rectifié, comme « le résultat d'une pression politique » de Bürckel « plutôt que de sa liberté d'initiative et d'intention ».

« Rétablissement [...] tardif » supposé, ce message du 6 avril maintenait l'appel à voter oui au plébiscite du 10, assorti de requêtes. « La déclaration solennelle de l'épiscopat autrichien du 18 mars ne voulait évidemment pas constituer une approbation de ce qui n'était pas et n'est pas compatible avec les lois de Dieu et la liberté de l'Église catholique [...E]lle ne doit pas être interprétée par l'État et par le parti comme impliquant une obligation de conscience et elle ne doit pas être utilisée dans un but de propagande.

Pour l'avenir, les évêques autrichiens demandent :

a) que, dans toutes les questions concernant le concordat avec l'Autriche, aucun changement n'intervienne sans entente préalable avec le Saint-Siège ;

b) qu'en particulier, l'application de toutes les règles relatives à l'école et à l'éducation et à la formation de la jeunesse soit conforme au droit naturel des parents et à la formation religieuse de la jeunesse catholique, selon les canons de l'Église.

Les évêques autrichiens demandent l'interdiction de toute propagande hostile à la religion et à l'Église. »

Le texte, « étouffé avant le plébiscite, en Autriche comme en Allemagne », n'avait aucune importance. C'est dans le délire que les épiscopats fusionnés fêtèrent le triomphe plébiscitaire, célébré à l'Anima par Hudal, avec un *Te Deum* suivi du « Deutschland über Alles ». Bergen y félicita le nazi autrichien pour son inlassable action au service de la « Grande Allemagne » et son empressement auprès de « nous » (les nazis)[24].

II. Les étapes orientales du Grand Reich (1933-1939)

L'Anschluss entraînerait, la diplomatie le répétait depuis 1919, absorption immédiate du premier « État danubien avec lequel le Reich hitlérien a[vait] des comptes à régler », la Tchécoslovaquie : « la situation » du pays encerclé sur les 5/6 de son territoire « serait désespérée », puis viendrait le tour de toute l'Europe centrale et balkanique. Berlin et le Vatican n'avaient pas attendu février 1933 ou mars 1938 pour préparer la conquête des États successeurs et de l'ancien empire russe. Mais depuis février 1933 et surtout après le concordat du Reich, leur complicité envahit la correspondance.

Pie XI rêva tout haut devant Charles-Roux, entre ruse et aveux, à l'audience du 6 mars 1933 : « je ne crois pas qu'Hitler fasse un coup contre le corridor » ; il prononcera « des paroles violentes [mais] ne se portera pas à une attaque matérielle [...] alors on gagnera du temps [...] plus tard, un jour, on devra évidemment en venir à chercher une issue à cette situation : car le corridor n'est pas une chose pratique. On a voulu assurer à la Pologne un accès à la mer ; mais le moyen par

---

24. Lettre de Charles-Roux n° 101, 29 mars 1938, *Autriche*, 190, Rhodes A., *Vatican*, p. 152, n° 20 de Bergen, 4 avril, *DGFP*, D, I, p. 1029-1030, tél. Rivière n° 162-163, 2, n° 165-168, 4 avril, *Autriche*, 191, Pacelli à Kennedy (envoi à Washington le 19 avril), *FRUS* 1938, I, p. 474-476, tél. Rivière n° 169, 5, n° 170, 6, n° 171-172, 7, lettres de Charles-Roux n° 110, 6, de Rivière n° 111, 8 avril (texte plus long, *FRUS cit.*, p. 476), de Charles-Roux n° 146, 17 mai 1938, *Autriche*, 191, Lewy G., *Catholic*, p. 211-218, et Bergen, 25 mai 1938, *DGFP*, D, I, p. 1039 et 1042.

lequel on y a pourvu n'a pas été heureux. Avec le temps, on trouvera peut-être une manière de concilier les intérêts qui se heurtent sur ce point ».

Il présenta le reste des victimes à éliminer comme l'épine à ôter des relations franco-italiennes : les Italiens, pauvres et pacifiques, ne s'opposent à Paris que parce qu'ils ont « la conviction que tout ce qui se fait en Yougoslavie et dans la nouvelle Triple Entente s'accomplit sous le patronage de la France. Pour leur enlever cette conviction, il faudrait quelque chose, il faudrait un fait ». Le tout s'acheva sur une diatribe contre la Tchécoslovaquie, « un État composite, où Allemands, Magyars, Tchèques et Slovaques ne s'entendaient pas ensemble », la Yougoslavie, où « le dissentiment des peuples était encore pire », et la Roumanie, en proie à d'énormes « difficultés intérieures »[25].

La Tchécoslovaquie (1933-1938)

Le premier des États à liquider reçut en 1933 des coups redoublés. Aux côtés du chef allemand de la coalition et d'une Hongrie nazifiée au fil des ans, lorgnant sa proie slovaque, l'Italie complota contre la nation hussite. La Pologne guignait Teschen, pourboire attendu de son accord avec « l'Allemagne hitlérienne ». La Curie coordonna ces efforts via Ciriaci : le nonce « se flatt[ait] d'être maître de la décision » d'unifier dans « un "bloc" catholique » les Slovaques du « parti Hlinka » et les chrétiens-sociaux allemands, et se targuait de ce « que la fusion des trois partis catholiques [tchèque compris] s'effectuerait le jour où, parlant au nom du Saint-Siège, il lui plairait de l'imposer ».

Innitzer, chargé comme son compère Faulhaber de la partie allemande de l'entreprise, se partagea entre action clandestine et (brève) bienveillance publique envers Prague. Début 1933, il se prétendit, sans duper sa proie, porte-parole d'une politique d'entente entre l'Autriche catholique anti-nazie et la Tchécoslovaquie. Il jouait surtout la comédie dans les phases aiguës d'assaut allemand, comme en 1936 où il donna « l'adhésion des catholiques autrichiens à une collaboration austro-tchèque ». Il mena le combat contre l'accord Prague-Moscou du 16 mai 1935, pivot de l'alliance de revers en gestation[26]. Le troisième larron allemand, Bertram, gérait toujours le dossier de Breslau.

---

25. Lettres de Puaux n° 158, 30 juin, de Charles-Roux n° 223, 29 juillet 1936, *Autriche*, 199 (et tous vol.), et n° 94, 7 mars 1933, *Saint-Siège*, 37.
26. Lettres de Charles-Roux n° 306, 10 octobre 1935, *Tchécoslovaquie*, 108, de Noël n° 128, 17 mars 1933, *Tchécoslovaquie*, 107, de Charles-Roux n° 121, 20 mars 1933, et de Puaux n° 13, 20 janvier 1936, *Autriche*, 195 et 194.

Les affronts de 1933

On a peine à recenser la liste des avanies que la Curie infligea à la nation promise à « une nouvelle bataille de la Montagne Blanche ». Pie XI cessa de se contenir au printemps 1933, mais Pacelli se censura devant Charles-Roux, agrippé au mythe-bonne conscience de leur désaccord. Recevant un pèlerinage « tchécoslovaque » le 25 avril 1933, Pie XI seconda « la recrudescence de la campagne révisionniste ». Il décerna à Mgr Kaspar la couronne du « martyre » pour un « acte héroïque » inspiré par « son zèle [à] décrocher [le...] chapeau » : sa diatribe du 26 mars rédigée à la « plume de Tolède » contre « les films immoraux [...] blessant les sentiments catholiques » diffusés par « la Ligue Masaryk de culture ». Celle-ci l'avait « assign[é] en diffamation devant les tribunaux, où il aurait dû comparaître » ce jour-là, mais, cédant à la pression de Ciriaci venu « à son secours », elle le laissa aller à Rome. Toute la hiérarchie suivit le cours, et pas seulement les « évêques slovaques, qui [avaie]nt coutume de manœuvrer contre leur propre gouvernement, et de faire ainsi le jeu des Magyars » – et des Allemands. L'archevêque de Prague, obsédé par le « désir d'être agréable à Pie XI », se mit en insurrection permanente contre l'État : tout faisait ventre, « la moralité du cinéma », l'école laïque, avec la campagne de l'AC « en faveur de l'épuration de l'enseignement [...] et contre l'immoralité », les Sokols et leurs « tendances les plus païennes », qu'il agressa, retour de Rome, à la mi-mai, etc.[27]

Ciriaci et Hlinka précipitèrent les « provocations » depuis les fêtes jubilaires de Nitra, en Slovaquie, d'août 1933. Hlinka y célébra la messe en déclarant « que l'on ne pouvait pas parler de Tchécoslovaques, mais seulement de Tchèques et de Slovaques ». Suivit un voyage à Rome de trois « évêques slovaques » (dont Jantausch, de Tirnava), opposés, expliqua-t-on, à tout *« modus vivendi »* avec Prague, qui déclencha un ouragan politique et « une sorte de crise ministérielle larvée ». Les deux complices allèrent plus loin les 11 et 15 septembre. Le nonce, qui « ne fai[sai]t, comme les autres, que d'exécuter fidèlement les instructions qu'il re[cevait] de Pie XI », trouva dans le télégramme d'amour et de soutien de Hlinka contre les « inqualifiable[s] attaque[s] » des « journaux » contre « Votre Excellence [...] l'occasion [du] scandale [...] prémédité [...] de longue date » (il l'avoua à Léon Noël).

Il le déclencha « avec [une] inconvenance scandaleuse » (Noël) par sa réponse en latin, publiée par *Slovak et Lidove Noviny :* « alors qu'à Prague on offense le Saint-Père soit directement, soit par l'intermédiaire de son représentant [...,] en contradiction avec les règles de la politique internationale observées par toutes

---

27. Lettre de Londres n° 934, 30 août 1934, *Autriche*, 198, Kaspar, *Lidove Listy,* 26 mars, *Canet*, 58, lettres de Noël n° 162, 8, de Charles-Roux n° 159, 27, n° 164, 29 avril, et de Noël n° 210, 17 mai 1933, *Tchécoslovaquie*, 107.

les nations civilisées, vous, Slovaques, vous avez témoigné à l'égard de cette haute autorité le respect qui lui est dû. Toi et les tiens doivent en être remerciés. Je remercie toi et les tiens d'avoir apporté au nonce apostolique qui, par obéissance au pape, doit vivre à Prague dans d'amères douleurs un peu de consolation de la Slovaquie. Je ne l'oublierai jamais. Le noble peuple slovaque *[gens slovaca]* continuera toujours à vivre dans ma mémoire. Je suis heureux de pouvoir représenter le Saint-Père auprès de vous Slovaques. » L'État dut réclamer son rappel (le 25 septembre), mais s'aplatit pour ne pas rompre : la presse gouvernementale décerna, « presque sous la dictée » de Krofta, un brevet de « loyauté » jusqu'à cet incident à ce nonce haï de tous, y compris du « parti catholique tchèque [et du...] haut-clergé [, qui] avait trop souffert de [son] autoritarisme pour pouvoir dissimuler entièrement sa joie d'en être libéré »[28].

L'attaque avait reçu l'appui de l'Italie, aussi agressive contre Prague que contre Belgrade. Elle s'apaisa en octobre 1933, « la politique du Saint-Siège [étant] toujours parallèle à celle du fascisme » et Mussolini montrant le souci, fugace, d'« amadouer » ces deux ennemis. On parla aussi beaucoup de la Hongrie : l'action des évêques « slovaques » manigancée avec Seredi avait été précédée de longs entretiens de Pie XI et Pacelli, fin juillet, avec Gömbös et son ministre des Affaires étrangères, Kalman Kanya, sur « les minorités magyares ». Ce second voyage hongrois, succédant à celui de mars, fut très remarqué. On put croire Prague en meilleure posture en septembre, où un coup de filet – l'arrestation, le 21, avec six complices, de Ludovit Bazovský, chef de « l'organisation secrète [...] en rapport avec les organisations irrédentes magyares » – permit de prendre des mesures contre « les partis autonomistes de Slovaquie » : Bazovský fit « des aveux complets [et...] reconnu[t] agir en liaison avec [l'abbé Frantisek] Jehlicka », « ancien professeur de morale catholique à Budapest » et « président d'un "Conseil slovaque" » d'émigrés, pur « instrument de la propagande révisionniste magyare [dont l']action était dirigée et financée de Budapest », comme celle de Hlinka[29]. Œuvres sécessionnistes et procès d'après 1945 maintiendraient une tradition sans lien avec la couleur politique des dirigeants de Prague ou des autres cibles germano-vaticanes d'Europe centrale et orientale.

---

28. Charles-Roux, lettre n° 336, 22, tél. n° 315, 30 août, n° 330, lettre n° 367, 10, tél. n° 366, 26 septembre, note Canet, 15 décembre, tél. Noël n° 566-570, 16, lettre n° 385, 30 septembre (et semaines suivantes), *Tchécoslovaquie*, 107 ; textes, 11, 15 septembre, lettres de Noël à Canet, 28 octobre 1933, *Canet*, 58, et n° 28, 23 janvier 1934, *Tchécoslovaquie*, 108.
29. Tél. Charles-Roux n° 361-362, 23 septembre, *Tchécoslovaquie*, 107, lettre de Noël, 28 octobre, *Canet*, 58 ; tél. Charles-Roux n° 47, 13, n° 273, 24 mars, n° 287, 28 juillet, *Hongrie*, 113, n° 296, 10 août, et Noël n° 591, 22 septembre 1933, *Canet*, 52 et 58 ; note sur « la situation des Slovaques dans l'État tchécoslovaque », transmise par Faucher à Daladier, Prague, 28 décembre 1936, SHAT, 7 N, 3096.

Le Reich restait plus discret mais depuis février 1933 Munich assumait plus que jamais la mission « de diriger la propagande pangermaniste en Europe centrale et de travailler à l'unification de tous les Allemands vivant en dehors des limites de l'Empire ». Pacelli, dont la Curie invoqua le congé – mi-septembre-mi-octobre – pour refuser de recevoir Benès, passa les semaines du scandale de Prague en Suisse : il s'y s'occupa de l'Anschluss et de l'opération tchèque qui la suivrait. On annonça à son retour à Rome, le 10 octobre 1933, l'envoi à Prague comme « chargé de nonciature » de l'auditeur à Munich Panico (Ciriaci étant en « congé »). Ce symbole, avec Vassallo, « des rapports officiels réguliers [...] établis entre le gouvernement national-socialiste de la Bavière et le Saint-Siège », ne mit pas « les pieds au ministère tchécoslovaque des Affaires étrangères, où il s[e] born[a] à envoyer ses cartes de visite ». En janvier 1934, le Vatican, après avoir nommé Ciriaci nonce chez Salazar, confirma qu'« un simple chargé d'affaires » suffirait à Prague[30].

Vers la liquidation, 1933-1938

L'abcès s'envenima de crises répétées entrecoupées de phases de prudence dictées par le rapport des forces entre vainqueurs de 1918 et Axe officieux, processus de désagrégation préludant à l'hallali.

Le tapage hongrois

Les supplétifs hongrois et italiens continuèrent à occuper la scène publique, semblant seuls empêcher l'application du *« modus vivendi »* reconnaissant « les "frontières provisoires" de la Tchécoslovaquie ». Sur la délimitation des diocèses, la question des frontières intérieures compta presque autant que les extérieures. La Curie exigeait de former des diocèses à « minorités » compactes hongroises ou germaniques et de créer des diocèses uniates : ainsi, en juin 1934 celui de Hust, en Russie subcarpathique, instrument ukrainien du Reich confié à l'ordre des basiliens, moines-espions et soldats, « le plus puissant en Ukraine slovaque ». Plus grave pour l'avenir du pays, Charles-Roux, depuis 1934, pressait Paris à chaque exigence vaticane nouvelle de faire céder Prague, arguant que cela favoriserait le règlement des frontières d'État[31].

---

30. Lettre n° 731, Berlin, 29 avril 1936, *Autriche*, 199, tél. Charles-Roux n° 273, 24 juillet, *Hongrie*, 113, Truelle n° 373, 2, *Canet*, 41 ; n° 378, 5, Noël n° 620, 7, Truelle n° 386, 9 octobre ; lettre d'Ormesson n° 81, 16 avril, *Canet*, 36, tél. Noël n° 666, 23 octobre, lettre de Charles-Roux n° 463, 27 novembre 1933, *Tchécoslovaquie*, 107, tél. n° 3, 8, n° 7-9, 10, et n° 11, 11 janvier 1934, *Tchécoslovaquie*, 108.
31. Lettres de Noël n° 502, 11 novembre 1933, de Charles-Roux n° 212, 19 juin 1934, *Tchécoslovaquie*, 107 et 108, note 223500, 27 décembre 1948, *Tchécoslovaquie 1944*, 47 ; tous fonds depuis 1934.

Les Hongrois furent omniprésents avec Gömbös et Kanya, reçus en « audience privée » plusieurs fois par an (comme en 1934). Seredi parut animer la résistance à « la loi agraire », au séquestre des biens et à la misère des indemnisations, paravent du refus des frontières. En 1934-1935, il menaça de poursuites, puis traîna Prague devant « la cour internationale de justice » de La Haye. La Curie se dit incapable d'empêcher cette initiative. Sa demande exorbitante varia prodigieusement : plus de 200 millions de couronnes, puis 80, puis 30 (Prague en avait déjà versé 23 en 1927). Elle ne servait qu'à bloquer la négociation, couvrant la ruse des « pourparlers directs [de Seredi] avec certains prélats slovaques », sur lesquels Rome s'apitoya ainsi en octobre 1934 : « eux aussi n'en pouvaient plus d'attendre ». Les administrateurs apostoliques assurant l'avenir hongrois ou allemand des zones contestées restèrent donc en place.

C'est en invoquant le rejet par Seredi d'un « marché de dupes » que Pacelli inventa en mars 1936 une nouvelle condition à tout accord : l'État tchécoslovaque devrait prendre l'engagement écrit de renoncer à toute « nouvelle réforme agraire dans l'avenir », violation caractérisée des « droits du parlement [...] sous un régime parlementaire ». En septembre-octobre 1936, le bruit courant que le tribunal de La Haye donnerait raison à Prague, Pacelli fit volte-face, le déclarant « incompétent » : le Saint-Siège « ne pouvait admettre qu'un jugement du tribunal civil statuât définitivement sur le sort de ces biens ecclésiastiques et ne pouvait renoncer à [la décision d']une juridiction d'Église », et il « ne le reconnaîtrait pas ». La mascarade continua en 1937, Prague ayant fait sur les instances françaises la « concession considérable » de saisir simultanément « deux juridictions, la cour de La Haye et le Saint-Siège lui-même »[32].

La maîtrise allemande du dossier

Le Reich menait le bal en Slovaquie, dans les Sudètes et en Russie subcarpathique, avec Panico, revenu après sa mission sarroise pour quelques mois (jusqu'au début décembre 1935), puis son successeur, le Germano-Italien Saverio Ritter, nommé officiellement depuis août 1935 (déjà affecté ici en 1927-1928). La coalition slovaque s'était « tourné[e] vers l'Allemagne hitlérienne où [Jehlicka] trouv[a] l'aide financière dont il avait besoin. » Comme tous les stipendiés du Reich, l'abbé séparatiste diffusa depuis le pacte tchéco-soviétique du 16 mai 1935 le *leitmotiv* de la Tchécoslovaquie-base aérienne russe d'agression contre les États

---

32. Charles-Roux, tél. n° 211, 26 mai 1934, lettres n° 143, 16 mai 1935, de Noël n° 291, 20 juillet, de Charles-Roux n° 342, 30 octobre 1934, *Tchécoslovaquie*, 108, n° 82, 18 mars, n° 94, 1er avril, de Lacroix, Prague, n° 140, 18 mai, de Charles-Roux n° 194, 30 juin, de Truelle n° 263, 8 septembre, n° 284, 3 octobre 1936, de Charles-Roux n° 24, 19 janvier 1937, *Tchécoslovaquie*, 109 (ce vol., 108 et *Hongrie*, 113).

voisins, ainsi le 16 juin 1936, à l'université de Munich : « L'Armée rouge est déjà installée dans les Carpathes pour pouvoir ainsi attaquer plus facilement l'Allemagne. Et non seulement l'Allemagne, mais aussi la Pologne et la Hongrie sont menacées d'une invasion bolchevique. La Russie subcarpathique est inondée d'agents et de soldats bolcheviques. Le principal effort des bolcheviques tend à se venger de l'Allemagne dont le Führer a anéanti le bolchevisme en Allemagne. La Tchécoslovaquie est décidée à aider les bolcheviques dans cette entreprise. Nous savons exactement à quels endroits doivent être construits de nouveaux aérodromes russes en Tchécoslovaquie pour que les avions russes puissent attaquer l'Allemagne, la Pologne et la Hongrie. »

Le « protecteur » de l'ordre teutonique Innitzer, porte-parole de la croisade vaticane contre l'URSS, organisait le concert. Il agit avec une audace grandissante après le 19 mai 1935, où le parti allemand des Sudètes (héritier du « Front patriotique » fondé en octobre 1933) du nazi Konrad Henlein recueillit aux élections générales plus de 1,2 million de voix – les 2/3 des voix des Allemands –, ce qui en fit le premier parti du pays. Un Pacelli « très réservé » dit à Charles-Roux que « le succès du parti Henlein [...,] plutôt contraire [aux] vœux » du Vatican, l'avait surpris. *Son* journal l'*Avvenire d'Italia* avoua tout : le national-socialisme n'est pas, exulta-t-il, « un système imposé par la force au peuple allemand » et ce succès prouve « l'attachement des Allemands au germanisme. L'erreur commence quand les idéologies entrent en jeu », provoquant « des divisions [...] entre Allemands comme à Dantzig. Quand le national-socialisme est basé sur le seul patriotisme, il triomphe ». Fin mai, une délégation de Slovaques d'Amérique vint célébrer le triomphe à Ruzomberok, fief de Hlinka, qui leur « prom[it...] "de défendre l'idée de l'autonomie jusqu'à la dernière goutte de son sang" ». En juin-juillet 1935, Innitzer fit en Tchécoslovaquie un séjour directement lié à la conjoncture. Il remplit en juin au congrès catholique de Prague (26 juin-6 juillet) une mission allemande étudiée plus loin. Mi-juillet, il exhorta « les Allemands de Tchécoslovaquie à être les loyaux serviteurs d'un État respectueux des droits confessionnels et culturels » : appel à la croisade, Berlin et Rome clamant quotidiennement que Prague ne respectait rien[33].

Le Quai d'Orsay a conservé trace du *leitmotiv* pacellien sur les biens de Bertram qui, écrasant le dossier hongrois, s'imposa en 1935. Pendant l'été,

33. Décembre 1934-décembre 1935, *Tchécoslovaquie*, 108, note sur « la situation des Slovaques dans l'État tchécoslovaque », transmise par Faucher à Daladier, Prague, 28 décembre 1936, et traduction du *Vetcherni Tcheské Slovo*, 25 avril 1937, SHAT, 7 N, 3096 et 3143 ; ce thème, Lacroix-Riz A., *Choix*, p. 236 *sq.*, 414 *sq.*, et *infra* ; note Canet, 26 mars 1938, *Canet*, 41, lettre de Charles-Roux n° 160, 28 mai, *Le Temps*, 30 mai 1935, *Canet*, 58, 26 mai-16 juillet 1935, dont tél. Montbas n° 428, 16 juillet, *Tchécoslovaquie*, 108 ; lettre de Rivière n° 337, 22 octobre 1938, *Tchécoslovaquie*, vol. 109.

les préparatifs de l'attaque italienne contre l'Éthiopie et les bruits insistants d'« accord militaire dirigé contre la Tchécoslovaquie en préparation entre l'Allemagne, la Pologne et la Hongrie » requirent prudence. Le bruit courut donc d'une « bulle pontificale [,...] dans les deux mois », sur la coïncidence des diocèses et des frontières : elle ne parut point. En octobre, le Vatican invoqua le refus de Berlin de répondre à sa récente notification de rattachement à un diocèse tchécoslovaque de territoires jusqu'alors « restés sous la juridiction de [...] l'archidiocèse de Breslau ». Il argua dès lors souvent de la non-réponse du Reich à une demande qu'il ne lui avait jamais soumise : Pacelli déclara négligemment en août 1937 l'avoir envoyée à Berlin « depuis environ deux mois ».

En avril 1937, il avait invoqué la clause du concordat subordonnant « toute modification aux limites des diocèses » à la consultation du Reich. Prague comprit que « la bulle [tant] attendue [...] laiss[erai]t de côté les limites du diocèse de Breslau ». Elle vint, le 2 septembre 1937, ne faisant coïncider les frontières et les diocèses que du côté hongrois (elle « détach[a aussi] des diocèses autrichiens de Saint-Polten et de Vienne certaines paroisses ») : la Hongrie cédait à la Tchécoslovaquie 409 paroisses de l'ancien archidiocèse d'Eztergom. Elle supporta seule les sujétions de la tactique d'apaisement de Prague et Paris, à l'heure où banques et chancelleries présentaient l'Anschluss imminent comme « la première phase de l'opération prévue et préparée contre la Tchécoslovaquie[34].

On lui avait promis que la concession durerait le temps de régler son compte à Prague : les champions hongrois du révisionnisme s'abstinrent donc « de tout commentaire » de presse. Le 5 octobre, la circulaire de Seredi à son clergé contre le démantèlement de son glorieux archidiocèse d'Eztergom annonça la revanche contre les auteurs impies du traité de Trianon – en disculpant Rome : « c'est la malice des temps qui a voulu cela, ou plutôt l'iniquité d'hommes hostiles à Dieu, qui, à la fin de la guerre, ont jeté le trouble dans l'esprit des citoyens et des soldats et ont causé la ruine, à la fois, de la patrie et de l'archidiocèse. Ce que ces hommes ont fait et que les chefs de notre royaume ont été contraints de ratifier dans un pacte solennel, le Saint-Siège apostolique n'a pas pu s'abstenir davantage de le confirmer juridiquement. L'espoir nous reste, fondé sur notre confiance en Dieu, que le sort de notre archidiocèse sera meilleur à l'avenir et notre douleur est tempérée de consolation à la pensée que nos frères, séparés de nous par la force, nous demeurent unis par le lien de la charité. »

34. Lettres de Naggiar n° 257, 6 août, de Charles-Roux n° 306, 10 octobre 1935, *Tchécoslovaquie*, 108 ; EMA, P/a, 22124, 22141, 8, 9 juillet 1935, 7 N 3024, et Lacroix-Riz A., *Choix*, p. 226 ; tél. Charles-Roux n° 357, 13 août, *Canet*, 58, lettre n° 147, 27 avril, *Tchécoslovaquie*, 109, tél. n° 383, 6 septembre 1937, *Canet*, 58, lettre de Rivière n° 337, 22 octobre 1938, *Tchécoslovaquie*, 109, tél. MAE, 21 septembre, et lettre n° 369 de Vitrolles, La Haye, 9 août 1937, *Autriche*, 200.

La Curie ne promit rien à Budapest pour le reste des diocèses « hongrois » réclamés depuis Trianon, ceux de Ruthénie subcarpathique. Ils iraient au Reich sans transition, par la procédure habituelle : les paroisses des quatre diocèses uniates de Kosice (49), de Roznava (19), de Presov (29), de Mukacevo (2) – ainsi que 11 de Roumanie ukrainienne – « furent détachées des circonscriptions tchécoslovaques et soumises provisoirement à des administrateurs apostoliques ou aux évêques des diocèses limitrophes »[35]. Figuraient dans la bulle du 2 septembre 1937 tous les territoires qui seraient remis en 1938 et 1939 au Reich, à la Hongrie et à la Slovaquie satellite du Reich du prélat de Bratislava, Mgr Tiso, base de l'attaque *allemande* de l'Ukraine (l'hitlérien Hlinka mourut en août 1938, trop tôt pour savourer le fruit de ses œuvres).

Dans les mois qui précédèrent l'hallali, le Vatican piaffa d'impatience, dispensé de pudeur par les Apaiseurs franco-anglais. Tandis qu'il brodait sur sa déception devant la politique catholique d'Hitler dans l'*Ostmarsch* (« marche de l'Est » : ex-Autriche), l'épiscopat autrichien désormais allemand allait de l'avant. À la mi-juin 1938, Waitz se proclama nazi en « justifi[ant dans le *Schönere Zukunft*] les initiatives du cardinal Innitzer » lors de l'Anschluss. Les prélats austro-allemands couvraient « l'adhésion individuelle ou collective au parti sudète d'ecclésiastiques allemands de Tchécoslovaquie, de nombreux séminaristes en particulier », tandis que leurs pairs sudètes, tel Mgr Karl Hilgenreiner, chef du parti chrétien-social allemand, juraient « la plus absolue fidélité à Henlein ». La Curie se dit à Rivière inquiète de la marée nazie des Sudètes, et lui affirma avoir « essayé de faire comprendre à Mgr Hlinka le danger de "tendre la main" à Henlein ». Quand le Français demanda à Tardini de stimuler « cette action vaticane [qui] n'a[vait] pas été assez énergique ni surtout publique, ce qui la priv[ait] de son effet au regard des masses », il lui fut répondu « que le Saint-Père ne voulait pas "faire de politique", mais que nous pouvions être assurés de la vigilance avec laquelle, du point de vue religieux, le Vatican suit la situation dans le jeune État ».

Waitz vint en effet à Rome fin juin, pour une semaine, puis à nouveau à la mi-juillet. Le « quelque chose d'important » alors discuté concerna les Sudètes. Pie XI stigmatisa la rebelle au sacrifice par des discours, les 15 et 21 juillet 1938, contre le « nationalisme exagéré ». Marmaggi leva le voile sur les débats en cours en ne parlant le 19 que du « vautour » polonais en quête du « point névralgique [du] petit territoire de Teschen ». Maglione « considér[ait] comme essentiel que le gouvernement tchécoslovaque [fît] le plus tôt possible des concessions substantielles aux Sudètes ». Le docile Kaspar, lancé à l'assaut de son pays, fut un

35. Lettre de Maugras n° 159, Budapest, 14 septembre, *Tchécoslovaquie*, 109, texte, 5 octobre, lettres de Charles-Roux n° 357, 5 novembre 1937, *Hongrie*, 113, et de Rivière n° 337, 22 octobre 1938, *Tchécoslovaquie*, 109.

interlocuteur majeur des « longs entretiens » que Walter Runciman eut avec les dirigeants tchécoslovaques pendant sa « mission » d'août-septembre à Prague visant leur capitulation. L'Apaiseur britannique se félicita le 5 septembre « que Kaspar eût à [s]on instigation écrit secrètement ce soir une lettre bien sentie à Bénès lui disant que de l'avis de ce cardinal patriote tchèque tout valait mieux que la guerre. ». Depuis août, Dalla Torre lança dans l'*Osservatore* « un vibrant appel en faveur de la paix » pour prôner la chute la nation hussite dans l'escarcelle de ses ennemis : « il n'existe aucun problème dont la guerre soit la seule solution, il existe des réalités évidentes qui doivent l'exclure » ; la seule bénéficiaire d'une guerre « sera la révolution, exaspérée par la dernière guerre au point que jamais l'ordre social, la structure même du monde n'en furent autant menacés, la révolution qui est là, qui attend ». Mi-septembre, il flagorna l'immense Chamberlain qui ferait triompher la paix contre « un conflit absurde dont l'Europe pourrait sortir empoisonnée de plus de haine que celle née du traité de Versailles »[36].

La fébrilité du Vatican avait alors fait fuir les diplomates de la Petite Entente qui n'en « attend[ai]ent rien ». Celui d'Angleterre étant en congé, il ne restait plus, outre Charles-Roux, que ceux d'Italie, d'Allemagne et de « l'Espagne nationaliste ». En fin de mois, Pacelli partit pour « son congé habituel sur les bords du lac de Constance ». Pour expliquer ce « départ » aussi « étonn[ant] » que le mutisme de la Curie, il déclara au ministre de Yougoslavie « qu'il n'y aurait pas de guerre, "que la guerre serait localisée, parce que l'Angleterre ne voulait pas la faire et que, sans l'Angleterre, la France ne le pourrait pas" ».

Pie XI recouvra la voix le 29 septembre, ordonnant « des prières publiques » qui soutiendraient « la confiance dans les voies pacifiques de loyaux pourparlers et d'accords durables ». Le 30, il reçut Charles-Roux pour lui servir, comme la veille à l'ambassadeur d'Angleterre Francis Osborne, la rituelle critique du Reich et de l'alignement de Mussolini sur Hitler. Il avoua surtout redouter un sursaut de la proie si les Soviets l'« incita[ient] à la résistance » et dauba sur le lâchage par la France de sa « créature ». Ayant évoqué « l'action antichrétienne de Berlin dans l'ancienne Autriche [qui] l'édifiait sur ce qui attendait les catholiques de la région promise à M. Hitler, [il] se consol[a] en pensant que ces annexions successives augmentaient notable-

---

36. Lettres de Rivière n° 188, 17, *Allemagne*, 697, n° 189, 17 juin, Charles-Roux, tél. n° 321-322, 8, n° 327, 9, n° 352, 16, n° 355, 19, n° 357, 20, *Autriche*, 191, n° 345, 16, *Canet*, 32, lettres n° 228, 27, n° 224, 20 juillet, tél. n° 416, 17, lettre n° 250, 19 août, *Saint-Siège*, 38 ; Runciman à Halifax, Prague, 10 août et 5 septembre 1938, *DBFP*, *3*, II, p. 74 et 248-249 ; Charles-Roux, tél. n° 601, 15 septembre 1938, *Canet*, 32 (ses écrits de l'été confirment que Pie XI visait Prague, *Charles-Roux*, XV) ; « vautour » polonais, mission Runciman et suites, Lacroix-Riz A., *Choix*, 430 *sq*.

ment la proportion des catholiques dans la Grande Allemagne : de là viendrait peut-être dans l'avenir la réparation ».

La Tchécoslovaquie dépecée, 1938-février 1939

Prague s'étant résignée au sort munichois que Paris et Londres lui avaient fixé, son ambassadeur bénéficia quelques jours d'« un vif mouvement de compassion et de sympathie ». Le 1er octobre, Pie XI lui présenta « ses condoléances » et exprima « son admiration de l'abnégation, de l'esprit de sagesse et de sacrifice du peuple tchécoslovaque et de M. Benès ». « Évolution [...] curieuse [qui] eût gagné, pour être de quelque utilité pratique, à être moins tardive », ironisa Charles-Roux.

Par un article anonyme qui, « fond et forme, aurait pu tout aussi bien paraître dans l'une des feuilles les plus excitées qu'inspir[ait] le ministère fasciste de la Propagande », la *Civiltà Cattolica* célébra alors la démonstration de « l'inanité de traité de Versailles », qu'elle « se fai[sai]t gloire d'avoir condamné dès le principe, et dont elle se vant[ait] d'avoir prévu la faillite, alors que le vulgaire le portait aux nues ». Dans l'allégresse de Munich, les vieilles haines éclataient, fraîches comme au jour de la défaite, contre Clemenceau, « ancien compère » des socialistes, « le vieux pétroleur communard de France », contre les « hommes d'État, demeurés sourds aux exhortations » de Benoît XV à « la justice et [à] la charité sociale », qui lui « préférèrent "les vagues desseins de l'idole américaine Wilson"[,..] réalisèrent les "prétentions despotiques des vainqueurs plus puissants, aux dépens des autres alliés et des vaincus, Autrichiens et Allemands spécialement", [et] créèrent aussi "ce branlant édifice, qui voulait être le chef-d'œuvre du laïcisme, la Société des Nations, la vanité personnifiée" »[37].

Les « antichrétien[s] de Berlin » touchèrent aussitôt les dividendes religieux du premier dépècement. Ce qui avait été refusé pendant vingt ans à Prague échut à la mi-octobre 1938 à Berlin au nom des concordats prussien et allemand : lui furent remis tous les diocèses des Sudètes arrachés à « la République tchécoslovaque ». Alors qu'on parlait de zones cédées après négociations à la Hongrie et à la Pologne, dépeceuses du pays démembré, le diocèse de Leitmeritz (Litomerice) « pass[a] tout entier à l'Allemagne ». Ceux de Prague, de Budweiss (Ceska-Budejovica), de Königgrätz (Hradec Kralove), Olmütz (Olomouc), Brünn (Brno) eurent« des parties plus ou moins considérables de leurs territoires incorporées au Reich ».

La complice hongroise se vit confirmer bientôt qu'elle ne toucherait qu'une « partie des biens qu'elle possédait jadis en Slovaquie ». La Slovaquie

37. Lettres de Charles-Roux n° 300, 15, n° 538, 27, n° 544, 30, tél. n° 545-547, 29, n° 548-552, 30 septembre, lettres n° 558, 5, et de Rivière n° 332, 15 octobre 1938, *Saint-Siège*, 38.

« autonome » ne fut pas mieux lotie. Fin octobre 1938, Saverio Ritter apprit à Mgr Tiso, son président du conseil, que Pie XI lui accordait sa « bénédiction apostolique », ravi de voir « les pieux habitants de la Slovaquie aller réellement au-devant d'un avenir meilleur ». Ces effusions avaient pour but d'adoucir la gifle administrée par « l'arbitrage de Vienne » (Ribbentrop-Ciano) qui céda à la Hongrie, le 2 novembre, le tiers (dont un bout de Ruthénie subcarpathique) du pays de Tiso. Lequel n'en accepta pas moins de créer « une légation [slovaque] auprès du Vatican », décision dont, le 24, Pacelli prétendit n'avoir « pas été saisi ».

Tisserant, récent secrétaire de l'Orientale, révéla alors à un ami les réorganisations ukrainiennes en cours et à venir – sans préciser, à la différence des anti-munichois, qui récolterait la moisson. Le Vatican, dit-il, préfère « la solution donnée au problème tchécoslovaque, avec Mgr Tiso et Mgr Volosin à la tête des gouvernements [respectifs] de Slovaquie et d'Ukraine subcarpathique, [...] aux projets des dirigeants de Varsovie et de Budapest » enclins à « persécuter [...] les Uniates. [...] Il regrette cependant que toute la partie sud de cette [dernière] région » soustraite, « avec la ville de Munkacevo » (Munkacs), à l'autorité d'Augustin Volosin (chef du parti national chrétien), « ait été livrée à la Hongrie. [...] Ce partage pourrait au surplus imposer au Saint-Siège l'obligation désagréable de modifier une fois de plus les circonscriptions ecclésiastiques de ce pays pour les mettre en harmonie avec les nouvelles frontières ». Il céda vite à « l'obligation » : en décembre 1938, « soucieux de tenir compte du sentiment national local », il détacha du diocèse hongrois de Munkacs sa « partie [...] ruthène », et la confia à un administrateur apostolique croate, Mgr Denis Njaradi, évêque uniate de Zagreb, ancien administrateur du diocèse uniate de Presow (Slovaquie orientale). « Exemple typique de la sollicitude de l'Église "envers les catholiques d'Ukraine subcarpathique" », s'extasia l'*Osservatore* du 6 février 1939.

Le journal avait loué en décembre 1938 « la sagesse et la rectitude unanimement reconnus » du président Emil Hacha (le 9) – « hitlérien et [...] renégat » pire que Beck selon le renseignement français –, puis (le 26) clamé sa joie de l'interdiction du parti communiste et de l'« attachement [...des] nouveaux dirigeants [...] aux traditions du christianisme », dont le retour, décidé par le ministre de l'Instruction publique, du crucifix « dans l'endroit le plus en vue de chaque classe ». Faux contraste, dénonça l'ambassadeur à Prague Victor de Lacroix, entre une « deuxième république [d']hommes croyants et dévoués à la religion » et celle de Benès, « maçonnique et athée » : les agrariens « affichent [... d]es préoccupations religieuses [...] de fraîche date », s'acquittant « des assurances concernant "l'ordre moral" de l'État » qu'ils avaient données au parti catholique de Kaspar lors du « marchandage » négocié en novembre 1936 ; la « pression du Troisième Reich » pèse autant sur la Bohême-Moravie que sur la Slovaquie, dont « le gouvernement se proclame officiellement "national et chrétien" [...et qui] subit tout particulièrement l'attraction de l'idéologie nazie »[38]. Le fruit était mûr pour l'agression suivante.

Les autres États d'Europe orientale avant la conquête militaire

Dans les zones où la revanche dut attendre la Deuxième Guerre mondiale, je retiendrai l'essentiel de la collaboration codifiée par l'article 29 du concordat du Reich sur « les minorités allemandes à l'étranger ». Elle fut partout identique et lésa l'Italie jusque dans ses bastions.

La Yougoslavie

Crises permanentes et désagrégation, 1933-1938

Le cas yougoslave illustre mieux que tout autre les rapports de forces germano-italiens dans les Balkans avant septembre 1939. Dans une offensive interrompue par de courtes trêves, encore parallèle aux besoins italiens, l'allié germanique occupa une part grandissante.

Face à l'attaque anti-Sokols lancée à la fin de 1932, Belgrade oscilla une fois de plus entre deux options : d'une part, la répression contre les complots cléricaux, avec l'arrestation, épargnée aux évêques, des chefs respectifs des partis catholiques croate et slovène, Vlatko Macek (successeur de Radic) et l'abbé Anton Korosec, les plans ou menaces de séparation de l'Église et de l'État et de dissolution et expulsion des ordres, jésuites en tête ; d'autre part, la capitulation, perceptible fin février 1933. En privé, Belgrade déclarait « ne pouv[oir] se payer le luxe d'un *Kulturkampf* dans l'état actuel de l'Europe », et le roi, rassuré par l'accalmie de mars, confia le 9 : « le pape est un gros morceau à avaler [...], je n'ai pas du tout l'intention d'engager la lutte avec lui. »

Son pays plongea donc dans la tourmente, avec pour chef d'orchestre rituel Saric, selon lequel « l'épiscopat catholique ne reculerait devant rien pour soutenir la bonne doctrine de l'Église ». Pie XI, relayé par Pellegrinetti, s'y révéla sans fard. Déchaîné début février contre les Sokols devant Simic au point d'apparaître « cette fois insensible [à l']argument » vantant ce « moyen d'opposer un barrage au communisme », il menaça : « si nous sommes contraints à la guerre, elle sera plus

38. Lettre de Rivière n° 337, 22 octobre (utile pour l'après 1945), *Tchécoslovaquie*, 109, note Strasbourg n° 1258, 10 juin, *Hongrie*, 113, tél. Lamarie n° 2761, Prague, 28 octobre, *Canet*, 58, lettres de Rivière n° 363, 22 (Tisserant), *URSS*, 1094, n° 602, 24 novembre 1938, de Charles-Roux n° 22, 9 janvier, n° 72, 6 février, de Lacroix n° 3, 4 janvier, *Tchécoslovaquie*, 109 ; note 1787 sur Hacha, IEE, Strasbourg, 1er avril 1939, AN, F 60, 294 ; enjeux allemands, Beuve-Méry H. « De l'accord », Jaray G. L., *Offensive*, etc.

funeste à l'État qu'à l'Église. » Il ne respecta même pas la « détente » qu'invoqua Pacelli en mars pour Charles-Roux. Les humiliations se succédèrent, d'autant plus notoires en France que *La Croix* s'obstinait, malgré les pressions (modestes) du Quai, à dénoncer les horreurs infligées par les Serbes au catholicisme croato-slovène : outre la discipline ultramontaine, les « importants intérêts en Bulgarie » de l'ordre (assomptionniste) qui dirigeait le journal l'empêchaient d'« épargne[r] la Yougoslavie »[39]. Le 24 avril, Pie XI créa un « incident [...] sérieux » en refusant audience à douze parlementaires yougoslaves conduits par le président de la Chambre, arguant *a posteriori* qu'il s'agissait de « francs-maçons notoires ».

Le 24 mai, recevant un pèlerinage de 500 Croates menés par Antun Bauer et cinq évêques, il honora ses « bons fils de la Croatie », rappela « la prédilection du Saint-Siège pour la Croatie », ses souffrances pour « notre cher peuple croate » et « notre chère Croatie », qu'il classa parmi « les régions de la chrétienté les plus éprouvées et qui souffrent le plus », formules accueillies par « des acclamations ». Puis il bénit ses hôtes, « ainsi que leurs frères de sang et de foi, [...] le cher peuple croate et la population de toute la Yougoslavie, parce que nous savons, ce dont notre cœur souffre, que tous ne sont pas bons comme vous ». Cette allusion unique au pays entier « tomba dans [...] un silence de mort ». Belgrade, déjà quasi muette sur le camouflet d'avril, affecta d'y voir une preuve de bienveillance. Elle dut ensuite affronter le scandale déclenché le 11 août par un article incendiaire de la *Hrvatska Straza*, brûlot quotidien épiscopal de Zagreb qui accusa les Serbes de vouloir « inculper le pape »[40].

L'été 1933 accrut le contraste entre les bontés de Pie XI « à l'égard de l'Allemagne hitlérienne et de l'Italie fasciste » et sa haine pour la Yougoslavie, « monstre contre-nature et sans avenir ». Pellegrinetti exerça donc librement sa malfaisance, que définit ainsi Mgr Nicolo Moscatello, prélat croate que l'État yougoslave avait à la fin de 1932 nommé « consulteur-canoniste » à sa légation au Vatican : c'est « non seulement [...] un médiocre et un courtisan du Pape, mais [...] un homme mal intentionné, qui, incapable de rien faire de bon quand il en a l'occasion, ne manque jamais de jeter de l'huile sur le feu, chaque fois que les circonstances le lui permettent ». L'épiscopat en navette entre Rome et ses diocèses s'insurgea contre la « persécution religieuse » d'un État soucieux de démontrer que la répression du séparatisme ne lésait pas les droits catholiques : la loi du 26 juillet 1933 donna « pleine liberté » à l'ensei-

---

39. Tél. Naggiar n° 94, 25 février, n° 164-167, 11 mars, lettre n° 77, 20, de Charles-Roux n° 48, 6 février, feuilleton *La Croix* depuis février, dont tél. Léger, 12 février, et lettre n° 168 de Charles-Roux, 30 avril 1933, *Yougoslavie*, 170 (janvier-mars, ce vol. et 168).
40. Charles-Roux, tél. n° 106-109, 24 avril, 30, lettres n° 214, 27, n° 202, 29, n° 208, n° 214, 30 mai, *Yougoslavie*, 170, note Canet, 29 juin, *Canet*, 60, août-septembre, dont Charles-Roux, tél. n° 311-316, 28 août, lettre n° 343, 5 septembre, *et Hrvatska Straza*, 28 août 1933, *Yougoslavie*, 171.

gnement religieux dans les écoles. L'apaisement italien du début d'octobre signalé plus haut se refléta dans l'épiscopat : Srebrnic, évêque de Krk, un des « plus hostiles », fit début décembre « une déclaration d'absolu loyalisme à l'égard de l'État yougoslave bien inattendue dans sa bouche ». La trêve fut rompue en décembre par un décret du Saint-Office, dont Pacelli se jura innocent, qui interdit au clergé catholique la participation aux cérémonies officielles. L'interdit jeté sur une tradition nationale respectée par les autres cultes, simple bénédiction des drapeaux des régiments qui depuis quinze ans n'avait jamais « soulevé aucune objection de la part de l'immense majorité des évêques », et que Saric exécrait, en dit long sur l'avancement des plans séparatistes[41].

Les préparatifs de l'attentat de 1934 requérant discrétion vaticane, on rediscuta cependant concordat. On achoppait sur tout, langue paléo-slave, réforme agraire, droits des associations de jeunesse anti-Sokols, etc. : « le pape est tellement désillusionné par le concordat avec l'Allemagne qu'il hésite à s'engager avec la Yougoslavie », argua Pellegrinetti. En août-septembre 1934, on parla de projet définitif : Belgrade espérait le signer à Rome entre la session de la SDN et le départ (le 23 septembre) de Pacelli pour l'Argentine, faute de quoi il serait ajourné jusqu'à la mi-novembre. Après l'assassinat, le 9 octobre, d'Alexandre et Barthou, examiné plus loin, les formes furent à grand-peine respectées. « Le clergé croate [montra] un certain défaut de chaleur dans l'expression des sentiments » (Charles-Roux). Le 7 novembre – jour où il reçut les Hongrois en quête de couverture –, Pie XI ne se censura guère devant Simic. Il exprima d'abord « de la tristesse et de l'indignation [à l'égard du] crime du 9 octobre », son « estime [pour] le roi défunt » et loua la « réaction émouvante et digne » du pays. Puis, après avoir écouté dans un silence de plomb la diatribe de Simic contre « l'abomination de complots criminels, ourdis patiemment hors des frontières yougoslaves, dans des pays étrangers qui les favoris[ai]ent plus ou moins », il rétorqua : « qui sème le vent récolte la tempête. »[42]

Le « concordat [...] pour la signature [duquel] l'Italie a[vait] insisté à plusieurs reprises » traîna encore, bien que Pacelli eût dit le 7 janvier 1935 que « tout [était] prêt » puis annoncé la fin des négociations pour avril. Ce dix-neuvième concordat du règne, requis par l'Italie, fut signé le 25 juillet

---

41. Lettres de Naggiar n° 439, 17, de Charles-Roux n° 343, 5 septembre, *Yougoslavie*, 171 (double jeu de Moscatello, depuis le 8 décembre 1932), de Naggiar n° 385, 3 août, n° 530, 2, de Garreau n° 120, 4, *Yougoslavie*, 168, Charles-Roux, tél. n° 462, 15, lettre n° 507, 27 décembre 1933 et tél. Naggiar n° 8, 3 janvier 1934, *Canet*, 60 (suite, *ibid.* et *Yougoslavie*, 171).

42. Lacroix-Riz A., *Choix*, p. 206-209 ; tél. Naggiar n° 620-621, 17 juillet, *Canet*, 60, Charles-Roux n° 349, 10, Naggiar n° 698, 20 août, Truelle n° 365, 3, Naggiar n° 729, 7 septembre, lettres de Charles-Roux n° 344, 30 octobre, et n° 347, 7 novembre 1934, *Yougoslavie*, 171.

suivant. Les garanties de ses 32 articles et 2 annexes ressemblaient à celles obtenues *sur le papier* par les autres « États successeurs », y compris l'interdiction d'activité politique aux clercs (respectée seulement dans le Reich) : « règlement définitif » de la coïncidence entre diocèses et frontières d'État créant « deux nouveaux diocèses, la Backa et le Banat », et érigeant ceux de Split et Ljubljana en archevêchés ; clause de non-« objection politique » pour la nomination des évêques, astreints au « serment de fidélité » ; clercs « sujets et nationaux yougoslaves » ; promesse de laisser « en dehors des partis » l'AC placée sous la tutelle directe des évêques, et de prendre « des mesures interdisant au clergé en exercice d'appartenir aux partis politiques ou de militer dans leurs cadres » ; « organisation des prières pour le souverain » (annexe I).

La formulation des engagements les annulait parfois d'emblée : « l'usage de la langue slavonne » ne pourrait être décidé que par « la conférence de l'épiscopat du royaume. » Belgrade, privée de tout recours contre les promesses violées, concéda tout à l'Église : « autonomie économique et financière » totale, non-expropriation des biens, réforme agraire inapplicable « sans entente préalable avec » elle, clercs soustraits à la justice civile (au profit des seuls tribunaux ecclésiastiques), droit de « développer [...] son action éducatrice » et ses associations, « éducation et enseignement religieux » assurés aux élèves catholiques de l'enseignement public. L'interdiction de l'action politique aux clercs catholiques était étendue aux « ministres des autres confessions » : l'État acceptait par écrit de rompre ses liens avec l'Église nationale, alors que l'« Action catholique » intacte piétinerait les engagements romains.

Fin janvier 1935, Bauer avait dispensé les catholiques de la fête, nationale depuis plusieurs années, du « saint national » serbe Saint Sava. Pour préparer les élections du 5 mai, le clergé croate – mené par le trio Bauer, Aloyius Stepinac (son coadjuteur-successeur depuis un an, dont « la forte personnalité tend[ait...] à prendre le pas sur celle du vieux prélat »), Njaradi, déjà présenté – poussa à l'émeute « les paysans catholiques ». La répression, épouvantable, nourrit un long rapport Bauer-Njaradi largement diffusé, dénonçant la cruauté et « les massacres de la gendarmerie ». En Slovénie, le Congrès eucharistique de Ljubljana, du 28 au 30 juin, attesta « l'immense popularité » de Mgr Korosec, qui galvanisa les foules aux « cris [de] : À bas nos persécuteurs » (mais des rivalités entre cléricaux croates et slovènes servirent Belgrade). Le « concordat » du 25 juillet décupla cette énergie[43].

43. Note de Chataigneau pour Chautemps, 4 août 1937, F 60, 171, Charles-Roux, tél. n° 12, 8 janvier, lettre n° 235, 29 juillet, et texte, *Canet*, 60, lettre de Garreau n° 43, 9, tél. Knobel n° 137-139, 19 février, Dampierre n° 392-395, 31 mai, n° 425, 15 juin, lettre n° 18, Ljubljana, 2 juillet, *Yougoslavie*, 168, tél. Dampierre n° 647, 27, Charles-Roux n° 341, 14 novembre 1935, *Canet*, 60 et *Yougoslavie*, 171.

Le cabinet Stoyadinovic, pantin de l'Axe Rome-Berlin où Mgr Korosec occupait l'Intérieur, annonça au début de 1936 la ratification de cet « accord » absurde. Provocateur, rejeté par les orthodoxes, majoritaires, il jetterait le pays dans « un véritable *Kulturkampf* », prédit l'évêque anglican de Gloucester dans une lettre au *Times* le 4 mai 1937. La colère orthodoxe soulevée depuis 1935 se mua en « tempête » fin juillet 1937.

Dans la nuit qui suivit la ratification (le 23) arrachée, au bout de deux ans, par le cabinet à la majorité, pourtant sur mesure, de la Skoupchina (Chambre yougoslave), par 167 voix contre 129, le patriarche Barnabé, qui avait « farouchement combattu » le concordat, passa de l'agonie au trépas.

Dès le 20 juillet, avaient eu lieu des manifestations contre le ralliement à l'Axe et l'abandon de l'alliance française (« À bas Stoyadinovic », « À bas Korosec », « À bas le régent [Paul] », « Vive le roi Pierre II », « Vive la démocratie française »). « Baïonnette au canon, les officiers sabre au clair », « les pelotons de gendarmes [...] formés avec des Croates et Slovènes catholiques, et même [...] des Musulmans » - riche idée de Korosec - firent « plusieurs blessés ». La certitude (légitime) que le patriarche avait été empoisonné « puis la répression brutale de la pacifique manifestation » décuplèrent la fureur populaire. Le Saint Synode excommunia dès le 26 juillet le président du Conseil Milan Stoyadinovic et les autres ministres serbes (orthodoxes) pour avoir fait voter le concordat et refusé des obsèques nationales au patriarche Barnabé. En août 1937, dans Belgrade en état de siège, « la police, aux ordres de l'abbé Korosec ministre de l'Intérieur, fractur[a] le crâne de l'évêque orthodoxe de Chabats, bris[a] des icônes, lacér[a] des bannières ». Macek avouait alors en privé « que le Concordat n'intéressait pas les catholiques croates et que, personnellement, il était contre : "C'est [...] un accord entre le gouvernement de Belgrade et le Vatican, et non pas entre l'Église et le peuple catholique de ce pays" ». Le concordat liquidateur de la Yougoslavie était mort : Stoyadinovic dut annoncer début octobre 1937 son « ajournement *sine die* ».

Le Vatican adressa à la mi-février 1938 à Belgrade une « protestation formelle contre le traitement » indigne appliqué à lui-même et aux « catholiques de Yougoslavie », laissant percer des querelles cléricales (il dénonça Korosec qui avait déclaré le 29 décembre 1937 : « le concordat avait créé une situation trouble et maintenant il est caduc »). Pellegrinetti, « homme de la secrétairerie d'État, dont il [était] un des informateurs les plus assidus et l'un des agents d'exécution les plus dociles », avait à la mi-décembre acquis la pourpre pour services rendus à « son maître ». On n'avait plus besoin de lui dans le champ de mines où l'épiscopat en général, Saric, Stepinac et le laïc Macek en particulier, achevèraient la besogne au profit de l'Axe Rome-Berlin, inégalement servi[44].

Ses bénéficiaires

• L'Italie, en Dalmatie

Les Serbes maintenaient en 1935 que le Vatican « n'était rien d'autre que le gouvernement italien en soutane ». Inspiratrice notoire du concordat, l'Italie reçut en effet encore après janvier 1933 maint signe dalmate de fidélité. L'automne 1933 fut marqué par une campagne fasciste récurrente sur « les persécutions serbes contre l'Église catholique » puis par des « complaisances du Saint-Siège à l'égard du gouvernement fasciste », à l'origine de brusques déclarations épiscopales de loyalisme yougoslave. En novembre, il rattacha des paroisses autrichiennes et yougoslaves aux diocèses italiens d'Udine, de Gorizia et Trieste. Mi-décembre, deux décrets vaticans parachevèrent les coups de force de la décennie 1920 : le premier détacha de la Slovénie les diocèses de Krk et de Ljubljana pour les subordonner « directement au Saint-Siège » ; le second disjoignit Gorizia de Trieste, la « rattach[ant] provisoirement au patriarcat de Venise ». La presse fasciste glorifia ce retour « sous les ailes puissantes de Saint Marc [...] après quatre siècles de séparation humiliante et douloureuse ».

L'italianisation de Gorizia suivit le cours habituel. En mai-juin 1934, les autorités arrêtèrent puis reléguèrent « pour cinq ans » dans une île de l'archipel de Ponzano deux professeurs du séminaire qui déplaisaient. Pacelli se dit non informé et la Curie resta de marbre. Puis l'administrateur apostolique, le « Croate d'Istrie fascistisé » et honni, Sirotti, fut remplacé en août 1934 par un « archevêque » en titre, Carlo Margotti. Ce « pur Italien », délégué apostolique en Grèce et Turquie, y avait montré avec « son compère l'ambassadeur d'Italie [...l']esprit d'intrigue [et la] duplicité [de] tous les prélats romains », selon Albert Kammerer, ambassadeur de France à Ankara. Intronisé en septembre devant les autorités fascistes en corps, Margotti mêla dans son discours « marques de dévotion au Duce » (« qu'il soit toujours victorieux ») « et au régime [et...] louanges » à Sirotti.

À Trieste, Fogar, jugé slavophile, ne plaisait plus. Écarté de son diocèse en mai 1934 face à un Vatican muet, il y était revenu en juin. Harcelé par les

44. BQ (?), 5 mai 1937, *Canet*, 60, feuilleton depuis janvier 1936, *Canet*, 60, *Yougoslavie*, 169 et 172, lettre de Dampierre n° 345, 21 juillet, *Yougoslavie*, 172, note Chataigneau pour Chautemps, 18 août, F 60, 171, Bulletin périodique de la presse yougoslave n° 119, 1er juillet-10 septembre 1937, AN, F 7, 14753, tél. Dampierre n° 544, 9 octobre 1937, *Canet*, 60, Rivière, tél. n° 62-63, 18, lettres n° 61 (et « aide-mémoire », *OR*), 19 février 1938, *Yougoslavie*, 172, et de Charles-Roux n° 376, 19 novembre 1937, *Saint-Siège*, 47 ; 1937-15 mai 1940, AN, F 7, 14753 : dossier sur Stoyadinovic, Pavelic, Macek, l'Oustacha et l'Axe. Comparer à Rhodes A., antiserbe, *Vatican*, p. 159-160.

fascistes, il en fut définitivement chassé en octobre 1936 après « une véritable "défenestration" ». La Curie, pressée par Mussolini et le « secrétariat général du parti fasciste » qui jugeaient ce « très bon patriote italien » trop indépendant, « trop tolérant envers ses diocésains slovènes et insuffisamment docile aux quatre volontés du préfet et surtout des hiérarques du parti dans son diocèse », exigea sa démission. Margotti, son « adversaire », qui avait mené campagne contre lui à la Consistoriale, assura son intérim. En mai 1938, le diocèse échut à Santin, « docile instrument entre les mains du gouvernement italien » depuis près de vingt ans à Fiume[45].

• Vers le triomphe allemand

Ce triomphe italien en Dalmatie slovéno-croate était précaire, fut-il admis quand l'Anschluss délia « en privé » les langues des chefs fascistes. Rino Alessi l'exaltait dans son journal de Trieste, *Il Piccolo,* mais il le tenait pour « une catastrophe comparable à celle de Caporetto » : il avait « détruit d'un seul coup tous les effets de la politique de Mussolini en Europe centrale, ruiné définitivement l'influence dominante de l'Italie dans le bassin danubien et amoindri sensiblement le prestige du Duce ». Ces certitudes sur l'avenir non italien des Balkans en général, de Trieste et de la Dalmatie en particulier, égrenées depuis 1933, frappèrent alors tous les observateurs. Mais l'Italie fit contre mauvaise fortune bon cœur en relançant sa propagande impériale alors que Röhm se réjouissait, en mai 1934, de voir « d'ici peu la Dalmatie » devenir « Riviera allemande »[46].

Pour le reste, les années 1933-1939 consacrèrent la vieille dépendance allemande du cléricalisme slovène et croate. Belgrade se rallia, surtout après l'assassinat d'Alexandre, à une mensongère « protection » allemande contre l'Italie : Stoyadinovic livra, contre rémunération personnelle, son pays au Reich, ressources pétrolières comprises, même après la fin de son cabinet (février 1939). La Curie destinait au Reich ou à la Hongrie tout ce qui n'irait pas à l'Italie. Elle n'ignora rien des préparatifs du crime *allemand* du 9 octobre 1934, exécuté par des sicaires partis « de la Maison brune de Munich » et liés au tandem croate oustachi Ante Pavelic-Eugen Kvaternik désormais

45. Lettres de Charles-Roux n° 246, 5 août 1935, *Canet*, 60, de Naggiar n° 443, 19 septembre, *Yougoslavie*, 168, de Charles-Roux n° 452, 17 novembre 1933, *Italie*, 264, de Naggiar n° 7, 6 janvier, de Garreau n° 182, 28 août, *Yougoslavie*, 168, de Charles-Roux n° 199, 5, n° 200, 6, Trieste n° 57, 20 juin, *Italie*, 264, de Garreau n° 182, 28 août, n° 221, 5 octobre, *Yougoslavie*, 168, de Kammerer, 27 février, *Canet*, 54, de Charles-Roux n° 178, 16, n° 186, 17, n° 190, 20 mai, n° 200, 5 juin 1934, *Italie*, 264, tél. n° 316, 30 octobre 1936, et Bernard n° 56, Trieste, 18 mai 1938, *Canet*, 53 et 42.

46. Lettre de Bernard n° 217, 14 mars, rapport Nac, 8 avril 1938, *Autriche*, 205, lettre n° 140 de de Vienne, Budapest, 17 mai 1934, *Autriche*, 197 (et tous fonds), même tableau, Wiley, 19 mars, *FRUS*, 1938, I, p. 457-460.

dans la main de Berlin, et couvert par l'Italie, la Hongrie et l'Autriche. Dès mars 1933, D'Herbigny avait annoncé à Gentil que « l'Italie préparerait l'entrée d'un groupe de Croates hongrois en Croatie et en Slovénie afin de provoquer des troubles en Yougoslavie ». L'incroyable vide du courrier diplomatique des semaines antérieures[47] est aussi éclairant que l'attitude du Vatican après l'attentat classé d'emblée par Moscou, avec l'assassinat de Dollfuss, parmi les exemples de l'« action secrète de l'Allemagne qui, incapable de faire la guerre, susciterait des troubles et des actes de terrorisme dans toute l'Europe » (Charles Alphand). Le 7 novembre 1934, l'entrevue de l'hitlérien Gömbös avec Pie XI et Pacelli (suivant de très peu des conciliabules avec Kanya) compta parmi les « précautions diplomatiques » de Budapest contre la remise éventuelle à la SDN d'un dossier sur l'attentat de Marseille. Pie XI n'avait auparavant donné « que des répliques évasives » aux ministres tchécoslovaque et yougoslave curieux de « son appréciation sur les responsabilités étrangères dans le complot »[48].

Les liens germano-vaticans en Yougoslavie sont avérés par trois données sûres :

1. Le développement de l'action catholique *allemande* sur place (parallèle à la mission allemande parmi les protestants). Dès 1933 furent fondés à Belgrade chapelles et écoles allemandes (italiennes aussi) pour y concurrencer les deux importantes œuvres françaises des sœurs oblates de l'Assomption et des frères maristes. Début mars, Berning, pourvu de la « juridiction confessionnelle » sur les « minorités allemandes à l'étranger », fut « chargé par le pape d'une mission auprès de la minorité catholique de langue allemande en Yougoslavie », estimée à 450 000 (630 000 selon une source allemande de 1936) : « colonies souabes et saxonnes de Slavonie, de Voïvodine », forte minorité de la région de Maribor et noyaux de Belgrade et de Sarajevo. L'État, « heureux de faire constater que la minorité allemande n'avait à se plaindre de rien à cet égard », consentit au court-circuitage de la tutelle de l'ordinaire sur « tout ou partie des diocésains » (pratique étendue à tous les pays convoités). Cette « tournée » eut lieu en mai 1933. « Un seul évêque yougoslave, celui de Subotitsa [en Voïvodine], aurait interdit son diocèse à

---

47. Choix allemand, *Autriche*, *Yougoslavie* et surtout AN, F 7, 14753, accablant sur la corruption de Stoyadinovic ; note 2 Gourevich, 30 octobre 1934, *Yougoslavie*, 136 ; lettre de Charles-Roux n° 30, 8 mars 1933, *Saint-Siège*, 37 ; vide 20 août-16 octobre, *Canet*, 60, 15 septembre-16 octobre 1934, *Yougoslavie*, 171, *un* courrier sans intérêt, 7 octobre 1934, du 28 août 1934 au 9 février 1935, *Yougoslavie*, 168.

48. Lettres n° 215, Tallin, 16, n° 646 de Clauzel, Berne, 15, tél. Alphand n° 444-446, Moscou, 12 octobre, *Yougoslavie*, 182, et tél. Charles-Roux n° 417, 8 novembre 1934, *Canet*, 52. Rôle allemand, *Yougoslavie* 182-183, 132-138 (citation, note 2 Gourevich, 30 octobre 1934, vol. 136), AN, F 7, 13433 et autres sources, Lacroix-Riz A., *Choix*, p. 205-213.

l'évêque allemand [en...] invoqu[ant] contre cette ingérence étrangère l'objection d'irrégularité » : il subit donc « les reproches du Vatican ».

L'œuvre progresse vite, avoua en mai 1934 la *Tagespost* (de Gratz) dans un article sur « la propagande pangermaniste » en Europe centrale, orientale et balkanique et sur la collaboration y afférente « de Vienne et de Berlin ». En 1935 furent créées des paroisses allemandes sans Allemands, ainsi, en liaison avec le couvent de la Tvrkova Ulica, à Zagreb, où il n'y avait « aucune minorité allemande » : « cette création fait partie d'un plan d'ensemble s'étendant à toute la Yougoslavie », expliqua le consul Roger Garreau. « Partout de prétendues minorités ou colonies allemandes demandent que les sermons ou l'enseignement religieux soient donnés en allemand et envoient aux évêchés d'innombrables pétitions [...] Un évêque impressionné [...] par [leur] rédaction identique [...] fit procéder à une enquête et put constater que des agents de propagande [les] avaient fait signer [...] par des paysans, descendant il est vrai des colons allemands, mais ne parlant que le croate. Voulant à plusieurs reprises dans différents bulletins et journaux catholiques mettre en garde ses fidèles contre de telles machinations, il en fut empêché par la censure. » À ces œuvres participait comme dans tout l'Est européen « l'association [allemande] de Saint-Boniface » : « les autorités religieuses » de Bavière l'avaient chargée de « faire une étude approfondie des besoins des communautés catholiques allemandes de l'étranger et de proposer des mesures destinées à leur venir en aide ». Cette priorité était imperméable aux « vexations » subies par l'Église dans le Reich[49].

2. À l'aube de l'ère nazie s'affichèrent les liens, bien antérieurs, de l'appareil clérical croate – oustachi – avec l'argent et l'idéologie du Reich. « La presse catholique yougoslave » exultait à chaque succès extérieur hitlérien. Alors que le pays, avec sa tradition d'entente entre Serbes et juifs, avait résisté mieux que le reste de l'Europe centrale au flot antisémite de l'après-guerre puis de la crise, « les persécutions antisémites de Hitler » trouvèrent « écho [immédiat] en Croatie ». Un tract des « nationalistes croates » diffusé à Zagreb protesta contre « les récriminations inouïes dans le monde entier » suscitées par « la juiverie internationale » contre la saine « réaction d'un peuple de progrès contre les juifs et leur impertinence insensée » – les pogroms du 1er avril 1933 en Allemagne. Il proscrivait « un boycottage » nuisible aux Croates, lancé « uniquement dans l'intérêt de la juiverie qui nous est étrangère et ennemie » : il faut refuser l'entrée « des juifs allemands dans notre pays où ils sont destinés à enlever du pain et des salaires à des milliers d'ouvriers croates [...] Croates, boycottez les magasins juifs, les médecins juifs et les avocats juifs. »

---

49. Lettre de Naggiar n° 200, 8 avril, note pour Europe, 16 mars, lettres de Charles-Roux n° 201, 25 mai 1933, de Garreau n° 32, 23 février, n° 98, 3 mai 1934, n° 128, 17 avril 1935, *Yougoslavie*, 168, et de Vaux Saint Cyr n° 176, 16 août 1936, *Allemagne*, 695.

« Le principal organe catholique croate », fondé en juillet 1929, l'oustachie *Hrvastka Straza*, avait « toujours proclamé sa pleine confiance en Hitler qui lui appara[issai]t comme le défenseur de la civilisation chrétienne et occidentale contre le bolchevisme ». « Venimeux contre la France », ce quotidien archiépiscopal de Zagreb donnait « son insidieux appui à toutes les thèses allemandes », exaltait le concordat du Reich et « les concessions faites par Hitler à l'enseignement religieux », les opposait à la politique de la France « athée et païenne » – un des *leitmotive* de la promotion vaticane dudit concordat dans le monde catholique. Muet sur « l'antisémitisme hitlérien », il accusait la France de « l'affaire Dreyfus » d'avoir « dans l'Occident contemporain, [...] donné l'exemple de la persécution des juifs ». Comme l'*Obzor* (de Zagreb), la *Hrvastka Straza* soutenait les manifestations antisémites, ainsi en novembre 1933 contre un concert réunissant un chef d'orchestre juif allemand et une pianiste américaine. Fonds et thèmes croates venaient de Berlin : y furent « édités [...] deux tracts antisémites [...] largement répandus » en Croatie en février 1934, « la lutte de l'Allemagne pour la culture occidentale » et « la volonté du peuple allemand de se désenjuiver est-elle justifiée ? »[50].

3. Ce catholicisme nazifié, pivot du mouvement oustachi dès sa naissance de janvier 1929, fut alors livré à Aloyius Stepinac, favori de Pacelli, Ledochowski et Berlin. Début 1934, on parla de successeur pour l'Allemand Bauer, malade. Fin mars circula le nom de l'évêque de Sarajevo Saric, chef « de la droite irréductible » et tuteur avec Srebrnic de la croisade anti-Sokols, qui rêvait de « devenir le chef spirituel des Croates afin d'être plus tard leur chef politique ». Adhérent oustachi avéré, cet instrument « anti-serbe du Quirinal aussi bien que [...] du Vatican » donnait des gages au *Germanicum*, mais sa confusion avec les intérêts italiens le desservit.

Le siège, « depuis longtemps » objet d'« une polémique âpre [...] entre nationalistes yougoslaves et certains éléments catholiques plus particulièrement soumis à Rome », échut fin mai 1934 à « une personnalité très peu connue ». « Les milieux ecclésiastiques » attribuèrent « à l'influence des jésuites [...la] désignation [...] absolument inattendue » de Stepinac comme coadjuteur de Bauer avec droit de succession. « Le bruit » courut que le Saint-Siège, « fort inquiet d'un rapprochement germano-yougoslave » risquant de « favoriser les visées du Reich sur l'Autriche », voulait ainsi « éviter tout conflit avec le gouvernement yougoslave » sur la succession de Bauer et « même [...] lui donner une preuve de sa bienveillance ».

---

50. « Lettres de Naggiar n° 215, 26, de Boissier, Zagreb n° 129, 23 avril, *Yougoslavie*, 168, de Naggiar n° 418, 26 août, n° 435, 15 septembre, *Allemagne*, 700, de Garreau, n° 307, 28 novembre 1933, n° 25, 17 février 1934, *Yougoslavie*, 168, et n° 192, 28 août 1934, *URSS*, 1018.

Tous les éléments rendus publics en juin 1934 du passé de ce Croate de 35 ans, né près de Zagreb dans une famille de hobereaux, fils d'un gros propriétaire foncier, le rattachaient au germanisme. Prisonnier de guerre austro-hongrois sur le front italien, il avait rejoint *fin 1918* les positions du « comité yougoslave » de Londres : il « argua de sa qualité de Croate pour se faire engager dans le camp des officiers serbes » près de Pérouse puis sur le front de Salonique, en mission d'espionnage. Sa biographie officielle avait été vidée de 1918 à 1924, avant son retour à Krasic pour gérer une propriété paternelle à Kamenarevo, commencer des études agronomiques puis fréquenter le grand séminaire de Zagreb. Militant des jeunesses catholiques, portant au congrès international de Brno en 1922 « le grand drapeau croate à la tête d'[une] délégation croate » de 1 500 personnes, Stepinac fit depuis 1924 sept ans d'études au *Germanicum*. Dans ce fief pangermaniste romain, il se « signal[a] à l'attention des jésuites », fut nommé prêtre fin octobre 1930 et docteur de théologie de la Grégorienne en juillet 1931. Il rentra alors à Zagreb comme maître de cérémonies de Bauer.

À peine nommé, il « consacr[a] officiellement [...] la feuille archiépiscopale [*Hrvastka Straza*] comme le porte-parole de l'autorité diocésaine et comme le défenseur hautement inspiré des droits et des intérêts de l'Église catholique », lui donnant un ton et un contenu plus hitlériens que jamais. Ante Pavelic avait avec ses sbires laïcs élu domicile dans le Reich – en « ex-Autriche » : Vienne et Gratz se partageaient début 1939 « son quartier général », avec « de nombreux voyages à Rome et à Berlin ». Stepinac animait sur place la subversion avec une audace qui frappa les diplomates, dont Garreau.

Successeur de Bauer mort le 7 décembre 1937, et président de la conférence épiscopale, il symbolisait « l'influence hitlérienne » hégémonique en Croatie. Ledochowski, qui mimait l'anti-nazisme pour Charles-Roux, disculpa en janvier 1939 le « gouverneur de Zagreb », son poulain Stepinac, en citant ce faux dialogue avec lui : « la Croatie est-elle donc devenue une province allemande ? Que voulez-vous, j'exécute les ordres de Belgrade. » Comme ses pairs, Saric en tête, l'archevêque de Zagreb prisait les biens séculiers : il détourna l'héritage de Bauer, soit « plusieurs dizaines de millions de dinars », ce qui lui valut un procès de ses héritiers. Quand Belgrade, dans un contexte décrit plus loin, exhuma l'affaire, il avoua à demi en arguant que les plaignants avaient été déboutés en 1949 et « la fortune [...] transformée en biens de l'Église croate ». Réalité fort éloignée de la biographie pieuse de Stella Alexander, nourrie de citations sélectives de l'hebdomadaire *officiel* de l'archevêché (jusqu'en 1945), *Katolicki List* – pas la *Hrvastka Straza* – et d'hagiographies américaines ou « romaines » de guerre froide dressant Stepinac en anti-nazi, légitime croisé contre le persécuteur rouge Tito[51].

La Roumanie

Le cas roumain, identique à celui des autres proies du Reich, sera rapidement présenté. Les années 1920 avaient laissé libre cours en zones latine et uniate à Czernoch puis à Seredi. Mais l'influence allemande incarnée par Netzhammer ne fléchit point quand l'intéressé reçut à l'été 1924 ordre de départ pour rejoindre, avec son secrétaire, bénédictin comme lui, l'abbaye d'Einsiedeln, « l'un des centres les plus actifs de l'influence allemande dans l'Église catholique [...] d'où ils étaient venus ». Mélange de Hongrie, par son antisémitisme « chrétien » (à Jassy et Cernauti en particulier), et d'État successeur voué aux gémonies, la Roumanie traîna sept ans la négociation sur un concordat en 24 articles. Signé secrètement en mai 1927, ratifié à la mi-juillet 1929, il ressembla à ses pareils par les privilèges financiers et scolaires consentis à l'Église sous l'influence de son « principal négociateur », Julius Maniu, chef uniate du « parti national-paysan ». Canet l'estimait moins « absurde » que le polonais ou le lituanien, mais ses clauses favorables à l'État (choix des évêques, nationalité roumaine des clercs, séculiers et réguliers, sauf accord bilatéral « purement temporaire », etc.) furent aussi peu appliquées qu'ailleurs. Appuyé sur la minorité catholique – à peine 14 %en 1930 (7,3 d'uniates, 6,6 de latins) pour 72,2 % d'orthodoxes[52] –, le Vatican gagna en influence.

L'antibolchevisme de la dictature renforcée en 1930 par l'accession au trône du germanophile roi Carol, les services rendus par Maniu et la création de la Garde de fer du fasciste catholique Corneliu Zelea Codreanu, « subsidiée par Berlin et complètement imbue des idées hitlériennes », ne firent pas aimer Bucarest plus que Belgrade ou Varsovie. Mais Pacelli flagornait les Français, tuteurs du « cordon sanitaire », en prétendant « appelée d'un moment à l'autre à servir de bastion pour protéger l'Europe » la Roumanie sise « en bordure de l'État des Soviets » et en affirmant « qu'il y a[vait] intérêt à ce qu'elle se fortifi[ât] sous

51. Lettres de Garreau n° 17, 12 février, de Knobel n° 193, 5 avril 1934, note, Zagreb, 13 décembre 1932 (et Falconi C., *Silence*, p. 261), lettres de Garreau, n° 135, 30 mai, de Naggiar n° 294, 6, de Garreau n° 144, 11 juin 1934, avec biographie Stepinac, *Yougoslavie*, 168, n° 192, 28 août 1934, *URSS*, 1018, notes sn RGSN, 26 mai et 9 juin 1939, AN, F 7, 14753 et 14755, lettres de Charles-Roux n° 12, 11 janvier 1939, *Allemagne*, 698, et n° 242 de Baudet, Belgrade, 16 février 1953, *Yougoslavie 1944*, 106 ; Alexander S., *Triple*, p. 6-8, 12-14 et 54 (sources d'*ibid.* et *Church :* Benigar B., *Stepinac*, la principale, et Pattee R., *Case*).

52. Note sous-direction SDN sur l'Europe centrale, Paris, 30 novembre 1937, *SDN*, 2171, Lettres de Manneville n° 199, 9 juillet, n° 221, 1er août 1924, n° 54 de Doulcet, 17 mai 1927, texte, *OR*, 4 août 1929, *Roumanie*, 25, note Canet, 2 février 1933, *Canet*, 60, Bucarest, lettres de Luze n° 864, 28 juillet, n° 904, 11 août, de Charpentier n° 661, 14 juin 1948, *Roumanie 1944*, 19, et n° 76 de Thierry, 17 avril 1939 (5,5 % de juifs, 6,1 % de protestants), *Roumanie*, 175.

une direction ferme ». Le concordat permit d'installer promptement des jésuites non roumains, dont les visées germano-uniates s'affichaient dans les noviciats de Satu-Mare puis de Brasov. L'État redoutait les « réactions assez vives » que « pourraient provoquer » chez les orthodoxes majoritaires « des manifestations trop visibles de propagande catholique romaine », mais il abdiqua. Le poids politique germano-hongrois grandit encore avec le « "status" catholique transylvain » confirmé au diocèse uniate d'Alba Julia (en Transylvanie) le 30 mai 1932. L'hégémonie hitlérienne, aussi précoce ici qu'en Croatie et en Slovaquie, éclata dans les pogroms d'avril 1933, à Cernauti (traditionnel fief pogromiste) : des Ukrainiens y prirent part après avoir acclamé Hitler[53].

Le haut-clergé catholique réputé pour sa « propagande magyarophile » se dévoua plus que jamais au Reich, qui considérait comme bons Allemands ces « Magyars » présumés. Parmi les comploteurs permanents s'illustrèrent Mgrs Augustin Pacha et Stefan Fiedler, évêques de Timisoara (Temesvar) et de Satu-Mare (Sathmar-Grosswardein). Le premier avait succédé en 1923 à Mgr Julius Glattfelder, héraut de « l'idée de revanche hongroise » qui avait « organisé la résistance des grands propriétaires de la région contre l'application de la loi agraire roumaine ». « Refusa[nt] de prêter serment au roi[, il avait] men[é] contre le pouvoir établi une campagne si violente que le Saint-Siège dut consentir, avant même la signature du concordat avec la Roumanie, à lui confier un autre diocèse, en Hongrie » (Szeged).

La gestion du diocèse par Pacha, chef de la « minorité saxonne », est éclairée par les dossiers puisés aux archives officielles par l'État communiste roumain en vue des procès de 1948 et de 1951. Accusé d'avoir « placé à la tête des paroisses des "nazis fanatiques" » et d'avoir professé le nazisme « avant et pendant la guerre », Pacha eut, fin février 1934, comme « représentant des chefs catholiques allemands du sud-est européen », un entretien avec Hitler ménagé par Orsenigo. Les fonds français classés sont maigres, mais sa visite à Berlin est attestée par une fiche du 27 février 1934 et Canet le présenta en mars comme cheville ouvrière en Roumanie de « la disposition du concordat du Reich sur les minorités religieuses allemandes à l'étranger ». Les « catholiques de Munich » l'appréciaient en 1936 autant que Fiedler[54].

---

53. Lettres de Fontenay n° 168, 13 juin 1930, de Puaux n° 360, 8 novembre 1931, mars-juillet 1932, n° 7, Bucarest, 11 janvier 1934, et tél. Puaux n° 143, 19 avril 1933, *Roumanie*, 175.

54. Lettres de H. Cambon n° 15, 19 février 1923, *Roumanie*, 25, de Charles-Roux n° 299, 4 août 1933, *Roumanie*, 175, n° 864 de Luze, 28 juillet, n° 1092 de Charpentier, 22 septembre 1948, *Roumanie 1944*, 19, de Jeudy, Bucarest, tél. n° 254-258, 13, lettre n° 543, 22 septembre 1951, *Roumanie 1944*, 87, BE n° 569 sur lettre non jointe n° 57, Bucarest, 27 février, commentaire Canet, lettres de Charles-Roux n° 139, 14 mars 1934 (sur note, non jointe, concernant Pacha et Fiedler), *Roumanie*, 175, et de Vaux Saint Cyr n° 176, 16 août 1936, *Allemagne*, 695 ; Schüller S.O., *Für Glaube, passim.*

L'agitation politique et « la propagande hongroise » de Fiedler à Satu-Mare avaient enflé en 1933 un dossier roumain adressé à Rome et appuyé de « démarches officieuses » de l'ambassadeur Aurelio Giovanni Vassiliu. L'évêque avait répondu à l'un de ses prêtres, demandeur d'un congé « jusqu'au retour de la Transylvanie à la Hongrie, [...] qu'à son grand regret cet événement ne semblait pas assez rapproché, mais qu'il lui accordait bien volontiers deux mois de congé ». Un autre curé avait ordonné « un service funèbre le 10 mai, jour de la Fête nationale », en signe de protestation contre les frontières de la Roumanie ; tel autre avait interdit le principe même de la célébration « car les mères magyares pourraient s'en offenser » ; tel autre avait conseillé à une institutrice roumaine d'apprendre au plus tôt le hongrois car la Roumanie serait bientôt remise à la Hongrie, etc. Pie XI rabroua Vassiliu en août 1933 : « Mais laissez-moi donc tranquille avec votre évêque ! Ce que vous me dites, c'est de la chimie politique. Nous, c'est l'être humain, le cœur humain que nous voyons [...] Dites à votre gouvernement qu'un évêque n'est pas à craindre, qu'il peut être tranquille et qu'il n'a pas à s'alarmer à cause d'un évêque qui a notre confiance. » Le « brave homme » de Pie XI, pour lequel Pacelli « plaid[a] les circonstances atténuantes », poursuivit impunément ses activités : un journal roumain le désigna en avril 1934 comme le symbole de « l'armée en soutane du régent Horthy, appelée à frayer le chemin à l'autre armée, de Budapest, sur le territoire de notre pays ». Rome, sensible à « l'intérêt que port[ai]ent les autorités allemandes aux choses de la Roumanie », nomma (fin mai) 1936, à la grande satisfaction des « catholiques de Munich [...,] un troisième évêque de race allemande », Mgr Adolf Vorbuchner, à Alba Iulia (Karlsburg).

En 1939, « le gouvernement allemand » dominait le catholicisme roumain comme les Habsbourg en 1914. Il lui affectait « des sommes considérables » : des églises aux institutions, des couvents aux hôpitaux, tel celui des filles (allemandes) de la Charité, fondé par « un jeune prêtre allemand, [Nikolaus] Pieger, hitlérien avéré » – et futur « aumônier militaire » délégué en Ukraine occupée par le Saint-Siège. Lequel, sous couvert de plaire à Budapest, secondait en Roumanie, autant qu'en Hongrie même, en Pologne, en Tchécoslovaquie et en URSS, « la lutte en faveur de l'indépendance de l'Ukraine » allemande des nationalistes ruthènes de Bucovine (surtout) et de Bessarabie « placés sous l'influence hitlérienne »[55].

---

55. Lettres, Bucarest n° 276, 24 juillet, *Canet*, 57, de Charles-Roux n° 299, 4, n° 307, 24 août 1933, Bucarest n° 142, 14 avril 1934, *Roumanie*, 175, de Vaux Saint Cyr n° 176, 16 août 1936, *Allemagne*, 695, de Schorung, 18 mars 1939, *Canet*, 48 (avril, *Canet*, 57, août-septembre 1939, *Roumanie*, 175) ; lettre n° 88 d'André d'Ormesson, Bucarest, 15 mars 1934, *URSS*, 679, et *infra*.

La Pologne et l'URSS : le sort commun de deux adversaires

Les signes généraux du conflit polono-vatican

La Pologne ne fut pas plus protégée que ses pareils par son alignement total sur Berlin depuis « la déclaration de non-agression et d'amitié » germano-polonaise du 26 janvier 1934, signée pour dix ans et vide. Mais cette ligne germanique lui valut des flagorneries : le 28 août suivant, la *Hrvastka Straza* l'érigea en alliée suprême et partenaire du Reich dans le futur dépeçage de l'URSS, clamant pour la première fois « aussi crûment [...dans] une feuille yougoslave [...] qu'un changement complet serait survenu dans l'orientation politique de la Pologne et que celle-ci serait désormais liée à l'Allemagne par de vastes plans de coopération ayant pour but d'abattre le régime soviétique et de morceler la Russie. » Furent aussi vains la frénésie antisémite de son haut-clergé et son rôle, au nom de la croisade anti-rouge, contre les coalitions de revers en voie de reconstitution contre l'Axe.

La cession du corridor fut si activement poussée par l'inamovible O'Rourke, ouvertement pro-nazi (Léon Noël), qu'elle envahit les fonds diplomatiques. Les chefs de la Curie, très excités, ne tenaient plus leur langue. Pie XI avait dit en mars 1933 à Charles-Roux qu'« avec le temps, on trouvera[it] peut-être une manière de concilier les intérêts qui se heurt[ai]ent sur ce point ». Début avril 1935, il mentit moins devant Jacques Chastenet, directeur du *Temps*, et Charles de Lasteyrie, ancien ministre français des Finances : « le Corridor étant une conception absurde, les Allemands ne se résigneront jamais définitivement à l'isolement de la Prusse orientale » (ses hôtes, compréhensifs, étaient liés au Comité des Forges, enclin depuis 1931-1932 à lâcher ce morceau à ses partenaires allemands.) En avril 1938, Pacelli reçut l'hitlérien Arthur Greiser, président du Sénat de Dantzig : il lui répéta maintes fois « et avec emphase » à quel point Rome souhaitait « un accord avec le Reich, et alla jusqu'à lui affirmer que lui, Pacelli, était disposé à aller à Berlin pour les négociations, si on le désirait »[56].

Le nonce Marmaggi, « partisan acharné de la lutte contre le bolchevisme », amadoua à peine les Polonais les plus lucides en poussant aux « croisades [...] les milieux militaires [qu'...]il fréquentait beaucoup ». Varsovie, qui prétendait parfois tenir la balance égale entre Berlin et Moscou, « désireu[se] de rester en bons termes avec son voisin de l'Est, s'en plaignit à Rome ».

56. Idylle germano-polonaise, Lacroix-Riz A., *Choix, passim*, index Pilsudski et Beck ; lettres de Garreau n° 192, 28 août 1934, *URSS*, 1018, n° 309 de Noël, 9 juin 1937, *Pologne*, 328, de Charles-Roux n° 94, 7 mars 1933, n° 121, 8 avril 1935, *Saint-Siège*, 37 (et 37-39), Chastenet, Lasteyrie, Comité des Forges, *Choix*, p. 93-94 et index ; lettre de Weizsäcker, 8 avril 1938, *DGFP*, D, I, p. 1031.

Leurrant l'armée polonaise hantée par les Soviets, Marmaggi « se plai[gnai]t beaucoup des Polonais », « tout autant [que naguère] des Tchèques ». Il afficha dès 1933-1934 « un grand pessimisme quant à ce qu'on [pouvait] attendre de la Pologne » pour « la construction de la paix » : cet euphémisme désignait à la fois l'abandon du corridor et la conquête uniate de la Galicie orientale, décrite plus loin. Il quitta Varsovie peu après y avoir lancé (en août 1936) la croisade contre le communisme. Cette « absence prolongée » de plusieurs mois fut imputée à la volonté du Vatican de « manifester sa réprobation » à la Pologne, qui résistait à ses exigences accrues, notamment en matière d'état-civil. Mgr Filippo Cortesi prit enfin son relais en janvier 1937[57] et montra la même ardeur antibolchevique, masquant sans l'abolir l'inexpiable conflit.

Il se déroula dans une atmosphère tendue par les représailles vaticanes dont témoignent deux exemples. Ce fut d'abord l'affaire posthume du héros antibolchevique de 1920. Le Saint-Siège lança contre Pilsudski, mort le 13 mai 1935, son évêque de Kielce, Mgr Augustin Losinski, qui refusa au défunt les sonneries de cloches : la crise politique consécutive durait encore à l'automne. Interrompu ou non, le feuilleton fut relancé à l'été 1937 par le refus de Mgr Sapieha du transfert du cercueil, épisode achevé sur la capitulation de Varsovie qui prouva « l'étendue [du] pouvoir » romain.

Suivit l'affaire Beck. L'ancien second et successeur de Pilsudski ne poussant pas la germanophilie, avérée, jusqu'à l'abdication territoriale publique, Pie XI le bouda de plus en plus. À deux jours de l'Anschluss il refusa audience aux époux Beck au motif (nouvellement invoqué) qu'ils étaient anciens divorcés. L'affront, signe de « réel "mauvais vouloir" du Vatican », suscita une « vive amertume », avivée le 4 mai 1938 par un article – par lui « inspir[é] » – de *La Croix* contre Josef Beck, « doublement apostat à l'égard de son foyer et de sa religion ». Le Vatican détestait l'objet officieux de sa visite au Quirinal, un « plan du nouvel axe mer Baltique-Méditerranée [...] élaboré avec » Mussolini, visant à « englober les Pays baltes, la Pologne, la Roumanie, la Hongrie, la Yougoslavie et l'Italie en vue de former une barrière infranchissable pour l'Allemagne et l'éliminer de l'Europe centrale et des Balkans » (résolution pourtant douteuse vu la soumission germanique de Beck)[58].

---

57. Lettres de François-Poncet n° 1849, 25 novembre 1937, *Allemagne*, 696, de Laroche n° 218, 21 mars 1934, *Pologne*, 327, de Noël n° 605, 16 décembre 1936, de Charles-Roux n° 22, 19 janvier 1937, *Saint-Siège*, 45 (et depuis septembre 1936, *Pologne*, 328).
58. Lettres de Noël n° 379, 8 juillet, n° 440, 18 août, de Truelle n° 281, 13 septembre, de Noël n° 550, 24 octobre 1935, *Pologne*, 327, de Charles-Roux n° 76, 10 mars, n° 153, 19 mai, *Pologne*, 329, rapport Nac, 8 avril 1938, *Autriche*, 205 ; Beck, Lacroix-Riz A., *Choix* et *Munich*, index.

Les plans uniates à l'ère hitlérienne

• La disgrâce de D'Herbigny

Outre la maîtrise du dossier de Dantzig, la Curie conserva celle de la croisade uniate qui indignait la Pologne latine et la menaçait autant que l'URSS, au Nord et au Sud de leur frontière commune. C'est toujours sous le code de l'antisoviétisme que se livra l'assaut. Les Polonais diffusèrent contre D'Herbigny la thèse de sa collusion avec Moscou, crime suprême, voulaient-ils croire, aux yeux de ses chefs. Début février 1933, leur presse fit ses gros titres de l'information selon laquelle son secrétaire, Deubner, serait « un agent du GPU », et vitupéra le bolchevisme de la *Pro Russia*. Le sous-secrétaire d'État aux Affaires étrangères fut « chargé de faire des représentations au Saint-Siège » contre sa politique de conversion des orthodoxes à l'uniatisme. Vain tumulte. La Curie décida aussitôt d'envoyer un « visiteur apostolique », l'uniate lituanien Francis Bucys, Supérieur général des Pères mariens, chargé des « Russes de l'extérieur » *(Auslandsrussen)*, et maintint en place de Régis dont Varsovie rêvait de se débarrasser.

Sur la chute de D'Herbigny à l'automne 1933, il convient de faire le point sur l'énorme dossier de ses artisans présumés, les Polonais, les Italiens, voire les Russes (soutenus par ces derniers) qui auraient infiltré sa commission. La légende, forgée en partie par le roi déchu, est fondée sur la thèse (polonaise) de la « défection » au profit de l'URSS « d'un employé de la commission *Pro Russia,* Russe converti, puis apostat et fugitif de Rome », son secrétaire germano-balte, l'abbé Alexander Deubner. Cette sombre histoire donne à la disgrâce du jésuite, entamée bien *avant*, un éclairage *allemand* : la prétendue « fuite » de Deubner, en décembre 1932, se termina à... Berlin, où il rendit compte « à l'"Œuvre pontificale de secours aux Russes d'Allemagne" » dirigée par Gehrmann. Après arrestation (en mars 1933) et enquête nazies, il fut relâché en mai, aucune « preuve » de philobolchevisme ou d'appartenance à la GPOU n'étant retenue contre lui. Il regagna Rome en juillet 1933. On le retrouve en 1937-1938 « chanteur du chœur de la congrégation uniate de Prague », rémunéré sur les fonds – allemands – de Szepticky[59].

Quant à D'Herbigny, on le vit beaucoup, depuis juin 1933, en compagnie du Letton Sloskans revenu à Rome après la transition lettone qui avait suivi sa libération d'URSS (de février). Donnant en mars 1933 des renseignements sincères (sur les vrais auteurs de l'incendie du Reichstag, les complots en

59. Lettres de Laroche n° 66, 7, de Charles-Roux n° 66, 17 février, *Pologne*, 327, n° 482, 8 décembre 1933, *URSS*, 956 (ce vol. et 958), et ; Stehle H., *Eastern*, p. 142-148, 154-157, et 173 (pièces du puzzle Deubner, non reconstitué : sources orales pour 1937-1945, puis on perd sa trace), Wenger A., *Rome*, voit partout des espions soviétiques, dont Prettner-Cippico, archiviste de la *Pro Russia,* (chap. 11-12).

cours « en Yougoslavie », les intentions d'Hitler sur « le corridor polonais », etc.), il mentit beaucoup aux Français pendant l'été. Complice de la croisade « ukrainienne » qui suivit d'un mois la signature du concordat du Reich, il prétendit servir la volonté pontificale de compromis avec les Soviets. Charles-Roux, auquel la conjoncture rendait quelque lucidité, ne crut pas un instant à la recherche d'« une détente » : Pie XI, en juillet-août, ne tarissait pas sur « le bolchevisme [...,] son cauchemar », sur le Komintern, « sa bête noire », et sur son « regret [...] qu'aucun des voisins des Soviets ne leur ait réglé leur compte, convaincu qu'il [était] de leur incapacité à tenir contre une attaque sérieuse ». Quand le pape, que « les Allemands » avaient enjoint d'« adress[er] à toute la catholicité l'appel à la charité publique pour secourir les victimes de la famine en Ukraine et au Caucase » – premier acte de l'assaut ukrainien évoqué plus loin –, confia autour du 20 août la mission à Innitzer, expert du *Drang nach Osten*, D'Herbigny soutint que ce dernier avait agi spontanément. Thèse « difficilement admissible », objecta le 25 Charles-Roux, qui conseilla cependant d'acquiescer à une reprise des duperies de 1926-1927 : D'Herbigny déclara (le 24) que « le Saint-Siège serait heureux d'une détente avec la Russie soviétique » pour pouvoir faire entrer en URSS (désormais prohibée aux clercs germaniques) « deux assesseurs destinés à Mgr Neveu et au Père Amoudru » – agents « français » (« un prêtre [...] et un dominicain ». Le 30 août, D'Herbigny envoya une nouvelle demande de libération d'un prélat allemand, une de ses missions auprès du Quai d'Orsay.

Sa « disgrâce » fut annoncée début octobre par son départ « pour un congé de six semaines en France et en Belgique, où il subir[ait] une opération ». Sanctionna-t-elle son accalmie à l'égard les Soviets, perceptible, en privé, en 1932 ? Selon le supérieur dominicain du séminaire russe de Lille, entré en URSS comme laïc grâce à un « ancien camarade de régiment » communiste, D'Herbigny aurait été châtié à cause d'un rapport sur l'URSS contenant « des renseignements beaucoup moins pessimistes que ceux dont [il] remplissait la presse ». Après sa « démission » officieuse, sur l'ordre, le 27 octobre 1933, de Ledochowski (l'officielle ne fut annoncée que le 30 mars 1934), correspondance et presse lièrent sa chute au veto contre la reconnaissance des « Soviets » du Vatican, « dernière puissance » dans ce cas après la reconnaissance américaine de novembre 1933[60].

---

60. Lettres de Charles-Roux n° 30, 8 mars, *Saint-Siège*, 37, n° 42 de Tripier, 25 février, de Charles-Roux n° 237, 20 juin, n° 276, 27, n° 291, 30 juillet, *URSS*, 956, tél. sn, 25 août, *URSS*, 1036, tél. n° 306, 24, lettre de D'Herbigny, 30 août, *URSS*, 956, n° 410 de Truelle, 5 octobre, note Canet, 20 décembre, *URSS*, 956, *Les Échos*, 17 décembre 1933, *Canet*, 59 (octobre-décembre, ces deux vol.), Stehle H., *Eastern*, p. 164 et 167.

Si le doute demeure sur celui dont la carrière avait symbolisé l'antislavisme vatican, il est exclu sur la cause de son éviction. Sa déchéance fut motivée par la mainmise exclusive des Allemands (fût-ce avec des complices italiens au sommet de la Curie) sur le dossier ukrainien, comme Canet l'assura fin septembre 1933. Il « était question de l'Ukraine et de la Russie [...dans] les clauses secrètes du concordat du Reich » ; le Vatican avait démenti comme *« prématurée »* l'annonce d'une négociation avec Moscou : « du rapprochement de ces deux informations l'on doit conclure que le Saint-Siège espère obtenir la liberté de prêcher en Russie et qu'il a promis à l'Allemagne, en cas de succès, un rôle privilégié dans ses missions. » D'Herbigny décrivit encore les horreurs soviétiques, par exemple dans ses tournées de conférences de 1935-1936 « en France, Angleterre, Irlande et Suisse » liées au combat contre le pacte franco-soviétique et suivies de près par Moscou.

Il gênait pourtant le tandem germano-vatican, et dut en 1937-1938 boire le calice jusqu'à la lie. L'acharnement de Ledochowski et Pacelli ne lui épargna rien, des enquêtes de mœurs lui découvrant des compagnies féminines au retrait de la mitre, le 27 juin 1937. À l'automne suivant, on apprit à Rome « la grave mesure » prise contre lui, véritable « punition » : l'interdiction de tout ministère épiscopal, de toute prédication ou publication et la relégation « comme simple religieux » à la maison jésuite de Florennes (en Belgique). L'annuaire pontifical de 1938 confirma sa « disgrâce » : « il en a été expulsé comme un mort » alors qu'il y figurait jusque-là avec ses titres. Les « intrigues » alléguées de ses nombreux « ennemis » n'expliquaient ni cette « sanction » ni « cette affaire » sur laquelle les jésuites maintenaient « le plus profond silence ».

Son malheur ne dut rien aux Polonais, malgré leurs éventuelles illusions et les rumeurs en ce sens diffusées par le banni et son secrétaire, le jésuite Lavigne : en février 1935 circula le bruit d'« une quasi-rébellion des évêques polonais » qui auraient menacé de démissionner si Pie XI ne chassait pas D'Herbigny. Alfredo Pacini, auditeur de la nonciature à Varsovie, déclara sèchement en mai que son sort n'était « pas le résultat des démarches polonaises, pour la raison que celles-ci ne [s'étaient] pas produites ». En novembre 1933 courut la rumeur que l'uniate Sloskans, « Letton élevé en Allemagne ou par des Allemands », remplacerait D'Herbigny[61].

---

61. Note Canet, 29 septembre 1933, *Canet*, 59, *Pravda*, 10 avril 1935, lettres de Rivière n° 44, 7 février 1938, *URSS*, 957 et 958, de Charles-Roux n° 456, 20 novembre, n° 993 de Bruxelles, 7, de Charles-Roux n° 482, 8 décembre 1933, *URSS*, 956, d'Alphand n° 84, 26 février, de Laroche n° 291, 10 mai 1935, *URSS*, 958, et Stehle H., *Eastern*, p. 155-157, 163, 174-177, 412-413 (croit Marmaggi « gagné à la position des Polonais »).

• Réorganisation de la Pro Russia et plans ukrainiens

Fin décembre 1933, Pizzardo annonça une décision confirmant la défaite polonaise, le rattachement de la *Pro Russia* à l'Orientale. Sa réorganisation fut confiée à « l'entourage même » du pape, ruse destinée à cacher son inspirateur allemand : Mgr Cesarini, assesseur de l'Orientale, donc adjoint de Sincero, en fut nommé membre, comme Pizzardo et Ottaviani, et Tardini prit l'intérim de sa présidence. Son personnel grossit de tous les Germano-Baltes que l'URSS « libérait » alors en les expulsant : tels les « Lituaniens d'origine » Matoulanis (déjà rencontré) et Grouski, respectivement administrateurs apostoliques de Leningrad et de Sibérie occidentale, arrivés à Rome fin mars 1934. Sur place, « la Lituanie elle-même se remu[ait] », au vif agacement de l'ambassadeur de France à Moscou, Charles Alphand : « Mgr Neveu a eu des difficultés avec un prêtre lituanien qu'il a dû éloigner de Moscou. Toute cette agitation a des causes bien plus politiques que religieuses. » La fusion de la *Pro Russia* avec l'Orientale fut consacrée par le (tardif) *motu proprio* du 21 décembre 1934, agrémenté d'« un éloge de la diversité des rites » funeste aux prétentions latines de Varsovie. Cette mesure fut accompagnée de la promotion de Pizzardo à sa présidence, annoncée fin février 1935 et imputée à « l'augmentation du nombre des œuvres en faveur de la Russie et du travail entrepris »[62]. La Curie renonça à donner à Sloskans la succession de D'Herbigny, pour le nommer « recteur du grand séminaire de Riga », et mandata le Lituanien Matoulanis au séminaire de Kaunas comme « coadjuteur de l'administrateur apostolique en exil ».

Le « travail entrepris » préparait la catholicisation des territoires orientaux bientôt occupés par le Reich, qui en assuma le coût financier. Le consul Vaux Saint Cyr se le fit confirmer en novembre 1936, jouant les naïfs sur la construction, au centre de Munich, d'« un grand couvent » bénédictin qui serait « prochainement achevé ». Décision « surprenante », dit-il à « une haute personnalité religieuse », puisque l'ordre compte « déjà à Munich de nombreux établissements » et qu'on parle tant du conflit État-Église : « ce couvent doit assumer une tâche toute spéciale, il est appelé à former des moines destinés à évangéliser la Russie », répliqua l'interlocuteur. À l'objection « que les Russes ne semblaient pas actuellement devoir se laisser évangéliser », il précisa qu'on ne leur demanderait pas leur avis : « on nous a recommandé de former dès maintenant ces religieux, de façon à ce qu'ils soient prêts à entrer en Russie, le moment venu. » Stehle croit naïfs les jésuites du *Russicum* impatients d'entrer « en Russie bientôt », et se gausse de l'historien est-allemand Eduard Winter,

62. Bruxelles, lettres n° 940, 16 novembre, n° 993, 7 décembre, note Canet, 20 novembre, lettres de Charles-Roux n° 503, 26, n° 510, 28 décembre 1933, *URSS*, 956, n° 22, 18 janvier, *URSS*, 958, n° 108, 27 mars, d'Alphand n° 441, 21 novembre 1934, *URSS*, 957, n° 84, 26, *Havas*, 28 février 1935, et lettre de Charles-Roux n° 62, 9 mars 1936, *URSS*, 958, 957 et 958.

affirmant qu'« il ne fut jamais question de "conquérir" l'Union soviétique ou de se préparer "en vue de la prochaine ! invasion" » et que la Curie s'alarmait de « la politique expansionniste de Hitler » (thèse puisée aux mémoires insincères de Charles-Roux). C'est à Winter que les sources diplomatiques, *depuis le début du XXe siècle*, donnent raison[63].

Les rêveries de Varsovie ne gagnèrent donc rien à la chute du Français uniate honni, pas plus qu'à la complicité avec Berlin dans la subversion en Ukraine, poursuivie jusqu'en 1939. Alphand, de Moscou, rapporta depuis son arrivée (juin 1933) sur « l'ingérence nazie et polonaise », l'agitation politique, « les attentats terroristes » et l'espionnage des prêtres d'origine allemande et polonaise dans les zones-frontières. Les Soviets, écrivit-il en juin 1935 à propos des mesures prises à Leningrad contre les églises polonaises, « se défendent avec énergie, les exemples des effets de la propagande en Autriche, dans la Sarre, à Dantzig et même en Tchécoslovaquie m'empêchent de les en blâmer. [...L]es Polonais ont la manie du renseignement politique et rien ne peut garantir que, dans certains cas, des faits d'ingérence dans la politique intérieure ne peuvent pas leur être reprochés ».

Leurs prélats ne s'en cachaient pas : Mgr Kakowski se vanta en novembre 1934 devant un adjoint de Laroche d'être « parfaitement au courant de ce qui s[e] passait [en URSS] grâce aux informations de premier ordre dont il disposait ». Successeur (en novembre 1936) d'Alphand, Robert Coulondre décrivit en juin 1937 les arrestations de prêtres polonais liées « aux opérations d'"épuration", [...] particulièrement actives dans les provinces frontières comme la Russie blanche et l'Ukraine. Les personnalités étrangères ou d'origine étrangère sont les premières atteintes », le plus souvent donc, des clercs « connus pour leurs sentiments anti-communistes, et jouissant d'une certaine influence sur la population ». Les procès du début de 1938 révélèrent leur collusion avec l'étranger. L'Allemand Frison, revenu depuis 1931 à Sébastopol, y fut arrêté en octobre 1935 pour « espionnage pour le compte de l'Allemagne », condamné à mort le 17 mars 1937 « après un procès à huis clos », et fusillé « aux environs du 20 juin 1937 »[64].

La Pologne s'obstina contre l'URSS jusqu'à son propre écrasement, comme si elle croyait encore au « plan grandiose [qui] devait permettre de

63. Wenger A., *Rome*, p. 294 et 299, lettres de Charles-Roux n° 62, 9 mars, *URSS*, 958, de Vaux Saint Cyr n° 160, 9 novembre 1936, *Canet*, 38, Stehle H., *Eastern*, p. 180 et 189 (néglige l'aspect territorial de l'alliance qu'il connaît pourtant, faible, donc, sur la stratégie *germano*-vaticane depuis 1937).
64. Lettres d'Alphand n° 220, 17 juillet 1933, *URSS*, 956, n° 281, 20 juillet 1934, n° 171, 22 avril, n° 250, 18 juin, n° 267, 1er juillet, n° 415, 4, n° 434, 19 novembre 1935, de Laroche n° 799, 22 novembre 1934, *URSS*, 957, n° 23, 27 février 1936, de Coulondre n° 183, 29 juin 1937, et n° 61, 22 février 1938, *URSS*, 958 ; sur Frison, Lesourd P., *Entre*, p. 101, Wenger A., *Rome*, 302-304, Stehle H., *Eastern*, 178-180 (2 août 1937). Pologne et Ukraine, Lacroix-Riz A., *Choix, passim*, et « Pologne ».

donner le corridor polonais à l'Allemagne et de dédommager la Pologne en lui annexant les territoires soviétiques ». Elle n'ignorait cependant rien du rôle du Saint-Siège, et sa résistance à la pression uniate contribua à l'aigreur romaine grandissante. Philippe de Régis dut après 1933 (j'ignore s'il fut expulsé ou interdit de retour après un séjour à Rome) renoncer à sa mission au couvent néo-uniate d'Albertyn. En mai 1935, Pacini déplora qu'en dépit des efforts répétés de la nonciature, la Pologne lui refusât toujours son permis de séjour : Régis dut donc rester à Rome, comme recteur du *Russicum*. Varsovie conclut certes en juin 1938 un accord (Beck-Cortesi) allouant aux uniates du pays « une compensation de 2 millions de zlotys pour la spoliation » infligée par les Russes (tsaristes) qui avaient confisqué leurs biens. Mais l'échange des ratifications attendit le 16 mars 1939, signe de mauvais vouloir polonais. À l'été 1938, l'incendie et la destruction d'églises orthodoxes (138 en juin-juillet) furent au moins aussi anti-vaticans qu'« anti-russes » : l'orthodoxie ukrainienne constituait le terrain d'élection de l'uniatisme orchestré par Szepticky. En septembre, le Saint-Siège jugeant « le moment » opportun « pour entreprendre une nouvelle campagne contre les autorités polonaises », l'évêque de Lwow stigmatisa dans une pastorale « les persécutions religieuses et la lutte polonaise[s] contre le peuple ukrainien ». Le bureau de presse ukrainien de Rome diffusa largement ce brûlot. En décembre, la mission en Galicie orientale de Cortesi, aux côtés de Szepticky, révéla la hâte germano-vaticane sur le plan de « grande Ukraine avec Kiev pour capitale ».

Le Vatican se prétendit *ad usum gallicum* « désagréablement surpris [...] que le mouvement ukrainien s'appu[yât] sur l'Allemagne », mais rappela que Szepticky devait rallier à l'uniatisme « les Ukrainiens orthodoxes de Volhynie ». L'évêque de Lwow mentait aux Français en leur disant « qu'il ignorait les véritables desseins de l'Allemagne mais que la nation ukrainienne travaillait pour son propre destin. [...] L'hostilité du gouvernement polonais [...] opposé à toute extension du rite grec catholique », lui rendait, prétendait-il, « cette tâche irréalisable ».

D'autres obstacles, plus sérieux, se dressaient, la polonophobie et la russophobie de ces Slaves n'ayant pas vaincu leurs préventions contre Rome. L'avis du consul de France à Lwow éclaire la tactique de 1941 de l'occupant allemand, confronté en dépit des pactes ukrainien et balte à l'assise squelettique d'une Église uniate incapable d'assumer la mission prévue avec ses clercs déversés des fourgons de la Wehrmacht : « les masses ukrainiennes de Galicie sont tièdes en religion et même une partie du clergé est hostile au Vatican à qui il reproche de prélever trop d'argent tant par la vente des biens immobiliers qui devraient rester ou devenir le patrimoine de l'Église ukrainienne, que par les versements consentis par cette Église. » Si « la grande Ukraine » se faisait, « une Église nationale ukrainienne serait fondée, dégagée non seulement de l'obédience romaine, mais encore de toute autorité extérieure au pays » : dernière remarque aventurée, vu la stricte sujétion allemande (dimension financière incluse) des « autonomistes » ukrainiens.

Dans l'attente, les basiliens, ordre « le plus puissant en Ukraine slovaque et en Ukraine polonaise », assuraient au mieux l'espionnage *militaire* – prélude au combat – que Rome et Berlin leur avaient assigné[65].

III. De l'Alsace-Lorraine à la Belgique

L'Alsace-Lorraine

« L'agitation religieuse » allemande en Alsace-Lorraine persista, comme le jeu de cache-cache entre Paris et Rome, qui prétendait tout ignorer. Les Français étaient éclairés par leurs excellents « services d'Alsace et de Lorraine », et Charles-Roux vint en octobre 1933 poser des questions à Pacelli : « il s'informerait car il n'était pas au courant, aucun ambassadeur de France n'ayant jamais parlé au Saint-Siège des départements concordataires depuis qu'ils étaient rentrés en notre possession. »

Comme en 1924, où la promotion, au service du *Zentrum*, de la FNC jésuite s'était grimée en croisade contre le Cartel des Gauches« anti-chrétien », une nouvelle bataille scolaire « contre la peste du laïcisme » (Mgr Louis Marmottin, évêque de Saint-Dié) fut lancée en Alsace-Lorraine à l'automne 1936. Elle prit pour prétexte l'élévation de l'âge scolaire, fixé ici à 15 ans pour les garçons par le décret d'application d'octobre (du ministre radical et « juif » de l'éducation nationale Jean Zay, bête noire de la droite cléricale française) de la loi générale du 9 août. Mgr Ruch assaillit à nouveau « l'école laïque » sans Dieu et contre Dieu qui expulsait les religieuses, dépouillait les congrégations, etc. : cet engagement assoupit son conflit récurrent avec Rome. L'*Elsässer Kurier* et les « autonomistes » jouèrent la même partition qu'en 1924, hurlant à « la dictature d'une infime minorité, celle des juifs athées ».

En 1937, ce déploiement de haine au service allégué du bilinguisme et de l'enseignement religieux mobilisa les groupements catholiques dans de grandes manifestations. Charles-Roux, sans délaisser le mythe de « l'action conciliatrice et modératrice du Saint-Siège » ni sa ligne d'« apais[ement] », avoua à Canet en février sa lucidité : « le comité de défense religieuse est plein d'ardeur, résolu à faire le diable à quatre, en pointe par rapport à l'évêque qui est débordé en même temps que populaire pour la première fois de son principat [...T]out ce monde-là est alarmé par autre chose que la durée de la scolarité ». Pourquoi tant de fureur ? À cause du régime scolaire ? Pour tenter

---

65. Lettres d'Alphand n° 171, 22 avril, de Laroche n° 291, 10 mai 1935, *URSS*, 957 et 958, de Charles-Roux n° 111, 16 mars 1939, n° 283, 5 septembre 1938, d'Achard n° 291, Lwow, 19 décembre 1938, *Pologne*, 329, Stehle H., *Eastem*, p. 191, et note 223500, 27 décembre 1948, *Tchécoslovaquie 1944*, vol 47.

d'arracher un concordat étendu à la France entière ? « Je l'ignore, mais ce qui est certain, c'est que le motif profond de l'agitation dépasse l'objet véritable ou initial de la controverse » et que l'*Avvenire* [pacellien] donne grand écho aux « polémiques, manifestations, etc., etc., provoquées par cette affaire. » Si son tapage et celui des « journaux alsaciens » continue, je verrai « le secrétaire d'État pour remettre au point et modérer ».

S'il vit Pacelli, il ne le modéra point. Après l'Anschluss s'intensifia l'œuvre de dissolution allemande, confiée à Innitzer. Il y délégua son secrétaire, Eugen Haisler, ancien rédacteur en chef du journal de Schuschnigg, *Austria catholica,* et champion de l'Anschluss, qui prétendait vouloir créer « un comité catholique d'amitié franco-allemand ». Haisler se rendit en juin (?) 1938 à Paris, pour rencontrer un interlocuteur anonyme, puis en Alsace, où il vit l'inévitable Rossé, « qui l[e] charg[ea] d'acquérir pour lui à Vienne une imprimerie juive à un prix avantageux » : on y imprimerait « un bulletin des comités catholiques en allemand, en flamand, en français, pour l'action national-socialiste en Suisse, Alsace-Lorraine, Luxembourg, Belgique et Hollande ». Le cas illustre la participation cléricale à la curée de l'aryanisation autrichienne, initiative appelée à se renouveler, hors du Reich, après le 1er septembre 1939.

Hitler se servit aussi de Joseph Wirth, faux « émigré » qui reçut des « missions du Troisième Reich » en Suisse et en France richement payées : autorisation, début 1939, d'exporter sa fortune restée en Allemagne, renouvellement de son passeport, aimable accueil dans toutes les légations et ambassades. « Les milieux catholiques suisses » le tenaient pour aussi « pangermaniste » que « son prédécesseur Erzberger, comme la plupart des hommes politiques du Centre ». Il exposa en 1935 devant le *Germanicum* les plans européens du Reich et fut chargé de propagande pour l'Anschluss. Il fut délégué en France à l'été 1939, période où on le vit souvent à la légation allemande à Berne : dans une « soirée intime » à Lucerne, il évoqua en août la prochaine annexion de l'Alsace « dans le Grand Saint-Empire reconstitué »[66].

La complicité germano-vaticane relevée depuis la guerre en Alsace-Lorraine s'y poursuivit donc comme dans le reste du continent. Reste à faire l'histoire précise de la question la plus taboue des fonds, que Stehlin esquisse à peine pour la décennie 1920 dans son livre si précis sur l'Est et sur l'Ouest belge.

---

66. Services français, Lacroix-Riz A. *Choix, passim*, tél. Charles-Roux n° 405, 26 octobre 1933, *Yougoslavie,* 171, Christophe P., *1936*, p. 175-180, lettre de Charles-Roux, 20 février 1937, note (allemande), services d'Alsace-Lorraine, 19 juillet 1938, et tél. Bradier n° 57, Zurich, 10 novembre 1939, *Canet*, 31, 40 et 43 ; émigrés manipulés, *Choix*, p. 148-149.

La Belgique

Les fonds sont plus riches sur la Belgique, où l'État capitula devant le catholicisme flamingant ou fasciste wallon nazifié après janvier 1933. En février, les autorités de l'université de Gand réagirent faiblement à « la grève de protestation » ordonnée par l'« association générale des étudiants flamands » pour usage du français dans les cours vétérinaires. Le recteur prescrivit une suspension de cours de quatre jours, puis laissa les grévistes, qui invoquaient « le parrainage de plusieurs professeurs de l'université », diffuser leur « manifeste [de...] sympathie pour le mouvement hitlérien », attaquer l'État belge et ses odieux mensonges sur l'Allemagne, et « proclame[r] leur solidarité avec les "Allemands irrédents d'Eupen-Malmédy" ». La passivité de l'État belge, si féroce contre son mouvement ouvrier, se nicha en tout lieu. L'inscription *Furore teutonico...*, fut proscrite à Louvain et ailleurs malgré le jugement d'octobre 1929. En septembre 1933, la municipalité de Dinant osa en décider l'apposition sur un monument à la mémoire des fusillés d'août 1914 : le Premier ministre, Charles de Broqueville, mit son veto « pour raison d'État » et la *Gazette de Charleroi* protesta en vain « contre cette lâcheté devant les menées hitlériennes ».

Le concordat du Reich raviva aussitôt la question des « minorités germaniques [...] à Eupen ». En septembre 1933, Broqueville fut supposé discuter, à Rome, « du rôle du clergé dans le mouvement flamingant ou du danger hitlérien et de l'attitude du Saint-Siège envers l'hitlérisme [, et] signaler au pape le danger des tendances révisionnistes dont le développement lui semblait être suivi avec quelque sympathie par le Saint-Siège ». On peut douter de l'alarme de celui qui, le 6 mars 1934, admit dans un célèbre discours au Sénat (préparé avec Albert Ier, décédé en février) « la possibilité d'un certain réarmement de l'Allemagne ». Alphand l'interpréta comme *Les Izvestia* : « Si l'ancienne Entente ne peut maintenir le traité de Versailles en tant qu'il concerne les armements, comment a-t-elle alors l'intention de le maintenir en tant qu'il concerne les frontières territoriales ? »[67]

Le catholicisme fasciste wallon et flamingant se regroupa donc librement en 1934-1935 sous l'égide d'un Degrelle qui ne combattait le courant [Paul] van Zeeland des caciques que pour lui ravir les postes : son « Mouvement Rex », chouchou de la Curie, cherchait « à "secouer le cocotier", à remplacer aux postes responsables les "vieux" par les "jeunes" ». Il fut secondé par le

67. Lettres de Paul-Boncour n° 89, Bruxelles, 9 février, *Belgique*, 181, de Bruxelles n° 720, 7 septembre, *Canet*, 54, Charles-Roux, lettre n° 278, 28 juillet, *Allemagne*, 699, tél. n° 365, 26, et Chambrun n° 1161-1162, 27 septembre 1933, *Canet*, 54 ; lettre n° 82, d'Alphand, 12 mars 1934, *URSS*, 679, Bartelous J., *Nos Premiers*, p. 284.

gigantesque scandale financier de l'automne 1935 qui mit « en vedette », avec le *Boerenbond* et sa banque, l'*Algemeene Bank Vereeniging,* van Cauwelaert et le sénateur Philipps : le 2 novembre, au congrès de la fédération des associations et cercles catholiques, à Courtrai, Degrelle livra l'assaut « contre les "bonzes" et les "pourris" et en particulier contre M. [Paul] Segers », son président, « dont il réclama "la tête" ». Les « modérés » avaient fait la courte échelle aux « radicaux » désormais en lutte ouverte contre l'unité belge. Van Zeeland, ancien professeur de Degrelle à Louvain, conservait « une certaine sympathie » à celui dont il avait aidé l'ascension. Van Cauwelaert en avait assuré une « rapide » à Florimond Grammens, instituteur activiste de Renaix, qui avait eu « des démêlés avec la justice il y a quelques années » en raison de « ses menées politiques » contre l'unité belge : Grammens, qu'il avait fait nommer inspecteur de l'enseignement technique de Flandre orientale, fut chargé en juin 1935 d'un exposé sur le problème de la frontière Flandre-Wallonie (projet allemand de séparation de 1917) au congrès de l'association catholique flamande de Louvain, *Davidsfonds,* présidée par le chanoine Arthur Boon.

Le haut-clergé arbitra entre les deux courants avec une douceur tranchant sur la rigueur de 1926 contre les germanophobes. Le 20 novembre 1935, « sollicité par les chefs du parti », il publia un décret signé de tous les évêques condamnant « le groupement purement politique » *Rex :* il interdisait aux clercs de participer à ses meetings ou autres assemblées, critiquait la vente de son journal « aux portes des églises » et ordonnait aux supérieurs des établissements d'enseignement d'exercer les pressions nécessaires « pour que leurs élèves restent étrangers à l'agitation rexiste ». Non comparable aux épreuves d'antan de l'*Action française*, « le "coup de crosse" » fit ricaner Degrelle, qui se savait « soutenu [jusque] dans certaines sphères du clergé et du parti ».

Le Reich et la Curie avaient ici comme en Alsace deux fers au feu, que la crise tendit à unifier : la bourgeoise catholique assise, tentée par le Reich sans rompre avec l'élément britannique de l'ancienne Entente, et ses concurrents impatients des prébendes qu'assurerait une Belgique allemande. L'État belge, où Léopold III avait succédé à Albert, s'émut peu de la haine des catholiques flamands contre la langue française et d'une action qui représentait « un danger redoutable pour l'unité nationale » (le socialiste Émile Vandervelde à l'ambassadeur Laroche, en février 1936). Ni la Curie ni l'épiscopat belge ne souhaitaient faire suivre d'effet le « coup de crosse » de la fin de 1935. Le Vatican soutint, comme Mussolini et Hitler, le rexisme et le flamingantisme aux élections législatives du 24 mai 1936, couvrant son « indulgen[ce] à la propagande » de Degrelle d'un prétexte absurde : « il y voyait une opposition au communisme pour lequel M. van Zeeland lui paraissait très complaisant. » Le succès électoral du 24 mai 1936 de Rex, groupuscule grassement financé par Rome et Berlin (près de 11,5 % des voix), valut au chef de Rex les plus hauts appuis. C'est un Degrelle soutenu par la Cour, le grand capital, la gendarmerie et l'armée que Göbbels reçut fin octobre 1936 pour l'informer du plan allemand en Belgique et de ses modalités (dont « l'arrestation et l'internement des opposants politiques sous prétexte de conspiration bolchevique »).

Mussolini ayant aussi bien accueilli le chef rexiste fin novembre 1936 (« incognito ») et en janvier 1937, on ne peut accorder crédit aux contes servis aux Français depuis novembre 1936 : le primat van Roey aurait demandé à Rome l'autorisation de combattre ce « mouvement anti-constitutionnel dangereux pour la Belgique et pour l'Église » pour ne soutenir que le « catholique avisé » van Zeeland ; l'évêque de Tournai, « encore plus hostile à Rex », aurait insisté et « achev[é] de persuader le Vatican ». Van Roey attendit le 9 avril 1937 – deux jours avant l'élection partielle de Bruxelles opposant van Zeeland à Degrelle, qui avait coûté à Mussolini « de gros sacrifices d'argent » – pour « condamn[er] formellement les principes et les méthodes du mouvement rexiste [...,] danger pour la paix et pour l'Église ». Carton de Wiart s'étant emballé en prédisant à Degrelle le tiers des voix, la Curie cacha mal son dépit du fiasco (69 242 voix contre 275 844 à van Zeeland).

Mais Bruxelles donna motif à consolation. « Caciques » et « extrémistes » se réconcilièrent dans des cabinets de plus en plus autoritaires, seuls aptes à pratiquer « une déflation générale où les salaires ser[aie]nt frappés les premiers ». Bien que Rex eût recueilli aux législatives du 2 avril 1939 moins de 4,5 % des voix, le rexisme trônait sans Degrelle : « le ministère » consécutif fit bonne « place [...] aux anciens rexistes ou sympathisants, alors que le parti rexiste, pratiquement, n'exist[ait] plus. »

La continuité flamingante fut également assurée. Des lacunes des fonds belges du Quai d'Orsay sur le Vatican après 1937 émerge la confirmation décisive, en mai 1938, de la victoire remportée en août 1929 sur la tradition jésuite belge, avec la nomination du Flamand Schumans comme vicaire perpétuel de Ledochowski[68].

---

68. Lettres de Laroche n° 1162, Bruxelles, 12 décembre (décret, *La Croix,* 27 novembre), *Canet*, 54, n° 481, 13 juin 1935, n° 124, 5 février 1936, *Belgique*, 181, de Blondel n° 14, 8 janvier 1937, *Belgique,* 182 ; voyage à Berlin, Lacroix-Riz A., *Choix*, p. 310-311 ; tél. Laroche n° 265, 9, Charles-Roux n° 111-113, 13 avril 1937, *Canet*, 54 et 42, *Dictionnaire*, 1, p. 574-575, note 1847, IEE, Strasbourg, 22 avril 1939, AN, F 60, 294, et lettre n° 356, Bruxelles, 2 juin 1938, *Canet*, 54 ; voir bibliographie http://fr.wikipedia.org/wiki/L%C3%A9on_Degrelle.

CHAPITRE 9

La tactique contre la reconstitution de l'Entente (1933-1939)

Le système diplomatique né de Versailles souffrit de la crise, qui mit la Pologne et la Petite Entente sous tutelle allemande et rallia définitivement à l'Apaisement les vainqueurs européens de 1918. Ce déclin fut contrebattu par des tentatives récurrentes de reconstituer l'Entente, contre lesquelles le Vatican lutta sans répit. Reste à comprendre pourquoi les efforts qui avaient échoué avant 1914 furent efficaces à la veille du nouvel assaut continental du Reich. Cette question nous ramène non au *deus ex machina* vatican mais aux rapports de forces nationaux qui exclurent un accord entre les cibles de la Revanche.

I. La lutte contre l'Entente jusqu'à la reconstitution des alliances de revers, 1933-1936

Moscou avait du côté français amorcé avant janvier 1933 la sortie du ghetto. Bien que Berlin brocardât, *Zentrum* en tête sous Weimar, le ridicule d'une alliance avec ce pays débile, à l'armée nulle mais menaçant pour « la civilisation occidentale », la hantise du double front l'obsédait. Y para le masque antibolchevique de la revanche qu'Hitler ne forgea pas, mais mania à la perfection, comme il l'avait annoncé avant 1933 : « il faut que je tienne en respect la clique de Versailles en brandissant le croque-mitaine du bolchevisme – en lui faisant croire qu'une Allemagne nazie est le dernier rempart contre la marée rouge. C'est le seul moyen de se tirer de la période dangereuse, de se débarrasser de Versailles et de réarmer. Je pourrai parler de paix et penser à la guerre ».

La réintégration de l'URSS dans la communauté diplomatique et le thème du péril rouge en 1933-1934

1933 : le combat contre Moscou jusqu'à la reprise des relations américano-soviétiques

Des phases aiguës d'anti-soviétisme romain jalonnèrent la reconstitution de l'Entente dont l'*Osservatore,* commentant le consistoire secret du 13 mars 1933, voua aux gémonies les composantes – en omettant la franc-maçonnerie : « le protestantisme, le schisme, le laïcisme et le bolchevisme sont fondamentalement la même chose. » En juillet, échauffé par le concordat, Pie XI tonna contre la définition de l'agresseur « dans le pacte entre la Russie et ses voisins », et harcela les pays les plus menacés par le Reich sur les méfaits de l'URSS, à la fois danger mortel et loque. Le 5, il offrit à Gentil, en audience de départ, un morceau d'anthologie. « Une agression venue de l'extérieur forcerait le gouvernement de Moscou à armer le peuple russe, et ce serait la fin du régime », dit-il, lui cachant que son espoir d'« action des Japonais en Mandchourie » s'était effondré, vu les dires des intéressés sur la stabilisation soviétique. Les traités conclus par Moscou « n'ont d'intérêt que pour les Soviets » qui, en cas d'attaque roumaine ou polonaise, n'opposeraient « aucune résistance ». Fin juillet, laissant paraître « sa propre inclination pour le révisionnisme », Pie XI prévint le ministre tchécoslovaque Vladimir Radimsky contre toute négociation avec un pays où, « en moins d'un an [...] une douzaine de millions d'êtres humains seraient morts de famine ou d'épidémie » (thème de l'imminente campagne Innitzer sur « la famine en Ukraine et au Caucase »). Puis il vanta « le seul acte politique récent [...] dont il y ait lieu de se réjouir [...] l'accord à quatre » – le fort antisoviétique et révisionniste Pacte à Quatre de la mi-juin.

Le combat contre les relations italo-soviétiques

La relance de l'antienne des persécutions, alors que prenait forme le « pacte oriental » qui coûta la vie à Barthou, visait d'abord à empêcher le « pacte d'amitié » Moscou-Rome : l'*Osservatore* protesta début septembre 1933 contre l'abandon de la mise en quarantaine des « dictateurs de Moscou » qui, « toutes leurs tentatives de bouleversement du monde occidental ayant échoué, [...] voudraient prendre leur revanche par les voies diplomatiques », et broda sur « la "barbarie communiste" ». Colère de voir le Duce traiter avec l'URSS, ou partage des tâches ? Mussolini rêvait encore de « protectorat » catholique sur la Crimée, et tenta, en négociant, de pousser ses pions, mais Moscou ne voulait pas de « prêtres italiens » à Odessa : début décembre, quand il « essay[a] de parler de la situation religieuse en Russie », son hôte à Rome, Litvinov, l'éconduisit, « évit[ant] toute discussion à ce sujet ». Ou écho de l'ire du Reich contre les immixtions « italiennes » dans son fief ukrainien ? : Sincero évoqua fin novembre le projet d'y ouvrir une école salésienne[1].

Le combat contre les relations américano-soviétiques

Il s'agissait surtout, au second semestre, d'entraver la reprise des relations russo-américaines, qui gênerait la révision des traités à l'Est. Le Vatican enrôla le catholicisme américain, avec le nouveau délégué apostolique (depuis avril 1933), Amleto Cicognani, « bras droit de Sincero » comme assesseur de l'Orientale depuis 1928 et francophobe notoire de la Consistoriale de De Lai pendant quatorze ans. Il pressa des « personnalités influentes du catholicisme américain » d'inciter Washington à « faire accepter par les Soviets le principe d'une reconnaissance générale de la liberté de conscience et de culte » : « c'est leur intervention qui [...] amen[a] l'inclusion de la question religieuse dans les discussions. » Roosevelt y céda parce que les « milieux catholiques [avaient] largement contribué à son élection » et surtout parce que la pression permit d'arracher à Moscou mieux que prévu – une aubaine, alors qu'il était aussi demandeur que l'URSS, fort utile face à un Japon de plus en plus inquiétant.

Cette exigence nouvelle prolongea la négociation de plusieurs semaines, et le Vatican se fit entendre ès qualités, ainsi le 23 octobre, sur « un ton plein d'ironie », inhabituel contre Litvinov, qu'il éreintait d'ordinaire. Moscou, attachée à l'accord, octroya, via l'échange de lettres Roosevelt-Litvinov sur la liberté d'exercice du culte, du 16 novembre 1933, un statut privilégié aux catholiques américains. Fondé certes sur la séparation de l'Église et de État, il leur garantit des droits « dès l'établissement des relations entre [les] deux pays », clause identique à l'article 9 de l'accord germano-soviétique du 12 octobre 1925. Il fit beaucoup d'envieux : les Italiens, qui tentèrent en vain d'« obtenir [de Litvinov en visite à Rome] des garanties religieuses égales », et les Français, qui redoutèrent (avec raison) de perdre leur statut de favoris. « Il faudra agir *très rapidement* », câbla Alphand le 12 décembre, « pour éviter

1. Kurt Ludecke, cité par Lewy G., *Catholic*, p. 205, *OR*, 13 mars, Stehle H., *Eastern*, p. 151, tél. Gentil n° 234, 5, *URSS*, 956, Charles-Roux, lettres n° 237, 9, n° 276, 30 juillet, *Saint-Siège*, 37, tél. sn, 25 août, *URSS*, 1036, Lacroix-Riz A., *Choix*, p. 188-189, Charles-Roux, tél. n° 329, 7 septembre, lettre n° 476, 9 décembre, tél. n° 429, 20, *Canet*, 59, n° 450, 28 novembre, et note Canet, 20 décembre 1933, *URSS*, 956.

d'être gagnés de vitesse par les prêtres catholiques irlandais que l'Amérique enverrait ici, sans doute nombreux »[2].

Sur le coup, l'événement suscita une rage impuissante rappelant l'atmosphère de l'automne 1918. Pie XI pesta, l'*Osservatore* montra « une mauvaise humeur contenue mais visible », et Pacelli entreprit Charles-Roux sur l'impossible détente avec un pays où « la situation religieuse [était] toujours aussi triste ». La bouderie prolongée envers Washington étant cependant exclue, Rome fit des « avances » aux Américains sans porter atteinte aux intérêts du Reich : tâche d'autant plus aisée que l'investissement de l'Église par des clercs « d'origine irlandaise ou allemande » était achevé. Début décembre, James Farley, secrétaire aux Postes catholique d'origine irlandaise, fut reçu avec faste en « audience privée » par Pie XI puis par Pacelli. On parla d'offre de « bons offices des États-Unis entre le Saint-Siège et les Soviets », bruit infondé. Mais après ces réunions furent prises des décisions révélant l'importance nouvelle de Washington dans la stratégie russe du Vatican : vers la Noël 1933, le jésuite américain Vincent Mc Cormick remplaça le Belge Fernand Willaert à la tête de la Grégorienne ; en janvier 1934 fut nommé à Moscou l'assomptionniste d'origine allemande Leopold Braun, antisoviétique virulent qui liquiderait la tradition catholique française (« suppléant » de Neveu jusqu'en avril 1944, il devint alors « administrateur apostolique à Moscou » et curé de Saint-Louis-des-Français en titre).

À l'intérieur, la manœuvre entretint l'antisoviétisme quotidien du clergé, symbolisé par Walsh, ancien chef de la « mission de secours contre la famine », et Charles Coughlin, curé d'une paroisse proche de Detroit, « bastion du Ku Klux Klan ». Clerc de « la trilogie vénérée de l'Amérique d'aujourd'hui » – avec les nazis Charles Lindbergh et Henry Ford –, ce soutien de Roosevelt était devenu son ennemi juré après que le secrétaire au Trésor Henry Morgenthau eut en 1934 présenté au Congrès une liste de spéculateurs sur l'argent métal comportant son nom. Il fonda alors une « Ligue nationale pour la justice » agrémentant la haine antisémite de « philosophie sociale dans l'esprit des encycliques de Pie XI et de Léon XIII ». Ce dénonciateur quotidien des « banquiers internationaux et des spéculateurs de Wall Street passait des week-ends à la campagne » avec eux, « Joe Kennedy » en particulier.

Pie XI et Pacelli, au motif de ne pas le « transformer en martyr », lui donnaient tout licence pour brandir à la radio, grâce à « une avalanche de

2. Lettre de Charles-Roux n° 141, 3 avril 1933, *Canet*, 49, Stehle H., *Eastern*, p. 160, lettres n° 476 de Charles-Roux, 9 décembre, *Canet*, 59, n° 427, 24 octobre, tél. Laboulaye n° 1128, n° 1134, 15 novembre 1933, *Canet*, 49, texte, *URSS 1944*, 27, *FRUS* 1933, II, p. 805-811 tél. Charles-Roux n° 449, 28 novembre, et Alphand n° 538-539, 12 décembre 1933 (souligné dans le texte), *URSS*, 956.

donations » et avec un « succès [...] triomphal », « le spectre du communisme soviétique se dressant sur l'Amérique ». « Sa technique ressemble curieusement à celle d'Hitler », nota en février 1935 l'ambassadeur à Washington, André de Laboulaye, euphémique : cet hitlérien notoire était lié, selon des sources concordantes de 1939, au « German-American Bund » nazi[3].

La lutte contre la France

Du « nationalisme outrancier »...

Envers Paris Pie XI oscilla en 1933 entre mépris et offensive. Il infligea fin avril une réception insipide à une délégation d'une douzaine de parlementaires dont cinq anciens ministres, privés sous prétexte de protocole de la présence de leur ambassadeur (Charles-Roux). En juin, devant « une dame de l'aristocratie française [..., il] ne cessa de se plaindre de la France, à cause de sa politique extérieure. Alors que tous les peuples aspirent à la paix et s'efforcent de la réaliser par le désarmement, la France seule, ambitieuse d'hégémonie, demeure en armes et ainsi entretient le danger de guerre ». Au contraire, « l'Italie a donné l'exemple [des] efforts, concessions et sacrifices en faveur de la paix. L'Allemagne elle-même a fait preuve d'esprit de conciliation ». Le monologue dura « une vingtaine de minutes au moins, à la stupéfaction de la visiteuse ».

Le 10 avril, choqué par le « long article » du 6 de Merklen « justifi[ant dans *La Croix*] aux yeux de l'opinion catholique française l'attitude de l'épiscopat hitlérien », Charles-Roux souligna quels périls recélait pour l'intérêt *national* l'abandon au Vatican des catholiques de France : Merklen a « le tort et l'inconvénient de masquer à ses lecteurs un fait qui importe plus que les raisons dont on l'explique » – le souci de protéger les catholiques allemands –, « c'est que parti du centre catholique allemand, épiscopat, Saint-Siège, se sont promptement arrangés avec les hitlériens triomphants. Ce fait en complète un autre, antérieur : c'est l'accord de l'Église catholique et du fascisme italien. Quand on réunit ces deux constatations, on est amené à conclure que l'Église s'est accordée en Italie et en Allemagne avec les deux dictatures les plus intégralement nationalistes que l'on puisse imaginer [...O]n est conduit à observer que la paix de l'Église avec l'hitlérisme et le fascisme

3. Charles-Roux, tél. n° 429, n° 433, 20, *Canet*, 49, lettre n° 468, 30 novembre, tél. n° 454, 4 décembre 1933, *Canet*, 59, lettre n° 36 de Laboulaye, 25 janvier 1934, *États-Unis*, 336, Charles-Roux, tél. n° 457, 6, n° 475, 9, lettres n° 488, 18, n° 506, 27, *Canet*, 49, n° 476, 9 décembre 1933, *Canet*, 59, tél. n° 26, 24 janvier, n° 42, 5 février 1934, *URSS*, 957, *NYT*, 29 avril 1944, lettres de Catroux n° 167, Moscou, 21 janvier 1946, *URSS 1944*, 26, de Charles-Roux n° 102, 15 mars 1934, *Saint-Siège*, 37, n° 44 de Laboulaye, 1er février 1935, *États-Unis*, 336, Cooney J., *Spellman*, p. 66-67, lettres IX 4 de Borchers, New York, 27 février, *DGFP, D*, IV, p. 675-678, et n° 45 de Saint-Quentin, 2 mars 1939, *États-Unis*, 370.

exigeant d'elle qu'elle ne leur reproche pas leur exploitation du nationalisme le plus incandescent, la France est aujourd'hui le seul pays où elle puisse se permettre de dénoncer, morigéner, refréner un nationalisme pourtant des plus anodins, en comparaison de celui sur lequel elle ferme les yeux dans la patrie du Duce et dans celle du Führer. [...N]ous aurions tort de n'y prêter aucune attention et plus tort encore de le favoriser, ce qu'il nous arrive parfois de faire inconsciemment et involontairement [...] Le maniement d'une force spirituelle aussi puissante que la religion ne devrait pas être considéré par un gouvernement *sous le seul angle du bulletin de vote, quand il s'agit de politique extérieure.* Car il n'y aura jamais de gouvernement français qui, dans la voie d'une politique extérieure de conciliation et de transaction, ne risque d'être dépassé par certains éléments catholiques, sur lesquels agissent à la fois des aspirations mystiques et l'influence d'un *pouvoir spirituel sans compétence pour juger de nos intérêts nationaux.* Étant donné l'évolution des événements en Allemagne et en Italie, le zèle pacifique de certains groupes de clergé et de fidèles a besoin d'être observé et contrôlé en France, plutôt que stimulé, même s'il s'accompagne occasionnellement de zèle gouvernemental ».

... à la peur du rouge

Cette lucide mise en garde contre le tapage sur « notre prétendu nationalisme [...en] ébullition » demeurant sans suite, la Curie put continuer à maîtriser le « bulletin de vote » et menacer la défense nationale. En 1926, elle avait, contre « le nationalisme outrancier » de l'Action française, arraché la « réconciliation franco-allemande ». À l'ère belliqueuse du concordat du Reich, elle brandit la Bête rouge de l'Apocalypse pour anéantir la vigilance française.

En juin 1933, Pie XI, aidé par D'Herbigny, chargea Sloskans de conter à « l'épiscopat français » ses cinq années à Solovietz et autres horreurs du régime et de la « misère » russes : l'uniate germano-letton sillonna pendant deux mois les diocèses, Lyon, Lourdes, Bordeaux, Paris, Lille et Besançon. L'efficacité de l'exercice ressort des variations, au fil des semaines, de son récit aux diplomates. En février, arrivé en Lettonie, il décrivit à *Jean Tripier,* ministre français à Riga, l'« année particulièrement pénible » de 1929, avec la mort de 700 à 1 000 prisonniers, *un* cas d'atrocités (un gardien aurait coupé les jambes d'un détenu) et son statut privilégié de veilleur de nuit, *dispensé de travaux forcés*. Son avis général sur l'URSS laissa le diplomate sceptique car il « ne peut avoir sur l'état d'esprit du peuple russe que des informations bien fragmentaires ». À Rome, en juin, il fit à Charles-Roux un récit plus tragique, qui nourrit sa fiche biographique de la fin juillet sur *ses travaux forcés*. Ce « témoignage irrécusable » pèsera lourd, comprit l'ambassadeur, dans « un pays qui passe ici pour ne pas être hermétiquement fermé à la propagande de la Troisième Internationale et où la valeur de la Russie, comme pion de l'échiquier européen, peut éventuellement prévaloir sur l'horreur de la tyrannie communiste ». L'après-concordat et l'annonce du prochain voyage d'Herriot et de Pierre Cot en Ukraine intensifièrent le combat contre les alliances de revers. En août, la Curie confia à Innitzer la relance de la campagne « sur le développement de la famine en Russie », concertée avec le Reich, inquiet de « voi[r]se développer à Paris, à Varsovie, à Rome, à Moscou des négociations entre les Soviets et d'autres Puissances ».

Reflétée par la violence croissante des assauts de *La Croix* contre l'URSS et autres alliés orientaux de la France, cette ligne inspira une campagne – continue jusqu'à la Défaite – pour le retour au régime concordataire. Le Vatican court-circuita Mgr Verdier, qui s'y opposait, en recourant à des féaux. Paul Lesourd entama en mai dans *Le Figaro* une série d'articles sur les bienfaits qu'en tirerait la France, soumis avant publication à Pizzardo et approuvés par lui. Mgr Fontenelle fut chargé, dans *La Vie catholique* du 23 septembre, d'« un plaidoyer en faveur du concordat allemand [...,] préambule étrange » à l'éloge d'un homologue français[4].

Le forcing contre l'entrée de l'URSS à la SDN, 1934

L'année 1934 développa l'antibolchevisme à la mesure des enjeux, extension des pactes orientaux et perspective d'entrée de l'URSS à la SDN, sans abolir le thème francophobe et germanophile, variant suivant l'interlocuteur. Début janvier, Pie XI affirma à Charles-Roux que l'Allemagne, privée de « financement », n'était « pas en mesure de s[e] risquer » à la guerre : seuls la France, la Grande-Bretagne et les États-Unis avaient de l'or. Il gratifia les Belges du même propos et brocarda leurs inutiles « fortifications défensives » (contre le Reich) en cours : le péril venait de la France avide de « subventionner quelque entreprise belliqueuse dans un des pays pauvres ». Paris dénonça cette sape de ses alliances via un article anonyme du *Temps* reliant aux plans orientaux annoncés après « la retraite forcée de Mgr D'Herbigny » les gloses antirusses de l'*Osservatore* : épouvantail des persécutions, mise en garde aux pays chrétiens que Litvinov venait de visiter et sarcasmes sur l'hypocrisie soviétique des pactes de non-agression. Fin janvier, Dalla Torre assaillit Paul Gentizon, son auteur présumé.

Pie XI escompta un virage extérieur du premier grand assaut du fascisme français, le 6 février 1934, déclarant un mois après à l'évêque

---

4. Lettres de Charles-Roux n° 162, 29 avril, n° 226, 10 juin, *Saint-Siège*, 50 et 37, n° 151, 10 avril (souligné dans le texte), *Canet*, 36, n° 42 de Tripier, 25 février, de Charles-Roux n° 237, 20 juin, *URSS*, vol 956, n° 969 de François-Poncet, 31 août, *URSS*, 986, Charles-Roux, tél. sn, 25, lettre n° 335, 28 août, *URSS*, 1036, Lacroix-Riz A., *Choix*, p. 202-206, lettres de Charles-Roux n° 276, 27 juillet, *URSS*, 956, n° 261, 9 juillet, et n° illisible, 25 septembre 1933, *Saint-Siège*, 41.

d'Orléans, Mgr Jules-Marie Courcoux, suivre « avec le plus grand intérêt les événements de France [car] il y voyait un redressement remarquable et gros de conséquences sur l'avenir » : « l'espoir d'une coopération plus étroite entre la France et l'Italie », commenta Charles-Roux, oubliant que l'enthousiasme pour Hitler gagnait les excommuniés pour germanophobie. « L'espoir vatican » généra ou autorisa le « geste » de Verdier (Lucien Thomas) concédant des funérailles religieuses aux ligueurs morts du 6 février, première étape des retrouvailles, sous la bannière fasciste, de la droite catholique. Après le 6 février, Verdier, avec la FNC de Castelnau, pleura souvent « les martyrs de février », par exemple le 19, salle Wagram.

Le nouveau ministre des Affaires étrangères, Barthou, poursuivit la quête de protection orientale, ce qui le fit haïr du Vatican autant que Clemenceau. Après sa rencontre du 18 mai avec Litvinov, Rome déchaîna « une véritable campagne » contre l'entrée de l'URSS à la SDN : « les hommes politiques occidentaux ne veulent pas se rendre compte », commenta l'*Avvenire*, « qu'en vue de maintenir la distinction entre vainqueurs et vaincus ils ne regardent pas aux moyens, ni même si pour rappeler la défaite subie, ils renforcent et glorifient le plus redoutable des ennemis qu'ils ont en commun ». Le très antisoviétique Charles-Roux osa imputer « la réserve » du Vatican envers la SDN à ce seul projet et, tout en se défendant « de cléricalisme », pria Barthou d'« obtenir [des Soviets] quelque garantie écrite en faveur de la liberté du culte et quelque application pratique du principe de tolérance religieuse » : cela vaudrait à la France « un bénéfice moral des plus appréciables, non seulement aux yeux du Vatican, mais à ceux de tout le monde chrétien, qui est quand même encore, et sans doute pour longtemps, la partie la plus civilisée du monde » (c'est sous d'autres prétextes qu'il voulait arracher à Prague et Belgrade des « concessions » au Vatican).

Alphand admit début septembre l'utilité de « garanties » pour calmer, comme pendant la campagne antisoviétique des « diverses églises américaines », « l'influence de cette opposition sur certains gouvernements ». Mais il avait en juillet, contre son confrère apaiseur, nié la « persécution religieuse » postulée par Rome et « les catholiques [...de] Russie [qui] se trouvaient naturellement du côté de la contre-révolution ou sympathisaient avec elle ». L'État soviétique, affirmait-il, « vise une suppression par extinction [...,] beaucoup plus que par la violence ouverte, par la persuasion et par une action matérialiste sur la jeunesse », mais il respecte les besoins religieux : l'attestent « l'affluence parfaitement libre dans les églises à Moscou le jour de Pâques », la tenue du culte catholique à Moscou, Leningrad, Odessa, la récente réfection de la toiture de l'église de Moscou et divers signes attestant sa conscience du tort que lui cause le Saint-Siège en Belgique, en Suisse, aux Pays-Bas – avant-garde, avec l'Irlande, le Portugal et l'Argentine, de « l'opposition violente de la presse catholique » et de « l'agitation catholique [...] contre les Soviets »

(Barthou). « Uniques sources » du Vatican, les rapports de ses délégués, clercs français inclus, ne sont pas fiables : « sans doute, on me cite chaque jour des exemples d'envoi en Sibérie de catholiques, uniquement, me dit-on, pour leurs idées religieuses [...]. Je suis sceptique et quand je vois le nombre des croyants qui fréquentent l'église sans être inquiétés, je me demande si ceux qui ont été frappés n'avaient pas quelque autre faute à se reprocher en ce qui concerne leur neutralité à l'égard du gouvernement établi. » Le Vatican stigmatise la « police d'État » soviétique, « mais l'Allemagne d'aujourd'hui peut lui inspirer des sentiments d'horreur encore plus justifiés »[5].

Du tumulte estival germano-vatican contre Barthou et Moscou, augmenté au fil des semaines, témoignèrent l'agitation de Pacelli, qui harcela Truelle sur la question, les intrigues de la Pologne et, le 28 août, deux articles – très séculiers – de la *Hrvastka Straza* « accord[ant...] la place d'honneur à la politique intérieure et extérieure de la France ». Le tandem Bauer-Stepinac y opposait à la grande Pologne, « appuy[ée] sur l'Allemagne, son alliée naturelle dans la lutte contre le bolchevisme », la ligne stupide de « la franc-maçonnerie » française (lire : Barthou). « La France ne comprend rien aux problèmes de l'Est européen [...]. De vastes plans de collaboration germano-polonaise s'étendant à l'Ukraine et à l'Extrême-Orient ont servi de base à un accord constructif entre les deux pays. Berlin et Varsovie ont d'ailleurs trouvé dans les émigrés russes établis en Extrême-Orient des alliés désormais acquis à l'idée d'une répartition des pays compris entre les limites de l'URSS actuelle et trois États nouveaux, Grande Russie, Ukraine et Sibérie, dont chacun aurait un tsar à sa tête. Cet aménagement territorial correspondrait mieux aux désirs des populations de ces pays ainsi qu'aux intérêts des Grandes puissances intéressées », etc.

Les jésuites de la *Pro Russia*, qui en privé décrivaient comme Alphand l'apaisement religieux sur le front russe, menèrent à Rome campagne moins territoriale, usant d'arguments antagoniques, parfois joints (comme après 1945) : reconnaissance de l'absence de persécutions, imputée à la ruse, et relance de la campagne sur les persécutions. Le premier thème l'emporta juste avant l'entrée de l'URSS à la SDN. L'*Avvenire* rappela le 7 septembre l'incompatibilité entre « communisme bolcheviste et religion », stigmatisa le « mortel compromis » de Genève, la doctrine de Lénine, l'escroquerie des assurances « sur le papier » de Litvinov à Roosevelt et « les garanties [de] même

---

5. Lettres de Charles-Roux n° 1, 1er, n° 2, 2 janvier, *Saint-Siège*, 37, n° 34, n° 38, 24 janvier, *URSS*, 957, n° 93, 8 mars 1934, *Saint-Siège*, 37, Thomas L., *L'Action*, p. 237, Correspondance 100, 20 février, APP, BA 1905, FNC, lettres de Charles-Roux n° 195, 28, n° 197, 30 mai, Alphand, note, 5 septembre, lettre n° 281, 20 juillet, *URSS*, 957, tél. Barthou, Genève, 7 septembre 1934, *SDN*, 2264, circonstances de l'entrée à la *SDN*, 2261-2264.

valeur » offertes aux membres de la SDN. La détente était pure « tactique » de division du travail entre PC et État : « on ménage les croyants, car une guerre ouverte compliquerait les choses », on veut éviter un *Kulturkampf* qui renforcerait la religion, mais on poursuit la propagande athée. Le 17 septembre 1934, Moscou fut cependant admise à la SDN : « nous avons contre nous le pape et le Portugal. Nous nous en sommes passés jusqu'ici, nous continuerons à le faire », commenta Litvinov.

Le thème des persécutions refleurit aussitôt. À la session d'octobre de la SDN, le Suisse Motta et l'Irlandais Eamon Valera les dénoncèrent, montrant « ce que pouvait l'opinion catholique pour tenir la Russie soviétique sous le poids d'une sorte de tare morale ». Le 7 novembre, Pie XI rugit devant Radimsky sur les « derniers événements révolutionnaires d'Espagne [,...] « ce mouvement [...] préparé par Moscou [...] "Voilà les gens que l'on a pris par la main pour les faire entrer à Genève ! Maintenant ils vont en faire autant partout" ». Cette fureur servit d'esquive à une question sur le crime de Marseille du 9 octobre[6].

1935-1936 : des pactes orientaux à la guerre d'Éthiopie

La lutte contre les pactes orientaux

Le forcing contre le pacte franco-soviétique

La virulence ne faiblit pas après la mort de Barthou, vu l'obligation pour Laval de sembler garder le cap du pacte oriental, mais la dissociation entre les deux alliés potentiels fut facilitée. Début janvier 1935, la Curie salua d'amabilités inédites la réunion des « mains libres » ou du « blanc-seing » à « la guerre d'Abyssinie » (Dalla Torre) que Mussolini avait requis(es) et obtenu(es) de Laval.

Début mars, pour parer à l'annonce officielle attendue du réarmement allemand et en vue du séjour de Laval à Moscou – initialement prévu du 22 au 29 –, Rome poussa de nouveaux cris. Les persécutions se sont aggravées depuis l'entrée de l'URSS à la SDN, certifia, le premier, Pizzardo à Truelle, auquel le jésuite Ledit, ancien collaborateur de D'Herbigny, professeur à l'Institut pontifical oriental et « spécialiste des questions russes [...] en rapport étroit avec les jésuites polonais », venait de dire que « les persécutions et les tracasseries avaient diminué ». Le Français comprit que ce vacarme augurait « une nouvelle intervention du pape ordonnant des fonctions expiatoires et des prières pour la Russie » – comme en mars 1930 et pour

6. Truelle, tél. 366-7, 3, et 371, 8 septembre, *SDN*, 2263 et 2264, lettres de Garreau n° 192, 28 août 1934, *URSS*, 1018, n° 292 de Truelle, 8 septembre, n° 441 d'Alphand, 17 octobre, de Charles-Roux n° 320, 21 novembre, *URSS*, 957, n° 319, 17 octobre, et n° 346, 7 novembre 1934, *Saint-Siège*, 41 et 37.

les mêmes motifs. Le 14 mars, l'*Osservatore* annonça en effet une « fonction expiatoire à Saint-Pierre contre les ligues d'athées » pour le 7 avril « et des prières pour la Russie ». Comme en mars 1930 aussi, le Vatican se fit l'avocat suprême de 26 « pasteurs protestants en prison ou déportés » en URSS. Œcuménisme périlleux pour Paris malgré ses atouts intérieurs : les inculpés, allemands, avaient un dossier chargé et, « en tout état de cause », le Quai jugeait « très délicate [...toute] intervention ». Il doucha donc à nouveau un Boegner fébrile venu le 27 mars, flanqué du Néerlandais Frederik Johan Krop, délégué de la Ligue protestante universelle – et « secrétaire général de l'Entente internationale contre le bolchevisme » -, plaider pour une intervention à Moscou de Laval à ce sujet, excellente pour « le prestige de la France dans le monde protestant » (220 millions recensés).

La proclamation simultanée du réarmement allemand (16 mars) requit quelques égards à l'égard de Charles-Roux. Le recevant le 26, Pie XI lui demanda des nouvelles de Laval et du bon cours des « accords de Rome », puis se félicita « de la bonne harmonie » franco-vaticane sur l'Allemagne. « Il voulait rester relativement optimiste [,...] les Allemands n'étaient pas en état de faire la guerre », etc. Début avril, devant Chastenet et Lasteyrie, il refusa obstinément de parler du Reich mais (prêchant des convaincus) se lança dans un « réquisitoire contre l'Union Soviétique [...et] l'alliance [imminente] avec la Russie, [car] c'était l'Europe livrée à la contagion bolchevique ; c'était une erreur et une faute ».

L'annonce française, le 9 avril, du projet de signer « un pacte bilatéral d'assistance mutuelle avec l'URSS » fit enfler le thème de la marée rouge – auprès de celui, intact, des persécutions : lutte, d'un côté, contre ceux qui, commençaient à craindre le Reich nazi plus que les Soviets, « fonction expiatoire », de l'autre. L'*Avvenire* dénonça le 6 *Le Travail* de Genève, « sévère » pour l'Allemagne, « indulgent » pour l'URSS, et conclut ainsi « une violente attaque » contre Moscou : « ce qui est vrai du racisme est encore plus vrai du bolchevisme » car on doit constater « les crimes plus nombreux, l'intolérance plus grande de l'URSS ». Le 18 avril, l'article « Une succursale du Komintern en France. La tactique antireligieuse des "Sans-Dieu" » annonça le transfert à Paris du Profintern [l'Internationale syndicale rouge], invoquant l'« étonnement » de *La Croix* « devant ce premier résultat du rapprochement franco-soviétique ».

L'URSS, qui avait peu répondu « depuis plusieurs années » aux assauts romains, « en dehors de quelques pointes sans grande méchanceté » lors de son entrée à la SDN, répliqua, vu la grosseur du câble, comme après l'attaque de 1930. La *Pravda* du 10 avril 1935 dénonça le cerveau allemand d'intrigues vaticanes usant de truchements français : les sanglots de Pie XI au dernier consistoire sur l'affreuse crise et la crainte du « nouveau déluge » ont trouvé écho dans « l'organe des fascistes catholiques allemands, "Germania" », qui décrit « les horreurs inouïes » et menaces russes, et appelle « tous les peuples à s'unir contre les bolcheviques » ; « en France aussi les fils du pape agissent avec une énergie remarquable » : D'Herbigny s'agite « à Paris », avec « sa prédication de "Nos frères russes" » ; *Sept,* organe dominicain lié « avec le centre berlinois », a sorti les 22-23 avril, alors que se discutait le voyage de Laval à Moscou, un numéro « puisé [...à] "l'œuvre très importante du Dr Ert, [...] *La vérité sur l'URSS*" » à paraître « ces jours-ci en Allemagne »[7].

Le forcing contre le pacte tchéco-soviétique

La divulgation de ses procédés n'arrêta pas la tempête, renforcée par la signature, le 2 mai, du pacte franco-soviétique puis par celle du tchéco-soviétique, le 16 mai, pendant le séjour (maintes fois reporté) de Laval à Moscou. La Curie recourut aux services polonais, si sûrs contre Moscou et Prague. La hiérarchie appuyait les milieux politiques partisans de l'adhésion à la coalition Berlin-Budapest contre Prague. En novembre 1934, Hlond alla à Rome en même temps que Seredi, juste après « la visite au Vatican de M. Gömbös ».

Il expliqua à Radimsky, inquiet, que son pays n'avait rien à craindre de la Pologne, car l'hostilité envers lui ne provenait que « des dispositions de "certaines personnes", et non des tendances de l'opinion publique polonaise ». Il dit tout autre chose à Mgr Kaspar sur « les mobiles de la politique [allemande] de Pilsudski ». En avril 1935, son adhésion aux « sympathies allemandes [...] du Vatican » lui valut les éloges de Berlin pour son « rôle de conciliateur ». Il fut nommé légat pontifical au congrès eucharistique de Ljubljana prévu, fin juin 1935, pour dénoncer la France athée et maçonne (aveu de mars des Croato-Slovènes) : Paris, qui souhaitait un Polonais ou un Français, se réjouit fin mai du choix d'« un cardinal de race slave ». Pas de sentiments, puisque Hlond fut de la fin juin à la mi-juillet associé en Slovénie à des plans allemands. Le congrès, où il intervint en slovène, étudia « la création d'une agence de presse et d'un bureau d'annonces catholiques » et autres projets de création d'« une presse catholique forte ». Session close, il sillonna la région, sous couvert de seconder le concordat yougoslave, et rencontra les deux ministres catholiques, dont Korosec (Intérieur). Puis il revint à Prague où il avait, juste avant d'arriver à Ljubljana, déjà accompagné Innitzer[8].

---

7. Duroselle J.-B., *Décadence*, p. 130, 140, Lacroix-Riz A., *Choix*, 222-232, lettres de Charles-Roux n° 59, 15 février, *Canet*, 53 (et Lacroix-Riz A., « Le rôle », p. 61 *sq.*), de Truelle n° 79, 1er, n° 91, 14, notes cabinet, 29, 27, *URSS*, 957, Charles-Roux, tél. n° 98, 30 mars 1935, *Saint-Siège*, 37, lettres n° 195, 28 mai 1934, *URSS*, 957, n° 121, 8, *Saint-Siège*, 37, n° 112, 8, n° 121, 18 (*AI* joint) et d'Alphand n° 171, 22 avril 1935, *URSS*, 957.

8. Beck, Duroselle J.-B. et Lacroix-Riz A., *op. cit.*, index, tél. Charles-Roux n° 425, 10, n° 434, 15 novembre 1934, *Pologne*, 327 et *Canet*, 58 ; lettres n° 6, Poznan, 19 avril, *Pologne*, 327, n° 52 de Naggiar, 27 mars, n° 164 de Charles-Roux, 29 mai, n° 18, Ljubljana, 2, de Charles-Roux, n° 208, 13, *Yougoslavie*, 168, et n° 211, 26 juillet 1935, *Yougoslavie*, 171.

Car, malgré la duplicité de Paris sur son alliance à l'Est et l'atout allemand du veto polonais, l'étape de mai 1935 alarma le camp germano-vatican. Berlin ne songea plus qu'à « faire "sauter" les pactes franco et tchéco-soviétiques qui rest[ai]ent l'objet de ses inquiétudes et de sa haine ». La signature de la mi-mai envahit le congrès catholique de Prague, où s'affrontèrent du 27 juin au 1er juillet la coalition allemande bâtie autour des Slovaques et des Sudètes et l'ébauche de coalition de revers française appuyée sur les Tchèques. Mgr Verdier, nommé (fin mai) légat, fut en outre chargé par Paris de discuter avec Benès, comme l'attestent les suites d'Occupation de cet entretien.

Le 26 juillet 1940, « au siège même de l'archevêché de Paris, [où] la Cinquième colonne avait ses indicateurs » – Baudrillart, Suhard, ou Roger Beaussart, évêque auxiliaire de Verdier, ou les trois ? –, la Gestapo perquisitionna pour saisir « le compte rendu de[s] conversations » : les nazis étaient si bien informés qu'ils firent « ouvrir tel tiroir dans tel meuble, situé dans telle pièce, parce qu'ils savaient que ce tiroir contenait le dossier de la mission du cardinal Verdier et le compte rendu » en question. On ignore ce que Bénès et Verdier se dirent à Prague, mais le prélat avisa le Congrès du « danger des doctrines néo-païennes ». Sa visite, « véritable triomphe », et « succès indéniable » pour Benès, ulcéra « les milieux catholiques allemands, magyars et polonais ». En juillet, Budapest vitupéra l'hypocrite franc-maçon Benès, « ennemi mortel [...de] toujours [...] du Vatican », pour louer « le catholicisme millénaire hongrois [,] dernier rempart de la religion romaine en Europe orientale ». Berlin dénonça le complot Litvinov de restauration des Habsbourg, sa pression sur Prague et le « plan contre l'Allemagne » concocté au congrès[9]. Est-ce ce « plan » que rechercha l'occupant en 1940 ?

Quoi qu'il en fût, Innitzer, mandaté au congrès contre l'accord du 16 mai 1935, donna à peine arrivé, le 25 juin, deux interviews à la presse catholique. L'une « insistait sur l'importance du rôle dévolu aux catholiques tchécoslovaques dans la lutte à mener contre le péril anti-religieux constitué par la Russie des Soviets » ; l'autre, insultant les Tchèques, « rappelait, comme un titre glorieux pour Prague, la fondation de l'université "par le pape et l'empereur allemand" ». Ces « déclarations singulières, qui avaient surpris même les milieux ecclésiastiques », provoquèrent une vive réplique d'un journal d'Anciens Combattants : « ses propos surprenaient, d'autant plus qu'ils suivaient immédiatement la conclusion du pacte tchéco-soviétique [...] approuvé par le gouvernement, le parti catholique

9. Lettre n° 1162 de François-Poncet, 15 juillet 1936, *Autriche*, 199, tél. Charles-Roux n° 171, 26 mai 1935, *Tchécoslovaquie*, 108, Baudouin n° 108-111, Vichy, 1er, Ormesson n° 522, Vatican, 23 août 1940, *Vichy Europe*, 559, tél. Naggiar n° 445-448, 26 juin, n° 467, n° 468, 1er, lettre n° 152 de Beauverger, Budapest, 13 juillet, *Tchécoslovaquie*, 108 (et mois), tél. François-Poncet n° 1982, 31 juillet 1935, *URSS*, 957.

tchèque et contre lequel ne s'est pas prononcé le parti catholique slovaque. » Innitzer, ajouta-t-il, n'a pas, à la différence de Verdier, dénoncé le néo-paganisme. Communistes et socialistes praguois manifestèrent. Hlond, présent au congrès, prit avec l'archevêque sudète la tête d'« importantes délégations de catholiques polonais et autrichiens » et de 20 000 Slovaques.

La Curie acheva la tâche en flagornant Prague. L'*Osservatore* fit après le congrès un éloge « rare » de Benès. Mi-juillet, Pie XI fut aimable, devant Charles-Roux, sur ses deux bêtes noires, Benès, « qu'il n'avait jamais eu l'occasion de rencontrer », et Masaryk, qu'il gratifia de « quelques mots [...] presque [empreints] de respect ». On parla de *« modus vivendi »* imminent et de résistance romaine aux pressions germano-hongroises sur la fixation des diocèses. En novembre 1935, le zélé Kaspar reçut le chapeau après quatre ans d'efforts : Charles-Roux se réjouit de voir « renoué[e] la tradition du siège archiépiscopal de Prague »[10] que la tchécophobie papale avait rompue.

Vers la cassure du catholicisme français

Quant aux Français, le pacte franco-soviétique et la perspective du Front populaire leur valurent des soins intensifs, que leur dispensa en avril 1935 Pacelli, légat à Lourdes. À Andrieu succéda pour frapper à gauche et à l'Est Baudrillart, dont un confrère ironique avait en 1908 brocardé l'empressement à avaler les couleuvres « au service du cardinal Merry del Val ». Promu archevêque en 1928, il reçut la pourpre comme l'archevêque de Reims Suhard en novembre 1935, après avoir soutenu aux municipales de mai l'ancien préfet de police fasciste, Jean Chiappe, contre des catholiques anti-ligueurs (Francisque Gay et Jacques Madaule). Cette promotion, insigne pour un recteur d'Institut catholique, fût-il de Paris, n'honorait pas ses seules prestations intérieures. Baudrillart, rompu depuis la guerre aux missions extérieures financées par l'État français, les poursuivait depuis 1919 au seul profit de Rome et ses alliés. Il avait créé et présidé avec Vienne en 1923 un comité pour « ramener les Ukrainiens orthodoxes dans le giron de l'Église catholique ». Canet mit en garde en juin 1930 contre son « comité catholique des Amitiés françaises à l'étranger » hérité de la guerre : il « agit en dehors de toutes instructions et répartit à son gré les fonds qu'il reçoit de l'État, sans jamais rendre compte de leur emploi ». L'antibolchevique obsessionnel Baudrillart le subordonnait en effet de plus en plus étroitement à Berlin.

Le thème des persécutions flamba en France à l'occasion du démantèlement, depuis juin 1935, du noyau allemand de Saratov qui avait, reconnaissait

10. Tél. Naggiar n° 445-448, 26, n° 466, 29 juin, *Tchécoslovaquie*, 108, Charles-Roux, tél. n° 187, 5, *Canet*, 37, lettres n° 197, 6, n° 224, 25 juillet, tél. Naggiar n° 850, 19 novembre (et juillet-novembre), *Tchécoslovaquie*, 108, et lettre n° 366 de Charles-Roux, 22 novembre 1935, *Saint-Siège*, 47.

Ledit, commis « certaines imprudences » : Moscou voulait freiner l'activisme des « comités de secours » germaniques à l'Ukraine, dont celui d'Innitzer, qui « avait recueilli des fonds un peu partout, aux États-Unis en particulier, où cette souscription avait fait grand bruit [...] dans la presse Hearst ». Cette campagne mondiale fut également alimentée par la répression contre les pasteurs protestants allemands qui avaient bien travaillé pour Berlin : l'« association Luther à Erlangen » présenta fin 1935 un rapport du plus grand intérêt « sur le développement des communautés luthériennes en Ukraine et sur l'organisation de la lutte contre l'athéisme soviétique ». Alphand continuait à imputer la rigueur soviétique au souci de protéger la « zone réservée » des frontières, portée à l'automne 1935 de 7-10 km à 40, voire selon certaines informations 170. Répression non religieuse, assura-t-il, puisque la tactique d'extinction a pris fin : le nombre de prêtres catholiques est passé à Leningrad de 2 à 4, un malade (Amoudru) y a été remplacé « par un ecclésiastique jeune et vigoureux », Michel Florent (secrètement nommé évêque par Neveu en mai 1935) ; Bernardo Attolico, ambassadeur à Moscou, a pris pour précepteur de ses enfants un prêtre galicien et, à son départ (pour Berlin), son successeur, sans enfants, l'a gardé comme aumônier de sa chapelle[11].

Le combat contre l'Entente pendant la guerre d'Éthiopie : l'URSS et les autres

L'URSS

La furie antisoviétique automnale dut beaucoup à l'agression italienne contre l'Éthiopie, lancée le 3 octobre 1935, que Moscou critiqua avec virulence. Le Vatican la soutint ouvertement dès la mobilisation (le 2), faisant sonner « toutes les cloches de Rome [...], y compris celles de Saint-Pierre ». L'épiscopat italien unanime avoua un appui au régime que Mussolini, féroce, se targua devant Neurath d'avoir aisément acquis : « par de menues faveurs au haut-clergé, par exemple la gratuité sur les chemins de fer, des privilèges fiscaux occasionnels, etc., il se l'était rallié à tel point qu'il était allé jusqu'à déclarer guerre sainte la guerre en Abyssinie. » Pacelli se censura devant les Français et les Britanniques, voire brocarda devant Bergen « la grande faute » de Mussolini embarqué dans une aventure incertaine car « dans le conflit italo-britannique la question en jeu était moins celle de l'Abyssinie que celle de la suprématie en Méditerranée »[12].

---

11. Lettres n° 353 de Charles-Roux, 20 novembre 1935, *Saint-Siège*, 47, du MAE, 2 mai 1923, note Canet, 18 juin 1930, *Canet*, 41 et 34, lettres n° 190 de Truelle, 27 juin, d'Alphand n° 455, 11 décembre, n° 267, 1er juillet, n° 404, 23 octobre, et n° 415, 4 novembre 1935, *URSS*, 957 ; campagne ukrainienne, *URSS*, 957 et 679.
12. Lettres de Charles-Roux n° 301, 8, *Saint-Siège*, 51, n° 329, 29 octobre 1935, *Italie*, 267 (Rhodes A., *Vatican*, p. 69-78, et Lacroix-Riz A., « Le rôle », p. 52-59), Neurath, 4 mai 1937,

La perspective de revanche d'Adua fit en revanche jubiler l'impulsif Pie XI depuis l'été 1935. Le 7 septembre, à Saint-Paul, devant « des anciens combattants catholiques », il demanda « que les aspirations, les exigences, les besoins d'un grand et bon peuple [...] qui est le nôtre soient satisfaits et reconnus ». Le 12 mai 1936, inaugurant l'exposition de la presse catholique, une semaine après l'entrée de Badoglio à Addis-Abeba, il exalta « la coïncidence de date entre [ce jour] et [celui] "de l'allégresse triomphale de tout un grand et bon peuple pour une paix qui veut être, qui pense être le coefficient valide de cette vraie paix européenne et mondiale dont l'Exposition même est le clair symbole" ». En privé, il n'avait jamais celé sa hâte de voir l'Abyssinie « dev[enir] territoire italien » (devant Gillet, supérieur français des dominicains, en septembre 1935).

L'appel à la souscription lancé par Schuster fin 1935 constitua une fraction ridicule de l'énorme soutien financier que le Vatican et Nogara, directement intéressés au succès des armes italiennes, apportèrent à cette guerre coloniale. Le Quirinal en reconnut l'ampleur début décembre en publiant un tardif décret d'application de l'article 29 du concordat (de 1929) sur les biens ecclésiastiques, qui excluait les « laïques de la gestion des fonds ». Les multiples signes de ce concours, rapportés par la presse internationale, résistèrent aux démentis vanticans indignés contre un « délit » de mensonge et « des calomnies grotesques ». La Curie, apprit-on en février 1936, avait cédé depuis le début de la guerre 20 millions de marks bloqués pour l'achat de matériel de guerre allemand, remboursables en lires.

Cette somme considérable – dix ans de recettes du Denier français de Saint-Pierre –, prêta à une opération extravagante : la Propagande avait accepté un paiement allemand en nature par des appareils frigorifiques et des fourneaux dernier modèle ; « les intermédiaires » italiens ayant au passage fort gonflé les prix, elle « dut céder le tout avec une perte de 50 % ». Les fonds provenaient « des avoirs assez considérables » accumulés « il y a quelques années » en France, en Grande-Bretagne, aux États-Unis et en Allemagne. La contribution, incluant le Denier de Saint-Pierre, à la campagne d'Éthiopie atteignit d'août 1935 à juin 1936 « un minimum de 500 millions », « devises [...] portées à la Banque d'Italie et converties en lires avec une garantie en or qui vaut... ce que Dieu voudra », ironisa le correspondant à Rome du *Journal des Débats*[13].

Neurath railla en novembre 1935 les maigres gains que tireraient de « l'aventure » Rome et un Vatican « entièrement pro-italien », mais agréa la

---

DGFP, D, I, p. 956-966, Chadwick O., *Britain*, p. 8, Neurath, 13 novembre 1935, *DGFP*, C, IV, p. 814-815.

13. Lettre de Truelle n° 261, 9 septembre 1935, *Canet*, 53, tél. n° 140, 12 mai, *Canet*, 38, lettres de Charles-Roux n° 183, 28 juin 1936, *URSS*, 958, de Truelle n° 279, 10 septembre, *Saint-Siège*, 37, n° 364, 7, n° 369, 9 décembre 1935, *Italie*, 264, n° 51, 26 février, *Canet*, 32, et de Charles-Roux n° 309, 27 octobre 1936, *Saint-Siège*, 51 ; Pollard J. F., *Money*, p. 177-178.

demande de ce dernier au Reich d'éviter « toute action violente » immédiate pour laisser à l'Italie le temps d'avaler sa proie. Il fut très injuste en l'accusant de n'avoir pas aidé Berlin, par insuffisante maîtrise des reliques du *Zentrum,* dans sa « lutte contre le bolchevisme et le communisme » : la Curie redoutait autant que lui « les efforts systématiques des Russes pour nous isoler ou nous affaiblir » et – de l'avis d'Alphand – se « veng[eait] contre les Soviets [du] sanctionnisme de Staline et Litvinov » en les frappant à coups redoublés.

À la mi-octobre, Pie XI tenta de séduire Radimsky par une critique *inédite* d'une « politique allemande [...] toute d'hypocrisie et de fausseté » envers Vienne, et lui présenta Mussolini, comme garant de l'ordre en Éthiopie : « en attendant, comme dans les litiges il y a toujours un *tertius gaudens,* dans le présent cas ce serait le désordre social, le bolchevisme, qui serait le bénéficiaire du conflit actuel. » Un mois plus tard, Rosa lança dans la *Civiltà* une campagne de masse jésuite nazie : « très intéressant », nota Canet, « surtout quand on sait qu[’il] est l'agent personnel de Pie XI ». Son article « Arts de propagande et les nouvelles conquêtes du bolchevisme », reproduit en une de l'*Osservatore,* calquait une analyse de Gobbels, « autorité qu'on est étonné de voir tout à coup invoquée comme témoin par des catholiques ». Il dénonçait la tactique de Moscou, l'abandon de « certaines méthodes brutales », l'action doucereuse, l'appel au « front unique » afin d'en « désagréger » les éléments, les assauts contre le fascisme « qui, dans le langage bolchevique, prend le sens le plus élastique et le plus étrange ». Un avenir de cauchemar suivrait : après « désagrégation » des forces de résistance, « ils établiront le régime bolchevique, sur le modèle de la Russie et du Mexique ».

Le tumulte, très éthiopien, fut ponctué d'« attaques de plus en plus vives » de l'*Osservatore*. « L'Institut oriental [...] compte deux ou trois de ses membres dont le travail est entièrement consacré à examiner les rapports des congrès communistes, à recueillir tous les renseignements possibles sur la propagande bolchevique, enfin à publier des bulletins qui sont distribués au Vatican et dans divers établissements catholiques. » L'un d'eux, montré à Truelle par « un des jésuites chargés de ces travaux », débusquait « les influences communistes » dans tout désaccord avec Rome sur « le conflit italo-abyssin ». Sans se réclamer des nazis comme Rosa, ces textes « uniquement consacrés au bolchevisme passent complètement sous silence les persécutions des catholiques en Allemagne ». À Noël, Pie XI dénonça « la propagande [russe] des Sans-Dieu » pour faire oublier le « silence prolongé » sur la guerre qui n'avait pas grandi « son autorité morale dans le monde »[14].

14. Neurath, 13 novembre 1935, *DGFP*, C, IV, p. 814-815, lettres de Charles-Roux n° 62, 9 mars 1936, *URSS*, 958, n° 316, 17 octobre, *Saint-Siège*, 37, n° 448, 16 novembre, de

Rome mena sur les persécutions russes une campagne simultanée via la hiérarchie française. Giobbe, de la *Pro Russia*, alerta à la mi-décembre Charles-Roux sur la situation affreuse, la prochaine expulsion de Neveu, qui suivrait celle d'Amoudru. Baudrillart l'assura que Pie XI avait reçu « de Mgr Neveu des lettres inquiétantes ». On associa à la manœuvre Amoudru, très aigri par son rapatriement forcé de l'automne 1935, qu'il imputait à « une sorte de complot » Neveu-Litvinov-Alphand : Charles-Roux n'en put, début février 1936, tirer un mot sur ses entretiens avec Gillet ni sur son « rapport sur la situation religieuse en Russie », dont le pape aurait été « très frappé et très attristé ». Mais le 9, l'*Osservatore* critiqua si violemment la « politique extérieure » de l'URSS que Charles-Roux réagit à ce geste « inopportun » : « la hantise du bolchevisme » de Ledochowski affaiblit, dit-il à Pizzardo et Pacelli, la position du Saint-Siège.

Alphand maintenait, contre Charles-Roux, apparent aveugle sur la guerre d'Éthiopie, que la fureur vaticane n'était pas plus liée au sort du culte que les déportations de sujets « d'origine polonaise et lituanienne » : il n'y avait pas « de nouvelles persécutions religieuses en URSS », les seules tracasseries contre les clercs français de Moscou étaient italiennes : Neveu s'était vu interdire... de garer sa voiture dans le parking de l'ambassade d'Italie. Pie XI lui donna raison en additionnant son discours du 12 mai 1936 sur « "l'allégresse triomphale" du peuple italien » d'une diatribe contre « le communisme, danger essentiel, immense et universel, menaçant toutes les conquêtes de l'humanité, la dignité individuelle, la sainteté de la famille, la sécurité et la religion ». Charles-Roux admit enfin que le Vatican avait décrété « la légitimité de l'action italienne », que ses cris sur « les dangers du communisme » avaient couvert cette guerre et « le coup de force allemand du 7 mars » (la remilitarisation de la Rhénanie) sur lequel Pie XI avait observé un « silence complet » et que les jésuites et l'*Avvenire* « invoqu[aient désormais...] les déclarations de certains chefs nationaux-socialistes dans leur croisade contre le bolchevisme »[15].

Américains, Britanniques et Français

Celle-ci perdit en efficacité parce qu'un pivot de l'Entente potentielle fut incité à ne pas lier impérialisme italien et Satan rouge : Londres avait rejoint Moscou dans le camp des réprouvés, auquel, malgré les simagrées de l'ère lavalienne des « mains libres », Paris appartenait toujours.

Truelle n° 368, 6, tél. Charles-Roux n° 405, 24, *URSS*, 957, et n° 406, 26 décembre 1935, *Canet*, 53.

15. Lettres de Charles-Roux n° 371, 12 décembre 1935, n° 38, 9 février 1936, d'Alphand n° 415, 4 novembre 1935, et n° 23, 27 février 1936, *URSS*, 957 (3e) et 958, Charles-Roux, tél. n° 150, 15 mai, *Canet*, 53, lettres n° 143, 17 mai, n° 183, 28, et n° 170, 9 juin 1936, *Saint-Siège*, 38 (1e et 3e), *URSS*, 958 (2e) (et Lacroix-Riz A., « Le rôle », *passim*).

• Washington

L'atout américain s'était encore apprécié grâce aux rivalités américano-britanniques. Les « Germano-Américains », avec la presse Hearst, montrèrent des trésors d'indulgence envers l'Italie avant d'entamer leur campagne de l'automne 1935 contre les sanctions. Coughlin prêcha la « neutralité complète des États-Unis », alarma ses auditeurs sur le risque, dans le cas contraire, d'une guerre mondiale « où sombrera[it] la civilisation occidentale » et maudit la SDN, « instrument de l'impérialisme britannique ». Les États-Unis eurent-ils des raisons pétrolières de désapprouver l'aventure ? Commencée sous le signe de la collaboration – la mission Marchetti de 1929 –, l'affaire devint-elle trop exclusivement italienne ? À moins que la signature avec l'État éthiopien, à l'été 1935, d'un contrat octroyant à l'*African Exploration and Development Corporation*, « groupe financier anglo-américain » (formé du côté américain d'une filiale de la *Vacuum Oil*), l'exclusivité pour 75 ans des concessions pétrolières sur la moitié du territoire n'ait été précédée de tractations avec Rome. Début septembre 1935, Washington renonça (en complicité avec l'Italie, ou contre elle ?) à l'accord conclu le 30 août par un Américain et opta pour une « neutralité » bienveillante, qui permit aux *majors* de vendre librement leur pétrole à la « sanctionnée ».

La Curie savait qu'elle ne valait pas appui total. Les pressions « des pays anglo-saxons » inspirèrent au pape une allusion à la « guerre agressive [et] injuste » d'annexion dont il ne nomma pas l'auteur, le 27 août 1935, « si tard, tandis que les préparatifs de guerre étaient si avancés ». Ses démarches « de paix », fin septembre et mi-octobre, eurent le même but. Mais le principal allié du tandem italo-vatican fut l'attachement des États-Unis, clamé par leur presse, à la défaite britannique et à l'échec de la SDN, fondé de pouvoir des alliés-adversaires européens. L'affaire s'acheva sur la perspective d'« une politique de strict isolationnisme »[16] qui neutraliserait l'Entente et déchaînerait le révisionnisme.

• Londres

Les rapports avec le Royaume-Uni, si tendus en Méditerranée au début de la décennie, se gâtèrent à l'heure des révisions. À l'absence de ministres britanniques au Vatican entre 1930 et 1933 succéda leur valse entre 1933 et 1936, avant la nomination, en février, de Francis d'Arcy-Osborne (resté jusqu'en novembre 1944). À Malte, les deux Rome subirent des revers dès 1933-1934, jalonnés, en novembre 1933, par le renvoi du « ministère nationaliste » italophile et la nouvelle suspension de la constitution et, en 1934, par la suppres-

---

16. Août-octobre, lettre n° 462 de Laboulaye, Washington, 21 novembre 1935, *États-Unis*, 315 (vide, 14 décembre 1935-7 mai 1936, compensé par *États-Unis*, 336 et *Canet*, 49) ; Milza P. *et al.*, *Fascisme*, p. 345 ; Truelle, tél. n° 246-248, 28, lettre n° 257, 30 août 1935, *Saint-Siège*, 37, mois cités, novembre 1935 et mai 1936, *Canet*, 51 et 53, et lettre n° 151 de Laboulaye, 7 mai 1936, *États-Unis*, 315.

sion de l'italien dans les sphères administrative et universitaire. Parachevant le monopole italien des missions africaines, la Curie évinça alors le « délégué apostolique » Hinsley, pour le remplacer par l'Italien Antonio Riberi.

À l'approche de l'assaut, Pie XI explosa : les Français, rivaux coloniaux complaisants, entendirent en septembre 1935 pis que pendre des Anglais ; Radimsky aussi, qui subit à la mi-octobre une philippique contre « la rigidité de la politique britannique » inspirée par l'« animosité contre M. Mussolini ». La hargne du pape visa surtout le *Times*, prolixe dès octobre sur les preuves de son adhésion à la conquête, et Hinsley, récent archevêque catholique de Westminster, titre d'avril 1935 qui n'accrut pas son italophilie. L'annonce par le correspondant du *Times* à Rome de la sonnerie des cloches du 2 octobre suscita de furieux démentis sans arrêter la liste des preuves, assistance des troupes par les aumôniers militaires, non-excommunication d'un État violant sa signature internationale, etc. Le conflit culmina quand le *Times* publia sous le titre « le Pape et la guerre » le sermon du 13 octobre d'Hinsley. Déchiré entre ultramontanisme et loyalisme national, le prélat choisit le second. Il avait le 23 septembre avisé en secret Pacelli des réticences de « notre peuple catholique », priant la Curie de « dissocier l'Église de l'action du gouvernement italien ».

Audace à laquelle le secrétaire d'État ne daigna pas répondre, ce qui contraignit Hinsley à l'expression publique. Son sermon de *Golders Green* nia la responsabilité romaine dans le tintement des cloches italiennes en qualifiant Pie XI de vieillard impuissant, prisonnier dans Rome et complice de Mussolini : il ne pouvait intervenir, l'accord de Londres de 1915 l'ayant écarté du congrès de la Paix de 1918 et exclu de la SDN, ni « s'exposer à soulever en Italie une vague d'anticléricalisme, et [...] devait prendre garde à la solidité du régime fasciste qui, malgré ses défauts, serait remplacé par le chaos ». Comment « un vieillard désarmé, sans ressources, entouré d'une puissante force de police au milieu d'un puissant pays de quarante millions d'habitants » eût-il pu arrêter la « presse-esclave » et l'agression de l'Italie fasciste, qui « déifiait le césarisme et la tyrannie » ?

L'ire des deux Rome exclut de la grosse promotion cardinalice (vingt élus) de novembre 1935 Hinsley, qui expia « la mauvaise impression produite sur le pape par certaine allocution récente et pas très heureuse » : Londres déplora que « particulièrement en ce moment, [...] Pie XI nommât quatorze Italiens et pas un seul Anglais ». Le consistoire du 15 mai 1936, réservant la pourpre aux « familiers du pape » (sauf Tisserant), l'écarta encore[17].

---

17. Chadwick O., *Britain*, p. 13 et 315, Kent P. C, *The pope*, p. 96, lettres du MAE, 29 juin, *Canet*, 53, de Truelle n° 279, 10 septembre, de Charles-Roux n° 316, 17, *Saint-Siège*, 37, n° 301, 8, n° 322, 22 octobre, *Saint-Siège*, 51 et *Canet*, 51, presse, octobre 1935, *Canet*, 50, Moloney T., *Westminster*, p. 49-54, lettres de Charles-Roux n° 366, 22, n° 357, 24 novembre 1935, et de Truelle n° 162, 30 mai 1936, *Saint-Siège*, 47.

• Paris

Paris reçut en 1935 des caresses, avec, début novembre (entre le vote des sanctions du 11 octobre et leur mise en vigueur du 18 novembre), un message de Pie XI à Laval, transmis par Gillet : « Dites-lui qu'après Dieu nous ne comptons que sur lui [... et] que sa politique de conciliation a notre entière approbation. » Cet hypocrite élan pour le nouveau Briand fut rapporté à Berlin, et Göbbels le railla deux ans après dans l'*Angriff.* Charles-Roux, après avoir pris les rivalités franco-anglaises pour de l'amitié vaticane, fut récompensé fin décembre 1935 par un article de *Vita e Pensiero*, revue de l'université du Sacré-Cœur de Milan : Gemelli y rappelait que la Curie haïssait Paris autant que Londres.

La France, hantée par « la peur de la guerre », écrivait l'intime de Pie XI, « a combiné des traités de paix qui sont ce qu'ils sont, envahi la Ruhr, voulu Locarno, désarmé les ex-ennemis, manœuvré la Petite Entente, créé mille tracas à l'Italie tant que nous avons été proches de l'Allemagne, mais nous a permis [en 1934] l'exposition du Petit Palais quand la question d'Autriche nous a séparés de Berlin [...C]es poltrons de la guerre (France et Angleterre) » tentent de transformer en « bouclier perpétuel » Genève (la SDN), simple « *menace qui doit effrayer tout perturbateur de la digestion d'un bon et gai repas, consommé entre 1919 et 1920, aux frais des ennemis [,...] Genève [...] voulue non comme Société garante de la justice et de la collaboration, mais comme garante du butin saisi par deux seuls États,* qui, avec des paroles de justice, de lutte contre l'impérialisme germanique, de défense des peuples faibles, avaient, en 1914, déclenché une guerre qui conduisit à la boucherie des millions d'hommes ».

La France ne songe qu'à « la conservation de ce qu'elle a acquis, advienne que pourra. [...] Londres avoue que *la Ligue [des Nations] est le paravent derrière lequel elle se retranchera toujours pour profiter de la guerre* ». Si les sanctions sont votées, « *la France et l'Angleterre jouiront paisiblement pour au moins dix ans de leur butin de 1918 et peut-être même l'accroîtront d'un mandat sociétaire sur les nègres d'Addis-Abeba, qui maintenant s'imaginent, en cas de victoire, assurer leur indépendance.* Concluons. Nous, absents du banquet de Versailles, nous les premiers victorieux de 1918, nous peuple resserré sur un territoire étroit, nous passibles de nouveaux chantages et de nouveaux larcins, nous animaux de laboratoire pour expérience sociétaire, nous devons, *pour réparer la faute d'avoir été les alliés de pareilles gens* [..,] résister à tout prix ». Ce « libelle antifrançais » reprochait aussi à Paris d'avoir « appuyé finalement l'entrée de la Russie dans la Société des Nations ».

Ces « attaques haineuses [...] contre la France » ranimèrent (brièvement) le Charles-Roux de 1919. Le ministre des Affaires étrangères « devrait faire venir le nonce et lui infliger la lecture [de cet] extrait avec commentaire à l'appui ». J'ignore si l'indignation se borna à l'intervention acerbe du *Temps*, qui fit – peu –

reculer la Curie. La France subit en tout cas une éviction ecclésiastique totale, connue dans son principe au printemps de 1936 et exécutée depuis lors, en deux ans. Elle ne suffit pas plus que les autres démonstrations révisionnistes à unifier la défense contre les Empires centraux. Charles-Roux n'ignorait rien de l'alignement des deux Rome sur le Reich, mais adorait les berceuses de Pacelli. Lequel put, le 28 mars 1936, prévoir sereinement les suites anticatholiques du plébiscite (du lendemain) sur la remilitarisation de la Rhénanie – que son double « rhénan » avait exaltée –, et appeler « à resserrer la solidarité entre Londres, Paris et Bruxelles et à la rétablir sans délai avec Rome ». La fiction des deux fers italiens au feu arrangeait la diplomatie du choix de la défaite.

II. Le combat contre l'Entente de 1936 à la guerre

La guerre d'Éthiopie achevée, la croisade antirusse trouva dans la conjoncture européenne un appui crucial. On ne saurait comprendre les succès de la vieille tactique germanique en négligeant la dimension intérieure des politiques extérieures des pays de l'Entente : l'obsession de compromis économique avec le Reich, combinée à la peur sociale, réelle ou grossie, exclut une coalition semblable à celle de 1914[18].

Espagne, Fronts populaires, et croisade contre l'URSS

Le Vatican contre la République espagnole et l'assaut contre les Fronts populaires avant la guerre d'Espagne, 1931-1936

L'Espagne et la stratégie méditerranéenne de l'Axe

L'Axe cherchait une occasion de paralyser les adversaires, qu'il suscita en Espagne : ses deux éléments partageaient objectifs – ressources espagnoles, expansion africaine et relève des empires français et britannique – et cibles – outre Madrid, Londres et Paris.

L'Italie, évinça dès 1936 tous ses rivaux ecclésiastiques, des missions catholiques françaises aux protestantes anglo-saxonnes, préparant, entre autres, « l'avenir de la Tunisie » en « fortifi[ant] sa base de Pantelleria », île du détroit de Sicile et base d'attaque. Elle rêvait en outre d'« affaiblir » l'Espagne, quel que fût son régime, pour la dominer. Mussolini complota contre

18. Milza P. *et al.*, *Fascisme*, p. 341, lettres de Charles-Roux n° 339, 2 novembre 1935, *Saint-Siège*, 37, de François-Poncet n° 1849, 25 novembre 1937 (Göbbels), *Allemagne*, 696, de Charles-Roux n° 387, 29 décembre 1935 (souligné dans le texte), *Le Temps, sd.*, *Italie*, 264, n° 90, 28, et n° 93, 30 mars 1936, *Allemagne*, 693, Lacroix-Riz A., « Le rôle », p. 73-79, et *Choix*, Mollier J.-Y. et George J., *La plus longue, passim*.

la République depuis 1931 avec les monarchistes défaits, bien que la chute d'Alphonse XIII l'eût servi : le roi renâclait à la prétention du Vatican, donc de l'Italie, de tout gérer en son royaume, et toute déstabilisation était bonne à prendre.

Pizzardo admit (en juin 1937) devant Charles-Roux les « aspects stratégiques [du] problème espagnol [...] pour les grandes puissances [...,] l'intérêt [du Duce] de commander les lignes de communication de l'Angleterre et de la France [,... sa] défiance à l'égard de l'Angleterre [et] une espèce de crainte chronique d'être soi-même obstrué par les Anglais en Méditerranée pour les communications de l'Italie avec son empire africain ». Berlin lorgnait les minerais espagnols et rêvait de récupérer (et au-delà) son Empire, avec le concours vatican conformément aux visées coloniales d'une des clauses militaires secrètes du concordat du Reich. Les Français virent en 1935 l'« ancien aviateur de guerre » Schulte constituer sous couverture missionnaire une base de la reconquête africaine : il fonda la « société Miva » qui « recueill[ait] des offrandes pour la construction d'avions, automobiles, canots » destinés aux missions chrétiennes allemandes, ce qui « provoqu[a] des susceptibilités et des jalousies » dans l'œuvre de la Propagation de la Foi ; en mai, il lança la phase opérationnelle du départ des avions pour le Cameroun. Le nonce à Madrid, Tedeschini, l'homme d'Erzberger, pilier du « parti allemand » à Rome et héraut de l'Anschluss, y jouait les vigies depuis sa nomination d'avril 1921 : déplorant depuis 1931-1932 sa « modération » envers la République, les émigrés réfugiés à Rome l'associaient aux « manœuvres allemandes » contre le roi déchu[19].

Le rôle intérieur du Vatican en Espagne

Rien d'espagnol ne pouvait surprendre la Curie. Ni la chute de la monarchie, le 14 avril 1931, que ses jésuites « bien informés » avaient prévue début 1930, où ils amorcèrent le transfert à Rome de leurs archives. Ni la haine engendrée par un « clergé espagnol étroitement attaché à des traditions souvent égoïstes, [qui] vit complètement en dehors des problèmes que pose la vie contemporaine et ne paraît guère se préoccuper que de la répercussion des événements sur ses intérêts temporels », par opposition au « clergé catalan » autonomiste, « parfois » tenté par « des idées avancées ». Sur la confusion par ce clergé de « sa cause avec celle de la monarchie » et ses conséquences politiques, démontrées par les essais de modernisation de l'État depuis le XIXe siècle, la lecture des archives depuis 1931 dispenserait de consulter les fonds de 1936-1939.

---

19. Lettre de Charles-Roux n° 100, 5 avril, note Canet, 5 décembre 1936, *Canet*, 51, Phillips, 8 juillet, Hull, 15 septembre, *FRUS* 1937, II, p. 712-713, Kent P. C, *The pope*, p. 131-145, lettres de Charles-Roux n° 225, 30 juin 1937, *Espagne*, 208, n° 151, 20 mai 1935, *Canet*, 37, note Canet, 2 avril 1921, *Saint-Siège*, 17, et lettre de Fontenay n° 130, 17 avril 1932, *Espagne*, 200.

Ravi, comme Mussolini, d'un événement prometteur d'hégémonie italienne, le Vatican laissa d'abord croire qu'il s'accommodait du nouveau régime. Cette ruse alimenta la thèse, erronée, d'un Tedeschini libéral, alors qu'il était resté jusqu'au bout lié à la monarchie, surtout, entre 1923 et 1930, sous « la dictature de Primo de Rivera » qui « ne lui refusa[i]t jamais rien ». La Curie, d'apparence sereine, et l'épiscopat espagnol, déchaîné par le cardinal-archevêque de Tolède Pedro Segura, primat d'Espagne, subvertirent sans trêve et de concert la République. Ne pouvant ici recenser la liste des pastorales « fulmin[antes] prêcha[n]t la désobéissance civile » ni détailler la révolte « contre [...] la nouvelle constitution », les provocations contre la laïcité taxée d'« hérésie » inspirée du modèle affreux des « les libertés dites modernes » établies par la loi française de Séparation de 1905, et les plans de militarisation du clergé et surtout des couvents, etc., je me bornerai à « un incident aigu ».

Ruinant la thèse du désaccord entre Segura, expulsé d'Espagne, exilé (en France), et Rome, qui l'aurait accueilli « assez fraîchement » en juin 1931, il démontre la portée financière cruciale de la question d'Espagne. Le 14 août 1931, le vicaire général du diocèse de Vitoria, Mgr Justo Echeguren, fut arrêté à la frontière franco-espagnole alors qu'il devait rencontrer Mgr Mateo Mugica, son évêque exilé en France, alors en Angleterre. Il fut aussitôt relâché, mais « certains papiers saisis », dont « les instructions confidentielles » de l'exilé Segura, « approuvées par le Saint-Siège » : elles ordonnaient à Mugica « d'aliéner les biens des établissements religieux, notamment en les vendant à des acheteurs étrangers et d'en faire passer le prix hors d'Espagne », et citaient les « banques anglaises auxquelles pourraient être confiés les fonds des ventes ». Le cabinet prit le 20 août un décret interdisant aux entités religieuses l'aliénation des biens du clergé et le retrait de tous dépôts bancaires autres que ceux des comptes courants dans les banques espagnoles sur le territoire et en dehors. Mais il épargna le Vatican : il fit « une démarche [...] presque solennelle » auprès de Tedeschini, qui se « déclar[a] fort surpris », puis proclama le nonce tout de « loyauté » et de « cordialité ». Définitivement assuré que le primat avait reçu « pleins pouvoirs du pape » pour céder le patrimoine national, il s'obstina à prétendre Segura et Mugica seuls coupables[20].

Le Vatican mena donc librement cinq ans d'intrigues. Avec, d'une part, une Église bénéficiaire des « abus criants » que constituaient, dans un pays

20. Rhodes A., *Vatican*, p. 117 *sq.*, lettres de Fontenay n° 43, 9 février 1930, n° 164, 20 avril 1931, Madrid n° 74, 24 février, n° 24, 23, de Fontenay n° 205, 9 mai 1931, d'Herbette n° 10, 5 janvier 1932, de Fontenay n° 285, 19 juin, manuscrit Europe, 3, d'Herbette n° 491, 20, n° 497, 21 (et décret), n° 500, 22, n° 503, 25 août 1931, et du MAE n° 361, sd, *Espagne*, 200.

rongé par la pauvreté, « les intérêts matériels de certaines menses épiscopales [et] de certaines congrégations » (dont 3 000 jésuites, possédant églises, couvents et grands collèges, modernes et très bien équipés, d'« une valeur considérable », mais qui, « pressentant l'orage, les avaient tous hypothéqués » et s'inquiétaient des archives qu'ils n'avaient pu totalement évacuer avant 1931). Avec, d'autre part, les laïcs « fauteurs de désordre », aussi acharnés à sauver leurs privilèges menacés, vrais « chouans » (Jean Herbette, en octobre 1931). L'organisation tentaculaire dirigée par Tedeschini réorientera l'Espagne « vers la droite », promirent au Vatican deux cardinaux et trois évêques en visite *ad limina* en juillet 1932 : ils étaient ragaillardis par « le réveil du catholicisme », les bonnes élections locales, la déroute d'un gouvernement « en divorce avec la nation ». L'Église, dotée comme sous la monarchie des crédits nécessaires aux missions en Terre Sainte, au Maroc et ailleurs, violait allègrement les lois laïques sur le caractère privé des sacrements. L'enthousiasme fut douché par l'échec, le 10 août 1932, du complot des généraux Emilio Barrera et José Sanjurjo, préparé avec Rome. Mais la coalition fut renforcée par les choix d'une république indulgente à des ennemis prêts à tout, n'osant appliquer sa législation et dure à ses partisans, dont le triste sort ne s'améliora pas.

Dès l'été 1932 les pleurs récurrents de Pacelli sur les horreurs de la loi sur les congrégations et la Séparation ou les incendies d'églises et de couvents de Séville et de Grenade fléchirent Charles-Roux. La presse vaticane dénonça, avec Dalla Torre, « la canaille bolcheviste ». Pie XI mêla dans son discours de février 1933 l'éloge des jésuites et l'indignation contre les persécutions dans « la pauvre Russie », le Mexique et l'Espagne. Son encyclique « Dilecta Nobis » du 4 juin, brûlot contre la laïcité, descriptif déchirant des persécutions et spoliations de l'Église, « invit[a] ses "très chers fils d'Espagne" à user de tous les moyens légitimes pour amener les législateurs eux-mêmes à réformer de telles dispositions ». *Tous* les moyens sont légitimes, traduisit Herbette : sous couvert de ne pas demander aux catholiques espagnols de fonder un parti, Pie XI les avait enjoints de soutenir ainsi « les intérêts des anciennes classes privilégiées », le catholicisme des « gens riches », pur « instrument pour la défense de leurs privilèges » contre celui, envahi de « traditions païennes », « des pauvres gens » incultes et assoiffés de terres. Provocation contre les miséreux, ce pamphlet contre les pertes d'une Église dont la richesse épuisait le pays aviverait l'anticléricalisme par sa « défense des privilèges matériels qui provoqu[ai]ent l'animosité populaire ».

Herbette anticipa en juillet 1933 le succès final de ce complot quotidien. Le régime, dont la modération de la loi sur les congrégations indignait les anticléricaux, respectait « les libertés de conscience et de culte complètes » et laissait libre cours à « la propagande politique de l'"Action catholique" ».

Face à lui, un cléricalisme haineux « déchaîne[rait l]es colères anticléricales dans le peuple lui-même » : « il pourrait y avoir en Espagne, si les adversaires de la République confisquaient à leur profit l'autorité de l'Église, l'équivalent d'une guerre de religion, après le passage de laquelle il resterait maintes ruines irréparables. »[21]

En avril 1933, le Vatican, déclarant le concordat abrogé, donna la succession de Segura à un clône, Isidro Gomà y Tomàs. Madrid avala sans broncher l'affront, puis sa promotion cardinalice de novembre 1935, qui ne « dénot[ait] » pas, comme le prétendit Charles-Roux, « une détente » bilatérale mais, comme celle de Tedeschini, les plans de guerre. Rome ne se rallia pas plus à la république après le succès électoral de la droite du 19 novembre 1933. Herbette, ancien ambassadeur à Moscou obsédé par la « révolution sociale », conserva avant 1936 assez de sang-froid pour incriminer l'Église « mise au service d'intérêts » anti-républicains, « oblige[ant] les républicains espagnols à s'appuyer constamment sur les masses socialistes ». Il opposa parfois la modération du nonce au « fanatisme [,] qui rappelle plutôt l'Islam que l'Évangile [, du] catholicisme des réactionnaires espagnols », mais le montra surtout à la tête d'une AC vouée au retour au *statu quo ante* et subventionnée par l'Italie fasciste.

C'est à la mi-février 1934 que Tedeschini rejeta le masque libéral, au *Te Deum* pour la fête de Pie XI à la cathédrale de Madrid, échangeant des dithyrambes avec son compagnon d'AC (depuis son arrivée), le jésuite Angel Herrera. Ce dernier glorifia en lui « le premier organisateur des noyaux d'Action catholique [à travers...] les diverses régions de l'Espagne ». « L'Espagne catholique ne peut accepter la loi des confessions et congrégations religieuses », répliqua le nonce, appelant à la croisade sous la bannière d'Herrera : « *Tu es ille vir* [...] Il faut travailler, mais en obéissant aux prélats, et d'accord avec la direction. Avec ces deux facteurs, l'Action catholique suivra le chemin qui mène au triomphe. »

Après « l'incident de la cathédrale », l'ambassadeur extraordinaire au Vatican, Leandro Pita Romero, s'acharna à croire qu'il négociait un concordat entre Madrid et Rome, et Tedeschini acheva de se découvrir. « Si l'histoire est vraie, elle se passe de commentaires », observa Herbette à propos du récit d'*El Socialiste* du 1er juin 1934. Elle l'était. Confondant deux quasi-homonymes, son correspondant à la secrétairerie d'État, Pizzardo, et l'attaché de l'ambassade d'Espagne à Rome, le colonel Sicardo, le nonce crut parler au premier, mais s'adressa, à cause d'une erreur d'aiguillage téléphonique, au second, qui se garda de l'arrêter : faites croire à Romero que la signa-

21. Lettres d'Herbette n° 632, 16 octobre 1931, de Fontenay n° 32, 6 janvier, de Charles-Roux n° 241, 25 juillet, n° 470, 9 décembre, n° 290, 26 août 1932, *Espagne*, 200 ; n° 85, 27 février, n° 222, 5, d'Herbette n° 487, 8 juin, et n° 614, 12 juillet 1933, *ibid.*, 201.

ture du concordat est imminente, mais « faites traîner les choses en longueur autant que vous le pourrez » ; le parti de José Maria Gil-Robles [chef de l'AC réorganisée en 1932 par le Vatican] sera bientôt au pouvoir et nous obtiendrons un meilleur concordat. Pita Romero, informé, convoqua le nonce qui, mis au pied du mur, bredouilla. L'incident permit à Herbette de démentir le lénifiant Charles-Roux. Le Vatican avait bafoué la république en recevant Alphonse XIII (à la mi-juin 1933), et cédé au chantage de Gil-Robles à la création d'« une Église nationale » si on ne lui nommait pas tel évêque – menace « d'un schisme » qu'« aucun ministre républicain » n'eût osé brandir. « Le parti catholique » osait tout, faisant « voter l'amnistie pour les séditieux du 10 août 1932 [mais…] abroger la loi » accordant préférence aux ouvriers agricoles locaux pour les travaux à réaliser sur le territoire des communes, etc.[22]

Prise la main dans le sac, la Curie laissa Pita Romero remettre ses lettres de créance à la mi-juin 1934, mais poursuivit ses plans espagnols, bien que ce dernier crût (ou fît semblant) que le *Kulturkampf* hitlérien en cours servirait son pays, qui assurait droits et libertés aux catholiques. Pacelli et Pie XI déclarèrent intolérables ses prétentions, et le collège de vacances du Sacré-Cœur à Santander organisé en juillet-août sous l'égide du comité central de l'AC dévoila la ligne italo-vaticane : ses 59 enseignants espagnols, dont 31 clercs (16 jésuites) pour 65 élèves (la propagande de la presse catholique et l'octroi de bourses n'avaient pu en drainer plus), assuraient 78 cours d'« inspiration […] spécifiquement italienne [et] contraire à la France ». Les exigences « religieuses » simultanées à présenter à Madrid furent concoctées, comme en Europe centrale, pour être inacceptables. Dans l'atmosphère provocatrice qui suscita sous le cabinet Lerroux l'insurrection d'octobre 1934 des mineurs d'Asturies – férocement réprimée par les généraux Manuel Goded et Francisco Franco, la Légion étrangère et les troupes marocaines –, le putsch fut annoncé.

Début novembre, Pacelli alla, comme cardinal-légat au « Congrès eucharistique », en surveiller les préparatifs, notamment à Barcelone : l'armée fulmine contre la « faiblesse » de l'État, « dans ces conditions, une dictature militaire n'aurait rien d'étonnant », dit le « prélat journaliste » (Pucci) au retour du secrétaire d'État. À la mi-décembre, Pita Romero (revenu à Madrid depuis le 31 août), qui avait vu Pacelli pendant son voyage espagnol, s'avoua sûr de l'échec de sa mission : la Curie était aux ordres de Mussolini. La comédie, mêlée de provocations (telle la réception pontificale de la famille

22. Lettres d'Herbette n° 306, 17 avril, n° 380, 10 mai 1933, *Espagne*, 201, de Charles-Roux n° 366, 22 novembre 1935, *Saint-Siège*, 47, d'Herbette n° 727, 19 août 1933, n° 31, 9 janvier, n° 207, 17, n° 219, 20 février, n° 693, 2 juin, de Charles-Roux n° 318, 16 octobre (et Rhodes A., *Vatican*, p. 121), d'Herbette n° 755, 16 juin 1934, et de Charles-Roux n° 235, 19 juin 1933, *Espagne*, 201.

royale, le 14 janvier 1935, lors du mariage, célébré par Segura, de l'infante Béatrice et du prince Torlonia), continua à l'ère éthiopienne, qui différa l'application du plan italo-espagnol. La courte victoire électorale du Front populaire le 16 février 1936 puis le règlement éthiopien permirent l'exécution, à laquelle le Reich s'était également préparé.

Le chef de l'AC, Gil-Robles, avait avant le scrutin poussé un « cri symbolique » : « les catholiques iront aux élections avec un poignard dans une main, un pistolet dans l'autre et le bulletin de vote entre les dents. » Tedeschini quitta Madrid, et on présenta début juin la nomination de Cortesi dans ce « moment difficile » comme la sanction du « grand échec politique en Espagne » subi par l'Église romaine. Cortesi ne rejoignit jamais son poste[23] : la Curie attendait ce qui se produisit le 18 juillet 1936, une semaine après l'accord austro-allemand évinçant l'Italie du Danube et la cantonnant à l'aventure africaine.

Front populaire et alliances de revers jusqu'à l'été 1936

Dans les mois précédents, l'autre victoire électorale d'un Front populaire, en avril-mai, suivie du plus vaste mouvement social de l'histoire contemporaine française, avait conforté la thèse de la marée rouge. La flambée anticommuniste de mai, déjà signalée, salua aussi le second tour (du 3) des législatives. Le Vatican se dit d'abord « étonné et alarmé » par la poussée du PCF, qui risque, argua-t-il, de confronter l'Église aux anticléricaux. Charles-Roux mit en garde Pacelli contre ce nouveau prétexte à envolées (notamment celle du 12 mai) sur « les dangers du communisme » : « eu égard aux conditions de la politique intérieure en France, le moment avait été vraiment mal choisi », alors même que « la question religieuse n'avait été posée par aucun parti ». Rien, comme il le répéta en octobre 1936, ne justifiait une terreur de l'Église sur son avenir en France ni même ses craintes sur les risques « de convulsion politique ni sociale » : Pie XI admit d'ailleurs que les « informations » qu'il avait reçues « ces temps-ci » allaient dans le même sens.

Le problème ne résidant pas là, la campagne ne connut plus de répit en France. Début mai 1936 fut réorganisée « l'Action catholique internationale » (ACI) qu'une nouvelle congrégation dirigerait « dans tous les pays » : elle fut confiée, comme l'AC italienne, à Pizzardo. C'est sous son égide que se déroula une entreprise dont Pie XI souligna entre les 12 et 31 mai la portée et les objectifs français, en désignant, à côté des horreurs rouges, sa vraie cible :

---

23. Lettres de Charles-Roux n° 217, 20 juin, n° 234, 10, n° 243, 20 juillet, n° 271, 10 août, d'Herbette n° 907,13 juillet, et depuis août, de Charles-Roux n° 348, 7 novembre, de Madrid, n° ?, 19 décembre 1934, de Charles-Roux n° 26, 22 janvier 1935, *Espagne*, 201, de Labonne n° 91, 16 février 1938, *Canet*, 48, d'Herbette n° 711, 3 juin, *Espagne*, 201, de Truelle n° 280, 28 septembre 1936, *Pologne*, 328,Thomas H., *La guerre*, p. 3-156 (octobre 1934, 109-116).

la fraction catholique qui, craignant le danger militaire allemand (ou italo-allemand), risquait d'admettre la légitimité, au moins extérieure, de l'offre de Thorez de « la main tendue » aux catholiques du 17 avril 1936, renouvelée le 6 mai – et synonyme d'alliance de revers avec l'URSS. Le *veto* contre tout « rapprochement » frappa donc les démocrates-chrétiens, dont l'attachement au fascisme italien, facteur d'ordre – objet de consensus catholique –, avait pâti de l'épisode éthiopien. Contre l'extrême-droite animée par la FNC de Castelnau et l'épiscopat, *L'Aube* de Gay approuva les sanctions et soutint la SDN contre l'agresseur. Un de ses numéros fut « violemment froissé [...] devant témoins » par un Pie XI « outré par son attitude dans les affaires abyssiniennes ».

La conjoncture fourre-tout de mai 1936 facilita la contre-offensive. Le 12, le pape loua l'Italie, éreinta le communisme et dénonça « des connivences incroyables ou du moins des silences et des tolérances, funestes pour la conscience du bien, des milieux moins accessibles » à la propagande communiste, mais troublés par le discours nouveau du PCF, qu'il ne nomma pas. Plus explicite le 31, devant les pèlerins et responsables de l'ACI, il rappela son discours du 12, les impératifs de « la vigilance et [de] la prière pour démasquer l'erreur insidieuse » et les carences de ceux qui ne s'y pliaient pas : il désigna sans la citer « "*l'Aube*", de Francisque Gay [,...] un journal [...] qui s'attribue le nom de catholique ».

En agressant ces minoritaires, qui capitulèrent trois semaines plus tard en signant « un article d'entière adhésion aux vues du Saint-Siège », Rome visait Verdier, pour imposer le courant ultra. Dans son manifeste du 5 juin, en pleine grève générale, Verdier, conciliant sur le « problème économique qui nous angoisse », avertit contre « les dangers extérieurs qui nous menacent, l'horreur des luttes fratricides ». Agacé par l'« ingérence [vaticane] dans nos affaires intérieures », quotidiennes depuis mai, il fit défection au consistoire des 15 et 18 juin 1936. Officiellement « en raison de la situation en France », mais il écarta ce motif dans une lettre priant Pacelli « de lui laisser à lui-même, comme archevêque de Paris, la responsabilité de la ligne de conduite à suivre par l'Église de France ».

La Curie dénonça de plus belle la « faim et [la] soif de désordre en Europe » : le 11 juillet, l'*Osservatore* stigmatisa « les grèves communistes et l'occupation des usines en France » et « l'effort communiste » pour fomenter des désordres en France, en Espagne « et dans certaines colonies françaises, notamment la Tunisie et l'Algérie ». Plaisante diversion alors que Berlin et Rome aiguisaient leurs couteaux contre l'Espagne, et que la France, en passe d'exclusion religieuse en Éthiopie, était menacée dans ses autres colonies. Les rebelles se soumirent, Verdier inclus, qui dispensa des « avertissements » fin juillet au périodique *Terre nouvelle* condamné par le Saint-Office[24]. Ce consensus antibolchevique ne régla pas le conflit.

La guerre d'Espagne contre l'Entente, 1936-1939

Ce qui précède infirme la « neutralité » ou la prudence espagnole du Vatican, et les fonds relatifs à la guerre d'Espagne prolongent ceux de 1931-1936 sur son engagement dans le camp des insurgés. La connaissance de sa politique allemande dispense de discuter ici d'un thème classique, à usage anglo-saxon et français en 1938-1939 surtout : son alarme face à « l'emprise hitlérienne » grandissante en Espagne[25]. Ayant déjà décrit l'aspect allemand de la « croisade », j'étudierai son rôle dans l'achèvement espagnol de la « décadence » française et de l'aveuglement polonais, sans négliger les Anglo-Saxons, plus ou moins ménagés.

Les grands traits de la stratégie espagnole du Vatican

Le Vatican, se réjouit Charles-Roux début août 1936, soutient l'« accord de non-intervention matérielle » proposé par la France. Le pape et Pacelli avaient tout lieu d'exulter du lâchage franco-britannique de l'Espagne, définitivement acquis dès l'assaut germano-italien. Conforme aux concessions précédentes (et suivantes), il résultait de la volonté de compromis à tout prix avec Berlin et d'intérêts miniers britanniques (surtout) et français, menacés d'*éventuels* bouleversements ultérieurs (car la République n'y toucha jamais). Il permit au Reich et à l'Italie d'anéantir l'Espagne. Le 6 août 1936, Pacelli fit devant Charles-Roux une « allusion voilée » à l'Italie où « germait l'idée d'une intervention européenne pour [y] rétablir l'ordre ». Il avoua l'objectif de ligoter l'Entente, déjà paralysée du côté occidental, en déclarant que « le but [de] notre proposition [de] non-intervention ne serait atteint que si la Russie y adhérait ».

La Curie n'avait rien à craindre des Franco-Anglais, mais elle tira jusqu'au bout sur la corde de l'Apaisement. Ainsi chercha-t-elle à affoler Charles-

24. Lettres de Charles-Roux n° 157, 10, n° 142, 16 mai, *Saint-Siège*, 41, n° 305, 22 octobre, *Saint-Siège*, 38, n° 131, 10, tél. n° 140, 12 mai 1936, *Canet*, 34 et 38, lettres n° 163, 2, n° 186, 21, n° 191, 29 juin, n^{os} ?, 24, 26 juillet, *Saint-Siège*, 41 (et depuis mai), tél. n° 200, 12 juillet 1936, *Canet*, 46, lettre de Rivière n° 325, 29 septembre 1937, *Saint-Siège*, 38 ; Lacroix-Riz A., « Le rôle », p. 73-79, *Choix*, chap. 6-7, Christophe P., *1936*, p. 15, 68-80, 276 et chap. 1-3, Paxton R. O., « France, the Church, the Republic and the Fascist temptation, 1922-1945 », *Catholics*, p. 74-79 (67-91).

25. Débat, Sanchez J.M., *Spanish*, *Espagne*, 200-203, 207-210 et *Canet*, 46-48 ; tél. Rivière n° 301-302, 26 mars 1938, *Espagne*, 209. Pour Marquina Barrio A., *La diplomacia*, Pacelli-Pie XII fut « réfractaire à toutes les dictatures », p. 330, Phayer M., *Pius XII*, invente une ligne antinazie perturbée par la guerre d'Espagne, *passim*, etc.

Roux fin mars 1938, peu après le pitoyable comité permanent de la Défense nationale du 15, « dernier [faux] sursaut du Front populaire » où fut abordée et aussitôt abandonnée l'hypothèse d'une réplique en Tchécoslovaquie et en Espagne. Elle délégua divers agents pour intoxiquer l'ambassadeur et s'assurer que les fuites de presse sur un sursaut d'énergie reposaient sur du vent. Pacelli lui fournit « le renseignement suivant [...] d'une source italienne sérieuse et autorisée » : si se produisait « en Espagne une intervention militaire française officielle, elle déclencherait automatiquement la mise en mouvement de divisions allemandes ». Le lendemain, ce fut au tour d'« un haut fonctionnaire laïque du Vatican » lié aux « sociétés financières italiennes » (Nogara ?) : « si la France intervient militairement en Espagne, c'est la guerre. » La stimulation de la peur du Reich fut assaisonnée du serment que l'Italie ne voulait que du bien à Paris : « une attitude prudente de notre part peut être ce qui peut le plus sincèrement maintenir [l]es manifestations du Duce » (alors déchaîné contre la France) « dans des limites verbales ».

Le financement vatican emprunta les formes éthiopiennes, l'Italie peinant après sa première conquête à assumer sa charge quotidienne d'un million de dollars (chiffrage du sous-secrétaire italien Felice Guarneri). Il provoqua des tiraillements au sein du monde anglo-saxon, « les catholiques » n'ignorant pas que « le pape a[vait...] avancé à M. Mussolini des sommes fort importantes lors de la conquête de l'Abyssinie » puis « soutenu de son argent les rebelles espagnols ». Les Irlandais, refusant aux républicains ce qu'ils avaient offert aux franquistes, dévoilèrent un de ses canaux : en novembre 1937, leur cardinal-primat, Mgr Joseph MacRory, rejeta le soutien requis par Mgr Francesco Vidal I Barraquer, cardinal-archevêque de Tarragone (Catalogne), pour les organisations de secours de zone républicaine, en arguant que sa contribution de 1936 (44 000 livres) à la collecte de Mgr Gomà avait, au lieu de réparer « les églises détruites d'Espagne » – son objectif officiel –, payé des munitions pour Franco. La chose était si avérée et la certitude de la victoire telle en octobre 1938 que Tardini « évoqu[a] spontanément [...] devant [Rivière] le reproche adressé au Vatican, à l'étranger, "de donner des millions à M. Franco". Il s'agirait seulement, d'après [lui], de sommes moins importantes [en vue de] la remise en état des édifices du culte, dans les régions conquises »[26].

La thèse de la « neutralité » souffrit aussi de pratiques cléricales avérées. Charles-Roux et ses attachés Truelle (jusqu'en novembre 1936) puis Rivière

26. Lettre de Charles-Roux n° 236, 6 août 1936, *Canet*, 46, Duroselle J.-B., *Décadence*, p. 329-333 (et chap. 10-12), Merlac E., « La France », Lacroix-Riz A., *Choix*, p. 372-374, tél. Charles-Roux n° 144, 27, n° 153-154, 29 mars, notes MAE, 9 octobre 1938, *Espagne*, 209, n° 543 de l'Intérieur, 26 octobre 1936, *États-Unis*, 336, Sanchez J.M., *Spanish*, p. 109-110, tél. Fouques-Duparc n° 711, Barcelone, 20 octobre 1938, *Canet*, 48.

prêtèrent aux récits des tueries de clercs une oreille sensible, quoique irritée par la « publicité » vaticane faite aux seuls efforts italiens pour leur sauvetage. Ils cautionnèrent l'émotion, accrue au fil des semaines, des têtes de la Curie, bien qu'informés des circonstances de la brève explosion anticléricale de juillet (80 % des 7 000 clercs tués, soit 11 à 12 % de l'effectif ecclésiastique total, le furent dans les deux mois et demi suivant le *golpe*). José Sanchez l'impute aux fantasmes populaires sur les complots d'une Église en fait impuissante et soutient que « la violence anticléricale créa des cléricaux violents ».

L'inverse se produisit, depuis les élections. Les cinq couvents brûlés à Cadix le 8 mars 1936 le furent après tirs de coups de feu des fenêtres d'un couvent sur des manifestants ainsi « rendus furieux ». « En plus d'un endroit, les troubles dont on attribue la responsabilité aux masses populaires semblent avoir été suscités par des agents provocateurs. » Les fonds, comme la presse antifranquiste française, anglaise et américaine, corroborent la remarque d'août 1936 du « modéré » Luis Zulueta, ombre d'ambassadeur au Vatican, « d'abord, qu'en raison de son réactionnarisme, l'Église d'Espagne s'est exposée à être considérée par les violents comme une sorte de belligérante et, ensuite, qu'à Barcelone les insurgés ont eu l'imprudence de s'établir dans quatre couvents, dont la position offrait pour eux un intérêt stratégique ». Les anarchistes vainqueurs des insurgés franquistes les 19 et 20 juillet y décidèrent l'incendie des églises et couvents de Catalogne et la mise à mort des prêtres et religieux *après* la découverte d'armes et munitions « dans certains établissements religieux ». « Le clergé a préparé aussi bien que les généraux le soulèvement armé, le retour d'une dictature », affirma Eirik Labonne dans son long historique de 1938 : de très nombreux « édifices religieux ont été transformés en petits arsenaux » et lors du soulèvement, les soldats républicains et « la foule surprise ont été mitraillés des églises, des presbytères, des couvents. Des prêtres, des moines ont été vus et saisis l'arme au poing [...] Comment la multitude ne se serait pas déchaînée contre eux ? »[27].

La fureur républicaine fut bientôt mise à l'arrière-plan par les massacres franquistes, non seulement de « rouges » athées mais aussi de catholiques basques et catalans, clergé compris. Le Vatican, sans protester à ce sujet, franchit une nouvelle étape deux semaines après la mobilisation de l'épiscopat allemand derrière le chef croisé Hitler. Recevant le 14 septembre 1936 des « prêtres réfugiés espagnols », Pie XI dénonça la « satanique préparation » contre l'Espagne catholique, la « destruction barbare » et les « idéologies absurdes et désastreuses » à l'œuvre « de la Russie à la Chine, du Mexique à l'Amérique du Sud » : Truelle voulut y voir

27. Août-septembre 1936, *Canet*, 46, et *Espagne*, 202, Sanchez J.M., *Spanish*, p. 9-11 (et chap. 1), lettres n° 320 d'Herbette, 10 mars, *Canet*, 47, n° 233 de Charles-Roux, 6 août, note Trémoulet, 13 octobre 1936, *Canet*, 46, et lettre de Labonne n° 91, 16 février 1938, *Canet*, 48.

une démarche religieuse et argua que le pape avait, en raillant les « christianismes et religions de nouvelles marques [...,] écart[é] les bruits fantaisistes [d']une alliance possible entre catholiques et nazis ». Pie XI a, observa *L'Œuvre* le lendemain, « en plein congrès [nazi] de Nuremberg [,...] prononc[é] un violent discours anti-bolcheviste. Rien ne saurait faire plus plaisir à Hitler et à Göbbels. Le chef de l'Église catholique est évidemment un allié de marque !.. La seule différence dans le langage des nazis et du pape, c'est que, pour les premiers, le bolchevisme est l'œuvre de Judas, tandis que pour le second, il est l'œuvre de Satan ».

La Curie répercuta dès lors les appels de Gomà, chef clérical de « la cause du général Franco et de ses partisans ». *L'Avvenire* reproduisit le 19 décembre 1936 sa pastorale où la haine des Lumières craquelait le vernis anti-rouge. Il y maudissait « les forces gouvernementales [...] exotiques, internationales, surtout russes, barbares, au service de l'Antéchrist moscovite » ; « l'inoculation du venin russe dans l'âme espagnole [par] la propagande communiste » ; « le bolchevisme [qui...] a établi un Kremlin à Barcelone, siège de la république soviétique de la Méditerranée, centre pour la bolchevisation de l'Europe occidentale » ; « les officiers russes qui command[ai]ent les troupes, les antiquaires russes qui dévalis[ai]ent les trésors ». Il accablait « les défauts nationaux qui ont fait de l'Espagne "une proie facile du communisme" [...] : "la farce du parlementarisme, le mensonge du suffrage universel, le manque de formation de la conscience nationale, la maladie des nationalismes particularistes et celle [...] d'un État les encadrant mais ignorant les reliefs et les contours nationaux [...] en un mot, la crise de l'autorité" ». Louant les troupes de Franco, dont il nia tout « excès », telles « les destructions des temples protestants » (précaution envers les Anglo-Saxons), il « invit[ait enfin les] peuples frères à ne pas se croire immunisés contre les maux que le communisme engendr[ait] ».

Nul n'ignorant le caractère de diversion-préparation à la Revanche que constituait la guerre d'Espagne, le camp des Apaiseurs avait préféré la non-intervention complice de l'étranglement de la république au soutien déclaré à l'Axe. Le Vatican dut donc réitérer ses appels à la « croisade » et attendre six mois (février-août 1937) pour publier une lettre de l'épiscopat espagnol « aux évêques du monde entier » (rejetée par deux prélats sur trente-huit : le Basque Mugica, contraint à la démission en octobre 1937, et le Catalan Vidal I Barraquer). Elle fut ordonnée à Gomà par Pacelli le 10 février 1937, dans le but anti-basque d'« exposer la vérité concernant la coopération entre catholiques et communistes ». Gomà, sceptique sur son effet auprès des Basques qui n'imputaient pas leur calvaire aux bolcheviques, n'en accepta que le 23 février le principe, prétendit borner son propos à « la situation générale » et ne se hâta point. En mai, Franco, pour « démentir les fausses informations circulant à l'étranger » sur sa guerre et « empêcher les démocraties de venir au secours de la République » [il n'y avait aucun risque], dut ajouter sa pression. Trois mois s'écoulèrent encore avant que ne parût, le 7 août 1937 – dans l'*Avvenire*, non dans l'*Osservatore* –, ce texte incongru (les pastorales étant d'usage national) ; puis encore deux mois avant que les épiscopats de l'ex-Entente, sourds à son « ton émouvant » mais harcelés par la Curie, ne l'approuvassent (fin octobre)[28].

De la Pologne à la France

• Hlond et la croisade antibolchevique

La Pologne, appliquée à « combat[tre] sans merci la Troisième Internationale », goûta l'appel à la bataille qui sembla la réconcilier avec Marmaggi. Le nonce fut au synode de Czestochowa, réuni du 23 au 25 août 1936 (« le premier tenu depuis trois cents ans »), « chargé par le pape » d'apporter à l'« action concertée dans les principaux pays catholiques [...] un mot d'ordre aux évêques polonais et [...] de les inciter à donner au gouvernement de leur pays un concours plus actif dans la lutte contre le communisme ». En sortit une pastorale imprégnée de croisade espagnole, « au moment où l'incendie le plus affreux menace le monde » : contre le communisme qui « est surtout une maladie des âmes, et ce sont elles qu'il faut guérir », et contre tout risque « d'un front populaire sur le modèle de l'étranger, affilié à la franc-maçonnerie ». La campagne de Marmaggi et des jésuites « trouv[a selon Janikowski] un auditoire particulièrement docile [dans] l'ensemble du clergé polonais [qui] manifestait des dispositions de plus en plus hostiles au bolchevisme, et des sentiments antisémites assez violents ». La surenchère, reprenant l'argument nazi « que le Vatican manifestait trop de modération [...] dans les affaires d'Espagne », inquiéta certains milieux : en septembre, Janikowski demanda « au Vatican [...] d'user de son influence pour inciter le clergé polonais à la prudence ».

Le pompier allumait ou entretenait l'incendie, secondé par l'antisémite et antibolchevique frénétique Hlond. Les rumeurs les plus folles circulent dans les salons polonais sur le péril rouge occidental, écrivit début décembre 1936 à l'aumônier du lycée français de Varsovie une dame de Poznan qui venait de passer deux mois en France : on prétend la France communiste à 70 % et la Belgique à 80 %. Hlond participait à l'intoxication avec d'autant plus de zèle que le clan de l'Axe, de Baudrillart à la Curie, excitait ses « plus

28. Tél. Truelle n° 295, 14 septembre 1936, *Canet*, 46, Christophe P., *1936*, p. 126 (et Bellanger C, *Histoire*, t. III, p. 485-486 et 564-567), tél. Charles-Roux n° 424, 17, n° 428, 20, *Canet*, 46, lettres n° 380, 20 décembre 1936 ; Saint-Jean-de-Luz n° 905, 15 septembre, de Truelle n° 336, 14 octobre 1937, de Labonne, 16 février 1938, Saint-Jean-de-Luz n° 770, 7, de Charles-Roux n° 265, 10 août, de Rivière n° 348, 26 octobre 1937, *Espagne*, 202, « démocraties » et Espagne, Lacroix-Riz A, *Choix*, chap. 7, et Little D., *Neutrality, passim* ; février-mai 1937, Sanchez J.M., *Spanish*, p. 91-92.

hautes ambitions », lui jurant que Mussolini envisageait « l'élection d'un pape non italien ». Il s'efforça de gagner des « appuis, fort divers [...] parmi les membres non italiens du sacré collège », grâce à « l'autorité particulière que lui conférerait son attitude anticommuniste ». Il donna à cet effet les 7 et 11 décembre 1936 « deux interviews [...] coup sur coup » à la *Reichspost* de Vienne et au *Pester Lloyd* de Budapest, qui « provoqu[èrent] dans les milieux politiques polonais un vif étonnement ». On jugea « extraordinaire que l'archevêque de Poznan », diocèse de tradition antiallemande, « ait pu se faire l'écho aussi fidèle de quelques-unes des thèses favorites de la propagande hitlérienne » : « cette double manifestation préparée [...] en grand mystère » n'a pu l'être qu'avec le Vatican, auquel Hlond « s'est toujours montré trop soucieux de complaire [...] pour que l'on puisse admettre qu'il n'ait [...] cédé qu'aux seules impulsions d'un naturel généreux ».

Le 7 décembre, Hlond se flatta d'avoir toujours œuvré au « rapprochement sincère avec l'Allemagne » contre le vrai péril. « Notre pays est inondé d'ennemis cachés qui travaillent contre notre État et pour une révolution bolcheviste, le Komintern envoie, paie et protège ces incendiaires. » Certes, nous ne voulons pas « faire la guerre à l'Union soviétique, mais nous sommes condamnés à rester, chez nous, en état d'alarme. Nos relations avec les Tchèques [...] ont sensiblement souffert de la liaison de Prague avec l'Union soviétique », bien que s'amorce « une détente », avec « de premiers signes heureux d'un revirement ». Mais Hlond éprouvait un « profond chagrin » sur « les conséquences du pacte franco-soviétique », l'alliance historique franco-polonaise étant ainsi « soumise à une sérieuse épreuve par les menées bolchevistes ». On compte « quatre centres de danger [de...] crise européenne [...] : la malheureuse Espagne, le Rhin, la Méditerranée et le bassin du Danube » : la guerre peut éclater « si l'influence des bolchevistes s'y exerce avec succès », comme dans l'Espagne « déchaînée par le danger immédiat d'une soviétisation [...,et] les bolchevistes tenteront sans doute de créer un conflit immédiat entre la France et l'Allemagne ».

Or, la clé de la paix réside dans leur accord, dont la Pologne se fait « une mission de gratitude » : on peut tout « accommoder avec un peu de bonne volonté » et l'entente se réalisera si « les instigateurs communistes inquiets sont absents ». Il en va de même en Méditerranée : « une fois le facteur communiste mis à l'écart, tout devient bien facile », comme l'a montré la réconciliation italo-anglaise « dans l'année même de la campagne d'Abyssinie ». Dans le bassin danubien, la « discorde » austro-allemande, « aussi douloureuse », a pris fin, et l'ancienne « opposition » entre la Yougoslavie et l'ensemble Italie-Hongrie est surmontée. « La Roumanie, notre alliée, prendra sûrement le bon chemin, car là, les forces qui sympathisent avec les soviets seront toujours domptées et ce seul fait est décisif pour la paix. » Seul reste ici un butoir à lever,

« une diminution de l'influence communiste à Prague [qui] signifie la possibilité d'un *modus vivendi* entre la Tchécoslovaquie et la Hongrie. [...C]'est de la mise hors jeu de l'élément communiste que dépend la paix de l'Europe et du monde », et les forces chrétiennes s'y attellent : « si nous voulons au moins le repousser dans son pays russe, qui est le pays d'origine de la révolution organisée du monde, [...] nous devons extirper le poison qui s'est infiltré dans les éléments sains que nous infusons dans le corps social. » À « ce "manifeste pro-hitlérien" et cette "attaque contre la France" » (*Robotnik*, socialiste), l'interview du 11 décembre ajouta un éloge de la Hongrie : ayant naguère « éprouvé les bienfaits du joug bolchevique », elle devait voir reconnus ses « justes droits » et formait avec la Pologne « la digue orientale » chargée de « tenir le Komintern et les autorités soviétiques le plus loin possible de l'Europe centrale ». Hlond y exaltait l'alliance des « États danubiens et occidentaux » (Allemagne-France, Allemagne-Hongrie-Tchécoslovaquie-Roumanie), « front naturel occidental défendant la culture de l'Europe contre les barbares de l'Orient ».

Il poursuivit, chez lui et au-dehors, les sermons, discours radiodiffusés, pastorales, interviews, etc. le posant en champion de l'antibolchevisme germanophile jusqu'à l'invasion de son pays. Cette ardeur qui ne lui rapporta même pas la succession de droit de l'archevêque de Varsovie Kakowski, mort en décembre 1938 : attendant l'avenir allemand de la Pologne, le Vatican laissa le poste vacant et Hlond à Poznan. En France, il régnait sur « une cinquantaine [...de] prêtres polonais », nombreux en région parisienne (12) et dans le Nord minier, où avaient progressé le PCF et la CGTU. Violant la règle de tutelle de l'ordinaire local, il leur adressa à Pâques 1937 une pastorale anticommuniste. Paris mit cinq mois à protester (le 31 août) auprès du Saint-Siège contre cette « intromission dans la juridiction des évêques diocésains ». Pacelli en personne le soutint par un aide-mémoire du 12 novembre, avec courrier joint : Hlond, commenta Charles-Roux, serein, « loin de [...] regretter [sa pastorale], se déclare persuadé [d'avoir] rendu service à la République française en cherchant à préserver ses compatriotes d'une propagande qui ne peut qu'être [...] éminemment funeste à tout État quel qu'il soit ». Malgré « la demande du gouvernement français tendant à ce que cessent ses interventions sur le territoire de la République, le prélat se montre peu enclin à déférer à nos désirs ».

Ravi des services antibolcheviques ainsi rendus, Paris ne s'en émut pas. Léon Noël, en poste à Varsovie, confirma en juin 1938 que « le cardinal Hlond, Primat de Pologne [...s'était] institué le "Protecteur des catholiques polonais de l'étranger" et s'attach[ait] à exercer directement, vis-à-vis d'eux, une juridiction extraterritoriale au détriment de l'ordinaire ecclésiastique du lieu de leur résidence », conforme aux « idées [des ...] dirigeants polonais [...] proches parentes de la doctrine hitlérienne du Volk ». Mais il « semble, *affecta de croire cet ex-chef de la Sûreté générale et grand apaiseur,* avoir été invité par le Vatican à observer plus de mesure dans l'exercice de son action en France »[29].

• Le Vatican et l'extrême-droite cléricale française et belge

Hlond collaborait aussi avec le « comité catholique... » de Baudrillart, qui publia *in extenso*, le 19 décembre 1936, ses plans d'alliance anti-russe et un « entretien ». Il y dénonçait la politique française laissant s'agiter son « cheval de Troie » bolchevique, empruntait au Reich son portrait du Slave (« grattez le bolcheviste et vous verrez le Tartare ») et vantait les accords avec l'Allemagne « utiles aussi à la France, dont nous voulons être et rester des alliés et des amis, mais nous déclinons le rôle de vassaux » : nous voulons « continuer nos rapports de bon voisinage avec l'Allemagne [et...] juger nous-mêmes les rapports que nous voulons conserver avec l'Union des Soviets et la Tchécoslovaquie » – dénomination limpide. Hlond, s'extasait Baudrillart, a « depuis quatre ans été le premier à préconiser », affrontant vaillamment « une atmosphère de haine et de mésintelligence, la conclusion d'un *modus vivendi* entre la Pologne et l'Allemagne [...C'est] depuis quelques mois [...] peut-être le seul homme en vedette [à avoir] trouvé sur la question juive des paroles définitives et pondérées [...,qui ont] déchaîné contre lui la fureur des ultra-antisémites et les impertinences d'une juiverie arrogante ».

Allusion à la lettre pastorale de Hlond du 29 février 1936, ouverte ainsi : « il y aura un problème juif tant que les juifs le resteront [...,] question particulièrement difficile dans notre pays [...] C'est un fait que les juifs combattent l'Église catholique, ils sont libres-penseurs et constituent l'avant-garde de l'athéisme, du bolchevisme et de la révolution. Il est vrai que les juifs commettent des fraudes, pratiquent l'usure et font de la traite des blanches. Il est également vrai que dans les écoles la jeunesse juive a une mauvaise influence, d'un point de vue éthique et religieux, sur la jeunesse catholique », etc. Le reste mêlait l'injure, la consigne de « boycott des boutiques juives, des étals de marché juifs, [...] de la presse juive et de toutes les démoralisantes publications juives », l'appel à la conversion et la réprobation molle des pogroms qui risquaient de faire « couler le sang polonais ».

En s'appuyant sur la partie, majoritaire, du catholicisme obsédée par le péril rouge, la Curie abattit en France celle que l'allemand inquiétait. Le clan des « intransigeants » (Paul Christophe) joua les croisés avec entrain, notam-

29. Lettres de Noël n° 456, 27, pastorale, 7, n° 280 de Truelle, 28 septembre 1936, à Leblond, 8 décembre, de Noël n° 5, 4, de Charles-Roux n° 17, 16 janvier 1937, interviews, 7, 11, lettre de Noël n° 619, 16 décembre 1936, *Pologne*, 328, note sans réf., juin 1936 (avant le 7), SHAT, 7 N, 3024, aide-mémoire Paris, 31 août, et Pacelli, 12, lettres n° 367 de Charles-Roux, 16 novembre 1937, *Pologne*, 329, n° 57 de Noël, 13 juin 1938, *SDN*, 2173 ; Lacroix-Riz A., *Choix*, index Hlond et Noël.

ment Baudrillart, Suhard, Chollet, et Beaussart qui, en conférence à Vienne en janvier 1938, « accept[a...] de M. von Papen [...] un déjeuner à la légation d'Allemagne » puis joua l'intermédiaire, à quelques jours de l'Anschluss, d'une « réconciliation entre l'Église et le Reich » qui se passait de ses services.

La Belgique n'échappa pas à ces efforts redoublés. Le rexisme romain y inquiétait peut-être certains catholiques, et Van Roey aurait rencontré les évêques français en juin 1936 : seulement pour organiser la croisade ou pour ne pas couper les ponts avec Paris, et surtout avec Londres ? Je l'ignore, mais Degrelle fut associé au vieux plan germano-vatican de « neutralité » belge, destiné à casser, sous prétexte d'isoler la France seule, l'alliance avec les Franco-Anglais. En juin-juillet 1936, « les tendances » francophobes et germanophiles du « mouvement rexiste s'accentu[èr]ent incontestablement ». Sa presse insulta la France « corrompue [...] laïque et bolchevisante », inapte à défendre la Belgique chrétienne, exigeant dénonciation d'un accord militaire nuisible. En août, Gustave Wyns, député rexiste de Tournai « et gros fabricant de couleurs de Vilvorde », près de Bruxelles, alla à Berlin, sous prétexte de Jeux olympiques, quérir fonds et consignes : il y participa à une « réunion internationale » fasciste, s'accordant avec le Reich au nom de *Rex* pour « une campagne en faveur de l'adoption, par la Belgique, d'une politique étrangère indépendante, à tendances neutralistes ». L'*Avvenire* pacellien tempêta simultanément contre la « main tendue », fustigeant le rôle des communistes dans les grèves belges et la participation de « certains démocrates chrétiens [...] d'une manière "trop marquée" aux assemblées et cortèges dans lesquels intervenaient les communistes » : l'union était interdite avec leurs « organisations ». La tâche était déjà accomplie dans une Belgique où le roi Léopold III prôna le 14 octobre 1936 une « politique "exclusivement belge" » – pro-allemande[30].

Elle fut plus délicate en France, où l'unité catholique établie contre les premiers massacres de clercs se lézarda. En juillet 1936, les minoritaires futurs récusèrent toute aide à Madrid, Bidault, au nom du refus de la violence, dans *L'Aube* du 22, François Mauriac, contre « l'Internationale de la Haine », dans le *Figaro* du 25. Mais les tueries franquistes d'août répugnèrent à « l'homme de droite » Mauriac ; *L'Aube* et *Sept* firent défaut à la croisade en condamnant les atrocités des deux bords ; Verdier rêva de « séparer ces frères qui s'entre-tu[ai]ent » après la réception pontificale du 14 septembre. Baudrillart

30. Entretien, 19 décembre 1936, *Pologne*, 328, extrait Hlond (*in extenso* http://zolynia.org/betweenwars.html), Christophe P., *1936*, et *1939-1940*, Sanchez J.M., *Spanish*, chap. 11-12, lettres n° 23, Vienne, 24 janvier, *Autriche*, 190, n° 92 de Charles-Roux, 4 mars 1938, *Allemagne*, 697, tél. Charles-Roux n° 111-113, 13 avril 1937, *Canet*, 42, lettres n° 730 de Gazel, Bruxelles, 25 août, n° 197 de Charles-Roux (*AI* non signé), 4 juillet 1936, *Belgique*, 182 et 184, *Dictionnaire*, 1, p. 275, Lacroix-Riz A., *Choix*, p. 410.

appliqua la ligne vaticane au point de mériter l'énorme titre souligné de rouge du *Völkischer Beobachter* du 16 septembre : « un cardinal parisien met la France en garde contre Moscou. » Le journal du NSDAP y célébra son discours pour le triste anniversaire de l'assassinat de 120 prêtres français en 1793 (« les yeux du haut-clergé catholique » s'étaient enfin ouverts « sur le péril communiste depuis les événements d'Espagne ») : il se félicita « que ce soit un prélat français qui ait attiré l'attention de ses fidèles sur les dangers de la Troisième Internationale ».

- « Décadence » française en Espagne et audace vaticane, 1936-1939

Les choix « continentaux » des élites françaises, désormais justifiés par la peur sociale, précipitèrent les choses. L'atteste un courrier, *significatif*, d'octobre 1936 de Charles-Roux, auquel Pizzardo venait de vanter un « Locarno n° 2 », « système conventionnel occidental qui, *traduisit-il,* en liant la France par un engagement de non-agression, laisserait les mains libres au Reich à l'Est ». Il n'en jugea pas moins quelques lignes plus loin que « l'intérêt commun » italo-allemand contre « le démembrement de l'Espagne, pour son intégrité territoriale », donc contre l'existence d'« une république bolchevique en Catalogne », « concord[ait] avec notre intérêt ». Mussolini proclama donc le 1er novembre à Milan l'Axe Rome-Berlin, « lev[ant...] l'étendard anticommuniste [...] pour plaire au Souverain Pontife, qui l'a arboré le premier ». Il dénonça aussi le désarmement et la sécurité collective, revendiqua la révision des traités et attaqua la Petite Entente. L'*Osservatore* reçut pour « instructions de la secrétairerie d'État » de se taire. Charles-Roux, se souvenant de la « lettre retentissante » de juin 1923 contre l'occupation de la Ruhr, déplora que Pie XI n'eût pas émis « la plus légère réserve » sur cette diatribe contre la France si indulgente au brigandage italien en Éthiopie : « le pape sait [pourtant] que nous avons épargné à l'Italie la sanction du pétrole, [si] redoutée, parce qu'elle eût été décisive. »

Le blâme de pareille ingratitude ne valant pas résistance à l'Axe, l'audace vaticane grandit. Recevant Radimsky fin octobre 1936, Pie XI dénonça les « complaisances de Prague au profit du communisme et de l'URSS » et « le pacte d'assistance mutuelle » tchéco-soviétique, et osa l'interroger sur les facilités que son gouvernement avait accordées sur son territoire aux avions russes. Son interlocuteur lui confirma les « démentis officiels » à ce sujet, et ajouta, contre toute réplique, que le « pacte [avait] été déterminé par la politique inquiétante de l'Allemagne et par l'attitude de la Pologne », le rejet par Beck du « pacte d'amitié perpétuelle offert avec insistance » par Benès.

Fin novembre, Pie XI montra à Truelle en audience de congé une témérité accrue : « vos rapports avec Moscou, c'est une chose que je ne puis comprendre. J'ai déjà dit à votre ambassadeur que je n'approuvais pas le pacte franco-soviétique. Je ne vois pas l'avantage que vous pouvez en tirer. Je ne crois pas à la Russie en tant que puissance. S'il y avait une guerre, elle serait certainement battue. Je suis très, très bien renseigné sur la situation, à ce point de vue comme à d'autres. » Truelle l'ayant d'entrée rassuré sur la conjoncture sociale et l'absence de péril rouge, il reprit : « son danger ne fait qu'augmenter. On ne saurait y attacher assez d'importance. Les communistes ont commencé par être violents ; aujourd'hui ils emploient la ruse. Ils sont habiles et insidieux. Vous m'avez dit que l'emprise du communisme était moins forte en France. Je ne le crois pas ». Suivit un exposé sur la doctrine bolchevique au terme duquel Truelle argua que « la position agressive de l'Allemagne et de l'Italie » contraignait la France à se protéger. Le pape réagit vivement : « Je ne trouve pas exact que le fascisme s'oppose au communisme [...] Trop de gens sont victimes de la ruse des communistes, qui veulent vous entraîner dans la lutte contre le fascisme. » Puis il menaça : vous risquez la guerre « si vous ne savez pas renoncer, vous France, à certaines alliances compromettantes ». Puis, pour s'assurer du lâchage de l'Espagne, il fit état de « ses très vives préoccupations de la présence de bateaux russes dans la Méditerranée, [et] de la proclamation possible d'une république soviétique en Catalogne. "Tout ceci pouvait être la source d'incidents dangereux, que les communistes sauraient exploiter". J'objectai que le gouvernement français était si conscient de ce danger qu'il était de plus en plus attaché au principe de non-intervention ». Sur quoi Pie XI reprit longuement « son obsession du jour [...,] se refusa[nt...] à laisser percer la moindre critique contre les dernières manifestations du gouvernement italien ou même contre l'action anticommuniste de l'Allemagne ». La pression perdit désormais toute pudeur. En janvier 1937, Rivière, successeur de Truelle, reçut de Marchetti, éminence du « parti allemand », désormais cardinal et vicaire de Rome, ces conseils : « et pourquoi vous allier avec Moscou, quelle garantie de sécurité pouvez-vous trouver chez des gens qui détruisent tout, qui poursuivent la subversion de toutes les valeurs sur lesquelles doit reposer l'ordre »[31] ?

Le processus de dissolution catholique n'était pas achevé. Le consensus se fracassa en 1937 sur les réalités de la « croisade » symbolisées par le martyre du village de Guernica, le 26 avril : une guerre menée, avec succès dès septembre 1936, contre les catholiques catalans et basques, dont le « mémoire secret » de l'évêque de Vitoria, Mgr Mugica, avait en octobre avisé la Curie. Le conflit se cristallisa depuis janvier 1937 sur le dossier basque,

31. Christophe P., *1936*, p. 121-126, tél. Lamarle n° 2943, 16 septembre, lettres de Charles-Roux n° 312, 27 octobre, *Canet*, 38 et 53 (et Merlac E., « La France »), n° 323, 1er, n° 331, 10 novembre, n° 314, 29 octobre, n° 359, 28 novembre 1936, et n° 29, 20 janvier 1937, *Saint-Siège*, 38, 41 et 38.

qui inspira à l'*Avvenire* des assauts anonymes, via « Le Cid », « collaborateur intermittent » (Pacelli « castillan » après le « rhénan » et le « danubien »?), contre « certains catholiques espagnols "avocats des rouges" ». Van Roey fit chasser de Bruxelles deux prêtres basques, invités par Mme Vandervelde, mais « l'activité des "amis des gouvernementaux espagnols" » résista en France au veto contre tout contact avec les « rouges » (synonyme de républicains). La consigne anticommuniste fut mieux appliquée après la pastorale des cardinaux français du 29 octobre 1936, rédigée sur ordre du successeur de Maglione depuis juillet, Valerio Valeri. Le nonce reprocha à Verdier qu'elle contînt « à peine deux courtes allusions à [l']erreur [...] du communisme [dont] elle ne trait[ait] pas *ex professo* ».

La discipline fut renforcée en mars 1937 par *Divini Redemptoris*, dont chacun des 82 points stigmatisait « le communisme [...] intrinsèquement pervers », avec lequel « l'on ne p[ouvai]t admettre sur aucun terrain la collaboration [...] de la part de quiconque v[oulai]t sauver la civilisation chrétienne » (point 58). La malédiction contre « le communisme athée », propice au courant Baudrillart-Suhard, fut martelée « presque chaque jour dans la presse catholique ». Dans la première quinzaine de juillet, Pacelli veilla au grain pendant son « voyage triomphal » à Lourdes, Lisieux et Paris, à l'occasion duquel les dirigeants français et allemands « dindonnèrent » à qui mieux mieux leurs peuples respectifs.

La presse française, dont *Le Figaro* (Lesourd), exalta la francophilie de Pacelli ; l'allemande fulmina sans répit, *Völkische Beobachter* et *Angriff* de Göbbels en tête, contre cette « nouvelle marque de la faveur dont la France joui[ssai]t au Vatican et des sympathies de la papauté pour le marxisme [... :] "Le pape combat le communisme dans des encycliques flamboyantes, mais sa diplomatie fait cause commune avec le Front populaire, non point sans doute par amour pour le marxisme mais pour favoriser une politique d'encerclement dirigée contre l'Allemagne" ». L'*Angriff* « s'indigne, *rapporta François-Poncet*, que le cardinal Pacelli ait osé suivre la procession de Lourdes en compagnie du général de Castelnau, de l'impératrice Zita et d'Otto de Habsbourg. [...] "Nous vous conseillons même d'accorder une interview à Thorez et de décerner l'ordre du Christ au camarade Blum, mais l'impression produite en Allemagne ne sera pas celle que vous attendez" », etc. L'*Osservatore* seconda la supercherie le 21 juillet en « qualifi[ant] la Légation du Cardinal-secrétaire d'État "un des événements les plus saillants de l'histoire catholique contemporaine" ». L'*Avvenire* pacellien avait le 12 rassuré Berlin sur le sens du voyage et nié tout projet d'« encerclement de l'Allemagne ».

À Lisieux, rappela Canet en janvier 1940, Pacelli distingua une intégriste, Mlle Martin, sœur de Sainte-Thérèse, prieure de son carmel. Il fit de cette égérie de l'extrême droite antibolchevique ralliée au Reich – tournant acquis dès 1933-

1934 –, qui avait « pris un grand ascendant sur [son] esprit [...,] l'agent principal » du Vatican pour « l'orientation [de...] la politique intérieure en France ». Son voyage accéléra la réconciliation de la droite catholique, que L. Thomas date de mai 1935 – à la signature du pacte franco-soviétique – via « un homme politique français, pas de droite, mais qui souhaitait l'apaisement entre les clans du monde catholique français, pour pouvoir mieux mettre obstacle aux progrès du communisme » (J. Prévotat la date de janvier 1935, via Laval).

En 1937, Maurras, en prison, multiplia les avances. Redécouvrant en janvier-février la foi qui le mènerait sur « le chemin de Lisieux [...] dès [s]a libération », il supplia Pie XI de le laisser œuvrer à la « sainte lutte engagée contre une Barbarie qui n'a[vait] plus de visage humain » (18 février). Le 3 avril – deux semaines après *Divini Redemptoris* – il fit remettre à Pacelli par Robert de Boisfleury, administrateur de l'*Action Française*, une offre écrite de services pour « grouper toutes les forces d'ordre susceptibles de faire face à une menace probablement très prochaine » : l'*Action Française* – matrice de la nébuleuse fasciste désormais regroupée en tandem synarchie-Cagoule – écraserait l'hydre dénoncée par la « récente et lumineuse encyclique [du] Très Saint-Père », la France étant le « pays qui, après l'Espagne aujourd'hui frappée, est le premier visé » ; elle isolerait « les catholiques – dont le nombre s'accroît – partisans des alliances avec les révolutionnaires » au profit des « défenseurs de l'ordre en France, même les plus républicains ». « La révérende mère Agnès » [Martin] et la sœur Madeleine [Pruvot] », gratifiées le 27 avril par Maurras d'un long courrier joignant le cléricalisme antisémite et anti-maçonnique à « la croisade [contre] la Barbarie révolutionnaire », avaient donc préparé la mission Pacelli[32].

Son voyage estival fut suivi de mainte initiative visant *d'abord* la France, dont la lettre épiscopale espagnole du 7 août et l'encyclique « Ingravescentibus malis » sur la dévotion au Rosaire du 29 septembre, « nouvelle condamnation du communisme » et du « matérialisme athée », renfort précieux apporté à l'intense activité de propagande [du] régime mussolinien contre la doctrine de Moscou ». L'acharnement ne suffit pas à rétablir l'ordre catholique requis par la Curie et ses ultramontains. Les scrupules basques de Jacques Maritain, bête noire de

32. Lettres n° 321 de Charles-Roux, 31 octobre, n° 1146 d'Herbette, 14 novembre 1936, n° 18 de Charles-Roux, 20, de Rivière n° 49,30 janvier, *Espagne*, 202, n° 325, 29 septembre 1937, *Saint-Siège*, 38, Christophe P., *1936*, chap. 10 et p. 277-283, *Divini Redemptoris*, Maison de la Bonne Presse, 1937, lettre n° 27 de Charles-Roux, 17 août, *Saint-Siège*, 41, tél. François-Poncet n° 2738, 5, *SDN*, 2190, n° 2764, 8, tél. Charles-Roux n° 303, 22, *Canet*, 39, n° 303, 22, Rivière n° 287-288, 12, *SDN Saint-Siège*, 2190, *Figaro*, 12 et 14 juillet 1937, note Canet, 1er janvier 1940, *Canet*, 33, lettre de Charles-Roux n° 259, 20 juillet 1939, *Saint-Siège*, 42, Thomas L., *L'Action*, p. 237-242 et 354-376, Cholvy G. *et al.*, *Histoire*, III, chap. 1, dont Prévotat J. (irénique) sur l'*AF*, p. 62-66 ; fascisme français, Jenkins, « L'Action française à l'ère du fascisme : une perspective contextuelle », *in* Dobry M., *Mythe*, p. 107-154, et *France*, Lacroix-Riz A., *Choix*, surtout chap. 1 et 6, « dindonner », p. 17, *Munich*, *passim*.

Rome, de l'*Aube*, de *Sept* et du « groupe constitué autour d'Esprit et d'Emmanuel Mounier », exprimés en mai-juin, survécurent aux sanctions, telle la liquidation, fin août, de *Sept*. D'autres peinèrent à plier. Verdier mit deux mois pour voir dans l'appel de Gomà une lumineuse « analyse [de l']horrible guerre [...,] lutte entre la civilisation chrétienne et la prétendue civilisation de l'athéisme soviétique », et pour honorer « les martyrs et les sacrifices » de l'Église d'Espagne : « quel service vous rendez à toutes les nations du monde. » La pression exercée sur Hinsley eut le même succès tardif. Le 21 octobre, Dalla Torre put enfin louer dans *L'Osservatore* « la valeur des messages » des prélats français et anglais à Gomà, fixant nettement positions et responsabilités des « rouges », des « nationaux » et de l'Église d'Espagne, « "victime innocente", véritable martyre mais non combattante ».

C'est dire la vacuité de la mission de Verdier à l'appui présumé d'une tentative de compromis avec Rome des républicains espagnols, qui cherchaient sur la base du plan de janvier 1937 du ministre catholique basque Manuel de Irujo, relancé par Juan Negrín en octobre, à fixer par concordat les droits religieux des populations de zone républicaine (Valence et Barcelone). Objectif d'emblée condamné par le choix franquiste du Saint-Siège et son traitement « humanitaire » du problème basque. En septembre 1937, sous prétexte de s'occuper des catholiques, notamment du rapatriement de 20 000 enfants, Mgr Ildebrando Antoniutti fut nommé chargé d'affaires auprès de Franco : les photographes de la presse internationale le saisirent « faisant le salut fasciste en compagnie des ambassadeurs allemand, italien et portugais ». L'impossible mission entamée à l'été aboutit en novembre à « une lettre [de Verdier] décevante pour les républicains comme [...] pour le cardinal lui-même ». Les contacts qu'il maintenait avec Barcelone, via la délégation basque, furent aussi vains, se bornant à couvrir, surtout après son séjour de décembre 1937 à Rome, la « velléité d'atermoiement » du Vatican[33].

Malgré ses liens mondains et politiques maintenus avec les fascistes laïcs, Castelnau, Pierre Taittinger, Jean Ybarnégaray, etc., Verdier suscitait la haine grandissante de l'Axe Rome-Berlin et de ses féaux. En octobre 1937, quand Mussolini menaça « un certain catholicisme ondoyant », il visait non la papauté rétive à son alliance avec le Reich, mais la prétendue sympathie du « catholicisme français, belge ou britannique » pour la gauche, fût-elle communiste : sa presse harcela Verdier, l'accusant en 1938-1939 de faire, comme « les catholiques de France [...] beaucoup de politique, une politique belliqueuse, une politique rouge » et de protéger les juifs. Cognant via le Quirinal sur le cardinal rallié mais

33. Lettres de Rivière n° 325, 29 septembre, *Saint-Siège*, 38, n° 333, 6 octobre 1937, *Italie*, 267, Christophe P., *1936*, p. 214-221, *La Croix*, 8 ; lettres de Rivière n° 435, 23 octobre 1937 *(OR)*, *Canet*, 47, de Labonne n° 91, 16 février 1938, tél. Herbette n° 1408, 14 septembre 1937, *Canet*, 48 et 47, et Sanchez J.M., *Spanish*, p. 130 et chap. 10.

jugé hostile à l'Axe, la Curie ès qualités acheva les « catholiques de France » réticents. Verdier continua jusqu'en décembre 1938 à jouer les tiers dans de fausses tentatives de « médiation » en vue de « trêve de Noël » avec Mgrs Clément Mathieu, évêque d'Aire et de Dax, et Stanislas Courbe, secrétaire général de l'AC française. Des conférences, début décembre à Lille et Roubaix, du catholique Alfred Mendizabal, ancien professeur à l'université d'Oviedo et président du comité espagnol pour la guerre civile, fournirent prétexte à liquider les tièdes, partisans de la « neutralité » en Espagne.

L'assaut fut livré dans l'*Osservatore* les 4 et 16 janvier 1939 – après « la prise de Tarragone » – par le dominicain Mariano Cordovani, « ministre du Sacré Palais, c'est-à-dire théologien du Vatican » (Charles-Roux eût apprécié « plus de discrétion dans l'exposition d'une thèse si conforme au vœu du gouvernement italien »). Ce fasciste notoire attaqua Georges Bernanos pour ses *Grands cimetières sous la lune*, puis les autres rebelles, dont Jacques Maritain, préfacier deux ans auparavant de l'ouvrage de Mendizabal *Aux origines d'une tragédie : La politique espagnole de 1923 à 1936*, et même *La Croix*. Sous couvert de dénoncer le conférencier espagnol, qui avait osé « dans un pays catholique comme la France [...,] mettre sur le même pied "le mouvement des rouges et le mouvement national espagnol" [...,], le mal, le "communisme athée" [et ...] le bien, le gouvernement national [...au] programme chrétien ». *La Croix* en avait rendu compte « "sans une parole de réserve" ni d'avertissement ». Merklen et Alfred Michelin (administrateur de la Bonne Presse) coururent à Rome, et le journal, que « le Saint-Office » avait affecté de « suspecter de tendances trop libérales et trop démocratiques », se soumit « publiquement » : l'*Osservatore* du 25 janvier loua cet « exemple de loyale fidélité aux directives pontificales ».

À l'heure où l'Italie revendiquait sans péril des territoires français – entre autres, le 30 novembre 1938, la Corse, Nice et Tunis –, la capitulation ne sauva pas Verdier. Plus attaqué que jamais par la presse fasciste déchaînée contre la France, il requit à Rome, début février 1939, « une initiative quelconque en faveur de la limitation des armements ». Un Pacelli « nerveux et inquiet [...le] détourn[a] de parler au pape de la question des armements, voire simplement de la situation internationale, pour ne pas ajouter à ses préoccupations ». « Face à la droite "antirouge" et franquiste », les élites catholiques non ralliées aux fascismes vatican, allemand et italien n'étaient plus qu'« une poussière »[34].

---

34. RG, 21, 24 juin 1936, APP, BA 2036, Ybarnégaray, 1er mai 1937, APP, BA 1951, Parti républicain, national et social (Jeunesses patriotes de Pierre Taittinger), 1930-1939, etc., Rivière, tél. n° 412, 6, lettre sans n°, 9 octobre 1937, *Canet*, 42, courriers d'août 1938, *Canet*, 42 et *Italie*, 267, *L'Époque*, 18, Charles-Roux, tél. n° 661-662, 19, n° 663-664, n° 665-666, 20, n° 683, 23 décembre 1938, *Espagne*, 209, tél. n° 28, 21 janvier, *Canet*, 48, lettre n° 71, 3 mars, *Saint-Siège*, 41, tél. n° 16, 16, n° 19, 18 janvier, *Canet*, 48 lettres n° 46, 25 janvier, n° 53, 3, *Saint-Siège*, 39, n° 47, 2, *Italie*, 264, n° 76, 9 février 1939, *Saint-Siège*,

Les Anglo-Américains

• Londres

Les 7 % de catholiques britanniques, si franquistes qu'ils fussent, *The Tablet* en tête, pesaient moins que ceux de la « la fille aînée de l'Église », mais l'Angleterre restait un enjeu du règlement de comptes à venir. Son adhésion à la liquidation de l'Espagne républicaine et son quitus à l'expansion du Reich – moindre à celle de l'Italie – n'embellirent que d'apparence les rapports anglo-vaticans.

Fin octobre 1936 « s'annon[ça à Rome et à Berlin] un mouvement tournant pour diviser la France et la Grande-Bretagne » sur l'Autriche et l'Europe danubienne promises au Reich. L'Italie ne pouvait plus « former en Europe centrale un barrage devant l'Allemagne », mais escomptait encore des miettes en Afrique : elle se réjouit donc que Londres, « indifféren[t]e » au sort du « bassin danubien », insistât sur « la nette démarcation entre frontières occidentales et […] orientales de l'Europe ». Son « espoir […] de trouver une recrue […] dans la suspecte Albion » s'afficha dans le discours sur l'Axe du 1er novembre 1936 : accablant Paris, Mussolini pria poliment Londres de ne pas le gêner en Méditerranée.

La carrière d'Hinsley bénéficia de l'acharnement anglais en faveur d'un *modus vivendi* européen avec Berlin et de la signature, le 2 janvier 1937, d'« un "gentleman's agreement" [anglo-italien] sur la liberté de circulation en Méditerranée ». Après avoir en octobre suivi Verdier dans l'éloge de la « croisade » espagnole, Hinsley reçut le chapeau au consistoire des 13 et 16 décembre : cette gratification pour l'*Appeasement* continental et la suspension de la brouille abyssine furent aussi voyantes que les louanges d'octobre 1937 de l'*Osservatore* sur la politique d'abandon de l'Europe centrale de Neville Chamberlain – et de Roosevelt[35]. En 1938, des dithyrambes célébrèrent l'abandon anglais des Tchèques.

La précarité du compromis perça parfois cependant. En janvier et avril 1937, les doyens anglicans de Chichester et Rochester puis celui de Canterbury visitèrent les zones gouvernementales d'Espagne. Leurs rapports des 16 février et 26 avril déplurent fort : le premier établit « que, si les républicains espagnols se montraient anticléricaux, ils n'étaient pas acharnés contre la religion et contre Dieu et que, d'ailleurs, les sévices dont le clergé espagnol était l'objet se justifiaient par l'attitude le plus souvent hostile qu'il avait prise contre

---

46 (Chenaux P. accable Cordovani plus que Pacelli), *Pie XII*, p. 219-220, Duroselle J.-B., *Décadence*, p. 316-318, Lacroix-Riz A., *Choix*, chap. 7-9, et *infra*.

35. Sanchez J.M., *Spanish*, chap. 13, lettres de Charles-Roux n° 312, 27 octobre, *Canet*, 53, n° 323, 1er novembre 1936, *Saint-Siège*, 38, Milza P. *et al.*, *Fascisme*, p. 354, Duroselle J.-B., *Décadence*, p. 207 ; lettres de Rivière n° 435, 23 octobre, *Canet*, 47, de Charles-Roux n° 376, 19 novembre, de Rivière n° 340, 16 octobre 1937, *Saint-Siège*, 47 et 38.

les aspirations démocratiques de l'Espagne ». L'analyse historique du rôle du clergé richissime « dont probablement pas moins de 90 % était impliqué dans la rébellion » suscita les censures de la presse catholique et d'Hinsley.

Ce qui se passa en 1938 révéla pourtant des différences entre élites britanniques et françaises, et augura des capacités respectives de résistance à l'Axe. Méfiant envers un clergé anglais peu ultramontain, le Vatican préparait depuis 1937 l'action politique sur les milieux dirigeants (donc sur l'opinion) britanniques mais surtout le renseignement militaire : en novembre 1937, Pizzardo, qui avait tâté le terrain en mai, lors du couronnement de George VI, déclara à Osborne désirer installer à Londres un « délégué apostolique » pour servir les « bonnes relations entre l'Église et la Grande-Bretagne » – tenir compte, corrigea Osborne, de « l'importance grandissante [...] surtout financière [...] du catholicisme anglo-saxon en expansion ».

Mais ni le *Foreign Office* ni l'épiscopat ne voulaient chez eux de l'agent que la Curie, consciente de ne pouvoir imposer à la fière Albion un Italien ou un ressortissant de nation hostile, prétendait y déléguer : Mgr William Godfrey, né en 1889 à Liverpool mais très romanisé par le « collège anglais » où il avait étudié avant d'y succéder en 1930 à Hinsley, conseiller de Pizzardo pour le voyage à Londres. Hinsley dut en mai 1938, à son corps défendant, insister aussi, puis le voile se déchira. Le *Foreign* Office invoqua l'appui pontifical aux démocraties pour acquiescer, partiellement : l'élu ne pourrait être qu'« un sujet britannique », nommé après « notification préalable ». On négocia à l'été, Londres « donn[ant] toute assurance qu'en pratique, sinon en droit, le délégué aurait de façon informelle accès aux services gouvernementaux avec lesquels il souhaiterait discuter des questions d'intérêt commun » : concession grave, Rome exigeant sur ces contacts un secret rigoureux vis-à-vis du parlement et de l'opinion. Pacelli souligna le caractère « unique [du] privilège » octroyé à la Grande-Bretagne, dont il escomptait totale discrétion, clin d'œil vers la France lestée d'agents étrangers depuis 1921. Mais il ménagea l'avenir (le sien) en déclarant exceptionnelle cette nomination nationale : « le pape ne pouvait engager ses successeurs. »

L'épiscopat britannique avait été écarté des discussions auxquelles participa « le nonce de l'État libre d'Irlande ». Dans un courrier confidentiel, Hinsley, furieux, apprit le 6 août « à tous les évêques » britanniques que Rome n'avait pas jugé bon de l'informer. Contre cette menace d'espionnage et d'immixtion l'épiscopat réuni renâcla le 25 octobre, à en juger par le courrier adressé le 1er novembre par Hinsley à Pacelli : « jamais depuis l'agitation sur le thème "no Popery" suscitée par la restauration de la hiérarchie catholique en 1850 le sentiment d'antipathie extrême de la majorité protestante anglaise de ces îles n'avait été soulevé avec une telle violence. La presse n'a jamais cessé de se complaire à insulter le pape, le traitant d'instrument du fascisme, d'auxiliaire et de complice de l'"agression" en Éthiopie et de soutien des "rebelles" dressés contre le gouvernement légalement constitué de l'Espagne. » Hinsley fit allusion « au problème tchécoslovaque et aux tentatives de Chamberlain de ranimer des relations anglo-italiennes moribondes dans l'espoir condamné de ressusciter un simulacre de front de Stresa pour contenir l'Allemagne ». Déplorant que « ce renouveau d'amitié "fût interprété comme une capitulation devant l'Église d'État de Rome et comme une trahison de la démocratie" », il conclut : « un délégué apostolique venant en Angleterre dans ces circonstances, même anglais, serait considéré comme un agent de Mussolini servant les intérêts de l'axe Rome-Berlin. »

Ce rude courrier, qui n'aurait pas été envoyé, n'en révélait pas moins une cohésion nationale qu'avait perdue l'épiscopat français. Cette nomination, qui n'a « pas soulevé d'enthousiasme » dans la hiérarchie, « risque de réveiller les préjugés antipapistes » intacts, confirma en décembre 1938 Charles Corbin, ambassadeur de France à Londres. Godfrey s'installa à Londres en février 1939, avide d'« étendre sa juridiction "sur l'ensemble de la Grande-Bretagne" » comme si les évêques avaient disparu. Prétendant régir la vie privée des catholiques, cet espion de l'Axe, honni de ses pairs, suscita une méfiance que la guerre dévoilerait. Il fit moins la pluie et le beau temps chez les catholiques, malgré la docilité affichée par Hinsley[36], que son homologue italien en France.

• Washington

À la veille de la Deuxième Guerre mondiale, la continuité, par rapport à la Première, de la stratégie britannique de la Curie, est frappante, comme celle de sa ligne américaine, qui prépara en 1936 l'accord bilatéral de 1939. Au-delà du souci de ménager aux pays amis les faveurs du monde financier américain, il fallait régler un problème de trésorerie très aggravé au second semestre de 1936. En février, Nogara « s'[était] félicité » devant Truelle « des placements » étrangers et de « l'amélioration intervenue aux États-Unis » : « les appels à la charité américaine » avaient été « ces derniers temps, particulièrement pressants », tandis que se généralisaient « les entraves au transfert des capitaux et à l'exportation des devises ». La générosité catholique américaine avait pâti, à la fin de 1933, des effets de « la crise économique ». La contribution romaine à l'écrasement germano-italien de l'Éthiopie puis de l'Espagne ne la ranima pas.

Ce catholicisme antibolchevique et pro-allemand décréta la « croisade » et le soutien de l'embargo de l'Espagne avec la même ardeur que la presse Hearst – renforcée par son alarme sur l'« arrière-cour » mexicaine dont les prétentions nationales menaçaient ses avoirs. Sa presse diffusa sur « la conspi-

36. Sanchez J.M., *Spanish*, p. 176-177, lettre de Charles-Roux n° 87, 3 mars 1937, *Espagne*, 202, Moloney T., *Westminster*, p. 89-102, et lettre de Corbin n° 1096, 2 décembre 1938, *Canet*, 50.

ration communiste » et les horreurs rouges des bobards haut placés dans un riche palmarès international (séminaristes crucifiés vivants par les communistes, etc.). La hiérarchie se cacha à peine de financer Franco, tels les jésuites et Mgr Hayes, qui lança en mai 1937 une vaste « collecte pour le relèvement de l'Espagne » à un meeting au Madison Square Garden. La conférence épiscopale de novembre 1937 soutint d'emblée la lettre des évêques espagnols. Les laïcs firent aussi bien, des parlementaires aux « chevaliers de Colomb » boycottant les œuvres cinématographiques pro-républicaines.

Mais malgré une énorme propagande univoque, les fidèles se divisèrent entre une forte minorité pro-républicaine de 42 % et 58 % de pro-franquistes (en décembre 1938). Cette scission tarit les fonds dès 1936. Les 35 millions de catholiques, « très riches » et si généreux, n'ont « versé cette année au denier de Saint-Pierre qu'une somme dérisoire » : ils ont ainsi « exprimé tout leur mécontentement pour la façon dont [le Saint-Siège] s'était servi de leur libéralité passée », en « presque totalité » consacrée au prêt « à M. Mussolini » des fonds nécessaires à « la conquête de l'Abyssinie » puis à la rébellion franquiste. La défaillance des « fidèles américains » causa au Vatican « une crise de trésorerie » assez « aiguë » pour que Pie XI « estim[ât...] indispensable de leur envoyer un [de ses] dignitaires les plus en vue » : Pacelli quitta mystérieusement Rome le 1er octobre 1936 avec Galeazzi, pour une mission dont ces deux « agent[s] principa[ux] des "chevaliers de Colomb" en Italie » certifiaient le but financier.

Sa coloration politique fut aussi marquée. Officiellement, Pacelli fit une visite privée catholique, sous l'égide de Spellman, invité par Geneviève Brady, « généreuse bienfaitrice des œuvres catholiques », dans sa somptueuse villa de Long Island. Il fut triomphalement accueilli par Hayes, le haut-clergé et les richissimes laïcs (dont Joseph Kennedy, très lié à Spellman), dans les douze diocèses (sur seize) de sa tournée. Mais le Vatican dut aussi traiter avec l'Amérique protestante de Roosevelt, et s'engager à « refréner les ardeurs du RP Coughlin ». La réconciliation pré-électorale avec Roosevelt fut aux présidentielles funeste à cet agent vatican et le déjeuner Roosevelt-Pacelli qui les suivit lui « donn[a] le coup de grâce » officiel (seulement). Cet hitlérien dont les « hauts dignitaires de l'Église catholique d'Amérique déploraient [le mouvement] depuis longtemps, mais qu'ils n'avaient pas le pouvoir d'arrêter », annonça qu'il « pratiquer[ait...] désormais [...] la politique du "silence" ».

L'engagement était mensonger mais les convergences fortes entre la Curie et Washington, soucieux des soubresauts souverainistes de son « arrière-cour » latino-américaine et de son avenir européen. Roosevelt ne s'inquiétait « pas [...] du mouvement communiste aux États-Unis » en « régression » depuis la baisse du chômage, mais ne risquait rien à entreprendre Pacelli sur ce point : « je tiens de la meilleure source, *câbla de Laboulaye le 9 novembre*, que c'est le danger croissant du communisme qui a fait l'objet principal de leur conversation. » Pacelli et Galeazzi négocièrent et obtinrent « un emprunt pour le Vatican » – j'ignore sous quelle forme et si le financement étatique, avéré depuis la mission Taylor (1939) commença avant – mais leur séjour ranima l'ardeur des donateurs[37].

Pacelli revint plus convaincu que jamais des efforts à consentir pour plaire à Washington et à Spellman. Neutres à encourager dans cette voie, conservant avec l'Allemagne et l'Italie des rapports économiques malgré le contentieux sur le schachtisme ou l'« autarcie », les États-Unis préservaient aussi l'avenir de l'Entente en critiquant le nazisme. Ils proclamèrent « la plus stricte neutralité » et encensèrent pour son abandon de l'Espagne Léon Blum, « l'homme d'État [qui] a progressivement triomphé sur le doctrinaire, le patriote sur l'homme politique » *(Washington Post)*. Mais la lettre de Gomà du 7 août 1937 raviva « l'hostilité [de] ceux qui reproch[ai]ent aux catholiques en général et aux catholiques américains en particulier d'avoir été aveuglément favorables au gouvernement de Burgos » : elle provoqua le 4 octobre une sévère « lettre ouverte » protestante. Rome veilla donc à ne pas lier trop étroitement son sort à celui de l'Axe, tactique par ailleurs indispensable, comme en 1918, au sauvetage en cas d'échec. Plus que *Mit brennender Sorge*, l'affaire Mundelein illustra en 1937 ce double impératif allemand et américain.

Début mai, peu avant le plaidoyer (le 18) de Mundelein pour les clercs allemands, la Curie interdit aux « épiscopats de plusieurs pays, [dont] la France, la Grande-Bretagne et les États-Unis [,...toute] lettre collective à l'épiscopat allemand déplorant les persécutions de l'Église catholique par le gouvernement allemand ». Mais elle envisagea, si Berlin lançait « sous le prétexte des procès de moralité imminents [...] une attaque générale sur l'Église [...], d'organiser une contre-offensive et de profiter de l'occasion pour entamer une campagne de presse contre l'Allemagne ». Pacelli rassura Bergen sur ses sentiments et la presse romaine officieuse appuya l'Axe.

L'officielle, avec Dalla Torre, chef de file précoce des pro-américains, s'extasia sur Mundelein, rappelant ce que le Reich avait dû à ses charités d'après-guerre. L'*Osservatore* célébra début août 1937 la récente réunion des catholiques américains originaires d'Allemagne qui avaient exalté ce « grand bienfaiteur du peuple allemand [...] condamnant le néo-paganisme ». Fin novembre, il loua « l'importante lettre des évêques des États-Unis » (juste après la conférence annuelle sur la lettre de Gomà) qui contestait qu'il fallût

37. Lettres de Truelle n° 51, 26 février 1936, de Washington n° 36, 25 janvier 1934, *Canet*, 32 et 49, Sanchez J.M., *Spanish*, p. 184-198, *Havas* n° 170, 16 janvier 1939, note n° 543 de l'Intérieur, 26 octobre, tél. Truelle n° 311, 29 septembre, Laboulaye n° 995-996, 3, lettre de Truelle n° 287, 7, tél. Laboulaye n° 1012, 9 octobre, n° 1112, 5, n° 1123-1124, n° 1125, 9, Charles-Roux n° 354, 9, n° 370, 19 novembre 1936, *États-Unis*, 336, Lo Bello N., *Vatican's Wealth*, p. 33-34, Pollard J.F., *Money*, p. 179-180.

« abandonner l'Église [...pour] professer sa loyauté à l'égard du régime » et livrait « une attaque à fond contre les méthodes et les doctrines religieuses » du Troisième Reich, « les persécutions, la guerre d'extermination, les armes honteuses de la calomnie, les atteintes portées à la liberté d'association, la campagne inhumaine, systématique et cruelle » contre le catholicisme allemand. En décembre, il félicita les épiscopats américain et autrichien, modèles de défense de la foi contre le « néo-paganisme ».

En novembre 1937, Pacelli retourna aux États-Unis, avec Nogara, pour ménager « des occasions d'investissements » de complément ou relève de ceux « d'Italie et d'Europe ». Le gestionnaire du pactole vatican sillonna les « grands centres financiers et industriels comme New York, Chicago, Cleveland, Philadelphie et aussi Washington. À New York, il eut de longs entretiens avec la maison Morgan et avec le cardinal Hayes et les conseillers financiers de l'archevêché », à Chicago avec Mundelein et son entourage financier, etc. Ils aboutirent à la décision d'acheter pour 3,5 millions de dollars de titres ou de bons du Trésor, exécutée dans les trois ou six mois.

Le séjour donna lieu à discussions avec Kennedy auxquelles Pacelli se référa dans le « mémorandum » d'avril 1938, déjà cité, qu'il lui adressa. Il y rêvait de condominium américano-vatican (contre Paris et Londres, donc comme en 1917-1918) et amorçait le thème « pacifique » par lequel il couvrirait, comme pape, les conquêtes de l'Axe : « le plan auquel nous avons pensé pendant mon séjour en Amérique, et dont je sais qu'il fait partie de vos objectifs [,...] ferait réfléchir le monde sur la nécessité grandissante en ces temps troublés de rester en contact avec les puissances morales suprêmes, qui se sentent parfois impuissantes et isolées dans leur combat quotidien contre toutes sortes d'excès politiques des bolcheviques et des nouveaux païens qui surgissent parmi les jeunes générations "aryennes". Je continue à penser que la mesure prévue accroîtrait le prestige du gouvernement américain qui semblerait ne se vouer qu'à user de tous les moyens pour assurer la paix de tous les peuples. » Pendant l'agonie tchécoslovaque, Dalla Torre honora l'apaiseur Roosevelt autant que Chamberlain et exalta en juillet 1938 le discours prononcé aux fêtes de Reims par son ambassadeur à Paris, William Bullitt, noble avocat de la paix et de « la moralité internationale ».

La Curie préparait son avenir américain sans renoncer à mobiliser sur place les forces germano-américaines, germanophiles et italo-fascistes, pivot de la « neutralité ». Coughlin avait vite repris la parole et, fervent avocat de l'embargo anti-républicain, anima à l'approche de la victoire franquiste la campagne pour la reprise du commerce avec l'Espagne. Dans la phase aiguë de guérilla verbale anti-vaticane précédant le conclave, le Reich accusa Pie XI ou l'*Osservatore* d'inciter « les hauts dignitaires ecclésiastiques, dans les démocraties occidentales, à la campagne anti-allemande » contre « les mesures antisémites », et loua Coughlin et « les chevaliers de Colomb » de leur « courageuse attitude » de soutien[38].

Pie XII de mars à septembre 1939

Axe, Entente et élection de Pacelli

Peu avant la mort de Pie XI reprit contre le favori de l'Axe « une campagne [fasciste] de récriminations et d'avertissements » : en janvier 1939, dans *Il Regime Fascista,* Farinacci insulta celui que Benoît XV surnommait « le petit crétin » Pacelli, « trop lié à la maçonnerie française ». Tactique dont Charles-Roux, ancien ennemi juré de cet agent allemand, voulait tirer « un bon parti » : « du point de vue français, le choix du cardinal Pacelli serait le plus convenable », écrivit-il le 13 février, trois jours après le décès – il alla jusqu'à « excellent » le 2 mars (jour de l'élection), rappelant « les exclusives [...] prononcées contre lui par la presse allemande » et italienne.

La tactique était cousue de fil blanc, il le savait par ses contacts avec Tisserant : cardinal depuis le consistoire du 15 mai 1936 puis nommé secrétaire de l'Orientale, l'ancien maître-espion de guerre lui avait tout raconté sur le dossier éthiopien. L'attitude au conclave de mars 1939 de « ce Français excellent, tout dévoué à son pays », mit fin à la résistance à l'Axe dans l'épiscopat français. Haïssant le pangermaniste Pacelli qui le lui rendait bien, Tisserant fut le seul des six cardinaux français (outre lui, Verdier, Liénart, Gerlier, Suhard et Baudrillart) à lui refuser sa voix. Il fit « cavalier seul » contre la délégation française qui, écrivit Charles-Roux le 17 février, guiderait les délégués de l'Entente (morte), Kaspar, Hinsley et Hlond. Tisserant resta jusqu'au 2 mars « irréductible dans son opposition », alors que Baudrillart brûlait pour Pacelli et « une détente entre le Saint-Siège et les pays totalitaires ». « Chapitré » par Verdier, il aurait « rallié la majorité », donc le « bloc » soudant les épiscopats de l'Axe, de ses alliés et des « démocraties » après des scrutins laborieux : Pacelli fut élu au bout de trois tours où il réunit 35, puis 40, puis 48 voix, et non (comme en circula la « fable ») 35 Italiens et 28

---

38. Tél. Henry n° 789, 11 août, Laboulaye n° 880-882, 8 septembre 1936, *États-Unis*, 316, *NYT*, 6 octobre 1937, Sanchez J.M., *Spanish*, p. 193-194, lettres n° 108, Washington, 19 avril 1939, *Saint-Siège*, 45, Bergen, 11 mai 1937, *DGFP*, D, I, p. 967, Charles-Roux, tél. n° 315, 2 août, *États-Unis*, 336, lettre n° 384, 29 novembre, *Allemagne*, 696, tél. n° 491, 2 décembre, *Canet*, 47, lettre de Rivière n° 340, 16 octobre 1937, *Saint-Siège*, 47, Pollard J.F., *Money*, p. 180, Pacelli, 19 avril, *FRUS* 1938, I, p. 474-476, Charles-Roux, tél. n° 338-339, 15, lettre n° 228, 27 juillet 1938, *Saint-Siège*, 38, et *Havas* n° 170, 16 janvier 1939, *États-Unis*, 336.

non-Italiens unanimes. Les presses française et anglaise se congratulèrent du choix d'un tel anti-allemand et anti-nazi, triomphe pour les démocraties[39].

Son élection avait été concertée par l'Axe. Bonifacio Pignatti (ambassadeur d'Italie au Vatican) est venu me demander, rapporta Bergen le 18 février, de modérer les « attaques contre la personne du défunt pape », que l'*Angriff* du 10 avait traité d'« aventurier politique [...,] et aussi contre d'autres personnages de la Curie qui allaient à présent arriver à un rang éminent ». Mais la secrétairerie d'État avait lu « avec un grand intérêt [...] l'article du *Schwarze Korps* du 16, qui en dépit de sa rudesse reconnaissait objectivement les perspectives prometteuses pour l'Église et suggérait une certaine disposition à faire la paix ». Les quatre cardinaux allemands, qui n'avaient « rien laissé voir de leurs dispositions envers lui ni envers quiconque », votèrent Pacelli, et la suite du vote rappela l'élection de Ratti.

De toutes les zones germaniques, dont la Bohême-Moravie, protectorat allemand depuis le 15 mars, éclata la joie d'« une amélioration sensible des relations entre le Reich et le Vatican depuis l'avènement de Pie XII ». À la mi-juin, l'alliance s'afficha via Maglione, secrétaire d'État et « protecteur » de l'Anima. La cérémonie en l'honneur du nouveau « protecteur », magnifiée par l'*Osservatore* du 19, s'y déroula, et son recteur Hudal fit un discours dans « la chapelle où sont ensevelis environ 500 soldats morts pendant la Guerre mondiale à Rome des suites de blessures reçues en combattant glorieusement pour la défense de la patrie ». « Le gouvernement de Berlin, en 1937 », ajouta le journal le 23, « avec grande munificence et sentiment de piété, a rendu possible la construction de la Chapelle votive » (*aveu a posteriori* intéressant sur la prétendue « crise » d'alors).

« C'est le signe indéniable, *avança Canet,* de l'étroitesse des rapports qui unissent l'Allemagne, l'Italie et le Saint-Siège. » Car il a fallu « vaincre un double obstacle » pour réaliser « de concert » cette opération extraordinaire : depuis 1870, l'Italie s'oppose aux inhumations dans les églises et le Saint-Siège y interdit l'enterrement des laïcs, sauf droit de patronage. La plaque apposée dans la nouvelle crypte rend hommage aux Allemands et à 50 soldats hongrois morts dans les mêmes circonstances. Elle comporte la formule sur « la grande munificence et [...] piété du gouvernement de Berlin », qui a en 1937 fait exhumer « à ses frais » les corps des cimetières de la campagne romaine pour les placer dans la crypte *« avec l'autorisation de la congrégation du Concile »*. « La connivence

39. Charles-Roux, tél. n° 29, 21, lettre n° 24, 23 janvier, *Italie*, 267 ; tél. n° 75-78, 13 février, n° 145-146, 2 mars, *Saint-Siège*, 46, lettres de Truelle n° 149, 20, n° 162, 30 mai 1939, de Charles-Roux n° 174, 10 juin 1936, *Saint-Siège*, 47, tél. n° 93, n° 95, 17, n° 127-132, 27 février, n° 149, 1er, n° 145-146, 2, n° 155-157, 3, n° 180-182, 7, n° 184, 8, et n° 618, Londres, 3 mars 1939, *Saint-Siège*, 46.

entre les trois puissances », *conclut Canet,* est ainsi « proclamée », et l'épisode donne « sur les réalités de la politique des renseignements plus sûrs que toutes les confidences » de Mussolini, Maglione ou Pie XII « lui-même à nos ambassadeurs. Il est maintenant prouvé par des années d'expérience que M. Hitler et M. Mussolini obtiennent plus du Saint-Siège en brimant les catholiques de leur pays que le gouvernement français en abandonnant l'Église de France aux moindres caprices des agents pontificaux »[40].

L'élection fut, bien que Charles-Roux répugnât à l'admettre, « un grand succès [non] pour [lui] » mais « pour l'Italie », ce que le ministre des Affaires étrangères et gendre de Mussolini, Galeazzo Ciano clama dans les jours suivants. On fit assaut de prévenances, alarmantes pour la France, première visée, pour « améliorer les relations » italo-vaticanes déjà excellentes. Le fascisme salua la bénédiction accordée le 2 avril par Pie XII à Franco « pour la victoire de l'Espagne catholique » et le retour à « son antique tradition chrétienne », puis son discours radiodiffusé du 16 avril « aux catholiques espagnols », qui balaya la légende préélectorale d'une froideur franquiste à son égard et de sa propre crainte de « l'influence allemande en Espagne ». Le commentant, le sous-secrétaire d'État à l'Intérieur rendit en mai un « hommage au nouveau pape, "italien et romain, dont la parole qui s'est récemment élevée contre les barbares bolcheviques, a trouvé un écho profond dans l'âme de tous ceux qui ont à cœur le sort de la civilisation humaine" ».

Les éloges mutuels envahirent la presse vaticane officieuse autant que « la presse fasciste » laïque. L'épiscopat respecta la tradition, tel le cardinal Luigi Lavitrano, archevêque de Palerme, dont le « discours élevé », à son congrès eucharistique de juin, menaça la France : « nous prierons pour l'Italie, nous prierons pour son Duce invaincu afin que, dans la lumière eucharistique, l'Italie resplendisse plus belle et plus claire devant nous qui l'aimons, plus redoutable pour ceux qui lui tendent des embûches. » L'idylle atteignit un degré tel que le nazi Farinacci, spécialiste des escarmouches anti-vaticanes, ne cessa depuis mars 1939 dans son *Regime fascista* de brocarder les idiots qui avaient vu en Pacelli « un pape anti-italien et antifasciste ». *Relazioni Internazionali* clama (le 22 avril) « que la politique vaticane sera[it], dorénavant, toute en faveur des principes de l'Axe ». Pie XII, « patriote [...] italien et romain », « inclin[é] vers l'aristocratie en général, vers les têtes couronnées en particulier, vers la dynastie italienne spécialement », flagorna la Cour plus encore que Pie XI. Il n'en oublia pas moins, à peine élu, de choisir (début avril) pour succéder à Hayes, mort en septembre 1938, Spellman, haï de ses pairs américains.

---

40. Lettre n° 19 de Bergen, 18, *DGFP*, D, IV, p. 596-597, tél. n° 127-132 de Charles-Roux, 27 février, *Saint-Siège*, 46, lettre n° 143 du chargé d'affaires à Prague, 26 avril, *Canet*, 40, tél. n° 149 d'Hoppenot, Paris, 19, *Saint-Siège*, 44, et notes Canet, 22 et 23 (souligné dans le texte) juin 1939, *Canet*, 33.

Ce chouchou de Roosevelt, qui piaffait d'impatience depuis la mort de Pie XI et harcelait Galeazzi pour obtenir l'archevêché de New York, serait un allié précieux tant à l'ère du triomphe de l'Axe Rome-Berlin qu'à celle de la Défaite[41].

Pie XII et les revendications de l'Axe

L'absorption de l'Albanie

Pie XII soutint d'emblée l'expansion de l'Axe baptisée triomphe de la paix, ainsi le 25 mars 1939 devant des pèlerins hongrois, où les « formules habituelles [de ses] discours iréniques » vantèrent « la compréhension mutuelle », gage de « la paix extérieure », et « la discipline, [...] condition de la paix intérieure ». Le 9 avril, « 48 heures après l'agression italienne contre l'Albanie », son homélie de Pâques demanda « que "soient reconnus et protégés les droits sacro-saints de la liberté et de la dignité humaines et que soient convenablement distribués les biens et les richesses" » créés par Dieu. Elle prôna « de mutuelles et amicales ententes, où soient reconnus les intérêts de tous, où l'on ne se refuse pas à des sacrifices pour le bien supérieur de la famille humaine ». Canet, horripilé par l'adulation de la presse française (poussée par Charles-Roux et le Quai) envers ce terrible ennemi, saisit le « double effet » d'un discours bénissant « l'opération albanaise » et visant « le traité de Versailles » : « Pie XII, hélas, n'a rien appris depuis les ténébreuses manœuvres de 1917. »

La mort de la Tchécoslovaquie

La conjoncture l'y aidait. La Tchécoslovaquie fut achevée à la mi-mars, divisée en protectorat allemand de Bohême-Moravie et en Slovaquie « indépendante », tandis que les Hongrois déferlaient « avec la tolérance de Berlin » sur l'Ukraine subcarpathique où ils « auraient tué 30 000 personnes. Le pape « paru[t à la mi-mars] consterné, atterré devant à des aristocrates tchèques » et dit à un prélat français : « priez pour moi, je suis dans l'angoisse. » Est-ce au même, « un supérieur général français d'ordre » (forcément Gillet), qu'il déclara « qu'il songeait à faire une encyclique sur la paix », mais y avait renoncé tant il était « débordé par les audiences quotidiennes et par l'expédition des affaires laissées en suspens dans l'interrègne » ? Devant Radimsky et sa femme, il usa en avril de « termes très forts pour [...] déplorer [...] l'événement », etc.

---

41. Charles-Roux, tél. n° 187, 9, *Saint-Siège*, 46, lettre n° 121, 23 mars, *Italie*, 267, tél. n° 266, 3, n° 318-319, 15, n° 352, 28 avril, *Espagne*, 210, lettre de Rivière n° 211, 13 juin, *Italie*, 264 (mars-septembre, *Italie*, 264, 267, *Canet*, 32, 33 et 42), lettres (de François-Poncet ?) n° 699, sd, 21 ou 22 décembre, *Italie*, 267, de Charles-Roux n° 163, 27 avril, *Saint-Siège*, 39, et n° 515, 27 décembre 1939, *Italie*, 267, Cooney J ., *Spellman*, p. 72-76.

Charles-Roux admit que son silence « sur l'odieux traitement infligé par le Reich à la Tchécoslovaquie » observait la règle des « ménagements » envers Berlin. « L'entrée dans le Reich de la Bohême-Moravie et, en fait, sinon en droit, de la Slovaquie va renforcer l'élément catholique dans la communauté allemande », plastronna Maglione. Justificatif rituel de l'expansionnisme allemand, comme ses « deux objections » contre « une expression quelconque de désapprobation et d'alarme de la part du Vatican » : « crainte de compromettre les chances qui paraissent s'offrir d'améliorer la condition des catholiques en Allemagne ; situation pas encore claire en ce qui concerne l'action de l'Allemagne et ses conséquences [...L]e Saint-Siège ne sait pas au juste dans quelle mesure sont fictifs les appels de Prague et de Bratislava à Berlin ; [il] ne voit pas encore par quoi peuvent se traduire pratiquement les réactions de Londres et de Paris au fait accompli. » Pie XII compte donc, comme naguère Pacelli, « tristement convaincu de l'impunité dont jouissait aujourd'hui l'Allemagne », sur la validité de « la prophétie d'Hitler à M. von Schuschnigg avant l'invasion de l'Autriche : "il y aura un peu de bruit, *ein wenig Geschrei*, et ce sera tout" ».

L'attitude du clergé local ôta tout doute sur les sentiments vaticans. Du bas au sommet, il accueillit la férule allemande désormais officielle avec autant de ferveur dans la Bohême-Moravie du tandem Hacha-Neurath que dans la Slovaquie de Tiso, où le dithyrambe fleurit pour le 50e anniversaire du Führer. « Le catholicisme bohême et morave » dirigé par Kaspar, fidèle à sa tradition de « confusion [...] des deux termes "catholicisme" et "Habsbourg" », hypothéquait l'avenir par son « aplatissement devant le germanisme » : « le même risque se présenterait pour [l'Église qu'en 1918], le jour où les Tchèques recouvreraient leur indépendance, si l'on pouvait lui reprocher d'avoir exagérément pactisé avec le maître hitlérien, de s'être laissé identifier avec le protectorat du Reich. » Charles-Roux « représenter[ait donc] au Vatican le péril qu'il y aurait pour l'Église à laisser, dans ces pays slaves pour qui sonnera[it] tôt ou tard l'heure de la libération, lier son sort à celui du germanisme »[42].

Les autres cibles

Pie XII n'en avait cure, tout à la joie de la saisie imminente de cibles que Guido Aureli dévoila en partie dans *Regime fascista* en mai 1939, louant son alignement sur « les directives mussoliniennes ». Il avait avant le conclave « reçu un

---

42. Charles-Roux, lettres n° 123, 25 mars, n° 286, 9, tél. n° 293, 11, n° 298-299, 13, *Saint-Siège*, 39, note Canet, 14, *Canet*, 33 ; Charles-Roux, lettre n° 309, 14 avril, *Tchécoslovaquie*, 109, tél. n° 420, 15 mai, *Canet*, 58 ; lettres n° 198, 15, n° 117, 22, n° 247, 26 mars, *Saint-Siège*, 39, n° 151, 13 avril, n° 116, 22, *Tchécoslovaquie*, 109, n° 120, 23 mars, *Allemagne*, 700 ; et n° 143, Prague, 26 avril 1939, *Canet*, 40.

certain nombre de cardinaux » sûrs pour leur notifier « son projet "de diviser l'action diplomatique du Vatican en deux grands secteurs, l'oriental et l'occidental". Les événements se développant, le pontife aurait décidé d'attribuer des rôles précis aux congrégations religieuses » : le premier secteur fut dévolu aux salésiens et aux bénédictins, avec, pour la Pologne, les jésuites, le second, « actuellement limité à la France et à l'Irlande », aux jésuites. Paris et Varsovie figuraient donc en première ligne.

• La France

La France, dont les élites préparaient « une fascisation de la démocratie » et le rejet définitif de la Triple Entente de 1914 – comme s'en targua François-Poncet le 5 novembre 1938 –, annonça par ses rapports avec la Curie son inaction sur le champ de bataille. Laissant ce porte-parole de l'Axe agir chez elle aussi librement que l'Axe lui-même, elle intensifia son audace en menant une politique cléricale, très aggravée par l'échec de la grève générale du 30 novembre 1938. Charles-Roux, parvenu au point d'abdication qui lui vaudrait le 18 mai 1940 la succession d'Alexis Léger au secrétariat général du Quai d'Orsay, poussait à la roue : il disait vouloir démontrer au Vatican l'inanité des accusations italiennes sur l'odeur de « fagot [de] l'épiscopat et [du] catholicisme français en général ». En février 1939, il conseilla de compléter une récente mesure visant à « améliorer les relations entre la France et le Saint-Siège », l'octroi aux missions de « la personnalité civile », par d'autres : la reconnaissance en droit du non-paiement de fait, illégal, de l'impôt foncier et le principe d'entente directe préfets-évêques pour la fixation des loyers des presbytères, qui évincerait les municipalités, moins cléricales.

Pie XII présenta donc aux cérémonies de son couronnement « à M. Champetier de Ribes », délégué catholique de l'État, « trois séries de revendications » (que Fontenelle rendrait publiques en janvier 1940) : « modification [...] de la loi relative au divorce, [...] du régime scolaire, [...] du régime religieux ». Pie XII et Maglione se targuèrent leur excellente influence sur le fascisme italien si modéré, « déplor[ant] que la France n'eût pas fait un geste » au service de « l'amélioration des rapports franco-italiens » : ils la priaient de céder sans combat à l'Italie des prébendes du Sud-Est métropolitain à la Tunisie et au Maroc, avec « deux postes au conseil d'administration de la Société du Canal de Suez », « un port libre à Djibouti » et « la prise de contrôle sur la part éthiopienne du chemin de fer de Djibouti ». L'ambassadeur britannique à Berlin, Nevile Henderson, le plus hitlérien du clan Chamberlain-Halifax, pria le *Foreign Office* d'inciter Paris aux concessions jusqu'à l'extrême « limite pour satisfaire Mussolini ». La Curie reprit donc avec succès sa vieille tactique de division coloniale franco-anglaise[43], qui fut au grand dam de Canet maintenue jusqu'à l'assaut italien du 10 juin 1940.

La réconciliation officielle de Pacelli avec l'*Action Française* couronna l'immixtion vaticane d'avant-guerre. Elle intervint entre les 10 et 15 juillet 1939, avec la levée de l'interdit du Saint-Office, mais la rumeur en courait depuis un moment. *Un* prélat français, Mgr Bruno de Solages, recteur de l'Institut catholique de Toulouse, osa s'élever contre l'audace fasciste d'un pape bénissant le ralliement officiel des « nationalistes » français à l'Axe Rome-Berlin. Il lui remit, autour du 10 juin, un « mémoire » le prévenant contre « une révision des condamnations [...] inopportune » qui plongerait dans « le désarroi » les catholiques français : « l'épiscopat de France qui, pour obéir aux ordres de Rome, a pris nettement position contre l'Action Française et ses adhérents, serait en fâcheuse posture s'il lui fallait, maintenant, tourner le dos à ce qui est, jusqu'ici, tenu pour vérité. » Charles-Roux s'était surtout ému d'un article anonyme, féroce sur Pacelli, paru à la mi-juin dans le *Mercure de France :* il « contenait au moins autant de vérité que les absurdes apologies dont on nous rebat les oreilles », s'irrita Canet, rappelant que « personne ne l'a[vait] jugé plus sévèrement que M. Charles-Roux lui-même dans sa déposition devant la Haute-Cour » publiée par le *Temps*.

L'aveugle recouvra la vue devant Montini, le 18 juillet, trois jours après la cérémonie des effusions : 1° Maglione ne m'a pas dit mot, me rencontrant le 14 juillet, d'une décision publiée dans l'*Osservatore* du 15 ; 2° la date a été choisie à dessein, le lendemain de la Fête nationale « sous le régime républicain que l'Action Française couvre journellement d'injures » ; 3° Pie XII s'est gardé de rappeler sa « fidélité à la ligne de conduite tracée à l'Église de France et aux catholiques français depuis Léon XIII » ; 4° « l'opinion publique [cherchera] des motifs politiques à sa décision » et relèvera « qu'ayant condamné l'Action Française lorsqu'elle soufflait sur la France le nationalisme intégral, il l'avait graciée quand elle avait teinté son nationalisme d'indulgence aux régimes dictatoriaux et quand les journaux italiens s'alimentaient de ses citations ».

La presse fasciste exulta d'un geste d'autant plus voyant que Maurras et les siens avaient agoni d'insultes les « agents de l'Allemagne » de la Grande Guerre devenus les deux premiers personnages romains : ce pardon réjouit « les gens honnêtes » et consterne ceux « du Front populaire des Loges et des

43. Lettre de Charles-Roux n° 178, 16 mai 1939, *Saint-Siège*, 39, rapport 9865/5361 de Prunas, 5 novembre 1938, *DDI*, 8e série, X, p. 380 (leitmotiv de Lacroix-Riz A., *Munich*), lettre de Charles-Roux n° 71, 16 février 1939, *Saint-Siège*, 41, note Canet, 19 janvier 1940, *Canet*, 31, Charles-Roux, tél. n° 320-321, 15 avril, lettre n° 366, 5 mai, *Saint-Siège*, 39, note Canet, 24 mars, *Canet*, 42 ; Henderson, 6, et conversation Halifax-Daladier-Bonnet, 20 mai 1939, *DBFP*, V, p. 457 et 611 (et *Choix* et *Munich*, index)

synagogues [qui] ont dû reconnaître que la levée de l'interdiction de l'Action Française est une implicite condamnation contre eux ». Et ce alors que « la prise de position si ferme du Saint-Siège sur le problème de Dantzig [vient de] cré[er] une véritable confusion parmi les adeptes de l'Aube et autres libelles de la gauche catholique et toute la clique internationale subversive qui avait salué en Eugène Pacelli le pape anti-fasciste ». Cet exemple du souci de Pie XII de « paix dans la justice » *(Regime fascista)*[44] nous mène à Varsovie.

• La Pologne

Annoncée par maint discours depuis mars 1939, l'opération pacelienne pro-allemande sur Dantzig et pro-italienne contre la France amorcée en avril eut aussi pour objet de vérifier que l'Entente anglo-française agonisait et qu'on ne la ranimerait pas avec l'URSS. Les États-Unis garantirent leur neutralité sans donner entière satisfaction. Roosevelt « souhaiterait vivement être appuyé, dans son effort contre la guerre, par l'autorité morale du pape. Le gouvernement des États-Unis ne peut évidemment s'adresser officiellement au Saint-Siège, mais il approuve les milieux catholiques américains qui vont adresser, s'ils ne l'ont fait déjà, un appel en ce sens au Souverain Pontife ». Roosevelt, s'adressant le 16 avril à Hitler et Mussolini – que le triomphe tchécoslovaque du 15 mars avait enhardis –, exigea d'eux une déclaration de non-agression envers 29 pays : il a ainsi, pesta le Vatican, « enlevé toute chance de succès à ses propositions [...] en ne s'adressant qu'à deux chefs de gouvernement, en les mettant pour ainsi dire en accusation devant l'opinion universelle, et en rendant public l'appel qu'il leur lançait ».

L'Axe confia alors à Pie XII le lancement public d'« une idée de conférence [...] inspirée par Mussolini », rapporta fin avril Bullitt, en omettant Hitler. L'épiscopat américain s'y rallia d'emblée et, le 4 mai, le pape annonça à Osborne qu'il allait prier Londres, Rome, Paris, Varsovie et Berlin de « convoquer une conférence pour ouvrir des négociations sur les questions menaçant la paix, et plus particulièrement la question de Dantzig et du Corridor, et sur les revendications italiennes contre la France ». Les Anglais ne voulaient pas plus que les Français mener à bien les négociations en cours avec Moscou sur l'aide militaire à apporter à la Pologne et à la Roumanie. Ils n'entendaient pas conclure, comme Halifax le précisa à l'ambassadeur soviétique Ivan Maiski le 6 mai, la « Triple Entente entre la Grande-Bretagne, la France et la Russie » que celle-ci, hantée par « la possibilité d'être impliquée toute seule dans un conflit avec l'Allemagne », prétendait recréer avec le même « engagement automatique » mutuel. Ils notifièrent cependant à Mgr Godfrey, exécutant,

44. Tél. Charles-Roux n° 558, 15 juillet, lettre de Rivière n° 40, 13 juin, *Saint-Siège*, 42, notes Canet, 5, 7, *Canet*, 33, Charles-Roux, tél. n° 565, 18, lettre n° 573, 19 juillet 1939, *Saint-Siège*, 42 ; Prévotat J., *Histoire*, III, p. 64-66, irénique.

à Londres, de la manœuvre, que « beaucoup regretteraient l'omission de la Russie de la liste des puissances que Sa Sainteté approchait ». Le 5 mai, ils parlèrent de « second Munich », qualificatif péjoratif vu le discrédit où les événements avaient jeté le premier : l'expression « n'est pas passée inaperçue à la secrétairerie d'État », qui en a déduit, rapporta Charles-Roux le 11, qu'ils étaient « prêts à affronter la guerre ».

Le ministre des Affaires étrangères Georges Bonnet, auquel Valeri avait présenté « le 5 mai au matin » le texte « pontifical » – duquel Mussolini fit rayer le 6 ou le 7 « la question des difficultés franco-italiennes » –, confirma l'attitude française inverse. Bonnet ayant le 6 décembre 1938 devant Ribbentrop laissé à Hitler « les mains libres à l'Est » – Pologne incluse –, le Quai se prêta volontiers au harcèlement et aux mensonges vaticans. Orsenigo assura à Coulondre, ambassadeur à Berlin aussi apaiseur que Charles-Roux et François-Poncet, avoir vu le 5 mai à Berchtesgaden « le Führer calme et détendu ». La secrétairerie d'État appuya sur la chanterelle pour Charles-Roux : Hitler était « beaucoup plus calme qu'on ne l'avait prévu », il souhaitait d'un règlement diplomatique franco-italien et « pouvait attendre, même longtemps », sur la Pologne, lui dit Tardini, le 9 ; ses « déclarations » sont aussi « satisfaisantes » que celles de Mussolini, renchérit Maglione le 12. Charles-Roux avait prié le Quai, la veille, « d'orienter nos journaux dans [l]e sens [des] méthodes de négociation et de délibérations » prescrites par le pape. La presse française « gleichshaltée » (aplatie devant le Reich) – Marcel Déat en tête, depuis le 4 mai, avec son illustre « mourir pour Dantzig » – suivit la consigne. Mais, malgré le bon vouloir de Beck, égal à celui de Bonnet, le gouvernement polonais déclina cette « inopportune » conférence à cinq qui, « mal préparée, pourrait faire plus de mal que de bien » : il « estim[ait] difficile que [...] la Pologne [fût] appelée à se prononcer sur les questions franco-italiennes et l'Italie sur le différend polono-allemand ». « Il accept[a] les bons offices du Saint-Siège entre l'Allemagne et lui », mais ne put officiellement lâcher son bien. « Le second Munich » (dont Berlin n'avait plus besoin) échoua vers la mi-mai[45].

---

45. Tél. Saint-Quentin n° 684, Washington, 17 avril, Charles-Roux, lettre n° 185, 18, tél. n° 380-382, 10 mai, *Saint-Siège*, 39, Bullitt n° 897, 28 avril, *FRUS*, 1939, I, p. 179-182, Osborne, 4, 7, Halifax, 6, 9, 5, *DBFP*, V, p. 411, 453-454, 458, 481-482, 435-436, Charles-Roux n° 378, 10, Bonnet n° 947-951, 13, Charles-Roux n° 372-374, 9, n° 393-397, 12, n° 368, 6, n°386 et 387-389, 11, *Saint-Siège*, 39, Phipps, 4, 10, Kennard, 9, conversation, 20, *DBFP*, V, p. 414, 505, 475-476, 608-611, n° 1253-4 de Coulondre, 8, *SDN*, 2190, Noël n° 794-796, 13, Charles-Roux n° 406-407, 15, et n° 387-389, 11 mai 1939, *Saint-Siège*, 39. Jusqu'à septembre 1939, Lacroix-Riz A., *Choix*, chap. 10, *Munich*, chap. 1 et 5, *Gleichshaltung* (Alexander Werth), index.

Pie XII reprit aussitôt sa formule de 1919 des « moyens politiques » en cas d'échec « diplomatique ». « Le Saint-Siège pacificateur dans les divergences concernant Dantzig » mobilisa, selon Guido Aureli, les « congrégations religieuses » qu'il avait mises en ordre de marche en février 1939 : surtout les salésiens de don Bosco, l'ordre de Hlond, « qui ont une puissance et une influence suffisantes pour amener les catholiques à seconder le vœu du Saint-Père » et ont été chargés « de remplir son programme pour tout ce qui concerne la Pologne » : Hlond seconderait le prochain essai d'« arrangement pacifique ». Pie XII unit donc le miel de l'appel public à « une solution amicale des questions menaçant la paix » (Osborne) à la poigne au service de l'Axe. Le 2 juin, il réclama « une paix stable sauvegardant la liberté et l'honneur des nations » et au triomphe d'« un esprit nouveau [...] parmi les hommes et les Nations » : l'appel relança la rumeur, fondée, d'« une nouvelle initiative » de « conférence à cinq » ayant pour « but principal [...] d'empêcher l'aboutissement des négociations anglo-soviétiques ». Tâche enfantine, vu les intentions franco-anglaises à l'égard des Soviets.

L'offre fournit surtout prétexte à pression écrasante sur les Polonais. À la mi-mai, Maglione, qui affichait « une vive satisfaction des dispositions pacifiques de MM. Hitler et Mussolini [...et] un certain dépit » du veto polonais, et Ledochowski harcelèrent Janikowski. Début juin, on ne parla que du « projet de compromis touchant Dantzig et le couloir [que] le Vatican aurait soumis à l'Allemagne et à la Pologne ». Pie XII chargea le nonce Cortesi de « recommander à [celle-ci] de la prudence et de la modération ». Il dicta aux « évêques polonais », avoua Hlond à un interlocuteur fin juin, « une lettre pastorale [...] conçue en termes nettement pacifiques », que les intéressés durent, vu son audace, « renonc[er] à publier [...] à la demande du gouvernement de Varsovie ». Cortesi fit aussi la leçon au président de la République [Ignacy Moscicki] et, « deux fois, à M. Beck, avant son départ » pour Rome où il arriva le 19 juin. De retour à Varsovie, il convoqua « à la nonciature [...] le directeur du journal catholique *Many Dziennik* » pour lui « reproch[er] de mener une politique trop nationale et, en particulier, d'avoir organisé dans son journal une souscription pour la défense nationale. » Hlond avait déjà exigé de lui qu'il « atténu[ât] sa campagne antiallemande et consacr[ât] plus de place à célébrer les bienfaits de la paix ».

« Le Vatican tenterait d'amener le gouvernement polonais à se montrer moins intransigeant sur la question du couloir et surtout de lui faire accepter le *principe* du retour *ultérieur* de Dantzig à l'Allemagne », écrivit Rivière le 23 juin. Percy Loraine, ambassadeur anglais à Rome, abdiqua le conditionnel le 7 juillet sur « les propositions concrètes » du Vatican : « la Pologne devrait admettre non seulement que Dantzig était une ville allemande mais aussi qu'elle devrait revenir au Reich, et dans ce cas Herr Hitler accepterait de différer la prise de possession de Dantzig par le Reich de six ou même de douze mois pour permettre à l'Allemagne et à la Pologne de parvenir à un accord amiable sur les voies et moyens de l'opération [...L]e Vatican avait déjà commencé des négociations avec l'Allemagne sur le statut de l'Église dans le Reich. »[46]

Paris et « la diplomatie britannique » laissèrent Pie XII entretenir la fiction d'une « conférence » qui avait l'avantage d'exclure l'URSS : à la mi-août, il fut, en pleine farce tripartite de Moscou, encore question d'offre vaticane de second Munich *stricto sensu*, « une conférence à quatre, sans la Pologne, pour chercher une base à la solution de la question de Dantzig ». Fin juillet, le nouvel ambassadeur polonais, Casimir Papée, remit ses lettres de créance à Pie XII, qui lui « parl[a] de "la paix basée sur la justice, l'honneur et la liberté des nations" [...et] déplor[a] "la primauté imméritée et finalement destructive de la force physique sur l'idéal sacré du droit" ». Propos anti-allemand selon Charles-Roux, ce galimatias attaquait Versailles et Varsovie, sans répit accusée de provocation, il l'admit à la mi-septembre : « dès avant l'explosion des hostilités et depuis, le pape a été sérieusement entrepris par des Allemands et sans doute aussi par des Italiens, pour charger la Pologne et disculper l'Allemagne ». Le 30 août, Maglione convoqua Osborne pour lui lire un prétendu câble à Cortesi : « si Herr Hitler est assuré du retour de Dantzig au Reich il sera prêt à négocier sur les questions du corridor, des minorités et des facilités économiques pour la Pologne à Dantzig. [Cortesi] a reçu pour instruction de signaler immédiatement les éléments ci-dessus à l'attention personnelle du président de la Pologne et de l'informer que le pape lui recommande d'accorder la considération la plus approfondie à cette information. »[47] Hitler montra le surlendemain sa disposition « à négocier ».

46. Information, 2 mars 1919, *Allemagne*, 370, lettre de Charles-Roux n° 178, 16, *Saint-Siège*, 39, Osborne, 7 mai, *DBFP*, V, p. 458, discours, 2, tél. Corbin n° 1708, n° 1715, 5 juin, Charles-Roux n° 423, 17 mai, Rivière n° 484-486, 9, n° 497-498, 21, n° 503, 22, n° 505-506, 23 juin (souligné dans le texte), *Saint-Siège*, 39, n° 975-976 de Gauquié, Varsovie, 1er juillet, *SDN*, 2177, et Loraine, 7 juillet 1939, *DBFP*, VI, p. 293-294.
47. Tél. Charles-Roux n° 526, 5, n° 527, 6 juillet, n° 615, 16 août, n° 588, 28 juillet, *Saint-Siège*, 39 (et juillet-août), n° 767, 16 septembre, *Saint-Siège*, 40, et Osborne, 30 août 1939, *DBFP*, VII, p. 403-404 ; farce, Carley M., *1939*, *passim* ; Lacroix-Riz A., *Choix*, p. 495-504, *Munich*, p.159-168.

TROISIÈME PARTIE

De la guerre à la guerre froide

CHAPITRE 10

Le Vatican dans la Deuxième Guerre mondiale

Tout semble depuis des décennies avoir été dit sur le rôle du Vatican pendant la Deuxième Guerre mondiale. Par les détracteurs de Pie XII, dont la moisson d'archives marqua les années 1960, prolongeant les débats soulevés par la représentation du *Vicaire* de Rolf Hochhuth. Puis par ses avocats, souvent plus prudents à l'étranger qu'en France où le distinguo est ténu entre l'hagiographie et l'ouvrage historique imputant ses « silences » sur les victimes du nazisme à un « drame intérieur d'une très rare acuité » et unifiant les politiques hitlérienne et stalinienne « totalitaires ». Les *Actes et Documents du Saint-Siège* posent la question des écrits officiels vaticans, d'usage réel nul, et celle de la destruction volontaire en 1945 des fonds de l'ambassade d'Allemagne au Vatican et de la Curie même[1]. Les archives françaises et étrangères, source de travaux majeurs dans la décennie 2000, décrivent un pape bavard et hyperactif appliquant une stratégie immuable.

1. Friedländer S., *Pie XII*, Nobécourt J., *« Le Vicaire »*, Lewy G., *Catholic*, Falconi C., *Silence* ; Zahn G., *German*, anticipa le courant ; 2° *op.* de Papeleux L., Rhodes A., *Vatican* ; 3° hagiographie, Chelini J., *L'Église*, tourmentée, Montclos De X., *Les chrétiens*, p. 278 et 34, *op. cit.* de Phayer M., etc. Sur les fonds, *supra*, p. 334-335.

I. Le Vatican et l'Axe en 1939-1940 : présomption de la victoire allemande et préparation de l'avenir anglo-saxon

Pie XII et la guerre-éclair

Les méthodes de 1914

En septembre 1939, la manœuvre Marchetti de 1915 fut renouvelée avec un an d'avance, sous la forme d'« un office de recherches, informations et secours aux prisonniers de guerre sur le modèle » de celui de la Première Guerre : elle « rappel[a] "les multiples initiatives" charitables » de Benoît XV. Ces services de renseignements de l'Axe motivèrent diverses opérations, tels la mise au service direct de l'occupant d'une partie au moins du clergé et l'envoi de « ressortissants allemands », sous couvert de « fonctions épiscopales » ou autres. Dès l'attaque contre la Pologne, Paris et Londres rappelèrent « le rôle des missionnaires allemands contre les Alliés » dans la guerre précédente : la secrétairerie d'État voulait expédier sur des navires neutres, surtout vers l'Amérique, des « religieux »-espions comme Clemens Geiger, « missionnaire du Précieux Sang », administrateur apostolique (depuis juillet 1935) à Xingu au Brésil (diocèse de Belem) d'« une de ces colonies allemandes, compactes, qui [...] se comport[aient], sous la direction d'un "Führer" des Allemands, comme un État dans l'État ».

Les Anglais annoncèrent en novembre 1939 qu'ils limiteraient leur effectif « au strict minimum » et exigeraient de leurs supérieurs une garantie de non-« activité politique » contresignée de la secrétairerie d'État. Les Français laissèrent faire, démontrant leur « faiblesse [devant] la multiplicité et la souplesse des méthodes national-socialistes en matière de propagande à l'étranger » (aveu de l'amiral Darlan, un orfèvre, en février 1940). La Curie enrôla comme en 1914 les souverains complaisants : début novembre 1939, « l'initiative pacifique du roi des Belges et de la reine de Hollande » valut à Léopold III un télégramme de félicitations de Pie XII. Moins d'un mois plus tard, un appel à la trêve de Noël, rappelant celui de 1914 contre les Russes, fut lancé « dans le bulletin d'informations [du] prélat-journaliste [...] Pucci, [...] entièrement dans les mains du gouvernement fasciste et qui a[vait] des sympathies allemandes » : il avait pour origine l'épiscopat allemand, des clercs familiers, Kaas et Leiber, et « des exhortations italiennes ».

Le programme de « paix » présenté par Pacelli de l'automne à Noël 1939 recouvrit d'évangélisme sa haine anti-russe et anti-française contre « le "diktat" de Versailles [...] imposé [...] au mépris des Quatorze Points ».

Son encyclique *Summi Pontificatus* du 27 octobre, « contre le nationalisme outrancier » et les traités inapplicables, annonça le discours de Noël mettant Versailles en pièces : 1° la paix ne sera établie que par « l'égalité des droits » et 2° par « un désarmement réciproque et progressif » ; il faudra 3° pour reconstruire les « institutions internationales [...] tenir compte des lacunes et des imperfections révélées par l'expérience du passé, notamment pour organiser la révision et la retouche des traités » ; 4° « prendre en considération les vrais besoins et les justes requêtes des nations et des peuples ainsi que des minorités ethniques, car si ces besoins et requêtes ne suffisent pas toujours à fonder un droit strict, quand sont en vigueur des traités reconnus et d'autres titres juridiques qui s'y opposent, ils méritent un bienveillant examen pour en tenir compte d'une manière pacifique. Une fois établi un vrai équilibre entre les nations et [...] reconstituées les bases d'une mutuelle confiance beaucoup d'incitations à la violence s'éloigneraient » ; 5° les peuples et leurs dirigeants doivent montrer leur « sens de la responsabilité ». Pie XII ne se contente plus, explosa Canet, de la « paix blanche » prônée par le trio Benoît XV-Gasparri-Pacelli en août 1914, il veut « refaire la carte du monde aux dépens de la France et de l'Angleterre, au profit de l'Allemagne »[2].

L'est de l'Europe depuis l'automne 1939

Le cas de figure polonais

- Pie XII en septembre-octobre 1939

Comme Pacelli à la veille de la conférence de Munich, Maglione osa un « étonnant départ en vacances le jour même où éclatait une grande guerre », prélude à une apparente paralysie de la Curie. Les témoignages « catholiques » sur l'occupation allemande, tel celui de « Mme Papée [...] dans son voyage de Varsovie à la frontière roumaine », affluèrent cependant immédiatement. Pie XII repoussa ceux, fort précis, des religieuses polonaises du comité des secours de Nazareth sur les « actes de barbarie commise en Pologne par les Allemands contre les populations civiles ». Il leur « demand[a] "mais les preuves, les preuves, où sont-elles" ? » Celles-ci étant irrécusables, « il s'est alors pris la tête et n'a plus rien dit ». Il esquiva aussi par l'argument que « la Pologne avait malheureusement attiré sur elle l'attaque allemande par certains excès commis contre des peuplements germaniques ». Mais le

2. Lettre de Charles-Roux n° 352, 27 septembre, *Saint-Siège*, 40, tél. Rivière n° 961-962, 18 novembre, note Canet et lettre de Rivière n° 446, 20 novembre 1939, lettres du MAE, 27, de Darlan, 21 février 1940, *Canet*, 40, tél. Rivière n° 953, 13 novembre, Daladier n° 3146, 7, Charles-Roux n° 1015, 17 décembre, n° 912-913, 27 octobre, n° 1039, 24 décembre, *Saint-Siège*, 40, notes Canet, 29 décembre 1939, 18 janvier 1940, *Canet*, 32 et 40.

monde en retentit à tel point que Montini admit début décembre que « le pape [était] pleinement instruit des atrocités que les Allemands commett[ai]ent dans la partie de la Pologne occupée par eux [...et sav]ait l'affreuse misère [des] Polonais ». Pie XII avoua d'ailleurs à Charles-Roux « sav[oir] à quoi s'en tenir sur la manière dont les Allemands se conduisaient en Pologne : exécutions sommaires, transferts de populations, etc., etc. Il en était vivement affecté »[3].

À la mi-septembre, avec la complicité de Bruxelles, adepte d'« une paix stable », il s'engagea dans « des tentatives de pacification ». Hlond, qui s'était empressé de fuir son pays, fut donc fort mal accueilli à Rome où il arriva le 18 septembre. Il horripila le « Saint-Père [...en lui] fourni[ssant...] des renseignements sur les actes de cruauté dont il avait été témoin pendant son voyage à travers la Pologne » et en chiffrant à « une centaine de milliers de victimes » les civils bombardés. Sous couvert de le blâmer pour « avoir quitté son diocèse envahi » (plaisant grief du fuyard de 1919), Pacelli et son « parti allemand » rejetèrent ce symbole officiel de polonisme. Furieux, Tardini « rajeuni[t Charles-Roux] de vingt ans et [lui fit] revivre le temps où le cardinal Mercier, quittant la Belgique occupée, faisait à Rome des apparitions pathétiques, qui le faisaient vite juger importun ».

Hlond fut une seule fois – le 28 septembre – « autorisé à parler [...] par la radio du Vatican, à la nation polonaise en polonais » : son texte, résumé le 29 par l'*Osservatore*, exalta la Pologne qui n'a *« point succombé »*, son « armée incomparable » et sa « capitale héroïque », sans désigner ses agresseurs. Il ne visait que les Soviétiques (entrés en Galicie orientale le 17 septembre) : « Méfiez-vous des mécréants et de la propagande qu'ils font [...] Reconstruisez les églises détruites. Ne vous éloignez point de vos évêques et de vos prêtres [...] Respectez la propriété d'autrui en vous gardant d'empiéter sur le territoire de votre voisin. » Les plaintes de Hlond sur la Pologne *catholique* – il ne dit mot des misères des juifs -, furent ensuite privées de publicité. Elles n'émurent personne, surtout pas Marmaggi (qui fit semblant de l'écouter) ni Marchetti, qu'il vit « personnellement », comme « divers cardinaux italiens ». Elles exaspérèrent Pie XII par leur portée anti-allemande implicite. Traité en paria, l'archevêque de Poznan remercia à la mi-octobre 1939 Hinsley d'« avoir présidé à Londres une cérémonie religieuse en faveur de la Pologne ». Il avait, début octobre, décidé « après quelque hésitation » de rester à Rome « un certain temps ».

Mais il exaspérait trop Pie XII et les Allemands, qui obtinrent « au printemps de 1940 » son départ pour la France. Il y servit fort bien le Vatican et le Reich : le prétendu « réfugié de Pologne », raconta en 1946 Helmut Knochen,

---

3. Tél. Charles-Roux n° 830, 2 octobre, n° 767, 16 septembre, n° 845, 8 octobre, n° 982, 1er, n° 986, 4 décembre 1939, *Saint-Siège*, 40, depuis septembre-octobre 1939, ce vol., *Canet*, 40 et *Pologne*, 329, Papeleux L., *Silences*, 3e partie, et Falconi C., *Silence*, 1re et 2e parties.

chef (unique jusqu'à l'arrivée de Karl Oberg en mai 1942) de la Gestapo à Paris, « remettait des renseignements très intéressants [à deux agents de sa section VI], sur la situation politique en Pologne et sur l'état d'esprit des Polonais vis-à-vis des Russes »[4].

Paris espéra le 17 septembre, date d'entrée de l'Armée rouge dans la zone que lui avaient octroyée les accords secrets annexés au pacte germano-soviétique du 23 août, « que l'intervention de l'URSS déterminerait le Saint-Siège à réagir publiquement ». On tira sur la ficelle, de Daladier à Charles-Roux et à Tisserant, qui se lamenta sur le « véritable désastre pour l'Église orientale » de la présence soviétique « en Ukraine occidentale et en Russie blanche » plaçant « au moins trois millions de catholiques sous le joug bolchevique » : le premier pria le second de persuader Pie XII, via le troisième, de briser son « silence en présence de l'action soviétique », puisqu'il pourrait parler « sans mettre l'Allemagne directement en cause ».

Le dévouement de Pacelli au Reich le lui interdit. Son discours sur la Pologne, le 30 septembre, s'ouvrit sur la remarque, au « sens évident » et « humiliant », que « personne ne saurait s'étonner » qu'il consolât les Polonais : c'était, traduisit Tisserant, « s'excuser en quelque sorte, aux yeux des Allemands, de recevoir les Polonais et de leur parler ». Pie XII, ne songeant qu'à étouffer toute résistance au Reich, « exhort[a] les Polonais à l'acceptation chrétienne du sacrifice » et au pardon des offenses, sans même « mentionne[r] la présence de l'ambassadeur de Pologne à l'audience [ni] celle du cardinal primat [Hlond] et des prêtres » : « vous êtes venus, non pour formuler des revendications, ni pour exhaler des lamentations bruyantes, mais pour Nous demander [...] une parole de consolation et de réconfort dans la souffrance. » Paris ne lui arracha donc pas un mot sur les « millions de catholiques [...] qui venaient de passer sous le joug soviétique » ou les « persécutions soviétiques contre les catholiques de Russie blanche, d'Ukraine polonaise »[5].

Maglione en vacances, la Curie usa en septembre à l'appui de son silence de ruses diverses et familières : il faut « laisser parler les faits », la « neutralité » s'impose, « il y a maintenant 40 millions de catholiques dans le Reich et [...] le Saint-Siège ne pouvait pas les exposer à des représailles », etc. Le

---

4. Tél. Charles-Roux n° 757, 15 septembre, *Saint-Siège*, 40, n° 762, 16, n° 793, 22 septembre, *Pologne*, 329, n° 764-746, lettre n° 333, 18, tél. n° 816, n° 817, 29 septembre 1939, *Saint-Siège*, 40, lettres n° 361, 2 octobre (et Stehle H., *Eastern*, p. 196), n° 344, 25 septembre, *Pologne*, 329 ; tél. n° 847, lettre n° 378, 9, tél. n° 854, 13, *Saint-Siège*, 40, lettre n° 365, 4 octobre 1939, *Pologne*, 329 ; de Baelen n° 989, Varsovie, 22 octobre 1948, *Pologne 1944*, 54, audition de Knochen, DST, 24 novembre 1946, AN, F 7, 15337.
5. Tél. Charles-Roux n° 788, n° 786, 20 septembre, *Saint-Siège*, 40 et *Pologne*, 329, Daladier n° 192, 29, Charles-Roux n° 820-822, 30, *Saint-Siège*, 40, n° 819, 30 septembre, n° 848, 9, *Pologne*, 329, n° 836, 3, et n° 841, 5 octobre 1939, *Saint-Siège*, 40.

5 octobre à Castelgandolfo, Pie XII renoua avec le Pacelli lyrique de 1917-1918, dans un entretien avec Tisserant qui dispenserait de la lecture de tout autre document : « Eh bien », dit-il en accueillant son hôte, « nous allons avoir la paix dans quelques jours. Abasourdi », ce dernier « s'est efforcé d[e lui] faire comprendre [...] l'invraisemblance [d'une] prévision aussi invraisemblable ». Imperturbable, le pape poursuivit : « d'ailleurs, la force, les moyens de l'Allemagne sont si formidables ! J'ai mes renseignements : je reçois du monde en dehors des audiences publiées. Il paraît que les Allemands ont inventé un explosif auquel rien ne peut résister, fer, acier, béton [...] il y a un certain fléchissement en Angleterre, dans l'opinion publique et dans l'attitude du gouvernement britannique ; l'on me rapporte que même certains membres du gouvernement français penchent pour la paix » (ce qui était vrai). Tisserant se dressa « de nouveau [...] contre cette disposition à accepter pour vrai n'importe quel renseignement, pourvu qu'il cadre avec la conviction d'une puissance irrésistible ». Pie XII, dégrisé, retrouva son assiette : « Vous savez de quel côté vont mes sympathies [...] mais on ne peut pas le dire. »

Le surlendemain, Montini, écho des « cercles officiels italiens », confirma à un Français que le Vatican, « pas [...] moins anticommuniste que par le passé », protégeait Berlin : il « avait agi avec prudence et clairvoyance en s'abstenant de condamner des actes sur lesquels France et Angleterre pourraient, un jour ou l'autre, passer l'éponge pour négocier avec l'Allemagne », et il s'entremettrait dans « l'offensive de paix » d'Hitler. Marchetti, « ami personnel » de Pacelli qu'il tutoyait, rajeunit autant en déclarant à Hlond venu l'apitoyer que « la Pologne, n'étant pas de force à se mesurer avec l'Allemagne, avait eu tort de ne pas éviter la lutte avec celle-ci au prix des concessions nécessaires ; que la France et l'Angleterre avaient elles aussi eu tort de soutenir la Pologne et d'entrer en guerre contre le Reich ; enfin que le Reich avait toute chance d'être victorieux ». « Cet état d'esprit, *conclut Charles-Roux*, rappelle beaucoup celui qui a existé au Vatican de 1914 à 1918, au sujet de la Belgique et des puissances occidentales, [...jusqu'à] la fin de l'été 1918. Il n'entrait pas dans l'esprit des collaborateurs du pontife que les Empires centraux pussent être vaincus », et Marchetti, « alors [délégué du] Saint-Siège à Berne, pensait que les Français devaient être privés de raison pour se flatter que l'Alsace pût jamais leur faire retour ».

Fin octobre, *Summi Pontificatus* prévit pour « la Pologne [...] l'heure d'une résurrection en accord avec les principes de la justice et de la vraie paix » : celle projetée en 1917-1918, car la Curie discutait avec Berlin la livraison ecclésiastique du territoire conquis. Cortesi avait le 5 septembre fui Varsovie pour Bucarest, sous prétexte d'« organiser une œuvre de secours en faveur des Polonais réfugiés en Roumanie ». Paris demanda qu'on l'affectât auprès du gouvernement polonais de Sikorski : Maglione invoqua la lourde tâche humanitaire qui avait « bon dos pour retenir Mgr Cortesi à Bucarest » et refusa d'envoyer « au moins un chargé d'affaires du Vatican ». Le 7 octobre, Montini avait avoué à Charles-Roux que « L'Église » fixerait « son attitude [sur] une appréciation "réaliste" de la situation » conformément à son « principe [...] de recommander la soumission aux pouvoirs dûment établis » ; et rappelé « les conseils donnés lors de la Première Guerre mondiale par le Vatican, aux populations belges, d'obéir aux autorités d'occupation ». La Curie se « born[a] à [...] accuser réception » à la mi-octobre de la note officielle l'avisant « de la constitution à Paris du nouveau gouvernement polonais ». Ces fallacieuses « négociations » masquèrent « la reconnaissance de l'état de choses établi par le Reich en Pologne »[6].

• La Pologne ecclésiastique livrée au Reich

Carlo Falconi révèle pour les années de guerre ce que confirment après 1945 les fonds français, source appelant observations valables pour *toute* l'Europe orientale : des archives étatiques et épiscopales d'avant-guerre et de guerre furent alors saisies lors des arrestations de prélats, et publiées avant ou pendant les procès consécutifs ; leur déroulement y ajouta des révélations parfois essentielles. Les diplomates, critiques sur les « méthodes communistes », ne relevèrent ni trucage ni déformation des sources. De ces dossiers similaires, il ressort :

– que le bas-clergé polonais fut souvent traité comme le lot, dévolu à la race des Seigneurs, des sous-hommes et esclaves massacrés, maltraités, expulsés, expropriés, etc., sans que le Vatican s'en émût (le cas des juifs est traité plus loin) ;

– que la « résistance » du haut-clergé relève de la légende, nul prélat n'ayant désobéi à la consigne romaine que les purs et simples « collaborateurs » appliquèrent strictement : Varsovie exhuma ou découvrit (en 1954) entre autres « documents très secrets [...] le texte d'instructions [du...] Saint-Siège à l'épiscopat polonais [...] invita[nt] la hiérarchie à collaborer avec l'occupant ». Les résistants catholiques, disposés à tout pardonner à la hiérarchie, classèrent Mgr Sapieha, « considéré comme le meilleur », dans le groupe des *cinq* évêques qui « évit[ai]ent de se prononcer en public », par opposition à l'ensemble des autres, bavards. Les ordres respectèrent la règle ultramontaine, tels les jésuites de Ledochowski en mission orientale concertée avec leurs confrères « de Berlin [...et] en contact très étroit avec le nonce » Orsenigo ;

6. Lettre de Charles-Roux n° 324, 15 septembre, tél. n° 842, lettre n° 371, 6, tél. n° 843, n° 844, 7, lettre n° 378, 9, tél. n° 914, 27, *Saint-Siège*, 40, n° 849, 9, n° 861, 12, *Saint-Siège*, 45, lettre n° 379, 7, tél. n° 877-878, 18, *Pologne*, 329, et n° 866, 14 octobre 1939, *Saint-Siège*, 40.

– que la Pologne religieuse fut livrée au Reich, comme prévu par les préparatifs du concordat polonais de 1925. La réalité des rapports germano-vaticans (Bergen-Pacelli-Maglione) et les *pratiques* diocésaines dans le Grand Reich réduisent à un justificatif *a posteriori* la « note verbale » du 18 janvier et le rapport d'Orsenigo du 27 juin 1942 en « réponse à la note verbale » de Berlin du... 29 août 1941 invoquant le droit concordataire à nomination exclusive de prélats allemands dans l'*Altreich*. C'est parce qu'Orsenigo fut nommé « nonce secret » pour *toute* la Pologne occupée – *Altreich* : Dantzig-Prusse occidentale, Warthegau (Posnanie), Haute-Silésie et Gouvernement général, autrichien ou russe avant 1918 – que Paris se heurta à un veto en réclamant le maintien de Cortesi auprès du gouvernement polonais en exil (à Angers jusqu'en juin 1940, puis à Londres). La Curie lui conta en décembre 1939 que le Reich, craignant les témoins oculaires, refusait tout « envoyé du Saint-Siège », puis elle invoqua en juillet 1940 son impuissance devant l'interdiction de séjour en Pologne du « nonce à Berlin » : aveu sur sa compétence *de jure* pour la Pologne. De fait, Colli, conseiller à la nonciature à Berlin, fit à Varsovie deux brefs séjours, à la mi-octobre 1939 et en janvier 1940.

La correspondance germano-vaticane publiée après-guerre par les Anglo-Saxons, tardive (vide pour 1940) et clairsemée expose la couverture juridique de juillet 1941 du « droit de contrôle » allemand sur les « nominations aux postes élevés de l'Église » : « l'extension de la zone de validité du concordat du Reich à toute la zone sous souveraineté allemande [...] Concernant les cas individuels la question a été maintes fois discutée de façon informelle avec le nonce » : on a « jusqu'ici [...] négocié » avec lui et « la Curie a maintes fois [rendu] les services » requis, autorisant la tutelle allemande sur les zones annexées. À la mi-mars 1940, après les entretiens Pie XII-Maglione-Ribbentrop des 10 et 11, fut discutée et définitivement établie « l'administration ecclésiastique des territoires occupés en Pologne [ainsi qu'] en Bohême-Moravie » : George La Piana, professeur d'histoire de l'Église à Harvard, data du 19 mars l'accord germano-vatican sur « le financement d'État des institutions paroissiales » et motiva par ses difficultés d'application les sorties de Radio-Vatican « contre "l'idolâtrie allemande" »[7].

La reconnaissance romaine du caractère allemand de l'ex-Pologne entraîna remise des diocèses polonais de l'*Altreich*. Tardini annonça la couleur à Charles-

7. 1941-1942, Falconi C., *Silence*, p. 174-180 et 244-245, tél. Dennery n° 66-67, 12 février 1954, *Pologne 1944*, 138, tél. Charles-Roux n° 997, 9 décembre 1939, *Pologne*, 329, lettre d'Ormesson n° 259, 10 juillet 1940, *Vichy-Europe*, 547, Woermann, 24 juillet 1941, *DGFP*, D, XIII, p. 210-212, Falconi C, p. 120-125, 132,170, 179, 226-232, notes Canet, 16, 29 mars 1940, *Canet*, 32 et 40, revue de presse, 21 janvier 1941, *Vichy-Europe*, 551.

Roux le 20 décembre 1939 en arguant du refus allemand d'« envoyer quelqu'un [du Saint-Siège] sur place » : « l'évêque de Dantzig va nous servir d'intermédiaire auprès de l'Église de Pologne [...;] l'ambassade de Pologne s'est bien à tort, alarmée, comme s'il s'agissait d'une mission diplomatique, alors qu'il ne s'agit de rien de tel. »

L'accord de mars 1940 confia bien à deux prélats allemands ces diocèses transformés en « administrations apostoliques » : Mgr Carl Maria Splett, « évêque hitlérien de Gdansk » (où il avait avant guerre succédé au comte O'Rourke), reçut celui de Chelmno (Kulm), au Nord. Il y prohiba l'usage du polonais dans la vie religieuse, confession incluse (par décret du 25 mai 1940), fit arracher des églises toute inscription en polonais et évinça les prêtres polonais de retour de camp de concentration sauf s'ils se déclaraient *Volksdeutsch* (acceptant la « citoyenneté allemande »). Bertram (déjà servi à Teschen) retrouva avec le diocèse de Kattowitz-Katowice « créé » par le concordat de 1925 tout son fief silésien. Son évêque polonais Stanislas Adamski, ancien héraut de la croisade espagnole, fut du « petit groupe des germanophiles notoires » considérés comme des « traîtres » par la résistance catholique. Il servit aussi docilement l'occupant qu'Orsenigo, « si notoirement hostile à notre pays », dont il invoquait à tout propos l'autorité : sa pastorale du 13 septembre 1939 exigea des fidèles pleine collaboration et son « Erlass » (décret) du 28 mai 1940 prescrivit l'allemand comme langue pastorale. Un troisième Allemand, Hilarius Breitinger, fut nommé « administrateur apostolique [des Allemands] vivant sur les territoires de la Pologne occidentale annexés au Reich ». Cette violation des prérogatives de l'ordinaire, codifiée dans les coulisses du « concordat polonais » (1924), ne pouvait passer pour la « médiation » ou la fonction « provisoire » d'un prélat en poste ailleurs : Breitinger, chef d'une « Église allemande » créée contre l'« Église polonaise [...,] n'avait pas d'autre fonction que celle que lui conférait sa nomination contestée ». L'*Annuaire pontifical*, qui mentionna en 1943 les deux premiers, l'ignora donc.

L'État polonais de Londres, qui joua après 1945 avec Papée la carte de « l'approbation servile », fut plus franc pendant l'Occupation. D'une correspondance lacunaire ressortent ses courriers (de 1942) de « protestation formelle » contre la violation du concordat. Le mutisme de Pie XII sur les atrocités, les cadeaux au Reich, l'appel constant à la résignation – si compromettant que Sapieha ne publia jamais les lettres qu'il en reçut jusqu'en mars 1943 – prouvaient sa « scandaleuse soumission » au Reich. Celle-ci provoqua une crise gravissime. Les élites catholiques mentirent aux masses pour « défendre le Saint-Père contre les attaques ignobles et les calomnies des Allemands », qui se targuaient de son appui total, et « des communistes et des francs-maçons ». Elles ne parvinrent pas à étouffer « de véritables rébellions dans une partie du clergé et du peuple polonais » : « on va jusqu'à quitter l'église lorsque le prêtre commence en chaire à défendre le pape ; une bonne partie des intellectuels adoptent une attitude contraire au Saint-Siège ; on entend même parler de rompre avec Rome et de fonder une Église nationale, etc. Il arrive même que des prêtres élèvent des protestations à l'endroit du Père de la chrétienté. » (début 1941)[8]

La Yougoslavie

Le reste de l'Europe orientale subit depuis septembre 1939 un sort romain plus cruel que jamais. Dans une Yougoslavie abandonnée par la France et livrée depuis 1938 à « l'action italo-allemande », les dirigeants serbes asservis avaient en août 1939 octroyé l'autonomie à la nouvelle « banovine » de Croatie. Cet abandon, puis la victoire-éclair du Reich en Pologne firent redoubler d'audace chefs cléricaux et Curie. Le 14 novembre, Pie XII reçut un pèlerinage croate (venu du 10 au 15) guidé par Stepinac, sept autres prélats (dont Saric) et des chefs politiques croates, délégués de Macek – en l'absence remarquée de l'évêque de Djakovo, Aksamovic. L'affaire fit scandale à Belgrade, mais la presse muselée tut, « et pour cause [...,] les paroles de Pie XII ». Son homologue croate parla pour deux : le pape n'avait fait « aucune mention [...] de l'État yougoslave », avait célébré « notre peuple croate », dit « tout ce que [devait] faire ce peuple » auquel étaient « ouvertes les voies lui assurant la liberté de sa voie nationale » et cautionné « le titre assez inattendu [...] de *dux populi Croatici* » (chef du peuple croate) dont l'adresse remise par les pèlerins gratifiait Macek.

Fin 1939, Stepinac laissa éclater « [s]a fureur antiserbe » mais déguisa, devant Georges Gueyraud, consul de France à Zagreb, son germanisme en italophilie. Postulant l'identité d'intérêts franco-italiens, il affecta, très mal, le « loyalisme yougoslave [...,] la foi en la victoire de nos armes [...et] ne perd[it] pas une occasion d'affirmer sa conviction que l'Italie fasciste se rangera[it] à nos côtés pour combattre l'hydre bolchevique ». Il nia toute allégeance à Berlin, affirmant « ses craintes d'une action allemande dans ces régions [...] et sa ferme décision d'attendre à son poste l'invasion ». Confronté aux questions précises, il les esquiva par des aveux *partiels* : sur « les menaces de désagrégation que les ambitions allemandes et les manœuvres italiennes et hongroises pouvaient faire peser sur la Yougoslavie », il se déclara partisan de « la constitution d'un État croate autonome ou indépendant [...mais] accepter[ait], en cas de nécessité, une autre formule d'association avec la Hongrie ou l'Italie. "Tout, a-t-il dit, plutôt que de vivre avec les Serbes !" ».

---

8. Tél. Charles-Roux n° 1032, 21 décembre 1939, *Pologne*, 329, Falconi C., *Silence*, p. 163-164, tél. Garreau n° 118, Varsovie, 2 février 1946, *Pologne 1944*, 52 (procès Splett) ; lettres de Noël n° 314, 9 juin 1937, *Allemagne*, 696, n° 356, Katowice, 7 novembre 1952, *Pologne 1944*, 135, et Falconi C., p. 125-127, 145-151, 170, 183-223, 242 (1924, chap. 6).

En décembre-janvier 1940, il s'inventa des plans, d'une part, de « confédération danubienne [comprenant] l'Autriche, la Hongrie, la Tchécoslovaquie et peut-être la Pologne et la Yougoslavie [, qui] conserve[rait] ses frontières et sa dynastie » et, d'autre part, d'« États-Unis d'Europe [...] contre la puissance de l'Allemagne ». Demi-mensonge : en chassant le fantôme des Habsbourg on lisait le plan *allemand* de conquête auquel ne manquaient que quelques pièces orientales.

Les chancelleries bruirent en 1940 du plan italien de « démembrement » rattachant la Croatie et la Dalmatie à la Hongrie, soutenu par la Curie « favorable à la création d'un grand État catholique aux frontières de l'Italie ». À l'été, Tardini invoqua le souci « de la poussée soviétique qui se manifest[ait] de plusieurs côtés en Europe [...et] constitu[ait en Yougoslavie] un grave danger pour l'Italie » pour annoncer à Wladimir d'Ormesson « que l'on verrait peut-être, dans un proche avenir, sous la pression des événements, une coalition anti-soviétique se réaliser en Europe ». Dès les tractations germano-italiennes de septembre, Montini mentionna « le vaste "plan [d']ordre nouveau" [à] établir en Europe » fidèle à la tradition née de la guerre d'Éthiopie : l'Italie a accepté de céder Fiume au Reich, qui veut « écarter l'Italie des Balkans et la pousser, contre la France, toujours plus au Sud, vers la Méditerranée et l'Afrique ». Fin mars 1941, Tardini balaya ce mirage italien pour Léon Bérard, ambassadeur de Vichy : la Yougoslavie « finira par traiter avec le Reich aux conditions que celui-ci aura arrêtées »[9].

L'URSS

• Réactions au pacte germano-soviétique

Dans les semaines suivant le pacte germano-soviétique, Berlin ordonna à Pie XII de taire sa fureur, puis la libéra quand l'URSS saisit sur le terrain les gages acquis le 23 août et remaniés le 28 septembre 1939. Cette évolution se refléta entre août et octobre dans « un curieux exemple » de censure. La Curie (bien informée) interdit le 20 août à l'*Osservatore* et, via « le nonce » Valeri, à *La Croix* de publier « en première page un long article de la *Pravda* sur la nécessité d'une propagande religieuse systématique ». Elle leva l'interdit début octobre, où « la Russie soviétique réalisait sans risques des succès effrayants et que ses intérêts contrecarraient désormais ceux de l'Allemagne » (Pie XII à Dard) :

---

9. RGSN, PA 5325/I, Paris, 28 avril 1939, AN, F 7, 14753, Alexander S., *The triple*, p. 55-56 ; lettres de Rivière n° 449, 22 novembre, de Brugère n° 485, 6, n° 501, 13, n° 547 de Charles-Roux, de Gueyraud n° 274, 16 décembre 1939, *Yougoslavie*, 169, et 5 janvier ; n° 9 de Charles-Roux, 8 janvier, *Canet*, 60, tél. Ormesson n° 507, 24 juillet, *Vichy-Europe*, 551, n° 543, 20, n° 545, 24 septembre 1940, *Vichy-Europe*, 559, et Bérard n° 19, 20 mars 1941, *Vichy-Europe*, 551.

le fameux texte parut le 11 dans *La Croix*. Le pape était passé du silence à l'excitation le 17 septembre contre l'« accord » limitant l'expansion du Reich. Berlin le laissa agir d'autant plus librement que l'Armée rouge progressait sans résistance dans des territoires certes largement peuplés de Russes, mais où elle usait d'autres méthodes que les Allemands.
Les juifs polonais y gagnèrent la vie que perdirent ceux de la zone à l'ouest de la ligne de partage de la Pologne : même les riches et les cléricaux, antisoviétiques, préférèrent « le moindre des deux maux », le soviétique – nationalisation, propagande laïque, voire déportations à l'Est – à l'allemand, la liquidation. « Les Russes », par leur comportement « bienveillant envers la religion » - aveu de poids du jésuite de Régis, recteur du *Russicum* –, surprirent tant les « catholiques latins » que les uniates : ils ne touchèrent pas aux « communautés catholiques uniates [,...] couvents de basiliens » inclus et laissèrent « les églises [ouvertes] au culte ». Pie XII « ne contestait même pas [qu'ils] fussent moins inhumains que les Allemands » mais leur avance aisée le mit en transes : il projeta, vers le 20 septembre, un message à Roosevelt « pour que [fût] épargné un nouveau partage de la Pologne [...et] la même démarche auprès de tous les gouvernements, catholiques ou non ».

Il devint plus bavard après le repartage du 28 septembre attribuant la Lituanie à l'influence soviétique – faux abandon par « Hitler [...] de l'œuvre de[s] Chevaliers teutoniques réorganisés par le Saint-Siège le 27 janvier 1929 », auquel Canet ne crut pas. Le 18 octobre, à la remise des lettres de créance du nouveau ministre de Lituanie, il stigmatisa « de nouveaux et incommensurables dangers : lorsque sur la face de l'Europe chrétienne dans tous ses traits fondamentaux s'allonge, chaque jour plus menaçante et plus proche, l'ombre des ennemis de Dieu, en pareilles circonstances, plus qu'à aucune période de son histoire, la préservation, la culture, et au besoin la défense de l'héritage chrétien acquièrent pour les destinées futures de l'Europe et la prospérité de chacun de ses peuples, grand ou petit, une importance décisive » : « le Vatican va intensifier son action anticommuniste », traduisit le ministre de Hongrie au Vatican.

C'est « l'expression publique », confirma Maglione, du « souci que cause au Saint-Siège le danger de la propagation du bolchevisme par suite de l'avance de l'URSS dans la Baltique et vers l'Europe centrale, le Danube et les Balkans ». Dans la dizaine de lignes de *Summi Pontificatus* consacrées à la Pologne (sur 7 pages), Pie XII ne critiqua que le *partage* germano-soviétique en réclamant la révision ou l'abrogation d'« un traité » (lequel ?) aux « clauses [...] injustes, ou irréalisables, ou trop lourdes pour l'une des parties », et invoqua la catholicité de cette « nation bien-aimée ».

• Vers le règlement de comptes

La guerre russo-finlandaise bannit la prétendue « stricte neutralité » vaticane (J. Nobécourt). Le 30 novembre, l'*Osservatore* stigmatisa « l'agression russe contre la Finlande » : « là, plus de ménagements. La Russie "a saisi le premier prétexte venu pour se débarrasser des dernières clauses qui la liaient encore au droit des gens [...L]'actuelle opération militaire soviétique est non seulement une menace à l'indépendance d'un pays mais aussi une menace de nouveaux progrès communistes en Europe". » Pie XII exprima « son indignation [...,] donn[ant à Charles-Roux] l'impression d'être de plus en plus favorable à la France », amabilité exclusivement due au « rêve » qu'affichait Paris d'écraser les Soviets en Finlande. À Noël, il vitupéra « l'agression préméditée contre un petit peuple laborieux et pacifique, exécutée sous le prétexte d'une menace qui n'a jamais existé, qui n'a jamais été conçue et qui était même impossible » : il désignait « la Finlande », donc « la Russie soviétique »[10].

La collecte d'une prose anti-soviétique qui envahit tous les fonds présente moins d'intérêt que les préparatifs communs de l'expansion allemande à l'Est. Le 17 septembre 1939, jour même de l'entrée en Pologne de l'Armée rouge, l'annexe secrète du concordat de 1933 prit tournure territoriale précise : Szepticky organisa en vertu de pouvoirs détenus depuis 1907 l'Église catholique dans « toute l'Union soviétique ». Initiative « sans consultation du pape » d'un prélat aux « idées missionnaires nationalistes-romantiques », ose écrire Stehle, avant de préciser que ce romantique très stratégique répartit les « zones d'occupation soviétiques » (nouveau nom de l'URSS) en quatre secteurs ; et qu'il confia ceux-ci à des « exarques apostoliques » à la carrière confondue avec les plans ukrainiens du Reich, dont Pie XII confirma les pouvoirs canoniques en novembre : l'Ukrainien Mikolai Czarneckyi reçut « le secteur volhynien et podolien de l'Ukraine (avec Lutsk et Kamenets) » ; le RP Clément Szepticky, frère d'André, « la grande Russie et la Sibérie (avec Moscou) ; le jésuite Anton Niemancewycz [...] la Russie blanche ; et enfin la plus importante personnalité, Joseph Slipyj, recteur du séminaire de Lemberg [Lvov], [...] la "grande Ukraine" (avec Kiev) ».

Le 11 mars 1940, Ribbentrop « essaya de persuader le pape », fâché par « la faute impardonnable de Hitler[,...] son accord avec Staline [...,] qu'après avoir réglé ses affaires à l'Ouest, l'Allemagne se retournerait contre les Russes ».

---

10. Stehle H., *Eastern*, p. 198-199, Levin D., *The lesser, passim* ; tél. Bérard n° 90, 21 novembre 1941, *Vichy-Europe*, 551, Charles-Roux n° 986, 4 décembre, n° 795, 22 septembre, tél. n° ?, lettres n° 392, 18, n° 886, 19, *Saint-Siège*, 40, note Canet, ? octobre 1939, *Canet*, 40, *OR*, Nobécourt J., *« Le Vicaire »*, p. 191, Charles-Roux, tél. n° 982, 1er, n° 986, 4, lettre n° 520, 26 décembre 1939, *Saint-Siège*, 40, note Canet, 18 janvier 1940, *Canet*, 40. « Rêve » finlandais et « délire caucasien », Duroselle J. B., *L'Abîme*, chap. III-IV, Lacroix-Riz A. *Choix*, p. 512-519, *Munich*, p. 224-233.

La promesse, reçue avec « satisfaction », se précisa après le voyage à Berlin, le 7 juillet, de Ciano : la Curie ne tarit pas sur *« l'intention [de Hitler] de se retourner, avec toutes ses forces contre l'URSS une fois le compte de la Grande-Bretagne réglé »*. Début septembre, le bruit courut « que [...] l'"Axe" deviendrait ainsi le "bras séculier" du Saint-Siège et que le rapprochement des deux puissances alliées avec la papauté serait étroit ». Après l'entrée de l'Armée rouge, en juin 1940, dans les États baltes, le Vatican proscrivit tout contact avec les nouvelles autorités, ordonna à ses nonces « de demeurer à leur poste jusqu'à l'extrême limite du possible » et maintint sa « qualité officielle » à l'ambassadeur lituanien au Saint-Siège. Radio-Vatican diffusa une propagande antisoviétique en lituanien – « conférences sur le marxisme, le léninisme, anecdotes, etc. » – assez stupide pour être « inutile », voire nuisible, déplora l'évêque suffragant de Kaunas, début 1941. Les uniates, surtout les basiliens, unités de combat, animèrent « la résistance passive contre les Soviets »[11].

La Curie dissuada aussi les États réticents à en découdre avec l'URSS en relançant à l'Est ses assauts d'avant-guerre contre les alliances de revers. « Les rapports tendus » qu'évoque X. de Montclos entre Pie XII et Tiso ne châtièrent pas le fascisme clérical slovaque : au premier trimestre de 1940, la « froideur » du pape, qui ne répondit même pas au télégramme de Nouvel An de Tiso, punit les Slovaques, plus anti-allemands qu'ils n'osaient l'avouer et très anti-magyars, de leurs avances à l'URSS. L'échange de discours de février entre le nouveau ministre soviétique à Bratislava et Tiso, qui célébra « l'Union soviétique amie » et déclara que « l'affinité des deux pays facilitera[it], à tous égards, leur collaboration », et le télégramme du président Kalinine à Tiso, le 14 mars, indignèrent. L'*Italia* de Milan tança le rebelle : « la Slovaquie a, grâce à l'aide germanique, résolu le problème de son indépendance », or, elle demeure « hostile à la Hongrie, et il est regrettable que, de l'héritage de Mgr Hlinka, antisoviétique et antihongrois, Mgr Tiso n'ait conservé que l'opposition au royaume de Saint-Étienne. Le resserrement des liens entre les pays catholiques pourrait, en effet [...], servir de base spirituelle à un travail constructif durable ».

Le boycott céda seulement après que le Vatican eut obtenu « des éclaircissements sur la situation créée par l'envoi d'un représentant slovaque à Moscou et d'un ministre soviétique à Bratislava » : l'*Avvenire* publia le 23 mars le télégramme amical que Pie XII avait enfin adressé à Tiso « en saisissant l'occasion de l'anniversaire de la prétendue indépendance de cet État ».

11. Stehle H., *Eastern*, p. 197-200, La Piana, *The Nation*, 30 novembre, *Vichy-Europe*, 551, tél. Ormesson n° 502 (souligné dans le texte), 17 juillet, n° 535, 12 septembre, *Vichy-Europe*, 559, d'Ormesson, tél. n° 507, 24 juillet, lettre n° 310, 23 août, tél. n° 560, 15 octobre 1940, *Vichy-Europe*, 551, 546 et 550, Stehle H., p. 216, note 223500, 27 décembre 1948, *Tchécoslovaquie 1944*, vol. 47.

On imagine, vu le bilan final, « le genre de garantie que ce prélat, si marqué par les compromissions, a pu [lui] fournir » : le 23 novembre 1940, Pie XII triompha avec l'adhésion de la « République slovaque » au pacte tripartite (du 27 septembre) qui acheva, après les accords de juillet, d'ériger Tiso et son État-croupion en satellites du Reich.

Le cas de la Roumanie éclaire la conception pacellienne du respect des traités et la division du travail entre la Curie et son « bras séculier ». Mussolini « imposa silence » à l'*Osservatore* pendant les « trois semaines » suivant l'entrée de l'Armée rouge dans les Pays baltes, vers la mi-juin 1940 – complétée, le 26, par l'annexion de territoires roumains, Bessarabie récupérée et Bukovine du Nord saisie, qu'Hitler avait ordonné au « roi Carol [...] de céder sans discussion [...], ces provinces devant être rendues à la Roumanie à bref délai, après la défaite des Russes ». Le journal fut autorisé à « formul[er le 2 juillet] des réserves sur le coup de force de Moscou » pour expliquer que les territoires saisis étaient roumains et non russes. La Curie attendait la saisie allemande, et Maglione, Montini et Tardini bavardèrent vite sur l'ordre du jour, pas seulement russe, du voyage du 7 juillet de Ciano à Berlin : sur « l'avenir de la Transylvanie » y fut décidé « un condominium [,...] sous la protection allemande », de la Hongrie qui, impatiente de « prendre sa part du gâteau roumain », recevrait le Nord-Est, et de la Roumanie, qui « conserv[erait] le reste ». Bucarest doutait de la promesse allemande de juin *« que les sacrifices qu'elle était obligée de faire n'étaient que provisoires »* : elle fut fixée quand la Hongrie saisit le 29 août, sur « l'arbitrage de Venise » de Ciano et Ribbentrop, la majorité de la Transylvanie, une semaine après que la Bulgarie, autre satellite du Reich, lui eut arraché l'abandon de la Dobroudja méridionale. Ulcérée de « toutes les pressions faites sur elle par l'Axe en faveur de la Bulgarie et de la Hongrie », elle risquait de « chercher un point d'appui sur l'URSS » contre ceux qui lorgnaient « son pétrole ».

On l'en « empêcher[ait] » avec l'aide du Vatican, qui fut associé aux négociations germano-italiennes de septembre 1940 lors du nouveau voyage, le 19, de Ribbentrop à Rome. Tardini accabla en octobre la Roumanie « victime de sa lâcheté », et assura à d'Ormesson l'avoir incitée à défendre contre le Reich son « pétrole [qui] sera[it] au centre de la lutte ». Mensonge que Pie XII démentit le 15 novembre, à la remise des lettres de créance du nouveau ministre roumain puis à la réception, le 16, d'Ion Antonescu : il loua Bucarest d'avoir donné « la preuve irréfutable de son attachement profond à la cause de la paix, [de son...] respect de la religion, [de s]a fidèle exécution des engagements contractés [...] en préférant "céder une partie de son territoire et de sa population, plutôt que de troubler la paix" ». Antonescu, à la tête depuis le 4 septembre d'un État-moignon, vanté du Vatican pour son

« patriotisme », montra son sens du sacrifice et de « la paix » en signant une semaine après ces éloges le Pacte tripartite[12].

Pressions sur le front occidental

Pie XII à l'heure de la victoire de l'Axe à l'Ouest

Le soutien à l'Axe s'afficha à peine moins à l'Ouest. Pie XII ne fit « aucun commentaire » sur l'invasion, le 9 avril 1940, de la Norvège et Danemark, silence que l'*Osservatore* commenta : « il n'y a que 2 000 catholiques en Norvège ; dès lors, bien qu'il juge sévèrement l'aspect moral, du point de vue pratique, le Saint-Siège doit penser aux trente millions de catholiques allemands. » La guerre y a été déclenchée à « l'initiative de la France et de l'Angleterre » mais le Reich a répliqué à « ce coup par une riposte immédiate » et mené magnifique campagne, commenta la brutale *Civiltà Cattolica*.

Charles-Roux n'avait pu obtenir depuis septembre 1939 un mot ou un geste en faveur des assaillis, mais le 10 mai, jour de l'attaque contre l'Ouest, Pie XII concéda « les fameux télégrammes » aux souverains des trois dernières nations (catholiques) envahies, Belgique, Luxembourg et Pays-Bas, publiés le 11 par l'*Osservatore*. Non grâce « à l'autorité que M. Charles-Roux possédait au Saint-Siège » (thèse soutenue en octobre par Wladimir d'Ormesson, son successeur), mais pour se couvrir à l'égard des Anglo-Saxons et « éviter la faute commise en 1914 par son prédécesseur qui, croyant à une victoire rapide des Allemands, s'était abstenu de toute déclaration publique ».

Il confirma le 12 mai 1940 à l'ambassadeur italien Dino Alfieri (successeur de Pignatti le 7 décembre 1939) avoir, « avec le plus grand soin, évité tout terme politique comme par exemple "invasion" » : Bergen trouva fort congrus ses messages exprimant la simple « tristesse », sans « aucun mot de protestation ». L'affaire offrit pourtant à l'Axe, via Farinacci, « l'homme d'Hitler au sein du fascisme », prétexte à tester son hégémonie. Ce « minimum [...] exaspér[a] les autorités italiennes », qui obtinrent le 16 mai, après avoir fait hurler « À bas le pape » aux fascistes lancés « dans les rues de Rome », que Pie XII donnât « à l'*Osservatore Romano* la consigne du silence ». Dès mai 1940, le pouvoir mena campagne, intensifiée au fil des triomphes allemands, pour évincer Dalla Torre, jugé trop anglo-saxon, liquider son journal et bâillonner Radio-Vatican, source tournée vers ce camp. Si « pression, et

12. Montclos De X., *Les chrétiens*, p. 143, *Le Temps*, 15 janvier, lettres de Rivière n° 99, 22 février, de Charles-Roux n° 151, 23 mars, *Canet*, 58, Ormesson, lettre n° 252, 2, *Vichy-Europe*, 548, tél. n° 502, 17 (souligné dans le texte), n° 509, 30 juillet, n° 518, 16 août, n° 543, 20 septembre, n° 559, 16 octobre, Rivière, tél. n° 387, 15 novembre (et *OR*) (et depuis juillet), *ibid.*, 559, lettre n° 390,19 novembre 1940, *ibid.*, 551. Contexte, juin-novembre, Duroselle J.-B., *Histoire*, p. 282-284, et *Dictionnaire*, 2, p. 1618.

même [...] intimidation » il y eut, elles n'eurent pas à s'exercer contre les Pacelli : Pie XII haïssait le journal autant que son directeur et « les membres de sa famille » clamèrent à l'été 1940 « que le comte Dalla Torre devrait être mis au plus tôt à la retraite parce qu'il "avait misé sur le mauvais tableau" et qu'il s'était "toujours trompé" »[13].

Le cas français

• Le Vatican et l'Italie

Pie XII « est en somme le complice plus ou moins conscient du gouvernement italien pour nous amener à une paix prématurée », avait conclu Dard de leur entretien de la mi-octobre 1939. Depuis septembre, Valeri participait en effet aux tractations quotidiennes, où l'Italie et l'Espagne jouaient un rôle éminent, menées par les synarcho-cagoulards français qui escomptaient de la « paix » avec l'Axe la chute de la République. Pour aider l'Italie, qui rêvait de tirer d'un Reich vainqueur les dépouilles maximales aux frontières du Sud-Est et en Afrique du Nord, Pie XII ranima par « des instructions confidentielles à l'épiscopat français [...] l'offensive [cléricale] du Saint-Siège », ininterrompue jusqu'à la Défaite.

Son « premier acte public » fut l'article de Fontenelle, paru dans *La Croix* du 19 janvier 1940 (« Le péché, malheur des nations ») contre le divorce, la laïcité et pour « le retour des congrégations au droit commun » au nom de « la liberté de la personne humaine ». Ce chargé des basses besognes ouvre, protesta Canet, « le débat dans la presse » sur les trois demandes de mars 1939 du pape à Champetier de Ribes, « et cela au moment même où M. Mussolini commence à faire sonner ses éperons ». Charles-Roux, confirma-t-il en février, a « sagement feint de croire [à] l'initiative » de Fontenelle, mais « ce prélat a agi par ordre » au service d'une « campagne [...] pas seulement vaticane, mais plus généralement italienne » : « le même thème » est repris dans le *Popolo* du 1er février, « et comme il arrive toujours en pareille matière, les exigences vont croissant ».

« Cette campagne » en constant « développement », menée en compagnie des ultras (lettre de Pie XII à Suhard, déclarations de Mgr Maurice Feltin, archevêque de Bordeaux, dans *La Croix* du 24 janvier, etc.), violait par « sa critique de la législation française [...] la condition de la reprise des relations diplomatiques qu'aucune modification ne serait apportée aux lois françaises en matière ecclésiastique ». Canet insista le 3 avril, après un discours de Pie XII attestant l'inféodation croissante de « la politique pontificale [...] à

13. Note Canet, 9 mai 1940, *Canet*, 32, Ormesson, rapport de mission, 28 octobre, *Alger*, 1373, La Piana, *The Nation*, 30 novembre 1940, *Vichy-Europe*, 551, Friedländer S., *Pie XII*, p. 57-61, Duclos P., *Le Vatican*, p. 59-61, et Papeleux L., *Silences*, p. 47-56, Charles-Roux, tél. n° 990, 7 décembre 1939, *Saint-Siège*, 40, Ormesson, lettre n° 346, 26 septembre, tél. n° 497, 9 juillet, lettre n° 320, 31 août 1940, *Vichy-Europe*, 461, 559 et 548.

la politique mussolinienne » et l'annonce par Fontenelle, « dans *La Croix*, [d'] un nouveau cahier de revendications ». Puis, le 14 mai : « l'accord dont rêve M. Charles-Roux, après M. Champetier de Ribes, apparaîtrait aux yeux du Saint-Siège comme une nouvelle preuve de faiblesse » – à l'ordre du jour, comme va le montrer le dossier allemand.

Le 3 juin 1940, alors que l'Italie piaffait de se jeter sur la France vaincue, le *New York Times* définit l'« appel personnel [du pape] à Mussolini pour le prier de maintenir l'Italie hors de la guerre [...comme] une fiction du genre de la lettre mythique que Pie X est supposé avoir écrite à l'empereur d'Autriche en 1914 ». Il brocarda aussi, le 12, deux jours après la déclaration de guerre italienne à Paris et Londres, sa « déclaration assez surprenante » à la presse : « l'attitude et la responsabilité du Vatican sont entièrement distinctes de celles du clergé italien. »

L'épiscopat rédigeait alors « des lettres pastorales patriotiques » glorifiant Dieu, la Patrie et le drapeau italien qui flotterait « sur le tombeau de Saint-Pierre » et prêchant « l'obéissance à l'État en temps de guerre [...,] ordonnée par Dieu comme un devoir religieux ». Gemelli exaltait le credo fasciste : « Obéissons au Duce. Aux yeux de Dieu il n'y a rien de plus noble en temps de guerre que le sacrifice. » Le président de la Jeunesse catholique louait « la glorieuse tradition martiale de notre jeunesse qui a donné ses preuves dans le passé, et va recommencer à le faire ». Schuster visitait les casernes, « assurant les soldats que "Dieu était avec eux" et leur distribuant des médailles bénies "pour porter chance aux armées italiennes" ». La *Civiltà* « pressait ces mêmes soldats "de verser leur sang pour leur cause bénie par la religion" », etc.

Après avoir en juin prescrit à ses délégués de renouer avec la ferveur abyssine, Pie XII célébra début septembre 1940 le régime qui comblait d'honneurs les Pacelli (en décembre 1941, ses neveux, fils de son frère Francesco, recevraient « du roi, sur proposition du Duce, le titre de prince »). Il exigea des chefs de l'AC italienne « le respect et l'obéissance consciencieuse aux autorités civiles et à leurs légitimes prescriptions », ce qui « légitim[e notre] guerre », exultèrent « les journaux fascistes [... :] les membres de l'Action catholique montreront qu'ils ne sont pas seulement de très fervents chrétiens, mais aussi de parfaits citoyens, non étrangers aux devoirs élevés que leur impose l'ordre naturel et social, fils aimants de la patrie, prêts à donner pour elle jusqu'à leur vie, chaque fois que le bien légitime du pays réclame ce sacrifice suprême »[14].

---

14. Note Dard, 14 octobre 1939, *Saint-Siège*, 40, Lacroix-Riz A., *Munich*, p. 255-287, et *infra*, notes Canet, 19, 21, complétée le 24 janvier, 23 février (et *La Croix*, 19, 28 janvier), *Canet*, 31, 3 avril et 14 mai 1940, *Canet*, 32 (« pacification religieuse », Cholvy G. *et al.*, *Histoire*, III, p. 58-60), La Piana, *The Nation*, 30 novembre, *Vichy-Europe*, 551, Bergen, 24 juin, Rhodes A., *Vatican*, p. 247-248, rapport Ormesson, 28 octobre 1940, *Alger*, 1373, tél. Ormesson n° 530, 7 septembre 1940, et lettre de Bérard n° 178, 16 décembre 1941, *Vichy-Europe*, 559 et 461.

La violation, prévue dès 1929, du traité du Latran stipulant « la liberté de correspondance dans tous les cas » (article 12) à l'entrée en guerre de l'Italie, avait suscité de vaines approches françaises en 1938-1939. Elle soumit les diplomates des nations ennemies (la France bigote le demeurait) devenus « prisonniers à la surveillance avouée, vigilante [...] faite dans l'enceinte du Vatican par la police du Saint-Siège, d'accord, évidemment, avec *la police fasciste* [...L]e Vatican fai[sai]t, lui-même, chez lui, la police *pour le compte de l'Italie* ».

L'équipe d'espionnage fonctionna comme pendant la Première Guerre mondiale pour les Empires centraux : dès l'été 1940, la secrétairerie d'État, chargée par l'Axe de vérifier que Vichy ne jouait pas double jeu, sollicita des « indications confidentielles » du Quai d'Orsay, dirigé par le tandem Paul Baudouin-Charles-Roux – naguère ultra-marin et anglophile. D'Ormesson, rédacteur du *Figaro* dont la germanophilie des décennies précédentes (au service du Comité des Forges) venait de fléchir, attendait désormais que « les Anglo-Saxons [...] nous sauv[assent] la situation » contre ces « gredins », la brute allemande et la « hyène » italienne. La Curie, informée de ses « rapports avec les cercles anglais » (origine de son rappel), le cuisina habilement : « on m'a dit [...] cent fois [...:] "Vous n'avez pas l'air de comprendre en France que l'unique chance qui vous reste de ne pas sombrer dans l'esclavage, c'est la résistance de l'Angleterre". Hier encore [30 septembre], quelqu'un me disait : "J'espère que vous jouez double jeu et que vous êtes secrètement d'accord avec les Anglais". » Les rebuffades subies par les délégués de Vichy, accoutumés par leur rang à d'autres façons, firent du clérical d'Ormesson, hors des tréteaux, un censeur définitif, quoique euphémique, des mœurs romaines - poste vatican de guerre froide inclus : l'examen des « rouages du Vatican » m'a montré « à quel point l'idée chrétienne est une chose et l'administration de l'Église une autre [...] l'on rencontre peu d'"humanité" au Saint-Siège »[15].

Le pape, resté de marbre devant *tous* les bombardements de l'Axe depuis septembre 1939, s'efforça fébrilement de les épargner à Rome : le 10 juin 1940, il notifia à la France « qu'il souhaitait ardemment que les Alliés s'abstiennent de [la] bombarder ». Ces « démarches » répétées, réservées depuis la défaite française aux Anglais (puis aux Anglo-Saxons), inspirèrent à Tisserant le 11 une de ses piques contre « les membres de la Curie » : « Sauvegarder Rome. Ils se désintéressaient de toute autre chose. Ils ne pensaient qu'au bombardement de Rome. » Les intérêts expansionnistes italiens valurent à la France quelques caresses et de nombreux coups. Maglione fut le perroquet de son

---

15. Note Rivière, 18 août 1940 (souligné dans le texte), *Vichy-Europe*, 545, Lacroix-Riz A., *Choix*, index de ces noms, lettres de Bérard n° 45, 7 mars, n° 165, 13 novembre 1941, *Vichy-Europe*, 545 (ce vol. et 550), Ormesson, tél. n° 533, 8 septembre, n° 556, 11 octobre, *Vichy-Europe*, 559, et lettre personnelle à Charles-Roux, 1er octobre 1940, *Vichy-Europe*, 551.

cher Attolico, ambassadeur d'Italie au Saint-Siège après l'avoir été à Berlin (1935-1940), porte-voix « habile, fin, roué, fourbe à souhait [...] des deux alliés » de l'Axe. La Curie ose encore, enragea Canet en avril, postuler une alliance avec Paris qu'elle veut « nous engager à payer », « chantage italien » ou « division des rôles » entre les deux Rome ou « trois têtes sous le même bonnet » (Saint-Siège, Mussolini, Ciano) : « plus dangereux que la malveillance de Mussolini », il y a « la bienveillance de la secrétairerie d'État ».

Maglione s'y obstina après le 10 juin, inventant pour d'Ormesson « à titre secret » des confidences d'Attolico : « que la déclaration de guerre de l'Italie à la France était plus formelle que réelle et qu'en fait [elle] n'avait pas l'intention de se lancer dans des hostilités violentes contre notre pays [...] C'est l'Allemagne qui mène tout, qui est partout, [...] l'Italie ne fait que suivre [...,] la peur de l'Allemagne » a mis en « servitude » les Italiens accablés par le « sentiment de leur infériorité [...,] bouche bée devant elle, confondus par sa puissance d'organisation, sa puissance », fut-il répété sans trêve à d'Ormesson. Celui-ci, les oreilles rebattues du thème de l'Italie « entre les mains de l'Allemagne », assorti par Tardini du bon mot « Hitler "Attila motorisé" », consentit à conclure en octobre 1940 qu'il n'y avait « pas la moindre trace de "nazophilie" au Vatican ». Son successeur, Bérard, eut aussi droit, début 1941, au mythe d'une alliance des « puissances méditerranéennes » contre « l'offensive bolcheviste », forgé avec Attolico par le nouveau Marchetti, Filippo Bernardini, nonce à Berne[16].

Le Vatican couvrit surtout les rapines italiennes, retranché derrière les engagements d'intervention pro-française du nonce au Quirinal Borgongini, féal du « pouvoir fasciste », et les ruses de Maglione face aux suppliques de protection. Dans le Sud-Est, les complices nommèrent enfin pour la paroisse de Saint-Jean-de-Maurienne « un administrateur apostolique » italien, l'évêque de Suse, contre l'évêque français de Maurienne. La livraison du Sud-Est avait été préparée par la nomination d'évêques français compréhensifs, à Vintimille et à Fontan : ce dernier ordonna début septembre 1940 aux curés de rester sur place « quand le comté de Nice deviendrait italien, ce dont il se portait garant ». Tout en affectant de déplorer les assauts italiens contre la France en Tunisie, le Vatican les soutint. Il fut disert en septembre 1940 sur le plan germano-italien

---

16. Ormesson, tél. n° 483, 11 juin, lettre n° 274, 19 juillet, *Vichy Europe*, 461 et 551, Tisserant à Suhard, 11 juin, Jäckel E., « Zur Politik », rapport avec lettres d'Ormesson n° 378, 30 octobre 1940, de Bérard sans n°, 2, n° 24, 12 février 1942 (Attolico, mort le 9 février 1942, fut remplacé par Guariglia, aussi nazi, *cf.* index *Choix* et *Munich*), *Vichy-Europe*, 550, 546 et 551, note Canet, 11 avril, *Canet*, 32, Ormesson, tél. n° 483, 11 juin, *Vichy Europe*, 461, n° 571, 25 octobre, n° 507, 24 juillet, *Vichy-Europe*, 551, n° 535, 12 septembre, *Vichy-Europe*, 559 rapport de mission, 28 octobre 1940, *Alger*, 1373, La Baume, lettre n° 67, 2, tél. n° 189-190, 6, et Bérard n° 189-190, 28 février 1941, *Vichy Europe*, 552.

d'« ordre nouveau » européen n'ouvrant que la voie africaine à l'Italie chassée « des Balkans ». Couronna le tout l'inertie approbatrice du séquestre italien des établissements français à Rome (dont l'Église nationale de Saint-Louis des Français) et à Lorette, prononcé en août 1940 – et levé en... février 1943[17].

• Le Vatican et le Reich : de Vichy à l'Alsace-Lorraine

La « nazophilie » vaticane en France fut conforme à l'exultation d'Orsenigo qui, apprenant le 10 juin 1940 l'entrée prochaine de la Wehrmacht à Paris, dit « en riant » espérer, rapporta le secrétaire d'État Ernst Woermann, que « quand nous marcher[i]ons vers Paris, nous passer[i]ons par Versailles ». Pour mener à bien les tractations de « paix » avec le Reich et porter le coup final à la République, ses naufrageurs, ignoré (Paul Reynaud) ou notoires (les chefs de la Cagoule militaire Pétain et Weygand, et leur cohorte) recoururent aux services de la Curie et de son homme à tout faire, Suhard. Verdier, auquel « les Allemands auraient fait grief [...] d'avoir été violemment anti-allemand, d'avoir toujours évité les contacts avec les autorités de leur pays et d'avoir manifesté une certaine sympathie pour le Front populaire », tomba sous les coups de tueurs de la Cagoule le 10 avril 1940.

Successeur aussitôt désigné, officiellement nommé le 11 ou le 12 mai – au lendemain de l'attaque allemande -, Suhard fut « choisi par le CSAR [Comité secret d'action révolutionnaire ou Cagoule] et le Vatican pour prendre la tête de l'Église en France au moment où l'occupant impos[ait] au pays son "Ordre Nouveau" à l'aide des anciens conjurés des complots avortés de 1928 et de 1934 ». Entre les 15 et 23 mai – France déjà écrasée par les bons soins d'Huntziger, qui avait ouvert la percée de Sedan à la Wehrmacht –, il fut envoyé par Reynaud et son ministre des Affaires étrangères de fait Baudouin négocier avec Madrid « les conditions de la paix » préparatoires à l'armistice du 22 juin. Au matin du 17 juin, ce fut le nonce Valeri que Baudouin, même ministre, officiel, de Pétain désormais, chargea de demander à l'Italie « d'agir aussi vite que possible comme intermédiaire avec le gouvernement allemand pour la cessation des hostilités et pour demander les conditions de paix ».

Dans les effusions mutuelles de juin, Pie XII avait béni (le 8) le « fils fervent de l'Église » Weygand mais, la Défaite acquise, il renoua avec les exigences exorbitantes maquillées en pur antibolchevisme. Il administra à la France « sur la voie des réformes » – transformée en sacristie – un mélange inégal de félicitations et d'amers reproches rétrospectifs : il glosa sur « la néces-

---

17. Tél. Ormesson n° 549, 27 septembre 1940, *Vichy-Europe*, 559, note Canet n° 238, 15 février 1943 (et lettre de l'évêque de Maurienne à Maglione), *Vichy-Europe*, 459, tél. Charles-Roux n° 218, 5, Baudouin n° 251, 18, n° 252, 19, d'Ormesson n° 543, 20, n° 545, 24 septembre, *Vichy-Europe*, 559, et *Vichy-Europe*, 460 depuis la lettre d'Ormesson n° 292, 7 août 1940.

sité pour notre pays d'éliminer les poisons communistes » responsables de sa défaite, vitupéra « le communisme [...] pour lui [...] "l'ennemi public n° 1" » et requit éradication de la laïcité. Expert de ces échanges codés, d'Ormesson, dont les appels au secours sur « le martyre de la France », même travestis en croisade anti-rouge, n'émouvaient personne, ne s'y trompa pas. Il suppliait Pie XII depuis la défaite d'adresser, « sous la forme d'une lettre à l'épiscopat, un témoignage direct de sympathie aux Français » : ce texte prêchant la résignation, le repentir et le cléricalisme fut arraché début août « parce que – dans le vrai sens du mot – je pleurais ». La France tartufe vaincue subit avec lui, puis avec son successeur Léon Bérard, dévoué à Pétain jusqu'au bout, toutes les humiliations. Cette « dictature militaire à laquelle l'Église prêt[ait] son aide la plus empressée » – formule de l'« ambassadeur » Otto Abetz en décembre 1940 – n'avait rien à refuser à la Curie qui avait si bien servi « le choix de la défaite »[18].

Les archives du Quai, peu fournies, hissent au sommet du lot, dans Paris occupé, Suhard qui, « sur requête de l'autorité militaire allemande » – et *forcément* inspiré ou couvert par Valeri –, « autoris[a] la célébration à la basilique de Saint-Denis d'un service protestant et à la cathédrale Notre-Dame de Paris d'un service interconfessionnel pour les troupes d'occupation » – fin juin 1940 (sans plus de précision), donc en présence d'Hitler. Geste inouï pour une Église si peu œcuménique, dont Maglione prétendit (en août) « tout ignorer », avant de reconnaître d'autres faveurs. Suhard aurait refusé de mettre le Sacré-Cœur à la disposition des « troupes allemandes [...] lors de la visite d'Hitler à Paris » au nom du « caractère national de ce sanctuaire », mais leur aurait offert La Madeleine où fut célébré « un service exclusivement allemand – mais catholique [...] toutes portes closes » en raison de la présence d'« Hitler en personne » : décision, insista le secrétaire d'État, sans « aucune incorrection [...] au point de vue religieux ». Suhard « montr[a] le plus grand esprit de conciliation » lors des perquisitions du 26 juillet 1940 (déjà décrites) visant à « établir la collusion de feu le cardinal Verdier avec les juifs [...et le] complot ourdi contre le Reich par des émigrés politiques et par l'archevêché de Paris ».

---

18. Rhodes A., *Vatican*, p. 246, note du directeur politique, 4 mai, *Canet*, 31, RGPP, 30 juillet 1940, APP, GA, A 24, Archevêché de Paris, 30 octobre 1944, APP, GA, S 10, Suhard ; tél. n° 1930 de Stohrer, 17 juin 1940, *DGFP, D*, IX, p. 590, Lequerica, entrée du 12 mai 1941, Journal de Nicolle, APP, PJ 39, Lacroix-Riz A., *Choix*, p. 542-555 et index, *Munich*, p. 266, 274-275, et « Vichy et l'Église catholique », *in* Schiappa J.-M., *Actes 1848*, p. 160-169, Ormesson, tél. n° 480, 8 juin, lettres n° 288, 2 août, n° 273, 18 juillet, n° 327 et note annexe, 8, *Vichy-Europe*, 553, tél. n° 537, 13 septembre, *Vichy-Europe*, 559, rapport, 28 octobre 1940, *Alger*, 1373, et *Vichy-Europe*, 549, 551-553 et 559 ; politique anti-laïque, 553 et 556 ; tél. Abetz n° 1556 à Ribbentrop, Paris, 18 décembre 1940, AN, 3W, 347.

Les fonds allemands et policiers français sont précis et pires. Abetz, réinstallé fin juin 1940 à Paris, classait Suhard parmi ses quatre « Français dignes de confiance », avec Bonnet, Fernand de Brinon et « le curé de Saint Louis en l'Isle », important « contact » de Suhard. Confiance légitime, puisque le cardinal-archevêque de Paris fut jusqu'en juin-juillet 1944 l'un des principaux espions-délateurs de l'occupant, en contact permanent avec les agents de la section VI de la Gestapo spécialisés, sous les ordres du tortionnaire Knochen, dans l'action auprès du haut-clergé allemand et de Paris occupé.

Son clône et coadjuteur Beaussart fut le principal collaborateur en France d'un Lithuano-Polonais expert en antibolchevisme, « prélat du Saint-Siège » (depuis 1925) et espion de la Gestapo (depuis 1936), Mgr Kwiatowski : Beaussart lançait les invitations aux manifestations anticommunistes que ce vieil employé de ladite section organisait pour le clergé français. L'action d'Occupation des collaborationnistes les plus marquants, liste étendue très au-delà des Suhard, Marmottin, son successeur à Reims – « pétainiste à outrance [...] tout en faveur de la collaboration », surnommé « archevêque des S.S. français » (la Milice) –, Beaussart, Baudrillart, « fervent partisan de la politique de collaboration » plus démonstratif que Suhard (selon Abetz), Feltin, etc., a laissé des traces accablantes. Ils appliquèrent à la lettre la ligne vaticane définie le 12 décembre 1940 à Abetz par Suhard, qui l'« assur[a] que le clergé français était prêt à agir en faveur d'une collaboration de la France avec l'Allemagne [et que] l'Église a[vait] donné des instructions en ce sens aux ecclésiastiques français »[19].

Autre service rendu, en France comme ailleurs, le Vatican honora son contrat avec le Reich en lui restituant l'Alsace-Lorraine ecclésiastique. Les archives françaises décrivent les expulsions de Strasbourg et de Metz de Mgrs Ruch, le 14 août, et Joseph Heinz, autour du 20, les « expulsions en masse » des clercs, particulièrement brutales dans la Lorraine de Bürckel, et autres atteintes à l'Église d'Alsace-Moselle annexée, où le concordat de 1801 fut à nouveau décrété caduc début octobre 1940.

---

19. Tél. Ormesson n° 535, 12 septembre, Baudouin n° 136-137, 8, Ormesson n° 517, 13, Baudouin n° 108-111, 1er, n° 112, 2, Charles-Roux n° 117-118, 3 août, *Vichy Europe*, 559, rapport Abetz à Streccius, 15 juillet, *DGFP, D*, X, p. 216, tél. n° 1496 à Ribbentrop, 13 décembre 1940, AN, 3 W 347, auditions de Knochen, DST, 27 novembre 1946, AN, F 7, 15337, DRG, 4 janvier 1947, AN, 3 W, 358, Marmottin, Lacroix-Riz A., *Munich*, p. 266, audition d'Abetz, DRG, 26 novembre 1945, AN, F 7, 15331, lettre de Dennery n° 612, 8 juillet 1952, *Pologne 1944*, 135, Abetz, lettre, 25 juin et tél. n° 1496, 13 décembre 1940, AN, AJ 40, 879, et 3W, 347. Sources innombrables, Lacroix-Riz A., *op. cit.* n. préc., et « L'Église de France et la reconstitution de la droite après la Libération, 1944-1946 », *in* Richard G. *et al.*, *Recomposition*, p. 111-124 (base : AN, F 7, 15291-15292), pires que Thalmann R., *La mise*, p. 86-95, 155-156, 237, Klein C., « Le clergé et les chrétiens de France tels que les voyaient certains dirigeants nazis sous l'occupation », *Églises*, p. 383-399, Burrin P., *France*, p. 30, 80, 224, 226-232, 411-413, 1943, *Vichy Europe*, 553, etc.

La Curie affecta en juillet (pour d'Ormesson) la désolation d'avoir dû rappeler Micara de Bruxelles et l'internonce des Pays-Bas, et clama son impuissance face au refus allemand de séjour en Belgique du « nonce à Berlin » : Orsenigo était donc confirmé dans tout le Grand Reich. Elle resta muette sur l'Alsace-Moselle. Début octobre, Tardini prétendit craindre que Berlin n'invoquât le concordat de 1933 pour remplacer par des Allemands les deux évêques chassés et assura qu'Orsenigo avait été chargé de le déclarer caduc. Maglione le démentit, affirmant « que jusqu'ici le gouvernement allemand n'avait fait aucune tentative en ce sens ».

Les fonds allemands décrivent le règlement routinier du dossier. Berlin voulait « joindre les deux diocèses de Strasbourg et de Metz aux diocèses voisins de Fribourg et de Spire [...,] mesure temporaire » dite de « consolidation [...] pour la durée de la guerre ». Entre les 6 décembre 1940 et 31 janvier 1941, les *Gauleiter* Wagner et Bürckel, « chefs des administrations civiles d'Alsace et de Lorraine, [...]demand[èrent...] aux évêques de Fribourg [Gröber] et de Spire [Sebastian] de prendre en charge les diocèses de Strasbourg et de Metz » : cela « éviter[ait] d'engager directement le Vatican tout en laissant aux deux évêques l'initiative d'obtenir [son] aval ».

Orsenigo insista en janvier-février 1941 sur sa « compétence exclusive », moyen de démontrer, précisa-t-il à Weizsäcker dans son rapport n° 89 du 5 février, « la disposition de la Curie à se soumettre à ce désir de consolidation ». Tout fut achevé en mai 1941 : Metz fut confié à Sebastian, au bénéfice duquel Weizsäcker sollicita du Saint-Siège « les pouvoirs requis », le 8 au plus tard, par « note verbale » ; Gröber fut servi en même temps : le 20, le *BO* du diocèse de Strasbourg publia le règlement sur « la contribution de l'Église catholique romaine en Alsace » et l'ordonnance d'application de Wagner. Bornewasser, dans un sermon du 31 août 1941, mentionna son séjour peu avant Noël 1940 à Metz, « qui avait autrefois appartenu à l'archidiocèse de Trèves » : il avait donc été consulté[20].

Des pressions sur Londres pour une négociation avec le Reich à la prudence contrastée (été-automne 1940)

• La perspective d'une victoire totale

La Curie perdit le sens de la mesure après l'armistice français. Fin juin 1940, Maglione, chauffé par Attolico, dit la même chose que Weygand, le 13, aux

20. Tél. Baudouin n° 166, 21, Charles-Roux n° 170-171, 22 août, Ormesson n° 555, 9, Baudouin n° 331, 17 octobre 1940, *Vichy Europe*, 559, Ruch à Valeri, Périgueux, 11 juin 1941, *Vichy Europe*, 556, d'Ormesson, lettre n° 259, 10, tél. n° 506, 15 juillet, *Vichy Europe*, 547, tél. n° 555, 9, n° 558, 11 octobre 1940, *Vichy Europe*, 556, Haidlen, 9 février 1941 et n., *DGFP*, D, XII, p. 64-65, sermon Gröber et lettre n° 153 de Bérard, 31 octobre 1941, *Vichy-Europe*, 87.

ministres français *(« en trois semaines, l'Angleterre aura le cou tordu comme un poulet »)* : Londres (la clique Windsor), qui traite en Suède avec Berlin, se trouve « dans une bonne position pour négocier et [...] ferait mieux de jouer cette partie quand il en est encore temps, plutôt que de continuer une lutte où elle risque de tout perdre ». Pie XII se rêvait à nouveau en truchement transmettant au vaincu « les conditions de l'Allemagne », plan discuté avec Attolico et mal démenti par Maglione. Orsenigo, associé à la manœuvre, s'impatienta devant Weizsäcker le 26 juillet : il « trouve la réaction des Anglais à notre offre de paix inexplicable. Il a fait l'éloge du discours sans ambiguïté du Führer et a dit qu'il n'y avait rien à faire de plus. Pour un mariage il faut le consentement des deux parties ». Ses rapports d'août 1940 sur « ses entretiens avec le gouvernement allemand » rappelaient ceux de Pacelli en 1917, Rome remplaçant Vienne et l'alarme sur l'Italie étant apaisée par la confiance aveugle dans le Reich : « certaines démarches à Berlin [...] auraient laissé entrevoir l'intention de la Grande-Bretagne de négocier exclusivement avec le Reich et non avec l'Italie [mais] l'Allemagne a l'intention inébranlable de ne pas conclure de paix séparée » ; la tentative britannique de « briser [...] l'Axe » est donc condamnée à « la faillite ». Ce texte authentique, détourné en Suisse, éclaire les propos simultanés du genre « le Saint-Siège redoute par-dessus tout le triomphe total de l'Allemagne ».

Les tractations, qui continuaient à emprunter la voie espagnole, se poursuivirent en septembre, suscitant d'autant plus d'espoir que Washington semblait enclin à abandonner Londres. Le 20 août, Pie XII aurait déclaré à l'Américain Myron Taylor « que le moment [était] venu d'agir pour chercher une solution pacifique au conflit actuel » ; Roosevelt y « serait favorable [...] dans ses grandes lignes » et voudrait « savoir à quelles conditions l'Angleterre accepterait de déposer les armes dans l'honneur ». À la mi-septembre, la « formule circul[a] de tous côtés à Rome [d']une "paix de compromis" avec l'Angleterre » qui permettrait à l'Axe, maître du front occidental, d'attaquer l'URSS. Mais les États-Unis renforcèrent alors leurs liens avec Londres.

• De l'automne 1940 aux espérances de mars 1941

Fin septembre, l'échec du projet d'invasion en Grande-Bretagne suscita « le plus grand malaise en Allemagne et en Italie ». Les plans méditerranéens imminents se heurtaient en outre aux intérêts africains de l'Espagne, que Mussolini s'obstinait à traiter en « satellite » et dont il redoutait « la conquête militaire de Gibraltar » ouvrant « le passage entre l'océan et la Méditerranée ». Le conflit s'afficha quand Franco, après avoir beaucoup promis, hésita à s'engager contre les Anglo-Saxons : début octobre, le « froid » hispano-vatican se traduisit par le refus de Ramón Serrano Suñer, beau-frère de Franco et ministre des Affaires étrangères, en mission à Rome, de demander audience au pape. L'incident fit

« scandale » : la crise récurrente, ponctuée de tracasseries concordataires sur les nominations épiscopales, reflétait la rivalité hispano-italienne.

L'autre camp, au coup non encore tordu, eut droit à des égards inédits : fin septembre, Pie XII, muet depuis deux mois sur les bombardements allemands sur l'Angleterre, adressa un télégramme de félicitations à ses souverains pour « avoir échappé » à celui du palais de Buckingham : il « se rappela alors qu'il y avait dans l'Empire britannique plusieurs millions de catholiques et que des millions de catholiques américains » étaient anglophiles ; il convenait de suggérer « discrètement que le Saint-Siège n'était pas encore complètement acquis à l'Axe ». Ceci motiva, selon La Piana, une émission de Radio-Vatican *« en langue anglaise »*, le 18 octobre, sur « la cruelle persécution » frappant les catholiques d'Alsace-Lorraine : « on se demandera peut-être, *ricana l'expert américain*, pourquoi le Vatican préfère s'ouvrir de ses sentiments aux Anglais et aux lointains Américains au lieu d'adresser ses plaintes en allemand, en italien ou en français à ceux que concerne plus directement l'affaire. » En novembre, Tardini répéta « que "le temps ne travaill[ait] pas pour l'Axe", mais pour les puissances anglo-saxonnes » : le fiasco immédiat de l'agression italienne contre la Grèce lancée fin octobre suscita un mutisme parlant, puis la rancœur contre « l'imprévoyance de l'Italie ». Le Reich gardait cependant tout son crédit[21].

Pie XII souligna donc, le 24 novembre, « l'opportunité "d'un ordre plus équitable, conforme à la justice" », qui impliquait de « reconnaître à *tous* les peuples le droit à une plus équitable répartition "des sources de prospérité et de puissance" », en vue d'une paix chrétienne, « toute injustice étant réparée ». Cette bénédiction donnée, se réjouit l'agence Wolff, à « la future "distribution des richesses et de la puissance terrestre" » en annonçait d'autres : le discours pontifical de Noël 1940 prôna « la nouvelle ordonnance des États [de l'Europe qui] devra[it] être quelque chose de nouveau et d'organiquement sain » pour terminer un « conflit [dont] le germe consist[ait] dans les disparités trop criantes dans le domaine de l'économie ».

Pie XII usait toujours dans sa correspondance avec ses évêques allemands de la formule (de Kaas) « nécessités vitales », agrémentée de « de tous les peuples ». L'éditorial de l'*Osservatore* rédigé « de sa main » le 13 mars 1941 loua les vertus du *novus ordo* qu'appuyait un Saint-Siège non pas « neutre »,

---

21. Weygand, cité Lacroix-Riz A., *Munich*, p. 280, tél. Ormesson n° 486-487, 27 juin, n° 508, 25 juillet, *Vichy-Europe*, 559, Rhodes A., *Vatican*, p. 246, tél. Coulondre n° 1896-1897, 23, n° 1924-1926, Berne, 28 août, Ormesson n° 529, 3, *Vichy-Europe*, 552, Charles-Roux n° 226, 10, Ormesson n° 535, 12, n° 550, 27 septembre, n° 551, n° 553, 1er, n° 554, 5, n° 559, 16, *Vichy-Europe*, 559, n° 571, 25, n° 572, 30 octobre, lettre de Rivière n° 390 et La Piana, *The Nation*, 19 et 30 novembre 1940, *Vichy-Europe*, 551. Taylor, *infra*, p. 518 *sq*.

mais « dans la lutte ». « L'Allemagne est obligée d'obtenir promptement la décision militaire [...] contre les Anglo-Saxons », expliquait alors Tardini[22].

Une carte de rechange : la préparation de l'avenir sous l'égide des États-Unis

Les objectifs mutuels dès 1939

À l'automne 1939 le Vatican avait pourtant fixé sa stratégie de rechange en cas de défaite de l'Axe. Roosevelt avait autant besoin, à long et court termes, d'un accord auquel il associa Spellman : il concédait au Saint-Siège un rôle-clé dans la stabilisation future de l'Europe, ce que le Français Maurice Pernot appela le 20 juin 1941 « une certaine communauté de vues [sur] les bases de la paix future et de l'ordre nouveau à établir dans le monde ». La conduite de la guerre exigeait aussi le renforcement du poste d'observation romain.

Dès septembre 1939, l'*Osservatore* célébra les initiatives américaines et « l'identité presque littérale des positions des États-Unis et du Saint-Siège ». Fin octobre, *Summi Pontificatus*, rédigé un œil vers l'Amérique, loua ses « entreprises missionnaires [...en vue] de convertir et de civiliser [ses] nègres [et son] programme d'action réformatrice et mobilisatrice » conforme à celui de Léon XIII et de Pie XI sur « la question sociale ». L'encyclique préparait l'annonce, faite en décembre, de la mission de « représentant personnel du président auprès du pape Pie XII » du richissime protestant Myron Taylor, ancien président du comité financier de l'*US Steel* très lié à l'Italie où il possédait une somptueuse villa (à Florence). Le 1er août 1939, un courrier du sous-secrétaire d'État américain Sumner Welles à Roosevelt sur cette nomination décidée « depuis quelque temps » légitima l'établissement de « relations diplomatiques directes avec le Vatican » par son rôle de « source d'information [...sur] l'Allemagne, l'Italie et l'Espagne [..., d']importance considérable ».

En octobre, Roosevelt couvrit cet objectif du manteau d'une « mission spéciale au Vatican [assurant] un système direct de communication concernant les réfugiés catholiques européens » : « un simple dispositif de sauvetage des juifs » semblait un motif trop limité. Il adressa le 23 décembre à Pie XII une lettre publique débordante de religiosité exaltant l'œuvre commune au service de « millions de gens de toutes races, de toutes nationalités et de toutes religions », et désignant le titulaire de la mission (qui, malade, n'arriverait pas à Rome avant février). Pie XII accueillit aussitôt avec « joie » devant le sacré collège le geste du

22. Lettre de Rivière n° 389, 11, *Vichy-Europe*, 550, Bérard, tél. n° 588 (et texte), 26, lettre n° 397, 28 novembre 1940, *Vichy-Europe*, 559, Papeleux L., *Silences*, p. 65-67, Bérard, lettre n° 47, 13, et tél. n° 19, 20 mars 1941, *Vichy-Europe*, 551.

« chef éminent d'une grande et puissante nation » comme « une contribution de valeur et prometteuse à nos désirs de paix juste et honorable et d'effort plus efficace pour alléger les souffrances des victimes de la guerre ».

Cet accord, jugea Canet, créera bien autre chose qu'un service de renseignements américain. Pie XII, fidèle à sa vieille politique des deux fers au feu, soutient les buts de guerre de l'Axe en se ménageant la protection américaine : accroché à son « accord » avec Hitler, « il n'aurait peut-être pas un grand travail à faire pour amener M. Roosevelt à ces vues, qui ne sont pas très éloignées de celles du président Wilson », ainsi sur « la liberté des mers » (son programme adressé à Pie XII en février 1941 reprit en effet au mot près celui de Wilson : sur ses quatre points, deux, les 3 et 4, concernaient la « réduction des armements » et la « liberté du commerce entre les nations »). « Nous devons craindre plus que tout le rôle que Pie XII peut jouer comme intermédiaire entre M. Roosevelt et M. Mussolini. » Les notes Canet du début de 1940 dressent le tableau de l'après-guerre[23].

Le poids de Washington

Le poids financier

En l'absence d'ambassadeur, point litigieux pour l'Amérique protestante, Harold Tittmann en tint lieu : il fut l'adjoint permanent (nommé « chargé d'affaires des États-Unis » seulement en janvier 1942) d'un Taylor écliptique : de février 1940 aux années 1950, « le représentant personnel du président » ne fit à Rome que quelques séjours joignant le fracas de l'idéologie au secret financier (des intérêts romains et des siens). Mentionnant pour mémoire les épanchements de Pie XII et Roosevelt liés à ces missions entamées le 27 février 1940 – en pleine tournée « pacifique » de Sumner Welles très complaisante pour l'Axe –, je n'en retiendrai que ce qui éclaire la stratégie européenne du Vatican. Le poids d'avenir que Pacelli attribuait à l'« allié » américain s'évalua au nombre et à la durée des audiences accordées à Taylor, du 27 février au 22 août (avec une longue interruption depuis la fin mai, officiellement pour grave maladie). Chargé de convaincre Pie XII des chances supérieures du camp anti-allemand, Taylor recueillit l'approbation verbale de l'intéressé, qui osa cependant solliciter en août l'aval américain à sa mission de « paix » Axe-Londres.

---

23. Cooney J ., *Spellman*, p. 83 *sq.*, note Pernot, 20 juin 1941, *Vichy-Europe*, 551, tél. Charles-Roux n° 805, 26 septembre, Rivière n° 952, 11 novembre 1939, *Saint-Siège*, 40, Welles, 1er août, Roosevelt à Hull, 2 octobre, à Pie XII, Hull, 23, Phillips, 24 décembre, *FRUS* 1939, II, p. 869-874, note, 11 février 1940 (libertés 1. religieuse, 2. « de communication »), Di Nolfo E., *Vaticano*, p. 101, notes Canet, 29 décembre 1939 et 3 avril 1940, *Canet*, 32 (et *Canet*, 42 et 31).

Les motifs financiers de cette alliance se dessinèrent précocement. Maglione, « soucieux d'éviter toute publicité », demanda à la mi-mai 1940 à Taylor d'obtenir la « garde fiduciaire par les banquiers de New York [d']une quantité considérable de lingots d'or déposés dans une banque d'un pays belligérant qui pourraient à présent être embarqués vers New York », avec la garantie « que l'or sera[it] intact et non soumis aux obligations de [la] législation » américaine.

Ce service fut rendu, et au-delà : Nogara procéda aux transferts nécessaires ; « la Federal Reserve devint effectivement le principal banquier international du Vatican pour la durée de la guerre ». L'État américain renfloua sa trésorerie, y gagnant une autorité décrite par un agent allemand en juillet 1941 : s'entretenant plusieurs fois avec « Pie XII il y a quelques semaines[,..] Tittmann s'est plaint [...] que le Vatican fût bien trop accommodant à l'égard des dictateurs » et a observé qu'« avant la guerre, [il] se trouvait dans des difficultés financières constantes ; entre-temps, [s]es donateurs principaux, les Pays-Bas, la Belgique, la France, l'Autriche, l'Espagne ont cessé leurs contributions. De ce fait, [il] reçoit depuis la guerre, de façon régulière, une somme importante des États-Unis, officiellement désignée comme donation des catholiques américains, mais provenant en fait des fonds secrets de Roosevelt. Tittmann fit valoir ces contributions financières des États-Unis comme un banquier qui demande des comptes à son débiteur. Malgré [son] ton très dur [...], le pape répondit avec modération que l'argent américain était utilisé en grande partie pour la mise en place d'un réseau d'agents dans divers pays »[24].

Le maintien du contentieux

Conversation illustrant la nature conflictuelle de ces rapports et les limites du contentieux. Pie XII affectait une fraction des fonds aux services de renseignement américains, où se distinguèrent deux jeunes prélats. Hurley, à tous égards sur les brisées de Spellman (auquel il avait succédé à la secrétairerie d'État), « bras droit de M. Myron Taylor » lors de sa première mission à Rome, fut, fin juillet 1940, nommé évêque de San Agostino (en Floride) : Maglione en personne présida, le 6 octobre, le sacre d'un prélat « appelé à un grand avenir », dont « la pourpre, étant donné l'estime qu'il s'est acquise au cours de son long séjour au Vatican ». Hurley, qui jouerait « quelque rôle dans les relations entre le Saint-Siège et les États-Unis », quitta Rome début novembre.

---

24. Lettre n° 10 de Bérard, 16 janvier 1942, *Vichy-Europe*, 546, Roosevelt, 14 février, Pie XII, 7 janvier, 16 mars et 22 août, *FRUS* 1940, I, p. 123-125, 127-129, Di Nolfo E., *Vaticano*, p. 102-124, Lacroix-Riz A., *Munich*, p. 262-263, d'Ormesson, lettre n° 244, 22 juin, tél. n° 521, 21, Coulondre n° 1896-1897, 23 août, *Vichy-Europe*, 546, 559 et 552, Taylor, 17, Hull, 22 mai 1940, Di Nolfo E., p. 118-119, rapport, 12 juillet 1941, Friedländer S., *Pie XII*, p. 77-78 ; Pollard J., *Money*, p. 187-188.

Il fut « remplacé au Vatican avec une promptitude dont on n'est guère ici coutumier » par le RP Walter Carroll, qui travailla pour Spellman « au service vatican d'informations pour les prisonniers et les réfugiés de la guerre » (réseau évoqué plus haut) : chargé des émissions radio, il participa aux négociations avec Badoglio sur la capitulation italienne.

Hurley appartenait au camp des évêques hostiles à « l'hégémonie nazie », acquis aux buts de guerre nationaux, chargés de faire pression, sur les autres, contre le Vatican qui, comme naguère, déployait ses forces contre l'entrée en guerre des États-Unis. Pie XII adressa « des directives aux catholiques américains » en vue des présidentielles de novembre 1940, en violation de l'accord de 1936. Roosevelt ne put ignorer qu'il avait exprimé sa « certitude d'une victoire allemande » devant « les cercles aristocratiques romains les plus élevés », si nettement que Ribbentrop demanda à Bergen des précisions le 15 février 1941. Il ne pouvait ignorer son travail de sape aux États-Unis mêmes, via les prélats les plus germanophiles, « fascistes » ou « philofascistes », Mundelein (Chicago), O'Connell (Boston), Michael Curley (Baltimore-Washington), John McNicholas (Cincinnati), sans oublier Coughlin.

La « déclaration » de la conférence épiscopale des 22 et 23 avril 1941 prôna « le désarmement progressif matériel et spirituel » contrôlé, passage cité par l'*America First Committee* dans un tract pour sa manifestation du 23 mai. Les évêques prononcèrent des sermons et discours plus clairs. Spellman, délégué officieux du département d'État, notifia donc à Amleto Cicognani que son gouvernement était « mécontent de la position des évêques et du clergé des États-Unis concernant [sa] politique internationale [...Il] exige du Vatican que les belligérants soient appelés à reconnaître le principe des nationalités comme base du tracé des nouvelles frontières, dans toute intervention en faveur de la paix. Telle serait aussi la condition fixée [...] pour une action commune », rapportèrent les Allemands le 24 mai[25].

II. Le Vatican de 1941 à 1943

Convaincu que l'offensive allemande à l'Est fixerait le sort des armes, Pie XII jugea du « principe des nationalités » à l'aune des besoins de l'Axe. L'attesta son empressement, après l'assaut d'avril 1941 contre la Yougoslavie, à accéder aux vœux italiens. En mai, la secrétairerie d'État se dit « prête à accueillir »

25. Lettres d'Ormesson n° 558,7 octobre, de Rivière n° 384, 8 novembre 1940, *Vichy-Europe*, 558 et 550 ; d'Ormesson n° 148, 8 mars *1950, États-Unis 1944*, 200, Papeleux L., *L'action*, p. 62,70-79, 161, 197,251 et 274 ; lettre d'Ormesson n° 558, 7 octobre, tél. Rivière n° 585, 16 novembre 1940, *Vichy-Europe*, 558 et 552, Rhodes A., *Vatican*, p. 250, Di Nolfo E., *Vaticano*, p. 101 et 132, Friedländer S., *Pie XII*, p. 76, etc.

son représentant Niko Mirosevic « et ses collaborateurs » mais « insist[a...] très vivement pour que la légation de Yougoslavie renonçât à s'installer dans la Cité du Vatican ». Fin juillet, Maglione invoqua « l'épreuve de force » avec l'Italie pour agréer l'expulsion du ministre – nouvelle « violation [...] du traité de Latran » –, malgré les « demandes pressantes » de la légation appuyées par Londres et Washington. Début août le diplomate dalmate fut chassé de Rome et le Croate Moscatello, prié de « prendre la nationalité croate », continua à servir les ennemis de la nation qui l'y avait installé.

L'« affaire Mirosevic » illustra avec éclat l'« accep[tation d]es violations successives du traité de Latran (internement des diplomates de pays ennemis de l'Italie, puis de pays ayant rompu les relations avec l'Axe, [...] censure intermittente des sacs postaux du Vatican, etc.) ». Dans la « collabo[ration] aux mesures de rigueur demandées par l'Italie (collusion entre les polices pontificale et italienne, contrôle des visiteurs des ambassades, espionnage des diplomates, etc.) », la Curie donnait « parfois l'impression [d']all[er] au-devant des désirs du gouvernement fasciste » (Blesson).

Elle oublia les revers subis par les Italiens en Grèce quand ceux-ci y revinrent sur les talons du vainqueur allemand, avec le nonce Angelo Roncalli (futur nonce en France puis pape Jean XXIII), francophobe flamboyant depuis sa double nomination de 1934 en Turquie et Grèce. « Très mal vu des dirigeants orthodoxes », qu'il « n'aimait pas [...et] méprisait » comme le peuple grec, ce « cauteleux prélat [qui] tend à confondre les intérêts de la papauté avec ceux de sa patrie » n'a jusqu'à l'agression fait que « des séjours intermittents, quasi clandestins » en Grèce, où il « est rentré en juin 1941 dans les fourgons de l'armée italienne. [...] Ce petit peuple schismatique qui, dans ses malheurs actuels, n'a que ce qu'il mérite, doit être mis au pas par la grande nation voisine, porte-flambeau de la civilisation et de la chrétienté », clamait-il. « On l'a vu – c'est dangereux pour l'avenir – compromettre sa soutane violette dans des voitures militaires sur les boulevards de la capitale », surtout celle « du général [Carlo] Geloso, commandant en chef [...d]es "soi-disant" vainqueurs ».

Autre signe de la vanité des avertissements anglo-saxons, Berlin obtint fin avril 1941, via Faulhaber, que le Vatican fît « taire sa radio », dont « les admonestations », quoique « voilées », avaient « motivé une vive protestation » : Pie XII ordonna « de ne plus mentionner l'Allemagne dans les émissions de Radio-Vatican et d'éviter tous les sujets "politiques" ». « Les émissions du dimanche qui étaient consacrées à la situation religieuse dans les divers pays ont même été entièrement supprimées » : « nous devons suspendre la transmission de nouvelles que nous avions l'habitude de donner [...] Après plus d'une année pendant laquelle nous avons toujours parlé avec sincérité, avec l'amour du prochain et avec sérénité, notre voix doit se taire », annonça « le speaker »[26].

Les divers aspects du plan Barbarossa

La joie de l'assaut contre l'URSS : prudence et croisade

Bergen s'en réjouit le 22 juin 1941, jour de l'attaque contre l'URSS, dans un courrier certifiant l'excellence des rapports bilatéraux dissimulée par les notes de « protestation », dédoublement *ad usum americanum*. Pie XII venait de le rassurer : « Radio-Vatican », dirigée vers « l'Amérique », était contrainte « en dépit de toute sa réserve » à des allusions dont l'absence accréditerait « l'accord de Rome » avec la propagande allemande, « mais on ne pouvait vraiment pas [...] accuser [le pape] de manque de considération pour l'Allemagne ; c'était précisément la chaleur de sa sympathie pour [elle] et son vif désir de ne pas compliquer la situation déjà difficile [qui] l'avaient contraint à une très grande réserve ».

Le partage des tâches épiscopal : l'exemple allemand

Bergen fournit ainsi la clé du non-appel officiel de Pie XII à « la croisade antibolchevique », prudence confirmée par l'exemple allemand conforme à la tradition depuis 1933 : le mandement de la conférence de Fulda, le 26 juin 1941, se partagea entre l'appel « au plus fidèle accomplissement de votre devoir, à la plus courageuse persévérance et à travailler et à combattre avec un esprit de sacrifice au service de notre peuple », et la protestation contre la politique anticatholique inspirant « les plus graves soucis » à l'Église, au nom des impératifs de « l'unité serrée du peuple » et du patriotisme des catholiques qui ont « consenti avec joie [...] les sacrifices [...], par amour pour notre peuple tout entier et pour toute la durée de la guerre ». Cette réserve cosmétique ayant déplu à Berlin, Pie XII et ses évêques convinrent « que, dans l'intérêt de l'Église d'Allemagne, il [...] paraissait préférable de ne pas faire, au Saint-Siège, trop de bruit autour de leur lettre pastorale ». Rédigée pour usage ultérieur, elle fut, comme tout sermon similaire, noyée sous le verbe des « évêques individuels ».

Ils n'avaient pas attendu juin 1941 pour exalter la guerre hitlérienne, avec Heinrich Wienken, chef du secrétariat de l'épiscopat allemand à Berlin, chargé, à l'été 1940, de ranimer les énergies sur la « guerre juste » et sur la victoire qui

26. Lettres de Bérard n° 84, 13 mai, n° 110, 25 juillet, n° 114, 10, n° 115, 18 août 1941, *Vichy-Europe*, 546, rapport Blesson, octobre 1943, *Alger*, 1373 ; lettre du chargé d'affaires, Athènes, 16 juin 1942, note Maricourt, janvier 1945, *Canet*, 31, lettres de Bérard n° 82, 2, et n° 91, 31 mai 1941, *Vichy-Europe*, 548.

assurerait « une paix bénéfique à l'Allemagne et à l'Europe » ; avec Franz-Josef Rarkowski, aumônier général des armées, enjoignant en octobre 1939 les « camarades » de se montrer « virils et forts » en Pologne et les félicitant dans sa pastorale du 4 octobre 1940 de « mener une guerre juste » et d'avoir « maintenu une attitude chrétienne sur le champ de bataille » ; avec Kaller, évêque d'Ermland, dont la pastorale du 25 janvier 1941, « probablement la plus enthousiaste », fut distinguée par Reinhard Heydrich, etc. Sproll lui-même soutint fermement la guerre de « la chère patrie ».

Du 22 juin 1941 à 1942, l'enthousiasme fut total : tous exaltèrent « une croisade, une guerre sacrée pour la patrie et le peuple, pour la foi et l'Église, pour le Christ et sa très sainte Croix » (Michael Rackl, Eichstatt) ; maudirent les *Untermenschen* slaves qui, « en raison de leur hostilité à Dieu et de leur haine envers le Christ, [...] avaient presque dégénéré en animaux » (Lorenz Jäger, Paderborn) ; exhortèrent à une « rapide victoire finale sur les ennemis de la foi », « Turcs » des temps modernes (Joseph Kumpfmüller, d'Augsburg) ; clamèrent que la « croisade européenne [du] sauveur et champion de l'Europe » allait, comme « les chevaliers teutoniques de jadis [...,] extirper le bolchevisme de l'histoire une fois pour toutes » (Rarkowski). Les têtes de file ne furent pas en reste : « ce sacrifice, aussi, nous sommes disposés à le consentir pour le précieux *Vaterland* s'il est à présent devenu nécessaire pour achever victorieusement la guerre et vaincre le bolchevisme, *déclara Faulhaber*. Horrifiante est l'image du bolchevisme telle que nos soldats apprennent à la connaître. Effroyable et intense est la lutte contre cet ennemi mondial, et nous devons la plus profonde gratitude à nos soldats qui défient la mort pour les choses grandes et difficiles qu'ils ont accomplies et endurées au cours de ce conflit. » À la pastorale de Gröber louant le 15 mars 1942 « les soldats allemands victorieux qui menaient une croisade contre le bolchevisme et protégeaient l'Europe contre la marée rouge » adhéra von Galen, présumé « Lion de Munster » résistant qui, par ses sermons des 13, 20 juillet et surtout 3 août 1941, aurait contraint le régime à stopper la liquidation des incurables (qui avait inauguré les chambres à gaz, par son personnel et ses méthodes). Son courage fut à la fois tardif et limité.

Ordonnées par décret du 18 août 1939, les tueries commencèrent en septembre 1939 et furent d'emblée connues de la Curie. Pie XII savait que le Reich liquidait malades mentaux et vieillards par le poison, la famine et « les gaz empoisonnés » : « fortement ému » – mais résolument muet –, il a « fait dire des messes », à l'automne 1940, pour les victimes dont on lui avait communiqué les noms, écrivit Bergen en mars 1941. L'épiscopat allemand, à l'immense rôle hospitalier, fut associé à l'entreprise, qui se poursuivit, plus secrètement, après l'été 1941 (avec un bilan final de 70 000 morts). Galen ne craignait « pas de sérieux désagréments » : il était « fermement soutenu » et avait été mandaté « par les grands dignitaires de l'armée » supposés « attache[r] au maintien de l'esprit religieux une importance capitale dans la lutte plus ou moins déclarée qu'ils [menaient] contre les gens du Parti ». Pie XII attendit, lui, janvier 1942 pour murmurer via l'*Osservatore*, sybillin, contre « toute limitation du droit à la vie » de certaines minorités « en vertu d'un soi-disant principe d'infériorité ethnique » et rappeler (?) que l'Église condamnait la stérilisation et l'euthanasie. Signe de l'attention portée par le tandem Wehrmacht-Église aux conséquences de la mort du Blitzkrieg dans les plaines de Russie, cet émoi tardif ne tiédit pas l'ardeur « pour la défense contre les assauts du bolchevisme athée »[27].

Déclarations et démonstrations romaines

L'Église italienne exalta comme toutes les autres la croisade en un chœur garantissant « les directives [du] Vatican ». En témoigna l'allocution en la basilique de Concordia, début août 1941, de l'archevêque Celso Costantini, secrétaire (depuis 1935) de la Propagande, appel à « la victoire finale et la destruction du bolchevisme », grâce aux « vaillants soldats appartenant également à notre patrie ». Sauf l'*Osservatore*, obscur par « prudence traditionnelle », la presse catholique prêcha la croisade et l'alignement sur le credo allemand, avec l'*Italia* : « l'heure de la justice a maintenant sonné. Le Reich allemand est à l'apogée de sa grandeur. Il se trouve engagé dans une entreprise, l'anéantissement du bolchevisme, qui lui vaut dans le monde entier la reconnaissance de l'Europe chrétienne. La Providence emploie les armes allemandes à l'exécution de la justice divine. Elles s'abattent comme la foudre sur les pâles tyrans moscovites qui ont commis le crime sans nom de chercher à tuer Dieu dans le cœur du peuple russe. Cette mission d'honneur impose des devoirs. Elle exige qu'on ne laisse pas plus longtemps libre champ à un courant extrémiste qui fait le jeu des ennemis du Reich en creusant un fossé toujours plus profond au sein du peuple allemand. »

L'entourage de Pie XII s'enflammait devant tout auditeur : Maglione, « quelques jours après le 22 juin, [...] estimait que la destruction du bolchevisme serait toujours, quoiqu'il advînt, une libération pour l'Europe ». Tardini

27. Bergen, 22, *DGFP*, D, XII, p. 1082-1083, textes de Fulda, 26 juin, Galen, 3 août (et 13 et 20 juillet), lettres n° 130 de Bérard, 23 septembre, n° 543, 24 novembre 1941, *Vichy-Europe*, 87 (et second semestre), J. Winiewicz, *IARC*, n° 10, 21 février 1944, *Allemagne 1944*, 67, Lewy G., *Catholic*, p 145-146, 226, 229-232, 236-242, 263-267, 311, *Verordnungsblatt* n° 3, 18 octobre 1939, 10, AKM Bonn et *New York Times*, 5 octobre 1940 (cités http://en.wikipedia.org/wiki/Franz_Josef_Rarkowski), Zahn G., *German*, p. 83-87, 92, 114, 143-172, et chap. 7, tél. n° 9 de Bergen, 24 mars 1941, *DGFP, D*, XII, p. 347-348, lettre n° 543 de Bérard, 24 novembre 1941 (et sermons Galen *in extenso*) et courriers 2e semestre, *Vichy-Europe,* 87, Aly G., « "Aktion T4", Modell des Massenmordes », p. 11-20, *in* Aly G., *Aktion* ; lettre n° 7 de Bérard, 12 janvier 1942, *Vichy-Europe*, 551.

surveillait fébrilement l'évolution du front. Orsenigo déclara à Weizsäcker le 20 août : « qui parle à présent de paix est un stalinien ». Andreas Cassulo, nonce à Bucarest, alla « jusqu'à comparer le Conducator [Antonescu] à Étienne le Grand, au temps de la reprise de Kichinau par les troupes roumaines ». « À Athènes », le « très "italianiste" » Roncalli, fit comme ses pairs, « allant même jusqu'à bénir des troupes italiennes partant pour le front russe ». Giuseppe *Ramiro* Marcone, nonce (de fait) en Croatie, participa aux célébrations organisées et présidées à Zagreb par Stepinac « à l'occasion du départ pour la mer Noire de la Marine de Pavelic allant combattre l'armée soviétique avec son allié allemand », etc.

Le 29 juin 1941, jour de la fête des Saints Pierre et Paul, la Wehrmacht avait presque atteint Minsk et l'archevêque de Kaunas avait proclamé : « la Lituanie a été libérée du joug bolchevique par l'armée allemande, qui a armé les Lituaniens ainsi soutenus au mieux de leurs capacités. » Pie XII saisit l'occasion pour radiodiffuser ses « réflexions sur la Divine Providence dans les événements humains ». Il évoqua la libération imminente – « il ne manque certes pas, jusque dans l'obscurité de la tempête, de spectacles réconfortants qui ouvrent le cœur à l'attente de grandes et saintes choses. Courage magnanime à défendre les fondements de la civilisation chrétienne et confiante espérance dans leur triomphe » – et l'affreux passé soviétique : « mais d'un autre côté, le mal et le péché pénétrant dans la vie des individus, dans le sanctuaire de la famille [...,] décadence de l'esprit de justice et de charité. Peuples entraînés et tombés dans un abîme de désastres ».

Cette « adhésion morale à la guerre menée par l'Allemagne contre les Soviets » éclata aux yeux de tous, les Allemands, ravis, et le camp allié, représenté par un Gentizon formel dans *La Gazette de Lausanne* du 21 octobre : ces pleurs sur les « familles, individus déportés, transportés, arrachés à leur demeure, errant dans la misère [...et sur] les souffrances indicibles, les persécutions, les sévices en tant que prêtres, religieux et laïques » ne visaient pas le Reich mais les « déportations et persécutions bolcheviques dans les régions dont les armées russes s'étaient emparées l'an dernier ». La réserve pontificale sur « l'action armée contre l'URSS, malgré son désir profond de voir éliminer du monde le bolchevisme », devait tout au poids anglo-saxon dans le rapport des forces général et au soutien par « la grande majorité des catholiques anglais et américains » de leurs États[28].

---

28. Menshausen, 23 août, Friedländer S., *Pie XII*, p. 81, 86, et 79-88, 12 septembre 1941, *DGFP*, D, XIII, p. 489-490, Stehle H., *Eastern*, p. 208, 417, archives Antonescu, tél. Boncour n° 320-321, Bucarest, 12 avril 1946, *Roumanie 1944*, 19, Kosanovic S., *Case*, point 11 *(Internet)*, note DGSN, 21 juillet 1945, AN, F 7, 15292, lettres de Bérard n° 107, 19 juillet, *Vichy-Europe*, 87, n° 12, 4 septembre, et n° 147, 21 octobre 1941, *Vichy-Europe*, 551.

« Rechristianisation » de l'URSS ? : les causes du fiasco

Stehle impute « l'accord secret » sur les plans de reconquête vaticane des régions envahies aux fantasmes de Winter, mais il en relève deux indices : l'impatience de Tardini – le 29 juin – à obtenir l'envoi de « quelqu'un » du Saint-Siège « en Russie, dans les Pays baltes et en Ukraine », et le « plan d'action [dit d']Apostolat en Russie » de l'Orientale, dont Tisserant, Ledochowski et les généraux des ordres capucin et basilien discutèrent avec Pie XII le 4 juillet. Ils convinrent qu'il fallait « prendre grand soin à ne pas donner l'impression qu'il y avait un lien quelconque entre l'envoi des prêtres et l'entrée de l'armée, et à ne pas blesser le sentiment patriotique des Russes ».

Les clercs vernaculaires

D'éminents expulsés se précipitèrent. Le Letton Sloskans « se déclara [...] prêt à rentrer en Russie » dès juillet 1941 dans les fourgons de l'occupant (il quitta par les mêmes voies « sa Lettonie », après le fiasco, « à la fin de 1943 », pour Schneidemühle, où les Allemands le laissèrent, avant qu'il ne gagnât « l'abbaye du Mont-César à Louvain » après-guerre). Le Lituanien Matoulanis, revenu à la fin de 1941, fut « nommé [...] évêque de Kaisiadorys début 1943 ». Mais le gros des troupes, à tous les sens du terme, n'eut pas à être importé : il était formé de Lituaniens et autres Baltes et de Ruthéno-Ukrainiens entraînés depuis des décennies, y compris sous l'habit de clerc, au combat antirusse, sous la houlette des prélats uniates. Les « exécutions et déportations [soviétiques] parmi les éléments considérés comme germanophiles » auraient en 1940-1941 selon un religieux estonien touché 260 000 personnes « dans les Pays baltes ». Elles n'avaient pas anéanti un catholicisme confondu avec l'antisémitisme et la russophobie.

L'Église assuma donc ici les mêmes tâches que dans la Croatie de Pavelic ou la Slovaquie de Tiso. On ne saurait distinguer de ses tuteurs cléricaux « l'armée catholique d'Ukraine » issue de l'« Organisation des Ukrainiens nationalistes » (OUN) du nazi ukrainien Stefan Bandera. Au terrorisme de l'avant-guerre succéda celui de l'occupation pour cette « police supplétive » massacrant combattants de l'Armée rouge, juifs et partisans : avec une frénésie faisant parfois défaut aux Allemands soucieux de liquidation « rationnelle », Raul Hilberg l'a remarqué pour tous leurs satellites, Ukrainiens, Slovaques, Croates, Baltes, Roumains, Hongrois – et « Allemands ethniques » d'Europe orientale.

Il a noté aussi l'interdiction de secourir les juifs pourchassés par les *Einsatzgruppen* (groupes spéciaux) signifiée par les évêques à leurs curés. C'est dans les rangs de la police balte, biélorusse et ukrainienne que fut recrutée la division SS *Galicia* formée en 1942-1943 (de 20 000 Ukrainiens sélectionnés sur un nombre double de volontaires). Cette unité était sans répit bénie par ses clercs, ainsi après le massacre de 6 000 juifs, « trois jours et trois nuits », auquel échappa le jeune Simon Wiesenthal : perpétré à l'été 1941 par l'OUN pour « célébrer [son] retour à Lvov » (siège de Szepticky), il fut interrompu par les cloches de l'église, « une voix ukrainienne hurl[ant] : "Suffit pour ce soir ! C'est l'heure de la messe !" ». Exemple banal, car, en dépit de la légende de leurs réticences (toujours postérieures à Stalingrad) envers ces atrocités, les prélats contrôlèrent le processus, avec à leur sommet Szepticky. Il analysa froidement la haine de « ce pays » contre un « régime allemand, peut-être bien plus mauvais que le bolcheviste, et même diabolique », et décrivit les tueries nazies. Mais en août 1942, il « souten[ait toujours] l'armée allemande qui nous a libérés du régime bolchevique, jusqu'à ce qu'elle mène la guerre au succès qui – grâce à Dieu – vaincra une fois pour toutes le communisme athée et militant ». Il bénit comme ses pairs la *Galicia*, « guidée par ses aumôniers uniates [contre] les bolcheviques impies ».

Une partie des clercs participa aux activités séculières : comme les franciscains en Croatie, les basiliens assumèrent les missions de combat, de l'espionnage à la lutte armée. Il y eut avant la guerre, pendant et après « coïncidence entre l'activité des basiliens et celle des banderewci » (les hommes de Bandera). L'ordre, très « puissant en Ukraine slovaque et en Ukraine polonaise », inexistant « en Ukraine soviétique » avant (et après) guerre soutenait non seulement les *banderewci*, mais toutes les formations dites « de la Résistance ukrainienne » : « noyau » de celle-ci, il passa de la « résistance passive contre les Soviets » avant le 22 juin 1941 à la « collaboration avec les Allemands », totale entre 1941 et 1943 (terme, souvent, des élans les plus fougueux). Dans la Galicie polonaise occupée par l'Armée rouge en 1939, « plusieurs couvents de basiliens que les Russes avaient respectés, [étaient à l'automne 1941] occupés par les troupes allemandes » : cette décision, compte tenu de leur rôle *militaire* et de ce qui suit, ne s'inscrivit pas dans la sécularisation des ordres – que la guerre avait renforcée dans le Reich[29].

Les tractations germano-vaticanes

Attribuer au catholicisme ukraino-balte un rôle décisif depuis l'été 1941 dans une collaboration germano-vaticane nouée à l'aube du siècle ne dispense pas d'examiner le « plan d'action » de l'Orientale. La Curie réclamait l'entrée dans l'URSS occupée, d'une part, de ses délégués, question relevant d'Orsenigo, nonce dans les territoires occupés du Grand Reich, d'autre part,

29. Stehle H., *Eastern*, p. 203, 211-212,216-220, Wenger A., *Rome*, p. 294 et 298-299, Hilberg R., *Destruction*, depuis le chap. VII (dont p. 266), Aarons M. *et al.*, *Nazis*, p. 203, 211-212 et chap. 8, note 223500, 21 décembre 1948, *Tchécoslovaquie 1944*, 47, tél. Bérard n° 90, 21 novembre 1941, *Vichy-Europe*, 551, politique catholique, *Vichy-Europe*, 87.

de clercs allemands, évidemment en mission militaire, toute hypothèse de « vie religieuse » catholique en terre *russe* étant exclue – malgré la légende, maintenue par la propagande uniate contemporaine, du « soin des âmes des catholiques locaux » (Dr Florian Müller). La presse espagnole, en reproduisant le mensonge d'une énorme aide allemande aux catholiques baltes dont les Russes auraient pillé les églises, vendit la mèche : les aumôniers militaires adressaient à leurs supérieurs rapports et photos, transmis aux « autorités vaticanes ». On n'allait pas « envoyer des prêtres uniates » étrangers, non allemands, vers l'URSS occupée, mais assurer à l'occupation le même support qu'en Éthiopie et en Espagne. Le 23 juillet 1941, George Wilhelm Grosskopf proposa au nom du « Dienststelle [bureau] Rosenberg » un règlement sur cette base : la présence ecclésiastique exclurait tout ressortissant « des pays étrangers » satellites, à l'exception d'« une attitude plus compréhensive pour l'Église (autocéphale) ukrainienne [...] en raison de ses liens nationaux ». Le Saint-Siège va « s'efforce[r] d'établir un contact avec l'Église *uniate* d'Ukraine occidentale (Lwow, évêque Szepticky), et d'approcher la population catholique (polonaise) de Russie occidentale et de Lettgallia (en Lettonie orientale) et celle de Lituanie ».

Il n'allait pas, il *avait* déjà demandé l'aval allemand : Orsenigo était en train de traiter de l'indemnisation des réquisitions dans la Warthegau et de « la confiscation des monastères en Allemagne », mais aussi de l'extension du concordat du Reich aux territoires occupés. Ce qui permit à Berlin, sous couvert d'exiger par courrier-paravent du 25 août 1941 le respect du principe de sa consultation pour toute haute nomination, de recenser les *réalisations* depuis 1938 : son exclusivité cléricale dans « l'Ostmark [Autriche], les zones allemandes des Sudètes, le protectorat de Bohême-Moravie, la zone de Memel, les zones de l'Est annexées, Eupen-Malmédy [et] dans le gouvernement général, en Alsace, en Lorraine, au Luxembourg, et dans les zones libérées de Basse-Styrie, Carinthie et Carniole ».

Aux requêtes romaines répétées répondirent le 6 août 1941 les quatre « consignes » du haut-commandement de la Wehrmacht (Wilhelm Keitel) « sur la conduite à tenir dans les questions religieuses à l'égard de la population civile dans les *régions de l'Est* nouvellement occupées » : 1° indifférence de l'armée allemande à la vie religieuse ; 2° services religieux des aumôniers militaires réservés « aux membres des Forces armées allemandes », tout prosélytisme envers les civils étant « explicitement interdit » ; 3° « il est également interdit d'admettre ou d'appeler du clergé civil du Reich ou de l'étranger dans les régions de l'Est occupées. 4° Ces règles ne sont applicables ni à la zone de Bessarabie occupée par les troupes roumaines ni au front finlandais ». Ce texte avait été précédé le 30 juillet de l'ordre d'Hitler de « suspendre immédiatement et jusqu'à nouvel ordre les confiscations de propriétés ecclésiastiques et monastiques »[30]. Le tout fixa l'acquis initial du Vatican.

Les « prêtres catholiques désignés pour aller en Ukraine » dès juin 1941 durent, selon Truelle, ronger leur frein hors des régions conquises au-delà du Dniestr par les troupes germano-roumaines. Seul le supérieur de leur délégation, « l'Allemand d'Ukraine » Markus Glaser (ancien du diocèse de Tiraspol), nommé « administrateur apostolique », fut autorisé à y entrer, avec pour vicaire général l'agent hitlérien Nikolaus Pieger naguère posté en Roumanie : « âgé » et égrotant, Glaser était encore à Jassy début novembre 1941. Sur les trois autres, « malgré les interventions renouvelées de l'archevêque catholique de Bucarest appuyées par la nonciature, on se heurte jusqu'à présent à un refus de l'état-major du Reich. Un prêtre allemand, connu et bien vu de la légation [allemande], avait, au début des opérations, obtenu de celle-ci des promesses et même certaines autorisations, pour accompagner les armées en Russie ; elles lui ont été retirées. Enfin le supérieur du "Russicum", jésuite slovaque, a été envoyé de Rome pour essayer d'entrer en contact avec les populations des régions occupées pour une mission d'information. Il est actuellement à Bucarest sans avoir, lui [non plus], été autorisé à partir pour la Russie du Sud. On lui permettrait seulement d'aller en Bucovine ». Une « personnalité » de la Curie confirma en octobre « que le Saint-Siège n'avait encore réussi, en dépit de tous ses efforts, à entrer en contact avec aucune des églises relevant de Rome et se trouvant dans les régions soviétiques occupées part les troupes de l'Axe ». Ayant « appris qu'une vingtaine de prêtres orthodoxes avaient été admis dans le territoire de l'Est occupé mais qu'environ le même nombre de prêtres catholiques de Lettonie et de Lituanie n'avaient pas été autorisés à retourner en zone russe », Rome aurait protesté contre cet interdit militaire – en octobre ou novembre.

C'est en tout cas ce qu'on raconta aux délégués de Vichy pour cacher l'espionnage germano-vatican en Ukraine. Le récent témoignage d'un hitlérien uniate, qui mentionne l'entrée « à l'automne » du tandem Glaser-Pieger, présent « à Noël 1941 en Ukraine », est cohérent avec l'envoi là-bas des basiliens slovaques. Cette mission fut révélée, à leur procès de janvier 1951, par trois évêques slovaques, pivots du parti de Hlinka puis de Tiso (dont les aveux sont authentifiés par les archives Tiso) : Mgrs Jan Vojtassak, de Spis – nommé vice-président du conseil d'État slovaque avec l'aval écrit du Vatican –, qui avait félicité au nom de l'épiscopat slovaque le général Ferdinand Catlos, commandant l'armée envoyée sur le front russe, et avait

30. Lettre d'Halloy n° 3, 9 janvier 1942, Malaga, *Vichy-Europe*, 87, Grosskopf, 23, Woermann, 24 juillet, 25, notes, verbale, 28 août, et écrite du nonce, 2 septembre, Weiszäcker, 30 août, 12 septembre, Keitel, 6 août (souligné dans le texte), et Bormann, 6 juillet 1941, *DGFP*, D, XIII, p. 205, 210-212, 381-383, 410-415, 440, 483, et 536-537.

reçu « la Grand-Croix de l'Ordre de la Croix slovaque », Michal Buzalka, auxiliaire de Bratislava, et Pavol Godjic, uniate de Presov.

Buzalka décrivit en 1951 ses liens avec les clercs du *Russicum*, ses contacts avec Ledochowski pour fixer la liste des élus (dont il cita les noms) à envoyer en URSS : vicaire général de l'Armée slovaque, chargé par la Curie du renseignement militaire dès l'invasion, il prépara à la mi-juillet 1941 avec le Dr Giuseppe Burzio, chargé d'affaires du Saint-Siège à Bratislava, la collecte d'informations sur l'Ukraine occidentale, sur la base des « questionnaires du Vatican » fournis par Burzio. Ses aveux furent confirmés par l'interrogatoire du témoin Andrekjkovic sur la campagne d'Ukraine, par le basilien Godjic – à l'activité toute ukrainienne, en contact à Presov avec le Dr Kolbe, agent nazi, et par son truchement, avec l'ambassadeur du Reich, Hans Ludin, et le chef des Allemands de Slovaquie, Franz Karmazin –, et par l'ancien secrétaire de Godjic, qui précisa le rôle de son chef dans l'envoi des uniates en Ukraine occupée[31].

Le rapport des forces militaires

Le veto officiel allemand contre l'Église romaine fut renforcé en décembre 1941, sans mettre fin aux plans de « rechristianisation » : l'un d'entre eux fut négocié fin octobre 1942 par Pie XII, l'occupant allemand, l'évêque ukraino-américain Ivan Bucko, « expert du Vatican sur les questions ukrainiennes [d']opinions radicalement antirusses » et pro-nazies, et Lavitrano, chef d'une mission d'enquête en Russie occupée (en compagnie de Bucko) organisée sous la houlette de Szepticky en vue d'une fusion des églises orthodoxe et uniate d'Ukraine.

L'échec de ces plans grandioses fut cependant scellé à l'automne 1941, « depuis qu'il [fut] révélé au monde qu'il y avait une armée soviétique capable de rivaliser avec l'armée allemande » (Armand Bérard). La Curie perçut à la *fin de l'été* le tournant de la guerre : Tardini refléta la « déception des puissances de l'Axe » en s'inquiétant devant Léon Bérard, début septembre, des « lenteurs de la guerre de Russie [qui] lui demeur[ai]ent, comme à tant d'autres, une grande surprise. Qui aurait prévu que les Soviets opposeraient à l'armée allemande non pas seulement une "résistance", mais une force militaire organisée comme celle dont ils disposent ? Il ne doute pas au surplus que les Allemands ne battent finalement les Russes, au prix de durs sacri-

31. Florian Müller, *Mitteilungsblatt*, 19 décembre 2009, http://library.ndsu.edu/grhc/articles/magazines/german/chrismas.html (et sur le tandem Glaser-Pieger et son voyage de Noël), lettres de Truelle n° 321,15 novembre 1941, *Canet*, 59, n° 33, 11 février 1942, n° 12, 27 janvier 1943, *Canet*, 57 ; lettre de Bérard n° 147,21 octobre, *Vichy-Europe*, 551, note, 11 novembre 1941, *DGFP*, D, XIII, p. 952, tél. Rivière n° 34-37, 11, lettre n° 16/4, Bratislava, et note sur Vojtassak, 17 janvier 1951, PV Conseil d'État slovaque, 30 septembre 1942, *Tchécoslovaquie 1944*, vol. 154.

fices ». Il envisagea dès lors une victoire des Anglo-Saxons et des Russes « telle que Staline serait appelé à organiser la paix de concert avec Churchill et Roosevelt », puisqu'on ne pourrait exclure « l'allié moscovite qui aurait apporté une contribution décisive à la victoire commune [...Il] ne dissimul[ait] pas les craintes qu'un tel dénouement lui inspireraient sur le sort de l'Europe et l'avenir de l'Europe ». À la mi-octobre 1941, « de source sûre, particulièrement compétente et qualifiée, [...] les milieux du Vatican estim[aient...] que les puissances de l'Axe [avaient] d'ores et déjà perdu la guerre ». Les signes en affluèrent, de la multiplication des sermons allemands contre « les persécutions religieuses » au net déclin, selon Tittmann, de la cote du pétainiste Gillet, alors que Tisserant, « l'un des ecclésiastiques français les plus énergiques et les mieux en cour [...] serait actuellement "persona grata" auprès du Saint-Siège qui le consulterait fréquemment ».

L'angoisse accrut les prudences de l'*Osservatore*, qui agrémenta sa prose de 1942 d'amabilités énigmatiques aux victimes de l'Axe. Tardini avoua à l'été le fiasco des objectifs germano-vaticans « au pays des Soviets » privé d'« élite sociale de quelque importance [...] On n'y voit qu'une masse ignorante, totalement asservie aux consignes de l'État communiste. La génération formée par le nouveau régime demeure solidement prémunie contre tout sentiment religieux. Là-bas, il y a aussi une steppe morale », tranchant sur l'« élite spirituelle » allemande qui « représente un espoir de renaissance [et] offre à la nation les possibilités d'un redressement moral ».

Ce descriptif méprisant légitima le refus de frayer avec Moscou, réaffirmé en 1942. Le Vatican démentit en mars, alors qu'il nouait des relations diplomatiques avec Tokyo – « succès de l'Axe » fort remarqué –, le bruit d'« une soi-disant lettre personnelle de Staline » au pape. Affichant ses *« vives sympathies pour la Finlande »*, Maglione confirma en avril « que la question de [la] représentation [soviétique] n'était pas posée et qu'elle ne saurait être examinée [...] tant que le gouvernement bolcheviste n'aurait pas apporté à sa politique religieuse un changement de direction aussi franc et prononcé que sa conduite passée l'exigeait ». Le propos fut seriné[32] en sachant que la suite du dossier serait gérée avec les Anglo-Saxons.

32. Note, 28 novembre, Fischer, 4 décembre 1941, *DGFP*, D, XIII, p. 952-953, Aarons M. *et al.*, *Nazis*, p. 205-213, lettres de Bérard, 2 février 1942, n° 12, 4 septembre, n° 36 d'Alexandry, Porto, 17 octobre 1941, *Vichy-Europe*, 551, de La Baume n° 61, 4 février 1942, dossier Galen et *alii*, *ibid.*, 87, *OR* en 1942, *ibid.*, 548, 550 et 557, Bérard, lettres n° 98, 28 juillet, *ibid.*, 550, n° 40, 13, n° 45, 27 mars, et tél. n° 19, 10 avril 1942 (souligné dans le texte), *ibid.*, 546 (et ce vol.).

L'ambiguïté des relations avec les États-Unis

Les conflits de 1941

Comme naguère, la perspective de la défaite jeta le Vatican vers « l'unique planche de salut » américaine mais la guerre, longue, laissa percer l'ambiguïté des rapports bilatéraux. Sa durée et ses enjeux nourrirent des conflits tactiques entre clans d'inégale puissance. Celui des décideurs se bornait à Pie XII – ce pape « autoritaire gouverne l'Église seul [et...] décide tout », écrivit d'Ormesson en 1940 et après guerre – et à « ses conseillers » allemands et italiens : Maglione, Montini et Tardini ont leur mot à dire, « le reste ne compte pas », nuança Victor de Blesson. Ils résistèrent longtemps aux voix qui s'enhardissaient à les « persuader [...] que l'Église a[vait] tout à gagner au succès du bloc Londres-Washington-Moscou ». Maglione maudissait toujours, début 1942, les clauses de Versailles, « causes initiales de la guerre ». Montini et Tardini, lucides sur « les déconvenues et les échecs » essuyés sur le front russe, estimaient que « la force militaire de l'Allemagne rest[ait] très grande ».

« Les jésuites » montrèrent-ils plus tôt leur intelligence politique en se muant en « défenseurs zélés de la cause du groupe anglo-saxon » et en cherchant à « obtenir du Souverain Pontife qu'il se pronon[çât] carrément en faveur de l'Angleterre et de ses alliés » ? Certes, le sort des diplomates américains à Rome signala le statut privilégié de cet ennemi officiel : à l'inverse de ses homologues, Tittmann fut, bien que la police italienne patrouillât autour de l'immeuble de son ambassade au Quirinal et que les mouvements de personnel y fussent réduits, « laissé entièrement libre » après l'entrée en guerre des États-Unis. Entre 1941 et Stalingrad fut cependant atteinte l'équivoque maximale de ces liens obligés : le Reich faisait par la guerre, quoique sa défaite fût certaine, avancer des objectifs communs, que la Curie ne désavoua jamais ; l'efficacité militaire de l'URSS semblait momentanément peser autant pour Washington que la question soviétique.

Au printemps 1941, le Vatican comptait encore sur les « Germano-Américains » à la Hoover et Lindbergh, retranchés derrière les déclarations épiscopales, pour maintenir les États-Unis dans la « neutralité ». Mais Lindbergh « est considéré aujourd'hui comme un membre de la Cinquième colonne [et] ses opinions [...] ou campagnes ont pour effet de fortifier la position du gouvernement ». Le duc de Windsor, fantoche détrôné, qui déclarait que Washington, « au lieu de prendre ouvertement parti pour la Grande-Bretagne, ferait mieux de se préparer d'ores et déjà à offrir, au moment opportun, ses bons offices pour la signature d'une paix de compromis », perdait en influence. À l'été 1941, la « polémique » Maglione-Spellman illustra l'affaiblissement « neutraliste » : le second ne mâcha pas ses mots sur le soutien du pape aux « ambitions impérialistes de l'Italie » qui menaçait sérieusement son « prestige [et...] son autorité spirituelle » sur les catholiques américains[33].

La Curie pratiqua avec une ardeur avivée par la résistance soviétique une tactique unique : la dénonciation du péril rouge pour l'Europe et le monde, qui emplit les fonds français, américains, anglais, allemands, etc., et que Myron Taylor entendit à sa mission ultra-secrète de septembre 1941. Ce leitmotiv est résumé par la note Maglione du 17 annonçant un exposé sur « les deux grands dangers actuels » en Europe, « le nazisme et le communisme » : elle consacrait, sur un total de trente-deux, une ligne au premier (« actuellement le nazisme est mieux organisé et montre une force supérieure ») et vingt-huit au second : elle stigmatisait sa propagande, son exploitation « du mécontentement populaire dans les moments de difficulté », son « programme d'agression militaire [...] prouvé notamment par l'invasion de la Pologne, de l'Estonie, de la Finlande, de la Lettonie, de la Lituanie et de la Bessarabie » et son « programme éminemment militariste [...] révélé par les immenses préparatifs de guerre dévoilés par le conflit russo-allemand actuel ».

Taylor et Pie XII parlèrent beaucoup du communisme et des Soviets. Les 16 et 21 septembre, l'Américain « donn[a] tout apaisement au Vatican sur le caractère des relations entre la Russie et les puissances anglo-saxonnes, [...] soucieuses d'éviter tout ce qui serait de nature à favoriser l'extension de bolchevisme » : « l'alliance » militaire avec l'URSS avait un « but limité et précis ». Il dispensa à Pie XII un cours d'histoire sociale (exceptionnel chez ce représentant du capital financier) selon lequel « le communisme n'était pas un fait spécifiquement russe, mais humain [qui...] dépend[ait] des conditions sociales, économiques et politiques d'un pays beaucoup plus que des instructions du Komintern ». Suivit un exposé sur « le régime russe » qui, « en pleine évolution », exaltait patriotisme et religion, avec « les programmes religieux diffusés quotidiennement, les églises rouvertes et regorgeant de fidèles » : cette évolution se poursuivrait car « les événements actuels auront pour effet de limiter la liberté d'action de l'URSS ». Il aguicha surtout Pie XII sur le « rôle de l'Église dans la paix (future) » : ils tombèrent d'« accord quant aux principes généraux » qui devraient y présider, « les idées de liberté, de justice et de libre disposition des peuples, [...,] l'action matérielle des États-Unis rejoigna[n]t l'action spirituelle du Vatican ».

33. Lettres de Bérard, 2 février 1942, n° 114, 22 décembre 1941, *Vichy-Europe*, 551 et 546, d'Ormesson (sur 1940) n° 72,14 février 1949, *Saint-Siège 1944*, 10, rapport Blesson, octobre 1943, *Alger*, 1373, note Vichy, 5, lettre de Dampierre, Budapest, 18 mai 1941, *Vichy-Europe*, 960 et 961, note, 18 juillet 1941, Friedländer S., *Pie XII*, p. 88-89.

Le consensus fut plus délicat sur les tâches immédiates. Taylor n'était pas venu préparer la croisade antisoviétique de l'après-guerre mais solliciter de Pie XII, après lui avoir confirmé la résolution américaine à soutenir l'Angleterre « jusqu'à la défaite complète du Troisième Reich, [...] une déclaration favorable [à ses] adversaires [...] Il aurait même suggéré au Saint-Père de quitter Rome pour un territoire neutre, afin de reprendre sa liberté d'action » : « ces offres ont été déclinées comme trop compromettantes. » Muni d'une lettre personnelle de Roosevelt, il exigea aussi que le pape cessât d'orchestrer « l'opposition au président [des...] catholiques américains » et modifiât le passage de *Divini redemptoris* interdisant toute « collaboration avec le communisme ». « Sur ce point, peut-être le plus important de sa visite, il a échoué », exulta Attolico, dûment rassuré : Pie XII venait de lui rappeler « son attachement aux Allemands. Même ici à Rome, il reçoit *chaque jour* tous les Allemands qui viennent le voir, sans même leur demander de s'agenouiller devant lui, comme tous les autres ; et parfois il interrompt le rapport quotidien du secrétaire d'État afin de les recevoir », pratique dont témoigne la couverture du présent ouvrage.

Attolico se trompait. Taylor n'arracha ni en septembre 1941 ni au-delà un mot de condamnation « du Troisième Reich », mais Ennio di Nolfo l'a montré, il put, grâce à l'ordre du jour officieux, « plus spécial et plus limité », de sa mission, imposer sa solution minimale. La Curie éprouvait « d'assez sérieux embarras financiers à cause des restrictions monétaires » entravant les transferts « dans un certain nombre de pays [...] et du blocage des avoirs italiens aux États-Unis » : les siens y étaient « inscrits [...] la plupart du temps au nom d'intermédiaires italiens [...] Les conversations [...] auraient donc porté sur les moyens propres à remédier à ces difficultés ». Elles aboutirent aussitôt.

Le 20 septembre, Maglione fit transmettre aux évêques américains par Amleto Cicognani la nouvelle interprétation de l'encyclique : « le Saint-Père veut seulement condamner le communisme athée, et non le peuple russe à l'égard duquel [...] il exprime sa bienveillance paternelle et compatissante. » Cette déclaration nette, mais épargnée au pape lui-même, imposa discrétion aux prélats les plus déchaînés, d'autant plus qu'elle échut à l'un d'entre eux, Mgr McNicholas. Fut à cette occasion joué un nouvel épisode du feuilleton sur le degré de liberté religieuse de la population soviétique : cœur de la campagne gouvernementale américaine pour rallier le catholicisme intérieur, l'argument laissait de glace le Vatican, dont le postulat ne relevait pas du culte mais des rapports entre Slaves et Germains. À l'ordre du payeur il se soumit du plus mauvais gré, laissant les prélats américains exprimer leur colère contre l'entrée en guerre des États-Unis et la Grande Alliance.

Pie XII, soutenant l'Axe sans répit, demeura un américanophile contraint. Ses pressions en faveur du maintien de la neutralité sud-américaine gênèrent Washington dans son « arrière-cour » : fonds allemands et français convergent sur le rôle des nonces, de Cicognani et des ambassadeurs d'Espagne et du Portugal, depuis la fin de 1941, contre l'entrée en guerre « en bloc [de] toutes les Républiques de l'Amérique du Sud ». Le conflit éclata « pendant la conférence de Rio de Janeiro » de janvier 1942 où les intéressés, Cicognani en tête, « us[èrent] de l'influence du Saint-Siège en faveur de l'Axe ». La presse anglo-saxonne décrivit « l'action modératrice » des nonces à Washington, au Brésil et en Bolivie et le poids de la Curie dans la « résolution » finale des Latino-Américains prônant « une sorte de demi-neutralité ». Le contentieux nippon demeura : Washington fulmina, de février à mai 1942, contre la décision de Pie XII d'accueillir un « ambassadeur du Japon », Ken Harada, astuce pour reconnaître sa tutelle sur les Philippines[34].

Les progrès de 1942

L'évolution du conflit mit à l'ordre du jour en 1942 ce qui n'était que virtuel l'année précédente : le Vatican montra, via l'épiscopat, son adaptation au rapport de forces militaires, et Washington son goût pour un *statu quo* européen dont l'Axe Rome-Berlin ne pâtirait pas à l'excès. Pie XII et ses évêques allemands amorcèrent la transition, entre morgue de la victoire et certitude de la défaite, vers la *Pax Americana*. Les évêques – Galen, Bornewasser, etc. – pimentèrent dès février-mars leurs sermons « contre le bolchevisme » et pour « les devoirs sacrés envers la patrie, même au prix des plus grands sacrifices », de références aux « plus amères désillusions » soulevées par la poursuite de « la lutte contre le christianisme et l'Église ».

Inquiets de l'avenir du Reich « si la guerre durait encore un an », ils tentèrent en juillet 1942 de répéter l'opération du 1er août 1917, moteur de l'ascension de Pacelli, en requérant du même « un programme de paix [...] acceptable et équitable pour toutes les nations belligérantes ». Les sondages vaticans « auprès de différentes capitales européennes à l'automne 1942 » se heurtèrent à la conjoncture, mais l'affaire se présentait mieux qu'il ne semblait. Au printemps avaient commencé les tractations décrites par James Edward Miller en vue d'une paix séparée maintenant la monarchie italienne « comme "seule autorité légitime" » et n'impliquant, condition tacite, que l'éviction du Duce.

34. Note Maglione, 17 septembre, Di Nolfo E., *Vaticano*, p. 146-147, Bérard, tél. n° 74, 16, lettres n° 127, 18, n° 129, 22, tél. n° 76, 26 septembre, *Vichy-Europe*, 960, tél. Genty n° 1146-1148, Lisbonne, 1er octobre, *Vichy-Amérique*, 57, *ADSS*, 5, n° 59, 1er septembre, Rhodes A., *Vatican*, p. 261-262, Attolico, transmis à Berlin, 11, 16 septembre, *DGFP*, D, XIII, p. 500-503 et 523, tél. Pietri n° 1470, Madrid, 1er octobre 1941, *Vichy-Europe*, 960, Di Nolfo E., p. 148, Rhodes A., p. 262-263, *FRUS* 1941, I, p. 999-1005, Bérard, tél. n° 8, 1er, lettre n° 31, 24 février 1942, *Vichy-Europe*, 551 et 546 (ou Friedländer S., *Pie XII*, p. 89-91 et Papeleux L., *Silences*, p. 136-138), *FRUS* 1942, III (9 février-22 mai), p. 778-791, 13 mars-11 mai, *Vichy Europe*, 546, 13-27 mars 1942, *Londres*, 275.

William Donovan, chef de l'*OSS*, ancêtre de la *CIA* et fief du catholicisme « irlando » ou « germano-américain », le confirma au Vatican en mai.

L'été fit avancer les choses, dont Taylor traita à Rome en septembre-octobre, puis à Madrid et à Lisbonne, lieux « neutres » décisifs. Il vint certes « prévenir d'éventuels sondages de paix en marquant au Saint-Siège la volonté » américaine de parvenir à « la victoire complète des nations unies » excluant « d'éventuelles propositions de compromis » avec l'Axe. Il déplora l'« attitude intransigeante [de Pie XII] à l'égard de l'URSS [qui] gênerait la politique des États-Unis en Amérique du Sud », arguant à nouveau des « renseignements reçus sur la situation [...] très favorable au catholicisme » et les progrès de la « liberté religieuse ». Il s'appesantit surtout, à son « audience exceptionnellement longue » du 21 septembre avec Pie XII, sur « certaines questions touchant la réorganisation européenne de l'après-guerre ».

Aux entretiens avec Franco et Salazar furent associés des délégués de la Curie : à Madrid, Mgr Egidio Vagnozzi, conseiller de la nonciature de Washington, et, à Lisbonne, le cardinal-primat, Manuel Gonçalves Cerejeira. La discussion fut très libre sur « le danger bolchevique », seul problème pour Franco et Salazar, que Taylor rassura sur « la portée exclusivement "stratégique" de l'alliance avec l'URSS ». Se dessina mieux l'avenir américain d'une Italie à laquelle il serait beaucoup pardonné. Washington, fut-il convenu, tiendra « compte de la sensibilité du pape pour tout ce qui touche l'Italie et de l'inquiétude qu'il éprouve quant aux conséquences d'une défaite de l'Axe pour la patrie de ses pères ». Car le Vatican jouera un rôle dans « les conditions de paix » prévues par « les plans très détaillés qu'un nombreux état-major élabore à Washington pour venir en aide aux pays épuisés par la guerre, pour renflouer leur économie, renouer les échanges » et régler « les problèmes politiques ». Et ce, dans les conditions les plus favorables pour les deux partenaires : « les batailles acharnées du front de l'Est, en se prolongeant, entraînent une telle usure des forces vives des deux adversaires que, dorénavant, la présence de l'URSS dans la campagne des nations unies grèverait d'une hypothèque moins lourde la victoire de ces dernières. »

Washington montra une grande « complaisance » (que Londres ne partageait pas) pour Ciano, inspirateur de cette mission Taylor qui avait « alarmé les Allemands » : il « aurait perdu sa foi dans la victoire finale de l'Axe [et] avec l'appui de l'aristocratie italienne [...] chercherait à supplanter son beau-père ». Taylor annonça « que les États-Unis pourraient se prêter à une conversation avec Mussolini » et reconnaître « certaines revendications italiennes » : « la Tunisie ou [...] une situation prépondérante dans la régence et, en outre, une partie de la Slovénie, de la Croatie, ainsi que toute la côte dalmate », via « des plébiscites dans les régions frontalières où les Italiens se prétendent en minorité ». Semblèrent confirmer ces renseignements les « mesures bienveillantes [...] prises aux États-Unis » en octobre 1942, au retour de Taylor, pleines d'« arrière-pensées d'ordre diplomatique et de politique générale ». On radia les Italiens de la liste des « étrangers ennemis » dressée en décembre 1941 et on se congratula : « les nations alliées, *déclara Adolf Berle*, "ne refusent pas la camaraderie à ceux qui ne sont pas coupables ou qui ont été conduits dans la voie de l'erreur" et [...] "le peuple italien pourra, après la chute du fascisme, reprendre une place d'honneur dans le rang des peuples libres" ».

Taylor ne fermait pas non plus la porte au Reich : « il aurait fermement déclaré que les États-Unis [...] refuseraient d'engager des pourparlers avec l'Allemagne *national-socialiste* et que la seule base de *discussion* admissible était le *statu quo* territorial du *15 mars 1938*. » Les mots que je souligne rappellent les hommages de Wilson, depuis l'été 1917, au grand peuple allemand et suggèrent l'ampleur du compromis projeté : l'Allemagne non nazie était celle des élites indûment séparées d'Hitler, allié devenu encombrant ; la paix se discuterait par opposition au diktat de Versailles ; l'Anschluss était acquis. Début octobre, Dalla Torre révéla ces « arrière-pensées » dans l'*Osservatore* : « les adversaires d'aujourd'hui devront être les collaborateurs de demain, [...] l'esprit d'hostilité devra disparaître avec le dernier coup de canon. »

C'est à quoi s'employa un pair de Taylor, le futur chef de la CIA Allen Dulles, que Roosevelt envoya à Berne en novembre 1942 comme chef de l'OSS pour l'Europe en vue de préparer l'avenir de la sphère d'influence américaine en Allemagne. Mission logique pour le frère de John Foster, comme lui associé du grand cabinet d'avocats d'affaires Sullivan & Cromwell, lié de longue date à la banque Schroeder (un des piliers de la solution Hitler) et bastion de la liquidation des réparations. Dulles œuvra d'emblée avec les dignitaires de l'Église romaine, du *Zentrum* nazifié et des « nationaux-socialistes notoires » : tel Hans-Bernd Gisevius, « envoyé » – en 1926, à moins de 22 ans – « par les chefs hitlériens [...] en qualité d'observateur du parti à la Société des Nations », un des « principaux organisateurs [...] de la Cinquième Colonne [...] à Copenhague » en 1940, vice-consul à Zurich depuis janvier 1941, chef des « services de renseignements allemands [...] en Suisse », notoire pour ses « nombreuses relations dans la grosse industrie et dans le monde financier »[35].

---

35. Lettres 317/AL Intérieur, Vichy, 18 février, n° 112 de La Baume, Berne, 10 mars 1942, *Vichy-Europe*, 87, *Daily Mail*, 29 juillet 1942 (allusion à 1917 de mon fait), et *France*, 10 mars 1943, *Londres*, 275, Miller J. E., *United States*, p. 29-30 (et 21-34), tél. Baraduc, Lisbonne, 29, Blesson n° 40, 28, Haye n° 3874, Washington, 30 octobre, lettre n° 112 de Blesson, 25 septembre, tél. Pietri n° 1003, 3, Gentil n° 1600, 6, Pietri n° 1105, 30, Baraduc, 13 et 29, Bard n° 1765, Berne, 19, lettres n° 118 de Blesson, 3, *Vichy-Europe*, 960, et de Haye n° 73, 19 octobre 1942, *Vichy-Amérique*, 57 (septembre-octobre, Di Nolfo E., *Vaticano*, p. 173-224), lettres n° 12 de Jousset, Zurich, 15 janvier 1941, *Vichy-Europe*, 764, et de Garnier n° 942, Berne, 24 juillet 1945, *États-Unis 1944*, 171 ; Lacroix-Riz A., *Industriels*, p. 447-449, « Les États-Unis entre la Suisse et l'Allemagne pendant la Deuxième Guerre mondiale », et bibliographie suisse, *in* GUEX S., éd., *Suisse*, p. 141-184, Higham C., *Trading*, et Lernoux P., *In banks*, *passim*, Van Dongen L., *Un purgatoire*, index, etc.

Le Vatican entre les bombardements anglo-américains contre l'Axe et les atrocités nazies dans les pays occupés

La protestation contre les bombardements anglo-américains

La Curie, qui redoutait la rancune anglaise, surtout celle d'Eden, « l'homme des "sanctions" » éthiopiennes, put exploiter les divergences de la nouvelle Entente. En février 1942, Londres « informa le Vatican que dans la mesure où Rome était une capitale de l'Axe, et où les puissances de l'Axe avaient impitoyablement bombardé la capitale de l'Angleterre, les Anglais se sentiraient libres de bombarder Rome à tout moment jugé utile » (tout en promettant d'épargner le Vatican même). Pie XII pouvait en l'occurrence compter sur la déloyauté de Roosevelt (aussi bombardeur que Churchill), exposée par Taylor en novembre : ne pas appuyer les Anglais sur la question « améliorerait [en effet] notre position à l'égard du Vatican, du peuple italien et des milieux gouvernementaux, désormais nombreux, favorables à un changement de gouvernement [...;] accentuer nos efforts en parallèle avec le pape renforcera en notre faveur les liens entre Italie, Espagne et Portugal ».

L'affolement « purement romain » de Pie XII eut un équivalent unique, ses lamentations sur les villes allemandes bombardées à partir du 31 mai 1942 (Cologne). À la demande de Berlin (ainsi le 18 septembre), il mobilisa la secrétairerie d'État sur les possibilités de protestation auprès des Anglo-Américains. Tardini prôna la prudence, observant « que les Allemands avaient été les premiers à bombarder des villes ouvertes ». Pie XII soumit cependant aussitôt et « longuement le problème » à Myron Taylor, qui répliqua : « Je ne suis pas sûr que le Saint-Siège ait condamné les bombardements de Londres, Varsovie, Coventry », malgré l'« ample documentation » que les Alliés lui avaient fournie « à cette occasion »[36].

Le pape et la guerre d'extermination

La déportation des juifs, le Vatican et ses évêques

Ce harcèlement tranche avec le mutisme – identique à celui de Benoît XV de 1914 à 1918 sur les malheurs des pays de l'Entente –, observé sur les bombardements allemands depuis septembre 1939 et sur « les persécutions, les déportations, les abominables méthodes de guerre et d'occupation » allemandes (Blesson). Ce « silence » suscite un « débat » très inégal entre l'hagiographie dotée des énormes moyens de l'institution romaine et la science laïque dont l'opinion

36. Lettres de Bérard, 2 février 1942, *Vichy-Europe*, 551, Welles, 18 février, Taylor, 30 novembre, *FRUS* 1942, III, p. 791-793 et Papeleux L., *Silences*, p. 126-127.

publique ignore les acquis faute de traduction et de publicité. L'inégalité s'est depuis près de quinze ans aggravée par rapport à la décennie 1960 – riche en travaux décisifs *et* pourvus d'écho – en raison d'une offensive cléricale massive illustrée, *entre autres*, par le rôle du RP Pierre Blet, seul survivant du quatuor des rédacteurs jésuites des *ADSS*. Ce spécialiste du renseignement, chargé en 1948 du « microfilmage des archives [romaines] les plus sensibles » à mettre « en lieu sûr » sous couvert de « parer à une invasion soviétique ! *(sic)* » – en bon français, de soustraire au public des archives accablantes pour la Curie –, a été mobilisé à la fois comme hagiographe, auteur d'un *Pie XII*-résumé des *ADSS*, et comme polémiste.

Vigie appelée à redorer le blason de Pie XII terni par de nouveaux travaux critiques, P. Blet orchestre le combat en les enterrant ou en les assaillant. Ainsi dénonça-t-il dans le *Figaro* du 17 septembre 1999, soutenu par des universitaires, « Une machination contre l'Église » : l'ouvrage de son confrère John Cornwell qui, opposé à la campagne de canonisation de Pie XII lancée par Jean-Paul II, avait osé parler de « pape d'Hitler » (*Hitler's Pope*) – titre auquel l'éditeur français préféra *Le pape et Hitler*. Il éreinta l'intéressé pour un livre fidèle à « la légende noire sur Pie XII [...] téléguidée de l'Est par les Soviétiques [, bien que,] pour le prouver, il n'y ait pas de documents, du moins pour l'instant ». Vu l'inégalité de moyens entre camps et la défensive d'une communauté scientifique acceptant les termes *cléricaux* du débat – les motifs du silence de Pie XII sur la guerre d'extermination allemande seraient « moraux » –, le serpent de mer que la recherche a liquidé depuis cinquante ans survit.

Tous les fonds diplomatiques confirment, après Saül Friedländer (1964), que la Curie connut d'emblée les exterminations de sources multiples ; qu'elle refusa obstinément de les dénoncer, même quand, de juillet à octobre 1942, « les États-Unis et d'autres gouvernements », dont le britannique, s'unirent « pour obtenir du pape une protestation publique contre les atrocités nazies dans les territoires occupés par l'Allemagne » ; qu'elle invoqua divers prétextes : « que le pape dans ses discours a[vait] déjà condamné les offenses contre la moralité en temps de guerre et qu'être précis actuellement ne servirait qu'à aggraver les choses » ; que « le peuple allemand, dans l'amertume de sa défaite, lui reprochera[it] plus tard d'avoir contribué, ne serait-ce qu'indirectement, à cette défaite [...] c'est précisément une telle accusation qui a été portée contre le Saint-Siège par les Allemands après la dernière guerre, en raison de certains phrases prononcées et de certaines attitudes adoptées par Benoît XV [pendant] les hostilités » (Montini à Tittmann) ; « que des rapports sur les mesures sévères *(severe measures)* prises contre des non-aryens étaient également parvenus au Saint-Siège d'autres sources mais que jusqu'à présent il n'avait pas été possible d'en vérifier l'exactitude » (Maglione, le 16 octobre 1942, trois semaines après le rapport Taylor sur la Pologne) ; « que le Saint-Siège ne pouvait dénoncer des atrocités particulières *(specific)*, mais qu'il avait souvent condamné les atrocités en général », qu'il « ne pouvait pas vérifier les rapports des Alliés concernant le nombre de juifs exterminés, *et cætera* » (Maglione, le 26 décembre, après la condamnation solennelle, le 17, par les Nations unies de « cette politique bestiale d'extermination accomplie de sang-froid »).

Le 30 décembre 1942, Pie XII fut aussi cynique. Il présenta à Tittmann son message de Noël comme tout à fait suffisant pour ceux qui le pressaient d'« exprimer une parole *(some word)* de condamnation des atrocités nazies » : ce pensum sur « cinq points fondamentaux de la pacification et de la Société humaine », avait, au cinquième, évoqué « des centaines de milliers de personnes qui, sans aucune faute de leur part, par le seul fait de leur nationalité ou de leur origine ethnique, ont été vouées à la mort ou à une progressive extinction » : 4 lignes et 3 mots, que nul ne remarqua, surtout pas Berlin, sur 13 pages de traduction française. Il imputa « une certaine exagération pour des buts de propagande [...aux] rapports des Alliés sur les atrocités [...et] expliqua que lorsqu'il parlait des atrocités il ne pouvait nommer les nazis sans mentionner en même temps les bolcheviques, ce qui [...] pourrait ne pas vraiment plaire aux Alliés ».

Le lecteur de 1964 de Friedländer comprenait que le pangermanisme et l'antisémitisme motivaient « silence » public et sarcasmes, hors des tréteaux, sur « le nombre de juifs exterminés, *et cætera* ». En 2010, l'historien amoindrit sa démonstration et celle d'ouvrages récents mentionnés par son « réexamen » des « véritables sentiments de Pie XII envers les Juifs » : le « cœur du sujet » consisterait à savoir « si, pour Pie XII, le sort des Juifs d'Europe représentait une situation de crise majeure et un dilemme déchirant, ou s'il ne s'agissait que d'un problème marginal qui ne mettait pas au défi la conscience chrétienne ». Les choses sont plus claires quand lui-même et Lewy décrivent la rafle et la déportation des juifs, les 16-18 octobre, « juste sous [s]es fenêtres » dans Rome occupée (depuis le 10 septembre) par le général commandant en chef du secteur Sud, Albert Kesselring.

Ils relèvent, le 17 octobre 1943, avec l'ambassadeur Weizsäcker (en poste depuis juillet), l'impopularité de son silence public ; son choix d'Hudal pour « négocier » la question avec le général Franz Stahel, commandant général allemand de Rome ; et le triomphe de Weizsäcker le 28, après « qu'une question si perturbante pour les relations germano-vaticanes eut été liquidée » : Pie XII a résisté à « la pression exercée de toutes parts [...par] nos ennemis [...et] fait tout son possible dans cette affaire délicate pour ne pas tendre les relations entre le gouvernement allemand et les milieux allemands de Rome » ; l'*Osservatore* a attendu le 25 pour publier un « communiqué officiel [...] dans le style habituel du Vatican, très vague et entortillé » – où quasiment personne « ne reconnaîtra une allusion spéciale à la question juive » –, « déclar[ant] que tous les hommes, sans distinction de nationalité, de race ou de religion, bénéficient de la sollicitude paternelle du pape ».

Le choix comme « négociateur » de l'antisémite frénétique Hudal – dont Michael Phayer fait un paria, depuis 1939, à la Curie –, qualifie la « négociation ». Aarons et Loftus précisent qu'Hudal était depuis mars (ou septembre) 1943 en contact avec le « chef des services de renseignements SS » Walter Rauff, spécialiste de l'extermination par camions à gaz depuis 1941 à l'Est, envoyé par Martin Bormann à Rome en mars 1943, puis en septembre « dans une unité SS opérant dans la région Gênes-Milan-Turin ».

Pie XII, S. Zuccotti l'a démontré, savait tout du « génocide juif » et ne fit rien pour y parer soit en personne soit via ses subordonnés ni à Rome ni dans l'Italie entière – ni dans la Croatie dirigée par des « catholiques fervents [ou...] dévots ». Son tableau de Pie XII et de ses collaborateurs face aux déportations italiennes, à Rome, sous la houlette du chef de la Gestapo Herbert Kappler (à peine trois semaines après sa collecte en moins de deux jours (26-27 septembre) de 50 kilos d'or censée éviter aux juifs le départ), et dans le reste de l'Italie est féroce, malgré sa prudence. Son verdict achève d'abattre le mythe du sauveteur de juifs. À quel titre scientifique expose-t-elle le dossier en termes moraux ? : connaissant « le génocide juif [...et] comprenant que c'était un désastre aux proportions immenses et sans précédent [...,] le pape et ses responsables diplomatiques [...] eussent dû agir vigoureusement ».

« Désastre » pour Pie XII dont Uki Goñi a révélé les liens personnels avec l'adjoint de Kappler, Erich Priebke ? Ce « robot nazi », expert en répression et espionnage anticommunistes, chargé des déportations des juifs italiens jusqu'à la fin août 1944, eut droit en 1942, avec sa femme, à « une audience privée » du pape : « homme de liaison avec la politique fasciste italienne », il était aussi, « secrètement, le truchement des nazis avec le Vatican », aidé du RP Pankratius Pfeiffer. Pie XII ne risquait rien à fermer les yeux sur les initiatives de sauvetage – qu'il n'ordonna ni n'encouragea jamais – d'« institutions religieuses » : Priebke lui confirma via Pfeiffer le 4 novembre 1943 « que les SS n['y] pénétreraient pas pour rechercher les "fugitifs" »[37].

---

37. Blesson, octobre 1943, *Alger*, 1373, Blet P., *Pie XII*, après et contre Aarons M. *et al.*, *Nazis*, Fabre H., *Église*, l'édition de 1996 du présent livre, et *Figaro*, n° cité ; Faligot R. *et al.*, *Éminences*, p. 79, *(sic)* et ponctuation dans le texte ; offensive cléricale, Morelli A., dir., *La matière et l'esprit*, n° cit., Lacroix-Riz A., *Histoire contemporaine*, « *Le pape* », « Les carences » ; Miccoli G., *Dilemmes*, hagiographique, traduction française de 2005 encensée ; Harrison, 3 août, Tittmann, 6, Harrison, 16 octobre, *FRUS* 1942, III p. 772, 777, Harrison, 26 décembre, *FRUS* 1942, I, p. 70, 5 janvier, *FRUS* 1943, II, p. 911-912, *FRUS* 1942, III, p. 776, texte Pie XII, 25, et lettre n° 137 de Bérard, 26 décembre 1942, *Vichy-Europe*, 551 ; Friedländer S., *Pie XII*, p. 279-305, citation 305, 2010 ; Lewy G., *Catholic*, p. 301-302 (et 269-308), Friedländer S., *Pie XII*, p. 190-205 (dont 193-194), Aarons M. *et al.*, *Nazis*, p. 52-53, 273, Zuccotti S., *Under*, p. 150-170 et chap. 7-20, Goñi U., *Odessa*, p. 252-256 (Kappler et Priebke homologues de Knochen et Boemelburg à Paris, comparaison de mon fait), Phayer M., *Pius XII*, index Hudal.

Œuvrant sur instructions explicites ou interdits d'initiatives non agréées, les épiscopats nationaux ne firent guère mieux. Les exceptions françaises furent à la fois tardives – l'été 1942 des déportations de masse– et limitées à certains prélats de zone Sud – aux lettres de ceux de Toulouse (Jules Saliège, 23 août), Montauban (Pierre-Marie Théas, 30 août), Marseille (Jean Delay, par ailleurs « collaborationniste convaincu » aimé de la Milice, 4 septembre). La première et la plus célèbre, celle de Saliège, valut à celui-ci un blâme efficace : le préfet et les RG imputèrent la « stricte neutralité » qui suivit son bref éclat de 1942 au veto de Valeri, qui lui ôta jusqu'au courage de critiquer le STO.

Les épiscopats interdirent la protection des juifs avec ardeur à l'Est, où la hiérarchie catholique s'associa par divers biais aux massacres : le cas croate fut d'emblée notoire et les autres éclairés par les procès d'après-guerre. Par quel miracle ceux de Pologne, Hongrie, Roumanie, qui avaient dans ces pays pogromistes à sévère législation antijuive d'avant-guerre participé à son élaboration et, comme élus, à son vote, auraient-ils assisté les pourchassés ? « Les Lituaniens non juifs sont chargés d'aller chercher les candidats » à l'extermination « dans le ghetto de la mort de Varsovie », observait Taylor dans son mémoire à Maglione du 26 septembre 1942. « C'est une tragédie que la population polonaise soit montée par les Allemands contre les juifs et que les relations entre les Polonais et les juifs aient été aggravées au dernier degré. C'est particulièrement vrai à Lemberg » (fief de Szepticky).

Raul Hilberg a décrit les consignes, conformes à un long passé, des évêques aux curés, en Lituanie et ailleurs, qui impliquaient l'aval d'un nonce. En Slovaquie, un des « satellites par excellence » d'Hilberg, les évêques tirèrent profit des déportations. « Leur attitude à l'égard du massacre des juifs de Slovaquie a été pour le moins suspecte » et ils ne furent pas « fort désintéressés des biens de ce monde », rapporta le consul de France à Bratislava lors du procès de 1951 des trois évêques déjà présentés. Vojtassak approuva la déportation, selon le PV du conseil d'État du 3 février 1943, et pilla des biens juifs, « notamment à Baldovce et à Betlanova » : son patrimoine arrondi lui rapporta 3 à 4 millions de couronnes par an, dont une fraction finança le parti Hlinka.

La catholique Hongrie, un des « satellites opportunistes » d'Hilberg, respecta aussi sa tradition pogromiste. En 1944, alors que ses élites faisaient tout pour plaire aux Anglo-Saxons, Seredi affecta, dans sa pastorale du 29 juin, de regretter son impuissance à empêcher la déportation des juifs hongrois, massives depuis mai, sans pouvoir cacher son antisémitisme. Son successeur (en 1944), l'ancien évêque de Veszprem, Jozsef Mindszenty, nom magyarisé de Pehm, Allemand « d'origine souabe », maintint la tradition. Obscur jusqu'à sa gloire d'après-guerre, il fit en 1948 des déclarations antisémites à Bertha Gaster, correspondante à Vienne du *News chronicle* : fille, il l'ignorait, du rabbin de Whitechapel, elle leur assura publicité[38].

Les Yougoslaves entre liquidation, pillages et conversion forcée des orthodoxes

Rien n'égala cependant les abominations des « dévots » croates, après que cette Cinquième Colonne, harcelant et désarmant l'armée yougoslave, eut facilité au Reich la conquête de la Croatie. Le dossier a en Occident été enterré par la démonisation des Serbes préalable et consécutive à la guerre de 1999, bénie d'avance par la Curie selon l'usage vieux d'un siècle : la béatification de 1998 de Stepinac augura les bombes comme le « concordat serbe » l'assaut de 1914. Le tapage de presse sur le béatifié a soustrait au public français les sources et travaux publiés simultanément et non traduits, tel le rapport de 1998, tiré du renseignement américain des années 1940, signé du sous-secrétaire d'État Stuart Eizenstadt sur « le sort du trésor de guerre oustachi ». Il a gommé les atrocités oustachies non seulement contre les Serbes mais contre les juifs de Croatie, inspirant en janvier 1992 à l'historien américain Jonathan Steinberg la remarque : « l'omission de la Croatie dans les études courantes de l'Holocauste ressemble à un livre au premier chapitre arraché. »

A. Rhodes reprochait déjà au catholique Falconi d'avoir en décrivant « la purification ethnique » qui frappa les Serbes orthodoxes comme les juifs et les tsiganes « invalidé certaines de [ses] conclusions anticatholiques » par son ignorance de la langue et par ses sources, des « documents officiels communistes ». Nul besoin de lire le serbo-croate (les traductions diplomatiques furent immédiates et fiables) ou de sélectionner les documents, non pas communistes mais catholico-croates, empilés depuis 1945 par « la commission yougoslave des crimes de guerre » pour entrevoir l'œuvre des massacreurs de l'État oustachi. Le chiffrage en fut commun dès 1942 au Reich et aux États-Unis : mi-février, Felix Benzler, ministre allemand à Belgrade, rapporta à Ribbentrop « que plusieurs centaines de

38. Rapport Blesson, octobre 1943, *Alger*, 1373 ; notes Guérin n° 95/796 (+ annexe) et « sur l'épuration religieuse » (souligné dans le texte), 14 et 8 août 1944, *Alger*, 1374 ; fiches tous évêques 1940-1944, sd, dont les trois cités, F 7, 15291-15292 ; Clement J.-L., *Mgr Saliège*, chap. 9 (dont p. 207, 212-216,283-288, 331) et 12 ; *FRUS* 1942, III p. 772. Hilberg R., depuis le chap. VII, dont p. 621-642 et 694-747 (729-730). Laszlo L. déduit la « résistance » cléricale hongroise de sources apologétiques *post bellum*, « From cooperation to Resistance: the Catholic church in Hungary, 1919-1945 », Wolff R. C. et Hoensch J.K., *Catholics*, p. 119-136. Hoensch établit, sans recours aux sources, entre le nazi Tuka et le « modéré » Tiso, des divergences que les juifs slovaques ne perçurent pas, « Slovakia : "one God, one people, one Party!" », *Catholics*, p. 158-181 ; tél. Rivière n° 34-37, Prague, 11, lettre n° 16/4, Bratislava, avec note, 17 janvier 1951, *Tchécoslovaquie 1944*, 154, Hilberg R., *Destruction*, p. 577, rapport sur « L'Église catholique », Bureau hongrois de presse, sd, après la lettre n° 233 de Gauquié, 14 juillet 1948, *Hongrie 1944*, 18.

milliers de [Serbes], au moins, avaient [déjà] été tués » ; le 9 septembre, l'Américain Anthony Biddle, ministre auprès du gouvernement yougoslave en exil, estima à « 600 000 hommes, femmes et enfants » – chiffre « confirmé » – les seuls « atroces massacres de Serbes », poursuivis « avec frénésie » et entraînant « destruction de tout ce qui était serbe en Bosnie ».

Après Falconi, Aarons et Loftus, S. Zuccotti (sur la maigre base des *ADSS*), Vladimir Dedijer, Marco Aurelio Rivelli, etc., on sait que la Curie connut et approuva l'action de l'État de Pavelic et la part qu'y prit le clergé du bas au sommet de la hiérarchie. La question de la reconnaissance de l'« État indépendant de Croatie » (NDH) par Pie XII ne s'était jamais posée, les chapitres précédents l'attestent. Il démantela les diocèses, livrant notamment à la Hongrie une bonne part du diocèse (Djakovo) d'Aksamovic, malgré l'amour affiché par celui-ci pour Pavelic, « notre fier héros et sage chef », et son zèle dans la conversion forcée.

Il couvrit les crimes des clercs qui soutenaient et bénissaient, Stepinac en tête, les massacres ou y participaient en personne : franciscains en tête, œuvrant au revolver, au poignard, à la corde, au « maillet sur le front » ou l'arrière du crâne, à la faux et à la faucille, « dans les camps de la mort oustachis [de] Jasenovac et [d']ailleurs » (Eizenstadt) et en dehors, espaces religieux orthodoxes compris, et pillant les biens juifs et orthodoxes. Le « silence » officiel du Vatican fut l'autre volet des bénédictions épiscopales. Le confirmèrent ses efforts inouis depuis 1943 pour sauver son État catholique modèle et ses bouchers, dont Pavelic, qui « servait lui-même, tous les dimanches, la messe à laquelle assistaient, dans sa résidence, sa femme et ses enfants » (Marcone), et « un de ses principaux lieutenants », Vjekoslav dit Max Luburic, « surnommé à la fin de la guerre l'"Eichmann de la Yougoslavie" après l'exécution de plusieurs centaines de milliers de Yougoslaves qu'il avait organisée en tant que responsable de la police politique et du camp de concentration de Jasenovac » – « fou assoiffé de sang », écrit Goñi, confirmé par les RG français.

Tout l'épiscopat s'associa aux rapines, laissant des traces écrites, comme Saric et Gregorij Rozman – évêque de Ljubljana, « antisémite et criminel de guerre notoire » (Goñi) placé par Michael Phayer en tête des héros que « le dictateur communiste » Tito, échouant à « les faire plier, décida [en 1946] de briser ». Le primat Stepinac, second personnage du NDH, membre de son Sabor et son aumônier militaire suprême investi par Rome, avait donné l'exemple : le rapport de 1947 de l'ambassadeur yougoslave à Washington, Sava Kosanovic, inclut photocopie de sa demande signée à Pavelic, le 3 septembre 1941, d'attribution aux moines trappistes du monastère orthodoxe d'Orahovica. Lequel venait d'être confisqué par les autorités oustachies dépendant du « bureau des affaires religieuses » (et des biens orthodoxes spoliés) dirigé par le franciscain Dionysos Juricev, intime de Pavelic.

Le nonce en Croatie Giuseppe Marcone, déguisé en « visiteur apostolique », habitué, les photos de presse l'attestent, des cérémonies officielles auprès de

Stepinac et Pavelic, donna quitus écrit aux spoliations de Serbes ou de juifs : Falconi a reproduit des fac-similés de ses cautions – en latin – des 9 décembre 1941 et 23 décembre 1943. D'autres chefs de la Curie furent partie prenante. Tisserant, secrétaire de l'Orientale, Congrégation compétente, signa et couvrit tout, malgré ses sarcasmes devant le délégué de Pavelic au Vatican, Nikola Rusinovic, sur la barbarie des Croates, illustre depuis « la guerre de Trente Ans » où ils avaient ravagé sa Lorraine natale. Tardini vit dans leurs forfaits (jamais désignés) des « erreurs » de jeunesse, formule digne des « juifs exterminés, *et cætera* » de Maglione. Pie XII, hanté par l'échec de la « croisade militaire en commun contre le bolchevisme » – synonyme de la Yougoslavie haïe –, n'en parla pas.

La seule « protestation » publique de guerre de son cher Stepinac, fut celle du 24 mars 1945, signée de quatre autres prélats : elle condamnait les persécutions, « la tuerie et les tortures » infligées à des clercs et catholiques laïcs innocents, oustachis exécutés par les partisans armes à la main. En janvier 1951, quand l'*Osservatore* inventa ses condamnations de l'État oustachi de 1941 à 1943, W. d'Ormesson ironisa : « on peut s'étonner qu'il ne leur ait pas donné plus tôt une large publicité. » Hagiographes et indulgents peinent eux-mêmes à la tâche. Stella Alexander n'a consulté que l'officielle *Katolicki List*, ignorant la cinquantaine de titres de la presse catholique – dont *Hrvatska Straza* et *Katolicki Tjednik* (L'hebdomadaire catholique), organe d'AC de Saric – citée par Kosanovic, première source du rapport de 1947 dont on retrouve l'écho dans maints travaux ultérieurs (Dedijer, Rivelli, etc.) : son unique source non *a posteriori* corrobore l'appui de Stepinac au régime. Phayer le crédite d'avoir « condamné les excès meurtriers de Pavelic » (quand ?) avant d'admettre qu'il ne « condamna publiquement pas plus que Pie XII le gouvernement oustachi » et que les *ADSS* sont vides de courriers Rome-Zagreb. Cornwell, indulgent aussi, le montre informé des massacres et surtout inquiet qu'ils ne soient ébruités par des fonctionnaires indiscrets, etc.[39]

---

39. Trifkovic S., « Genocide », citant (n. 5) Steinberg J., « The Roman Catholic Church and Genocide in Croatia, 1941-1945 », texte np. pour le cinquantenaire de la conférence de Wannsee et point 5, « Creation of Nazi Puppet State », Rhodes A., *Vatican*, p. 327, mais confirme Falconi, p. 323-336, Benzler, 16 février, *DGFP*, cité, « Genocide » , Biddle, 9 septembre, *FRUS* 1942, III, p. 812-813, lettres n° 5 du service de presse, 10 juin 1941, *Vichy-Europe*, 548, *Viesnik*, 19 décembre 1945, lettre n° 39 d'Ormesson, 18 janvier 1951, *Yougoslavie 1944*, 34 et 104. *Op. cit.* Alexander S., chap. VI-VIII, *Church*, chap. 1, Goñi U., *Odessa*, p. 201, 210, 218. Sur Marcone RG, janvier 1956, Luburic, RGPP, 25 octobre 1955, 17 janvier 1963, PJA, 28 avril 1969, 17 janvier et fiche « Origine SN Juin [19]63 », APP, BA 2197, Yougoslavie, *Op. cit.* Falconi C., p. 318, 325, 364, 379 et *passim*, Kosanovic S., Dedijer V., Rivelli M. A., Trifkovic S., Lacroix-Riz A., « Stepinac », *passim*. Phayer M., *Pius XII*, p. 150-152 revient sur *Église*, p. 249-250, Cornwell J., *Pape*, p. 319-321, Miccoli G., *Dilemmes*, contorsion habituelle dite « position moyenne », p. 372-376.

Les diplomates français confirmèrent *tous* les dires yougoslaves – Falconi semble calqué sur les volumes 34 à 36 de la série Yougoslavie 1944-1960 du Quai d'Orsay –, les consuls à Zagreb, Rivoire (1945-1947) puis Guy Radenac, rajoutant des détails. Les archives de l'État Pavelic furent à la déroute oustachie regroupées au palais de Stepinac – quel aveu –, où les titistes les découvrirent en 1945. Ils y trouvèrent notamment des photos de l'archevêque, aux parades civiles et militaires toujours accompagnées de « messes solennelles », avec Pavelic, Kvaternik et autres dignitaires (certaines furent jointes au rapport officiel de 1947), parfois le bras levé en salut oustachi (publiées en décembre 1945 dans le journal de Zagreb *Viesnik*). Ses interventions avaient envahi la presse catholique, telle sa circulaire aux évêques du 28 avril 1941 (*Katolicki List* du 29) glorifiant « l'État croate ressuscité » et « le chef de l'État croate », et ordonnant un « *Te Deum* solennel dans toutes les églises paroissiales ». « Il n'existe de lui aucun document protestant contre les crimes commis en Croatie par les Oustachis et les Allemands », *répéta* en septembre 1946 Payart, ambassadeur à Belgrade depuis mai 1945. Stepinac, dans une interview de *1967*, autre « source » de S. Alexander, prétendit avoir eu « des relations tendues » avec Pavelic, raison pour laquelle il aurait en mai 1941 refusé de l'accompagner en Italie pour offrir au duc de Spoleto la couronne de Croatie. Mission « de pure forme », ajouta-t-il, à laquelle il aurait délégué son coadjuteur, le baron Salis-Seewis, d'ailleurs réticent : cet Autrichien oustachi fut en fait le « principal personnage de la délégation [...] off[rant] à l'ennemi » un morceau du pays.

Les atrocités commises par « l'occupant et [...] les Oustachis, avec lesquels beaucoup de [...] chefs [musulmans] ont collaboré », encore découvertes en 1945, révélaient la fusion de l'Église et de l'État. Dans les nombreux monastères-arsenaux, comme celui de Siroki Brijeg (en Herzégovine), des criminels de guerre franciscains furent arrêtés en 1945. Un trésor oustachi – goutte d'eau dans l'océan de l'or volé croate évalué à « plus de 80 millions de dollars » par le rapport Eizenstadt – fut trouvé en janvier 1946 au couvent du Kaptol des franciscains de Zagreb. Provenant du pillage d'orthodoxes et de juifs assassinés en masse, il contenait des bijoux, 36 caisses d'or, des dents en or scellées à des mâchoires entières, des bagues sur des doigts coupés (affreux détails fournis par Rivoire, absents du rapport Kosanovic), etc. Le PV d'emballage rédigé pour chaque caisse prouvait la présence de fonctionnaires oustachis à chaque opération.

Ce ne sont pas seulement « certains prêtres exaltés qui sont allés, par haine et par peur du communisme, jusqu'à prêter main-forte aux oustachis et à la Wehrmacht [...] durant l'Occupation », mais le corps entier, dominé par les franciscains : l'Église « s'est compromise à tel point qu'il serait possible de dresser contre elle un réquisitoire en n'invoquant que des témoignages religieux ». Radenac, successeur de Rivoire à Zagreb, en entendait de nouveaux en 1947, avérant « le hideux mélange de boucheries et de fêtes » décrit par Falconi : sur les massacres d'orthodoxes, tel celui, célèbre, de Glina en mai 1941, confirmé par le récit d'un trappiste français réfugié pendant la guerre à Banja-Luka : 2 000 morts dans la nuit, hommes, femmes et enfants, tués et volés ; et celui sur les festivités germano-croates, les « grands dîners en l'honneur des officiers allemands » organisés par un couvent qui servait « des gâteaux *(sic)* ornés de croix gammées », décrits par un bénédictin français de Pleterje.

Les fonds français éclairent aussi la question de la conversion forcée des orthodoxes, coutume de l'Église austro-croate avant 1914 incarnée par le prédécesseur de Saric, Stadler. Ce retour à « l'Inquisition espagnole » obligea les Serbes – *intelligentsia* exclue, considérée comme irrécupérable – à « choisir », quand ils n'avaient pas été massacrés d'emblée, entre le reniement et la mort ou ses préludes : incendie des villages, torture, réduction à la famine, etc. Falconi dit Stepinac réservé sur le décret oustachi de « conversion forcée » du 3 mai 1941 dans son article de *Katolicki List* du 15, puis dans sa lettre du 16 juillet au ministre « de la Justice et du Culte » (Mirko Puk) signataire de la circulaire du 14. Le 15 mai, l'archevêque souhaita trouver des candidats à la conversion « sincèrement [...] convaincus de la vérité de notre sainte foi [..,] question intérieure qui relève d'une conscience libre ». Cette alternative absurde s'aggravait d'une liste de conditions au sauvetage : exclusion des concubins, engagement des convertibles à baptiser les enfants à naître, rejet « *a limine* [de] tous ceux qui [s'exécuteraient] sans motifs valables et simplement pour défendre leurs intérêts », pardon aux seuls catholiques gagnés au schisme « dans un moment de faiblesse » à l'ère yougoslave et restés catholiques de cœur. Le 16 juillet, Stepinac agréa la logique de conversion exclusive des miséreux – analphabètes – « car dans leur cas, il est plus sûr que n'entreront pas en jeu des intérêts matériels et qu'ainsi l'intention sera plus pure » ; il atténua l'exclusion de l'« *intelligentsia* orthodoxe » de la formule vague : « on ne peut jamais imposer de limites à la miséricorde de Dieu. »

Ce galimatias public cachait l'essentiel. L'« acte de conversion » oustachi était un décret *vatican*, comme le suggéra le rapport Kosanovic de 1947 (point 10 sur « la conversion forcée »). Stepinac guida l'entreprise, fort *rentable* par les prélèvements opérés sur les nouveaux « fidèles » et le transfert automatique à l'Église catholique des biens orthodoxes (foncier, bâtiments et valeurs mobilières). Il en délégua l'exécution à Janko Simrak, rédacteur en chef de la *Hrvatska Straza* nommé à cet effet administrateur apostolique en octobre 1941 puis évêque en juin 1942 du diocèse uniate de Krizevci. Informé au plus menu détail, il adressa à Pie XII le 18 mai 1944 un rapport sur le bilan (240 000 Serbes convertis) d'une mission *romaine*. La « directive sur la conversion des membres de l'Église orientale orthodoxe de Slavonie, Srijem et Bosnie », publiée dans les « Nouvelles épiscopales » de Simrak, n° 2 de 1942, l'avouait : « notre œuvre est légale parce qu'elle est en accord avec la politique officielle du Vatican [et] les directives de la Sacrée congrégation des cardinaux pour l'Église orientale. »

Le Livre Blanc yougoslave de 1952 présenta les pièces de l'acte vatican contresigné par Tisserant, secrétaire de l'Orientale. Belgrade y avait reproduit le compte rendu de ses entretiens orageux avec Rusinovic, pour montrer que le Français avait été le seul prélat « romain » hostile au décret, pris « contre son gré ». Paris, inquiet de ces révélations, les fit vérifier : Christian de Margerie consulta Tardini, puis Tisserant : le premier esquiva, érigeant Stepinac en opposant à Pavelic ; le second invoqua « le rôle modérateur » du prélat sans nier, ajoutant « que la secrétairerie d'État avait été "assez molle" »[40].

III. Le Vatican de 1943 à 1945 : les objectifs européens de l'alliance avec les États-Unis

Malgré la fureur de Pie XII contre la « capitulation sans conditions » requise par les Anglo-Saxons en janvier 1943 à Casablanca, les conflits avec la « planche de salut » s'atténuèrent devant la priorité du front commun contre l'URSS, ressoudé par la bataille en cours à Stalingrad. Suhard y sacrifia, à la veille de la victoire soviétique, après une année 1942 fort collaborationniste – en mai, quand le nouveau tandem répressif Laval-Bousquet accueillit les SS Karl Oberg (à titre permanent) et Heydrich (comme hôte), il « déjeun[a] en petit comité avec le Chef SS Heydrich, bourreau de la Tchécoslovaquie venu à Paris pour organiser en France les exécutions et les déportations de nos prisonniers politiques » ; en août, le gratin collaborationniste, gouvernement inclus, assista à sa « messe solennelle à Notre-Dame de Paris [...] à la mémoire des légionnaires français tombés au champ d'honneur sur le front de l'Est » (avec « absoute »), etc.

« En janvier 1943 », l'informateur des services de Knochen mandé par la grande bourgeoisie catholique française affolée courut « à Rome » prier Pie XII de poser « à Washington » (Taylor) « la question suivante : "Si les troupes américaines sont amenées à pénétrer en France, le gouvernement de Washington s'engage-t-il à ce que l'Occupation américaine soit aussi totale que l'Occupation allemande ?" Il s'agit de savoir si l'Occupation américaine ne laissera place à aucune autre occupation étrangère (soviétique). Washington a répondu que les États-Unis se désintéresseraient de la forme

40. *Viesnik*, 16, 19, 20 décembre 1945, lettre n° 135 de Payart, Belgrade, 21 septembre 1946, *Yougoslavie 1944*, 34 ; photos, http://emperors-clothes.com/croatia/stepinac1.htm, Alexander S., *Triple*, p. 63-64, lettres n° 272 de Radenac, 14 septembre 1948, n° 922 de Baudet, Belgrade, 8 septembre 1954, *Yougoslavie 1944*, 36 et 107, *cit*. rapport Eizenstadt S., annexe à la lettre de Rivoire, n° 9, 31 janvier, note direction d'Europe, 8 février 1946, *Yougoslavie 1944*, 34, lettre n° 239 de Radenac, 10 août 1947, *Yougoslavie 1944*, 36, Falconi C., *Silence*, p. 267-270, 275 (3e partie, et annexes, p. 354-366), Kosanovic S. N., *The Case*, point X, lettres n° 1080 de Baudet (et annexe), 5, et n° 543 de Margerie, Rome, 27 août 1952, *Yougoslavie 1944*, 105.

future du gouvernement de la France et qu'ils s'engageaient à ne pas laisser le communisme s'installer dans le pays ».

La mise en place de l'appareil américano-vatican d'après-guerre en 1943

Symbole de l'entente apaisée, Spellman, devenu aumônier général des armées depuis la belligérance américaine, entama peu après Stalingrad une vaste mission en Europe (jusqu'en avril), puis en Afrique du Nord et au Proche-Orient (jusqu'à la fin juillet), vouée au renseignement et aux plans antisoviétiques d'après-guerre.

Le service d'informations pour les prisonniers de guerre, 1943

Les Américains, maîtres des prisonniers de guerre (PG) de l'Axe depuis le débarquement du 8 novembre 1942 en Afrique du Nord, donnèrent alors au Vatican de nouveaux moyens. Ils avaient résisté jusque-là aux demandes de créer des antennes vaticanes « humanitaires », en vue d'aide militaire ou d'espionnage au profit de l'Axe. Les Anglais, qui en avaient découvert depuis mai 1941 mainte preuve en Afrique orientale, avaient expulsé des zones reconquises les « délégués apostoliques » – Riberi et Castellani, à Addis-Abeba, dans la résidence duquel ils « découvrirent un émetteur radio et un important dépôt d'armes et de munitions » – ou exigé leur départ : Testa, délégué pour l'Égypte et Jerusalem, chargé des PG italiens, puis italiens et allemands, dut en juin 1942 quitter l'« Égypte à [leur] demande expresse ».

L'entente américano-vaticane générée par la conjoncture leva les obstacles, et l'action commune, confiée à Cicognani et Galeazzi, mobilisa Tittmann, Taylor, Carroll, Robert Murphy et Spellman. Pie XII obtint en février 1943 de Taylor et Spellman le droit « d'organiser avec l'assistance des pères blancs un service d'informations pour les prisonniers de guerre et les civils semblable aux services que le Saint-Siège a établis ailleurs ». Ainsi s'amorça la « coopération entre les bureaux d'informations du Vatican et les comités de la Croix-Rouge » à Berne, étape majeure du sauvetage des criminels de guerre. Ce « service d'informations du Vatican en Afrique du Nord » fut étendu à sa demande entre printemps et été 1943 à tous « les prisonniers italiens aux mains des autorités américaines » (« en Sicile », via l'archevêque de Palerme Lavitrano)[41].

---

41. *Chronologie Chauvel*, RGSN, 3 octobre 1946, et note sur Suhard, sd (1944), AN, F 7, 15291, lettre de Benoist-Méchin aux ministres et secrétaires d'État, Paris, 18 août 1942, AN, 3 W, 212, note LIBE/9/14, 5 février, AN, F1 a, 3784, Cooney J., *Spellman*, p. 123-137, Chadwick O., *Britain*, p. 188-190, Papeleux L., *L'action*, p. 24-33, 89-97, 72, tél. Bourdeillette n° 146, Vatican, 9 juin 1945, *Allemagne 1944*, 67, Wiley, 2 mars, Cicognani, 1er juillet, Leahy, 21, Long, 29 septembre, *FRUS* 1943, II, p. 953-956, 958-959.

L'affermissement de l'alliance

Spellman était en février 1943 officiellement chargé par Roosevelt de « persuader le pape d'adresser une espèce de message aux catholiques des États-Unis qui aiderait à dissiper [leurs] doutes et inquiétudes [...] à l'égard de l'alliance anglo-américaine avec l'Union soviétique ». Il devait en fait surtout traiter du « problème soviétique » ou plutôt des plans visant à refuser à l'URSS la moindre zone d'influence, croisade commune dont l'« ampleur inattendue » impressionna les gaullistes en mars-avril : « à Rome, effort de groupement sous l'autorité du Saint-Siège, des éléments catholiques d'Europe opposés au marxisme, essai de substitution d'une vaste action catholique en vue de protéger l'Europe contre le communisme » ou « confédération d'États danubiens d'idéologie chrétienne destinés à faire bloc contre un débordement soviétique ». Spellman avait, le 16 février à Madrid, vu Franco, pas seulement pour l'obliger à arrêter la propagande anti-américaine et pro-allemande en Espagne ; puis à Rome, discuté avec Pie XII du sort de l'Axe et de l'URSS du 18 février au 3 mars. Après une tournée des troupes, il réapparut fin mars à Londres et début avril en Irlande, où Valera et l'épiscopat affichèrent leur position anti-Alliés. Aussi actif à son retour d'Afrique du Nord et du Proche-Orient (le 1er août), Spellman loua en octobre, dans des articles de *Collier's* édités en livre (*Action this Day*), Franco, « loyal à son Dieu, dévoué au bien-être de son pays » et patriote suprême contre ses ennemis « qui haïssaient la religion ». En novembre, « les évêques catholiques américains se [...] prononc[èrent] contre toute collaboration dans l'après-guerre avec les Soviets ».

L'intimité de l'alliance frappait tous les observateurs, tel Blesson, en octobre : « La puissance temporelle [...] des États-Unis éblouit le Vatican », qui éprouve « une profonde considération pour l'Amérique, [...] pour sa force économique, militaire et politique, pour le rôle qu'elle est appelée à jouer dans la guerre et après la guerre, mais aussi pour des motifs qui concernent directement le Vatican [...] Le Saint-Siège dépend de plus en plus de l'Amérique pour l'équilibre de son budget. C'est un point de vue auquel, sans en avoir l'air, on est ici *extrêmement attentif*. La position toute spéciale d'hommes de médiocre envergure, comme Mgr Spellman, pour lequel le pape a une prédilection marquée, tient essentiellement au talent dont ce prélat a fait preuve en drainant vers le Vatican d'épaisses liasses de dollars. De tous les hôtes diplomatiques de Sainte Marthe, celui auquel les autorités pontificales témoignent le plus de prévenances est, sans conteste, le chargé d'affaires des États-Unis, M. Tittmann »[42].

---

42. *New Digest*, 10, tél. Libfrance n° 273, 24 mars, Washington n° 1610, 16 avril, *Londres*, 275, dates citées et 1er décembre, *Chronologie Chauvel*, et Blesson, octobre 1943 (souligné dans le texte), *Alger*, 1373, Cooney J ., *Spellman*, *loc. cit.*

Tentatives de paix séparée, paix douce à l'Axe et « cordon sanitaire »

Le Vatican se fit donc sans risque l'avocat d'une paix douce à l'Axe et dure à l'URSS, qui devrait payer sa victoire plus chèrement que la France celle de 1918.

La voie américano-vaticane de la restauration italienne

Parmi les sujets abordés par Pie XII et Spellman en février 1943 figurait la restauration italienne, à laquelle Washington n'avait mis qu'une condition, le sacrifice de Mussolini. « Le spectre rouge » brandi par la Curie cacha donc le maintien strict de « l'organisation administrative fasciste pour sauvegarder "la continuité et l'ordre" ». On collabora en vue de « la reconstruction conservatrice d'après-guerre » (J. E. Miller), sur fond de rivalités américano-britanniques révélées à propos du bombardement de Rome, capitale *militaire* de l'Axe.

L'audace de Pie XII contre le bombardement de Rome, 1943-1944

Les lamentations de 1942 « préparaient la voie à une protestation solennelle de la part du pape en cas de bombardement de la ville », question qui tourna en 1943 à l'obsession. Pie XII avait reçu de Spellman en février « des assurances que Rome ne serait pas bombardée par les Américains ». C'était imputer à Londres la faute d'un futur acte militaire *commun*, que Roosevelt annonça d'ailleurs à Pie XII et à Cicognani les 16 et 29 juin 1943 par ses courriers « sur les objectifs militaires reconnus à Rome et dans ses environs » : il y rappela la brutalité de « l'agression fasciste [...] contre les Grecs, les Éthiopiens, les Albanais – pour ne mentionner que quelques-unes [de ses] victimes ». Dès le débarquement en Sicile, le 10 juillet 1943, la Curie vit se dérouler le programme prévu : la chute de Mussolini, le 25, laissa intact l'appareil d'État dirigé par « le petit roi arriéré » Victor-Emmanuel III et le « fasciste de haut rang » Badoglio (termes de l'*Office of War Information*). Elle subit aussi la déception du bombardement anglo-américain de Rome, le 19.

L'indignation générale des Alliés devant la « condamnation unilatérale » immédiate de Pie XII fut résumée par Blesson : « n'ayant pas élevé de protestations quand Varsovie, Rotterdam, Londres, Belgrade avaient subi les ravages de la guerre aérienne inaugurée par l'Axe, le pape ne pouvait lancer l'anathème contre les raids alliés sur les objectifs italiens, mais les gémissements quotidiens recueillis à la secrétairerie d'État par les diplomates montraient que les hommes du Vatican étaient infiniment plus frappés par les effets de la guerre moderne depuis qu'ils se retournaient contre leur patrie d'origine ». Pie XII, en déplorant « les malheurs de cette journée » du 19 juillet 1943, « ne pouvait pas ignorer l'usage écœurant que la presse fasciste et nazie faisait de ses paroles ». Rapport modéré, comparé aux *FRUS*, écho quasi quotidien de la fébrilité romaine en 1943-1944 : Tittmann imita le Tisserant de juin 1940 en commentant « la visite en personne » de Pie XII, flanqué de Montini, quelques heures après l'événement, sur « les ruines de la basilique Saint-Laurent », puis sa lettre geignarde, « de caractère purement romain », envoyée le lendemain à Roosevelt, qui a servi une « propagande fasciste [...] extrêmement violente et injurieuse », les « larmes de crocodile » du fascisme italien et « la propagande de l'Axe » : « Pie XII n'est pas seulement italien mais aussi romain et [...] depuis de nombreux mois, une de ses préoccupations principales a été l'éventualité d'un bombardement de Rome. »

Churchill s'indigna de cette paix « de replâtrage avec le roi et Badoglio » fidèles à l'Axe, qui « prouv[ait] aux Russes [notre] abandon du principe de la capitulation sans conditions », et contesta le projet de proclamer Rome « ville ouverte [qui] paralyserait toute la campagne ultérieure ». Mais le mépris du payeur américain pour la Curie ne pouvait contrebalancer l'importance de l'alliance passée avec elle : Pie XII et son entourage purent donc jusqu'à la prise de Rome admonester librement les Anglo-Saxons. Le mémorandum transmis par Cicognani au département d'État le 20 août 1943 résume ces récriminations contre des « massacres et destructions [...] à grande échelle » indignant « la population civile » : ils « portaient vraiment atteinte au prestige des États-Unis, qui avaient toujours été considérés par le peuple italien comme une nation nourrissant un grand respect pour l'art, la religion et la culture. Si la passion guerrière brouille malheureusement pour l'instant la claire vision d'un bon jugement, il est indéniable que, d'ici des années, le peuple américain lui-même sera le premier à déplorer et condamner de telles actions [...U]ne telle politique de guerre » ne pouvait que servir « les intérêts du communisme [qui] fait déjà de notables progrès en raison de la guerre. Les récentes manifestations qui ont accompagné la chute du fascisme prouvent suffisamment que les communistes sont bien organisés en Italie et qu'*ils ont à leur disposition des moyens financiers et des armes* ».

De l'été 1943 à l'été 1944, discours de Pie XII et articles de l'*Osservatore* « flétri[ssant] les bombardements de Rome » se multiplièrent, aussitôt répétés par les épiscopats nationaux qui, dans les pays occupés, n'avaient protesté ni contre les bombardements de leurs pays respectifs ni contre le service du travail obligatoire (Saliège inclus). Ils culminèrent le 2 juin 1944, deux jours avant l'évacuation des troupes allemandes de Rome : « quiconque lèverait la main contre Rome serait un parricide », tonna le pape à la radio, « ces plans de victoire et de paix, peu chrétiens, menacent de devenir les fléaux de l'avenir »[43]. Clameurs contrastant avec son mutisme obstiné sur la déportation des juifs – celle de centaines de milliers de juifs hongrois, en cours.

Le retour au *statu quo*

« Je me doute de vos réflexions en apprenant la prise de Rome [le 4 juin 1944] par les Américains » écrivit un haut fonctionnaire à Canet. C'est avec eux que Pie XII – « excessivement attaché à de mesquines préoccupations, [...] "extrêmement italien" et de tendance profasciste », et qui « n'aim[ait...] ni l'Angleterre ni les États-Unis" » (avis du secrétaire général brésilien des Affaires étrangères et ancien ambassadeur au Vatican) – agit en Italie, sous couvert de lutte contre l'hydre rouge : avec l'Américain Taylor et l'Italien Galeazzi, il préserva le *statu quo ante* en accord avec les « Italo-Américains » passés du philofascisme au postfascisme, du syndicaliste de l'AFL Luigi Antonini, maniaque du « complot communiste » et artisan de la scission syndicale, au financier Amedeo Giannini, de la *Bank of America*.

Le sabotage de l'épuration – objet d'accord anglo-américain – par le cabinet d'Ivanoe Bonomi, successeur de Badoglio après la prise de Rome, confina au grandiose : les éminences fascistes, la noblesse, les industriels et l'*Allied Force Headquarters* sauvèrent ensemble « les compétences ». Le moindre geste épurateur mettait depuis 1943 le Vatican en transes. Au printemps 1944, il se plaignait de ne pouvoir communiquer avec l'épiscopat d'Italie du Sud, et « que, sous prétexte d'"épuration", soit pour évincer le personnel fasciste, les Américains [eussent] désigné des "commissaires aux écoles" [...] tous hostiles au catholicisme. Les Anglais ont eu un choix plus heureux ».

L'argent arrangea tout. Début 1944, l'*American Relief for Italy* fut créé et confié à Myron Taylor : son « amitié avec M. Roosevelt et sa grande fortune personnelle » en firent « l'âme du comité de secours à l'Italie » qui fonctionnait « avec la participation active de représentants du Saint-Siège ». Ce « comité » irrigua le Trésor pontifical avec d'autres canaux américains : la DGER attribuait à l'*Istituto per opere di Religione*, banque vaticane fondée le 27 juin 1943 (sur la

43. Blesson, octobre 1943, *Alger*, 1373 ; Salvemini G., *Italia*, p. 293, 389, 584, Di Nolfo E., *Vaticano*, p. 241 ; Harrison, 29 décembre, *FRUS* 1942, III, p. 800, 5 mars, Roosevelt, 16, 29 juin, FRUS 1943, II, p. 915, 919, 930, *passim* (et Miller J. E., *United States*, p. 51-52), note, 23, *Londres*, 275, Harrison, 15, Pie XII, 20, Harrison, 2, 28 juillet, *FRUS* 1943, II, p. 929, 931-936 (910-953), *FRUS* 1944, IV, p. 1274-1314, Churchill, 4, mémorandum 20 août (souligné dans le texte), Tittmann, 19 octobre, *FRUS* 1943, II, p. 939-940, 945-946, 950, Saliège, Information 4 mai, AN, FI a, 3982, 2,4 juin (et fiches évêques, AN, F 7, 15291 et 15292), *Chronologie Chauvel*, discours, 2 juin 1944, *Vichy-Europe*, 551, Lewy G., *Catholic*, p. 301-302 (et 269-308), Friedländer S., *Pie XII*, p. 190-205 (dont 193-194), Brockdorff W., *Flucht*, p. 71 *sq*. et *passim*, Aarons M. *et al.*, *Nazis*, p. 52-53, 273, Zuccotti S., *Under*, p. 150-170, et *passim*, Hilberg R., *La destruction*, p. 577. Hudal paria romain depuis 1939, Phayer M., index.

base de l'ancienne *Administrazione delle opere di Religione*, créée en 1887 par Léon XIII), « plusieurs milliards [de] "dépôts" en espèces » à l'automne 1944. Taylor, resté en Italie de juin 1944 à mai 1945, fit bien d'autres cadeaux : il « a remis en privé au pontife une très forte somme d'argent de la part du président Roosevelt [...et] d'autres dons en argent [...] à diverses personnalités du Vatican ». On le vit en octobre 1944 avec Galeazzi, gestionnaire des fonds américains, et Francis Matthews, « chevalier suprême de l'ordre des chevaliers de Colomb ».

Le descriptif français de l'américanophilie vaticane sembla donc calqué sur les courriers de 1918-1919. « Tous les prélats et officiers de la "Propaganda [Fide]" affichent des sentiments ultra-américains » ; son préfet Fumasoni-Biondi, francophobe expert en relations avec Washington, comme van Rossum naguère, « agirait en dessous pour ne pas montrer ses tendances pro-américaines », mais « son frère [...] Giulio » lui sert d'« émissaire » auprès des États-Unis qui « accordent de très importantes subventions à » sa congrégation. Pie XII lui-même fut lyrique dans son message radiodiffusé du « sixième Noël de guerre » (1944) : après une attaque antibolchevique en règle, il loua la « croisade de charité » américaine, « rappel[ant] en premier lieu l'œuvre immense d'assistance déployée, malgré la difficulté extraordinaire des transports, par les États-Unis d'Amérique [...] particulièrement » à l'égard de l'Italie. « Hommage chaleureux [...] passablement insolite, *commenta le délégué français Hubert Guérin*, dans un document d'une portée aussi générale et qui s'adressait au monde. »[44]

Le cas du Reich

Taylor, comme ses homologues en Italie, veillait aussi avec Pie XII au sort du Reich, clé de l'avenir du continent. Le pape s'arc-bouta dès la victoire soviétique de Stalingrad contre la capitulation sans conditions, réclamant via Radio-Vatican « une paix basée sur des principes de justice et de miséricorde, une paix où les vaincus ne souffrent pas des vainqueurs ». Ses sanglots et malédictions publics contre « la catastrophe » d'une défaite allemande suggèrent l'intensité d'une « politique pacifiste », synonyme de plans de paix séparée, comme dans la guerre précédente.

Les précautions d'avenir de l'épiscopat allemand

L'épiscopat allemand refléta le revirement nécessaire, avec des réticences confirmant, jugea l'*Interallied Research Committee* de Londres en février 1944,

44. Lettre de Bussy, 20, *Canet*, 31, tél. Blondel n° 268, Rio, 9 juin 1944 (de Velloso), *Alger*, 1373, Miller J. E., *United States*, p. 15-16 et chap. 3-6, lettres de Bérard, 8 avril, *Vichy-Europe*, 551, note DGER sd, sur les 14-21, 22-26 novembre, discours, 24, lettres de Guérin n° 47, 28 décembre 1944, et n° 28, 17 mars 1945, *Saint-Siège 1944*, 8, Di Nolfo E., *Vaticano*, p. 384-385.

« que le catholicisme allemand n'était pas un allié de l'Europe dans la guerre actuelle ». Il prétendit avoir « soumis » à Berlin le 18 décembre 1942 « un mémoire [...] aux ministres des Affaires ecclésiastiques, de l'Intérieur et au chef de la Reichskanzlei », mais celui-ci ne fut publié par les *Apologetischer Blätter* que le 24 mai 1943 et circula en Europe à l'été. « Ce premier document connu de nous où les évêques allemands discutaient de la persécution de l'Église catholique dans l'Europe occidentale » ne contenait « aucune allusion » aux méthodes de conquête ni au traitement des peuples conquis : les intéressés n'évoquaient que les « restrictions » aux activités catholiques en Allemagne et « proclam[ai]ent leur devoir de se faire également les porte-parole des catholiques des pays annexés soumis aux mêmes procédés rigoureux que les catholiques du Reich » en Alsace-Lorraine, au Luxembourg, dans les « Territoires de l'Est polonais [...et] dans les régions qui ont appartenu à la Yougoslavie ». Ils invoquaient « le profond souci du prestige et du bien-être de la patrie » et la nécessité d'une meilleure tactique pour consolider la conquête : « ces procédés fournissent à la propagande ennemie l'occasion d'exciter les peuples contre le gouvernement allemand et contre le parti nazi et ont changé en haine, en méfiance et en désespoir l'enthousiasme des populations de race allemande habitant les territoires annexés [; ils...] n'auront d'autre résultat qu'une haine générale contre l'Allemagne et une résistance irréductible contre les plans allemands relatifs à une Europe nouvelle et plus heureuse. Que le gouvernement du Reich mette donc fin à cet état de choses, en cette heure si grave pour l'Allemagne et change d'attitude envers l'Église, les catholiques et le christianisme. »

Le 19 août 1943, le mandement de Fulda continua à exalter « les sacrifices et les souffrances de l'armée et du peuple au service de la patrie [...,] la supériorité culturelle » d'un Reich doté du « plus haut niveau » politique, économique et culturel « jamais atteint par une nation de l'Occident », l'union totale pour la victoire du Reich. Tribut à la défaite certaine, il larmoyait désormais sur « les soldats exposés à des dangers mortels, [...] la population civile accablée de tribulations sans nombre », les « prêtres, religieux et religieuses victimes des bombardements, [les] millions d'Allemands chassés de leurs foyers par la menace ennemie et dispersés à travers le pays en quête d'un refuge », etc. Pie XII avait admis dans une lettre du 30 avril 1943 à Preysing « le peu de chances de succès » à court terme et le but unique de la première « supplique confidentielle » de l'épiscopat allemand : le « justifier [...] devant le monde après la guerre ». Les intentions anglo-saxonnes l'incitaient à l'optimisme depuis l'hiver 1942-1943 au moins.

Pie XII et la « paix chrétienne »

• Du discours…

Pie XII prôna, au mot près, la paix chrétienne et de pardon dont Benoît XV et Pie XI avaient fixé les thèmes. La chronologie concise du bureau d'Études de Vichy éclaire son adaptation à la défaite depuis 1943 : allocution du 20 avril et lettre à Maglione du 2 mai ordonnant « des prières particulières […] en faveur de la paix » pour le mois de mai, invitation, le 8 mai, « des évêques allemands à lui rendre visite », « messages radiodiffusés au monde », tels celui du 1er septembre « exhort[ant] les peuples à la paix » et à « une vie nouvelle de réconciliation fraternelle, de concorde et de diligent travail reconstructeur » et proscrivant la capitulation sans conditions : « la vraie force n'a pas à craindre d'être généreuse […] Ne troublez pas, n'offusquez pas l'aspiration des peuples pour la paix par des actes qui, au lieu d'encourager la confiance, rallument plutôt les haines et raffermissent la décision de résister. » Le « message de Noël » 1943 prétendit « faire triompher les principes de justice éclairée et équitable et de fraternité » et aborder « la question de la culpabilité dans la présente guerre et la réclamation de réparations », à rapporter aux « dévastations […] croiss[a]nt en horreurs sans nom pour les deux parties belligérantes et pour tous ceux y ont été entraînés, même malgré eux ». Destructions déjà si immenses « que pour le bien et l'existence même de tous et de chacun, Nous vous disons et Nous vous conjurons : élevez-vous au-dessus de vous-mêmes, au-dessus de toute étroitesse de jugement et de calcul, au-dessus de tout avantage de supériorité militaire, au-dessus de toute affirmation unilatérale de droit et de justice ». La paix doit être « une œuvre d'entente et de concorde entre les peuples belligérants », sans « abandon des garanties et des sanctions nécessaires contre tout attentat de la force contre le droit. Ne prétendez imposer à aucun membre de la famille des peuples […] des renonciations à des droits substantiels et à des nécessités vitales ».

À Noël 1944, il se lamenta « sur des cimetières où s'accumulent toujours plus nombreuses les dépouilles des victimes, sur des terres désertes [et] les ruines de villes [allemandes] naguère florissantes et prospères ». Il envisagea la « formation d'un organisme commun pour le maintien de la paix […] à une condition pourtant : c'est que l'organisation de la paix […] ne consacre définitivement aucune injustice, qu'elle ne lèse aucun droit au détriment d'aucun peuple (qu'il appartienne au groupe des vainqueurs, des vaincus ou des neutres), ou qu'elle ne perpétue aucune imposition, en dehors de celles qui sont temporairement promises comme réparation des dommages de guerre ». Le pardon, « faisceau de lumière », encore entravé par « la haine », s'imposait, avec une *Gleichberechtigung* [égalité des droits] rapide, sauf à assumer « la grave responsabilité de barrer le chemin à une libération générale » : « que certains peuples, dont les gouvernants – ou peut-être eux-mêmes en partie –

portent l'imputation d'être responsables de la guerre, aient à supporter durant quelque temps les rigueurs de mesures de sécurité, jusqu'au moment où les liens de confiance mutuelle violemment brisés se soient peu à peu renoués, [...] est chose pratiquement inévitable. Néanmoins, ces peuples devront avoir, eux aussi, l'espoir bien fondé – dans la mesure de leur loyauté et de leur coopération effective aux efforts pour la restauration future – de pouvoir devenir, tout comme les autres États, avec la même considération et les mêmes droits, associés à la grande communauté des nations. » Dans une Allemagne innocente, la charge de la preuve de culpabilité incomberait aux victimes (« de qui » ?) : « Personne, certes, ne pense à désarmer la justice à l'égard de qui a profité de la guerre pour commettre des délits *réels et prouvés* de droit commun ; les soi-disant nécessités militaires pouvaient tout au plus servir de prétexte ; elles ne sauraient jamais les justifier. Mais si elle prétendait juger et punir, non plus des individus, mais tout entières et en bloc des collectivités, qui pourrait ne pas voir dans un pareil procédé une violation des règles qui président à n'importe quel jugement humain ? »

« Voilà, *s'indigna Moscou*, une démarche ouverte en faveur des hitlériens, un essai avec certains moyens de prévenir une "injustice" à rencontre de l'Allemagne hitlérienne, un essai de lui retirer la responsabilité de ses méfaits [...] À la lueur de ces tentatives, le point du programme pontifical relatif à l'édification de la paix et mentionnant "l'extirpation de l'hitlérisme" sonne particulièrement faux. »[45]

- ...aux pratiques

Cette impudence reflétait surtout la collaboration américano-vaticane, objet des « déplacements et conversations de Mgr Spellman » depuis Stalingrad. Les sondages tentés par le Vatican « auprès de différentes capitales européennes à l'automne 1942 » furent alors relancés, et Berlin vit « luire un espoir d'intervention ».

Le *« renversement des alliances »* avait été dès l'entrée en guerre des États-Unis amorcé en Suisse, « lieu de rencontres suivies entre les représentants de firmes appartenant aux camps adverses ». À Berne en décembre 1941 et à Saint-Moritz en mars 1942, les délégués de la Dupont de Nemours, de la banque Salomon, de Londres, du trust *Göringswerke* et de l'IG Farben avaient « agit[é] de très grosses questions intéressant l'économie d'après-guerre », et « les

---

45. SIP (service d'information et de presse), 30 octobre 1944, *Saint-Siège*, 8, texte, décembre 1942, lettre de Fulda, *Liberté de Fribourg*, 6 août 1943, *Vichy-Europe*, 87, *IARC*, n° 10, 21 février 1944, *Allemagne 1944*, 67, Friedländer S., *Pie XII*, p. 135, dates citées, *Chronologie Chauvel*, discours, 1er septembre, 24 décembre 1943, *Vichy-Europe*, 551 et 550, 24 décembre 1944 (souligné dans le texte), et note, 4 mai 1945, *Saint-Siège 1944*, 8 ; amorce du pardon anglo-saxon, Lacroix-Riz A. « Églises », p. 19-20.

Allemands » offert « aux Anglo-Saxons » un marché imaginaire : « abandonner le Japon » pour en obtenir « en contrepartie » les mains libres en « Russie ». Les points d'accord grandirent avec l'évidence de la défaite, et la France, naguère cible privilégiée de cette coalition germano-américaine, releva les signes annonçant le changement d'ennemi. Le renseignement gaulliste de 1943-1944 foisonne d'informations, confirmées par les sources américaines, sur les livraisons industrielles massives (acier, pyrites, pétrole, etc.) au Reich via les neutres, Espagne, Suisse, Suède, Portugal, etc. ; sur la collaboration entre firmes, telles la *Standard Oil* et l'IG Farben, signataires de l'accord sur le Buna (caoutchouc synthétique), violant les interdits de l'*Enemy Act* de 1941 ; sur le non-bombardement, ou faible et tardif, des usines de guerre « suffi[sant] à l'Allemagne pour se maintenir sur une très ferme défensive » : roulements à billes, « pétroles roumains », « très importantes usines de pétroles synthétiques [...] soigneusement épargnées », usines Krupp ; sur les plans de « paix séparée avec les puissances anglo-saxonnes », ou, en cas d'échec, de retournement à la fin du conflit, etc.[46]

Ces plans de retournement des fronts ou de barrage à l'avance de l'Armée rouge, intensifiés depuis le débarquement en Afrique du Nord du 8 novembre 1942, furent le vrai motif de la nomination au Vatican du secrétaire général de la Wilhelmstrasse Weizsäcker, successeur de Bergen en juillet 1943. Pie XII l'accueillit le 5 avec ses élans coutumiers, déclarant son attachement au Reich et au commun « combat contre le bolchevisme ». Il ne cessa de louer « la hauteur de vues et l'esprit conciliant, l'élévation d'esprit, le tact et l'expérience diplomatique » de ce grand nazi. L'*Osservatore* fit chorus en pleine déportation des juifs romains, et se félicita le 1er novembre du communiqué allemand sur le respect des biens et des activités du Vatican, qui « enregistr[a] avec plaisir les garanties données également pour l'avenir par l'ambassade du Reich ». Weizsäcker venait s'occuper des « sondages » et « conversations de paix où le Vatican serait mêlé ». Spellman en fit autant, et Pie XII lui envoya leur intime commun Galeazzi en août, pour convaincre Washington de « travailler avec le Reich pour aboutir à un règlement en Europe » (Cooney).

Ces tractations menées chez les neutres, Suisse, Suède, Espagne, Portugal, et en Afrique du Nord, impliquèrent « l'État français », Laval compris, séduit par le projet américain de refaire, contre de Gaulle, un Vichy sans Vichy. Elles peuplent les fonds des procès de la Haute-Cour, des dossiers des ministres aux auditions d'après-guerre des chefs de la Gestapo, par définition « agents » espions

46. France, 10 mars 1943, *Londres*, 275, lettre sans n°, Genève, 11 (souligné dans le texte), tél. La Baume n° 496, Berne, 18 mars 1942, *Vichy-Europe*, 959, SCDD/5/35100, mai 1944, AN, F1 a, 3743, tél. Dejean n° 24, Londres, 25 mars 1944 (entretiens Abetz-Nordling à Paris), *Alger*, 1370, ces vol., et AN, F1 a, 3744, 3765, 3769, 3770, 3776, F 7, 14904 ; Higham C., *Trading, passim*.

autant que tortionnaires. Fin 1946-début 1947, Knochen fut vague sur l'« accord avec les Alliés [qui] nous aurait permis d'avoir les mains libres sur le front russe, voire même d'obtenir la collaboration des Alliés dans la lutte anti-bolchevique ». Muet sur les Américains, il souleva le voile britannique : du « groupe très puissant voulant obtenir une paix séparée pour permettre l'écrasement de la Russie » il mentionna les noms de deux anciens « Apaiseurs » notoires, Sir Samuel Hoare, ambassadeur à Madrid (et gendre de Churchill), et le magnat de presse Lord Beaverbrook. À Madrid, Burns ou Burnes, de l'ambassade britannique, discuta avec deux agents de Knochen et avec le « réfugié de Pologne » Hlond : « Le point de rapprochement avec Londres était sa position antirusse [...]. Leur but était de renforcer la barrière européenne contre le bolchevisme. » Draganovic, « colonel oustachi et criminel de guerre », négocia en 1943-1944 avec les Anglais (*l'Intelligence Service* avait utilisé Pavelic comme agent avant-guerre) : Goñi a complété la biographie de ce massacreur en Croatie jusqu'à son transfert d'août 1943 à Rome comme délégué officieux de Pavelic, protégé de Stepinac et chargé au nom de la Croix-Rouge croate de faire libérer 10 000 Croates prisonniers de guerre en Italie, qu'il s'affaira à livrer au Reich comme travailleurs forcés. Son pair, le lieutenant-colonel oustachi Ivan Babic (futur Argentin) traita avec Anglais et Américains[47].

Le Vatican s'employait aussi à préserver les intérêts militaires du Reich qui avait occupé l'Italie après la chute de Mussolini. Les Anglo-Américains s'en plaignant parfois, Maglione, Cicognani et autres jurèrent dans des notes fulminantes que leur souci d'épargner à Rome l'action militaire alliée ne couvrait pas une aide à la Wehrmacht. En octobre 1943, Pie XII dit à Tittmann ne songer qu'à abattre « les petites bandes communistes stationnées aux environs de Rome » guettant le départ des Allemands pour « commettre des violences dans la Cité [du Vatican] » entre cette « évacuation et l'arrivée des Alliés » ; ou encore, début 1944, que l'abbaye bénédictine de Monte Cassino, fief allemand, n'abritait pas de « soldats allemands, d'emplacements de tir, etc. ». « Les commandants alliés sur le terrain disposent de preuves irréfutables qu['elle] faisait partie du système de défense allemand », rectifia Churchill. Le 19 février 1944, après que Pie XII eut protesté (le 16) contre la

47. Weiszäcker, 5 juillet, *OR*, 25-26 octobre, Friedländer S., *Pie XII*, p. 170 et 193-194, lettre n° 120 de Truelle, Madrid, 2 novembre 1943, *Alger*, 1373 ; notes Information, 25 février, sur le « Saint-Siège devant la guerre », 17 mars, lettre de Bérard, 8 avril 1944, *Vichy-Europe*, 551 ; tél. Pietri n° 10, Saint-Sébastien, 11 août 1943, *Vichy-Europe*, 552, *ADSS*, VII, *Journal de Genève*, 27 juillet 1964, Friedländer S., *Pie XII*, p. 178, Cooney J., *Spellman*, p. 134-135, Cicognani, 20 août, Tittmann, 19 octobre, *FRUS* 1943, II, p. 945-946, 950 ; Lacroix-Riz A., *Industriels*, chap. 9, 444 *sq.*, *Choix*, index, auditions de Knochen, DST, 24 novembre 1946 et 4 janvier 1947 (agents Keller et Bickler), AN, F 7, 15337 et 3 W, 358 (et série 3 W), Croates, Goñi U., *Odessa*, p. 203-205.

destruction de ladite abbaye « qu'il aurait été facile aux Anglo-Américains de préserver », Tittmann fit taire un Maglione « excité » et le dissuada d'émettre la protestation requise par Berlin : « à cette époque tardive de la guerre [elle] serait mal reçue en général et particulièrement dans les pays dont les monuments avaient été détruits par les Allemands. » En mai 1944, les Anglo-Américains soupçonnaient les camions peints aux « couleurs du Vatican » (« jaune et blanc »), donc assurés de l'immunité, de transporter les troupes allemandes.

À la condamnation constante des actes de résistance italiens contre l'occupant s'ajouta le souci de soustraire au châtiment diplomates, militaires et autres agents nazis qui avaient martyrisé l'Italie, du nord au sud, comme le reste de l'Europe. En témoigna la tuerie ordonnée par Kesselring de 335 otages romains aux Fosses ardéatines, sur la Via ardeatina, le 24 mars 1944, après l'attaque par les partisans d'« une colonne de cent cinquante-six SS » sur la via Rasella. Vociférant contre les bombardements alliés, Pie XII ne dit mot de l'événement dont l'horreur bouleversait encore l'Italie à la fin des années 1940 et qui eut pour principal auteur son interlocuteur Priebke (la *Civiltà* se dévoila en 1946, opposant au « massacre de la via Rasella » les simples « "représailles" de la Via ardeatina »). Depuis des mois, le pape s'employait à obtenir des futurs occupants la garantie que les « diplomates de l'Axe » se trouvant « hors de la Cité du Vatican à l'entrée des troupes alliées à Rome auraient immédiatement le choix entre l'accès à la Cité [...] et le départ d'Italie munis d'un sauf-conduit ». Cette exigence et l'invocation du traité de Latran (qu'il avait violé depuis l'entrée en guerre de l'Italie) irritèrent ses protecteurs alliés : ils arrêtèrent le 5 juin 1944 le « ministre plénipotentiaire », le SS Ludwig Wemmer, et le « conseiller de l'ambassade d'Allemagne au Saint-Siège », Albrecht von Kessel. Maglione s'émut de « la gravité de cette infraction à la loi internationale » – comme Berlin, ulcéré de « cette violation de l'immunité diplomatique »[48].

La protection *publique* des bourreaux était encore exclue, comme le prouva la colère soulevée par l'appel de Pie XII aux Londoniens et aux Anglais, fin août 1944, « pour les inviter au pardon des injures et leur demander de ne pas se venger de l'Allemagne des maux que celle-ci leur a infligés » : « depuis quinze jours, le *Times* publie presque quotidiennement des lettres de protestation émanant des milieux les plus divers [...] Cette abondante correspon-

48. *FRUS* 1943, II, p. 910-953 (Tittmann, 19 octobre, p. 950), *Chronologie Chauvel*, 16 février 1944, *FRUS* 1944, IV, p. 1274-1314 (Hull, 4 mai, Harrison, 9 mars, 10 mai, Tittmann, 23 mai, p. 1299, 1282-1283, 1303-1304, 1307-1308), Katz R., *Death*, p. 227 et *passim*, Goñi U., *Odessa*, p. 256-259, *FRUS* 1944, IV, p. 1314-1329 (Chapin et Cicognani, 21 février et 12 juin, p. 1314-1315 et 1320-1321).

dance témoigne des sentiments profonds que l'agression allemande et plus spécialement les bombardements de Londres ont laissés dans l'esprit de la plupart des Anglais. » L'appel du pape, « loin d'avoir obtenu le résultat qu'il escomptait, a plutôt déclenché comme une vague d'antipapisme et une résurrection du cri de "No Popery" qu'il n'est jamais très difficile, même actuellement, de lancer en Angleterre ». Mais la protection *privée*, rendue possible grâce au veto anglo-américain de 1941-1942 contre la dénazification – exposé par le travail pionnier de Tom Bower – avait commencé.

Elle avait pour pivot les chefs du renseignement américain, grands financiers attachés à la fortune de l'Allemagne, « Irlando-Américains » catholiques (tels Murphy et Donovan) ou « Germano-Américains », catholiques ou protestants, telle la famille (protestante) Dulles. Dulles traitait à Berne depuis 1943 au moins avec les deux agents (délégués officiels du groupe Skoda) à Madrid du général SS Walter Schellenberg, chef du renseignement extérieur du SD (*Sicherheitsdienst*, service de sécurité) au *Reichssicherheitshauptamt* (Office central de sécurité du Reich, RSHA). « Le chef espion américain », selon le rapport « glaçant » (Uki Goñi) d'un des deux Allemands sur un de ces entretiens, « en avait ras le bol » du tapage sur le sort des juifs, ne songeait qu'à établir une bonne « paix en Europe », n'aimait pas l'URSS, « ne rejetait pas le national-socialisme dans ses principes et ses pratiques » et trouvait « insupportable pour tout Européen convenable l'idée que les juifs pourraient revenir un jour ».

Vers la fin de la guerre, ces contacts quittèrent la sphère des propos de table. Dulles fut chargé de « négociations de reddition » séparée de l'Armée allemande d'Italie, préparées depuis la fin de 1944, actives en mars-avril 1945 (qui ulcérèrent l'URSS informée) : il eut pour « principal interlocuteur » le chef de « la section anticommuniste » des SS Walter Rauff, parmi d'autres bourreaux nazis de profession (du RSHA de Schellenberg), et le baron fasciste Luigi Parrilli, ancien délégué en Italie des sociétés américaines Kelvinator et Nash. Ces tractations, récemment éclairées par Richard Breitman, passèrent par le Vatican, où Rauff et Hudal s'affairaient depuis 1943 au « réseau d'évasion » des criminels de guerre couvert par les Anglo-Américains (et les Français) (Aarons et Loftus).

Elles échouèrent en apparence – la capitulation en Italie ne précéda que de peu (le 2 mai) la générale –, mais elles sanctuarisèrent d'emblée « les officiers nazis qui y avaient été mêlés » : tels Karl Wolff, « chef de l'état-major personnel de Himmler » et d'un « groupe d'intervention SS » en URSS, « personnellement compromis dans les meurtres de 300 000 personnes » (équivalent en Italie de Karl Oberg en France), et Eugen Dollmann, « représentant personnel d'Himmler auprès du gouvernement italien et du Vatican », que Schuster et les services secrets italiens « cachèrent dans un asile de fous de

Milan » après leur fuite d'août 1946 d'un camp allié de PG, et Guido Zimmer, chasseur de juifs à Gênes puis à Milan (comme second de Rauff)[49].

Sources découvertes et travaux publiés depuis quarante ans – dont l'ouvrage majeur d'Uki Goñi – ont balayé la thèse des hagiographes de la Curie selon lesquels « "Mgr Hudal n'a joué aucun rôle" au sein de la Commission pontificale d'assistance [...et] n'y a jamais été mêlé en aucune façon » (Mgr Graham). Hudal, qui dut en juin 1944, dans la Rome anglo-américaine, abandonner le « drapeau du Grand Reich qui flottait sur sa voiture » dans ses périples « autour du Vatican », et redécouvrir la qualité d'« Autrichien » qui lui avait tant pesé, fut chargé d'une « opération d'exfiltration des nazis » (Farago) envisagée très tôt : au plus tard début 1942, quand la Curie ne douta plus de l'inéluctable défaite allemande.

Les chefs du Reich non plus, qui, avec leurs amis d'Argentine, paradis nazi de Juan Domingo Perón depuis la fin des années 1930, préparèrent l'avenir : ils firent en mars 1942 nommer « attaché culturel » à l'ambassade d'Argentine au Vatican Juan Carlos Goyeneche, fasciste catholique et agent direct de Schellenberg, dont les chefs étaient eux-mêmes en « liens étroits » avec Montini et le pape. Goyeneche, après avoir en mai 1942 rencontré à Paris Laval et Knochen, eut avec Pie XII et Maglione, mi-août, une « audience "strictement privée" » : il y fut convenu « qu'après l'établissement de la paix, l'Argentine "appliquerait généreusement ses lois sur l'immigration, pour encourager [...] les catholiques européens émigrants à [y] rechercher les terres et les capitaux indispensables dans notre pays" ».

Goñi démontre que l'expression « catholiques européens » ou « catholiques anticommunistes » eut le sens *unique*, fixé d'emblée par ce plan, de « criminels de guerre en fuite » : les suites des *Ratlines*, ou filières de fuite des rats (nom de code anglo-saxon), qui perpétuèrent les contacts, directs ou par truchement, entre Pie XII et Perón, furent cohérentes avec leurs origines. Elles infirment la thèse de Phayer de deux phases d'émigration distinctes : Rome rechercha, en 1942, un havre en Amérique du Sud pour les catholiques allemands persécutés par le nazisme, et sollicita son financement par l'épiscopat américain qui, ému par cette « grande œuvre de charité internationale », y délégua sa *NCWC*. Des criminels de guerre se glissèrent subrepticement « parmi les réfugiés de guerre », mais sans aucun lien avec les *Ratlines*, que la *NCWC* subventionna d'abord innocemment, puis, comprenant enfin,

49. Lettre n° 698 de J.-C. Paris, Londres, 6 septembre 1944, *Saint-Siège 1944*, 8, Bower T., *Blind eye, passim*, Goñi U., *Odessa*, p. 10, Alperovitz G., « Dickering with the Nazis », *Cold War*, p. 25-33, Aarons M. *et al.*, *Nazis*, p. 57-60, 275, 317-329 (sur les Français, chap. 11 et p. 316), 343 ; Wolff, Hilberg R., *Destruction*, p. 958 (et index, comparaison avec Oberg de mon fait), Dollmann et Zimmer, Breitman R., « Analysis ».

pour cause de guerre froide (l'innocente invitait Draganovic, précise Goñi, à ses réunions romaines).

L'après-Stalingrad exigeant application *du* plan de 1942, Pie XII plaça Hudal sous l'autorité de Montini, Riberi et Giuseppe Siri, archevêque de Gênes et fondateur de deux institutions vouées à « l'aide aux fugitifs [...], le Comité national pour l'émigration en Argentine et le comité diocésain Auxilium » (Goñi). Ce quatuor dirigea le dispositif établi à Rome et dans toute l'Europe, financé par des trésors nazis, croates et assimilés, « blanchis » et enflés par le marché noir et les généreux fonds alliés. Le 23 août 1944, sous couvert d'« action caritative en faveur des prisonniers de guerre », le Vatican requit des Alliés l'envoi d'un « représentant » flanqué d'un secrétaire, pour apporter « aux prisonniers catholiques une assistance religieuse normale ». Après avoir obtenu satisfaction via Taylor, il demanda le 2 décembre que « le directeur spirituel des Allemands résidant en Italie » – Hudal – fût « autorisé à visiter en Italie les internés civils de langue allemande ». Riberi était depuis novembre chargé « de s'occuper officiellement, au nom du Saint-Père, des Allemands détenus en Italie par les Alliés » : « la commission pontificale d'Assistance [...,] instrument efficace de la politique américano-vaticane », assurerait le sauvetage de masse et le recyclage des criminels allemands, croates, hongrois, slovaques, ukrainiens, baltes, français, belges, etc., avec l'appui de Taylor et Carroll, entre autres.

Sources et travaux scientifiques ont *définitivement* démenti les historiens français dirigés par René Rémond, que l'archevêque de Lyon Mgr Albert Decourtray avait officiellement invités à étudier le rôle de la hiérarchie catholique dans la soustraction à la justice de l'ex-milicien Touvier depuis 1944. Bien qu'ils eussent certifié que les ecclésiastiques concernés n'avaient agi qu'« à titre personnel » – sans nier « l'existence de filières » –, l'Église française obéit comme *toutes ses homologues* à une consigne *romaine*. L'abbé Jean Rodhain, « patriote irréprochable » de l'équipe Rémond, dut à sa germanophilie une promotion précoce dans le dispositif. Suhard l'avait après l'armistice du 22 juin 1940 mis à la tête des « services de l'aumônerie générale » alors créés, et envoyé en février 1943 à Berlin auprès « des services Bruneton et de la mission Scapini » (traitant sur place du travail forcé des victimes du STO et des prisonniers de guerre français).

Le zèle vichyste de Rodhain, « aumônier général des prisonniers libérés et des travailleurs français en Allemagne », lui valut le 8 décembre 1943 la francisque (avec pour parrains deux grands cagoulards). Il le signala à l'attention de Pie XII, qui transforma à la Libération son service en « Comité français de l'aumônerie catholique » et le manda fin 1944 « à Rome [pour y...] créer [...] le Comité international de l'aumônerie catholique qui étendrait son activité à tous les pays ». Dès avril-mai 1945, le CIAC ou « Secours catholique international », supposé « fournir assistance aux prisonniers et déportés », fut doté de « fonds importants fournis par le Vatican et [de] subsides officiels » : Rodhain avait déjà « effectué diverses missions en Allemagne » en liaison avec les délégués de « la National Catholic Welfare Conference et du War Relief Service » (américains) et « la Croix-Rouge » (suisse), et ses agents sillonnaient l'Amérique, du nord au sud. La Sûreté nationale n'éprouvait aucun doute sur leur objectif[50].

En novembre 1944, Tardini avait devant Guérin motivé l'appel de « quatre prêtres américains » à la secrétairerie d'État « par l'importance croissante des affaires » communes, les besoins de la correspondance en anglais « en particulier, de l'organisation des secours » impliquant coopération internationale. En février 1945, « les divers organismes », les deux commissions pontificales d'Assistance aux réfugiés et aux rapatriés fusionnèrent « en une seule œuvre, la commission pontificale d'Assistance » (CPA), financée par « l'UNRRA » (américaine) « par l'intermédiaire du Vatican ». Fin 1944, rappela en 1947 l'ambassadeur au Vatican Maritain, la CPA fonctionnait à Rome, dans toute l'Italie via « les centres diocésains paroissiens » et à l'étranger, par ses diverses missions, « dont certaines se sont rendues en Allemagne, en Autriche et en Hongrie ».

Les « réfugiés politiques » arrivés en Italie « sont dirigés sur le père Faller », résidant Piazza Cairoli, « religieux allemand qui s'occupe d'un centre d'accueil destiné à tous les réfugiés se trouvant en Italie. Ce centre, qui a connu une activité particulière en 1944 et 1945; a reçu indistinctement les réfugiés de toutes nationalités venues d'Europe centrale et particulièrement d'Allemagne ». Faller « les met en contact avec le père [français] Blondeau », de l'hôpital Fatebenefratelli, sur l'île tibérine. Blondeau, pivot d'un réseau de « couvents dont le personnel est en partie français [, leur...] communique l'adresse d'un couvent à Rome susceptible de les héberger ». Faller les adresse aussi à Riberi, Via Po, qui « leur délivre une carte donnant accès à un mess pontifical ». « La commission », qui travaillait « en accord avec les autorités italiennes ou alliées et avec l'UNRRA », servit dès 1944 « trois millions de repas » dans le réfectoire pontifical de la Via Po. Blondeau « remet enfin à chacun, suivant sa situation, une somme d'argent » pour l'achat de vêtements et objets de première nécessité. Dernière étape, « certains réfugiés ont obtenu des passeports pour se rendre en Amérique du Sud » : la

50. Farago L., *Aftermath*, p. 210 *sq.*, Aarons M. *et al.*, *Nazis*, p. 50-69, Goñi U., *Odessa*, p. 230, 2-15, index Pie XII et Perón, Phayer M., *Pius XII*, p. 184-194 (sidérant), Papeleux L., *L'action*, p. 170 et 268-269, Maglione n'en fut pas, mort le 21 août 1944, presse du 22, *Vichy-Europe*, 550, Rémond R., *Touvier, passim*, et Lacroix-Riz A., *Histoire*, p. 66-69, 81-85 (Rodhain, avril-mai 1945, AN, F 7, 15291-15292), lettres de Suhard à Laval, Paris, 6 février et 10 mars 1943, AN, 3 W, 212, RGPP, 24 août 1943, APP, GA, A 24, francisque n° 2341, parrains Jean Jardel et Bernard Ménétrel, AN, F 7, 15388.

Croix-Rouge internationale, à la demande des Anglo-Saxons très influents en Suisse, envoya à Hudal, à l'Anima, ces passeports dont le flot gonflerait à partir de mai 1945.

Le sauvetage des criminels de guerre était amorcé, et le Vatican préparait l'avenir politique de la partie anglo-saxonne de l'Allemagne ainsi que le combat en future zone d'occupation soviétique. L'alliance avait été mise au point en Suisse par Dulles (depuis 1942) et par les « catholique[s] pratiquants...] d'origine irlandaise » Murphy et Donovan, « d'opinions nettement anticommunistes ». Troupes à peine arrivées, les chefs du gouvernement militaire américain (*OMGUS*), chaperonnés par Faulhaber, « s'appu[yèrent] sur l'ancien parti du centre, le clergé et plus spécialement l'épiscopat. *Dans chaque diocèse, l'évêque est la première personne à qui les officiers des affaires civiles viennent rendre visite* ». Tout le *Zentrum* fut mobilisé, de l'extrême-droite à la gauche présumée (Washington investit Wirth, l'exilé d'honneur d'Hitler pour l'éventuelle succession de la formule Schaeffer-Faulhaber)[51].

Voies et moyens du « cordon sanitaire »

Le discours anticommuniste

Avec ces préparatifs secrets contrastèrent la « vivacité de ton et de termes » anticommunistes de Pie XII. Ainsi en juin 1943 fustigea-t-il devant « 15 à 20 000 ouvriers [...] les faux prophètes » hostiles aux « ententes mutuelles [...] entre le capital et le travail, entre les patrons et les ouvriers », la *« révolution sociale »* et *« la monstrueuse calomnie »* de ceux « qui imput[ai]ent au Saint-Siège des responsabilités dans les origines et la durée de la guerre ». Ces diatribes aggravées au fil des mois, contre « les catholiques [...] en train de devenir communistes » (février 1944), avaient une forte portée italienne.

Elles visaient aussi l'URSS car, en Italie comme dans le reste de l'Europe, germanophobie et russophilie croissaient ensemble : fin 1943, « la vague anti-allemande qui déferle sur le pays a recouvert tous les autres sentiments [...et] "la croisade" a fait long feu. Les Italiens qui ont fait partie du corps expéditionnaire en Russie, sont revenus du front de l'Est farouchement anti-allemands et, par contrecoup, plutôt russophiles ». La tendance gagna même « tout un milieu catholique et international » qui, persuadé que « les risques et les dangers d'une révolution bolchevique » relevaient de l'intoxication, tenait

51. Lettre de Guérin n° 28, 3 novembre 1944, *États-Unis 1944*, 200, DEC, service 21. 1, 26 août, lettres n° 2091 de Wybot, 11 février, n° 85 de Maritain, 12 mars 1947, *Saint-Siège 1944*, 9, tél. Bonnet n° 3695, Washington, 9 juin (souligné dans le texte), lettre de Garnier n° 942, 19 juillet, *Allemagne 1944*, 75, et tél. Vergé n° 440, Berne, 16 mars 1945, *États-Unis 1944*, 170, et *supra*, p. 426.

début 1944 « la Russie soviétique pour un bon et sûr allié ». Celle-ci concentra donc, comme la France en 1918, haines et dépit devant le nouveau fiasco.

La Curie ne cessa de clamer qu'elle n'établirait pas de relations avec Moscou, même lorsque, officiellement, les Américains l'y incitaient, soucieux d'atténuer l'éternelle opposition catholique à la Grande Alliance encore utile et surtout de pouvoir étoffer leurs effectifs d'agents sur place : ils requirent au printemps 1944 l'envoi d'un « assistant » pour Braun, le RP Laberge. Rome enragea, l'opération y afférente risquant d'ériger Staline en allié complet de l'Occident : en avril-mai 1944, le secrétaire d'État Cordell Hull mandata l'abbé américano-polonais Stanislas Orlemanski pour discuter avec Staline et Molotov de liberté religieuse et de collaboration avec Pie XII « dans le combat contre l'oppression et la persécution [nazies] de l'Église catholique ».

L'URSS s'en déclara enchantée et exploita, presse aidant, cet atout pour son image parmi les peuples de l'Ouest. Le clerc de Springfield (Massachusetts) trouva le généralissime amical et ouvert, et le dit. Il fut donc à son retour aux États-Unis taxé de folie et envoyé au cloître « en pénitence ». Peu après ces « avances de Staline » et les rapports américains sur les progrès du culte en URSS, le Vatican notifia son veto contre cette « nouvelle version de la main tendue » par des textes sur les persécutions et autres méthodes de « propagande communiste ». Les 12 et 28 mai 1944, il démentit tout projet de relations et déclara, le 21, que ce voyage « n'engage[ait] en rien l'autorité de l'Église dont la position vis-à-vis du communisme n'a[vait] pas varié »[52].

Les tests polonais et ukrainien

Sous ces fulminations ressurgissait en Pologne et en Ukraine le problème du rapport des forces entre slavisme et germanisme, infléchi par les haines russo-polonaises.

• La renaissance de l'alliance polono-vaticane

À l'été 1942 Mgr Jozef Gawlina, aumônier de l'armée polonaise, pénétra en URSS grâce à l'alliance officielle d'août 1941. Sa tournée prit pour prétexte les besoins religieux de l'armée d'Anders supposée combattre aux côtés de l'Armée rouge, mais qui s'y refusait sous divers motifs et exultait « des défaites soviétiques ». Il s'occupa en fait sur « instructions du Vatican [de] la question des prisonniers de guerre italiens et allemands » – amorce de sa participation aux *Ratlines* de 1945. La brouille soviétique avec l'armée d'Anders suivie du

---

52. Lettres de Bérard n° 24, 20 juin 1943 (et discours, souligné dans le texte) et manuscrite, 22 février 1944, *Vichy-Europe*, 551, Blesson, octobre 1943, *Alger*, 1373, presse (?), 21 mai 1944, *Vichy-Europe*, 551, Stehle H., *Eastern*, p. 230-231, Bohlen, 24 mai, Tardini, 13, Taylor, 17 juillet, *FRUS* 1944, IV, p. 1214, 1217-1221 ; 12, 28, 21 mai 1944, *Chronologie Chauvel*.

retrait de celle-ci et la découverte en avril 1943 du charnier de Katyn semblèrent rendre à Rome les atouts que l'alliance avec le Reich lui avait ôtés. « Nous avons [...] commencé la bataille contre les bolcheviques et nous espérons avoir le Vatican à nos côtés », s'exclama Sikorski le 16 juin 1943, après le discours de Pie XII du 2 mentionnant « le sort tragique du peuple polonais » – seule fois où la Pologne fut « nommément désignée en raison de ses malheurs. L'Allemagne ne l'a jamais été pour ses crimes » (Blesson), pas plus en juin 1943 qu'avant ou après. La « contre-offensive vaticane » visait à briser la révolte polonaise contre Rome sur le dos tanné des Soviets, dont l'avance posait à nouveau la question des frontières : le retour à la ligne Curzon de 1919-1920 était un des buts de guerre déclarés par Staline à ses alliés à l'été 1941.

Le contentieux polonais prit après Stalingrad valeur de test. Pie XII avait les coudées d'autant plus franches que les Anglo-Américains soutenaient le « gouvernement polonais de Londres » et le retour au *statu quo ante* – bien que Londres eût admis dès 1942 les revendications soviétiques en Pologne et dans les Pays baltes. Outre le retour à la ligne « ethnique », Moscou exigeait que la Pologne devînt un État amical. Objectif d'autant plus délicat que, l'antisoviétisme masquant aux Polonais de Londres l'hypothèque allemande de leurs rapports avec le Vatican, l'accord antibolchevique fut renoué avec éclat en 1943-1944. En février 1944, tandis que la nouvelle de la création d'une nonciature à Helsinki faisait « sensation », la presse polonaise liée au gouvernement de Londres pleura sur l'avenir de la Finlande, des Roumains, Hongrois « et d'autres peuples européens » : ce qui, commenta le diplomate gaulliste Maurice Dejean, ne peut qu'aviver « les inquiétudes qu'inspirent au gouvernement soviétique certains éléments polonais animés d'une telle hostilité contre l'URSS que leurs sympathies vont naturellement aux adversaires des Soviets même s'ils sont les alliés de l'Allemagne ». Pie XII était donc assuré de l'impunité.

Le 28 juillet 1944, à trois jours du lancement du « soulèvement de Varsovie », grande opération antisoviétique et « occidentale », recevant le général Tadeusz Komorowski, commandant en chef des Armées polonaises (qui la commanderait), il esquiva encore le mot d'Allemagne en exaltant « l'énergie des femmes polonaises et la vitalité de votre foi catholique. Votre bravoure, votre esprit de sacrifice, votre patriotisme vous ont sauvés dans les dangers extrêmes jusque sur le bord de l'abîme ». La même tactique accueillit la supplique du 22 août des « femmes polonaises », précise sur les atrocités allemandes pendant ladite insurrection[53].

---

53. Stehle H., *Eastern*, p. 225-229, Blesson, octobre 1943, *Alger*, 1373, Papeleux L., *Silences*, p. 93-122, Davis L. E., *Cold War*, *passim*, tél. La Blanchetai n° 63, Helsinki, 3, *Vichy-Europe*, 547, Dejean n° 843, 26 février, *Alger*, 1371, lettre de Couve de Murville n° 183, Rome, 29 juillet 1944, *Alger*, 1374, Papeleux L., *Silences*, p. 209-210.

Hésitant devant l'« attaque contre la Russie, déjà visée par les critiques adressées au communisme sur le plan social » dans le discours du 1er septembre 1944, Pie XII agit par presse interposée. « Depuis un mois, *remarqua Guérin le 8 septembre*, l'"*Osservatore Romano*" mène une véritable campagne en faveur des patriotes polonais qui luttent dans Varsovie », dénonçant « presque quotidiennement [par] des jugements enveloppés mais non équivoques [...] l'abandon dans lequel ces combattants sont laissés » par Moscou. « Le ton de la presse du Vatican, *releva le* Reynolds News *en octobre*, indique que le pape a décidé de faire de la Pologne son champ de bataille contre la Russie ». Après s'être « laissé nettement compromettre dans la querelle russo-polonaise », placé « dans une situation très embarrassante » par le règlement de Yalta de février 1945, le Saint-Siège déplora d'avoir été « tenu à l'écart de négociations où se décidera[it] l'avenir de millions de catholiques ». Il déchaîna une propagande antibolchevique obsédante, reflétée par la brochure largement répandue de Gawlina, « Le bolchevisme et la religion », et poussa à l'affrontement des Polonais au « romantisme » absurde (avis du ministre de Suède à Londres, et universel).

Le gouvernement polonais de Londres, flagorné par Washington et Londres dont il servait le combat contre Moscou, crut au renversement des alliances, mirage des élites de tous les pays dont l'Armée rouge chassait alors les troupes allemandes : « une guerre entre l'URSS et les puissances anglo-saxonnes est absolument inévitable dans très peu d'années, *estimait-il*. L'Angleterre et les États-Unis s'appuieront dans la lutte contre le bolchevisme qui tend à s'étendre et à dominer tout le monde sur tous les peuples européens peut-être même sur les vassaux russes, volontaires ou involontaires, la Tchécoslovaquie, la Yougoslavie, la Bulgarie, la Roumanie, etc. Le peuple polonais doit être prêt à participer à cette lutte, car c'est la Pologne qui remplacera étant une puissance de culture occidentale la Russie comme puissance dominante en Europe centrale et orientale. C'est à quoi doit servir et servira l'armée clandestine qui continuera à combattre l'Armée rouge à l'avenir. » « Je ne crois pas, *conclut l'agent du Quai, depuis l'entre-deux-guerres, Nac (alias Niémanoff)*, à une guerre entre les Anglo-Saxons et les Russes et [...] je n'envie pas le sort de la Pologne si son "intelligentzia" et ses dirigeants sont de même opinion que mes interlocuteurs. »

Car au début de 1945 l'URSS jugeait « s'être [depuis 1941...] en échange des sacrifices énormes qu'elle a[vait] supportés pour la cause commune des alliés assuré certains avantages importants politiques et économiques ». Parmi eux figurait le droit de laisser dans l'émigration anglaise ou américaine la plupart des « membres du gouvernement polonais de Londres [...et les] généraux réactionnaires comme [...] Anders [et] Somkowski » résolus à « troubler les relations polono-soviétiques » et d'épurer avant rapatriement les sept divisions polonaises à l'étranger : on ne les laisserait pas rentrer « avec leurs armes et leur commandement actuel en Pologne car cela équivaudrait à aider et à encourager la guerre civile ». Ni l'accord [de 1942] avec Londres ni Yalta n'obligeaient l'URSS « à rétablir à Varsovie le gouvernement des successeurs des Pilsudski et des Beck ». Elle installerait à Varsovie « un gouvernement sincèrement désireux de collaborer pacifiquement avec le gouvernement soviétique et qui ne cherchera pas à intriguer contre l'URSS et à lui nuire ». « Les cercles dirigeants des pays anglo-saxons » préféraient laisser Pie XII et les siens gloser sur « une fédération d'États catholiques de l'Europe occidentale étendus de la mer Noire à l'Adriatique, une sorte de tampon entre les nations d'Occident et le Reich », ou sur la « Lotharingie » évoquée en février 1945 devant un Français par Bernardini[54].

• Le butoir balto-ukrainien

Sur le court terme et malgré l'étai américain, le Vatican avait motif à alarme. Les atouts gardés en 1918 dans le glacis de l'ancien Empire russe par un Reich invaincu à l'Est étaient menacés par les armes *russes*. La tactique américaine consistant à faire des Pays baltes annexés un abcès de fixation « occidental » contre Moscou n'abolirait pas les conséquences d'une guerre inexpiable et de la marche de l'Armée rouge : la haine accrue de l'Allemand y avait atténué l'« aversion pour le bolchevisme » et l'annexion de 1940 « pourra[it] difficilement être remise en question ». Les Pays baltes et l'Ukraine – partie soviétique en 1944, et le reste au fil de l'avance en Europe orientale – se prêteraient moins à manœuvre que naguère.

Arrivés à Lvov en juillet 1944, les Soviets ne touchèrent pas un cheveu de Szepticky, qui se soumit à la mi-octobre (juste avant de mourir, le 5 novembre) par une lettre à Staline exprimant son allégresse de le voir réunifier « la grande Ukraine ». Mais le terrorisme en Galicie orientale (Ukraine occidentale) précipita l'affrontement : les nazis continuèrent à massacrer indistinctement Russes et Polonais, aidés des « basiliens [qui] organisèrent contre les Soviets une résistance active ». L'URSS (dont les Polonais fidèles à Londres menaçaient également la nouvelle frontière en « renfor[çant...] l'armée clandestine ») frappa alors l'uniatisme. Des prêtres furent arrêtés entre Noël 1944 et janvier 1945. En mars, le nouveau patriarche orthodoxe Alexis (successeur du défunt Serge) appela à l'union des Églises orthodoxe et

---

54. Lettre de Guérin n° 6, 8 septembre, *Alger*, 1374, SIP, 30 octobre 1944, *Saint-Siège 1944*, 8, lettres de Guérin n° 16, 19 janvier, n° 17,19 février 1945, *URSS 1944*, 25 ; avis général sur les Polonais de Londres depuis novembre 1944, *URSS 1944*, 51-52 et *Pologne 1944*, 52 ; tél. Dejean n° 903, 11 mars, note SR n° 5453, Alger, 20 avril 1944, *Alger*, 1372, notes Nac sur ses entretiens avec « plusieurs diplomates polonais », 22 juin, et des diplomates et officiers soviétiques, 20, 23 mars, *Europe 1944*, 2, et note, 12 février 1945, *Saint-Siège 1944*, 8.

uniate contre « le Vatican », accusé d'avoir avec son agent Szepticky soumis l'Ukraine « au joug d'Hitler ». Le 11 avril furent arrêtés les évêques uniates, dont Slipyj, successeur de Szepticky. Refusant la rupture avec Rome, ils furent accusés de « collaboration », grief étayé par le matériel saisi dans les perquisitions.

Avant la capitulation allemande se dessina donc dans l'URSS reconstituée un schéma tôt réalisé en Ukraine occidentale, plus lentement de la Lituanie à l'Ukraine subcarpathique : poussée de l'orthodoxie, tentative de compromis avec Rome sur la base de la liberté du culte et d'une laïcité cantonnant le catholicisme au bâtiment cultuel et, en cas de refus par les épiscopats ultramontains, recours à l'arme, aisée vu la noirceur du dossier, du procès pour collaboration avec l'ennemi. « Les événements » ont déçu, pensa Hubert Guérin en mars 1945, l'espoir vatican d'« une victoire alliée modérée » épargnant « une défaite totale » à l'Allemagne et à l'Italie, avec l'URSS « reléguée dans son coin, derrière le "cordon sanitaire" »[55]. Moins qu'il ne semblait à deux mois de la fin de la guerre en Europe.

55. Tél. Dejean n° 105, 7 octobre 1942, lettre n° 65 de Vaux Saint Cyr, Stockholm, 17 novembre 1943, Dejean, tél. n° 656, 5 février, lettre n° 1166, 9 août 1944, *Alger*, 1377 (et Davis L. E., *Cold War, passim)*, Stehle H., *Eastern*, p. 244-246, notes 223500, 27 décembre 1948, *Tchécoslovaquie 1944*, vol. 47, Nac, 22 juin, *Europe 1944*, 2, lettres de Maritain n° 92,12 septembre 1945, *URSS 1944*, 26, n° 167, 6 décembre 1946, de Chataigneau n° 300, 19 février 1949, *URSS 1944*, 27, et n° 28 de Guérin, 17 mars 1945, *Saint-Siège 1944*, 8.

Le Vatican et la réorganisation européenne de 1945 à la guerre froide : la lutte contre Potsdam après Versailles

Le Vatican honnit Potsdam comme Versailles, mais le combattit plus aisément. Comme en 1918, les Alliés étaient divisés sur l'Allemagne, mais la France, ancien pivot d'une paix dure, vaincue de 1940, ne gênerait plus. Avec un mépris avivé par la rancœur du vaincu italien contre ce vainqueur par raccroc, la Curie comptait à l'été 1945 sur les Anglo-Américains pour la « mettre au pas [...] Si elle se montre récalcitrante, les Alliés le lui feront sentir. [Elle] devra céder à leurs exigences si elle veut vivre en paix et se faire dans l'ordre nouveau la vraie place qui correspond à sa place réelle ». L'hégémonie de « l'unique planche de salut » libérait le Vatican à l'ouest de l'Allemagne et en Italie : « l'Angleterre et les États-Unis sont redevables de beaucoup au Saint-Siège et à l'Italie, ce qu'ils font actuellement pour nous est une dette de reconnaissance envers le Christ et envers l'Église », résuma Schuster en novembre 1945.

L'Est européen arraché au Reich autorisait bien des espoirs. Washington, vainqueur occidental fort et enrichi, qui avait tout fait pour disputer à l'URSS une « sphère d'influence », exploita la résolution du Vatican pour contester

Yalta ou le glacis acquis par le vainqueur militaire, ruiné. L'œuvre serait légitimée par le fait que l'ennemi était rouge : combattu secrètement, il pourrait aussi l'être ouvertement, la nouvelle « guerre froide » accréditant le *leitmotiv* de la « persécution » anti-catholique.

I. Du Reich victime au Reich reconstitué

Le Vatican d'après-guerre

La polémique contre les tenants d'une paix dure

Le Vatican de 1945 fit revivre celui de 1918. Comme alors contre la campagne de presse anti-vaticane de la France, il ferrailla contre l'URSS et ses alliés européens qui dénonçaient sa complicité avec l'Axe à travers le continent. « La presse catholique romaine » (l'*Osservatore* de Dalla Torre et le *Quotidiano*) fustigeait quotidiennement « l'impérialisme russe dans les pays occupés par la Russie » et polémiquait avec les *media* soviétiques – « RM (Radio-Moscou ou Radio-Mensonge) » : elle opposait aux accusations de silence sur les atrocités nazies et d'indulgence pour les vaincus l'indispensable « distinction entre les coupables et tout un peuple » ; elle réduisait la volonté soviétique proclamée d'extirper le nazisme à l'intention de « puni[r...] tous les vaincus qui n['étaient] pas prêts à se convertir au communisme [et...] de chercher à discréditer le parti du centre pour l'empêcher d'étendre son influence dans les zones qui ne ser[aie]nt pas occupées par les Russes ».

La démonstration soviétique sur son philofascisme était convaincante, même à l'Ouest : « une campagne anti-cléricale s'annonce dans plusieurs pays, en Italie même se discutent les responsabilités du désastre. » Pie XII dut donc s'efforcer de « mettre [...] un terme aux campagnes menées par Moscou pour tenter d'établir la collusion de l'Église et du fascisme italien et allemand ». Ce fut l'objet de son premier, unique et très partiel discours sur le nazisme, le 2 juin 1945, dressant l'Allemagne catholique en victime résistante et bornant la déportation à celle des prêtres allemands de Dachau, « véritable plaidoyer [sur] les raisons profondes de l'attitude de l'Église à l'égard du Troisième Reich » (le chargé d'affaires au Vatican Jean Bourdeillette). Il publia le 12 juin un Livre blanc de 18 pages sur ses efforts de 1939-1940 « pour empêcher l'Italie d'entrer en guerre », simple « brochure de propagande [dont] l'historien n'aura[it] donc pas grand-chose à retirer » (Maritain).

L'Europe à peine libérée de la Wehrmacht se montrant encore rétive à ses appels à la paix « chrétienne », il prit à témoin et pour avocate la bonne Amérique contre les vilains Soviets : il se plaignit à ses journalistes, qu'il reçut le 21 juillet, des « calomnies de la presse de Moscou » et de « la publicité insuffisante que la presse mondiale donn[ait] aux démentis et aux mises au point de la presse catholique, question [le...] préoccup[ant] particulièrement »[1].

La Rome germano-américaine d'après-guerre

La permanence allemande

Le soutien de Washington dispensa cependant la Curie de faire mine, comme en 1918, de rompre les ponts avec le Reich (ou sa partie maintenue). Les « éléments allemands » y régnaient de la bibliothèque au secrétariat. Hégémoniques autour de Pie XII, ils détenaient une « influence considérable [...] tant au Vatican que dans la capitale italienne » : dès l'été 1945, on ne parlait que de leurs « manœuvres [et] intrigues [...] dans les milieux romains ». Au sommet des inamovibles trônait Kaas, qui « fai[sai]t tous ses efforts pour contribuer à sauver l'unité et la liberté de l'Allemagne » : il reprit sa navette entre Rome et l'Allemagne (occidentale) pour réorganiser le *Zentrum* redevenu utile. Autour, gravitait une colonie « de diverses personnalités allemandes [...] connues pour leurs convictions nazies », mais qui, sur « les interventions du Vatican en [leur] faveur [...] ont été autorisées par les autorités alliées à reprendre leur activité à Rome » au grand dam des antifascistes italiens. Dans la foule conservée par ces « mesures indulgentes » figuraient les piliers : Faulhaber, en navette depuis l'été 1945 entre Rome et la zone américaine qu'il tuteurait, Testa, que « ses amis » pressentaient en mai-juin pour « un poste de visiteur ou d'observateur pontifical » à Berlin, projet qu'on dut différer « pour le moment en raison de l'opposition présumée des Russes », etc.

Quelques années plus tard, l'intimité de Pie XII avec les Allemands s'affichait : « j'ai été frappé, comme Français », rapporta « une personnalité qualifiée rentrant de Rome » en avril 1948, « de l'importance des positions occupées par une série de personnalités ecclésiastiques allemandes [; mon] entretien [...] avec le Saint-Père [...] commencé en français, s'est poursuivi en allemand [...J]'ai été mis en relations avec une série de religieux allemands présents à Rome et j'ai été infiniment frappé par l'influence considérable dont ces éléments disposent tant au Vatican que dans la capitale italienne. Le travail souterrain qui s'accomplit ainsi est d'une grande portée ». Y tenaient

1. Lettre, Milan, 5 novembre, *Canet*, 42, notes, Paris, 11 juillet, 4 mai, lettres de Bourdeillette n° 49, 16 juin, *Saint-Siège 1944*, 8 (et tout 1945), n° 46, 5 (et discours du 2), *Allemagne 1944*, 67, n° 51, 18 juin, de Maritain n° 59, 11, et n° 69, 27 juillet 1945, *Saint-Siège 1944*, 8.

le premier rang les jésuites Leiber, « son secrétaire particulier » et « l'un de ses familiers écoutés », et Augustin Bea, recteur de l'Institut biblique[2].

Le flot américain

• L'américanisation de la Curie

Plus spectaculaire qu'en 1918 fut le déversement des Américains. Taylor, qui faisait « au pape des visites à une fréquence inconnue à tout autre représentant diplomatique étranger, sembl[ait] s'être institué en quelque sorte le conseiller du Saint-Siège » : il symbolisait avec Spellman la puissance américaine en Italie, en Allemagne et sur le continent. Après un long séjour aux États-Unis (depuis la fin de l'été 1945), il revint début mai 1946 à Rome « comme représentant personnel [de Truman] auprès du Saint-Siège ». Derrière la déclaration officielle sur « l'utile service [ainsi rendu] à la civilisation chrétienne », ce retour attesta l'intérêt de Washington pour « le Saint-Siège [considéré] comme représentant un élément d'ordre et de stabilité en Italie et comme une force spirituelle susceptible de s'opposer au communisme en Europe ».

Contrairement à la thèse d'une « guerre froide solitaire du pape », inefficace à force d'excès et de maladresse (Peter Kent), Pie XII concertait quotidiennement avec Washington la croisade *en tous points du globe*, Europe en tête. Depuis vingt ans, l'historiographie anglophone montre que la stratégie de liquidation de la sphère d'influence soviétique *(« Rollback »)* date de la présidence Truman et que le mot d'ordre d'« endiguement » *(Containment)* de George Kennan en 1946-1947 ne fit que la masquer : les rapports des RG, de la DGER et du SDECE convergent avec elle, érigeant l'Église romaine en instrument majeur de l'offensive lancée au printemps 1945.

Pie XII « avait [dans ce but] fait une place exceptionnelle aux prélats américains » sur lesquels régnait Spellman. La rumeur lui prêta début 1945 l'intention de lui confier la secrétairerie d'État vacante depuis la mort (en août 1944) de Maglione. Ces « bruits [...] étay[és...] sur le considérable appui financier » américain au Vatican durèrent toute la guerre froide, en vue de flagorner le bailleur de fonds : Pie XII « mesur[a] dès 1944 les inconvénients d'ordre international qui pourraient résulter de la nationalité américaine d'un secrétaire d'État, [...] supérieurs aux avantages, pourtant considérables, qu'un tel choix eût valus au Saint-Siège ». Mais l'« aumônier général des Forces expéditionnaires américaines, [...] un des instruments les plus

2. Note DGER, 26 novembre 1944, *Saint-Siège 1944*, 8, tél. Bourdeillette n° 146, 9 juin, Maritain, lettre n° 78, 18, tél. n° 194, n° 195-196, 25 août, lettres n° 113, 12, *Allemagne 1944*, 67, n° 118, 24 octobre 1945, note IEE n° 997, Strasbourg, 22 avril 1948, lettre n° 72 de d'Ormesson, 14 février 1949, *Saint-Siège 1944*, 8, 9, 10 ; *bulletin d'informations tchécoslovaque (BIT)* n° 392, décembre 1950, *Tchécoslovaquie 1944*, 153.

actifs des contacts entre les États-Unis et le Vatican », « serviteur dévoué et souple » haï et méprisé du « haut-clergé de la Nouvelle-Angleterre », régissait à Rome une constellation. Tous les « Américains, nouveaux venus [...] compétiteurs [de] l'ancien clergé romain », étaient « personnellement recommandés » par Spellman à Pie XII : on les casa, en grand nombre, à la secrétairerie d'État, à la nonciature du Reich ou à la tête des congrégations, choix exclusivement pontifical en 1945-1946, « procédé exceptionnel [...] par voie d'autorité » qui déplut aux ordres. Le coup de balai – hommage à « l'aide financière particulièrement généreuse [des] catholiques d'Amérique » – leur remit pour la première fois l'ordre franciscain, dont Valentin Schaaf fut à l'automne 1945 nommé ministre général : début 1946, « trois Américains » dirigeaient les « trois rameaux de l'ordre franciscain » et les mineurs capucins, avec Clement Bauer, du Milwaukee, ministre général depuis mai.

Les jésuites arguèrent que ce poste, temporaire pour les autres ordres, était à vie pour le leur. Preuve que la marée américaine recouvrait un terrain germanique intact, c'est avec Leiber que Pie XII régla la succession de Ledochowski, mort en 1942, et dont le vicaire général Schumans désigné en mai 1938 était mort en 1944 : mi-septembre 1946, elle n'échut donc pas, comme la rumeur en circulait, à l'Américain Vincent Mc Cormick, recteur de la Grégorienne, mais au successeur de Schumans, le RP Janssens : ce flamingant passé par Louvain et la Grégorienne, nommé en 1938 provincial du « Nord belge », avait eu les pleins pouvoirs sur la Belgique et les Pays-Bas occupés. Pie XII salua son propre choix par un discours proscrivant aux jésuites toute « théologie nouvelle ». Il acheva son œuvre par celui, le 21 septembre, du supérieur général des dominicains, craints pour leurs penchants progressistes. Non renouvelé au vichyste et collaborationniste notoire Gillet, le poste alla au favori des intégristes (Américains inclus), l'Espagnol Emmanuel Suarez, « d'une remarquable énergie » : « bien en cour auprès de Franco, il a[vait en effet] été utilisé par le P. Gillet pour faire passer en Espagne un certain nombre de pères [français] qui s'étaient compromis durant l'Occupation. »

Annoncé fin 1945, le consistoire de février 1946 consacra, entre autres signes d'appui sur « les forces opposées au communisme », son « américanisation ». Sur un total de trente-deux, Pie XII nomma quatre cardinaux états-uniens (irlando- ou germano-américains), « symbole de l'irruption dans les habitudes du Vatican de l'esprit américain » : trois du Middle West, pour honorer « le plus grand réservoir de nourriture et de marchandises susceptibles de venir en aide au reste de la chrétienté » – italienne et germanique –, John Glennon de Saint Louis, Samuel Strich de Chicago, Edward Mooey de Detroit ; et Spellman, objet de « marques particulières d'amitié » du pape, qui lui offrit son chapeau et ses croix pectorale et d'évêque de Saint Jean et Paul (église du Caelius), reçues avec la pourpre[3].

• Le financement américain des activités communes

On ne compte pas les surnoms dont fut affublé le lauréat, « cardinal magot » *(money-bags)*, truisme à Rome, « Richelieu du Texas » *(L'Unità)*, « cardinal secrétaire d'État de Sa Sainteté aux États-Unis » (le renseignement français), etc. Homme d'affaires et constructeur immobilier, Spellman fit à Rome le reste de sa vie (il mourut en décembre 1967) des séjours somptuaires mobilisant l'entourage pacellien, en particulier « l'architecte du Palais apostolique » Galeazzi, « qui ne se dérange [ait] jamais pour personne », à l'exception de son « ami intime ».

Archives, presse, pas seulement des pays de l'Est – l'hebdomadaire *Oggi* de Milan fournit fin octobre 1952 des « révélations [précises] sur l'"immense" fortune du Vatican » –, et imprimé ont décrit l'annexe romaine de la finance américaine. Ils s'accordent sur les gros investissements exportés par l'avocat sicilien Michele Sindona [futur héros du krach du *Banco Ambrosiano*], gérés par la *Chase*, la *First National City Bank* et la *Continental Illinois* : 2 à 4 milliards de dollars, pour un revenu annuel de 800 millions à la fin des années 1940. Au pactole étaient associés les trois neveux de Pie XII, princes et avocats : Carlo, l'aîné et « favori », entre autres fonctions « membre de la "Commission pontificale" [gouvernant] la Cité du Vatican [et] du Bureau de l'"Office des distributions" (américain) aux Italiens » ; Giulio et Marcantonio, administrateurs comme lui des sociétés-chasses gardées du monde noir laïc.

Sur le Vatican régnait « la fameuse "Commission pontificale" [des Finances], agi[ssant] dans un isolement tel qu'il [était] à peu près impossible de savoir ce qui s'y pass[ait] » : avec les cardinaux Pizzardo, héritier du « défunt Marchetti [mort en janvier 1951] dans l'intimité et la confiance de Pie XII », et Nicola Canali, que « les préoccupations spirituelles [n']absorbaient » pas ; et surtout Carlo Pacelli et Galeazzi, informateurs quotidiens de Pie XII. Secrétaire général de ladite commission, Galeazzi, « l'homme du Cardinal Spellman », à la « carrière étourdissante », était devenu « en fait le "ministre des Finances"

3. Lettre de Guérin n° 28, 17 mars 1945, *Saint-Siège 1944*, 8, Truman, 3 mai 1946, *op. cit.* Grose P., Hixson W.L., Scott L., Simpson C., etc., AN, F 7, 15292, et *États-Unis 1944*, 320, Di Nolfo E., *Vaticano*, p. 485, lettres de Bonnet n° 919, Washington, 4, de Maritain n° 62, 17 mai 1946, *États-Unis 1944*, 200, de Chambon n° 146, Boston, 24 avril 1947, d'Ormesson n° 72, 14 février 1949, *Saint-Siège 1944*, 9 et 10 ; *Actualité catholique internationale* n° 17, avant le 4 octobre 1945, lettres n° 54 de Maritain, 9 mai, Bourdeillette, n° 122,5, tél. n° 229-230, 17, n° 133, 24 septembre, *Saint-Siège 1944*, 5, n° 816 de Brugère, 8 octobre, *Belgique 1944*, 22, RGSN, X.P. 2, Paris, 27 septembre 1946, AN, F 7, 15292, tél. Maritain n° 329-331, 23 décembre, bulletin SIP, 19 octobre 1945, *Saint-Siège 1944*, 7 et 8, tél. SIP n° 34, 18 février, lettre n° 537 de Bonnet, 4 mars 1946, *Saint-Siège 1944*, 5, etc.

du Saint-Siège car M. Nogara qui occup[ait] encore en principe ces fonctions [était] un vieillard qui ne compt[ait] plus. [...] Il a[vait] admirablement dirigé les opérations financières du Saint-Siège avant et pendant la guerre, ayant au moment opportun constitué de grosses réserves aux États-Unis [.... Il était] derrière toutes les sociétés immobilières qui se form[ai]ent pour acheter des immeubles dans la capitale et dans la péninsule ».

Les intrigues financières des chefs de la Curie surgissaient çà et là, étouffées, parfois avec peine, par l'État démocrate chrétien. Le scandale le plus grave perça à l'été 1947 et éclata en mars 1948 – vite « envelopp[é du] silence » propice au scrutin du 18 avril –, après la fuite de Mgr Eduardo Prettner-Cippico, « intermédiaire » de l'exportation frauduleuse de fonds privés et de bijoux italiens vers la Suisse. Mgr Giulio Guidetti, secrétaire de la commission chargée de l'administration des Biens du Saint-Siège, avait eu pour lui « des complaisances graves », lui remettant notamment 400 millions de lires. L'Allemand de Trieste Prettner, archiviste de la *Pro Russia* à la secrétairerie d'État dès 1935, avait « fait diverses spéculations sur les changes en engageant la signature de Mgr Montini ».

Au procès de 1949 suspendu en mai, le ministère public avalisa la thèse de l'initiative individuelle dans « l'usage illicite [...du] papier à en-tête de la Secrétairerie d'État et du cachet de celle-ci [et] du nom de hauts prélats à l'insu de ceux-ci », dont Montini. Prettner, « expulsé de la Secrétairerie d'État, rayé de la liste des prélats, suspendu "a divinis" et envoyé faire retraite dans une maison religieuse », et Guidetti, « relevé de ses fonctions et privé de son titre de prélat », prirent tout sur eux. Le procès, précédé de la mort bienvenue de Guidetti, « en l'été 1952 », fut repris, comme prévu, en novembre suivant. Le 22, « Mgr [Carlo] Grano, chef du protocole » de la Secrétairerie d'État, y lut de nouveaux « aveux complets » de Prettner et fit agréer la fiction d'« une affaire [...] née tout entière de la défaillance individuelle ». Un mois plus tard, Prettner-Cippico écopa de toutes les peines, l'« action [étant] éteinte » contre le défunt Guidetti. Le triomphe de Dalla Torre dans l'*Osservatore* du 22-23 décembre 1952 prit « une allure [si] combative, voire acrimonieuse », qu'elle gêna le duo clérical Christian de Margerie-Wladimir d'Ormesson.

Les transferts soustraits « au fisc italien » étaient dominés par « le Banco di Roma per la Svizzera », qui « inaugur[a] solennellement et fastueusement, le 24 avril [1949], ses nouveaux locaux dans le somptueux immeuble qu'[il avait] fait construire, en plein cœur de [Lugano], sous le nom, plus ou moins symbolique, de Palais de Phénix ». Cette « succursale [...] n'avait fait que vivoter » avant qu'un directeur mandaté par le « siège central » ne vînt en 1945 la « transformer [...], grâce aux fonds du Vatican » : « tout en [lui] gardant la vieille raison commerciale de Banco di Roma », on la « camoufl[a] sous les apparences légales d'une société suisse ». Présidée par « le prince

Pacelli, neveu du Pape » (Carlo ?), elle assura « désormais à ses clients une discrétion absolue vis-à-vis du siège de Rome [...et] tous les avantages des banques suisses et des dépôts à l'étranger ». Cela fit affluer « non seulement [...] la colonie italienne en Suisse, mais aussi [...] des Italiens de la Métropole et plus particulièrement ceux de l'Italie du Nord qui saisirent vite les avantages que comportaient pour eux le dépôt de leurs fonds dans cette banque proche de la frontière, et non plus dans les villes plus éloignées de Zurich, Bâle et Genève ». Cette « installation bancaire la plus moderne de Suisse, et pour l'instant du monde entier », était alors devenue « le gérant principal des intérêts financiers du Vatican »[4].

En séjour à Rome pour des raisons festives et financières, Spellman venait aussi surveiller sa nuée d'agents envoyés en 1945. Je séparerai artificiellement les deux aspects indissociables de leurs activités : 1° le renseignement, action « psychologique » et terroriste incluse, dans l'Est européen, qui mit le *Russicum* au seul service, provisoire ou apparent, des Américains ; 2° le sauvetage-recyclage des criminels de guerre, industrialisé depuis mai 1945.

Défense du Reich victime et sauvetage des criminels de guerre

De l'idéologie de la victime allemande...

À la diatribe vaticane contre Versailles succéda celle contre Yalta puis Potsdam, aux sanglots de Benoît XV et Pie XI sur les pauvres Germains ceux de Pacelli destinés à « démontrer au peuple allemand la sollicitude du Souverain Pontife à son égard ». Le dossier génère d'inlassables interprétations éthico-psychanalytiques sans objet : Pie XII aurait parlé « librement » contre les vainqueurs du Reich pour apaiser « les affres de conscience » nées de son prudent silence sur ses victimes « pendant la guerre » (Stehle, comme tous les thuriféraires). Il vitupéra avec l'impunité que lui garantissait la « politique douce » au Reich et dure à l'URSS la paix signée aussi par les États-Unis. Ce qui cumula au

4. Pallenberg C., *Vatican*, p. 141-150, note DEC, 26 août 1947, lettres d'Ormesson n° 72, 14 février 1949, *Saint-Siège 1944*, 9 et 10, n° 119, 23 février, n° 148, 8 mars 1950, *États-Unis 1944*, 200 (et ce vol.), de Laporte n° 381, Varsovie, 26 mai 1950, *Pologne 1944*, 133, Lo Bello N., *Vatican*, p. 221-226, *Vatican's*, p. 30-37, Lernoux P., *In banks*, chap. 9-10 et *passim*, Pollard J., *Money*, chap. 9, etc., d'Ormesson, lettres n° 646, 31 octobre 1952 (*Oggi*), *Saint-Siège 1944*, 19, n° 94, 31 janvier 1952, *Saint-Siège 1944*, 18, bulletin « Correspondance économique », 3 décembre 1957, p. 3228-3229, AN, F 7, 15292, lettres de Maritain n° 95, 12 mars 1948, d'Ormesson n° 192, 13 mai 1949, *Saint-Siège 1944*, 6, de Maritain n° 113, 2 avril 1948, *Saint-Siège 1944*, 9, d'Ormesson (signée Margerie) n° 714, 22 novembre, n° 761, 26 décembre 1952, *Saint-Siège 1944*, 19, de Guermonprez n° 59, Lugano, 30 avril 1949, *Suisse 1944*, 24.

profit de son trésorier américain les avantages de la signature, de l'application et du rejet de Potsdam, « document malvenu, dont les clauses, dans la mesure où elles [étaient] d'une exécution immédiate, [étaient] à l'avantage exclusif de l'URSS ». Dès la fin de cette conférence (17 juillet-2 août 1945) où l'URSS s'était vu contester nombre d'acquis de Yalta – réparations en tête –, le *Quotidiano* maudit cette « Paix de vengeance », glorifia, sous couvert de « meilleure barrière devant le bolchevisme [,...] le Reich Grand Allemand » et, rappelant l'adhésion de « tous les Autrichiens » à l'Anschluss, s'indigna de la présence soviétique en Autriche.

La presse vaticane s'insurgeait « contre tout démembrement et toute amputation du Reich », obsession retranchée par Pie XII derrière la pitié pour les expulsés allemands. Tel fut le prétexte à contester les frontières orientales que Washington avait admises à Potsdam et attendit 1946-1947 pour contester publiquement. Les transferts de population prescrits à Potsdam pour l'automne 1945 fouettèrent la campagne anti-tchécoslovaque et anti-polonaise, dans la surenchère entre initiatives « chrétiennes » et grande presse américaine. Pie XII accorda en novembre à Nerin E. Gun une interview pour la *Gazette de Lausanne* : déclarant avoir ignoré « le caractère inhumain de la répression nazie », il se lamenta sur les « populations allemandes, surtout celles des Sudètes et des provinces de l'Est annexées par les Polonais : leur condition est réellement affreuse, d'autant plus injuste que les populations des autres provinces allemandes connaissent déjà un mode de vie normal et sont efficacement aidées par les Américains. Il s'agit de catholiques, d'hommes et de femmes qui souffrent, d'enfants qui meurent. Se montrer cruel et méprisant envers eux, par esprit de vengeance, c'est répéter ce qu'ont fait les Allemands hitlériens ». En secret, la Curie exerçait des pressions permanentes jusque sur la France, privée du droit de décider mais ravie de ce châtiment : Montini exaspéra Maritain en octobre 1945 en pleurnichant sur « *le problème moral* posé par les transports massifs de population, [...] les difficultés de ravitaillement des populations allemandes [...] à la veille de l'hiver [...et] son regret de l'opposition [française et soviétique] à l'envoi par les Alliés de produits alimentaires destinés à aider équitablement ces populations »[5].

L'indulgence publique revêtit sa forme définitive avec le discours de Pie XII au sacré collège du 24 décembre 1945, qui définit les « trois "présupposés fondamentaux" [d']une pacification » : 1° « abdiquer l'esprit de

---

5. Lettre n° 13 de Bourdeillette, 24 janvier 1946, *Allemagne 1944*, 67, Stehle H., *Eastem*, p. 252, note La Tournelle, Paris, 18 septembre, lettres de Maritain n° 78, 18 août, *Allemagne 1944*, 80 et 67, de Bonnet n° 2036, 17 décembre 1945, *États-Unis 1944*, 171, Nobécourt J., *« Le Vicaire »*, p. 368, *La Croix*, 18 novembre, lettre de Maritain n° 118, 24 octobre 1945 (souligné dans le texte), *Saint-Siège*, 8. Frontières, *Saint-Siège*, 8-10, *Allemagne 1944*, 67-70, 75-76, *États-Unis 1944*, 172-176 et 179.

vengeance » au profit du sens de la justice ; 2° créer « une véritable opinion publique [...] pour qui famille et travail so[ie]nt un souci meilleur et plus pressant que les contestations de frontières ou la lutte pour les trésors de la terre » ; 3° abattre « le totalitarisme[,...] bacille dangereux qui infecte la communauté des Nations » par son « œuvre funeste » : « modifications arbitraires de frontières, détournement de ressources économiques, expulsions cruelles de millions d'hommes, limitation arbitraire au droit d'émigrer ainsi qu'au désir de colonisation », « situation à peu près désespérée de milliers de Ruthènes et d'Ukrainiens catholiques », objet de « douleur » pour « la congrégation orientale ». Pie XII réclamait la libération 1° des prisonniers de guerre, déplorant « la prolongation de leurs souffrances et même parfois leur prolongation au mépris de conventions internationales » ; 2° des nazis appelés « "détenus politiques", hommes, femmes et adolescents, exposés parfois à de dures souffrances, à qui on ne peut reprocher tout au plus que leur attitude politique passée, sans aucun acte délictueux, aucune violation de la loi ». Le 1er novembre 1945, il avait remis aux évêques allemands réunis à Fulda une lettre rendue publique partiellement et seulement, vu son audace, en janvier 1946 : l'Église a résisté au national-socialisme avec « la majorité du peuple allemand [...] à ses côtés [...et] il faut soigneusement éviter de punir les innocents en même temps que les coupables ». Le pape y exprimait sa particulière « sympathie pour les habitants de Berlin et de l'Allemagne orientale », déplorant « leur triste sort[,...] le traitement honteux infligé à tant de femmes et de jeunes filles allemandes [...et à] tous ceux qui ont été chassés de chez eux et qui errent misérablement ».

Il ne parla plus ensuite que des réparations dues à l'Allemagne. L'homélie de Noël 1946 refléta les progrès foudroyants de la politique douce (après le discours de Byrnes à Stuttgart le 6 septembre). Ayant sobrement évoqué la guerre « déclenchée par une injuste agression et continuée au-delà des limites du permis », il stigmatisa « l'injustice de la victoire ». À côté de la routine du traitement ignominieux des vaincus, il précisa certains thèmes : il releva « des symptômes encourageants dans les événements récents », avec la protestation de « voix autorisées et compétentes » contre la volonté « d'abaisser à l'excès le niveau de vie et l'économie des vaincus » ; il proposa « une procédure de révision [des] traités de paix [...] afin qu'on puisse à l'avenir procéder pacifiquement aux remaniements que l'équité ou la décision des peuples feraient paraître souhaitables ou nécessaires ».

La guerre froide déclarée en 1947 bannit toute auto-censure. Son message de Noël 1949 se distingue peu (sauf mention d'éventuelle culpabilité) de l'argumentaire de l'« Association [nazie] des victimes de la dénazification », dont mainte revendication triompha dès la fondation de la RFA. Je le cite sans commentaire, en en soulignant des passages significatifs. Prêchant « le pardon entre les hommes »,

Pie XII y exprimait sa « douleur amère » devant la dureté et l'esprit de vengeance envers les vaincus, « quand en des temps récents, prenant *pour motif une guerre malheureuse ou des fautes politiques, se déchaînèrent des vagues de représailles, inconnues jusqu'alors dans l'histoire, au moins quant au nombre des victimes* ». Il stigmatisa « l'imprudente intolérance et l'esprit de représailles, surtout quand la *vengeance exercée par le pouvoir public vise une erreur plutôt qu'une faute, ou quand la peine infligée justement se prolonge au-delà de toute limite raisonnable* ». Dans un esprit « de réconciliation et de concorde », il faut donc « que, sans préjudice du bien commun, l'on mette *fin à ces restes de lois extraordinaires* (lesquelles ne concernent pas les délits de droit commun, qu'il faut punir), ces lois qui de longues années après la cessation du conflit armé, suscitent en *tant de familles et en tant d'individus des sentiments d'exaspération contre la société dans laquelle ils sont contraints de souffrir* [...] C'est pourquoi nous supplions de nouveau les Autorités suprêmes des États, spécialement des États chrétiens[,...] de bien vouloir exercer généreusement leur droit de grâce [...] L'occasion si solennelle et si propice de l'Année Sainte » autorise « ces tempéraments de la *justice primitive*, qui sont prévus par les lois de tout pays civilisé » : ce pardon donnera « une solide raison [à ses] bénéficiaires [...] de se relever moralement et si le cas le comporte, de réparer le passé par un sincère et durable repentir sous le signe de la foi ».

Cette impudence *publique*, aggravée au fil des brèves années nécessaires au retour en gloire des forces fascistes catholiques « après une période d'écrasement » (W. d'Ormesson en 1951), était modeste comparée à celle à usage allemand. Faulhaber rédigea en avril 1947 cet « appel de l'épiscopat de Bavière à tous ceux qui veulent respecter les droits naturels octroyés aux hommes par Dieu » sur les expulsions de l'hiver 1945 : « il s'est passé en Europe quelque chose d'inouï dont on ne rencontre pas d'équivalent dans l'Histoire », l'expulsion inhumaine « des millions d'Allemands qui, depuis des siècles, avaient vécu dans l'Est de l'Europe [...,] théorie barbare d'une philosophie totalitaire et sans cœur ! » Il invoquait « les droits inaliénables et inviolables de l'homme » au bénéfice de « nos prisonniers de guerre », considérés « souvent comme des esclaves, logés et traités indignement [...] Une si terrible injustice ne peut être permise même si on veut la fonder et la justifier par des conventions et des décisions humaines que l'on dénomme droits ».

Pie XII approuva Faulhaber dans la pastorale secrète qu'il lui adressa pour l'épiscopat, le 1er mars 1948, véritable provocation contre la Pologne et la Tchécoslovaquie. Il y évoquait « le glorieux déploiement des forces catholiques à Breslau » en 1926, souvenir avivant « la tristesse qui est la nôtre lorsque nous pensons aux effroyables malheurs qui depuis lors ont frappé les populations de l'Allemagne orientale », à l'Allemagne industrielle florissante d'« il y a à peine une génération » plongée dans la misère, endettée, dévastée, surpeuplée, non reconstruite. Quant aux pays occupés, « même si ces peuples ont subi pendant la guerre, du fait de l'Allemagne, de cruelles et dures épreuves, ils doivent être assez magnanimes pour oublier le passé et vous donner, ainsi qu'à toute l'Europe et à toute l'humanité, l'espérance d'un lendemain meilleur, sous le signe de l'amour ». D'autant plus qu'ils ont martyrisé ces « millions de réfugiés catholiques de l'Est transplantés dans des régions uniquement protestantes, [...] procédé sans exemple dans le passé de l'Europe », voué au « jugement très sévère de l'Histoire » : « nous croyons être au courant de ce qui s'est passé au cours des années de guerre dans les vastes espaces situés entre la Vistule et la Volga. Mais était-il permis d'expulser de leurs foyers, à titre de représailles, douze millions d'hommes et de les livrer à la misère ? Les victimes de ces représailles ne sont-elles pas en majorité des gens qui n'ont pas participé aux événements et aux méfaits auxquels nous faisions allusion plus haut, et qui n'ont eu aucune incidence sur eux ? Cette mesure était-elle raisonnable du point de vue politique, était-elle admissible au point de vue économique, si l'on considère *les nécessités vitales du peuple allemand* et, au-delà, le bien-être de toute l'Europe qu'il faut assurer. »[6]

...au sauvetage-recyclage des criminels de guerre

Le sauvetage-recyclage des criminels de guerre commencé pendant la guerre se poursuivit massivement et longtemps sous la houlette apparente d'Hudal, dans le « "sanctuaire" romain » protégé par les Anglo-Américains et par l'appareil d'État italien, De Gasperi en tête. Le nazi autrichien « avait passé accord secret avec la police italienne » : « au lieu d'arrêter les nazis recherchés, les Carabinieri avaient accepté de les remettre aux églises, couvents et monastères désignés par » lui (Goñi). Tâche aisée, les divers services étant truffés, selon le SDECE, « d'anciens fonctionnaires de l'OVRA » (la Gestapo italienne).

Dans son ouvrage posthume de 1976 *(Römische Tagebücher. Lebensberichte eines alten Bischofs)*, Hudal revendiqua son germanisme intact (« il n'y a en Europe aucun peuple ni aucune puissance militaire qui ait su endiguer le bolchevisme comme a tenté de le faire le peuple allemand grâce à sa valeur militaire et à l'organisation politique dont il s'était doté ») et l'aide apportée « à tant de victimes de l'après-guerre, pour les consoler, les aider et les pourvoir de faux papiers leur permettant de fuir vers un pays plus heureux ». Parmi

6. Lettres de Maritain n° 146, 28 décembre 1945, n° 172, 31 décembre 1946, *Saint-Siège 1944*, 8, *Reuter*, 18 janvier 1946, *Allemagne 1944*, 67 ; lettres d'Ormesson n° 647, 29 décembre 1949, n° 384, 26 juillet 1951, *Saint-Siège 1944*, 26 et 27 (autres textes, 9-10) ; « Appel », Freising, 22 avril 1947, *Allemagne 1944*, 68, lettres de Bourdeillette n° 211, 18 juin, de Kœnig n° 242, 15 mai 1948, de Pie XII, *Allemagne 1944*, 69. « Dénazification », *Allemagne 1949*, 311 : nazis dédommagés des pertes de 1945-1949 et réintégrés, les magistrats les acquittant en bafouant leurs victimes, vivantes ou mortes.

ses émois figurait le sauvetage de Franz Stangl, commandant des camps de Sobibor puis de Treblinka qu'il accueillit ainsi : « Vous devez être Franz Stangl. Je vous attendais. » Il l'hébergea au *Germanicum* avant de lui remettre son « nouveau passeport [...] de la Croix-Rouge ». Goñi a en 2002-2003 allongé sa liste des bourreaux de l'Europe sauvés, germaniques (prioritaires : son plus gros coup fut la demande à Perón du 31 août 1948, en une fois, de « 5 000 visas pour des "soldats allemands et autrichiens" »), croates, slovaques, français, belges, etc. envoyés en Argentine, qui veilla à leur avenir. De ce recyclage systématique chez Franco, Perón et ailleurs, France comprise, lié au fouble objectif de liquider la sphère d'influence soviétique et, dans le reste du monde (américain), de bloquer toute « radicalisation » des populations, la carrière de Klaus Barbie, désormais connue, constitua un cas *significatif*.

Les archives françaises infirment dès 1944 la thèse d'Aarons et Loftus, qui tente même Goñi, d'un soutien britannique aux opérations vaticanes antérieur à l'américain : Washington aurait (quelques agents non mandatés exceptés) attendu la guerre froide déclarée pour s'y lancer. Diplomates et services spéciaux français continuèrent après mai 1945 à les confondre. Goñi impute à Londres le veto opposé à la demande de la Tchécoslovaquie d'extradition des frères Durcansky : Ferdinand, ministre de l'Intérieur et des Affaires étrangères de Tiso, stipendié d'Himmler depuis 1938 au moins et pivot de l'extermination des juifs slovaques, et Jan, mêlé aux « tueries de masse de la garde Hlinka après l'annexion allemande de 1944 ». Les Anglais les auraient avec d'autres hommes de Tiso laissé filer en 1945 d'Autriche à Rome, alors que les Américains voulaient les châtier.

Au printemps 1946, Dejean et Jean-Paul Garnier, à Prague, savaient qu'au moins trois de la trentaine d'« anciens ministres » et éminences du régime de Tiso – résidant désormais dans des palais vaticans –, dont l'ex-ministre Ferdinand Durcansky, n'avaient dès 1945 pu quitter la zone américaine d'Allemagne pour Rome « qu'avec la complicité des autorités occupantes ». « L'ex-chef des SS *Dollmann* à Rome, qui [y] avait été arrêté [...,] porteur d'une fausse carte d'identité au nom de Cossono, aurait quitté Rome par avion américain, le *15 novembre* » 1946. « Le Comité yougoslave [croate] en Italie accélère le *départ en Amérique du Sud des réfugiés yougoslaves*. [,...] évacuation [...] patronnée financièrement par la Grande-Bretagne et les États-Unis [avec] le Vatican [pour] intermédiaire ». La liste de leurs œuvres communes emplit les fiches du SDECE.

Du CICR à la mission pontificale de Secours

L'entreprise impliqua, comme après 1918, la Suisse, havre des intérêts mêlés de capitaux et centre traditionnel, au service de Washington ou de Berlin, des œuvres « humanitaires » de couverture. Y siégeait le Comité international de la Croix-Rouge (CICR), mis au service du Reich en guerre contre la Russie en 1941, désormais sous le contrôle des Washington, qui contrôlait depuis 1944 le commerce extérieur suisse (jusqu'alors très germanique).

La France eut à l'automne 1945 la primeur de la campagne, ensuite inlassable, du CICR en faveur de la protection des « prisonniers allemands [que] les Français affam[ai]ent » (il y avait à l'été plus de 7,6 millions de « prisonniers de guerre » à l'Ouest, dont 2 000 000, 5 250 000 et 280 000 respectivement affectés aux Anglais, Américains et Français). En août 1945, le nonce Roncalli reçut du Quai libre accès à tous les camps français. Dès lors, il sillonna la France sous prétexte de dispenser « des paroles de réconfort et d'encouragement d'ordre spirituel » ou de « distribuer des colis aux prisonniers allemands ». Fin 1945, les camps sous autorité américaine, tels ceux de Normandie, de Brienne-le-Château et Mailly, étaient des passoires à Allemands et « Yougoslaves » (Croates) : les PG recouvraient leur treillis portant le macaron POW *(prisoner of war)* d'« un uniforme américain sans aucune marque particulière [...] Aucune mesure de précaution particulière » n'était prise envers les « criminels de guerre [...] reconnus », pourvus de faux papiers par des cagoulards de « la Main Rouge »[7].

En octobre 1945, Montini fit à Maritain des semi-aveux sur la filière d'évasion sud-américaine. « Le Saint-Siège hâte actuellement *l'organisation de la mission pontificale de Secours qu'il destine à l'Autriche et à l'Allemagne.* » Elle sera dirigée par Carlo Chiarlo, ancien nonce en Amérique du Sud (nommé en 1928 – après cinq ans de Pologne – en Bolivie puis dans de nombreux pays d'Amérique centrale, il était depuis décembre 1941 chargé « d'assister les prisonniers de guerre »). « Ses collaborateurs appartiennent à toutes les nationalités d'Europe centrale, ils apporteront aux diverses populations, spécialement aux réfugiés et aux fugitifs, des *secours spirituels aussi bien qu'une aide matérielle.* » La commission siègera à Francfort (en zone américaine), *« exercera une certaine activité diplomatique »*, servira de « liaison » entre Vatican et catholicisme allemand, tâche « que la nonciature ne peut plus assurer ». « *Le révérend père Yves Zeiger*, jésuite, recteur du collège pontifical germano-hongrois y jouera un rôle important. »

7. Sereny G., *Au fond*, p. 17, 320, 323, 336-337, SDECE 2647/2311/YB/53, 13 décembre 1946, Aarons M. *et al.*, *Nazis*, Goñi U., *Odessa*, p. 229, 233, 194-195 (et *passim*), Macdonald K., *Ennemi*, lettres de Garnier n° 331, 4 mars, de Dejean, 20 mai 1946, *Tchécoslovaquie 1944*, 47, SDECE 2647/2311/YB/53, 13 décembre 1946, *États-Unis 1944*, 307, Jost H.-U., *Salaire*, Lacroix-Riz A. « États-Unis », lettre n° 1940 EMGDN, 18 juillet, tél. Massigli n° 4748, Londres, 12 octobre, note n° 7663 direction des Unions (DU), 9, réponse Europe, 11 août 1945 ; visites de Rencalli, novembre, décembre 1945, février, avril-juin, et note DU n° 763, 15 mars 1946, *Allemagne 1944*, 22, RGSN, Paris, 8 janvier 1947, AN, F 7, 15292.

C'est « spécialement » aux Allemands que la mission était vouée. Chiarlo et Gawlina parcouraient depuis novembre 1945 les zones américaine et britannique (les Français leur fermaient encore la leur) pour « visiter le plus grand nombre possible d'anciens prisonniers de guerre, détenus politiques et surtout réfugiés de toutes les nationalités ». En décembre, le dispositif fonctionnait « sous la direction de Mgr Chiarlo » à Francfort, devenue « capitale religieuse de l'Allemagne ». Les 5 et 6 se réunirent à Berlin cinq prélats chargés de l'Est, avec des délégués des organisations de secours et d'accueil des réfugiés de l'Est et de *Caritas Verband*, instrument roi des *Ratlines* avec *Pax Romana* : sous la présidence de Preysing siégèrent Mgrs Jäger, de Paderborn, Kaller, évêque d'Ermland parti de Frauenberg, à l'est de Dantzig, « aux côtés de ses ouailles refoulées » (bientôt « responsable du problème des réfugiés pour toute l'Allemagne », donc souvent à Rome), Wienken, de Weissen, en Saxe, délégué par la conférence de Fulda le 23 août 1945 « pour étudier les problèmes se posant à l'Est de l'Elbe », et le Dr Lange, vicaire général : lot représentatif du nazisme épiscopal, malgré la légende de « résistant » du premier d'entre eux facilitée par la destruction de son dossier de guerre (Zahn et Lewy).

Du printemps à l'été 1946, l'opération entra dans sa phase décisive. Chiarlo fut nommé en mars nonce au Brésil, gros centre d'accueil, où il resta jusqu'en 1954. Le 13 juin, Montini rappela à l'ambassadeur d'Argentine au Vatican l'intérêt « que portait Pie XII à l'organisation de l'émigration "pas seulement des Italiens" » vers ce pays, « le seul [...] où ils pourraient trouver "une solution satisfaisante à leurs besoins" », et l'urgence d'« un plan d'action » commun. En mai, Mgr Aloysius Münch (ou Muench), évêque germano-américain de Fargo (Dakota du Nord), fut nommé à la fois « représentant du Saint-Siège » (nonce) en Allemagne et, remplaçant Chiarlo, chef de la « mission vaticane d'Assistance aux réfugiés ». Natif du Wisconsin « de souche allemande », dépêché par « le département de la Guerre », Münch arriva en août 1946 à Berlin « dans un avion militaire américain ». Comme « aumônier des forces américaines d'occupation », il succédait à Spellman, qui gardait la haute main sur « toutes les affaires importantes ».

Aussitôt intégré au clan des favoris, il « jouit de toute la confiance de Pie XII et de Mgr Tardini ». Antisémite de choc, dévoué au sauvetage des bourreaux, il finit par prier Pie XII de modérer son exigence de les absoudre tous, sous peine d'irriter l'*OMGUS* si complaisant. Même Phayer, aveugle sélectif, recouvre la vue à la lecture du journal du nonce : arracher secrètement les nazis au châtiment était une chose ; publier les suppliques dont Pie XII inondait depuis 1945 Londres et Washington en vue de libérer les oustachis, puis au fil des ans, les Allemands déjà condamnés, massacreurs, notamment, de dizaines ou centaines de milliers de juifs, tels Arthur Greiser (son « intervention [...] en faveur de Greiser, ancien *Gauleiter* de Posen [,...lui valut l]es attaques violentes de toute l'extrême-gauche mondiale, le 22 juillet [1946] »), Otto Ohlendorf et Oswald Pohl, en était une autre.

En mars 1947, quand Pie XII, interviewé par l'*Associated Press*, « revendiqu[a] la liberté du Saint-Siège, des évêques et des associations catholiques du monde entier » de fournir de l'« aide à ceux qui [étaient] dans le besoin », surtout « les émigrés et les réfugiés », la fuite de masse était en cours (depuis fin 1946 en Argentine). Le nombre des « soupes populaires » servies via Po – grand centre d'accueil des nazis français – était passé de trois millions en 1944 à 28 771 150 en 1945 et à 40 731 750 en 1946. D'énormes transferts financiers irriguaient les zones de fuite : ainsi en janvier 1948 « un transfert important de valeurs et de fonds » vers le Portugal et l'Amérique du Sud fut-il effectué par un jésuite envoyé « dans ces pays » par sa Compagnie en accord avec les *Pie Opere di Religione*.

Le Vatican disposa d'autres sources que le financement américain, tel le « trésor oustachi ». Du total des 2,4 tonnes d'or et autres bijoux et devises volés par Pavelic à la banque centrale de Yougoslavie dès son installation (en 1941) puis aux Serbes et aux juifs, l'essentiel (dont 32 caisses d'or) fut caché, on l'a vu, au couvent du Kaptol de Zagreb. Fuyant en mai 1945 vers l'Autriche, Pavelic emporta le reste (dont 13 caisses d'or), estimé à 350 millions de francs suisses : selon le rapport Eizenstadt de 1998, le Trésor américain apprit le 21 octobre 1946 que les Anglais en avaient confisqué 150 « à la frontière austro-suisse » et que le reste, « environ 200 », avait été aussitôt envoyé au Vatican. Celui-ci reçut, selon Goñi, plus précis que Phayer et Pollard, une part du « trésor oustachi » grossi par les trafics de marché noir et placé « dans une banque suisse », et les oustachis y puisèrent : Saric et Rozman, protégés de l'extradition par les Anglo-Américains, firent la navette Rome-Berne et en transférèrent « la majeure partie [...] vers l'Italie et de là aux oustachis d'Argentine », selon un rapport américain du 9 mars 1948[8].

8. Chiarlo 1928-1945, http://www2.fiu.edu/~mirandas/bios-c.htm#Chiarlo; lettres (soulignées dans le texte) n° 118 de Maritain, 24, tél. Rome n° 274-275, 31 octobre, *Saint-Siège 1944*, 8, lettres de Laffon n° 1268, Baden-Baden, 27 septembre, n° 1587/POL de Kœltz, Berlin, 13 décembre 1945, *Allemagne 1944*, 67, tél. Saint-Hardouin (Tarbé de), Berlin, 5 octobre 1946, *Allemagne 1944*, 68 ; Zahn G., *German*, p. 119-120, Lewy G., *Catholic*, p. 219 et 227, Lacroix-Riz A., « Politique scolaire et universitaire en Allemagne occupée », Clemens G., éd., *Kultur*, p. 133-136, lettres de Montini, 13 juin 1946, *in* Goñi U., *Odessa*, p. 99, de Maritain n° 57, 10, n° 63, 20, note Vatican n° 116900, 9 mai, lettres n° 7146 de Tarbé, 27 août 1946, de Maritain n° 33, 27 janvier 1947, *Allemagne 1944*, 68, n° 70 de Grandin de l'Epervier, Montevideo, 30 août 1946, *Uruguay 1944*, 6, note DEC, 26 août, lettres de Maritain n° 89, 20, n° 85, 12 mars 1947, et n° 41, 30 janvier 1948, *Saint-Siège 1944*, 9, Greiser, RGSN, 7 août 1946, AN, F 7, 15292, Münch-Pie XII, Phayer M. (rien sur 1945-1948), *Église*, p. 240-244, sur l'or croato-vatican, 251-253 Goñi U., *Odessa*, p. 328 *sq.*, rapports Bigelow et Harrington, p. 206-211 (et Eizenstadt S.), Pollard, *Money*, p. 197-202.

La mise à contribution universelle de l'Église romaine

De l'ouest à l'est de l'Europe, sans parler de l'Amérique, l'Église, tant séculière que régulière, œuvra sans répit. La Suisse, soumise au second semestre de 1945 à « intervention américaine » permanente, supplanta fin 1945 l'*UNRRA* dans « l'aide aux populations » d'Allemagne et d'Autriche et aux Allemands expulsés, sous couvert « de lutter contre la propagande soviétique ». « La filière suisse », avec pour « centre nerveux » Berne, offrit aux opérations « la ténébreuse alliance des anciens agents nazis, de l'administration suisse et des diplomates argentins » (Goñi). Toutes les étapes en furent négociées avec ceux qui, tels les pro-nazis Heinrich Rothmund, ministre de la Police (1929-1954), et Eduard von Steiger, ministre de la Justice, avaient dès 1938 interdit l'accès du pays aux réfugiés juifs allemands, après avoir avec succès conseillé à Berlin de faire figurer la lettre « J » sur leur passeport.

De « Don suisse » en « Secours aux enfants », de *Caritas* ou de « Centrale sanitaire suisse » en Croix-Rouge, aides et secours à « l'Europe » réunis par les milieux financiers de Zurich et Bâle (chimie liée à l'IG Farben en tête) se bornèrent de plus en plus aux Germains. Priée de réhabiliter le clergé protestant allemand, aspect majeur du blanchiment des cadres, la Suisse fut aussi mobilisée du côté catholique. Se signalèrent, parmi tant d'autres, le diocèse de Fribourg, où « les idées et le niveau intellectuel [d']une importante fraction d[u] clergé et des fidèles [étaient...] demeurés ce que pouvaient être ceux d'un diocèse breton sous l'Ordre moral », et l'abbaye bénédictine d'Einsiedeln, « poste d'écoute ouvert à beaucoup de messages ». Mgr Angelo Jelmini, évêque de Lugano – siège du lessivage fiscal vatican décrit plus haut – transforma « de notoriété publique » le « sanatorium » d'Agra en « gare régulatrice pour l'évasion de nazis vers l'Amérique du Sud » (fonction banale des sanatoria suisses, comme Davos, après 1945). Il y sauvait les nazis et les fascistes de toute nationalité, tel l'abbé André Jassédé, « excellent Français », dit-il, auquel il confia en 1947 « la cure d'Agra » et le poste d'« aumônier » du « sanatorium » comportant « l'éducation morale et religieuse » des « enfants sarrois » accueillis : cet « ancien agent de la Gestapo [...] condamné pour collaboration » était officiellement recherché en 1946 par la police d'Orléans.

L'œuvre fut aussi allègre en France même, où, *a posteriori*, l'arbre Touvier cacha la forêt. Outre les précoces filières espagnole, suisse et argentine de fuite des nazis français (et belges) décrites par Goñi, s'amorça en 1946 la canadienne, alimentée par Rodhain, qui recevait ses « instructions » de Montini. Sa mission américaine de juin, « patronnée par l'épiscopat et subventionnée par l'État » (américains) et organisée « par Mgr Spellman », s'acheva, après « huit jours à Washington » sur un périple au Canada, prié d'« accueill[ir] des réfugiés "politiques" français ». Tisserant rappela en mai 1946 à l'ambassadeur d'Argentine au Vatican qu'il organisait depuis 1945 le départ pour l'Argentine de « certains compatriotes qui avaient dû fuir l'Allemagne pour l'Italie ». Mgr Robert Picard de la Vacquerie, « évêque aumônier-inspecteur des troupes d'occupation [françaises] en Allemagne et en Autriche » depuis juillet 1946, ne ménagea pas sa peine : il œuvra si bien avec *Pax Romana* depuis l'automne 1946 que Pie XII réserva en novembre 1948 « un accueil excellent [à ce...] modèle exemplaire [de...] collaboration [...] avec ses confrères de l'épiscopat allemand ». Les chantres de la collaboration d'Occupation étaient des exfiltreurs notoires, tels Suhard, si empressé auprès des « séminaristes allemands » du camp de PG près de Chartres, et l'évêque du lieu, Mgr Raoul Harscouët, franquiste de choc et « un des informateurs secrets de la Secrétairerie du Vatican » : « les anciens prisonniers de guerre allemands du[dit] camp [...], étudiants en théologie », l'invitèrent en avril 1952 en Allemagne » tant il s'était « occupé des prisonniers allemands et [avait...] défendu leur cause ». Les couvents étaient en France aussi hospitaliers qu'ailleurs[9].

Tout le catholicisme romain fut mobilisé, instituts, associations, syndicats, etc. Le *Russicum*, tout en poursuivant ses anciennes missions (espionnage et action), délégua son recteur de Régis « à Buenos-Aires où l'appelait une œuvre [...] fort importante » : « exercer [...] des fonctions d'accueil spirituel et d'assistance pour [les nombreux] Slaves d'Europe orientale » qui, depuis 1945 avaient « fui l'Europe et [...] cherché asile en Argentine ». Arrivé en 1948, « accompagnant l'immigration catholique russe » – issue des tueurs et espions, à dominante ukrainienne, du Reich occupant de l'URSS et des reliquats de l'armée Vlasov, respectivement estimés à « environ un million » et « plusieurs milliers » par Christopher Simpson –, Régis « visitait fréquemment le Brésil » depuis Buenos-Aires (où il resta jusqu'à sa mort, en 1955).

Pax Romana, ancienne « confédération des associations catholiques » siégeant avant-guerre à Fribourg (Suisse), pilier à forte composante jésuite de la reconstruction des « Internationales catholiques » menée en 1946-1947 entre Salamanque, Fribourg et Rome, avait depuis la guerre « élargi ses

9. Lettres de Hoppenot, Berne, n° 14, 8 janvier, n° 197, 22 février 1946, Bâle n° 1233, 10 décembre 1945, n° 219, 18 février, n° 816, 8 juillet 1946 (et 1946-1949), *Suisse 1944*, 30, n° 113, Genève, 15 mars 1946, n° 1498 de Hoppenot, 31 octobre 1945, n° 142, Zurich, 1er juillet, n° 180 de Guermonprez, Lugano, 20 novembre, *Suisse 1944*, 17, de Hoppenot n° 2963, 15 décembre 1948, *Suisse 1944*, 30, n° 1025, 13 novembre 1946, *États-Unis 1944*, 173, Van Dongen L., *Purgatoire*, index Jelmini et Jassédé ; XP 2, Paris, 4 mai, RG, 2ème section, 17 juin 1946, AN, F 7, 15291 et 15292, lettre de Tisserant, 6 mai 1946, *in* Goñi U., *Odessa*, p. 99, index Tisserant, et chap. 6, 12 et 13, lettre de Kœnig n° 622, 31 août 1945, *Allemagne 1944*, 67, XP 23, 2 juillet 1946, AN, F1 a, 3354, lettres d'Hoppenot n° 971, 30 octobre 1946, *Suisse 1944*, 21, d'Ormesson n° 448, 26 novembre 1948, n° 32, 19 janvier, *Saint-Siège 1944*, 10, notes sur visite à nonciature, 16 novembre, pour Coulet, 22 décembre, *Saint-Siège 1944*, 11, X.P. 2, 5 juillet 1945, S.L. IV n° 497/52, 17 avril 1952, dossier (Harscouët) 51, AN, F 7, 15291, Lacroix-Riz A., *Histoire*, p. 72-85.

cadres et étendu ses buts ». *L'Unità* accusa à la mi-avril 1946 son jeune président (depuis 1939, à 26 ans), le monarchiste Joaquín Ruiz-Giménez Cortés, « homme de confiance du ministre des Affaires étrangères [Martin] Artajo », d'avoir été délégué à Rome afin « de regrouper et d'organiser les éléments fascistes fugitifs » de Hongrie, Bulgarie, Roumanie, Yougoslavie et Pologne et de transférer en Espagne ces « criminels de guerre notoires » que *Pax Romana* doterait de « bourses d'études » et de faux passeports. Malgré les démentis formels du Vatican, cet « individu assez mystérieux [...] mêlé à toutes les négociations de Franco avec le Vatican, l'Amérique et la Grande-Bretagne » et vedette des « coulisses du Consistoire » de février 1946 accéléra grâce à cette mission son ascension déjà météorique : il y gagna entre autres l'ambassade d'Espagne au Vatican (1948-1952).

Les « délégations de Croatie, Slovaquie, Lituanie, Bohême, Hongrie, et Pologne » du premier congrès d'après-guerre de *Pax Romana*, à Salamanque en 1946, étaient peuplées « de jeunes réfugiés de l'Europe centrale ». Fin octobre 1946, son « Secrétariat international des fédérations d'étudiants catholiques, à Fribourg » prépara une vaste action dans les trois zones occidentales d'Allemagne au motif « de participer à la réorganisation des mouvements universitaires catholiques en Allemagne ». Franco accueillit en Espagne tant de « catholiques émigrés d'Europe orientale » que cet « afflux des réfugiés politiques », financé par les États-Unis, y créa l'uniatisme jésuite jusqu'alors absent. Dans les années 1950, c'est à Madrid que « se trouv[ait] le groupe le plus important des Uniates réfugiés », Croates compris, avec Luburic.

Le syndicalisme fut mis à contribution : « les dirigeants de la Confédération française des Travailleurs chrétiens [...] accept[èrent] d'organiser au sein de la CFTC, en 1950, une nouvelle section étrangère dénommée l'Union des Travailleurs croates » : elle dissimulait « l'organisation séparatiste d'extrême-droite dite Mouvement de libération croate (HOP, ex-Mouvement Oustacha) » siégeant à Buenos-Aires, présidée par le chef « du mouvement pour l'Espagne, résid[a]nt à Saragosse ». Un dossier 1955-1974 des RG dresse de cette « trentaine de réfugiés yougoslaves d'origine croate » et de leur « organisation syndicale fonctionnant au sein de la CFTC » un tableau effarant du « rollback » organisé par le trio Vatican-Washington-Bonn.

L'épiscopat allemand – selon Phayer plutôt antinazi et à peine antisémite de 1933 à 1945, mais antisémite morbide dévoué corps et âme aux criminels de guerre depuis mai 1945 – guida l'entreprise, que le nazi Bornewasser glorifia devant ses doyens convoqués à Trèves le 21 mai 1947 : « c'est actuellement le devoir absolu et aussi l'intérêt de l'Église de conduire le peuple allemand pour qu'il se souvienne encore avec fierté de sa noble qualité d'Allemand. C'est la jeunesse qui aura toute notre sollicitude, nous organiserons des cours du soir où nos jeunes auront la possibilité de se perfectionner dans la connaissance des langues étrangères, de préférence l'espagnol et l'anglais, afin que ceux qui désireront ou devront émigrer en Amérique du Sud puissent montrer là-bas le visage du "vrai Deutschtum". Vous devez éduquer la jeunesse dans le sens d'une Allemagne "totale et nationale". » L'Autriche, autoroute de la fuite des rats dont Américains et Anglais, qui la finançaient, avaient détourné le regard, reçut un an après la guerre caution américaine : la *NCWC*, « dispos[ant] de fonds considérables [...,] affiliée à l'UNRRA », installa début juillet 1946 son siège principal à « Innsbruck [...,] pour faciliter les liaisons avec l'Italie et le Vatican [...,] installation [...] en Autriche [...] en corrélation étroite avec la politique » austro-allemande de Truman[10].

De la fuite de ces Touvier orchestrée par l'équipe Montini-Hudal, l'Europe orientale offre l'exemple le mieux connu. À côté du réseau ukrainien de Bucko (qui avait foulé l'Ukraine occupée) et de la filière slovaque (les 30 000 Slovaques immigrés en Argentine après-guerre provenaient, selon Goñi, de « la vague des fascistes catholiques de Tiso ») s'illustra celle de Draganovic. L'ancien élève du Russicum, familier, depuis 1943, de Maglione, Montini et Pie XII, assura la fuite – massive depuis la fin 1946 – de dizaines de milliers de criminels croates (5, 10 ou 30 000?), dont Pavelic et l'appareil d'État oustachi quasi complet, Saric, Rozman, etc.

Les fuyards étaient regroupés par l'archevêché de Zagreb, les couvents et autres institutions croates (dont la Croix-Rouge) subordonnés à Stepinac resté sur place à la débâcle. Puis on les dirigeait vers l'Autriche, où l'Église et la « mission pontificale » de Salzburg les prenaient en charge : Pavelic « trouva refuge dans plusieurs cercles catholiques autrichiens et, en particulier, au couvent de Klagenfurt », comme tous ses pairs, tel Stjepan Hefer, son ancien ministre de l'Agriculture, « successeur » désigné par son « testament politique », qui « en 1945, [...] se réfugi[a] en Autriche où il v[écu]t clandestinement dans différents couvents catholiques jusqu'en novembre 1947 ».

---

10. Lettre n° 409 de Boissezon, Rome, 22 septembre 1949, *Saint-Siège 1944*, 19, Simpson C., *Blowback*, chap. 2, dont p. 17-21, http://oriente-cristiano.blogspot.com/2007/11/comienzo-del-ao-60-de-la-misin-catlica.html, lettres de Bourdeillette n° 290, 21 août 1947, *Saint-Siège 1944*, 9, de Maritain n° 49, 19 avril 1946, *Espagne 1944*, 63, XP 2, « Autour du Consistoire du 18 février 1946 », et plusieurs courriers, dossier 131, F 7, 15291, lettres d'Ormesson n° 119, 18 février 1954, de Beaupin au Quai d'Orsay, 17 juin 1946, *Saint-Siège 1944*, 11 et 18, d'Hoppenot n° 971, 30 octobre 1946 (noms cités, dont Münch, sans équivoque sur l'objectif), *Suisse 1944*, 21, n° 182 d'Ormesson, 14 mars 1952, *Roumanie 1944*, 88, RGPP, 25 octobre 1955, 1er juin 1960, 31 décembre 1963 (président du HOP, Zvonimir Matic-Putica, dit Puttizzaj), fiche « Le nationalisme croate », « Origine SN juin [19]63 », Note n° 5, 30 janvier 1964, APP, BA 2197, Yougoslavie, Mouvement de libération croate, 1955-1974, Phayer M., *Église*, chap. 1, 5 et 8, lettres de Bidault n° 150-155, 10, de Boislambert n° 1835, 24 mai 1947, *Allemagne 1944*, 68, RGSN, 6 juillet 1946, AN, F1 a, 3354.

Arrivés en Italie, ils rejoignaient le « couvent Saint-Jeronimo » ou « l'institut San Girolamo » – le fief croate de Saint-Jérôme, plusieurs fois rencontré –, « plaque tournante [romaine] de l'opération » et grand centre d'accueil des oustachis avant transfert pour l'Amérique, à Gênes, via Siri. Fin 1947, « les milieux oustachis de Zagreb » diffusaient encore les adresses des couvents d'accueil des fuyards, que « Pax Romana » dotait de « bourses ». Radenac savait « de source directe » que le fils cadet de Radic, hébergé plus de six semaines à Rome à Saint-Jérôme, venait de donner « cette adresse à un ami ». *Caritas* subventionnait les familles d'émigrés et de terroristes encore sur place. Lors des procès, tel celui, en 1952, des franciscains de Mostar, accusés de « recel d'or et d'objets précieux pillés par les oustaches et découverts dans une de leurs églises à Zagreb [...] et de complicité dans la fuite d'ex-oustaches poursuivis pour leurs crimes pendant la guerre », la Yougoslavie, appuyée « sur des faits réels », prouva que les inculpés agissaient « sur les directives du Vatican ».

Draganovic se dévoua autant aux nazis allemands, tel Barbie, que des agents de la CIA lui remirent début mars 1951 en gare de Gênes, et avec lequel il embarqua, le 22, pour la Bolivie (via l'Argentine) après délivrance, le 16, d'un passeport de la Croix-Rouge au nom de Klaus Altmann. Pour le « boucher de Lyon » qui, à l'arrivée à Buenos-Aires mi-avril, lui demandait le motif de cette aide, il définit le but du *recyclage* des bourreaux de la Deuxième Guerre mondiale : « il nous faut disposer d'une sorte de réserve sur laquelle nous puissions tirer dans l'avenir. » L'entreprise se poursuivait en 1952, année où Hudal, « lâché » par ses chefs, aurait, selon H. Stehle, fourni par dépit à Hochhuth la matière du *Vicaire*. Remplacé comme recteur de l'Anima par Mgr Jakob Weinbacher, investi le 16 novembre 1952 par Pizzardo, « Protecteur du Collège Teutonique », lors d'« une cérémonie » solennelle « en présence de l'ambassadeur d'Autriche », Hudal ne se « retir[a...] dans [sa] propriété [de...] Grotta Ferrata, aux pieds des Castelli, » sous prétexte de « mauvaise santé », que pour duper l'opinion : toujours actif à 67 ans, il « demeur[ait] membre de plusieurs Congrégations parmi lesquelles le Saint-Office, où il [tenait] une place importante [et ...] se verrait confier la coordination des œuvres d'assistance aux réfugiés »[11].

---

11. Goñi U., *Odessa*, chap. 14-15 (dont p. 193-199 et 213), lettres de Radenac n° 239, 10 août, n° 298, 24 novembre 1947, de Payart, n° 9,5, de Radenac n° 10, 11 janvier 1948, *Yougoslavie 1944*, 36, APP, RG, 5ème section, janvier 1956, APP, BA 2197, Yougoslavie, lettre d'Auvynet n° 275, Zagreb, 12 juillet 1952, *Yougoslavie 1944*, 105, « réserve », Goñi (d'après Bower T., *Barbie*), p. 246 ; Stehle H., *Diplomatie*, cité par Phayer M., *L'Église*, p. 246, lettre d'Ormesson n° 698, 20 novembre 1952, *Saint-Siège 1944*, 19.

Le Vatican et la reconstitution du Reich

La reconstruction politique de l'Allemagne occidentale

Le retour en gloire du *Zentrum*

Je résume ici le dossier, traité ailleurs, de la contribution romaine à la restauration anglo-saxonne des élites allemandes « comme au temps de la bureaucratie prussienne ». Les prélats, Faulhaber en tête, servaient de conseillers politiques aux Américains dotés d'une zone surtout catholique (la zone anglaise était protestante). Ces alliés avaient dès l'arrivée des troupes d'occupation confié la plupart des cités aux « hommes de la droite du parti catholique dans les rangs duquel se sont recrutés bon nombre d'excellents nazis et qui a soutenu pendant plus de dix ans le national-socialisme », tels les maires « de Cologne, [...] Adenauer, [ceux] de Francfort, [...] Marburg, [...] Munich, etc. ». Aidés de Pie XII, ils érigèrent en pilier politique de leur zone le *Zentrum* rebaptisé CDU (joignant aux catholiques des protestants) ou en Bavière CSU, dispensé cette fois-ci du campagnonnage gouvernemental du SPD qu'avait imposé la radicalisation populaire de 1918.

L'« attitude bienveillante [anglo-américaine] à l'égard des évêques allemands réunis à Fulda » du 21 au 23 août 1945 fut très remarquée. À l'automne, la « visite du général Eisenhower au pape » afficha « le désir des États-Unis de fonder leur politique allemande sur une collaboration étroite avec l'Église catholique ». Triomphait ainsi « la politique allemande du Saint-Siège » retranchée derrière « l'intérêt supérieur du catholicisme » et l'antibolchevisme : « rechristianisation des masses allemandes, participation des catholiques à la vie publique grâce au développement de l'action catholique appelée à substituer son influence à celle d'un parti du centre, consolidation par tous les moyens de ce qui reste de l'organisme allemand que le Vatican considère comme une barrière nécessaire à la poussée soviétique, défense de l'unité de l'Allemagne. »

À Potsdam, la « barrière » occidentale fut maintenue et Paris, absent mais informé, comprit le sens de la non-mention de cette frontière dans le communiqué final : « tout se passe comme si l'unité de l'Allemagne était sauvegardée à l'Ouest. L'absence de la France a d'ailleurs pu servir de prétexte. » Les Belges lestés de leurs flamingants le surent autant que les Danois demandeurs de Schleswig[12]. Ceci réduit à sa modeste dimension

12. Lettres d'Huart, Tübingen, 14 mars 1947, *Allemagne 1944*, 77, de Bonnet n° 2029,18 décembre, *États-Unis 1944*, 171, n° 113 de Maritain, 12 octobre, note Amérique, 16 août 1945, *Allemagne 1944*, 67 et 75. Dossier danois, fonds MAE scandinaves et allemands et *FRUS* depuis 1945 ; la Belgique plus « américaine » que la moyenne accepta d'em-

le contentieux sarrois épiscopat allemand-Vatican-Paris, qui emprunta les formes du passé sans que le Reich eût à craindre l'avenir.

La campagne de charité

La reconstruction prioritaire de l'Allemagne reprit avec les mêmes acteurs le masque larmoyant des années 1920, la croisade contre la faim et la misère d'une nation victime de la guerre puis de ses vainqueurs. Depuis l'été 1945, Paris débusquait sous « les catholiques américains » glorifiés par Pie XII les « Germano-Américains » à nouveau triomphants : ils pratiquaient « le chantage à la pitié [... pour] les pauvres enfants allemands affamés, [réclamaient] le retour de la mère de famille à son foyer démoli, etc. », publiaient « de nombreuses lettres de soldats en Allemagne pour essayer d'apitoyer le public sur le sort des populations allemandes et critiqu[aient] parfois avec violence la politique des Nations unies ».

L'épiscopat animait comme naguère l'opération, marquée en janvier-février 1946 par la tournée de six semaines de l'évêque auxiliaire de Chicago, Mgr Bernard Sheil, en « Europe » (comprendre Allemagne : il n'eut rien à dire sur « son passage en France »). Envoyé par Truman sous prétexte d'« étudier les conditions de la jeunesse, particulièrement de la jeunesse allemande », il revint avec un « rapport à la presse » modèle sur la « bonne Allemagne ». « Épouvanté *(appaled)* par les destructions et la famine [dans] ce pays [...] entièrement dévasté [...,] abattoir (a shambles) » où la majorité des enfants délinquants était en prison pour vol de nourriture et où tous risquaient de mourir de faim, il avait trouvé la solution : les problèmes d'aide à la jeunesse et à la population allemandes étaient « étroitement liés à celui de la reconstruction de l'économie allemande[..., qui] domin[ait] toutes les autres questions ».

Entre ces premières missions et celles de l'ère Marshall, qui rappela à Jacques Tarbé de Saint-Hardouin, conseiller du général Marie-Pierre Koenig, la « situation que nous avons connue après l'autre guerre, au moment de l'adoption du plan Dawes », la campagne s'enrichit de références à la marée bolchevique. Autre réminiscence, Hoover présidait le « Famine Emergency Committee ». « Chargé par les banquiers de Wall Street d'étudier le placement des capitaux en Allemagne », il fut reçu par Pie XII lors de ses tournées européennes de mars-avril 1946, puis de février 1947 (étape majeure du plan de reconstruction allemande) : après sa « visite personnelle », le 16 février, le pape sanglota (le 19) sur les enfants mourant de faim, de froid, sans vêtements, orphelins, privés d'écoles et de « l'enseignement de religieux et religieuses » (ceux de zone soviétique), remerciant « les bienfaiteurs du monde entier, et spécialement les catholiques américains ».

---

blée la décision, *Belgique 1944*, 26-28 et 31-33 ; RFA, mes travaux cités dans la 1re édition, Wahl A., *Seconde histoire*, et *infra*.

Le catholicisme allemand dirigea, via *Caritas* et autres organismes, l'entreprise de charité (et d'exfiltration) où nazis civils et militaires sur place ou hors d'Allemagne et marché noir faisaient bon ménage. Quelques scandales troublèrent la Suisse dès 1946 : l'« Aide chrétienne » de Wirth, dont les quatre bureaux de Zurich étaient peuplés d'anciens de la Wehrmacht, était financée par les nazis d'Amérique du Sud pour envoyer « 100 000 paquets » aux « anciens hitlériens ». On commentait à Bâle, en 1947-1948 « les bénéfices [...] considérables » de sociétés de secours « purement commerciales ». Mais, bien que la colère publique grandît à la fois contre ces escroqueries et contre la tendance à l'exclusivité germanique des secours, les autorités bâloises se terrèrent pour ne pas « se heurter à des personnalités anglo-américaines influentes ».

Paris protesta (en vain) contre la décision en janvier 1948, sur « pression [anglo-américaine] très marquée », du secrétariat général, à majorité alémanique, du groupe « Croix-Rouge suisse-Secours aux enfants » de réserver 70 % de ses crédits à l'accueil des enfants allemands, le reste allant aux autrichiens. 20 000 enfants allemands ayant été accueillis en Suisse de 1946 à 1947 (et près de 8 000 de plus en 1948), les autorités de zone d'occupation française manifestèrent leur « hostilité » aux familles suisses d'accueil et aux accueillis. La Curie envoya donc à Paris une note invoquant les clameurs de l'évêque de Mayence contre « les difficultés presque insurmontables » ainsi dressées contre l'amélioration du sort de pauvres petits de moins de quinze ans[13].

Rechristianisation et concordat

• Le blanchiment général du clergé

Du rôle multiforme du Vatican et de l'Église allemande, je retiendrai la lutte en faveur du concordat du Reich, obsession de son père Pacelli et clé de la restauration hégémonique du cléricalisme investi de « rééducation ». Condition préalable, le blanchiment général du clergé suivit le discours de Pie XII du 2 juin 1945 exaltant la résistance au nazisme « des millions de vaillants catholiques ». La session de Fulda d'août 1945 décerna un brevet d'antinazisme aux évêques qui avaient lutté « pour les droits de la personne humaine » contre « l'empiétement de l'État sur la vie religieuse[,...] contre l'orgueil de race et la haine des peuples » et pour remettre en place « la croix que des mains criminelles avaient enlevée des classes [...] Beaucoup [de prêtres et de laïcs] ont

13. Lettre de Chambon, Boston, 12, note Amérique, 20 décembre 1945, *États-Unis 1944*, 171, lettres n° 55 de Viala, Chicago, 18 février 1946, de Tarbé, 20 juillet 1947, *Allemagne 1944*, 99 et 77, mars-avril 1946, tél. Bonnet n° 438-439, 2, B 12-6 d, lettres n° 71 de Maritain, 26 février 1947, *Saint-Siège 1944*, 9, d'Hoppenot n° 1025, 13 novembre 1946, *États-Unis 1944*, 173, de Guyon, 1er octobre 1947, d'Hoppenot n° 2262, 29 septembre, n° 46, 10, n° 128, 19 janvier 1947, n° 2340, 11 novembre 1947, n° 3027, 22 décembre, du Vatican n° 168725/S, 13, et de Maritain n° 69, 18 février 1948, *Suisse 1944*, 30 (et tout *Suisse 1944*, 21).

sacrifié leur vie à leurs convictions, protégé et défendu des ressortissants de races étrangères, et partagé leur maigre pain quotidien avec un innocent non aryen poursuivi ». L'épiscopat invoqua le droit pour « les parents catholiques d'envoyer leurs enfants dans des écoles catholiques [...et son] droit garanti par la loi et le concordat » de réclamer partout « la liberté [...] d'ouvrir des écoles primaires privées catholiques [...et] des écoles supérieures » congréganistes, comme « avant 1933 » : il n'y avait pas « meilleur civisme pour assainir la situation spirituelle qu'une éducation vraiment religieuse ».

Les occupants occidentaux diffusèrent donc la légende d'un catholicisme antinazi édifiée dès la guerre. De l'épiscopat *entièrement* blanchi – Gröber et Bornewasser inclus, rois de l'autoplaidoyer – les héros furent Faulhaber, « qui prétendait que les Alliés étaient les vrais responsables » du nazisme, et le trio de la première promotion cardinalice d'après-guerre, Galen, Preysing et Joseph Frings (successeur à Cologne de Schulte, mort en 1943), dont le retour triomphal, après le consistoire de février 1946, fut préparé par Spellman, « par avion américain naturellement » : la presse de zone américaine les dressa en « triumvirat de résistance ». La France fit de même, sacrifiant au mythe non sur simple pression américaine mais par la logique d'une « politique catholique » zonale renouant avec 1918.

Cette déculpabilisation radicale nourrit dès l'été 1945 une forte agressivité contre l'occupant, surtout le faible français. Paris se retrouva 25 ans en arrière, confronté à des « mandements significatifs [d']un mot d'ordre venu de plus haut » (du Vatican), commenta Koenig en mars 1946. L'évêque de Mayence, Mgr Albert Stohr, successeur de Sebastian, dans sa première pastorale *post bellum* lue dans tout le diocèse les 19 juillet et 5 août 1945, calqua le modèle pontifical, affichant un pangermanisme intact. Il exalta « l'amour de la patrie [qui] est pour nous une vertu spéciale volontaire dont l'objet est la communauté de sang » et le Grand Reich unifié incluant l'Autriche, comme l'avait clamé Mgr Ketteler, patriote « prophète du destin allemand », héraut du « droit de tous les peuples allemands dans le Reich » et de « l'unité allemande », si abattu par les événements de 1866 mettant fin à « la réunion de tout le peuple allemand ». Il s'indigna de « la misère sans nom [frappant...] votre pauvre patrie, battue, brisée, occupée par des puissances étrangères [...] victorieuses [...] entre les mains des[quelles] nous sommes irrémédiablement et sans rémission ».

« La résistance [étant] impossible, il ne nous reste que l'appel aux droits suprêmes et les plus élémentaires de l'homme, que l'on a tant calomniés jusqu'ici en pays allemand » : nous devons « nous assurer ce droit malgré ce qui pèse sur nous comme culpabilité [...Q]uel homme pourrait déterminer quelle culpabilité repose sur un peuple ? Qui donc en sait assez et surtout est en lui-même assez indemne pour peser réciproquement la faute et l'excuse

[...N]ous avons appris par l'histoire le caractère incertain des jugements humains et nous savons les conséquences très inattendues des aveux de culpabilité générale. Aussi implorons-nous du fond de l'âme : "Épargne-nous, Seigneur, épargne ton peuple !" ».

Ainsi commença la « rechristianisation des masses allemandes » à partir de la zone américaine. Zeiger sillonnait alors les zones anglaise et française « dans une voiture américaine », pour organiser l'action concordataire « favorisée par nos alliés américains sans que ceux-ci nous en eussent donné avis »[14].

• Les zones occidentales

Avant que le concordat de 1933 ne reçût son quitus de guerre froide, l'avenir fut partout tracé. La Curie se plaignit longtemps que l'Angleterre s'appuyât surtout sur « les socialistes non catholiques », accusés de tentations bolcheviques. Sabotant au moins autant que les Américains la dénazification, mais avec des scrupules récurrents, les Anglais sortaient de la guerre avec un anti-papisme accru. Ils se méfiaient surtout du cheval de Troie catholique des Américains impatients de conquérir les zones occidentales à partir de la leur. À l'automne 1945, leurs écoles secondaires catholiques fermées par les nazis le restaient. Ils avouaient encore en octobre 1947 haïr autant que Moscou « le concordat conclu [...] sous le régime hitlérien [qui] n'est plus en vigueur quelles que soient les conceptions du Saint-Siège à cet égard ». Mais, en « commissaires-priseurs » évaluant et flattant leur bien allemand, ils prirent dès l'automne 1945 place dans la course à la surenchère, rivalisant avec les Américains par les « égards aux membres du haut-clergé [...] La mission de l'Église [...] catholique ou protestante [est pour] nos alliés occidentaux », constata Tarbé en février 1946, « autant de contribuer à la préservation de l'ordre social établi que de répandre parmi les masses la conception qu'ils se font d'un univers démocratique ».

C'est en zone américaine que la « rechristianisation » connut son apogée. L'Église omniprésente « blanchit » précocement les anciens fonctionnaires nazis, arguant « qu'ils étaient avant la chute du régime "gentils, profondément religieux, qu'ils assistaient régulièrement aux services et qu'ils n'étaient pas nazis" ». L'enseignement, base de son influence, lui revint sans que fût tentée la moindre dénazification des effectifs, des programmes ou des manuels. Il resterait nazi « aussi longtemps que l'Église, particulièrement en Bavière

14. Discours du 2 juin, texte Fulda, 23 août 1945, synopsis Allemagne, février 1946, *Allemagne 1944*, 67 et 32, lettre n° 145 de Maritain, 28 décembre 1945, note Carteron avec lettre de Kœnig n° 2178, 16 mars, *Saint-Siège 1944*, 7, *La Croix*, 28 novembre, *Allemagne 1944*, 68, tél. Kœnig n° 193, 17 mars 1946, texte de Stohr, lettres de Kœnig n° 622, 31 août, et de Laffon n° 1268, 27 septembre 1945, *Allemagne 1944*, 67. Énorme dossier du blanchiment, *Allemagne 1944*, Lacroix-Riz A., « Politique scolaire », p. 131-184, « Églises », Spott F., *Churches*, Phayer M., *L'Église*, et Bower T., *Blind eye, passim*.

aura[it] toute liberté pour enseigner », jugeaient les Américains anti-nazis, ulcérés du « gâchis du gouvernement militaire américain en Allemagne ».

La tâche ayant été préparée d'emblée, la guerre froide déclarée ajouta peu à l'œuvre du ministre de l'Éducation, Aloïs Hundhammer, au lourd passé terroriste et nazi, ancien adjoint du chef du PPB Heim et pilier de la CSU : « veill[ant] à ce que les universités de Munich et d'Erlangen demeur[ass]ent des nids de la réaction », entouré de « nazis en instance de procès » ou passés à travers les gouttes, il sabota depuis leur naissance (le printemps 1947) les tardifs projets réformateurs d'un GM américain complaisant. Il s'appuya sur l'Église déchaînée, qui en appelait avec Faulhaber au nonce Münch contre « une réforme scolaire inspirée des conceptions d'un autre pays [...] imposée en Bavière ». Il balaya dès 1948 l'influence *undeutsch*, glorifiant le retour au système fondé « sur le mode particulier et traditionnel de l'éducation bavaroise plus que sur des méthodes qui ont pu faire leurs preuves ailleurs ». La Hesse et le Wurtemberg marchèrent du même pas[15].

Rome eut la tâche au moins aussi aisée en zone française. Ses alliés occidentaux, aidés des évêques allemands, rappelèrent sans répit à la France son impuissance allemande, avant de la ligoter par l'adhésion trizonale de 1948-1949. Paris avait d'emblée renoué avec la ligne catholico-fédéraliste d'une zone-sacristie, sans illusion sur les « fédéralistes » allemands proclamés : l'audace de Stohr, observa Koenig en août 1945, « doit nous mettre en garde contre la confiance que nous pourrions trop vite accorder au clergé allemand [et] nous laisse entrevoir, entre autres, que les catholiques de ce pays sont avant tout des Allemands et bon nombre d'entre eux des "unitaires" allemands ». L'application en fut logiquement confiée à un corps d'occupation clérical, vichyste jusqu'à la Libération, haut symbole du sabotage de l'épuration française, clercs en tête, tel Picard de la Vacquerie, « curé de Saint Lambert de Vaugirard », ultra-vichyste notoire choisi par Roncalli et Suhard dès mai 1945, agréé par le Quai au plus tard fin novembre 1945.

La bénignité devant l'apparente révolte des clercs révéla la débilité française et la puissance américano-vaticane. Toujours aussi haïe, la France n'était plus crainte, et le duo Gröber-Bornewasser livra assaut immédiat. « L'évêque brun » de Fribourg devenu « l'inspirateur de la CDU badoise », hostile à « la collaboration de membres du clergé avec les autorités françaises », épura en 1945-1946 son

15. Lettre de d'Ormesson n° 432, Rome, 19 novembre 1948, *Allemagne 1944*, 70, rapport Pollet sur mission des 24-27 octobre, 4e réunion du DIAC, 11 octobre 1945, *Allemagne 1944*, 67, lettres d'Arnal, Dusseldorf, n° 346, 29 octobre, *Allemagne 1944*, 68, de Tarbé n° 329, 29 juin 1947, *Allemagne 1944*, 80, n° 353, 9 février 1946, *Allemagne 1944*, 67 ; Wolfson, *New Republic*, 4, lettre de Bonnet n° 569, 5 mars 1946, *États-Unis 1944*, 172, Sigrid Schutz, *Collier's*, 8, lettres de Bonnet n° 2219, n° 2225, 7 novembre 1947, *États-Unis 1944*, 176, du CGAAA n° 1770, 27 janvier, n° 1933, 26 février 1948, *Allemagne 1944*, 102.

clergé : il procéda à « de nombreuses mises à la retraite, afin de remplacer les prêtres suspects de collaboration par des éléments plus jeunes et plus dociles ». Le diocèse de Trèves rajeunit également les Français.

La Curie, qui avait en 1918 garanti au Reich l'intégrité de ses frontières face aux Français vainqueurs, recommença face à l'occupant précaire que Washington et Londres avaient doté *in extremis* de lambeaux de leurs zones respectives. Bidault se rallia au clérical Maritain qui, contre la demande (molle) du « catholique pratiquant » Koenig (Christophe Baginski) de créer un évêché « sarrois », invoquait l'échec de 1921 : à l'automne 1945, il n'avait pas encore osé le quémander. « Appu[yé] sur la bienveillance du Vatican », Bornewasser, flanqué d'un vicaire général de choc promu en juin 1947 « protonotaire apostolique », Heinrich von Meurers, mena l'« offensive » contre le rattachement économique de la Sarre à la France. Le conflit tourna depuis mai 1947 à la « véritable déclaration de guerre » : le temps est venu, ordonna l'évêque (cité à propos de l'exfiltration des nazis) à ses doyens le 21, de « prouver par la parole et par l'action que nous sommes capables de mener à bonne fin la lutte qui paraît avoir commencé ».

Paris n'apprit donc rien quand le chancelier de la RFA Adenauer retour de Rome en juin 1951, dans la joie de « l'égalité des droits » rendue par l'intégration européenne (la CECA naissante), exposa à des intimes ses entretiens avec son vieil ami Pacelli : il « m'a formellement promis que le *statu quo* sera maintenu [...] en Sarre [...] Il m'a affirmé qu'il ne prendra pas en considération les désirs du ministre-président Hoffmann au sujet de la création d'une nonciature en Sarre et de la réorganisation des diocèses de Trèves et de Spire ». Jusqu'à la fin, la question sarroise emprunta certaines formes de l'avant-guerre, et Rome accueillit avec la même réserve officielle le plébiscite d'octobre 1955 : l'*Osservatore* reproduisit « sans commentaires » ceux de la presse internationale sur le succès allemand[16].

Oscillant entre les colères de Koenig contre l'audace épiscopale anti-Alliés – pas seulement anti-soviétique –, et le Quai affolé par « la menace d'une sorte de *Kulturkampf* [...] peu conciliable avec l'ensemble de notre politique en Allemagne », Paris abdiqua ses plans de réforme scolaire et de

16. Lettre de Kœnig n° 622, 31 août 1945, *Allemagne1944*, 67, conversation avec Michelin, 18 septembre, note de visite à nonciature, 16 novembre 1945, *Saint-Siège 1944*, 7 et 11, Lacroix-Riz A, « L'Église de France », p. 121, lettres de Kœnig n° 9641, 17 février 1948, n° 1321, Bâle, 23 novembre 1946, *Allemagne1944*, 69 et 68, note Europe, 29 novembre 1945, *Saint-Siège 1944*, 11, tél. Bidault n° 150-155, 10, Kœnig n° 2633, 30, Boislambert n° 1835, 24 mai, Coulet n° 180-181, Paris, 21 juin 1947, *Allemagne*, 68, lettre de François-Poncet n° 1672, Godesberg, 31 juillet 1951, *Pologne 1944*, 134, tél. Ormesson n° 378, 24 octobre 1955, *Saint-Siège 1944*, 28. Trèves et Sarre, *Allemagne*, 68-70, *Saint-Siège 1944*, 8 et 10-11, Sala-Molins J., « La querelle », et Baginski C., *Politique, passim, cit*. p. 229.

rééducation. Il livra la jeunesse zonale à l'Église, qui exigea dès janvier 1946 de recruter les instituteurs ayant « les convictions catholiques et l'esprit apostolique » (Gröber). Il se voulut garant du concordat de 1933, pour plaire au Vatican qui en réclamait le complet bénéfice tout en lui refusant la réciproque : ainsi reprit le conflit sur les nominations, à la succession de l'évêque de Limbourg, en 1947, la Curie ne reconnaissant pas l'occupant français comme héritier du Reich. Picard de la Vacquerie, comme son prédécesseur Rémond, venait à la rescousse quand le concordat semblait menacé, priant (en février 1947) qu'on « rassur[ât] le Saint Père [...] tout au moins en zone française ».

• Le triomphe du concordat du Reich

La cassure de 1947 opposa au conseil de contrôle de Berlin, entre été et automne, les tenants soviétiques de la caducité du concordat « ratifié par le gouvernement hitlérien [,...] empreint d'idéologie nazie [,...] nuisible » aux objectifs alliés, et les Occidentaux conduits par le représentant américain.

En 1948, la coalition germano-vaticane s'appuya ouvertement, contre les Français, sur les Américains. La CDU menaçait sans cesse de recourir au pape contre « l'attitude anti-cléricale de certains des officiers du service de l'Éducation publique de Baden-Baden » que les évêques dénonçaient en chaire. Tardini, en novembre, mit d'Ormesson en garde contre la funeste « erreur » consistant à « chercher à affaiblir [l']éducation chrétienne », alors que les « catholiques pratiquants » étaient « le seul espoir raisonnable de paix en Allemagne », tellement meilleurs que « tout le reste ». Plus d'un an avant la création de la RFA, il fut clair que le « statut d'occupation », futur cadre constitutionnel, « ne donnait absolument aucun pouvoir en matière d'éducation » et que les Allemands pourraient « faire tout ce qui leur plaisait », notamment liquider les « écoles normales » françaises (à peine sorties des limbes) : les accords d'avril 1949 abolirent en effet le « contrôle de l'instruction publique allemande », non classée « parmi les matières réservées »[17].

Le pape, les évêques et la CDU voulaient que la « Loi fondamentale » exclût toute liberté laïque pour les Länder. Ils tentèrent donc en 1948, avec le soutien américain, un forcing illustré le 5 septembre par le discours radiodiffusé de Pie XII au 72e congrès des catholiques allemands, réuni à Mayence pour la première fois depuis 1933 : pétri de « sollicitude affectueuse »,

17. Tél. Kœnig n° 1390, 8, n° 193, 17, Mayer n° 120, 13 mars, BE n° 1770, Paris, 21 février 1946, *Allemagne 1944*, 67, lettres de Bidault n° 326, 8 octobre, de Kœnig n° 986, 24 février, DIAC/MEMO 189, 24 juin, de Tarbé n° 418, 9 août, *ibid.*, 68, tél. Noiret n° 4631, Berlin, 26 novembre 1947, *ibid.*, 102 ; lettres du CGAAA n° 3052, 12 octobre, d'Ormesson n° 432, 19 novembre, *Allemagne 1944*, 70, note Schmittlein n° 5883, 26 novembre 1948, et lettre de Tarbé n° 513, 5 mai 1949, *Allemagne 1944*, 103 et 104.

d'« émotion » et d'antibolchevisme – « point le plus saillant de cette allocution » –, il les exhortait à s'engager « pour la défense de la liberté de l'Église, [...] combat à la vie à la mort [...] dans certaines parties de votre pays » – la zone soviétique.

L'audace indisposa Londres, qui pria vainement le Vatican « d'inviter les évêques allemands à modérer leurs exigences ». Le catholicisme romain ne put donc faire inclure dans la Loi fondamentale le maintien en vigueur des concordats jusqu'à leur remplacement par de futurs accords de Länder. Au conseil parlementaire de décembre 1948, une majorité SPD-KPD-LDP rejeta le *statu quo* total : les libéraux mêmes déclarèrent qu'« une démocratie » ne pouvait reconnaître un accord « conclu par une bande de criminels qui n'avaient aucune intention de le maintenir ». Le compromis de janvier 1949 conserva aux Églises les privilèges de 1919, « droit naturel des parents » inclus, mais avec « deux différences importantes » : la compétence législative des *Länder* [sur les écoles privées] et l'insertion d'un article (SPD) leur permettant « de conserver une législation non conforme à l'article 7 b [sur l'enseignement scolaire et religieux] si celle-ci était en vigueur avant le 1er janvier 1949 ».

Plus téméraire qu'à l'ère du concordat prussien, Pie XII se déchaîna contre une constitution anti-chrétienne violant les « contrats » sacrés. Il relança la croisade, affirmant aux cardinaux allemands, le 2 mai 1949, sa « confiance en leur vigilance, en leur expérience et en leur fermeté ». Ceux-ci, après avoir en février condamné tant d'ingratitude pour « l'ami, le protecteur de notre peuple écrasé » en 1945, tempêtèrent en juin contre le sacrifice des « droits des parents », la dénonciation de leur passé nazi et « la clause de Brême [...,] loi d'exception ». L'inclusion du concordat dans la constitution ouest-allemande comportait en effet pour le Vatican une dimension financière décisive : l'impôt d'Église, soit 8 à 10 % du total de l'impôt sur le revenu levé par les *Länder* et 90 % du revenu ecclésiastique total, rendit au catholicisme allemand sa puissance financière romaine (contribution aux collectes, taxes pontificales, etc.).

On n'en a qu'une approche incomplète par le classement national des dons à l'œuvre de la Propagation de la Foi : en 1961, plus de 11,5 millions de dollars étaient versés par les États-Unis sur un total mondial de près de 22,5 (soit le pourcentage des années 1920), et 2,8 par la RFA, au second rang, bien avant les autres contributeurs, Italie (1,1) et France (987 750 dollars). Mais ce poste ne formait qu'un petit filet du flot allemand : selon Pallenberg, en incluant l'impôt d'Église « et toutes les autres contributions plus ou moins indirectes », la RFA, à « la première place » vers 1965, versait au Vatican 300 millions de dollars annuels. Ils s'ajoutaient aux fonds que les courriers mentionnent ou suggèrent, sans les chiffrer depuis 1918, de l'État allemand *stricto sensu*, et au revenu d'intérêts italo-allemands toujours considérables : la Curie contrôlait le *Banco di Roma* présidé par Vittorino Veronese (président de l'AC italienne jusqu'en janvier 1952) et par Giulio Pacelli, pour sa filiale suisse, déjà présentée (49 millions de francs suisses de capital dans les années 1960)[18].

Les alliances diplomatico-militaires

La lutte pour l'« égalité des droits »

L'hégémonie cléricale fut parachevée par la formation du gouvernement de la RFA, État restauré auquel la conjoncture rendit cinq ans après la capitulation l'attribut suprême de la souveraineté et de « l'égalité des droits » : le réarmement préparé la capitulation à peine signée, mais sorti du secret beaucoup plus tôt qu'après Versailles. Le thème vatican du « rempart » allemand contre-révolutionnaire, antérieur à la Première Guerre mondiale, reçut peu après la Seconde la légitimité conférée par les intérêts européens des États-Unis.

L'argument *militaire* soviétique s'imposa à l'Ouest presque publiquement trois ans à peine après la guerre et le Vatican apporta aux décideurs américains du réarmement une aide idéologique précieuse. Les choses allaient si bon train qu'au printemps de 1948, on ne parlait plus que de résurrection de la Wehrmacht : Frings, lors d'un voyage à Rome avec Faulhaber consacré à des plans déguisés en « nécessité de s'opposer au communisme en Allemagne », avoua à Bourdeillette sa hâte de la rebâtir sous couvert de rétablir la « discipline » au sein de la jeunesse allemande.

La répugnance italienne au Pacte atlantique dont *tous* les anciens pays occupés percevaient l'apport potentiel au « révisionnisme allemand » contraignit Pie XII à intervenir nettement à la fin de l'année. Malgré les fortes « objections que soulevait ce projet dans une fraction de l'opinion italienne » (pas seulement), déclara Montini, « le Saint-Siège considérait qu'il n'y avait pas d'autre voie pour l'Italie et souhaitait vivement la voir s'y engager » : pour « faire céder les dernières résistances que les illusions de "neutralité" et d'"équidistance" entretenaient encore dans certaines fractions de la démocratie chrétienne », le pape inclut dans « le message pontifical de Noël » 1948 l'apologie (renouvelée le 23 février 1949) du bloc occidental chargé « de sauvegarder et de défendre une civilisation commune tout entière fondée sur les principes du christianisme ».

Le combat contre le « nationalisme français »

C'est dans ce contexte que le décret du 1er juillet 1949 du Saint-Office prohiba l'adhésion des catholiques au parti communiste et frappa d'excom-

---

18. Note avec lettre de Tarbé n° 289, 8 mars 1949, lettre de d'Ormesson n° 336, 10 septembre 1948, tél. Beausse n° 306-307, 5 mai 1949, lettre du CGAAA n° 3461, 28 décembre 1948, tél. Ardiet sans n°, Coblence, 5 mai, « déclaration des évêques », Putzchen, 11 février, lettre du CGAAA n° 988, 18 juin 1949, *Allemagne 1944*, 70, et Pallenberg C., *Vatican*, p. 100-101, 131-132, 151-158.

munication « la défense et la propagation de la doctrine matérialiste et antichrétienne des communistes ». Le « neutralisme », plus répandu chez les catholiques français ou italiens que ne l'avait été le rejet français de la croisade espagnole, hypothéquait l'adhésion au réarmement ouest-allemand. Il redevint donc une cible prioritaire. L'heure « coréenne » des plans américains officiels amoindrit les précautions de celui qu'on surnommait l'« aumônier du Pacte atlantique ». Du cœur de la guerre froide à son apaisement, la Curie incita sans répit les plus rétifs, Français en tête, à balayer leurs scrupules. Elle affecta de soutenir la CED, mort-née mais jalon majeur sur la voie « européenne » de l'« égalité des droits » du Reich d'après défaite. Elle ranima les énergies défaillantes moins par l'exaltation du réarmement ouest-allemand, délicate à l'égard des Français, que par des méthodes éprouvées : la répression contre les catholiques déviants ou « progressistes » et l'excitation de la fibre antibolchevique, avec une vigueur accrue par les délais de ratification du traité de Paris de mai 1952, car « le plus grand péril, plus grand même que celui représenté pour beaucoup par le réarmement allemand, est constitué par la désunion de l'Occident », avertit l'*Osservatore* le 15 juillet 1954.

Toutes les étapes du dossier avaient montré la complicité romaine, notamment les conférences de Rome, de juin 1951 et plus encore de février 1953, saluée par la presse CDU comme « une "victoire" allemande ». Adenauer se félicita de « son entrevue avec les représentants du Vatican » qui avait abordé « non seulement les questions spécifiquement allemandes, mais aussi la question internationale en général, car [celui-ci] est plus capable que personne d'embrasser d'un regard ce qui se passe à travers le monde ». Ses « longs et cordiaux entretiens » avec Tardini et Montini et « ses "contacts" avec l'ambassade des États-Unis à Rome » l'avaient assuré de l'appui américain contre les propositions dilatoires de Bidault. La Curie flagornait Paris quand elle espérait que « le directeur d'école américain » forcerait l'élève français – « l'Assemblée nationale » – à faire, « le dernier jour des vacances », le « long devoir » qu'on lui avait prescrit mais qu'il avait différé jusque-là (comparaison de Theodor Blank, ministre officieux de la Défense d'Adenauer, en mai 1954). Elle livra bataille comme naguère quand le petit garçon refusa de s'exécuter et commit « le crime du 30 août 1954 », la non-ratification du traité de la CED.

Les griefs et le partage des tâches renouèrent avec l'entre-deux-guerres. L'*Osservatore* brandit « la menace soviétique » imposant d'inclure la RFA dans l'OTAN et exhuma le mythe rapallien en rappelant « ce prélude à la Deuxième Guerre mondiale qu'a[vait] constitué le pacte conclu entre Hitler et Staline ». Pie XII dénonça le 14 décembre 1954 la « nouvelle poussée » du « nationalisme d'État » et exalta « l'unification européenne » et « la Communauté européenne ». Mêlant la rancune contre le long blocage français et le triomphe après la capitulation française des accords de Paris d'octobre 1954 consacrant le réarmement allemand, la *Civiltà* maudit l'éternelle ennemie : la CED a été tuée « par l'Assemblée française, submergée par une vague de nationalisme » et c'est « une considérable régression » que d'avoir dû se rabattre sur un traité de Bruxelles [de 1948] « traditionnel » ne comportant « rien d'organique ». « Les obligations militaires » prévues par la CED « que les nationalismes, le nationalisme français notamment, ont si âprement combattues, ont été partiellement acceptées dans le cadre des nouveaux Accords de Paris ». Mais Paris résiste à « cet embryon d'unité politique », et « il faudra bien en arriver à renoncer à deux préjugés, celui de nationalisme et celui de la souveraineté conçus comme autonomie absolue ».

Le « nationalisme français » demeurait un obstacle à la liquidation de Postdam et au « rétablissement de l'Allemagne dans ses frontières de 1937 ». Car « la contre-offensive antisoviétique [...] déclench[ée par] les Américains » commence, avertit Armand Bérard en février 1952, à donner aux « collaborateurs du chancelier [Adenauer...] l'espoir que la défaite de 1945 n'a été qu'un épisode dans un plus long conflit, qu'aucun traité ne le sanctionnera et que le règlement européen prendra pour base non pas la situation de 1945, mais celle qui résultera de cette contre-offensive. Dès maintenant leurs diplomates, recrutés le plus souvent dans les milieux de la Wilhelmstrasse qui ont servi le régime hitlérien, et leurs experts militaires manœuvrent pour qu'au moment de ce règlement l'Allemagne se trouve dans la position la plus favorable et tire le maximum d'avantages d'une paix où, pour la première fois, depuis quarante ans, elle prendra place aux côtés des vainqueurs. Ils pensent que des mérites qu'elle se sera acquis dépendra, dans une large mesure, la solution de la question autrichienne et celle des problèmes territoriaux en Europe centrale et orientale [Ils...] considèrent en général que le jour où l'Amérique sera en mesure de mettre en ligne une force supérieure, l'URSS se prêtera à un règlement dans lequel elle abandonnera les territoires d'Europe centrale et orientale qu'elle domine actuellement »[19].

---

19. Lettre n° 143 de Bourdeillette, 3 mai 1948, *Allemagne 1944*, 69, tél. Fouques-Duparc n° 52-53, 13, Ormesson n° 18, 14 janvier, *Europe 1944*, 25, lettre d'Ormesson n° 129, 25 mars, *Allemagne 1944*, 26, tél. Baelen n° 374, Varsovie, 6 avril, *Allemagne 1944*, 27 ; décret, 1er juillet 1949, d'Ormesson, lettre n° 671, 30 novembre 1951, tél. n° 310, 19 juillet 1954, *Saint-Siège 1944*, 26, 27 et 29, de François-Poncet n° 436, 26, tél. n° 1087, 27 février, *Europe 1949*, 24, Dennery n° 217, 1er mars 1953, *Europe 1949*, 25, lettre de François-Poncet n° 1035, 17 mai, *Europe 1949*, 28, Brouillet, tél. n° 379, 2, n° 386, 9 septembre 1954, *Europe 1949*, 31, d'Ormesson, tél. n° 2, 4, lettre n° 46, 28 janvier 1955, *Saint-Siège 1944*, 29, et tél. Bérard n° 1450-1467, Bonn, 19 février 1952, *Europe 1949*, 22. Réarmement dès 1945, Lacroix-Riz A., « Sécurité », « Vers le Plan », « La France », et « La perception » (titres, 1re édition, p. 522-523).

II. Stratégie de l'affrontement et frontières orientales

Si Pie XII joua en Allemagne occidentale le même rôle intérieur que Pacelli sous Weimar, sa mission extérieure fut également identique à celle conduite de la Défaite à la Revanche : préparer sur le plan « ecclésiastique » le retour au Reich des territoires perdus et l'expansion à l'Est, pour l'heure dirigée par Washington. Du côté français, je n'ai pas trouvé trace du dossier alsacien, mais l'Alsace-Moselle n'échappa pas aux pratiques que Rome attendit la conférence de Moscou de mars-avril 1947 pour revendiquer : « pour le Saint-Siège les divisions en diocèses et la compétence des évêques allemands demeurent inchangées. »

C'est surtout du côté oriental, où toute prudence fut exclue d'emblée, que j'étudie ici la *continuité* de la *stratégie* vaticane, brouillée par les apparences tactiques de la guerre froide. La couverture donnée par les États-Unis à des projets germano-vaticans pas entièrement confondus avec les leurs a légitimé une action perçue comme seulement « antisoviétique ». Elle a fait négliger, particulièrement en France où la « réconciliation » proclamée avec l'Allemagne occidentale bloque depuis des décennies l'étude de la volonté de revanche, les racines intactes de l'affrontement romain avec l'Est européen : le souci de préserver le Grand Reich unifié et le dévouement aux ambitions italiennes.

La mission américano-vaticane dans la sphère d'influence soviétique

Comme pour le sauvetage des criminels de guerre, c'est sous l'égide des États-Unis, dans le cadre de la même organisation de renseignement et avec leurs fonds que fut menée l'action « orientale ». Washington supplanta ou sembla y supplanter le Reich, auprès d'hommes de l'avant-guerre.

Hurley fut pressenti en septembre 1945 comme « visiteur apostolique » à Belgrade, qui crut avec joie échapper aux méfaits d'« un Italien ». Carroll poursuivit une « activité [...] bien connue [...] au Service vatican d'informations pour les prisonniers et les réfugiés de la guerre » : euphémisme de d'Ormesson éclairé par un courrier américain d'août 1947 attestant sa familiarité avec le « financement des chemins d'évasion nazis ». Après la mort prématurée de Carroll à Washington début 1950, la présence de son chef Spellman au service funèbre romain de mars révéla son importance. Les Américains affluèrent aussi dans le nouveau *Russicum* où les jésuites conservaient l'hégémonie : Mc Cormick, conseiller de Pie XII, y dirigeait une dizaine d'Américains résidant à Rome, « formés avant tout pour une activité dans l'Est européen ». À l'été 1946, les services français parlèrent d'« accord secret » en vertu duquel « la collaboration du Vatican serait entièrement acquise au gouvernement des USA en matière de renseignements diplomatiques et même militaires, moyennant le soutien par les USA des catholiques de tous les pays et particulièrement des pays se trouvant actuellement dans la sphère d'influence soviétique ». La guerre froide donna à cette prorogation d'une situation acquise depuis 1939 assez de publicité pour gêner le Saint-Siège. En août 1947, à l'annonce d'une mission Taylor au Vatican – de lancement du plan Marshall –, Truman souligna l'« importance exceptionnelle » pour les États-Unis du Saint-Siège « allié », « la plus grande force morale capable de faire échec au communisme dans le monde [et...] en Europe ». L'administration veille aussi, précisa Bonnet, à « ne pas négliger cette source d'informations et ce moyen d'action sur tous les pays de l'Est et du centre de l'Europe que constituent les cadres du catholicisme »[20].

Ce « moyen d'action » dont le SDECE et la rubrique « Action de l'Église sur le plan français et international » de la Sûreté nationale avaient déjà tout écrit en 1946-1947 fut renforcé au début de l'ère atlantique, qui accéléra l'application du « rollback » défini dès 1948 par Kennan et sa *Policy Planning Staff*. Taylor, après huit mois d'absence, entama à Rome le 27 mai 1949 une voyante mission de cinq semaines, aux objectifs allemands et « soviétiques » (elle inclut une vaine tentative de croisade œcuménique passant par Athènes et Ankara, et les orthodoxes grecs et turcs). Pie XII reçut aussi Spellman pour « coord[onner] la politique vaticane et américaine sur les grandes questions internationales », en particulier l'Allemagne, la Pologne et la Tchécoslovaquie.

Il en résulta notamment le décret du 1er juillet 1949 du Saint-Office déjà présenté. La mesure, destinée à renforcer l'action subversive à l'Est, alarma les Européens de l'Ouest pour ses conséquences allemandes. Bonnet avait décrit avant la signature du Pacte l'intérêt des Américains pour « le potentiel militaire que représent[ai]ent en Allemagne de nombreuses générations bien aguerries ». Il décrivit après le décret papal la « satisfaction sans mélange de leurs milieux militaires, et plus particulièrement ceux qui s'occupent de renseignement et d'action en Europe centrale ». Indifférents aux « risques politiques » d'une « déchirure » des pays catholiques situés « derrière le rideau de fer » (Pologne, Tchécoslovaquie et Hongrie) qui « dresser[a] de façon défi-

20. Lettres n° 106 de Maritain, 3 avril 1947, *Saint-Siège 1944*, 9, de Payart n° 42, 30 octobre 1945, *Yougoslavie 1944*, 34, n° 148 d'Ormesson, 8 mars 1950, *États-Unis 1944*, 200 (et Aarons M. *et al.*, *Nazis*, p. 67), de Chataigneau n° 580, 8 avril 1949, *États-Unis 1944*, 205, note SDECE, 6 juillet 1946, *Saint-Siège 1944*, 8, et lettre de Bonnet n° 1726, 18 août 1947, *États-Unis 1944*, 200.

nitive sinon immédiatement dans leurs actes, du moins dans leur conscience, une partie considérable des populations de ces pays contre leurs gouvernements [,ils ...] vont sans aucun doute prendre dans un proche avenir toutes dispositions pour en profiter en vue de la constitution de partis clandestins, de l'obtention de renseignements et, en cas de conflit, de la mise sur pied de maquis et de cinquièmes colonnes agissantes, au risque de déclencher ici et là les tragédies qui déjà menacent ».

L'ère « coréenne » délia les langues, surtout après le communiqué martial du 21 octobre 1951 de Truman sur la nomination d'ambassadeur au Vatican (finalement avortée) du général Mark Clark : « le Vatican est engagé dans une lutte vigoureuse contre le communisme. Des relations diplomatiques directes contribueront à coordonner les efforts pour combattre la menace communiste. » Il y vantait « l'importance du Vatican comme centre d'informations, "autant dire d'espionnage" » *(United Press)*. Contraint à des démentis gênés, ce dernier fut « fort mécontent » que Washington le fît « passer [...] pour une sorte d'officine d'informations clandestines dont le Deuxième Bureau américain aurait besoin » (Montini). La presse américaine n'en eut cure : « le Vatican est un poste d'écoute très important où la plupart des nations du monde sont représentées, [...] il poursuit la lutte contre le communisme [;...] il convient d'aborder la question sous ses aspects pratiques et non religieux. » Des protestants américains qu'agaçaient « l'emprise croissante du "parti catholique" [et] l'action » de Spellman « dans la vie nationale américaine » le confirmèrent aux diplomates français : « le Saint-Siège est un des meilleurs centres d'information sur les pays du rideau de fer, il existe [...] à l'ambassade des États-Unis à Rome un agent spécialement chargé de ces liaisons, auquel il faut ajouter les très nombreux religieux en résidence à Rome ainsi que plusieurs observateurs officieux. »

Les sources officielles et de propagande d'Europe orientale décrivirent par le menu ce « "service d'espionnage du Vatican dans l'Est européen", en liaison avec les missions diplomatiques des États-Unis et de Grande-Bretagne », de financement « presque entièrement » américain. L'organisme, fortement uniato-ukrainien, avec notamment le basilien Kohut, animateur des émissions ukrainiennes de Radio-Vatican, était « dirigé par Schmider ». Les supérieurs des ordres concernés y jouaient, tel le bénédictin Fidelis de Stotzingen, un rôle éminent. Trois niveaux d'intervention étaient fixés : 1° collecte des renseignements par tous moyens (notamment religieux) confiée aux prêtres, organisations et ordres ; 2° contact immédiat avec les services américains et britanniques pour transmettre « toute information de caractère général pouvant être utilisée dans la lutte contre le communisme » ; 3° envoi des « informations particulièrement secrètes [...] à la direction centrale des services d'espionnage du Vatican ». L'Institut pontifical oriental, toujours dirigé par l'Allemand Hermann, demeurait « chargé de la lutte idéologique » et de la formation de ces exécutants : le *Russicum* toujours officiellement dirigé par Régis, mais remis pour cause de *Ratline* sud-américain à son adjoint autrichien Gustav Wetter, restait le passage obligé « des agents destinés à "travailler" en Europe orientale »[21].

L'entreprise, appuyée de l'intérieur sur les élites hostiles aux profondes mutations en cours, eut une double dimension, retenue contre le Vatican dans tous les procès organisés par les « démocraties populaires » : griefs « allemands » ou « italiens » et accusations d'espionnage au profit de Washington. Les Français avalisèrent les aveux des prélats et observèrent qu'ils n'avaient subi aucune torture. Eussent-ils dû avaler une drogue et subir « un traitement approprié » – une « injection de scopolamine », supposa Rivière à Prague en décembre 1950 et janvier 1951 –, demeurent la concordance des aveux et leur coïncidence avec les fonds d'État depuis l'avant-guerre.

Les frontières du Reich et de l'Italie : le combat contre l'URSS et son glacis, 1945-1955

Le thème de la « persécution de la religion »

Provocation contre compromis

Les archives françaises infirment toute « persécution religieuse » en Europe sous tutelle soviétique, réduisant à une intoxication la propagande vaticane (Radio-Vatican et l'agence Veritas), souvent reprise sans critique par la grande presse occidentale. Tisserant, son expert comme chef de l'Orientale, dont l'antibolchevisme bruyant après 1945 avait « sensiblement amélioré [...] la situation personnelle au Saint-Siège », l'avouait volontiers. En août 1952, au pire des lamentations vaticanes et concernant l'enfer yougoslave, il admit pour Christian de Margerie le hiatus entre le descriptif horrifiant que ses services diffusaient au monde et la réalité : il « juge quelque peu poussé au noir le tableau que le Saint-Siège présente volontiers de l'actuelle persécution. »

21. Sûreté nationale, AN, F 7, 15291 et surtout 15292, SDECE, surtout *États-Unis 1944*, 320-321, *op. cit.* Grose P., Scott L., Simpson C., *passim*, lettres d'Ormesson n° 245, 17 juin, n° 282, 7 juillet, *Saint-Siège 1944*, 10 et *États-Unis 1944*, 200 (et juin dans ces vol.), note DEC, 2 juin, *Saint-Siège 1944*, 10, Bonnet, tél. n° 1212, 19 mars, *Europe 1949*, 26, lettre n° 4014, 21 juillet 1949, *Saint-Siège 1944*, 26 ; d'Ormesson, lettre n° 577, tél. n° 186-192, 25, lettres n° 202 de Seydoux, New York, 25, n° 4846 de Bonnet, 26 octobre 1951 (nomination de Clark annulée pour raisons italienne et américaine, octobre 1951 et janvier 1952), *États-Unis 1944*, 200 ; lettres n° 777 de Charpentier, 6 août 1949, *Roumanie 1944*, n° 409 de Boissezon, 22 septembre 1949, *Saint-Siège 1944*, 19, 87, n° 576 de Rivière, Prague, 17 mai et *BIT* n° 392, décembre 1950, *Tchécoslovaquie 1944*, vol 153.

Les États reconstitués par la défaite allemande retrouvèrent les problèmes d'après 1918, notamment la laïcisation amorcée et avortée, qui recoupait souvent, pour les nations slaves, la question des rapports avec les Germains. Confrontés à un double problème, consolidation territoriale et reconstruction économique, ils tentèrent d'éviter toute guerre religieuse. Ce qui signifiait, sauf tel cas de confusion complète Église-État – Tiso –, de renoncer à l'épuration du clergé, considérée comme déraisonnable par nombre de laïques, communistes compris. Quête de *« modus vivendi »* et volonté d'esquiver « un conflit avec l'Église » se poursuivirent en pleine guerre froide.

Ce que le Vatican appelait « persécution de la religion » comportait plusieurs dimensions :

1. Sa propre recherche systématique de la rupture et de « martyrs » aptes à mobiliser les forces disposées à renverser les régimes établis. Stehle dénie toute visée stratégique agressive du Vatican et postule une nouvelle « erreur pontificale » de la politique à l'Est. Il concède cependant que la liberté religieuse accordée en 1944-1945 dans *tous* les territoires libérés par l'Armée rouge, Église uniate exclue, n'infléchit pas la Curie ; qu'elle mentait à ce sujet à tous ses interlocuteurs ; que, assurée que Washington ferait capituler Moscou, elle avait choisi la provocation, par exemple, en donnant ordre de combat antibolchevique à Hlond, rappelé en Pologne en signe de conciliation par l'ancien gouvernement de Lublin élargi, et en confiant l'Église hongroise à Mindszenty, successeur de Seredi en 1944. Il était si déchaîné contre les nouveaux gouvernants que la Curie, tout en le déclarant quasi débile, le nomma en septembre 1945 « cardinal-primat » d'Esztergom. Promotion que le personnage, autoproclamé « régent du Royaume de Hongrie », salua par des insultes à son État puis par un voyage, fin novembre, de quatre semaines à Rome, où il se rendit « dans l'avion de la mission américaine ».

2. La *laïcisation* des sociétés d'Europe orientale préalable à leur modernisation, de la sécularisation des terres à celle de l'enseignement, dont la tactique vaticane de tension et de veto prescrite au haut-clergé scanda les étapes. Ce processus ne porta *jamais* atteinte au culte, laissé « absolument libre » (Hlond, en novembre 1946), « entièrement libre » (Christian Auboyneau, chargé d'affaires à Bucarest, en décembre 1947) ou à « la liberté [...] entière » (Radenac, à Zagreb, en janvier 1948). Cette liberté fut facilitée par l'énorme « effort fourni » de reconstruction des églises, phénomène *général*, même à Prague et dans les villes de province, « anciens villages sudètes » exclus (novembre 1952). L'État se gardait d'« attaquer le peuple [...] dans sa vie spirituelle » (cas hongrois, en janvier 1948). Les années 1950 n'y changèrent rien : « il est vrai que le culte est libre, que les églises sont pleines, que le peuple polonais demeure profondément religieux ». Mgr Silvio Oddi, nonce en Yougoslavie et chef de la subversion cléricale, concéda en janvier 1953 « qu'il serait exagéré de parler

d'une véritable persécution contre l'exercice du culte catholique » : celui-ci se tenait « dans des conditions relativement satisfaisantes » (église ouvertes, administration des sacrements, etc.).

Mais cette politique abattit, plus ou moins lentement selon les pays, des privilèges antiques. Les observateurs français, clercs inclus, décrivirent dans les mêmes termes, après dix ans de pouvoir communiste, le cas extrême de la Pologne, catholique à 90 % après-guerre contre 65 % en 1939. L'abbé Henri Desmettre, professeur au grand séminaire de Lille, membre du CNRS et aumônier des Polonais dans le Nord-Pas-de-Calais, après un séjour de « plusieurs semaines » dans la région de Cracovie au printemps 1955, confia à Alain Peyrefitte, consul à Cracovie, un avis impitoyable : un clergé « nul » sur les plans théologique et intellectuel, d'une exceptionnelle « âpreté au gain » ; « un fossé infranchissable entre [...] les quelques prêtres patriotes qui font ouvertement le jeu du gouvernement, et [...] la masse du clergé polonais attaché à ses traditions et aussi à son intégrisme », qui répétait le conflit ayant opposé « nos prêtres "jureurs" aux prêtres "réfractaires" ».

Le rejet du pouvoir communiste avait été d'autant plus net que l'Église occupait ici avant guerre la position de « l'Église espagnole. Il n'est pas loin de penser que les secousses qu'elle subit lui font le plus grand bien, et il ne faudrait pas le pousser beaucoup pour lui faire dire qu'elle n'a que ce qu'elle mérite. [Il] estime [...] que ce qu'on appelle la "persécution" de l'Église polonaise n'est en fait – sauf des cas particuliers de relations suivies avec l'Amérique, où le trafic des devises jouerait un rôle nullement imaginaire – qu'une contrainte un peu rude, beaucoup moins rude cependant que celle qu'a connue l'Église française à l'époque du combisme. Un clergé plus souple, plus dynamique, mieux entraîné à sa séparation d'avec l'État, moins matérialiste et plus préoccupé du spirituel, souffrirait moins de cet état de chose [...] L'intransigeance dont a toujours fait preuve le Vatican » contre la Pologne avait tout bloqué, et « si le clergé polonais dans son ensemble n'était pas paralysé par la crainte d'encourir les foudres de Rome, il aurait plus de chance de s'adapter et de tirer le meilleur parti possible de la situation ». Peyrefitte, comme les intellectuels catholiques progressistes français invités par le mouvement polonais *Pax* à l'automne 1955, confirma que ces clercs incultes et rapaces avaient « tendance à nommer "persécution" la simple limite de [leurs] privilèges ».

L'expression vaticane d'« Églises du silence » recouvre donc deux données : églises ouvertes, liberté du culte, et extrême prudence de la propagande athéiste (début 1955, un communiste tchèque fut condamné pour « propos offensants » contre les croyants) ; lutte contre l'hégémonie romaine, rythmée par les procès dont les pièces avaient dormi longtemps dans les archives[22].

3. Hégémonie cruciale, car le thème de la « persécution » communiste eut même fonction que les cris poussés contre les orthodoxes, les hussites et les catholiques polonais anti-uniates d'avant-guerre : masquer le refus des pertes territoriales infligées au Reich et à l'Italie vaincus. Point fort pour le Vatican du côté de Washington, qui ne révérait pas Potsdam plus que Versailles. Sa position était plus faible du côté des Occidentaux d'Europe qui se réjouissaient, fût-ce en secret, que le Reich, presque indemne à l'Ouest, fût bridé à l'Est : telle la France, tiraillée entre le cléricalisme à usage interne et colonial et l'antigermanisme sur la frontière Oder-Neisse.

Derrière le tapage antibolchevique le Vatican renoua donc avec les pratiques d'après 1918, et la subversion des nonces italiens ou, novation, américains, animant le renseignement, excitant contre leurs États les prélats et, par leurs tournées, les paysans : de la Croatie-Slovénie à la Transylvanie (les Américains Hurley et Gerald Patrick O'Hara, évêque de Savannah) en passant par la Slovaquie (les Italiens Gennaro Verolino puis Ottavio de Liva). Il maintint les diocèses germaniques ou germano-magyars à leurs chefs en fuite depuis 1945. Il refusa toute nomination nationale dans les territoires récupérés ou acquis (cas polonais double). Comme en URSS naguère, il nomma des clandestins, créa des « séminaires clandestins », etc., contre l'organisation nouvelle à laquelle les autorités civiles finirent par se résoudre, pour des motifs surtout *territoriaux* : il usa du « système des "facultates" ou des délégations de pouvoirs, conférées "sub secreto" », transférant le pouvoir « à une hiérarchie nouvelle et secrète [...] de véritables archevêques clandestins » quand les États commencèrent, au tournant des années 1940, à rallier une partie de l'épiscopat las d'attendre la guerre qui ne venait point ; ou, surtout, quand ils remplacèrent les irréductibles, représentants des anciennes couches privilégiées, par des « vicaires généraux » ou « capitulaires » d'origine plus modeste, élites nouvelles acceptant de composer avec le nouveau cours.

---

22. Lettres de Rivière n° 1364, 21 décembre 1950, n° 88, 24 janvier 1951, *Tchécoslovaquie 1944*, 153 et 154, d'Ormesson, 10 juin 1949, *Saint-Siège 1944*, 12, n° 543 de Margerie, 27 août 1952, *Yougoslavie 1944*, 105. Stehle H., *Eastern*, p. 250-262 ; tél. Garreau n° 1621-1624, Varsovie, 8 novembre 1946, *Pologne 1944*, 52, lettres d'Auboyneau n° 1014, 20 décembre 1947, *Roumanie 1944*, 19, de Gauquié, Budapest, 24, *Hongrie 1944*, 18, de Radenac n° 10, 11 janvier 1948, *Yougoslavie 1944*, 36, d'Harcourt n° 1412, Prague, 5 novembre 1952, *Tchécoslovaquie 1944*, 154, de Leusse n° 302, Varsovie, 5 avril 1955, *Pologne 1944*, 140, d'Ormesson n° 27, 8 janvier 1953, *Yougoslavie 1944*, 106 (etc.), de Dennery n° 1117, Varsovie, 11 décembre 1951, *Pologne 1944*, 134, de Peyrefitte n° 103, 22 avril, n° 323, 31 octobre, *Pologne 1944*, 140, n° 333, 15 novembre, *Pologne 1944*, 141, et n° 146 de Boisanger, Prague, 4 février 1955, *Tchécoslovaquie 1944*, 156.

C'est en Tchécoslovaquie que le processus atteignit sa perfection. Le ralliement du haut-clergé, le plus précoce de l'Europe orientale, fut acquis à 50 % de l'effectif au début des années 1950 : dans des formes canoniques si impeccables que Mgr Josef Beran, archevêque de Prague et primat de Bohême, « ultramontain » nommé en décembre 1946, à l'indignation de Sramek, « dont la soutane abrit[ait] une âme de hussite », dut confirmer les candidats[23]. La « persécution » consista, pour les États rivaux du Reich ou de l'Italie, à tenter de dresser les bases d'une Église gallicane : le phénomène s'apparente au *Los von Rom* qu'avaient crié naguère les États menacés de désagrégation.

Autriche et Allemagne orientale

La stabilisation que s'assurèrent à partir de 1947-1948 les nouveaux régimes pour des raisons intérieures et *extérieures* – allemande ou italienne – compliqua la tâche au Vatican.

L'Autriche

Elle fut au contraire enfantine en Autriche : l'occupation quadripartite, comme celle de l'Allemagne, laissa tôt percer son avenir occidental et le maintien, total sur le terrain ecclésiastique, de ses liens organiques avec le Reich. L'alliance Vatican-Washington, appuyée comme en Allemagne « sur le haut-clergé et les éléments conservateurs », c'est-à-dire l'« ancien parti de Schuschnigg et de Dollfuss », s'appliqua sur les mêmes bases : de l'action épiscopale austro-allemande à la protection des criminels nazis, en passant par les « secours » divers et l'espionnage, via les légations d'Autriche en Europe orientale, à Bratislava, à Bucarest ou ailleurs (aveux de l'évêque auxiliaire de Bratislava et de l'évêque roumain clandestin de Timisoara à leurs procès respectifs de janvier et septembre 1951).

Blanchi comme son homologue allemand, l'épiscopat dirigé par Innitzer œuvra à la gestion commune du « problème allemand ». En octobre 1945, on vit le chef sudète de l'épiscopat nazi autrichien à l'« importante réunion de la congrégation des Affaires religieuses extraordinaires » : en sortit un ralliement tactique au « principe de l'indépendance autrichienne », qui devint après la conférence de Moscou de 1947 un *leitmotiv* contre la présence soviétique. Dans la chasse gardée des chrétiens sociaux rebaptisés en 1945 « parti

23. Rivière, lettre n° 1338, Prague, 13 décembre 1950, *Tchécoslovaquie 1944*, 153, tél. n° 270, 14, Ormesson tél. n° 47, 16, lettres n° 152, 21, n° 158, 23 mars 1951, *ibid.*, 154, de Boisanger, Prague, tél. n° 446-448, 27, lettres n° 1042, 30, d'Ormesson n° 1001, 30 juillet 1954, *ibid.*, 155, de Lageneste n° 1768, Prague, 21 décembre 1946, tél. Dejean, 29 janvier 1947, *ibid.*, 47, et tous fonds par pays. Thèse romaine, Boszoky P. G. *et al.*, *Églises* et Gevers L. *et al.*, *Religion*.

autrichien du peuple », le concordat interdisant le mariage civil, « préféré » de Pacelli, fut maintenu. L'ancien chef de l'Anschluss et de la reconquête des Sudètes osa en octobre 1953 protester officiellement « au nom de l'épiscopat d'Autriche contre les persécutions de l'État communiste » quand Varsovie arrêta Wyszynski pour son refus de reconnaître la ligne Oder-Neisse : « il eût mieux fait de se taire », commentèrent les Français[24].

L'Allemagne orientale

La mission fut aussi aisée en zone d'occupation soviétique, où le « juriste » Pie XII prétendait, contre Moscou, les concordats du Reich et prussien en vigueur : l'administration alliée est provisoire, alors que « le peuple allemand subsiste, ainsi que les engagements qu'il a pris en traitant avec le Saint-Siège par ses représentants que tous les États reconnaissaient alors ». La carte inchangée des diocèses allemands servit de modèle à la future doctrine Hallstein selon laquelle la RFA représentait seule l'Allemagne, enchaînée par l'URSS à l'Est, qu'elle libérerait : l'évêque d'Osnabrück continua à administrer le Mecklembourg, celui de Paderborn la Saxe-Anhalt, celui de Fulda la Thuringe.

Le fer de lance berlinois, Preysing, régna dans son diocèse prussien, comme tous ses pairs, que les territoires concernés fussent encore (est-)allemands ou affectés à des pays voisins. Il comptait, avec le chanoine Adolf Walther, un de ses « principaux collaborateurs », fonder l'essor catholique sur la rage de la défaite : l'attitude de l'Armée rouge, la fixation des frontières de l'Est, l'expulsion des Allemands de Pologne et de Tchécoslovaquie nourriraient dans « la zone Est un ressentiment profond contre tout ce qui [était] russe et soviétique », susceptible de « prendre une expression politique ». Il fondait « la défense » du *Deutschtum* sur la conviction pangermaniste de « la qualité [...] inférieure du Russe par rapport à l'Allemand » : « que voulez-vous que le Russe apporte à l'Allemagne du point de vue intellectuel, moral ou à quelque point de vue que ce soit [...]. Pour pénétrer l'esprit allemand, il faut pouvoir présenter ses titres en matière philosophique et historique, et avec les Soviets, il n'en est pas question. »

Dans la trizone devenue RFA se déchaîna l'irrédentisme clérical. Orchestré par le successeur du gardien des frontières de l'Ouest (Schulte), Frings, affecté aussi à la récupération de l'Est, il fut couvert par le nonce Münch. Au congrès catholique de Bochum de 1949 figura en gloire le clergé des « régions perdues de l'Est [...,] chargé de maintenir la cohérence des populations déplacées et d'entre-

24. Tél. Rivière n° 34-37, 11 janvier, *Tchécoslovaquie 1944*, 154, lettres de Jeudy n° 543, Bucarest, 22 septembre 1951, *Roumanie 1944*, 87, de Bonnet n° 1236, 21 août, *Allemagne 1944*, 45, de Maritain n° 113, 12 octobre 1945, *Allemagne 1944*, 67, de Maritain n° 147, 1er, de Bourdeillette n° 181, 19 mai 1947, *Saint-Siège 1944*, 8, n° 11 de d'Ormesson, 5 janvier 1951, *Saint-Siège 1944*, 27, et tél. n° 1536, Vienne, 3 octobre 1953, *Pologne 1944*, 137.

tenir dans la jeunesse un désir toujours vivace de retour ». En 1950, les discours du congrès de Passau furent encore plus explicites, et Frings se proclama devant des réfugiés de Silésie « le successeur du cardinal Bertram »[25].

La perte de l'arme uniate en Ukraine : un grave échec pontifical

L'Ukraine soviétique

L'uniatisme ne bénéficiait plus des mêmes atouts. L'URSS se contenta d'isoler de Rome, efficacement dans les années 1950, le clergé latin des Pays baltes et de Biélorussie, sur lequel elle n'exerça pas d'autre pression. Mais elle avait la « hantise de voir se reconstituer sous l'égide du Vatican, appuyé par les Anglo-Saxons en général et les catholiques américains en particulier, le système Baltique-mer Noire des siècles passés ». Elle s'employa donc, pour « éviter [ce] bloc hostile à ses frontières » fondé sur l'uniatisme, à le fusionner avec l'orthodoxie dans son Ukraine agrandie : important « épisode de la lutte que mènent contre la papauté le parti communiste, héritier de la tradition des tsars, et l'Église orthodoxe russe, et [...] l'un des résultats de leur accord ».

Pour tenter d'y faire barrage, le Vatican relança l'action clandestine. Le RP Kreuza (surnom du comte Piotr Tadeusz Rzewuski), secrétaire de Szepticky et chef d'une communauté uniate établie vers 1917, vint de Lvov à Rome à l'été 1945 pour recruter, obtenir « la nomination de "crypto-évêques" » et une liaison directe avec Radio-Vatican. En août, la Curie pria Washington d'agréer Mgr Bucko, « évêque auxiliaire de Lvov », comme visiteur apostolique des Ruthènes de « l'armée d'Ukraine » banderiste – qui tua « entre 1945 et 1951 », selon Geoffrey Roberts, « 35 000 cadres militaires et du [PCUS] en Galicie orientale ». Elle mandata le RP Wojanowski pour « les personnes déplacées » en Allemagne (380 000 Ukrainiens avaient été pendant la guerre déportés en Europe par les Allemands). Le Collège ruthène accueillit ensuite une quarantaine de clercs voués aux mêmes missions que naguère.

Fébrilité sans appui réel après l'élimination *politique* de l'uniatisme de 1944-1945 (selon l'Orientale, les ressortissants arrêtés étaient en 1946 « encore tous vivants »). La rupture officielle de l'Union de Brest-Litovsk avec Rome du 8 octobre 1596 fut proclamée à Lvov les 8-10 mars 1946. Le président de la cérémonie de ralliement à l'orthodoxie, l'archiprêtre uniate Gavriil Kostelnik (dont deux fils s'étaient engagés dans les « Waffen SS ukrainiennes »), fut assassiné à Lvov le 20 septembre 1948 : les orthodoxes

25. Lettres de Maritain n° 33, 27 janvier, n° 1467 du CGAAA, 27 novembre 1947, note correspondant AFP Berlin avec lettre n° 2741 de Tarbé, 8 juillet 1946, *Allemagne 1944*, 68, 69 et 68, et tél. Dennery n° 49-51, 17 janvier 1951, *Pologne 1944*, 134.

« accus[èrent] ouvertement le Vatican [...] d'avoir, avec la complicité "d'éléments criminels germano-ukrainiens", armé la main du criminel ». « L'annexion de la Russie subcarpathique » tchécoslovaque visa aussi à combattre « le système Baltique-mer Noire » : la cérémonie solennelle d'union uniato-orthodoxe s'y déroula le 15 août 1949 au monastère de Moukatchevo, et son nouveau pasteur fut l'archevêque orthodoxe de Lvov et Tarnopol. Le sort de l'uniatisme galicien de zone polonaise annexée (à l'Est de la ligne Curzon) s'était confondu avec celui de l'Ukraine soviétique. L'assaut avait été livré au tournant de 1944 contre les nombreux monastères basiliens de la région de Leopol, de Volhynie et de Podolie, aux confins de l'Ukraine, de la Moldavie et de la Roumanie. Leurs occupants furent déportés : « on est depuis lors sans nouvelles d'eux », écrivit A. Peyrefitte en novembre 1954[26].

Le revers roumain

L'URSS comptait aussi sur ses alliés, anciens (Tchèques) ou nouveaux (Roumains), pour vaincre cette avant-garde germanique en terre slave dont le bastion était « pour le Saint-Siège » la Roumanie : « située à un poste avancé vers la Russie », elle « constitu[ait] la plus compacte des églises orientales catholiques », avec son million et demi de fidèles (sur un total de 2,5 millions de catholiques) « depuis la liquidation de l'Église ruthène en Ukraine subcarpathique ». Sur fond de furieuse polémique, la Curie connut en 1948 un échec et la stratégie russe de front balkanique antiromain un beau succès.

Le « Front national démocratique » roumain s'appuya comme l'URSS et en accord avec elle sur l'orthodoxie nationale pour neutraliser la partie uniate (fief de Maniu et championne d'une « Grande-Roumanie » germano-hongroise) de l'Église catholique en la « détach[ant] de Rome ». Le patriarche Nicodème (82 ans) refusa l'offre de son homologue soviétique Alexis d'union des peuples orthodoxes. L'obstacle fut levé par sa mort, en mars 1948, et la nomination de Justinien Marina, « entièrement dévoué aux dirigeants actuels du pays » et à l'union avec l'URSS : le 15 mai, à l'occasion des fêtes orthodoxes, le métropolite orthodoxe de Blaj, centre uniate de Transylvanie, Mgr Nicolae Balan, lança « un appel aux fidèles uniates à rentrer au bercail ».

Le renforcement de l'orthodoxie fut facilité, à la mi-juillet 1948, par la dénonciation du concordat de 1927. Le décret de 62 articles « sur la nouvelle organisation des cultes », le 3 août, semblable par sa prise en charge financière du clergé à toutes

26. Lettres de Maritain n° 167, 6 décembre 1946, *URSS 1944*, 27, de Chataigneau n° 300,19 février 1949, n° 81, 21 janvier, n° 75, 22 février 1950, *URSS 1944*, 134 (ce vol. et 135 sur le catholicisme latin), Roberts G., *Stalin's wars*, p. 325-326, lettres de Garnier n° 328, 4 mars 1946, *Tchécoslovaquie 1944*, 47, n° 92 de Maritain, 12 septembre 1945, *URSS 1944*, 26, Bucko, Aarons M. *et al.*, *Nazis*, et fiche novembre 1952, *Saint-Siège 1944*, 28, lettre n° 52 de Peyrefitte, 3 novembre 1954, *Pologne 1944*, 139.

les « constitutions civiles du clergé » de l'après-guerre est-européen, constitua une étape sur la voie de la fusion : par ses articles 22, fixant un minimum de 750 000 fidèles par diocèse, ce qui en réduirait le nombre de 11 à 3 ou 4, et 21, sur l'« obligation » de nationalité roumaine, prévue par le concordat « mais [...] jamais » appliquée. Chaque Église catholique fut désormais dotée de deux diocèses. L'éviction des surnuméraires commença par la mise à la retraite d'office de trois évêques uniates (et de deux latins, Alexandre Cizar, archevêque de Bucarest, et Pacha, le nazi de Timisoara) et la suspension d'un uniate pour trafic de devises.

Début octobre 1948, 38 clercs uniates se réunirent à Cluj pour proclamer le retour de leur Église à l'orthodoxie et annuler l'Acte d'union avec Rome de 1698. Les rebelles furent interdits d'exercice. Le haut-clergé, unanimement « réfractaire », a été lâché sans résistance par les « prêtres uniates », commenta l'ambassadeur Pierre Charpentier, les accusant de « veulerie » car les autorités n'avaient pas toujours dû recourir à la « pression ». Il y a eu « forte pression », corrigea-t-il, mais en aucun cas les « persécutions » dénoncées par le nonce américain O'Hara. Mgr Ion Suciu, évêque de Blaj, tonnait en chaire, en vain : Bucarest allait « parvenir à ses fins ».

Les observateurs s'accordèrent sur ce cuisant revers romain : Pie XII accusa le coup, se « répand[ant] en lamentations » devant d'Ormesson contre cet exemple du « travail infernal du Kominform » et les « tortures », que Tisserant démentit catégoriquement. Le pape ne cessa ensuite de maudire les persécuteurs des uniates transylvains, ainsi en décembre : « demain ce sera la tour de la Tchécoslovaquie, de la Pologne, de la Hongrie. » La fusion s'acheva sur l'arrestation, en novembre 1948, des cinq évêques uniates accusés d'action contre l'État puis d'une vingtaine de « prêtres réfractaires », et sur des mesures contre les couvents. En septembre 1955, on savait peu de chose sur Mgr Suciu, qui « serait mort en prison » en décembre 1954 ; un second, malade, était soigné en prison à l'hôpital de Bucarest, où sa famille pouvait le voir ; les trois restants, « en résidence forcée au monastère orthodoxe de Curtea de Arges », avec « une allocation mensuelle du ministère des Cultes » et un « logement [...] décent, même confortable », pouvaient dire la messe et recevoir la visite de leurs familles. L'État avait renoncé à tout effort « pour obtenir le ralliement » de prélats de 70 ans, attendant leur extinction[27].

---

27. Lettres d'Auboyneau n° 1014, Bucarest, 20 décembre 1947, de Charpentier n° 1109, Bucarest, 25 septembre 1948, tél. Auboyneau n° 291, 18 mars, Charpentier, tél. n° 403-404, 27 mai, tél. n° 625-626, 19 juillet, lettres de Luze, Bucarest, n° 864, 28 juillet, n° 904, 11 août (et décret du 3), de Charpentier n° 1092, 22 septembre, n° 1222, 20 octobre, n° 1258, n° 1261, 2 novembre, d'Hoppenot n° 2529, 27 octobre, tél. Charpentier n° 924, 5, n° 932, 10 novembre, *Roumanie 1944*, 19, lettres d'Ormesson n° 384, 15, n° 404, 29 octobre, n° 489, 23 décembre 1948, *Saint-Siège 1944*, 10 et 12, de Luze n° 435, 27 avril, n° 981 de Toffin, Bucarest, 13 octobre 1949, et n° 864 de Deciry, Bucarest, 27 septembre 1955, *Roumanie 1944*, 19, 87 et 88.

La puissante hiérarchie latine, l'ancienne, laissée en place, et la clandestine, nommée en vertu du « plan Jakab » depuis la fin de 1948, entravait encore la normalisation des rapports entre Église et État. Mais, hypothèque uniate levée, Bucarest usa plus aisément à la fin de la décennie des mêmes patientes méthodes que celles décrites plus loin en Pologne : l'État, tentant de s'appuyer sur le bas-clergé, « n'a pas l'intention, du moins pour le moment, de persécuter les fidèles. Il compte davantage sur le temps pour obtenir les ralliements nécessaires ». Il y parvint depuis 1950. Les procès de juin, aussi nets qu'ailleurs sur les agissements du haut-clergé latin, du Saint-Siège et de son nonce, permirent début juillet d'expulser O'Hara, convaincu d'espionnage : « le Vatican sait que, pour le moment, la partie est perdue. » Le procès de septembre 1951 de dix accusés, dont Pacha, « mi[t] en cause [...] plusieurs anciens nonces et différents diplomates étrangers » et posa la légation d'Italie en « foyer d'espionnage anglo-américain » fonctionnant « sous couvert de l'Institut culturel ».

La Tchécoslovaquie, où « les fascistes ukrainiens » restaient liés aux chefs slovaques du « défunt régime Tiso », frappa en 1949 l'uniatisme des réguliers. Le couvent basilien slovaque de Presov, allié à tous les courants « de la Résistance ukrainienne », subit en mars 1949 une « opération de police » : arrestation de moines, biens saisis, perquisitions, etc., mesures complétées en avril 1950 par des perquisitions dans les couvents. Les procès de 1950-1951 contre plusieurs prélats uniates consacrèrent la dissolution de l'uniatisme par l'arrêté Fierlinger, à Pâques 1950. Le péril uniate polonais était devenu modeste : anéanti en Galicie devenue soviétique, il fut réduit en Pologne par l'inimitié que vouait « le clergé latin » à ce rival. Il ne fut écarté que par la prise de mesures générales contre les couvents, en 1954-1955[28].

L'amorce de réorganisation vaticane

Le Saint-Siège chassé de son ancien fief ukraino-ruthène ne disposait depuis 1948 que de forces extérieures : il maintenait son autorité sur 575 000 uniates des diocèses de Philadelphie et Homestead, 320 000 de Winnipeg, et 60 % des 380 000 Ukrainiens naguère déportés. Sous couvert de « protection des Ruthènes à l'étranger », il guidait « dans le dessein avoué de démembrer l'unité des peuples soviétiques et de l'orthodoxie » des actes qui, résuma

28. Lettre de Luze n° 504, 2 août 1950 (et fin juin), n° 470, 5, d'Ormesson n° 402, 13 juillet 1950, 11-22 septembre, dont Jeudy, lettre n° 250, 11, tél. n° 259-261, 13, lettres n° 543, 22 septembre 1951, *Roumanie 1944*, 87, de Garnier n° 328, 4 mars 1946, note 223500, 27 décembre 1948, tél. Ormesson n° 86, 16 mars 1949, *Tchécoslovaquie 1944*, 47, Rivière n° 347-348, 15, n° 354, 19, lettres, Bratislava, n° 140/4, 24 avril 1950, *Tchécoslovaquie 1944*, 153, n° 1300 de Lageneste, 11 décembre 1951, *Tchécoslovaquie 1944*, 154, et n° 52 de Peyrefitte, 3 novembre 1954, *Pologne 1944*, 139.

l'ambassadeur à Moscou Yves Chataigneau en février 1949, « ne peuvent pas ne pas être pour le Kremlin comme pour le patriarcat une cause d'irritation et ne pas fournir au gouvernement soviétique une arme dans sa propagande contre les activités internationales du Vatican ».

Il dut reconstruire l'organisation démantelée, avec les « émigrés », sous la tutelle politique et financière des Américains, comme l'exposa en mars 1952 Tisserant, son responsable en titre. La « Mission catholique roumaine pour l'Europe » que son Orientale venait de créer serait dirigée par Mgr John Kirk, qui venait de passer quatre ans à Bucarest comme second du nonce O'Hara (son évêque, à Savannah). Sa « qualité d'Américain lui permettra [...] de réunir plus facilement que d'autres les fonds importants que réclame le développement de l'assistance aux émigrés ». Il « risquera moins qu'un Européen d'éveiller [...] la susceptibilité des différents États intéressés et obtiendra d'eux plus de commodités pour ses déplacements ». Kirk résidera à Madrid, où « se trouve le groupe le plus important des uniates réfugiés », et « son second sera roumain, Mgr Octave Barlea, du diocèse de Blaj ». On enverrait les jeunes Roumains « réfugiés » faire des études aux États-Unis pour former « les cadres » nécessaires au pays après la chute des communistes. Le tableau qu'il dressa de ces trublions divisés (monarchistes, partisans de Maniu et autre partis de l'entre-deux-guerres) semblait leur accorder peu de chances d'avenir.

Vaincu sur le dossier uniate, Pie XII adressa fin mars 1952 une lettre aux évêques et aux fidèles de Roumanie les exhortant à « continuer à montrer une "force d'âme inflexible" dans les persécutions ». Il fallait « retenir sur la pente des concessions un certain nombre de prêtres [latins] roumains que l'incertitude de leur sort futur et, peut-être aussi l'appât des avantages matériels que le gouvernement pourrait leur réserver, risqueraient d'ébranler dans leur résistance » : ils sont « troublés, après la suppression pure et simple de l'Église uniate, au spectacle de l'adhésion au nouveau régime de la quasi-totalité du haut-clergé orthodoxe [...] L'habileté des autorités de Bucarest consiste précisément à laisser toute liberté à l'exercice du Culte, dont le déroulement extérieur trompe, sans doute, plus sûrement la vigilance des fidèles que des persécutions ouvertes ne viendraient à bout de leur résistance [...] Le temps [...] travaille pour le régime », conclut le chargé d'affaires à Bucarest René Jeudy.

Bien des signes révélèrent en effet, fin 1952, l'impuissance romaine, tel le discours de novembre de Pie XII au « collège pontifical ukrainien » (peu) peuplé de 24 « réfugiés » (au Canada surtout) : il maudit les « persécutions [de] la population catholique des territoires opprimés par les Soviets », pleura sur les exilés et internés « des camps de concentration [qui] n'éta[ie]nt coupables que de leur fidélité au Pasteur éternel », évoqua la grandeur « voici vingt ans [...] de tant d'évêques pleins de mérites ». Son « encouragement à l'égard des menées particularistes » ouvrait sur l'avenir : ces « souffrances [...] préparent la résurrection spirituelle de vos diocèses », car vous allez « rendre [à] votre peuple [...] l'espoir d'un nouveau printemps »[29].

Antibolchevisme et préservation des intérêts italiens et allemands

Plus facile fut la subversion des zones catholiques, que j'ai bornées aux cas yougoslave et polonais *significatifs* d'un dévouement intact à l'Italie et au Reich dans tout l'ancien « cordon sanitaire ».

La Yougoslavie

- De Stepinac martyr...

Stehle soutient que Tito fit par « sa politique religieuse indépendante et radical-révolutionnaire » exception à la tolérance prescrite par Moscou jusqu'en 1948, et que le Vatican voulait « prendre contact avec [lui] et l'apaiser ». La Yougoslavie ne se distingua du lot des pays concernés que partiellement : la réforme agraire n'y épargna pas le clergé comme souvent après mai 1945, surtout en Pologne. La Curie ne modifia jamais sa ligne yougoslave, que les travaux anglophones récents prennent pour une simple phobie antirouge.

Belgrade, qui avait « besoin de détente », surtout « en Croatie », montra en 1945 une « relative bienveillance » envers l'Église : ses activités cultuelles demeurèrent libres, dans le cadre d'une politique de stricte laïcisation et de réforme agraire menaçant la richesse foncière des congrégations. Le régime laissa en place et en paix un épiscopat aussi compromis que ses deux fuyards de marque, Saric et Rozman. Radenac rappela en septembre 1948 cette longue « tolérance » à propos du coadjuteur de Stepinac, Salis-Seewis, dont le « jeune frère jouerait un rôle dans les organisations oustaches d'Italie » : « pouvons-nous imaginer, paisiblement à la tête d'un de nos diocèses, un évêque qui sous l'Occupation aurait offert à l'ennemi une de nos provinces ? » L'esprit offensif croato-vatican s'afficha le 20 septembre 1945 dans la pastorale issue de la conférence épiscopale de Zagreb : elle exigeait pour l'Église une totale liberté en tout domaine, école incluse, et tonnait contre l'expropriation et l'exécution de 243 prêtres convaincus de collaboration.

Le diocèse abritait fuyards et « croisés [Krisari] oustaches » dont le drapeau, brodé par les sœurs, avait été béni par le secrétaire de Stepinac, Ivan Salic, dans la chapelle de l'archevêché. Circula peu après le mandement le

---

29. Lettres de Chataigneau n° 300, 19 février 1949, *URSS 1944*, 27, d'Ormesson n° 182, 14, n° 213, 28 mars, de Jeudy n° 231,15 avril 1952, *Roumanie 1944*, 88, d'Ormesson n° 709, 22 novembre 1952 et texte de Pie XII, *Saint-Siège 1944*, 28.

bruit que l'archevêque y gagnerait la pourpre : prématurée pour ce champion du régime oustachi, la promotion *post bellum* récompensa, en février 1946, deux autres symboles européens des « forces opposées au communisme », Mindszenty et Sapieha. Hurley, arrivé simultanément à Belgrade comme « régent de la nonciature », vint renforcer la subversion dirigée par Stepinac. « Considér[ant] le communisme comme le fauteur de tout le mal et donc comme l'ennemi », le nonce sillonna la Croatie, la Slovénie et la Dalmatie sur les pas de Tito en hurlant à la persécution dès l'été 1946. Et, avec ses deux adjoints américains, il supervisa (les révélations n'affluèrent qu'en 1947) l'espionnage incluant l'évasion et le terrorisme des « croisés »[30].

Tito, très assagi par l'espoir de crédits américains, fit d'ultimes et vains efforts de conciliation, une entrevue avec Stepinac, le 2 août 1946, et la supplique réitérée à Hurley « d'enlever cet évêque encombrant ». Confronté à « des attentats ou coups de force [...] ici et là » et à « des manifestations [à...] allure politico-religieuse », il se résolut, en septembre, aux procès pour collaboration contre les chefs de la lutte à l'intérieur, Stepinac, et à l'extérieur, Macek, réfugié aux États-Unis. Le premier s'ouvrit le 10, contre seize accusés dont neuf franciscains, et fut suivi de l'arrestation de Stepinac : ses subordonnés l'avaient accablé, contant tout ou presque sur ses agissements, avant-guerre inclus. C'est alors que naquit la légende vaticane, anglo-américaine et *allemande*, de sa « conduite irréprochable » : un résistant, selon le communiqué du cardinal-archevêque de Westminster, Mgr Bernard Griffin (successeur d'Hinsley depuis décembre 1943). La presse occidentale, américaine en tête, s'enflamma pour l'innocent condamné, le 11 octobre, à 16 ans de travaux forcés, sentence bénigne : destinée à ménager un compromis – toutes les capitales, Vatican inclus, attendaient la peine de mort –, elle ne fut « jamais appliquée » jusqu'à sa libération de décembre 1951. Rome, qui avait depuis septembre 1946 mobilisé ses soutiens anglo-saxons pour susciter l'indignation générale devant le calvaire de ce martyr de la foi, brandit l'excommunication.

Ce tapage inouï esquiva le fait que le clergé dalmate, calme, n'avait pas vu son « action [...] jusqu'à présent [...] contrariée par le nouveau régime » et que Stepinac faisait un martyr chrétien fâcheux : Paris et Londres jugèrent en novembre 1946 une intervention en sa faveur « pour le moins prématurée ».

---

30. Stehle H., *Eastern*, p. 259-260, tél. n° 274-275, Belgrade, 1er octobre 1945, lettre de Payart n° 135, 21 septembre 1946, note DGER 11 1/, 19 octobre, photos *Viesnik*, décembre 1945, *Yougoslavie 1944*, 34, lettres n° 272 de Radenac, 14 septembre 1948, *Yougoslavie 1944*, 36 ; n° 145 de Maritain, 28 décembre 1945, n° 537 de Bonnet, 4 mars 1946, *Saint-Siège 1944*, 7 et 5 ; tél. Payart n° 135, 1er, n° 166-167, 6, n° 175-177, 9 février, lettres de Rivoire n° 15, Zagreb, 8 avril, de Payart n° 123, 31 juillet 1946, *Yougoslavie 1944*, 34, n° 401, 7 juillet, de Radenac n° 289, 1er octobre 1947, et tél. Ormesson n° 131, 13 mai 1949, *Yougoslavie 1944*, 36.

Malgré la « tendance très nette à la stabilisation » des rapports État-Église, enregistrée en Slovénie et en Dalmatie entre 1946 et 1947, Tito et le PC yougoslave savaient « parfaitement [qu']il y a[vait], dans la question catholique [...], assez de force explosive pour désagréger un jour l'empire slave que Tito a recueilli de la succession des Karageorgevic »[31].

• ...aux frontières italiennes

Mais comme ces derniers, ils se heurtèrent à une ligne, animée par Hurley quand Stepinac fut emprisonné, qui ne relevait pas plus de l'« erreur » qu'après 1918, et dont l'enjeu italien s'afficha dès 1945. D'abord à Trieste où les deux Rome disposaient d'un atout majeur, la stratégie américaine, perceptible à Yalta et appliquée en avril 1945 par les troupes anglo-américaines, qui contestèrent à Belgrade Trieste et Pola. Cette première manifestation de « guerre froide », à laquelle Moscou avait prié Tito de céder (ses forces contrôlaient toute la Vénétie julienne), posait les États-Unis en successeurs commerciaux des Empires centraux puis du Reich. Elle annonça leur décision de 1953 en faveur d'une l'Italie qu'ils contrôlaient. Le coup de force occidental aboutit à l'« accord » de partition de juin 1945, la Vénétie julienne étant divisée en une zone A, attribuée au « gouvernement militaire allié », et une zone B, aux Yougoslaves.

Le Quirinal et la Curie étaient si obsédés par Trieste que le premier cardinal australien nommé en décembre 1945 (Mgr Norman Gilroy, archevêque de Sydney) lui dut cet honneur. En septembre, le délégué australien à la conférence des cinq ministres des Affaires étrangères intervint durement contre l'Italie : au diplomate italien venu l'interroger sur sa motivation, « il se plaignit du mépris dans lequel l'Italie catholique tenait les Australiens ». De Gasperi « jugeant sans doute que Trieste valait bien un chapeau », le notifia à la Curie, qui s'exécuta, et surtout harcela les Yougoslaves : « l'agitation antislave menée en zone B par certains prêtres italiens » motiva largement, selon Henri Bonnet, « la décision de Belgrade » du procès Stepinac.

La « zone B d'Istrie » subit donc le même sort que naguère, avec une indécence qui indigna Radenac en octobre 1947. Les Italiens ou italianisés installés depuis l'entre-deux-guerres y demeuraient, tels Mgrs Santin, de Rijeka (Fiume), et Raffaele Radossi, nommé en 1941 évêque de Pola et Porec (Porenzo), qui avait « italianis[é] jusqu'à son propre nom, Radoslavic [...] ! ».

31. Lettres de Payart n° 135, 21, de Rivoire n° 45, 19, tél. Payart n° 927, n° 928-929, 18, n° 935, 19, lettres de J.-C. Paris n° 2869, 30 septembre 1946, *Yougoslavie 1944*, 34, de Payart, n° 1776 de Bonnet, n° 139 de Bourdeillette, 17, n° 177 de Boutant, Split, 23 octobre, tél. Payart n° 1126-1127, 28 novembre 1946, Heuman n° 75, Ljubljana, 25 juin 1947, *ibid.*, 35, lettre de Baudet n° 1536, 26 décembre 1951, *ibid.*, 105, depuis septembre 1946, AN, F 7, 15292 ; Moloney T., *Westminster*, p. 239-240.

« Lorsque ces évêques détestés et méprisés des populations se rendirent cet été [1947] dans les villages, des incidents éclatèrent, comme de juste » : Santin, mis en garde par les curés contre la provocation d'une tournée de confirmation, les obligea à y procéder le 24 août, à Lanisce, fermant l'église à tout autre que les familles des confirmés. Deux des clercs y avaient boycotté les croyants sympathisants ou membres du PC ou du Front : l'un, le chanoine Jakob Ukmar, fut roué de coups, l'autre, Miroslav Buselic, tué par les paysans en furie. La Curie avait enjoint Santin, connu pour son « absence machiavélique de scrupules », de monter cette opération de « persécution » pour contrebattre des déclarations de clergymen américains sur la liberté religieuse en Yougoslavie et appuyer sa demande, via Griffin, de rattachement de Trieste à l'Italie.

En octobre 1947, Belgrade organisa le procès des responsables de l'incident, qui avouèrent tout (Ukmar, son malheureux exécutant, en sortit libre). « On est étonné de la responsabilité prise par le Vatican en laissant des agents italiens à la tête du diocèse d'Istrie et on est non moins surpris de voir l'armée yougoslave les supportant patiemment au lieu de les chasser à coups de botte comme les carabiniers leurs prédécesseurs. » Belgrade, qui se proposait de régler la question en installant dans les diocèses des administrateurs loyalistes, venait d'en nommer un à Rijeka, un à Pola-Porec (Mgr Toros), un dans la partie yougoslave de Trieste-Gorica. Les anglicans, venus en novembre avec le Dr Garbette, archevêque d'York partisan de l'« apaisement », confirmèrent l'innocence de Tito. La normalisation s'amorça d'ailleurs fin 1947, et pas seulement grâce aux nominations « yougoslaves » en zone irrédente : tout en redoutant « l'hostilité du nonce et [...] les foudres du Vatican [...] un certain nombre d'évêques chercheraient toutefois un *modus vivendi* avec l'État ». Parmi ceux qui craignaient que l'« hostilité contre le gouvernement » ne finît par menacer la « la liberté du culte, entière jusqu'ici », figurait Aksamovic. Ici comme ailleurs la persécution fut plus vaticane, contre tout clerc prêt à composer avec son État, que « communiste » : « certains catholiques croates, sans vouloir aucunement excuser l'anticléricalisme du gouvernement, *rapporta Radenac en mai 1949*, déplorent que le clergé soit dans l'ensemble composé de fanatiques ou d'hommes pétrifiés par la peur et que les ecclésiastiques assez intelligents pour chercher des formes nouvelles d'apostolat ou de vie religieuse soient paralysés par les uns et par les autres. »

La rupture de Tito avec Moscou, en 1948, ne changea rien aux objectifs *italiens* du Vatican, mais ils commencèrent à se distinguer des buts américains. En mai 1949, on parla de départ prochain de Hurley : l'Italien Mgr Pietro Sigismondi fut envoyé à Belgrade comme conseiller de la nonciature, moyen, expliqua à d'Ormesson Montini, qui n'avait pas pour habitude de critiquer Washington, de désaméricaniser un peu le secteur. Mais, signe que le payeur décidait en matière italienne, Hurley resta. Il continua à interdire tout compromis avec une énergie avivée par la conjoncture. Résurgence des tentatives avortées du bas-clergé slovène des années 1920, une « société Cyrille et Méthode », la *CMD*, dont l'idée avait été lancée le 27 septembre 1945, fut créée le 4 novembre 1948 par l'abbé Bajc aidé de Mgr Toros. Cette « association de prêtres » avait conquis en mars 1950 « près de la moitié du clergé slovène », et s'étendait en Croatie aux franciscains : Hurley les contraignit à « revenir sur leur décision » et imposa à l'épiscopat la condamnation du mouvement.

Bien que « le clergé croate [...] fort indisposé [...] accus[ât] le Vatican de centralisme sinon de despotisme », Hurley parvint à ses fins en juin 1950 : une circulaire des évêques de Croatie interdit l'adhésion à la *CMD*, mécontentant « de nombreux ecclésiastiques » qui en « rejet[èr]ent la responsabilité sur le nonce ». Mgr Victor Buric, évêque de Senj, un des « partisans d'un rapprochement avec les autorités », le paya cher. Le diocèse yougoslave de Rijeka-Fiume rattaché à son siège jusqu'en 1921, remis alors « à l'Italie » et doté par la Curie d'« un champion de l'irrédentisme » italien, vacant au début de 1950, eût normalement dû lui revenir : Rome l'érigea en diocèse « indépendant », confié, pour « mieux flatter les irrédentistes [,...] à l'évêque de Krk, Mgr Srebrnic, [à...] l'intransigeance [...] proverbiale, [...] en lutte avec tous les régimes » yougoslaves[32].

Le déchaînement vatican risquait de démontrer à Tito que sa rupture avec l'URSS ne payait guère. Or, d'une part, Washington préparait depuis le printemps de 1950 un « pacte méditerranéen » (annexe du Pacte atlantique) supposant stabilisation des relations entre Belgrade, Rome et Athènes. On évoqua, au grand dam du Vatican, l'adhésion de Tito (bien que celle de la Grèce et de la Turquie suffît à ce « véritable encerclement » américain de l'URSS). D'autre part, ménager Tito s'imposait pour le dissuader de rallier le camp kominformien dressé contre le réarmement allemand.

En septembre 1950, Washington pria donc la Curie d'apaiser son ire : début octobre, celle-ci « donn[a] l'instruction à Radio-Vatican de cesser ses attaques contre la Yougoslavie ». La pression américaine en faveur de « négociations » fut attestée en novembre 1950 par des contacts italo-yougoslaves et par le « long entretien » de Pie XII avec Hurley, puis en juin 1951 par la

32. Kolko G., *Politics*, p. 414-420, 583 et Rabel R., « Prologue », lettres de Massigli n° 3361, 27 décembre 1945, *Saint-Siège 1944*, 7, n° 1776 de Bonnet, 17 octobre 1946, *Yougoslavie 1944*, 35, de Radenac, 5, Payart, tél. n° 588, 13 octobre, lettres n° 133, 4 novembre, de Radenac, 5 octobre 1947, n° 10, 11 janvier 1948, n° 207, 14 mai 1949 (et 1948-1949), tél. Ormesson n° 131, 13, n° 132, 15 mai 1949, *Yougoslavie 1944*, 36 ; lettres de Radenac n° 134, 6 mars, n° 221, 20 avril, n° 362, n° 363, 30 juin 1950, *Yougoslavie 1944*, 37, sur la CMD, de Baudet n° 522, 15 avril 1953, *Yougoslavie 1944*, 106.

mission Taylor : Tardini pesta contre « l'ingénuité habituelle » des Américains envers ce Satan. Hurley, dont les liens avec le département d'État excluaient qu'il servît une ligne purement italienne, continua pourtant en 1950-1951 à traiter Belgrade au gré du « lobby Stepinac de Spellman » (presse américaine de septembre 1951). Les prélats « yougoslaves » venus à Rome en janvier 1951 rentrèrent donc chez eux « fort déprimés. Le Vatican aurait, en effet, posé des conditions inacceptables, exigeant la restitution de tous les biens saisis, la réouverture des écoles religieuses, etc. » : cet ultimatum confirma l'« influence néfaste exercée par les ecclésiastiques oustaches réfugiés en Italie ».

Malgré l'inlassable guérilla contre « l'ordre socialiste », que rejoignit depuis 1950 le régent italien de la nonciature, Mgr Oddi, la stabilisation progressa en 1951 : grâce à l'expulsion d'irrédentistes, comme, le 6 mars, Mgr Smiljan Cekada, évêque de Skoplje ; à des mesures sociales, tel le décret de mai sur l'assurance sociale des prêtres des religions reconnues assimilés aux salariés, « avantage matériel très appréciable » ; et à des procès, en juin, contre deux responsables et seize élèves du séminaire de Zagreb, noyau du « comité de la Résistance nationale croate ». Les charges étaient trop lourdes pour qu'Oddi osât démentir. Comme sous la monarchie serbe, aucun conseil de « modération à propos de Mgr Stepinac », que Belgrade proposait de libérer contre son séjour définitif à Rome, ne fléchit la Curie. L'ambassadeur de France, Philippe Baudet, admit en juillet 1951 que ce refus de « céder un pouce de terrain » donnait « un fond de vérité » à l'accusation présentant Stepinac, la Curie et Pie XII « comme dans la main des Germano-Italiens » et de Pavelic : Stepinac « leur est plus utile en prison », sa libération « affaiblirait le bloc chauviniste italien anti-yougoslave, puisqu'elle le priverait d'une de ses sources de propagande »[33].

L'agitation redoublée à l'automne 1951, avant la réunion atlantique d'Ottawa et la visite de De Gasperi à Washington, visait « moins la libération de Mgr Stepinac que le retour de Trieste à l'Italie ». Elle permit à « l'Église croate, se sentant soutenue de plus ou moins loin par l'Église catholique aux États-Unis, [de relever] la tête » et de menacer le régime. Tito annonça en novembre au journaliste américain Drew Pearson la libération de Stepinac et s'exécuta début décembre 1951, « geste », jugea W. d'Ormesson, « dicté sous la pression de l'opinion américaine » en vue d'obtenir « des crédits américains ». « Faute de tactique », trancha le nouveau consul à Zagreb, Ernest

33. Note Europe, 20 avril 1950, lettre de Verdier n° 50, Bogota, 16 janvier, tél. Fouques-Duparc n° 294-297,29 mars 1951, *Europe 1944*, 18 (et vol.), Ormesson, tél. n° 218, 13 octobre, lettre n° 617, 17 novembre 1950, tél. n° 90, 8 juin, lettres de Margerie n° 481, 13 septembre 1951, de Radenac n° 617, 12 décembre 1950, n° 34, 19 janvier, de Baudet n° 2474, 4 mars, n° 333, 2 avril, n° 618, 30 mai, n° 698, 13 juin, tél. Parodi n° 1792, 17 juillet, lettres de Baudet n° 874, 25 juillet, et n° 936, 8 août 1951 *Yougoslavie 1944*, 37.

Auvynet : « Stepinac est beaucoup plus dangereux en liberté provisoire qu'en prison », et son village de Krasic « va devenir un lieu de pèlerinage comme Maria Bistriza ». « L'opinion réactionnaire » voit là « une reculade certaine du régime devant l'Occident » et annonce la reprise de la lutte pour l'« abattre », dans la conjoncture propice de « nouvelles mesures économiques » réduisant les revenus paysans. « Les anciens partisans » enragent. Cette capitulation tombe mal « à un moment où l'on sent très nettement renaître ou plutôt revenir en surface, la haine ancestrale qui oppose Croates contre Serbes, c'est-à-dire catholiques contre orthodoxes ».

Le Vatican salua l'événement dès décembre en promouvant des oustachis notoires : Stjepan Bauerlein, adjoint du vieil Aksamovic à Djakovo, Cyril Banic, administrateur apostolique du diocèse de Sibenik, Franjo Seper, « super-oustachi » condamné au procès de Zagreb de juin 1951 – secrétaire privé de Stepinac depuis 1934 et recteur du séminaire de Zagreb depuis 1941 – et autres noms « illustr[a]nt la détermination du Saint-Siège de renforcer son épiscopat dans des secteurs (littoral dalmate, Bosnie) où la lutte religieuse est particulièrement vive, en faisant appel à des éléments jeunes [...] et dynamiques ». Cet acharnement cache mal, répéta d'Ormesson en mars 1952, « le patriotisme sourcilleux du Vatican » ou ses « réflexes un peu trop "italiens" ». Avec ses évêques héritiers de l'entre-deux-guerres et son agent direct, Oddi, il visait la désagrégation yougoslave : l'évêque de Ljubljana, Mgr Antun Vovk, « vicaire général de Mgr Rozman condamné par contumace à 9 ans de prison pour faits de collaboration », réclamait ouvertement, comme Mgr Maksimilian Drzecnik, celui de Maribor, l'octroi de Trieste à l'Italie. Mgr Josip Ujcic, celui de Belgrade, refusait « de "porter un jugement" sur les prétentions des irrédentistes italiens ». Oddi avait « récemment proscrit en Istrie l'usage du vieux slavon comme langue liturgique » et exigé des prêtres du diocèse de Pazin l'usage de l'italien avec leurs fidèles « même dans les localités où il n'y a[vait] pas d'Italiens », etc.

Belgrade réagit donc à partir de l'été 1952 : 1° en organisant des procès retentissants, au moins autant contre la Curie que contre ses serviteurs, avec, à la différence des autres pays orientaux, des égards pour Washington : en juin-juillet contre les franciscains de Mostar, convaincus, outre leurs œuvres de guerre, de divers « scandales » ultérieurs : « constitution d'un réseau d'espionnage au profit de l'Italie à Pola, affaire de contrebande de devises [...], etc. » ; en septembre contre quinze informateurs du « réseau slovène » de l'abbé salésien Ranko Blatnik, collaborateur des services italiens pendant la guerre, agent de liaison de l'évêque de Ljubljana et de l'État oustachi, compagnon de fuite de Rozman jusqu'à Rome, où le Vatican l'avait chargé de son service d'espionnage en Yougoslavie ; 2° en publiant en août, comme il en avait déjà menacé le Vatican en juin 1951, le Livre Blanc sur les relations Vatican-État oustachi évoqué plus haut[34].

En apparence, c'est contre la normalisation intérieure que la Curie se dressa, avec une nouvelle offensive, à la houleuse conférence épiscopale clandestine des 23-25 septembre 1952, contre « les associations de prêtres » de plus en plus « actives », même en Croatie. En fait, elle voulait accentuer la pression « occidentale » sur Trieste, et prétendait empêcher le voyage de Tito prévu à Londres : en novembre, elle ordonna aux évêques de Glasgow et de Leeds une campagne sur les persécutions yougoslaves, et surtout, annonça le 30 l'octroi de la pourpre à Stepinac. La « provocation » et l'« insulte » que constituait la promotion de ce « criminel de guerre » provoquèrent « une explosion d'indignation incroyable [et...] une réelle émotion en Serbie, où le souvenir du comportement des Croates a[vait] laissé de profondes et durables blessures ».

Le Vatican fournit donc à Tito « un prétexte apparent de justification » à la rupture, commenta d'Ormesson, écho du Charles-Roux d'antan. Confronté à la fermeture de la nonciature, il lança vers Noël une offensive de charme vers Paris, offrant de remplacer Oddi par « Mgr [Jacques] Martin, un des deux Français de la secrétairerie d'État ». Baudet conseilla de ne pas « épouser la querelle de Rome avec Belgrade » et refusa, fin janvier 1953, de faire remettre par l'ambassade 75 000 dinars à la hiérarchie, « subvention déguisée » en offrande « pour 500 messes ». La Curie abolit tout dilemme français en exigeant « le rétablissement de tous les droits catholiques » : sa note fut « restituée sans commentaire » à Oddi, cachet de l'enveloppe intact, et le visa de Martin fut refusé.

Le 8 octobre 1953, Pie XII bénit l'octroi de Trieste à l'Italie – « le fiasco de la décision américano-britannique », s'insurgea Baudet – avec les accents de triomphe éthiopiens de Pie XI en mai 1936 : devant le maire de Trieste, il *« "s'était réjoui des bonnes nouvelles de Trieste", [...] avait "formulé l'espoir que de semblables nouvelles touchant cette fois toute l'Istrie seraient également annoncées" et avait en bénissant les Triestins spécifié que "par fils de Trieste, il entendait tous les fils de l'Istrie" »*. Tous les « milieux ecclésiastiques » non catholiques se déclarèrent solidaires de Belgrade, mais « la très grande majorité » de l'épiscopat romain ne pipa mot : seuls quatre évêques exprimèrent des regrets (cosmétiques). La Curie, qui avait déjà taillé en pièces tous les terri-

34. Lettres de d'Ormesson n° 549, 12 octobre (et septembre-octobre), n° 356 d'Auvynet, 15 octobre, tél. Baudet n° 1660-1661, 19 novembre, lettres n° 418 d'Auvynet, 5, de Baudet n° 1465, 12, n° 1536, 26, n° 721 d'Ormesson, 13 décembre 1951, de Fontaine n° 112, Belgrade, 23 janvier, d'Ormesson n° 183, 14 mars, n° 341, 16 mai, n° 52 d'Auvynet, 28 janvier, n° 748 de Baudet, 28 mai, n° 275 d'Auvynet, 12 juillet, de Baudet n° 1270, 15 septembre, n° 1080,5 (et texte), et n° 543 de Margerie, 27 août 1952, *Yougoslavie 1944*, 105.

toires lorgnés par l'Italie, officialisa en novembre 1954 sa décision de « détacher la zone B [toujours yougoslave] du diocèse de Trieste pour la placer sous l'autorité d'un administrateur apostolique » (et non plus de deux).

Rien n'avait non plus changé du côté du Reich. Alors que Belgrade censurait mal son « malaise » face au « rôle grandissant assumé par l'Allemagne sur la scène internationale », l'ambassadeur de RFA à peine installé, Hans Kroll, « remuant et indiscret », offrit en décembre 1954 ses bons offices entre la Yougoslavie et le Vatican. La RFA « y gagnerait sans nul doute un surcroît d'influence auprès des milieux catholiques yougoslaves », s'inquiéta l'ambassadeur de France, Étienne Burin des Rosiers, flairant tractations avec la Curie. En décembre-janvier, Tardini les confirma, maintenant le veto contre un délégué apostolique yougoslave et notant que Kroll pourrait arguer, pour voir nommer un Allemand, « que la majorité des membres du clergé et des fidèles catholiques yougoslaves parl[ai]ent allemand ». En janvier 1955, Radio-Vatican « conseill[a] aux fidèles de prêter davantage attention à la jeunesse afin d'éviter la menace "d'un sombre avenir" au moment de la "libération de la Croatie" ». Le dossier oustachi de la CFTC, classé jusqu'en 1974 – et ininterrompu depuis Pie XII – prouve que le Vatican comptait à cet égard toujours sur le Reich, pivot du « Mouvement de libération croate » (HOP), avec Munich pour siège européen (« Comité national croate en Europe », HNO)[35].

La Pologne, symbole d'une situation générale

• Le cas polonais

Les objectifs romains se retranchèrent souvent, ailleurs, derrière la certitude affichée d'en découdre militairement avec les nouveaux maîtres de territoires naguère allemands. C'est en Pologne, où l'État battait les records de bontés pour l'Église, que ce phénomène général atteignit à la fois son apogée et son ambiguïté maximale. La haine antisémite et antirouge aiguisée par la conjoncture donna au Vatican l'espoir de concilier le refus des gains territoriaux polonais et l'alliance avec les forces antisoviétiques majoritaires – scellée par l'octroi, enfin, de la pourpre à Sapieha. Elle lui permit surtout de gagner du temps politique.

35. Baudet, lettre n° 1291, tél. n° 1297-1298, 8, n° 1385 de Fontaine, 15 octobre, *Yougoslavie*, 105 ; tél. Massigli n° 4776-4778, 21 novembre (Mgrs Campbell et Heenan), Baudet n° 1589, n° 1590-1591, 3, lettres n° 716 d'Ormesson, 6, n° 1717 de Baudet, 9, tél. Ormesson n° 220-223, 18, Baudet n° 1629-1635, 17, n° 1666, 19, tél. Ormesson n° 227-228, 22, Baudet n° 1690-1692, 25, n° 1695-1699, n° 1700-1701, n° 1705, 26 décembre 1952, n° 153-154, 29, lettre n° 20 d'Ormesson, 3 janvier, *ibid.*, 106, lettres de Baudet n° 1282, 31 octobre 1953 (souligné et encadré par son lecteur) et personnelle à M. Schumann, 8 février, tél. Ormesson n° 500, 18 novembre, Burin n° 1882-1890, 18 décembre 1954, Ormesson n° 7, 10 janvier, Burin n° 18, 5 janvier 1955, *ibid.*, 107, RGPP, 17 janvier 1963, et tout APP, BA 2197.

Parti de Rome le 13 juillet 1945, Hlond, à peine rentré dans son diocèse de Poznan, anima avec ses pairs les pogroms déclenchés au Sud, dans celui de Sapieha, Cracovie, notamment le 11 août. À l'instar du « gouvernement » de Londres que Papée continuait à représenter au Vatican, la « résistance » d'extrême-droite dite « Forces armées nationales » *(Narodowe Sily Zbrojne, NSZ)* s'affairait, soutenue par Rome et le haut-clergé, à liquider les rares survivants juifs (80 000) : ayant fui la Pologne en 1939 pour se réfugier en URSS, ils étaient considérés comme le symbole de l'ennemi russe ; à la date d'avril 1946, 50 000 avaient à nouveau fui et le flux ne tarissait pas.

Promu archevêque de Varsovie en avril 1946, Hlond, comme Sapieha, justifia par une conférence de presse, le 12 juillet, le pogrom de Kielce du 4, le plus important (80 morts, une centaine de blessés, « la plupart grièvement »), perpétré sous la houlette de l'évêque (depuis 1938) Czeslaw Kaczmarek : ce « malheur monstrueux » ne devait rien au « racisme [...,] le clergé de Kielce a rempli son devoir », les Polonais ont sauvé la vie des juifs pendant la guerre, etc. « La faute en est imputée aux juifs qui occupent en Pologne des postes dirigeants et tentent d'imposer au pays un régime dont la majeure partie de la population ne désire pas [...] S'interdi[sant] d'aborder » les problèmes relatifs à « la Pologne intérieure », il ne pouvait s'exprimer sur les activités des *NSZ*. À une question sur le motif de non-condamnation publique par le clergé de l'antisémitisme depuis la libération, « le "Mikolajczik en soutane" » répondit qu'une enquête avait montré l'inutilité de la première en raison de la disparition du second. Un autre pogrom tua, le jour même, trente juifs sur la voie ferrée Kielce-Czestochowa.

La grande presse américaine, malgré l'indignation des juifs américains contre Hlond, ne s'émut guère, trop obsédée, observa Bonnet, par son combat contre Varsovie pour lâcher le terrain anticommuniste. Cette intensification des pogroms, jusqu'alors endémiques, perpétrés par les *NSZ*, révélait un « plan concerté » catholique et romain. Et elle attestait la fureur contre les 63 % de oui aux trois questions du référendum que la majorité procommuniste du gouvernement avait, contre le chef de l'opposition catholique, Stanislaw Mikolajczik, habilement soumises, le 30 juin, à la population. La troisième concernait « la nouvelle frontière occidentale » (les autres « l'abolition de la Chambre haute » et « la réforme agraire et les nationalisations ») : dans le « triple non » qui avait triomphé dans les zones à très forte densité ecclésiastique, comme Cracovie et ses quarante-trois couvents, la gauche dénonça « la main du Vatican "protecteur des Allemands" ». Lequel ne dit mot officiel de Kielce, mais confia sa satisfaction à ses porte-parole officieux qui imputèrent « les incidents antijuifs [aux seules] passions politiques provoquées par les mesures prises par les autorités juives » (surnom du gouvernement polonais)[36].

La Curie dressa surtout l'espoir de règlement militaire anglo-saxon y afférent en paravent du problème *territorial*, « encouragé par l'[anticommunisme] presque unanime du clergé et du peuple polonais ». La tactique, née en 1943, culmina début 1947 : Rome et Hlond comptaient sur la rupture prévue à la conférence de Moscou pour installer à Varsovie « un régime démocratique au sens occidental du mot [...] au printemps prochain », ce qui rendait « absurde [...] un accord provisoire » avec cet État soutenu par « moins de 8 % de la population ». Pie XII serina l'argument aux évêques troublés, tel Sapieha, venu le voir en juin 1947 : pas question de « sanctionner un statut territorial qui "pourrait fort bien n'être que provisoire" ». Sapieha dit n'avoir pu le convaincre d'« organiser le culte dans les nouveaux territoires » : il attendait un conflit Est-Ouest, « et, *lui avait-il dit*, si l'avenir doit nous apporter prochainement des modifications nouvelles à la structure politique et territoriale de l'Est européen, il est parfaitement inutile de s'engager maintenant de façon durable ».

La grosse ficelle de l'attente de la guerre qui « libérera[it les catholiques polonais] du régime actuel » (Tardini) n'abolit pas le contentieux, qui rosit les joues des communistes, résolus à empêcher la tenue au chaud pour le Reich des territoires gagnés à Potsdam. Le 12 septembre 1945, Varsovie, si déférent envers l'Église polonaise, osa dénoncer le concordat de 1925, sur une base qui « n'a nullement troublé les fidèles » : sa violation par la nomination des évêques allemands Breitinger et Splett. L'État put donc traduire en justice en janvier 1946 l'évêque de Dantzig, qui fut condamné à huit ans de prison, cinq ans de déchéance des droits civiques et à la confiscation de ses biens. « Les fidèles », avoua le directeur d'un hebdomadaire catholique varsovien en juin 1946, « sont en leur for intérieur assez écœurés de constater qu'après avoir gardé le silence pendant la guerre le Saint-Siège semble prendre la défense des "pauvres Allemands" persécutés par les Polonais ».

Reflet de l'ambiguïté de ce catholicisme ultramontain, Hlond fit défaut territorial à Rome qui, le 15 août 1945, lui avait conféré des « pouvoirs supérieurs à ceux d'un nonce » pour enrôler le clergé contre l'État. Il « a dépassé

---

36. Lettre de Maritain n° 64, 20 juillet, litanie des pogroms depuis tél. Keller, Prague, 12 septembre, note du 24 décembre 1945, Garreau, Varsovie, lettre n° 323, 18, tél. n° 404, 4, n° 465, 10 avril, n° 1020-1021, n° 1023, 9, n° 1056-1062, n° 1023, 9, n° 1065-1066, 13, n° 1106-1110, 17, lettres n° 562, 19, tél. n° 1157, 23, n° 1345 de Bonnet, 29 juillet, n° 590 de Beausse, Varsovie, 2 août 1946, *Pologne 1944*, 52, Fetjö F., *Histoire*, 1, p. 46, et Hillel M., *Le massacre*, p. 287 *sq.*, 302 *sq.* (avis vatican officieux, p. 319) et *passim* ; détails sur la suite, Lacroix-Riz A., « Le Vatican et la Pologne de 1945 à 1958 : Église persécutée ou vieil instrument contre les frontières ? », *in* Pelus-Kaplan M.-L. et Tollet D., dir., *Pologne*, p. 141-171.

[s]es intentions », gémit Tardini après coup, en osant créer « cinq administrations apostoliques dans les nouveaux territoires polonais » : Opole (Oppeln) pour la Haute-Silésie ; Wroclaw (Breslau) pour la Basse-Silésie ; Gorzow (Landsberg) pour la région à l'Est de Berlin, Lubusz et la Poméranie occidentale (1/7 de la Pologne) ; Gdansk (Dantzig) ; Olsztyn (Allenstein), en Prusse orientale. Les communistes et leurs alliés acquirent ici soutien populaire, amorçant la conquête, fût-elle résignée, d'une part des clercs. Ils animaient la reconstruction à marches forcées, dimension religieuse incluse : les édifices du culte, massivement détruits par l'occupant, furent rebâtis par souscription et « aux frais de l'État » pour les monuments historiques.

Ayant « constamment accordé son appui aux nouveaux administrateurs apostoliques » mus par un « patriotisme intransigeant », Varsovie toucha aux élections de janvier 1947 des dividendes alarmants pour Rome et son attente alléguée de « la fixation définitive des frontières par les traités de paix » : le soutien massif des ouailles et des clercs polonais (1 550 prêtres pour 1 452 paroisses, et 165 curés provisoires, dont 25 % issus des populations autochtones ayant opté pour la Pologne, autrement dit allemands ou germanisés). L'alerte, mêlée de polonisme autocensuré, motiva les vaines supplications de Sapieha à Rome à l'été 1947 en faveur de l'organisation définitive des territoires. L'Église poursuivit sa guérilla contre le régime, et « le clan des intransigeants » l'emporta à la réunion épiscopale de Czestochowa le 28 septembre : son mandement compara l'école laïque aux « écoles hitlériennes mal famées » et le travail dominical pour la reconstruction aux pratiques de « l'envahisseur ». En octobre, un officiel rappela le mutisme de l'Église sur le travail forcé, dimanche inclus, dans les camps de concentration nazis, des journaux évoquèrent la collaboration épiscopale et on refusa du papier à la presse cléricale : signes que l'impunité d'une institution « intouchable » touchait à sa fin. La question allemande avait secondé la stabilisation interne polonaise, qui fut reflétée en novembre 1947 par la première (modeste) audace laïque : un décret sur l'obligation du mariage civil, suivie d'autres dans les mois suivants[37].

Elle apparut sous son vrai jour en avril 1948, sous la pression des Allemands, inquiets de la résolution polonaise et encouragés par les accords tripartites de Londres, qui alarmèrent toute l'Europe orientale. On parlait beaucoup, depuis l'automne 1947, de la réorganisation à venir du diocèse de Breslau et des districts

---

37. Lettre n° 463 de Garreau, 15 juin 1946, *Pologne 1944*, 52, tél. Beausse n° 15-17, 3 janvier, lettres de Garreau, 21 juillet, de Bourdeillette, 29 août 1947, *ibid.*, 53 (et tous vol.), tél. Maritain, 20, Varsovie n° 60, 21 septembre 1945, Garreau, lettre n° 68, 31 janvier, tél. n° 118, 2 février, lettres n° 226, 26 mars, n° 463, 15 juin 1946, *ibid.*, 52, note pour de Courcel, 24, lettre n° 730 de Jalenques, Varsovie, 29 juillet 1947, Beausse, tél. n° 1754-56, lettres n° 958, 3, n° 995, 16 octobre, n° 1078 de Garreau, 11 novembre 1947, et janvier 1948, *ibid.*, 53.

catholiques à l'est de l'Oder et de la Neisse. Varsovie posa désormais la question de la reconnaissance officielle des cinq administrateurs polonais nommés par Hlond, toujours privés de prérogatives et de statut épiscopaux. Le 1er avril 1948, peu après que l'Église eut suspendu l'abbé Pyszkowski, aumônier général militaire nommé en janvier par le maréchal Michal Rola-Zymierski, ministre de la Guerre, pour un discours prônant la démocratie et l'alliance panslave anti-allemande, fut publiée la lettre du 1er mars de Pie XII aux évêques allemands sur « Breslau » (déjà citée). Elle provoqua en Pologne, avec une « vive émotion », un effet dévastateur : non seulement la campagne de presse la plus sévère depuis mai 1945 contre ce pape larmoyant « à l'égard des vaincus d'hier [...,] "moins prolixe et moins pitoyable" lorsqu'il s'agissait de condamner les atrocités hitlériennes », mais la « consternation [...] des dirigeants catholiques » placés devant « un dilemme et une crise de conscience » : Pie XII offrait au régime « l'occasion inespérée d'ébranler et de diviser la masse compacte des catholiques pour qui la foi et le patriotisme formaient un tout indivisible ». Entre russophobie et antigermanisme, les Polonais, « attelés malgré eux au char soviétique, [au] gouvernement et [au] Parti », choisirent le second, et un « réel danger de schisme » ressurgit.

La hiérarchie, « après un long silence » embarrassé, fournit via Hlond explication antisoviétique (il fallait « compenser la perte de 40 % du territoire polonais à l'Est ») et papophile : « le Saint-Père Pie XII, en dépit des apparences et des interprétations qu'on en fait, désire que la Pologne soit puissante au point de vue politique, culturel et moral ». L'« habile réponse » – antiallemande de ton et soutenant les frontières critiques –, riche en « critiques ouvertes contre le pouvoir établi » ne suffit pas[38]. La tempête estivale agita jusqu'à l'épiscopat, et Sapieha dut reprendre à la mi-juillet 1948 le chemin de Rome. Pie XII, fort aimable, lui confirma le pire, mais promit « qu'il éviterait toute parole ou tout geste qui soit de nature à affaiblir la position de l'Église de Pologne dans l'âpre lutte qui l'oppose au gouvernement ». Aux fêtes religieuses de Cologne de septembre, son légat Micara exposa à des évêques, syndicalistes, etc. allemands et étrangers « la position du Saint-Siège » : « l'Allemagne doit être unifiée et retrouver ses anciennes frontières de l'Est, même si la Pologne ne devait pas récupérer en échange les provinces orientales annexées par la Russie. »

Hlond étant, en octobre, mort d'une opération, Sapieha dirigea la guérilla, jurant que Rome ne contestait pas les frontières fixées par « des accords

38. Lettres n° 1467 du CGAAA, 27 novembre 1947, *Allemagne 1944*, 69, de Baelen, Varsovie, n° 12, 5 janvier, n° 156, 10 février, de Beausse n° 375, 9, Baelen, tél. n° 358, 19 avril, [illegible]° 448, 5, de Lebègue n° 185, Szczecin, 14, tél. Baelen n° 474-475, n° 476-477, 26, [illegible]53, lettre de Lebègue n° 71, Varsovie, 28 mai, *URSS 1944*, 46, de Gueyraud, [illegible]*e 1944*, 69, Hlond, 24 mai 1948, *Pologne 1944*, 54.

internationaux ». Mais son âge (82 ans) n'explique pas seul la nomination, en janvier 1949, du jeune évêque de Lublin, Stefan Wyszynski (47 ans), au poste de Hlond qui conférait la primatie : son antibolchevisme n'avait jamais racheté son polonisme haï du Vatican depuis Benoît XV. Sapieha, condescendant envers cet ultramontain choisi « pour son caractère inflexible » contre le communisme – surtout pour sa docilité sur les frontières –, en oublia en avril le discours codé : « très affirmatif et paraissa[n]t bien informé », il assura qu'URSS et Pologne redoutaient vivement le Pacte atlantique et que Moscou prenait des mesures purement défensives ; il brocarda la propagande américaine inepte déjouée par l'État et les émissions polonaises de Radio-Vatican qui « port[ai]ent préjudice à l'autorité du Saint-Siège » par leur inspiration jésuite et anglo-saxonne[39].

L'excommunication du 1er juillet 1949 souleva « une vive inquiétude », mais le problème national et sa « dilection compatissante [...] à l'endroit des "pauvres Allemands" » empêchèrent Pie XII d'en tirer parti : la question « des diocèses annexés » dotés d'« un personnel intérimaire, dépourvu, en fait, du prestige et de l'autorité nécessaires », preuve de « la précarité et la révocabilité du tracé géographique des diocèses et des frontières naturelles », resta au premier plan. Menant campagne contre le « Tedesco » (l'Allemand) et pour la nomination des évêques dans les régions concernées, Varsovie cajola plus que jamais ses clercs. On parlait toujours de schisme, et le bas-clergé, à défaut du haut, se calma au point d'inciter Pie XII, en septembre, à rédiger une lettre à l'épiscopat pas seulement anti-rouge : il y évoquait sa défense de la Pologne depuis mai 1939 contre la guerre et déplorait les souffrances infligées « par les envahisseurs » (lesquels ?). L'épiscopat, que « la politique allemande du pape » affaiblissait, fut donc troublé par les conditions, raisonnables, que le gouvernement avait en juillet fixées à un accord : « reconnaissance de l'État populaire », promesse qu'il récuserait les provocations à la Mindszenty et pression sur Rome à propos des frontières. Face à un épiscopat divisé sur l'épreuve de force que Wyszynski choisit à la mi-octobre 1949, Varsovie frappa bientôt, avec les intransigeants, le Vatican[40].

D'abord, à la caisse, contre *Caritas* en janvier 1950. Les gros détournements opérés par « plusieurs dirigeants provinciaux » motivèrent l'arrestation

39. Lettre de Bourdeillette n° 297, 5 août, de Baelen, lettre n° 934,6, ... 4-905, n° 908, 22 octobre, lettres n° 1003, 3 novembre, de Leautier n° 171, 15 r... tél. Baelen n° 24,7, lettres de d'Ormesson n° 25, 14 janvier, *Pologne 1944* ... r, *Saint-Siège 1944*, 10, de Baelen n° 415, 19 avril 1949, *Pologne 1944*. ... 22 octobre 1948, *Allemagne 1944*, 70 (Micara).

40. Lettres de Rivoire, Szczecin, de Pofilet n° 537, Varsc... de Boissezon, 7, de Pie XII, de Baelen n° 594, 8, n° 62... 29 septembre, n° 993, 10, et n° 1028, 19 octobre 1949, *P*...

lettre Pologne, Paris, 15 juin, ...

de prêtres et laïcs « coupables à tout le moins de légèreté et de dilapidation », la mise sous séquestre des biens de *Caritas* et sa « rénovation » par des prêtres ralliés : on reproduisit ainsi la « manœuvre de Prague » qui avait créé un mouvement d'action catholique loyaliste. Le régime fut aussi « sensiblement » renforcé, de même que « le nombre de prêtres dits "démocratiques" », par le projet de loi du début mars 1950 nationalisant les biens d'Église en maintenant aux desservants leurs fermes de moins de 50 ha et en créant une caisse sociale. L'épiscopat délégua donc à Rome Sapieha pour prôner le compromis.

Parti le 13 avril de Cracovie, l'archevèque y arriva pour lire dans l'*Osservatore* du 14 la publication, exceptionnelle, de l'échange de correspondance montrant « l'approbation totale [du Vatican] à l'attitude énergique de l'épiscopat ». C'est l'astuce qu'avait trouvée Rome pour bloquer le très national accord Église-État en 19 points signé ce jour-là : les territoires récupérés « appartenaient pour toujours à la Pologne » (3) ; les clercs polonais combattraient « tout révisionnisme du clergé allemand » (4) ; d'autres articles garantissaient leur loyalisme et leur respect de « la raison d'État polonaise » (1,2 et 5 à 9) ; une annexe non publiée prévoyait « le remplacement de certains évêques considérés comme particulièrement hostiles au régime » (les articles 10-19 concernaient les droits de l'Église). Sapieha, qui avait observé « un silence impénétrable » à Rome, où sa mise en quarantaine lui rappela 1919, en rentra le 12 mai muni des rituelles consignes offensives.

La révolte du vieil épiscopat continua donc, les cris devant faire diversion au terrible article 3 de l'accord violé à peine signé. Mais la germanophilie du Vatican l'avait mis « dans une impasse ». Le ralliement d'une partie de l'épiscopat, derrière son secrétaire Mgr Sigismond Choromanski, signataire de l'accord du 14 avril, s'afficha fin juin 1950 dans la signature de l'« appel de Stockholm » par tous les évêques suppléants, sauf deux. Les « prêtres patriotes » – « membres de l'association des militants pour la paix » –, sanctionnés sur-le-champ par leur hiérarchie, ne purent être écrasés par la seule hargne. En novembre, la presse fit grand écho au refus de Wyszynski, le 31 octobre, de recevoir une délégation des prêtres chargés de l'administration apostolique de la Basse-Silésie : point fort d'une campagne sonore contre les manquements à l'article 3, l'irrédentisme échevelé du haut-clergé allemand et la germanophilie de Pie XII.

La flatterie antibolchevique n'apaisa même plus les ennemis jurés des Russes que le pape avait maintenus en délégués officiels de la Pologne. Il reçut Wladyslaw Anders à l'été 1950, mais l'« ambassadeur » Papée lui remit à l'automne un « mémorandum sur les frontières orientales de l'Allemagne » : il voulait « marquer ainsi [...] que cette question de frontière était un point – peut-être le seul – sur lequel l'émigration polonaise se sentait solidaire avec le gouvernement communiste de Varsovie [et] que cette irritante question ne constituait pas seulement pour son pays un problème d'intérêt national [mais] que la position d'attente adoptée par le Saint-Siège fournissait un des meilleurs arguments à la campagne contre le Vatican qui se développe en Pologne et commence à ébranler certains milieux catholiques patriotes » : que peuvent opposer « les malheureux évêques » à l'argument communiste « que le Pape est pro-allemand et que l'épiscopat polonais trahit sa promesse » du 14 avril 1950[41] ?

Début 1951, l'État franchit donc sans peine une étape décisive contre la vieille tactique de gestion « provisoire » des territoires du Reich par un clergé soumis : celle du coup de balai anti-allemand, différence décisive avec celui d'avant-guerre, que ses priorités intérieures ramenaient toujours au bercail romain. La presse attaqua « ces vicaires allemands » qui excitaient leurs ouailles contre la Pologne, publiaient des « calendriers patriotiques » prônant le retour des Allemands et dressaient des listes d'émigrés pour encourager « l'esprit de retour ». L'État décida d'expulser les administrateurs provisoires pour faire élire des vicaires capitulaires et des curés définitifs. Position si forte que Wyszynski rendit début février au président de la République sa première visite depuis la signature de l'accord superbement ignoré et signa, le 18, un communiqué prônant l'obéissance aux administrateurs élus dans les territoires de l'ouest.

Ce texte stoppa net la campagne de presse, mais mit le Vatican en rage : il reprocha à Wyszynski dans les jours suivants – preuve qu'il était « très informé des hommes et des choses » de Pologne alors qu'il prétendait avoir perdu contact avec elle –, « d'avoir agi en bloc pour les cinq diocèses », dont deux administrateurs étaient convenables et les autres indignes ; et il décréta les nominations « irrégulières ». Début avril 1951, Wyszynski se heurta en allant à Rome à un mur allemand : Montini lui rappela que le nonce en Allemagne Münch avait seul « juridiction sur les cinq diocèses polonais ». L'alerte avait mobilisé toute la garde, « l'entourage de Mgr Frings » et le Bonn laïc. En juin, quand Adenauer se félicita des garanties papales de « *statu quo* [...] en Sarre », il mentionna « une promesse identique [sur] les territoires au-delà de la ligne Oder-Neisse [...] annexés à la Pologne ».

Wyszynski dut compter sur son « horreur et [...] exécration [de] la dictature soviéto-communiste » (Papée) pour gérer le veto à son retour à Varsovie début mai. L'épiscopat continua à masquer par la surenchère anti-

41. Baelen, tél. n° 78, 24 janvier, lettre n° 86, 2 février, tél. n° 229, 6 mars, n° 323, 7, lettre d'Ormesson n° 209, texte accord, 14, tél. Baelen n° 344, lettre d'Ormesson n° 228, 19 avril, tél. Laporte, Varsovie, 15 mai, Ormesson n° 146, 10 juin, *Pologne 1944*, 133, depuis juillet, lettre n° 694 de Duval, Varsovie, 25 octobre, *ibid.*, 134, tél. Pofilet n° 482,24, n° 489, 28 juin, *ibid.*, 133, tél. Dennery, Varsovie, n° 785, 10 octobre, n° 895-896, 4 novembre 1950, n° 49-51, 17 janvier 1951, *ibid.*, 134, lettres d'Ormesson n° 409, 20 juillet, et n° 596, 8 novembre 1950, *Saint-Siège 1944*, 26.

bolchevique ses manquements « sur [...] la nomination d'ordinaires aux sièges épiscopaux des Terres récupérées ». Mais la lettre que Pie XII lui adressa en septembre 1951 pour le louer de « sa fermeté face aux persécutions », de la foi polonaise intacte et du rôle de la Vierge contre l'impiété (allusion au triomphe antirouge de 1920) ne l'aida guère.

À l'automne 1951, la presse publia les déclarations de plus en plus agressives du haut-clergé allemand à caution romaine : le congrès des étudiants catholiques de Bonn, en présence de Münch et Frings, avait glorifié « le réarmement allemand » et le provincial des dominicains Laurentius Siemer « déclar[é] "satanique" quiconque engagerait les jeunesses allemandes à se refuser à une nouvelle guerre de conquête, à un nouveau *Drang nach Osten* ». Devant l'accusation de passivité épiscopale face à la campagne « révisionniste » de Frings et Faulhaber, Wyszynski dut concéder à la mi-décembre une interview « sur les Terres de l'Ouest » au journal catholique de Cracovie (« défense élastique », ricana Montini) : le Saint-Siège montre « la plus grande compréhension », ses actes comptent plus « que les paroles » et je m'inquiète des « propagandes étrangères hostiles au rattachement à la Pologne des provinces de l'Ouest [...] Les dévastations commises par l'Allemagne durant la guerre appellent justice ».

L'État ne manquait pas de moyens contre la hiérarchie, qui contraignait les fidèles à traiter tout prêtre interdit « en pestiféré, et [à] refuser son ministère », et qui avait tenté de boycotter le congrès de Wroclaw du 12 décembre contre le réarmement de l'Allemagne (il y vint cependant 300 prêtres sur 1 700 participants). Il sortit les archives « allemandes » des rayonnages : l'évêque de Chelm, Mgr Josef Kowalski, déchaîné contre ledit congrès, eut droit au rappel de sa jeunesse prussienne avec photo en artilleur de la Reichswehr[42]. Dans les premiers mois de 1952, les nouveaux vicaires capitulaires prêtèrent à leur État le serment de respecter la sécurité et l'intégrité des frontières de la Pologne. Fin mai, Wyszynski installa par décret le nouveau chapitre polonais de Wroclaw avec sept ans de retard : l'ancien, allemand, avait déguerpi depuis 1945. Mais la Curie (Angelo Dell'Acqua) fit barrage en juillet à la nomination d'un évêque de Wroclaw, exclue par Bonn. Varsovie exhuma aussitôt des fonds « allemands » plus récents : la presse publia une biographie de Mgr Kwiatowski, déjà rencontré, qui vivait comme

42. Tél. Dennery n° 113-120, 27, n° 136-137, 31 janvier, n° 142, 6, n° 190, 13, n° 224-225, 27 février, lettres d'Ormesson n° 125, 9, n° 149, 16 mars, n° 192, 5, tél. Bérard n° 2305, 13 avril, lettres de François-Poncet n° 1672, 31 juillet, d'Ormesson n° 217, 20 avril, Dennery, tél. n° 508, 6, lettre n° 648, 12 juin, n° 497 de Margerie, 20 septembre, tél. Rivière n° 1135-1136, 5, Duval n° 1183-1185, Varsovie, 16 octobre, lettre n° 1071 de Duval, 23 novembre, tél. Dennery n° 1475, 17, n° 1476, 18, Ormesson n° 246, 22, lettres de Dennery n° 1117, 11, n° 1161, 21, tél. n° 1476, 18, et n° 1462-1463, 20 décembre 1951, *Pologne 1944*, 134.

Hudal au Vatican, mandaté contre la Pologne, « espion au service d'Adenauer comme jadis à celui de la Gestapo ». En novembre 1952, elle rappela le collaborationnisme d'un chef de l'affrontement, l'évêque de Katowice Adamski. L'État exigea, obtint son retrait et le remplaça fin novembre par l'abbé Filipa Bednorz, emprisonné pendant l'Occupation.

Quelques jours plus tard, des symboles de la gloire de l'Axe, Stepinac, Feltin et Josef Wendel, aumônier général successeur immédiat (officiellement en 1956) de Rarkowski mort en 1950 et archevêque de Munich depuis la mort de Faulhaber (1952), « coéditeur d'un livre belliciste sur “la tragédie silésienne” » (les expulsions de 1945-1946), reçurent la pourpre. Wyszynski aussi, pour sa croisade contre « une idéologie satanique » asservissant le monde (l'ancien recteur jésuite de la Grégorienne (1941-1951), Paolo Dezza, au consistoire privé du 12 janvier 1953). Le blocage renforcé suivant l'élection de Bednorz à Katowice avait ouvert sur l'arrestation (suivie de procès) des « inflexibles ». Le régime avait en novembre 1952 été servi par les souvenirs publiés de Stanton Griffis, ambassadeur des États-Unis à Varsovie en 1947 : autoproclamé « messager du Saint-Siège dont [il] transmettai[t] les lettres aux hauts dignitaires de l'Église », il avouait que l'ambassade américaine assurait les *vrais* échanges épiscopat-Vatican. Fin novembre fut frappé le haut lieu du catholicisme, Cracovie. La police découvrit en perquisitionnant à l'archevêché une caverne d'Ali Baba : émetteur radio « transmetta[n]t des informations à des services secrets américains », caves aux trésors, dollars et autres devises, or et « collections d'objets précieux confiés à l'archevêché par la famille du cardinal Sapieha » (dépôt systématique de « biens appartenant à des émigrés », avoué par Papée à d'Ormesson). « La plupart des congrégations polonaises seraient ainsi compromises. »

À dater du 23 janvier 1953, le grand procès de Cracovie, exposant les liens du tandem Washington-Vatican avec la curie archiépiscopale, facilita le remplacement des réfractaires par des vicaires capitulaires loyalistes. Présentant des « caractères nouveaux », par sa *« condamnation de l'enseignement religieux »*, ses *« attaques contre le haut-clergé »*, ce fut le « procès posthume » de Sapieha, mort en juillet 1951 dans la vénération populaire. Il servit d'*« avertissement aux ennemis du régime »*, Cracovie passant, comme Kielce, Siedlce et Rzeszowville, pour fief de l'opposition « réactionnaire ». L'ambassadeur de France Étienne Dennery ironisa sur « l'amas touffu de griefs de toute sorte qui ont été faits aux accusés », mais admit la véracité des « aveux précis, circonstanciés des accusés », étayés par maintes « pièces à conviction ».

Festival de littérature d'espionnage, confirmé par des sources ecclésiastiques concordantes : la curie de Cracovie, pas plus résistante que les autres pendant l'Occupation, s'était muée en 1945 en « centre de trafic de devises, de marché noir, de recel » (le nom de Sapieha revenait ici comme une litanie).

Elle était en « contacts suivis avec certains services de renseignement américains » via des « émigrés polonais ». L'abbé Lelito, principal accusé, émissaire du centre d'espionnage de Berg, avait comme ses pairs exploité toutes les ressources de la religion : de la confession aux bréviaires, « pour transmettre des plans d'établissements militaires ou de centres stratégiques », en passant par les armes destinées à la « Résistance » *(NSZ)* cachées derrière les autels (on avait trouvé l'ordre de les jeter, signé de Mgr Eugeniusz Baziak, successeur de Sapieha à Cracovie et « ancien évêque de Lvov »). L'affaire mit une (brève) sourdine aux cris romains et émut jusqu'aux ennemis du régime : ils fustigèrent « la légèreté avec laquelle les Américains prenaient contact avec les religieux et les compromettaient pour des résultats insignifiants et qui auraient pu être recueillis par des procédés moins dangereux »[43].

En février 1953, aidé d'une campagne de presse sur l'hommage rendu par *Das Echo der Zeit*, organe catholique de Cologne, au courage de Wyszynski contre la politique polonaise dans les territoires de l'Oder-Neisse et à son respect du « point de vue du Vatican », Varsovie franchit « une étape importante dans l'évolution des relations entre l'Église et l'État » : un décret du Conseil d'État – « Constitution civile du clergé » digne de la France de 1791, tonna l'*Osservatore* – réserva les fonctions ecclésiastiques aux « citoyens polonais », donna à l'État droit de regard sur les nominations et investitures, exigea le « vœu de loyauté à la République populaire de Pologne » et congédia les clercs en infraction.

Wyszynski brandit l'excommunication contre tout tenant du compromis. En avril, sur mandat de la Curie qui avait interdit le « serment à l'État communiste », il multiplia les sermons contre l'URSS même et le régime, son « "orgie" de production, de surproduction », le marxisme, idéologie de haine et de division sociale, et surtout le décret : « nous ne permettrons jamais qu[e le prêtre] devienne fonctionnaire. » Le 8 mai, il adressa au Premier ministre Bolesław Bierut un message « équivalant à une dénonciation de l'accord du 14 avril 1950 ». Début juin, à la Fête-Dieu, il s'agenouilla devant Rome, affirmant « qu'il n'était pas insensible [aux] larmes [des fidèles] mais que s'il le fallait, il n'épargnerait ni leurs larmes ni leur sang ». Audace allemande telle que, à la fureur du Vatican, Paris donna le feu vert à la mission

---

43. Tél. Dennery n° 344-345, 1er avril, juin-juillet, lettres d'Ormesson n° 452, 11, de Dennery n° 612, 8 juillet, n° 356, Katowice, 7, tél. Dennery n° 1104-1108, 8, n° 1116-1117, 12, n° 1204-1205, 27 novembre, n° 1268-1271, 12, Thiollier n° 1288-92, 23 décembre 1952, *Pologne 1944*, 135, lettre d'Ormesson n° 61, 23 janvier 1953, *Saint-Siège 1944*, 28, tél. Dennery n° 1202-1203, 26 novembre, n° 1225-1228, 3, n° 1263-1267, lettre d'Ormesson n° 736, 12 décembre 1952, *Pologne 1944*, vol. 135, tél. Dennery n° 854, 26, lettre n° 17, Cracovie, 28 juillet 1951, *Pologne 1944*, 134, tél. Thiollier n° 70-76,20, n° 77-80,23, Dennery, lettre n° 88 (souligné dans le texte), 29, tél. n° 103, 30, Ormesson, tél. n° 82, 31, *Pologne 1944*, 136, et lettre n° 61, 23 janvier 1953, *Saint-Siège 1944*, 28.

Vaussard, délégation de « catholiques progressistes français » invités par leurs homologues polonais. Wyszynski refusa de les recevoir.

Début août 1953, Pie XII lui adressa une longue lettre vitupérant les « contraintes impies » et appelant au « martyre ». Frings loua en lui « le représentant ardent et hardi du point de vue de l'Église sur la question des territoires de l'Ouest ». Varsovie négocia avec les prélats qui y consentaient et, tout en libérant Splett (en août), prépara le procès de l'évêque de Kielce, héraut de la guérilla accusé d'espionnage. Il s'ouvrit en septembre : Kaczmarek fit « des "aveux" complets [mettant...] en cause plus ou moins directement [...] les chefs successifs de la hiérarchie ecclésiastique polonaise », Hlond inclus, et Rome, Orsenigo en tête : ses aveux ont fourni à Falconi une de ses sources. Par un verdict d'emprisonnement « trop sévère » si les accusés étaient innocents, « étrangement indulgent si la haute trahison [était] prouvée », Varsovie lança « un dernier avertissement » au primat. En vain.

Wyszynski fut donc arrêté fin septembre 1953, alors que l'Église et l'État concluaient « un accord de raison » *(Le Monde)*. « La véritable cause [...] de [s]a disgrâce », admit la presse allemande, est « la question de la ligne Oder-Neisse » et son refus obstiné « de protester officiellement contre les tendances révisionnistes des évêques allemands et du Vatican ». Je mentionne pour mémoire le tapage du Vatican : il brandit l'excommunication rituelle et prétendit soumettre l'affaire à l'ONU puis, devant le veto britannique, y renonça, s'avisant qu'il n'en était pas membre. Simultanément, la rénovation du clergé s'amplifia, avec l'appui ou la neutralité d'une fraction de l'épiscopat traditionnel : Choromanski et Michal Klepacz, évêque de Lodz et nouveau président de l'épiscopat, et Tadeusz Pawel Zakrzewski, évêque de Plock. Le feuilleton vatican des faveurs au Reich entretint l'élan, « mett[ant] une fois de plus l'épiscopat polonais dans l'embarras, pour le plus grand bien des "progressistes" ».

On apprit début décembre 1953 que la Curie confirmait au Reich la prélature *nullius* de Pila (ex-Schneidemühl), incluse par la Pologne en 1945 dans le diocèse de Gorzow, qu'elle avait laissée officiellement à l'ancien suffragant de l'archevêque de Breslau : l'épiscopat allemand à Rome fit nommer au défunt un successeur allemand, l'abbé Ludwig Polzin, résidant à Berlin-Ouest. Véritable provocation, que de « nommer dix ans après la guerre un évêque allemand à la tête d'un diocèse situé en plein cœur de la Pologne, à 250 km de la nouvelle frontière, évêque qui siège quelque part en Allemagne occidentale », et de « continuer à reconnaître un ambassadeur qui ne représente plus que lui-même [, en] heurt[ant] de front un sentiment national aussi profond que naturel ». Devant l'indignation polonaise, clercs inclus, Tardini reprit les mots de Gasparri : « ces évêques polonais sont d'un nationalisme dont rien ne peut donner l'idée. Dès qu'il s'agit d'Allemagne, ils prennent feu... Il faudrait les calmer. Mais on calme difficilement de grands malades et il faut les considérer, du fait de la lente torture quotidienne dans laquelle ils vivent, comme de grands malades. »

À la mi-décembre 1953 eut lieu la cérémonie solennelle de prestation de serment des nouveaux prélats : dans son texte lu par Choromanski figurait la formule « les terres occidentales sont rendues à la patrie »[44]. Les alliés de raison avaient le droit canonique pour eux : on découvrit dans les papiers de Wyszynski un acte romain octroyant pouvoirs exceptionnels à son successeur s'il était empêché, dont celui de nomination épiscopale : ils furent donc dévolus au successeur nommé par l'État « président de l'épiscopat » (sur une liste de deux noms établie par ses pairs). Le Vatican s'obstina dans la provocation : en 1954, l'Annuaire Pontifical confirma que les sept voïvodies de l'ouest et du nord, dites « diocèses de Breslau, "Warnie, Ermland", de Dantzig, plac[é] sous la rubrique de l'État de Danzica » et la prélature de Schneidemühl « appart[enai]ent à l'Allemagne [...Il] ne donn[a] pas les noms des administrateurs [polonais] des quatre diocèses mentionnés ci-dessus ».

L'élimination allemande fut achevée par une mesure contre les couvents germaniques qu'avaient adoptée toutes les démocraties populaires, en général plus tôt (1948-1950). Fer de lance « après la guerre dans la résistance au régime » communiste, ils avaient après 1945, outre leur rôle de centres d'espionnage, gagné en influence : les paroisses des 1 300 curés morts avaient été « confiées à des congrégations et rattachées à un couvent », jésuites, dominicains, franciscains et bénédictins surtout. Les Polonais dispersèrent en août 1954 « environ 2 000 » (chiffre vatican) religieuses allemandes, en Silésie (voïvodies de Wroclaw et Opola) et près de Cracovie. Soit quatre ans après la dispersion à travers la Tchécoslovaquie des congrégations de femmes non charitables de « l'ancien territoire des Sudètes », autorisées à la vie communautaire, mais sous obligation de travail salarié dans les usines textiles.

L'opération eut lieu après que les supérieures eurent opposé un « refus catégorique » à une offre de travail salarié de couture. *Match* parla de « déportations massives de religieuses vers la Sibérie » et *La Croix* de « fermetures définitives de couvents ». Alain Peyrefitte ramena ce « rude coup [porté] à des

44. Tél. Dennery n° 140, 6, n° 162, n° 163-168, 14, lettre d'Ormesson n° 125, tél. Dennery, 20 février, lettres de Dennery n° 331, 9, n° 377, 23 avril, pastorale de Wyszynski, 2 mai (et mois suivants), tél. Dennery n° 612-617, 6, n° 627, 7, Ormesson n° 185, 12 juin, *Pologne 1944*, 136, Seydoux n° 462, Dennery n° 495, 2, Ormesson n° 383, 3 juillet, lettre n° 483, 13 août, tél. Thiollier n° 907, 14 septembre, Roux n° 67-68, Gdansk, 21 août, Thiollier, tél. n° 925, 6, n° 944-946, 23, n° 970-972, 27 septembre, lettre n° 612, 7 novembre (*Le Monde* du 1er), lettre de Bérard n° 2015, 30 septembre, tél. Hoppenot, New York, n° 2464-2468, 8, n° 2469, 9, Ormesson n° 371-372, n° 374, 23 octobre, tél. Thiollier n° 995, n° 990-992, 30 septembre, *ibid.*, 137, tél. Dennery n° 1193, Ormesson n° 454, 12, lettre de Dennery n° 887, 18, tél. Ormesson n° 459,19, lettres de Dennery, n° 902, 30 décembre 1953, *ibid.*, 138, et n° 965 de Leusse, 2 novembre 1955, *ibid.*, 141.

congrégations [...] jusque-là paradoxalement épargnées » à une « permutation [...] simple [ou] triangulaire » : les couvents de Cracovie « héberge[aient] des sœurs de Haute-Silésie, expulsées de leurs propres monastères », dans le but d'arracher à « leur région d'origine de[s] religieuses allemandes qui constituaient un véritable noyau inassimilable ». Varsovie affaiblit du même coup ce centre d'opposition, exploitant la germanophilie des Polonaises ainsi ravivée et l'efficace pression à la sécularisation par le travail. L'État poussa l'avantage anti-allemand dans la mesure où l'accord passé avec l'Église polonaise délestée des chefs du veto semblait alors solide : dans les premiers mois de 1955 des prélats emprisonnés au terme des procès furent libérés, tel Kaczmarek, et Varsovie offrit à Wyszynski sa libération contre son non-retour[45].

Au tournant de 1954, le Vatican subit donc en Pologne un échec sérieux, un compromis État-Église réduisant à peu de chose, *à court terme*, les plans allemands et américains contre les nouvelles frontières. En témoigna sa vindicte contre les « catholiques progressistes », déchirés entre leur ultramontanisme et ce qui tendait à le rompre : la (très lente) laïcisation de la société polonaise et surtout le ciment national des « territoires de l'Ouest ». En juin 1955, le Saint-Office s'abattit sur les « progressistes ». L'interdit sur leurs publications sanctionna le « récent mémorandum [...de] prêtres patriotes » contre le refus de nommer une hiérarchie polonaise « dans les territoires recouvrés » : le texte avait « vivement irrité les milieux ecclésiastiques allemands, fort influents, comme chacun sait, dans l'entourage du Saint-Père... ». Le Vatican « a l'apparence d'être plus anti-polonais qu'anti-progressiste », résuma Graham Greene en novembre, après son voyage en Pologne[46].

Le cas de la Tchécoslovaquie, où Beran avait tenté d'exécuter comme ses homologues les instructions vaticanes, fut le même à quelques semaines près.

• Le cas de la Tchécoslovaquie

L'histoire de ce pays, le rapport des forces politiques très différent et la sensibilité aiguë des Tchèques au péril allemand expliquent que l'épiscopat dut y rendre des comptes plus tôt que son homologue polonais, sa partie slovaque se comparant aux cas hongrois et polonais, antisémitisme inclus. Comme ailleurs, l'État le sanctionna moins pour son rôle de 1938 à 1945 que pour

---

45. Dennery, tél. 6 janvier, n° 66-67, 12 février, lettre n° 455, 25 mai, *Pologne 1944*, 138, tél. n° 1024-1030, 1er, note SE 333722, 15, tél. Peyrefitte, n° 12, 25 septembre, n° 20, 18 octobre 1954, n° 1, 3 janvier, lettres n° 32, 12 février, n° 58, 7 mars 1955, *Pologne 1944*, 139. Bilan tchèque, lettre n° 883 de Levi, Prague, 19 juin 1953, *Tchécoslovaquie 1944*, 155.
46. Lettres d'Ormesson n° 609, 6 novembre 1953, *Pologne 1944*, 138, de Leusse n° 302, 5 avril, Brouillet, tél. n° 232, 29 juin, lettres n° 439, 2, de Peyrefitte n° 290, 11 juillet, n° 323, 31 octobre, *ibid.*, 140, et de Leusse n° 1062, 30 novembre 1955, *ibid.*, 141.

son refus de braver l'interdit territorial romain. Le souci de consensus que symbolisait Benès avait en effet conduit Prague à « ne pas se montrer trop strict sur le comportement du clergé slovaque pendant la guerre » : Vojtassak et Godjic, arrêtés à la libération, furent « ensuite relâchés ». Les couvents germano-ukrainiens, basiliens, puis jésuites, salésiens, etc., centres d'« activités clandestines », frappés les premiers, ne le furent pas avant 1948-1949.

Une grave crise éclata à l'été 1949, résultat des ordres de subversion transmis depuis des mois par le nonce Verolino, qui tentait en outre d'allumer en Slovaquie rurale la « Chouannerie » : Dejean l'admit en juillet après l'avoir nié en juin (le procès de novembre 1950 en conterait tous les détails). Beran fut consigné dans son palais et ses archives saisies, tandis que s'amorçait la double normalisation : territoriale : des commissaires d'État furent nommés fin juin 1949 dans tous les évêchés de Bohême (sauf Litomerice) et de Slovaquie ; politique : après l'expulsion (le 13 juillet) de Verolino, prélats séculiers et supérieurs des congrégations furent interdits d'excommunication vaticane « sous peine de délit de trahison ». Une campagne de presse rappela que le clergé avait moins résisté à l'occupant allemand qu'aux communistes tchécoslovaques : fut citée la pastorale, trouvée dans les archives de l'évêché de Brno, de l'évêque de Hradec Kralové, Mgr Marek Picha, après l'exécution de Heydrich et le massacre de Lidice (des 29 mai et 9 juin 1942), « invit[ant clergé et fidèles] à respecter l'autorité établie et à travailler de toutes leurs forces pour la victoire du Reich ».

En octobre 1949, on parla de créer un « Office central pour les questions religieuses » et un « statut civil pour le clergé de toutes les Églises » impliquant fonctionnarisation, obligation de serment à la « République populaire » et nomination de prêtres de toute paroisse vacante dans les trente jours : la mesure visait les Sudètes, où les Allemands partis n'étaient toujours pas remplacés. Ce fut le signe du ralliement du bas-clergé, que l'épiscopat supplia en vain « de ne pas se laisser tenter par les deniers de Judas ». Pression économique, comme partout, mais dont l'efficacité fut ici d'autant plus précoce que la cassure entre haut- et bas-clergés avait une longue histoire. L'excommunication des clercs chargés des diocèses allemands ou « magyars », tel Jean Déchet, administrateur du diocèse slovaque de Banska Bistrica, au début de1950[47], n'en vint pas à bout.

Le processus s'accompagna, pendant toute l'année 1950, d'arrestations et procès contre les séculiers et réguliers les plus liés au Vatican, au Reich et

47. Antisémitisme slovaque, *Tchécoslovaquie 1944*, 47. Tél. Rivière n° 34-37, 11 janvier 1951, *ibid.*, 153, lettre n° 473 de Dejean, 13 août, note 223500, 27 décembre 1948, tél. Ormesson n° 86, 16 mars, lettres n° 152/4, 24, n° 159/4, Bratislava, 27 mai, tél. Dejean n° 683-687, 24, n° 704-707, 29, n° 709-712, n° 719-721, 30 juin, *ibid.*, 47, n° 759-760, 7, n° 769-770, 10, n° 786-792, 13, n° 808-809, n° 810, 21, lettres de Lageneste n° 522, 28 juillet, 6 octobre, tél. Dejean n° 1191-1194, 15 octobre 1949 et d'Ormesson n° 122, 24 février 1950, *ibid.*, 48.

aux services américains. En septembre s'amplifia le « ralliement » de l'épiscopat, surtout en Slovaquie, dont les diocèses n'étaient toujours « pas [...] détachés des diocèses hongrois ». Les procès suivants consolidèrent l'acquis de l'État par les « étonnants aveux des accusés » du procès de novembre qui « désarmèrent l'*Osservatore Romano* » : « une véritable surenchère dans l'aveu, la palinodie et la dénonciation » de Beran et de ses chefs romains sanctionna un « effondrement » que Rivière n'imputa pas à la seule lâcheté, mais au rapport de forces (le ralliement en cours depuis les procès d'avril), voire à l'excès de repentir et d'humiliation de « l'âme slave ». Le procès de janvier 1951 des trois pires prélats slovaques « descendus de leur piédestal », conclu sur leurs « regrets », eut un effet profond en Slovaquie.

Le réarmement officiel allemand acheva, début 1951, la normalisation déjà largement acquise. Beran avait été « écarté sans éclat ». Le nouvel épiscopat jureur, « pren[a]nt ainsi ouvertement position contre les décrets d'excommunication du Saint-Siège », leva en mars 1951 la suspension « a divinis » édictée le 15 juin 1948 et appliquée par Beran contre l'abbé Plojhar, ministre de la Santé publique (allié aux communistes depuis sa déportation). Comme Varsovie, Prague avait réglé *de fait* le statut des « anciens diocèses hongrois ou allemands » (ex-sudètes et silésiens) en y installant des évêques ralliés ou remplacés par leurs subordonnés. Sans chercher à obtenir reconnaissance officielle romaine, quête dont l'échec, « après vingt ans de négociations », avait avant-guerre démontré la vanité.

Comme l'épiscopat polonais, le tchécoslovaque intervint dans le dossier du réarmement allemand, avec un allant excluant la seule « pression » communiste ou soviétique. En novembre 1954, la circulaire signée des dix-neufs évêques, juste après les accords de Londres (d'octobre), contre une alliance de l'Occident fondée sur la résurrection de « la Wehrmacht », souleva l'ire du Vatican, à cause de sa publicité à l'ouest de l'Europe. Leur hantise du Reich, confirmée dans les mois suivants, valut aux progressistes tchécoslovaques le sort de tous leurs homologues : un décret du Saint-Office, le 13 juillet 1955, contre le journal catholique *Katolicke Noviny* et les fulminations de l'*Osservatore* contre le « Joséphisme marxiste »[48]. Hommage involontaire aux héritiers des vaincus de la Montagne Blanche.

---

48. Tél. Lageneste n° 764-766, 14, n° 784-785, 22 septembre, Dejean n° 1191-4, 15 octobre 1949, d'Ormesson n° 122, 24 février 1950, *Tchécoslovaquie 1944*, 48, procès depuis avril, dont tél. Rivière n° 966-973, n° 977-979, 29 novembre, lettre n° 652 d'Ormesson, 1er, tél. Lageneste n° 1000-1005, 2, lettres de Rivière n° 1338, 13 décembre 1950, n° 88, 24 janvier, n° 292, 21, *AFP*, 19 mars 1951, *Tchécoslovaquie 1944*, 153, (Plojhar, tous, depuis 1948), lettre de Rivière n° 392, 14 mars 1952, *ibid.*, 154, Ormesson, tél. n° 517-520, 27 novembre, *ibid.*, 155, lettres n° 716, 3, de Boisanger, Prague, n° 1623, 15 décembre 1954, n° 20, 11 janvier, d'Ormesson n° 490, 27 juillet 1955, *ibid.*, 156.

III. La contribution à la Restauration en Europe occidentale : les cas italien et français

Outre les aspects extérieurs, décisifs, de son action en Europe occidentale, le Vatican joua dans la politique intérieure des États un rôle accru par la fonction que lui assignait Washington dans sa sphère d'influence.

L'Italie

Le modèle électoral d'avril 1948

Ses liens avec l'appareil d'État italien restauré et converti à l'alliance américaine ont été exposés plus haut. Obsédé par le PCI, il n'avait dès 1944 guère à craindre du radicalisme d'une Italie tuteurée par les États-Unis. J'exclus donc l'hypothèse de sa terreur de la marée rouge, au profit d'une étude de ses modalités d'intervention.

L'exemple le plus marquant de la « sensib[ilité de Pie XII] aux moindres incidents de la vie politique italienne » fut la campagne électorale de 1948, qui mobilisa l'Église entière : des curés de paroisse aux sacrées congrégations, Consistoriale en tête, notifiant aux fidèles la stricte obligation de voter pour des candidats et listes leur donnant « la certitude qu'ils respecter[ai]nt la loi divine, les droits de la religion et de l'Église dans la vie publique et privée » ; des séminaristes des « universités romaines » pourvus d'« une préparation spéciale leur permettant de contrebattre les arguments de la propagande marxiste » aux prélats, tel l'archevêque de Milan Schuster, héraut du fascisme et de l'exfiltration des criminels de guerre, qui annonça l'excommunication : on refusera l'absolution aux « fidèles qui "adhèrent au communisme ou à d'autres mouvements contraires à la profession de foi catholique" [...] spécialement par le moyen du vote, et qui, après avertissement, refusent de changer de conduite ».

Cette phase fit triompher les forces cléricales laissées intactes par la chute de Mussolini. C'est alors que, au sein d'une démocratie chrétienne qui « inquiétait » Pie XII autant que le PPI ses deux prédécesseurs, pour éventuelle dérive de gauche (ses promesses de réforme agraire) et antifascisme, le Dr Luigi Gedda consolida sa puissance : président de l'AC (aux côtés de son « président général » Veronese), « récemment nommé président de l'Association des hommes catholiques », organisme à l'avant-garde de la reconstitution des « Internationales catholiques », cet ancien « Chemise noire » et président de l'AC des Jeunes sous le fascisme, avait rédigé « un article [...] aujourd'hui introuvable [affirmant] que le Christ n'[était] pas de race juive ». « Fécond en initiatives », telle « la campagne de lettres expédiées par millions par les Italiens d'Amérique à leurs compatriotes de la terre natale », Gedda dirigea les « comités civiques » créés en mars 1948 pour préparer les élections, des tracts ou du quadrillage des paroisses « maison par maison [pour] entreprendre auprès de chacun une œuvre de persuasion appropriée », etc., jusqu'aux « salles de vote ». Élément des élites les plus « américaines », il collaborait étroitement avec Galeazzi, Carlo Pacelli, Pizzardo et Mgr Roberto Ronca, « supérieur du séminaire romain » enrichi par ses « opérations financières et commerciales [...] sous l'occupation allemande » et promu après le succès du 18 avril au consistoire secret du 21 juin. Sans oublier, outre les Allemands cités plus haut, les cardinaux Canali, chef de l'administration de la Cité du Vatican, et Marchetti, « doyen du sacré collège et secrétaire de la congrégation du Saint-Office », intime de Pie XII qui « ne pren[ait] jamais une décision importante contre [son] avis », et « intégriste [...] qui se vant[ait...] de n'avoir pas ouvert un livre depuis sa jeunesse ».

Une démocratie chrétienne vaticane

Le pape voyait dans le fasciste Gedda « l'homme à poigne » idéal non seulement contre « le bloc démocratique populaire », mais contre une DC suspecte. Il rêvait de « créer un super-parti catholique » situé entre AC et DC, « secouant le privilège de fait dont joui[ssai]t » celle-ci, et apte, par ses « tendances [...] "phalangistes" [..., à] paralyser les réformes profondes », agraire notamment. Question si aiguë que la DC et le Vatican même, « fort inquiet des progrès [de] la propagande du PCI dans le Mezzogiorno » latifundiaire, en avaient fait début mars 1948 un thème préélectoral, avec le « message collectif » des « 17 archevêques et 55 évêques de cette région en faveur d'une réforme agraire ».

Après le 18 avril, « la défaite du communisme et la victoire du Parti chrétien social » dont Pie XII, nouveau « roi » après « la chute de la monarchie », était considéré comme l'artisan, « le programme de larges réformes sociales promises à l'Italie lors de la campagne électorale » disparut. Le pape fixa les bornes assignées au « futur gouvernement italien » dès le 22 en posant devant les directeurs des trois principales agences de presse américaines « la question des débouchés pour une population à l'étroit sur son territoire », les « colonies [...] et l'émigration, notamment vers l'Argentine » – décidément terre de prédilection. Le 2 juin, il déclara que « les réformes sociales » n'étaient pas « un problème de répartition mais plutôt de production » et bannit « les espérances chimériques ». Le veto se durcit au fil des mois : en décembre Tardini et Montini confirmèrent à d'Ormesson que la Curie « compt[ait] sur l'expérience de M. De Gasperi pour éviter le pire [et] louvo[yer] » contre d'inutiles « réformes spectaculaires », tant à la terre que contre « la misère [des] quartiers populeux des grandes villes ».

Le miracle électoral risquait donc de ne pas se reproduire indéfiniment. Aussi le pape s'occupa-t-il autant que les États-Unis de la scission de la CGIL, préparée depuis la guerre sous la houlette d'Antonini (de l'AFL), relancée après avril 1948, mais plus délicate ici qu'en d'autres « pays Marshall » (formule des fonds français et des *FRUS* depuis 1947) : les tentatives n'aboutirent qu'en avril 1950. Pie XII dénonça depuis son discours du 29 juin 1948 « le régime d'unité syndicale en vigueur depuis la chute du fascisme » et Gedda s'occupa aussi de ce secteur[49].

« L'intimité des relations » entre la Curie et l'État italien réalisa, « cas sans précédent depuis 1870 », la quasi-fusion des éléments laïcs et ecclésiastiques du monde noir. Gouvernant de concert, ils se retrouvèrent à dater de décembre 1949 dans une structure bâtie à cet effet, à l'initiative de Montini, par Veronese et Dalla Torre, le *Circolo di Roma*, à forts contacts internationaux. Elle accueillait « des personnalités de passage à Rome », surtout allemandes : Adenauer, reçu par Dalla Torre, y conféra « en allemand » en juin 1951. En février, De Gasperi y avait décrit l'Empire romain déchu relevé par l'alliance avec l'Amérique, prôné l'intégration de l'Allemagne dans le monde et l'Europe, loué Schuman pour les récents progrès de la France en ce sens et célébré l'importance de l'Europe pour l'Italie. La ville de Rome était transformée en sacristie, son équipe municipale marchant en tête (le 8 décembre 1949) de « procession "pour le transport solennel d'un portrait vénéré de la Vierge de la Basilique de Sainte Marie Majeure à la Basilique de Saint Pierre" [...] (de l'avis des vieux Romains le fait était sans précédent) ». Les tribunaux condamnaient la presse « pour injures au Pape » : l'*Avanti* (socialiste de gauche) fut châtié par celui de Rome en mars 1951 pour avoir accusé Pie XII d'être le « pape des patrons » et de la *Confindustria* contre les ouvriers.

La confiance ne régnait cependant pas entièrement : la DC au pouvoir ne réglait pas avec la vigueur requise la question communiste et sociale. Le Vatican jugeait le cabinet postélectoral de De Gasperi « faible et sans décision » face aux grèves et autres manifestations de ces « "cinquièmes colonnes" dont [la Russie] dispos[ait] partout ». Depuis son arrivée (en mai 1948), d'Ormesson, bien informé de « la véritable tendance personnelle du pape », entendit (comme en décembre 1948) sa litanie contre « les grèves communistes en Italie » et le cabinet De Gasperi « trop faible » : « cela n'est plus de

49. Miller J. E., *United States*, chap. 6 et *sq*., Di Nolfo E., *Vaticano*, Bouthillon F., « Les élections », *passim*, et Lacroix-Riz A., « 1947-1948. Du Kominform », p. 236-238 (1re édition, p. 523), lettres de Bourdeillette n° 290, 21 août 1947, de Maritain n° 79, 4 mars, n° 113, 2 avril, *Saint-Siège 1944*, 9, de Bourdeillette n° 352, 20 août, *ibid.*, 7, n° 214, 24 juin, *ibid.*, 6, n° 142, 30 avril, *ibid.*, 9, n° 180, 4, n° 184, 11 juin, d'Ormesson n° 481, 15 décembre 1948, et n° 72, 14 février 1949, de Bourdeillette n° 249, 2 juillet, et n° 290, 5 août 1948, *ibid.*, 10, Miller J. E., *United States*, p. 255-263, et Carew A., *Labour, passim*.

la démocratie ni de la liberté, c'est de la licence. Une démocratie doit savoir se défendre [...] Le gouvernement est trop faible... beaucoup trop faible... Les grèves recommenceront ». Tel est le sens des « mots d'ordre que certains dirigeants de la DC viennent chercher au Vatican » : Pie XII « a brisé l'assaut communiste italien. Il a mis, pratiquement, le communisme d'obédience soviétique "hors la loi religieuse" » et veut exclure par une politique d'extrême fermeté « tout retour en arrière et le risque par un exercice excessif de libertés démocratiques, de rendre leur chance aux communistes ».

La Curie reçut, notamment début 1949, « des apaisements et même des engagements [...] en matière de tolérance et de répression communiste ». Elle élabora avec le Quirinal et les Américains tous les projets répressifs contre « certaines manifestations et certains actes illégaux » et autres « mesures nécessaires pour faire face à [l']agitation de ces cinquièmes colonnes » (Montini, en juillet 1950). C'est dans ce cadre que se déploya la stratégie américaine – dont l'étude s'amorce à peine, faute d'accès aux sources – des « stay behind », « réseaux dormants » peuplés d'ex-champions de l'Axe Rome-Berlin : visant prétendument à empêcher « une occupation soviétique de l'Europe occidentale », ils avaient pour but de verrouiller, par tous les moyens, d'éventuelles tentations populaires pour la gauche transformatrice[50].

L'ennemi résistant, malgré son affaiblissement progressif, le projet vatican d'épurer et, en cas d'échec, de casser une DC divisée comme naguère le PPI ne fut pas abandonné. L'élimination de l'aile gauche de la DC, déjà fort affaiblie et isolée, passa par l'application générale des mesures prescrites par Schuster : en janvier 1949, le Dr Franco Rodano, personnalité de « la gauche chrétienne » issue des antifascistes de la « Jeunesse catholique italienne », marié à une communiste, fut frappé d'interdit personnel. « Décidé à agir énergiquement pour empêcher que l'attrait des conceptions marxistes et l'idée d'une alliance avec le parti communiste ne pénètrent davantage parmi les catholiques italiens », le Vatican prit alors d'autres sanctions contre « le mouvement unitaire des chrétiens progressistes d'Italie ».

Ces mesures furent parachevées le 1er juillet par le décret d'excommunication. Les projets de scission, relancés chaque fois que l'hégémonie de la droite extrême de la DC était menacée, firent grandir l'étoile de Gedda : dans cette « lutte d'influence », Pie XII l'utilisa avec l'AC et les « intangible[s...] comités civiques » pour « contrôler » la DC. Au début des années 1950, « aile gauche

---

50. Lettres d'Ormesson n° 628, 20 décembre 1949, *Saint-Siège 1944*, 26, n° 107, 28 février, n° 178, 30 mars, tél. n° 99-104, 21 juin 1951, *ibid.*, 27, n°119, 23 février 1950, *ibid.*, 18, tél. Bourdeillette n° 163, 16 juillet, *ibid.*, 10, Ormesson n° 489, 23 décembre 1948, *ibid.*, 12, lettres n° 140, 7 avril 1949, *ibid.*, 6, n° 384, 15 octobre 1948, tél. n° 384, 11 mars 1949, *ibid.*, 10, et lettre n° 412, 20 juillet 1950, *ibid.*, 26 ; Ganser D., Kisatsky D., *op. cit.*, et *infra*.

démocrate-chrétienne » évincée, le triomphe de « la tendance de droite » rendit la scission inutile. D'Ormesson décrivit en juillet 1951 le triomphe d'un « intégrisme » gallophobe, expression des forces fascistes catholiques obsédées par le « désir [...] de se venger [...] des sanctions qui leur ont été imposées » dans la « période d'écrasement » et de « silence ». Leur gloire politique fut parallèle, après de nouvelles plaintes vaticanes contre l'excessive « timid[ité de] la politique de résistance au communisme [du] gouvernement Gasperi ».

Fin 1951, « le Vatican vou[l]ait à tout prix faciliter une politique d'alliances électorales entre la DC et les partis de droite ». En janvier 1952, après un « discours au patriciat romain » en faveur d'une union MSI (Mouvement social italien, fasciste)-DC, qui répugnait à De Gasperi, Pie XII fit donc « un petit coup de théâtre » : il remit la direction de l'AC, dix mois avant la fin du mandat de Veronese, jugé trop libéral, à son « champion le plus efficace de l'anticommunisme », Gedda, remplacé « à la tête des comités civiques » par son ami le professeur Carlo Carretto. Ces deux anciens fascistes devaient pour les élections du 25 mai 1952 réaliser l'alliance de « front unique contre le communisme » que la secrétairerie d'État présenta à d'Ormesson sous un jour engageant : il fallait distinguer vrais fascistes et « mécontents », etc.

Le détail de ces tractations avec le MSI où intervint don Sturzo, révélé au Quai par d'Ormesson, fut diffusé, au grand dam de Pie XII, dans l'*Unità*, au printemps 1952, par un transfuge jésuite important alors passé au PCI, le RP Alighiero Tondi. L'échec de cette ligne d'affrontement condamna certains espoirs fous : Gedda prononça un discours en faveur de la démocratie en juin 1952. Mais le RP Antonio Messineo exprima dans la *Civiltà* la colère du pape contre la poussée des voix communistes et sa rancœur contre le refus d'alliance de la DC avec les monarchistes, « sincères démocrates », et même contre le MSI, qui avait trahi « la cause anticommuniste ».

La suite des événements ressembla à ce qui précède : refus de « la démagogie [des] réformes sociales », appel au « retour au libéralisme économique » et à « un gouvernement qui ait de l'autorité, et qui sache s'en servir », contre les syndicats et leurs grèves à « réglement[er] », contre le PCI ou « la licence criminelle de la presse », etc. ; recherche d'« un nouveau ciment électoral » et pleurs sur les résultats électoraux des « partis marxistes ». Hantise antibolchevique et application « énergique [...] à redresser les tendances [de...] certains éléments de la DC, au sein du gouvernement lui-même » reflètent l'immense contribution vaticane à la restauration américaine des élites italiennes.

En novembre 1954, « le clan réactionnaire » éloigna même de Rome Montini, qu'il « accusait d'être l'avocat de la démocratie chrétienne [...] tendance "gauche" », c'est-à-dire d'une ligne moins ouvertement fasciste que celle de son ennemi personnel, Pizzardo : il fut nommé archevêque de Milan, et remplacé par Dell'Acqua. « L'"ouverture à gauche" équivaudrait à une catastrophe (sic) », répétait la camarilla pacellienne (Tardini, en avril 1955, contre la candidature de Giovanni Gronchi à la présidence de la République). La continuité régnait : en juin 1953, le chantre de la croisade de juin 1941, Costantini, exalta l'œuvre de Pie XII en faveur de la paix, devant un parterre de « représentants du ministère des Affaires étrangères italien – qui presque tous [avaient] appartenu au parti fasciste »[51].

La France

Le Vatican et la politique intérieure

Dans le cas français, le souci fut identique mais les moyens plus faibles. Devant Maritain, dont le choix comme ambassadeur par de Gaulle infligeait un affront personnel à Pie XII, la Curie observa sur la situation française une certaine retenue. Elle devait aussi beaucoup à l'antipathie vouée au ministre des Affaires étrangères, Bidault, ancien paria de *L'Aube* aussi peu « persona grata ».

La réserve tomba avec la conjoncture allemande qui suscita, du printemps à l'été 1948, le départ du premier puis du second, et l'arrivée au Quai d'Orsay de l'ultramontain Schuman. Le Vatican montra, devant le nouvel ambassadeur, W. d'Ormesson (septembre 1948-juillet 1956), une grande audace. En dépit d'un cléricalisme banal sous la « Troisième Force » ayant évolué au même rythme que le reste de l'Europe occidentale, ce publiciste du Comité des Forges et du *Figaro* conserva intacte, plus que Maritain, la lucidité fixée par son humiliant stage de 1940. Il rendit donc compte des réactions et conseils de Pie XII et de son entourage (Tardini et Montini surtout) pour anéantir le péril rouge en France avec un minimum de lucidité, à l'inverse de son adjoint René Brouillet, conseiller et chargé d'affaires (1953-1958), caricature d'ultramontain (et exfiltreur, à en juger par l'ouvrage sur Touvier présenté ci-dessus).

Ces francophobes avérés, d'Ormesson le montra à maintes reprises, n'étaient sincères que pour commenter un échec électoral du PCF ou un assaut répressif contre lui. Alors, « l'œil vif, les gestes animés », le faux timide Pie XII exultait sur le mode de scrutin propice, en avril 1949, après les cantonales. Tardini et Montini pavoisèrent tant de la baisse des voix du PCF aux législatives de 1951 – qui permettrait « enfin une solution concrète du problème scolaire » –

51. Lettre d'Ormesson n° 32, 19, tél. n° 23-25, 31 janvier 1949, *Saint-Siège 1944*, 10, juillet 1949, *ibid.*, 26 ; lettres d'Ormesson n° 101, 10 mars 1949, *ibid.*, 10, n° 78, 3 février 1950, *ibid.*, 26, n° 384, 26 juillet, tél. Fouques-Duparc, 28 décembre 1951, lettres d'Ormesson n° 38, 17, n° 63, 24 janvier, n° 165, 6 mars, n° 288, n° 300, 25 avril, tél. n° 94, 6, lettres n° 439, 23 mai, n° 422, 25 juin 1952, *ibid.*, 27, lettre n° 407, 10, tél. n° 217, 17 juillet 1953, n° 371-375, 24 octobre 1955, *ibid.*, 29, lettre n° 97, 14 février, *ibid.*, 18, tél. n° 132-136, 13 avril 1955, lettre n° 320, 5 juin 1953, *ibid.*, 29.

que d'Ormesson les enjoignit de ne faire « aucune gaffe » (mots de Montini). En mai 1952, après la répression, sous prétexte de « complot des pigeons », contre la manifestation anti-Ridgway, ils félicitèrent Antoine Pinay de sa « fermeté » contre la tentative de « coup de force » et les « ordres de grève politique », de l'arrestation de Jacques Duclos et autres mesures montrant l'exemple à l'Italie contre « la faiblesse » de De Gasperi. Le tout « sur un ton [à] la chaleur et la sincérité [...] exceptionnelles », qui fit conclure d'Ormesson, comme Charles-Roux avant guerre, que Paris n'avait jamais eu ici tant de prestige.

Ce que j'ai dit de la question allemande *stricto sensu* atteste la similitude des deux après-guerre. Les rapports franco-vaticans semblèrent améliorés de 1945 à la fin des années 1950 par une situation politique rendant au cléricalisme français, sur fond d'antibolchevisme débridé, le poids perdu de 1875 à 1938, et confirmant la tendance des élites à considérer « la religion [...] *sous le seul angle du bulletin de vote, quand il s'agit de politique extérieure* ». Car la France conserva, période gaullienne incluse, l'ambiguïté qui avait caractérisé ses rapports avec le Vatican dans l'entre-deux-guerres : on l'a vu avec la politique « catholique » en Allemagne rhénane. La Curie comptait, pour se gagner le nouvel État gaulliste qu'elle avait bafoué jusqu'à la libération de Paris (et au-delà), sur sa débilité en matière allemande, ses soucis intérieurs aiguisés par la radicalisation populaire et ses besoins missionnaires coloniaux.

Le tout exclut d'emblée les représailles : Blesson conclut en octobre 1943 son portrait accablant de Pie XII en estimant « stérile [...] un conflit avec le Saint-Siège », dont « le concours [...pouvait] nous être utile [...] dans certaines régions, en Syrie par exemple ». La question de « l'école libre » – du maintien de deux France scolaires et sociopolitiques – unifiait ces arrière-pensées : une très longue note « sur les subventions à l'enseignement privé » d'André Latreille, le 28 décembre 1944, inspirée par Michel Debré, commissaire de la République à Angers, le révéla autant qu'une note de décembre 1951 sur la nécessité de maintenir « l'école libre » comme source de recrutement missionnaire (« tout se tient »)[52].

La question épiscopale

Paris déplora en 1945 « l'insuffisance de l'épuration » épiscopale ou le projet d'« élévation à la pourpre de prélats compromis », tels Marmottin, Feltin et

---

52. Note 5e bureau n° 003223, 14 décembre 1944-6 janvier 1945, *Saint-Siège 1944*, 11, principale source depuis septembre 1944 sur le conflit, avec *ibid.* 5. D'Ormesson, lettre n° 140, 7 avril 1949, *ibid.*, 6, tél. 22 juin 1951, et n° 94, 6 mai 1952, *ibid.*, 27, lettre de Charles-Roux n° 151, 10 avril 1933, *Canet*, 36, rapport Blesson, octobre 1943, *Alger*, 1373, notes Latreille, 28 décembre 1944, sans réf., 28 décembre 1951, *Saint-Siège 1944*, 7 et 27 ; Lacroix-Riz A., « Église », *passim*.

Piguet, par leur hyperactivité au service de Vichy, de la LVF et du STO, origine de « la déception [et du] malaise r[é]gn[an]t dans les milieux catholiques », et la nomination d'« émigrés de l'intérieur » au lieu de prélats propices à « la paix des consciences » : « en somme, vous estimez qu'ils sont des émigrés de l'intérieur ? », déclara l'audacieux Pie XII à Maritain en février 1947. Mais Paris y avait prêté la main dès la Libération en plaçant dans sa zone d'occupation le type de clercs qu'il reprochait à Pie XII de maintenir en poste, tel l'aumônier général Picard de la Vacquerie, déjà présenté, et en disculpant tôt, parmi les prélats français soustraits dans leur quasi-totalité par le Vatican à l'épuration, ceux qui lui répugnaient le plus.

Suhard, interdit de *Te Deum* de Libération à Notre-Dame – pour son récent rôle aux obsèques de Philippe Henriot, sanction gaulliste qui avait mis Pie XII dans « la plus pénible émotion » – fut maintenu contre vents et marées. Au début de l'automne 1945, le Quai céda sur de nombreux cas, ainsi en acceptant le maintien à Bordeaux de Feltin, très « compromis [...par] ses nombreuses manifestations publiques et lettres pastorales » vichystes, et dont il redoutait la promotion cardinalice. Fin novembre, il dressa le bilan d'échec de ses demandes épuratrices (à l'exception de cinq, dont trois chantres de Vichy contre la France libre dans l'Empire – les évêques d'Arras, de Mende, de Saint-Pierre et Miquelon, Dakar, et Rabat –, plus Beaussart). Et il admit l'ampleur du mécontentement du peuple catholique devant ce fiasco.

Il oscilla donc entre le vœu pieux (l'urgence de la nomination d'un auxiliaire à Suhard, « qui pourrait seule faire cesser les attaques violentes [dirigées] contre » lui) et le ressentiment : « les récentes nominations d'évêques ou de coadjuteurs soumises au gouvernement [...] témoignent du souci de la nonciature de ne choisir que des candidats dont la médiocrité garantit leur obédience totale au Saint-Siège, mais ne contribuera certainement pas à relever la valeur de l'épiscopat français. » En décembre 1945, Roncalli révéla en quel mépris la Curie tenait la France en déclarant au Quai : Feltin « ne sera certainement pas nommé cardinal, mais le gouvernement aurait intérêt à [le] "dédouaner" car il pourrait faire éventuellement un excellent archevêque de Paris ». Un lecteur d'une note y afférente confirma que le nonce pouvait tout oser, par ses points d'interrogation en marge et mots soulignés du passage : « mais les Français *ne pourront jamais* oublier l'action de Mgr Feltin en faveur de la milice et du service du travail obligatoire pour l'Allemagne. » Suhard fut « extrêmement sensible à la demande du général de Gaulle de bénir le mariage de sa fille. Il se sent partiellement réhabilité » (un plaisantin commenta : « qui bénit qui ? »).

Fin avril 1947 – entre ralliement occidental à la conférence de Moscou et éviction du PCF ministériel –, le Quai fit le point : « le gouvernement de la République » renonce à tout conflit sur l'épuration épiscopale qui « créerait le climat d'une lutte dont on ne voit pas clairement l'enjeu et qu['il] a intérêt à éviter, tant que de grandes possibilités d'accommodement existent »[53]. Elles étaient aussi illimitées qu'à l'ère de l'Apaisement.

Victimes et alliés de l'intégrisme vatican

Le rapport des forces contraignit Pie XII à concéder en décembre 1945 la pourpre à Saliège, après que Valeri eut tranché : « ce sac de pommes de terre n'aura pas le chapeau ! ». La France avait fait savoir fin novembre, après des mois de demandes, que, faute de sa promotion, elle ne voulait aucun cardinal. Saliège figura donc aux côtés de deux prélats agréés par Paris mais brocardés par la presse résistante, qui cita leur prose de guerre, Mgrs Pierre Petit de Julleville et Clément-Émile Roques, archevêques de Rouen et Rennes. Sous prétexte de ses problèmes de santé, Saliège fut interdit de voyage à Rome, et la cérémonie fixée en janvier 1946 à Toulouse. Ce camouflet (et non « faveur pontificale » comme le croit J.-L. Clément) fut complété par la remise du chapeau hors consistoire, en mai, avec nouvelle attente d'une semaine, le 17 au lieu du 10, pour « légère indisposition » du pape. Sa cote chuta encore après le « discours nettement politique » sur le communisme, jugé trop peu anticommuniste, qu'il prononça à sa réception par Maritain le 15, au Palais Taverna.

Mais c'est surtout contre Bruno de Solages que s'exerça la hargne vaticane : Paris demanda vainement la pourpre pour le digne recteur de l'Institut catholique de Toulouse qui, observa Alfred Michelin (directeur de *La Croix*) en septembre 1945, aurait heureusement fait oublier le cas Baudrillart. Pie XII se vengea mieux quand la guerre froide imposa, de 1948 à l'ère coréenne, l'« intégrisme » des hérauts de l'Axe. Il put alors comme après 1918 frapper d'interdit les théologiens français, et Solages plus que tous.

Dans le « conflit entre la conception "française" et la conception "hispanique" » de la religion dans ses rapports avec le monde », la Curie avait d'abord dispensé les « censures » sans citer de noms, « "par motif de charité" » : pour paralyser, rectifia Maritain, les assaillis non désignés, ainsi empêchés « de se défendre et de s'expliquer devant leurs juges » (comme lui-même pendant la « croisade espagnole »). De mars à juin 1948, la conjoncture allemande (la conférence de Londres) et italienne motiva le recours aux pires méthodes du « Saint-Office et [à ses] abus du secret ». L'entêtement français à maintenir la clause du traité de paix

53. Note pour Chauvel, 4 mai, lettre de Bidault n° 63, 24, *Saint-Siège 1944*, 7, note Europe, 29 novembre 1945, et tél. Maritain n° 56-60, 19 février 1947, tél. n° 38, Alger, 12 septembre 1944, notes pour Dejean, 2 octobre, 16 novembre, pour Coulet, 22 décembre, Europe, 29 novembre 1945 (comparer, liste de Cholvy G. *et al.*, *Histoire*, III, p. 115), pour Coulet 26 avril 1947, *Saint-Siège 1944*, 11 ; ensemble, F 7, 15291-15292, et Lacroix-Riz A., « Église », *passim*.

stipulant remise des navires de guerre italiens déchaîna le *Quotidiano* de Gedda. Le triomphe électoral italien d'avril « rend[it] impatients [...] les "politiques" du Vatican » contre les tendances du « clergé français » : Pie XII « n'ignor[ant] pas que nombre de catholiques français s['étaient] étonnés de la participation de l'Église et de l'AC à ce débat politique », sa rage lui inspira contre eux « plus de sévérité et une rigueur plus grande ». Il avait d'abord lancé aux trousses des réticents le « ministre du sacré palais » Cordovani. « Dans un article de pur style romain » de l'*Osservatore* du 15 mars, l'ancien chantre du fascisme et du nazisme qui avait ordonné « la croisade espagnole » aux catholiques français censura les « opinions sur l'évolution » de Solages. Il y annonça qu'on ne recevrait pas s'il venait à Rome celui qu'on tenait pour l'auteur des propos incongrus de Saliège et pour « un adversaire irréductible des méthodes [du...] Saint-Office pour contrôler l'orthodoxie de l'enseignement et des livres ».

D'autres prélats français « modernistes » étaient visés, les cardinaux Saliège, « pour une phrase imprudente sur la nature de la matière et de l'esprit », et Liénart, « pour un article sur les études scripturaires ». L'article ouvrit une salve d'« attaques » contre les catholiques français : Solages, qui alla à Rome en juin 1948, y apprit que, incapable de répondre aux questions scientifiques en débat, « le pape ne le recevrait pas ». Il ne songeait qu'à affaiblir le prestige international qu'avait valu à Solages sa dignité sous l'Occupation, ainsi au Canada où l'université de Montréal devait en septembre le nommer docteur *honoris causa*. Le Quai échoua dans son hypocrite tentative simultanée d'arrêter ces « inopportunes querelles dans lesquelles nos compatriotes n'auraient sans doute pas le dernier mot et qui seraient à coup sûr préjudiciables à nos intérêts »[54].

L'Index régi par l'union sacrée italienne, allemande et espagnole prodigua l'« avertissement » marginalisant les « progressistes » accusés de communisme ou de philocommunisme, et frappés pour « modernisme » et soutien à l'Action ouvrière : Pierre Teilhard de Chardin s'attira en février 1949 les « graves réserves » de l'*Osservatore* pour avoir été qualifié par *La Croix* du 4 décembre 1948 d'« éminent théologien » et pour son soutien aux aumôniers de l'Action ouvrière. Le clérical d'Ormesson critiqua autant que la gauche anticléricale l'assaut qui aboutit à l'interdiction du travail, le 1er mars 1954, aux prêtres-ouvriers jugés trop proches de la CGT. Il dénonça avec les accents de Barrère la gallophobie du « courant "intégriste" à Rome » que son allant contre « la partie du monde soumise

---

54. Depuis septembre, lettre de Bidault n° 63, 24 novembre, tél. Maritain n° 329-331, 23 décembre 1945, *L'humanité*, 27 janvier (P. Hervé), lettre de Maritain n° 67, 25 mai 1946, *Saint-Siège 1944*, 7, Clement J.-L., *Mgr Saliège*, p. 327 (et 325-331), RGSN, 24 mai 1946, AN, F 7, 15292, conversation avec Michelin, 18 septembre, lettre de Bidault n° 63, 24 novembre, de Maritain n° 138, 1er décembre, *Saint-Siège 1944*, 7, notes Europe, 29 novembre 1945, *Saint-Siège 1944*, 11, note Maritain sur sa mission, 14, lettres de Bourdeillette n° 201, 17, n° 194, 18, et note « pour M. Paris », 24 juin 1948, *Saint-Siège 1944*, 12.

à la dictature communiste » rendait désormais « “licite” » et auquel l'Encyclique ultra *Humani Generis* avait en août 1950 donné des ailes : « les têtes » sauves de l'*Action française*, du nazisme, du fascisme s'étaient « remises à penser presque tout haut » et se vengeaient de leur humiliante défaite de 1945 « contre un certain nombre d'intellectuels français (École de Lyon, de Toulouse, etc.) [...] Ceux qui s'attaquent à nous avec le plus de perfidie ne sont pas tant mus par le souci légitime de défendre la doctrine de l'Église contre les orages qui la menacent que par celui de reprendre du terrain qu'ils ont dû céder après le naufrage de leur idéologie ». Il fustigea aussi les ultramontains acharnés, pendant leurs fréquents séjours romains, à « présente[r] notre bas-clergé comme cryptocommuniste », leurs « propos malveillants contre la France », leurs « campagnes de dénigrement contre les prêtres-ouvriers ou contre telle ou telle autre innovation de l'Église de France » étayées par « des dossiers truqués [...] ne mett[a]nt en relief que des erreurs locales ou des accidents » : ces « interventions partisanes venues de France [...] ne sont ni les moins nombreuses ni les moins dangereuses ».

Les ultras secondèrent avec zèle l'éviction des rebelles à la ligne romaine aux mêmes causes *extérieures* que du temps de Versailles, et s'embrasèrent pour l'« intégration » européenne transformant le Reich renazifié en partenaire « égal ». Suhard, que le Quai avait associé à sa tentative de juin 1948 de stopper l'assaut gallophobe romain, aida à convaincre la France catholique de l'indispensable « réconciliation » avec une Allemagne délestée des stigmates de la défaite, désarmement inclus. Entre phase finale de l'Alliance atlantique et réarmement allemand officiel, il dut convaincre de la valeur de ce « modèle » les laïcs rebelles, exiger obéissance si la persuasion ne suffisait pas, aider enfin la Curie à exclure les tenaces.

Contre un « neutralisme » n'épargnant pas les catholiques français, Pacelli renouvela donc les opérations de Pie XI via Andrieu en 1926, Baudrillart, Chollet, Suhard *et alii* en 1936. Venus respectivement à Rome en novembre et en décembre 1948, Suhard et Gerlier apprirent de lui « que des mesures devraient être prises contre ces infiltrations du marxisme et des sanctions portées contre ceux qui y coopéraient ». Suhard attaqua le « mouvement des Chrétiens progressistes » le 5 mars 1949 dans sa *Semaine religieuse*. Comme naguère, l'*Osservatore* reproduisit le texte *in extenso* pour « montrer l'intérêt qu'on y a[vait] pris et l'importance qu'on attach[ait] à arrêter le développement du[dit] mouvement », dans un article anticommuniste non signé – de Cordovani –, approuvant Suhard et attaquant les « progressistes ». Suhard mort, en juin 1949[55], Feltin, aussi féal, lui succéda comme annoncé par Roncalli.

55. Lettres d'Ormesson n° 62, 3 février 1949, *Saint-Siège 1944*, 6, n° 384, 26 juillet 1951, *ibid.*, 27 (Holmes J. D., *The Papacy*, p. 193-196), prêtres-ouvriers, bibliographie Chelini J., *L'Église*, 2, p. 589-590, note, 24 juin, *Saint-Siège 1944*, 12, lettres d'Ormesson n° 448, 26 novembre 1948, n° 32, 19 janvier, *ibid.*, 10, n° 104, 10 mars, et du 10 juin 1949, *ibid.*, 12.

Même dans la période d'apparente idylle, sous le ministère du grand « réconciliateur » et « européen » Schuman, le cléricalisme n'abolit pas toute méfiance envers une « réconciliation » en partie forcée, comme après l'autre guerre, par la puissance financière américaine. Les « Internationales catholiques » confondues avec la lutte pour l'« égalité des droits » du Reich et autres vaincus, riches en délégués de l'ex-Axe, au pouvoir en Italie, en RFA, etc., ou « réfugiés » de l'Est, répugnaient à certains dirigeants français. Cette force d'impulsion de l'intégration « européenne », aurait, selon Pierre Chenaux, agi dans « un climat de confiance entre [d]es hommes » animés d'« une même foi chrétienne profonde et vécue », les « Européens » Schuman et Adenauer en tête. Cette image pieuse résiste mal aux archives, explicites sur des plans initiaux de « dumping social » et de réarmement accéléré du Reich rappelant le Cartel international de l'acier et l'« union européenne » de l'entre-deux-guerres. Les réticences apparurent mieux quand Bidault revint en janvier 1953 au Quai, après l'éviction pour cause de marche forcée allemande d'un Schuman inamovible depuis l'été 1948. À la flatterie des phases de docilité française succéda donc, on l'a dit, celle des menaces et censures[56].

Des coups redoublés frappèrent les catholiques inquiets du péril allemand et attirés par le « progressisme » polonais. Les « catholiques progressistes » de *La Quinzaine*, héritiers de *L'Aube* et de *Sept*, traqués depuis 1948, furent à l'automne 1953 l'objet du rituel partage des tâches imputant l'initiative à l'épiscopat : « les cardinaux et archevêques de France [...] mi[rent] en garde les lecteurs catholiques français » contre sa lecture, puis l'*Osservatore* prononça sa « nette condamnation. » Début 1955, pour obtenir l'aval français définitif à l'entrée de la RFA réarmée dans l'OTAN, la main s'alourdit : après les cris de Federico Alessandrini dans l'*Osservatore* de la mi-mars contre la série d'articles de Georges Penchenier dans *Le Monde* sur « la Pologne, porte ouverte sur l'Est », *La Quinzaine* fut interdite en avril[57]. Les oppositions soulevées en France par la stratégie allemande du Vatican n'avaient *sur le fond* pas changé par rapport à 1918.

---

56. Chenaux P. (qui déclarait en 1993 – déclaration devant témoins à Bruxelles – Friedländer S., *Pie XI*, puisé « dans les poubelles »), *Europe, passim*, et p. 289-290. Europe non évangélique, Lacroix-Riz A., art. cit. sur Schuman (1re édition), « Paris et Washington au début du plan Schuman », Schwabe K. éd., *Die Anfänge*, p. 241-268, et *L'intégration, passim*.
57. Note, 24 juin, *Saint-Siège 1944*, 12, lettres d'Ormesson n° 448, 26 novembre 1948, n° 32, 19 janvier, *ibid.*, 10, n° 104, 10 mars, du 10 juin 1949, *ibid.*, 12, n° 609, 6 novembre 1953, tél. n° 75, 16 mars, et lettre de Leusse n° 302, 5 avril 1955, *Pologne 1944*, 138, 139 et 140.

Conclusion

Le premier conflit mondial confirma le primat germanique d'une stratégie définie dans le XIXe siècle des révolutions et bouleversements européens, achevant de dresser le Vatican en supplétif des Empires centraux. Les archives françaises et allemandes ruinent la thèse de la « neutralité » romaine, et démontrent que la « note sur la paix » du 1er août 1917 reflétait une ligne strictement germanique. Au fil des années de guerre, l'empire agonisant des Habsbourg fut réduit au statut de satellite du décideur de la coalition, le Reich : en 1917-1918, c'est Berlin qui devint *le* partenaire de la Curie. Le nonce Pacelli, pivot de l'histoire allemande et mondiale depuis sa nomination de mai 1917 à Munich, souligna jusqu'à la caricature, par sa ferveur pour les Hohenzollern et le pangermanisme, la ligne définie par ses chefs : Berlin était, avant même la chute de l'Empire dualiste abaissant les Habsbourg au rang d'émigrés de Coblence, le légataire universel des deux États, et un donneur d'« ordres » impérieux, comme l'atteste la correspondance d'Erzberger, chef du *Zentrum*.

C'est le Reich d'Erzberger et de Guillaume II qui élabora les plans de victoire et de germanisation « catholique » de l'ensemble du continent européen qui, inchangés après défaite, furent mis en œuvre par le Reich de Weimar. La coalition politique initiale en fut acceptée vu l'urgence du sauvetage des intérêts allemands, mais la Curie s'efforça aussitôt avec le *Zentrum*, contraint en novembre 1918 à pactiser avec l'ennemi SPD, de reconstituer la vieille alliance wilhelmienne des pangermanistes catholiques et protestants. Pacelli gagna dans cette longue quête le statut de personnalité politique allemande. Le signataire des concordats de *Länder* s'adapta ici sans broncher aux règles du protestantisme dominant et travailla patiemment, avec ses chefs, à l'union des droites sans exclusive. Réalisée sous l'égide d'Hitler, celle-ci condamna à mort le *Zentrum* qui se saborda ou tomba sous les coups de ses chefs, dont Kaas, l'*alter ego* de Pacelli, de la Curie et des nazis.

Le Vatican dut s'adapter aussi à la victoire de l'Entente, par bonheur déchirée sur le sort à réserver aux vaincus et sur à peu près tout le reste. Écrasé par Versailles, le Reich s'appuya sur lui pour tenter d'adoucir les conditions des vainqueurs et préparer le futur retour en gloire via la revanche. Les lamentations, à usage anglo-saxon, de Benoît XV puis de Pie XI sur les

« enfants affamés » allemands ou autrichiens, l'abandon missionnaire (des colonies allemandes) ou la cruauté des vainqueurs (français) fixèrent le modèle que Pie XII reprit, au mot près, deux décennies plus tard. Rome assura la mise en œuvre des plans de conquête de guerre ou de reconquête des territoires perdus, « provisoirement occupés par les Alliés » (Erzberger). Intacts en 1918, ils impliquaient la revanche militaire, dont la carte ecclésiastique augura le cadre géographique, en excluant l'adaptation des diocèses germano-magyars aux frontières fixées par les traités. Cette ligne germano-vaticane dicta l'évolution des États européens sur lesquels Rome exerçait, via le haut-clergé des Hohenzollern et des Habsbourg maintenu, une influence décisive.

La pression extérieure fut énorme, du tapage hongrois contre les frontières des États successeurs à l'action de l'Allemand des Sudètes Innitzer, archevêque de Vienne chargé d'annexer au Reich l'Autriche puis la Tchécoslovaquie. Elle comporta des aspects intérieurs, avec les provocations contre la fête de Jean Hus, symbole de dignité nationale germanophobe, et contre les Sokols tchèques et yougoslaves, ou la subversion anti-laïque de l'Alsace-Moselle contre les impies de Paris, couvrant l'« autonomisme » allemand. La désagrégation, secondée par les facteurs internes de fragilité, nationaux, économiques et sociaux, des États nouveaux ou agrandis, précéda l'explication militaire : elle facilita son succès en paralysant leurs capacités de résistance face à l'envahisseur. Ne furent pas seuls frappés les États schismatiques agrandis (Roumanie, Yougoslavie) ou créé (Tchécoslovaquie), pourvus par la victoire française des vastes territoires catholiques de l'ancien Empire austro-hongrois, aux élites germaniques ou germanisées. La Curie punit autant la Pologne, catholique (dans le cadre d'un État ou non), pour avoir commis l'inexpiable péché originel de « voler » des territoires allemands (zone russe incluse) promis à un statut austro-allemand, puis allemand. Elle châtia, à l'Ouest, pour les mêmes motifs, la France et la Belgique catholiques, pilleuses d'*Altreich*.

La Russie, que le Vatican haïssait autant à l'ère des tsars qu'à celle des Soviets, ne put être investie que par la périphérie. Au service d'immenses plans allemands de conquête des « marches » uniates, ukrainienne et balte, il disposait ici de moyens *intérieurs* plus modestes que dans les États catholiques. De ce gros bloc orthodoxe il tira de l'information militaire, via des acteurs divers (polonais, français – jusqu'en 1933, le jésuite « français » D'Herbigny –, mais surtout, et de plus en plus, allemands). Il agita fort utilement ses marges occidentales, ce que l'URSS cessa de tolérer quand le péril allemand devint mortel. Pour ébranler ou détruire l'ex-empire russe, il faudrait l'envahir et le vaincre. Depuis le début de la décennie 1930, le Vatican forma donc à l'Institut oriental romain les agents grâce auxquels le Reich consoliderait sa tutelle future : le « protectorat religieux » concédé par un des articles secrets du concordat du Reich reprit l'exemple roumain de l'annexe religieuse du traité de Bucarest (mai 1918).

L'attaque contre l'URSS offrit au surplus l'élément tactique clé de la revanche générale : les clameurs sur le péril rouge flattèrent des craintes socio-économiques dans tous les pays menacés par la révision des traités, favorisant leur dissolution. Pilier de l'idéologie du Vatican, l'antibolchevisme n'explique pas sa stratégie *territoriale*, qui *précéda* la révolution de 1917 : elle se déploya depuis 1906, sous la houlette, d'abord autrichienne puis allemande, du chef uniate Szepticky. L'antibolchevisme le plus sonore, fût-il catholique et romain, ne protégea aucun État ennemi : l'ultramontaine Pologne, « rempart » autoproclamé contre le bolchevisme, fut aussi maudite que la Yougoslavie orthodoxe, dont le roi Alexandre croyait plaire à Rome en emprisonnant, torturant ou tuant ses rouges et en pardonnant tout aux cléricaux qui complotaient son assassinat. Certains historiens de « la guerre froide », tels Phayer et Kent, croient Pie XII épouvanté par le communiste Tito : les frontières yougoslaves hantaient autant la Curie du temps où Alexandre tenait celui-ci au cachot.

La stratégie vaticane, confondue avec la promotion du germanisme contre le slavisme à l'Est et contre divers adversaires à l'Ouest, revêtit des formes diverses : affrontement ouvert et provocation antinationale contre les pays ennemis ; signature avec eux de concordats rédigés avec ou par Berlin, inapplicables par les privilèges concédés à l'Église romaine, inappliqués partout dans leurs clauses stipulant loyalisme national, voués au néant quand le Reich reprendrait les biens perdus par les Empires centraux ou en conquerrait d'autres ; « réconciliation franco-allemande » locarnienne cassant la germanophobie de droite ; camouflage du réarmement et de l'assaut imminent du Reich en menace de marée bolchevique sur l'Europe, etc.

L'anticatholicisme nazi et le poids de l'ex-Entente contraignirent Rome à des précautions, comme l'« encyclique » du 22 mars 1937 *Mit brennender Sorge*, fausse contrepartie de *Divini redemptoris* (du 18). Ces ruses ne font pas de Pie XI un antifasciste repenti de son pronazisme initial, opposé au pangermaniste Pacelli. Parfois plus digne, en privé, que son secrétaire d'État face à Berlin, ce pape, presque aussi « allemand » que son successeur, n'amorça pas de politique de rechange. Il usa sans répit du rideau de fumée anti-rouge, déjà abaissé pour tenter d'adoucir Versailles, quand la crise alarma les élites des pays menacés par l'expansion allemande ou italienne : l'antibolchevisme fouetté par la Curie renforça leur « Apaisement » envers le gros débiteur et partenaire commercial allemand.

L'alliance avec le Reich n'exclut pas accommodement avec d'autres. Avec l'Italie et ses milieux liés aux Empires centraux, Nitti en tête, fut négociée en 1918 la réconciliation, intérieure et extérieure : la Curie flatta le révisionnisme de ce vainqueur par raccroc auquel les vrais vainqueurs n'avaient consenti que des miettes. L'idylle culmina sous Mussolini, qu'elle soutint vite contre le parti catholique qu'elle avait forgé en 1919. Le traité du Latran balaya l'héritage laïque de la réunification et accrut sa puissance financière italienne. L'accord fut cependant troublé par les tentations germanophobes récurrentes de l'Italie : la Curie se voua totalement à l'Anschluss dès 1918-1919 ; le Quirinal hésita avant de se résigner, à l'été 1936, à cette voie qui le chasserait des Balkans et abattrait sa frontière du Nord. C'est peut-être ici qu'on mesure le mieux à quel point Pacelli mérita son surnom de *Tedesco* (Allemand) tout en servant la ligne définie par ses chefs. Ceux-ci secondaient sans réserve les conquêtes italiennes et italianisaient les zones saisies, de la Dalmatie à l'Éthiopie, sauf quand l'intérêt italien gênait l'allemand. Dans le « Haut-Adige » ou « Sud-Tyrol », Pie XI tergiversa, préservant la tutelle religieuse allemande sans oser rejeter les desiderata italiens. À peine nommé secrétaire d'État, Pacelli combla *de jure* les Allemands, lésant l'Italie. Le pape ne le désavoua pas et s'enflamma pour l'africanisation de l'expansionnisme italien, seule issue vu le verrouillage allemand du continent.

Alliance américaine aussi. Le Vatican – Pacelli en tête – perçut dès la Grande Guerre que les États-Unis joueraient en Europe un rôle majeur et que leurs liens avec l'Allemagne garantiraient à celle-ci paix douce et veto contre la France. Sur cette base allemande, les rapports déjà noués en raison des besoins missionnaires de l'impérialisme américain furent décisifs mais ambigus : idylliques quand Washington aidait Berlin à se libérer de Versailles, délicats quand ses intérêts le dressaient contre le Reich. Les tensions culminèrent donc dans la phase où les États-Unis basculaient vers l'Entente – ancien (1917) ou nouveau (1941) modèle –, abandonnant la « neutralité » où le couple germano-vatican voulait les maintenir. Le contentieux fut limité par la contribution croissante de « l'Amérique » aux finances pontificales, mais il perça pendant la guerre où Pacelli-Pie XII se fit le héraut de l'Axe tout en flagornant Roosevelt. Dans sa première phase, où le court terme militaire semblait prioritaire, les relations se tendirent. Dès 1942-1943, la question de l'avenir du continent imposa consensus, tant Washington avait besoin de l'Église romaine dans l'Europe déstabilisée depuis la crise : pour éviter ou limiter la sphère d'influence soviétique prévisible, objet des plans de paix séparée et retournement des fronts, et pour « restaurer », sur le modèle italien de 1944, la sphère d'influence américaine acquise d'emblée. Le « péril rouge » allégué cimenta l'union depuis lors.

Le pape parla beaucoup depuis 1939, exaltant « les nécessités vitales » du Reich (formule de son cher Kaas) et de l'Italie. Il se tut obstinément sur « les abominables méthodes de guerre et d'occupation » allemandes (Blesson) dont il connut les détails dès le 1er septembre 1939. Cinquante ans après Le

Vicaire, on « débat » encore des ressorts du mutisme du « pape d'Hitler » (John Cornwell) sur « la destruction des juifs d'Europe » (Raul Hilberg). L'étude du long terme vatican éviterait de perdre du temps. Benoît XV ne parla pas davantage, de 1914 à 1918, des souffrances des peuples de l'Entente, ennemis communs de la « Triplice » Vatican-Empires centraux. Il ne les aimait pas, pas plus que les juifs. Après Hilberg, David Kertzer a rappelé l'immense contribution romaine à l'antisémitisme et balayé, en citant *La Croix* et la *Civiltà Cattolica* du RP Rosa, le distinguo (brumeux) entre anti-judaïsme catholique et antisémitisme « ethnique », anéanti par la première grande crise systémique du capitalisme (1873-1914). N'en déplaise à ses hagiographes et aux assauts livrés contre ceux qui décrivent son antisémitisme, Pacelli appartenait comme ses pairs au monde noir italien animé d'une haine viscérale contre les juifs qu'il assimilait aux Lumières, aux parlements, aux francs-maçons et autres horreurs avant de céder à la phobie du judéo-bolchevisme. Il en alla des juifs et des Slaves comme des bombardements : l'avocat de l'Axe stigmatisa ceux qui le frappaient (ou risquaient de le frapper), mais ne dit mot des ruines qu'il infligeait à ses adversaires. Il parla beaucoup de ses ennemis, directement ou par personne interposée. Il laissa ou fit agir les siens contre eux, juifs et Slaves d'abord (Serbes et Russes en tête), pratiques qui qualifient ses « silences ».

Adhésion de fait ou de droit, via les actes, écrits et discours des prélats, aux massacres éliminant, à l'aide du catholicisme institutionnel, des peuples ou fractions de peuples honnis. Acte vatican *stricto sensu*, et pas seulement de l'État oustachi (fascisme né et développé sous l'égide de la Curie), de conversion forcée des Serbes : le mot d'ordre « la conversion ou la mort » couvrit un génocide où, sur mandat d'inquisition, l'Église croate, tous clergés confondus, trempa jusqu'au cou avec son chef Stepinac béatifié (en 1998). Pillage de biens serbes (à cette dernière occasion), juifs et autres par les prélats de l'est de l'Europe, approuvés par les nonces : reste à défricher le terrain occidental, à peine entrevu par un exemple d'aryanisation « catholique » en Autriche annexée. Veto contre le secours aux victimes avec représailles ou non-promotion contre ceux qui s'y risquaient, tel Bruno de Solages. Remise au nazi autrichien Hudal des « négociations » d'octobre 1943 avec l'occupant allemand sur la déportation des juifs romains, etc.

Le rôle assumé par le Vatican bien avant la capitulation de l'Allemagne et prolongé en tant que de besoin pour sauver et *recycler*, contre les mêmes ennemis que naguère, les dizaines de milliers de bouchers, allemands, croates et autres, du continent européen, achève d'expliquer les « silences » pacelliens. Hudal, dirigé par Montini, futur Paul VI, fut l'allègre exécutant en chef d'une opération décidée au plus tard en 1942 (pour le dossier argentin) par son mentor Pacelli-Pie XII. Créditer ces chefs, qui perçurent la mort du

Blitzkrieg en août-septembre *1941*, de décisions éventuelles (introuvables à la présente date) de sauvetages individuels équivaut à innocenter tous les astucieux qui supputèrent la défaite et l'obligation consécutive de rendre des comptes : Darquier de Pellepoix, qui se proclama en 1978 simple « fonctionnaire », eut comme Himmler et Eichmann ses « juifs intéressants », ses « bons Juifs français ». Quelle base scientifique établit que le silence ne valut « pas soutien à la politique raciale meurtrière des nazis » (comme le croit Uki Goñi lui-même) ? Sur les *Ratlines*, pieuvre régie par l'Église romaine *tout entière* sur ordre d'un pape en exercice et d'un futur pape, maniée en France par le nonce (Roncalli), futur pape intermédiaire (Jean XXIII), la recherche a assez découvert pour se prononcer définitivement sur « les véritables sentiments de Pie XII envers les Juifs »[1]. Qui se pose des questions sur ses « sentiments » envers les Serbes? Combien « [l]es chers Croates » de Pie XI et Pie XII épargnèrent-ils de Serbes et de juifs ?

La continuité de cet après-guerre avec le précédent éclate. Le principal vainqueur *militaire* du Reich fut accusé de la paix de vengeance anti-chrétienne : l'URSS remplaça la France dans les mêmes réquisitoires. Invaincu à l'Est en 1918, le Reich y fut écrasé en 1945 et ses « minorités » en furent évincées. Pour préparer le retour des vaincus, le Vatican sembla plus démuni que lorsque l'uniatisme germanique lui conférait le contrôle sur la Galicie orientale polonaise, les Pays baltes (non soviétiques) et la Transylvanie roumaine. Il subit en URSS et en Roumanie en 1948 un échec qu'il lui fallut plusieurs décennies pour surmonter. L'action commune avec Washington (et l'Allemagne occidentale) fut d'emblée plus efficace dans le reste de l'Europe centrale et orientale, où les élites frustrées par le nouveau cours offraient un fort levier catholique.

Comme naguère avec Berlin, le Vatican assura, surtout avec Washington au début – et l'Allemagne d'Adenauer en arrière-plan –, le volet politico-idéologique du veto américain contre le *partage* du continent avec l'URSS. Averell Harriman, ambassadeur à Moscou, en avait le 13 mars 1944 énoncé à Cordell Hull le volet financier : l'appât d'une « aide économique est l'une des armes les plus efficaces à notre disposition pour infléchir les événements politiques en Europe dans la direction souhaitée et pour éviter le développement d'une sphère d'influence [...] soviétique sur l'Europe orientale et les Balkans ». L'URSS ruinée n'ayant pas lâché la proie d'une sphère d'influence pour l'ombre d'une promesse de crédit en dollars, l'association du Vatican au *Rollback* gagna encore en importance pour Washington.

---

1. Noms et *op. cit.*, dont Kertzer D., *Vatican, passim*, interview de Philippe Ganier-Raymond, *L'Express*, n° 1425, 28 octobre-4 novembre 1978, p. 167 *sq.* (p. 187, 199), APP, PJ 43, Darquier ; Himmler et Eichmann, Goñi U., *Odessa*, index, citation, p. 201, Friedländer S., *Pie XII*, p. 305.

Le discours sur les « persécutions » religieuses couvrit, après Yalta et Potsdam comme après Versailles, la politique *allemande* ou *germano-américaine* de rejet des frontières d'après défaite. L'exploitation, efficace, des résistances soulevées dans la plupart des pays d'Europe orientale par l'installation de régimes communistes n'assura pas un triomphe immédiat : même en Pologne, d'une russophobie exceptionnelle en terre slave, la question nationale seconda la stabilisation politique au début des années 1950 et gêna le « pape allemand ». Stabilisation momentanée.

L'histoire vaticane de l'expansion américaine et allemande illustre la prophétie de 1952 d'Armand Bérard sur les chances du *Rollback*. « La chute du Mur [de Berlin] » et ses suites, qui ont été imputées au couple miraculeux Ronald Reagan-« pape polonais », sanctionnèrent quatre décennies d'inlassables efforts américano-germano-vaticans. Pie XII, Montini *et alii* transformèrent la Curie en agence de renseignement et de subversion américaine. Le pape maintint ou nomma les prélats adaptés à sa vision des frontières du Reich, tel l'« ami de toujours » de Wyszynski « Charles [Karol] Wojtyla », auxiliaire « clandestin », en 1946, de l'archevêque de Cracovie Sapieha. En août 1958, il le promut « évêque [...] auxiliaire de Mgr Baziak [successeur de Sapieha], administrateur apostolique de Cracovie et archevêque latin de Lwow » – la soviétique Lvov : le futur Jean-Paul II se posait donc en successeur de l'uniate Szepticky, héraut de la ligne ukrainienne germano-vaticane.

La thèse d'un Pacelli purement américain après 1945 est pareillement démentie par le cas yougoslave. Le stupéfiant dossier (incluant le règne de Paul VI) de la CFTC, bergère des oustachis après-guerre, et les fonds yougoslaves du Quai d'Orsay attestent la continuité allemande de la ligne croate du Vatican : ils éclairent l'ascension du « super-oustachi » Franjo Seper, successeur de Stepinac et « primat de Croatie » en 1960, cardinal en 1965, préfet de la congrégation de la Foi (ou Saint-Office) depuis janvier 1968, auquel succéda en novembre 1981 le cardinal-archevêque de Munich Josef Ratzinger, actuel pape Benoît XVI. Le soutien vatican officiel apporté d'emblée à la fracture de la Yougoslavie (1991) couronna, comme l'Anschluss et la croisade contre le « royaume des Serbes, des Croates et des Slovènes », l'action entamée depuis l'effondrement oustachi. L'ouverture des fonds révélera le détail, ici et ailleurs, des collaborations qui ont débouché sur l'abandon soviétique « [d]es territoires d'Europe centrale et orientale » prévu par Armand Bérard.

La continuité s'était imposée d'emblée en Europe occidentale. Après l'Italie vint le tour du Reich, à nouveau régi par le *Zentrum* rebaptisé CDU-CSU après quinze ans de nazification. Écorné, il fut rendu à la puissance plus vite qu'après 1918 par une Amérique qui abhorrait le compromis arraché par l'URSS en 1945 autant que le « Diktat » français de 1919. La réhabilitation partielle que la France dut à la résistance extérieure et intérieure ne compensa pas un affaiblissement affiché dès 1924 et sanctionné par la Défaite de 1940. Elle n'occupait qu'un bout d'Allemagne, pour peu de temps, mais le tandem américano-vatican avait besoin de ses services pour réintégrer dans l'Europe occidentale modelée par les États-Unis l'héritier du Reich, sur la base de « l'égalité des droits ». Pour obtenir d'elle la « réconciliation franco-allemande » et l'« union de l'Europe occidentale », *leitmotiv*, déjà, de l'ère du Cartel de l'acier (1926), le trio Washington-Bonn (ex-Berlin)-Vatican la traita logiquement plus mal qu'après sa victoire. Partout triompha comme après 1918 le retour au *statu quo* qui nous ramène aux *Ratlines*.

Le recyclage des criminels de guerre, si précieux contre la sphère d'influence soviétique, le fut autant dans l'américaine pour prévenir d'éventuels changements profonds. La carrière *post bellum* de Barbie, « informateur anti-communiste » des Américains en RFA remis en mars 1951 par la CIA au second d'Hudal, Draganovic, et transféré en Amérique latine pour action contre les milieux populaires, illustre les espoirs que le criminel oustachi plaçait dans la « réserve » où la Curie et ses alliés puiseraient bientôt : Goñi les voit réalisés par le massacre silencieux « exactement 25 ans plus tard [de] quelque 20 000 personnes dans le style nazi des camps d'extermination par une dictature militaire argentine qui jouissait du soutien de l'Église catholique, professait allégeance au "mode de vie chrétien" et se proclamait la "réserve chrétienne du monde occidental" ». Défricher le champ des « armées secrètes » de l'OTAN qui recyclèrent en Europe aussi les massacreurs, notoires ou non, sauvés par Washington et le Vatican ouvre des perspectives aussi vastes que l'étude, non achevée, du sauvetage.

Le Vatican n'ouvrira pas ses archives sur ce terrain plus que sur les autres : il a verrouillé (ou massivement détruit, en 1945) ses fonds généraux de la Deuxième Guerre mondiale, soustrait ses dossiers financiers aux commissions d'enquête sur le « trésor oustachi » remis à sa garde[2], dissimulé ses « filières des rats », etc. Mais d'autres sources permettront, comme jusqu'ici, de contourner sa loi du silence. La science historique devrait y gagner plus qu'à s'acharner en vain sur cinq ans de « tourments » pontificaux en esquivant les réalités matérielles de la stratégie séculaire du Vatican.

2. *FRUS 1944*, IV, p. 951, Roberts G., *Stalin's*, chap. 9-12, historiographie américaine, mes *art. cit.* 1re édition, Colonna-Cesari C., *Urbi*, p. 121, 123, lettre n° 215 de Margerie, Vatican, 19 août 1958 (promotion non parue à *L'Osservatore*), *Pologne 1944*, 229 (uniate Slipij alors emprisonné en URSS), et Lacroix-Riz A., « Vatican et Pologne », p. 165-171, http://en.wikipedia.org/wiki/Franjo_%C5%A0eper (titres officiels), Johnstone D., *Croisade, passim*, Goñi, *Odessa*, p. 246-248, Macdonald K., *Ennemi*, Ganser D. et Kisatsky D., *op. cit.* et bibliographie, Phayer M., *Pius*, « Looted gold and the Vatican », p. 208-219.

Sources et Bibliographie

Archives originales

Les *(sic)* reproduits ici figurent dans les textes originaux, exprimant la surprise, l'indignation, etc., de leurs auteurs. Les titres généraux des grands groupes de vol. sont mentionnés par série, avec l'abréviation utilisée dans les notes (le cas échéant, *ibid.*). L'année non citée renvoie à la première référence d'année qui la suit (même chose pour le mois). Pour limiter le volume, j'ai regroupé les références, citées le plus souvent dans leur succession normale au fil des paragraphes (autres précisions, 1re édition, 1996, p. 511).

Archives du MAE, Quai d'Orsay (dans les notes, références *en italique*, sans précision de l'origine MAE)

Nouvelle série 1897-1918, Allemagne (NS, Allemagne)
vol. 15-18, politique étrangère, dossier général, 1897-1914
vol. 19-25, Triple Alliance, 1897-1915
vol. 73, rapports avec le Saint-Siège, questions religieuses et culturelles, 1897-1914, pangermanisme, 1898-1910

Nouvelle série 1897-1918, Autriche-Hongrie (NS, Autriche-Hongrie)
vol. 12, politique intérieure, minorités, Tchèques, 1897-1914
vol. 13, politique intérieure, minorités, Italiens, Polonais, Slovaques et Ruthènes, Roumains de Transylvanie, 1896-1914
vol. 14, politique intérieure, Croatie et Slovénie, 1896-1914
vol. 15-20, Dalmatie et Bosnie-Herzégovine, 1897-1913
vol. 23-24, politique étrangère, dossier général, 1896-1914
vol. 43, questions culturelles, 1901-1914 et religieuses, 1897-1914

Nouvelle série 1897-1918, Italie (NS, Italie)
vol. 10-12, politique étrangère, février 1897-avril 1918
vol. 31, questions culturelles, 1897-1918, et religieuses, 1897-1909

Nouvelle série 1897-1918, Saint-Siège (NS, Saint-Siège)
vol. 1-4, gouvernement intérieur de l'Église, 1897-1907
vol. 5-6, relations avec l'Allemagne, mars 1898-novembre 1907
vol. 9-10, relations avec les Pays balkaniques, 1896-1907

vol. 11-12, relations avec l'Italie, 1897-1907
vol. 14, relations avec l'Autriche-Hongrie et la Russie, 1897-1907
vol. 16-25, relations avec la France, 1897-1913

Nouvelle série 1897-1918, Serbie (NS, Serbie)
vol. 10-11, politique étrangère, dossier général, politique balkanique, 1897-1914
vol. 28, questions religieuses, relations avec le Saint-Siège, 1897-1917

Paix 1914-1920 (Paix)
Les imprécisions ou manques (date, n°, etc.) des courriers de cette série sont dus à l'incendie qui a endommagé leur partie haute (à partir de décembre 1915, vol. 3).
vol. 1-9, affaires générales, dossier général, août 1914-mai 1918
vol. 13-17, propositions de paix du Saint-Siège, 21 août 1917-16 août 1919
vol. 74, paix avec l'Allemagne, août 1915-mai 1920
vol. 110-114, rattachement à l'Allemagne, octobre 1918-décembre 1920
vol. 321, conditions de la Paix, Saint-Siège, dossier général, 1918

B Amérique États-Unis 1918-1940 (États-Unis)
vol. 17, affaires religieuses, juin 1919-novembre 1928
vol. 19-20, propagande allemande, avril 1918-octobre 1929
vol. 315, attitude des États-Unis à l'égard du conflit italo-éthiopien, juillet 1935-janvier 1938
vol. 336, affaires religieuses, 1930-1939
vol. 338, propagande allemande, 1930-1939
vol. 370, relations États-Unis-Allemagne, 15 novembre 1938-28 novembre 1939

Europe Allemagne 1918-1940 (Allemagne)
vol. 316-317, politique intérieure, Centre catholique et parti populaire chrétien, janvier 1920-avril 1929
vol. 367, questions religieuses, décembre 1918-mars 1923
vol. 370-371, concordat, relations avec le Saint-Siège, juin 1917-décembre 1929
vol. 689-698, questions religieuses, dossier général, décembre 1930-décembre 1939 (pas de vol. 694)
vol. 699-700, concordat, relations avec le Saint-Siège, septembre 1930-avril 1939

Europe Autriche 1918-1940 (Autriche)
vol. 60, questions religieuses, novembre 1918-novembre 1929
vol. 61-67, politique étrangère, dossier général, mai 1918-décembre 1929
vol. 72-83, rattachement à l'Allemagne, janvier 1921-décembre 1929
vol. 190-191, questions religieuses, février 1930-août 1939
vol. 192-194, politique étrangère, dossier général, janvier 1930-décembre 1937
vol. 195-205, rattachement à l'Allemagne, janvier 1930-avril 1938

Europe Belgique 1918-1940 (Belgique)
vol. 181-182, question flamande, juin 1930-janvier 1938
vol. 183, politique intérieure, 20 novembre 1930-13 août 1932
vol. 184, questions religieuses, questions sociales, décembre 1930-avril 1938
Europe Espagne 1918-1940 (Espagne)
vol. 200-203, questions religieuses, relations avec le Saint-Siège, février 1930-décembre 1939
vol. 204-206, politique extérieure, dossier général, octobre 1930-juin 1940
vol. 207-210, relations avec l'Allemagne et l'Italie, janvier 1930-juin 1939
Europe Hongrie 1918-1940 (Hongrie)
vol. 42, questions religieuses, relations avec le Saint-Siège, février 1919-mars 1929
vol. 43, religion israélite, avril 1920-novembre 1928
vol. 113, questions religieuses, relations avec le Saint-Siège, religions protestante et israélite, 1930-1940
Europe Italie 1918-1940 (plus loin Italie)
vol. 133-134, relations avec le Saint-Siège, juin 1918-décembre 1929
vol. 264, questions religieuses, dossier général, 1930-1939
vol. 265-267, *idem*, relations avec le Saint-Siège, janvier 1930-décembre 1939
Europe Pologne 1918-1940 (Pologne)
vol. 58-59, questions religieuses, juillet 1918-septembre 1929
vol. 327-329, *idem*, février 1930-décembre 1939
Europe Roumanie 1918-1940 (Roumanie)
vol. 25, questions religieuses, relations avec le Saint-Siège, janvier 1918-décembre 1929
vol. 175-176, questions religieuses, concordat, relations avec le Saint-Siège, israélites, janvier 1930-septembre 1939
Europe Saint-Siège 1918-1940 (Saint-Siège)
vol. 1-6, dossier général, mai 1918-décembre 1929
vol. 7, Propagation de la Foi, mars 1922-décembre 1929
vol. 8, documentation, octobre 1918-février 1926
vol. 9, Saint-Siège et traité de Londres du 26 avril 1915, 1918-1928
vol. 10-11, médiation en faveur de l'Allemagne, juin 1918-décembre 1927
vol. 12-21, relations France-Saint-Siège, juin 1918-décembre 1929
vol. 25, affaires diverses, avril 1922-décembre 1929
vol. 26-27, nomination des évêques français, 1922-1929
vol. 28-29, représentation diplomatique, 1922-1929
vol. 30, conclave, 1922-1926
vol. 31, sacré collège, cardinaux, janvier 1922-décembre 1926
vol. 37-40, Saint-Siège et politique extérieure, juin 1932-décembre 1939
vol. 41, politique extérieure, France-Saint-Siège, 1930-1939
vol. 42, *idem*, « Action Française », mai 1930-août 1939

vol. 43, personnel diplomatique français au Vatican, mars 1930-août 1939
vol. 44, affaires diverses, février 1932-juillet 1939
vol. 45, représentation diplomatique, 1930-1939
vol. 46, conclave, septembre 1930-mars 1939
vol. 47, sacré collège, février 1930-novembre 1939
vol. 48, Cité du Vatican, mars 1930-novembre 1939
vol. 49, protocole, juillet 1930-décembre 1939
vol. 50, pèlerins et audiences pontificales, mai 1930-juin 1939
vol. 51, presse, septembre 1930-décembre 1939
vol. 52, Instruction publique, questions culturelles, février 1930-décembre 1939

Europe Sarre 1918-1940 (Sarre)
vol. 101-103, questions religieuses, 1922-1929
vol. 221-222, agitation hitlérienne. Mesures prises par l'Allemagne à l'occasion du plébiscite, février 1933-janvier 1935
vol. 262-263, régime ecclésiastique. Administration apostolique, juin 1930-mai 1935

Europe Tchécoslovaquie 1918-1940 (Tchécoslovaquie)
vol. 37-38, questions religieuses, dossier général, décembre 1918-octobre 1929
vol. 107-109, *idem*, relations avec le Saint-Siège, janvier 1930-décembre 1939
Europe URSS 1918-1940 (URSS)
vol. 122-127, questions religieuses, dossier général, mai 1918-décembre 1929
vol. 679, Ukraine, 1933-1935
vol. 956-958, questions religieuses, dossier général (15 janvier 1930-28 déce mbre 1933 ; 1934-1935, mai 1940 ; octobre 1932-mai 1939)
vol. 986, relations Allemagne-URSS, juin 1933-mai 1934
vol. 1018, relations Pologne-URSS, février 1934-novembre 1935 et septembre-octobre 1939
vol. 1036, situation économique, 3 août 1932-18 janvier 1940
vol. 1094, politique étrangère Ukraine, dossier général, août 1934-décembre 1939

Europe Yougoslavie 1918-1940 (Yougoslavie)
vol. 43, relations avec le Saint-Siège, septembre 1918-décembre 1929
vol. 73, propagande allemande, juin 1918-décembre 1929
vol. 132-138, assassinat d'Alexandre Ier et de Barthou, 1934-1936
vol. 168-169, questions religieuses, dossier général, janvier 1930-décembre 1939
vol. 170-172, relations avec le Saint-Siège, concordat, janvier 1930-décembre 1939

vol. 182-183, politique extérieure, conséquences politiques de l'attentat de Marseille, octobre 1934
SDN 1918-1940 (SDN)
vol. 2170-2174, Pologne, dossier général, août 1936-décembre 1938
vol. 2189-2190, Saint-Siège, dossier général, 1920-1934 et 1935-1939
vol. 2261-2264, admission de l'URSS à la SDN, décembre 1933-10 décembre 1934
Papiers d'agents, archives privées, Canet (Canet)
vol. questions extérieures
vol. 30, Saint-Siège-France, négociations pour la reprise des relations diplomatiques, 1920-1923
vol. 31, Saint-Siège-France, I, statut des associations diocésaines, 1921-1929 ; II, Alsace-Lorraine, 1920-1945 ; nonciatures, 1944-1945 ; campagne contre la législation laïque française, 1940 ; nominations épiscopales, 1936-1944
vol. 32-35, politique internationale du Saint-Siège, 1934-1944 ; 1920-1938 ; 1920-1940 ; 1917-1945, dont Saint-Siège et Églises orientales
vol. 36-40, Allemagne, 1932-1939, dont missions allemandes depuis 1920 (vol. 40)
vol. 41, Amérique centrale et du Sud, 1936-1945, et Autriche, 1918-1938
vol. 42, Italie, 1937-1945
vol. 43, Bulgarie, 1930-1940 ; Chine, 1937-1943 ; Suisse, 1935-1939 ; Espagne, 1935-1944
vol. 46-48, Guerre civile et Espagne, 1936-1939
vol. 49, États-Unis, 1927-1944
vol. 50, Grande-Bretagne, 1918-1942
vol. 51, Éthiopie, 1929-1945
vol. 52, Hongrie, 1919-1940
vol. 53, Italie, 1928-1936
vol. 54, Belgique, 1919-1943
vol. 55, évêchés rhénans, 1920-1924
vol. 56, Rhénanie, 1920-1926
vol. 57, Roumanie, 1929-1943
vol. 58, Tchécoslovaquie, 1931-1942
vol. 60, Yougoslavie, 1925-1940
vol. 63-64, notes des séances du procès von Gerlach (1917), 408 fiches (15 août 1914-18 décembre 1918)
Papiers d'agents, archives privées, Charles-Roux (Charles-Roux)
vol. XIV, Guerre
vol. XV, Vatican
Chronologie du Bureau (Chauvel) d'Études de Vichy (Chronologie Chauvel)
rédigée par Jean Chauvel, 10 mai 1940-30 juin 1944 : un vol. par année
Guerre 1939-1945 Vichy-Amérique (Vichy-Amérique)
vol. 56, rapports États-Unis-Amérique latine, mai 1940-octobre 1942

vol. 57, rapports États-Unis-nombreux pays, dont Vatican, juin 1940-juin 1944

Guerre 1939-1945, Vichy-Europe, Allemagne (Vichy-Europe)

vol. 87, questions religieuses, dossier général, septembre 1940-septembre 1943

vol. 88, israélites, septembre 1940-juillet 1942

Guerre 1939-1945, Vichy-Europe, Italie (Vichy-Europe)

vol. 459, questions religieuses, abbaye de Hautecombe et Paroisse du Mont-Cenis, octobre 1941-octobre 1943

vol. 460, établissements français (séquestre italien), juillet 1940-mai 1944

vol. 461, relations Italie-Saint-Siège, juin 1940-février 1944

Guerre 1939-1945, Vichy-Europe, Saint-Siège (Vichy-Europe)

vol. 545, transfert de l'Ambassade de France dans la Cité vaticane, juin 1940-avril 1943

vol. 546, corps diplomatique étranger, juin 1940-juillet 1943

vol. 547, corps diplomatique du Saint-Siège, juillet 1940-février 1944

vol. 548, presse, *Osservatore Romano*, juillet 1940-octobre 1942

vol. 549, sacré collège, août 1940-juillet 1943

vol. 550, dossier général, juillet 1940-août 1944

vol. 551, le Saint-Siège et la politique européenne, juillet 1940-août 1944

vol. 552, interventions en faveur de la paix, juillet 1940-août 1943

vol. 553, relations avec la France, mai 1940-mars 1944

vol. 554, nominations d'évêques français, juin 1940-juillet 1944

vol. 555, rapports avec le clergé français, mai 1940-février 1941

vol. 556, concordat de 1801, questions religieuses d'Alsace-Lorraine, octobre 1940-août 1941

vol. 557, Français dans la Cité vaticane, juin 1940-décembre 1943

vol. 558, affaires diverses, flotte pontificale, octobre 1940-juillet 1944

vol. 559, télégrammes relatifs au Saint-Siège, juin-octobre 1940

Vichy Europe 1939-1945, vol. 764, neutralité et menace allemande. questions religieuses, juin 1940-octobre 1943

Guerre 1939-1945, Vichy-Europe, Suisse (Vichy-Europe)

vol. 764, neutralité et menace allemande. questions religieuses, juin 1940-octobre 1943

Guerre 1939-1945, Vichy-Europe (Vichy-Europe)

vol. 959, questions de politique mondiale, octobre 1940-juillet 1944

vol. 960, États-Unis et guerre, juin 1940-décembre 1943

vol. 961, États-Unis et guerre, octobre 1939-novembre 1941

Guerre 1939-1945 Londres-Alger

Londres 1940-1943 (Londres)

vol. 275, politique extérieure du Saint-Siège, octobre 1940-juillet 1943

vol. 279, Suisse, juillet 1941-juillet 1942

Alger 1943-1944 (Alger)
vol. 1370, relations avec la Suède, février 1943-octobre 1944
vol. 1371-1372, relations avec la Finlande, février 1943-septembre 1944
vol. 1373-1374, relations avec le Saint-Siège, mars 1943-septembre 1944
vol. 1377, relations avec les États baltes, juillet 1943-septembre 1944
Z Europe Généralités 1944-1949 (Europe 1944), ancienne série, désormais 1944-1960
vol. 2, notes de Nac et Koutzine (agents du Quai d'Orsay), octobre 1944-septembre 1945
vol. 25-27, Pacte atlantique, novembre 1948-juin 1949
Z Europe Généralités 1949-1955 (Europe 1949), ancienne série, désormais 1944-1960, renumérotée
vol. 18, Pacte atlantique, janvier 1950-mai 1951
vol. 21-32, CED, janvier 1950-octobre 1954
Europe Allemagne 1944-1949 (Allemagne 1944)
vol. 22-24, prisonniers de guerre, août 1944-juin 1949
vol. 30-43, politique intérieure, février 1945-juin 1949
vol. 67-70, questions religieuses et relations avec le Saint-Siège, janvier 1945-juin 1949
vol. 75-79, politique américaine en Allemagne, décembre 1944-juin 1949
vol. 80-81, politique britannique en Allemagne, 1945-juin 1949
vol. 82-84, politique française en Allemagne, 1944-juin 1949
vol. 99-104, questions culturelles et Instruction publique, avril 1945-juin 1949
Europe Allemagne 1949-1955 (Allemagne 1949)
vol. 311, dénazification, octobre 1949-octobre 1954
Europe Belgique 1944-1960 (Belgique 1944)
vol. 17-25, politique intérieure, septembre 1944-juin 1949
vol. 26-28, question flamande, septembre 1944-mai 1949
vol. 31-33, politique étrangère, dossier général, septembre 1944-juin 1949
Europe Espagne 1944-1949 (Espagne 1944)
vol. 63, questions religieuses, août 1944-juin 1949
Europe Hongrie 1944-1949 (Hongrie 1944)
vol. 18, questions religieuses, septembre 1944-juin 1949
vol. 51-53, mars 1949-décembre 1955
Europe Pologne 1944-1960 (Pologne 1944)
vol. 52-54, relations avec le Saint-Siège, question juive, avril 1945-juin 1949
vol. 133-141, relations avec le Saint-Siège, question juive, juillet 1949-décembre 1955
vol. 229, questions religieuses, juillet 1957-décembre 1960
Europe Roumanie 1944-1960 (Roumanie 1944)
vol. 19, questions religieuses, septembre 1945-juin 1949

vol. 87-88, *idem*, 1er juillet 1949-décembre 1955

Europe Saint-Siège 1944-1960 (Saint-Siège 1944)

vol. 5-6, dossier général, politique intérieure, octobre 1944-juin 1949

vol. 7, nomination de cardinaux, mai 1945-février 1949

vol. 8-10, Saint-Siège et politique extérieure, septembre 1944-juin 1949

vol. 11-12, France-Saint-Siège, septembre 1944-juin 1949

vol. 18, documentation générale sur le Vatican, février 1950-février 1955

vol. 19, gouvernement intérieur de l'Église, dossier général, août 1949-décembre 1955

vol. 26-29, le Vatican et la politique internationale, juillet 1949-décembre 1955

vol. 39, questions culturelles et enseignement religieux, septembre 1949-décembre 1955

Europe Suisse 1944-1960 (Suisse 1944)

vol. 17, questions religieuses, relations avec le Saint-Siège, mai 1945-février 1949

vol. 21, relations Suisse-Allemagne, mai 1945-juin 1949

vol. 24, situation économique, septembre 1944-mai 1949

vol. 30, Œuvres diverses d'assistance, octobre 1944-juin 1949

Europe Tchécoslovaquie 1944-1960 (Tchécoslovaquie 1944)

vol. 47, relations avec le Saint-Siège, question juive, août 1944-juin 1949

vol. 152-156, *idem*, juillet 1949-décembre 1955

Europe URSS 1944-1960 (URSS 1944)

vol. 25-27, questions religieuses, relations avec le Saint-Siège, septembre 1944-mai 1949

vol. 36-37, Allemagne-URSS, octobre 1944-août 1948

vol. 44, relations avec les Anglo-Saxons, janvier-mai 1947

vol. 51-52, relations bilatérales France-URSS, septembre 1944-novembre 1947

vol. 134-135, questions religieuses, relations avec le Saint-Siège, juillet 1949-décembre 1955

Europe Yougoslavie 1944-1960 (Yougoslavie 1944)

vol. 34-36, questions religieuses, relations avec le Saint-Siège, mai 1945-septembre 1949

vol. 104-107, *idem*, juillet 1949-décembre 1955

B Amérique Uruguay 1944-1960 (Uruguay 1944)

vol. 6, politique extérieure, septembre 1944-décembre 1946

B Amérique États-Unis 1944-1952 (États-Unis 1944)

vol. 170-179, fin de la guerre et occupation de l'Allemagne, septembre 1944-juin 1949

vol. 200, relations États-Unis-Vatican, novembre 1944-janvier 1952

vol. 307, réservés, lutte anticommuniste, questions religieuses, février 1946-janvier 1952
vol. 320-321, réservés, documents SDECE, février 1945-novembre 1948 ; février 1949-février 1952
Série consultée avant classement définitif
B 12-6 sd, voyage de M. Hoover en Europe, 1946-1947

Service historique de l'armée de terre (SHAT, Vincennes)

SHAT Attachés militaires 7 N
vol. 3024, rapports 1928-1929 et 1933-1939
vol. 3096, rapports 1932-1937, Tchécoslovaquie
vol. 3143, rapports 1937-1940, URSS

Archives Nationales

F1 a, objets généraux
vol. 3351, relations État-Église à la Libération, 1944-1945
vol. 3354, MRP et catholiques ; partis droite
vol. 3743, opinion publique, 1943-1944
vol. 3744, état d'esprit, contrôle postal, 1943-1944
vol. 3765, manifestations patriotiques et propagande gaulliste, BBC, bombardements, 1943-1944
vol. 3769-3770, production industrielle, 1943-1944
vol. 3776-3777, STO, 1943-1944
vol. 3784, divers, dont Église catholique sous l'Occupation
vol. 3982, Haute-Garonne, Occupation
F 7, police générale
vol. 13196, Action française, 1926-1936 (riche sur l'excommunication de 1926-1927)
vol. 13219-13228, Fédération nationale catholique (FNC) départementale et nationale, 1924-1932
vol. 13424-13434, Allemagne, 1915-1936
vol.°14613, surveillance des congréganistes et Assemblées ecclésiastiques de France, 1919-1934
vol. 14717, Autrichiens, agents nazis, 1930-1937
vol. 14753, Yougoslavie, 1926-1940, dont activités terroristes et croates ; Allemagne et pétrole
vol. 14755, Yougoslavie, divers dont oustachis (dossier Ante Pavelic, 1935-avril 1940)
vol. 14904, RG, 1943-1944
vol. 15291-15292, Église catholique, attitude politique des évêques et archevêques sous l'Occupation
vol. 15337, Knochen

vol. 15387-15388, fichier alphabétique des titulaires de la francisque, 1940-1944 (A-K, L-Z)

F 60, Présidence du Conseil

vol. 171, ministère des Affaires étrangères (MAE), Affaires politiques, Yougoslavie, 1934-1940

vol. 294, Alsace-Lorraine, et rapports Comité alsacien d'études et d'informations (1937) devenu l'Institut des études européennes (IEE, Strasbourg), 1938 ; janvier et avril-septembre 1939

3 W, Haute-Cour

vol. 212, Laval

vol. 347, « archives de Berlin » (transférées à Paris depuis l'occupation de l'Allemagne en vue des procès)

vol. 358, Interrogatoires et rapports d'Allemands, 1944-1947, Abetz, Feihl, Knochen, Michel, Nosek, Oberg, Rahn

AJ 40, archives du Militärbefehlshaber in Frankreich (dites du Majestic)

vol. 879, débuts de l'Occupation, commandant Place de Paris

Archives de la Préfecture de police (APP)

BA et GA, rapports des Renseignements généraux (cote dans les notes)

PJ 43, Camille Chautemps, Darquier de Pellepoix (en dérogation)

Bibliothèque de documentation internationale contemporaine (BDIC, Nanterre)

Sonnino Papers, Ann Arbor, University microfilms, 1969, 54 bobines, BDIC, Mfm 109, guide, 0 Pièce 35470

Cote Benoît XV, série W, relations internationales, questions religieuses, Saint-Siège, énorme littérature sur son rôle pendant la guerre, France, Belgique, Royaume-Uni, dont LE FLOCH H., *La politique de Benoît XV, Réponse aux articles anonymes de la "Revue de Paris"* (de Canet), Paris, Légin, 1919

Die grosse Politik der Europäischen Kabinette 1871-1914 *(Die grosse Politik...)*

vol. 3-7,10-12 (Band 12 surtout, 2e partie, « Die Orientreise Kaiser Wilhelms und die Protektoratsfrage 1898-1899 », p. 587-638), 14, 15, 17, 18 (2 parties), 20 (1re partie), 24, 27 et 36, DVPG, MBH, Berlin, 1927

Akten zur deutschen auswärtigen Politik, 1918-1945 *(Akten...)*

Série A, vol. I, II, IV-XII, mai 1919-avril 1925, Vandenhoeck und Rupprecht, Göttingen, 1984-1994

Série B, vol. I, 1, III-XI, décembre 1925-mai 1929, Vandenhoeck und Ruprecht, Göttingen, 1966-1978

Documents on British Foreign Policy, 3nd Series (1919-1939) *(DBFP)*

vol. II, 24 juillet-30 septembre 1938, Londres, HMSO, 1949 ; vol. V, 4 avril-7 juin 1939, Londres, HMSO, 1952 ; vol. VI, 8 juin-14 août 1939, Londres, HMSO, 1953 ;vol. VII, 15 août-4 septembre 1939, Londres, HMSO, 1954

Documents on German Foreign Policy *(DGFP)*

Documents partiels (outre les évidents retraits allemands, nombreuses mentions de « non publiés »), publiés sur décision américaine de juin 1946, afin de : 1° montrer, au procès de Nuremberg, les compromissions de l'URSS avec le Reich du 23 août 1939 au 22 juin 1941 ; 2° ménager le Vatican, allié des États-Unis dans la reconstitution politique du Reich à l'Ouest (voir mes travaux sur l'après-1945). Bergen rappela en juin 1941 que cette source « officielle » différait de ses entretiens privés avec Pacelli-Pie XII. Elle demeure cependant d'un apport *essentiel* à la connaissance des rapports germano-vaticans.

Series C (1933-1937), vol. I (30 janvier-14 octobre 1933), HMSO, London, 1957 ; vol. II (14 octobre 1933-13 juin 1934), 1959 ; vol. III (14 juin 1934-31 mars 1935), 1959 ; vol. IV (1er avril 1935-4 mars 1936), 1962 ; vol. VI, novembre 1936-novembre 1937, *German Relations with the Holy See*, Washington, 1983.

Series D (1938-1945), vol. I, *From Neurath to Ribbentrop*, chap. VI (mars 1937-septembre 1938), USGO, Washington, 1949 ; vol. IV, *The aftermath of Munich*, chap. V, *Germany and the Holy See*, Washington, 1951 ; vol. X, *The War Years, June 23-August, 1940*, Washington, 1957 vol. XII, *the War Years* (1er février-22 juin 1941), London, 1962 ; vol. XIII, *the War Years* (22 juin-11 décembre 1941), London, 1964.

Foreign Relations of the United States *(FRUS)*

http://digicoll.library.wisc.edu/cgi-bin/FRUS/FRUS-idx?type=browse&scope=FRUS.FRUS1

1933, vol. II ; 1937, vol. II ; 1938, vol. I ; 1939, vol. II ; 1940, vol. I ; 1941, vol. I ; 1942, vol. I ; 1942, vol. III ; 1943, vol. II ; 1944, vol. IV.

I Documenti Diplomatici italiani *(DDI)*

Ottava serie 1935-1939, vol. X, *12 settembre-31 dicembre 1938*, IPZS, Roma, 2003.

Actes et Documents du Saint-Siège relatifs à la Deuxième Guerre mondiale *(ADSS)*

Libreria editrice vaticana, 1965-1980 10 vol. :
Le Saint-Siège et la guerre en Europe (1939-1940) (t. I)
Lettres de Pie XII aux évêques allemands (1939-1944) (t. II)
Le Saint-Siège et la situation religieuse en Pologne et dans les Pays baltes (1939-1945) (t. III)
Le Saint-Siège et la guerre en Europe (juin 1940-juin 1941) (t. IV)
Le Saint-Siège et la guerre mondiale (juillet 1941-octobre 1942) (t. V)
Le Saint-Siège et les victimes de la guerre (mars 1939-décembre 1940) (t. VI)
Le Saint-Siège et la guerre mondiale (novembre 1942-décembre 1943) (t. VII)
Le Saint-Siège et les victimes de la guerre (janvier 1941-décembre 1942) (t. VIII)
Le Saint-Siège et les victimes de la guerre (janvier-décembre 1943) (t. IX)
Le Saint-Siège et les victimes de la guerre (janvier 1944-juillet 1945) (t. X)
Publication effectuée après les polémiques sur Pie XII ravivées en 1963-1964 (représentation du *Vicaire (Der Stellvertreter)* à Berlin, février 1963, et *op. cit.* 1964, *infra*). Partielle, riche en pièces de pure « couverture » officielle, sélectionnée par un personnel jésuite, fermée aux chercheurs, cette correspondance, source essentielle ou unique de divers ouvrages, ne peut être opposée aux courriers *non destinés à la publication*, source majeure de cet ouvrage.

Livres et articles

Bornés aux références citées dans les notes. Ouvrages collectifs ou Actes de colloques mentionnés au nom des directeurs ou par ordre alphabétique de titre (auteurs et titres des contributions dans les notes).

AARONS M. et LOFTUS J., *Des nazis au Vatican*, Paris, O. Orban, 1992
ALEXANDER S., *The triple myth : a life of Archbishop Alojzije Stepinac*, New York, Columbia University Press, 1987 ; *Church and State in Yugoslavia since 1945*, Cambridge, Cambridge University Press, 1979
ALPEROVITZ G., *Cold War Essays*, Cambridge (Mass.), Schenkman Publishing Co., 1970
ALY G., éd., *Aktion T4, 1939-1945, Die Euthanasie Zentrale in der Tiergartenstrasse 4*, Berlin, Hentrich Berlin, 1987
BADIA G., *Les spartakistes, 1918 : l'Allemagne en révolution*, Paris, Julliard, 1966
BADIA G. et ARGELÈS J.-M., *Histoire de l'Allemagne contemporaine, Weimar IIIe Reich* (vol. 1), *RFA RDA* (vol. 2), Paris, Messidor, 1987
BAGINSKI C., *La politique religieuse de la France en Allemagne occupée : 1945-1949*, Villeneuve d'Ascq, PU du Septentrion, 1997
BARTELOUS J., *Nos Premiers ministres, de Léopold Ier à Albert Ier*, Bruxelles, éd. J.-M. Collet, 1983

BELLANGER C. *et al.*, *Histoire générale de la presse française*, Paris, PUF, 1972, t. III
BENIGAR B., *Alojzije Stepinac Hrvatski Kardinal* (cardinal croate), Rome, ZIRAL, 1974
BEUVE-MÉRY H. « De l'accord de Munich à la fin de l'État tchécoslovaque », *Politique étrangère* n° 2, avril 1939, p. 31-46
BIHL W., « La mission de médiation des princes Sixte et Xavier de Bourbon-Parme en faveur de la paix », *Guerres Mondiales et Conflits contemporains (GMCC)*, n° 170, avril 1993, p. 31-75
BINCHY D. A., *Church and State in Fascist Italy*, London, Oxford University Press, 1970
BLED J.-P., *François-Joseph*, Paris, Fayard, 1989
BLET P., *Pie XII et la Seconde Guerre mondiale d'après les archives du Vatican*, Perrin, 1997
BLOCH C., *Le IIIe Reich et le monde*, Paris, Imprimerie nationale, 1986
BOURNAZEL R., *Rapallo, naissance d'un mythe*, Paris, FNSP-Armand Colin, 1974
BOUTHILLON F., « Les élections italiennes de 1948. Un regard français, une politique occidentale », *Revue d'histoire diplomatique* n° 3-4, 1985, p. 257-301
BOSZOKY P. G. et LUKACS L., *Églises et politique. De l'oppression à la liberté. L'Église en Hongrie 1945-1992…*, Paris, Beauchesne, 1993
BOWER T., *Blind eye to murder. Britain, America and the purging of Nazi Germany, a pledge betrayed*, London, André Deutsch, 1981 ; *Klaus Barbie, the butcher of Lyons*, London, Corgi Books, 1984
BREITMAN R., « Historical Analysis of 20 Name Files from CIA Records », avril 2001, http://www.archives.gov/iwg/declassified-records/rg-263-cia-records/rg-263-report.html, et liens
BROCKDORFF W., *Flucht vor Nürnberg. Pläne und Organisation der Fluchtwege der N-S Prominenz im "Römischen Weg"*, Munich-Wels, Verlag Welsermühl, 1969
BROSZAT M., *Hitler and the collapse of Weimar Germany*, New York, Berg, 1987 (1re éd. allemande, 1984)
BUONAIUTI E., *Pio XII*, Rome, Universale di Roma, 1946
BURRIN P., *La France à l'heure allemande 1940-1944*, Paris, Le Seuil, 1995
CAREW A., *Labour under the Marshall Plan*, Manchester, Manchester University Press, 1987
CHADWICK O., *Britain and the Vatican during the Second World War*, Cambridge, Cambridge University Press, 1986
CHALINE N.-J. (éd.), *Chrétiens dans la Première Guerre mondiale*, Paris, Les Éditions du Cerf, 1993
CHELINI J., *Histoire de l'Église du Christ. L'Église sous Pie XII : la tourmente 1939-1945 ; l'après-guerre, 1945-1958*, Paris, Fayard, 1983 et 1989
CHENAUX P., *Une Europe vaticane ?*, Bruxelles, Éditions CIACO, 1990 ; *Pie XII, Diplomate et pasteur*, Paris, Cerf, 2003

CHOLVY G. et HILAIRE Y.-M. *et alii* (dont PRÉVOTAT J., sur l'Action française), *Histoire religieuse de la France*, Toulouse, Privat, 1984-1986, 3 vol., t. 2 et 3

CHOMERS F. N., « Abt Heinrich Schuler und das Stift Wilten von 1922 bis 1949 », *Analecta Praemonstratensia*, 2004, vol. 80, n° 1-4, p. 43-163

CHRISTOPHE P., *1936, les catholiques et le Front Populaire ; 1939-1940, les catholiques devant la guerre*, Paris, Les Éditions ouvrières, 1986 et 1989

CLAEYS L., PAILHÈS C., PECH R. (dir.), *Delcassé et l'Europe à la veille de la Grande Guerre*, Foix, AD de l'Ariège, 2001

CLEMENS G., éd., *Kultur im besetzten Deutschland 1945-1949*, Stuttgart, Franz Steiner Verlag, 1994

CLÉMENT J.-L., *Mgr Saliège, archevêque de Toulouse, 1929-1956*, Paris, Beauchesne, 1994

COLONNA-CESARI C., *Urbi et Orbi, enquête sur la géopolitique vaticane*, Paris, La Découverte, 1992

CONWAY J. S., *The Nazi Persecution of the Churches 1933-1945*, London, Weidenfeld and Nicolson, 1968

COONEY J., *The American Pope: The Life and Times of Francis Cardinal Spellman*. New York, Times Books 1984

CORNWEL J., *Le pape et Hitler*, Paris, Albin Michel, 1999

COSTIGLIOLA F., *Awkward Dominion : American Political, Economic and Cultural Relations with Europe, 1919-1937*, Ithaca, Cornell UP, 1984

CROCE G. M., « Le Saint-Siège, l'Église orthodoxe et la Russie soviétique. Entre mission et diplomatie (1917-1922) », *Mélanges de l'École française de Rome. Italie et Méditerranée*, 1993, 105-1, p. 267-297

DAVIS L. E., *The Cold War begins. Soviet-American conflict over Eastern Europe*, Princeton, Princeton University Press, 1974

DEDIJER V., *The Yugoslav Auschwitz and the Vatican*, Buffalo, Prometheus Books, 1992

Dictionnaire de la Seconde Guerre mondiale, Paris, Larousse, 1980, 2 vol., 1979 et 1980

DI NOLFO E., *Vaticano e Stati Uniti 1939-1952 : dalle carte di Myron Taylor*, Milan, Éd. de l'Université de Padoue, 1978

DOBRY M., éd., *Le mythe de l'allergie française au fascisme*, Paris, Albin Michel, 2003

DORTEN J. A., *La tragédie rhénane*, Paris, Robert Laffont, 1945

DUCLOS P., *Le Vatican et la Seconde Guerre Mondiale*, Paris, 1955

DULLES A., *The Secret Surrender*, New York, Harper and Row, 1965

DUROSELLE J.-B., *Histoire diplomatique de 1919 à nos jours*, Paris, Dalloz, 1981 (8e éd.) ; *Politique étrangère de la France, la décadence 1932-1939*, Paris, Le Seuil, 1983 (1re éd., 1979) ; *L'Abîme 1939-1945*, Paris, Imprimerie nationale, 1982

Églises et chrétiens dans la IIe Guerre mondiale, la France, Lyon, PUL, 1982 (colloque de Grenoble)

EIZENSTADT S., *Preliminary Study on U.S. and Allied Efforts To Recover and Restore Gold and Other Assets Stolen or Hidden by Germany During World War II*, 1997, supplément, 1998, *http://www.state.gov/www/regions/eur/rpt_9806_ng_links.html*

FABRE H., *L'Église catholique face au fascisme et au nazisme*, Bruxelles, EPO, 1995

FALCONI C., *Le silence de Pie XII 1939-1945, essai fondé sur des documents d'archives recueillis par l'auteur en Pologne et en Yougoslavie*, Monaco, Éditions du Rocher, 1965

FALIGOT R. et KAUFFER R., « Le cardinal-spahi », *Éminences grises*, Paris, Fayard, 1992, p. 55-91

FARAGO L., *Aftermath*, Londres, Pan, 1976

FATTORINI E., *Germania e Santa Sede : le nunziature di Pacelli tra la grande guerra e la Reppubblica di Weimar*, Bologna, il Mulino, 1992

FERVACQUE P. (pseudonyme du journaliste Rémy Roure), *L'Alsace et le Vatican*, Paris, Fasquelle Éditeurs, 1930

FETJÖ F., *Histoire des démocraties populaires*, Paris, Le Seuil, 2 vol., 1979 (1re éd., 1952 et 1969)

FISCHER F., *Les buts de guerre de l'Allemagne impériale 1914-1918*, Paris, Trévise, 1970 (trad. de *Griff nach der Weltmacht*)

FLEURY A., « Le Saint-Siège et les négociations de 1917 », *GMCC*, n° 170, p. 17-29

FLEURY A., *La Croix et l'Allemagne, 1930-1940*, Paris, Cerf, 1986

FLORJA B.-N., « Les conflits religieux entre adversaires et partisans de l'Union dans la "conscience de masse" du peuple en Ukraine et en Biélorussie (première moitié du XVIIe siècle) », article russe de 1999 traduit, *Dix-septième siècle*, n° 220, 2003/3, p. 431-448

FORSYTH D. J., *The Crisis of Liberal Italy: Monetary and Financial Policy, 1914–1922*, Cambridge, Cambridge University Press, 1993

FRIEDLÄNDER S., *Pie XII et le IIIe Reich*, Paris, Éd. du Seuil, 1964, *suivi de Pie XII et l'extermination des Juifs. Un réexamen*, 2010

GANNON R. I, *The Cardinal Spellman Story*, Garden City, Doubleday, 1962

GANSER D., *Les armées secrètes de l'OTAN. Réseaux Stay Behind, Opération Gladio et terrorisme en Europe de l'Ouest*, Éditions Demi-Lune, Paris, 2007

GEVERS L. et BANK J. (dir.), *Religion under Siege (1939-1950)*, Peeters, Louvain, 2007

GOÑI U., *The real Odessa: how Perón brought the Nazi war criminals to Argentina*, London, Granta, 2003

GONZÀLEZ-BERNALDO P., MARTINI M. et PELUS-KAPLAN M.-L. (dir.), *Étrangers et Sociétés. Représentations, coexistences, interactions dans la longue durée*, Rennes, PUR, 2008

GRAY R., *The Cambridge History of Africa*, vol. 7, 1905-1940, Cambridge, 1986, chap. 5

GROSE P., *Gentleman spy. The life of Allen Dulles*, New York, Houghton Mifflin C°, 1994 ; *Operation Rollback, America's secret war behind the Iron Curtain*, New York, Houghton Mifflin C°, 2000
GUEX S., éd., *La Suisse et les Grandes puissances, 1914-1945*, Genève, Droz, 1999
HIGHAM C., *Trading with the Enemy, an exposé of the Nazi-American Money Plot, 1933-1949*, New York, Delacorte Press, 1983
HILBERG R., *La destruction des juifs d'Europe*, Paris, Gallimard, 1991, 2 vol. (rééd.)
HILLEL M., *Le massacre des survivants en Pologne, 1945-1947*, Paris, Plon, 1985
HIXSON W.L., *George F. Kennan : Cold War iconoclast*, New York, Columbia University Press, 1989 ; *Parting the Curtain: Propaganda, Culture and the Cold War, 1945-1961*, New York, St. Martin's Press, 1997
HOLMES J. D., *The Papacy in the modem world 1914-1978*, Londres, Burns and Oates, 1981
JÄCKEL E., « Zur Politik des Heiligen Stuhls im Zweiten Weltkrieg. Ein ergänzendes Dokument », *Geschichte in Wissenschaft und Unterricht*, Stuttgart, E. Klott, janvier 1964
JARAY G. L., *Offensive allemande en Europe*, Paris, F. Sorlot, 1939
JENKINS B. (dir.), *France in the era of Fascism. Essays on the French Authoritarian Right*, New York, Berghan Books, 2005, réédition, 2007, et voir DOBRY M.
JOHNSTONE D., *La croisade des fous : Yougoslavie, la première guerre de la mondialisation*, Pantin, Le Temps des cerises, 2005
JOST H.-U., *Le salaire des neutres. Suisse 1938-1948*, Paris, Denoël, 1999
PELUS-KAPLAN M.-L. et TOLLET D. (dir.), *La Pologne et l'Europe occidentale du Moyen Âge à nos jours*, Instytut Historii UAM, Poznan-Paris, 2004
KATZ R., *Le massacre des Ardéatines*, traduction de *Death in Rome*, Paris, Stock, 1973
KENT P. C, *The pope and the duce*, London, Macmillan, 1981 ; *The Lonely Cold War of Pope Pius XII: The Roman Catholic Church and the Division of Europe, 1943-1953*, Montreal, McGill-Queen's University Press, 2002
KERTZER D., *Le Vatican contre les Juifs. Le rôle de la papauté dans l'émergence dans l'antisémitisme moderne*, Paris, Robert Laffont, 2002
KISATSKY D., *The United States and the European Right 1945-1955*, Colombus, The Ohio State University Press, 2005 ; « The United States, the French Right and the American power in Europe, 1946-1958 », *The Historian*, 65, 1, spring 2003, p. 619-641
KLEMPERER K. VON, *Ignaz Seipel, Christian Statesman in a time of crisis*, Princeton, Princeton University Press, 1972
KOLKO G., *The Politics of war. Allied Diplomacy and the world crisis of 1943-1945*, London, Weidenfeld and Nicolson, 1968
KOSANOVIC S. N., Ambassador of the Federal Peoples Republic of Yugoslavia, *The Case of Archbishop Stepinac*, Washington, 1947, http://emperors-clothes.com/croatia/stepinacfile.doc ; photos, http://emperors-clothes.com/croatia/stepinac1.htm

LACROIX-RIZ A., « Le rôle du Vatican dans la colonisation de l'Afrique (1920-1938) : de la romanisation des Missions à la conquête de l'Éthiopie », *Revue d'histoire moderne et contemporaine*, n° 41-1, janvier-mars 1994, p. 29-81, et travaux depuis 1996 (autres, 1re édition, p. 522-523, ou CV, www.historiographie.info) : « Le Vatican, de l'antisémitisme des années trente au sauvetage-recyclage des bourreaux », *Golias*, n° 47, mai 1996, p. 72-89 ; « Le sens "polonais" du pontificat de Karol Wojtyla », *Golias*, n° 50, septembre-octobre 1996, p. 61-75 ; « Stepinac, symbole de la politique à l'Est du Vatican », *Golias*, n° 63, novembre-décembre 1998, p. 52-59 « *Le pape et Hitler*, John Cornwell », *La pensée*, n° 322, avril-juin 2000, p. 137-152 ; « Églises et retour au *statu quo* en Allemagne occidentale (1945-1949) », *GMCC*, n° 210, avril-juin 2003, p. 19-46 ; « L'église autrichienne, la Duplice et le Vatican dans les Balkans avant 1914 : l'obsession anti-serbe », *Austriaca*, n° 58, juin 2004, p. 63-82 ; « Les carences de l'histoire cléricale de l'Église romaine : l'exemple de la Deuxième Guerre mondiale », recension de *Religion under Siege (1939-1950)*, Lieve Gevers et Jan Bank (dir.), Peeters, Louvain, 2007, *Revue belge de philologie et d'histoire*, tome 87, n° 2, 2009, p. 440-447
L'histoire contemporaine sous influence, Pantin, Le temps des cerises, 2004, tirage 2010 ; *L'intégration européenne de la France. La tutelle de l'Allemagne et des États-Unis*, Pantin, Le temps des cerises, 2007 ; *Industriels et banquiers français sous l'Occupation : la collaboration économique avec le Reich et Vichy*, Paris, Armand Colin, 1999 ; *De Munich à Vichy, l'assassinat de la IIIe République, 1938-1940*, Paris, Armand Colin, 2008 ; *Le Choix de la défaite : les élites françaises dans les années 1930*, Paris, Armand Colin, 2e édition, 2010
LATREILLE A. ET RÉMOND R., *Histoire du catholicisme en France*, Spes, Paris, 1962
LEBZELTER G., « Die "Schwarze Schmach" : Vorurteile – Propaganda – Mythos », *Geschichte und Gesellschaft*, 11, 1985, p. 37-58
LERNOUX P, *In banks we trust*, New York, Doubleday, 1984
LESOURD P., *Entre Rome et Moscou, le jésuite clandestin, Mgr Michel D'Herbigny*, Paris, Éd. P. Lethielleux, 1976
LEVIN D., *The lesser of two evils: Eastern European Jewry under Soviet rule, 1939-1941*, The Jewish Publications Society, Philadelphia-Jerusalem, 1995
LEWY G., *The Catholic Church and Nazi Germany*, London, Weidenfeld et Nicolson, 1964
LITTLE D., *Malevolent Neutrality: The United States, Great Britain and the origins of the Spanish Civil War*, Ithaca, Cornell University Press, 1985
LO BELLO N., *Vatican s Wealth*, New York, Trident Press, 1968 ; *Vatican, USA*, New York, Trident Press, 1972
MACDONALD K., *Mon meilleur ennemi*, documentaire franco-britannique (sur Klaus Barbie), 2007
McNAMARA P., *A Catholic Cold War: Edmund A. Walsh, S.J., and the Politics of American Anticommunism*, New York, Fordham University Press, 2005
MANHATTAN A., *Spain and the Vatican*, London, Watts and C°, 1946

MARQUINA BARRIO A., *La diplomacia vaticana y la Espana de Franco (1936-1945)*, Madrid, CSIC, 1983
MAYEUR J.-M., *Des partis catholiques à la Démocratie chrétienne, XIXe-XXe siècles*, Paris, Armand Colin, 1980 ; dir., *Histoire du christianisme des origines à nos jours*, t. XII, *Guerres mondiales et totalitarisme (1914-1958)*, Paris, Desclée-Fayard, 1990 ; et autres ouvrages collectifs
M'BOKOLO E., *Afrique Noire. Histoire et civilisations*, t. II, XIXe-XXe siècles, Paris, Hatier, 1992
MERLAC E., « La France et la guerre d'Espagne 1936-1939 », mémoire de maîtrise, UTM, 1990
MICCOLI G., *Les dilemmes et les silences de Pie XII, Vatican, Seconde Guerre mondiale et Shoah*, Bruxelles, Complexe, 2005
MILLER J. E., *The United States and Italy, 1940-1950. The Politics and Diplomacy of Stabilization*, Chapel Hill, The University of North Carolina Press, 1986
MILZA P. et BERSTEIN S., *L'Italie contemporaine des nationalistes aux Européens*, Paris, Armand Colin, 1973 ; *Le fascisme italien 1919-1945*, Paris, Le Seuil, 1980
MOLLIER J.-Y. et GEORGE J., *La plus longue des Républiques, 1970-1940*, Paris, Fayard, 1994
MOLONEY T., *Westminster, Whitehall and the Vatican. The role of Cardinal Hinsley*, Turnbridge Wells, Burns and Oates, 1985
MONTCLOS DE X., *Les chrétiens face au nazisme et au stalinisme. L'épreuve totalitaire, 1939-1945*, Bruxelles, Éd. Complexe, 1991
MORELLI A. (dir.), *La matière et l'esprit*, n° spécial 10-11, 2008, « Les nouvelles croisades catholiques en Europe »
MOURIN M., *Le Vatican et l'URSS*, Paris, Payot, 1965
NEVEU B., « Louis Canet et le service du conseiller technique pour les Affaires religieuses au ministère des Affaires étrangères », *Revue d'Histoire diplomatique*, 1960
NGONGO L., *Histoire des forces religieuses au Cameroun, de la Ire Guerre mondiale à l'indépendance*, Paris, Karthala, 1982
NOBÉCOURT J., *« Le Vicaire » et l'histoire*, Paris, Le Seuil, 1964
ORY P., éd., *La censure en France à l'âge démocratique (1848-.)*, Bruxelles, Éd. Complexe, 1997
PALLENBERG C., *The Vatican finances*, London, Peter Owen, 1971
PAPELEUX L., *Les silences de Pie XII*, Bruxelles, Vokaer, 1980 ; *L'action caritative du Saint-Siège en faveur des prisonniers de guerre (1939-1945)*, Bruxelles, Institut historique belge de Rome, 1991
PASSELECQ G. et SUCHECKY B., *L'encyclique cachée de Pie XI. Une occasion manquée de l'Église face à l'antisémitisme*, Paris, La Découverte, 1995
PASTEUR P., *Être syndiqué(e) à l'ombre de la croix potencée. Corporatisme, syndicalisme, résistance en Autriche 1934-1938*, Publications de l'Université de Rouen, 2002
PATTEE R., *The case of Cardinal Stepinac*, Milwaukee, Bruce Publishing C°, 1953

PELUS-KAPLAN M.-L. et TOLLET D. (dir.), *La Pologne et l'Europe occidentale du Moyen Âge à nos jours*, Poznan-Paris, Instytut Historii UAM, 2004
PHAYER M., *L'Église et les nazis, 1930-1965*, Paris, Liana Lévi, 2001 ; *Pius XII, the Holocaust, and the Cold War*, Bloomington, Indiana University Press, 2008
POIDEVIN R., *L'Allemagne et le monde*, Paris, Masson, 1983
POIDEVIN R. et BARIÉTY J., *Les relations franco-allemandes 1815-1975*, Paris, Armand Colin, 1977
POLLARD J. F., *The Vatican and Italian Fascism, 1929-32*, New York, Cambridge University Press, 1985 ; *Money and the Rise of the Modern Papacy: Financing the Vatican, 1850–1950*, New York, Cambridge University Press, 2005
PRÉVOTAT J., voir CHOLVY G. et HILAIRE Y.-M. *et al.*
RABEL R., « Prologue to Containment: the Truman Administration's response to the Trieste crisis of May 1945 », *Diplomatic History*, vol. 10, n° 2, 1986, p. 141-160.
RÉMOND R., *L'anticléricalisme en France de 1815 à nos jours*, Paris, Fayard, 1976
RÉMOND R. (dir.) *et alii*, *Paul Touvier et l'Église*, Paris, Fayard, 1992
RHODES A., *The Vatican in the Age of Dictators 1922-1945*, London, Hodder and Stoughton, 1973
RICHARD G. et SAINCLIVIER J. (dir.), *La recomposition des droites en France à la Libération 1944-1948*, Rennes, PUR, 2004
RIVELLI M. A., *Le Génocide occulté*, Lausanne, L'Âge d'homme, 1998
ROBERTS G., *Stalin's Wars: From World War to Cold War, 1939-1953*, New Haven & London, Yale University Press, 2006
SALA-MOLINS J., « La querelle entre l'évêché de Trèves et la France à propos de la Sarre entre 1945 et 1955 », mémoire de maîtrise, UTM, 1987
SALVEMINI G., *L'Italia vista dall'America*, Milan, 1969
SANCHEZ J. M., *The Spanish Civil War as a Religious Tragedy*, Notre Dame, University of Notre Dame Press, 1987
SCHIAPPA J.-M. (dir.) *Actes* du colloque *1848-2008* de l'Institut de recherches et d'études sur l'histoire de la Libre Pensée, Paris, IRELP, 2010
SCHÜLLER S.O., *Für Glaube, Führer, Volk, Vater- oder Mutterland? Die Kämpfe um die deutsche Jugend im rumänischen Banat (1918-1944)*, Berlin, LIT Verlag, 2009
SCHWABE K. (éd.), *Die Anfänge des Schuman-Planes 1950-1951, the beginnings of the Schuman Plan*, Baden-Baden, Nomos Verlagsgesellschaft, 1988
SCOTT L., *Freedom's war. The American crusade against the Soviet Union, 1945-56*, Manchester, Manchester University Press, 1999
SERENY G., *Au fond des ténèbres. De l'euthanasie à l'assassinat de masse : un examen de conscience*, Genève, Éd. Famot, 1977 (trad. de *Into that Darkness*, London, 1974)
SIMPSON C., *Blowback. America's recruitment of Nazis and its effects on the Cold War*, New York, Weidenfeld & Nicolson, 1988
SOUTOU G.-H., « La condamnation de l'Action Française et les relations entre le Vatican et le gouvernement français », *Études maurrassiennes*, 5, 2e partie,

1986, p. 445-467 ; *L'or et le sang. Les buts économiques de la Première Guerre mondiale*, Paris, Fayard, 1989
SPOTT F., *The churches and politics in Germany*, Wesleyan University, 1973
STEHLE H., *Eastern Politics of the Vatican 1917-1979*, Athens, Ohio, 1981
STEHLIN S. A., *Weimar and the Vatican 1919-1933, German-Vatican Diplomatic Relations in the Interwar Years*, Princeton, Princeton University Press, 1983 ; *Geheimdiplomatie im Vatikan. Die Päpste une die Kommunisten*, Zurich, Benziger, 1993
SURET-CANALE J., *Afrique noire, l'ère coloniale, 1900-1945*, Paris, Éditions sociales, 1982
THALMANN R., *La mise au pas. Idéologie et stratégie sécuritaire dans la France occupée*, Paris, Fayard, 1991
THOMAS H., *La guerre d'Espagne*, Paris, Robert Laffont, 1985 (1re éd., 1961)
THOMAS L., *L'Action française devant l'Église de Pie X à Pie XII*, Paris, Nouvelles Éditions Latines, 1965
TOOLEY T. H., *National Identity and Weimar Germany: Upper Silesia and the Eastern Border, 1918-1922,* Lincoln, University of Nebraska Press, 1997
TRIFKOVIC S., « The Real Genocide in Yugoslavia : "Independent" Croatia of 1941 », Copyright 2000, the Rockford Institute, Center for International Affairs, Internet
VAN DONGEN L., *Un purgatoire très discret. La transition « helvétique » d'anciens nazis, fascistes et collaborateurs après 1945*, Paris, Perrin, 2008
VERMEIL E., *L'Allemagne contemporaine*, T. 1, *Guillaume II, 1890-1918*, Paris, Aubier, 1963 (rééd.)
VOGT M., « L'Allemagne et les négociations de paix en 1917 […] », *GMCC*, n° 170, avril 1993, p. 77-104
WAHL A., *La seconde histoire du nazisme dans l'Allemagne fédérale depuis 1945*, Paris, Armand Colin, 2006
WENGER A., *Rome et Moscou 1900-1950*, Paris, Desclée de Brouwer, 1984
WILLIAMS W. A., *The Tragedy of American Diplomacy*, New York, Dell Publishing C°, 1972 (1re éd., 1959)
WINTER E., *Die Sowietunion und der Vatikan*, Berlin-Est, Akademie-Verlag, 1972
WOLFF R. et J. HÖNSCH, éd., *Catholics, the State and the European Right, 1919-1945,* New York, Columbia University Press, 1987
ZAHN G., *German Catholics and Hitler's wars*, New York, Sheed and Ward, 1962
ZEENDER J., « The German Catholics and the presidential election of 1925 », *Journal of Modem History*, vol. LXIII, 1963, p. 366-381
ZUCCOTTI S., *Under his very windows: the Vatican and the Holocaust in Italy,* New Haven and London, Yale University Press, 2001

Index des noms de personnes

En raison de son omniprésence, je n'ai pas retenu le nom d'Eugenio Pacelli-Pie XII.

A

B

C

D

E

F

G

H

I

J

N

T

U

V

W

Y

Z

Table des matières

DEUXIÈME PARTIE

LE VATICAN DANS L'ENTRE-DEUX GUERRES : DU SOUTIEN DES RÉVISIONNISMES À CELUI DE L'AXE A. DES ANNÉES 1920 À 1933

DEUXIÈME PARTIE

LE VATICAN VERS L'AXE B. DE 1933 À LA GUERRE

TROISIÈME PARTIE

DE LA GUERRE À LA GUERRE FROIDE

11009693 - (I) - (4) - Laize 60° - Data - CCS
Imprimé en France par JOUVE - 53100 Mayenne
N° d'impression : 557168Z - Dépôt légal : septembre 2010